Cornelia Sc
Vokabular des Nationalsozialismus

Cornelia Schmitz-Berning

Vokabular des Nationalsozialismus

Walter de Gruyter · Berlin · New York
2000

Nachdruck der Ausgabe von 1998

Die Deutsche Bibliothek − *CIP-Einheitsaufnahme*

Schmitz-Berning, Cornelia:
Vokabular des Nationalsozialismus / Cornelia Schmitz-Berning. − Nachdr. der Ausg. von 1998. − Berlin ; New York : de Gruyter, 2000
ISBN 3-11-016888-X

© Copyright 2000 by Walter de Gruyter GmbH & Co. KG, 10785 Berlin
Dieses Werk einschließlich aller seiner Teile ist urheberrechtlich geschützt. Jede Verwertung außerhalb der engen Grenzen des Urheberrechtsgesetzes ist ohne Zustimmung des Verlages unzulässig und strafbar. Das gilt insbesondere für Vervielfältigungen, Übersetzungen, Mikroverfilmungen und die Einspeicherung und Verarbeitung in elektronischen Systemen.
Printed in Germany
Einbandgestaltung: Christopher Schneider, Berlin
Einbandphoto: Ullstein
Datenkonvertierung: Arthur Collignon GmbH, Berlin
Druck und buchbinderische Verarbeitung: Hubert & Co. GmbH & Co. KG, Göttingen

Vorbemerkung

Dieses Nachschlagebuch zum Vokabular des Nationalsozialismus will Germanisten, Historikern, Politologen, Journalisten und sonstig sprachhistorisch Interessierten einen Einblick in die Geschichte und die speziellen Verwendungsweisen von Ausdrücken, Organisationsnamen und festen Wendungen geben, die sich dem offiziellen Sprachgebrauch im NS-Staat zuordnen lassen. Zugleich mag die Materialsammlung eine nützliche Vorarbeit für ein künftiges umfassendes Werk über den deutschen politischen Wortschatz von der wilhelminischen Zeit bis 1945 sein, das angesichts der Komplexität des Themas und seiner methodischen Probleme wohl in nächster Zeit noch nicht in Aussicht steht.

Eine alphabetisch geordnete Wörtersammlung kann wegen der in der Sache angelegten Fragmentierung der angebotenen Information nur einen streng begrenzten Zugang zum konkreten Sprachgebrauch eröffnen. Doch hat sie trotz dieser Beschränkung ihren Wert. Erstens darf der Vorteil, mit Hilfe von Stichwörtern einen ersten gliedernden Zugriff auf sonst schwer überschaubare Mengen von Quellenmaterial aus einer Vielzahl von Sachgebieten zu erhalten, nicht unterschätzt werden. Zweitens ist es letzten Endes doch der Wortschatz, der zum Ausdruck von Ideologie dient, und nicht die Summe der rhetorischen, stilistischen Eigentümlichkeiten wie „Schwulst und Militarismus", „Steigerung des Ausdrucks", „Knappheit und Unbestimmtheit des Ausdrucks", wie sie z. B. Seidel/Slotty mit vielen treffenden Beispielen aus Texten des „Dritten Reichs" belegen (1961, VIII f.), die aber ebensogut in anderen Texten, anderen Formen werbenden Sprechens aufweisbar sind. Allerdings erschließt sich der Wortschatz als „Geschichtsquelle von besonderem Rang" (W. Betz, 1965, 43 f.), ebenso wie die ideologische Perspektive von Ausdrücken, soweit sie nicht Wortbildungen mit „Selbstbeschreibungswert" sind (W. Dieckmann, 1969, 31), nur aus dem Kontext von Texten und Verwendungssituationen, aus Kontrastwörtern und terminologischen Systemen. Dem sucht dieses Nachschlagebuch durch die Beschreibung des Handlungskontextes, durch die Zitierung umfangreicher, möglichst ungekürzter, möglichst sprechender Belegbeispiele gerecht zu werden. Das — vielleicht zu hoch gesteckte — Ziel war, zugleich ein Textlesebuch in nuce zu schaffen, in dem der Kontext, den sich Belegstellen in größeren und kleineren Wortartikeln gegenseitig geben, die NS-spezifische Wortverwendung nach Möglichkeit von sich aus evident macht.

Dank

Am Anfang soll die Erinnerung an meinen Bonner Lehrer Professor Dr. Werner Betz stehen, dessen kenntnisreichen und ungemein anregenden wort- und sprachgeschichtlichen Seminaren in den frühen fünfziger Jahren ich den Anstoß für meine erste Beschäftigung mit der „Sprache des Nationalsozialismus" verdanke. Sodann verdient aber vor allem Professor Dr. Georg Stötzel, Düsseldorf, meinen Dank, denn er ermunterte mich, das alte Thema noch einmal aufzugreifen, und er war es, der den Kontakt zum Verlag Walter de Gruyter erneuerte. Von denen, die mir dankenswerterweise zeitgenössisches Quellenmaterial zur Verfügung stellten, will ich stellvertretend Sozialgerichtsdirektor Heinz Zaun und Pastor Josef Hammer nennen. Besonders herzlich sei aber Oberstudiendirektor Dr. Franz Schotten gedankt. Er war mir in selbstlosester Weise bei der manchmal schwierigen Bücherbeschaffung behilflich. Er schrieb meine Dudenvergleichstabellen und die erste Fassung des Literaturverzeichnisses, er nahm vor allem die mühevolle Arbeit des ersten Korrekturlesens auf sich. Mit Dank erwähnt werden müssen auch die Mitarbeiter der Universitätsbibliothek Düsseldorf, die unermüdlich hilfsbereit und immer liebenswürdig ihren Dienst taten. Dem Verlag Walter de Gruyter danke ich für die Bereitschaft, das 'Vokabular des Nationalsozialismus' zu verlegen, Frau Dr. Schöning für ihre Geduld und freundliche Insistenz, mit der sie mein Projekt begleitete und förderte, und Herrn Vollmer, der das Technische in der Hand hatte, für liebenswürdige Aufgeschlossenheit und überzeugende Lösungen. Den allergrößten Dank schulde ich jedoch meinem Mann. Er ertrug die Zeit meiner fast totalen Absorption durch Bücher, Quellenmaterial und Computer mit unerschütterlicher Gelassenheit, sprang mit grenzenloser Hilfsbereitschaft in die unvermeidlichen Lücken in Haushalt und Familie und verstand sich auf die Kunst, nach zermürbenden Computernächten die Lebensgeister durch kreative Frühstücke wiederzubeleben. Ohne ihn hätte diese Arbeit nicht geschrieben werden können.

Neuss, im September 1997   Cornelia Schmitz-Berning

Hinweise für den Benutzer

1. Die untersuchte Zeitspanne des NS-Sprachgebrauchs

a) Die sog. *Kampfzeit* **1918—1933**. Die Zeit des Aufstiegs der Nationalsozialisten zur Macht ist gekennzeichnet durch aggressivste Propaganda gegen die Weimarer Republik, deren Schmähvokabular (s. Pechau, 1935) überwiegend mit dem der rechtsradikalen völkischen Gruppierungen übereinstimmt. In der *Kampfzeit* entstanden die Basisschriften von Hitler, Rosenberg, Darré, H. F. K. Günther u. a., ferner der Großteil der Organisationsnamen und Rangbezeichnungen der NSDAP.

b) Das sog. ***Dritte Reich*** **1933—1945**. 1933 macht, wie Ossietzky es in der ‚Weltbühne' formuliert, „die NSDAP [...] ihre agitatorische Sprache unbedenklich zum amtlichen Stil". (29/1933, 194) Im Zentrum der Dokumentation steht entsprechend das Vokabular des offiziellen NS-Sprachgebrauchs in dieser Zeit.

2. Offizieller/öffentlicher Sprachgebrauch

Das NS-Regime hatte die Tendenz, durch *Erfassung* in Organisationen, *Schulung, Betreuung, Ausrichtung* der Bevölkerung, durch *Freizeit-* und *Feierabendgestaltung* usw. auch den Raum der Nichtöffentlichkeit organisatorisch und ideologisch zu durchdringen. Die Reichweite der offiziellen Sprache ging daher weit über die Verwendung in Reden der Parteioberen und Funktionäre in Verordnungen, Gesetzen, Presseanweisungen, Rundfunksendungen und Zeitungen hinaus. In die Exzerption einbezogen wurden daher überhaupt Äußerungen, die in der Öffentlichkeit oder im öffentlichen Auftrag gemacht wurden oder die für die Öffentlichkeit bestimmt waren. (Öffentlicher Sprachgebrauch wird also im weitesten Sinn verstanden: als asymmetrische Kommunikation, die keinen wechselseitigen Austausch von Mitteilungen vorsieht.) Die Beschränkung auf den beschriebenen Gegenstandsbereich ist jedoch nicht strikt. Ausdrücke, die sowohl im öffentlichen Sprachgebrauch wie im internen z. B. der SS eine Rolle spielen, werden aus beiden Bereichen dokumentiert, ebenso Ausdrücke aus dem Grenzbereich zwischen Öffentlichkeit und Geheimhaltung. Als Folie für die Belegbeispiele aus dem öffentlichen Sprachgebrauch wurden ferner gelegentlich auch verstreut überlieferte, zeitgenössische private, und wenn möglich, sprachreflexive Äußerungen aufgenommen. (Die Tatsache, daß die Gebrauchsfrequenz des typischen Vokabulars, auch bei den Parteioberen und Funktionären, sehr stark von der Gebrauchssituation und der jeweiligen Textsorte bestimmt wird, könnte Gegenstand einer eigenen Untersuchung sein.)

3. Die Quellenbasis

Als Grundlage für die Exzerptionen ist ein Querschnitt verschiedener Texttypen aus verschiedensten Sachgebieten angestrebt worden. (Daß eine solche Auswahl, abgesehen von der Überlieferungslage und von Zufällen der Zugänglichkeit, immer auch von subjektiven Faktoren bestimmt ist und im Rahmen dieser Arbeit nicht im statistischen Sinn repräsentativ sein kann, muß nicht eigens betont werden.)

Einige Quellengruppen seien zum besseren Kontextverständnis der im ‚Vokabular des Nationalsozialismus' zitierten Belege hier kurz vorgestellt:

‚**Meldungen aus dem Reich**' (MADR), in der Edition von H. Boberach, (1984): die aus „zahllosen Einzelmeldungen" zusammengestellten, geheimen Lageberichte des Sicherheitsdienstes der SS von 1938 bis 1945 über die Verhältnisse auf den verschiedenen Gebieten des öffentlichen Lebens: Wissenschaft; Volkstum und Volkskunde (dabei Rassenkunde und Volksgesundheit); Kunst (mit Film und Funk); Erziehung; Partei und Staat; Verfassung und Verwaltung; Ausland; Freimaurerei; Vereinswesen. Die Zuständigkeit für: Kirchen, Sekten, sonstige religiöse und weltanschauliche Zusammenschlüsse; Pazifismus; Judentum; Rechtsbewegung; sonstige staatsfeindliche Gruppen; Wirtschaft; Presse (MADR, 14) war unter SD und Gestapo geteilt. (Für Marxismus, Landesverrat und Emigranten war ausschließlich die Gestapo zuständig.) Der Auftrag lautete: „zu berichten, wie sich die nationalsozialistische Weltanschauung auf den einzelnen Lebensgebieten durchsetzt und welche Widerstände und ggf. von wem zu verzeichnen sind." (MADR, 20) Die ‚Meldungen aus dem Reich' berichten auch über abweichenden Sprachgebrauch in Bevölkerung und Institutionen, z. B. über den „Mißbrauch" „völkischen Sprachgutes und nationalsozialistischer Begriffe". (MADR, 2517)

‚**Bayern in der NS-Zeit**' (Hg. M. Broszat): Die ‚vertraulichen Berichte' repräsentieren einen regionalen Ausschnitt der Einzelberichte „von unten": periodische Lageberichte von Gendarmerieposten, Landräten, Ortsgruppen- und Kreisleitern der NSDAP usw. Sie dokumentieren den Sprachgebrauch der unteren und mittleren amtlichen politischen Ebene, darüber hinaus aber auch Beispiele privaten Sprachgebrauchs.

‚**Volksopposition im Polizeistaat**‘ (Hg. B. Vollmer): Gestapo- und Regierungsberichte von 1934 bis 1936 über die Verhältnisse im Regierungsbezirk Aachen. Vollmer beschränkt seine Quellenauswahl auf die Kapitel: Allgemeines, Kirchenpolitik der beiden christlichen Kirchen, Kulturpolitik, NSDAP und ihre Gliederungen.

‚**Anweisungen der Pressekonferenz der Reichsregierung des Dritten Reichs**‘, kurz ‚**Presseanweisungen**‘: Sie dokumentieren Anordnungen und Verbote, die überwiegend den Inhalt der Nachrichtengebung von Presseorganen, aber auch die Nachrichtenformulierung und explizit den Gebrauch oder Nichtgebrauch von Ausdrücken betrafen. Sie wurden auf der täglich stattfindenden Pressekonferenz des Reichspropagandaministeriums den anwesenden Berliner Korrespondenten mitgeteilt, die sie an ihre Zeitungen weitergaben. Die bisher nur zu einem kleinen Teil edierten Quellen sind Mitschriften der täglichen Pressekonferenz und damit verbundene Informationsberichte der Korrespondenten für die Heimatredaktionen, Mitschriften einer dem DNB (Deutsches Nachrichtenbüro) unterstellten Korrespondenz und das offizielle Protokoll der Reichspressekonferenz. Dieses Protokoll wurde zur Weitervermittlung an die Provinzzeitungen ohne eigenen Korrespondenten den Gaupropagandaämtern zugeschickt. (Toepser-Ziegert, 1, 53) Die Presseanweisungen liegen in drei Formen zugänglich vor: der gedruckte ‚Zeitschriftendienst‘ und die hektographierten Rundschreiben an die Gaupropagandaämter im Institut für Zeitgeschichte, München; vier Konvolute privat gesammelter Anweisungen (darunter die Sammlung Brammer) im Bundesarchiv Koblenz. Die Edition der ‚NS-Presseanweisungen der Vorkriegszeit‘ (bearb. Toepser-Ziegert) reicht bisher bis zur Mitte des Jahres 1936. Die explizit sprachlenkenden Presseanweisungen sind im Rahmen der Arbeit von R. Glunk: ‚Erfolg und Mißerfolg der nationalsozialistischen Sprachlenkung‘ abgedruckt. Alle Anweisungen werden (auch die aus der von mir selbst exzerpierten Sammlung Brammer im Bundesarchiv Koblenz) mit Rücksicht auf eine möglichst einheitliche Zitierung in diesem Vokabular nach Glunk zitiert und, soweit sie ediert sind, zusätzlich nach Toepser-Ziegert. Es verbleibt ein sehr kleiner Rest von Anweisungen, die weder bei Glunk noch bei Toepser-Ziegert vorkommen. Sie werden nach der Signatur der Sammlung im Bundesarchiv Koblenz zitiert.

‚**Der Nürnberger Prozeß**‘: die Sitzungsprotokolle des Verfahrens gegen die Hauptkriegsverbrecher vor dem Internationalen Militärgerichtshof in

Nürnberg mit den sonst nicht leicht zugänglichen Dokumenten, die als Beweisstücke in die Verhandlung eingeführt wurden. Diese werden im Vokabular mit ihren Siglen zitiert (nebst Band- und Seitenangabe).

‚Blick in die Zeit‘: eine erst nach 1933 von Sozialdemokraten gegründete und finanzierte Wochenschrift, ein Pressespiegel mit dem Untertitel ‚Pressestimmen des In- und Auslandes zu Politik, Wirtschaft und Kultur‘. „Mit Hilfe geschickt ausgewählter in- und ausländischer Zeitungsausschnitte vermittelte die Zeitschrift in Jahren, in denen die Presse zensiert und gemaßregelt wurde, einen informativen Überblick zu politischen und wirtschaftlichen Ereignissen und kommentierte durch die Art der Zusammenstellung diese zugleich kritisch." (Reprintausgabe, Einführung, 6) Das Blatt, das über zwei Jahre lang erscheinen konnte, liegt in einer dreibändigen Reprintausgabe vor und ist als genial subversive Nachrichtenkompilation nicht nur für sprachliche Untersuchungen eine Fundgrube.

4. Die Eingrenzung einer Grundgesamtheit von NS-Wörtern

a) **Textvergleich.** Grundlage für die Isolierung einer Grundmenge von typischen Wörtern, die dem NS-Sprachgebrauch zugeordnet werden könnten, war die gründliche, ausgiebige und nach Maßgabe des Auffälligkeitskriteriums sich verzweigende Quellenlektüre; sodann der Vergleich von Texten, die vor, nach und während der NS-Zeit entstanden. Daß diese empirisch-philologische Methode der klassischen Wortforschung ihre spezifischen Beschränkungen hat (wie andere Methoden auch) und Subjektivität des Zugriffs nicht auszuschließen vermag, ist bekannt. Doch gibt es offenbar bisher keine heuristische Methode, die die Forderung nach linguistisch schlüssiger, intersubjektiver Validierung der Ergebnisse einer Sprachuntersuchung praktisch einlösen könnte.

b) **Wörterbuchvergleich.** Der Vergleich von Wörterbuch-Auflagen vor und nach 1933 kann die Zuordnung des gewonnenen Materials bis zu einem gewissen Grade objektivieren.

Schon meine erste Annäherung an das Thema „NS-Sprache" 1958 wurde gestützt durch den Vergleich der vornationalsozialistischen 7. (1924–1930) und der in der NS-Zeit entstandenen, nicht fertiggestellten 8. Auflage (1936–1942) von **Meyers Lexikon**, die sich signifikant unterscheiden. Sarkowski nennt in seiner Verlagsgeschichte des Bibliographischen Instituts die 8. Auflage von Meyers Lexikon „das parteiamtliche Lexikon" (S. 156). Die Lexikonartikel wurden von der *Parteiamtlichen Prüfungskommission*

(PPK) (s. dort) zunächst nur zensiert. „Schließlich lieferte die PPK auch vollständige Artikel, an denen nichts geändert werden durfte." „Doch nicht selten änderte sie auch ihre Meinung. So mußten einige Male in gebundenen Büchern nachträglich noch einzelne Blätter ausgewechselt werden." (Sarkowski, 158) Diese Angabe wird bestätigt durch den Befund, daß es etwa in einem Teil der 8. Auflage in Band 6 eine Lang-, in einem anderen Teil eine Kurzfassung des Artikels *Konzentrationslager* gibt. (Das Exemplar der Universitätsbibliothek Bonn hat die Langfassung, das der UB Düsseldorf die Kurzfassung.)

Der Vergleich der **Duden-Auflagen** vor 1933 mit der 11. Auflage von 1934 und der 12. Auflage von 1941 zeigt eine markant ansteigende Kurve der „Nazifizierung" (W. W. Sauer, 1988) des Rechtschreibdudens. Sukzessive Tilgungen eines bestimmten Anteils der Neuaufnahmen von 1934 und 1941, die Streichung von Neudefinitionen in den Nachkriegsauflagen bestätigen die Zuordnung des entsprechenden Vokabulars zum spezifischen NS-Sprachgebrauch.

Verglichen wurden ferner die beiden Auflagen von **Knaurs Konversations Lexikon A—Z** 1932 und 1934.

5. Worttypen

Drei Typen von Wörtern ließen sich durch die vergleichende Methode isolieren: a) Wörter, die von den Nationalsozialisten neugeprägt wurden; b) Wörter, die umgedeutet wurden oder eine zusätzliche spezifische Bedeutung erhielten: c) Wörter, die sehr häufig verwendet wurden und durch die hohe Gebrauchsfrequenz ihren hohen Stellenwert im NS-Sprachgebrauch signalisieren.

6. Die Auswahl der Stichwörter

Maßgeblich für die Auswahl der einzelnen Stichwörter war neben der — aus der Durchsicht der exzerpierten Quellen sich ergebenden — Einschätzung der Relevanz an erster Stelle die Belegdichte, ferner die Zugehörigkeit des Ausdrucks zu einem terminologischen System, beides Indizien für den Stellenwert des jeweiligen Ausdrucks in der NS-Zeit. Das Konzept der breiten Belegdokumentation im Sinne einer Art Textanthologie in nuce schloß Vollständigkeit von vornherein aus. Sie wäre wegen der Fülle des Materials ohnehin nicht erreichbar gewesen, schon gar nicht im begrenzten Rahmen dieses etwas antiquierten Ein-Personen-Unternehmens. Bestimmte Fachbereiche wie Wirtschaft und Militär, Luftschutz wurden daher nur mit vereinzelten, in die Gemeinsprache hineinreichenden Beispielen berücksichtigt.

7. Der Aufbau der Wortartikel

Jeder Artikel hat ein festes Aufbauschema. Am Kopf steht paraphrasierend die Angabe der Bedeutung, die das Stichwort im Sprachgebrauch der Nationalsozialisten hatte. (Auf die Verdeutlichung der Eigenperspektive wird dabei nicht immer verzichtet.) Im Maximalfall wird in einem ersten Abschnitt (Kennzeichen: >), je nach Bedeutsamkeit für den NS-Gebrauch, die Geschichte des Wortgebrauchs vor dem Nationalsozialismus dargestellt oder nur eine kurze formale und semantische Herleitung des Ausdrucks gegeben. (Die wenigsten NS-Wörter sind Neuprägungen.) Fehlten dafür Vorarbeiten, und das ist häufig der Fall, so konnte die Vorgeschichte natürlich nur stichprobenartig und lückenhaft erhellt werden. Der Hauptteil (Kennzeichen: >), der häufig den ersten Abschnitt bildet, dokumentiert die Verwendungsweisen des Ausdrucks in der Aufstiegszeit des Nationalsozialismus und in der NS-Zeit selbst, eingeführt, falls notwendig, durch Hinweise auf den Situationskontext, auf Kontrastwörter, auf Verwendung als Euphemismus usw. Die Anordnung der Belegbeispiele ist chronologisch, jedoch werden definitionsartige oder erhellende sprachreflexive Beispiele ohne Rücksicht auf die Chronologie an den Anfang gestellt. Nur in einer begrenzten Zahl von Fällen wird in einem dritten Artikelabschnitt (Kennzeichen: >) der heutige Gebrauch weiterverwendeter oder wieder verwendeter Ausdrücke beleuchtet. Eine vollständigere Darstellung hätte den begrenzten Rahmen dieses Nachschlagebuches gesprengt. Sie muß Gegenstand eigener Untersuchungen sein, wie dies z. T. schon der Fall ist. (s. G. Stötzel)

8. Hinweise auf das Vorkommen der Stichwörter in Wörterbüchern der NS-Zeit

Bei jedem Stichwort ist angemerkt, in welchem der nach Typus und Zeitpunkt des Erscheinens ausgewählten, in der NS-Zeit erschienenen Lexika es gebucht ist (und ob und wann es im Rechtschreibduden getilgt wurde): Duden, 11. Auflage 1934, 12. Auflage 1941, (Nachkriegsauflagen s. Literaturverzeichnis); Deutsches Wörterbuch, Bd. IV,I,6, 1935; Bd. XI,I,1, 1935; Bd. XI,2, 1936; Bd. XI,III, 1936; Bd. X,II,2, 1941; Bd. X,IV, 1942; Knaurs Konversations-Lexikon A−Z, 1934; Meyers Lexikon 1936−1942 (A−

Soxhlet); Trübners Deutsches Wörterbuch, Bd. 1−4, 1939−1943 (A−N); Der Volks-Brockhaus 1940; zusätzlich: das Glossar von H. Paechter, New York 1944.

9. Zitierweise

Die Belegbeispiele werden in der Schreibweise der Quelle wiedergegeben, jedoch − mit Ausnahmen − ohne die in NS-Texten überaus zahlreichen graphischen Hervorhebungen. Offenkundige Druckfehler wurden stillschweigend korrigiert. Die Mehrzahl der Belege ist aus Primärquellen zitiert. Zitate aus Sekundärquellen sind in den Anmerkungen durch „zit." vor dem Verweis auf die Sekundärquelle gekennzeichnet. Die Anmerkung „Hinweis" besagt, daß aus einer Primärquelle zitiert, der Hinweis auf die Belegstelle aber der angegebenen Sekundärliteratur verdankt wird. In Zitaten aus Lexikonartikeln sind Abkürzungen mit Rücksicht auf die Lesbarkeit ausgeschrieben.

10. Alphabetische Anordnung

Umlaute werden wie nicht umgelautete Vokale behandelt. Mehrgliedrige Ausdrücke wie Phraseologismen sind unter dem ersten sinntragenden Wort eingeordnet. Sie stehen vor den Komposita und Ableitungen. Die grammatische Endung des sinntragenden Wortes wird bei der alphabetischen Einordnung nicht berücksichtigt.

Abkürzungen

abgedr.	abgedruckt	germ.	germanisch
Abt.	Abteilung	ges.	gesammelt
Adj.	Adjektiv	Ges. Schr.	Gesammelte Schriften
ahd.	althochdeutsch	gez. S.	gezählte Seiten
Akad.	Akademie	griech.	griechisch
amtl.	amtlich	H.	Heft
Anm.	Anmerkung	Hg.	Herausgeber
anord.	altnordisch	hg.	herausgegeben von
arab.	arabisch	Inst.	Institut
Aufl.	Auflage	Jg.	Jahrgang
Ausg.	Ausgabe	Jh.	Jahrhundert
ausgew.	ausgewählt	kath.	katholisch
Bd.	Band	komm.	kommentiert
bearb.	bearbeitet	lat.	lateinisch
begr.	begründet	Lfg.	Lieferung
Beitr.	Beiträge	Lit.	Literatur
ber.	berichtigt	m.	mit
bespr.	besprochen	MA	Mittelalter
Bl.	Blatt	Manuskr.	Manuskript
dargest.	dargestellt	mhd.	mittelhochdeutsch
ders.	derselbe	Mittbl.	Mitteilungsblatt
Diss.	Dissertation	Mitw.	Mitwirkung
Dok.	Dokument	mundartl.	mundartlich
dt.	deutsch	n.	nach
durchges.	durchgesehen	N	Neutrum
ebd	ebenda	Nat. soz.	Nationalsozialismus
Einl.	Einleitung	Ndr.	Neudruck
engl.	englisch	nhd.	neuhochdeutsch
erg.	ergänzt	Nr.	Nummer
erl.	erläutert	NS	Nationalsozialismus
ersch.	erschienen	ns.	nationalsozialistisch
erw.	erweitert	o. J.	ohne Jahr
ev.	evangelisch	o. O.	ohne Ort
f.	für	o. S.	ohne Seiten-
franz.	französisch		numerierung
frühnhd.	frühneuhochdeutsch	philos.	philosophisch
geh.	gehoben	poln.	polnisch
gemeingerm.	gemeingermanisch	port.	portugiesisch

RdErl	Runderlaß	unveränd.	unverändert
Red.	Redaktion	v. Js.	vorigen Jahres
Reg.bez.	Regierungsbezirk	veränd.	verändert
Reg.präsident	Regierungspräsident	verb.	verbessert
S.	Seite	verm	vermehrt
s.	siehe	vgl.	vergleiche
s. v.	sub voce (unter dem Stichwort)	VO	Verordnung
		vollst.	vollständig
schwed.	schwedisch	Vorw.	Vorwort
Slg.	Sammlung	WB	Wörterbuch
T.	Teil	Wiss.	Wissenschaften
t.	tome (Band)	wiss.	wissenschaftlich
Tb.	Taschenbuch	Z	Zeitschrift
Tsd.	Tausend	Zeitgesch.	Zeitgeschichte
u. a.	und andere	zit.	zitiert nach
übers.	übersetzt	ZK	Zentralkomitee
Übers.	Übersetzung	Ztg.	Zeitung
ugs.	umgangssprachlich	zusammengest.	zusammengestellt
umgearb.	umgearbeitet		

Quellen- und Literaturverzeichnis

Siglen und abgekürzt zitierte Literatur sind alphabetisch eingeordnet.

1. Lexika und Enzyklopädien
2. Dokumente und Dokumentationen
3. Quellen bis 1920
4. Quellen von 1920 bis 1945
5. Zeitgenössische Tagebücher und Aufzeichnungen
6. Darstellungen

1. Lexika und Enzyklopädien

Adelung: Johann Christoph Adelung: Grammatisch-kritisches Wörterbuch der Hochdeutschen Mundart mit beständiger Vergleichung der übrigen Mundarten, besonders aber der Oberdeutschen. 2. verm. u. verb. Aufl. Leipzig 1793–1796. Ndr. Hildesheim, New York 1970.

Allgemeine Deutsche Realenzyklopädie für die gebildeten Stände (Conversations-Lexikon), Bd. 1–12. Leipzig 1827.

Brackmann, Karl-Heinz, Renate Birkenhauer: NS-Deutsch. „Selbstverständliche" Begriffe und Schlagwörter aus der Zeit des Nationalsozialismus. Straelen 1988.

Brockhaus: Brockhaus' Konversations-Lexikon. 14. vollständig neubearb. Aufl. in 16 Bdn. Leipzig, Berlin, Wien 1893–1897.

Büchmann (Rust): Geflügelte Worte. Der Zitatenschatz des deutschen Volkes. Ges. u. erl. v. Georg Büchmann. Volksausgabe nach der v. Gunther Haupt u. Werner Rust neubearb. 29. Aufl. d. Hauptwerkes bearb. v. Werner Rust. Berlin 1943.

Büchmann: Geflügelte Worte. Der Zitatenschatz des deutschen Volkes. Ges. u. erl. v. Georg Büchmann. 32. Aufl. vollst. neubearb. v. Gunther Haupt u. Winfried Hofmann. Sonderausgabe Berlin 1972.

Campe: Joachim Heinrich Campe: Wörterbuch der Deutschen Sprache. 5 Bde. Braunschweig 1807–1811. Ndr. Hildesheim 1969.

Campe Erg. 1: Joachim Heinrich Campe: Wörterbuch zur Erklärung und Verdeutschung der unserer Sprache aufgedrungenen fremden Ausdrücke. 2. verbesserte und mit einem 3. Band vermehrte Aufl. Graetz 1808.

Campe. Erg. 2: Joachim Heinrich Campe: Wörterbuch zur Erklärung und Verdeutschung der unserer Sprache aufgedrungenen fremden Ausdrücke. Ein Ergänzungsband zu Adelung's und Campe's Wörterbüchern. Neue stark verm. u. durchgängig verb. Ausg. Braunschweig 1813. Ndr. Hildesheim 1970.

Duden, 9. Aufl. 1915: Duden. Rechtschreibung der deutschen Sprache und der Fremdwörter. Mit Unterstützung des Allgemeinen Deutschen Sprachvereins, des Deutschen Buchdruckervereins, des Reichsverbandes Österreichischer Buchdruckereibesitzer, des schweizerischen Buchdruckervereins sowie der deutschen und österreichischen Korrektorenvereine nach den für Deutschland, Österreich und die Schweiz gültigen amtlichen Regeln bearbeitet von Ernst Wülfing und Alfred C. Schmidt unter Mitarbeit v. Otto Reinecke. 9. neubearb. Aufl. Leipzig 1915.

Duden, 10. Aufl. 1929: Der Große Duden. Rechtschreibung der deutschen Sprache und der Fremdwörter. Mit Unterstützung des Deutschen Sprachvereins […] bearbeitet von Theodor Matthias. 10. neubearb. u. erw. Aufl. Leipzig 1929.

Duden, 11. Aufl. 1934: Der Große Duden. Rechtschreibung der deutschen Sprache und der Fremdwörter. Mit Unterstützung des Deutschen Sprachvereins, des Deutschen Buchdruckervereins e.V., des Hauptverbandes der graphischen Unternehmungen Österreichs, des Schweizerischen Buchdruckervereins sowie der deutschen und österreichischen Korrektorenvereine nach den für das Deutsche Reich, Österreich und die Schweiz gültigen amtlichen Regeln bearbeitet von Otto Basler unter Mitwirkung der Fachschriftleitungen des Bibliographischen Instituts. 11. neubearbeitete u. erw. Aufl. Leipzig 1934.

Duden, 12. Aufl. 1941: Der Große Duden. Rechtschreibung der Deutschen Sprache und der Fremdwörter. Mit Unterstützung des Deutschen Sprachvereins und des deutschen Sprachpflegeamtes, des Fachamtes Druck und Papier der Deutschen Arbeitsfront, des Deutschschweizerischen Sprachvereins und des Schweizerischen Buchdruckervereins nach den für das Deutsche Reich und die Schweiz gültigen amtlichen Regeln. 12. neubearb. u. erw. Aufl. Leipzig 1941.

Duden, 13. Aufl. 1947: Duden. Rechtschreibung der deutschen Sprache und der Fremdwörter. Bearbeitet von der Duden-Schriftleitung des Bibliographischen Instituts. Hg. Horst Klien. 13. Aufl. Leipzig 1947 (Wiesbaden 1948).

Duden, 14. Aufl. 1954: Duden. Rechtschreibung der deutschen Sprache und der Fremdwörter. Bearbeitet v. der Dudenredaktion unter Leitung v. Paul Grebe. 14. Aufl. Mannheim, Wiesbaden 1954.

Duden, 15. Aufl. 1961: Der Große Duden, Bd. 1. Rechtschreibung der deutschen Sprache und der Fremdwörter. Jubiläumsausgabe. Völlig neu bearb. von der Dudenredaktion unter Leitung von Paul Grebe. 15. erweiterte Aufl. Mannheim 1961.

Duden, 20. Aufl. 1991: Duden. Rechtschreibung der deutschen Sprache. 20., völlig neu bearb. u. erw. Auflage. Hg. v. der Dudenredaktion. Auf der Grundlage der amtlichen Rechtschreibregeln. Duden. Bd. 1. Mannheim, Wien, Zürich 1991.

DUWB Duden 1983: Duden Universalwörterbuch. Hg. u. bearb. v. wissenschaftlichen Rat und den Mitarbeitern der Dudenredaktion unter Leitung von Günther Drosdowski. Mannheim, Wien, Zürich: Bibliographisches Institut 1983.

DWB: Deutsches Wörterbuch von Jacob Grimm und Wilhelm Grimm. 16 Bde. in 32 Teilbdn. Leipzig 1854–1960.

DWB (2.): Deutsches Wörterbuch von Jacob Grimm und Wilhelm Grimm. Neubearbeitung. Hg. von der Akad. der Wiss. der DDR in Zusammenarbeit mit der

Akad. der Wiss. zu Göttingen. Bisher Bd. 1; Bd. 2, Lieff. 1—7; Bd. 6; Bd. 7. Leipzig 1983—1996.
Engels Verdeutschungswörterbuch: Eduard Engel: Entwelschung. Verdeutschungswörterbuch für Amt, Schule, Haus, Leben. Leipzig 1918.
EWB: Etymologisches Wörterbuch des Deutschen. 3 Bde. Erarbeitet von einem Autorenkollektiv des Zentralinstituts für Sprachwissenschaft unter der Leitung von Wolfgang Pfeifer. Berlin 1989.
DFWB: Deutsches Fremdwörterbuch von Hans Schulz, fortgeführt von Otto Basler, weitergeführt im Institut für deutsche Sprache. Bd. 1, Straßburg 1913. Ndr. Berlin, New York 1974. Bd. 2, Berlin 1942. Bde. 3—7, Berlin, New York 1977—1988.
DFWB (2): Deutsches Fremdwörterbuch. Begonnen von Hans Schulz, fortgeführt von Otto Basler. 2. Auflage, völlig neubearbeitet im Institut für deutsche Sprache. Bd. 1: 1995, Bd. 2: 1996, bearb. v. Gerhard Strauß (Leitung) u. a. Berlin, New York.
GG: Geschichtliche Grundbegriffe. Historisches Lexikon zur politisch-sozialen Sprache in Deutschland. Hg. Otto Brunner, Werner Conze, Reinhart Koselleck. 7 Bde. Stuttgart 1972—1993.
Goethe-Wörterbuch. Hg. v. der Akademie der Wiss. der DDR, der Akademie der Wiss. in Göttingen u. der Heidelberger Akademie der Wissenschaften, bisher Bd. 1—2. Stuttgart, Berlin [...] 1978—1989.
GWB: Duden. Das große Wörterbuch der deutschen Sprache in 8 Bdn. 2. völlig neu bearb. u. stark erw. Aufl. Hg. Wiss. Rat u. Mitarbeiter der Dudenredaktion unter Leitung v. G. Drosdowski. Mannheim, Leipzig [...] 1993 ff.
Herders Konversationslexikon. 3. Aufl. Freiburg 1902—1907.
Der große Herder. Nachschlagewerk für Wissen und Leben. 4. neubearb. Aufl. v. Herders Konversationslexikon. 12 Bde. Freiburg 1931—35.
Jeske, Erich: Wörterbuch zur Erblehre und Erbpflege (Rassenhygiene). Berlin 1934.
Kluge 1957: Friedrich Kluge: Etymologisches Wörterbuch der deutschen Sprache. 17. Aufl. unter Mithilfe v. A. Schirmer bearb. von Walther Mitzka. Berlin 1957.
Kluge 1989: Friedrich Kluge: Etymologisches Wörterbuch der deutschen Sprache. 22. Aufl unter Mithilfe v. M. Bürgisser u. B. Gregor völlig neu bearb. von Elmar Seebold. Berlin, New York 1989.
Knaur 1932: Knaurs Konversations-Lexikon A—Z. Berlin 1932.
Knaur 1934: Knaurs Konversations-Lexikon A—Z. Berlin 1934.
Ladendorf, Otto: Historisches Schlagwörterbuch. Ein Versuch. Straßburg, Berlin 1906.
Lexikon der Kunst. Architektur, bildende Kunst, angewandte Kunst. Hg. Harald Olbrich. 7 Bde. Leipzig 1987—1994.
Lexikon d. MA 1980 ff.: Lexikon des Mittelalters. Bisher Bd 1—7, München u. Zürich 1980—1995.
Lexikon der Sekten, Sondergruppen und Weltanschauungen. Hg. H. Gasper, J. Müller, F. Valentin. 3. Aufl. Freiburg, Basel, Wien 1991.
Meyers Großes Konversations-Lexikon. Ein Nachschlagewerk des allgemeinen Wissens. 6. Aufl. Leipzig u. Wien 1909 ff.

Meyers Lexikon. 7. Aufl. 15 Bde. Leipzig 1924—1933.

Meyers Lexikon. 8. Aufl. 9 Bde. (A—Soxhlet) u. Bd. 12 (Atlasband). Leipzig 1936—1942.

Meyers Enzykl. Lexikon. 9. Aufl.: Meyers Enzyklopädisches Lexikon. 9. Aufl. 25 Bde. Mannheim 1971—1979.

Paechter, Heinz in Association with Bertha Hellmann, Hedwig Paechter, Karl O. Paetel: Nazi-Deutsch. A Glossary of Contemporary German Usage with Appendices on Government, Military and Economic Institutions. New York 1944.

Paul 1992: Hermann Paul: Deutsches Wörterbuch. 9., vollständig neu bearbeitete Aufl. v. Helmut Henne und Georg Objartel unter Mitarbeit v. Heidrun Kämper-Jensen. Tübingen 1992.

Pekrun, Richard: Das deutsche Wort. Rechtschreibung und Erklärung des deutschen Wortschatzes sowie der Fremdwörter. 131. bis 180. Tausend. Leipzig 1933.

Le petit Robert. Dictionnaire alphabetique et analogique de la langue Francaise. Paris 1970.

Rotteck/Welcker: Das Staats-Lexikon. Enzyklopädie der sämmtlichen Staatswissenschaften für alle Stände. Hg. Carl von Rotteck und Carl Welcker. Neue durchaus verb. u. verm. Aufl. Bd. 1: 1845, Bd. 2: 1846. Altona.

Sanders, Daniel: Wörterbuch der deutschen Sprache. 2 Bde. in 3 Bdn. Leipzig 1860—1865. 2. Abdr. 1876. Ndr. Hildesheim 1969.

Staatslexikon. Recht, Wirtschaft, Gesellschaft. 6. völlig neu bearb. u. erw. Aufl. 11 Bde. Freiburg 1957—1970.

Stieler, Kaspar: Der Teutschen Sprache Stammbaum und Fortwachs oder Teutscher Sprachschatz. Nürnberg 1691. Ndr. mit einem Nachwort v. Stefan Sonderegger. München 1968.

Strauß, Gerhard, Ulrike Haß, Gisela Harras: Brisante Wörter von Agitation bis Zeitgeist. Ein Lexikon zum öffentlichen Sprachgebrauch. Berlin, New York 1989.

Trübners DWB: Trübners Deutsches Wörterbuch. Begründet v. Alfred Götze. In Zusammenarbeit m. E. Brodführer, M. Gottschald, A. Schirmer hg. v. Walter Mitzka. 8 Bde. Berlin 1939—1957 (Bd. 1—4, A—Nutznießer: 1939—1943. Bd. 5—8: 1954—1957).

Volks-Brockhaus 1940: Der Volks-Brockhaus. Deutsches Sach- und Sprachwörterbuch für Schule und Haus. 9. verb. Aufl. A—Z. Leipzig 1940.

Wagner, Hans: Taschenwörterbuch des neuen Staates. 2. Aufl. Leipzig 1934.

WDG: Wörterbuch der deutschen Gegenwartssprache. Hg. Ruth Klappenbach und Wolfgang Steinitz. 6. Bde. Berlin 1964—1977.

Zedler: Grosses Universal Lexicon Aller Wissenschaften und Kuenste, welche bißhero durch menschlichen Verstand und Witz erfunden worden. Halle und Leipzig. Verlegts Johannes Heinrich Zedler. 64 Bde. 1732—1750.

2. Dokumente und Dokumentationen

Albrecht, Dieter (Bearb.): Der Notenwechsel zwischen dem Heiligen Stuhl und der deutschen Reichsregierung. Bd. 1: Von der Ratifizierung des Reichskonkordats bis zur Enzyklika „Mit brennender Sorge". — Veröffentlichungen d. Kommission

f. Zeitgesch. bei d. Kath. Akademie Bayern. Hg. K. Repgen. Reihe A: Quellen, Bd. 1. Mainz 1965.
Aufstieg der NSDAP: Der Aufstieg der NSDAP in Augenzeugenberichten. Hg. und eingel. v. E. Deuerlein. Düsseldorf 1968.
Bayern in der NS-Zeit. Bd. 1. Soziale Lage und politisches Verhalten der Bevölkerung im Spiegel vertraulicher Berichte. Hg. M. Broszat, E. Fröhlich, F. Wiesemann. München, Wien 1977.
Brenner, Hildegard: Ende einer bürgerlichen Kunst-Institution. Die politische Formierung der Preußischen Akademie der Künste ab 1933. Eine Dokumentation. — Schriftenreihe der Vierteljahreshefte für Zeitgeschichte, Nr. 24. Stuttgart 1972.
Deuerlein, Ernst (Hg.): Der Hitlerputsch. Bayerische Dokumente zum 8./9. November 1923 — Veröffentlichungen d. Inst. f. Zeitgesch. Quellen u. Darstellungen z. Zeitgeschichte, Bd. 2. Stuttgart 1962.
Dokumente der deutschen Geschichte und Politik von 1848 bis zur Gegenwart. Hg. J. Hohlfeld. Berlin 1951 ff.
Dokumente der deutschen Politik. Hg. Meier-Benneckenstein. 5 Bde. Berlin 1937/38.
Domarus, Max: Hitler. Reden und Proklamationen 1932—1945. Kommentiert von einem deutschen Zeitgenossen. 4 Bde. München 1965.
Fröhlich, Elke (Hg.): Die Tagebücher von Joseph Goebbels. Sämtliche Fragmente. Hg. im Auftrag des Instituts für Zeitgeschichte u. in Verbindung m. d. Bundesarchiv. Teil 1: Aufzeichnungen 1924—1941. Bd. 1: 27. 6. 1924—31. 12. 1930. München, New York, London, Paris 1987.
Der Generalplan Ost. In: Vierteljahreshefte f. Zeitgeschichte 6/1958, 280—325.
Goebbels-Reden: Helmut Heiber (Hg.): Goebbels-Reden. Bd. 1: 1932—1939. Bd. 2: 1939—1945. Düsseldorf 1971, 1972.
Heiber, Helmut (Hg.): Das Tagebuch von Joseph Goebbels 1925/26. Mit weiteren Dokumenten. — Schriftenreihe d. Vierteljahreshefte f. Zeitgesch., Nr. 1. Im Auftrag d. Inst. f. Zeitgesch. hg. v. H. Rothfels u. Th. Eschenburg. Red. M. Broszat. Stuttgart 1960.
Hofer, Walther (Hg.): Der Nationalsozialismus. Dokumente 1933—1945. Frankfurt, Hamburg (Fischer Tb.) 1980 (zuerst 1957).
Jäckel/Kuhn: Eberhard Jäckel, Axel Kuhn (Hg.): Hitler. Sämtliche Aufzeichnungen 1905—1924. Stuttgart 1980.
Kindt, Werner (Hg.): Die Wandervogelzeit. Quellenschriften zur deutschen Jugendbewegung 1896—1919. Dokumentation der Jugendbewegung II. Hg. im Auftrag des „Gemeinschaftswerkes Archiv und Dokumentation der Jugendbewegung". Mit einer ideengeschichtlichen Einführung v. Wilhelm Flitner. Düsseldorf, Köln 1968.
Kindt, Werner (Hg.): Die deutsche Jugendbewegung 1920 bis 1933. Die bündische Zeit. Quellenschriften. Dokumentation der Jugendbewegung III. Hg. im Auftrage des „Gemeinschaftswerkes Archiv und Dokumentation der Jugendbewegung" — in Verb. mit d. Wissenschaftl. Kommission f. die Geschichte der Jugendbewegung. Mit einem Nachwort von H. Raupach. Düsseldorf, Köln 1974.

Kinne, Michael (Hg.): Nationalsozialismus und deutsche Sprache. Arbeitsmaterialien zum deutschen Sprachgebrauch während der nationalsozialistischen Herrschaft. Frankfurt/M. 1981.

Kühnl, Reinhard: Der deutsche Faschismus in Quellen und Dokumenten. Köln 1975.

Piper, Ernst: Nationalsozialistische Kunstpolitik. Ernst Barlach und die „entartete Kunst". Eine Dokumentation. Frankfurt (st 1458) 1987. (Buchausg. München 1983).

Longerich, Peter (Hg.): Die Ermordung der europäischen Juden. Eine umfassende Dokumentation des Holocaust 1941–1945. München 1989.

Der Nürnberger Prozeß: Der Prozeß gegen die Hauptkriegsverbrecher vor dem internationalen Militärgerichtshof Nürnberg 14. November 1945 bis 1. Oktober 1946. 23 Bde. Ndr. München 1984.

Zur Perversion der Strafjustiz im Dritten Reich. In: Vierteljahreshefte f. Zeitgesch. 6/1958, 390–445.

Poliakov/Wulf: Léon Poliakav, Joseph Wulf: Das Dritte Reich und seine Diener. Wiesbaden 1989 (zuerst 1956).

Poliakov/Wulf: Léon Poliakov, Joseph Wulf: Das Dritte Reich und die Juden. Wiesbaden 1989 (zuerst 1955).

Poliakov/Wulf: Léon Poliakov, Joseph Wulf: Das Dritte Reich und seine Denker. Wiesbaden 1989 (zuerst 1959).

Pross, Harry (Hg.): Die Zerstörung der deutschen Politik. Dokumente 1871–1933. 4. Aufl. Frankfurt/M. 1963.

Richterbriefe: Heinz Boberach (Hg.): Richterbriefe. Dokumente zur Beeinflussung der deutschen Rechtsprechung 1942–1944. Boppard 1975.

Sammlung Brammer, Bundesarchiv Koblenz (Presseanweisungen. Unveröffentlichte Quelle).

Sündermann, Helmut: Tagesparolen. Deutsche Presseanweisungen 1939–1945. Hitlers Propaganda und Kriegsführung. Aus dem Nachlaß hg. v. Gerd Sudholt. Leoni 1973.

Staff, Ilse (Hg.): Justiz im Dritten Reich. Eine Dokumentation. Frankfurt (Fischer Tb.) 1978.

Toepser-Ziegert: NS-Presseanweisungen der Vorkriegszeit. Edition und Dokumentation. Hg. Hans Bohrmann (Inst. f. Zeitungsforschung d. Stadt Dortmund). Bearb. v. Gabriele Toepser-Ziegert. Mit einem Vorwort v. Ernst Sänger. Bisher Bd. 1–4/IV (1933–1936). München, New York [...] 1984–1993.

Die Wehrmachtberichte 1939–1945. 3 Bde. Unveränd. Ndr. Köln 1989.

Vollmer, Bernhard: Volksopposition im Polizeistaat. Gestapo- und Regierungsberichte 1934–36. – Veröffentlichungen des Instituts für Zeitgesch. Quellen u. Darstellungen zur Zeitgeschichte. Bd. 2. Stuttgart 1957.

Wessling, Berndt W. (Hg.): Bayreuth im Dritten Reich. Eine Dokumentation. Weinheim u. Basel 1983.

Wulf, Joseph: Die Bildenden Künste im Dritten Reich. Eine Dokumentation. Gütersloh 1963.

Wulf, Joseph: Das Dritte Reich und seine Vollstrecker. Wiesbaden 1989 (zuerst 1961).

Wulf, Joseph: Aus dem Lexikon der Mörder. „Sonderbehandlung" und verwandte Worte in nationalsozialistischen Dokumenten. Gütersloh 1963.

3. Quellen bis 1920

Ammon, Otto: Die Gesellschaftsordnung und ihre natürlichen Grundlagen. Entwurf einer Sozial-Anthropologie zum Gebrauch für alle Gebildeten, die sich mit sozialen Fragen befassen. Jena 1895.
Archiv: Archiv für Rassen- und Gesellschafts-Biologie einschließlich Rassen- und Gesellschafts-Hygiene. Zeitschrift für die Erforschung des Wesens von Rasse u. Gesellschaft und ihres gegenseitigen Verhältnisses, für die biologischen Bedingungen ihrer Erhaltung und Entwicklung, sowie für die grundlegenden Probleme der Entwicklungslehre. Hg. A. Ploetz in Verbindung mit A. Nordenholz (Jena) u. L. Platz (Berlin). Red. A. Ploetz. Jg. 1–3, 1904–1906. Berlin.
Arndt, Ernst Moritz: Grundgedanken einer teutschen Kriegsordnung. Leipzig 1813.
Arndt, Ernst Moritz: Blick aus der Zeit auf die Zeit. Germanien [Frankfurt] 1814.
Arndt, Ernst Moritz: Reden und Glossen. Leipzig 1848.
Auerbach, Berthold: Schrift und Volk. Grundzüge der volksthümlichen Literatur angeschlossen an eine Charakteristik J. P. Hebel's. Leipzig 1846.
Auerbach, Berthold: Tagebuch aus Wien. Von Latour bis Windischgrätz. (September bis November 1848). Breslau 1849.
Bamberger, Ludwig: Die intolerante Toleranz. Den 30. April 1848. Politische Schriften von 1848 bis 1868; Ges. Schriften, Bd. 3. Berlin 1895.
Bluntschli, Joh. Caspar: Geschichte des Allgemeinen Statsrechts und der Politik. Seit dem sechzehnten Jahrhundert bis zur Gegenwart. (= Geschichte der Wissenschaften in Deutschland. Neuere Zeit. Bd. 1). München 1864.
Chamberlain, H. St.: Houston Stewart Chamberlain: Die Grundlagen des neunzehnten Jahrhunderts. 1. Hälfte, 2. Hälfte. München 1899.
Chamberlain, H. St.: Die Grundlagen des neunzehnten Jahrhunderts. Vorwort zur 4. Aufl., 1. Hälfte. München 1903.
Claß, Heinrich: Zum deutschen Kriegsziel. Eine Flugschrift. 11.–20. Tausend München 1917.
Claß, Heinrich s. auch: Frymann, Daniel.
Darwin, Charles: Über die Entstehung der Arten durch natürliche Zuchtwahl. Übers. H. G. Brown, durchges. u. ber. J. V. Carus nach der 5. engl. Auflage. 4. Aufl. Stuttgart 1870.
Darwin, Charles : Die Abstammung der Menschen und die geschlechtliche Zuchtwahl. Übers. v. J. V. Carus. 2 Bde. Stuttgart 1871 (engl. zuerst 1859).
Deißmann, Adolf: Inneres Aufgebot. Deutsche Worte im Weltkrieg. 2. Aufl. Berlin 1915.
Denkwürdigkeiten des Fürsten Chlodwig zu Hohenlohe-Schillingsfürst. Im Auftrage des Prinzen Alexander zu Hohenlohe-Schillingsfürst hg. v. Friedrich Curtius. 16.–20. Tausend, Bd. 1. Stuttgart, Leipzig 1907.

Deutsches Adelsblatt. Wochenschrift für die Interesssen des christlichen Adels. 5. Jahrgang. Berlin 1887.
Dühring, Eugen: Kritische Grundlegung der Volkswirthschaftslehre. Berlin 1866.
Dühring, Eugen: Kritische Geschichte der Nationalökonomie und des Sozialismus. 2. theilweise umgearbeitete Aufl. Berlin 1875 (zuerst 1871).
Dühring, Eugen: Die Judenfrage als Racen-, Sitten- und Culturfrage. Mit einer weltgeschichtlichen Antwort. 2. verb. Aufl. Karlsruhe u. Leipzig 1881 (1. Aufl. November 1880).
Die Fackel. Hg. Karl Kraus. Nr. 1 bis 922 (1899—1936). Nachdruck d. Neudrucks in 12 Bdn. bei Zweitausendeins. Düsseldorf o. J.
Fritsch, Theodor: Antisemiten-Katechismus. Eine Zusammenstellung des wichtigsten Materials zum Verständnis der Judenfrage. 11. verb. Aufl. Leipzig 1891 (zuerst 1887).
Frymann, Daniel (d. i. Heinrich Claß): Wenn ich der Kaiser wär' — Politische Wahrheiten und Notwendigkeiten. 2. Aufl. Leipzig 1912 (zuerst 1908).
Gobineau, Joseph, Arthur Graf: Versuch über die Ungleichheit der Menschenrassen. Deutsche Ausgabe von Ludwig Schemann. Stuttgart Bd. 1—4 (1898—1901).
Goethes Werke. Hg. im Auftrage der Großherzogin Sophie von Sachsen (= Sophien-Ausgabe). Weimar 1887—1919.
Die Grenzboten. Zeitschrift für Politik, Literatur und Kunst. Leipzig 1842 ff.
Hauser, Otto: Rasse und Rassefragen in Deutschland. Dresden 1915.
Hentschel, Willibald: Varuna. Welt- und Geschichtsbetrachtung vom Standpunkt des Ariers. Leipzig 1901.
Herder: Johann Gottfried Herder: Sämmtliche Werke. Hg. Bernhard Suphan, 33 Bde. Berlin 1877—1913.
Herzl, Theodor: Der Judenstaat. In: Zionistische Schriften. Gesammelte Zionistische Werke in 5 Bdn., Bd. 1. 3. Aufl. hg. S. Kaznelson Tel Aviv 1934, 19—105.
Herzl, Theodor: Tagebücher 1895—1904. 3 Bde. Berlin 1922.
Herzl, Theodor: Zionistische Schriften. 3. veränd. und erw. Aufl. (zuerst 1905). Hg. Siegmund Kaznelson. Gesammelte Zionistische Werke in 5 Bdn., Bd. 1. Tel Aviv 1934.
Hess, Moses: Ausgewählte Schriften. Ausgew. u. eingel. v. Horst Lademacher. Wiesbaden o. J.
Die Hilfe. Gotteshilfe, Selbsthilfe, Staatshilfe, Bruderhilfe. Hg. (Pfarrer) Friedrich Naumann 1894 ff.
Jahn, Friedrich Ludwig: Deutsches Volkstum. Hg. u. eingel. v. Fr. Brümmer. Leipzig o. J. (1905) (zuerst 1810).
Jahn, Friedrich Ludwig: Werke. Neu herausgeg. u. mit einer Einleitung vers. v. Carl Euler. Bd. 2.1: 1885, Bd. 2.2: 1887. Hof.
Jung, Rudolf: Der nationale Sozialismus. 2. Aufl. München 1922 (zuerst Aussig 1919).
Kant, Immanuel: Gesammelte Schriften. Hg. v. der Königlich-Preußischen (bzw. Deutschen) Akademie der Wissenschaften. Berlin 1902 ff.
Kjellén, Rudolf: Die Großmächte der Gegenwart. Übers. v. C. Koch. Berlin 1914.

Der Kunstwart und Kulturwart. Halbmonatsschau für Ausdrucksliteratur auf allen Lebensgebieten. Hg. Ferdinand Avenarius. 27. Jg. München 1914.

Lagarde: Paul de Lagarde: Deutsche Schriften. Gesammtausgabe letzter Hand. 5. Aufl. Göttingen 1920 (zuerst 1878, Bd. 2: 1881).

Langbehn, A. Julius: Rembrandt als Erzieher. Von einem Deutschen. 67.−71. Aufl. Autorisierte Neuausgabe. Geordnet u. gesichtet nach Weisungen d. Verf. Leipzig 1922 (zuerst 1890).

Lanz-Liebenfels, Jörg: Revolution oder Evolution? In: Ostara, H. 3, 1906.

List, Guido: Die Armanenschaft der Ario-Germanen. Wien 1908.

Luther, Martin: Die gantze Heilige Schrifft Deudsch 1545 Aufs new zugericht. Hg. H. Volz. München 1972.

Mann, Thomas: Betrachtungen eines Unpolitischen. In: Politische Schriften und Reden. 3 Bde. Bd. 1. Frankfurt/M. 1968.

Marlo, Karl: Untersuchungen über die Organisation der Arbeit oder System der Weltökonomie. 3 Bde. in 4 Abt. Kassel 1850−1858.

Marx, Karl: Das Kapital. Kritik der politischen Ökonomie. Hg. Inst. f. Marxismus-Leninismus b. ZK d. SED. Separatausg., identisch m.d. Bdn. 23, 24, 25 MEW. Bd. 1: 1968, Bd. 2: 1966, Bd. 3: 1966. Berlin (zuerst 1867).

Näcke P. : Zur angeblichen Entartung der romanischen Völker, speziell Frankreichs. In : Archiv f. Rassen- und Gesellschafts-Biologie. Hg. A. Ploetz in Verbindung mit A. Nordenholz und L. Plate, 3/1906, 385 ff.

Naumann, Friedrich: Demokratie und Kaisertum, 2. Aufl. Berlin-Schöneberg 1900.

Naumann, Friedrich: Ausgewählte Schriften. Hg. Hannah Vogt. Frankfurt/M. 1949.

Neußer Zeitung. Täglicher Anzeiger für Neuß und Umgebung. Amtl. Kreisblatt. Jg. 93. 1918.

Nordau, Max: Entartung. 2 Bde. Berlin 1892.

Ostara. Österreichisches Flugschriften-Magazin. Verantwortl. Leiter Jörg Lanz-Liebenfels, Jg. 1905/06.

Paasch, C.: Geheimes Judenthum, Nebenregierungen und jüdische Weltherrschaft. 1.−3. Heft. Leipzig 1891/92.

Paul, Jean: Sämtliche Werke. Historisch-kritische Ausgabe, hg. Eduard Berend. Weimar 1927.

Ratzel, Friedrich: Der Lebensraum. Eine biographische Studie. In: Festschrift für Albert Schäffle. Tübingen 1901.

Ratzel, Friedrich: Politische Geographie oder die Geographie der Staaten, des Verkehrs und des Krieges. 2. umgearb. Aufl. München u. Berlin 1903 (zuerst 1897).

Ratzel, Friedrich: Politische Geographie oder die Geographie der Staaten, des Verkehrs und des Krieges. 3. Aufl., durchgesehen u. ergänzt von Eugen Oberhummer. München und Berlin 1923.

Reinhold, Karl Theodor: Das Deutsche Volksthum und seine nationale Zukunft. Betrachtungen eines Laien über eine nationale und praktische Politik der Gegenwart. Minden 1884.

Rembrandt als Erzieher. Von einem Deutschen [d. i. August Julius Langbehn]. 67.−71. Aufl. Autorisierte Neuausgabe. Geordnet und gesichtet nach Weisungen des Verfassers. Leipzig 1922 (zuerst 1888).

Riehl, Wilhelm Heinrich: Die Naturgeschichte des Volkes als Grundlage einer deutschen Social-Politik. Bd. 1: Land und Leute. 2. verm. Aufl. Stuttgart u. Augsburg 1855 (zuerst 1854). Bd. 2: Die bürgerliche Gesellschaft. 2. überarb. Aufl. Stuttgart u. Tübingen 1854 (zuerst 1851).
Schallmayer, Wilhelm: Die drohende physische Entartung der Culturvölker. 2. Aufl. Berlin, Neuwied 1895.
Schallmayer, Wilhelm: Vererbung und Auslese im Lebenslauf der Völker. In: Natur und Staat, 3. Teil, Jena 1903.
Schlegel, Friedrich: Kritische Ausgabe. Hg. Ernst Behler. Paderborn, München, Wien 1979 ff.
Silberner, Edmund (Hg.): Moses Heß. Briefwechsel. 's-Gravenhage 1959.
Spengler, Oswald: Preußentum und Sozialismus. München 1919.
Spengler, Oswald: Der Untergang des Abendlandes. Umrisse einer Morphologie der Weltgeschichte. Bd. 1: Gestalt und Wirklichkeit. Wien u. Leipzig 1918. Bd. 2: Welthistorische Perspektiven. München 1922.
Tille, Alexander: Von Darwin bis Nietzsche. Ein Buch Entwicklungsethik. Leipzig 1895.
Tille, Alexander: Volksdienst. Von einem Sozialdemokraten. Berlin, Leipzig 1893.
Treitschke, Heinrich von: Zehn Jahre Deutscher Kämpfe 1865–1874. Schriften zur Tagespolitik. Berlin 1874.
Der Vorbote. Politische und sozialökonomische Zeitschrift. Zentralorgan der Sektionsgruppe deutscher Sprache der Internationalen Arbeiterassociation redigiert v. Joh. Phil. Becker. Jg. 1866. Genf 1866. Ndr. Berlin 1963.
Wagner, Richard: Das Judenthum in der Musik (1850). Gesammelte Schriften und Dichtungen. Bd. 5. Leipzig 1888, 66–85.
Wagner-Lexikon. Hauptbegriffe der Kunst- und Weltanschauung Richard Wagner's in wörtlichen Anführungen aus seinen Schriften zusammengestellt v. Carl Fr. Glasenapp und Heinrich v. Stein. Stuttgart 1883.
Wustmann, Gustav: Allerhand Sprachdummheiten. Kleine deutsche Grammatik des Zweifelhaften, des Falschen und des Häßlichen. Ein Hilfsbuch für alle die sich öffentlich der deutschen Sprache bedienen. 4. verb. u. verm. Aufl. Leipzig 1908.
Zimmermann, O.: Die nationalen und socialen Aufgaben des Antisemitismus. Magdeburg 1890.

4. Quellen von 1920 bis 1945

Ahnenpaß: Der Ahnenpaß. Hg. Reichsverband der Standesbeamten Deutschlands e. V., o. J., 2.
Ahnenpaß gem. Runderlaß des Reichs- und Preußischen Ministers des Innern v. 26. 1. 1935. Dortmund o. J.
d'Alquen, Gunter: Die SS. Geschichte, Aufgabe und Organisation der Schutzstaffeln der NSDAP. Bearb. im Auftrage d. Reichsführers SS von SS-Standartenführer

Gunter d'Alquen. Schriften d. Hochschule f. Politik. Hg. P. Meier-Benneckenstein, Reihe 2: Der organisatorische Aufbau d. Dritten Reiches, H. 33. Berlin 1939.
Anordnungen zur Durchführung des Luftschutz-Donnerstages vom Reichsluftschutzbund, Landesgruppe VI a „Rheinland". Düsseldorf, 1. 1. 1938.
Anweisungen der Pressekonferenz der Reichsregierung des Dritten Reichs, Sammlung Brammer, Bundesarchiv Koblenz. (Unveröffentlichte Quelle).
Arbeitsdienst-Liederbuch. Hg. Deutscher Arbeitsdienst für Volk und Heimat. Nationalsozialistischer Liederschatz. Bd. 9. Berlin o. J. (1934).
Aufbruch der Nation. Geschichte des deutschen Volkes von 1914 bis 1933. Hg. Hans Schemm. Sulzbach o. J.
Bartels, Adolf: Die Berechtigung des Antisemitismus. Leipzig, Berlin 1921.
Baur/Fischer/Lenz: Erwin Baur, Eugen Fischer, Fritz Lenz: Menschliche Erblichkeitslehre. 2. verm. und verb. Aufl. München 1923 (zuerst 1921).
Bausteine zum Dritten Reich. Lehr- und Lesebuch des Reichsarbeitsdienstes. Im Auftrag der Reichsleitung des Reichsarbeitsdienstes bearb. und hg. v. Oberstarbeitsführer Hermann Kretzschmann. 5. Aufl. Leipzig o. J. (n. 1937).
Bayer, Ernst: Die SA. Geschichte, Arbeit, Zweck und Organisation der Sturmabteilungen des Führers und der Obersten SA.-Führung. − Schriften d. Hochschule f. Politik. Hg. P. Meier-Benneckenstein. Reihe 2. Der organisatorische Aufbau des Dritten Reiches, H. 21. Berlin.
Benze, Rudolf: National-politische Erziehung im Dritten Reich. − Schriften d. Deutschen Hochschule f. Politik. Hg. P. Meier-Benneckenstein, Reihe 1. Idee u. Gestalt des Nationalsozialismus. H. 22. Berlin 1936.
Berliner Illustrierte Zeitung. − Sonderheft. „Die 16 olympischen Tage". Bericht in Wort und Bild. Schriftleitg. Dr. K. Zentner u. Mitarbeit v. B. v. Resnicek. Berlin 1936. − Olympia-Sonderheft. Schriftleitg. Dr. K. Zentner u. Mitarbeit v. B. v. Resnicek. Berlin 1936. − Sonderheft „ Heimat Berlin". Zur 700 Jahr-Feier der Reichshauptstadt. Schriftleitg. Dr. E. Wüsten. Berlin 1937.
Best, Walter: Kultur und Bildung. Würzburg-Aumühle 1939.
Binding/Hoche: Karl Binding, Alfred Hoche: Die Freigabe der Vernichtung lebensunwerten Lebens. Ihr Maß und ihre Form. Leipzig 1920.
Biologie für höhere Schulen von Dr. Jakob Graf. 3. Bd. für Klasse V. Der Mensch und die Lebensgesetze. 2. verb. Aufl. München 1943 (zuerst 1940).
Blick in die Zeit. Pressestimmen des In- und Auslandes zu Politik, Wirtschaft und Kultur. Hg. Dr. A. Ristow. 1.−3. Jg. 16. 6. 1933−26. 7. 1935. Ndr. mit einem Vorwort v. H. Mendel u. einer Einf. v. P. Lösche u. M. Scholing. Bund-Verlag o. O. 1988.
Boelcke, Willi A. (Hg.): Wollt ihr den totalen Krieg? Die geheimen Goebbels-Konferenzen 1939−1943. München 1969.
Botschaft Gottes: Die Botschaft Gottes. Hg. v. „Institut zur Erforschung des jüdischen Einflusses auf das deutsche kirchliche Leben". Verlag Deutsche Christen, Weimar 1940.
Bouhler, Philipp: Kampf um Deutschland. Ein Lesebuch für die deutsche Jugend. 1501.−1550. Tausend. Berlin 1942.

Büchmann (Rust): Geflügelte Worte. Der Zitatenschatz des deutschen Volkes. Gesammelt u. erläutert v. Georg Büchmann. Volksausgabe nach der v. G. Haupt und W. Rust neu bearb. 29. Aufl. d. Hauptwerkes bearb. v. Werner Rust. Berlin 1943.
Bues, Martin: Die Versportung der deutschen Sprache im 20. Jahrhundert. In: Deutsches Werden. Hg. L. Magon, W. Semmler. Nr. 10. Greifswald 1937.
Bürkner, Trude: Der Bund Deutscher Mädel in der Hitlerjugend. Schriften d. Deutschen Hochschule f. Politik. Hg. P. Meier-Benneckenstein, Reihe 2. Der organisatorische Aufbau, H. 16. Berlin 1937.
Clauß, Ludwig Ferdinand: Die nordische Seele. Halle 1923.
Clauß, Ludwig Ferdinand: Rasse und Seele. 6. Aufl. München 1936.
Czech-Jochberg, Erich: Hitler Reichskanzler. 101. bis 110. Tausend. Oldenburg o. J.
Darré, R. Walther: Das Bauerntum als Lebensquell der Nordischen Rasse. München 1929.
Darré, R. Walther: Neuadel aus Blut und Boden. München 1930.
Darré, R. Walther: Neuordnung unseres Denkens. 157.–167. Tausend. Goslar 1940.
Darré, R. Walther: Um Blut und Boden. Reden und Aufsätze. Teil I u. II hg. H. Deetjen, Teil III hg. W. Clauß. 3. Aufl. München 1941.
Danzer, Paul: Geburtenkrieg. In: Politische Biologie. Schriften für naturgesetzliche Politik und Wissenschaft. Hg. H. Müller. H. 3. München, Berlin 1937.
Decker, W.: Gauarbeitsführer Dr. Will Decker: Die politische Aufgabe des Arbeitsdienstes. – Schriften d. Deutschen Hochschule f. Politik. Hg. P. Meier-Benneckenstein, Reihe 1. Idee u. Gestalt des Nationalsozialismus. H. 15. Berlin 1935.
Deutsche Informationsstelle. Kleine Schriften: – Dem deutschen Arbeiter geht's gut.(1941). – Was wollte Churchill auf dem Balkan? Berlin 1941. – Hans Dittmar: Deutschland erweitert seinen Nahrungsraum durch Landeskulturmaßnahmen. Berlin 1941. – Hans Schadewaldt: Hungerblockade über Kontinentaleuropa. Berlin 1941. – Um die Neugestaltung der europäischen Wirtschaft. Deutsche Prominente sprechen. Berlin 1941 – Rede des Reichsministers des Auswärtigen von Ribbentrop am 26. 11. 1941 in Berlin über den Freiheitskampf Europas. Berlin 1941.
Deutsche Justiz. Rechtspflege und Rechtspolitik. Gründer: Reichs- und Staatsminister Hanns Kerrl, ehemals Preußischer Justizminister. Amtl. Blatt der deutschen Rechtspflege. Hg. F. Gürtner, Reichsminister d. Justiz. Gesamtbearbeitung Oberstaatsanwalt K. Krug. Berlin.
Der Deutsche Student. Zeitschrift der Deutschen Studentenschaft. Schriftleitung G. Schröder. Breslau.
Deutsche Zeitung. Berlin, Morgenausgabe (A), 25. Jg. 1920.
Deutscher Glaube. Monatsschrift der Deutschen Glaubensbewegung. Hg. W. Hauer, verantwortl. Schriftleiter H. Grabert. 2. Jahr. Stuttgart 1935.
Deutsches Lesebuch für Oberschulen und Gymnasien. Hg. W. Behne, W. Jünemann u. a. Bd. 5. Hamburg 1939.
Dittmar, Hans: Deutschland erweitert seinen Nahrungsspielraum durch Landeskulturmaßnahmen. Berlin 1941.

Das Ehrenbuch der Arbeit. Düsseldorf 1934.
Das Ehrenbuch der SA von Karl W. H. Koch, Sturmbannführer. Düsseldorf 1934.
Entartete „Kunst". Ausstellungsführer. Hg. Fritz Kaiser. Berlin 1937. Ndr. Köln 1988.
Espe, Walther M.: Das Buch der N. S. D A. P. Werden, Kampf und Ziel der N. S. D A. P. Berlin 1933.
Familienstammbuch. Deutsches Einheitsfamilienbuch. Hg. Reichsbund der Standesbeamten Deutschlands e. V. Berlin SW 61, o. J. (nach 1926).
Fink, Fritz: Die Judenfrage im Unterricht von Stadtschulrat Fritz Fink. Nürnberg (Stürmer-Abteilung Buchverlag) 1937.
Frank, Hans: Im Angesicht des Galgens. Deutung Hitlers und seiner Zeit aufgrund eigener Erlebnisse und Erkenntnisse. München-Gräfelfing 1953.
Fritsch, Theodor: Handbuch der Judenfrage. Die wichtigsten Tatsachen zur Beurteilung des jüdischen Volkes. Zusammengest. und hg. v. Theodor Fritsch. 31. völlig neu bearb. Aufl. Leipzig 1932. (Zuerst: Antisemitenkatechismus, 1887; ab 26. Aufl. 1907: Handbuch d. Judenfrage).
Das Führerschulungswerk der Hitler-Jugend von Bannführer Reimund Schnabel. In: Schriften d. Hochschule f. Politik. Hg. P. Meier-Benneckenstein, H. 22/23. Berlin 1938.
Führerworte. Bd. 1: Adolf Hitler. Zusammengest. u. eingel. v. Arnold Schley, Abteilungsleiter im Gaupresseamt Groß-Berlin. Mit einem Geleitwort v. Dr. Karl Krug, Oberstaatsanwalt im Preußischen Justizministerium. Berlin o. J. (1934).
Gercke, Achim: Die Rasse im Schrifttum. Berlin 1933.
Gesetz zur Verhütung erbkranken Nachwuchses vom 14. Juli 1933 mit Auszug aus dem Gesetz gegen gefährliche Gewohnheitsverbrecher und über Maßregeln der Sicherung und Besserung v. 24. Nov. 1933. Bearb. u. erläut. v. Arthur Gütt, Ernst Rüdin, Falk Ruttke. München 1934.
Gesetze des Deutschen Studententums. Richtlinien für die Kameradschaftserziehung des NSD.-Studentenbundes. Hg. Der Reichsstudentenführer. Amt Politische Erziehung. Bayreuth o. J.
Goebbels, Joseph: Das kleine abc des Nationalsozialismus. Elberfeld 1927.
Goebbels, Joseph: Signale der neuen Zeit. 25 ausgewählte Reden. München 1934.
Goebbels, Joseph: Vom Kaiserhof zur Reichskanzlei. Eine historische Darstellung in Tagebüchern. (Vom 1. Januar 1932 bis zum 1. Mai 1933) 25. Aufl. München 1939 (zuerst 1934).
Goebbels, Joseph: Das eherne Herz. Rede vor der Deutschen Akademie. Gehalten am 1. Dezember 1941 in der neuen Aula der Friedrich-Wilhelm-Universität zu Berlin. Berlin 1941.
Graf, Jakob: Vererbungslehre, Rassenkunde und Erbgesundheitspflege. Einführung nach methodischen Grundsätzen. 6. Aufl. Berlin 1939 (zuerst 1930).
Groß, Walter: Der Rassengedanke im neuen Geschichtsbild. In: Schriften d. Deutschen Hochschule f. Politik. Hg. P. Meier-Benneckenstein, Reihe 1. Idee u. Gestalt des Nationalsozialismus. H. 18. 1936.
Günther, Hans F. K.: Rassenkunde des deutschen Volkes. München 1922.

Günther, Hans F. K.: Der Nordische Gedanke unter den Deutschen. München 1925.
Günther, Hans F. K.: Rasse und Stil. Gedanken über ihre Beziehungen im Leben und in der Geistesgeschichte der europäischen Völker, insbesondere des deutschen Volkes. München 1926.
Günther, Hans F. K.: Kleine Rassenkunde des deutschen Volkes. 3. Aufl. München 1933 (zuerst 1929).
Günther, Hans F. K.: Platon als Hüter des Lebens. Platons Zucht- und Erziehungsgedanken und ihre Bedeutung für die Gegenwart. München 2. Aufl. 1935 (zuerst 1928).
Günther, Hans F. K.: Führeradel durch Sippenpflege. München 1936.
Gürtner, Franz (Hg.): Das kommende deutsche Strafrecht. Allgemeiner Teil. Bericht über die Arbeit der amtlichen Strafrechtskommission. Berlin 1934.
Gütt/Rüdin/Ruttke: Gesetz zur Verhütung erbkranken Nachwuchses vom 14. Juli 1933 mit Auszug aus dem Gesetz gegen gefährliche Gewohnheitsverbrecher und über Maßregeln der Sicherung und Besserung vom 24. Nov. 1933. Bearb. u. erl. v. Dr. med. Arthur Gütt, Dr. med. Ernst Rüdin, Dr. jur. Falk Ruttke. München 1934.
Hadamovsky, Eugen: Propaganda und nationale Macht. Die Organisation der öffentlichen Meinung für die nationale Politik. Oldenburg 1933.
Haensel/Strahl: Carl Haensel, Richard Strahl (Hg.): Politisches ABC des Neuen Reiches. Stuttgart 1933
Härtle, Heinrich: Nietzsche und der Nationalsozialismus. München 1937.
Handbuch der Reichskulturkammer. Hg. Hans Hinkel. Bearb. v. Gerichtsassessor G. Gentz. Berlin 1937.
Haider, Rudolf: Warum mußte Polen zerfallen? Berlin 1940.
Hauer, Wilhelm: Was will die deutsche Glaubensbewegung? 3. Aufl. neubearb. v. H. Grabert. – Flugschriften zum geistigen und religiösen Durchbruch der Deutschen Revolution. Stuttgart o. J. (1935).
Hauer, J. Wilhelm: Fest und Feier aus deutscher Art. Stuttgart 1936.
Hirts Deutsches Lesebuch. Teil 3 (Kl. 3), Teil 4 (Kl. 4); Teil 6 (Kl. 6), Teil 7 (Kl. 7). Ausg. A: Oberschulen f. Jungen, Gymnasien u. Oberschulen in Aufbauform f. Jungen. Breslau 1939/40.
Hitler, Adolf: Mein Kampf. Bd. 1: Eine Abrechnung. 3. Aufl. München 1928 (zuerst 1925). Bd. 2: Die national-sozialistische Bewegung. München 1927.
Hitler, Mein Kampf: Adolf Hitler: Mein Kampf. 2 Bde. in 1 Bd. Ungekürzte Ausgabe. 29. Aufl. München 1933. (6. Aufl. München 1930. 613.–617. Aufl. München 1941. 815.–820. Aufl. München 1943).
Hitler: Adolf Hitler spricht. Ein Lexikon des Nationalsozialismus. Leipzig 1934.
Hitler: Adolf Hitler an seine Jugend. Sonderdruck von „Wille und Macht" zum Geburtstag des Führers am 20. April 1937. Berlin, München 1937.
Hitler, Adolf: Führerreden zum Winterhilfswerk 1933–1936. – Schriftenreihe der NSV. München 1937.
Hitler, Adolf: Reden des Führers am Parteitag der Arbeit 1937. 3. Aufl. München 1937.

Hitler: Reden des Führers am Parteitag Großdeutschland 1938. 2. Aufl. München 1938.

Hitlers Politisches Testament. Die Bormann-Diktate vom Februar und April 1945. Mit einem Essay von Hugh R. Trevor-Roper u. einem Nachwort von A. François-Poncet. Hamburg 1981.

Hitlers Zweites Buch: Gerhard L. Weinberg (Hg.): Hitlers Zweites Buch. Ein Dokument aus dem Jahr 1928. Mit einem Geleitwort v. H. Rothfels. Stuttgart 1961.

HJ im Dienst. Ausbildungsvorschrift für die Ertüchtigung der deutschen Jugend. Hg. Reichsjugendführung. München 1938.

Hohmann, Walter: 1914–1934. Zwanzig Jahre deutscher Geschichte. Frankfurt/M. 1935.

Höss, Rudolf: Kommandant in Auschwitz. Autobiographische Aufzeichnungen. Hg. Martin Broszat. München (dtv. Dokumente) 1963.

Hübbenet, Anatol von: Die NS-Gemeinschaft „Kraft durch Freude". Schriften d. Hochsch. f. Politik. Hg. P. Meier-Benneckenstein. Reihe 2: Der organisatorische Aufbau d. Dritten Reiches. H. 27/28. Berlin 1939.

Illustrierter Beobachter. Sondernummer des Illustrierten Beobachters „Englands Schuld". Verantwortl.: SA-Obergruppenführer W. Weiß. München o. J. (1939).

Jahresbericht 1936 der DAF. Gauwaltung Düsseldorf. Die Deutsche Arbeitsfront hält Rückschau. Von Gauobmann H. Bangert, Düsseldorf. o. O, o. J. (1937).

Jahres- und Leistungsbericht der Gauwaltung Düsseldorf [für d. Jahr 1937]. Kampf und Erfolg. Das Spiegelbild der Deutschen Arbeitsfront. Hg. DAF-Gauwaltung Düsseldorf. M. Gladbach o. J. (1938).

Jung, Rudolf: Nationaler oder internationaler Sozialismus? Elberfeld o. J. (1927).

Die Justiz-Ausbildungsverordnung des Reiches nebst Durchführungsbestimmungen. Textausgabe mit Einleitung, Anmerkungen und Sachverzeichnis. München, Berlin 1934.

Koellreutter, Otto: Grundfragen unserer Volks- und Staatsgestaltung. – Schriften d. Deutschen Hochsch. f. Politik. Hg. P. Meier-Benneckenstein, Reihe 1. Idee u. Gestalt des Nationalsozialismus. H. 19. Berlin 1936.

Köhler, Bernhard: Die zweite Arbeitsschlacht. München 1936.

Krenzlin, Hans Helmuth: Das NSKK. Wesen, Aufgaben und Aufbau des Nationalsozialistischen Kraftfahrkorps, dargestellt an einem Abriß seiner geschichtlichen Entwicklung. Schriften d. Hochsch. f. Politik. Hg. P. Meier-Benneckenstein, Reihe 2. Der organisatorische Aufbau d. Dritten Reiches. H. 34. Berlin 1939.

Das Leben. Biologisches Unterrichtswerk für höhere Schulen. Bd. 4 A. Berlin, Leipzig 1941.

Leers, Johann von: Arteigenes Recht und Unterricht. Bayreuther Bücher für Erziehung und Unterricht. Hg. Reichsverwaltung des NSLB. Dortmund, Breslau, München 1937.

Leers, Johann von: 14 Jahre Judenrepublik. Die Geschichte eines Rassenkampfes. Bd. 2. 2. Aufl. Berlin-Schöneberg 1933.

Leers, Johann von: Der Kardinal und die Germanen. Eine Auseinandersetzung mit Kardinal Faulhaber. Hamburg 1934.

Leers, Johann von: Odal. Das Lebensgesetz eines ewigen Deutschlands. Goslar 1936 (zuerst 1935).
Leffler, Siegfried: Christus im Dritten Reich der Deutschen. Weimar 1935.
Linden, Walther: Aufgaben einer nationalen Literaturwissenschaft. München 1933.
Linden, Walther: Aufstieg des Volkes (1895–1941). In: Deutsche Wortgeschichte. Festschrift für A. Götze z. 17. 5. 1941. Hg. Fr. Maurer, F. Stroh. Bd. 2. Berlin 1943, 378–416.
Ludendorff, General: Der totale Krieg. München 1936 (zuerst 1935).
Ludendorff, Erich: General Ludendorff. Vom Feldherrn zum Weltrevolutionär und Wegbereiter Deutscher Volksschöpfung. Bd. 2. Meine Lebenserinnerungen von 1926–1933. 3. Aufl. Stuttgart 1952.
Mädel – eure Welt! Das Jahrbuch der Deutschen Mädel. Hg. Hilde Munske. München 1940.
Mädel im Dienst. Ein Handbuch. Hg. Reichsjugendführung. Potsdam 1934.
MADR: Meldungen aus dem Reich 1938–1945. Die geheimen Lageberichte des Sicherheitsdienstes der SS. Hg. u. eingel. v. Heinz Boberach. Vollständige Texte aus dem Bestand des Bundesarchivs Koblenz. 17 Bde. Herrsching 1984.
Maurer/Stroh (Hg): Deutsche Wortgeschichte. Herausgegeben von Friedrich Maurer und Fritz Stroh. Bd. 2, 1943.
Meyer/Zimmermann: Erich Meyer und Karl Zimmermann: Lebenskunde. Lehrbuch der Biologie für Höhere Schulen. Bd. 4 (für die Klassen 6, 7, u. 8 d. Oberschulen f. Jungen). Erfurt o. J. (nach 1940).
Meyers Lexikon. 8. Aufl. 9 Bde. (A–Soxhlet) u. Bd. 12 (Atlasband). Leipzig 1936–1942.
Möller van den Bruck, Arthur: Das Dritte Reich. 3. Aufl. Hamburg 1931 (zuerst 1923).
Müller, Karl: Unseres Führers Sprachkunst. Festgabe dem Deutschen Sprachverein zur Jubelfeier überreicht vom Zweig Dresden 1935.
Müller, Ludwig, Reichsbischof: Für und Wider die Deutschen Gottesworte. Dokumente und Tatsachen aus dem Kampf um ein deutsches Christentum. Weimar 1936.
Müller, Ludwig: Der deutsche Volkssoldat. Berlin 1940.
Muttersprache: Meine Muttersprache. Deutsches Sprachbuch für Mittelschulen von W. Schäfer, H. Pröve, L. Weisgerber. Bd. 2 f. d. Klassen 4 bis 6. Bielefeld, Leipzig, Hannover 1942.
Der Nationalsozialismus in Zahlen. Ergänzungsheft für den Rechenunterricht. Zugleich Handreichung für den nationalpolitischen Unterricht. Düsseldorf o. J.
Nationalsozialismus. Kleine Schriften und Flugblätter (Kapsel). Univ. Bibl. Düsseldorf.
Nationalsozialistisches Strafrecht. Denkschrift des Preußischen Justizministeriums. Berlin 1933.
Die neue Justizausbildungsverordnung des Reiches nebst Durchführungsbestimmungen. Nachtrag mit den Richtlinien für das Studium der Rechtswissenschaft nebst Studienplan und Semesterplan. München, Berlin 1935.

Neues Testament: Das Neue Testament. Stuttgarter Kepplerbibel. Neu bearb. u. mit Erläuterungen vers. v. Prof. Dr. P. Ketter. 851.−890. Tausend. Stuttgart 1940.
N. S.-Frauenbuch. Hg. im Auftrag der Obersten Leitung der P. O., NS-Frauenschaft. Zusammengest. u. bearb. v. Ellen Semmelroth u. Renate v. Stieda. München 1934.
NS-Monatshefte: Nationalsozialistische Monatshefte. Zentrale politische und kulturelle Zeitschrift der NSDAP. Hg. A. Rosenberg. München Jg. 7−9 (1936−1938).
Oppeln-Bronikowski, Friedrich von: Antisemitismus? Charlottenburg 1920.
Organisationsbuch der NSDAP., 3. Aufl. 1937: Organisationsbuch der NSDAP. Hg. Der Reichsorganisationsleiter der NSDAP. 3. Aufl. München 1937.
Organisationsbuch der NSDAP. 1937: Organisationsbuch der NSDAP. Hg. Der Reichsorganisationsleiter der NSDAP. 4. Aufl. München 1937.
Organisationsbuch der NSDAP. 1943: Organisationsbuch der NSDAP. Hg. Der Reichsorganisationsleiter der NSDAP. 7. Aufl. München 1943.
Pechau, Manfred: Nationalsozialismus und deutsche Sprache. Diss. Greifswald 1935.
Pechau, Manfred: Nationalsozialismus und deutsche Sprache. In: NS-Monatshefte, 8. Jg. 1937, 1058−1072.
Pfeffer, K. H.: Begriff und Wesen der Plutokratie − Schriften f. Politik und Auslandskunde. Berlin 1940.
Philosophisches Wörterbuch. Begr. v. H. Schmidt. 10. Aufl. völlig neu bearb. v. W. Schingnitz u. J. Schondorf. − Kröners Taschenausgaben. Bd. 13. Stuttgart 1943.
Pimpf im Dienst. Ein Handbuch für das Deutsche Jungvolk in der HJ. Hg. v. der Reichsjugendleitung. Potsdam 1938 (zuerst 1934).
Reichsberufswettkampf: Der 3. Reichsberufswettkampf der deutschen Studenten. Hg. Reichsstudentenführung, Reichswettkampfleitung. München o. J. (1937).
Reichserbhofgesetz mit Erbhofrechtsverordnung, Erbhofverfahrensordnung und anderen einschlägigen Vorschriften [...]. Textausgabe mit Verweisungen, Gebührentabelle und Sachverzeichnis. 2. veränd. Aufl. München, Berlin 1937.
RGBl. 1: Reichsgesetzblatt, Teil I. Jg. 1933−1945. Hg. Reichsministerium des Innern. Berlin 1933−1945.
Das Reich. Deutsche Wochenzeitung. Hauptschriftleiter Dr. Eugen Mündler. Berlin 1940−45.
Reinhard, Wilhelm: Der NS-Reichskriegerbund. Schriften d. Hochschule f. Politik. Hg. P. Meier-Benneckenstein. Reihe 2. Der organisatorische Aufbau des Dritten Reiches. H. 29. Berlin 1939.
Reinhart, F.: Vom Wesen der Volksgemeinschaft. − Grundlagen, Aufbau und Wirtschaftsordnung des Nationalsozialistischen Staates. Bd. 1, Gr. 1, Beitr. 8. Berlin, Wien 1936.
Rosenberg, Alfred (Hg.): Die Protokolle der Weisen von Zion und die jüdische Weltpolitik. München 1933.
Rosenberg, Mythus: Alfred Rosenberg: Der Mythus des 20. Jahrhunderts. Eine Wertung der seelisch-geistigen Gestaltungskämpfe unserer Zeit. 37./38. Aufl. München 1934 (zuerst 1930).

Rosenberg, Alfred (Hg.): Das Parteiprogramm. Wesen, Grundsätze und Ziele der NSDAP. 21. Aufl. München 1941.
Rosten, Curt: Das ABC des Nationalsozialismus. 2. veränd. Aufl. Berlin 1933.
Rühle, Gerd: Das Dritte Reich. Dokumentarische Darstellung des Aufbaus der Nation. Mit Unterstützung des deutschen Reichsarchivs. Bd. 1: Das Jahr 1933. Bd. 2: Das Jahr 1934. Bd. 3: Das Jahr 1935. Bd. 4: Das Jahr 1936. Bd. 5: Das Jahr 1937. Bd. 6: Das Jahr 1938. Berlin 1934–1939.
Schadewaldt, Hans: Hungerblockade s. unter: Deutsche Informationsstelle.
Scheel, Gustav Adolf: Tradition und Zukunft des deutschen Studententums. Die Rede d. Reichsstudentenführers bei der Großkundgebung d. NS.-Studentenbundes u. d. NS.-Studentenkampfhilfe. München, 13. Mai 1937.
Scheel, Gustav Adolf: Die Reichsstudentenführung. Schriften d. Hochsch. f. Politik. Hg. P. Meier-Benneckenstein. Reihe 2. Der organisatorische Aufbau des Dritten Reiches, H. 18. Berlin 1938.
Schnabel, Reinhard: Das Führerschulungswerk der Hitler-Jugend. Schriften d. Hochsch. f. Politik. Hg. P. Meier-Benneckenstein. Reihe 1. H. 22/23. Berlin 1938.
Schrieber, Karl-Friedrich: Das Recht der Reichskulturkammer. Sammlung der für den Kulturstand geltenden Gesetze und Verordnungen, der amtl. Anordnungen u. Bekanntmachungen der Reichskulturkammer und ihrer Einzelkammern. Berlin 1935.
Schriften der Deutschen Hochschule für Politik. Hg. Paul Meier-Benneckenstein. Reihe I: Idee und Gestalt des Nationalsozialismus; Reihe II: Der organisatorische Aufbau des Dritten Reiches. 1936 ff.
Schultze-Naumburg, Paul: Kunst und Rasse. München 1928.
Der Schulungsbrief. Hg. Reichsschulungsleiter Otto Gohdes, M. d. R. Hauptschriftleiter u. verantwortl. f. d. Inhalt: Kurt Jeserich. Jg. 1. Berlin 1934.
Schulungsbriefe des Reichsschulungsamtes der NSDAP. und der Deutschen Arbeitsfront. Hg. Otto Gohdes, M. d. R., Reichsschulungsleiter der NSDAP. und der Deutschen Arbeitsfront. Verantwortl. Schriftleiter E. Wehmeyer. Jg. 1. Berlin 1933.
Das Schwarze Korps. Zeitung der Schutzstaffeln der NSDAP. Organ der Reichsführung SS. Jg. 1, 1935.
Siebarth, Werner: Hitlers Wollen. Nach Kernsätzen aus seinen Schriften und Reden. 3. Aufl. 1936; 8. Aufl. München 1940.
Sieg im Westen. Ein Kriegsfilmbericht des Oberkommandos des Heeres. Hg. Pressegruppe des Heeres OKW/W. Pr. V (Heer). Berlin o. J.
Sozialismus wie ihn der Führer sieht. Worte des Führers zu sozialen Fragen. Zusammengest. v. F. Meystre. 2. Aufl. München 1935.
Stellrecht, Helmut: Soldatentum und Jugendertüchtigung. Schriften d. Deutschen Hochschule f. Politik. Hg. P. Meier-Benneckenstein, Reihe 1. Idee u. Gestalt d. Nationalsozialismus. H. 16. Berlin 1935.
Stoddard, Lothrop: Der Kulturumsturz. Die Drohung des Untermenschen. Ins Deutsche übertragen v. Dr. W. Heise. München 1925. (The Revolt against the Civilization. The Menace of the Underman. New York 1924.)
Stuckart, Wilhelm: Nationalsozialistische Rechtserziehung. Frankfurt/M. 1935.

Stuckart/Schiedermair: Wilhelm Stuckart, Rolf Schiedermair: Neues Staatsrecht II. Die Errichtung des Großdeutschen Reiches. – Neugestaltung von Recht und Wirtschaft. Hg. C. Schaeffer, H. 13, 2. 15. durchges. u. erg. Aufl. Leipzig 1941.

Stuckart/Schiedermair: Wilhelm Stuckart, Rolf Schiedermair: Rassen- und Erbpflege in der Gesetzgebung des Reiches. – Neugestaltung von Recht und Wirtschaft. Hg. C. Schaeffer. H. 5, 2. 3. erw. Aufl. Leipzig 1942 (zuerst 1939). Beigebunden: Kriegsnachträge zu den vier Schaeffer-Sammlungen. [...]. Nachtrag z. 5. Heft, 2. Teil: Rassen und Erbpflege in der Gesetzgebung d. Reiches. 3. erw. Aufl. Januar 1942.

Der Stürmer. Sonderblatt zum Kampf um die Wahrheit. Hg. Julius Streicher. Jg. 6. 1928.

VB: Völkischer Beobachter. Kampfblatt der nationalsozialistischen Bewegung Großdeutschlands. 1921–1925. Münchener Ausgabe. 46. Jg. 1933 u. a. Ausgabe A / Norddeutsche Ausgabe. München, Berlin.

Volk und Führer. Deutsche Geschichte für Schulen. Hg. D. Klagges. Kl. 2: Die Germanen. 1939; Kl. 6: Von der Vorgeschichte bis zum Ende der Staufenzeit. 3. Aufl. Frankfurt/M. 1941.

Volk und Rasse. Illustrierte Monatsschrift für deutsches Volkstum. Rassenkunde. Rassenpflege. Zeitschrift des Reichsausschusses für Volksgesundheitsdienst und der Deutschen Gesellschaft für Rassenhygiene. 12. Jg. 1937. München, Berlin.

Volz, Hans: Daten der Geschichte der NSDAP. 6. Aufl. Berlin, Leipzig (Ploetz) 1936.

Wagner, Hans: Taschenwörterbuch des neuen Staates. 2. Aufl. Leipzig 1934.

Wiedeburg, P. H.: Dietrich Eckart. Ein lebens- und geistesgeschichtlicher Beitrag zum Werden des neuen Deutschlands. Diss. Hamburg 1939.

Winnig, August: Befreiung. München 1926.

Winnig, August: Das Reich als Republik 1918–1928. Stuttgart, Berlin 1929.

Wustmann: Sprachdummheiten. Vollständig erneuerte 11. Aufl. v. Werner Schulze. Berlin 1943.

Zimmermann, Karl: Die geistigen Grundlagen des Nationalsozialismus. – Das Dritte Reich. Bausteine zum neuen Staat und Volk. Berlin o. J. (1933).

5. Zeitgenössische Tagebücher und Aufzeichnungen

Hohenstein, Alexander: Wartheländisches Tagebuch aus den Jahren 1941/42. – Veröffentlichungen d. Inst. f. Zeitgesch. Quellen u. Darstellungen z. Zeitgeschichte, Bd. 8. Stuttgart 1961.

Klemperer, Victor (Tagebücher): Ich will Zeugnis ablegen bis zum letzten. Tagebücher Bd. 1 (1933–1941), Bd. 2 (1942–1945). Berlin 1995.

Klemperer, Victor: Zwiespältiger denn je. Dresdener Tagebuch 1945. Juni bis Dezember. Dresdener Hefte. Beiträge zur Kulturgeschichte. Sonderausgabe 1995. Hg. Günter Jäckel unter Mitarbeit v. Hadwig Klemperer. Jahresausgabe des Dresdener Geschichtsvereins e. V. 1995.

Tausk, Walter: Breslauer Tagebuch 1933–1940. Hg. R. Kincel. Berlin 1988.

Haecker, Theodor: Tag- und Nachtbücher 1939–1945. Mit einem Vorwort hg. v. H. Wild. München 1947.
Kardorf, Ursula von: Berliner Aufzeichnungen 1942–1945. Erw. u. bebilderte Neuausgabe. München 1976 (niedergeschr. 1947).
Reck, Friedrich: Tagebuch eines Verzweifelten. Mit einem biographischen Essay von Chr. Zeile. Frankfurt/M. 1994.

6. Darstellungen

Verzeichnis der zitierten Literatur. Nur einmal zitierte Titel sind am Ort bibliographisch nachgewiesen.
Adler, H. G : Theresienstadt 1941–1945. Das Antlitz einer Zwangsgemeinschaft. Tübingen 1955.
Adler, H. G.: Der verwaltete Mensch. Studien zur Deportation der Juden aus Deutschland. Tübingen 1974.
Anatomie des SS-Staates. Bd. 1: Hans Buchheim: Die SS – Das Herrschaftsinstrument. Befehl und Gehorsam. Bd. 2: Martin Broszat: Nationalsozialistische Konzentrationslager 1933–1945. Hans-Adolf Jacobsen: Kommissarbefehl und Massenexekution sowjetischer Kriegsgefangener. Helmut Krausnick: Judenverfolgung. Gutachten d. Inst. f. Zeitgeschichte. München (dtv), 6. Aufl. 1994 (zuerst 1967).
Auerbach, H.: Der Begriff „Sonderbehandlung" im Sprachgebrauch der SS. Gutachten des Inst. f. Zeitgesch., Bd. 2, 182–189. Stuttgart 1966.
Bartholmes, Herbert: Das Wort „Volk" im Sprachgebrauch der SED. Wortgeschichtliche Beiträge zur Verwendung des Wortes „Volk" als Bestimmungswort und als Genitivattribut. – Die Sprache im geteilten Deutschland. Hg. Hugo Moser, Bd. II. Düsseldorf 1964.
Baur, Isolde: Die Geschichte des Wortes „Kultur" und seiner Zusammensetzungen. Diss. masch. München 1951.
Bein, Alexander: Der moderne Antisemitismus und seine Bedeutung für die Judenfrage. In: Vierteljahreshefte für Zeitgeschichte 6/1958, 340–360.
Bein, Alexander: „Der jüdische Parasit". In Vierteljahreshefte für Zeitgeschichte 13/1965, 121–149.
Bering, Dietz: Die Intellektuellen. Geschichte eines Schimpfwortes. Stuttgart 1978.
Bering, Dietz: Der Name als Stigma. Antisemitismus im deutschen Alltag 1812–1933. 2. Aufl. Stuttgart 1988
Bernsmeier, Helmut: Der Deutsche Sprachverein im „Dritten Reich". In: Muttersprache 93/1983, 35–58.
Besser, Joachim: Die Vorgeschichte des Nationalsozialismus im neuen Licht. In : Die Pforte. Monatsschrift für Kultur 2/1950, 763–784.
Betz, Werner: The National-Socialist Vocabulary. In: The Third Reich. London 1955, 784–796.

Betz, Werner: Wortschatz – Weltbild – Wirklichkeit. In: Speculum historiale. Geschichte im Spiegel von Geschichtsschreibung und Geschichtsdeutung. Hg. Cl. Bauer u. a. München 1965, 34–44.

Bracher/Funke/Jacobsen: Karl Dietrich Bracher, Manfred Funke, Hans-Adolf Jacobsen (Hg.): Nationalsozialistische Diktatur 1933–1945. Eine Bilanz. Bonner Schriften zur Politik u. Zeitgesch. Hg. K. D. Bracher u. H.-A. Jacobsen. Redaktionsleitg. M. Funke, Bd. 21. Düsseldorf 1983.

Bracher/Sauer/Schulz: Karl Dietrich Bracher, Wolfgang Sauer, Gerhard Schulz: Die nationalsozialistische Machtergreifung. Studien zur Errichtung des totalitären Herrschaftssystems in Deutschland 1933/34. 2. durchges. Aufl. Köln, Opladen 1962 (zuerst 1960).

Brandenburg, Hans Christian: Die Geschichte der HJ. Wege und Irrwege einer Generation. 3. durchges. Aufl. Köln 1982.

Brenner, Hildegard: Die Kunstpolitik des Nationalsozialismus. Reinbek 1963.

Broszat, Martin: Nationalsozialistische Polenpolitik 1939–1945. – Schriftenreihe der Vierteljahreshefte für Zeitgeschichte, Nr. 2. Stuttgart 1961.

Broszat, Martin: Der Staat Hitlers. Grundlegung und Entwicklung seiner inneren Verfassung. – dtv-Weltgeschichte des 20. Jahrhunderts. Hg. M. Broszat und H. Heiber. 9. Aufl. München 1981 (zuerst 1969).

Bullock, Alan: Hitler. Eine Studie über Tyrannei. Düsseldorf 1953. (3. Aufl. 1977).

Cobet: Christoph Cobet: Der Wortschatz des Antisemitismus in der Bismarck-Zeit. – Münchener Germanistische Beiträge hg. W. Betz u. H. Kunisch, Bd. 11. München 1973.

Cohn, Norman: Das Ringen um das Tausendjährige Reich – Revolutionärer Messianismus im Mittelalter und sein Fortleben in den modernen totalitären Bewegungen. Bern, München 1961.

Cohn, N.: Norman Cohn: Die Protokolle der Weisen von Zion. Der Mythos von der jüdischen Weltverschwörung. Köln, Berlin 1969.

Conrad-Martius, Hedwig: Utopien der Menschenzüchtung. Der Sozialdarwinismus und seine Folgen. München 1955.

Dahle, Wendula: Der Einsatz einer Wissenschaft. Eine sprachinhaltliche Analyse militärischer Terminologie in der Germanistik 1933–1945. – Abhandlungen zur Kunst-, Musik- und Literaturwissenschaft, Bd. 71. Bonn 1969.

Dieckmann, Walther: Sprache in der Politik. Einführung in die Pragmatik und Semantik der politischen Sprache. – Sprachwiss. Studienbücher, 2. Abt. Hg. L. E. Schmitt. Heidelberg 1969.

Dörner, Klaus: Nationalsozialismus und Lebensvernichtung. In: Vierteljahreshefte für Zeitgeschichte 15/1967, 121–152.

Eichberg, Henning: Thing-, Fest- und Weihespiele in Nationalsozialismus, Arbeiterkultur und Olympismus. In: H. Eichberg, Michael Dultz, Glen Gadberry, Günther Rühle: Massenspiele, NS-Thingspiel, Arbeiterweihespiel und olympisches Zeremoniell. Stuttgart, Bad Cannstatt 1977, 19–180.

Eilers, Rolf: Die nationalsozialistische Schulpolitik. Eine Studie zur Funktion der Erziehung im totalitären Staat. Köln u. Opladen 1963.

Emmerich, Wolfgang: Zur Kritik der Volkstumsideologie. Frankfurt/M. 1971.
Esh, Shaul: „National-politische Erziehung" — Ein Eckpfeiler des Nationalsozialismus. In: Internationales Jahrbuch, Bd. 8. Braunschweig 1961/62, 125—136.
Esh, Shaul: Words and Their Meanings. Twenty-five Examples of Nazi-Idiom. In: Yad Vashem Studies V. Jerusalem 1963, 133—167.
Fischer, Jens Malte: „Entartete Kunst". Zur Geschichte eines Begriffs. In : Merkur 38/1984, 346—351.
Fraas, Carl: Geschichte der Landwirtschaft. Prag 1852.
François-Poncet, A.: Als Botschafter in Berlin 1931—1938. Mainz 1947.
Geiss, Imanuel: Geschichte des Rassismus. — Neue Hist. Bibliothek. Hg. H.-U. Wehler. Frankfurt/M. (ed. Suhrkamp N. F. 530) 1988.
Glunk: Rolf Glunk: Erfolg und Mißerfolg der nationalsozialistischen Sprachlenkung. In: Zeitschrift für deutsche Sprache 22/1966, 57—73 u. 146—153; 23/1967, 83—113 u. 178—188; 24/1968, 72—91 u. 184—191; 25/1969, 116—128 u. 180—183; 26/1970, 84—97 u. 176—183; 27/1971, 113—123 u. 177—187.
Gruchmann, Lothar: Euthanasie und Justiz im Dritten Reich. In: Vierteljahreshefte f. Zeitgeschichte 20/1972, 235—279.
Gutachten des Instituts für Zeitgeschichte, Bd. 2. — Veröffentlichungen des Instituts für Zeitgeschichte. Stuttgart 1966.
Hagemann, Walter: Publizistik im Dritten Reich. Ein Beitrag zur Methodik der Massenführung. Hamburg 1948.
Hammer, Hermann: Die deutschen Ausgaben von Hitlers „Mein Kampf". In: Vierteljahreshefte für Zeitgeschichte 4/1956, 161—178. Stuttgart.
Heiden, Konrad: Geschichte des Nationalsozialismus. Die Karriere einer Idee. Berlin 1932.
Heiden Konrad: Adolf Hitler. 2 Bde. Zürich 1936 u. 1937.
Horn, Heinz: Hitlers Deutsch. In: Weltbühne 28/1932, Bd. 2, 500 f.
Hortzitz, Nicoline: Früh-Antisemitismus in Deutschland (1789—1871/72). Strukturelle Untersuchungen zu Wortschatz, Text und Argumentation. — Reihe German. Linguistik. 83. Hg. H. Henne, H. Sitta u. H. E. Wiegand. Tübingen 1988.
Ideengeschichte der Agrarwirtschaft und Agrarpolitik im deutschen Sprachgebiet. Bd. 1: Von den Anfängen bis zum ersten Weltkrieg. Hg. Sigmund v. Frauendorfer. 1957; Bd. 2: Vom ersten Weltkrieg bis zur Gegenwart. Hg. Heinz Haushofer. Bonn, München, Wien 1958.
Kater, Michael H.: Das „Ahnenerbe" der SS 1935—1945. Ein Beitrag zur Kulturpolitik des Dritten Reiches. — Studien z. Zeitgeschichte. Hg. Institut f. Zeitgesch. Stuttgart 1974.
Kestenberg-Gladstein, R: Das Dritte Reich. Prolegomena zur Geschichte eines Begriffs. In: Bulletin des Leo Baeck Instituts 20/1962, 267—285.
Klee, Ernst: „Euthanasie" im NS-Staat. Die „Vernichtung lebensunwerten Lebens". Frankfurt 1983.
Klemperer, Victor: LTI. Notizbuch eines Philologen. Berlin 1947.
Klemperer, Victor: LTI. Notizbuch eines Philologen. Leipzig (Reclam) 1995.
Klönne, Arno: Hitlerjugend. Die Jugend und ihre Organisation im Dritten Reich. — Schriftenreihe d. Inst. f. Wissenschaftl. Politik. Hg. W. Abendroth. Nr. 1. Frankfurt/M. 1956.

Kneisel, F. G. (Dresden): Die Entwicklung des deutschen Wortschatzes nach dem Weltkrieg. In: Neophilologus 25/1940, 24−34.

Kogon, Eugen: Der SS-Staat. Düsseldorf 1946.

Köhler, Henning: Arbeitsdienst in Deutschland. Pläne und Verwirklichungsformen bis zur Einführung der Arbeitsdienstpflicht im Jahre 1935. − Schriften z. Wirtschafts- u. Sozialgeschichte. Bd. 10. Berlin 1967.

Kolb, Susanne: Sprachpolitik unter dem italienischen Faschismus. Der Wortschatz des Faschismus und seine Darstellung in den Wörterbüchern des Ventennio (1922−1943). Schriften d. Philos. Fakultäten d. Univ. Augsburg. Sprach- u. literaturwiss. Reihe, Nr. 40. München 1990.

Krause, Konrad: Deutscher Sprachzuwachs der letzten Jahrzehnte. In: Zeitschr. f. Deutschkunde 55/1941, 176−181.

Kruck, Alfred: Geschichte des Alldeutschen Verbandes 1890−1939. Wiesbaden 1954.

Kuehnelt-Leddhin, Erik von: Bohemian Background of German Nazism. In: Journal of the History of Ideas 9/1948, 339−371.

Lange, Karl: Der Terminus „Lebensraum" in Hitlers „Mein Kampf". In: Vierteljahreshefte f. Zeitgeschichte 13/1965, 426− 437 .

Lerch, Walter: Der Rassenwahn. Von Gobineau bis zur Unesco-Erklärung. In: Der Monat 3/1950, 157−174.

Lilienthal, Georg: Der „Lebensborn e. V.". Ein Instrument nationalsozialistischer Rassenpolitik. Stuttgart, New York 1985.

Maser, Werner: Der Sturm auf die Republik. Frühgeschichte der NSDAP. Rev. Neuausgabe. Stuttgart 1973.

Mehring, Marga: Menschenmaterial. In: Zeitschr. für deutsche Wortforschung. 16/1960, 129−143.

Moltmann, Günter: Goebbels Rede zum totalen Krieg am 18. Februar 1943. In: Vierteljahreshefte f. Zeitgeschichte. 12/1964, 13−43.

Mosse, George L.: Rassismus. Ein Krankheitssymptom in der europäischen Geschichte des 19. und 20. Jahrhunderts. Königstein/T. 1978.

Mosse, George L.: Die Nationalisierung der Massen. Politische Symbolik und Massenbewegungen in Deutschland von den Napoleonischen Kriegen bis zum Dritten Reich. Frankfurt/M. 1976.

Mosse George L.: Ein Volk, ein Reich, ein Führer. Die völkischen Ursprünge des Nationalsozialismus. Königstein/T. 1979 (1964).

Müller, Senya: Sprachwörterbücher im Nationalsozialismus. Die ideologische Beeinflussung von Duden, Sprach-Brockhaus und anderen Nachschlagewerken während des „Dritten Reiches". Stuttgart 1994.

Neophilologus: Die maandeliks Tijdschrift voor de wetenschappelike beoefening van levende vreemde talen en van hun letterkunde en voor de studie van de klassieke talen in hun verband met de moderne. 25. Jaarg. 1940. Ndr. New York 1965.

Orlow, Dietrich: Die Adolf-Hitler-Schulen. In: Vierteljahrshefte f. Zeitgesch. 13/1965, 272−284.

Paechter, Henry M.: National-Socialist an Fascist Propaganda for the Conquest of Power. In: The Third Reich. London 1955, 710 ff.
Phelps, Reginald H.: Die Hitler-Bibliothek. In: Deutsche Rundschau 80. Jg. 1954, 923–951.
Pichl, Eduard: Georg Schönerer. Bearb. v. Walter Frank. 6 Bde. in 3 Bdn. Berlin 1938 (zuerst 1912).
Poliakov, Léon: Geschichte des Antisemitismus. Aus d. Franz v. R. Pfisterer. Bd. 6: Emanzipation u. Rassenwahn. Bd. 7: Zwischen Assimilation und „jüdischer Weltverschwörung". Bd. 8: Am Vorabend des Holocaust. Frankfurt/M. 1988.
Polenz, Peter von: Geschichte der deutschen Sprache. Erweiterte Neubearbeitung der früheren Darstellung von H. Sperber. 9. überarb. Aufl. Berlin, New York 1978.
Raasch, Rudolf: Deutsche Jugendbewegung und deutsche Gegenwart. Forschungsergebnisse zur Jugendfrage. Frankfurt/M. 1984.
Reitlinger, Gerald: Die Endlösung. Hitlers Versuch der Ausrottung der Juden 1939–1945. Berlin 1956.
Riedel, Kurt: Wer hat den Ausdruck „Nordische Rasse" geprägt? In: Volk und Rasse 12/1937, 72 f.
Römer, Ruth: Sprachwissenschaft und Rassenideologie in Deutschland. München 1985.
Saller, Karl: Die Rassenlehre des Nationalsozialismus in Wissenschaft und Propaganda. Darmstadt 1961.
Sarkowski, Heinz: Das Bibliographische Institut. Verlagsgeschichte und Bibliographie. 1826–1976. Mannheim, Wien, Zürich 1976.
Sauer, Wolfgang Werner: Der „Duden". Geschichte und Aktualität eines „Volkswörterbuchs". Stuttgart 1988.
Schäfer, Renate: Zur Geschichte des Wortes „zersetzen". In: Zeitschr. f. deutsche Wortforschung 18/1962, 40–80.
Schultz, Harald: Die NS-Ordensburgen. In: Vierteljahreshefte f. Zeitgesch. 15/1967, 269–298.
Seidel-Slotty: Sprachwandel im Dritten Reich. Eine kritische Untersuchung faschistischer Einflüsse. Halle/S. 1961.
Silberner, Edmund: Moses Heß. In: Historia Judaica, XIII. 1 (1951).
Silberner, Edmund: Sozialisten zur Judenfrage. Berlin 1962.
Silberner, Edmund: Moses Hess. Geschichte seines Lebens. (Kapitel: Rasse und Volk, 404–411). Leiden 1966.
Sontheimer, Kurt: Antidemokratisches Denken in der Weimarer Republik. Die politischen Ideen des deutschen Nationalismus zwischen 1918 und 1933. 4. Aufl. München 1962.
Stechert, Kurt: Wie war das möglich? Stockholm 1945.
Sternberger/Storz/Süskind: Aus dem Wörterbuch des Unmenschen. Hamburg 1957.
Sternberger/Storz/Süskind: Aus dem Wörterbuch des Unmenschen. Neue erweiterte Ausgabe mit Zeugnissen des Streites über die Sprachkritik. 3. Aufl. Hamburg, Düsseldorf 1968.

Stolleis, Michael: Gemeinschaft und Volksgemeinschaft. Zur juristischen Terminologie. In: Vierteljahreshefte f. Zeitgesch. 20/1972, 16−38.

Stolleis, Michael: Gemeinwohlformeln im nationalsozialistischen Recht. Berlin 1974.

Storfer, A. J.: Wörter und ihre Schicksale. Berlin, Zürich 1935.

Stötzel, Georg: Nazi-Verbrechen und öffentliche Sprachsensibilität. Ein Kapitel deutscher Sprachgeschichte nach 1945. In: Deutscher Wortschatz. Lexikologische Studien. Festschr. z. 80. Geburtstag v. Ludwig Erich Schmitt von seinen Marburger Schülern. Hg. H. Haider, P. v. Polenz, O. Reichmann, R. Hildebrandt. Berlin, New York 1988, 417−442.

Stötzel/Wengeler: Georg Stötzel, Martin Wengeler: Kontroverse Begriffe. Geschichte des öffentlichen Sprachgebrauchs in der Bundesrepublik Deutschland. In Zusammenarbeit mit K. Böke, H. Gorny, S. Hahn, M. Jung, A. Musolff, C. Tönnesen. − Sprache, Politik, Öffentlichkeit. Hg. A. Burkhardt, W. Dieckmann, K. P. Fritzsche, R. Rytlewski, Bd. 4. Berlin, New York 1995.

Thamer, Hans-Ulrich: Verführung und Gewalt: Deutschland 1933−1945. − Die Deutschen und ihre Nation, Bd. 5. Berlin 1986.

Theune, B.: Volk und Nation bei Jahn, Rotteck, Welcker und Dahlmann. Berlin 1937. Ndr. Hist. Studien. H. 319

van den Toorn, M. C.: Dietsch en volksch. Een verkenning van het taalgebruik der nationaal-socialisten in Nederland. − De Nieuwe Taalgids Cahiers 5, Groningen 1975.

Vondung, Klaus: Magie und Manipulation. Ideologischer Kult und politische Religion des Nationalsozialismus. Göttingen 1971.

Walz, J. A.: „Heil!". In: Zeitschrift für deutsche Wortforschung 15/1914, 157−174.

Die Wandlung. Eine Monatsschrift. Hg. Dolf Sternberger. 1.−3. Jg. (1946−1948). Heidelberg.

Weißmann, Karlheinz: Schwarze Fahnen, Runenzeichen. Die Entwicklung der politischen Symbolik der deutschen Rechten zwischen 1890 und 1945. Düsseldorf 1991.

Die Weltbühne. Vollständiger Ndr. d. Jahrgänge 1918−1933. Königstein 1978.

Wenck, Martin: Die Geschichte der Nationalsozialen. Berlin-Schöneberg 1929.

Whiteside, Andrew, G.: Nationaler Sozialismus in Österreich vor 1918. In : Vierteljahreshefte f. Zeitgesch. 9/1961, 341 ff.

Wörterbuch des Unmenschen. In: Die Wandlung. Hg. Dolf Sternberger. 1. Jg. 1945/46; 2. Jg. 1947. Heidelberg.

Zmarzlik, Hans-Günter: Der Sozialdarwinismus in Deutschland als geschichtliches Problem. In : Vierteljahreshefte f. Zeitgeschichte 11/1963, 247−273.

A

abmeiern, Abmeierung

Entziehung der Erbhofverwaltung oder des Erbhofeigentums.[1]

> Zu *Meier*, mhd. *mei(g)er*, ahd. *meior, meiger* ‚Oberaufseher, Bewirtschafter, Pächter eines Guts', entlehnt aus lat. *maior* (verkürzt aus *maior domus* ‚Vorsteher der Dienerschaft eines Hauses').[2]
„Die Worte Meier, Mayer oder Meiger, majores bezeichneten ursprünglich soviel als Vorsteher. So stand der fränkische Hausmeier oder major domus dem königlichen Haushalt vor und der spätere französische und englische maire und mayor der Gemeinde. Man gebraucht aber gewöhnlich das Wort Meier als eine allgemeine Bezeichnung für solche Landbauer, welche in Beziehung auf ein Gut, welches sie bebauen (dem sie vorstehen), zwar ein Recht, aber doch nicht dessen Eigenthum haben."[3] (1845) Der Meier hatte ein dingliches und erbliches Nutzungsrecht an dem ihm zum Meierrecht verliehenen Bauerngut, das ihm jedoch bei Mißwirtschaft vom Grundherrn entzogen werden konnte. Er erfuhr Abtrieb, Absetzung, Abstiftung, Entsetzung, Expulsion oder *Abmeierung*. Er wurde *abgemeiert*. „daß der meiger wen er seinem guetshern ... die zinse nicht entrichtet, sich selbst ipso iure abgemeigert habe."[4] (1584) „Kein burger soll den andern hinderlistig abmeyrn der guter ... es sei dan das der gutes herr gute vrsache der entsetzungen habe."[5] (1597) „daß eine in rechten erfoderte nothwendigkeit ihn zur expulsion und abmeyerung seiner colonorum veranlasst."[6] (1697) Im Zuge der Bauernbefreiung wurde bis etwa zur Mitte des 19. Jahrhunderts das Meierrecht und damit die Abmeierung weitgehend abgeschafft.[7] Das Wort *abmeiern* erhielt sich — außer in historischem Bezug — in übertragener Bedeutung im Sinne von: ‚entlassen, seines Amtes entheben'. „Der Herr Landrat Bolder ist abgemeiert."[8] (1905) „meine befürchtungen wegen einstiger abmeierung (v. d. lehrtätigkeit)."[9] (1858)

> Im NS-Staat wurde der alte Ausdruck *abmeiern* in veränderter Bedeutung neu belebt. *Abmeiern* wurde nun nicht auf den Pächter eines Hofes, sondern auf den

---

[1] Gebucht: Duden, 12. Aufl. 1941, Meyers Lexikon 1936 ff., Trübners DWB. Getilgt: Duden, 13. Aufl. 1947.
[2] Kluge 1989, 471, s. v.
[3] Rotteck, Welcker, Bd. 1, 134, s. v.
[4] DWB (2), Bd. 1, 1983, 585, s. v.: „in: Gesenius, meyerrecht (1801)".
[5] DWB. (2), ebd., „in: Pufendorf, observationes 4 (1770) appendix 155".
[6] DWB (2), ebd., „in: Gesenius, meyerrecht (1801) 1, beil. 20".
[7] Meyers Enzykl. Lexikon, 1971 ff., Bd. 1, 199, s. v.
[8] Höltje, K.: Der Herr Landrat (1905), 241, zit. Trübners DWB, Bd. 4, 1943, 595, s. v. Meier.
[9] DWB (2), ebd., „Treitschke br. ²1, 485 C.".

Hofeigentümer, den ↑ *Erbhofbauern*, bezogen. Im Sachverzeichnis einer Textausgabe des ↑ *Reichserbhofgesetzes* wird unter dem Stichwort *Abmeierung* auf den § 15 „Ehrbarkeit und Befähigung des Bauern" des *Reichserbhofgesetzes* vom 29. 9. 1933 und den 8. Abschnitt der Erbhofverfahrensordnung vom 21. 12. 1936 verwiesen: „Verfahren gegen einen schlechtwirtschaftenden oder bauernunfähigen Erbhofeigentümer", doch kommt im Gesetz selbst, wie auch in der Erbhofverfahrensordnung, das Wort *Abmeierung* an keiner Stelle vor.[10] Im NS-Sprachgebrauch ist aber, wie die Lexika belegen, die Bezeichnung *Abmeierung* für die gesetzlich vorgesehenen Maßnahmen gegen den schlechtwirtschaftenden oder ↑ *bauernunfähigen* Erbhofeigentümer geläufig: „Bei Mangelhaftigkeit oder Böswilligkeit des bäuerlichen Schuldners wird durch ständische Zucht (durch Wirtschaftsüberwachung und -führung und in schweren Fällen durch Abmeierung) für Abhilfe gesorgt."[11] „Abmeierung – die Entziehung des Rechts am Erbhof (→ Reichserbhofgesetz), wenn der Bauer diesen nicht ordnungsgemäß bewirtschaften kann. Das Anerbengericht überträgt die Verwaltung und Nutznießung dem Ehegatten des Bauern oder den Anerben (kleine Abmeierung), bei deren Fehlen das Eigentum am Erbhof einer anderen bauernfähigen Person (große Abmeierung)."[12]

▷ Durch das Kontrollratsgesetz Nr. 45 vom 20. 2. 1947 wurde die Möglichkeit der *Abmeierung* des Hofeigentümers beseitigt.[13] Damit verliert auch der Ausdruck *abmeiern* seine Bedeutung. 1991 erläutert der Rechtschreibduden unter dem Stichwort *abmeiern, Abmeierung*: „früher für: jemandem den Meierhof, das Pachtgut, den Erbhof entziehen."[14] Im heutigen Sprachgebrauch kommt *abmeiern* nur noch übertragen vor: „Wenn nicht gerade auf Reisen, widmet sich der Kanzler auch weiterhin dem Geschäft des Abmeierns."[15]

Absetzbewegung

Verhüllend : militärischer Rückzug, Flucht[16].

▷ Zu *sich absetzen* ‚sich absondern, sich davonmachen'. Vereinzelte frühe Belege: „der guot ritter und sein knab, / die satzten sich ainhalb ab, / das ir niemant ward gewar, / bis das volk alles gar / mit ainander ir straß ritten." (um 1400)[17] „da es sich begab, das sich ein viech absetzet (von der herde)." (1630)[18] Geläufig wurde das Wort erst im 20. Jahrhundert.

---

[10] Reichserbhofgesetz, Textausgabe, 2. veränd. Aufl. München, Berlin 1937.
[11] Meyers Lexikon, 1936 ff., Bd. 3, 1937, 944, s. v. Erbhof.
[12] Volks-Brockhaus, 1940, 2, s. v. Vgl. auch: Meyers Lexikon, 1936 ff., Bd. 1, 29, s. v.; Duden, 12. Aufl. 1941, 6, s. v.
[13] Meyers Enzykl. Lexikon, 1971 ff., Bd. 1, 199, s. v. Abmeierung.
[14] Duden, 20. Aufl. 1991, s. v.
[15] 1988. Der Spiegel, Nr. 5, 27. Zit. Paul 1992, 565, s. v. Meier.
[16] Gebucht: Paechter.
[17] DWB (2), Bd. 1, 1983, 936, s. v. absetzen. „Kaufringer 14, 134 LV".
[18] DWB (2), ebd. „öst. weist. 7, 130".

> *Absetzbewegung* (wie *sich absetzen*)[19] war ein Ausdruck der *Wehrmachtberichte* des Zweiten Weltkriegs. Der *Wehrmachtbericht* des Zweiten Weltkriegs war „erklärtermaßen nicht bloße Information für die deutsche Öffentlichkeit und für die Truppe selbst, sondern ebenso ein von Staat, Partei und Militär ganz bewußt eingesetztes Instrument der Meinungspflege und Propaganda."[20] Er wurde von der Abteilung für Wehrmachtpropaganda aus den eingelaufenen Meldungen zusammengestellt und in letzter Instanz von Hitler selbst, als Oberbefehlshaber der Wehrmacht, für die Veröffentlichung freigegeben.[21] Als nach großen Erfolgen 1942 die Phase militärischer Niederlagen begann, wurden im Wehrmachtbericht zur Tarnung der Rückschläge zunehmend verharmlosende, beschönigende, verschleiernde Formulierungen benutzt.[22] 1944 erfahren die Nachrichtenempfänger am 14. 2. und dann an vier aufeinanderfolgenden Tagen vom 21. bis 24. 2. im Wehrmachtbericht von *Absetzbewegungen* der deutschen Truppen: „Zwischen Ilmen- und Paipussee setzten sich unsere Truppen befehlsgemäß und vom Feinde ungehindert in einigen Abschnitten weiter ab."[23] „Im Nordteil der Ostfront setzten sich unsere Divisionen in einigen Abschnitten zur Verkürzung der Front befehlsgemäß vom Feinde ab."[24] „Auch nördlich Welikije Luki griffen die Sowjets erfolglos an. Nach Zerstörung der militärischen Anlagen wurden die Trümmerhaufen der ehemaligen Stadt Cholm im Zuge einer vorgesehenen Absetzbewegung geräumt."[25] „Im Nordabschnitt der Ostfront verlaufen unsere Absetzbewegungen südwestlich und westlich des Ilmensees planmäßig."[26] „Zwischen Ilmen- und Paipussee scheiterten beiderseits Dno und westlich der Bahn Pleskau—Luga Versuche, unsere Absetzbewegungen zu durchstoßen."[27] Schon am 24. 2. 1944 melden die geheimen Lageberichte des Sicherheitsdienstes der SS die Reaktion der Nachrichtenadressaten auf diese *Wehrmachtberichte* der vorangehenden Tage. Dabei nehmen sie ausdrücklich bezug auf das verwendete Vokabular. „So habe die Räumung von Cholm und Staraja-Russa bei den Volksgenossen beängstigend gewirkt und die Begründung solcher Räumungen mit ‚Frontverkürzung', ‚Frontbegradigung' und ‚Absetzbewegung' finde wenig Zustimmung; denn wohin solche ‚Verkürzungen' geführt hätten, habe sich im Süden der Front deutlich gezeigt."[28] „Die Stimmen zum Geschehen an der Ostfront sind denkbar pessimistische. Im merkwürdigen Gegensatz zu den Berichten des OKW stehen die Erzählungen der Ostfronturlauber, in denen die ‚Absetzbewegungen' als reguläre Flucht bezeichnet werden."[29] Die eigene Erfahrung oder die Information über die Fakten

---

[19] Registriert bei: Paechter, Nazi-Deutsch, 1944, 16.
[20] Die Wehrmachtberichte, Bd. 1, Vorwort, IV.
[21] Ebd., VI.
[22] Ebd., VIII.
[23] 14. 2. 1944, Die Wehrmachtberichte, Bd. 3, 34.
[24] 21. 2. 1944, ebd., 40.
[25] 22. 2. 1944, ebd., 41.
[26] 23. 2. 1944, ebd., 42.
[27] 24. 2. 1944, ebd., 43.
[28] MADR v. 24. 2. 1944, Bd. 16, 6364.
[29] Bericht der SD-Außenstelle Friedberg (Gau Schwaben) v. 16. 4. 1944. In: Bayern in der NS-Zeit, 1977, 661.

durch Betroffene untergräbt die Glaubwürdigkeit des Bildes von den planmäßigen Truppenbewegungen im Rahmen eines überlegenen strategischen Konzepts, das von den *Wehrmachtberichten* vermittelt werden soll. Die mit der Absicht der Verschleierung verwendeten Ausdrücke werden entschlüsselt.

▷ Seit dem Zweiten Weltkrieg ist *sich absetzen* in der Bedeutung ‚sich davon machen, sich aus dem Staub machen' gebräuchlich: „der Lehrer ... hatte sich ... abgesetzt, wie man es nannte, wenn jemand überraschend nach Westdeutschland zog."[30] (1968) „Ihr Vater hatte sich mit einer anderen Frau abgesetzt."[31] (1986) ‚Das große Wörterbuch der deutschen Sprache', Duden 1993, bucht das Wort *Absetzbewegung*: „(Milit.): Rückzug"[32], das wohl überwiegend mit Bezug auf den Zweiten Weltkrieg verwendet wird: „[...] aber von 1943 an wurde mit der Serie der Absetzbewegungen im Osten [...] auch die bezwingende Macht Hitlers über die Deutschen brüchig."[33]

Abstammungsbescheid

Meist auf Antrag einer staatlichen Institution herbeigeführte Entscheidung der *Reichsstelle für Sippenforschung* (oder des Instituts für Erbbiologie und Rassenhygiene) über die Frage, welcher Kategorie von Menschen eine Person gemäß den Nürnberger Gesetzen vom 15. 9. 1935 zuzurechnen sei.

▷ *Abstammungsbescheid* ist eine Neuprägung, die im Gefolge der verschiedenen Verordnungen über den *Nachweis der Abstammung* entstanden ist. In Zweifelsfällen wurde von Ämtern und Organisationen ein *Abstammungsbescheid* eingeholt. Er konnte aber auch von Probanden selbst beantragt werden. „In derartigen Zweifelsfällen kann ein ‚Abstammungsbescheid' der Reichsstelle für Sippenforschung, Berlin [...] eingeholt werden. Zur Stellung dieses Antrages sind bei der genannten Dienststelle die Antragsformblätter 104 und 105 unter Einsendung eines freigemachten Briefumschlages einzufordern. Die Einreichung von Schriftsätzen ohne Verwendung der Formblätter, denen ein Merkblatt beiliegt, ist zwecklos. Diese ‚Abstammungsbescheide' haben dann, je nachdem ob sie entsprechend den Bestimmungen des Reichsbeamtengesetzes oder nach den Aufnahmebedingungen der NSDAP. ausgestellt sind, bei allen staatlichen Stellen und bei allen Dienststellen der NSDAP. und ihren Gliederungen volle Beweiskraft."[34] Die Preußische Akademie der Künste wendete sich z. B. mit folgender Anfrage an die *Reichsstelle für Sippenforschung*: „Da immer wieder das Gerücht auftaucht, daß das Mitglied unserer Akademie, Bildhauer Ernst Heinrich Barlach, nicht arischer Abkunft sei, würde die Akademie für eine gefällige amtliche Nachprüfung dankbar sein. [...]"[35] Die Antwort ist ein

---

[30] DWB (2), Bd. 1, 1983, 936, D 3, „Seghers, vertrauen, 251".
[31] Frischmuth, B.: Herrin der Tiere, Wien 1986, 39. Zit. GWB Duden 1994.
[32] GWB Duden 1994., Bd. 1, s. v. absetzbar. „ − (Milit.) Rückzug".
[33] Siedler, W. J.: Der lange Abschied d. Deutschen v. Hitler, Frankfurter Allgem. Ztg., 28. 1. 1995.
[34] Der Ahnenpaß. Hg. Reichsverband der Standesbeamten e. V., Berlin o. J. (1939 o. später), 45.
[35] Brenner, H.: Ende einer bürgerlichen Kunst-Institution, 1972, [Dok.] 132, 141.

Abstammungsbescheid: „Reichsstelle für Sippenforschung, 30. 3. 1937. Nr. F. 1302 Su./N. — Abstammungsbescheid. Der Bildhauer Ernst Heinrich Barlach in Güstrow, geboren zu Wedel am 2. 1. 1870, ist deutschen oder artverwandten Blutes im Sinne der ersten Verordnung zum Reichsbürgergesetz vom 14. November 1935 (RGBl. I, S. 1333) sowie arisch im Sinne der Richtlinien zu § 1a des Reichsbeamtengesetzes in der Fassung des Gesetzes vom 30. 6. 1933 (RGBl. I, S. 433), vom 8. August 1933 (RGBl. I, S. 575). Die Abstammung wurde hier nachgeprüft. Dr. Kurt Mayer."[36] In den ‚Meldungen aus dem Reich' wird am 10. 8. 1942, offenbar in denunziatorischer Absicht, berichtet: „So habe z. B. der 1893 geborene Dr. G. stets als Jude gegolten und sei auch als solcher aufgetreten. Erst jetzt habe er plötzlich die Behauptung aufgestellt, seine Mutter habe in der fraglichen Zeit mit einem deutschblütigen Mann, der in ihrem Hause als Hausmeister tätig war, Verkehr gehabt. Dies wird u. a. auch von dem Vater der Frau, also von einem Volljuden, eidesstattlich versichert. Bei der erb- und rassenkundlichen Untersuchung haben von dem gesetzlichen und dem angeblichen Vater lediglich Lichtbilder vorgelegen, da beide bereits verstorben sind. Nur aufgrund der Ähnlichkeitsfeststellung kommt das Gutachten zum Schluß, daß der Prüfling von dem arischen Mann abstamme. Darauf ist der Abstammungsbescheid ergangen, daß G. jüdischer Mischling mit zwei der Rasse nach jüdischen Großelternteilen (Mischling ersten Grades) sei."[37]

▷ Der Ausdruck *Abstammungsbescheid* wurde mit der Aufhebung der ↑ *Nürnberger Gesetze* obsolet.

Abstammungsnachweis

Seit den ↑ *Nürnberger Gesetzen* von jedem Deutschen zu erbringender amtlicher Nachweis der von ↑ *fremdrassigen Bluteinschlägen* freien genealogischen Herkunft.[38]

▷ Vor Beginn der Nazi-Ära gehörte der Ausdruck *Abstammungsnachweis* in die Fachsprache der Tierzüchtung. 1924 findet sich in der 7. Auflage von ‚Meyers Lexikon' unter dem Stichwort *Abstammungsnachweis* lediglich der Verweis: „s. Tierzucht."[39] Noch 1928 gibt ‚Der Große Brockhaus' unter *Abstammungsnachweis* an: „der von Züchtern und Zuchtverbänden (z. B. von Herdbuchvereinen) zu erbringende Nachweis der Abstammung eines Zuchttieres von bekannten Eltern, Großeltern usw."[40]

▷ Der ‚Völkische Beobachter' stellte bereits 1920 — zu diesem Zeitpunkt noch Organ des Germanen-Ordens und der Thule-Gesellschaft — die Forderung nach Stammbaum und Ahnentafel in deutschen Familien, ohne vor dem Vergleich mit der Viehzucht zurückzuschrecken: „Zur Pflege und Erneuerung deutschen Geistes gehört auch, daß jede deutsche Familie sich einen Stammbaum und eine Ahnentafel

---

[36] Brenner, H., ebd., [Dok.] 133, 142.
[37] MADR, Bd. 11, Nr. 307, 10. 8. 1942, 4058.
[38] Gebucht: Meyers Lexikon 1936 ff., Volks-Brockhaus 1940.
[39] Bd. 1, Sp. 64.
[40] 15. Aufl., Bd. 1, 1928, s. v.

anschafft, wenn sie noch nicht im Besitze solcher ist. Der Deutsche darf nicht hinter Hund, Pferd und Rind kommen. Hund und Pferd haben Stammbäume, Rinder sind im Herdenbuch [sic] eingetragen. Das ist die erste Bedingung, das Blut rein zu halten und wird der Sippe wieder den echt arischen Halt geben."[41] In den Nürnberger Gesetzen wird der Ausdruck *Abstammungsnachweis* auf Menschen angewendet. Die Erstellung von ↑ *Ahnentafeln* als Grundlage für einen *Abstammungsnachweis* wird Pflicht. „*Abstammungsnachweis*, genealogischer Nachweis der deutschen oder artverwandten Abstammung bzw. des Grades eines fremden Bluteinschlages, auf Grund der Nürnberger Grundgesetze vom 15. 9. 1935 und auf Grund verschiedener anderer Reichsgesetze heute von dem deutschen Volksgenossen verlangt (von den Mitgliedern der NSDAP. und ihren Gliederungen in verschärfter Form), zu erbringen durch Vorlage einer urkundlich belegten sippenkundlichen Darstellung, der Ahnentafel. [...] Man unterscheidet heute drei Arten, den kleinen und den großen Abstammungsnachweis, sowie den Nachweis der nichtjüdischen Abstammung. Der kleine Abstammungsnachweis wurde durch das Gesetz zur Wiederherstellung des Berufsbeamtentums vom 7. 4. 1933 in der deutschen. Gesetzgebung eingeführt. Die ‚arische' Abstammung im Sinne dieses Gesetzes ist identisch mit der deutschblütigen Abstammung (‚deutschen oder artverwandten Blutes') im Sinne des Reichsbürgergesetzes vom 15. 9. 1935 und seiner Ausführungsbestimmungen. Es wird verlangt, daß keiner der Großelternteile vollartfremden (insbesondere jüdischen) Blutes war. Zum Nachweis der deutschblütigen Abstammung sind die Geburts-(Tauf-) und Heirats-(Trau-)Urkunden des Prüflings, seiner Eltern und seiner Großeltern vorzulegen. – Der große Abstammungsnachweis geht über die Reihe der Großeltern zurück bis zu der am 1. 1. 1800 lebenden Ahnenreihe. [...] Der große Abstammungsnachweis wird in erster Linie von der NSDAP. und ihren Gliederungen [...] verlangt. Die gleiche Blutreinheit wie die Partei fordert auch das Reichserbhofgesetz vom 29. 9. 1933 von dem Erbhofbauern. – Den Nachweis der nichtjüdischen Abstammung haben solche Personen zu führen, die zwar nicht deutschblütig sind, aber auch nicht als Juden angesprochen werden können. Es sind dies ‚die jüdischen Mischlinge mit einem oder zwei der Rasse nach volljüdischen Großelternteilen', die Mischlinge zweiten oder ersten Grades [...]."[42] Entscheidendes Kriterium für den angeblichen *Nachweis der deutschblütigen Abstammung* sollten also die Taufdaten der Eltern und Großeltern sein: „Der kleine Abstammungsnachweis, der von der Kammer verlangt wird, erstreckt sich bis auf die Großeltern, deren Geburts- und Taufdaten festgestellt werden müssen. Es wird also nur ein Ahnenspiegel anerkannt, in dem auch die Taufdaten der vier Großeltern eingetragen sind."[43] In der ‚Meldung aus dem Reich' vom 20. 3. 1941 wird in diesem Zusammenhang über die „Ausnutzung der Ahnennachweisforschung zu konfessioneller Propaganda" berichtet: „Aus fast allen Teilen des Reiches wird gemeldet [...], daß sowohl von katholischer wie evangelischer Seite den geforderten Abstammungsnachweisen in immer stärkerem

---

[41] VB, Nr. 95/31. 10. 1920, 5.
[42] Meyers Lexikon, 1936 ff., Bd. 1, 52/53.
[43] Mitteilungsblatt der RKdbK [Reichskammer der bildenden Künste], Februar 1937. Zit. Wulf, J.: Die bildenden Künste im Dritten Reich, 1963, 289.

Umfange kirchliche Propagandaschriften beigefügt werden. In den betroffenen nationalsozialistischen und gottgläubigen Kreisen herrscht über diese ‚dreiste' und ‚unverschämte' Kirchenwerbung einige Verärgerung, weil in den Schriften gerade die nationalsozialistische Auffassung über Ahnen, Familientradition, Sippe, Blut und Boden so für die Kirchenwerbung und Kirchenpropaganda begrüßt werden, als ob es sich hier um ein eindeutig kirchliches Gedankengut handele. Beim näheren Zusehen aber zeige sich, daß das nationalsozialistische Gedankengut in rein kirchlichem Sinne umgedeutet werde. [...]."[44] Bei dem Projekt der sog ↑ *Wiedereindeutschung* oder ↑ *Umvolkung rassisch hochwertiger* Menschen unter den Polen sollte an die Stelle des *Abstammungsnachweises* eine sogenannte anthropologische Untersuchung treten: „Unter der polnischen Bevölkerung der eingegliederten Ostgebiete und des Generalgouvernements befindet sich eine in ihrem zahlenmäßigen Umfang gegenwärtig zwar noch nicht feststellbare, aber doch nicht unbeträchtliche Gruppe nordisch bestimmter, rassisch hochwertiger Menschen, die nach ihrem Erscheinungsbild unzweifelhaft von germanischen Vorfahren abstammen, wenngleich ein sippenkundlicher Abstammungsnachweis nicht durchführbar ist und dank der Möglichkeiten einer anthropologischen Untersuchung als überflüssig erscheint. [...]. Sie gilt es für das deutsche Volk zurückzugewinnen [...]."[45]
Neben der nationalsozialistischen Verwendung von *Abstammungsnachweis* für die Beurkundung der angeblichen ↑ *Rassenreinheit* einer Person erhält sich in der NS-Zeit auch der ursprüngliche Gebrauch des Ausdrucks als Fachterminus der Tierzucht. „1. Verordnung z. Förderung d. Tierzucht v. 26. 5. 1936. [...] § 7, 1. Es dürfen nur Vatertiere gekört werden, für die ein ausreichender Abstammungsnachweis einer vom Reichsnährstand anerkannten Züchtervereinigung vorgelegt wird."[46]
▷ Die 9. Auflage von ‚Meyers Enzyklopädischem Lexikon' führt 1971 unter dem Stichwort *Abstammungsnachweis* als einzigen Eintrag: „Auszug aus dem Herdbuch eines Zuchttieres als Nachweis für dessen Abstammung, Körpermerkmale, Lebensdaten, für die Besitzverhältnisse usw., so daß dessen Zuchtwert geschätzt werden kann."[47]

Achse Berlin – Rom

Bezeichnung für das Einverständnis und die außenpolitische Zusammenarbeit zwischen dem nationalsozialistischen Deutschland und dem faschistischen Italien.[48]

▷ In der ‚Deutschen Wortgeschichte' von 1943 bucht Walther Linden den „Begriff der Achse Berlin – Rom" und seine Komposita *Achsenmächte, Achsenpolitik* als

---

[44] MADR, Nr. 172, 20. 3. 1941, Bd. 6, 2127.
[45] SS-Brigadeführer Dr. Fähndrich, Vortrag im Reichsministerium d. Inneren am 2. 5. 1941 (Nürnberger Dok. NO 5006). In: Broszat, M.: „Erfassung" und Rechtsstellung von Volksdeutschen und Deutschstämmigen im Generalgouvernement. Gutachten d. Instituts f. Zeitgesch., Bd. II, 1955, 246.
[46] RGBl. 1, 1936, 472.
[47] Bd. 1, 1971, 167, s. v.
[48] Gebucht: Duden, 12. Aufl. 1941, Volks-Brockhaus 1940. Getilgt: Duden, 13. Aufl. 1947.

1936 entstandene Neologismen.[49] Am 1. November 1936 bezog sich Mussolini in einer Rede auf die deutsch-italienische Zusammenarbeit: „Die Zusammenkunft von Berlin hat eine Verständigung zwischen den beiden Ländern über bestehende Probleme ergeben [...]. Aber diese Verständigung, die in besonderen Niederschriften festgelegt und in gebührender Form unterschrieben worden ist, diese Vertikale Berlin – Rom ist nicht eine Schnittlinie, sondern vielmehr eine Achse, um die alle europäischen Staaten, die von dem Willen der Zusammenarbeit und des Friedens beseelt sind, zusammenarbeiten können."[50] Von diesem Zeitpunkt an wurde die Bezeichnung *Achse Berlin – Rom* gebräuchlich. Allerdings nahm Hans Frank für sich in Anspruch, den Ausdruck schon im September des Jahres 1936 im Gespräch mit Graf Ciano geprägt zu haben: „Bei jener Septemberbesprechung zwischen uns beiden fiel übrigens zum ersten Male das Wort von der ‚Achse' Berlin – Rom, das ich im Hinblick auf das Bild des europäischen politischen Wagens gebrauchte, der auf dieser ‚Achse' ruhe und von den beiden Rädern Faschismus und Nationalismus vorwärts gefahren werden müsse."[51] Die Nationalsozialisten wollten durch das Schlagwort *Achse* vor allem die ideologische Blockbildung zwischen den beiden totalitären Staaten betonen. „Achse Berlin – Rom, das deutsch-italienische Einverständnis seit 1936, ausgebaut durch das Bündnis vom 22. 5. 1939; es ist zugleich der Ausdruck für die Verwandtschaft der Staats- und Weltanschauung des Nationalsozialismus und des Faschismus, besonders gegenüber den westlichen Demokratien."[52] Im Zweiten Weltkrieg wurden die Partner des Dreimächtepakts vom 27. 9. 1940, der *Achse Berlin – Rom – Tokio, Achsenmächte* oder *Achsenstreitkräfte* genannt. „Die Ausrichtung aller kontinental-europäischen Länder auf die totalitären Achsenmächte schreitet in einem unaufhaltsamen organischen Entwicklungsprozeß fort."[53] „Der im OKW-Bericht vom 28. 5. 1942 gemeldete Beginn neuer Angriffsoperationen der Achsenstreitkräfte in Nordafrika wurde in weiten Kreisen der Bevölkerung als ‚erlösend' aufgenommen: ‚es rommelt wieder!'"[54] „Wie von Vertrauenspersonen in Erfahrung gebracht wurde, gibt es Personen, die an einen Sieg der Achsenmächte nicht mehr recht glauben."[55] Nach der Auflösung des Bündnisses von 1939 durch den italienischen Waffenstillstand vom 1. 9. 1939 kam der Ausdruck *Achse* (*Achse Berlin – Rom*) außer Gebrauch.

▷ Für die heutige Verwendung von *Achse* in der Bedeutung ‚Zusammenarbeit mit ausländischen Partnern' findet sich ein einzelner Beleg: „Eine wissenschaftliche Achse Peking – Saarbrücken wird es ab nächstem Jahr geben."[56]

---

49 Deutsche Wortgeschichte, Bd. 2, W. Linden: Aufstieg des Volkes (1885–1941), 1943, 403.
50 Mussolini, B.: Opera omnia, Bd. 28, 69 f. Redetext zit. G. Rühle: Das Dritte Reich, Bd. 1936, 104.
51 Frank, H.: Im Angesicht des Galgens, München 1953, 253.
52 Volks-Brockhaus 1940, 4, s. v.
53 Schadewaldt, H.: Hungerblockade über Kontinentaleuropa, Deutsche Informationsstelle, Berlin 1941.
54 MADR, Bd. 10, Nr. 288, 1. 6. 1942, 3771.
55 Monatsbericht d. Gendarmerie-Station Waischenfeld v. 25. 8. 1943. Bayern in der NS-Zeit, 1977, 174.
56 Saarbr. Zeitung, 7. 10. 1979, 27/29/31. Zit. GWB Duden 1994.

Ackernahrung

Maß für die Mindestgröße eines Erbhofs.[57]

> Das ‚Edikt die Regulierung der gutsherrlichen und bäuerlichen Verhältnisse betreffend' vom 14. 9. 1811 hatte in Preußen den Besitzern von Gütern, die bisher dem Gutsverband angehörten, gegen Landabtretung an den Gutsherrn das volle und freie Eigentum an ihren Höfen zugesprochen. Durch die Deklaration vom 29. 5. 1816 wurde der Kreis der betroffenen Bauern jedoch stark eingeschränkt. Man führte den Begriff der *Ackernahrung* als Kriterium für die Regulierbarkeit der Inhaber von Bauernstellen ein[58], für dessen Gebrauch es bereits einen Beleg von 1798 gibt.[59] In der Deklaration „wird dafür neben einander *bäuerliche nahrung, bäuerliche stelle, ackernahrung* und *bauerhof* gebraucht: besitzer bäuerlicher nahrungen. artikel 1; um das schwankende des begriffs der bäuerlichen stellen zu ergänzen, verordnen wir, dasz den bestimmungen des edikts diejenigen bäuerlichen stellen unterliegen, bei welchen sich gleichzeitig folgende eigenschaften finden: a) dasz ihre hauptbestimmung ist, ihren inhaber als selbständigen ackerwirth zu ernähren. artikel 4; es sind davon ausgeschlossen: a) die dienstfamilien-etablissements im gegensatze der ackernahrungen. müssen von der stelle dem gutsherrn spanndienste geleistet werden, oder hat der besitzer bisher gewöhnlich zu deren bewirthschaftung zugvieh gehalten, so ist sie eine ackernahrung; [...]. artikel 5."[60]
Auf diesen Artikel 5 der Deklaration bezieht sich die Definition von *Ackernahrung* in der 1. Auflage von ‚Meyer's Conversations-Lexicon': „ein Landgut mit so viel Ackerland, daß Zugvieh darauf gehalten werden kann."[61] (1840)

> In der NS-Zeit wird der alte Ausdruck *Ackernahrung* im Reichserbhofgesetz vom 29. 9. 1933 wieder aufgegriffen. Im 1. Abschnitt unter § 2 wird definiert: „(1) Der Erbhof muß mindestens die Größe einer Ackernahrung haben. (2) Als Ackernahrung ist diejenige Menge Landes anzusehen, welche notwendig ist, um eine Familie unabhängig vom Markt und der allgemeinen Wirtschaftslage zu ernähren und zu bekleiden sowie den Wirtschaftsablauf des Erbhofs zu erhalten."[62] R. Walther Darré kommentiert: „Die wirtschaftlichen Voraussetzungen des Bauerntums bildet die Ackernahrung, d. h. die Möglichkeit, auf dem Hof die Sippe gegebenenfalls aus wirtschaftseigener Kraft und Mitteln zu erhalten, wenn die Marktverhältnisse außerhalb des Hofes einmal versagen sollten. Es ist also die Möglichkeit geschaffen, eine Sippe zu erhalten, auch bei Wirtschaftszusammenbrüchen, Marktstörungen usw., wie sie ja die Geschichte jedem Volk in jedem Jahrhundert zumutet."[63] Zur

---

[57] Gebucht: Duden, 12. Aufl. 1941, Trübners DWB, Volks-Brockhaus 1940.
[58] Ideengeschichte d. Agrarwirtschaft und Agrarpolitik, Bd. I, v. S. Frauendorfer, 1957, 265.
[59] DWB (2), Bd. 1, 1983, 1436: „in: Frauenholz heerwesen (1935) 4, 321: in ansehnung der städtischen ackernahrungen ... die, welche dreyßig scheffel land bauen und kultivieren".
[60] DWB, Bd. 13, 1889, 313, s. v. Nahrung.
[61] Bd. 1, 262, s. v.
[62] Reichserbhofgesetz, Textausgabe, 2. veränd. Aufl. 1937, 2.
[63] Darré, R. W.: Unser Weg (1. 4. 1934). In: Odal, 2. Jg. 1934/35, H. 9. Wieder in: Darré: Um Blut und Boden, 1941, 102.

Verbreitung des Ausdrucks *Ackernahrung* trug die Fachliteratur bei, die in den dreißiger Jahren im Zusammenhang mit dem *Reichserbhofgesetz* erschien: ‚Das Problem der Ackernahrung unter ausgewählten Beispielen des nördlichen Rhein-Main-Gebietes' (E. Otremba, 1938); ‚Die «Ackernahrung» eines Weinbauerhofes' (A. Graff, 1939).1940 erscheint *Ackernahrung* als Lemma im ‚Volks-Brockhaus': „[…] die Ackerfläche, von der eine Bauernfamilie leben und die sie ohne fremde Arbeitskräfte bewirtschaften kann (→ Reichserbhofgesetz)."[64] 1941 wird das Wort zum erstenmal im Rechtschreibduden gebucht.[65]

≫ Seit dem *Reichserbhofgesetz* ist *Ackernahrung* wieder zu einem geläufigen landwirtschaftlichen Terminus geworden, der heute in den meisten Wörterbüchern und Enzyklopädischen Lexika vertreten ist.

Adel

Neue Elite, die im NS-Staat herangezüchtet werden sollte.

> Gemeingermanisch ursprünglich wohl ‚Geschlecht', ‚Abstammung', ahd. *adal*; verwandt mit ahd. *uodil* ‚Besitztum', ‚Heimat'. Schon mhd. vielfach übertragen auf innere Werte, spätmhd. Kollektivbezeichnung der sozialen Klasse[66] eines in verschiedenen Zeitaltern unterschiedlich strukturierten Adelsstandes.
Der Sozialdarwinist und Rassenhygieniker Wilhelm Schallmayer forderte (1903) die Begründung eines neuen Adels, ausgelesen insbesondere nach dem generativen Wert des Stammbaums: „Noch etwas mehr ließe sich allerdings leisten, wenn außerdem noch Einrichtungen getroffen würden, wodurch Individuen von besonders hohem generativen Wert die Möglichkeit einer zahlreicheren Nachkommenschaft gesichert würde, oder richtiger, wenn es so eingerichtet werden könnte, daß das Maß der Fortpflanzung eines jeden im geraden Verhältnis zu seinem Erbwert stände. Dieser wäre zu ermessen teils aus seiner individuellen Beschaffenheit, teils nach dem generativen Wert seines Stammbaums, der durch wissenschaftlich anzulegende Stammtabellen zu ergründen wäre. Dieser neue Adel hätte mit dem heutigen ganz wenig gemein, schon deswegen, weil ungefähr das ganze Volk ihm angehören würde, und auch darum, weil er seine misratenen Glieder stets ausscheiden würde."[67] Oswald Spengler identifizierte in seinem kulturphilosophischen Werk ‚Untergang des Abendlandes', das weiteste Verbreitung fand, Adel und Bauerntum und nahm damit einen Gedanken vorweg, der bei den Nationalsozialisten zu einem Grundthema ihrer *Blut und Boden*-Propaganda wurde. „Und zwar ist der Adel der eigentliche Stand, der Inbegriff von Blut und Rasse, ein Daseinsstrom in denkbar vollendeter Form. Adel ist damit höheres Bauerntum.."[68] (1922)

---

[64] Volks-Brockhaus 1940, 4, s. v.
[65] Duden, 12. Aufl. 1941, 10, s. v. Acker.
[66] Paul 1992, 17, s. v.
[67] Vererbung und Auslese im Lebenslauf der Völker. In: Natur und Staat, 3. Teil, Jena 1903, 258.
[68] Spengler, O.: ebd., Bd. 2, 1922, 414.

▶ Die Nationalsozialisten leiteten *Adel* von ↑ *Odal* ab. Es „bezeichnet also den Eigentümer eines unteilbaren, unverkäuflichen Erbhofes."[69] „Adel ist also im germanischen Sinne nichts weiter als die im Erbhof der Sippe zusammengefaßte Einheit von Blut und Boden, um durch ‚Zucht', d. i. Reinhaltung des Blutes, den Ahnherrn zu verehren, dem man sein Dasein auf dieser Welt verdankt." (1. 4. 1934)[70] Hermann Eris Busse hatte seine Romantrilogie aus dem Schwarzwald aus den Jahren 1929/30 ‚Bauernadel' genannt. Gleichzeitig erschien R. W. Darrés Buch ‚Neuadel aus Blut und Boden'[71], in dem er nach dem Vorbild der spartanischen Erbgüter und der ungarischen *Heldengüter*, die unter dem Reichsverweser Admiral Horthy nach 1920 für eine Elite von Frontsoldaten des ersten Weltkriegs geschaffen wurden, die Idee der *Hegehöfe* entwickelte. Auf diesen Erblehen sollte sich eine *rassisch wertvolle* neue Adelsschicht aus *Blut und Boden* herausbilden.[72] „Zum anderen wird die nordische Bewegung den alten germanischen Gedanken vom Adel wieder aufnehmen: dieses heißt, daß man bewährtem Blut eine Stätte schafft, in der es sich hochwertig vermehren kann. Eine solche Stätte wird man vielleicht mit Hegehof bezeichnen, ein Wort von Johannes aus ‚Adel verpflichtet', welches gut das zu Hegende am Blut und Boden kennzeichnet. Auf solchen Hegehöfen müßte die nordische Bewegung wieder einen Adel schaffen, so wie ihn die Germanen verstanden: auf Leistungserfüllung gezüchtete Geschlechter. Dieser Adel wäre dann nicht adlig durch seine Standeskennzeichnung, sondern durch sein Sein." (22. 6. 1930)[73] „Für uns bedeutet dies: wir müssen aus dem Ganzen unseres Volkstums, unbekümmert darum, aus welchem Stande der einzelne stammt, diejenigen, die sich als fähige Führer des deutschen Volkes ausweisen, zu Stammvätern von Geschlechtern werden lassen, deren vornehmste Aufgabe es dann ist, Kinder zu erzeugen, die als erwachsene Menschen zu führen verstehen, d. h. geborene Führer sind. Solche dann aus Leistung in der Führung entstandenen Geschlechter wollen wir ruhig wieder als ‚Adel' bezeichnen, Adel hier aber als ein Adel im germanischen Sinne des Wortes verstanden und gedacht. Man kann dies auch so ausdrücken: Das deutsche Volk faßt im Dritten Reich dasjenige Blut, welches sich als wirkliches Führertum ausgewiesen hat, zu Geschlechtern zusammen, deren vornehmste Aufgabe im Dienste des Volkes es ist, sich so zu verehelichen, daß ihre Kinder immer wieder hochwertiges Menschentum mit angeborenen Führereigenschaften sind, so daß sich das deutsche Volk aus den Besten unter ihnen immer wieder seine Führer erwählen kann und damit die Gewähr besitzt, durch alle Zeiten hindurch gut geführt zu werden." (1. 8. 1931)[74] „Der neue Adel wird also Bluts- und Leistungsadel sein."[75]

---

[69] Meyers Lexikon, 1936 ff., Bd. 1, 82.
[70] Darré, R. W.: Unser Weg (1939). In: R. W. Darré: Um Blut und Boden, 1941, 73.
[71] 1930.
[72] Vgl. Ideengeschichte der Agrarwirtschaft und Agrarpolitik, Bd. II; v.: H. Haushofer, 1958, 165.
[73] Darré: Blut und Boden als Lebensgrundlagen der nordischen Rasse. In: ebd., 29.
[74] Darré: Adelserneuerung oder Neuadel? In: ebd., 51 f.
[75] Rosenberg, Mythus, 596.

Adolf-Hitler-Schulen (AHS)

Die 1937 von der NSDAP und der Hitler-Jugend gegründeten Aufbauschulen, in denen der Führernachwuchs ausgebildet werden sollte.[76]

> Hitler gab ausdrücklich die Genehmigung zur Benennung des neuen Schultyps mit seinem Namen: „Nach Vortrag des Reichsorganisationsleiters der NSDAP und des Reichsjugendführers genehmige ich, daß die neu zu errichtenden nationalsozialistischen Schulen, die gleichzeitig als Vorschulen für die Ordensburgen dienen sollen, meinen Namen tragen."[77] Der Gründungsaufruf von Ley und von v. Schirach lautete: „Der Führer hat auf Grund eines von uns gemeinsam ausgearbeiteten Plans die obige Verfügung vom 15. 1. 1937 über die Adolf-Hitler-Schulen der NSDAP. erlassen. NSDAP. und HJ. haben damit einen neuen gewaltigen Auftrag erhalten, der weit über diese Zeit hinaus in die ferne Zukunft reicht. Nähere Einzelheiten über die AHS. werden heute noch nicht veröffentlicht. Wir teilen jedoch, um Unklarheiten zu vermeiden, die folgenden Grundsätze mit:
1. Die Adolf-Hitler-Schulen sind Einrichtungen der HJ. und werden von dieser verantwortlich geführt. Lehrstoff, Lehrplan und Lehrkörper werden von den unterzeichneten Reichsleitern reichseinheitlich bestimmt.
2. Die Adolf-Hitler-Schule umfaßt 6 Klassen. Die Aufnahme erfolgt in der Regel mit vollendetem 12. Lebensjahr.
3. Aufnahme in die Adolf-Hitler-Schule finden solche Jungen, die sich im Deutschen Jungvolk hervorragend bewährt haben und von den zuständigen Hoheitsträgern in Vorschlag gebracht worden sind.
4. Die Schulausbildung auf den Adolf-Hitler-Schulen ist unentgeltlich.
5. Die Schulaufsicht gehört zu den Hoheitsrechten des Gauleiters der NSDAP. Er übt sie entweder selbst aus oder übergibt sie dem Gauschulungsamt der NSDAP.
6. Nach erfolgter Reifeprüfung steht dem Schüler einer Adolf-Hitler-Schule jede Laufbahn in Staat und Partei offen."[78] „Kein politischer Führer wird in Zukunft mehr in Partei und Staat eingesetzt, der nicht durch die Schule der Bewegung gegangen ist, die mit dem Besuch einer Adolf-Hitler-Schule im 12. Lebensjahr beginnt und deren letzte Stufe 17 Jahre später mit der Aufnahme in die Hohe Schule der Partei erreicht sein wird."[79]

Wegen der zwischen HJ und Partei aufgeteilten Verantwortung für die Schule kam es bald zu Kompetenzkonflikten: „Die durch die Gründung der Adolf-Hitler-Schulen entstandene Diskussion über die Grundsätze von Erziehung und Unterricht hielt auch im Jahre 1938 an und wurde zum Kernproblem pädagogischer Auseinandersetzungen. Sie schuf klare Fronten zwischen Lehrerschaft auf der einen und Hitlerjugend auf der anderen Seite. Die Lehrerschaft und mit ihr der NS-Lehrerbund und das Reichserziehungsministerium halten an den bisherigen Grundsätzen einer

---
[76] Gebucht: Duden, 12. Aufl. 1941, Paechter. Getilgt: Duden, 13. Aufl. 1947.
[77] VB v. 17. 1. 1937. Zit. Eilers, R.: Die nationalsozialistische Schulpolitik, 1963, 46.
[78] In: Wirtschaft und Recht, 1937, 33. Zit. Eilers, R.: ebd., 118.
[79] Ley, R. In: Wirtschaft und Recht, 1937, 666 f. Zit. Eilers, R.: ebd., 46.

vorwiegend durch die Schule vorgenommenen Menschenführung fest [...]. Demgegenüber macht die HJ. ihren Totalitätsanspruch geltend."[80] 1942, als die ersten 230 Jungen, aus Kriegsgründen schon nach fünf Jahren, mit einem Diplom (ohne Noten) aus der Adolf-Hitler-Schule entlassen wurden, erschien ein ausführlicher Artikel in Goebbels Wochenzeitung ‚Das Reich'. Darin heißt es: „Es gibt jetzt elf Adolf-Hitler-Schulen, von denen sieben auf der Ordensburg Sonthofen (die im Kriege ihrem eigentlichen Zweck nicht dient) gemeinsam untergebracht sind; vier Schulen haben bereits in den Gauen ihre eigenen Gebäude bezogen. Dies nun ist der Plan für die Zukunft: Jeder Gau soll eine Adolf-Hitler-Schule erhalten, aus denen der politische Führernachwuchs hervorgehen wird.[...]"[81] Über den Erfolg der Schule wird im Vierteljahreslagebericht des Sicherheitshauptamtes 1939 Positives gemeldet: „Von den noch jungen Adolf-Hitler-Schulen werden ebenfalls gute Leistungen berichtet."[82] Über die Rekrutierung von Schülern heißt es in einem Biologiebuch: „In den Nationalpolitischen Erziehungsanstalten und Adolf-Hitler-Schulen werden die Söhne erbtüchtiger, und z. T. wenig bemittelter Eltern zu einem Führernachwuchs ausgebildet."[83] Aus Bayern gibt es 1944 allerdings dazu eine kritische Meldung: „Hervorragend begabte Jungen vom Lande konnten in den letzten Jahren für die Adolf-Hitler-Schule oder napol. [↑ nationalpolitische] Erziehungsanstalten nicht gewonnen werden. Die Eltern schicken diese auf die Oberschule, sicherlich auf Geheiß des jeweiligen Oberpfaffen."[84]

Einige weitere Beispiele für die Bildung neuer Namen durch die Verbindung eines Grundworts mit Hitlers vollem Namen als Bestimmungswort sind (abgesehen von zahllosen Straßen-, Alleen- und Platzbenennungen):
Adolf-Hitler-Kanal — „Wasserstraße im oberschlesischen Industriegebiet zwischen Gleiwitz und der Oder bei Cosel"[85]; *Adolf-Hitler-Koog* — „Neuland an der holsteinischen Nordseeküste, wurde im Zuge des nationalsozialistischen Aufbauprogramms eingedeicht"[86]; *Adolf-Hitler-Spende* — „Die „Adolf-Hitler-Spende der deutschen Wirtschaft" beruht auf einer Vereinbarung zwischen der Reichsleitung der NSDAP und dem Beauftragten der deutschen Wirtschaft. Zweck der Spende ist einerseits, der Reichsleitung die Mittel zur Verfügung zu stellen, die zur zentralen Durchführung von den Aufgaben, die SA, SS, SD, HJ, den politischen Organisationen usw. zugute kommen, benötigt werden." (1933)[87]; *Adolf-Hitler-Dank* — „1937 gestiftete Spende von jährlich 500 000 RM für besonders verdiente, notleidende Parteigenossen."[88]

---

[80] Jahresendbericht 1938 d. SHA., Bd. 2, Erziehung. In: MADR, Bd. 2, 133.
[81] Freyburg, W. J.: Adolf-Hitler-Schüler. In: Das Reich, 5. 4. 1942.
[82] In: MADR, Bd. 2, 283.
[83] Meyer-Zimmermann: Lebenskunde, Bd. 4, 401.
[84] Weltanschaul. Bericht d. Kreisschulungsamts Eichstätt, 20. 6. 1944. In: Bayern in der NS-Zeit, 1977, 587.
[85] Volks-Brockhaus 1940, 6, s. v.
[86] Ebd., 6, s. v.
[87] Heß, R.: Rundschreiben an Industrielle. Dok. GB-256. In: Der Nürnberger Prozeß, Bd. 7, 145 f.
[88] Der Volks-Brockhaus, 1940, 6, s. v.

› Ausdrücke wie *Adolf-Hitler-Schule* kommen in der Gegenwartssprache mit Bezug auf Institutionen und Fakten der NS-Zeit vor: „Ich gehörte, gerade 15 Jahre alt, zu den Schülern der Adolf-Hitler-Schule in Wartha [...]. Wir hatten eine Werwolf-Ausbildung absolviert [...] und gelernt, wie deutsche Panzerfäuste und russische Beutewaffen funktionieren, wie man sich an einen Menschen (den Feind) anschleicht, ihm mit zwei Fingern die Augen ausstechen kann und ähnliches mehr. [...] Beim Fahnenappell am 1. Mai 1945 in Wartha weinten wir noch, als uns gesagt wurde, unser Führer sei in Berlin in heldenhaftem Kampf gefallen. [...] Später gingen mir die Augen auf über die Zeit, die hinter uns lag. Und danach? Zweieinhalb Jahre Adolf-Hitler-Schule haben immun gemacht gegenüber dem Totalitarismus und empfindlich gegenüber allem, was dorthin führen könnte."[89]

Aggressor

Bezeichnung für die Alliierten im Zweiten Weltkrieg.

› Entlehnt aus der spätlateinischen Rechtssprache: *aggressor* ‚Angreifer'. Im Deutschen als Ausdruck der Rechtssprache für den tätlichen Angreifer, den aggressiven Einzeltäter 1654 belegt.[90] Als völkerrechtliche Bezeichnung für den Machthaber, den Staat, der fremdes Territorium widerrechtlich überfällt, von Friedrich d. Großen in seinem ersten historischen Versuch: ‚Denkwürdigkeiten zur Geschichte des Hauses Brandenburg' (1751) gebraucht: „derjenige fürst, welcher dergleichen wider sich heimlich geschmiedete angriffe präveniret, begeht zwar die ersten feindseligkeiten, er ist aber deshalb kein aggressor."[91]

› Die häufige Verwendung des vorher wenig geläufigen Fremdwortes *Aggressor*[92] (oft in der Pluralform *Aggressoren*) im zweiten Weltkrieg vermerkt Victor Klemperer in seinem ‚Notizbuch eines Philologen' über die „Sprache des Dritten Reiches".[93] „Sowjetrußland dazu zu bringen, die Einkreisung der ‚Aggressoren' zu vervollständigen." (28. 8. 1939)[94] „Das Schicksal der westmächtlichen Aggressoren erfüllt sich mit eiserner Folgerichtigkeit." (26. 5. 1940)[95] „So stehen die Bolschewisten, so die Engländer gegen Europa. Und nicht anders der dritte Bundesgenosse und Aggressor im großen Spiel, der Präsident Roosevelt. Sie sind sich alle drei im Grunde auch in den Methoden, die Einigung des Kontinents zu hintertreiben, einig, wobei der dritte im Bunde noch seine besonderen Weltherrschaftspläne verfolgt. [...]" (3. 8. 1941)[96] Noch vor der Landung der Alliierten in Südfrankreich ergeht am 6. 6. 1944 die Presseanweisung: „Bei der Behandlung des Feindes ist weniger von ‚Luftlandetrup-

---

[89] Leserbrief F. W., Karlsruhe. In: Frankfurter Allgem. Ztg., 23. 2. 1995.
[90] Vgl. DWB (2), Bd. 2, 1. Lieferung, 1986, 47, s. v.
[91] DWB (2), ebd. „denckw., 2, 230".
[92] Bd. 1 (1936) von Meyers Lexikon und die beiden Rechtschreibduden von 1934 und 1941 haben nur *Aggression, aggressiv*.
[93] Klemperer, V.: LTI. Notizbuch eines Philologen, 14. Aufl. 1996, 260.
[94] Münchener Neueste Nachrichten, 28. 8. 1939. Zit. DFWB (2), Bd. 1, 1995, 208, s. v.
[95] Goebbels, in: Das Reich, ebd., 1.
[96] Kommentar, in: Das Reich, ebd., 1.

pen, Marineeinheiten und Landeeinheiten' zu sprechen. Dafür sind die Begriffe ‚Aggressoren, Invasoren' und der Begriff ‚Überfall' zu prägen."[97]

▷ Nach Ausweis des ‚Deutschen Wörterbuchs'(2) wurde das Wort *Aggressor* in der völkerrechtlichen Bedeutung erst in der Mitte des 20. Jahrhunderts häufig.[98] „Die faschistischen Aggressoren wurden zurückgeschlagen."[99] „Nie ... hat ein Land sich derart unverhüllt als Aggressor betätigt."[100]

Ahn

Vorfahr

▷ *Ahn*, ahd. *ano*, mhd. *ane*, hat sich in der Bedeutung ‚Vorfahr' bis in die Gegenwartssprache erhalten. Im 18. Jahrhundert begann der Ausdruck, der überwiegend auf adelige Vorfahren bezogen wurde, zu veralten. Er erfuhr jedoch eine literarische Neubelebung[101] und bezeichnete, oft literarisch verwendet, im 19. Jahrhundert ebensowohl adelige wie bürgerliche Vorfahren. Der „politische Germanismus", der im 19. Jahrhundert zu den „wichtigsten ideologischen Bestandteilen des deutschen Nationalbewußtseins"[102] gehörte, bezog sich gerne auf die germanischen *Ahnen* der deutschen Nation. So tat es schon Fichte in seinen ‚Reden an die deutsche Nation' (1807/08): „Denket, daß in meine Stimme sich mischen die Stimmen eurer Ahnen aus der grauen Vorwelt, die mit ihren Leibern sich entgegengestemmt haben der heranströmenden römischen Weltherrschaft, die mit ihrem Blute erkämpft haben die Unabhängigkeit der Berge, Ebenen und Ströme, welche unter euch den Fremden zur Beute geworden sind."[103] Und so spricht z. B. Felix Dahn in seiner ‚Urgeschichte der germanischen und romanischen Völker'(1881) von den Eigenschaften der germanischen *Ahnen* als dem Fundament der neuen deutschen Größe: „Alle Tugenden eines herrlich begabten Volkes, aber auch manche besonders germanische Fehler, Schwächen, ja sogar Laster und die Rauhheiten, ja sogar Rohheiten und Wildheiten barbarischer Unbildung treffen wir nebeneinander in Eigenart und Sitten unserer Ahnen." „Heldentum, freudiges Fallen für Sippe und Volk, für die eigene Ehre, das eigene Recht oder freilich auch den eigenen Mannestrotz; Treue gegen den Freund, Gesippen, Gemahl, strengste Keuschheit des Weibes: – das sind die heidnischen Tugenden, die der große Römer [Tacitus] an unseren Ahnen bewundert: sie haben unser Volk zuerst in der furchtbaren römischen Gefahr gerettet – mit jener Lehre

---

[97] Ob 50/11. Zit. Glunk, ZDS 26/1970, 91.
[98] Ebd., Bd. 2, 1. Lieferung, 1986, Sp. 47, s. v.
[99] Zit. WDG 1964 ff., Bd. 1, 96 s. v.
[100] Augstein, R.: Spiegelungen, München, List Tb. 272, 76. Zit: GWB Duden 1994, Bd. 1, 125, s. v.
[101] Vgl. DWB (2), Bd. 2, 1. Lieferung, 1986, 74 f., s. v.; Trübners DWB, Bd. 1, 1939, 156, s. v.
[102] Weißmann, K.: Schwarze Fahnen, Runenzeichen, 1991, 30.
[103] Fichtes Reden an die deutsche Nation. Eingel. v. R. Eucken, 11.–15. Tausend, Leipzig 1915, 264.

von der dem zweiten Schlage darzubietenden Wange wären sie vor den ‚Söhnen der Wölfin' übel gefahren! − und ihm zuletzt die Weltherrschaft gewonnen."[104]

▶ Im Nationalsozialismus wird der Gebrauch des Ausdrucks *Ahnen* bestimmt a) durch den Mythos der nun rassenbiologisch verstandenen Identität des deutschen Volkes mit den *germanischen Ahnen* und der daraus abgeleiteten Verpflichtung des einzelnen, an der ↑ *Aufartung* des Volkes zu noch größerer ↑ *Rassenreinheit* mitzuwirken; b) durch die Notwendigkeit für jeden Deutschen, seine Abkunft von ↑ *arischen*, bzw. ↑ *deutschblütigen* Vorfahren nachzuweisen. „Die Frage nach der Glaubenswelt unserer germanischen Ahnen ist noch zu keiner Zeit so brennend gestellt worden wie in unseren Tagen, hängt sie doch aufs engste zusammen mit dem Bestreben, in unserem nach mannigfachen Irrwegen gesundendem Volkstum das Artgemäße und germanisch Überlieferte zu trennen von fremden Einfuhren und ihren Folgen."[105] „Erbgut, Bluterbe ist alles das, was an körperlichen, geistigen und seelischen Anlagen dem Menschen durch seine Ahnen bei der Zeugung übermittelt worden ist [...] Da dieses Erbgut immer wieder bei den Nachkommen in Erscheinung tritt, ist es ewig."[106] „Du heiratest nicht Deinen Gatten allein, sondern mit ihm gewissermaßen seine Ahnen. Wertvolle Nachkommen sind nur zu erwarten, wo wertvolle Ahnen vorhanden sind."[107] „Halte Dein Blut rein. / Es ist nicht nur Dein. / Es kommt weit her. / Es fließt weit hin. / Es ist von tausend Ahnen schwer / und alle Zukunft strömt darin. / Halte rein das Kleid / Deiner Unsterblichkeit." (Will Vesper)[108] In der Einleitung zum ↑ *Ahnenpaß* wird erläutert: „Zum Nachweis der arischen Abstammung genügt es, die Ahnen bis um die Jahrhundertwende (1800) festzustellen."[109] In der Schule wurden Aufgaben gestellt wie: „Stelle von deinen Vorfahren eine Berufsahnentafel auf. Trage die bäuerlichen Ahnen in grüner Farbe ein. 2. Trage die Geburts- und Wohnorte deiner Ahnen in eine Karte ein."[110] Die Reichsstelle für Sippenforschung führte eine *Ahnenstammkartei* zur „Sicherung der für den Abstammungsnachweis wichtigsten Quellen".[111] R. Walther Darré empfiehlt die Einrichtung einer Ecke − ähnlich dem Herrgottswinkel − für die Ahnenverehrung: „Wer aber seine Ahnen ehren will, der wird sie auch auf anderem Wege ehren können als nur durch die Pflege der Begräbnisstätten. In seinem Heim kann man stets eine Ecke dem Gedenken seiner Ahnen weihen. Man kann die Ahnentafel an dieser Stätte aufheben, auch kann man die Bilder der Ahnen hier bewahren oder aufhängen. In stillen Stunden kann man dann an solchen Orten Zwiesprache pfle-

---

[104] Ebd., Bd. 1, 2. neu bearb. Aufl., Berlin 1889 (zuerst 1881), 32; 136.
[105] Stölting, W.: Das Christentum als totalitäre Weltanschauung. In: Die Kunde, H. 8/1942, 157−161. Zit. L. Poliakov, J. Wulf: Das Dritte Reich und seine Denker, 1989 (zuerst 1959), 381.
[106] Meyer-Zimmermann: Lebenskunde, Bd. 4, Erfurt o. J., 402.
[107] Ebd., 403.
[108] Biologie für höhere Schulen, Bd. 3, 2. verb. Aufl., 1943, Tafel 21.
[109] Ahnenpaß gemäß Runderlaß des Reichs- u. Preußischen Ministers des Innern vom 26. 1. 1935, Dortmund.
[110] Ebd., 161.
[111] Organisationsbuch der NSDAP., 7. Aufl 1943, 334.

gen mit seinen Ahnen und Rechenschaft vor ihnen ablegen."[112] In dem Artikel *Ahn* in ‚Trübners Deutschem Wörterbuch' wird resümiert: „Wenn Ahn und seine Zusammensetzungen heute mit neuer Würde in deutscher Sprache leben, hat das mit verjährtem Ahnenstolz nichts zu tun. Wir sehen in den Ahnen wieder die jedem eigene, in jedem lebendige biologische Reihe der Vorfahren, deren Blut und Geist wir tragen. In solchem Sinn hat unsere Zeit das Wort geadelt."[113]

Ahnenerbe

a) Erbanlagen; b) von den Vorfahren überkommene kulturelle Traditionen und Bräuche; c) das *Institut für wehrwissenschaftliche Zweckforschung* der *Studiengesellschaft für Geistesgeschichte Deutsches Ahnenerbe*.

> Nach Ausweis des ‚Deutschen Wörterbuchs' (2) ist *Ahnenerbe* 1867 in der Bedeutung ‚Hinterlassenschaft' belegt: „wie Sigfrid ... ihr erobert ihr ahnenerbe."[114]

> a) Im Nationalsozialismus wird *Ahnenerbe* als Terminus der ↑ *Rassenhygiene* definiert: „*Ahnenerbe*, im biologischen Sinne die von den Vorfahren überlieferten Erbanlagen."[115] Durch die unermüdlich betriebene propagandistische Popularisierung der Vererbungslehre wird der Ausdruck auch in der Allgemeinsprache geläufig. „Geschwister zeigen gewöhnlich untereinander eine größere Ähnlichkeit und Übereinstimmung als mit Menschen anderer Familien. Dies beruht auf dem Ahnenerbe, das die Geschwister zusammen mit den Eltern zu einer Blutseinheit oder Familie verbindet. Große Ähnlichkeit besteht aber auch noch mit den Vettern und Basen, ferner mit den Großeltern, Urgroßeltern usw. Auch diese Ähnlichkeit beruht auf dem gemeinsamen Besitz gleicher Erbanlagen, und so sind auch die über die Familie hinausgreifenden Verwandtschaftskreise, wie Sippe, Stamm und Volk als Blutsgemeinschaft zu verstehen."[116] „Welche Unsumme von Elend und Leid könnte ungeboren bleiben, wenn einerseits mehr Pflichtgefühl gegenüber dem Ahnenerbe bestünde und wenn andererseits die Träger minderwertigen Erbgutes nicht zu hemmungsloser Fortpflanzung kämen."[117] „Daß in dem Korsen [Napoleon], der einer alten Adelsfamilie Norditaliens entstammmte, das Ahnenerbe dort seßhaft gewordener Langobarden lebendig war, ist eine Behauptung, die zwar nicht vollständig beweisbar ist, für die aber zahlreiche Argumente sprechen..."[118] b) Die Verwendung von *Ahnenerbe* insbesondere in der Volkskunde für ‚von Vorfahren Überliefertes' wird in einem Jahresbericht des Sicherheitshauptamtes unter dem Titel ‚Volkskunde' belegt, in dem − wie immer, wenn der Gebrauch von Ausdrücken das Thema ist − über

---

[112] Neuordnung unseres Denkens, 157.−167. Tausend, 1940, 26.
[113] Ebd., Bd. 1, 1939, 56.
[114] Ebd., Bd. 2, 1. Lieferung, 1986, 81. „Jordan, Nibelunge 1, 270".
[115] Jeske, E.: Wörterbuch zur Erblehre und Erbpflege (Rassenhygiene), 1934, 1.
[116] Biologie für höhere Schulen, Bd. 3, 1942, 100.
[117] Ebd., 144.
[118] Bouhler, Ph.: Napoleon, Kometenbahn eines Genies, München 1941. Zit. L. Poliakov: Geschichte des Antisemitismus, Bd. VI, Emanzipation und Rassenwahn, 1987, 288, Anm. 23.

den angeblichen Mißbrauch „nationalsozialistischer Begriffe" Beschwerde geführt wird: „So wurde die gesamte Heimatarbeit des rheinischen Gebietes von hier aus konfessionell durchsetzt, wobei nationalsozialistische Volkstums- und Brauchtumsbegriffe wie Dorfkultur, Dorfgemeinschaft, Ahnenerbe usw. inhaltlich geschickt verfälscht und als Schutzaufgabe der katholischen Kirche ausgegeben wurden."[119] c) Die am 1. 7. 1935 von Himmler, Darré und dem fragwürdigen Urgeschichtsforscher H. Wirth als *Institut für wehrwissenschaftliche Zweckforschung* der *Studiengesellschaft für Geistesurgeschichte Deutsches* Ahnenerbe gegründete SS-Stiftung, ab 1942 *Amt Ahnenerbe* im persönlichen Stab Himmlers, sollte nach Himmlers Vorstellungen den Wissenschaften ein nationalsozialistisches Fundament geben und mit seinen verbrecherischen Menschenversuchen in Konzentrationslagern die nationalsozialistische Rassenpolitik legitimieren.[120]

Ahnenforschung

Genealogie, Erforschung der Vorfahrengenerationen für den ↑ *Abstammungsnachweis*.[121]

> Die Wiederentdeckung der von G. Mendel formulierten und schon 1865 ohne große Resonanz veröffentlichten Vererbungsregeln um 1900 und die Erkenntnis ihrer Gültigkeit auch für den Menschen führten nach der Jahrhundertwende zu einer Renaissance der Genealogie.[122] In eine Serie von Publikationen über Vererbungsforschung und Genealogie, die in dieser Zeit erschienen, gehört auch der Aufsatz von Otto Frhr. v. Dungern: ‚Über Ahnenforschung' im ‚Archiv für Stamm- und Wappenkunde' (1910), in dem der bisher früheste Beleg für *Ahnenforschung* nachweisbar ist.

> In der NS-Zeit wurde in jedem ↑ *Ahnenpaß* über die Beschaffung von Daten und Urkunden für den ↑ *Abstammungsnachweis*, über die *Ahnenaufstellung* in *Ahnentafeln* oder *Ahnenlisten*, über die erbbiologische Bedeutung der *Familien-*, ↑ *Sippen-* oder *Ahnenforschung* aufgeklärt. Dasselbe geschah in den Schulen und in unzähligen Schulungskursen der verschiedenen Parteiorganisationen. Daher gingen die Fachausdrücke der Genealogie schnell in die Allgemeinsprache über, jedoch ohne genaue fachliche Abgrenzung zwischen *Sippenforschung* mit meist weiterer Bedeutung (entsprechend *Sippe*) und *Familien-* und *Ahnenforschung*. „Die Regierung der nationalsozialistischen Revolution hat durch ihre Gesetzgebung die Voraussetzungen geschaffen, daß die deutsche Sippenforschung nunmehr Volkssache wird. Jeder Deutsche muß sich mit der Geschichte seines Geschlechts befassen. In jedem deutschen Volksgenossen muß die Erkenntnis über die Tiefe geschichtlicher wie blutmäßiger Verbundenheit zwischen seiner Sippe und dem großen deutschen Volke lebendig werden."[123] (ca. 1937) „Wenn man bei der Ahnenforschung auf Fälle unehe-

---

[119] Ebd., Bd. 2. In: MADR, Bd. 2, 104.
[120] Vgl. Kater, M. H.: ‚Das Ahnenerbe' der SS 1935–1945, 1974.
[121] Gebucht: Trübners DWB.
[122] Forst, O.: Die Renaissance der Genealogie. In: Die Kultur, 1909.
[123] Bausteine zum Dritten Reich, o. J. (ca. 1937), 171

cher Geburten stößt, ist [...] eine besonders eingehende und oft schwierige Feststellungsarbeit erforderlich." (Ahnenpaß, n. 1937)[124] 1939 wird *Ahnenforschung* zum erstenmal in einem Wörterbuch erwähnt: „[...] in solchem Geist treiben wir Ahnenforschung und stellen Ahnentafeln auf."[125]

▷ Erst in jüngster Zeit begegnet der Ausdruck *Ahnenforschung* wieder im aktuellen Sprachgebrauch: „‚Ahnenforschung', sagt der promovierte Humangenetiker, ‚ist die Kriminalistik des kleinen Mannes'. Die Zahl der genealogischen Vereine und ihrer Mitglieder läßt sich kaum erfassen. Familienforschung ist ‚in'. Das war nicht immer so. Lange Zeit hatten die Deutschen ihre Probleme mit der Genealogie. Die Erinnerungen an den Nationalsozialismus und den damals betriebenen Mißbrauch familiengeschichtlicher Daten, an Ariernachweis und Rassengesetzgebung ließen einen unbefangenen Umgang mit den Begriffen Ahnenforschung und Ahnenliste, Sippe und Erbe nicht zu. Heute verfolgen die privaten Forscher nicht ideologische oder rassistische Motive, und auch die Hoffnung auf einen adeligen Urururgroßvater ist die Ausnahme. Den ‚typischen Familienforscher', so er sich überhaupt verallgemeinern läßt, treibt vielmehr eine Mischung aus historischem und privatem Interesse."[126] „Wenn Sie ein bißchen Sinn für Geschichte haben, werden all diese Familienhistörchen Ihr Interesse wecken. Und dann sind Sie schon auf dem besten Wege zum faszinierenden Hobby der Ahnenforschung. So mancher wird meinen: Ahnenforschung – das ist etwas Langweiliges, Trockenes. Wenn Sie nur Geburts- und Sterbedaten Ihrer Familie sammeln, trifft das sicherlich zu. Aber damit ist es in der Familienforschung nicht getan – bei weitem nicht."[127]

Ahnenpaß

Zu einem Heft oder Pappband zusammengebundene Vordrucke für beglaubigte Abschriften von Geburts-, Tauf- und Heiratsurkunden der Eltern und Großeltern, bzw. der Vorfahren bis 1800, für die Zwecke des ↑ *Abstammungsnachweises*.[128]

▷ In der Weimarer Republik gab es gebundene Vordrucksammlungen für urkundliche Eintragungen von Heirat, Geburt, Taufe und Tod in einer Familie aus Eltern und Kindern. Sie hießen *Familienbücher* oder *Familienstammbücher* und enthielten im Anhang lediglich eine Seite für „Nachrichten über weitere Vorfahren".[129]

---

[124] Ebd., Hg. Reichsverband der Standesbeamten, o. J. (n. 1937), 45.
[125] Ebd., Bd. 1, 56.
[126] Schneppen, A.: Die Geschichte von unten schreiben. In: Frankfurter Allgem. Ztg., 20. 2. 1995.
[127] Zacker, C.: Anleitung zur Ahnenforschung. Familienchronik und Familienwappen, Augsburg 1994, 11 f.
[128] Gebucht: Duden, 12. Aufl. 1941, Meyers Lexikon 1936 ff., Volks-Brockhaus 1940. Getilgt: Duden, 13. Aufl. 1947.
[129] Familienstammbuch. Deutsches Einheitsfamilienbuch. Hg. Reichsbund der Standesbeamten e. V. Berlin o. J.

▷ Nach 1933 wurde zusätzlich zum *Familienbuch* ein in der äußeren Form ähnliches Heft eingeführt, das in der Bezeichnung dem nationalsozialistischen Stil und in der Anlage dem neuen nationalsozialistischen Zweck entsprach: der *Ahnenpaß*. „1. Name, Begriff und Methode des Ahnenpasses überhaupt wurden 1933/34 vom Reichsverband der Standesbeamten Deutschlands e. V. geschaffen. 2. Die vollständig ausgefüllten und beglaubigten Vordrucke der Seiten 6 bis 40 dieses Ahnenpasses sind ausschließlich für Zwecke des Abstammungsnachweises bestimmt."[130] „Der Ahnenpaß ist gesetzlich nicht vorgeschrieben, aber empfehlenswert."[131] „Es wird den Mitgliedern empfohlen, einen sogenannten Ahnenspiegel (Ahnenkurzpaß) anzuschaffen, der in allen Papierhandlungen zum Preis von RM 0,50 erhältlich ist. Dieser Ahnenspiegel ist deswegen dem schon länger existierenden sogenannten Ahnenpaß vorzuziehen, weil er auch Rubriken für Taufdaten der Voreltern enthält. Das Mitglied kann diesen Ahnenspiegel an Stelle von Einzelurkunden einsenden, wenn sie die Eintragungen vom Standesbeamten beglaubigen lassen."[132] Im Rechtschreibduden ist *Ahnenpaß* erst 1941 gebucht, aber bereits 1948 wieder eliminiert.

▷ Nach 1945 gab es, bis zur Umstellung auf Einzelurkunden, wieder ein *Stammbuch der Familie*, das dem Weimarer *Familienstammbuch* entsprach. Im Buchhandel kann man aber für Zwecke der Familienforschung einen *Ahnenpaß* erwerben.[133]

Ahnentafel

Genealogische Aufstellung der Vorfahren in aufsteigender Linie zur Feststellung der ↑ *arischen Abstammung*.[134]

▷ Die Gebrauchsweise des Ausdrucks *Ahnentafel* machte die gleiche Entwicklung durch wie die seines Bestimmungswortes *Ahnen*. Ursprünglich bezeichnete *Ahnentafel* das durch adlige Standesgenossen eidlich bekräftigte Mittel der Beweisführung für die *Ahnenprobe*, den Nachweis der rechtmäßigen Abstammung einer Person aus adligem Geschlecht mit Hilfe einer statutenmäßig vorgeschriebenen Zahl von 4, 8, 16 oder 32 Ahnen. Die *Ahnenprobe* tritt zuerst im hochmittelalterlichen Lehnrecht auf[135], der Ausdruck *Ahnentafel* ist aber bisher erst für 1760 nachgewiesen: „die geschicklichkeit, die tapferkeit sind nicht eigenschaften, die bloß an der ahnentafel kleben."[136] Um 1900 kann *Ahnentafel* sich nach wie vor auf adlige Vorfahren beziehen: „Ahnentafeln der wichtigsten Regenten, Thronerben und Kronprätendenten Europas"[137], das Wort spielt aber zunehmend eine Rolle in der biologischen Erblich-

---

130 Der Ahnenpaß, hg. Reichsverband der Standesbeamten Deutschlands e. V., Berlin o. J., 2.
131 Meyers Lexikon, Bd. 1, 1936, 184.
132 Mitteilungsblatt der RKdbK [Reichskammer d. bild. Künste], Februar 1937. Zit. Wulf, J.: Die bildenden Künste im Dritten Reich, 1963, 289.
133 Meine Vorfahren. Ahnenpaß, RNK-Nachdruckverlag, Berlin, Braunschweig o. J.
134 Gebucht: Duden, 11. Aufl. 1934, 12. Aufl. 1941; Knaur 1934, Volks-Brockhaus 1940.
135 Lexikon d. MA, Bd. 1, 1980, 233.
136 DWB (2), Bd. 2, 1. Lieferung, 1986, 83 f., s. v.
137 Hirth, S., München 1899.

keitsforschung.[138] „Hat somit die Geschichtswissenschaft alle Ursache, naturwissenschaftlicher Erkenntnis dankbar zu sein, so hat letztere doch ihrerseits auch eine wichtige Anregung aus der Genealogie empfangen, nämlich die Betrachtung der Vererbungsphänomene unter methodischer Anwendung der Ahnentafel im Gegensatz zur früher allein benutzten wenig wertvollen Abstammungstafel."[139]. 1915 ist *Ahnentafel* auch für den Stammbaum von Tieren belegt. „Da die Tiergeschlechter rasch aufeinander folgen, ist es nicht allzu schwer, einem Tier aus einer länger bestehenden Zuchtanstalt einen geradezu großartigen Stammbaum (besser ist Ahnentafel statt Stammbaum zu sagen) mitzugeben."[140]

▶ Das Prinzip, das im NS-Staat für den Gebrauch des Ausdrucks *Ahnentafel* bestimmend ist, wird im ↑ *Ahnenpaß* jedem ↑ *Volksgenossen* vermittelt: „Die im nationalsozialistischen Denken verwurzelte Auffassung, daß es oberste Pflicht eines Volkes ist, seine Rasse und sein Blut von fremden Einflüssen rein zu halten und die in den Volkskörper eingedrungenen fremden Blutseinschläge wieder auszumerzen, gründet sich auf die wissenschaftlichen Erkenntnisse der Erblehre und Rassenforschung."[141] „Der Präsident des thüringischen Amtes für Rassewesen erklärte in einer Versammlung in Weimar, daß es aller Wahrscheinlichkeit nach jedem Volksgenossen zur Pflicht gemacht werde, eine Ahnentafel zu führen, die bis zur französischen Revolution zurückreiche. Dadurch wäre es unmöglich, daß jemand, ohne es zu wissen, einen Judenmischling heirate."[142] „Die anliegende Ahnentafel enthält die Vorfahren des Genannten, soweit sie zur Ausfertigung dieses Gutachtens ermittelt werden mußten. Die Angaben sind im einzelnen durch Urkunden, Kirchenbuchauszüge und amtliche Beglaubigungen belegt, soweit nicht andere Quellen angegeben sind. Danach stellt sich heraus, daß der/die Genannte ... arisch ... im Sinne der ersten Verordnung zur Durchführung des Gesetzes zur Wiederherstellung des Berufsbeamtentums [...] ist." (29. 7. 1933)[143] Ernst Barlach schreibt am 25. 12. 1933 an Carl Albert Lange: „[...] Zu Weihnachten bin ich in den Besitz einer großmächtigen Ahnentafel gelangt, die andere für mich mit saurem Schweiß gefüllt haben, ihr Anblick gibt mir Gram in den schon an sich gelegentlich grämlichen Busen, – zu denken, daß sowas nötig, ja fast unerläßlich ist! Ich möchte sie im Berserkerzorn lieber zerquetschen als verwahren – [...]."[144] Neben der in der NS-Zeit neu definierten Bedeutung von *Ahnentafel* als *Nachweis arischer Abstammung* hat sich der alte Gebrauch für *Adligen- und Herrscher-Genealogie*, auch der des ↑ *Führers* („Das

---

[138] Grober, J.: Die Bedeutung der Ahnentafel für die biologische Erblichkeitsforschung. In: Archiv f. Rassen- u. Gesellschaftsbiologie, Hg. A. Ploetz, 1. Jg., H. 5/1904, 664.
[139] Grober, J.: Rezension v.: Kekule v. Stradonitz, S.: Ausgew. Aufsätze a. d. Gebiete des Staatsrechts u. d. Genealogie. In: ebd., 2/1905, 595.
[140] Hauser, O.: Rasse und Rassefragen in Deutschland, Dresden 1915, 11.
[141] Ebd., Berlin, o. J., 41.
[142] 8-Uhr-Abendblatt. Zit. Blick in die Zeit, 1/23. 11. 1933, 14.
[143] Der Sachverständige f. Rasseforschung beim Reichsministerium d. Innern. Gutachten über d. Abstammung. Zit. J. Wulf: Die bildenden Künste im Dritten Reich, 1963, 287.
[144] Die Briefe II, hg. F. Droß, München 1969, 425. Zit. Piper, E.: Ernst Barlach u. d. „entartete Kunst", 1987, [Dok.] 59, 96.

Heft bringt unter anderem die Ahnentafel des Führers mit Erläuterungen"[145]), und für den Stammbaum von Rassehunden erhalten. Über diesen Gebrauch wird allerdings Beschwerde geführt: „Anstoß genommen werde auch an Anzeigen, die eine Herabwürdigung wesentlicher Begriffe enthielten, so z. B., wenn der Begriff der Ahnentafel in folgender Art auf den Stammbaum eines Hundes angewendet werde: ‚Hund gesucht. Prima Ahnentafel' (‚Mühlhauser Anzeiger' vom 9. 3. 1943)."[146]

> Die heutige Verwendung des Wortes dokumentiert ‚Das große Wörterbuch der deutschen Sprache', Duden 1993: „1.(geh.) genealogische Tafel, auf der die Ahnen einer Person in aufsteigender Linie angegeben sind. 2. (Tierzucht) nach Generationen geordnete Übersicht der Vorfahren eines Zuchttieres mit Angaben über die jeweiligen Eigenschaften."[147]

Aktion, Aktionsjude, s. ↑ Judenaktion

Alljuda (Alljude, alljüdisch)

Die Gesamtheit der Juden, der das Streben nach Weltherrschaft unterstellt wird.[148]

> Früher belegt als *Alljuda* sind die Ausdrücke *Alljude* und das zugehörige Adjektiv *alljüdisch*, die vielleicht von völkischen Antisemiten als Kontrastwörter zu *Alldeutsche*, *alldeutsch* gebildet wurden. Heinrich Claß, von 1908 bis 1939 der Vorsitzende des mächtigen antisemitischen und expansionistischen Alldeutschen Verbandes, beschreibt in seiner, unter dem Pseudonym Einhart herausgegebenen, ‚Deutschen Geschichte' die Auseinandersetzungen, die im Ersten Weltkrieg zwischen den Gegnern und Anhängern der Forderung nach deutschen Annexionen geführt wurden: „Immer maßloser wurde der Kampf gegen die ‚Alldeutschen', womit alle diejenigen getroffen werden sollten, die bei siegreichem Ausgang des Krieges das deutsche Volk vor der Wiederkehr solcher Gefahr behüten wollten; das Wort ‚alldeutsch', mit dem nach Belieben der ‚Verzichtler' die Konservativen und Nationalliberalen, die Landwirtschaft und die Industrie, die freien Berufe und Handwerkerverbände gekennzeichnet wurden, sobald sie sich im Sinne der Erfüllung deutscher Daseinsnotwendigkeiten im Falle des Sieges aussprachen, wurde geradezu zum Schmähwort, und es beleuchtet die Lage, daß die also Angegriffenen ihre Gegner als ‚Alljuden' oder alljüdisch beeinflußt darstellten."[149] In der gleichen Kontraststellung wird wenige Jahre später *Alljuda* verwendet: „Ja, Ja! Alljuda muß es sich schon gefallen lassen, daß man es beim rechten Namen nennt. Alldeutsch gegen alljüdisch! All-Deutschland gegen All-Juda! So heißt heute die Parole!"[150]

---

[145] NS-Monatshefte, 8/1937, 767, 1.
[146] MADR, Bd. 13 (Nr. 373), 5. 4. 1943, 5066.
[147] Ebd., Bd. 1, 1993, 128, s. v. Ahnenbild.
[148] Gebucht: Duden, 12. Aufl. 1941. Getilgt: Duden 13. Aufl. 1947.
[149] Einhart (d. i. Heinrich Claß): Deutsche Geschichte, 1919 (zuerst 1909), 609.
[150] Deutsche Zeitung, Ausg. B., Nr. 29/16. 1. 1920, 2.

(*Juda* – ein Rückgriff auf den Namen des Landes und Stammes Juda, nach dem die Juden insgesamt benannt wurden – diente schon in den antisemitischen Schriften Ende des 19. Jahrhunderts als abwertende Sammelbezeichnung für die Juden: „Kurz: er kann niemals ehrlichen Patriotismus hegen; er fühlt sich immer und überall nur als Mitglied der ‚auserwählten' Nation Juda."[151] „Juda ist eine Macht. Der Antisemitismus setzt sich derselben entgegen."[152])

> Der aktive Nationalsozialist Manfred Pechau erläutert in seiner Dissertation ‚Nationalsozialismus und deutsche Sprache' die Bedeutung von *alljüdisch*: „Dieses ‚all' ist der Ausdruck der Totalität. Es soll hier bedeuten, daß sich der jüdische Einfluß einmal über die ganze Welt verbreitet hat und andererseits auch auf alle Gebiete des Lebens übergreifen konnte. Mit der Feststellung dieser beiden Tatsachen hat man festgelegt, daß die Macht der Juden sich tatsächlich auf Alles erstreckt. Dieses Wort war im Gebrauch der älteren antisemitischen Literatur schon durchaus üblich."[153] Über den NS-Gebrauch von *Alljuda* vermerkt der Zeitzeuge und Betroffene Victor Klemperer: „[...] so führt von 1933 an buchstäblich jede Gegnerschaft, woher sie auch komme, immer wieder auf ein und denselben Feind, auf die verborgene Hitlersche Made zu, auf den Juden, den man in gesteigerten Momenten auch ‚Juda' nennt, und in ganz pathetischen Augenblicken ‚Alljuda'."[154] „Der Brand der Revolution begann in hellen Flammen emporzuschießen. Mit Lügen und falschen Versprechungen wurde das hungrige Volk überrumpelt. Im Hintergrund aber, listig und lauernd, saß *Juda* und ließ sich auf den Trümmern des Staates seine Macht aufrichten."[155] „*Alljuda* hat den Kampf gewollt, es soll ihn haben. Es soll ihn solange haben, bis es erkannt haben wird, daß das Deutschland der Braunen Bataillone kein Deutschland der Feigheit ist und der Ergebung. Alljuda soll den Kampf solange haben, bis der Sieg unser ist!"[156] Das Adjektiv *alljüdisch* kommt insbesondere bei Hitler und Rosenberg vor: „Die Entwicklung, die wir zur Zeit durchmachen, würde aber, ungehemmt weitergeführt, eines Tages bei der alljüdischen Prophezeiung landen – der Jude fräße tatsächlich die Völker der Erde, würde ihr Herr."[157] „Es handelt sich also bei der Förderung des Zusammenbruches des Deutschen Reiches nicht nur um die alljüdische Börsenpolitik eines weltverbundenen Schmarotzerinstinkts, sondern auch um ein altrömisches, mythisches, syrisch-vorderasiatisches, unentrinnbar festgelegtes Streben."[158] Die Ausdrücke *Alljuda*, *alljüdisch* werden 1941 erstmalig im Rechtschreibduden gebucht. In den vorhergehenden Auflagen fehlen sie noch. In der ersten Nachkriegsauflage 1948 sind sie getilgt.

---

[151] Fritsch, Th.: Antisemitenkatechismus, 24. Aufl. 1892, 11 f. Zit. Cobet, 1973, 225.
[152] Staatslexikon, hg. Görresgesellschaft, Bd. 3, 1894, 530. Zit. GG, Bd. 1, 1972, 142.
[153] Ebd., 1935, 93.
[154] Klemperer, V.: LTI, 14. Aufl. 1996, 188.
[155] Espe, W. M.: Das Buch der N. S. D A. P., 1933, 4.
[156] Streicher, J.: Schlagt den Weltfeind! In: Nat. soz. Parteikorrespondenz, 30. 3. 1933. Dok. PS–2153 (GB–166). In: Der Nürnberger Prozeß, Bd. 5, 110.
[157] Hitler: Mein Kampf, 504.
[158] Rosenberg: Mythus, 472.

Alpen- und Donau-Gaue

Ab 1942 einzige offiziell noch geduldete Bezeichnung für das gesamte Österreich.

> Nachdem das ‚Gesetz über die Wiedervereinigung Österreichs' am 4. 3. 1939 in Kraft getreten war, wurde Österreich offiziell, auch in Gesetzestexten und Verordnungen, ↑ *Ostmark* genannt. Schon 1940 wird die Verwendung dieses „Sammelbegriffes" aber nicht mehr als opportun angesehen. In einer Serie von Presseanweisungen wird das Thema *Ostmark* immer wieder aufgegriffen. In einer Presseanweisung vom 13. 2. 1942 heißt es: „Wir weisen noch einmal darauf hin, daß das Wort Ostmark aus den deutschen Zeitschriften vollständig verschwinden muß. Statt dieses Sammelbegriffes, der einen falschen Eindruck von der Struktur Süddtschlds. und Südostdtschlds. vermittelt, kann künftighin nur von den einzelnen Gauen gesprochen werden [...]."[159] In einer Anweisung vom 13. 5. 1942 wird darauf hingewiesen, daß als neue Bezeichnungen „Alpen- und Donau-Reichsgaue" bzw. „Alpen- und Donau-Gaue" zu verwenden sind.[160] Und in einer weiteren Anweisung vom 19. 5. 1942 heißt es noch einmal: „Die Schriftleitungen wurden bereits vor längerer Zeit darauf hingewiesen, daß die Bezeichnung *Ostmarkgaue* nicht mehr zu verwenden ist. (Wenn schon Sammelbezeichnung, dann ‚Alpen- und Donaugaue'.)"[161] In Goebbels Wochenzeitung ‚Das Reich' wird die Sprachregelung befolgt: „Mit der Rückkehr der Alpen- und Donau-Reichsgaue und der Befreiung des Sudetenlandes wuchs die Arbeit des Volksgerichtshofes erheblich an."[162]

Alte Garde

Allgemein: die Altmitglieder der NSDAP. Spezifisch: die Teilnehmer am Hitlerputsch in München am 9. 11. 1923 und die Träger des *Goldenen Ehrenzeichens* mit einer Mitgliedsnummer bis 100 000.[163]

> Das aus dem Französischen entlehnte (aus dem Germ. stammende) *Garde* ist noch als frz. *garde* 1474 für das burgundische Heer Karls des Kühnen vor Neuß bei Christian Wierstraat belegt. Von dort wurde es zunächst für umherziehende Trupps von Landsknechten entlehnt, erfuhr im 17., 18. Jh. von den französisch parlierenden Residenzen aus eine Neubelebung, wurde weitergebildet zu *Gardeleutnant, Garderegiment* usw., später neben *Leibgarde, Schloßgarde, Kaisergarde,* auch *alte* und *junge Garde.* „die letzteren aus Napoleons Zeit her noch vielfach scherzend auf andere verhältnisse übertragen, bes. die alte garde."[164]

---

[159] ZD 6202. Zit. Glunk, R. In: ZDS 23/1967, 92.
[160] Ob 33/34. Zit. Ebd.
[161] VI, (Anw. Nr. 10). Zit. Ebd.
[162] Streng, aber gerecht. Oberstaatsanwalt H. Volk. In: ‚Das Reich', 9. 7. 1944.
[163] Gebucht: Duden, 12. Aufl. 1941, Knaur 1940, Volks-Brockhaus 1940. Getilgt: Duden, 13. Aufl. 1947.
[164] Vgl. DWB, Bd. 4, 1878, 1341 f.; Zit. ebd. 1342.

▶ „Der Ausdruck **Die alte Garde** im Sinne der alten, bewährten Kämpfer der NSDAP. findet sich bereits in einem so überschriebenen Aufsatz, den Dr. Goebbels Ostern 1930 im ‚Angriff' veröffentlichte. Darin ist auch ‚von der alten, eisernen Parteigarde' die Rede. Vgl. Goebbels: Der Angriff, S. 56."[165] „Ehrenbezeichnung für die alten Kämpfer der nationalsozialistischen Bewegung. Vor allem sind es die Angehörigen der in der Kampfzeit bewährten Formationen der SA. und SS. Im ‚Tag der alten Garde' erfahren die alten Kämpfer [...] Treue und Dankbarkeit durch Führer und Volk. Die Regierung läßt es sich besonders angelegen sein, die alten Kämpfer in ihrem Streben um eine wirtschaftliche Existenz zu fördern."[166] „Zur Pflege der nationalsozialistischen Tradition wurde auch das ‚Ehrenbuch der Alten Garde' geschaffen, und am 9. November wurde die hierüber durch den Stellvertreter des Führers, Pg. Heß (bereits am 23. September) erlassene Verordnung veröffentlicht: ‚Um die Erinnerung an die alten Kampfgefährten Adolf Hitlers in den kommenden Geschlechtern für alle Zeiten hochzuhalten, habe ich beschlossen, ihre Namen in einem «Ehrenbuch der Alten Garde» festzulegen. Jeder Träger des Goldenen Ehrenzeichens soll sein Wirken für die nationalsozialistische Bewegung selbst aufschreiben. Diese Blätter werden zu dem Ehrenbuch zusammengesetzt und in einem würdigen Raum des Braunen Hauses aufbewahrt als Zeugnis und Denkmal der Treue zum Führer.' [...]"[167] „Alljährlich kurz vor dem Reichsparteitag führt der Gau Düsseldorf seinen Gauappell verbunden mit dem ‚Tag der Alten Garde' durch."[168] „Parteigenosse H. [...] ist der Typ des unbekannten deutschen Arbeiters, der schon frühzeitig den Weg zum Führer Adolf Hitler fand. [...] Er besitzt die Mitgliedsnummer 61 917 und gehört als Träger des Goldenen Ehrenzeichens zu der einzigartigen und einmaligen Alten Garde des Führers."[169] „Die Alte Garde, das ist ein fester Begriff im deutschen Volke, ein Begriff für fanatischen Glauben, unwandelbare Treue und kampferprobte Kameradschaft."[170] „In den Kreisen älterer Nationalsozialisten, insbesondere in der SA, herrscht teilweise große Mißstimmung darüber, daß jüngere Parteimitglieder bevorzugt in Stellungen untergebracht worden sind, während ältere Parteigenossen aus der Kampfzeit noch heute auf eine angemessene Beschäftigung warten. Der neueingerichteten Arbeitsvermittlung für die Alte Garde steht man skeptisch gegenüber und will ihre Erfolge entscheiden lassen."[171] 1941 erscheint *Alte Garde* im Rechtschreibduden. 1942 und 1943 ergehen Presseanweisungen, die den Ausdruck für die NSDAP reservieren, die Verwendung in übertragener Bedeutung also ausschließen wollen: „Dieser Begriff ist nur für die Alte Garde der NSDAP zu verwenden."[172]

---

[165] Büchmann (W. Rust), 1943, 411.
[166] Wagner, H.: Taschenwörterbuch des neuen Staates, 2. Aufl. o. J. [1934], 4.
[167] Rühle, G.: Das Dritte Reich, Bd. 1936, 240.
[168] NS-Monatshefte, 8/1937, 935.
[169] Jahres- u. Leistungsbericht d. Gauwaltung Düsseldorf. Kampf u. Erfolg. Das Spiegelbild d. Dt. Arbeitsfront. M. Gladbach o. J. [1938].
[170] NS-Monatshefte, 9/1938, 719.
[171] Lagebericht d. Regierungspräsidenten v. Aachen an die Gestapo Berlin, v. 5. 3. 1934. In: Vollmer, B.: Volksopposition im Polizeistaat, 1957, 38.
[172] ZD 6281, 27. 2. 1942; BR 41/73, 11. 11. 1943. Zit. Glunk, ZDS 25/1969, 117.

▶ Heute wird *alte Garde*, wie schon für das 19. Jahrhundert im ‚Deutschen Wörterbuch' belegt, wieder im übertragenen Sinn gebraucht: „Er gehört zur alten Garde in diesem Betrieb", d. h. zu einer Gruppe langjähriger, zuverlässiger Mitarbeiter. „Er ist noch einer von der alten Garde", d. h. ein Mensch von verläßlicher, am Alten festhaltenden Denkungsart.[173]

Alte Kämpfer

Altmitglieder der NSDAP.[174]

▶ „Nach einer genauen Begriffsdefinition sind als ‚Alte Kämpfer' zu betrachten Angehörige der SA., der SS. und des Stahlhelms, die vor dem 30. Januar 1933 Mitglieder dieser Organisation waren. Ferner Parteimitglieder mit der Mitgliedsnummer 1 bis 300 000 und schließlich Amtswalter, die am 1. Oktober 1933 bereits ein Jahr lang als Amtswalter tätig waren."[175] „Diese Gewähr ist uns in den Lehrkräften an allen Schulen gegeben. Es sind alles ausgesuchte alte Kämpfer der Bewegung, die uns schon durch ihre innere Grundeinstellung zu den zu behandelnden Fragen eine 100prozentige Sicherheit geben, daß der Unterricht im rechten Sinne erteilt wird."[176] „Aus dieser Atmosphäre heraus entspringt auch die Ungehaltenheit darüber, daß der größte Teil der politischen Leiter der NSDAP als unabkömmlich von der Wehrmacht nicht beansprucht wird, obwohl nach Meinung dieser Nörgler die ‚alten Kämpfer' jetzt eigentlich erst recht eine Gelegenheit zum Kämpfen hätten."[177]

Altreich

Das deutsche Reich ohne die seit 1938 annektierten Gebiete.[178]

▶ *Altreich* bezog sich nach dem ↑ *Anschluß* 1938 zunächst auf das deutsche Reich ohne Österreich. Im NS-Sprachgebrauch bildete das *Altreich* mit der ↑ *Ostmark* zusammen ↑ *Großdeutschland*. W. Linden vermerkt in der ‚Deutschen Wortgeschichte': „Der Begriff Altreich tritt im Reich 1938 nach der Eingliederung der Ostmark auf. (Bei den Siebenbürger Sachsen schon nach 1918 für das rumänische Altreich)."[179] „Während im Vorjahr bei einer Gesamtzahl von rund 370 000 Juden mosaischen Bekenntnisses [...] im alten Reichsgebiet etwa 42 000 Personen als laufende Unterstützungsempfänger gezählt wurden, belief sich die Zahl der ständigen Unterstützungsempfänger im Berichtsjahr – trotz der Abnahme der Gesamtjuden-

---

[173] DUWB Duden 1983, 453, s. v. Garde.
[174] Gebucht: Duden, 12. Aufl. 1941, Paechter, Trübners DWB, Volks-Brockhaus 1940. Getilgt: Duden, 13. Aufl. 1947.
[175] Rhein-Westf. Ztg. Zit. Blick in die Welt. 2/19. 5. 1934, 8.
[176] Gohdes, O.: Schulung des deutschen Volkes. In: Schulungsbriefe, 1/1933, Folge 2, 16.
[177] Monatsbericht d. Bezirksamts Ebermannstadt, 30. 9. 1939, Bayern in der NS-Zeit, 1977, 134.
[178] Gebucht: Duden, 12. Aufl. 1941. Getilgt: Duden, 13. Aufl. 1947.
[179] Ebd.,, Hg. Maurer/Stroh, Bd. 2, 1943, 410.

schaft mosaischen Bekenntnisses im Altreich auf etwa 320 000 Personen – auf 40 000 (12,5% der Gesamtzahl)."[180] Im Zuge der deutschen Expansion wird das deutsche Reich auch im Verhältnis zu den übrigen annektierten und besetzten Gebieten *Altreich* genannt. Der Rechtschreibduden, in den das Wort 1941 erstmalig aufgenommen wird, erläutert entsprechend: „Altreich (das dt. Reichsgebiet ohne die seit 1938 hinzugekommenen Gebiete)."[181] „Zu diesem steigenden Bedarf an Nahrungsmitteln im Altreich kam im Jahre 1938 zusätzlich weiterhin der Zuschußbedarf der Ostmark und des Sudetenlandes."[182] „Zur Entlastung des Wohnraumes der Polen sowohl im Generalgouvernement als auch im befreiten Osten sollte man billige Arbeitskräfte zu vielen Hunderttausenden auf Zeit herausnehmen, sie für einige Jahre im Altreich ansetzen und sie damit zugleich aus ihrem heimatlichen biologischen Wachstumsprozeß ausschalten. (Daß sie sich im Altreich einschalten, muß verhindert werden!)"[183] „Unter der polnischen Bevölkerung [...] befindet sich eine [...] Gruppe nordisch bestimmter, rassisch hochwertiger Menschen, die nach ihrem Erscheinungsbild unzweifelhaft von germanischen Vorfahren abstammen. [...] Die Wiedereindeutschung, die eine echte Umvolkung darstellt, kann daher grundsätzlich nur mit Hilfe einer Verpflanzung der betreffenden Menschen in das Altreich erfolgversprechend begonnen werden."[184] In den ‚Meldungen aus dem Reich' heißt es schon am 17. 2. 1944: „Aus Oberschlesien wird gemeldet, daß die dortige Bevölkerung von einer etwa notwendig werdenden ‚Flucht ins Altreich' spreche."[185]

▷ Nach der Vereinigung der ehemaligen DDR mit der Bundesrepublik kam es in der politischen Diskussion für kurze Zeit zu einer Wiederaufnahme der Ausdrücke ↑ *Anschluß*, ↑ *Großdeutschland*, *Altreich*, mit deren Verwendung die Kritiker des Einigungsprozesses, die sich linkssozialistischen oder kommunistischen Positionen zurechneten, die mit den Ausdrücken verbundenen Erinnerungen und Wertungen für ihre Argumentation nutzen wollten. „In unserem Verein verbinden sich drei Interessen an der sozialistischen Tageszeitung ‚Neues Deutschland': erstens der Wunsch Zehntausender Menschen in den neuen Bundesländern, [...] einen letzten Zipfel kulturell wertvoller Identität aus der untergegangenen realsozialistischen Gesellschaftsordnung zu erhalten [...]. Des weiteren das Interesse der PDS an einer linkspluralistischen Publikation [...]. Schließlich das medienpolitische Anliegen progressiver Verlage aus dem Altreich, möglichst viel an kritischer Zeitungs- und Verlagskultur in Ostdeutschland zu erhalten, weil sie wissen, wie lange es wieder braucht, bis in einem abgeholzten Wald die Bäume nachgewachsen sind."[186]

---

[180] Jahresbericht 1938 d. Sicherheitshauptamtes, MADR, Bd. 2, 21.
[181] Ebd., 21, s. v.
[182] Darré, R. W.: Die ernährungspolitische Lage.(Januar 1939). In: Darré: Um Blut und Boden. 1941, 504.
[183] Geheimbericht d. Akademie f. Dt. Recht v. Januar 1940. Dok. PS−661 (US−300). In: Der Nürnberger Prozeß, Bd. 3, 647.
[184] SS-Brigadeführer Dr. Fähndrich im Reichsministerium d. Inneren am 2. 5. 1941. Nürnberger Dok. NO−5006. In: Gutachten d. Instituts f. Zeitgeschichte, Bd. 2, 1966, 246.
[185] SD-Berichte zu Inlandsfragen, MADR, Bd. 16, 6328.
[186] Leserbrief C. S., Hamburg. In: Frankfurter Allgem. Ztg. v. 8. 1. 92.

Amt

In der ↑ *NSDAP* und den ↑ *angeschlossenen Verbänden* Bezeichnung für eine Dienststelle mit umschriebenem Aufgabenbereich.

▶ „Die NSDAP als Führerorden des deutschen Volkes beherrscht das gesamte öffentliche Leben, seien es, vom organisatorischen Standpunkt aus betrachtet, die angeschlossenen Verbände oder Organisationen der Staatsverwaltung usw." „Jede einzelne Organisation findet ihre Betreuung durch ein Amt der NSDAP." „Dienststellen für die folgenden Aufgabengebiete kommen hinzu: 1. Organisation mit Ausbildung und Statistik 2. Personalfragen 3. Weltanschauliche Schulung, Erziehung 4. Verwaltung [...] 5. Propaganda 6. Presse. Es folgen weiterhin Dienststellen fachlicher Art: 7. Wirtschaftspolitik (nicht in der Ortsgruppe) 8. Außenpolitik (nur in der Reichsleitung) 9. Kolonialpolitik (nur in der Reichsleitung) 10. Kommunalpolitik (nicht in der Ortsgruppe) 11. Rassenpolitik. Alle diese Dienststellen sind zum Teil bis zur Ortsgruppe hinunter vertreten."[187] Die Dienststellen werden, je nach Umfang, *Ämter* oder *Hauptämter* (nur in der *NSDAP*, nicht in den *angeschlossenen Verbänden*) genannt, näher bestimmt durch die Bezeichnung des jeweiligen Aufgabengebietes und der regionalen Organisationsebene, z. B.: *Ortsgruppen-Schulungsamt, Kreisschulungsamt, Gauschulungsamt*, auf der Reichsebene aber einfach: *Hauptschulungsamt*.[188] Neben den auf allen Ebenen in allen ↑ *Gliederungen* und ↑ *angeschlossenen Verbänden* der Partei gleichnamigen *Ämtern* mit gleichen Aufgaben gab es weitere *Ämter* für besondere Aufgaben.

Amt „Feierabend"

Name einer Dienststelle in der zur ↑ *Deutschen Arbeitsfront* gehörigen ↑ *NS-Gemeinschaft „Kraft durch Freude"*.

▶ Das Amt „Feierabend" erhielt seinen Namen nach dem faschistischen Muster *Dopolavoro* [Nach der Arbeit]. „Aufgaben: Gestaltung des Feierabends und der Freizeit der werktätigen Menschen mit den Mitteln der Kunst, der wertvollen Unterhaltung und des Volkstums."[189] „Die nationalsozialistische Feierabendgestaltung heißt nicht: weg von der Arbeit! sondern: hin zur Arbeit!"[190]

Amt „Schönheit der Arbeit"

Name einer Dienststelle in der *NS-Gemeinschaft „Kraft durch Freude"*.

▶ „Aufgaben: technische und künstlerische Gestaltung der Betriebe. Verschönerung des deutschen Dorfes."[191] „Heute sorgt unser Amt „Schönheit der Arbeit" zusammen mit fast 100 000 Waltern und Betriebsführern gemeinsam mit der Gefolgschaft dafür, daß der Kampf gegen Schmutz, Staub und Dreck erfolgreich durchgeführt

---
[187] Organisationsbuch der NSDAP., 7. Aufl. 1943, 86, 87, 89.
[188] Ebd., 177, 178, 179.
[189] Ebd., 211.
[190] Ebd., 210.
[191] Ebd., 211.

wird." "Was früher für unmöglich gehalten wurde, ist Tatsache geworden. Auch in den Betrieben dieser RBG.[Reichsbetriebsgemeinschaft] marschiert der Gedanke ‚Schönheit der Arbeit'".[192] „Das Tätigkeitsgebiet des Amtes ‚Schönheit der Arbeit', das zu Ende 1933 seine Arbeit im obersten Geschoß eines großen Miethauses in Berlin mit ganzen vier Mann aufgenommen hatte, ist allmählich zu einem weitverzweigten Wirkungsfeld vielfältiger organisatorischer Maßnahmen, weltanschaulicher Propaganda, technischer Untersuchung und Aufklärung und subtiler künstlerischer Arbeit geworden."[193]

Amtsleiter

Dienstrangbezeichnung in der NSDAP.[194]

▸ „Zur Unterstützung des Hoheitsträgers [Reichs-, Gauleiter usw.] in den einzelnen Aufgabensparten auf fachlichem, sachlichem und menschenbetreuendem Gebiet unterstehen ihm Amtsleiter usw., die jeweils für ihr abgegrenztes Aufgabengebiet innerhalb eines Hoheitsbereiches dem zuständigen Hoheitsträger verantwortlich sind."[195] „Die Fachschafts- und Fachgruppenleiter sowie die Amtsleiter für Wissenschaft werden in besonderen Schulungslagern auf ihren verantwortungsvollen Dienst vorbereitet."[196] „Für die Leitung des Ernährungshilfwerkes ist verantwortlich der Leiter des Hauptamtes für Volkswohlfahrt, dem wiederum für die ordnungsgemäße Erledigung der Aufgaben im Reichsgebiet die Gau-, Kreis- und Ortsgruppenamtsleiter des Amtes für Volkswohlfahrt verantwortlich sind."[197]

Amtsträger

Sammelbezeichnung für alle Funktionäre in der Partei, ihren ↑ *Gliederungen* und ↑ *angeschlossenen Verbänden.*

▸ Die nahezu unübersehbare Schar von Funktionären in der regional und hierarchisch bis ins letzte durchorganisierten Partei führte zu einer großen Zahl von Weiterbildungen zu *Amtsträger:* „Amtsträgereinsatz. 1. Den Einsatz der Amtsträgerkräfte überwacht der Bezirksgruppenführer. Jede Revier- oder Gemeindegruppe, die die Trägerin der Hauptarbeit bei der Durchführung des Luftschutz-Donnerstages ist, muß ihren Durchführungsplan (Unterweisungsstellungen) nach den vorhandenen Möglichkeiten ihres Amtsträgereinsatzes richten. In der planmäßigen und zielbewußten Arbeit wird somit der große durchschlagende Erfolg des Luftschutz-Donnerstages liegen. 2. Unbedingt muß vor der Inangriffnahme des Luftschutz-Donnerstages überall eine Überholung der Amtsträgerausbildung erfolgen. [...] 3. Die Amts-

---

[192] Jahres- und Leistungsbericht d. Gauwaltung Düsseldorf, 1938, 19 f., 27.
[193] v. Hübbenet, A.: Die NS-Gemeinschaft „Kraft durch Freude", 1939, 29.
[194] Gebucht: Meyers Lexikon 1936 ff., Volks-Brockhaus 1940.
[195] Organisationsbuch der NSDAP, 7. Aufl. 1943, 93. Gebucht: Duden, 11. Aufl. 1934, 12. Aufl. 1941; Knaur 1934, Meyers Lexikon 1936 ff., Volks-Brockhaus 1940.
[196] Der Deutsche Student, 1/Aug. 1933, 61.
[197] Organisationsbuch der NSDAP, 7. Aufl. 1943, 282 b.

träger haben bei den einzelnen Unterweisungsfolgen geeignete Selbstschutzkräfte herauszufinden, die sich nach entsprechender Grund- und Fachausbildung zur Mitarbeit als Amtsträger bei den Luftschutz-Donnerstagen verwenden lassen. Es muß überall das Bestreben vorhanden sein, einen Amtsträgernachwuchs zu schaffen. 4. Es ist daher unerläßlich, daß eine vermehrte Ausbildung der Selbstschutzkräfte und der Amtsträger einsetzt. Die Amtsträgerauslese wird der Luftschutz-Donnerstag überall erbringen. [...]" „Abwehrmaßnahmen gegen asoziale Elemente (Betrug, Schwindel). 1. Sämtliche eingesetzten Amtsträger haben, sofern sie keine Uniform tragen (was möglichst erwünscht ist), mindestens die RLB.-Amtswalterbinde und -Mütze anzulegen. 2. Der Amtsträgerausweis ist stets mitzuführen und vor der Unterweisung dem Luftschutzhauswart vom Unterweisungsleiter unaufgefordert vorzuzeigen. [...]"[198]

Amtswalter

Funktionäre in der ↑ *Deutschen Arbeitsfront und den übrigen der NSDAP* ↑ *angeschlossenen Verbänden.*

▸ Ursprünglich wurden in der NSDAP alle Mitglieder mit besonderen Aufgaben als *Amtswalter* bezeichnet.[199] „Der erste große Reichsparteitag der N. S. D A. P. im neuen nationalsozialistischen Staat fand unter riesiger Anteilnahme des deutschen Volkes statt. 160 000 Amtswalter marschierten mit über 10 000 Fahnen auf der Zeppelinwiese in Nürnberg auf."[200] Ab 1934 wurde der Ausdruck speziell auf Funktionäre der ↑ *DAF* und der übrigen *angeschlossenen Verbände* bezogen. „Und nun ein Wort an euch, ihr Amtswalter, ihr Führer der deutschen Arbeiterschaft! Die Flamme aus Liebe und Kraft und Glauben, die damals loderte, und in der ein Geist des Klassenhasses und der Zwietracht umgeschmolzen wurde in das Bewußtsein der soldatischen Arbeitsgemeinschaft, diese Flamme wachzuhalten, dazu hat euch der Führer gerufen."[201]
S. auch ↑ *Walter.*
Amtswart – *Sammelbezeichnung für die Funktionäre in der NS-Gemeinschaft „Kraft durch Freude."*[202]
S. auch ↑ *Wart.*

Anerbenbehörden

Die Gerichte, die durch das ↑ *Reichserbhofgesetz zur Entscheidung aller die* ↑ *Erbhöfe betreffenden Streitigkeiten geschaffen wurden.*[203]

▸ Der Oberbegriff *Anerbenbehörden* für die drei Instanzen, die mit der Ausführung des Reichserbhofgesetzes befaßt waren: *Anerbengerichte, Erbhofgerichte* und das

---

[198] Anordnungen zur Durchführung des Luftschutz-Donnerstags, Düsseldorf, 1. 1. 1938.
[199] Wagner, H.: Taschenwörterbuch des neuen Staates, 2. Aufl. 1934, 5.
[200] Espe, W.: Das Buch der N. S. D A. P., 1933, Legende zu Bild 161.
[201] Jeserich, K.: Soldaten.. In: Der Schulungsbrief, 1/Mai 1934, 5.
[202] Volks-Brockhaus 1940, 18.
[203] Gebucht: Meyers Lexikon 1936 ff.

Reichserbhofgericht[204], wurde zu dem alten, im bäuerlichen Erbrecht üblichen Ausdruck *Anerbe* ‚Alleinerbe eines ungeteilten Hofes' gebildet[205], der im Reichserbhofgesetz speziell definiert wurde: „Wer nicht *bauernfähig* ist, scheidet als *Anerbe* aus."[206] Die Funktion der *Anerbenbehörden* erläutert ‚Meyers Lexikon': „Das REG. [Reichserbhofgesetz] dient der Erhaltung der bäuerlichen Lebensordnung. Voraussetzung dafür ist die lebendige und verantwortliche Beteiligung des Bauerntums selbst an der erbhofrechtlichen Rechtsprechung. Deshalb wurden die Anerbenbehörden als Bauerngerichte geschaffen, in denen neben den Juristen mit gleicher Richtermacht auch Bauern sitzen. Die Bauerngerichte haben über alle den Erbhof und seine Sippe berührenden wesentlichen Fragen zu entscheiden, z. B. darüber, ob ein Hof eine Ackernahrung bietet, ob ein Eigentümer bauernfähig ist, ob ein wichtiger Grund zur Übergehung eines gesetzlichen Anerben, zu Veräußerung oder Belastung eines Hofes vorliegt, wie die Versorgungsleistungen im Streitfalle zu regeln sind und ob die Voraussetzungen für eine Abmeierung, eine Wirtschaftsüberwachung oder -führung gegeben sind. Daß alle diese Entscheidungen aus engster Verbundenheit mit dem bäuerlichen Leben getroffen werden, ist in erster Linie durch die Bauernrichter, daneben aber auch durch die Bauernführer [...] gesichert, die im anerbengerichtlichen Verfahren maßgeblich beteiligt sind."[207]

Angeschlossene Verbände

Mit der NSDAP organisatorisch verzahnte Berufsverbände und andere Organisationen.[208]

▶ „Verordnung zur Durchführung des Gesetzes zur Sicherung der Einheit von Partei und Staat. Vom 29. 3. 1935. Der NS-Deutsche Ärztebund e. V., der Bund Nationalsozialistischer Deutscher Juristen e. V. [seit 12. 1. 1938: der NS-Rechtswahrerbund e. V.], der NS-Lehrerbund e. V., die NS-Volkswohlfahrt e. V., die NS-Kriegsopferversorgung e. V., der Reichsbund der Deutschen Beamten e. V., der NS-Bund Deutscher Techniker [seit 5. 12. 1935: der NS-Bund Deutscher Technik], die Deutsche Arbeitsfront (einschließlich der NS-Gemeinschaft „Kraft durch Freude") sind die der nationalsozialistischen Arbeiterpartei angeschlossenen Verbände."[209] „Die Angeschlossenen Verbände der NSDAP fügen sich in ihrem Aufbau in die Hoheitsgebiete der NSDAP restlos ein. Die Angeschlossenen Verbände haben vorwiegend Durchführungsaufgaben, deren Erledigung innerhalb der jeweiligen Hoheitsgebiete zu erfolgen hat."[210] „Jede einzelne Organisation findet ihre Betreuung durch ein Amt der NSDAP. Jede Führung der einzelnen Organisationen wird durch die Partei

---

[204] Reichserbhofgesetz, § 40.
[205] Belegt im ‚glossarium germanicum medii aevi' v. Chr. G. Haltaus, Leipzig 1758. Zit. DWB, Bd. 1, 1854, 319.
[206] REG, § 21.
[207] Meyers Lexikon 1936 ff., Bd. 1, 944 f., s. v. Erbhof.
[208] Gebucht: Meyers Lexikon 1936 ff., Paechter.
[209] Organisationsbuch der NSDAP., 7. Aufl. 1943, 491.
[210] Meyers Lexikon 1936 ff., Bd. 8, 1940, 130.

gestellt. Der Reichsorganisationsleiter der NSDAP. ist gleichzeitig der Leiter der DAF. Der Leiter des Hauptamtes für Volkswohlfahrt hat in Personalunion die Leitung der NS-Volkswohlfahrt und des Winterhilfswerks inne." [usw.][211] „Die Partei hat vielmehr die Aufgabe, die politische Erziehung und den politischen Zusammenschluß des deutschen Volkes durchzuführen. Daher gebührt ihr auch die Führung der ihr angeschlossenen Verbände. Auf dem Wege über diese erfüllt die Partei ihre vornehmste Aufgabe: Die weltanschauliche Eroberung des deutschen Volkes und damit die Schaffung der ‚**Organisation des Volkes**'."[212]

Anschluß

Zwangsvereinigung Österreichs mit dem ↑ *Dritten Reich*.[213]

> Der 1691 bei Stieler[214] belegte Ausdruck wurde schon seit dem ersten Drittel des 19. Jahrhunderts in der Bedeutung ‚politische Union' verwendet: „Anschluß Preußens an den süddeutschen Zollverein." „der anschlusz Belgiens an Holland."[215] Er konnte ebensowohl die kleindeutsche Lösung — Vereinigung mit Preußen —, wie die großdeutsche Lösung — Vereinigung Deutschösterreichs mit dem deutschen Reich — bezeichnen. „Gestern Abend war ich in einer Volksversammlung. Ich hielt dort trotz Hitze von 25° und einer Stickluft von Menschenausdünstungen und Biergeruch bis 11 Uhr aus. Kolb sprach gegen den Anschluß an Preußen, Völk für denselben. Die Stimmung in der Versammlung war geteilt." „Bei der Beratung des Gesetzentwurfs über die an Preußen zu zahlende Kriegsentschädigung [nach der Niederlage bei Königgrätz] hatte die Kammer der Abgeordneten den Wunsch ausgesprochen: ‚Seine Majestät der König wolle allergnädigst geruhen, dahin zu wirken, daß durch einen engen Anschluß [Bayerns] an Preußen der Weg betreten werde, welcher zur Zeit allein dem angestrebten Endziele entgegenführen kann, Deutschland unter Mitwirkung eines freigewählten und mit den erforderlichen Befugnissen ausgestatteten Parlaments zu einigen, die nationalen Interessen zu wahren und etwaige Angriffe des Auslandes erfolgreich abzuwehren' (München 18. 8. 1866)."[216] Im deutschsprachigen Österreich war nach der Auflösung des Deutschen Bundes im Gefolge der Niederlage Österreichs im preußisch-österreichischen Krieg 1866 eine *Anschluß-Bewegung* entstanden. Ihre Anhänger, vor allem die Alldeutschen unter Führung Georg v. Schönerers, forderten 1918, nach dem Zerfall der Donaumonarchie, in der provisorischen Nationalversammlung der neuen Republik Österreich den *Anschluß* Deutschösterreichs an das Deutsche Reich. Die Verwirklichung der am 12. November 1918 in Artikel 2 des Verfassungsgesetzes beschlossenen Vereinigung, die Deutschösterreich zu einem Bestandteil der Deutschen Republik machen

---

[211] Organisationsbuch der NSDAP, 7. Aufl. 1943, 87.
[212] Ebd., 487.
[213] Gebucht: Duden, 12. Aufl. 1941, Meyers Lexikon 1936 ff., Paechter.
[214] Ebd., 1844, s. v. anschließen: Anschluß in Briefen / additamentum, adjectio literarum. Anschluß eines Buches / appendix libri.
[215] DWB, Bd. 1, 1854, 445, s. v.
[216] Denkwürdigkeiten d. Fürsten Chlodwig zu Hohenlohe-Schillingsfürst, Bd. 1, 1907, 169.

sollte, wurde durch den Vertrag von St. Germain verhindert. In den Zwanziger Jahren befaßten sich daraufhin zahlreiche Publikationen mit dem *Anschlußproblem*: ‚Der deutsch-österreichische Mensch und der Anschluß'[217]; ‚Österreich und der Anschluß'[218]. *Anschluß* bezog sich in dieser Zeit wohl primär auf eine deutschösterreichische Vereinigung, der Ausdruck konnte aber auch für andere politische Zusammenschlüsse verwendet werden: „Preußische Anschlußbewegung erstrebte vor der Neuordnung des Reichs durch die nationalsozialistische Revolution den Anschluß leistungsunfähiger deutscher Länder an Preußen (1928 Anschluß Waldecks)."[219]

▶ 1933, als Hitler in der Phase des Ausbaus und der inneren Konsolidierung seiner Macht immer wieder den deutschen Friedenswillen betonte, um seine imperialistischen Pläne vorerst zu verschleiern, wurde der Gebrauch des Ausdrucks *Anschluß* durch eine Presseanweisung verboten: „Das Wort Deutsch-Oesterreichischer Anschluß soll nicht mehr benutzt werden."[220] Die 1938 erfolgte Besetzung und Annektierung Österreichs wurde in dem Gesetz vom 13. 3. 1938, das verkündete: „Österreich ist ein Land des Deutschen Reiches", mit dem Ausdruck *Wiedervereinigung* bezeichnet[221], doch üblich war der Ausdruck *Anschluß*, der vor allem in der Wendung *Anschluß der* ↑ *Ostmark* vorkam. „Für die deutschen Volksgruppen in Europa war der Anschluß der Ostmark von besonderer Bedeutung. Dies zeigte sich vor allem im Osten und Südosten. Die Auswirkungen lagen in zweierlei Richtung. Zum einen gab der Anschluß der Ostmark und die Gründung des Großdeutschen Reiches den Volksgruppen einen ungeheuren seelischen Auftrieb [...]."[222] Absolut gebraucht, bezieht sich *Anschluß* immer auf die Einverleibung Österreichs: "Alle diese Probleme ragten kaum über begrenzte persönliche Bereiche hinaus und sie waren vor allem, vor der Dynamik des Anschlusses, niemals so bedeutsam."[223] „Österreich, nach dem glücklichen Anschluß zur Ostmark des Reiches erhoben, hat ein Pendant bekommen: die Westmark."[224]

▶ Teilweise schon nach 1938, verbreitet nach 1945 erlebte der Ausdruck *Anschluß* als Bezeichnung für den erzwungenen Verlust der staatlichen Selbständigkeit Österreichs eine Pejorisierung. So konnten sich im Zusammenhang mit der Vereinigung von Bundesrepublik und ehemaliger DDR Kritik und Vorbehalte u. a. in der polemischen Verwendung des Ausdrucks *Anschluß* für den Einigungsprozeß artikulieren. Ein Aufruf zum „Arbeitstreffen Anschluß der DDR − Anschluß der Linken" lau-

---

[217] Kleinwächter, Fr. G. K., 1926.
[218] Andreas, W., 1927.
[219] Knaur 1934, 51 s. v.
[220] ZSg. 101/28 a. In: Toepser-Ziegert, Bd. 1, 1933, 33. Auch unter der Sigle: Br 1/28, 24. 6. 1933 zit. Glunk, ZDS 25/1969, 118.
[221] Gesetz über die Wiedervereinigung Österreichs mit dem Deutschen Reich. RGBl. 1, 1938, 21.
[222] Jahreslagebericht 1938 d. Sicherheitshauptamtes, Bd. 2. MADR, Bd. 2, 95.
[223] Das Reich, 10. 11. 1940, gez. S. 7.
[224] Das Reich, 15. 12. 1940, 2.

tete: „Die deutsche Vereinigung rollt: Die Bundesrepublik verleibt sich die DDR ein. [...] Aus der Bundesrepublik wurde Großdeutschland, das in Europa eine Hegemonialmacht werden will. [...]."[225] In einem Austausch von Leserbriefen wehrt ein Leser Kritik an seiner Verwendung von *Anschluß* ab: „Leider hat der Schreiber auch nicht hinterlassen, welche andere ‚Sprachregelung' anstelle von ‚Anschluß der DDR' ich gefälligst zu übernehmen habe, da mir kein gravierender Unterschied zwischen ‚sich anschließen' und ‚beitreten' bewußt ist."[226] Bekannt wurde der ‚Demospruch aus der DDR': „Art. 23 [Grundgesetz BRD]: Kein Anschluß unter dieser Nummer!"[227]

Antisemitismus

Judenhaß

> *Antisemit* ist bereits 1822 (mit unbestimmter Bedeutung) belegt[228], *antisemitisch* 1865 im Rotteck/Welckerschen ‚Staatslexikon'[229] (im Englischen 1851 bei Carlyle: „Anti-semitic street riots"[230]), doch bleiben die frühen Wortbildungen folgenlos. *Antisemitismus* kommt als politisches Schlagwort erst auf dem Höhepunkt der judenfeindlichen Agitation im letzten Drittel des 19. Jahrhunderts auf.
„Sprach- und sachlogische Voraussetzung der Entstehung des Begriffs ‚Antisemitismus' ist die Bildung und allgemeine Verwendung des Begriffs ‚Semitismus'. Der Begriff ‚Semiten' entstammt der theologisch-historischen Literatur des späten 18. Jahrhunderts. Er wurde vermutlich 1771 von A. L. von Schlözer im Anschluß an die Völkertafel im ersten Buch Moses, Kap. 10 geprägt und wenige Jahre später von J. G. Eichhorn in die Sprachwissenschaft eingeführt (*Semiten* bzw. *semitische Stämme* als Träger der *semitischen Sprache*). Die neuen Begriffe bürgerten sich in der Sprachwissenschaft rasch ein und fanden trotz naheliegender Einwände – die ‚semitische' Sprachfamilie und die als Nachkommen Sems genannten Völker sind keineswegs identisch – auch Eingang in die Völkerkunde. Zugleich wurde mit diesen Begriffen ‚Geist und Charakter' dieser Völker, die Summe ihrer Begabungen und Leistungen, der Typus ihrer Kultur beschrieben [...]. Gobineau hat dann durch den entschiedenen und terminologisch fixierten Gebrauch des Begriffs ‚Rasse' die linguistisch-ethnologischen Begriffe naturalistisch fundiert, aus dem geschichtlichen

---

[225] Zit. E. Fuhr: Schon reden sie wieder über die Zukunft des Sozialismus. Frankfurter Allgem. Ztg., 1. 9. 1990.
[226] Leserbrief Prof. Dr. H. N., Berlin. Frankfurter Allgem. Ztg. v. 7. 1. 1990.
[227] Wendehals und Stasi-Laus, hg. E. Lang, München 1990, 171. Zit. Paul 1992, 42, s. v. schließen. S. dazu auch: S. Hahn: Vom zerrissenen Deutschland zur vereinigten Republik. In: G. Stötzel, M. Wengeler: Kontroverse Begriffe, 1995, 331, 332.
[228] Arnold, R. F.: Wortgeschichtliche Zeugnisse. Antisemit. In: ZDW 8/1906, 2.
[229] Vgl. insgesamt: Nipperdey, Th., Rürup, R.: Antisemitismus. In: GG, Bd. 1, 1972, 129–153. Zit. 129. Zitate werden (im Folgenden unter GG) einzeln ausgewiesen.
[230] ZfdU 24, 474, zit. Paul 1992, 47, s. v.

Volkscharakter wurde ein Rassencharakter."[231] In der Kontraststellung zu dem gleichzeitig — ebenso wie *Semit* — auf dem Umweg über die Sprachwissenschaft als spekulativer ethnologischer Terminus übernommenen Ausdruck ↑ *Arier*, bezeichnet *Semit* einen Angehörigen der nach Gobineau dunklen, nomadischen, unproduktiven, zum Dienen bestimmten Völkergruppen, während die lichten, schöpferischen *Arier* alle positiven Werte verkörpern sollten und zur Herrschaft berufen seien. Parallel zur Abwertung der Ausdrücke *Semit, Semitismus* machten die Ausdrücke *Jude, Judentum* einen Wandel durch. Mit ihnen wurde im 19. Jahrhundert zunehmend eine Volkszugehörigkeit, ein Nationalcharakter bezeichnet. Die Juden sind „ein durchaus fremdes Volk", schrieb Arndt schon 1814, und er plädiert dafür, „den germanischen Stamm so sehr als möglich von fremdartigen Bestandteilen rein zu erhalten."[232] Noch früher nennt der Judengegner C. W. Fr. Grattenauer die Juden eine *Rasse*: „Daß die Juden eine ganz besondere Menschenrasse sind, kann von keinem Geschichtsforscher und Anthropologen bestritten werden."[233] Doch bekommt *Rasse* erst durch die Rassetheorien im Gefolge von Darwin den Sinn einer biologisch determinierten Abstammungsgemeinschaft mit unentrinnbaren, konstanten Rasseneigenschaften. Moses Heß, selbst jüdischer Abkunft, beschreibt die Situation der Juden nach der Mitte des 19. Jahrhunderts: „Der deutsche Jude ist wegen des ihn von allen Seiten umgebenden Judenhasses stets geneigt, alles Jüdische von sich abzustreifen und seine Rasse zu verleugnen. Keine Reform des jüdischen Kultus ist dem gebildeten deutschen Juden radikal genug. Selbst die Taufe erlöst ihn nicht von dem Alpdruck des deutschen Judenhasses. Die Deutschen hassen weniger die Religion der Juden als ihre Rasse, weniger ihren eigentümlichen Glauben als ihre eigentümlichen Nasen."[234]. Die rassische Definition des Judentums und das ganze Motivationsgeflecht der Judenfeindschaft aus traditionell religiös, national, wirtschaftlich, modernitätskritisch begründeten Vorurteilen prägte die Bedeutung der Ausdrücke *Jude, Judentum* und *Semit, Semitentum, Semitismus*, die seit Beginn der siebziger Jahre verstärkt für *Jude* verwendet wurden, in negativem Sinn. „‚Semitismus' war Synonym oder Ursache für den Kapitalismus, für die aus den Bindungen von Zünften und Ständen und Kirchen sich befreiende bürgerlich-liberale Gesellschaft, für ihre antagonistische und pluralistische Struktur, für die Auflösung der Tradition, für die Traditionskritik der Literaten, für die Macht der Presse, für linksliberale, aufklärerische und westlich-demokratische, ja auch schon für sozialistische Ideen, für den ‚Materialismus' und die ‚Veräußerlichung' der Zivilisation, schließ-

---

[231] GG, Bd. 1, 1972, 130 (v. Schlözer: Fortsetzung der Allgemeinen Welthistorie, Bd. 31, Halle 1771, 281; Eichhorn: Einleitung in das Alte Testament, Bd. 1, Leipzig 1787, 45 ff.; de Gobineau: Essai sur l' inégalité des races humaines, 4. t. Paris 1853/55).
[232] Arndt, E. M.: Blick aus der Zeit auf die Zeit, Germanien (d. i. Frankfurt), 1814, 188. Zit. GG, Bd. 1, 1972, 133.
[233] Wider die Juden. Ein Wort der Warnung an unsere christliche Mitbürger. 5. Aufl. Berlin 1803. Zit. Poliakov, L.: Geschichte des Antisemitismus, Bd. 5, Frankfurt 1988, 159.
[234] Rom und Jerusalem, die letzte Nationalitätsfrage, Briefe und Noten, 1862. Ausgewählte Schriften. Hg. H. Lademacher, Wiesbaden o. J. (1963), 235.

lich für den vermeintlichen Mangel an nationaler Integration, an wahrem Deutschtum im Reich von 1871."[235]

In das Jahr 1879, in dem Stöcker seine ersten judenfeindlichen Reden hielt (19. 9. 1879: „Unsere Forderungen an das moderne Judentum"), Treitschke seinen ersten Artikel zur ↑ *Judenfrage* veröffentlichte und so judenfeindliche Agitation massenwirksam wurde, fällt die Entstehung des Ausdrucks *Antisemitismus*. Der erste bisher bekannte Beleg findet sich in der ‚Allgemeinen Zeitung des deutschen Judentums' vom 2. 9. 1879, in der die Ankündigung eines *antisemitischen* Wochenblatts durch Marr erwähnt wird. Marr hatte allerdings selber eine *socialpolitische*, bzw. *antijüdische* Wochenschrift angekündigt. Der Ausdruck *antisemitisch* könnte daher entweder von dem Mitarbeiter der ‚Allgemeinen Zeitung' selbst geprägt oder in Berlin, woher die Meldung stammte, aufgegriffen worden sein. Die Bildung des Wortes lag jedenfalls „in der Luft". Schon die Zeitgenossen nannten Marr als Urheber des politischen Schlagworts *Antisemitismus*, doch gibt es dafür keinen direkten Beleg. In der von ihm redigierten ‚Deutschen Wacht. Monatsschrift für nationale Kulturinteressen (Organ der antijüdischen Vereinigung)', Berlin, kommt *antisemitisch* Ende 1879 vereinzelt, seit Anfang 1880 dann häufiger vor. Im Frühjahr 1880 begann Marr mit der Herausgabe von ‚Antisemitischen Heften'. (Chemnitz 1880.)[236] Anfang Oktober 1879 hatte sich in Berlin eine *Antisemiten-Liga* gegründet. Treitschke hatte im November des gleichen Jahres von *Antisemitenvereinen* gesprochen: „Antisemitenvereine treten zusammen, in erregten Versammlungen wird die ‚Judenfrage' erörtert, eine Flut von judenfeindlichen Libellen überschwemmt den Büchermarkt."[237]. Ab 1880 wird die politische Diskussion von dem neuen Schlagwort beherrscht. Mommsen gebrauchte es geläufig: „die Mißgeburt des nationalen Gefühls, der Feldzug der Antisemiten."[238]

Als parteibildender Faktor ging die mit *Antisemitismus* bezeichnete Gesinnung von A. Stöckers ‚Berliner Bewegung' aus. Es gründete sich eine Reihe von antisemitischen Parteien und Sammlungsbewegungen, die aber, mit Ausnahme der 1899 von Otto Boeckel in Hessen gegründeten *Antisemitischen Volkspartei*, das Schlagwort nicht in ihren Namen aufnahmen. Rasch fand der *Antisemitismus* Eingang in das Programm der Alldeutschen Bewegung Georg v. Schönerers: „Im Gegensatze nun zu den Herren im Deutschen und Deutsch-Österreichischen Klub betrachten wir Deutschnationale denn auch bekanntlich den Antisemitismus nicht als bedauerliches Symptom oder als eine Schmach, sondern viel mehr als einen Grundpfeiler des nationalen Gedankens, als Hauptförderungsmittel echt volkstümlicher Gesinnung, somit als die größte nationale Errungenschaft dieses Jahrhunderts."[239] 1890 wurden fünf antisemitische Abgeordnete in den Reichstag gewählt. Vier von ihnen nannten

---

[235] GG, Bd. 1, 136.
[236] Vgl. GG, Bd. 1, 137 f.
[237] 15. 11. 1879. Zit. Cobet, 1973, 222.
[238] Auch ein Wort über unser Judenthum, 3. Ndr., Berlin 1880, 11. Zit. GG, Bd. 1, 139.
[239] Schönerer, April 1887. In: Pichl, G.: Georg Schönerer, bearb. W. Frank, Oldenburg, Berlin 1938, Bd. 1, 136.

sich unter Boeckels Führung *Fraktion der Antisemiten*.[240] Um die Jahrhundertwende ging jedoch, nicht zuletzt aus wirtschaftlichen Gründen, der Einfluß des in Parteien organisierten *Antisemitismus* zurück. Seine Nachfolge traten antisemitische Grüppchen, Gruppen und Geheimbünde an, die den *Antisemitismus* durch eine pseudowissenschaftliche Rassenlehre mit irrationalen Zügen untermauerten und seine Ziele radikalisierten.

> Hitler war in Wien, wie er in ‚Mein Kampf' beschreibt, „vom schwächlichen Weltbürger zum fanatischen Antisemiten geworden."[241] Wofür bei ihm der Ausdruck *Antisemitismus* steht, geht aus dem ersten Schriftstück seiner politischen Laufbahn hervor, einem Brief, den er am 16. 9. 1919 in seiner Eigenschaft als Schulungsredner des Münchener Reichswehrkommandos im Auftrag seines Chefs an einen ehemaligen Kursteilnehmer Gemlich schrieb: „[...] Der Antisemitismus als politische Bewegung darf nicht und kann nicht bestimmt werden durch Momente des Gefühls, sondern durch Erkenntnis von Tatsachen. Tatsachen aber sind: Zunächst ist das Judentum unbedingt Rasse und nicht Religionsgenossenschaft. [...] Durch tausendjährige Innzucht [sic], häufig vorgenommen in engstem Kreise, hat der Jude im allgemeinen seine Rasse und ihre Eigenart schärfer bewahrt, als zahlreiche der Völker, unter denen er lebt. Und damit ergibt sich die Tatsache, daß zwischen uns eine nichtdeutsche, fremde Rasse lebt, nicht gewillt und auch nicht im Stande, ihre Rasseneigenschaften zu opfern, [...], und die dennoch politisch alle Rechte besitzt wie wir selber. Bewegt sich schon das Gefühl des Juden im rein Materiellen, so noch mehr sein Denken und Streben. Der Tanz ums goldene Kalb wird zum erbarmungslosen Kampf um alle jene Güter, die nach unserem inneren Gefühl nicht die höchsten und einzig erstrebenswerten auf dieser Erde sein sollten. [...] Alles was Menschen zu Höherem streben läßt, sei es Religion, Sozialismus, Demokratie, es ist ihm alles nur Mittel zum Zweck, Geld und Herrschgier zu befriedigen. Sein Wirken wird in seinen Folgen zur Rassentuberkulose der Völker. Daraus ergibt sich folgendes: Der Antisemitismus aus rein gefühlmäßigen Gründen wird seinen letzten Ausdruck finden in der Form von Progromen [sic]. Der Antisemitismus der Vernunft jedoch muß führen zur planmäßigen gesetzlichen Bekämpfung und Beseitigung der Vorrechte des Juden, die er nur zum Unterschied der anderen zwischen uns lebenden Fremden besitzt (Fremdengesetzgebung). Sein letztes Ziel aber muß unverrückbar die Entfernung der Juden überhaupt sein. Zu beidem ist nur fähig eine Regierung nationaler Kraft und niemals eine Regierung nationaler Ohnmacht."[242] Hitler bündelt bereits hier die verschiedenen Stränge des Antisemitismus zu einem Rassenantisemitismus, der letztlich auf die „Entfernung der Juden überhaupt" zielt. Den Antisemitismus der christlich-sozialen Partei G. v. Schönerers, der nach seiner Einschätzung „statt auf rassischer Erkenntnis auf religiöser Vorstellung aufgebaut"[243] war, kritisiert er in ‚Mein Kampf' als „Scheinantisemitismus,

---

[240] GG, Bd. 1, 147.
[241] Ebd., 69.
[242] In: Jäckel, E., Kuhn, H.: Hitler. Sämtliche Aufzeichnungen 1905–1924. Nr. 61, 88–90.
[243] Mein Kampf, 130.

der fast schlimmer war als überhaupt keiner; denn so wurde man in Sicherheit eingelullt, glaubte den Gegner an den Ohren zu haben, wurde jedoch in Wirklichkeit selber an der Nase geführt." (S. 132) „Im Jahre 1918 konnte von einem planmäßigen Antisemitismus keine Rede sein. Noch erinnere ich mich der Schwierigkeiten, auf die man stieß, sowie man nur das Wort Jude in den Mund nahm. Man wurde entweder dumm angeglotzt oder man erlebte heftigen Widerstand. Unsere ersten Versuche, der Öffentlichkeit den wahren Feind zu zeigen, schienen damals fast aussichtslos zu sein, und nur ganz langsam begannen sich die Dinge zum Besseren zu wenden." (S. 628) „Später hat dann allerdings die nationalsozialistische Bewegung die Judenfrage ganz anders vorwärtsgetrieben. Sie hat es vor allem fertiggebracht, dieses Problem aus dem engbegrenzten Kreise oberer und kleinbürgerlicher Schichten herauszuheben und zum treibenden Motiv einer großen Volksbewegung umzuwandeln." (S. 628) Hitler rühmt sich, „daß es gelungen war, dem deutschen Volk in dieser Frage den großen einigenden Kampfgedanken zu schenken." (S. 628 f.) Nach 1933 wurde das von Hitler dargelegte rassistische Konzept des Antisemitismus: „die Entfernung der Juden überhaupt" rücksichtslos realisiert. Der Ausdruck *Antisemitismus* jedoch wurde mit Rücksicht auf außenpolitische Interessen durch eine Serie von Presseanweisungen verboten. „Das Propagandaministerium bittet, in der Judenfrage das Wort: antisemitisch oder Antisemitismus zu vermeiden, weil die deutsche Politik sich nur gegen die Juden, nicht aber gegen die Semiten schlechthin richtet. Es soll statt dessen das Wort: antijüdisch gebraucht werden."[244] „In letzter Zeit taucht immer wieder der Begriff ‚Antisemitismus' auf. Da durch diese Bezeichnung die Beziehungen zu den nichtjüdischen Semiten, namentlich der für uns besonders wichtigen panarabischen Welt gestört werden, muß die Presse in Zukunft genau darauf achten, daß die Worte ‚Antisemitismus', ‚antisemitisch' durch Ausdrücke wie ‚Judengegnerschaft', ‚Judenfeindschaft' und ‚Antijudaismus' bzw. ‚judenfeindlich' und ‚antijüdisch' ersetzt werden."[245] 1939 muß noch einmal wiederholt werden: „Es besteht Veranlassung, auf unseren Hinweis Nr. 22, der den Ersatz des Wortes ‚Antisemitismus' durch ‚Judenabwehr', ‚Judengegnerschaft' oder dergleichen nahelegt, nochmals aufmerksam zu machen. Mit unserem steigenden Interesse an der arabischen Frage wird die Ungeschicklichkeit, die in dem Wort ‚Antisemitismus' liegt, immer schwerwiegender."[246] Daß die Anweisung offenbar nicht genügend beachtet wurde, zeigt eine Aktennotiz des Leiters des Aufgabengebiets „Überstaatliche Mächte" vom 17. 5. 1943: „Beim Besuch des Großmufti beim Reichsleiter Rosenberg versprach dieser, an die Presse einen Hinweis zu geben, wonach in Zukunft die Bezeichnung ‚Antisemitismus' zu unterbleiben hat. Mit der Verwendung dieses Wortes wird immer die arabische Welt getroffen, die nach Aussagen des Großmufti überwiegend deutschfreundlich ist. Das feindliche Ausland benutzt den Hinweis, daß wir mit dem Wort ‚Antisemitismus' arbeiten und damit

---

[244] Br. 6/64, 22. 8. 1935 (Anw. Nr. 1578). Zit. Glunk, ZDW 22/1966, 64.
[245] Ob 51/149. Zit. Ebd.
[246] ZD 372, 1. 7. 1939. Zit. ebd.

auch bekunden wollen, daß wir die Araber mit den Juden in einen Topf werfen."[247] Der Rechtschreibduden führt 1941 *Judengegner (für: Antisemit)* neu ein, hat aber weiterhin auch *Antisemit, antisemitisch, Antisemitismus*.[248] Nicht nur ideologisch, sondern auch sprachlich linientreu formuliert das Biologiebuch für Jungen ‚Lebenskunde': „Alle großen judengegnerischen Bewegungen der Geschichte haben das Judentum doch nicht endgültig zu entfernen vermocht. Immer wieder verstand der Jude, sich zu tarnen und so der Ausmerze zu entgehen. Den großen christlichen judengegnerischen Bewegungen [...] entging der Jude dadurch, daß er sich taufen ließ und so scheinbar Christ wurde. In der liberalistischen Welt wurde der Kampf deshalb aussichtslos, weil der Jude, wie heute überall noch in den demokratischen Staatswesen, als gleichberechtigter Staatsbürger galt. Erst die rassebewußte, nationalsozialistische Weltanschauung läßt dem Juden keine Tarnungsmöglichkeiten mehr offen: Er wird von uns als fremdrassiges Element bekämpft und ausgemerzt."[249]

▷ Heute ist die Bedeutung des Ausdrucks *Antisemitismus* stark erweitert worden. „Er meint nicht mehr nur die antijüdische Bewegung seit dem ausgehenden 19. Jahrhundert — die man nun meist als ‚modernen Antisemitismus' bezeichnet —, sondern alle judenfeindlichen Äußerungen, Strömungen und Bewegungen in der Geschichte. Antisemitismus ist so zu einem ‚Synonym für unfreundliche oder feindselige Haltung den Juden gegenüber' geworden."[250]

Arbeit

Pflichterfüllung für die ↑ *Volksgemeinschaft*.[251]

▷ Der Ausdruck *Arbeit* hat in der ↑ *nationalsozialistischen* ↑ *Weltanschauung* eine zentrale Funktion. Hitler benutzt ihn, um seinen rassistischen Mythos von den konträren Welten des *kulturschaffenden idealistischen* ↑ *Ariers* und des *ewig zerstörerischen materialistischen Juden* zu untermauern. „Und Arbeit fassen wir auf in unserem germanischen Sinn als Pflichterfüllung für eine Volksgemeinschaft, nicht aber in jenem puren Egoismus, den eine andere Rasse dem Begriff der Arbeit anhing. [...] Der Arier faßt Arbeit auf als Grundlage zur Erhaltung der Volksgemeinschaft unter sich, der Jude als Mittel zur Ausbeutung anderer Völker."[252] „Der Arier ist nicht in seinen geistigen Eigenschaften an sich am größten, sondern im Ausmaße der Bereitwilligkeit, alle Fähigkeiten in den Dienst der Gemeinschaft zu stellen. [...] Er arbeitet nun z. B. nicht mehr unmittelbar für sich selbst, sondern gliedert sich mit seiner Tätigkeit in den Rahmen der Gesamtheit ein, nicht nur zum eigenen

---

[247] In: Poliakov, L., Wulf, J.: Das dritte Reich und die Juden, 1955, 369. Hinweis bei: Glunk ebd.
[248] Duden, 12. Aufl. 1941, 279, s. v. Jüdchen; 32, s. v.
[249] Bd. 4, o. J., 397 f.
[250] GG, Bd. 1, 153.
[251] Zur Begriffsgeschichte von *Arbeit* vor dem Nationalsozialismus s. W. Conze: Arbeit. In: GG, Bd. 1, 154–215.
[252] Hitler, Rede v. 12. 8. 1922, Sonderdruck. Inst. f. Zeitgeschichte, Archiv 68/51, Bl. 2, 1.

Nutzen, sondern zum Nutzen aller. Die wunderbarste Erläuterung dieser Gesinnung bietet sein Wort ‚Arbeit', unter dem er keineswegs eine Tätigkeit zum Lebenserhalt an sich versteht, sondern nur ein Schaffen, das nicht den Interessen der Allgemeinheit widerspricht. Im anderen Falle bezeichnet er das menschliche Wirken, sofern es dem Selbsterhaltungstriebe ohne Rücksicht auf das Wohl der Mitwelt dient, als Diebstahl, Wucher, Raub, Einbruch usw. Diese Gesinnung, die das Interesse des eigenen Ichs zugunsten der Erhaltung der Gemeinschaft zurücktreten läßt, ist wirklich die erste Voraussetzung für jede wahrhaft menschliche Kultur."[253] „Den gewaltigsten Gegensatz zum Arier bildet der Jude. Bei kaum einem Volke der Welt ist der Selbsterhaltungstrieb stärker entwickelt als beim sogenannten auserwählten." (S. 329) „Nein, der Jude besitzt keine irgendwie kulturbildende Kraft, da der Idealismus, ohne den es eine wahrhafte Höherentwicklung des Menschen nicht gibt, bei ihm nicht vorhanden war. Daher wird sein Intellekt nicht aufbauend wirken, sondern zerstörend [...]" (S. 332) „Nein, der Jude ist kein Nomade; denn auch der Nomade hatte schon eine bestimmte Stellung zum Begriffe ‚Arbeit', die als Grundlage für eine spätere Entwicklung dienen konnte [...]. Bei den Juden hingegen ist diese Einstellung überhaupt nicht vorhanden; er war deshalb auch nie Nomade, sondern immer nur Parasit im Körper anderer Völker." (S. 333 f.) Das ↑ *arische* Arbeitsethos macht die Arbeit zu einer „Weihehandlung": „Was man trauernd hatte entschwinden sehen, Adolf Hitler hat es zu neuem Leben erweckt, hat die Arbeit geadelt und das Schaffen des Menschen zu einer Weihehandlung gemacht."[254] „Der nationalsozialistische Betriebszellenleiter Frey richtete die Mahnung an die Arbeiter, die Fahnen zu senken in Ehrfurcht vor der deutschen Arbeit und vor dem Volkskanzler Hitler."[255] „‚Der Nationalsozialismus hat den Begriff der Arbeit völlig umgeprägt', konnte voller Stolz NSBO-Leiter Walter Schuhmann auf einer Tagung in Düsseldorf behaupten. Die Arbeit ist Dienst an der Nation geworden, ihr sozialer Schutz daher nationale Pflicht. Dadurch ist die Arbeit geadelt; jeder dient an seinem Platz dem Gemeinwohl."[256]
S. auch ↑ *Tag der nationalen Arbeit*.

Arbeiter der Stirn und der Faust

Slogan zur Beschwörung der *Gemeinschaft aller Schaffenden*.

> Älter ist die Verbindung *Hand- und Kopfarbeiter* (*Hand- und Kopfarbeit*). „Freilich gibt es bei der Bourgoisie [sic] auch noch Männer, welchen nicht schwachsinniger Egoismus den gesunden Blick in die Sachlage trübt, die ein warmes Herz für das Wohl der Menschheit bergen und sich mit ganzer Seele der socialdemokratischen Bewegung anschließen [...]. Darum besteht die Internationale Arbeitergenossen-

---

[253] Hitler, Mein Kampf, 326.
[254] Schley, A. (Hg.): Führerworte, Bd. 1, o. J. (ca. 1934), 72.
[255] Weihe von 200 NSBO-Fahnen in München. In: Volksparole. Amtl. Nat. soz. Tageszeitung, Düsseldorf, 1. Wonnemond/Mai 1933.
[256] Das Ehrenbuch der Arbeit, 1934, 184.

schaft [...] nicht bloß aus Hand- sondern auch aus Kopfarbeitern und wird sie sich mit den Waffen des Geistes die neue Bahn zu brechen und mit dem Lichte der Wissenschaft zu beleuchten suchen."[257] (1866) „Wie im Natursystem Kopf und Hand zusammengehören, vereint der Arbeitsprozeß Kopfarbeit und Handarbeit. Später scheiden sie sich zum feindlichen Gegensatz."[258] (1867) Mit der gleichen Wendung wie die Sozialisten ruft die liberaldemokratische ‚Hilfe' Friedrich Naumanns dreißig Jahre später zur Gründung einer Partei auf: „Auf ihr deutschen Arbeiter, Handarbeiter und Kopfarbeiter, gründet die Partei der Zukunft im Namen der Vaterlandsliebe!"[259] (1896)

> „Der von Hitler geprägte Ausdruck Arbeiter der Stirn und der Faust findet sich gedruckt zuerst im Völk. Beob. vom 5. Juni 1921."[260] „Sie müssen sich gegenseitig wieder achten lernen, der Arbeiter der Stirne den Arbeiter der Faust und umgekehrt. Keiner bestünde ohne den andern. Die beiden gehören zusammen, und aus diesen beiden muß sich ein neuer Mensch herauskristallisieren – der Mensch des kommenden Deutschen Reiches."[261] „Und so marschierten sie denn, die ‚Proleten', die Klassenkämpfer von gestern, die deutschen Arbeiter der Stirn und der Faust."[262] ‚Trübners Deutsches Wörterbuch' erläutert: „Inzwischen ist die Arbeit auch auf die Tätigkeit des Künstlers und die Studierten ausgedehnt worden. Wir sprechen von künstlerischer und geistiger Arbeit. Neben den Handwerker oder den Arbeiter der Faust tritt der Kopfarbeiter, auch Arbeiter der Stirn genannt, wobei zu beherzigen bleibt, daß er so wenig ohne die Hand auskommt, wie der Handarbeiter ohne den Kopf. So hat das Dritte Reich den uralten und in der Neuzeit immer verschärften Gegensatz zwischen beiden überwunden."[263]

Arbeitertum

Die Arbeiterschaft als Glied der *wahren* ↑ *Volksgemeinschaft*.[264]

> Der Ausdruck ist vermutlich eine Bildung des späten 19. Jahrhunderts. Eugen Dühring verwendet ihn 1881 in seiner Schrift ‚Die Judenfrage als Racen-, Sitten- und Culturfrage': „Die Judenfrage selbst ist eine sociale Frage und zwar eine von erster Ordnung; ja vorläufig rangiert sie noch vor der allgemeinen socialen Frage; denn sie ist nicht bloß eine Lebensfrage des aufstrebenden Arbeiterthums, sondern eine Existenzfrage der modernen Völker."[265]

---

[257] Der Vorbote, 1. Jg., Nr. 2, Genf 1866. Neudr. Berlin 1963, 20.
[258] Marx, K.: Das Kapital, Bd. 1, Abschn. V, Kap. 14. MEW, Bd. 23, Berlin 1962, 531.
[259] Die Hilfe, 2/27. 9. 1896/ Nr. 39, 3.
[260] Büchmann (W. Rust), 1943, 408.
[261] Hitler, Rede v. 24. 4. 1923. In: A. Hitler spricht, 1934, 33.
[262] Jeserich, K.: Soldaten ... In: Der Schulungsbrief, 1/Mai 1934, 4.
[263] Bd. 1, 1939, 118, s. v. Arbeit.
[264] Gebucht: Duden, 11. Aufl. 1934, 12. Aufl. 1941; Meyers Lexikon 1936 ff. Getilgt: Duden, 14. Aufl. 1954.
[265] 2. Aufl. 1881, 153.

› Im Nationalsozialismus ersetzt *Arbeitertum Proletariat*, den zentralen Begriff der klassenkämpferischen Theorie des Marxismus. 1927 hatte Ernst Jünger die Antinomie von *Arbeitertum* und *Arbeiterschaft* betont: „Ein neuer Stand tritt auf die politische Bühne und rüstet sich, das Steuer des Staates zu übernehmen. Es ist der vierte Stand. Der Kredit, den das Wort Bürgertum verliert, gewinnt das Wort vom Arbeitertum an Kraft. Arbeitertum, das ist etwas anderes wie Arbeiterschaft, als jener Begriff des historischen Materialismus, den auch nur das Bürgertum und die Weisheit ihrer Katheder-Professoren erfunden hat. [...] Das Arbeitertum im neuen Sinne ist die blutverbundene Gemeinschaft aller innerhalb der Nation und für die Nation Arbeitenden."[266] 1930 veröffentlichte August Winnig das Buch ‚Vom Proletariat zum Arbeitertum'. 1931 nannte die in diesem Jahr gegründete ↑ *Nationalsozialistische Betriebszellen-Organisation (NSBO)*, die 1935 in die ↑ *Deutsche Arbeitsfront* überführt wurde, ihre Zeitschrift ‚Arbeitertum'. 1930 kommt *Arbeitertum* noch nicht im Rechtschreibduden vor, in der 11. Auflage von 1934 und in der 12. Auflage von 1941 ist es vertreten. Die nationalsozialistische Interpretation des Ausdrucks bringt ‚Meyers Lexikon' 1936: „Der klassenkämpferische Begriff des Proletariats wird durch die Schöpfung des Begriffs Arbeitertum mit dem Ziel der Bildung einer wirklichen Leistungsgemeinschaft aller Deutschen, wie sie in der Deutschen Arbeitsfront ihre organisatorische Form gefunden hat, überwunden. Arbeitertum, Bauerntum und Soldatentum sind die 3 Grundelemente des Volkes: die schaffende, dem Ganzen dienende Arbeit; die im Boden wurzelnde Kraft der eigenen Art, des Blutes und der wehrhafte, männlich politische Wille. Stirn und Faust sollen im Arbeitertum einen unlösbaren Bund schließen."[267] Im Lesebuch des ↑ *Reichsarbeitsdienstes* heißt es entsprechend: „Deutsches Arbeitertum' ist heute ein Begriff, der jedermann verständlich ist, der jedoch erst in unserer Zeit entstand. Dieser Begriff konnte auch erst zum Allgemeingut des Denkens im deutschen Volke werden, nachdem die Arbeiterschaft sich selbst ihres Deutschtums und ihrer Verbundenheit mit Volk und Staat bewußt geworden war. Das vom Marxismus verkündete ‚Internationale Proletariat' gab es in Wirklichkeit nicht." „Erst Adolf Hitler und seiner Weltanschauung war es vorbehalten, den deutschen Arbeiter in die Volksgemeinschaft zurückzugliedern und ein deutsches Arbeitertum im wahrsten Sinne des Wortes zu schaffen."[268] „In wenigen Tagen feiert das ganze deutsche Volk ohne Unterschied seiner Stände und Berufe zum ersten Male in wahrer Volksgemeinschaft den 1. Mai. In Millionenmassen marschieren die deutschen Arbeiter der Faust und der Stirne auf, um den Festtag des deutschen Arbeitertums, den Feiertag der nationalen Arbeit, festlich zu begehen." „Jetzt, deutscher Arbeitsbruder, nimm auch du das Hakenkreuz, hefte es an Deine Brust, reihe Dich ein in die Kolonnen des erwachten deutschen Arbeitertums, empor mit der Hakenkreuzfahne am Fabrikschornstein, heraus mit dem Ban-

---

[266] Der neue Nationalismus. In: VB, Beilage: Die neue Front, v. 23./24. 1. 1927.
[267] Ebd. 1936 ff., Bd. 1, 1936, 497.
[268] Bausteine zum Dritten Reich, 5. Aufl. o. J. (1937 o. später): Der Weg zum deutschen Arbeitertum, 85, 90.

ner der deutschen Arbeit an jedem Bürofenster. Am 1. Mai 1933 marschieren die Arbeiterbataillone unter dem Symbol der Volksgemeinschaft."[269]

▷ *Arbeitertum* war in der 13. Auflage des Rechtschreibduden von 1948 noch enthalten. In die 14. Auflage von 1957 wurde es nicht mehr aufgenommen. In den heutigen Wörterbüchern wird der Ausdruck nicht mehr geführt.

Arbeitsbuch

Vom Arbeitsamt ausgestellter Ausweis über die berufliche Ausbildung und die Arbeitsverhältnisse aller unselbständig, seit 1939 auch fast aller selbständig Arbeitenden, zur Regelung und Kontrolle des ↑ *Arbeitseinsatzes.*[270]

▷ Bereits in der Bismarckzeit wurden die Arbeitspapiere mit dem Ausdruck *Arbeitsbuch* bezeichnet: „Die Reaktion ist stets im Lager der Regierungsgegner, der Fortschritt stets auf Seiten der Regierung. Letztere hat in den wesentlichsten Fragen der Civilehe, der Zwangsinnungen, der Arbeitsbücher, in den Justizgesetzen und in zahllosen practischen Einzelentscheidungen gezeigt, daß die Tradition des großen Königs und der Stein-Hardenberg'schen Gesetzgebung die Dynastie wie das hohe Beamtentum durchaus beseelt."[271] In der Weimarer Republik bezeichnete *Arbeitsbuch* ein „polizeiliches Kontrollbuch für minderjährige Arbeiter. Inhalt: Personalien, Ein- und Austrittszeit, Art der Beschäftigung".[272]

▶ Am 26. 2. 1935 wurde das ‚Gesetz über die Einführung eines Arbeitsbuches' veröffentlicht. „§ 1 (1) Um die zweckentsprechende Verteilung der Arbeitskräfte in der deutschen Wirtschaft zu gewährleisten, wird ein Arbeitsbuch eingeführt. (2) Der Kreis der Personen, für die Arbeitsbücher einzuführen sind, den Zeitpunkt der Einführung und das Nähere über die Ausgestaltung der Arbeitsbücher bestimmt der Reichsarbeitsminister.[...]"[273] „Durch Verordnung vom 16. Mai 1935 hat der Reichs- und preußische Arbeitsminister den Personenkreis bestimmt, für den das Arbeitsbuch eingeführt wird, ferner das Verfahren zur Ausstellung des Buches geregelt und weiter Bestimmungen über den Gebrauch des Arbeitsbuches erlassen. [...] Das Arbeitsbuch wird vom 1. Juni allmählich nach Betriebsgruppen für alle nicht mehr volksschulpflichtigen Arbeiter und Angestellten, einschließlich der Lehrlinge und Volontäre, eingeführt, die nicht mehr als 1000 RM monatlich für eine einzelne Beschäftigung erhalten. [...]"[274] „Das Arbeitsbuch selbst wird in braunem Druck auf grauem Karton hergestellt. Es enthält 32 Seiten, die durch blaßbraunen Unterdruck gesichert sind. Auf den vier Ecken der Umschlagvorderseite ist das Haken-

---

[269] Biallas, H.: NSBO ruft! In: Düsseldorfer Nachrichten, Beilage: Feiertag der deutschen Arbeit, 1. 5. 1933.
[270] Gebucht: Duden, 12. Aufl. 1941, Meyers Lexikon 1936 ff., Paechter, Volks-Brockhaus 1940. Getilgt: Duden, 15. Aufl. 1961.
[271] Reinhold, K. Th.: Das deutsche Volksthum und seine nationale Zukunft, 1884, 469.
[272] Knaur 1932, 63, s. v. Arbeit.
[273] RGBl. 1, 1935, 311.
[274] Germania, 19. 5. 1935. Zit. Blick in die Zeit, 3/24. 5. 1935, 8.

kreuz angebracht. Am Kopf der Seite steht ‚Deutsches Reich', darunter befindet sich der Reichsadler und unter ihm die Inschrift ‚Arbeitsbuch'."[275] Ab 1939 waren auch die Selbständigen zur Führung eines *Arbeitsbuches* verpflichtet.[276] „Es gibt über Berufsausbildung und sämtliche Beschäftigungsverhältnisse des Inhabers Auskunft."[277] „Ein faules und unfähiges System schuf für die Dauer der Arbeitslosigkeit nicht etwa Stätten zur Fortbildung und richtete auch keine Unterrichtskurse und Lehrwerkstätten ein. Die Arbeit galt ja als Fluch und war eine Angelegenheit für die Dummen […]. Die Druckereien fertigten Stempelbücher am laufenden Band an, heute dagegen drucken sie Arbeitsbücher."[278]

Arbeitsdank

Ein ↑ *Amt* der ↑ *Deutschen Arbeitsfront*[279]

> *Arbeitsdank*, einer der bei den Nationalsozialisten häufigen sprechenden Organisationsnamen, bezeichnet bis 1936/37 eine Dienststelle der *Deutschen Arbeitsfront*. In der 2. Auflage des ‚Organisationsbuchs der NSDAP.' von 1937 heißt es noch: „Amt Arbeitsdank. Zuständigkeit: 1. Aufklärung im Arbeitsdienst über die Aufgaben und Ziele der DAF. 2. Vorbereitung der Maßnahmen zur örtlichen Erfassung der aus dem Arbeitsdienst ausscheidenden Arbeitsmänner. 3. Pflege der im Arbeitsdienst verkörperten nationalsozialistischen Idee der Arbeit in Verbindung mit den Werkscharen. Betreuung der aus dem Arbeitsdienst Ausscheidenden bis zu deren Eingliederung in das Berufsleben. Diese gesonderte Betreuung darf zwei Jahre nicht überschreiten. Jungmannschaften: Die Jungmannschaften der Deutschen Arbeitsfront werden vom Amt Arbeitsdank betreut. Insbesondere betrifft dies die ausgeschiedenen Männer des Reichsarbeitsdienstes und der Wehrmacht, die zwei Jahre in eine Sonderbetreuung genommen werden."[280] Den organisatorischen Apparat, der hinter dem Namen *Arbeitsdank* steht, zeigt ein Beleg aus der Zeitung der Deutschen Studentenschaft: „Für die im Arbeitsdienst untauglichen Abiturienten hat es [das Hauptamt der NSDAP, d. i. die Reichsstudentenführung] im vorigen und wird es in diesem Jahr einen Ausgleichsdienst in Zusammenarbeit mit dem Arbeitsdank durchführen, von dem etwa 2000 Abiturienten erfaßt werden, und der im wesentlichen in Bodenschätzungsarbeiten für die Landesfinanzämter, in landschaftlichen Arbeiten auf den Siedlerhöfen des Arbeitsdankes und für körperlich stark Behinderte in Büroarbeiten auf Arbeitsdank- und Parteidienststellen bestehen wird. […] Dem Hauptamt fällt weiterhin die Verbindungnahme mit den Gesamtarbeitsgebieten im Arbeitsdank und der Arbeitsfront zu, insbesondere die Erfassung sämtlicher aus

---

[275] Kölnische Zeitung, 18. 5. 1935. Zit. ebd.
[276] Volks-Brockhaus 1940, 27, s. v.
[277] Meyers Lexikon 1936 ff., Bd. 1, 507, s. v.
[278] Jahres- und Leistungsbericht d. Gauwaltung Düsseldorf, o. J. (1938), 4.
[279] Gebucht: Meyers Lexikon 1936 ff.
[280] Ebd., 2. Auflage, 1937, 202 f.

dem Arbeitsdienst ausscheidenden Studenten im Rahmen des Arbeitsdankes."[281] Doch schon in der ebenfalls 1937 erschienenen 3. Auflage des ‚Organisationsbuchs der NSDAP.' fehlt, ebenso wie in den folgenden Auflagen, jeder Hinweis auf ein *Amt Arbeitsdank* innerhalb der *Deutschen Arbeitsfront* oder im Rahmen einer anderen Organisation.

Arbeitsdienst, s. ↑ Reichsarbeitsdienst.

Arbeitseinsatz

a) Lenkung und Kontrolle der deutschen Arbeitskräfte[282]; b) Beschäftigung teils angeworbener, später überwiegend deportierter ausländischer Arbeitskräfte in der deutschen Kriegswirtschaft; c) in der Sondersprache der SS: Zwangsarbeit der noch arbeitsfähigen KZ-Häftlinge in Rüstungsfirmen.

▶ a) Der Ausdruck *Arbeitseinsatz* für die „planvolle Lenkung der Arbeitskräfte nach national- bevölkerungs- und wirtschaftspolitischen Gesichtspunkten"[283] kam durch das ‚Gesetz zur Regelung des Arbeitseinsatzes' vom 15. 5. 1934 in Gebrauch. „Das einschneidendste der vom Reichskabinett verabschiedeten Gesetze ist das über den Arbeitseinsatz, das im Interesse der Regelung des Arbeitsmarktes erhebliche Einschränkungen der Freizügigkeit bringt und im besonderen den Zuzug landwirtschaftlicher Arbeitskräfte in städtische oder in Industriegebiete mit starker Arbeitslosigkeit unterbindet."[284] „Der Nationalsozialismus sieht die Arbeit als eine Pflicht jedes einzelnen im Dienste der Volksgemeinschaft an; das liberalistische Dogma der unbedingten Freizügigkeit muß weichen, wenn dringende Bedürfnisse des Volkes und der Wirtschaft eine ‚gesündere' Verteilung der Arbeitskräfte erfordern; der Arbeitseinsatz soll die Arbeitskräfte an die Stellen leiten, an denen sie für den Betrieb und für das Volksganze das Beste zu leisten vermögen, und die freien Arbeitsplätze mit den Volksgenossen besetzen, deren Beschäftigung am erwünschtesten ist."[285] „Das Dritte Reich bejaht als autoritärer Staat die ihm zufallende Verantwortung der Ordnung und Lenkung im Arbeitseinsatz. Demgemäß hat es eine leistungsfähige und schlagkräftige Arbeitseinsatzverwaltung aufgebaut und ihr neben ausreichenden gesetzlichen Vollmachten in Gestalt des Arbeitsbuches und der Arbeitsbuchkartei ein brauchbares Instrument zur Regelung des Arbeitseinsatzes in die Hand gegeben."[286] „Die NS-Gemeinschaft ‚Kraft durch Freude' erhielt eine besondere Aufgabe dadurch, daß sie in verstärktem Maße für die Betreuung der Arbeiter beim Bauvorhaben West [dem Westwall] eingesetzt wurde. Hier konnte so manche Mißstim-

---

[281] Der völkische Weg der Studentenschaft. In: Der Deutsche Student, hg. H. Wolff, 4/ Febr. 1936, 74 f.
[282] Gebucht: Meyers Lexikon 1936 ff., Paechter, Volks-Brockhaus 1940.
[283] Meyers Lexikon, Bd. 1, 1936, 510.
[284] Berliner Tageblatt, 16. 5. 1934. Zit. Blick in die Zeit, 2/26. 5. 1934, 7.
[285] Meyers Lexikon 1936 ff., Bd. 1, 510.
[286] Das Reich, 13. 10. 1940.

mung, die durch den zwangsmäßig erfolgten Arbeitseinsatz an sich sowie durch die anfänglich oft schlechte Unterbringung der Arbeiter auftrat, durch die Tätigkeit von K. d. F. gemindert, meist sogar völlig überwunden werden."[287] „Die Studierenden aller anderen Fächer [...] werden sofort dem kriegswichtigen Arbeitseinsatz zugeführt, falls sie nicht bis zum 1. 5. 1945 ihre Abschlußprüfung ablegen können oder nach dem Urteil der Fakultäten ihren bisherigen Studienleistungen zufolge als Nachwuchskraft für Lehre und Forschung hervorragend geeignet sind. Die auf diese Weise freiwerdenden Studierenden der wissenschaftlichen Hochschulen sollen [...] unverzüglich in die Rüstungsfertigung übergehen, wobei es sich, dem bereits stark auf den Krieg zugeschnittenen Gegenwartsbild der Universitäten entsprechend, allerdings vorwiegend um weibliche Kräfte handelt."[288]

b) Im zweiten Weltkrieg meint *Arbeitseinsatz* mit seinen Weiterbildungen *arbeitseinsatzfähig*, *Arbeitseinsatzdienststellen* neben der Lenkung und ↑ *Dienstverpflichtung* von deutschen Arbeitskräften vor allem den Komplex der Rekrutierung von ausländischen Arbeitskräften in den besetzten Gebieten, die nach 1942 zunehmend nach Deutschland verschleppt und in der Kriegswirtschaft unter z. T. unmenschlichen Arbeits- und Lebensbedingungen *eingesetzt* wurden. Zu den z. T. wie Sklavenarbeiter gehaltenen Zwangsarbeitern gehörten auch Kriegsgefangene. Zuständig für den *Arbeitseinsatz* war der *Generalbevollmächtigte für den Arbeitseinsatz* Sauckel. „Erlaß des Führers über einen Generalbevollmächtigten für den Arbeitseinsatz v. 21. 3. 1942: Die Sicherstellung der für die gesamte Kriegswirtschaft, besonders für die Rüstung erforderlichen Arbeitskräfte, bedingt eine einheitlich ausgerichtete, den Erfordernissen der Kriegswirtschaft entsprechende Steuerung des Einsatzes sämtlicher verfügbaren Arbeitskräfte einschließlich der angeworbenen Ausländer und der Kriegsgefangenen sowie die Mobilisierung aller noch ungenutzten Arbeitskräfte im Großdeutschen Reich einschließlich des Protektorats sowie im Generalgouvernement und in den besetzten Gebieten. Diese Aufgabe wird Reichsstatthalter und Gauleiter Fritz Sauckel als Generalbevollmächtigter für den Arbeitseinsatz im Rahmen des Vierjahresplans durchführen."[289] „Der Zweck des gigantischen neuen Arbeitseinsatzes ist nun, alle jene reichen und gewaltigen Hilfsquellen, die uns das kämpfende Heer unter der Führung Adolf Hitlers in so überwältigend reichem Ausmaß errungen und gesichert hat, für die Rüstung der Wehrmacht und ebenso für die Ernährung der Heimat auszuwerten. Die Rohstoffe wie die Fruchtbarkeit der eroberten Gebiete und ebenso deren menschliche Arbeitskraft sollen durch den Arbeitseinsatz vollkommen und gewissenhaft zum Segen Deutschlands und seiner Verbündeten genutzt werden."[290] „Um die Arbeitskräfte der besetzten Gebiete bei der Neuordnung des Arbeitseinsatzes im europäischen Raum zu mobilisieren, müssen auch diese Kräfte einer straffen und einheitlichen Lenkung unterworfen werden, sowohl die zweckmäßige und sinnvolle Verteilung dieser Kräfte zur Befriedigung

---

[287] Jahresbericht 1938 d. SHA, Bd. 3. In: MADR, Bd. 2, 205.
[288] Wer darf noch studieren? In: Das Reich, 10. 9. 1944.
[289] RGBl. 1, 1942, 179.
[290] Schreiben Sauckels an A. Rosenberg v. 20. 4. 1942. Dok. PS−16 (US−168). In: Der Nürnberger Prozeß, Bd. 3, 454.

des Kräftebedarfs des Reiches und der besetzten Gebiete, wie ihre höchstmögliche Arbeitsleistung muß sichergestellt werden."[291] „Im Einvernehmen mit dem Chef der Sicherheitspolizei und dem SD sollen nunmehr auch die noch in Arbeit eingesetzten Juden aus dem Reichsgebiet evakuiert und durch Polen, die aus dem Generalgouvernement ausgesiedelt werden, ersetzt werden. [...] Die im Rahmen dieser Maßnahme auszusiedelnden Polen werden, soweit es sich bei ihnen um Kriminelle und asoziale Elemente handelt, in KZ-Lagern untergebracht und zur Arbeit eingesetzt. Die übrigen Polen werden, soweit sie arbeitseinsatzfähig sind, ohne Angehörige in das Reich, insbesondere nach Berlin abtransportiert, wo sie den Arbeitseinsatzdienststellen zum Einsatz in den Rüstungsbetrieben, an Stelle der abzulösenden Juden zur Verfügung gestellt werden."[292] Im Sitzungsbericht des Ministerrats für Zentrale Planung vom 1. 3. 1944 wird als Äußerung Sauckels zitiert: „Von den 5 Millionen ausländischen Arbeitern, die nach Deutschland gekommen sind, sind keine 200 000 freiwillig gekommen."[293]

c) *Arbeitseinsatz* wurde auch das Verfahren genannt, noch arbeitsfähige KZ-Häftlinge Industrieunternehmen zur Zwangsarbeit zur Verfügung zu stellen. Der Chef des SS-Wirtschafts-Verwaltungshauptamtes Pohl verweist in einem Brief an Himmler vom 30. 4. 1942 „über die augenblickliche Lage der Konzentrationslager" auf eine zusätzliche, immer dominantere Funktion der Konzentrationslager hin: „1. Der Krieg hat eine sichtbare Strukturänderung der Konzentrationslager gebracht und ihre Aufgaben hinsichtlich des Häftlingseinsatzes grundlegend geändert. Die Verwahrung von Häftlingen nur aus Sicherheits-, erzieherischen oder vorbeugenden Gründen allein steht nicht mehr im Vordergrund. Das Schwergewicht hat sich nach der wirtschaftlichen Seite hin verlagert. Die Mobilisierung aller Häftlingskräfte zunächst für Kriegsaufgaben (Rüstungssteigerung) und später für Friedensaufgaben schiebt sich immer mehr in den Vordergrund. [...]"[294] Rudolf Höß, der Kommandant des Konzentrationslagers Auschwitz, sagte im Nürnberger Prozeß aus: „Nach meiner Kenntnis begann die massenhafte Verwendung von KZ-Häftlingen in der deutschen Privatindustrie im Jahre 1940/41. Diese Verwendung steigerte sich fortlaufend bis zum Ende des Krieges. Gegen Ende 1944 waren ungefähr 400 000 Konzentrationslagerhäftlinge in der privaten Rüstungsindustrie und rüstungswichtigen Betrieben beschäftigt. Wie viele Häftlinge schon vorher oder nachher eingesetzt waren, kann ich nicht sagen. Nach meiner Schätzung sind in den Betrieben mit besonders schweren Arbeitsbedingungen, z. B. Bergwerken, jeden Monat ein Fünftel gestorben oder wurden wegen Arbeitsunfähigkeit zur Vernichtung von den Betrieben an die Lager zurückgeschickt. [...] Das Alter der zum Arbeitseinsatz verwendeten

---

[291] Anordnung Nr. 10 d. Generalbevollmächtigten f. d. Arbeitseinsatz über d. Einsatz v. Arbeitskräften d. besetzten Gebiete v. 22. 8. 1942. Dok. RF–17. In: Der Nürnberger Prozeß, Bd. 5, 501.
[292] Schreiben Sauckels an die Vorsitzenden d. Landes-Arbeitsämter v. 26. 11. 1942. Dok. L–1 (US–77). In: Der Nürnberger Prozeß, Bd. 3, 462.
[293] In: Der Nürnberger Prozeß, Bd. 1, 274.
[294] Dok. R–129 (US–217). In: Der Nürnberger Prozeß, Bd. 3, 515.

Häftlinge war von ungefähr 13 Jahren aufwärts. Häftlinge über 50 Jahre wurden nur selten zum Arbeitseinsatz verwendet, wenn sie besonders kräftig oder besonders geschult waren; sonst wurden sie sofort vernichtet."[295]

Arbeitslager

a) organisatorische Form des reglementierten Gemeinschaftslebens im ↑ *Arbeitsdienst* (anfangs auch Pflichtlager für Studenten[296])[297]; b) Zwangsarbeitslager.

> Mit dem Ausdruck *Arbeitslager* wurde in der Weimarer Republik eine besondere Form des Zusammentreffens junger Erwachsener bezeichnet, die an die Formen der *Lager* der Bündischen Jugend in den Zwanziger Jahren anschloß, aber einen neuen Schwerpunkt hatte: Die Teilnehmer der *Arbeitslager*, meist Studenten, wollten in zeitlich begrenzter, gemeinsamer körperlicher Arbeit den Wert der Handarbeit erfahren, um so den Ausgleich zu ihrem als zu abstrakt und lebensfern empfundenen Studium zu finden. Das erste Lager, das *Arbeitslager* genannt wurde, war eine Veranstaltung des Alt-Wandervogel im Frühjahr 1925 in der Lüneburger Heide.[298] Dazu eingeladen hatte der Bundesführer Ernst Busse: „Alle Freischaren und Einzelstudenten des Bundes werden hiermit für die zweite und dritte Märzwoche 1925 zu einem Arbeitslager aufgeboten. Zweck: In produktiver, körperlicher und geistiger Arbeit miteinander zu verwachsen und den Gedanken der Arbeitsdienstpflicht auf unsere Weise zu verwirklichen. Mittel: täglich 6 Stunden ernsthafte körperliche Arbeit (Land-, Forst- und Gartenarbeit). Daneben regelmäßige Leibesübungen. Abends Beschäftigung mit den wissenschaftlichen Problemen unserer Zeit und Kunst. [...]"[299] Mit dem *Arbeitslager* von 1925 begann die sog. *Arbeitslagerbewegung*. „Die Arbeitslager-Bewegung im Vormarsch. Berichte aus den Studenten-, Arbeiter- und Bauernlagern im Sommer 1931."[300] Es fanden nun alljährlich *Arbeitslager* statt, darunter ab Frühjahr 1928 auch *Arbeitslager* für Arbeiter, Bauern und Studenten mit dem Ziel des Abbaus von sozialen Schranken und Vorurteilen.[301] Obwohl die Arbeit im freiwilligen Arbeitsdienst einen anderen Charakter und Zweck hatte als in den *Arbeitslagern* der Bündischen Jugend, wurden auch die Gemeinschaftseinrichtungen des freiwilligen Arbeitsdienstes *Arbeitslager* genannt: „Das Lied vom

---

[295] Beeidete Erklärung im Nürnberger Prozeß. Zit. R. Kühnl: Der deutsche Faschismus in Quellen und Dokumenten, 1979 (zuerst 1975), 377, 378.
[296] Z. B.: Holfelder, A.: Die „politische Universität" und die Wissenschaft. In: Der Deutsche Student, 1/August 1933, 13.
[297] Gebucht: Duden, 11. Aufl. 1934, 12. Aufl. 1941; Volks-Brockhaus 1940. Getilgt: Duden, 13. Aufl. 1947.
[298] Vgl. Köhler, H.: Arbeitsdienst in Deutschland, 1967, 178 f.
[299] E. B. [d. i. Eduard Buske], Bundesmitteilungen, Rundbriefe d. Bundesleitung d. Alt-Wandervogel, Deutsche Jungenschaft, H. 4, Dezember 1924. In: Kindt, W. (Hg.): Die deutsche Jugendbewegung 1920–1933, 1974, 75.
[300] In: Studentenwerk 5/1931, 260–284. Vgl. Köhler, H., ebd., 182–185.
[301] Knaur 1934, 63.

freiwilligen Arbeitsdienst (entstanden Sept. 32 im Arbeitslager des freiw. Arbeitsdienstes in Erkerode)."[302]

> a) *Arbeitslager*, neben *Arbeitsdienstlager*, hießen die Einrichtungen, in denen die ↑ *Arbeitsmänner* und ↑ *Arbeitsmaiden* des ↑ *Reicharbeitsdienstes* ein streng reglementiertes Gemeinschaftsleben führten und ihre sogenannte *Arbeitsdiensterziehung* erfuhren. „Die Erziehung geht in geschlossenen Lagern außerhalb der Städte in soldatischer Form vor sich. Ihr Hauptziel ist die Erziehung zu einer nationalsozialistischen Arbeitsgesinnung und zur Volksgemeinschaft."[303] „In der Abteilung ist der Arbeitsmann in die große Gemeinschaft des Lagers eingefügt. Alle Arbeitsmänner tragen die gleiche Tracht, erhalten das gleiche Essen und erfüllen im geregelten Tageslauf im Rahmen des einheitlichen Dienstplanes die gleiche Aufgabe."[304] „Planmäßig provozierte Zwischenfälle führten dazu, daß der Führer heute um 2 Uhr nach der Besichtigung von Arbeitslagern in Westfalen von Bonn aus im Flugzeug nach München flog. [...]"[305] „Am 22. Dezember wurde im Arbeitsdienstlager Hüls Weihnachten gefeiert. [...] Weihnachten im Arbeitslager!"[306] „Auch bei der Truppe gibt es gelegentlich eine Gesangstunde, aber die Liederfreudigkeit der Soldaten stammt aus dem Arbeitslager."[307]

b) *Arbeitslager* wurden ferner die Lager genannt, die zur Vereinfachung des ↑ *Arbeitseinsatzes* von KZ-Häftlingen, Kriegsgefangenen, „widerstandsverdächtigen Personen" aus den besetzten Gebieten meist in der Nähe von Rüstungsbetrieben errichtet wurden. Obwohl sie sich von ↑ *Konzentrationslagern* kaum unterschieden, wies der Chef der Sicherheitspolizei und des SD in einem Runderlaß an die Inspekteure der Sicherheitspolizei darauf hin: „Das Bestehen der verschiedenen Lager wie Kriegsgefangenen-, Internierungs-, Durchgangs- und Arbeitslager usw. hat zuweilen in der Öffentlichkeit den Eindruck erweckt, als handele es sich um Konzentrationslager. Diese Bezeichnung dürfen nach ausdrücklicher Weisung des Reichsführers-SS nur die dem Inspekteur der Konzentrationslager unterstehenden Lager wie Dachau, Sachsenhausen, Buchenwald, Flossenbürg, Mauthausen und das Frauen-Konzentrationslager Ravensbrück führen."[308] „Aus dem Vorstehenden wird deutlich, daß sich schon äußerlich der Gesamtbereich der Konzentrationslager und die in ihnen vereinten verschiedenen Häftlingsgruppen während der Kriegsjahre zunehmend ausweiteten und auch der begriffliche Unterschied zwischen Konzentrationslagern, Ghettos, Polizeihaftlagern, Arbeitslagern verschwamm. [...]"[309]

---

[302] Arbeitsdienst-Liederbuch, o. J. (1934), 14.
[303] Organisationsbuch der NSDAP, 3. Aufl. 1937, 465.
[304] Organisationsbuch der NSDAP, 7. Aufl. 1943, 469.
[305] Basler Nachrichten, 2. 7. 1934, 1. Beilage, Nr. 176. (Communiqué des Braunen Hauses, München, 30 6.).
[306] VB, 4. 1. 1933, 3.
[307] Das Reich, 1. 10. 1940, 3.
[308] Zit. Broszat, M.: Nationalsozialistische Konzentrationslager 1933−1945. In: Anatomie des SS-Staates, 6. Aufl. 1994 (zuerst 1967), 414.
[309] Broszat, M., ebd., 416. Vgl. insgesamt: ebd., 412−416.

Arbeitsmaid (Maid)

Angehörige des ↑ *Reichsarbeitsdienstes der weiblichen Jugend*.[310]

> Weiterbildung zu *Maid*, das als Kurzform ebenfalls die Angehörige des weiblichen Arbeitsdienstes bezeichnete. *Maid*, eine neuhochdeutsche Nebenform von *Magd*, doch semantisch differenziert[311], war ganz aus dem Sprachgebrauch verschwunden, wurde aber von der Romantik wieder aufgegriffen: „Ach, lebtest du noch, du schöne Maid" (Ludwig Uhland). *Maid* wurde noch Ende des 19. Jahrhunderts poetisch verwendet. 1897 gab Ida von Kortzfleisch dem Ausdruck eine neue Bedeutung. Sie gründete in Nieder-Ofleiden die erste ländliche Frauenschule, deren Schülerinnen sie *Maiden* nannte. Dabei sollten die Buchstaben des Wortes *Maid* die Eigenschaften Mut, Aufopferung, Idealismus und Demut kennzeichnen.[312]

> Die Nationalsozialisten verwirklichten die Arbeitsdienstpflicht für junge Frauen, die schon Ida von Kortzfleisch gefordert hatte, und nannten die rekrutierten Mitglieder des *Reichsarbeitsdienstes der weiblichen Jugend* amtlich *Arbeitsmaiden*, sonst auch *Maiden*. „Die Maiden arbeiten täglich 7 Stunden auf dem Bauernhof, wo sie gemeinsam mit der Bäuerin alle Arbeiten im Haus, auf dem Feld, im Garten und Stall verrichten. Außerdem werden im Sommer von den Arbeitsmaiden Erntekindergärten, deren Träger die NSV ist, selbständig geleitet, oder die Arbeitsmaiden helfen im NSV-Kindergarten. Die Arbeitsmaid wird, ehe sie in dem Außendienst an oft ungewohnte Arbeit gestellt wird, durch gründliche Anleitung im Lager vorbereitet. [...] Aber nicht nur in der hauswirtschaftlichen Erziehung sollen die Arbeitsmaiden vorbereitet werden, sondern es treten zu derselben der politische Unterricht, der Feierabend und die Leibeserziehung hinzu."[313] „Einen feinen Unterschied stellt W. Marcus fest (Muttersprache 1939, H. 6): es gibt Pflichtjahrmädel, Arbeitsmaiden, aber Alleinmädchen."[314]

Arbeitsmann

Mitglied des ↑ *Reichsarbeitsdienstes*.[315].

> *Arbeitsmann* (Pluralform: *Arbeitsleute*) ist 1484 in der Bedeutung ‚Handwerker', 1675 in der Bedeutung ‚Feldarbeiter' belegt.[316] Anfang des 19. Jahrhunderts erläutert Adelung: „im gemeinen Leben, für *Arbeiter*."[317]

---

[310] Gebucht: Duden, 12. Aufl. 1941, Trübners DWb, Volks-Brockhaus 1940. Getilgt: Duden, 13. Aufl. 1947.
[311] Kluge 1989, 454, s. v. Magd.
[312] Trübners DWB, Bd. 4, 1943, 536, s. v.
[313] Organisationsbuch der NSDAP, 7. Aufl. 1943, 469 b.
[314] Krause, K.: Deutscher Sprachzuwachs der letzten Jahrzehnte. In: Zeitschrift f. Deutschkunde 55/1941, 176–181, 176.
[315] Gebucht: Duden, 12. Aufl. 1941, Meyers Lexikon 1936 ff. Getilgt: Duden, 13. Aufl. 1947.
[316] Dt. Rechtswörterbuch, Bd. 1, 1914, 809 s. v.
[317] Paul 1992, 52, s. v. Arbeit.

› Im Nationalsozialismus bezeichnet *Arbeitsmann* (Pluralform: *Arbeitsmänner*) den männlichen Angehörigen des *Reichsarbeitsdienstes*, speziell den untersten Dienstgrad in der Hierarchie.[318] „So erlebt der Arbeitsmann täglich und stündlich den Nationalsozialismus. Durch die körperliche und geistige Erziehung, durch das gemeinsame Leben und Arbeiten, das ständige Vorbild des Führers wird der junge deutsche Mann zum Gemeinschaftsgeist und zur ernsten nationalsozialistischen Auffassung der Arbeit erzogen. Unterschiede der Herkunft, Bildungsstufen, Berufe und Bekenntnisse werden überbrückt, Dünkel und Mißgunst überwunden, Vorurteile und Mißtrauen verschwinden. An ihre Stelle tritt die Erkenntnis, daß der einzige Maßstab für die menschliche Bewertung des Volksgenossen sein Wert für die Gemeinschaft ist. Außerdem wird die Erziehung des Arbeitsmannes durch regelmäßigen politischen Unterricht, durch Dienstunterricht und den gesamten inneren Dienst gelenkt. Im politischen Unterricht werden die Arbeitsmänner zur nationalsozialistischen Weltanschauung erzogen, so daß sie später als nationalsozialistisch denkende und empfindende Männer ihren Platz in Beruf und Volksgemeinschaft richtig ausfüllen können."[319] Der Reicharbeitsführer Konstantin Hierl beschreibt den *Arbeitsmann* als einen neuen Idealtyp: „Der Arbeitsmann, wie er uns als Erziehungsideal vorschwebt, dem wir in der Praxis erfolgreich näherrücken, ist ein neuer Typ, so wie ihn der Soldat oder Seemann darstellt, besser noch vielleicht ein Begriff wie etwa Gentleman. Dieser von uns geschmiedete Typ des Arbeitsmannes ist das Ergebnis einer Verschmelzung von den drei Grundelementen: des Soldatentums, Bauerntums und Arbeitertums, alle drei in nationalsozialistischer Auffassung."[320] Das 1935 gegründete Organ des *Reichsarbeitsdienstes* trug den Namen: ‚Der Arbeitsmann'.

Arbeitsmensch

a) Der durch den Nationalsozialismus, insbesondere die ↑ *Deutsche Arbeitsfront* zu schaffende *neue deutsche Mensch*[321]; b) Arbeiter.

› a) „Die Arbeitsfront darf die sozialen Schichtungen nicht mehr kennen, es darf den Begriff Unternehmer und Arbeitgeber einfach nicht mehr geben, diese Worte müssen verpönt sein, es muß den deutschen Arbeitsmenschen geben."[322] „Es wird keinen Unternehmer, Arbeiter und Angestellten mehr geben, es wird den Begriff des Arbeitsmenschen geben, den deutschen Arbeitsmenschen."[323] „Der neue Glaube wird selbst den widerstrebenden Völkern die Freiheit und Schönheit von morgen bringen. Aus ihm wird die neue Ordnung hervorgehen, worin der Mensch mit seiner veredelten und gehobenen Leistung, der Arbeitsmensch, die erste Stelle haben

---

[318] Organisationsbuch der NSDAP, 7. Aufl. 1943, 469c.
[319] Ebd., 469 f.
[320] Rede v. 28. 3. 1935. In: Rühle, G.: Das Dritte Reich, Bd. 1935, 197.
[321] Hitler: Rede am 1. 5. 1934. In: Das Ehrenbuch der Arbeit, 1934, 239.
[322] Ley, R.: Zit. Das Ehrenbuch der Arbeit, 1934, 220.
[323] Ebd., 222.

wird."³²⁴ b) „Und erst die Arbeitsbeschaffungsmaßnahmen Adolf Hitlers und seiner Regierung haben wieder Leben in die tote Wirtschaft gepumpt. Indem sie den arbeitslosen Volksgenossen Brot und Arbeit gab, verhalf sie den Betrieben zu neuem Leben, kurbelte sie die Wirtschaft an. Kann es einen schlüssigeren Beweis dafür geben, wie sehr Unternehmer und Arbeiter aufeinander angewiesen, wie schicksalsverbunden Werk und Werksangehörige sind? Einzig und allein die Arbeit ist es ja, die Werte schafft, Werte erhält; der schaffende Mensch in den Betrieben, der deutsche Arbeitsmensch ist die einzige Grundlage, der stärkste Grundpfeiler der Wirtschaft."³²⁵ „Unser Führer Adolf Hitler hat noch viel größere Pläne. Er will, daß unser Deutschland das ‚Diadem der Völker' wird. Um dies zu erreichen, werden gigantische Bauvorhaben Tatsache werden, so daß dem deutschen Arbeitsmenschen auf Jahrzehnte hinaus seine Existenz, seine Arbeit und sein Brot für sich und seine Kinder sowie Kindeskinder gesichert sind."³²⁶

Arbeitspaß

Ausweis über die Ableistung zunächst des freiwilligen, ab 1935 des Pflichtarbeitsdienstes.³²⁷

▶ „Arbeitsdienst ist Ehrendienst am deutschen Volk. [...] In den 5000 Lagern des FAD [Freiwilliger Arbeitsdienst] sind 263 000 Deutsche im Alter von 17 bis 25 Jahren untergebracht. Durch den ‚Arbeitspaß' erhält jeder Teilnehmer bedeutende Vorrechte bei seiner zukünftigen Einstellung."³²⁸ „Über die nächsten organisatorischen Ziele des Arbeitsdienstes führte Staatssekretär Hierl aus, daß jetzt der Übergang zur allgemeinen Arbeitsdienstpflicht mit aller Tatkraft eingeleitet werden müsse. Sie soll bis zu dem Zeitpunkt, wo sie gesetzlich festgelegt werde, bereits zum größten Teil verwirklicht sein. Das sei dadurch möglich, daß der nur im Arbeitsdienst zu erlangende Arbeitspaß die Voraussetzung für die Zulassung zu allen Amtsstellen in Partei, Gemeinden und Staat, ja überhaupt Vorbedingung für jedes berufliche Weiterkommen werde."³²⁹ „Bei der Meldung zur ersten juristischen Staatsprüfung ist der Nachweis zu führen, daß der Bewerber mit Volksgenossen aller Stände und Berufe in enger Gemeinschaft gelebt, die körperliche Arbeit kennen und achten gelernt, Selbstzucht und Einordnung geübt und sich körperlich gestählt hat, wie es einem jungen deutschen Mann zukommt. Zu diesem Zweck muß er sich im Arbeitsdienst bewährt haben und dies durch Vorlegung des Arbeitspasses nachweisen."³³⁰ „Ohne Arbeitspaß kann man keine Arbeit bekommen."³³¹

---

[324] Das Reich, 5. 1. 1941, 4.
[325] Ebd., 212.
[326] Jahres- und Leistungsbericht d. Gauwaltung Düsseldorf, o. J. (1938), 5.
[327] Gebucht: Duden, 11. Aufl. 1934, 12. Aufl. 1941; Meyers Lexikon 1936 ff. Getilgt: Duden, 13. Auf. 1947.
[328] Der Nationalsozialismus in Zahlen. Ergänzungsheft für den Rechenunterricht, o. J. (1935), 16.
[329] VB. Zit. Blick in die Zeit, 2/19. 5. 1934, 8.
[330] Die neue Justizausbildungsordnung des Reiches v. 22. 7. 1934, Textausgabe 1934, 9.
[331] Das Schwarze Korps, 28. 5. 1935, 10.

Arbeitsschlacht

Die Gesamtheit der Maßnahmen zur Bekämpfung der Arbeitslosigkeit.[332]

> *Arbeitsschlacht* ist eines der Wörter, die nach dem Muster des faschistischen *battaglia del grano* [Kornschlacht] gebildet wurden. „Unter der Parole ‚Arbeitsschlacht in allen deutschen Gauen' wurde an Hand besonderer Arbeitsbeschaffungspläne gegen die Arbeitslosigkeit gekämpft."[333] In seiner Rede auf dem ersten Reichspressetag des Reichsverbandes der Deutschen Presse am 18. 11. 1934 beschäftigt sich Goebbels mit dem Beitrag, den die Presse zur *Arbeitsschlacht* zu leisten hatte: „Hinter den Staatsfeiertagen stand nun die große, graue, unromantische Arbeitsschlacht des deutschen Volkes. Eine Arbeitsschlacht, die nicht lediglich einem großen Impuls entsprang, sondern die Tag für Tag weiter fortgesetzt werden mußte, die ein Unmaß an Mühen und Sorgen und Rückschlägen und Pannen und Mängeln und täglich zutage tretenden Fehlern zeigen mußte! Eine Arbeitsschlacht, bei der wir die Mithilfe des ganzen Volkes zu beanspruchen hatten! Und eine Arbeitsschlacht, zu der die Presse das entsprechende Begleitkonzert spielen mußte. Es war Ihre Aufgabe, nun diese Arbeitsschlacht im Denken der Menschen zu verwurzeln, den Massen nicht lediglich Zahlen zu geben, sondern ihnen auch die Größe dieser Zahlen vor Augen zu halten: was das bedeutet, Millionen Menschen wieder in den Arbeitsprozeß zurückzubringen – was das bedeutet, nun mit Mut und Initiative den Zeitproblemen zu Leibe zu rücken und sich von ihnen nicht unterkriegen zu lassen, – welche Kühnheit dazu gehört, vor der großen Gefährlichkeit dieser Probleme nicht zu kapitulieren, sondern ihr entgegenzutreten. [...]"[334] Hitler, der den Ausdruck in seinen Reden zum Winterhilfswerk regelmäßig gebrauchte, verkündete in seiner Rede zur Eröffnung des Winterhilfswerks 1934/1935: „Denn die Arbeitsschlacht wird nicht geschlagen durch einzelne und ihren Einsatz, sondern durch die mobilisierte Kraft der gesamten deutschen Nation."[335] Auf dem *Reichsparteitag der Ehre* 1936 bezog sich der Leiter der Kommission für Wirtschaftspolitik der NSDAP, Bernhard Köhler, in seiner Rede zum Thema ‚Wirtschaftsführung und Wirtschaftsregierung' mit ideologischer Emphase auf die abgeschlossene erste und eine nun beginnende zweite *Arbeitsschlacht*: „Wir haben dem Marxismus nicht den Tod geschworen, damit der Kapitalismus bleibt, sondern damit der Sozialismus lebe. Der Kapitalismus ist Bruder und Schrittmacher des Bolschewismus, und er ist uns ebenso verabscheuungswürdig, weil er ebenso jüdisch ist wie der Bolschewismus selbst. Ausbeutung bleibt Ausbeutung, Unsittlichkeit bleibt Verbrechen, Irrsinn bleibt Irrsinn, gleichgültig ob er parlamentarisch oder diktatorisch, human oder terroristisch, demokratisch, marxistisch oder kapitalistisch vollzogen wird. Wir haben in der ersten Arbeitsschlacht gegen den Kapitalismus und Bolschewismus gesiegt und wir werden auch in der zweiten Arbeitsschlacht siegen, weil wir nicht für ein System,

---

[332] Gebucht: Meyers Lexikon 1936 ff.
[333] Wagner, H.: Taschenwörterbuch des neuen Staates, 1934, 16.
[334] Goebbels Reden 1932–1945. Hg. H. Heiber, Bd. 1, 1971, 180 f.
[335] Hitler, Führerreden zum Winterhilfswerk 1933–1936, 1937, 6.

sondern für das Leben, nicht für Unterjochung, sondern für Freiheit, nicht für Zwangsherrschaft, sondern für Treue kämpfen. Wenn Jehova seinen Juden die Herrschaft über alle Völker versprochen hat, so hat er mehr versprochen, als er halten kann. Denn stärker als der völkerfressende Judengott ist der Gott, der die Völker auf die Erde gesetzt hat, damit sie ihre Ehre, ihre Freiheit und ihren Glauben bewahren."[336]

Arbeitsspende

Abgabe zur Finanzierung öffentlicher Arbeiten.[337]

▷ Der Ausdruck *Arbeitsspende* wurde aus Anlaß des *Arbeitsspendengesetzes*[338] vom 1. 6. 1933 geprägt. Bei dem sog. *Arbeitsspendengesetz* handelte es sich um den III. Abschnitt des ‚Gesetzes zur Verminderung der Arbeitslosigkeit', in dem eine „Freiwillige Spende zur Förderung der nationalen Arbeit"[339] vorgesehen war. Die sog. „freiwillige Spende" wurde automatisch bei der Lohnauszahlung einbehalten.

Arier, arisch

Angehöriger der ↑ *nordischen (germanischen) Rasse*, ↑ *Nichtjude*[340]; den *Ariern* zugehörig, *nichtjüdisch*.[341]

▷ Die Selbstbezeichnung der indisch-iranischen Völker sanskr. *árya* ‚Edler' wurde Anfang des 18. Jahrhunderts als ethnographischer Fachterminus entlehnt. „Unter die Lygier gehöreten auch die Arier, Helveticones, und die Naharvali." (1710)[342] Friedrich Schlegel gebrauchte 1819 das Adjektiv *arisch* zur Bezeichnung der Zendsprache: *arische* Sprache.[343] Die Bezeichnung wurde „dann mit der damaligen Überschätzung des Sanskrit als Ursprache auf ‚indogermanisch' ausgedehnt".[344]. Mitte des 19. Jahrhunderts verwendete der in England lebende Sprachwissenschaftler deutscher Herkunft Friedrich Max Müller *Arier* als Bezeichnung für eine indo-europäische Sprachgruppe. Die Völker, die dieser Sprachgruppe angehörten, nannte er *arische Rasse*. „Dieser Begriff der arischen Rasse wurde – sehr zum Mißfallen seines Schöpfers – sofort von Schriftstellern und Wissenschaftlern aufgenommen und naturalistisch vergröbert, vor allem auch von Gobineau. War der Begriff Arier zunächst nur als Bezeichnung einer Sprachgruppe gedacht gewesen, so wurde dar-

---

[336] Köhler, B.: Die zweite Anbauschlacht, 1936, 36 f.
[337] Gebucht: Knaur 1934, Meyers Lexikon 1936 ff.
[338] Lemma in: Knaur 1934, 64.
[339] RGBl. 1, 324.
[340] Gebucht: Duden, 12. Aufl. 1941, Knaur 1934, Meyers Lexikon 1936 ff., Paechter, Volks-Brockhaus 1940. Getilgt: Duden, 13. Aufl. 1947.
[341] Gebucht: Duden, 12. Aufl. 1941. Getilgt: Duden, 13. Aufl. 1947.
[342] Köhler: Schlesische Kern-Chronicke, I, 8. Zit. DFWB (2), Bd. 2, 1996, 201, s. v.
[343] Kluge 1957, 30, s. v. Arier; Paul 1992, 53, s. v. Arier.
[344] Kluge 1989, 39, s. v. Arier.

aus nun eine volkliche Urrasse konstruiert."[345] Gleichzeitig mit dem Ausdruck *Arier* waren — ebenfalls aus der Sprachwissenschaft — die Termini *Indogermanen* und *Semiten* als Namen für Völkergruppen, die bald auch als Rassen verstanden wurden, übernommen worden. Gobineau entwickelte mit diesen Termini seine Theorie von der ‚Ungleichheit der Menschenrassen' (erschienen 1853—1855; deutsch 1898—1901 von Ludwig Schemann, einem Mitglied des Bayreuther Wagnerkreises). Die weiße Rasse beschrieb Gobineau als die höchststehende, schöpferischste Rasse, die *Arier*, denen die Germanen am nächsten verwandt seien, in ihr als den begabtesten und daher zum Herrschen bestimmten Zweig. Er rechnete die Juden noch selbstverständlich zur weißen, und nicht zur angeblich unproduktiven, zum Dienen bestimmten dunklen Rasse. Als aber der einflußreiche, fanatische Antisemit Richard Wagner 1881 von der *arischen Race* sprach[346], tat er es bereits, um sie von der dunklen Folie der Juden als *Nicht-Arier* abzuheben. Das von Theodor Fritsch herausgegebene ‚Central-Organ der deutschen Antisemiten', die ‚Antisemitische Correspondenz', hielt 1888 angesichts der negativen Bewertung des *Semitentums* die „arische Abkunft Christi" für unbezweifelbar: „Je mehr man für Rassen-Wesen Verständnis gewinnt, desto unzweifelhafter wird man die arische Abkunft Christi erkennen und die christliche Lehre als arischen Protest gegen das vernunft- und sittenlose Semitentum auffassen."[347] Die Lehre von den *arisch-germanischen* Kulturschöpfern an der Spitze der Rassenhierarchie und ihrem verderblichen Widerpart, den Juden, fand ihr Echo vor allem in den völkischen Zirkeln, Vereinen und Parteien: „Der eigentliche Staatengründer aber ist der Arier."[348] (1887) Sie drang aber auch in die Anthropologie und Rassenlehre vor, in deren Kontext der Ausdruck *Arier* den Charakter eines scheinbar empirisch begründeten wissenschaftlichen Terminus erhielt.

> Die nationalsozialistische Interpretation von *Arier* wird an erster Stelle durch Hitlers Ausführungen in ‚Mein Kampf' bestimmt, die sich unverändert an die völkisch antisemitische Tradition halten, aber in ihren radikalen Schlußfolgerungen weit über das bisher Formulierte hinausgehen. „Was wir heute an menschlicher Kultur, an Ergebnissen von Kunst, Wissenschaft und Technik vor uns sehen, ist nahezu ausschließlich schöpferisches Produkt des Ariers. Gerade diese Tatsache aber läßt den nicht unbegründeten Rückschluß zu, daß er allein der Begründer höheren Menschentums überhaupt war, mithin den Urtyp dessen darstellt, was wir unter dem Worte ‚Mensch' verstehen."[349] „Würde man die Menschheit in drei Arten einteilen: in Kulturbegründer, Kulturträger und Kulturzerstörer, dann käme als Vertreter der ersten wohl nur der Arier in Frage." (S. 318) „So war für die Bildung höherer Kulturen das Vorhandensein niederer Menschen eine der wesentlichsten Vorausset-

---

[345] Bein, A.: Der moderne Antisemitismus und seine Bedeutung für die Judenfrage. In: VJZG 6/1958, 343.
[346] Kluge 1957, 30, s. v. Arier.
[347] Antisemitische Correspondenz und Sprechsaal für innere Partei-Angelegenheiten, 1. 9. 1888, 4. Zit. Cobet, 188.
[348] Wahrmund, A.: Das Gesetz des Nomadentums und die heutige Judenherrschaft. Zit. Cobet, 232.
[349] Mein Kampf, 317.

zungen [...]. Es ist also kein Zufall, daß die ersten Kulturen dort entstanden, wo der Arier im Zusammentreffen mit niederen Völkern diese unterjochte und seinem Willen untertan machte." (S. 323 f.) „Menschliche Kultur und Zivilisation sind auf diesem Erdteil unzertrennlich gebunden an das Vorhandensein des Ariers. [...] Wer die Hand an das höchste Ebenbild des Herrn zu legen wagt, frevelt am gütigen Schöpfer dieses Wunders und hilft mit an der Vertreibung aus dem Paradies. Damit entspricht die völkische Weltanschauung dem innersten Wollen der Natur, da sie jenes freie Spiel der Kräfte wiederherstellt, das zu einer dauernden gegenseitigen Höherzüchtung führen muß, bis endlich dem besten Menschentum, durch den erworbenen Besitz dieser Erde, freie Bahn gegeben wird zur Betätigung auf Gebieten, die teils über, teils außer ihr liegen werden. Wir alle ahnen, daß in ferner Zukunft Probleme an den Menschen herantreten können, zu deren Bewältigung nur eine höchste Rasse als Herrenvolk, gestützt auf die Mittel und Möglichkeiten eines ganzen Erdballs, berufen sein wird." (S. 421 f.) Im ↑ *Dritten Reich* wird in der Allgemeinsprache *arisch* gleichbedeutend mit *nicht jüdisch* gebraucht: „Inzwischen breitet sich der Boykott jüdischer Geschäfte und Ärzte vor. Die Unterscheidung zwischen ‚arisch' und ‚nichtarisch' beherrscht alles. Man könnte ein Lexikon der neuen Sprache anlegen."[350] Offiziell wird jedoch zwischen rassenkundlicher und rassenpolitischer Bedeutung von *Arier*, *arisch* unterschieden. Das rassenpolitische Gesetz zur Wiederherstellung des Berufsbeamtentums vom 7. 4. 1933 bestimmte: „Beamte, die nicht arischer Abstammung sind, sind in den Ruhestand [...] zu versetzen [...]."[351] Die erste Durchführungsverordnung vom 11. 4. 1933 präzisiert: „Als nicht arisch gilt, wer von nicht arischen, insbesondere jüdischen Eltern oder Großeltern abstammt.[...]."[352] Daß *nicht arisch* in diesem Zusammenhang *jüdisch* bedeutet, und umgekehrt *arisch nicht jüdisch*, bestätigt der Propagator nationalsozialistischer Lehre J. von Leers. In einem Vortrag stellte er u. a. fest: „daß das Wort arisch als solches wissenschaftlich stark bedenklich geworden sei und seine gesetzliche Verwendung eine unvermeidliche Gelegenheitslösung. [...] Das Wort arisch bedeute [hier] in erster Linie ‚frei von jeder jüdischen Blutmischung'."[353] Im Schulbuch wird entsprechend erläutert: „Zunächst wurde durch das Gesetz zur Wiederherstellung des Berufsbeamtentums vom 7. April 1933 das deutsche Beamtentum von Juden gesäubert. Der sogenannte ‚Arierparagraph' bestimmte, Beamte, die nicht arischer (= jüdischer) Abstammung sind, sind in den Ruhestand zu versetzen; soweit es sich um Ehrenbeamte handelt, sind sie aus dem Amtsverhältnis zu entlassen."[354] Von wissenschaftlicher Seite wird gegen die Formulierung des Gesetzes wegen des Mangels an Eindeutigkeit von *Arier* und *arisch* Einspruch erhoben, so von R. Fick in einem Vortrag im Rahmen der Preußischen Akademie der Wissenschaften: „In dieser Hinsicht ist zu sagen, daß arisch eigentlich überhaupt kein Begriff der Menschheitskunde ist, sondern ein sprachgeschichtlicher Ausdruck, gleichbedeutend mit

---

[350] Klemperer, LTI, 14. Aufl. 1996, 36.
[351] RGBl. 1, 175.
[352] RGBl. 1, 195.
[353] Berliner Tageblatt. Zit. Blick in die Zeit, 1/28. 10. 1933, 1.
[354] Lebenskunde, Bd. 4, o. J., 398.

‚indogermanisch'; so wendete sich schon v. Luschan auf das schärfste dagegen, von einer arischen Rasse zu reden, und sagte: ‚für den Fachmann ist der Begriff einer «arischen Schädelform» genauso absurd, als wenn man von einer «dolichokephalen Sprache» reden wollte.' Lapouge hat aber arisch gleichbedeutend mit ‚nordisch' verwendet. Neuerdings wird arisch aber einfach in der Bedeutung ‚nichtjüdisch' gebraucht. So wurde bei der Auslegung der neuen gesetzlichen Beamtenbestimmungen ausdrücklich erklärt, daß z. B. ‚madjarisch' nicht als ‚nichtarisch' gelten solle, was dem früheren Gebrauch ‚arisch = indogermanisch' widerspricht. [...] Vom wissenschaftlichen Standpunkt aus wäre es jedenfalls empfehlenswert, wenn der Ausdruck wegen des ihm anhaftenden Mangels an Eindeutigkeit durch den klaren Ausdruck ‚nichtjüdisch' oder ‚deutschblütig' ersetzt würde."[355] Die linientreue Auslegung des Ausdrucks *arisch* aus rassenkundlicher Sicht findet sich kurzgefaßt in einem Biologiebuch für höhere Schulen: „Für die Gesamtheit der im deutschen Volke unter dem bestimmenden Einfluß der Nordischen Rasse vereinigten eigenrassischen Bestandteile verwendet man den Ausdruck ‚arisch'. Arischer Abstammung ist also ein Mensch, der frei von anderem (fremdem) Rassenerbgut (‚Blut') ist. Als fremd gelten außer den Juden alle eingeborenen Rassen der nicht-europäischen Erdteile sowie die Zigeuner."[356] Vielleicht mit Rücksicht auf die Kritik aus der Rassenkunde (selbst im Schulbuch heißt es: „Die beiden Begriffe sind wegen ihrer Unklarheit schlecht brauchbar."[357]), kommen Arier, arisch im ‚Reichsbürgergesetz' und im ‚Blutschutzgesetz' vom 15. 9. 1935 nicht mehr vor. „Diese Gesetze gebrauchen nicht mehr den Begriff ‚arisch', sondern den treffenderen ‚deutschen oder artverwandten Blutes'."[358] Nur wenig später, am 26. 11. 1935, erging ein Runderlaß des Reichs- und Preußischen Ministeriums des Innern, der bestimmte, „daß im Geschäftsverkehr für eine Person deutschen oder artverwandten Blutes der Begriff ‚Deutschblütiger' zu verwenden sei. Diese Bezeichnung hat sich jetzt allgemein gegenüber ‚arisch' eingebürgert."[359] Gestützt durch schon lange eingeführte Ausdrücke wie ↑ *Arierparagraph*, durch die zum Phraseologismus gewordene feste Wendung ↑ *arische(r) Abstammung*, durch die Neubildung ↑ *Arisierung* jüdischen Eigentums blieben aber die Ausdrücke *arisch* und *Arier* auch nach 1935 im Sprachgebrauch. „Und es war auch gleichgültig, ob in seinem Hause nur Juden oder auch Arier lebten, denn über seinem Namen mußte der Stern an der Tür kleben. War seine Frau arisch, so hatte sie ihren Namen abseits vom Stern anzuschlagen und das Wort ‚arisch' dahinterzusetzen."[360] „Im Strafrecht hatte jetzt der Jude zum ersten Male Gelegenheit, die Strafgesetzgebung des arischen Staates, wie sie überkommen war, und wie er sie seit Jahrhunderten bekämpft hatte, selber als Inhaber der Staatsmacht aus den An-

---

[355] Vortrag am 28. 3. 1935. Sitzungsberichte d. Preuß. Akademie d. Wissenschaften. Zit. Poliakov/Wulf: Das Dritte Reich und seine Denker, 1989 (zuerst 1959), 429.
[356] Das Leben. Biologisches Unterrichtswerk für höhere Schulen. Bd. 4 A, 1941, Leipzig/Berlin 1941, 287.
[357] Meyer-Zimmermann: Lebenskunde, Bd. 4, o. J., 355.
[358] Meyers Lexikon 1936 ff., Bd. 1, 557, s. v. Arierparagraph.
[359] Ebd.
[360] Klemperer, LTI, 14. Aufl. 1996, 180. [1941]

geln zu heben."³⁶¹ In Auseinandersetzung mit der Lehre der ‚Deutschen Volkskirche' Arthur Dinters und anderer deutschchristlicher Bewegungen vom *arischen*, nicht jüdischen Christus betont ein Bibelkommentar: „Nur völlige Mißachtung aller geschichtlichen Zeugnisse kann zu der Behauptung führen, Jesus sei arischer Herkunft.[...]"³⁶²

Ariernachweis

Seit den ↑ *Nürnberger Gesetzen* von jedem Deutschen zu erbringender amtlicher Nachweis der von ↑ *fremdrassigen Blutseinschlägen* freien genealogischen Herkunft.³⁶³

> Das Wort *Ariernachweis*, das gleichbedeutend mit dem häufigeren ↑ *Abstammungsnachweis* verwendet wurde, ist eine abkürzende Zusammenbildung der Wortgruppe „Nachweis der arischen Abstammung", die sich infolge des ‚Gesetzes zur Wiederherstellung des Berufsbeamtentums' vom 7. 4. 1933 und seiner zahlreichen Ausführungsbestimmungen, sowie des ‚Reichsbürgergesetzes' vom 15. 9. 1935 als häufig gebrauchte feste Wendung herausgebildet hatte: „Zum Nachweis der arischen Abstammung genügt es, die Ahnen bis um die Jahrhundertwende (1800) festzustellen."³⁶⁴ „Zu Ihrer Bemerkung, daß es Ihrer Auffassung nach nicht ns.-mäßig sei, wenn sich eine Stelle, nämlich der Pfarrer, totarbeitet, während Dutzende von Volksgenossen weiter nichts tun haben als kurz Briefe mit ‚wenn' und ‚falls' zu schreiben, möchte ich darauf hinweisen, daß hier bisher keine Fälle bekanntgeworden sind, in denen sich Pfarrer beim Ariernachweis totgearbeitet haben."³⁶⁵

Arierparagraph

a) Speziell: Bezeichnung für das Gesetz zur Wiederherstellung des Berufsbeamtentums v. 7. 4. 1933; b) generell: Bezeichnung für den Paragraphen in Gesetzen, Verordnungen, Satzungen, Statuten, der für den Zugang zu Berufen, Ausbildungen, Organisationen, Verbänden, Vereinen, Veranstaltungen den Nachweis ↑ *arischer Abstammung* zur Voraussetzung machte.³⁶⁶

> Der Ausdruck *Arierparagraph* entstand – nach bisheriger Kenntnis – offenbar in Beziehung auf den Paragraphen: „Angehörige des Vereins können nur Deutsche (arischer Abkunft) sein"³⁶⁷ in der Satzung des ‚Ersten Wiener Turnvereins' (1887).

---

[361] v. Leers: Arteigenes Recht und Unterricht, 1937, 169.
[362] Das Neue Testament. Stuttgarter Kepplerbibel. Neu bearb. u. mit Erläuterungen versehen v. Prof. Dr. P. Ketter, Anm. zu Mt. 1, 1–17, 1940, 8.
[363] Gebucht: Duden, 12. Aufl. 1941, Paechter, Volks-Brockhaus 1940. Getilgt: Duden 13. Aufl. 1947.
[364] Ahnenpaß, Dortmund o. J., Einleitung.
[365] Gedanken und Glossen. In: Der Deutsche Student, 4/1936, 137 f.
[366] Gebucht: Duden, 11. Aufl. 1934, 12. Aufl. 1941; Knaur 1934, Meyers Lexikon 1936 ff., Paechter. Getilgt: Duden, 13. Aufl. 1947.
[367] Zit. Meyers Lexikon 1936 ff., Bd. 1, 556, s. v.

In der 38. Auflage des antisemitischen ‚Handbuchs der Judenfrage' von Theodor Fritsch wird 1935 aus judenfeindlicher Sicht und in entsprechender Formulierung ein Überblick über die Verbreitung des *Arierparagraphen* um die Jahrhundertwende gegeben: „Anders entwickelten sich die Dinge in der deutschen Turnbewegung der damaligen österreichisch-ungarischen Monarchie. [...] Wie weit die jüdische Durchsetzung des Turnvereins bereits Fortschritte gemacht hatte, zeigt schlagartig der Umstand, daß in den achtziger Jahren von 1100 Mitgliedern des Ersten Wiener Turnvereins 400 Juden waren. Dieser Verein war es dann auch, welcher als erster deutscher Verein den Arierparagraphen in die Satzungen aufnahm. Der Turnerführer Franz Xaver Kießling in Wien war der Schöpfer dieser bereits auf dem Rassengedanken beruhenden Satzungsbestimmung. Sie wurde bald danach vom ganzen Niederösterreichischen Turngau übernommen. [...] 1899 vereinigten sich die judenfreien Turnvereine Österreichs zum Deutschen Turnerbunde auf dem Gebiete der Leibesertüchtigung. Ihm schlossen sich sehr früh schon auch einige Vereine im Reiche an. Der Funke glomm weiter. [...] So beschloß 1901 der Turnkreis 15 der Deutschen Turnerschaft (Österreich) auf seinem Wiener Turntage die Änderung seines Grundgesetzes im arischen Sinne. Damit war der Einfluß des Judentums im Bereiche der deutschen Leibesübungen Österreichs endgültig gebrochen."[368] 1889 machten die österreichischen Burschenschaften „den Arierparagraphen zum Kriterium ihrer Mitgliedschaft"[369]. Auch in der Jugendbewegung spielte die Diskussion um eine gegen die Aufnahme jüdischer Mitglieder gerichtete Ausgrenzungsklausel, auch hier *Arierparagraph* genannt, eine Rolle. Auf der Bundeshauptversammlung des ‚Wandervogels' am 12. 4. 1914 gab die Bundesleitung eine „Erklärung in der Judenfrage" ab.: „Der Wandervogel e. V. ist auf Grund seiner Satzungen in politischer und konfessioneller Hinsicht neutral. Die Bundesleitung hat darüber zu wachen, daß die Satzungen beachtet werden. Sie kann also unter keinen Umständen dulden, daß von Gauen oder Ortsgruppen allgemeine Beschlüsse gefaßt werden, die dahin lauten, daß Juden grundsätzlich nicht aufgenommen werden. [...]" Ein Delegierter aus Jena merkte dazu an: „Ich halte es für wichtig, zu bedenken, welche Konsequenzen daraus hervorgehen. Mit der Annahme der Erklärung müßte Sachsen, das als Hausgesetz den Arierparagraphen hat, aus dem Bunde austreten."[370]

➤ a) In der NS-Zeit bezeichnete *Arierparagraph* im engeren Sinne das ‚Gesetz zur Wiederherstellung des Berufsbeamtentums' (kurz auch: ‚Berufsbeamtengesetz') vom 7. 4. 1933, das als erstes die Grundlagen für ein antisemitisches Sonderrecht zur Ausgrenzung der Juden legte: „Zunächst wurde durch das Gesetz zur Wiederherstellung des Berufsbeamtentums [...] das deutsche Beamtentum von Juden gesäubert. Der sogenannte ‚Arierparagraph' bestimmte, Beamte, die nicht arischer (= jüdischer) Abstammung sind, sind in den Ruhestand zu versetzen [...]."[371] „Auch später

---

[368] Schneemann, W.: Juden in Turnen und Sport. In: Ebd., 357.
[369] Mosse, G. L.: Ein Volk, ein Reich, ein Führer, 1979, 210.
[370] Protokoll d. Bundeshauptversammlung. In: Kindt, W. (Hg.): Die Wandervogelzeit. Quellenschriften z. dt. Jugendbewegung 1896–1919, 1968, 286.
[371] Meyer-Zimmermann: Lebenskunde, Bd. 4, o. J., 398.

noch, nach der Durchführung des Gesetzes über die Zulassung zur Rechtsanwaltschaft und nach der Durchführung des Berufsbeamtengesetzes (Arierparagraph) gab es noch 10% jüdische Rechtsanwälte in Deutschland."[372]

b) In der Folge bezeichnete *Arierparagraph* — häufig mit dem definitorischen Zusatz: *im Sinne der Beamtengesetze* — Bestimmungen aller Art, durch die Juden systematisch aus sämtlichen Bereichen des deutschen Berufs- und Wirtschaftslebens, des öffentlichen Lebens überhaupt, verdrängt wurden. So lautete eine Entschließung der ↑ *Glaubensbewegung Deutsche Christen* vom 13. 11. 1933: „Wir erwarten von unserer Landeskirche, daß sie den Arierparagraphen [...] schleunigst und ohne Abschwächung durchführt."[373] In ‚Meyers Lexikon' 1936ff. wird unter dem Stichwort *Arierparagraph* eine ganze (noch unvollständige) Serie von judenfeindlichen Gesetzen und Verordnungen aufgeführt: „Das Gesetz vom 30. 6. 1933 macht die Berufung als Beamter weiterhin davon abhängig, daß der Bewerber unter anderem arischer Abstammung und nicht mit einer nichtarischen Frau verheiratet ist. [...] Der Arierparagraph in diesem Sinne galt auch für Angestellte und Arbeiter des Reichs, der Gemeinden und Körperschaften des öffentlichen Rechts. [...] Das Wehrgesetz vom 21. 5. 1935 enthält den Arierparagraph gleichfalls. Arische Abstammung im Sinne der Beamtengesetze ist Voraussetzung für den aktiven Wehrdienst. Ein Jude kann nicht aktiven Wehrdienst leisten. [...] — Das Reichsarbeitsdienstgesetz vom 26. 6. 1935 hat den Arierparagraphen im Sinne der Beamtengesetze ebenfalls eingeführt. — Den gleichen Arierparagraphen enthält das Gesetz gegen die Überfüllung deutscher Schulen und Hochschulen vom 25. 4. 1933. [...] — Der Arierparagraph im Sinne der Beamtengesetzgebung gilt ferner für Rechtsanwälte, Patentanwälte, Steuerberater, Ärzte, Zahnärzte und Dentisten, die zu den Krankenkassen zugelassen sein wollen, für Ehrenämter in der sozialen Versicherung und Reichsversorgung sowie für Schriftleiter. [...] — Einen verschärften Arierparagraphen enthält das Reichserbhofgesetz vom 29. 9. 1933: Bauer im Sinne dieses Gesetzes kann nur sein, wer deutschen oder stammesgleichen Blutes ist. Das ist bei dem nicht der Fall, der unter seinen Vorfahren bis zum Stichtag des 1. 1. 1800 zurück väterlicher- oder mütterlicherseits jüdisches oder farbiges Blut hat."[374]

arisch, s. ↑ Arier, arisch.

arische Abstammung

Genealogische Abkunft ohne ↑ *fremdrassigen Blutseinschlag.*

▶ Die feste Wendung *arische Abstammung*, meist in der Form des attributiven, bzw. prädikativen Genitivs *arischer Abstammung*, bildete sich im NS-Sprachgebrauch im Gefolge des ‚Berufsbeamtengesetzes' vom 7 .4. 1933 und weiterer antisemitischer Gesetze und Verordnungen heraus, die selbst die Wortgruppe *nicht arischer Abstam-*

---

[372] Biologie f. höhere Schulen, Bd. 3, 1943, 153.
[373] In: Hofer, W.: Der Nationalsozialismus, Nr. 67 b, 132.
[374] Ebd., Bd. 1, 556 f.

mung aufwiesen, und in der Konsequenz jedem Deutschen auferlegten, für sich den *Nachweis arischer Abstammung* zu erbringen. In einem Kommentar zur Rassengesetzgebung wird ausgeführt: „Die nationalsozialistische Rassengesetzgebung konnte nicht auf einer bestehenden gesetzlichen Grundlage weiterbauen. Es wurde vielmehr in ein Lebensgebiet gesetzgeberisch eingegriffen, das bisher jeder gesetzlichen Regelung in Deutschland entbehrte. Daraus ergab sich die Notwendigkeit, in die Gesetzgebung neue Begriffe einzuführen, für deren wichtigste gesetzliche Begriffsbestimmungen geschaffen wurden. Das ist geschehen für die Begriffe: Jude, jüdischer Mischling und arische Abstammung."[375] Im ↑ *Ahnenpaß*, dem Hilfsmittel für den *Nachweis arischer Abstammung*, wird erläutert: „Da nach den Ergebnissen der Rassenlehre das deutsche Volk neben dem bestimmenden Einfluß der nordischen Rasse auch in geringerem und rechnungsmäßig nicht erfaßbarem Umfange andere mehr oder minder verwandte Rassenbestandteile enthält, die auch die Bausteine der europäischen Nachbarvölker sind, hat man für diesen übergeordneten Begriff der Gesamtheit der im deutschen Volke enthaltenen Rassen die Bezeichnung arisch (abweichend von der Sprachwissenschaft!) gewählt und damit das deutsche und das diesem eng verwandte Blut zu einer rassischen Einheit zusammengefaßt. Genau den gleichen Umfang hat der Begriff ‚deutsches oder artverwandtes Blut' im Reichsbürgergesetz. Arischer Abstammung (= ‚deutschblütig') ist demnach derjenige Mensch, der frei von einem, vom deutschen Volk aus gesehen, fremdrassigen Bluteinschlage ist."[376] „Personen arischer Abstammung, die jüdische Namen führen, können die Änderung dieser Namen beantragen. Welche Namen als jüdisch anzusehen sind, richtet sich nach der Auffassung der Allgemeinheit. Anfragen von Personen nichtarischer Abstammung, ihren Namen zu ändern, wird grundsätzlich nicht stattgegeben."[377] „So führte z. B. der Pfarrer Coenen in Stetternich u. a. in seiner Predigt aus: ‚[...] Wenn die Menschen im Grabe liegen, dann ist es einerlei, welchem Stamme sie angehörten und wenn sie dann vor den göttlichen Richter treten, dann wird auch nicht gefragt: Bist Du arischer Abstammung oder gehörtest Du einem anderen Stamme an'."[378] „Auch der Oberbürgermeister von Augsburg erhielt von einem Schweizer Reisenden, angeblich arischer Abstammung, ein Protestschreiben gegen die Anbringung der Tafel [mit der Aufschrift: ‚Juden sind hier unerwünscht']."[379] „Auf der Suche nach neuen Radsporttalenten veranstaltet der Verband der Radfahrer in allen Gauen in der Zeit vom 24. 4. bis 27. 6. 1937 für die radsportfreudige Jugend Straßenrennen über 30 bis 50 Kilometer unter dem Titel der ‚Erste Schritt'. Teilnahmeberechtigt sind alle Radfahrer arischer Abstammung und deutscher Na-

---

[375] Stuckart/Schiedermair: Rassen- und Erbpflege in der Gesetzgebung des Reiches, 3. erw. Aufl. 1942, 13.
[376] Ebd. Hg. v. Reichsverband d. Standesbeamten Deutschlands e. V., Ausgabe 63, o. J., 41.
[377] Dt. Wochenschau. Zit. Blick in die Zeit, 2/21. 7. 1934, 8.
[378] Lagebericht f. d. Monat September 1935 d. Staatspolizeistelle f. d. Regierungsbezirk Aachen v. 7. 10. 1935. In: Vollmer, B.: Volksopposition im Polizeistaat, 1957, 290.
[379] Lagebericht d. Regierungspräsidenten v. Schwaben, 7. 6. 1935. In: Bayern in der NS-Zeit, 1977, 448.

tionalität im Alter von 14 bis 18 Jahren."³⁸⁰ 1942 stellt der Kommentar zur Rassengesetzgebung des Reiches fest: „Der Begriff ‚arische Abstammung' wird in der Gesetzgebung nicht mehr verwendet. Er ist ersetzt durch den Begriff ‚deutschblütig'. [...] Der Begriff der arischen Abstammung hat seit dem Erlaß der Nürnberger Gesetze nur noch beschränkte Bedeutung. Er spielt nur noch in denjenigen rassenrechtlichen Vorschriften eine Rolle, die vor den Nürnberger Gesetzen erlassen und diesen noch nicht angepaßt sind."³⁸¹

arisieren, Arisierung

a) Allgemein: die Verdrängung der Juden aus dem Berufs- und Wirtschaftsleben durch die nationalsozialistischen judenfeindlichen Gesetze und der Ausschluß der Juden aus Verbänden, Organisationen, Vereinen durch sog. ↑ *Arierparagraphen*; b) speziell: Überführung jüdischen Eigentums in *arische Hände*; im Gefolge der *Arisierungsverordnungen* vom 26. 4. und 12. 11. 1938: Zwangsverkauf zu Niedrigpreisen oder entschädigungslose Enteignung jüdischen Eigentums.³⁸²

▶ Der Ausdruck *arisieren, Arisierung* wird in der NS-Zeit gleichbedeutend mit dem älteren ↑ *entjuden, Entjudung* gebraucht.³⁸³ a) „Die Deutsche Turnerschaft unter der geistigen Führung von Dr. Ferdinand Götz, einem warmen Freunde des Judentums, schloß daraufhin diesen Gau seiner Arisierung halber aus, vermochte aber den ins Rollen gekommenen Stein nicht mehr aufzuhalten."³⁸⁴ (1935) b) Göring erklärte 1938 das Ziel der *Arisierung der Wirtschaft* folgendermaßen: „Bei der Arisierung der Wirtschaft ist der Grundgedanke folgender: Der Jude wird aus der Wirtschaft ausgeschieden und tritt seine Wirtschaftsgüter an den Staat ab. Er wird dafür entschädigt. Die Entschädigung wird im Schuldbuch vermerkt und wird ihm zu einem bestimmten Prozentsatz verzinst. Davon hat er zu leben."³⁸⁵ „Wie in den vorangegangenen Jahren wurde fast ausschließlich arisiert, d. h. die bisher von Juden geführten Handelsunternehmen wurden von arischen Interessenten erworben und weitergeführt."³⁸⁶ (1938) „Die Arisierung der Judengeschäfte macht besonders in den Städten (z. B. Regensburg, Landshut, Schwandorf) gute Fortschritte."³⁸⁷ (1938) „In der Stadt Straubing wurde am 24. 11. der jüdische Haus- und Grundbe-

---

[380] Rheinische Landeszeitung, 22. 4. 1937.
[381] Stuckart/Schiedermair: Rassen- und Erbpflege, 3. erw. Aufl. 1942, 19.
[382] Gebucht: Duden, 12. Aufl. 1941. Getilgt: Duden, 13. Aufl. 1947.
[383] Vgl. Duden, 12. Aufl. 1941, 37, s. .v. arisch.
[384] Schneemann, W.: Juden in Turnen und Sport. In: Theodor Fritsch, Handbuch der Judenfrage, 38. Aufl. 1935, 357.
[385] Besprechung über die Judenfrage unter Vorsitz von Göring im RLM am 12. 11. 1938. In: Poliakov/Wulf: Das Dritte Reich und die Juden, 1989 (zuerst 1955), 76.
[386] Jahreslagebericht 1938 d. SHA, MADR, Bd. 2, 172.
[387] Monatsbericht d. Regierungspräsidenten v. Niederbayern u. Oberpfalz, 7. 11. 1938. In: Bayern in der NS-Zeit, 1977, 469.

sitz arisiert; die Stadt erzielte dadurch einen bedeutenden Vermögenszuwachs; dafür wurde der NSDAP-Kreisleitung Straubing zur Erbauung eines Kreishauses ein Betrag von RM 250 000 als Schenkung zugesagt."[388] (1939) „Da gerade in den sudetendeutschen Landkreisen die alsbaldige Überführung des Hausbesitzes, mindestens soweit er Geschäftsräume enthält, in arische Hände notwendig ist, werde ich voraussichtlich demnächst an den Reichswirtschaftsminister den Antrag stellen, in größerem Umfange Zwangsarisierungen des Hausbesitzes zu gestatten."[389] (1939) Über den Gebrauch des Ausdrucks *arisieren* in den vierziger Jahren schreibt Victor Klemperer in seinem ‚Notizbuch eines Philologen': „[...] während die Schilder ‚rein arisches Geschäft' und die feindseligen Schaufensterbemalungen ‚Judengeschäft' genauso wie das Verbum ‚arisieren' und die beschwichtigenden Worte an der Ladentür: ‚Völlig arisiertes Unternehmen!' sehr bald verschwanden, weil es keine Judengeschäfte mehr gab und gar nichts mehr zu arisieren."[390]

Arisierungsverordnung

Name der Verordnungen, die die Ausplünderung der Juden regelten.

> „Die Entjudung der deutschen Wirtschaft. Arisierungsverordnungen vom 26. April und 12. November 1938. In dem vorliegenden Buch ist wohl zum erstenmal der Versuch gemacht worden, in Kommentarform zu der Verordnung über die Anmeldung des Vermögens von Juden Stellung zu nehmen und ihre Zweifelsfragen zu klären. [...] Das vorliegende Buch bringt neben allen in Betracht kommenden Texten von Nebengesetzen eine ausführliche Erläuterung der A r i s i e r u n g s v e r o r d n u n g. Jeder Rechtswahrer, der sich mit der Entjudung des Wirtschaftslebens zu befassen hat, wird gern zu diesem wertvollen Hilfsmittel greifen."[391]

Artbewußtsein, artbewußt

Das Bewußtsein der Verpflichtung gegenüber der ↑ *rassisch* geprägten Besonderheit des eigenen Volkes; der *rassisch* geprägten Besonderheit des eigenen Volkes bewußt.[392]

> Das erst mhd. belegte Bestimmungswort *Art* des Kompositums *Artbewußtsein* hatte im Nationalsozialismus zu seiner Bedeutung ‚angeborene Eigentümlichkeit, Natur, Herkunft, Art und Weise'[393] eine zusätzliche Bedeutung erhalten. Der biologische Fachausdruck *Art* (*Spezies*) für eine Einheit (unterhalb der Gattung), die

---

[388] Monatsbericht d. Regierungspräsidenten v. Niederbayern u. d. Oberpfalz, 9. 1. 1939. In: Bayern in d. NS-Zeit, 1977, 477
[389] Monatsbericht d. Regierungspräsidenten v. Niederbayern u. d. Oberpfalz, 7. 8. 1939. In: Bayern in der NS-Zeit, 1977, 477.
[390] LTI, 14. Aufl. 1996, 179.
[391] Rezension. In: Juristische Wochenschrift, H. 4, 1939, 219.
[392] Gebucht: Duden, 12. Aufl. 1941. Getilgt: Duden, 13. Aufl. 1947.
[393] Kluge 1989, 41, s. v.

morphologisch und physiologisch in sehr vielen Merkmalen übereinstimmende Organismen umfaßt, war in der ↑ *Rassenkunde* auf die Verwendung für ‚besondere Einheit eines *rassisch bedingten, rassisch bestimmten* Volks' eingeengt worden und durch die Popularisierung der Rassenkunde in dieser Bedeutung in die Allgemeinsprache übergegangen. Walther Linden, der in der ‚Deutschen Wortgeschichte' (1943) auch die NS-Zeit behandelt, rechnet „*Art* mit *Artbewußtsein, arthaft, arteigen, artgemäß, artfremd*" zu den „Wortsippen um die Kernbegriffe der neuen Weltanschauung".[394] „Da die Völker rassisch verschieden sind, muß jedes schauen, seine eigene Art ungestört in sich reifen und wirken zu lassen und rein zu halten von körperlicher oder geistiger Zerstörung."[395] In dieser spezifischen Bedeutung stand *Art* in Ähnlichkeitsbeziehungen zu *Blut, Rasse, Volk* und wurde wie diese Komponente zahlreicher Weiterbildungen, die in auffälliger Weise analogen Wortbildungsmustern folgen. Dies gilt auch für *Artbewußtsein, artbewußt*, die wohl in Analogie zu den älteren ↑ *Rassebewußtsein, rassebewußt* entstanden sind. „Im Judentum — das gibt diesem seine Erfolge und seine Erfolgsgewißheit — ist einmal ein strenges Artbewußtsein entstanden, wie es heute kein anderes Volkstum aufweisen kann. [...] Am wenigsten Artbewußtsein findet sich aber in Europa wohl innerhalb der deutschen Bevölkerung."[396] „Er [der Jude] ist artbewußt, bis zu zähester Leidenschaftlichkeit, und seine zähe jüdisch-völkische Leidenschaft mag ihn wohl auch hinreißen bis zu unduldsamer Artbehauptung."[397] „Wie furchtbar diese Jahre für das artbewußte deutsche Volk gewesen sind, wie groß die Gefahr des Seelenmordes an unserem Volke war, habe ich noch einmal vorüberziehen lassen — damit wir nicht vergessen! Unsere Kinder und Enkel mögen einmal erkennen, in welcher Gefahr Volk und Rasse geschwebt hat und wovon Adolf Hitler Deutschland gerettet hat."[398] „Nach ihm [R. Geuß] hat die Schule die Aufgabe, ‚den Artinstinkt der Jugend auch im Seelisch-Geistigen zum Artbewußtsein zu läutern durch genaue Kenntnis der Eigengesetzlichkeit wie der artfremden Welten, die seelisch-geistigen Auseinandersetzungen unserer Zeit als rassisch bedingte Spannungen erkennen zu lassen und schließlich die Jugend zu befähigen, sich aus eigener Kraft zu entscheiden nach artgemäßer Wertung'.[399] „Auch die Anhänger der Deutschen Glaubensbewegung waren ziemlich rührig. Erwähnung verdient vor allem eine Versammlung in Hof am 27. Februar, wo vor etwa 600 Personen Heinz Brackmann, Detmold, über

---

[394] Aufstieg des Volkes (1885–1941). In: Deutsche Wortgeschichte, hg. Maurer/Stroh, 1943, 406, 407.
[395] Rasse. Eine Rundfunkrede von Dr. Groß. Die hier niedergeschriebene Rundfunkrede von Dr. Walter Groß, dem Leiter des Rassenpolitischen Amtes der NSDAP., vom 10. Oktober 1934 in der „Stunde der jungen Nation" fand allgemein große Beachtung. Sonderdruck o. O., o. J.
[396] Günther, H. [F. K.]: Rassenkunde des deutschen Volkes, 1922, 340.
[397] Ebd., 410.
[398] v. Leers, J.: 14 Jahre Judenrepublik, Bd. 2, 1933, Vorwort.
[399] Vanselow, M.: Schrifttumsberichte [Rezensionen]. Über: R. Geuß: Rassenseelische Grundlagen der Erziehung. 1940. In: Z. f. Deutschkunde 55/1941, 337.

das Thema ‚Durch arteigenen Glauben zur religiösen Volksgemeinschaft' sprach. Er erklärte, warum die Deutsche Glaubensbewegung entstehen mußte; der deutsche Mensch, arisch und artbewußt, könne der christlichen Kirche mit ihren verjudeten Dogmen nicht angehören. Er suche sich einen Glauben, der ihm arteigen sei und aus Blut und Rasse ihm geboten werde. [...]"⁴⁰⁰ „Volkstumspolitisch klar ausgerichtete Volksgenossen, die zum ersten Mal dieses Neben- und Durcheinander in den Minderheitsgebieten erleben, sind bestürzt über die verheerenden Auswirkungen des Einflusses der katholischen Kirche auf das Artbewußtsein des Volkes."⁴⁰¹
S. auch ↑ *Blutbewußtsein*, ↑ *Rassebewußtsein*.

artecht

Unverfälscht der eigenen, ↑ *rassisch bestimmten Art* entsprechend.

➤ „Und wiederum stellen wir später fest, daß, als im friderizianischen Preußen die Seele, die einst Odin gebar, erneut lebendig wurde bei Hohenfriedberg und Leuthen, sie zugleich auch in der Seele des Thomaskantors und Goethes wiedergeboren wurde. Von diesem Standpunkt aus wird die Behauptung tief gerechtfertigt erscheinen, daß eine nordische Heldensage, ein preußischer Marsch, eine Komposition Bachs, eine Predigt Eckeharts, ein Faustmonolog nur verschiedene Äußerungen ein und derselben Seele, Schöpfungen des gleichen Willens sind, ewige Kräfte, die zuerst unter dem Namen Odin sich vereinten, in der Neuzeit in Friedrich und Bismarck Gestalt gewannen. Und so lange diese Kräfte wirksam sind, so lang, und nur so lang, wirkt und webt noch nordisches Blut mit nordischer Seele in mystischer Vereinigung, als Voraussetzung jeder artechten Schöpfung."⁴⁰² „Eckehart ist einer der größten artechten deutschen ‚Lehrmeister' und ‚Lebemeister', der bald, nachdem das Christentum äußerlich den Sieg errungen hatte, aus deutschem Wesen heraus die fremde Art von innen her überwand [...]."⁴⁰³ „Alle kulturellen Unterschiede der Völker beruhen nicht Allein auf äußeren Einflüssen, die durch Zeit und Raum bedingt sind, sondern ihre tiefste und stärkste Ursache ist die rassische Verschiedenheit. Die Geschichte eines Volkes wird in ihrem Verlauf von dem Rassenerbgut seiner führenden Männer bestimmt, denn diese haben ihre geistigen Anlagen aus dem Rassengut des Volkes, dem sie entstammen. Die führenden Männer werden aber um so besser verstanden vom Volk, je geschlossener und einheitlicher dessen rassische Zusammensetzung ist. Dasselbe gilt auch für die Aufnahme aller kulturellen Leistungen, soweit diese artecht sind."⁴⁰⁴
S. auch ↑ *blutecht*, ↑ *rasseecht*.

---

[400] Monatsbericht d. Reg.präsidenten v. Ober- und Mittelfranken, 6. 4. 1937. In: Bayern in der NS-Zeit, 1977, 465.
[401] MADR. Bd. 11, Nr. 322, 1. 10. 1942, 4270.
[402] Rosenberg, Mythus: 679 f.
[403] Hauer, W.: Was will die deutsche Glaubensbewegung?, 3. Aufl., 1935, 34.
[404] Biologie für höhere Schulen, Bd. 3, 1943, 151.

arteigen, Arteigenheit

Der eigenen Rasse zugehörig, der Besonderheit der eigenen, *rassisch geprägten Art* entsprechend;[405] Zugehörigkeit zur eigenen *Rasse, rassische* Besonderheit.

> Der aus der biologischen Fachsprache in die Allgemeinsprache übernommene Ausdruck *Arteigenheit*[406] mit dem zugehörigen, häufiger gebrauchten, Adjektiv *arteigen* wurde im Nationalsozialismus zur Formulierung des Anspruchs auf eine besondere, angeblich der eigenen Rasse eigentümliche Kultur, Sittlichkeit, Religion, Kunst usw. verwendet. Mitgemeint war immer die Forderung, alles angeblich nicht *Arteigene*, mit dem Antonym ↑ *artfremd* Bezeichnete, zu verdrängen und zu beseitigen. „Wir müssen schon selbst denken und selbst die Gesetzlichkeit des neuen Staates mit der Arteigenheit des deutschen Volkes in Einklang zu bringen versuchen."[407] In ‚Knaurs Konversationslexikon A−Z' (1934) wird definiert: „Nation, politische Schicksalsgemeinschaft eines Volkes, auf bestimmt umgrenztem Raum, zusammengefaßt in arteigener staatlicher Ordnung, geeint durch das Band des gemeinsamen Blutes, gemeinsam erlebter Geschichte und gemeinsamer Kultur."[408] „Wie jeder Rasse ihr arteigenes Schönheitsbild, so kommt jeder Rasse auch ihre arteigene Sittlichkeit zu."[409] „Für die Völker mit stärkerem nordischen Einschlag ist aber der ‚Erlösungsgedanke' nicht arteigen und kann daher auch nicht bestimmend in ihrer Glaubensgestaltung wirken."[410] „Er [der deutsche Mensch] suche einen Glauben, der ihm arteigen sei und aus Blut und Rasse ihm geboten werde."[411] „Diese Erkenntnis ist die Grundlage einer neuen Weltanschauung, eines neu-alten Staatsgedankens, der Mythus eines neuen Lebensgefühls, das allein uns die Kraft geben wird zur Niederwerfung der angemaßten Herrschaft des Untermenschen und zur Erschaffung einer alle Lebensgebiete durchdringenden arteigenen Gesittung."[412] „Noch immer lebt die deutsche Rechtswissenschaft in den Gedankengängen des römisch-gemeinen Rechts. Mag auch in der Einzelregelung schon jetzt vielfach arteigenes Recht, altes wie neues, zum Ausdruck gekommen sein; die geistige Grundhaltung wird noch heute durch das Pandektensystem bestimmt. Diesem System gilt unser Kampf."[413] „Ohne klare Erkenntnis, ohne Mut zu dieser eindeutigen Be-

---

[405] Gebucht: Duden, 11. Aufl. 1934, 12. Aufl. 1941; Meyers Lexikon 1936 ff.; Paechter. Getilgt: Duden, 14. Aufl. 1947.
[406] Hamburger, F.: Arteigenheit und Assimilation, Leipzig u. Wien 1903. Bespr. in: Archiv f. Rassen- und Gesellschaftsbiologie, 1/1904, 607.
[407] Goebbels, Rede v. 29. 6. 1933. In: Signale der neuen Zeit, 1934, 166.
[408] 1934, 1056, s. v. In der Auflage von 1932 heißt es noch: „Nation, politische Schicksalsgemeinschaft eines Volkes, auf bestimmt umgrenztem Gebiet, im Innern durch Verfassung rechtlich geordnet, mit gemeinsamer Geschichte u. gemeinsamer Kultur." (1064, s. v.).
[409] Günther, H. [F. K.]: Rassenkunde des deutschen Volkes, 1922, 212.
[410] Günther, H. F. K.: Rasse und Stil, 1926, 83.
[411] Monatsbericht d. Reg.präsidenten v. Ober- u. Mittelfranken, 6. 4. 1937. In Bayern in der NS-Zeit, 1977, 465.
[412] Rosenberg, Mythus: 115.
[413] Die neue Justizausbildungsordnung des Reiches. Nachtrag mit d. Richtlinien f. d. Studium d. Rechtswissenschaft, 1935, 17.

schränkung als Ausgang und den sich daraus ergebenden Pflichten der Kunst und Kunstlehrer gegen Volk und Vaterland ist an eine Schöpfung arteigener Kunst nicht zu denken."[414] „Das Verständnis für die Reinhaltung des Blutes wurde durch die Ausführungsbestimmungen vom 14. 11. 1935 zu den Nürnberger Gesetzen weiter gehoben. Vielfach wird immer stärker die arteigene Wirtschaft, d. h. die Entfernung der Juden nicht bloß aus dem öffentlichen Dienst, sondern auch aus der Wirtschaft verlangt."[415] Daß *arteigen* zum ideologischen Kernbereich des NS-Wortschatzes gehört, geht aus zwei Presseanweisungen hervor: „Der Begriff ‚arteigene Musik' soll nur im Zusammenhang mit den rassischen Gesichtspunkten gebraucht werden und darf als Hinweis auf ein besonderes Instrument (z. B. arteigene Musik für Harmonika) nicht gebraucht werden."[416] „... so soll auch nicht bei einem Konzert von Luftwaffen-Orchestern von einem ‚arteigenem Klangbild' gesprochen werden. Die Bezeichnung ‚arteigen' soll den rassischen Fragen vorbehalten werden."[417]

In gleichen Kontexten wie *arteigen* erscheinen: *artgebunden*[418], *artgemäß*[419], *artgleich*[420], *arthaft*[421], *artrein*[422], *artverbunden*[423].

> In den heutigen Wörterbüchern ist *arteigen* nur als biologischer Fachterminus notiert. In der Allgemeinsprache spielt *arteigen* keine Rolle mehr. In einem einzelnen Beleg steht der Ausdruck nicht „im Zusammenhang mit den rassischen Gesichtspunkten"(s. o.): „Wie in der BRD ist in den vergangenen Jahren auch in der DDR eine arteigene Kunst entstanden. Beider Geschichte wäre jetzt, da dieses Kapitel zu Ende geht, zu schreiben, und zwar *sine ira et studio*!"[424]

artfremd

Im Widerspruch zum Wesen der eigenen ↑ *Rasse* stehend.[425]

> *Artfremd* ist wie sein Antonym ↑ *arteigen* aus der biologischen Fachsprache in die Allgemeinsprache übernommen worden und wurde auch in einem frühen Beleg von 1915 schon auf „Rasse und Rassefragen" bezogen: „Wo in einer engeren Gruppe,

---

414 Odoy, M.: Zeichen- und Kunstunterricht. In: Rassische Erziehung als Unterrichtsgrundsatz, 1937. Zit. Wulf, J.: Die bildenden Künste im Dritten Reich, 1963, 188.
415 Lagebericht d. Reg.präsidenten v. Schwaben, 7. 12. 1935. In: Bayern in der NS-Zeit, 1977, 457.
416 Ob 8/33, 9. 2. 1940. Zit. Glunk, ZDS 25/1969, 119.
417 ZD 7105, 26. 6. 1942. Zit. ebd.
418 Rosenberg, Mythus, 85.
419 Hauser, O.: Rasse und Rassefragen, 1915, 89.
420 Günther, H. F. K.: Platon als Hüter des Lebens, 2. Aufl. 1935 (zuerst 1928), 29.
421 Duden, 12. Aufl. 1941, 39, s. v. artfremd. Getilgt: Duden, 14. Aufl. 1954.
422 Duden, 12. Aufl. 1941, 39, s. v. Getilgt: Duden, 14. Aufl. 1947.
423 Rosenberg, Mythus, 632.
424 Aus der Antwort des Direktors der Nationalgalerie Ost-Berlin, P. Bettenhausen, auf die Frage: Gibt es eine DDR-Kunst? In: Die Zeit, 31. 8. 1990.
425 Gebucht: Duden, (10. Aufl. 1929), 11. Aufl. 1934, 12. Aufl. 1941; Meyers Lexikon 1936 ff, Paechter. Getilgt: Duden, 14. Aufl. 1954.

wie der Adel eine solche darstellt, ein höherer Prozentsatz einen artfremden Typus hat, muß notwendigerweise auch das Wesen davon berührt sein."[426]
> Im Nationalsozialismus bezeichnet *artfremd* fast ausnahmslos die angeblich mit der eigenen *Rasse* physisch und psychisch unverträgliche fremde *Rasse* und die ihr zugeschriebenen Einflußmächte, die allein deshalb, weil sie fremd sind, vernichtet werden müssen. „Mitten im furchtbaren Zusammenbruch erwachte jedoch die alte nordische Rassenseele zu neuem, höheren Bewußtsein. [...] Sie begreift, daß sich rassisch und seelisch Verwandtes eingliedern läßt, daß aber Fremdes unbeirrbar ausgesondert, wenn nötig niedergekämpft werden muß. Nicht weil es ‚falsch' oder ‚schlecht' an sich, sondern weil es a r t f r e m d ist und den inneren Aufbau unseres Wesens zerstört."[427] „Um dieser Vernichtung der biologischen Lebenseinheit des Volkes und unseres völkischen Lebens zu entgehen, bedarf es einer Reinhaltung unserer Rasse durch die Ausscheidung alles Fremdrassigen und die Sicherung vor dem Einströmen artfremden Blutes. Die neue nationale Gemeinschaft, der nationalsozialistische Staat, muß auf dem Fundament reinen Blutes und der reinen Rasse gegründet werden."[428] Im Kommentar zur Rassegesetzgebung wird erläutert: „Zu den Trägern artfremden Blutes gehören die Angehörigen derjenigen Völker, die von Rassen oder Rassenmischungen abstammen, die mit den im deutschen Volk vertretenen Rassen nicht verwandt sind. In Europa haben artfremdes Blut im wesentlichen nur die Juden und die Zigeuner."[429] Als Inbegriff der *Artfremdheit* gelten die Juden. „Die Juden sind ein artfremdes, streng abgeschlossenes Volk mit ausgesprochen parasitären Eigenschaften, eine vollständig fremde Rasse, die nicht dadurch zu Deutschen werden können, daß sie jahrelang deutsches Gastrecht in Anspruch genommen und sich durch ihre Zähigkeit und egoistische Wachsamkeit in die eigensten Angelegenheiten ihres Wirtsvolkes eingeschlichen und dieses ausgesaugt haben."[430] Julius Streicher greift auf den rassisch umgedeuteten biologischen Terminus *artfremdes Eiweiß* zurück, um mit ihm seine abenteuerlich abstruse Theorie von der katastrophalen ↑ *Blutvergiftung* durch den Geschlechtsverkehr zwischen einem Juden und einer ↑ *arischen* Frau pseudowissenschaftlich zu untermauern. „‚Artfremdes Eiweiß' ist der Same eines Mannes von anderer Rasse. Der männliche Same wird bei der Begattung ganz oder teilweise von dem weiblichen Mutterboden aufgesaugt und geht so in das Blut über. Ein einziger Beischlaf eines Juden bei einer arischen Frau genügt, um deren Blut für immer zu vergiften. Sie hat mit dem ‚artfremden Eiweiß' auch die fremde Seele in sich aufgenommen. Sie kann nie mehr, auch wenn sie einen arischen Mann heiratet, rein arische Kinder bekommen, sondern nur Bastarde, in deren Brust zwei Seelen wohnen und denen man körperlich die Mischrasse ansieht."[431] *Artfremder* als Bezeichnung für Jude ging schließlich

---

[426] Hauer, O.: Rasse und Rassefragen, 1915, 19.
[427] Rosenberg, Mythus, 118 f.
[428] Hohmann, W.: Zwanzig Jahre deutscher Geschichte, 1935, 85 f.
[429] Stuckart/Schiedermair: Rassen- und Erbpflege in der Gesetzgebung des Reiches, 3. erw. Aufl. 1942, 18.
[430] Rosten, C.: Das ABC des Nationalsozialismus, 2. Aufl. 1933, 217.
[431] In: Deutsche Volksgesundheit aus Blut und Boden, Nürnberg, 3/1935, 1.

auch in die Gesetzessprache ein. In den ‚Arbeitsrechtlichen Bestimmungen' für die zur Zwangsarbeit gepreßten Juden heißt es: „Der Jude kann als Artfremder nicht Mitglied einer deutschen Betriebsgemeinschaft sein, die sich auf den Grund der gegenseitigen Treuepflicht aller im Betrieb Schaffenden aufbaut."[432] *Artfremd* werden ferner Christentum, Marxismus und moderne Kunst und Musik genannt, die alle letztlich auf jüdische Gründung oder Beeinflussung zurückgeführt werden. „Es dauerte lang, bis ein Meister Eckhart das artfremde, aus jüdischem Volksschicksal entsprungene Christentum im nordischen Geist umzudeuten versuchen konnte."[433] „Die Frage ist ernsthaft gestellt in des Volkes Herzen, vom Leben selbst erzwungen: ein artfremdes Christentum oder ein arteigener deutscher Glaube?"[434] „Artfremde Geistesrichtungen und undeutsche Geisteshaltung setzten sich durch."[435] Ernst Barlach antwortet auf den Vorwurf, seine Kunst sei *artfremd*: „Mir wird das Wort ‚artfremd' zugeworfen – ich ergreife es und prüfe es am Lichte. Und siehe, es ist ein häßliches Wort, möge man es getrost einen Mißklang heißen! Wer möchte artfremde Kunst zwischen seinen vier Wänden gewahren, sie in Kirchen, auf Plätzen, in repräsentativen Räumen dulden. [...] Ohne Umschweif aber bekenne ich, nicht zu wissen, was artgemäß oder artfremd ist."[436] (1933)

artlos

↑ *wurzellos*, charakterlos.

> *Artlos* wurde im Rahmen der Evolutionstheorie als Adjektiv zu dem biologischen Fachterminus *Art* gebildet.: „Da wir nun, wie hieraus mit Nothwendigkeit folgt, bedenken müssen, daß wir Formen in der belebten Natur begegnen werden, welche noch keine wirklichen Arten sind, anderseits solchen, welche in Folge wenig bestimmend wirkender Einflüsse feste Charaktere kaum besitzen, sondern art- und racenlose Mengen bilden, so können wir auch jedesmal, wenn ein begründeter Zweifel an der Stellung als Art oder bloß als Race erhoben wird, mit beinahe gleichem Rechte eine doppelte Entscheidung geben, je nachdem wir eine sich entwickelnde Art schon als eine formell so zu bezeichnende hinstellen oder das größere Gewicht auf das Verschwimmen der für unterscheidende gehaltenen Charaktere und die relative Übereinstimmung der übrigen allgemeinen Merkmale legen."[437] (1867)

> Im Nationalsozialismus wurde *artlos* allgemeinsprachlich wie ↑ *artfremd* verwendet, abwertend für alles, was nicht den eigenen Werten konform war. „Sozialrevolutionäre und internationale Gedanken, artlos und widernatürlich, seien jüdisches

---

432 Verordnung zur Durchführung der Verordnung über die Beschäftigung von Juden v. 31. 10. 1941. RGBl. 1, 1941, 681.
433 Günther, H. [F. K.]: Rassenkunde des deutschen Volkes, 1922, 399.
434 Hauer, W.: Was will die Deutsche Glaubensbewegung?, 3. Aufl. 1935, 30.
435 Hohmann, W.: Zwanzig Jahre deutscher Geschichte, 1935, 48.
436 Das dichterische Werk, Bd. 3: Die Prosa II. Zit. Piper, E.: Ernst Barlach und die entartete Kunst, 1987, 67 f.
437 Neues Konversations-Lexikon, ein Wörterbuch des allgemeinen Wissens. Hg. H. J. Meyer, 2. Aufl., Bd. 11, 1867, 424, s. v. Mensch.

Mißgewächs und müßten mit allen Mitteln bekämpft werden."[438] „Fast jeder Deutsche, sei er reinrassig nordisch oder nicht, ist durchfremdet von den artlosen, vielfach zersetzenden und entstaltenden Anschauungen der Gegenwart."[439] „Das betrifft vor allem und in erster Linie jene wurzel- und artlosen Asphaltliteraten, die meistenteils nicht aus unserem eigenen Volkstum hervorgegangen sind."[440]

artvergessen

ehrlos

> Die nationalsozialistische, nach dem Muster von *ehrvergessen, pflichtvergessen* gebildete Neuprägung *artvergessen* wurde als Schmähung auf Personen bezogen, die den Paragraphen 1 und 2 des sog.↑ *Blutschutzgesetzes* nicht entsprachen, nach denen „Eheschließungen zwischen Juden und Staatsangehörigen deutschen oder artverwandten Blutes" und „außerehelicher Verkehr zwischen Juden und Staatsangehörigen deutschen oder artverwandten Blutes"[441] verboten waren. „Die Bevölkerung zeigt wohl kaum mehr Verständnis für das rassenschändende Verhalten so vieler Juden und die Artvergessenheit arischer Mädchen, die sich von den Juden trotz der warnenden Vorgänge der verflossenen Monate nicht trennen wollen. [...] Weiterhin kamen sechs artvergessene Mädchen und Frauen in Schutzhaft."[442] „Wenn als Begründung für die Ausnahme in der Kennzeichnung des jüdischen Ehepartners [durch den ↑ *Judenstern*] in Mischehen angeführt werde, diese sei mit Rücksicht auf den arischen Ehepartner getroffen worden, so müsse darauf hingewiesen werden, daß die Artvergessenheit solcher Arier, die – wie es heißt – ,legalisierte Rassenschande' trieben, eine Rücksichtnahme nicht verdiene. Im Gegenteil, so werde vielfach geäußert, müßten solche artvergessenen Arier ebenfalls gekennzeichnet werden."[443] Victor Klemperer berichtet in seinem ,Notizbuch eines Philologen' ,LTI' über die Beschimpfungen, die seine ↑ *arische* Ehefrau bei den regelmäßigen Haussuchungen erdulden mußte: „,Du artvergessenes Weib!' sagte Clemens der Schläger bei jeder Haussuchung zu meiner Frau und Weser der Spucker setzte hinzu: ,Weißt du nicht, daß schon im Talmud steht, «eine Fremde ist weniger wert als eine Hure?»'. Das wiederholt sich jedesmal wörtlich wie ein Botenauftrag im Homer. ,Du artvergessenes Weib! Weißt du nicht ...'"[444]

artverwandt

Juristischer Terminus für: von verwandter ↑ *Rasse*.

> „Der Begriff ,deutschblütig' ist – ebenso wie die Bezeichnung ,artverwandt' – durch die Nürnberger Gesetze eingeführt worden, aber gesetzlich nicht näher um-

---

[438] VB, 21. 11. 1920, 4.
[439] Günther, H. [F. K.]: Rassenkunde des deutschen Volkes, 1922, 363.
[440] Goebbels, Rede vor der Presse v. 6. 4. 1933. In: Signale der neuen Zeit, 1934, 130.
[441] RGBl. 1, 1935, 100.
[442] Lagebericht der Polizeidirektion München v. 3. 10. 1935. Bayern in der NS-Zeit, 1977, 455.
[443] MADR, Bd. 9, Nr. 256, 2. 2. 1942, 3246f.
[444] Ebd., 14. Aufl. 1996, 282.

schrieben. An Hand der Rassenforschung ergeben sich folgende Richtlinien: [...] Zu den Trägern artverwandten Blutes gehören die Angehörigen derjenigen Völker, die im wesentlichen von denselben Rassen abstammen wie das deutsche Volk, mag auch der Blutsanteil an den einzelnen dieser Rassen ein anderer sein als bei dem deutschen Volk. Hierunter fallen u. a.: a) Die von altersher geschlossen in Europa siedelnden Völker. Das sind nicht nur die nordischen Völker einschließlich der Engländer, sondern auch die Franzosen, Italiener usw. b) Die Abkömmlinge dieser Völker, die sich außerhalb Europas angesiedelt haben, falls sie sich artrein erhalten haben, z. B. die Nordamerikaner. [...] Ob eine Person artverwandt oder artfremd ist, läßt sich nicht ohne weiteres nach ihrer Zugehörigkeit zu einem bestimmten europäischen oder außereuropäischen Staat beurteilen, sondern kann immer nur aus ihren persönlichen rassebiologischen Merkmalen entnommen werden."[445]
S. auch ↑ *deutschen oder artverwandten Blutes*.

Asphalt

Metaphorisch für die angeblich intellektualistische, ↑ *jüdisch-demokratische* Zivilisation der Weimarer Republik und die von ihr verursachte ↑ *Wurzellosigkeit* der Großstadtbewohner.

▸ Victor Klemperer, der Zeitzeuge, notierte: „Der Asphalt ist die künstliche Decke, die den Großstadtbewohner vom natürlichen Boden trennt. Metaphorisch verwendet ihn in Deutschland zuerst (um 1890) die naturalistische Lyrik. Eine ‚Asphaltblume' bedeutet damals eine Berliner Dirne. Tadel ist damit kaum verbunden, denn die Dirne bildet in dieser Lyrik eine mehr oder minder tragische Persönlichkeit. Bei Goebbels nun blüht eine ganze Asphaltflora auf, und jede ihrer Blüten ist gifthaltig und will das auch zeigen. Berlin ist das Asphaltungeheuer, seine jüdischen Zeitungen, Machwerke der jüdischen ‚Journaille', sind Asphaltorgane, die revolutionäre Fahne der NSDAP muß man gewaltsam ‚in den Asphalt einrammen', den Weg ins Verderben (der marxistischen Gesinnung und Vaterlandslosigkeit) ‚asphaltierte der Jude mit Phrasen und gleisnerischen Versprechungen'. Das atemberaubende Tempo dieses ‚Asphaltungeheuers hat den Menschen herz- und gemütlos gemacht'."[446] Der erklärte Nationalsozialist Manfred Pechau rechnet in seiner Dissertation über ‚Nationalsozialismus und deutsche Sprache' *Asphalt* zu den „Kampfausdrücken". „Wie schon angedeutet, richtet sich die Schärfe des Kampfes auf den 1918 gegründeten Staat, der mit einer wahren Auslese von Spott- und Schimpftiteln belegt wird."[447] „Das Verhängnis der naturentfremdeten Großstadtkinder, die zum Überfluß noch einer dauernden Rassenvermischung erliegen, wird gekennzeichnet durch die Worte naturentfremdete Straßengeschlechter oder durch die älteren Formulierungen parallele Bildung Asphaltmenschen. In dem ersten Wort liegt bereits

---

[445] Stuckart/Schiedermair: Rassen- und Erbpflege in der Gesetzgebung des Reiches, 3. erw. Aufl. 1942, 18.
[446] Klemperer, V.: LTI, 14. Aufl. 1996, 255.
[447] Ebd., Greifswald 1935, 23.

die Erklärung des zweiten [...]. Die Hauptschuld an den Verführungen des Großstadtproletariats wird dem Judentum gegeben, das seine zerstörende Arbeit auf allen Gebieten gerade in dieser unübersehbaren Masse, die noch dazu führerlos ist, mit Eifer und Erfolg fördert. [...] Und derselbe Geist ist gemeint mit dem ‚Asphaltintellektualismus'. Es ist derselbe Geist, welcher die Zerstörung der Persönlichkeit zugunsten der Masse will, was dann jene Zerrbilder der Kunst produzierte. [...]"448 „In dieser Geistigkeit des Asphalts nun tobte sich der Pöbelinstinkt aus, – der Pöbelinstinkt allerminderwertigster Sorte. Alle großen Ideale, die es in Deutschland gab, wurden in den Kot getreten, verzerrt, wurden mit Schmutz beworfen, wurden dem Volk schlechtgemacht. So wurden dem Volk seine Ideale genommen, es sollte nicht mehr an Großes, nicht mehr an Kühnes, nicht mehr an Heroisches, nicht mehr an Gewaltiges glauben."449

Asphaltdemokratie – „Wie verkommen Berlin geworden war, zeigt eine prachtvolle Skizze aus Berlin W., die Dr. Goebbels im ‚Buch Isidor' [...] gab: ‚Das ist Berlin W! Das steingewordene Herz dieser Stadt. Hier hockt in den Nischen und Ecken der Cafés, in den Kabaretts und Bars, in den Sowjettheatern und Beletagen die Geistigkeit der Asphaltdemokratie aufeinander ...'"450

Asphaltintellektualismus – „Wir haben sehr recht, wenn wir sagen: Wir wollen keine Intellektuellen sein. Wir haben die ungeheuren Schäden, die der Asphalt-Intellektualismus in den vergangenen 15 Jahren in Deutschland angerichtet hat, sehr wohl erkannt und haben seine übelsten Folgen auch rigoros und brutal aus dem öffentlichen Leben in Deutschland beseitigt. Es ist aber ein Unterschied, ob einer intellektuell oder intelligent ist."451

Asphaltkultur – Der Rechtschreibduden von 1941 definiert: „die volksfremde sog. Kultur der Nachkriegszeit".452

Asphaltliteratur – ‚Meyers Lexikon' (1936 ff.) definiert: „Bezeichnung für Werke wurzelloser Großstadtliteraten, vor 1933 Mode- und Verfallserscheinung zum Teil artfremder Herkunft."453

Asphaltpresse – „Während im ehemaligen Herrenhaus zu Berlin der ‚Negerprofessor' William Pickens – ‚einer der klügsten Köpfe unter den amerikanischen Vorkämpfern der schwarzen Rasse', wie die jüdische Asphaltpresse schrieb – vor einem ‚auserwählten' Publikum sprechen durfte ... – zur selben Zeit verhing man über den deutschen Frontsoldaten Adolf Hitler Redeverbot."454

---

448 Ebd., 64 f.
449 Goebbels: Ansprache an die Intendanten u. Direktoren der Rundfunkanstalten v. 25. 3. 1933. In: Goebbels Reden 1932–1945. Hg. Heiber, H., Bd. 1, 1971, 84 f.
450 v. Leers: 14 Jahre Judenrepublik, Bd. 2, 1933, 80.
451 Goebbels. In: Leipziger Neueste Nachrichten v. 21. 6. 1935. Zit. Blick in die Zeit, 3/ 28. 6. 1935, 15.
452 Ebd., 40, s. v. Asphalt.
453 Bd. 1, 1936, 627. Gebucht: Duden, 12. Aufl. 1941, 40, s. v. Asphalt. Getilgt: Duden, 13. Aufl. 1947.
454 Espe, W. M.: Das Buch der N. S. D A. P., 1933, 225.

1944, als es Goebbels darum ging, den Durchhaltewillen der unter Bombenangriffen schwer leidenden Stadtbevölkerung zu stärken, distanzierte er sich von der Stigmatisierung der *verstädterten Asphaltmenschen* (die vor allem von ihm selbst betrieben worden war): „Aber wir stehen in tiefer Ehrfurcht vor diesem unzerstörbaren Lebensrhythmus und diesem durch nichts zu brechenden Lebenswillen unserer großstädtischen Bevölkerung, die auf dem Asphalt doch nicht so wurzellos geworden sein kann, wie uns das früher oft von gutgemeinten, aber reichlich theoretischen Büchern immer wieder auseinandergesetzt wurde. [...] Hier liegt die vitale Kraft des Volkes ebenso verankert wie im Bauerntum."[455]

Aufartung

Verbesserung der ↑ *Art* durch Maßnahmen der ↑ *Rassenhygiene*.[456]

> Den Terminus *Aufartung*, eine Kontrastbildung zu *Entartung*, schlug der Sozialhygieniker und Eugeniker Carl F. L. v. Behr-Pinnow 1925 in seinem Buch ‚Die Zukunft der menschlichen Rasse' als Verdeutschung des Fremdwortes ↑ *Eugenik* vor.[457] Im gleichen Jahr 1925 wurden in Berlin ein ‚Deutscher Bund für Volksaufartung und Erbkunde', dem auch v. Behr-Pinnow angehörte, und eine ‚Zeitschrift für Volksaufartung und Erbkunde' gegründet, deren Ziel die Popularisierung der menschlichen Erblichkeitslehre und der aus ihr abgeleiteten eugenischen Forderungen war.[458] „Der Terminus ‚Volksaufartung' war mit Bedacht gewählt worden, um die mit dem Begriff ‚Rassenhygiene' verbundenen Mißverständnisse zu vermeiden."[459] Hinter dem Volksaufartungsbund stand der personell stark mit dem Bund verzahnte ‚Reichsverband der Standesbeamten Deutschlands e. V.' Die Standesbeamten sahen sich als „geborene Träger der Namen-, Personen- und Rassenkunde" und betrachteten das „Gebiet der Rassenforschung" als ihr Tätigkeitsfeld.[460] „Er [der Standesbeamte] muß vor allem Wegbereiter und Wegweiser der Rassenhygiene und Eugenik oder Aufartung werden! Diese Auffassung gewinnt immer mehr an Anhang. Die wichtigsten Geistesführer der Standesbeamtenverbände vertreten diese Forderung nachdrücklich und zähe."[461]

> Im Nationalsozialismus wird der Ausdruck *Aufartung* anstelle von *Eugenik* oder auch *Rassenhygiene* vor allem von Anhängern des Purismus, wie z. B. Rosenberg, verwendet: „[...] der Mensch ist entartet. Er wurde innerlich entstaltet, weil in schwachen Stunden seines Schicksals ein ihm an sich fremdes Motiv vorgegaukelt

---

[455] In: Das Reich, 16. 4. 1944.
[456] Gebucht: Duden, 11. Aufl. 1934, 12. Aufl. 1941; Knaur 1934, Meyers Lexikon 1936 ff., Paechter, Volks-Brockhaus 1940. Getilgt: 14. Aufl. 1954.
[457] Erwähnt in: Günther, H. F. K.: Der nordische Gedanke unter den Deutschen, 2. Aufl. 1927, 143.
[458] Vgl.: Weingart, P.: Rasse, Blut und Gene, 1988, 216, 246.
[459] Ebd., 246.
[460] Weingart, ebd., 247, 249.
[461] Seelinger, A.: Das Standesamt im Dienste der Volksaufartung. In: Z. f. Standesamtswesen ..., 1925. Zit. ebd., 249 f.

wurde: Weltbekehrung, Humanität, Menschheitskultur. Und deshalb gilt es heute, diese Hypnose zu brechen, nicht etwa den Schlaf unseres Geschlechts zu vertiefen, die ‚Unumkehrbarkeit der Schicksale' zu predigen, sondern jene Werte des Blutes emporzuhalten, die – einmal erkannt – einem jungen Geschlecht auch eine neue Richtung geben können, um Hochzucht und Aufartung zu ermöglichen."[462] Im ‚Wörterbuch zur Erblehre' von E. Jeske wird das Stichwort *Aufartung* folgendermaßen erläutert: „Verbesserung der Erbmasse des Volkes durch Ausmerze der Erbkranken und Erbbelasteten, durch Förderung der Eheschließung von Erbgesunden und Begabten, durch Förderung der Aufzucht ihrer Nachkommenschaft."[463] Darüber hinaus sollen Wehrdienst und Sport zur *Aufartung der Rasse* beitragen: „In dieser Kampf- und Wehrtüchtigkeit sahen aber die Herrenvölker nicht nur die Voraussetzung für Freiheit und Ehre, für Selbstbehauptung und Selbstentfaltung ihres Volkes, sondern auch das beste Mittel zur Erhaltung und Aufartung ihrer Rasse. Denn körperliche und seelische Gesundheit und Tüchtigkeit fördern die wertvollen Erbanlagen eines Volkes und scheiden die schwachen und minderwertigen aus." „In diesem Dienste steht der Geländesport, im Dienste der Aufartung unseres Volkes und unserer Rasse."[464]

Der Ausdruck fand auch metaphorisch Verwendung: „Beseitigung sprachlicher Schäden wird somit zur Aufartung der Sprache."[465]

S. auch ↑ *Volksaufartung*.

Aufbruch der Nation

Emphatisch für die sog. ↑ *nationale Revolution*, den Machtantritt Hitlers.[466]

> *Aufbruch* für „Umwälzung der Dinge" wird in Campes ‚Verdeutschungswörterbuch' 1813 als neue, ungewöhnliche Verwendung notiert: „Als beim Anfange der von den Polen versuchten neuen Umwälzung der Dinge [...] 1794 die Zeitungsschreiber noch keine Winke erhalten hatten, wie sie diesen Versuch in ihren Blättern zu nennen hätten, gebrauchten sie eine Zeitlang das in diesem Sinne noch nie gehörte Wort Aufbruch, vermutlich, um es vor der Hand unentschieden zu lassen, ob es ein rechtmäßiger Aufstand oder ein strafbarer Aufruhr genannt werden müsse, ‚der Aufbruch des Kosziuzsko', ‚der Aufbruch in Warschau'."[467]

> Manfred Pechau hält die Wendung *Aufbruch der Nation* für neu geprägt und verweist auf den gleichlautenden Buchtitel von F. Fikenscher von 1933.[468] Goebbels

---

[462] Rosenberg, Mythus, 143.
[463] Ebd., 1934, 12.
[464] Hohmann, W.: 1914–1934, 2. Aufl. 1935, 100 f.; 101.
[465] Darnedde, L.: Einfache und klare Sprachhaltung. In: NS-Monatshefte 8/1937, 1074.
[466] Gebucht: Duden, 12. Aufl. 1941, Paechter (Paechter notiert als erste Bedeutung: „beginning of the First World War", ebd. 18). Getilgt: Duden, 13. Aufl. 1947.
[467] Ebd., 2. Aufl. 1913, s. v. Insurrection.
[468] Nationalsozialismus und deutsche Sprache, 1935, 83.

bezieht *Aufbruch der Nation* 1932 auf eine Großveranstaltung, an der er sich berauscht: „Und abends vor dem Volk. Der Einmarsch der SA. allein dauert 40 Minuten. Phantastischer Anblick. Fast nur Arbeiter. Aufbruch der Nation im ganzen Lande! Die Halle ist über und über überfüllt. Ich bin gut in Form. Ein großer Erfolg."[469] Gebräuchlich wird die Wendung in der NS-Zeit aber in Bezug auf Hitlers Machtübernahme. „Unbeschreiblicher Jubel durchbrauste Berlin, hallte durch ganz Deutschland, ‚Der Aufbruch der Nation', der Marsch in ein neues Deutschland, ins Dritte Reich begann."[470]

aufnorden, Aufnordung (Aufnordungsgedanke)

Den Bevölkerungsanteil der ↑ *nordischen Rasse* erhöhen.[471]

> *Aufnordung* — Kontrastbildung zu ↑ *Entnordung* — ist eine Neuprägung der Rassenlehre. V. Klemperer vermerkt: „Die Rassendoktrin der Nazis hat den Begriff des Aufnordens geprägt."[472] Aus einer Bemerkung H. F. K. Günthers in seiner ‚Kleinen Rassenkunde des deutschen Volkes' geht hervor, daß Walter Rathenau 1908 *Nordifikation* gleichbedeutend mit dem späteren *Aufnordung* verwandte. „Schon in seinen ‚Reflexionen' (1908), als eben erst Rassenkunde und Vorgeschichtsforschung die besondere Bedeutung der nordischen Rasse zu erweisen begonnen hatten, zog Rathenau die Folgerung, daß zu einer Erneuerung des Abendlandes eine ‚Nordifikation' (Vernordung, Aufnordung) nötig sei."[473] Günther selbst, dessen in hohen Auflagen erschienenen Schriften zu den wichtigsten Grundlagen der ↑ *nordischen Bewegung* gehörten, gebrauchte *Aufnordung* oft und geläufig. Von ihm ging die Popularisierung des Wortes aus. „Wenn die nordischen Gebiete Deutschlands statt der heutigen niedrigen Geburtenziffer einmal eine höhere aufweisen würden, so wäre zur Aufnordung des deutschen Volkes schon viel getan."[474] „Alles ist zu tun, damit die Geburtszahl der nordischen und nordischeren Menschen in Deutschland sich hebe: das ergibt die Betrachtung zwingend. Und so ernst wird diese Erkenntnis von Einzelnen schon genommen, daß es heute doch schon ostisch-nordisch gemischte Menschen gibt, die auf die Fortpflanzung verzichten, weil sie von ihrer Ehe nicht die ‚erwünschte' nordische Nachkommenschaft erwarten können. Ob dies wirklich richtig gedacht ist, ob nicht ein so ernstes Ergreifen des Aufnordungsgedankens eben doch an sich schon eine nordischere Erbmasse anzeige, als solche Menschen bei sich annehmen — das sei hier nicht betrachtet."[475] „Dauert dieser Verlust an nordischem Blut so weiter wie bisher, so bedeutet dies nicht nur den biologischen, sondern auch den sittentümlichen (kulturellen) Untergang unseres Volkes. Denn mit

---

[469] 9. 1. 1932. Vom Kaiserhof zur Reichskanzlei, 1934, 22.
[470] Hohmann, W.: 1914–1934, 2. Aufl. 1935, 80.
[471] Gebucht: Duden, 11. Aufl. 1934 (Def.: „mit nordischem Element erfüllen"), Duden, 12. Aufl. 1941; Knaur, Meyers Lexikon 1936 ff., Paechter. Getilgt: Duden, 13. Aufl. 1947.
[472] LTI, 14. Aufl. 1996, 200.
[473] 1933 (zuerst 1929), 137.
[474] Rassenkunde des deutschen Volkes, 1922, 356.
[475] Ebd., 355.

diesem durch Gegenauslese verursachten Vorgang der Entnordung vollzieht sich in Deutschland auch ein Niedergang der Sitten. Jeder Rassenwandel hat naturnotwendig einen Gesittungswandel zur Folge. Der immer mehr beklagte Zerfall unserer guten alten Sitten, der Verlust deutscher Art und deutschen Geistes sind bereits deutliche Anzeichen dafür, daß unser Volk im Kern seines Wesens aufs Allerernsteste bedroht ist. Soll dieses Unglück noch rechtzeitig aufgehalten werden, so muß an Stelle der Entnordung die Aufnordung treten."[476] „Der nordischen Bewegung fällt dabei die Aufgabe zu, die Bauern erkennen zu lassen, daß sie mit jeder Eheschließung sich aufnorden können."[477] „Erste Bedingung für diese sog. Aufnordung ist, daß fürderhin keine Juden, Neger oder sonstige Farbige in das deutsche Blut aufgenommen werden. Das strafrechtliche Verbot der Vermischung wird so zu fassen sein, daß die Vermischung verboten ist mit Angehörigen fremder Blutsgemeinschaften oder Rassen, deren Fernhaltung vom deutschen Blute durch Gesetz bestimmt worden ist."[478]

▷ Heute wird *aufnorden* nur noch gelegentlich ironisch in der Bedeutung ‚aufhellen, aufbessern' verwendet, die sich inoffiziell schon in der NS-Zeit herausbildete (*aufgenordete* ‚blondierte' Haare). „Das Image muß ein bißchen aufgenordet werden."[479]

Auslandsorganisation der NSDAP (AO)

Als eigener ↑ *Gau* organisierte Zusammenfassung aller im Ausland lebenden oder langfristig (z. B. in der Seefahrt) tätigen Mitglieder der *NSDAP*.[480]

▷ „Die Auslandsorganisation (AO.) der NSDAP. wird organisatorisch als Gau geführt. Der Leiter der AO. (im Range eines Gauleiters) ist dem Stellvertreter des Führers unmittelbar unterstellt. [...] Die AO. hat die Aufgabe, die Reichsdeutschen im Ausland und in der Seeschiffahrt für die nationalsozialistische Weltanschauung zu gewinnen und den Volksgemeinschaftsgedanken über alle Klassen und Stände und Konfessionen hinweg in jedem Auslandsdeutschen lebendig zu erhalten."[481] „Der gesamte Dienstverkehr aller Parteidienststellen mit den Organisationen der NSDAP. im Auslande und in der Seeschiffahrt ist ausnahmslos über die Leitung der AO. zu leiten. Die der Partei angeschlossenen Verbände, die in ihrer Tätigkeit die Reichsdeutschen im Ausland einzubeziehen beabsichtigen, dürfen dies nur im Rahmen der AO. tun."[482]

---

[476] Graf, J.: Vererbungslehre, Rassenkunde und Erbgesundheitspflege, 1939, 270.
[477] Darré, R. W.: Blut und Boden als Lebensgrundlagen der nordischen Rasse, 22. 6. 1930. In: Ders., Um Blut und Boden, 3. Aufl. 1941, 28.
[478] Nationalsozialistisches Strafrecht. Denkschrift des Preußischen Justizministers, 1933, 47.
[479] Der Spiegel 23/1969, 66. Zit. GWb. Duden 1994.
[480] Gebucht: Duden, 12. Aufl. 1941, Meyers Lexikon 1936 ff., Paechter, Volks-Brockhaus 1940. Getilgt: Duden, 13. Aufl. 1947.
[481] Organisationsbuch der NSDAP., 1937, 148.
[482] Ebd., 144.

Auslese

a) Gezielte Verbesserung der ↑ *rassischen* Qualität des deutschen Volkes durch das Ausfindigmachen, Vermehren und Stärken der [im ns. Sinn] biologisch wertvollsten Kräfte; b) das Ausfindigmachen und die Förderung der biologisch Wertvollsten und damit [im ns. Sinn] Leistungsfähigsten zur Sicherung des Führernachwuchses.[483]

> Das Verbalsubstantiv *Auslese* ist erst 1807 im ‚Wörterbuch der deutschen Sprache' von Campe belegt. Zu seiner Verbreitung hat früh F. L. Jahn beigetragen: „in einer wohlgetroffenen Auslese das ganze Volk stellvertretend vorstellen."[484] *Auslese* bezeichnet (als nomen acti) hier ‚das Ergebnis einer Auswahl der Besten' (wie in der Winzersprache). Eine zusätzliche, für den Gebrauch im Nationalsozialismus grundlegende Bedeutung, erhielt der Ausdruck durch das Werk von Charles Darwin ‚Über die Entstehung der Arten durch natürliche Zuchtwahl, oder die Erhaltung begünstigter Gattungen im Kampf ums Dasein'.[485] Als biologischer Terminus ist *Auslese*, auf die „natürliche Zuchtwahl" bezogen, die Bezeichnung eines biologischen Vorgangs; bezogen auf die „künstliche Zuchtwahl" (als nomen actionis) die Bezeichnung für einen aktiven Eingriff in einen Vorgang. 1903 wies der Rassenhygieniker der ersten Stunde Schallmayer in seinem Werk ‚Vererbung und Auslese im Lebenslauf der Völker' darauf hin, daß seit Darwins Hauptwerk die Lehre von der „natürlichen Auslese" immer stärker zu einem Prinzip in der Politik, im sozialen Zusammenleben der Menschen und in der Ethik erhoben werde. „Das 19. Jahrhundert ist durch einen besonders großen Reichtum an wissenschaftlichen Fortschritten ausgezeichnet [...] Aber das bedeutendste Ereignis war doch die Geburt und der Siegeslauf der Darwinschen Deszendenztheorie. Sie führte nicht nur zu einer Umwälzung der Anschauungen auf den verschiedenen Gebieten der organischen Naturwissenschaften, denen sie neue Bahnen wies, sondern auch die sogenannten Geisteswissenschaften erhielten durch den Darwinschen Entwicklungs- und Selektionsgedanken überraschendes Licht. Man fing an, die menschliche Geschichte, sowohl die politische als insbesondere die Kulturgeschichte und deren einzelne Zweige, unter dem Gesichtspunkt der Auslese zu betrachten. Besonders mächtigen Einfluß hatte diese Betrachtungsweise auf die Ethik. Sie führte nicht nur zu neuen Anschauungen über die Entstehung und Entwicklung der Sittengebote und demgemäß zu neuer Begründung derselben, sondern auch zu der Forderung einer teilweisen Umänderung der gegenwärtig geltenden sittlichen Anschauungen."[486] Der Fortschritt der Medizin und der sozialen Fürsorge in der modernen Zivilisation hatte das für den Fortbestand der Nation vermeintlich unerläßliche Naturgesetz der natürlichen Auslese außer Kraft gesetzt. „Man arbeitet heute energisch gegen die Tuberkulose. Wenn es auch gelingen sollte, sie ganz auszumerzen, so hätte man vom Gesichtspunkte der

---

[483] Gebucht: Knaur 1934, Meyers Lexikon 1936 ff., Paechter, Volks-Brockhaus 1940.
[484] Trübners DWB, Bd. 1, 1939, 186 s. v.
[485] Darwin, Charles: On the Origin of Species by Means of Natural Selection, or the Preservation of Favoured Races in the Struggle for Life, London 1859. Dt. v. G. Gärtner, Halle 1893 (zuerst: H. G. Bronn, Stuttgart 1860).
[486] Ebd., Vorwort, IX f.

Rassenfrage aus nicht nur nichts erreicht, sondern nur ein Element der Auslese unterdrückt, so daß noch elendere Menschen als bisher an der Fortpflanzung mitwirken."[487] Die „Forderung einer teilweisen Umänderung der geltenden sittlichen Anschauungen" betraf die Frage, welche praktischen Maßregeln zur Hebung des biologischen Niveaus der Nation ethisch akzeptiert werden könnten.

> a) Die Nationalsozialisten legitimierten ihre Maßnahmen zur aktiven *Auslese* der *Hochwertigen* im deutschen Volk durch die Thesen der völkischen Rassentheorie und der ↑*Rassenpflege (Eugenik)*, wie sie z. B. Hans F. K. Günther formulierte: „Auslese allein wird Rassen und Völker und damit die Geschichte bestimmen."[488] Genauso sieht Hitler die *Auslese* als das Grundprinzip des „Universums", das unerbittlich die Menschheitsgeschichte bestimmt: „Das ganze Universum scheint nur von diesem einen Gedanken beherrscht zu sein, daß eine ewige Auslese stattfindet, bei der der Stärkere am Ende das Leben und das Recht zu leben behält und der Schwächere fällt. Der eine sagt, die Natur sei deshalb grausam und unbarmherzig, der andere aber wird begreifen, daß diese Natur damit nur einem eisernen Gesetz der Logik gehorcht."[489] „Es ist dies das Gesetz der Auslese, das im natürlichen Kampf ums Dasein überall dem Gesunden, Starken und Hochwertigen vor dem Kranken, Schwachen und Minderwertigen den Sieg verleiht und so die Arten und Rassen vor dem Untergang bewahrt."[490] Die nationalsozialistischen Auslesemaßnahmen verleihen also lediglich einem unterdrückten Naturgesetz neue Geltung. Für sie gilt: „Worauf es also ankommt, das ist die Aufstellung eines Auslesevorbildes vor unserem Volke: der leiblich und seelisch erbtüchtige Mensch deutscher Prägung. [...] Was ich hier Auslesevorbild genannt habe, ist das, was die Tierzüchter ein Zuchtziel nennen."[491] „Für unsere Zielsetzung bleibt nur der darwinistische Weg, d. h. die Auslese, bzw. die Ausmerze: Der Kinderreichtum der Erblich-Hochwertigen aller Stände und die Kinderarmut bzw. Kinderlosigkeit der Erblich-Minderwertigen."[492] „Je mehr wir uns in die Praxis einarbeiten, desto mehr zeigt sich, in welch erschrekkendem Umfang heute immer noch die Würdigkeit mit der Bedürftigkeit gleichgesetzt wird und wie wenig Verständnis für eine biologisch und charakterlich wertvolle Auslese in der Fürsorge vorhanden ist."[493]

b) Die Auswahlprinzipien für den Führernachwuchs im NS-Staat wurden bestimmt durch die Annahme, daß die erbbiologisch Besten auch die sozial Besten und Leistungsfähigsten seien. „Aufgabe der Schulung soll es sein, Auslese zu betreiben. Diese Auslese erfolgt zunächst dadurch, daß die Teilnahme an den Schulungsveran-

---

[487] Ratzenhofer, G.: Die Rassenfrage vom ethischen Standpunkte. In: Archiv f. Rassen- u. Gesellschaftsbiologie, 1/1904, 742.
[488] Rassenkunde des deutschen Volkes, 1922, 252.
[489] Rede v. 30. 5. 1942. Zit. Zitelmann, R.: Hitler: Selbstverständnis eines Revolutionärs, 2. überarb. u. erg. Aufl., Stuttgart 1989 (zuerst 1987), 44.
[490] Biologie f. höhere Schulen, Bd. 3, 2. Aufl. 1943, 152.
[491] Günther, H. F. K.: Volk und Staat in ihrer Stellung zu Vererbung und Auslese. In: Führeradel durch Sippenpflege, 1936, 25.
[492] Ebd., 25.
[493] Stammler, E.: Sozialistischer Einsatz an der Hochschule. In: Der Deutsche Student, 4/April 1936, 174.

staltungen für die Parteigenossen grundsätzlich freiwillig ist und lediglich die Politischen Leiter usw. zu den Schulungsveranstaltungen pflichtmäßig herangezogen werden. Aus diesem Kreis erfolgt die Auslese für den Besuch der Kreisschulungsburgen und Gauschulungsburgen. [...]"[494] „Voraussetzungen für die Zulassung zur Ordensburg: a) Bisher aktive Betätigung des Anwärters in der NSDAP. b) Volle Gesundheit und Fehlerfreiheit. c) Erbgesundheit und arische Abstammung. d) Positives Urteil des Hoheitsträgers nach Anhören des Personalamtsleiters. [...]"[495] „In den Richtlinien ‚für die gesundheitliche Auslese zum Hochschulstudium' ist die Grundeinstellung der verantwortlichen Stellen dargelegt worden, nach der in Zukunft nur noch körperlich und geistig gesunden Menschen der Weg zum akademischen Beruf, also zur Verantwortung in leitenden Aufgaben für unser Volk ermöglicht wird."[496] Ausleselager – „Das Reichsstudentenwerk hat in der Zeit vom 3. bis 10. Oktober in Blankenburg wieder ein Ausleselager für 22 Studentinnen durchgeführt, die von dem BDM, dem Arbeitsdienst und der Schule für Förderung vorgeschlagen waren.[...] Die Lagerteilnehmerinnen arbeiteten während des halben Tages praktisch zum Teil in den benachbarten Dörfern bei der Kartoffelernte und zum Teil im Kindergarten der Stadt Blankenburg. Die andere Hälfte des Tages war mit Arbeitsgemeinschaften, Sport und Wanderungen ausgefüllt.[...] Die Entscheidungen, denen das Ergebnis einer erbgesundheitlichen Untersuchung zugrunde gelegt wurde, waren folgende: 5 Aufnahmen in die Reichsförderung, 11 Aufnahmen in die Hochschulförderung, 2 Zurückstellungen, 10 Ablehnungen."[497] „Schließlich wird auch noch verschiedentlich auf nachfolgenden Sachverhalt, der sich durchaus nicht nur im Aufnahmeverfahren für das Langemarckstudium, sondern gegenwärtig auch immer wieder in all den Ausleselagern zeige, in denen die ‚weltanschauliche Zuverlässigkeit' der Kandidaten festgestellt werden solle: Ein Prüfer in München stellte an einen Bewerber die Frage, was er wohl lesen würde, wenn er abends spät und müde nach Hause käme und über eine reiche Bibliothek verfügen würde. Die Antwort war bei dem einen in stereotypem Tonfall ‚Adolf Hitler «Mein Kampf»', bei einem anderen ‚Rosenberg «Der Mythos des 20. Jahrhunderts»'. [...] Es wird in verschiedenen Meldungen betont, daß sich in den gegenwärtigen Ausleselagern generell diese ‚krampfhaften Bemühungen' zeigen würden, als eindeutig ‚weltanschaulich ausgerichtet' zu gelten."[498]

Ausmerze

Eliminierung unerwünschter Erbanlagen durch Eheverbot und Sterilisierung.[499]

> Das Verb *ausmerzen* ist 1807 in Campes ‚Wörterbuch der Deutschen Sprache' belegt: „das Schlechte und Untaugliche aus Dingen einer Art auslesen und abson-

---

[494] Organisationsbuch der NSDAP., 4. Aufl. 1937, 180.
[495] Ebd., 184.
[496] Das Studentenwerk teilt mit. In: Der Deutsche Student, 4/April 1936, 183.
[497] Förderung v. Studentinnen. In: Der Deutsche Student, 4/Dezember 1936, 570.
[498] MADR, (Nr. 169), 10. 3. 1941, Bd. 6, 2094.
[499] Gebucht: Duden, 12. Aufl. 1941, Meyers Lexikon 1936 ff. [s. v. Rasse], Volks-Brockhaus 1940 [ausmerzen]. Nicht in: Duden, 20. Aufl. 1991.

dern; dann, von diesem Schlechten und Untauglichen befreien."[500] Das Nomen *Ausmerze* taucht um die Jahrhundertwende als Antonym zu ↑ *Auslese* in den Diskussionen um Fragen der Rassenhygiene auf: „Alle diese Vorschläge von künstlicher Auslese und besserer sexueller Zuchtwahl müssen, abgesehen von den Hindernissen, die ihnen entgegenstehen, immer noch das ziemlich große Quantum Elend in Kauf nehmen, das mit der Ehe- und Kinderlosigkeit [...] verknüpft worden ist. Jeder Auslese entspricht eben eine Ausmerze. (1894)"[501] E. Rüdin, 1905 Mitbegründer der ‚Deutschen Gesellschaft für Rassenhygiene', in der NS-Zeit maßgeblich beteiligt am Zustandekommen des ‚Gesetzes zur Verhütung erbkranken Nachwuchses' und des ‚Ehegesundheitsgesetzes', zählt 1904 genau die Menschengruppen als Opfer der *natürlichen Ausmerze* auf, die später im NS-Staat von der *künstlichen Ausmerze* durch die NS-Gesetze betroffen wurden: „Auch beim Menschen war eine scharfe Auslese stets notwendig, damit die Fähigkeiten der höchsten Rassen entstehen und von Dauer sein konnten. Nur durch beständige Ausmerze der körperlich untüchtigen, namentlich aber der intellektuell minderbegabten und der sozial unangepaßten, nutzlosen oder schädlichen Individuen, also durch eine ständige Beseitigung schwacher Erbwerte oder minderwertiger generativer Anlagen konnte sich eine bestimmte Rasse im Daseinskampfe gegen eine andere behaupten und zu einer höheren aufschwingen."[502] In einer Rezension fragt Rüdin: „Warum empfiehlt also der Verfasser in bezug auf Heirat und Fortpflanzung nicht die künstliche Auslese des Guten, Gesunden und Hochstehenden, die künstliche Ausmerze des Schlechten, Kranken und Tieferstehenden? Ist er vielleicht doch nicht so recht von der Macht der Vererbung überzeugt? Oder fürchtet er sich vor der Scheinhumanität unserer Tage?"[503]

> Im Nationalsozialismus wird *Ausmerze* in gleicher Bedeutung wie schon in der *Rassenhygiene* um die Jahrhundertwende verwendet. Es steht jedoch nicht mehr im Kontext nur gedachter Forderungen, sondern gesetzlich geregelter Zwangsmaßnahmen der sog. ↑ *Rassenpflege*, die sich zunächst gegen *unerwünschte Erbstämme* und später, mit innerer Konsequenz, gegen die unerwünschten *Erbträger* selbst richteten. „Erst in neuerer Zeit erkennen wenige, wie einschneidend die Veränderungen in einer Bevölkerung sind, welche durch Auslese bzw. Ausmerze bewirkt werden."[504] „Das Gesetz vom 14. Juli 1933 ‚Zur Verhütung erbkranken Nachwuchses' gab die Grundlage für eine ausmerzende Rassenpflege, die erst einmal durch Unfruchtbarmachung erbkranker Erbträger eine Reinigung des Volkskörpers von schwerbelastetem Nachwuchs erreicht."[505] „In der praktischen Rassenpolitik wurde aufgrund der wissenschaftlichen Ergebnisse der Vererbungsforschung die Ausmerze und Auslese weiterentwickelt."[506]

---

[500] Bd. 1, 317, s. v.
[501] Ploetz, A.: Rassentüchtigkeit und Socialismus. In: Neue Deutsche Rundschau, 5/1894, 994.
[502] Archiv f. Rassen- u. Gesellschafts-Biologie, 1/1904, 923.
[503] Ebd., 1/1904, 922.
[504] Günther, H. F. K.: Kleine Rassenkunde des deutschen Volkes, 1941 (zuerst 1929), 75.
[505] v. Leers, J.: Arteigenes Recht und Unterricht, 1937, 175.
[506] Jahreslagebericht 1938, Bd. 2, Rasse und Volksgesundheit. MADR, Bd. 2, 107.

Ausrichtung, ausrichten

Nationalsozialistische Indoktrination; einheitlich auf die Linie des Nationalsozialismus bringen.

> In der Militärsprache, aus der *ausrichten* übernommen ist, wird das Verb überwiegend reflexiv gebraucht: „Richt' Euch!", d. h.: ‚die Soldaten sollen sich beim Antreten oder Marschieren auf eine einheitliche Linie bringen'. Im NS-Sprachgebrauch ist *ausrichten* transitiv und bedeutet — wie das abgeleitete Nomen *Ausrichtung* — im übertragenen Sinne: ‚andere, z. B. Personen, Organisationen, Institutionen, Disziplinen, nach der Richtschnur der nationalsozialistischen Ideologie (unter Druck) auf eine Linie bringen'. Da die Aufgabe, das Denken und Fühlen des Volkes total zu vereinheitlichen, nie abgeschlossen sein kann, finden sich die Ausdrücke *ausrichten*, *Ausrichtung* ubiquitär. „Wir sprechen viel von politischer Ausrichtung des deutschen Menschen, auch von politischer Ausrichtung des wissenschaftlichen Arbeiters. Die Notwendigkeit dieser politischen Ausrichtung wird auf vielen Gebieten aber ungern anerkannt. Und doch ist der gleiche Marschtritt die primitivste Voraussetzung für das Vorwärtskommen einer geschlossenen Truppe. Deshalb ist selbstverständlich: wer nicht den richtigen Tritt des Volksmarsches hat, für den heißt es ‚Tritt gewechselt'. Wer das Kommando nicht versteht, der muß nachexerzieren, bis er es gelernt hat. Das ist einfache Tatsache — in der Wissenschaft so selbstverständlich wie beim Militär."[507] „Ein Vergleich der wissenschaftlichen Arbeit auf dem Gebiet der Erb- und Rassenlehre mit den früheren Jahren zeigt deutlich die Bestrebungen, die immer stärker werdende Zersplitterung der einzelnen Forschungsgebiete durch eine Zusammenfassung im Rahmen der Biologie zu erreichen, indem diese Zusammenfassung von weltanschaulich einwandfreien Wissenschaftlern geleitet wird, ist die Gewähr gegeben, daß die bisher allgemein noch fehlende Ausrichtung gerade dieses Wissenschaftsgebietes auf den Nationalsozialismus erreicht werden wird."[508] „In 1723 Jugendappellen und Jugendbetriebsabenden erhielten unsere Jungen und Mädel die weltanschauliche Ausrichtung zur Erfüllung ihrer Aufgaben als die kommenden Träger der Gemeinschaft."[509] „Willi Börger: Besser ein Maschinengewehr unter dem Kopfkissen, als ein Gebetbuch auf dem Nachttisch! Kreisleiter Erich Börger hieß dann den Redner herzlich willkommen, der jedes Jahr wenigstens einmal zu seinen Neußern sprechen werde. Kurz stellte er den Sinn dieser Kundgebung heraus, in der aus berufenem Munde noch einmal die ganze Bevölkerung kurz vor der am 1. Juli beginnenden Versammlungsruhe ausgerichtet werden solle. Nach dem Kriege hätten wir gespürt, wohin ein Volk komme, das nicht politisch erzogen und ausgerichtet sei. Zerfall auf allen Lebensgebieten im Leben der Nation und Not für den einzelnen seien die Folgen gewesen. Der ungeheure Aufschwung, den wir in

---

[507] Pechau, M.: Nationalsozialismus und deutsche Sprache. In: N. S.-Monatshefte, 8/1937, 1058.
[508] Jahreslagebericht d. Sicherheitshauptamtes, Bd. 2: Rasse und Volksgesundheit. MADR, Bd. 2, 106.
[509] Jahres- u. Leistungsbericht der Gauwaltung Düsseldorf, (1938), 34.

der Vergangenheit erlebt hätten, sei nur unserer einheitlich politischen Ausrichtung zu danken."[510] „Heute bedeutet Reichsparteitag der Bewegung neben der Pflege unserer Tradition und unseres Stiles vor allem das Symbol der einheitlichen Ausrichtung der Nation."[511] Die Allgegenwärtigkeit des Ausdrucks *Ausrichtung* und die Häufigkeit seines Gebrauchs lassen sich indirekt daraus schließen, daß in seinem Kontext die (okkasionelle) Umdeutung von *Richtstätte* als ‚Ort der *Ausrichtung*' für *Hochschule* möglich war: „Wir wollen in diesem Rahmen dafür arbeiten und kämpfen, daß in dem studentischen Nachwuchs eine einheitlich ausgerichtete, politisch klare, charakterlich harte und geistig mutige Schicht entsteht, welche dereinst in ihren Besten, verbunden mit den Besten der Jungarbeiterschaft, die Führung des Reiches übernehmen kann. Wir wollen in unserem Rahmen mit unseren Möglichkeiten dafür Sorge tragen, daß aus unserer Generation Hochschulen erwachsen, die wirklich wieder, wie das früher einmal war, die großen Richtstätten des deutschen Reiches sind [...]."[512]

Ausschaltung der Juden aus dem Wirtschaftsleben
Schrittweise Verdrängung der Juden aus allen Erwerbsmöglichkeiten.

> Die Wendung *Ausschaltung der Juden aus dem Wirtschaftsleben* bezeichnet seit Beginn des NS-Staates die Absicht der Nationalsozialisten, den deutschen Juden jede wirtschaftliche Existenzgrundlage zu entziehen. „Jedoch stößt die erstrebte Ausschaltung der Juden aus dem Wirtschaftsleben hauptsächlich bei der Landwirtschaft deshalb auf Schwierigkeiten, weil noch kein ausreichender Ersatz auf dem Gebiete des Viehhandels besteht."[513] „In der Judenfrage ist eine Art Beharrungszustand eingetreten, wohl dadurch veranlaßt, daß allgemein die gesetzlichen Vorschriften darüber erwartet werden, inwieweit eine Ausschaltung der Juden aus dem Wirtschaftsleben dem Willen der politischen Staatsführung entspricht."[514] Die erwartete gesetzliche Regelung, durch die den Juden nahezu jede Erwerbsmöglichkeit genommen wurde, erfolgte durch die ‚Verordnung zur Ausschaltung der Juden aus dem deutschen Wirtschaftsleben' vom 12. 11. 1938[515] unmittelbar nach dem Pogrom, der sog. *Reichskristallnacht*, am 9./10. November. „Allgemeine Empörung löste bei der Bevölkerung die Ermordung des Gesandtschaftsrates vom Rath aus. Die nunmehrige Ausschaltung der Juden aus dem Wirtschaftsleben und die sonstigen scharfen Gegenmaßnahmen gegen die Judenschaft werden von dem weltanschaulich noch nicht gefestigten Teil der Volksgenossen – vor allem in klerikalen

---

510 Rhein. Landeszeitung. Neuß-Grevenbroicher Anzeiger, 20. 6. 1939.
511 Bouhler, Ph.: Kampf um Deutschland, 1501.–1550. Tausend 1942, 84.
512 Feickert, A.: Der völkische Weg der Dt. Studentenschaft. In: Der Deutsche Student, 4/ Febr. 1936, 76.
513 Halbmonatsbericht d. Reg.präsidenten v. Ober- u, Mittelfranken, 6. 4. 1934. In: Bayern in der NS-Zeit, 1977, 438.
514 Lagebericht d. Reg.präsidenten v. Oberbayern, 9. 12. 1935. In: Bayern in der NS-Zeit, 1977, 457.
515 RGBl. 1, 1938, 1580.

und kleinbürgerlichen Kreisen — immer noch nicht verstanden und als ungerechtfertigt bezeichnet."[516] „Auf Grund der Verordnung zur Ausschaltung der Juden aus dem Wirtschaftsleben vom 12. 11. 1938 sind die Juden aus dem Einzelhandel einschließlich der Versandgeschäfte und Bestellkontore mit Wirkung vom 1. 1. 1939 nunmehr gänzlich ausgeschlossen."[517] 1939 wird in ‚Meyers Lexikon' unter dem Stichwort *Judentum* deutlich gesagt, daß die Ziele der Nationalsozialisten allerdings über die *Ausschaltung der Juden aus dem Wirtschaftsleben* weit hinausgehen: „Erst der Nationalsozialismus hat mit den Nürnberger Gesetzen eine wirkliche, endgültige Lösung der Judenfrage für das deutsche Volk eingeleitet, die durch die Gesetze des Jahres 1938 als endliches Ziel eine völlige Ausschaltung der Juden aus Deutschland vorsieht."[518] 1943 ist das assoziative Umfeld des Ausdrucks *Ausschaltung der Juden* eindeutig. Das zeigt der decouvrierende (oder zynische, scheinbare) Versprecher Goebbels in seiner Rede auf einer Kundgebung des Gaues Berlin der NSDAP im Berliner Sportpalast: „Wenn das feindliche Ausland gegen unsere antijüdische Politik scheinheilig Protest erhebt und über unsere Maßnahmen heuchlerische Krokodilstränen vergießt, so kann uns das nicht daran hindern, das Notwendigste zu tuen. Deutschland jedenfalls hat nicht die Absicht, sich dieser jüdischen Bedrohung zu beugen, sondern vielmehr die, ihr rechtzeitig, wenn nötig unter vollkommener und radikalster Ausrott-, -schaltung des Judentums, entgegenzutreten! [Starker Beifall, wilde Rufe, Gelächter.]"[519]

---

[516] Monatsbericht d. Bezirksamtes Aischach, 1. 12. 1938. In: Bayern in der NS-Zeit, 1977, 367 f.
[517] Jahresbericht 1938 d. SHA, Bd. 3, Binnenhandel. In: MADR, Bd. 2, 173.
[518] Ebd. Bd. 6, 1939, 598.
[519] Goebbels Reden 1932–1945. Hg. H. Heiber, Bd. 2, 1972, 182 f.

B

Bann

Einheit der ↑ *Hitlerjugend* (*HJ*), seit den vierziger Jahren auch des ↑ *Bundes Deutscher Mädel* (*BDM*).[1]

> Das aus der mittelalterlichen Rechtssprache stammende Wort *Bann* (Pluralform: *Banne*) wurde in der alten Bedeutung ‚Gebiet einer Befehlsgewalt'[2] – vielleicht in Anlehnung an das um 1800, ebenfalls aus der mittelalterlichen Rechtssprache, wieder aufgenommene *Heerbann* – als Bezeichnung der zweithöchsten Organisationseinheit in der Hitlerjugend wiederbelebt. „Je vier bis acht Stämme, Jungstämme, Mädelringe und Jungmädelringe bilden den Bann, der in der Regel einen politischen Kreis umfaßt. Der Führer des Bannes ist der für die gesamte Arbeit der Jugend in seinem Bann politisch Verantwortliche. Für die gesamte Arbeit des Bundes Deutscher Mädel im Bann ist die Mädelführerin des Bannes verantwortlich. Die Regelung der Zusammenarbeit ist gleich wie im Gebiet. Symbol der Geschlossenheit eines Bannes ist die Bannfahne, das höchste Feldzeichen der HJ., das durch den Reichsjugendführer verliehen wird. Die Banne werden mit arabischen Ziffern fortlaufend im Reich numeriert und tragen meistens die Nummer eines Truppenteils der alten Armee, der im Ort des Bannes seinen Standort hatte. Alle Banne haben einen Namen, der sich nach ihrem Ausdehnungsbereich richtet."[3]

Bauer

Eigentümer eines ↑ *Erbhofs*.[4]

> *Bauer* aus mhd. *gebure*, das ursprünglich den Mitbewohner des *bur* (Haus, Bebauung), den Dorfgenossen (Nachbar), also den Angehörigen einer Nachbarschaft (*burschap*) bezeichnete. Erst im frühen Hochmittelalter trat *gebure* in der Bedeutung ‚Landmann', ‚Bauer' als Berufs- und Standesbezeichnung auf.[5] *Bauer* wurde „zu einem Ober- und Allgemeinbegriff, der eine Fülle von wirtschaftlich und rechtlich bestimmten Einzelbezeichnungen zuließ und erforderte, damit Freiheit oder Unfreiheit verschiedener Abstufung, Eigentums-, Besitz- und Nutzungsrechte sowie Be-

---

[1] Gebucht: Duden, 12. Aufl. 1941, Meyers Lexikon 1936 ff., Paechter, Trübners DWB, Volks-Brockhaus 1940. Getilgt: Duden, 13. Aufl. 1947.
[2] Trübners DWB, Bd. 1, 1939, 226, s. v.
[3] Organisationsbuch der NSDAP. 1943, 440a.
[4] Gebucht: Duden, 12. Aufl. 1941, Paechter, Trübners DWB, Volks-Brockhaus 1940. Getilgt: Duden, 13. Aufl., 1947.
[5] Lexikon des MA, 1980 ff., Bd. 1, 1563 f.

triebsgrößen und Rechtsstellung im Dorf fixiert werden konnten."[6] *Bauer* bezeichnete also – im weitesten Sinne – jeden, der selbständig Land-, Forst-, Viehwirtschaft betrieb.

> Im Nationalsozialismus wird der Ausdruck *Bauer* – gegen die sprachliche Tradition – als Bezeichnung reserviert für den Eigentümer eines ↑*Erbhofs*, d. h. einer ↑ Ackernahrung, die von einer regional unterschiedlichen Mindestgrenze bis 125 ha variierte. Besitzer von kleineren Höfen und Großgrundbesitzer hatten sich *Landwirt* zu nennen. So bestimmte es das ↑Reichserbhofgesetz vom 29. 9. 1933: „Der Bauer. § 11 Begriff. (1) Nur der Eigentümer eines Erbhofs heißt Bauer. (2) Der Eigentümer oder Besitzer anderen land- oder forstwirtschaftlich genutzten Grundeigentums heißt Landwirt. (3) Andere Bezeichnungen für Eigentümer oder Besitzer land- oder forstwirtschaftlich genutzten Grundeigentums sind unzulässig. (4) Die Berufsbezeichnung der Eigentümer im Grundbuch ist allmählich entsprechend zu ändern."[7] „[…] Falls ein Zweifel darüber besteht, ob der Betreffende Bauer oder Landwirt ist, ist der Titel Landwirt zu wählen. Der Titel Bauer müsse dem wirklichen und durch Reichsgesetz bezeichneten Bauern als Ehrentitel vorbehalten bleiben. Kopfanschriften der Briefe hätten beispielsweise zu lauten: ‚An den Landwirt Herrn …' oder ‚An den Bauern Herrn …' Die Bezeichnungen ‚Rittergutsbesitzer', ‚Gutsbesitzer', ‚Pächter' usw. kämen dadurch in Fortfall."[8] R. Walther Darré, der die nationalsozialistische Landwirtschaftspolitik bis zum Zweiten Weltkrieg entscheidend prägte, hatte die Unterscheidung zwischen *Bauer* und *Landwirt* schon 1932 vorweggenommen. „Man kann innerhalb einer zeitgenössischen germanisch bedingten Bevölkerung zwei grundsätzlich verschiedene Einteilungen der landbestellenden Bevölkerung vornehmen: 1. Bauern, 2. Landwirte. Der Unterschied liegt kurz gesagt darin, daß der Bauer ein familienrechtlicher Begriff ist, während der Landwirt, wie schon sein Name sagt, ein wirtschaftlicher Begriff ist. Das heißt: Bauerntum bedeutet die familienrechtliche Sicherung der Geschlechterfolge auf der Scholle. […] Landwirt bedeutet die wirtschaftliche Auswertung einer ländlichen Produktionsstätte. […] Beim Bauern wird daher der Boden nie zur Ware, denn dieser ist ja nur ein Teil, sozusagen der ernährende Teil, eines Familiengedankens. Beim Landwirt ist das Werden des Bodens zur Ware Voraussetzung seines Daseins überhaupt: er braucht die wirtschaftliche Freizügigkeit, um den höchsten wirtschaftlichen Ertrag und damit Gewinn zu erzielen.[…]"[9] „Der Bauer dagegen – ja, hier fehlt uns vorläufig das richtig kennzeichnende Wort, denn ‚familienrechtlich' bezeichnet zwar den Zustand, aber nicht seine Ursache. Der Begriff des Bauern hat seine Wurzel im germanischen Mythos von der Heiligkeit des Blutes und der Aufgabe des Bauern, dieses Blut durch Dienst an seinem Geschlecht rein und gesund auf der ihm anvertrauten

---

6 Conze, W.: Bauer, Bauernstand, Bauerntum. In: GG, Bd. 1, 1972, 407.
7 RGBl. 1, 1933, 686.
8 Dt. Tageszeitung, 27. 12. 1933. Zit. Blick in die Zeit, 2/6. 1. 1934, 8.
9 Das Ziel. 1932. In: Darré, R. W.: Um Blut und Boden, 1941, 338 f.

Scholle zu bewahren und zu sichern. Wir könnten also höchstens sagen, der Bauer ist ein völkischer Begriff, ist doch die Reinerhaltung des Blutes, der Rasse, heute der Kern der völkischen Weltanschauung."[10]

Bauernfähigkeit, bauernfähig

Berechtigung, berechtigt, ↑ *Erbhofbauer* zu sein.[11]

> Das nach dem Muster anderer rechtssprachlicher Ausdrücke wie *geschäftsfähig*, *rechtsfähig* gebildete *bauernfähig* wurde durch das ↑ *Reichserbhofgesetz* vom 19. 9. 1933 eingeführt. Der Ausdruck bezieht sich auf die Bedingungen, die ein Hofeigentümer erfüllen mußte, um als ↑ *Bauer*, d. h. als Eigentümer eines ↑ *Erbhofes* anerkannt zu werden. „§ 12 Erfordernis der deutschen Staatsangehörigkeit. Bauer kann nur sein, wer die deutsche Staatsangehörigkeit besitzt. § 13 Erfordernis deutschen oder stammesgleichen Blutes. (1) Bauer kann nur sein, wer deutschen oder stammesgleichen Blutes ist. (2) Deutschen oder stammesgleichen Blutes ist nicht, wer unter seinen Vorfahren väterlicher- oder mütterlicherseits jüdisches oder farbiges Blut hat. (3) Stichtag für das Vorhandensein der Voraussetzungen des Abs. 1 ist der 1. Januar 1800. [D. h.: Es wird der *große* ↑ *Abstammungsnachweis* gefordert.] [...] § 14 Ausschluß durch Entmündigung. Bauer kann nicht sein, wer entmündigt ist. [...] § 15 Ehrbarkeit und Befähigung des Bauern. (1) Der Bauer muß ehrbar sein. Er muß fähig sein, den Hof ordnungsmäßig zu bewirtschaften. [...]"[12] „§ 16 Wirkung des Verlusts der Bauernfähigkeit. Verliert der Bauer die Bauernfähigkeit, so darf er sich nicht mehr Bauer nennen. Hierdurch wird sein Eigentum am Hof vorbehaltlich des § 15 sowie die Erbhofeigenschaft des Hofes nicht berührt."[13] „Das Gesetz schaltet den Begriff der ‚Bauernfähigkeit' ein; in höchst volkstümlicher Weise wird damit dem im Bauerngeist heute noch lebendigen Rassezucht- und Auslesegedanken Raum gegeben. Es ist in diesem Zusammenhang nur eine Selbstverständlichkeit, wenn jeder für nicht bauernfähig erklärt wird, der stammesfremdes Blut in den Adern hat."[14] „Bauerntum ist wieder eine Angelegenheit der Zucht geworden, da der Abstammungsnachweis die Voraussetzung der Bauernfähigkeit geworden ist: mithin muß auch die Ehe wieder mit Berücksichtigung der Abstammung der Frau geschlossen werden, weil sonst die Gefahr besteht, daß eine in ihrem Blut ungeeignete Frau – jüdischer Mischling zum Beispiel – einen nichtbauernfähigen Sohn gebiert, und dieser dann nicht ‚Bauer' werden kann."[15] „Landesbauernführer v. Rheden (Hannover) teilte in einem Vortrag mit, daß sechs Bauern der Provinz Hannover wegen Ehrlosigkeit die Bauernfähigkeit aberkannt worden ist. Ihnen wurde das Verfügungsrecht über ihren Hof entzogen und zum Teil den Frauen für

---

[10] Ebd., 340.
[11] Gebucht: Duden, 12. Aufl. 1941, Paechter, Trübners DWB. Getilgt Duden, 13. Aufl. 1947.
[12] Reichserbhofgesetz, 2. Aufl. 1937, 1, 5 f..
[13] Ebd., 1, 7.
[14] Metzner, E.: Das deutsche Erbhofrecht. In: Der Schulungsbrief, 1/Nov. 1934, 13.
[15] Darré, R. W.: Unser Weg (1. 4. 1934). In: Ders., Um Blut und Boden, 1941, 102.

ihre Kinder übertragen."[16] „Das Anerbengericht in Stendal hat einem Landwirt die Bauernfähigkeit abgesprochen, weil seine Großmutter mütterlicherseits eine getaufte Jüdin war. Nach dem Reichserbhofgesetz kann Besitzer eines Erbhofes nur sein, wer deutschen Blutes ist."[17] „Die Steuermoral ist in vielen Gemeinden ganz schlecht. Selbst verhältnismäßig gut situierte Bauern zahlen sehr schlecht [...]. Mit der Androhung der Aberkennung der Bauernfähigkeit ist nicht viel zu machen, da sie nicht ernst genommen wird und auch das Verfahren so umständlich und langwierig ist, daß man nicht darauf warten kann."[18]

BDM

Abk. für: *Bund Deutscher Mädel*, den Verband für Mädchen in der ↑ *Hitlerjugend*.

> Der *Bund Deutscher Mädel* (BDM) wurde 1930 als Verband in der *Hitlerjugend* gegründet. Seit Erlaß des Gesetzes über die Hitlerjugend vom 1. 12. 1936 gehörten alle deutschen Mädchen innerhalb des Reichsgebiets automatisch dem *BDM* oder dem *Jungmädelbund* (JM) an.[19] In der Jugenddienstverordnung vom 25. 3. 1939 wurde die Dauer der *Dienstpflicht* geregelt: „1. Der Dienst in der Hitler-Jugend ist Ehrendienst am deutschen Volke. 2. Alle Jugendlichen vom 10. bis zum vollendeten 18. Lebensjahr sind verpflichtet, in der Hitler-Jugend Dienst zu tun, und zwar: [...] Die Mädchen im Alter von 10–14 Jahren im ‚Jungmädelbund' (JM). Die Mädchen im Alter von 14–18 Jahren im ‚Bund Deutscher Mädel' (BDM)."[20] Die Organisation des *BDM* baute sich hierarchisch aus den Einheiten *Mädelschaft, Mädelschar, Mädelgruppe, Mädelring, Untergau, Obergau* und *Gauverband* auf.[21] In den vierziger Jahren wurde die Hierarchie an der Spitze gekappt. An die Stelle der drei obersten Einheiten trat, wie bei der männlichen Hitlerjugend, der ↑ *Bann*. Der Verband für die 14–21jährigen wird nun offiziell auch *Mädelbund in der Hitlerjugend* genannt. Die alte Abkürzung *BDM* bleibt aber in Gebrauch. Der Name *Bund Deutscher Mädel* wird zur Sammelbezeichnung: „Der Mädelbund, der Jungmädelbund und das BDM-Werk ‚Glaube und Schönheit' werden im Bund Deutscher Mädel zusammengefaßt."[22] Die Rolle des *BDM* im ↑ *Dritten Reich* wird in der Einleitung des ‚Handbuchs' ‚Mädel im Dienst' beschrieben: "In dieser schwersten Zeit Deutschlands fanden sich deutsche Mädel in einem Bund zusammen und stellten sich unter die Fahne des Führers, der ihnen den Weg wies zu deutscher Ehre, Freiheit und Volksgemeinschaft. [...] So wurde der ‚Bund Deutscher Mädel in der Hitlerjugend' bewußt auf der Idee ‚Volksgemeinschaft' aufgebaut. Und das kann nur hei-

---

[16] Dt. Allg. Zeitung. Zit. Blick in die Zeit, 2/20. 1. 1934, 8.
[17] Frankfurter Zeitung, Zit. Blick in die Zeit 1/28. 7. 1934, 9.
[18] Monatsbericht d. Bezirksamtes [Ebermannstadt], 4. 9. 1935. In: Bayern in der NS-Zeit, 1977, 79.
[19] RGBl. 1, 993.
[20] RGBl. 1, 710.
[21] Organisationsbuch der NSDAP., 4. Aufl. 1937, 442.
[22] Organisationsbuch der NSDAP. 1943, 442, 440.

ßen: ‚Du bist nichts, dein Volk ist alles!' Wir wissen, daß für das Leben des Volkes jeder einzelne Mensch und seine Arbeit wertvoll sind und eingegliedert werden müssen in die Gemeinschaft des Volkes. So verkörpert der ‚Bund Deutscher Mädel' ein Stück blutsgebundener Volksgemeinschaft. In seinen Reihen fühlt sich die Jungarbeiterin ebenso wohl wie die Verkäuferin und die Studentin, weil alle derselbe Wille beherrscht: Dienst zu leisten an Volk und Vaterland! Von ihrer Ichgebundenheit werden die Mädel losgelöst und dem Gesetz verpflichtet, das ihnen die Zugehörigkeit zu diesem deutschen Blut und Boden auferlegt."[23] „Wir im BDM haben unser Leben eingestellt auf den Dienst an unserem Land. In bedingungsloser Kameradschaft stehen wir zueinander und zu unserer Aufgabe und wollen ein Mädeltum herausstellen, das stolz und gerade seinen Weg geht, das leidenschaftlich nationalsozialistisch glaubt und handelt, das bis zum letzten weiß: Ich stehe für mein Land und Volk."[24] „Im BDM werden unsere Mädel zu Trägerinnen der nationalsozialistischen Idee geformt. Mit reinen Händen und gläubigen Herzen muß diese Idee weitergetragen werden in die nächste Generation hinein; denn Männer machen Revolution, Frauen aber müssen sie weitertragen und sie erhalten helfen. Weil unsere Mädel morgen die Frauen Deutschlands sind, erziehen wir sie im BDM zu dieser ernsten, verantwortungsvollen und beglückenden Aufgabe: Trägerinnen der nationalsozialistischen Weltanschauung zu sein."[25]

BDM-Mädel

Mitglied des *Bundes Deutscher Mädel* (BDM).

„Ein weiterer unangenehmer Zwischenfall ereignete sich während der Ostertage in einem Ausflugsort unseres Bezirks, in dem ungefähr tausend Hitler-Jungen und einige hundert BDM-Mädels zusammentrafen. Da sie nicht in genügenden Quartieren untergebracht werden konnten, trieben sie sich viel auf der Straße herum und erregten durch ihr Betragen leider verschiedentlich Ärgernis. Da verschiedene Angehörige der HJ und des BDM trotz Verbots in Uniform zusammen wanderten und lagerten, schritten Polizei und PO ein. Der Gebietsführer veranlaßte später die Überwachung der HJ durch Angehörige des Feldjägerkorps."[26]

BDM-Werk „Glaube und Schönheit"

Zum *Bund Deutscher Mädel* (BDM) gehöriger Verband in der ↑ *Hitlerjugend* mit freiwilliger Mitgliedschaft.

▶ „Das BDM-Werk „Glaube und Schönheit" wurde [1938] vom Reichsjugendführer [Baldur v. Schirach] geschaffen zur Erfassung und Erziehung der deutschen Mäd-

---

[23] Hg. v. der Reichsjugendführung, Potsdam 1934.
[24] Mohr, T.: Geleitwort zu: Wir deutschen Mädel, BDM Jahrbuch 1935, 5. Zit. Kinne, M.: Nationalsozialismus und deutsche Sprache, 1981, 69.
[25] Mohr, T.: Geleitwort zu: Mädel am Werk. Jahrbuch des BDM 1936, o. S. Zit. Kinne, ebd., 70.
[26] Lagebericht f. d. Monat April 1935 d. Stadtpolizeistelle f. d. Reg.bez. Aachen v. 8. 5. 1935. In: Vollmer, B.: Volksopposition im Polizeistaat, 1957, 209 f.

chen im Alter von 17 und [d. h. bis] 21 Jahren. Das BDM-Werk ‚Glaube und Schönheit' hat die Aufgabe, das Mädel in die in Beruf und Familie liegenden Lebensaufgaben einzuführen. Wurden die jüngeren Jahrgänge zur Gemeinschaft erzogen, so ist das weitere Erziehungsziel im BDM-Werk die Erziehung des Mädels zur gemeinschaftsgebundenen Persönlichkeit. Am Ende einer vierjährigen Arbeit im BDM-Werk ‚Glaube und Schönheit' soll das Mädel 1. körperlich so durchgebildet sein, daß es die Verpflichtung erkennt, auch weiterhin Leibesübungen zu treiben, 2. um die Notwendigkeit eines gesunden Menschen für ein starkes Volk wissen und bereit sein, diese Erkenntnis in seinem Leben durch Körperpflege und gesunde Lebensweise zu verwirklichen, 3. aus der Beschäftigung mit den kulturellen Aufgaben zu einer stilvollen, persönlichen Lebensgestaltung kommen [...], 4. gemäß seiner Eignung, Begabung und seines besonderen Interesses in den einzelnen Arbeitsgemeinschaften persönlich bereichert und geformt werden."[27] „In der außerschulischen Mädelerziehung haben während der Berichtszeit die Einrichtung und der Aufbau des BDM-Werkes ‚Glaube und Schönheit' eine wesentliche Stellung eingenommen. Dieses Werk wurde anfänglich von der Bevölkerung und auch von der HJ- und BDM-Führerschaft kritisch aufgenommen, später jedoch in fast allen Volkskreisen begrüßt, da man sich – vor allem durch die Werbeaktionen des BDM – von den tatsächlichen Vorteilen einer derartigen Mädelerziehung überzeugen ließ."[28] (1938) „Die im Rahmen des BDM-Werkes ‚Glaube und Schönheit' aufgezogenen Arbeitsgemeinschaften sind auch in der Berichtszeit nur auf größere Städte beschränkt geblieben. Es ist daher nicht gelungen, die noch außerhalb des BDM stehenden Mädel in größerer Anzahl für die Mitarbeit zu gewinnen, so daß dem BDM-Werk ein durchschlagender Erfolg vorläufig versagt blieb."[29] (1939)

betreuen, Betreuung

versorgen, pflegen. Bezogen auf Personen auch: ↑ *erfassen*; beeinflussen; kontrollieren; befehligen; lenken; beherrschen; sondersprachlich: deportieren und töten. Von Sachen auch: erfassen; verwalten; kontrollieren; beschlagnahmen. Von Sachgebieten: bearbeiten; überwachen.[30]

> Mhd. *betruiwen*, ursprünglich südostdeutsch ‚pflegen', ‚wofür sorgen'[31]: Adalbert Stifter (1805–1868): „'Ich werde nur selber Euer Pferd betreuen', antwortete der Wirt."[32] (1865/67) Marie v. Ebner-Eschenbach (1830–1916): „Ein liebreicher Sohn

---

[27] Organisationsbuch der NSDAP. 1943, 443a.
[28] Jahreslagebericht 1938 d. SHA, Bd. 2: Erziehung. In: MADR, Bd. 2, 144 f.
[29] Vierteljahreslagebericht 1939 d. SHA, Bd. 2: Erziehung. In: MADR, Bd. 2, 285.
[30] Die Bedeutungserklärung von *betreuen* lautet in der 9. und 10. Duden-Auflage (1915 bzw. 1929): „treu beschützen, behandeln", in der 11. Auflage 1934: „pflegen, sorgen für". In der 12. Auflage von 1941 erübrigt sich offenbar eine Bedeutungserklärung. Neben *betreuen, Betreung* ist zusätzlich *Betreuer* gebucht.
[31] Paul 1992, 123, s. v.
[32] Stifter, A.: Witiko. (1865–67). Hg. H. Stefl, Darmstadt 1963, 15. Hinweis bei Paul 1992, s. v.

kann seinen Vater nicht sorgfältiger betreuen."[33] Der Ausdruck ist im 19. Jahrhundert nur selten belegt. Das gilt auch noch für die Zeit bis 1933. Karl Kraus zitiert ironisch aus der in Wien erscheinenden ‚Neuen Freien Presse': „Die Frühlingsboten wurden sorgsam betreut und sprießen so fröhlich weiter, als hätten sie gar nie die Trennung von der Mutter Erde ertragen müssen [...]."[34] (1901) Karl Kraus selbst verwendet *betreuen* bereits in der erweiterten Bedeutung ‚sich kümmern um' im Sinne von ‚sich (kritisch) mit etwas befassen': „Ja, glauben Sie denn lieber Leser, ich halte die antisemitische Journalistik für weniger verworfen? Nur für talentloser! Darum konnte ich ihr die geringere Gefährlichkeit zuerkennen und mußte sie erst in zweiter Linie betreuen."[35] Die Verwendung des Ausdrucks in der Bedeutung ‚jemanden unter sich haben, Anweisungsbefugnis, Kommando haben über', die in der NS-Zeit eine große Rolle spielt, ist bereits 1912 ausgeprägt: „[...] Männer von gesteigerter Verantwortlichkeit, wie kaufmännische und technische Leiter von Unternehmungen, die eine größere Zahl von Angestellten zu betreuen haben."[36]

▸ In der NS-Zeit wurde *betreuen*, wie der Zeitzeuge Victor Klemperer festhielt, „in maßloser Häufigkeit und Überspannung angewandt."[37] Die auffällige Frequenzsteigerung ist dadurch zu erklären, daß *betreuen* im hierarchisch durchorganisierten NS-Staat einheitliche Bezeichnung für die unterschiedlichen Formen der Beziehung zwischen ↑ *dem Führer,* Führern und Geführten wurde. Die drei Grundtypen der *Betreuung: fürsorgerische Betreuung, politische Betreuung, kulturelle Betreuung* schlossen immer ↑ *weltanschauliche Schulung* und ↑ *Ausrichtung* ein. Die Aufgabe der Partei ist an erster Stelle: ↑ *erfassen und betreuen.* „Es ist die Absicht der Partei, zu erreichen, daß der einzelne Volksgenosse und die Volksgenossin nicht nur in Notfällen den Weg zur Partei findet, sondern daß die Partei durch eigene Initiative entsprechend dem Willen des Führers laufend alle Volksgenossen erfaßt und betreut."[38] „Ich zweifle nicht daran, daß es auch im hiesigen Grenzgebiet, dem katholischsten Bezirke in ganz Preußen, gelingen wird, die männliche und weibliche Jugend fast ausnahmslos in der HJ zu erfassen und zu betreuen, falls der geeignete Führerstab zur Verfügung steht."[39] Die versorgende, beratende, beaufsichtigende, lenkende, kontrollierende *Betreuung erfaßt,* vom ↑ *Führer* und den ↑ *Politischen Leitern* ausgehend, über die Partei, die – von ihr *betreuten* – ↑ *angeschlossenen Verbände* bis zum ↑ *Blockleiter* schließlich auch den letzten ↑ *Volksgenossen* und jeden Sachbereich: „Die Politischen Leiter führen die praktische politische Arbeit durch und betreuen das deutsche Volk."[40] „Um das deutsche Volk auf allen Lebensgebieten betreuen zu können, hat die NSDAP nach der Machtübernahme ihrer Führung

---

33 Zit. Paul 1992, s. v.
34 Die Fackel, 2/März 1901, 27.
35 Die Fackel, 5/März 1904, 18.
36 Frymann, D.: Wenn ich der Kaiser wär', 2. Aufl. 1912, 47.
37 LTI, 14. Aufl. 1996, 252.
38 Organisationsbuch der NSDAP. 1943, 98 a.
39 Polit. Lagebericht d. Reg.präsidenten v. Aachen v. 13. 6. 1935. Vollmer, B.: Volksopposition im Polizeistaat, 1957, 233.
40 Organisationsbuch der NSDAP. 1943, 70.

unterstehende neue Organisationen, die angeschlossenen Verbände der Partei, geschaffen."⁴¹ Die *angeschlossenen Verbände* haben *Betreuungsaufgaben* und werden ihrerseits von dem für sie zuständigen *Hauptamt* in der NSDAP. *politisch betreut*, d. h. mit politischen Richtlinien versehen und überwacht. Daß *Betreuung* durch einen *angeschlossenen Verband* wie z. B. die ↑ *NSV (Nationalsozialistische Volkswohlfahrt)* keineswegs nur ‚soziale Unterstützung' bedeutet, geht aus der Beschreibung ihrer Aufgaben und Ziele hervor: „Maßgebend für die Leistung der NSV. ist die Verantwortung gegenüber der Gemeinschaft. Darum werden nur rassisch wertvolle, erbgesunde Familien von der NSV. unterstützt. Die NSV. sieht ihre Arbeit, im Gegensatz zu früheren Auffassungen, weithin als Erziehungsaufgabe an, 1) als Erziehung der Betreuten: [...] Der Betreute soll lernen, die Hilfe nicht als Almosen und Geschenk wahrzunehmen, sondern als Hilfe der Volksgemeinschaft, die von ihm erwartet, daß er seine Kraft vorbehaltlos für sie einsetzt, so wie sie ihm zu helfen bereit ist."⁴² „Wie an einer anderen Stelle dieses Berichtes bereits ausgeführt will die DAF. den schaffenden deutschen Menschen vom frühen Morgen bis in die späte Nacht betreuen."⁴³ „Der Blockleiter muß nicht nur der Prediger und Verfechter der nationalsozialistischen Weltanschauung gegenüber den seiner politischen Betreuung anvertrauten Volks- und Parteigenossen sein, sondern er muß auch dahin wirken, daß seinem Blockbereich angehörende Parteigenossen praktische Mitarbeit leisten [...]. Der Blockleiter soll die Parteigenossen immer wieder auf ihre besonderen Pflichten gegenüber Volk und Staat aufmerksam machen."⁴⁴ Für die sog. *kulturelle Betreuung* war die ↑ *NS-Gemeinschaft „Kraft durch Freude" (KdF)* zuständig. Sie war „Bestandteil der Deutschen Arbeitsfront, gegr. 27. 11. 1933 mit dem Ziel, jedem deutschen Volksgenossen eine kulturelle Betreuung während Arbeit, Freizeit und Urlaub zu gewähren".⁴⁵ „In Soldatenkreisen wurde der großangelegte Einsatz von KdF für die kulturelle Betreuung der Wehrmacht nach Meldungen aus Danzig, Aachen und Koblenz sehr begrüßt. [...] Schwieriger gestaltet sich in der Kriegszeit nach Meldungen aus Bielefeld und Wien die kulturelle Betreuung der Arbeiterschaft. Es wird in den Berichten darauf hingewiesen, daß die Arbeiter bei der langen und anstrengenden Arbeitszeit ein geringeres Interesse haben, kulturellen Veranstaltungen von Wert zu folgen. [...] Nach einer Meldung aus Linz erwies es sich für die propagandistische Wirkung von KdF in Arbeiterkreisen als abträglich, daß sie vereinzelt ohne genügende Vorbereitung kulturelle Veranstaltungen durchführte, deren Niveau den Bildungsgrad und die Auffassungsgabe der Arbeiter überstieg."⁴⁶ Die Breite des Bedeutungsspektrums der Ausdrücke *betreuen, Betreuung*, das von ‚helfen', ‚beraten' über *‚weltanschaulich ausrichten'*, ‚überwachen' bis ‚propagandistisch bearbeiten' reichte, machte es einfach, sie euphemistisch zur Bezeichnung aller möglichen Arten von Zwangsmaßnahmen zu verwenden. Zum Beispiel für

---

41 Erklärung der Parteikanzlei 1937. Zit. Der Nürnberger Prozeß, Bd. 2, 266.
42 Meyers Lexikon 1936 ff., Bd. 8, 1940, 155.
43 Jahres- u- Leistungsbericht d. Gauwaltung Düsseldorf, o. J. (1938), 29.
44 Organisationsbuch der NSDAP. 1943, 101 f.
45 Meyers Lexikon 1936 ff., Bd, 8, 1940, 146, s. v.
46 MADR, (Nr. 69), 27. 3. 1940, Bd. 4, 919.

‚Überwachung und Zensur von Druckerzeugnissen': „Während für die Betreuung der Dichtung verhältnismäßig rasch geeignete Richtlinien aufgestellt werden konnten, fiel es den verantwortlichen Mittlern bedeutend schwerer, die richtigen Maßstäbe für die Überprüfung des wissenschaftlichen Schrifttums zu finden [...]. Eines stand allerdings von vorneherein fest: der Totalitätsanspruch der nationalsozialistischen Weltanschauung galt für die deutsche Wissenschaft genau so wie für die anderen Lebensgebiete unseres Volkes."[47] „Die staatliche Betreuung des deutschen Schrifttums geschieht durch das Reichsministerium für Volksaufklärung und Propaganda und die Reichsschrifttumskammer [...]; darüber hinaus hat die nationalsozialistische Bewegung (NSDAP) die nationalsozialistische Schrifttumsbetreuung in Prüfung, Sichtung, Lenkung, Einsatz usw. maßgeblich in ihre Hoheitsausübung einbezogen durch die Parteiamtliche Prüfungskommission zum Schutze des NS-Schrifttums und das Amt Schrifttumspflege."[48] Für ‚Enteignung': „Verordnung über die Betreuung von Vermögen aus Anlaß der Absiedlung in Lothringen (Betreuungsverordnung) v. 28. 1. 1943. § 1: Mit der Betreuung des Vermögens der Personen, die aus Lothringen in das Großdeutsche Reich oder in dem deutschen Hoheitsbereich unterstehende Gebiete abgesiedelt werden [„um in der einheitlich nationalsozialistischen Umgebung eine gefestigte deutsche Haltung wiederzufinden"], wird die Überleitungsstelle Lothringen des Chefs der Zivilverwaltung beauftragt. § 2: Die Überleitungsstelle ist berechtigt, das Vermögen der Abgesiedelten sicherzustellen, es zu verwalten und soweit angeordnet, es zu verwerten."[49] Für ‚Vorbereitung der Euthanasie von Kranken und Behinderten': „Deshalb wird man überall im Reich den Erlaß des SS-Standartenführers und Landeshauptmanns Traupel von Hessen-Nassau als vorbildlich und nachahmenswürdig empfinden, der die einzig mögliche Antwort auf die Erklärung darstellt, wonach die Erziehung zum deutschen Menschen der Kirche nicht das Höchste sei: Aus sämtlichen katholischen Heimen und Anstalten sind alle Kranken und Zöglinge schnellstens zurückzuziehen und in bezirkseigenen Anstalten oder solchen, für die meine Verwaltungen restlose Anweisungsbefugnis haben, unterzubringen. Um die Betreuung und Erziehung allgemein nach den Grundsätzen des nationalsozialistischen Staates sicherzustellen, sind mit allen übrigen privaten Vereinen und Institutionen sofort Vereinbarungen zu treffen, um diese Vereine auf das Führerprinzip umzustellen, wobei der Vorsitz an meine Verwaltungen, an die NSV, oder sonst eine Organisation des Staates oder der nationalsozialistischen Bewegung abzutreten ist. Hierdurch ist allein die Gewähr gegeben, daß Kranke und Zöglinge die Betreuung erfahren, die ihnen nützlich ist und die gerechten Erwartungen des Staates erfüllt."[50] Nach H. G. Adler spielte der Ausdruck *betreuen* im Konzentrationslager Theresienstandt eine große Rolle. Er führt das Wort in seinem Wörterverzeichnis der Lagersprache von Theresienstadt auf: „'Die Zentralstelle' in Prag

---

[47] Payr, B.: Schrifttumsdiktatur oder Schrifttumsförderung. In: Nationalsozialistische Monatshefte, 8/1937, 1001.
[48] Meyers Lexikon 1936 ff., Bd. 9, 1942, 1248, s. v. Schrifttum.
[49] Dok. RF-754. In: Der Nürnberger Prozeß, Bd. 6, 517.
[50] Kein geistiger Sklavenhandel mehr. In: Das Schwarze Korps, 8. 7. 1937. Zit. Klee, E.: „Euthanasie" im NS-Staat, Fischer Tb. 4326, 69 f.

‚betreute' die Juden, war mit der ‚Betreuung' beauftragt. In letzter Konsequenz ein Euphemismus für Morden und Mord. Die SS entwertete Begriffe wie ‚treu' und kehrte sie in ihr Gegenteil um. So war der Zwangsverwalter eines jüdischen Betriebes ein ‚Treuhänder', der die Enteignung vorbereitete. In T.[eresienstadt] spielten Zusammensetzungen mit ‚treu' eine große Rolle. Alles und jedes wurde ‚betreut' (= versorgt, beschützt). Für Jugendliche und Gebrechliche hatte man ‚Betreuerinnen'. Die für die Nazisprache typische Entwertung von Begriffen wurde auch in T. verspürt; ‚Betreuung' näherte sich oft bedenklich dem Betrug."[51] In seinen ‚Studien zur Deportation der Juden aus Deutschland' ‚Der verwaltete Mensch' zitert Adler vier ‚Tätigkeitsberichte' der Waffen-SS über die Ermordung nach Minsk deportierter deutscher Juden. Der Bericht vom 3. 8. 1942 lautet: „Die Arbeit der restlichen Männer hier in Minsk bleibt nach wie vor ziemlich dieselbe. Die Judentransporte trafen in regelmäßigen Abständen in Minsk ein und wurden von uns betreut.[sic (Adler)] So beschäftigten wir uns bereits am 18. und 19. 6. 1942 wieder mit dem Ausheben von Gruben im Siedlungsgelände."[52]

Betreuer – „Ich grüße den Führer als den Führer der Frontgeneration, den ersten Soldaten der deutschen Revolution, den ersten Arbeiter der deutschen Revolution, den Betreuer des Reichs!"[53]

Betreuungslehrer – „Von vielen Lehrkräften wird die Stellung des Betreuungslehrers, der nach den Bestimmungen den Luftwaffenhelfern beim außermilitärischen Einsatz ständig beigegeben ist, als sehr unglücklich bezeichnet. Bei dem vollbesetzten Dienstplan ergebe sich für den Lehrer kaum die Möglichkeit, die Schüler tatsächlich zu betreuen."[54]

Betreuungsstätte – „Aus verschiedenen Teilen des Reiches laufen nach wie vor Klagen ein, daß sich Jugendliche in den verdunkelten Stadtteilen umhertreiben und groben Unfug stiften. In Karlsruhe, wo diese Unruhestifter in besonderem Ausmaß planmäßig vorgehen, ist eine Betreuungsstätte geschaffen worden, in der bis zum 16. Oktober bereits 159 Jugendliche eingeliefert wurden."[55]

▷ In der heutigen Sprache sind *betreuen, Betreuung* nahezu universell verwendbare Ausdrücke zur Bezeichnung von versorgender, pflegender, beratender, unterweisender, beaufsichtigender, verwaltender, steuernder, regelnder Tätigkeit von Einzelpersonen, häufiger noch von Organisationen und Behörden, in bezug auf Menschen, Tiere, Pflanzen, Verhaltensweisen, Sachen und Sachgebiete und gelten deshalb als Modewörter. „Diese Kreuzfahrer oder Pilger [...] benötigten auch Menschen, die ihnen den religiösen Zweck ihrer Pilgerschaft zu erreichen halfen, sie brauchten jemanden, der sie, mit dem heutigen Modewort gesagt, religiös betreute."[56] Schon

---

51 Theresienstadt 1941–1945, 1955, XX.
52 Tätigkeitsbericht des II. Zuges (später „Gruppe Arlt" genannt) der 1. Kompanie des Bataillons der Waffen-SS z. b. V. In: Ebd., Der verwaltete Mensch. Studien zur Deportation der Juden aus Deutschland, 1974, 196.
53 Rudolf Heß, Rundfunkrede v. 25. 6. 1934. In: Rühle, G.: Das Dritte Reich, Bd. 1934, 232.
54 MADR, 22. 7. 1943, Bd. 14, 5522.
55 MADR, (Nr. 5), 18. 10. 1939. Bd. 2, 367.
56 Boockmann, H.: Der Deutsche Orden, 3. Aufl. München 1989 (zuerst 1981), 19.

bald nach 1945 war an der Weiterverwendung der Ausdrücke Kritik geübt worden: „Vor allem ist zu beobachten, daß diejenigen Instanzen, die sich Hilfe und Fürsorge – etwa für die ausgewiesenen Deutschen aus dem Osten, aber auch für politisch Verfolgte – zum Ziel gesetzt haben, immer wieder bedenkenlos und hemmungslos in die Sprache der ‚Betreuungs'organisationen vom Schlage der NSV zurückfallen."[57] Solche Bedenken galten z. B. Gesetzestexten wie dem folgenden: „Diese Unterbringung [von Flüchtlingen in Not- und Sammelunterkünften] soll nur der Betreuung, Untersuchung, Erfassung und Registrierung dienen."[58] Sie blieben aber wirkungslos angesichts der Tatsache, daß mit *betreuen* ökonomisch kurz die unterschiedlichsten Formen der Zuwendung – im weitesten Sinne des Wortes – benannt werden können, ohne daß der Grad der möglicherweise mitgemeinten organisatorischen Regelung oder der Bevormundung beschrieben werden muß: „Noch im Sommer Start zum Projekt ‚Betreutes Wohnen'."[59] Mit Wirkung vom 1. 1. 1992 wurde das im BGB geregelte Entmündigungs- und Zwangspflegschaftsrecht durch eine Gesetzesreform, das *Betreuungsgesetz,* abgelöst. Ein juristischer Kommentar im ‚Deutschen Ärzteblatt' vermerkt zu dem neu in das Gesetz eingeführten Terminus *Betreuung*: „Zu warnen ist insbesondere vor der euphorischen Hoffnung, mit der Eliminierung des angeblich so belasteten Wortes ‚Entmündigung' seien vom Regelungskomplex gewissermaßen die Dornen entfernt worden. Das Sachproblem, daß erforderlichenfalls der psychisch Kranke gegen seinen Willen Maßnahmen unterworfen werden muß [...], ist unverändert geblieben. Daran kann langfristig auch eine bloße Wortkosmetik nichts ändern. Es bleibt abzuwarten, wann die neuen termini ‚Betreuung' und ‚Einwilligungsvorbehalt' so weit in das allgemeine Bewußtsein gelangt sein werden, daß von ihnen die nämliche Negativwirkung ausgeht wie vom terminus Entmündigung."[60]

Betriebsappell

Versammlung des verantwortlichen Leiters (Inhabers, Geschäftsführers) und der Belegschaft eines Industrie- oder Handwerksbetriebs zur ideologischen Information und Beeinflussung der Teilnehmer.[61]

> „Betriebsappell, von der ↑ Deutschen Arbeitsfront geförderter Zusammentritt des Führers und der ganzen Gefolgschaft eines Betriebs zu gemeinsamer Ausrichtung auf den Sinn der Arbeit, zwecks Stärkung der ↑ Betriebsgemeinschaft."[62] „Betriebsappelle müssen, um wirksam zu sein, die Betriebsgemeinschaften möglichst oft, tunlichst vor Beginn jedes Tagewerkes, moralisch, geistig, ja sogar äußerlich für einen Moment zusammenreißen. Die Ausgabe einer Tagesparole, die die nationalsoziali-

---

57 Redaktionelle Anmerkungen. Die Wandlung, 1/1946, 539.
58 Bayerisches Flüchtlingsgesetz § 6, 2, v. 1. 3. 1947. In: Neue Zeitung, 3/21. 2. 1947.
59 Neuß-Grevenbroicher Ztg. v. 4. 2. 1991.
60 Helle, J.: Das neue Betreuungsrecht. In: Deutsches Ärzteblatt, 88/14. 11. 1991, A-4015.
61 Gebucht: Meyers Lexikon 1936 ff., Trübners DWB. 1939 ff.
62 Meyers Lexikon, Bd. 1, 1936, 1268, s. v.

stische Literatur unschwer liefert, erscheint dabei zweckdienlich. Betriebsappelle können ohne Störung des Betriebes in jeder Woche mehrmals abgehalten werden, indem der Betriebsführer die Gefolgschaft bei Arbeitsbeginn schnell antreten läßt, ihre äußere Haltung einer blitzschnellen Prüfung unterzieht, eine Tagesparole ausgibt, diese im Hinblick auf einen besonders aktuellen Gedanken, ein Geschehnis oder eine besondere Betriebsaufgabe erörtert und dann jeden ebenso schnell wieder an die Arbeit schickt."[63] „Eine äußerst scharfe Waffe der NSDAP. in der Kampfzeit war die Propaganda. Alles, was in der Kampfzeit richtig war, ist auch heute richtig. Neben den öffentlichen Versammlungen [...] traten im Berichtsjahr ganz besonders die Betriebsversammlungen und Appelle. Man kann heute ohne Übertreibung sagen, daß die letzteren aus dem Betriebsleben einfach nicht mehr wegzudenken sind. Sie stellen für unsere Arbeitskameraden Stunden der Erbauung, Einkehr und Aufklärung dar. Wenn auch im Anfang mancher sich gegen den Gedanken der Betriebsappelle stemmen zu müssen glaubte, so können wir heute doch erfreut feststellen, daß alle die anfänglich vorgebrachten Bedenken durch die Tatsache aus der Welt geschafft worden sind."[64] „Die Schulung wurde verstärkt. Die Zahl der Betriebsappelle ist gestiegen, während die Gefolgschaften der kleineren Betriebe in Gemeinschaftsappellen zusammengefaßt wurden."[65]

Betriebsführer

Inhaber, Unternehmer, Geschäftsführer eines Industrie- oder Handwerksbetriebes.[66] Auch: Eigentümer eines Bauernhofs.
> Durch das ‚Gesetz zur Ordnung der nationalen Arbeit' vom 30. 1. 1934 wurde für den Unternehmer die Wendung *Führer des Betriebes* eingeführt: „Führer des Betriebes und Vertrauensrat. § 1 Im Betriebe arbeiten der Unternehmer als Führer des Betriebes, die Angestellten und Arbeiter als Gefolgschaft gemeinsam zur Förderung der Betriebszwecke und zum allgemeinen Nutzen von Volk und Staat."[67] Gebräuchlich wurde jedoch der Ausdruck *Betriebsführer*. „Im Laufe des Jahres 1933 vollzog sich die restlose Eingliederung der gesamten Wirtschaft in nationalsozialistische Wirtschaftsorganisationen, so daß am 20. Januar 1934 durch das ‚Gesetz zur Ordnung der nationalen Arbeit' das alte Kampfverhältnis zwischen ‚Unternehmer und Arbeiter' auch rechtlich, nachdem es im täglichen Leben bereits verschwunden war, beseitigt und durch die Betriebseinheit von Betriebsführer und Gefolgschaft ersetzt werden konnte. Damit war auch in der gesetzlichen Formulierung der vom Liberalismus und Marxismus aufgerissene Gegensatz überwunden; an die Stelle kämpfender Wirtschaftsgruppen und sich gegenseitig mißtrauender ‚Arbeitgeber

---

[63] Amtl. Korrespondenz d. Deutschen Arbeitsfront, nach Berliner Börsen-Ztg., 19. 10. 1934. Zit. Blick in die Zeit, 3/26. 1. 1935, 2.
[64] Jahres- und Leistungsbericht d. Gauwaltung Düsseldorf, o. J. (1938), 44 f.
[65] Ebd., 28.
[66] Gebucht: Duden, 11. Aufl. 1934, 12. Aufl. 1941; Meyers Lexikon 1936 ff., Trübners DWB. 1939 ff., Volks-Brockhaus 1940. Getilgt: Duden, 13. Aufl. 1947.
[67] RGBl. 1, 1933, 45.

und Arbeitnehmer' traten ‚Arbeitsbeauftragte der Nation', ein deutschrechtliches Treueverhältnis ersetzte den jüdischen materialistischen Kampf um den Profitanteil."[68] „Täglich mehrere Male geht der Betriebsführer durch die Räume des Werks. Die Leute grüßen ihn, wenn sie seiner ansichtig werden und – arbeiten wie zuvor. Keiner, der deswegen einen Handgriff mehr verrichtet, keiner, der es nötig hätte, in diesen Minuten besonderen Eifer vorzuspiegeln. Der Mann, der da geht, ist nicht ein Allgewaltiger, vor dessen Antlitz man sich zu beugen hat. Der Mann geht durch die Räume als Kamerad. […] Jedem einzelnen steht es frei, sich an ihn zu wenden und sich bei seinem Betriebsführer Rat zu holen. Keiner braucht sich davon auszuschließen und jeder weiß, daß er hier sprechen kann wie zu einem Freund."[69] „Die Aufgaben, die der Nationalsozialismus dem Betriebsführer stellt, sind sicherlich große. Er kann jedoch stolz sein, daß ihm die Partei das Wertvollste seines Betriebes wieder zu treuen Händen anvertraut hat, nämlich seine Gefolgschaft, die deutschen Menschen. Wir verkennen nicht die größeren Pflichten, die wir damit dem Unternehmer und Betriebsführer aufladen. Es ist aber notwendig, damit jeder Betrieb zu einer lebendigen Zelle der deutschen Volksgemeinschaft wird."[70] *Betriebsführer* wurden auch die Hofeigentümer, die ↑ *Bauern*, bzw. Landwirte genannt: „Seitens der Kreisleitung der NSDAP wurde durch Versammlungen und durch Hinausgabe von Richtlinien an die Ortsgruppenleiter die Anweisung zur straffen Überwachung der Ausländer, insbesondere der Polen, erneut in Erinnerung gebracht. Die bäuerlichen Betriebsführer sind allerdings mit diesen Anordnungen nicht recht einverstanden."[71] „Görl, der einen 114 Tagwerk großen Erbhof besitzt und der als Betriebsführer uk-gestellt ist, ist an sich bisher politisch nicht hervorgetreten. Er steht aber dem Parteileben fern."[72]

Betriebsgemeinschaft

a) Alle im Betrieb Tätigen, einschließlich Unternehmer; b) das Zusammengehörigkeitsgefühl zwischen Unternehmer und Belegschaft.[73]

> Der Ausdruck *Betriebsgemeinschaft* wurde durch das ‚Gesetz zur Ordnung der nationalen Arbeit' vom 30. 1. 1934 in den Sprachgebrauch eingeführt: „§ 1, 2. Er [der Betriebsführer] hat für das Wohl der Gefolgschaft zu sorgen. Diese hat ihm die in der Betriebsgemeinschaft begründete Treue zu halten."[74]
a) „Das Arb. OG. [Gesetz zur Ordnung der nationalen Arbeit] verbindet alle in einem Betrieb Tätigen zur Betriebsgemeinschaft, gibt dieser eine Führerverfassung,

---

[68] v. Leers, J.: Arteigenes Recht und Unterricht, 1937, 173 f.
[69] VB, 1. 5. 1938, 16.
[70] Jahres- u. Leistungsbericht d. Gauwaltung Düsseldorf, o. J. (1938), 6.
[71] Monatsbericht d. Gendarmerie-Kreisführers, Bez. Ebermannstadt v. 28. 3. 1942. In: Bayern in der NS-Zeit, 1977, 156.
[72] Monatsbericht d. Gendarmerie-Kreisführers, Bez. Ebermannstadt v. 29. 11. 1942. In: Bayern in der NS-Zeit, 1977, 163.
[73] Gebucht: Meyers Lexikon 1936 ff., Trübners DWB, Volks-Brockhaus 1940.
[74] RGBl. 1933, 1, 45.

macht sie zum regelmäßigen Ausgangspunkt der Arbeitsbedingungen, stellt die Arbeit in den verpflichtenden Zusammenhang zu Volk und Staat."[75] „Während der Marxismus in allen Abarten in phrasenhafter Weise von den Menschenrechten sprach und nicht im entferntesten daran dachte, die Quelle der sozialen, materiellen und sittlichen Not der schaffenden Menschen zu schließen, ging der Nationalsozialismus sofort nach der Machtübernahme an die Arbeit, um die sozialen Fragen zu lösen. An Stelle des Gegeneinanderschaffens setzte das Miteinanderstreben ein. Aus dem Arbeitnehmer wurde der Gefolgsmann, aus dem Lohn- und Gehaltsempfänger der Arbeitskamerad. Aus allen Beschäftigten des Betriebes ward die Betriebsgemeinschaft als Vorstufe der Volksgemeinschaft. Die Betriebsgemeinschaft – einst ein vollkommen neuer Begriff – ließ aus entgegenstehenden Interessen eine Gemeinschaft aller in einem Werke Tätigen entstehen."[76] „Einer der Punkte gegen die sich die Kritik der Bevölkerung immer wieder richte, sei die uneinheitliche Rechtsprechung zur Frage, ob jüdischen Arbeitern ein Urlaubsanspruch zustehe. Aus der Presse hat die Bevölkerung zunächst mit Befriedigung entnommen, daß Gerichte [...] es eindeutig ablehnen, Juden einen Urlaubsanspruch zuzubilligen. Das Arbeitsgericht Köln hat seine Entscheidung damit begründet, daß die Voraussetzung für den Urlaubsanspruch, nämlich die Zugehörigkeit zur Betriebsgemeinschaft, bei Juden nicht vorliege. Der Jude habe zwar Anspruch auf eine angemessene Gegenleistung für die von ihm geleistete Arbeit. Einen Urlaubsanspruch umfasse diese Gegenleistung jedoch nicht. Dieser sei vielmehr ein Ausfluß der nationalsozialistischen Arbeitsordnung, die den Entgeltcharakter des Urlaubsanspruchs liberalistischer Denkweise beseitigt habe. Der Urlaubsanspruch sei jetzt eine Folge der Treue- und Fürsorgepflicht des Betriebsführers. Die Treue- und Fürsorgepflicht beziehe sich aber nur auf deutsche Volksgenossen, keinesfalls auch auf Volksfremde, mit denen es keine Gemeinschaft gebe."[77]
b) „Betriebsgemeinschaft, Verbundenheit von Betriebsführer und Gefolgschaft zur Förderung der Betriebszwecke und zum Nutzen von Volk und Staat."[78] „Es wurde auch festgestellt, daß gerade bei dieser Industrie vom größten Teil der Betriebsführer verhältnismäßig wenig für die Erreichung einer Betriebsgemeinschaft getan wird, wodurch selbstverständlich auch die Stimmung der Gefolgschaftmitglieder ungünstig beeinflußt wird."[79] „Einzelne Betriebsführer klagen, daß die Behandlung der Arbeiter immer schwieriger wird; sie seien ständig unzufrieden, einer sei dem anderen neidisch. Von wirklicher Betriebsgemeinschaft sei oft nicht mehr viel zu merken."[80]

---

75 Meyers Lexikon, Bd. 1, 1936, 524.
76 Jahres- und Leistungsbericht d. Gauwaltung Düsseldorf o. J. (1938), 19.
77 MADR, (Nr. 203), 17. 7. 1941, Bd. 7, 2537.
78 Volks-Brockhaus 1940, 62, s. v.
79 Monatsbericht d. Polizeidirektion Augsburg für Juni 1936. In: Bayern in der NS-Zeit, 1977, 254.
80 Monatsbericht d. Reg.präsidenten v. Niederbayern u. der Oberpfalz v. 7. 7. 1939. In: Bayern in der NS-Zeit, 1977, 284.

Betriebszelle

Organisationsform der NSDAP in den Betrieben.[81]

> Die Kommunisten hatten ab 1924 ihre kleinste Agitationseinheit in wirtschaftlichen Betrieben — im Gegensatz zur *Straßenzelle* — *Betriebszelle* genannt.[82] Vermutlich auf Initiative des damaligen Gauleiters von Berlin, Goebbels, verwendeten die Nationalsozialisten das gleiche Wort für ihre den Kommunisten nachgebildeten Zusammenschlüsse von Parteigenossen in den Betrieben, um für die NS-Ideologie zu agitieren und die Arbeiter auf die Seite der NSDAP zu ziehen. „Die Entwicklung der Betriebszelle ging von Berlin aus, wo unter seinem Gauleiter Goebbels die Eroberung der Betriebe zuerst in Angriff genommen wurde. Es galt, unter dem marxistischen Arbeiterterror und der oft großen Unduldsamkeit der Unternehmer den Arbeiter an der Stätte seines Wirkens durch Werbung und Aufklärung für den Gedanken des Nationalsozialismus zu gewinnen. Aus den Einzelbetriebszellen entwickelte sich die NSBO [NS-Betriebszellenorganisation]."[83] „[…] Daß die nationalsozialistische Betriebszelle des Verlags Ullstein, die eine der größten Zellen des Reiches ist, mutig im Sinne unseres großen Führers vorgegangen ist, dessen dürfen Sie versichert sein. Wir haben sämtliche jüdischen Chef-Redakteure durch christliche Herren ersetzen lassen, wir haben ferner die wichtigsten Redakteurstellen ebenso verändert und endlich haben wir sämtl. Staatsfeinde zum Teil verhaften, zum anderen Teil kündigen lassen."[84]

bewegliche Kampfführung

Euphemistisch für: Rückzug.[85]

> Der Zeitzeuge Victor Klemperer vermerkt in seinem ‚Notizbuch eines Philologen' über die ‚LTI' [die Sprache des *Dritten Reichs*]: „So wird die LTI jetzt um die dauernde Wendung ‚beweglicher Verteidigungskrieg' vermehrt. Müssen wir schon zugeben, daß wir in die Verteidigung gedrängt sind, so wahren wir durch das Beiwort unsere tiefste Wesensart. Auch wehren wir uns nicht aus der Enge des Schützengrabens heraus, wir kämpfen vielmehr mit weiter räumlicher Freiheit in und vor einer Riesenfestung."[86] Heinz Paechter bucht in seinem Glossar ‚Nazi-Deutsch' (1944) als entsprechende Wendung des *Wehrmachtberichts*: *bewegliche Kampfführung*.[87] Dieser Ausdruck erscheint vermehrt in den Wochen vor dem Fall von Stalin-

---

[81] Gebucht: Duden, 11. Aufl. 1934, 12. Aufl. 1941; Knaur 1934, Meyers Lexikon 1936 ff. Getilgt: Duden, 13 Aufl. 1947.
[82] Meyers Lexikon, 7. Aufl., Bd. 1, 1924, 271.
[83] Wagner, H.: Taschenwörterbuch des neuen Staates, 2. Aufl. 1934, 27.
[84] Nationalsozialistische Betriebszelle des Verlages Ullstein an d. Vorsitzenden der Dt. Studentenschaft, Berlin, 3. 7. 1933. Zit. Brenner, H.: Die Kunstpolitik des Nationalsozialismus, 1963, 180.
[85] Gebucht: Paechter.
[86] Ebd., 241.
[87] Ebd., 21.

grad, in denen gleichzeitig Rückschläge an der nordafrikanischen Front gemeldet werden mußten, in den *Wehrmachtberichten*: „Die unter erneutem Kräfteeinsatz vorgetragenen Angriffe des Feindes [im Süden der Ostfront] wurden in schweren Kämpfen im wesentlichen abgeschlagen oder in beweglicher Kampfführung durch Gegenangriffe und hartnäckig verteidigte Stützpunkte aufgefangen. [...] Die deutsch-italienische Panzerarmee in Nordafrika wehrte auch gestern in beweglicher Kampfführung starke feindliche Infanterie- und Panzerangriffe unter sehr hohen Verlusten für den Gegner ab." (18. 1. 1943)[88] „Im Ostkaukasus setzten sich die deutschen Truppen im Rahmen der beweglichen Kampfführung planmäßig vom Feind ab." (22. 1. 1943)[89] Daß solche beschönigenden Formulierungen angesichts der Erfahrungen mit früheren Nachrichtentexten wirkungslos blieben, zeigt eine der ‚Meldungen aus dem Reich', die das ↑ *Reichssicherheitshauptamt* regelmäßig über die Stimmung in der Bevölkerung unterrichteten, vom 21. 1. 1943: „Auch um die nordafrikanische Front machen die Volksgenossen sich weiter große Sorgen, wenn auch die Anteilnahme in erster Linie auf die Ostfront konzentriert ist. Die Meldungen von ‚beweglicher Kampfführung' gaben zu der Befürchtung Anlaß, daß die libysche Front zusammenbrechen und der ‚Brückenkopf' der Achsenmächte in Tunis auf die Dauer dem Druck der von drei Seiten vorstoßenden Feindtruppen [...] nicht standhalten könnte."[90]
S. auch ↑ Absetzbewegung.

Bewegung

Die Bewegung: die NSDAP.[91]

> Nach Franz Schnabel, dem Autor der ‚Deutschen Geschichte im neunzehnten Jahrhundert' entstammen die Ausdrücke der französischen Revolution *mouvement* und *reveil* (Bewegung und Erwecker) „der geistlichen Sphäre; sie waren wie vieles andere schon durch die Jakobiner säkularisiert worden."[92] Im Deutschen konnte *Bewegung* seit dem Frnhd. auch ‚Aufruhr' bedeuten. Bei Luther lautet der Vers der Apostelgeschichte über den Aufstand der Silberschmiede, die durch die Predigt des Paulus Geschäftseinbußen befürchteten: „Es erhub sich aber vmb dieselbige zeit nicht eine kleine Bewegung vber diesem wege. (19, 23)"[93] Im Anschluß an die französische Revolution wird *Bewegung* auch auf den politisch-sozialen Bereich bezogen, zunächst als Bezeichnung für die französische Revolution, im neunzehnten Jahrhundert dann auch für politische Strömungen und Parteien. In Goethes ‚Hermann und Dorothea', das auf dem zeitgenössischen Hintergrund der Flucht linksrheinischer Deutscher vor den französischen Revolutionstruppen spielt, heißt es in

---

[88] Die Wehrmachtberichte, Bd. 2, 1989, 424.
[89] Ebd., 427.
[90] MADR, (352), Bd. 12, 4708.
[91] Gebucht: Meyers Lexikon 1936 ff., Paechter, Trübners DWB, Volks-Brockhaus 1940.
[92] Ebd., Einleitung zu Bd. 4 d. Tb.ausgabe, Freiburg 1964, 9 f. Hinweis bei: Wülfing, W.: Schlagworte des Jungen Deutschland. In: ZDS 23/1967, 166.
[93] Hinweis: DWB, Bd. 1, 1854, 1775, s. v.

der Schlußszene, bezogen auf die französische Revolution: „Nicht dem Deutschen geziemt es, die fürchterliche Bewegung / Fortzuleiten, und auch zu wanken hierhin und dorthin."[94] (1897) Görres (1776–1848) spricht in einem 1819 veröffentlichten Aufsatz: ‚Kotzebue und was ihn gemordet' von den „gewalttätige[n] Bewegunge[n]", die durch das „frevelhafte Beginnen" provoziert werden sollten.[95] Börne (1786–1837) schreibt am 30. 10. 1830: „Ich hörte auch: die Liberalen in Bayern suchten den König zu revolutionieren, daß er sich an die Spitze der Bewegung stelle und sich zum Herrn von Deutschland mache."[96] *Bewegung* meint hier die fortschrittliche politische Opposition. Karl Marx gebrauchte den Ausdruck *Arbeiterbewegung* 1844 in seinen ‚Kritischen Randglossen' gegen Arnold Ruge, der „den Beginn der englischen und französischen Arbeiterbewegung mit der eben beginnenden deutschen Bewegung" hätte vergleichen sollen.[97] Statt *Arbeiterbewegung* wurde auch einfach *die Bewegung* gesagt. So schrieb Lassalle 1863 über Moses Heß' ‚Rechte der Arbeit' an den Mitgründer und Sekretär des Allgemeinen Deutschen Arbeitervereins Vahlteich: „Es ist gerade sehr gut und nötig, daß nicht immer alles von mir allein gesagt werde, die Bewegung nimmt sonst vor Schafsköpfen die Gestalt einer bloßen Person an."[98] Um die Jahrhundertwende wurde es immer gebräuchlicher, politische, soziale, reformerische Bestrebungen *Bewegung* zu nennen. Das zeigen Buchtitel dieser Zeit. Helene Lange: ‚Die Frauenbewegung', 1901. Karl Korn: ‚Die bürgerliche Jugendbewegung', 1910. Hans Bühler: ‚Wandervogel. Geschichte der Jugendbewegung', 1912. Hans Obermayer: ‚Die Wehrkraftbewegung', um 1914.[99] Gleichzeitig verbreitet sich das Simplex *Bewegung*. Theodor Fritsch gebrauchte es in seinem Antisemiten-Katechismus ebenso wie der Zionist Theodor Herzl. „Diese [Allgemeine antisemitische Vereinigung] hat dann in den folgenden Jahren durch eine ausgebreitete Schriften-Agitation [...] überall den Boden für die antisemitischen Bestrebungen vorbereitet, viele Tausende für die antisemitische Sache gewonnen [...] Eine entscheidende Wendung nahm die Bewegung durch den Congreß zu Bochum."[100] „Alles, was die Juden betrifft, wird von jeher mißverstanden oder entstellt. Nicht anders ergeht es unserer Bewegung."[101]

> Hitler verwendet in ‚Mein Kampf' den Ausdruck *Bewegung* noch unterschiedslos für die Konkurrenten und politischen Gegner wie als Selbstbezeichnung der NSDAP. „Ehe nur zwei Jahre vergangen waren, war mir sowohl die Lehre als auch das technische Werkzeug der Sozialdemokratie klar. Ich begriff den infamen geistigen Terror, den diese Bewegung vor allem auf das solchen Angriffen weder moralisch

---

[94] Ebd., 9, 305 f., Weimarer Ausgabe, I, Bd. 50, 267. Hinweis: Trübners DWB, Bd. 1, 320, s. v.
[95] Görres, J., Ausgewählte Werke in 2 Bden., hg. W. Frühwald, Bd. 1, 1978, 289.
[96] Briefe aus Paris 1829–34. Zit. Wülfing, W.: Schlagworte des Jungen Deutschland. In: ZDS 23/1967, 167.
[97] Ebd., MEW, Bd. 1, 1957, 404. Vgl. Conze, W.: Arbeiter. In: GG, Bd. 1, 229.
[98] Moses Heß. Briefwechsel. Hg. E. Silberner, 1959, 436, Anm. 1.
[99] Vgl. Eichberg, H.: Thing-, Fest- und Weihespiele. In: Ders. u. a.: Massenspiele, 1977, 126 f.
[100] Ebd.: 11. Aufl. 1891, 293 f.
[101] Herzl, Th.: Der Kongreß. Zionistische Schriften. 2. Teil, 1908, 187.

noch seelisch gewachsene Bürgertum ausübt." (S. 45) „Daß die Sozialdemokratie die enorme Bedeutung der gewerkschaftlichen Bewegung begriff, sicherte ihr das Instrument und damit den Erfolg." (S. 49) „Die Bewegung aber verlor damit die gewaltige Kraftquelle, die allein auf die Dauer eine politische Partei mit innerer Triebkraft aufzufüllen vermag. Die christlich-soziale Bewegung wurde gerade dadurch zu einer Partei wie eben jede andere auch." (S. 132) „Wenn ich am Schlusse dieses Bandes die erste Entwicklung unserer Bewegung schildere und eine Reihe von dadurch bedingten Fragen kurz erörtere, so geschieht dies nicht, um eine Abhandlung über die geistigen Ziele der Bewegung zu geben. Ziele und Aufgaben der neuen Bewegung sind so gewaltige, daß sie nur in einem eigenen Bande behandelt werden können." (S. 363) Die feste Rubrik im ‚Völkischen Beobachter': *Aus der Bewegung* (eine solche Rubrik gab es z. B. schon in der national-sozialen Zeitung ‚Die Hilfe'[102]; in der ‚Monatsschrift für deutsches Jugendwandern' des Wandervogels[103]; in der sozialdemokratischen ‚Arbeiter-Zeitung'[104]) handelte 1920, vor der Übernahme durch die NSDAP, noch von allen antisemitischen, rechtsradikalen Gruppen einschließlich der NSDAP. Nach einer gewissen Übergangszeit stand der sog. *Bewegungsteil*[105] nur noch für Parteinachrichten der NSDAP zur Verfügung. *Bewegung* bedeutete nun speziell *nationalsozialistische Bewegung*. Im Selbstverständnis der Nationalsozialisten sollte die *Bewegung* keine Partei sein, sondern etwas Naturhaft-Organisches, das auf irrationale Weise aus dem Volk hervorgehe und daher Anspruch auf das Volk in seiner Totalität erheben könne. So verkündete Hitler 1933: „Die junge Bewegung ist keine Partei, sondern das sich wieder erhebende deutsche Volk."[106] „Das lebendigste Beispiel einer echten Bewegung ist der Nationalsozialismus, der auf Grund seiner dynamischen, in den tiefsten Kräften des deutschen Volkes wurzelnden Weltanschauung von Anfang an Bewegung und nur organisatorisch Partei war."[107] „Die nationalsozialistische Bewegung ist nicht etwas, was man ‚ablehnen' kann, sondern sie ist eine Naturerscheinung, wie sie in der Geschichte der Völker nur sehr vereinzelt vorkommt. Sie ist vergleichbar mit den gewaltigen Eruptionen, die einst die Gebirge entstehen ließen, und die man nicht ‚ablehnen' oder ‚annehmen' kann; sie sind einfach da, und man hat sich mit ihnen abzufinden. Genau so ist es mit unserer Bewegung. Es mögen menschliche Unzulänglichkeiten dabei mitspielen, aber es ist hier etwas Ereignis geworden, das durch alle Jahrtausende bestehen wird."[108] „Im deutschen Staat der Gegenwart ist die nationalsozialistische Bewegung führend. Von ihren Grundsätzen aus muß daher bestimmt werden, was gute Sitten, Treu und Glauben, zumutbare Anforderungen, öffentliche Sicherheit und Ordnung usw. sind. Jeder einzelne Anwendungsfall dieser Begriffe

---

[102] Berlin, 3/3. 10. 1897, 6.
[103] H. 5, Mai 1912, 136.
[104] Zit. Kraus, K.: Die Fackel, 34/Mitte Oktober 1932, 35.
[105] VB, 25./26. 2. 1933, Beibl. 1, 1.
[106] Rede in Köln am 20. 2. 1933. In: Adolf Hitler spricht, 1934, 138.
[107] Meyers Lexikon, Bd. 1, 1936, 1303, s. v.
[108] A. Rosenberg am 8. 11. 1934 vor d. NS-Studentenbund. In: Deutsches Philologen-Blatt, 42/14. 11. 1934, 502.

hat sich daher an der Hand nationalsozialistischer Grundsätze auszuweisen und ist unter nationalsozialistischen Gesichtspunkten zu prüfen. Gegenüber den herrschenden nationalsozialistischen Anschauungen des deutschen Volkes andere, ihnen fremde oder gar feindliche Anschauungen geltend zu machen, wäre subjektive Willkür und ein gegen den nationalsozialistischen Staat gerichtetes Unternehmen."[109] Der Ausgangsort der *Bewegung*, die Stadt München, in der 1920 das Programm der NSDAP verkündet wurde, erhielt 1935 durch „Erlaß des Führers und Reichskanzlers" den *Ehrentitel* ↑ *Hauptstadt der Bewegung*.

▷ Auch heute werden politische Strömungen und Organisationen *Bewegung* genannt. Z. B.: „Dissertation zur Geschichte der Naturschutzbewegung. Das Werk ‚Zurück zur Natur! Die Wurzeln der Ökologiebewegung' von Andreas Knaut ist der bisher umfassendste Beitrag zur deutschen Naturschutzgeschichte."[110] „Die alternative Liste wirbt für sich als ‚Bewegung'. [...] Die Bedeutung der Grün-Alternativen liegt weniger in ihrer parlamentarischen Arbeit. Diese ist nur das ‚Spielbein'; das ‚Standbein' grün-alternativer Politik ist außerparlamentarisch, vielleicht könnte man sagen, parlamentsfremd. Vom Selbstverständnis als einer ‚Bewegung' getragen, versucht die AL vor allem ihre Zielsetzungen auf der ‚Straße' zu propagieren."[111] Die belastete Benennung *die Bewegung* wird jedoch in der Öffentlichkeitssprache gemieden.

Bildberichterstatter

Pressephotograph.

▷ In einer Anweisung der Reichspressekonferenz vom 26. 5. 1936 wird der Presse verboten, das Fremdwort *Pressephotograph* weiter zu verwenden: „Es wird bestimmt, dass die Bezeichnung ‚Pressephotograph' nicht mehr gebracht werden darf, es heisst ‚Bildberichterstatter'. Es ist dies ein gleich amtlich festgelegter Begriff, wie der des Schriftleiters an Stelle des früheren Redakteurs."[112] Von diesem Zeitpunkt an lauten Bildunterschriften und Herkunftsnachweise, auch wenn es sich um die Wiedergabe historischer Aufnahmen handelt, z. B. folgendermaßen: „In der Wache. Der Bildberichterstatter hat nach dem Geschmack der Zeit versucht, ein sehr lebendiges Bild zu stellen."[113] Zur Benennung der militärischen Pressephotographen in den ↑ *Propagandakompanien* (PK) des Zweiten Weltkriegs wurde nach dem Muster *Kriegsberichterstatter* – ↑ *Kriegsberichter* die Kurzform *Bildberichter* gebildet. „[Bildunterschrift:] Shitomir wieder in deutscher Hand. PK-Aufnahme: Bildberichter Paul (Atl.)."[114]

---

[109] Gütt/ Rüdin/ Ruttke: Zur Verhütung erbkranken Nachwuchses. Gesetz und Erläuterungen, 1934, 177.
[110] Rheinische Heimatpflege, 32/1955, 145.
[111] Reuth, R. G.: Im Parlament das Spielbein. In: Frankfurter Allgem. Ztg., 11. 1. 1989, 10.
[112] Slg. Brammer, ZSg. 101/7, Nr. 474.
[113] Berliner Illustrierte Ztg., Sonderheft z. 700 Jahr-Feier, Berlin 1937, 110.
[114] Das Reich, 19. 12. 1943, 1.

blind, blindlings

bedingungslos, rückhaltlos, automatisch.

> *blind* ‚ohne Sehvermögen' wird schon im Mhd. übertragen in der Bedeutung ‚verblendet', ‚ohne Urteilskraft', ‚kritiklos' verwendet: „Sin herze ist wiser sinne blint."[115] Grimms ‚Deutsches Wörterbuch' belegt 1860 folgende Beispiele: „der blinde haufe folgt nach"; „man fordert wieder blinden glauben, blinden gehorsam"; „er zeigte einen blinden eifer"; „blinde wut".[116] Das erst aus dem 17. Jh. bezeugte Adverb *blindlings* wird in gleicher Bedeutung übertragen gebraucht. In religiösem Kontext kann *blinder Glaube* auch mit positiver Wertung in der Bedeutung ‚in höchster Glaubenssicherheit begründetes kindliches Vertrauen' oder *blinder Gehorsam* in der Bedeutung ‚sich selbst verleugnendes Gehorchen' vorkommen, das sich durch die Bezogenheit auf den besonderen Gegenstand, nämlich Gottes Willen, rechtfertigt. So in der zweiten Strophe des zum geistlichen Volkslied gewordenen „So nimm denn meine Hände": „In dein Erbarmen hülle mein schwaches Herz und mach es gänzlich stille in Freud und Schmerz. Laß ruhn zu deinen Füßen dein armes Kind: es will die Augen schließen und glauben blind."[117] „Der Gehorsam läßt alles Befohlene sofort zur Tat werden ,und jede eigene Ansicht und eigenes Urteil, die sich dem widersetzen,' sind ‚in blindem Gehorsam' zu verleugnen, ‚denn so muß der Gehorchende jede Sache, zu der der Obere ihn zum Besten der ganzen Gesellschaft einsetzen will, fröhlichen Geistes unternehmen'."[118]

> Zu der Verwendung von *blindlings* in der NS-Zeit bemerkt der Zeitzeuge Victor Klemperer: „blindlings gehört zu den Pfeilerworten der LTI [Sprache des *Dritten Reichs*], es bezeichnet den Idealzustand nazistischer Geistigkeit ihrem Führer und jeweiligen Unterführer gegenüber. Es wird nicht viel seltener gebraucht als fanatisch."[119] Hitler wiederholt in ‚Mein Kampf' immer wieder, daß *blinder Glaube*, *blinde Disziplin* die unerläßliche Voraussetzung für die Durchschlagskraft und, wie er es nennt, die Ewigkeit einer *Bewegung* seien. Von ihm geht die Umwertung von *blind* und *blindlings* aus. „Es lag ganz bei uns, schon am ersten Tage die Bewegung durch blindes, rücksichtsloses Einstehen für sie zu verewigen." (S. 401) „Denn wie will man Menschen mit blindem Glauben an die Richtigkeit einer Lehre erfüllen, wenn man durch dauernde Veränderungen am äußeren Bau derselben Unsicherheit und Zweifel verbreitet." (S. 512) „Es war gleich von Anfang an wichtig, in unseren Versammlungen blinde Disziplin einzuführen." (S. 541) „Sie [die SA] war schon damals erzogen worden zum blindlings auszuführenden Gehorsam." (S. 600) „Wir tragen in uns die blinde Überzeugung, daß Deutschland auch vor der Welt eine große Mission zu erfüllen hat."[120] „Vieles, was das Volk tut, ist am Ende doch nur

---

115 Rudolf v. Ems, Barlaam 242, 8. Zit. Trübners DWB, Bd. 1, 1939, 361, s. v.
116 Ebd., Bd. 2, 1860, 123, s. v.
117 Julie Hausmann (1826—1901). In: Ev. Gesangbuch f. Rheinland und Westfalen, Dortmund o. J., Geistl. Volkslieder, Nr. 55.
118 v. Balthasar, H. U.: Die großen Ordensregeln, Einsiedeln 1974, 375 f.
119 LTI, 14. Aufl. 1996, 161 f.
120 Goebbels: Deutsches Frauentum, Rede am 18. 3. 1933. In: Signale der neuen Zeit, 124.

ein historisches Wunder. Man muß ihm einen blinden Glauben geben."[121] „Herrischer Trotz, eisenharter Wille und blinde Gefolgschaftstreue wurden die seelischen Kraftquellen, von denen der Kampf getragen wurde. Verachtet, verspottet, verlacht, zogen sie aus zum Kampf für Adolf Hitler und seine Mission."[122] Nach dem sog. Röhmputsch und dem als Staatsnotwehr deklarierten Massaker, dem Röhm und viele führende SA-Leute zum Opfer fielen, schrieb Hitler an Röhms Nachfolger, den Stabschef der SA Lutze: „Wenn ich Sie mit dem heutigen Tage zum Chef des Stabes ernenne, dann geschieht dies in der festen Überzeugung, daß es Ihrer treuen und gehorsamen Arbeit gelingen wird, aus meiner SA. das Instrument zu schaffen, das die Nation braucht und ich mir vorstelle. Es ist mein Wunsch, daß die SA. zu einem treuen und starken Gliede der nationalsozialistischen Bewegung ausgestaltet wird. Erfüllt von Gehorsam und blinder Disziplin muß sie mithelfen, den neuen Menschen zu bilden und zu formen."[123] Der SS-Mann ist zu bedingungslosem Gehorsam verpflichtet: „Der Gehorsam wird bedingungslos gefordert. Er entspringt der Überzeugung, daß die nationalsozialistische Weltanschauung herrschen muß. Wer sie besitzt und leidenschaftlich vertritt, unterwirft sich freiwillig dem Zwang zum Gehorsam. Deshalb ist der Schutzstaffelmann bereit, jeden Befehl, der vom Führer kommt oder von einem seiner Vorgesetzten gegeben wird, blindlings auszuführen, selbst wenn er von ihm die größten Opfer fordert."[124] In einer Rede vom 23. 11. 1937 macht Hitler deutlich, daß er für sein Regime die religiöse Autorität einer Kirche und für die NSDAP den absoluten Gehorsam eines Mönchsordens fordert. Schon in ‚Mein Kampf' hatte er die „blinde Anhänglichkeit" der Gläubigen und „das starre Festhalten an einmal niedergelegten Dogmen, die dem ganzen erst den Glaubenscharakter verleihen", der katholischen Kirche als Vorbild für seine politische *Bewegung* dargestellt. (S. 513) „Die NSDAP ist die größte Organisation, die die Welt je gesehen hat. Sie umfaßt alles in allem 25 Millionen Menschen und hat 300 000 Funktionäre. Es ist ganz klar, daß eine Organisation, die 18 Jahre alt ist seit ihrer Gründung, nicht das sein kann, was sie nach 100 Jahren wäre. Entscheidend ist aber, daß wir ihr das Gesetz mit auf den Weg geben, nach dem sie angetreten ist und das ihr bleiben soll. Wir haben hier den Grundsatz des absoluten Gehorsams und der absoluten Autorität. [...] Auch die Volksführung früher, die Kirche, kannte nur dieses eine Lebensgesetz: blinder Gehorsam und absolute Autorität."[125]

Blitzkrieg

Schnell entschiedener Krieg.[126]

▸ *Blitzkrieg* ist eine Lehnübersetzung von engl. *lightning warfare* (1920).[127] Nach H. Paechter wurde der Ausdruck in der deutschen Militärliteratur vor 1939 in der

---
[121] Goebbels, Rede am 29. 6. 1933. In: Signale der neuen Zeit, 176.
[122] Espe, W. M.: Das Buch der N. S. D A. P., 1933, 239.
[123] Hitler an den Obergruppenführer der SA. Lutze. In: Düsseldorfer Nachrichten, Morgenausg. v. 1. 7. 1934.
[124] Organisationsbuch der NSDAP., 7. Aufl. 1943, 418.
[125] In: Domarus II. 2, 762 f.
[126] Gebucht: Paechter, Volks-Brockhaus 1940.
[127] Paul 1992, 135, s. v. blitzen.

Bedeutung ‚Angriff ohne Kriegserklärung' verwendet[128], „doch erlangte das Wort erst nach dem Polenfeldzug größere Bedeutung"[129] zur Bezeichnung der kurzen Feldzüge gegen Polen und Frankreich, in der Folge auch weiterer militärischer Aktionen. „Der Polenfeldzug und der Westfeldzug sind Blitzkriege."[130] „Der Blitzkrieg besteht nämlich nicht, wie die Engländer anzunehmen scheinen darin, daß ein Krieg, koste es, was es wolle, in blinder Kampfgier so rasch wie möglich zu Ende geführt wird, sondern in etwas ganz anderem: in der methodischen Vorbereitung (und im Verschweigen) der geplanten militärischen Aktion, dann aber, wenn die entscheidende Handlung begonnen hat, in ihrer blitzschnellen Beendigung."[131] „Nach der Beendigung des deutschen Blitzkrieges in Griechenland sah sich England in einer verzweifelten Lage."[132]

Blitzkriegführung – „Die Blitzkriegführung zerstört nicht nur in der Zeiteinheit, sondern überhaupt entfernt nicht soviel wie die zähe, die wir vom vorigen Krieg her kennen."[133]

Blitzangriff – „Stark gelesen würden die verhältnismäßig wenigen PK-Berichte von deutschen Einsätzen oder Aufsätze wie ‚Blitzangriff deutscher Kampfflieger auf London' in den ‚Dresdener Nachrichten' vom 13. 3."[134]

Blitzfeldzug – „Während zu Beginn der Offensive in der Bevölkerung überwiegend die Meinung vertreten wurde, daß es dieses Mal nicht so schnell wie in Polen oder Norwegen vorwärts gehen werde, meinen jetzt weite Bevölkerungskreise, daß es auch im Westen einen ‚Blitzfeldzug' gibt."[135]

Blitzmarsch – „Blitzmarsch nach Warschau."[136]

Blitzsieg – „Man erwartet von den Italienern die gleichen Blitzsiege, wie man sie von den eigenen Soldaten gewohnt ist."[137]

Block

Unterste Organisationseinheit der NSDAP und der ↑ *angeschlossenen Verbände*: ↑ *DAF*, ↑ *NSV*, ↑ *NS-Frauenschaft*.[138]

▶ Block ist seit der zweiten Hälfte des 19. Jh. nach amerikanischem Vorbild die Bezeichnung für ein Straßenviereck.[139] Im Nationalsozialismus wird der Ausdruck

---

[128] Paechter: Nazi-Deutsch, 1944, 22.
[129] Stanforth 1975, 121. Zit. (ohne weitere Lit.angabe): Paul 1992, ebd.
[130] Reichsführer SS Himmler auf d. Gauleitertagung am 3. 8. 1944. In: VJZG 1//1953, 367.
[131] Das Reich, 10. 11. 1940, 2.
[132] Was wollte Churchill auf dem Balkan? Deutsche Informationsstelle. Kleine Schriften, 1941, 5.
[133] Das Reich, 15. 6. 1941, 2.
[134] MADR, (Nr. 367), 15. 3. 1943, Bd. 13, 4947.
[135] MADR, (Nr. 88), 16. 5. 1940, Bd. 4, 1139.
[136] Buchtitel, E. Hadamovsky, 1940.
[137] MADR, (Nr. 96), 13. 6. 1940, Bd. 4, 1246.
[138] Gebucht: Duden, 12. Aufl. 1941 (mit Hinweis auf die spezifische Pluralform: *Blocks*), Knaur 1934, Meyers Lexikon 1936 ff., Paechter, Trübners DWB, Volks-Brockhaus 1940. Getilgt: Duden, 13. Aufl. 1947.
[139] Trübners DWB, Bd. 1, 1939, 369.

in spezieller Bedeutung zum Namen der untersten Organisationseinheit in der regionalen Aufgliederung der NSDAP in ↑ *Reich,* ↑ *Gau,* ↑ *Kreis,* ↑ *Ortsgruppe,* ↑ *Zelle, Block.* „Der Block der NSDAP. besteht aus 40 bis 60 Haushaltungen (nach Möglichkeit nicht mehr als 50 Haushaltungen). [...] Die Zusammenfassung von Haushaltungen zu einem Block wird straßenseitig vorgenommen, bei Häuservielecken (gebietliche Dreiecke, Quadrate, Rechtecke usw.) dem Straßenverlauf nach, um diese Vielecke herum.[...] Die Größe des vorgesehenen Gebietes muß die Möglichkeit restlos umfassender Bearbeitung durch die zuständigen Politischen Leiter bzw. Walter bieten. Die Straßen-Blockeinteilung der NS-Frauenschaft und der angeschlossenen Verbände (soweit diese eine Block- und Zelleneinteilung benötigen, also der DAF. und der NSV.) entspricht genauestens der Blockeinteilung der NSDAP."[140]

Blockhelfer

Mitarbeiter des ↑ *Blockleiters* innerhalb eines ↑ *Blocks.*

› Die Einsetzung eines *Blockhelfers* wurde den ↑ *Gauen* „zur freiwilligen Durchführung empfohlen". Der *Blockhelfer* war zuständig für eine *Hausgruppe,* die „8— 15 Haushaltungen" umfaßt. „Im allgemeinen soll in der Stadt ein Mietshaus eine Hausgruppe darstellen. [...] In Kleinstädten und Dörfern, wo oftmals in einem Haus nur ein oder weniger Haushalte vorhanden sind, sind zweckmäßigerweise Häusergruppen zusammenzufassen. Dabei kann ein Ortsteil bzw. Gemeindeteil eine Hausgruppe bilden." [...] „Für das Haus bzw. die Hausgruppe wird ein geeigneter Parteigenosse aus den Reihen der Bewohner dieses Hauses bzw. der Hausgruppe eingesetzt. Wenn in einer Hausgruppe ein Parteigenosse für diese Aufgabe nicht namhaft gemacht werden kann, wird der geeignetste Volksgenosse bestimmt. Er muß selbstverständlich politisch zuverlässig und arischen Blutes sein. Der Blockhelfer soll Mitglied der DAF. sein. Die Dienststellenbezeichnung ist: Blockhelfer der NSDAP." „Die Blockhelfer können vom Blockleiter von Fall zu Fall bei Zweckmäßigkeit zur Mitarbeit herangezogen werden. Die Blockhelfer übernehmen im Auftrag des Blockleiters die Inordnunghaltung der Haustafel betr. Anschriften, Aushang von Mitteilungen usw.[...] Die Blockhelfer gelten in ihrem Dienstbereich als Vertrauensmänner der NSDAP. und ihrer Verbände. Die Blockhelfer sollen bemüht sein, sich weltanschaulich zu festigen und den Volksgenossen gegenüber sich eines der Würde der Partei entsprechenden Verhaltens zu befleißigen. Verschwiegenheit über Dienstangelegenheiten ist zu beachten."[141]

Blockleiter

Als unterster ↑ *Hoheitsträger* der NSDAP Leiter der untersten regionalen Organisationseinheit der NSDAP, des ↑ *Blocks.*[142]

› „Der Blockleiter ist Hoheitsträger der NSDAP. Der Blockleiter muß Parteigenosse sein. Er soll zu den besten Parteigenossen innerhalb der Ortsgruppe zählen. Die

---
[140] Organisationsbuch der NSDAP. 1943, 99.
[141] Organisationsbuch der NSDAP. 1943, 106a f.
[142] Gebucht: Duden, 12. Aufl. 1941, Meyers Lexikon 1936 ff. Getilgt: Duden, 13. Aufl. 1947.

Dienststellungsbezeichnung ist: Blockleiter der NSDAP." [...] „Nach erfolgter Bewährung und Beibringung der vorgeschriebenen Personalunterlagen (Nachweis arischer Abstammung bis 1800) wird er 3 bis 4 Monate nach kommissarischer Einsetzung offiziell vom zuständigen Kreisleiter ernannt. [...] Der Blockleiter ist für die gesamten Vorgänge in seinem Bereich, welche die Bewegung betreffen, zuständig und dem Zellenleiter voll verantwortlich. Es obliegt ihm die Erfüllung folgender Aufgaben: Der Blockleiter hat monatlich mindestens einmal eine Besprechung mit den ihm disziplinär unterstellten Mitarbeitern bezw. Blockwaltern zu führen, bei der über die Tätigkeit und Zustände im Blockbereich berichtet wird."[143] „Der Blockleiter ist Führer und Berater aller in seinem Blockbereich tätigen Blockwalter usw. und Parteigenossen. Er hat aufklärend, ausgleichend und helfend im Sinne der Bewegung zu wirken. Die Verbreiter schädigender Gerüchte hat er feststellen zu lassen und sie an die Ortsgruppe zu melden, damit die zuständige staatliche Dienststelle benachrichtigt werden kann."[144] „Der Blockleiter soll die Parteigenossen immer wieder auf ihre besonderen Pflichten gegenüber Volk und Staat aufmerksam machen. Der Parteigenosse soll nicht nur Beitragszahler sein, sondern aktiver Mitkämpfer und Propagandist der Bewegung (Flaggenschmuck an den Wohnhäusern, Versammlungsbesuch, Mitarbeit, Opferwilligkeit usw.). Jeder Parteigenosse ist zur Mitarbeit verpflichtet und kann jederzeit zur Unterstützung herangezogen werden."[145] „Es ist Ziel des Blockleiters, weitmöglichst zu erreichen, daß die Söhne und Töchter der Familien des Blockgebietes den entsprechenden Formationen der HJ., SA., SS., des NSKK. wie auch den entsprechenden der Partei angeschlossenen Verbänden, wie DAF., angehören, daß die nationalsozialistischen Veranstaltungen, Kundgebungen und Feierstunden besucht werden usw. Kurz und gut, der Blockleiter ist ein unablässig sich mühender Aktivist und Propagandist der Bewegung."[146] Zur besseren Kontrolle der Parteigenossen seines *Blocks* führte der *Blockleiter* eine ↑ *Haushalt-* (oder *Haushaltungs*)*kartei*.[147] Einen Einblick in die Tätigkeit eines *Blockleiters* gibt eine ‚Meldung aus dem Reich' von 1941: „Aus verschiedenen Gauen wird berichtet, daß dort eine neue Aktion gegen das Abhören ausländischer Sender anlaufe. Im Rahmen dieser Aktion würden durch die Ortsgruppen an den Empfangsapparaten der Haushaltungen Zettel von gelber bzw. roter Farbe angebracht werden, die folgende Aufschrift hätten: ‚Denke daran! Das Abhören ausländischer Sender ist ein Verbrechen gegen die nationale Sicherheit unseres Volkes. Es wird auf Befehl unseres Führers mit schweren Zuchthausstrafen geahndet.' Diese Zettel sind so gefertigt, daß sie an einem der Drehknöpfe der Rundfunkempfangsapparate angehängt werden können. Es werde seitens der zuständigen Blockleiter meistens genau kontrolliert, ob die Zettel auch wirklich angebracht seien. Die Aktion selbst finde in allen Kreisen der Bevölkerung eine stark negative Aufnahme."[148]

---

[143] Organisationsbuch der NSDAP. 1943, 100.
[144] Ebd., 101.
[145] Ebd., 102.
[146] Ebd., 103.
[147] Kadatz: Block und Zelle in der NSDAP., 1937, 15.
[148] MADR, (Nr. 240), 24. 11. 1941, Bd. 8, 3020.

Blockleiterin — „Die männlichen Amtsbezeichnungen für Frauen sind unnatürlich und veranlassen allerhand Mißverständnisse. Die Sprache gibt dafür die bequeme Endung -in an die Hand, und wie man früher zur Lehrerin [...] hingefunden hatte, so sollte es jetzt für alle berufsausübenden Frauen eine Selbstverständlichkeit sein, sich Direktorin, Referendarin usw. zu nennen, sowie als Amtswalterinnen in der Partei: Zellenleiterin, Blockleiterin, Schriftleiterin usw. zu heißen."[149]

Blockwalter

Funktionär auf der untersten regionalen Organisationsebene der ↑ *angeschlossenen Verbände*: ↑ *DAF*, ↑ *NSV*.[150]

▶ „Unter der Bezeichnung ‚Blockwalter' sind zu verstehen: Die DAF.-Straßen-Blockobmänner, die NSV-Blockwalter, die Blockfrauenschaftsleiterinnen. Der Begriff ‚Blockwalter' stellt also einen Sammelbegriff für den DAF.-Straßen-Blockobmann, den NSV.-Blockwalter und die Blockfrauenschaftsleiterin dar." „Sofern Gliederungen oder angeschlossene Verbände der Partei ihre Organisation bis zum Blockbereich ausgebaut haben, werden Blockwalter eingesetzt."[151]

Blockwalterin

Funktionärin auf der untersten regionalen Organisationsebene des *angeschlossenen Verbandes NS-Frauenschaft*.
„Die Blockwalterin wird vom zuständigen Ortsgruppen- bzw. Stützpunktleiter auf Vorschlag der Ortsfrauenschaftsleiterin bestimmt. [...] Sie soll Verbindungsglied sein zwischen der Frauenschaftsleiterin und den in einem Block zusammengefaßten Frauenschaftsmitgliedern."[152]

Blockwart

Leiter eines ↑ *Blocks* der *KdF*, der ↑ *NS-Gemeinschaft „Kraft durch Freude"*, in der ↑ *DAF*.[153]

▶ „Der Blockwalter ist gleichzeitig in Personalunion Blockwart der NS-Gemeinschaft ‚Kraft durch Freude' und mit der Durchführung der anfallenden Arbeiten betr. Freizeitgestaltung beauftragt."[154] In der Organisationssprache der NSDAP spielte die Bezeichnung *Blockwart* nur eine geringe Rolle. Anders verhielt es sich in der Umgangssprache. Da der ↑ *Blockleiter* der NSDAP und der ↑ *Blockwalter* der angeschlossenen Verbände auf dieser untersten Organisationsebene oft die Aufga-

---

[149] Wustmann (W. Schulze): Sprachdummheiten, 11. Aufl. 1943, 51f.
[150] Gebucht: Duden, 12. Aufl. 1941, Meyers Lexikon 1936ff., Volks-Brockhaus 1940. Getilgt: Duden, 13. Aufl. 1947.
[151] Organisationsbuch der NSDAP.. 1943, 108.
[152] Organisationsbuch der NSDAP., 4. Aufl. 1937, 272.
[153] Gebucht: Trübners DWB 1939ff.
[154] Organisationsbuch der NSDAP., 7. Aufl., 1943, 220.

ben eines *Blockwarts* mit übernehmen mußten, wurden beide häufig einfach *Blockwart* genannt, vielleicht, weil Komposita mit *Wart* durch das Vereinswesen allgemein vertrauter waren. Bezeichnend ist, daß ‚Trübners Deutsches Wörterbuch' 1939 *Blockwart* als einzige Weiterbildung zu *Block* (in spezifischer NS-Bedeutung) notiert.[155]

Blut

a) rassisch geprägte Erbmasse eines Volkes; auch: Synonym für:↑ *Rasse*;[156]
b) mythisch überhöhtes Symbol: das *Mysterium des nordischen Blutes*.

▷ a) Hitler schreibt in ‚Mein Kampf': „Wenn ein Volk die ihm von der Natur gegebenen und in seinem Blute wurzelnden Eigenschaften seines Wesens nicht mehr achten will, hat es kein Recht mehr zur Klage über den Verlust seines irdischen Daseins." (S. 369) In der Präambel des ‚Gesetzes zum Schutze des deutschen Blutes und der deutschen Ehre' vom 15. 9. 1935 (auch: ↑ *Blutschutzgesetz*) heißt es entsprechend: „Durchdrungen von der Erkenntnis, daß die Reinheit des deutschen Blutes die Voraussetzung für den Fortbestand des deutschen Volkes ist, und beseelt von dem unbeugsamen Willen, die deutsche Nation für alle Zukunft zu sichern, hat der Reichstag einstimmig das folgende Gesetz beschlossen. [...]"[157] „Daß die wichtigsten Eigenschaften des Menschen rassenmäßig von den Ahnen vererbt sind, hat erst die Neuzeit wissenschaftlich erkannt, geahnt hat man es schon viel früher, und als Träger des guten oder bösen Erbgutes betrachtet man das Blut."[158] „Was wir sind und was wir als Volk noch werden können, bestimmt unser Blut."[159] „Unsere Jugend muß lernen, was Rasse bedeutet und zur Einsicht gelangen, daß nur ein rassereines Volk Bestand haben kann. Sie muß wissen, daß die Rasse das Wesen eines Volkes bedingt, daß Rasse gleich Blut ist und damit an jeden Deutschen Forderungen erhebt."[160] b) "Blut' bedeutet uns, in unserer gesamten Betrachtung, nicht etwas Leibliches, sondern: Seele in artlicher Verbundenheit mit ihrem Ausdrucksfeld, dem Leibe."[161] „Heute erwacht aber ein neuer Glaube: der Mythus des Blutes, der Glaube, mit dem Blute auch das göttliche Wesen des Menschen überhaupt zu verteidigen. Der mit dem hellsten Wissen verkörperte Glaube, daß das nordische Blut jenes Mysterium darstellt, welches die alten Sakramente ersetzt und überwunden hat."[162]

▷ Am 2. Juni 1945 wies das Hauptquartier der Militärregierung in den ‚Verwaltungsvorschriften für das Gesundheitswesen' den Oberpräsidenten des Rheinpro-

---

[155] Ebd., 369, s. v. Block.
[156] Gebucht: Meyers Lexikon 1936 ff., Paechter, Trübners DWB.
[157] RGBl. 1, 1935, 1146.
[158] Trübners DWB, Bd. 1, 377 s. v.
[159] Darré, R. W.: Neuordnung unseres Denkens, 1940, 11.
[160] Heß, K./ Stricker, P.: Ein Beitrag zur Unterrichtsgestaltung in der Vererbungslehre und Rassenkunde, 1936, 3.
[161] Clauß, K. F.: Rasse und Seele, 6. Aufl. 1936, 147.
[162] Rosenberg: Der Mythus des 20. Jahrhunderts, 111.–114. Aufl. 1937 (zuerst 1930), 114.

vinz-Militärdistrikts Dr. Hans Fuchs an, alle Ideologien nationalsozialistischer Herkunft auszumerzen — insbesondere die deutsche Bluttheorie.[163]
S. auch ↑ deutschen und artverwandten Blutes.

Blut und Boden

Zentrales Schlagwort des Nationalsozialismus für die mythisch überhöhte Verbundenheit der ↑ *Blutsgemeinschaft* des Volkes, insbesondere der Bauern, mit dem besiedelten Territorium. Speziell: in der Bauernpolitik für die Bindung des Grundeigentums an die bäuerliche ↑ *Sippe* (durch das ↑ *Reichserbhofgesetz*).[164]

> Die Prägung *Blut und Boden* findet sich schon 1901, lange bevor sie zum gängigen NS-Schlagwort wurde, im Vorwort einer Schrift von M. G. Conrad: ‚Von Emile Zola bis Gerhart Hauptmann. Erinnerungen zur Geschichte der Moderne'. „Im Geheimnis des Blutes und des Bodens ruht das Geheimnis der Kunst."[165] Der nächste bekannte Beleg in Oswald Spenglers ‚Untergang des Abendlands' steht bereits im Kontext einer mystischen Deutung des innigen Verbundenseins „von ewigem Land und ewigem Blute", wie sie später von R. W. Darré wieder aufgegriffen wird. Im zweiten Band des Spenglerschen Werkes von 1922 lautet der Untertitel des II. Kapitels „Städte und Völker", B „Völker, Rassen, Sprachen": „Blut und Boden".[166] Was Spengler mit diesem Untertitel meint, läßt folgender Abschnitt erkennen, in dem die Wendung selbst nicht vorkommt: „Man versenke sich in die Seele eines Bauern, der von Urzeiten her auf seiner Scholle sitzt oder von ihr Besitz ergriffen hat, um dort mit seinem Blute zu haften. Er wurzelt hier als Enkel von Ahnen und der Ahn von künftigen Enkeln. Sein Haus, sein Eigentum: das bedeutet hier nicht ein flüchtiges Zusammengehören von Leib und Gut für eine kurze Spanne von Jahren, sondern ein dauerndes und inniges Verbundensein von ewigem Land und ewigem Blute: erst damit, erst aus dem Seßhaftwerden im mystischen Sinne erhalten die großen Epochen des Kreislaufs, Zeugung, Geburt und Tod, jenen metaphysischen Zauber, der seinen sinnbildlichen Niederschlag in Sitte und Religion aller landfesten Bevölkerung findet." (S. 123) „Aber zur Energie des Blutes, das durch Jahrhunderte immer wieder dieselben leiblichen Züge prägt — ‚Familienzüge' — und der Macht des Bodens — ‚Menschenschlag' — tritt noch jene rätselhafte kosmische Kraft des gleichen Taktes engverbundener Gemeinschaften." (S. 149) Werden aber „Tier- oder Menschenart" verpflanzt, so kommt es zu einem „Kampf zwischen Blut und Boden". (S. 151) August Winnig, der vom Arbeiter bis zum Oberpräsidenten von Ost-

---

[163] Dt. Ärzteblatt, Ausg. A, 79/10. 9. 1982, 77.
[164] Gebucht: Duden, 11. Aufl. 1934, Knaur 1934, Meyers Lexikon 1936 ff., Paechter, Trübners DWB, Volks-Brockhaus 1940.
[165] Ebd., Leipzig 1901. Zit. Büchmann, 32. Aufl. 1972, 768. Büchmann verweist auf den Hinweis bei: H. Schwerte (d. i. H.-E. Schneider) in: Wirkendes Wort, 14/1964, 266, Fußnote 33.
[166] Ebd., V (Inhaltsverzeichnis).

preußen aufgestiegene ehemalige Sozialdemokrat, beginnt seine kleine Schrift ‚Befreiung' von 1926 mit dem Satz: „Blut und Boden sind das Schicksal der Völker."[167]. Er drückt mit ihm seine These aus, daß das Verhältnis von Volkszahl und ↑ *Lebensraum* für die Geschichte eines Volkes bestimmend sei. 1929 überschreibt Winnig ein Kapitel seines Buches ‚Das Reich als Republik' mit „Blut und Boden". Er eröffnet es mit dem gleichen Satz wie 1926 und fügt hinzu: „Aus diesen beiden Urgegebenheiten erhält das Leben Richtung und Form."[168] Der Mitbegründer des völkisch-rechtsradikalen Bundes ‚Artam', eines Jugendbundes, der Leben und Arbeit auf dem Lande als Hauptpunkt im Programm hatte und zu dessen Mitgliedern Darré und Himmler gehörten, A. Georg Kenstler, gab ab 1928 zusammen mit Friedrich Schmidt eine kleine, wenig beachtete Zeitschrift ‚Blut und Boden. Monatsschrift für wurzelstarkes Bauerntum, für deutsche Wesensart und nationale Freiheit' heraus.[169]

❯ Zum Schlüsselwort des Nationalsozialismus mit dem Rang eines kultischen Symbols wird *Blut und Boden* durch die 1930 erschienene Hauptschrift des späteren Reichsbauernführers und Reichsministers R. Walther Darré: ‚Neuadel aus Blut und Boden'. „Diese zwei Wörter schließen das gesamte nationalsozialistische Programm in sich ein."[170] In den ‚Nationalsozialistischen Monatsheften' ist die Rede von „jenen ewigen Werten, die wir Nationalsozialisten mit Blut und Boden umschreiben" und an anderer Stelle von der stärksten „Bejahung der urtümlichen und gottgegebenen Bindungen von Blut und Boden, als den organischen Gestaltungskräften des Lebens überhaupt".[171] „Über allem aber steht die Einheit der deutschen Nation, gegründet nicht auf einer Konfession, auch nicht auf das Christentum, sondern auf das politische Einigungswerk des Führers, auf die Gemeinsamkeit von Blut und Boden."[172] Allerdings: „In der Kolonialpropaganda soll aus naheliegenden Gründen der nationalsozialistische Gedanke von Blut und Boden nicht eingeführt werden."[173] 1933 findet der Ausdruck Eingang in die Gesetzessprache. In der Präambel des Preußischen Gesetzes ‚Bäuerliches Erbhofrecht' vom 15. 5. 1933, das dem ‚Reichserbhofgesetz' vorausging, heißt es: „Die unlösbare Verbundenheit von Blut und Boden ist die unerläßliche Voraussetzung für das gesunde Leben des Volkes. [...] Unabweisbare Pflicht der Regierung des erwachten Volkes ist die Sicherung der nationalen Erhebung, durch gesetzliche Festlegung der in deutscher Sitte bewahrten unauflöslichen Verbundenheit von Blut und Boden."[174] In § 4 der Justizausbildungsverordnung vom 22. 7. 1934 wird von den Studenten „verlangt, daß sich das Studium nicht auf die Fachausbildung beschränkt". „Dazu gehört weiter die ernsthafte Beschäftigung mit dem Nationalsozialismus und seinen weltanschaulichen Grundla-

---

[167] Ebd., 3.
[168] Das Reich als Republik 1918–1928, 1929, 3.
[169] Jg. 1/1928/29, Lauban i. Schl. Hinweis in: Ideengeschichte d. Agrarwirtschaft, Bd. 2. Hg. H. Haushofer, 1958, 163.
[170] Wagner, H.: Taschenbuch d. nationalsozialistischen Staates, 2. Aufl. 1934, 30 f.
[171] Ebd., 8/1937, 633; 774.
[172] v. Leers, J.: Der Kardinal und die Germanen, 1934, 58.
[173] Presseanweisung v. 14. 4. 1934. Slg. Brammer, Zsg. 101/3, Nr. 444.
[174] Zit. Rühle, G.: Das Dritte Reich, Bd. 1933, 140.

gen, mit dem Gedanken der Verbindung von Blut und Boden, von Rasse und Volkstum, mit dem deutschen Gemeinschaftsleben und mit den großen Männern des deutschen Volkes."[175] Die Sprachreiniger beriefen sich als Argument für ihren Purismus auf *Blut und Boden*: „[...] weg mit dem Kunstwort, da wo es in unser öffentliches Leben, in das Sprachleben des Volkes selbst eindringt! Hier haben nur lebendige, d. h. aus deutschem Blut und Boden geborene Wörter Platz."[176] Schulmänner gaben ihren Schülern das „Gesetz von Blut und Boden" als ethisches Fundament mit auf den Lebensweg: „Das Gesetz von Blut und Boden, das alle anderen von uns betrachteten Naturgesetze umfaßt, bindet den Einzelmenschen unzertrennlich an sein Volk und Vaterland. Deshalb muß bei allen Forderungen, die sich für unser Dasein aus den Naturgesetzlichkeiten ergeben, das Wohlergehen der Volksgemeinschaft oberste Richtschnur sein."[177] Die Häufigkeit des Gebrauchs und die ideologische Rolle des Ausdrucks *Blut und Boden* im Nationalsozialismus läßt sich indirekt aus den Äußerungen des Widerspruchs ablesen: „In einem anderen Vortrag legte er die Auffassung ‚Rasse, Blut und Boden' vom katholischen Standpunkt aus dar und behauptete, daß es Gewissenszwang sei, wie man in unserem armen gequälten Vaterland versuche, diese Begriffe als Ewigkeitswerte hinzustellen."[178] „[Christi Lehre] erschöpft sich nicht im Brauchtum eines einzelnen Volkes, in seinen ‚Überlieferungen', wächst auch nicht aus den ‚Weltelementen', den primitiven Kräften und dem vergöttlichten Blut und Boden."[179]

≫ Heute wird *Blut und Boden* nur noch abwertend verwendet, entweder in historischem Bezug vor allem auf Kunst und Literatur des ↑ *Dritten Reiches* oder für Literatur- und Kunsterzeugnisse, Überzeugungen usw. der Gegenwart, die mit denen der NS-Zeit gleichgesetzt werden. „In Staufen hat jetzt auch einer von ‚Blut- und Boden-Reden' [des Kultusministers] gesprochen."[180]

blutbedingt (blutsbedingt)

Von der besonderen Qualität der eigenen Rasse geprägt.[181]

▶ „In jeder Einzelheit erweist sich nun das Reichserbhofgesetz an sich gar nicht als ‚neu', sondern nur als ein mutiges Bekenntnis zu der alten blutbedingten Rechtsauffassung des deutschen Volkes."[182] Dazu die Weiterbildung *Blutsbedingtheit*: „Dazu fehlt ihm [Nietzsche] der Glaube an die Blutsbedingtheit der zeitgenössischen Völker."[183]

---

[175] RGBl. 1, 727.
[176] Wustmann (W. Schulze): Sprachdummheiten, 11. Aufl. 1943, 384.
[177] Biologie f. höhere Schulen, Bd. 3, 2. Aufl. 1943, 133.
[178] Lagebericht f. den Monat Oktober 1935 d. Staatspolizeistelle f. den Reg.bezirk Aachen v. 7. 11. 1935. In: Vollmer, B.: Volksopposition im Polizeistaat, 1957, 307.
[179] Anmerkung zu Kol. 1, 6–10. In: Das Neue Testament. Stuttgarter Kepplerbibel, 1940, 403.
[180] Wenz, D.: Endlich sagt mal einer, was die Wende ist. In: Frankfurter Allgem. Ztg., 8. 2. 1988, 3.
[181] Gebucht: Duden, 12. Aufl. 1941. Getilgt: Duden 13. Aufl. 1947.
[182] Metzner, E.: Das deutsche Erbhofrecht. In: Der Schulungsbrief, 1/ Nov. 1934, 12.
[183] Härtle, H.: Nietzsche und der Nationalsozialismus, 1937, 81.

Blutbewußtsein
Synonym zu ↑ *Rassenbewußtsein*, Stolz auf die eigene ↑ *Rasse*.

> „Etwas, was man ‚consciousness of kind' (Giddings), Artbewußtsein nennen könnte, ein Wissen um das eigene Blut, ist in Europa nur unter den Juden zu finden. Sonst ist ein eigenes Blutbewußtsein nirgends entstanden."[184] „Ewig ist vielleicht nur das Volkstum, das auf sein Blut achtet und im Blutbewußtsein ein göttliches Gebot erkennt; das mag die Erscheinung des Judentums lehren."[185] „Aber was das Erschütternde war an diesen Tagen, das Denkwürdige und das, was wir als frühe Zeichen einer neuen Werdung deuten: Ein Volk hatte sich wiedergefunden in der Gemeinsamkeit des großen Schicksals. Neue Werte erstanden. Charakterwerte! Geboren aus der Urewigkeit längst vergessenen, aber neu erwachenden Blutbewußtseins."[186] „Das Blut- oder Rassenbewußtsein wird zum Volksbewußtsein."[187]

Bluteinsatz
Opfer von Menschenleben im Krieg.

> „Demgegenüber müssen wir Nationalsozialisten unverrückbar an unserem außenpolitischen Zielen festhalten, nämlich dem deutschen Volk den ihm gebührenden Grund und Boden auf dieser Erde zu sichern. Und diese Aktion ist die einzige, die vor Gott und unserer deutschen Nachwelt einen Bluteinsatz gerechtfertigt erscheinen läßt."[188] „Es gibt nun im Völkerleben einige Wege, das Mißverhältnis zwischen Volkszahl und Grundfläche zu korrigieren. Der natürlichste ist der einer Anpassung des Bodens von Zeit zu Zeit an die gewachsene Volkszahl. Dies erfordert Kampfentschlossenheit und Bluteinsatz."[189] „Sie haben diesen Krieg leichtfertig vom Zaun gebrochen, glaubten ihn ohne Bluteinsatz nur mit der Waffe der inneren Zersetzung Deutschlands und der Wirtschaftsblockade führen zu können."[190]

Blutfahne
Hakenkreuzfahne, die bei dem Hitlerputsch am 9. 11. 1923 (*Marsch zur Feldherrnhalle*) mit dem Blut des Fahnenträgers oder dem Blut der Verwundeten und Toten getränkt worden sein soll und „als heiligstes Symbol der Bewegung"[191] zur Weihe aller anderen Parteifahnen benutzt wurde.[192]

> *Blutfahne* war vom Mittelalter bis in die Neuzeit der Name der Fahne, die bei Schlachten vorangetragen wurde. „im blutfanen und panern musz ein kreuz pran-

---
[184] Günther, H. [F. K.]: Rassenkunde des deutschen Volkes, 1922, 13.
[185] Ebd., 402.
[186] Jeserich, K.: 1. August 1914 – Deutsche Revolution. In: Der Schulungsbrief, 1/August 1934, 5.
[187] Graf, J.: Vererbungslehre, Rassenkunde und Erbgesundheitspflege, 1939, 268.
[188] Hitler, Mein Kampf, 739.
[189] Hitlers zweites Buch, 1928, 54.
[190] Goebbels. In: Das Reich, 26. 5. 1940, 1.
[191] Bouhler, Ph.: Kampf um Deutschland, 1942, 68.
[192] Gebucht: Duden, 12. Aufl. 1941, Meyers Lexikon 1936 ff., Paechter, Trübners DWB, Volks-Brockhaus 1940. Getilgt: Duden, 13. Aufl. 1947.

gen" (Fischart, 1579). „der könig in schweden, der kühne held, liesz seine blutfahnen schwingen." (ein hundert deutsche historische Volkslieder, ges. v. L. F. v. Soltau, 1836)[193] In der religiösen Tradition stand *Blutfahne* auch für die rote Fahne mit dem Walldürner Blutbild, die auf der Wallfahrt zum ‚Heiligen Blut' in Walldürn mitgeführt wurde. „Eya, mein liebe Wirtzburger, die Blutfahne ist außgesteckt, greifft nach der Rüstung, wer will der letzte seyn?" (1628)[194] Dieser Aufruf an die Brunderschaftsmitglieder spielt mit der Doppeldeutigkeit des Ausdrucks: ‚Heilig-Blut-Fahne' oder ‚Kriegsfahne', und läßt die Prozession als geistlichen Feldzug erscheinen. *Blutfahne* wurde ferner die rote Fahne genannt, unter der die mit dem Blutbann, der Gerichtsbarkeit über Leben und Tod, verknüpften Reichslehen vergeben wurden.[195]

▷ Der Zeitzeuge Victor Klemperer notiert 1933: „19. September. Im Kino Szenen vom Nürnberger Parteitag. Hitler weiht durch Berührung mit der Blutfahne von 1923 neue SA-Standarten. Bei jeder Berührung der Fahnentücher fällt ein Kanonenschuß. Wenn das nicht eine Mischung aus Theater und Kirchenregie ist! Und ganz abgesehen von der Bühnenszene — schon allein der Name ‚Blutfahne'. [...] Die gesamte nationalsozialistische Angelegenheit wird durch das eine Wort aus der politischen in die religiöse Sphäre gehoben. [...] Der Parteitag eine kultische Handlung, der Nationalsozialismus eine Religion [...]."[196] „Dieses Jahr 1926 ist für die SS, die damals ungefähr in ihrer Gesamtstärke 200 SS-Männer umfaßte, jedoch von großer Bedeutung, als ihr nämlich Adolf Hitler auf dem Parteitag zu Weimar, dem zweiten Reichsparteitag der NSDAP., das heiligste Symbol der Bewegung, die Blutfahne des 9. November 1923, zu treuen Händen übergab."[197]

blutfremd, s. ↑ blutsfremd

blutgebunden (blutsgebunden)

↑ *rassisch* geprägt, in der eigenen ↑ *Rasse* verwurzelt.[198] Kontrastwort zu ↑ *wurzellos*.

▷ „Neben diesem welt- und volksfremden Intellektuellen wuchsen dann die ebenso lebensfern gewordenen, immer größer werdenden Massen des Arbeitertums der Weltstädte heran und fanden in damaliger Zeit keinen Hüter und Schirmer, der sich ihrer innerlich und äußerlich wirklich angenommen hätte. So sehen wir als Ergebnis dieser jahrzehntelangen Entwicklung, daß sich der wurzellose Intellektuelle und der nicht mehr blutgebundene ‚Proletarier' zusammenfanden und beide Opfer wurden einer utopischen und volksfeindlichen Ideologie, die wir die marxistische Bewegung

---
[193] Vgl. DWB, Bd. 2, 1860, 181.
[194] Brückner, W.: Die Verehrung des Heiligen Blutes in Walldürn. Aschaffenburg 1958, 261 f.
[195] Der Große Brockhaus, Bd. 3, 1929, 52.
[196] LTI, 14. Aufl. 1996, 40.
[197] d'Alquen, Gunter: Die SS., 1939, 7.
[198] Gebucht: Duden, 11. Aufl. 1934, 12. Aufl. 1941. Getilgt: Duden, 15. Aufl. 1961.

nennen."[199] „Eine äußerst bedenkliche Erschütterung gerade für die Geisteswelt und die Weltanschauung des Bauern brachte das mit der französischen Revolution hereinbrechende Zeitalter des Liberalismus. In ihm wurde bewußt und systematisch das Volk zur Entwertung aller alten blutgebundenen Werte erzogen."[200] „Wer umreißen will, was Kunst ist, versündigt sich an ihrem Wesen. Wer aber leugnen will, daß Kunst aus dem Blut kommt, hat von ihr keinen Hauch verspürt. Wie nichts anderes sonst liegt Kunst im Blut. Sie macht alle Regungen der blutgebundenen Rassenseele mit und wird so zu einem getreuen Abbild der Rasse."[201] „Der deutsche Student ist nicht die Masse aller einzelnen, wie sie die Masse des Proletariats darstellt, sondern die bluts- und rassegebundene Einheit evtl. auch einer Minderheit, die sich aus der atomisierenden Vermassung herausreißt und zu einem geschichtlich-konkreten, politischen Körper organisiert, der im Führer sein geschichtliches Schicksal in die Hand nimmt und meistert."[202]

blutlich

In Bezug auf die ↑ *Rasse*, die *Rasse* betreffend, ↑ *rassisch*.

> Im zweiten Band des ‚Deutschen Wörterbuchs' von 1860 ist nur das Adjektiv *blütlich* mit einem Beleg von 1574 aufgeführt: „blütliche verwantnis", dazu das Adverb *blutlichen*: „wie schwer kompts einen an, und blutlichen saur wirds ihm." (Schuppius, 1663)[203] In Sanders ‚Wörterbuch der deutschen Sprache' (1860) wird *blutlich* als veraltet bezeichnet.[204]

> Im Nationalsozialismus kommt es zur Neubildung von *blutlich* in der Bedeutung ‚rassisch', ‚die *Rasse* betreffend'. Angesichts der zentralen Rolle, die der Ausdruck *Blut* in der Rassen- und Bluttheorie der Nationalsozialisten spielte, war es naheliegend, daß das Fehlen eines entsprechenden Adjektivs – *blutig* war semantisch zu stark fixiert – durch eine Neubildung ausgeglichen wurde.[205] Darré, der in ‚Neuadel aus Blut und Boden' 1930 „tierzüchterische Tatsachen als Erkenntnisquelle und Anleitung" (S. 144) für die „Volksaufartung" heranzieht, differenziert noch zwischen *blutlich* und *rassenmäßig*: „Die arabischen Vollblutpferde und die englischen Vollblutpferde sind konstitutionell nicht verschieden, ja blutlich ausgesprochen miteinander verwandt, in ihren Leistungen aber sind sie trotzdem grundsätzlich verschieden, weil sie auf verschiedene Zuchtziele hin durchgezüchtet wurden: rassen-

---

[199] Rosenberg: Kampf um die Weltanschauung, 22. 2. 1934. Zit. Der Deutsche v. 24. 2. 1934. Zit. Blick in die Zeit, 2/3. 3. 1934, 1.
[200] Metzner, E.: Das deutsche Erbhofrecht. In: Der Schulungsbrief, 1/November 1934, 11.
[201] Babel, A.: Deutsche Kunst. In: Das Bild, 1935. Zit. Wulf, J.: Die bildenden Künste im Dritten Reich, 1963, 199.
[202] Steinbeck, W.: Beruf u. Erziehung; Student u. SA. In: Der Deutsche Student, 4/Jan./Dez. 1936, 32.
[203] Vgl. ebd., 187, s. v.
[204] Ebd., 179, s. v.
[205] Vgl. Esh, Sh.: Words and Their Meanings. In: Yad Vashem Studies V, 1963, 125.

mäßig besteht also ein Unterschied."[206] Im späteren Sprachgebrauch wird *blutlich* zunehmend auf Rassisches bezogen. „Wie ein Ausgestoßener mußte sich Hutten durch sein deutsches Vaterland schleppen, in dem sich blutliche und geistliche Fremdlinge Heimatrecht ersessen hatten."[207] „Der blutlichen Zusammensetzung nach unterscheidet die Rassenforschung zwischen Ostjuden und Südjuden. Die heute noch bei vielen Juden zu beobachtenden Merkmale, wie krauses Haar, wulstige Lippen und vorgeschobenes Gebiß, werden von der Rassenforschung auf Negerblut zurückgeführt."[208] „Aus der Erkenntnis von der Gefahr, die der rassischen Grundlage unseres Volkes und damit seinem germanisch-deutschen Gepräge durch blutliche Beimischung und geistige Überfremdung durch das Judentum droht, ergibt sich die Notwendigkeit, ein weiteres Eindringen jüdischen Blutes zu verhindern."[209]

blutmäßig (blutsmäßig)

In Bezug auf die ↑ *Rasse*, die *Rasse* betreffend.[210]

› Das in gleichen Kontexten wie *blutlich* verwendete Adjektiv *blut-* bzw. *blutsmäßig* wird erstmals 1941 im Rechtschreibduden notiert, kommt aber schon in Hitlers ‚Mein Kampf' häufiger vor. „Erst dann, wenn man begreift, daß auch hier der Wirtschaft nur die zweite oder gar dritte Rolle zufällt und politischen, sittlich-moralischen sowie blutsmäßigen Faktoren die erste, wird man zu einem Verstehen der Ursachen des heutigen Unglücks kommen und Wege zu einer Heilung zu finden vermögen."[211] In der Folge wird *blut(s)mäßig* zu einem häufig verwendeten Ausdruck. „Da die Lebensforderungen aller Völker blutsmäßig bedingt sind, geht auch der Nationalsozialismus von dieser Erkenntnis aus und setzt sein Hauptaugenmerk auf die Blutserhaltung des deutschen Volkes."[212] „Wenn nun das Blut gleichsam der Träger der Weltanschauung ist, so geben uns alle rassisch-blutsmäßig bedingten Äußerungen menschlicher Kultur zugleich wieder Aufschluß über die Weltanschauung der Kulturschöpfer. Ein beträchtlicher Teil solcher blutsmäßig bedingten Äußerungen des Volkes lebt heute noch fort in Gestalt des ‚Brauchtums' [...]."[213] „Im übrigen ist es natürlich gar nicht entscheidend, ob und wie fremde Völker zu unseren kulturellen Arbeiten Stellung nehmen, denn wir sind uns darin nicht im Zweifel, daß die kulturelle Schöpfung als die feinfühlige Äußerung einer blutsmäßig bedingten Veranlagung von nicht bluteigenen oder verwandten Einzelwesen oder Rassen überhaupt nicht verstanden und damit noch viel weniger gewertet werden kann. Wir bemühen uns daher auch nicht, dem internationalen Judentum etwa die deut-

---

[206] Ebd., 175.
[207] Eggers, K.: Die Freiheitsidee des Ulrich von Hutten. In: NS-Monatshefte, 8/August 1934, 684.
[208] Biologie für höhere Schulen, Bd. 3, 2. Aufl. 1943, 124.
[209] Meyers Lexikon, Bd. 9, 1942, 61, s. v. Rasse.
[210] Gebucht: Duden, 12. Aufl. 1941.
[211] Ebd., 247.
[212] Rosten, C.: Das ABC des Nationalsozialismus, 2. Aufl. 1933, 97.
[213] Metzner, E.: Das deutsche Erbhofrecht. In: Der Schulungsbrief, 1/Nov. 1934, 7 f.

sche Kultur und Kunst schmackhaft zu machen."²¹⁴ Der Ausdruck *blutmäßig* findet auch in Gesetzestexten Verwendung. In der Zweiten Durchführungsverordnung zum ‚Gesetz über die Hitlerjugend (Jugenddienstverordnung)' vom 25. 3. 1939 heißt es unter § 7: „Blutmäßige Voraussetzungen. Juden [...] sind von der Zugehörigkeit zur Hitler-Jugend ausgeschlossen."²¹⁵ „Vermeide auch die blutsmäßige Verbindung mit einem Menschen fremder Rassen. Denn mit der Rassenreinheit schwinden in den mischrassigen Nachkommen auch Gesundheit und Schönheit sowie der Gleichklang der Seelen."²¹⁶ Unter dem *Protektor von Böhmen und Mähren* von Neurath verfaßte der Staatssekretär SS-Gruppenführer K. H. Frank einen Bericht mit Vorschlägen für die Behandlung der Tschechen im *Protektorat Böhmen und Mähren*. Unter Punkt c) führte er aus: „Assimilierung des Tschechentums, d. h. Aufsaugen etwa der Hälfte des tschechischen Volksteiles im Deutschtum, insoweit dies blut- und sonst wertmäßig Bedeutung hat. Diese wird u. a. auch durch vermehrten Arbeitseinsatz von Tschechen im Reichsgebiet [...], also durch Zerstreuung des geschlossenen tschechischen Volksteiles erfolgen."²¹⁷

≻ *blut-* bzw. *blutsmäßig* wird auch in der 20. Auflage des Rechtschreibdudens von 1991 aufgeführt. Das deutsche Universalwörterbuch hat *blutmäßig* ebenfalls, mit der Bedeutungsangabe: ‚durch Blutsverwandtschaft bedingt'. Beispiel: „eine blutsmäßige Verbundenheit".²¹⁸

Blutorden

Orden für die Teilnehmer an dem gescheiterten Hitlerputsch am 8. und 9. November 1923.²¹⁹

≻ Die Bezeichnung *Blutorden* für das ↑ *Ehrenzeichen der NSDAP* wurde vermutlich aus Anlaß der Stiftung des Ordens 1933 gebildet. „Der Führer hat den aktiven Teilnehmern am 8. und 9. November 1923 in München, soweit sie mindestens bis 31. Dezember 1931 wieder der NSDAP beigetreten sind, den Blutorden verliehen."²²⁰ „Dieser Blutorden wurde als höchste Dekoration gewertet. Ihre Träger sollten die Elite des Kämpfertums darstellen. Aber wie ungerecht diese Auszeichnung in den Parteikreisen empfunden wurde als eine Dekorierung von damals 1923 mehr oder weniger zufällig unorganisch marschierenden Putschteilnehmern, begründet sich daraus, daß ca. 60 Prozent aller ‚Kampfteilnehmer' vom November 1923 nicht Mitglieder der NSDAP gewesen waren. [...] Von etwa fünfzehnhundert

---

214 Hitler, Rede am Parteitag Großdeutschlands 1938. Zit. Wulf, J.: Die bildenden Künste im Dritten Reich, 1963, 275.
215 RGBl. 1, 1939, 711.
216 Biologie für höhere Schulen, Bd. 3, 2. Aufl. 1943, 153.
217 Dok. PS-862 (US-313). Der Nürnberger Prozeß, Bd. 3, 662.
218 DUWB Duden 1983, 210, s. v. Blutfarbstoff.
219 Gebucht: Duden, 12. Aufl. 1941, Meyers Lexikon 1936 ff., Trübners DWB, Volks-Brockhaus 1940. Getilgt: Duden, 13. Aufl. 1947.
220 Organisationbuch der NSDAP., 4. Aufl. 1937, 42.

Ausgezeichneten waren kaum sechshundert Parteigenossen. [...]"[221] Der Kreis der Ordensempfänger wurde deshalb mit der Zeit erheblich ausgeweitet. „Der Führer verfügte außerdem, daß der Blutorden nunmehr auch an solche Parteigenossen verliehen wird, die im alten Reich und in den österreichischen Gauen im Kampf für die Bewegung a) zum Tode verurteilt, dann zu lebenslänglichem Kerker begnadigt wurden; b) Freiheits- bzw. Kerkerstrafen (auch in österreichischen Anhaltelagern) von mindestens einem Jahr verbüßt haben, c) besonders schwer verletzt wurden."[222] „Und endlich, wie das immer geht, wurde der Blutorden ‚ehrenhalber' ausgegeben an Partei- und Staatswürdenträger aller Art, wodurch er letzten Endes an Wert verlor. [...] Nur in einem ganz engen Sinn blieb der Blutorden dadurch gewürdigt, daß Hitler ihn als einzige Auszeichnung neben dem Eisernen Kreuz I. Klasse am jährlichen Novembererinnerungsfest in München an seinem Braunhemd zeigte."[223]

Blutreinheit (Blutsreinheit)

↑ *Reinrassigkeit,* ↑ *Rassereinheit,* ↑ *Deutschblütigkeit.*[224]

› „Die verlorene Blutsreinheit allein zerstört das innere Glück für immer, senkt den Menschen für ewig nieder, und die Folgen sind niemals mehr aus Körper und Geist zu beseitigen."[225] „Die Impotenz der Völker, ihr eigener Alterstod liegt aber begründet in der Aufgabe ihrer Blutsreinheit."[226] „Die Rasse- und Blutsreinheit, wie es dem gesunden Rechtsempfinden unseres Volkes entspricht, wieder unter Schutz zu stellen, gehörte von Anfang an zu den entscheidenden Programmpunkten des Führers."[227] „Das Buch schildert die zum Schutze der Blutreinheit erlassenen Gesetze von der Zeit der ältesten Völker bis zur Gegenwart."[228] „Jede blutsmäßige Verbindung eines Deutschen mit einem Neger oder mit einem Juden ist eine schwere Versündigung gegen das Gesetz der Blutsreinheit. Das gleiche gilt gegenüber den Mongolen."[229]

Blutschande

Geschlechtsverkehr mit ↑ *Artfremden,* Rassenmischung.

› In Campes ‚Wörterbuch der Deutschen Sprache' lautet der Eintrag unter *Blutschande:* „die fleischliche Vermischung mit Blutsverwandten. [...] Ehemals über-

---

[221] Frank, Hans: Im Angesicht des Galgens, 1954, 182.
[222] Organisationsbuch der NSDAP. 1943, 43.
[223] Frank, H.: ebd., 182 f.
[224] Gebucht: Duden, 12. Aufl. 1941: *Blutreinheit.* Nicht mehr in: Duden, 20. Aufl. 1991.
[225] Hitler, Mein Kampf, 359.
[226] Ebd., 751.
[227] v. Leers, J.: Arteigenes Recht und Unterricht, 1937, 174.
[228] Verlagsanzeige von: J. v. Leers, Blut und Rasse in der Gesetzgebung. In: H. F. K. Günther: Führeradel durch Sippenpflege, 1936.
[229] Biologie für höhere Schulen, Bd. 3, 2. Aufl. 1943, 124.

haupt, jede große Schande oder jedes große Verbrechen."[230] (1807) Auch im ‚Deutschen Wörterbuch' werden für *Blutschande* zwei Bedeutungen angegeben: ‚incestus [Inzest]', ‚magnum dedecus [große Schande]'. *Blutschande* ist in beiden Verwendungen zuerst bei Luther belegt.[231] Angaben über eine zeitgenössische Spezialisierung des Wortes allein auf die Bedeutung ‚Inzest', wie sie aus Campe hervorgeht, fehlen. F. L. Jahn nennt 1833 die Vermischung zweier „volksthumsfremder Völker" „Sünde der Blutschande und Blutschuld", obwohl es sich ja gerade nicht um die geschlechtliche Vermischung engster Blutsverwandter handelt. „Einherden, einhorden, einbannen, ja selbst einkerkern kann der Zwingherr seine willenlosen Sklaven; aber ein Volk werden sie nun und nimmer. Den Esel kann ein Gestütmeister wohl zur Beschälung in den Notstall hineinprügeln; aber zwei volksthumsfremde Völker zeugen nicht gleich auf Befehl und Gebot ein neues drittes. Erst müssen sie in einander untergehen, bevor nur ein neues Mangvolk [Mischvolk] wird. Eine grausenvolle Zerstörung und Gährung, die oft Jahrhunderte dauert, wie im Mittelalter in der romanisch-germanischen Welt [...]. Greuel werden gestreut, und Jammer und Elend und Unheil entsprießen. Mangvölker fühlen ewig die Nachwehen, die Sünde der Blutschande und Blutschuld verfolgt sie, und anrüchig sind sie immerdar auch noch bis ins tausendste Glied."[232] Jahn formuliert hier bereits ein Grunddogma der späteren Rassentheorie: die angeblich katastrophale Verderblichkeit der Vermischung ↑ *Artfremder*; er verwendet die gleichen Ausdrücke *Sünde*, *Blutschande*, ohne jedoch schon von ↑ *Rasse* zu sprechen. H. St. Chamberlain beruft sich auf den Propheten Hesekiel, wenn er 1899 „die Kreuzung zwischen Beduin und Syrier" in der Frühzeit Israels als „ein blutschänderisches Verbrechen", eine „Blutschande" bezeichnet. In der lutherischen Übersetzung prangert der Prophet jedoch die Hingabe Israels an fremde Götter und die Vermischung mit den heidnischen Nachbarvölkern bildlich mit den Ausdrücken *Hurerei* und *Schande* an. „Die Kreuzung zwischen Beduin und Syrier war – anatomisch betrachtet – wohl noch ärger als die zwischen Spanier und südamerikanischem Indianer. Dazu nun, in später Stunde, das Ferment eines europäisch-arischen Zusatzes! Es ist durchaus geboten, hierauf grossen Nachdruck zu legen, denn ein derartiger Vorgang, so unbewusst er auch geschieht, ist ein blutschänderisches Verbrechen gegen die Natur; auf ihn kann nur ein elendes oder ein tragisches Schicksal erfolgen."[233] „[...] jenes tiefe Bewußtsein der Sünde, welches das jüdische Volk (in seinen heroischen Tagen) so bedrückte [...], wurzelt in diesen physischen Verhältnissen [...] und sobald die Vertilgung der Israeliten und die eigene Gefangennahme das Gewissen des Juden geweckt hatten, war seine erste That, jener Blutschande (wie ich sie oben in wörtlicher Anlehnung an Hesekiel nannte) ein Ende zu machen durch das strenge Verbot jeder Vermischung selbst mit nahverwandten Stämmen."[234] Die Tradierung von Chamberlains Vokabular in deutschvölkischen Kreisen beweist der Titel einer Schrift, die 1934 in einer Biblio-

---

230 Campe, J. H.: Wörterbuch der Deutschen Sprache, Bd. 1, 1807, 581 s. v.
231 DWB, Bd. 2, 1860, 190.
232 Merke zum Deutschen Volksthum (1833), Werke, Bd. 2/2, 1887, 560.
233 Die Grundlagen des neunzehnten Jahrhunderts, 1. Hälfte, 1899, 372.
234 Ebd., 373.

graphie: ‚Rasse im Schrifttum' unter dem Stichwort „Gegen die Blutmischung" aufgeführt wird: „Eine unbewußte Blutschande, der Untergang Deutschlands. Naturgesetze über die Rassenlehre zusgest. u. hrsg. vom deutschvölkischen Schutz- und Trutzbund, Ortsgr. Meißen. Großenhain i. S. 1921."[235]

> Im Nationalsozialismus ist *Blutschande* ein Schlagwort der Rassenideologie, das vor allem von Hitler und Rosenberg verwendet wird. Hitler: „Widerwärtig war mir das Rassenkonglomerat, das die Reichshauptstadt Wien zeigte, widerwärtig dieses ganze Völkergemisch von Tschechen und Polen, Ungarn, Ruthenen, Serben und Kroaten usw., zwischen allem aber als ewiger Spaltpilz der Menschheit – Juden und wieder Juden. Mir erschien die Riesenstadt als die Verkörperung der Blutschande."[236] „Der rassisch rein und unvermischter gebliebene Germane des amerikanischen Kontinents ist zum Herrn desselben aufgestiegen; er wird der Herr so lange bleiben, so lange nicht auch er der Blutschande zum Opfer fällt. Das Ergebnis jeder Rassenkreuzung ist also, ganz kurz gesagt, immer folgendes: a) Niedersenkung des Niveaus der höheren Rasse, b) körperlicher und geistiger Rückgang und damit der Beginn eines, wenn auch langsam, so doch sicher fortschreitenden Siechtums. Eine solche Entwicklung herbeiführen, heißt aber denn doch nichts anderes als Sünde treiben wider den Willen des ewigen Schöpfers."[237] Rosenberg: „So entfernen sich Vernunft und Verstand von Rasse und Art, losgelöst aus den Banden des Blutes und der Geschlechterreihen fällt das Einzelwesen absoluten, vorstellungslosen Geistesgebilden zum Opfer, löst sich immer mehr von der artlichen Umwelt, mischt sich mit feindlichem Blut. Und an dieser Blutschande sterben dann Persönlichkeit, Volk, Rasse, Gesittung."[238] Der konkrete Fall des seit 1935 strafrechtlich verfolgten Geschlechtsverkehrs mit ↑ *Artfremden* wurde mit dem Ausdruck ↑ *Rassenschande* bezeichnet.

Blutschranke

Biologische Differenz zwischen ↑ *artfremden* Rassen, deren Nichtbeachtung zum Niedergang der Rasse führen sollte.

> „Der schwarzhaarige Judenjunge lauert stundenlang, satanische Freude in seinem Gesicht, auf das ahnungslose Mädchen, das er mit seinem Blute schändet und damit seinem, des Mädchens Volke raubt. Mit allen Mitteln versucht er die rassischen Grundlagen des zu unterjochenden Volkes zu verderben. So wie er selber planmäßig Frauen und Mädchen verdirbt, so schreckt er auch nicht davor zurück, selbst im größeren Umfange die Blutschranken für andere einzureißen. Juden waren es und sind es, die den Neger an den Rhein bringen, immer mit dem gleichen Hintergedan-

---

[235] Gercke, A., ebd., 12.
[236] Mein Kampf, 135.
[237] Ebd., 313 f.
[238] Mythus, 22.

ken und klaren Ziele, durch die dadurch zwangsläufig eintretende Bastardierung die ihnen verhaßte weiße Rasse zu zerstören, von ihrer kulturellen und politischen Höhe zu stürzen und selber zu ihren Herren aufzusteigen."[239]

Blutschutzgesetz

Zusammenrückung zur abkürzenden Bezeichnung des auf dem Reichsparteitag in Nürnberg am 15. 9. 1935 beschlossenen ‚Gesetz zum Schutze des deutschen Blutes und der deutschen Ehre' mit Ausführungsverordnung vom 14. 11. 1935.[240] Seltener auch für andere nationalsozialistischen Rassengesetze, z. B. das ↑ *Ehegesundheitsgesetz.*

> „Das Reichsbürgergesetz vom 15. 9. 1935 und das Blutschutzgesetz vom 15. 9. 1935 bringen die biologische und politische Scheidung des jüdischen Volkes vom deutschen Volke."[241] „Die Bestimmung des § 4 Abs. 1 des Blutschutzgesetzes hat zu Zweifeln Anlaß gegeben, ob beim Beflaggen von Gebäuden oder Wohnungen der deutschblütige Ehegatte, der in einer deutschjüdischen Mischehe lebt, zum Hissen der Reichsfarben berechtigt ist oder nicht. Ich bestimme deshalb gemäß § 6 des Blutschutzgesetzes [...], daß [...] das Hissen der Reichs- und Nationalflagge und das Hissen der Reichsfarben auch dem deutschblütigen Ehegatten verboten ist."[242] „Im Laufe des Monats Dezember vergangenen Jahres liefen bei der Polizeidirektion 528 Gesuche ein, in denen deutschblütige Hausangestellte um Befreiung von dem Verbot des § 3 des Blutschutzgesetzes (Verbot der Beschäftigung von deutschblütigen reichsangehörigen Dienstmädchen unter 45 Jahren in jüdischen Haushaltungen) baten."[243] „Durch Rasse- und Blutschutzgesetze verhinderte der Führer für alle Zukunft die Fortpflanzung erbkranker Idioten, für deren Erhaltung die Volksgemeinschaft bisher jährlich über 200 Millionen hatte aufbringen müssen, und ebenso – durch die ‚Nürnberger Gesetze' vom 15. September 1935 – eine weitere Verbastardierung des deutschen Volkes durch Vermischung mit dem artfremden Judentum."[244]

Blutschutz – wohl Rückbildung von *Blutschutzgesetz:* „Die Gesetze der jüdischen Propheten Esra und Nehemia (Heiratsverbot zwischen Juden und Nichtjuden) werden fälschlich als Rassengesetze bezeichnet. Diese Verordnungen fußen nicht auf dem Gedanken des Blutschutzes, sondern dienen allein der Sicherung der Religionsgemeinschaft."[245]

---

239 Hitler, Mein Kampf, 357.
240 Gebucht: Duden, 12. Aufl. 1941, Meyers Lexikon 1936 ff., Paechter, Volks-Brockhaus 1940. Getilgt: Duden, 13. Aufl. 1947.
241 Meyers Lexikon, Bd. 1, 1936, 557.
242 RuPrMdI. [Runderlaß d. Reichspropagandaministers d. Innern] v. 7. 12. 1936. In: Organisationsbuch der NSDAP., 4. Aufl. 1937, 519 f.
243 Lagebericht der Polizeidirektion München, 5. 2. 1936. In: Bayern in der NS-Zeit, 1977, 458.
244 Bouhler, Ph.: Kampf um Deutschland, 1501.–1590. Tsd., 1942, 98.
245 Meyers Lexikon, Bd. 9, 1942, 71, s. v. Rasse.

blutsfremd (seltener: blutfremd)

Von fremder ↑ *Rasse*, ↑ *artfremd*.[246]

> *Blutsfremd* werden in einem Beleg von 1906 die Rassen genannt, mit denen eine Vermischung „durchaus von Übel" sei. „Gerade die Rassenmischung von Romanen und Germanen, die ja im frühen Mittelalter eine sehr intensive war und jetzt wieder eine beträchtliche zu werden verspricht, ist eine für beide Teile scheinbar sehr günstige. Eine gute Rassenmischung ist auch die der Slawen und der Deutschen, freilich mehr zugunsten der ersteren. Dagegen ist jene von Ariern mit ganz blutsfremden Rassen, wie wir schon ausführten, durchaus von Übel und schon die Natur hat ihnen mit gutem Grunde einen gegenseitigen Haß eingeimpft, der sie von Vermischung möglichst fernhält."[247]

> H. F. K. Günther, dessen „unstreitiges Verdienst" — nach einer Rezension in der NS-Zeitschrift ‚Der Kampfruf' — es war, „die Rassenkunde von einer Geheimwissenschaft weniger Zünftiger zu einer Angelegenheit des ganzen deutschen Volkes zu machen" („er lieferte der nationalsozialistischen Bewegung das geistige Rüstzeug zu jenen politischen Ausweitungen dieser Frage, die für die Zukunft des deutschen Volkes von so ausschlaggebender Bedeutung sein wird")[248], gebraucht das Nomen *Blutfremdheit*, um die Kluft zwischen Deutschen und Juden zu betonen: „Rassenkundlich ist es verständlich, warum ein wirkliches Eingehen auf seelische Erscheinungen dem Deutschen gegenüber dem Juden, wie dem Juden gegenüber dem Deutschen, unmöglich ist: die verschiedene Blutzusammensetzung muß Blutfremdheit bedingen."[249] Im ‚ABC des Nationalsozialismus' heißt es 1933 entsprechend: „Die europäischen Rassen stehen in einem gewissen blutmäßigen Verwandtschaftsverhältnis zueinander, während die Juden eine blutsfremde Rasse sind, und die Mischlinge zwischen blutsfremden Rassen absolut nicht zur Höherentwicklung eines Volkes beitragen."[250]

Blutsgemeinschaft

Durch gemeinsame Abstammung gebildete Gemeinschaft: ↑ *Rassengemeinschaft*, ↑ *Volksgemeinschaft*, ↑ *Sippe*, Familie.[251]

> Der Ausdruck *Blutsgemeinschaft* entstand oder wurde verbreitet am Ende des 19. Jahrhunderts im Spannungsfeld der Verbindung von Antisemitismus, rassebiologischen und deutschvölkischen Tendenzen. „[Das Judentum …] hat sich durch die

---

[246] Gebucht: Duden, 12. Aufl. 1941. Nicht mehr in: Duden, 20. Aufl. 1991.
[247] Näcke, P.: Zur angeblichen Entartung der romanischen Völker, speziell Frankreichs. In: Archiv 3/1906, 385.
[248] Zit. Verlagsanzeige in Gütt/Rüdin/Ruttke: Zur Verhinderung erbkranken Nachwuchses, 1934.
[249] Rassenkunde des deutschen Volkes, 1922, 416.
[250] Rosten, C.: Das ABC des Nationalsozialismus, 2. Aufl. 1933, 188.
[251] Gebucht: Duden, 12. Aufl. 1941, Paechter, Trübners DWB 1939 ff. Getilgt: Duden, 14. Aufl. 1957.

Jahrtausende erhalten, weil es sich zu strenger Blutsgemeinschaft abschloß und in seiner parasitischen Nationalität zusammenhielt."[252] (1881) „Und wie oft ist in allerneuester Zeit hervorgehoben worden, daß auch die moderne Judenwirtschaft nichts Anderes ist als die Herrschaft eines Stammes, der seine Bluts- und Religionsgemeinschaft leidenschaftlich empfindet und sein Stammesinteresse mit gleich leidenschaftlicher und durchaus unvernünftiger Rücksichtslosigkeit verfolgt."[253] (1887) „[...] mein Vaterland, meine Rasse, meine Blutsgemeinschaft mit meinen Mitariern [...]."[254] (1888) „Wie alle arischen Völker führten die Germanen ihre Abstammung auf die Götter zurück: und diese Abstammungssage enthält zugleich den stärksten Ausdruck dafür, daß ihnen ein Gefühl der Zusammengehörigkeit, der Blutsgemeinschaft gegenüber den fremden Völkern, nicht völlig gebrach."[255] (1899)

> Manfred Pechau führt *Blutsgemeinschaft* in seiner Dissertation ‚Nationalsozialismus und deutsche Sprache' (1935) unter „Sprachformen aus dem Kampf gegen das Judentum" (S. 65) auf. Nur durch eine „Blutsgemeinschaft wirklicher Volksgenossen" und „die idealistische Gesinnung des nordischen Menschen" „wird ganz organisch einer weiteren Entnordung Einhalt geboten". (S. 73) In dem Entwurf des Preußischen Justizministers für ein nationalsozialistisches Strafrecht von 1933 wird die oft wiederholte Formel „Volksgemeinschaft ist Blutsgemeinschaft" aus dem Parteiprogramm der NSDAP abgeleitet: „Im geltenden Recht und in den Entwürfen ist keine Vorschrift zum Schutze der Rasse enthalten, Nach Punkt 4 des Parteiprogramms kann Volksgenosse nur sein, wer deutschen Blutes ist. Volksgemeinschaft ist also Blutsgemeinschaft. Die Geschichte lehrt, daß Rassenzersetzung zum Untergange der Völker führt. Dagegen erlebten Völker, die sich fremdrassiger Volksteile, insbesondere der Juden, entledigten, hohe Blüte [...]. Auch ein Blick in das Tierleben lehrt, daß der Erbinstinkt des Tieres die Selbsterhaltung seiner Rasse sichert. Der Grundsatz der vergangenen Ichzeit, daß jeder, der Menschenantlitz trägt, gleich sei, zerstört die Rasse und damit die Lebenskraft des Volkes."[256] Nahezu unverändert wird die gleiche Formel noch zehn Jahre später im Schulbuch verwendet: „Seit vielen Jahrhunderten hat der mächtig anschwellende Blutstrom der nordischen Rasse innerhalb des deutschen Lebensraumes Millionen von Menschen zu einer geschlossenen Blutsgemeinschaft zusammengeschweißt. Der deutsche Lebensraum hat ihrem Erscheinungsbild das Gepräge gegeben. Durch das in der Geschichte gemeinsam getragene Schicksal wurde die völkische Blutsgemeinschaft zur Schicksalsgemeinschaft, und die gemeinsame Rassenseele hat sich in der gemeinsamen Sprache das Mit-

---

[252] Th. Mommsen und sein Wort über unser Judentum. Separat-Druck aus ‚Die Deutsche Wacht', 1881, 7. Zit. Cobet: Der Wortschatz des Antisemitismus, 1973, 195.
[253] Wahrmund, A.: Das Gesetz des Nomadentums und die heutige Judenherrschaft, 1887, 107. Zit. Cobet, ebd., 163.
[254] Marr, W., Leserbrief. In: Antisemitische Correspondenz, 1. 10. 1988, 11. Zit. Cobet, ebd., 193.
[255] Dahn, F.: Urgeschichte der germanischen und romanischen Völker, Bd. 1/2, neu bearb. Aufl. Berlin 1899, 16.
[256] Nationalsozialistisches Strafrecht. Denkschrift des Preuß. Justizministers, 1933, 47.

tel der Verständigung von Mensch zu Mensch geschaffen. Volksgemeinschaft ist demnach Blutsgemeinschaft, Schicksalsgemeinschaft und Sprachgemeinschaft."[257]

Blutsvergiftung (seltener: Blutvergiftung)

Niedergang eines Volkes durch Vermischung mit einer ↑ *artfremden* Rasse.

➢ Nietzsche verwendet in der Auseinandersetzung mit dem zeitgenössischen Antisemitismus und Nationalismus, nach seiner Abkehr von Wagner, den Ausdruck *Blutvergiftung* metaphorisch im Sinne von ‚ansteckender Verblendung' o. ä. und wendet ihn gegen die Verfechter des *reinen Blutes*. „Nein, wir lieben die Menschheit nicht, andererseits sind wir aber auch lange nicht ‚deutsch' genug, wie heute das Wort ‚deutsch' gang und gäbe ist, um dem Nationalismus und dem Rassenhass das Wort zu reden, um an der nationalen Herzenskrätze und Blutvergiftung Freude haben zu können, derenthalben sich jetzt in Europa Volk gegen Volk wie mit Quarantänen abgrenzt, absperrt."[258]

➢ Bei den Nationalsozialisten bezeichnet *Blutvergiftung* oder *Blutsvergiftung* in Bedeutungserweiterung — als biologische Kategorie — eine konkret angenommene oder behauptete Verschlechterung der Erbmasse des Volkes durch Rassenmischung. Hitler in ‚Mein Kampf': „Wie verheerend aber die Folgen einer dauernden Mißachtung der natürlichen Voraussetzungen für die Ehe sind, mag man an unserem Adel erkennen. Hier hat man die Ergebnisse einer Fortpflanzung vor sich, die zu einem Teile auf rein gesellschaftlichem Zwang, zum anderen auf finanziellen Gründen beruhte. Das eine führte zur Schwächung überhaupt, das andere zur Blutsvergiftung, da jede Warenhausjüdin als geeignet gilt, die Nachkommenschaft seiner Durchlaucht — die allerdings dann danach aussieht — zu ergänzen. In beiden Fällen ist vollkommene Degeneration die Folge." (S. 270) „Alle großen Kulturen der Vergangenheit gingen nur zugrunde, weil die ursprünglich schöpferische Rasse an Blutsvergiftung abstarb." (S. 316) „Man halte sich die Verwüstungen vor Augen, welche die jüdische Bastardierung jeden Tag an unserem Volke anrichtet, und man bedenke, daß die Blutvergiftung nur nach Jahrhunderten oder überhaupt nicht mehr aus unserem Volkskörper entfernt werden kann." (S. 629) Rosenberg: „Die große Katastrophe unseres geistigen Lebens bestand darin, daß eine sündhafte, durch Blutvergiftung mitbedingte Verschiebung in der Freiheitsauffassung im deutschen Leben immer mehr zu herrschen begann: als sei Freiheit gleichbedeutend mit Wirtschaftsindividualismus."[259]

Blutzeuge

Toter des Ersten, dann auch des Zweiten Weltkriegs oder der NSDAP in der ↑ *Kampfzeit*.

➢ *Blutzeugen* wurden zunächst kirchlich die Christen genannt, die für ihren Glauben gestorben waren. Als einzigen Beleg für die spätere Bedeutungsverallgemeine-

---

[257] Biologie für höhere Schulen, Bd. 3, 2. Aufl. 1943, 123.
[258] Die Fröhliche Wissenschaft, 5. Buch, Nr. 377, Wir Heimathlosen. Ges. Werke, Bd. 12, 1924, 320.
[259] Mythus, 532.

rung des Ausdrucks nennt das ‚Deutsche Wörterbuch' 1860 einen Beleg von Jean Paul: „Ganz verblutete Zeiten und Völker stehen vor uns als Blutzeugen des Satzes, daß ein Fürst etwa eine Wahrheit, anderthalb Seiten stark, nicht gelesen habe."[260] Der Theologe Adolf Deißmann bezeichnet im Ersten Weltkrieg die gefallenen Soldaten emphatisch als *Blutzeugen* und evoziert die religiöse Herkunftssphäre des Ausdrucks in einem quasireligiösen Kontext: „Denn ein Heldenzeitalter der Blutzeugen haben wir erlebt, und jeder neue Tag schreibt ein neues Blatt dieser deutschen Passionsgeschichte." „Wie wir von jedem einzelnen Blutzeugen der deutschen Passion glauben, daß im Augenblicke seiner Selbsthingabe alle Unreinheit seines Wesens wie im Feuer geläutert war, so glauben wir auch an eine Fortwirkung dieser Läuterung im Martyrium auf die Gemeinschaft der Lebenden. Auch hier gilt es: Einer für alle!"[261]

> „Der alte deutsche Ausdruck Blutzeuge wurde im politischen Kampf der NSDAP. erneut zum politischen Begriff durch die Widmung an die Toten des 9. November 1923, die Adolf Hitler dem 1925 erschienenen 1. Bande seines Werkes ‚Mein Kampf' voranstellte: ‚So widme ich ihnen zur gemeinsamen Erinnerung den ersten Band dieses Werkes, als dessen Blutzeugen sie den Anhängern unserer Bewegung dauernd voranleuchten mögen'."[262] „Die Novembertage sind so recht dazu geeignet, die Rückschau zu beginnen. Denn in diesen Wochen und Tagen gedenkt die ganze Bewegung ihrer Vergangenheit und erinnert sich dabei in stolzer Trauer ihrer Blutzeugen und Märtyrer, die allein durch ihren Tod den Sieg der Idee ermöglicht haben."[263] „Die ganze Nation bewundert ihren [der deutschen Soldaten] Heroismus nicht nur, sie begreift ihn auch. Keiner von ihnen stirbt gern, aber alle sterben sie pflichtgetreu. Sie sind die Blutzeugen für die Güte, den Wert und die Zähigkeit unserer Rasse."[264]

Bonze

Schmähwort für Politiker, Partei-, Gewerkschafts- und Verbandsfunktionäre der Weimarer Republik.[265]

> *Bonze* wurde im 18. Jahrhundert entlehnt aus gleichbedeutend frz. *bonze*, dieses aus port. *bonzo*, aus jap. bōzu ‚Priester', für den buddhistischen Priester in Japan und China, dann seit Wieland für bigotte Geistliche. „Vom Geistlichen wurde das Wort im 19. Jh. übertragen auf einen mehr oder weniger herrschsüchtigen Vorgesetzten überhaupt [...]. Zumal der Oberbonze wurde zum witzigen Titel für höhere

---

[260] Dämmerungen für Deutschland, 1809. Zitiert aus: Werke, hg. N. Miller, Hanser-Dünndruckausgabe, 6 Bde., 1970ff., Bd. 5, 995.
[261] Deißmann, A.: Inneres Aufgebot. 2. Aufl. 1915, 35, 39.
[262] Büchmann (W. Rust), 1943, 407.
[263] Wolff, H.: Deutsches Studententum und Hochschule. In: Der Deutsche Student, 4/Nov. 1936, 482.
[264] Goebbels in: Das Reich, 4. 5. 1941, 2.
[265] Gebucht: Meyers Lexikon 1936ff., Trübners DWB.

Beamte, militärische Kommandeure, Schulräte [...]."[266] Um 1890 kam *Bonze* in Wien auch als Spottwort für sozialdemokratische Parteifunktionäre auf.[267]

> *Bonze* gehört zu den zahlreichen nationalsozialistischen Schmähwörtern der sog. ↑ *Kampfzeit*, die nach 1933, spätestens nach der ↑ *Gleichschaltung*, ihre Funktion verloren und im NS-Sprachgebrauch nur noch in historischem Bezug vorkamen. „Zumal der Nationalsozialismus nahm im Kampf gegen den Marxismus *Bonze* als Fahnenwort auf."[268] In der nationalsozialistischen Dissertation von M. Pechau wird betont: „Es drückt heute gleichzeitig Unfähigkeit, Anmaßung und Schiebereigenschaft aus. Bonze ist nicht mehr der harmlose, allseitig belächelte Dummkopf, sondern der verhaßte Ausbeuter. Dieses Wort ist in fast allen nationalsozialistischen Schriften nachzuweisen."[269] „Mit Bonzentum verknüpft sich in Deutschland die Vorstellung von Parasitentum, das auf Kosten der organisierten Massen im Zeitalter des Systems seinen egoistischen Trieben lebte. Arm in Arm mit dem jüdischen Schiebertum mißbrauchte es Stellung und Verbindung, bis es in den großen Korruptionsskandalen seine gebührende Kennzeichnung fand."[270] „Die Parteien müssen weg! Die politischen Bonzen werden aus ihren Sesseln herausgejagt. Es wird kein Pardon gegeben. Wir lassen Deutschland nicht in Schande versinken."[271] „Die programmgemäß materialistische, jüdisch geführte sozialdemokratische Partei war politisch maßgebend geworden, so daß jederzeit ein etwa auftauchender Widerstand gegen die Unsauberkeit im öffentlichen Leben, der sich etwa aus den Reihen der anständigen deutschen Beamtenschaft erhob, auf Geheiß der sozialdemokratischen Bonzen gebrochen werden konnte."[272]

Bonzokratie

Schmähwort für die Weimarer Republik.[273]

> Nach M. Pechau ist *Bonzokratie* eine Weiterbildung der Nationalsozialisten. „Eine Nachbildung zu dem Wort Demokratie wurde mit der Bezeichnung ‚Bonzokratie' für den Novemberstaat von 1918 geschaffen." „Bonzokratie dagegen ist eine eigenartige Neubildung, die wir dem Nationalsozialismus zuschreiben können, Bonzokratie fällt ziemlich in die gleiche Richtung wie ‚Korruptionsstaat'."[274] „Der Nationalsozialismus hat u. a. das Verdienst, der Republik von 1918 die passendsten

---

266 Trübners DWB, Bd. 1, 1939, 391, s. v.
267 Vgl.: Kluge 1989, 97, s. v.; Paul 1992, 139, s. v.
268 Trübners DWB, ebd.
269 Pechau, M., Nationalsozialismus und deutsche Sprache, 1935, 26.
270 Wagner, H.: Taschenwörterbuch des neuen Staates, 2. Aufl. 1934, 31.
271 Goebbels, Ansprache im Reichstag, 25. 2. 1932. In: Goebbels Reden. Hg. H. Heiber, Bd. 1, 1971, 49.
272 v. Leers, J.: 14 Jahre Judenrepublik, 1933, Bd. 2, 53 f.
273 Gebucht: Duden, 12. Aufl. 1941, Trübners DWB.
274 Pechau, M.: Nationalsozialismus und deutsche Sprache, 1935, 26.

Titel verliehen zu haben. Die Worte erklären sich alle selbst. Ich nenne nur einige. Geldsackrepublik, Kartenhausrepublik (Dr. Goebbels), Börsen- und Journalistendemokratie (Rosenberg), Korruptionsstaat, Unstaat, Rumpfstaat, das uns an die Revolution von 1848 und an das Rumpfparlament erinnert, Bonzokratie [..], Schwindeldemokratie."[275] Der ‚Schulungsbrief' von 1934 erinnert unter der Rubrik „Geschichtliche Gedenktage" an den 2. 5. 1933: „Schluß mit der Gewerkschaftsbonzokratie. Der Ausschuß zum Schutz der deutschen Arbeit unter Führung von Pg. Dr. Ley läßt im ganzen Reich die Gewerkschaftshäuser von ‚Funktionären' säubern."[276]

Braunes Haus

a) Parteihaus in größeren Städten. b) Speziell: Sitz der Parteizentrale in München.[277]

> Durch das ↑ Braunhemd als auffallendsten Bestandteil der politischen Uniform der NSDAP war die Farbe Braun zum Symbol für den *Nationalsozialismus* geworden. Nach dem Vorbild der Kommunisten, die als erste ab 1918 die vorher keiner bestimmten Partei zugeordnete Farbe der Revolution und des Radikalismus, die Farbe Rot, zu ihrer Parteifarbe gemacht hatten[278], benutzten die Nationalsozialisten das Farbwort zur Benennung von Institutionen und Organisationen. „Die schnelle Entwicklung der Partei machte es bald notwendig, daß zur Lösung der politischen und der Organisationsaufgaben eigene Parteihäuser zur Verfügung standen. In den großen Städten Deutschlands und in Wien wurden solche Pflegstätten des Nationalsozialismus geschaffen. Unter der Bezeichnung ‚Braunes Haus' bilden sie den Mittelpunkt des örtlichen Parteilebens. Nach der Machtergreifung sind sie darüber hinaus als Sitz der Parteibehörde für das gesamte Leben der Nation von bestimmendem Einfluß. In den Kampfjahren waren sie als Ausfallstore der nationalsozialistischen Angriffe den Gegnern besonders unbequem und sind daher oft beschossen worden."[279] In den Notizen des Tagebuchschreibers jüdischer Herkunft, Walter Tausk, wird das *Braune Haus* in Breslau öfter erwähnt. Er notiert am 3. 4. 1933: „Und wieder hört man von sogenannten gebildeten Nazis: ‚Der Boykott war notwendig zur Bekämpfung des Kommunismus!' Sie können leider nicht angeben, was das eine mit dem andern zu tun hat! Ebenso stellen sie in Abrede, daß im Braunen Haus (Neudorfstraße) eine Prügelabteilung ist, daß dort Verhöre stattfinden usw. ‚Ganz ausgeschlossen!'"[280] Am 14. 4. trägt Tausk ein: „Zum Fazit des modernen Pogroms: Nazis schleppten einen jungen jüdischen Kaufmann-Angestellten [...] ins Braune Haus, schlugen ihn mit Gummiknüppeln fast bewußtlos und striegelten ihm dann

---

[275] Pechau, M.: 1937, 1062.
[276] Der Schulungsbrief, 1/Mai 1934, 2.
[277] Gebucht: Duden, 11. Aufl. 1934, 12. Aufl. 1941; Knaur 1934, Meyers Lexikon 1936 ff., Paechter, Volks-Brockhaus 1940. Getilgt: Duden, 13. Aufl. 1947.
[278] Eichberg, H., u. a.: Massenspiele, 1977, 115.
[279] Wagner, H.: Taschenwörterbuch des neuen Staates, 2. Aufl. 1934, 33.
[280] Breslauer Tagebuch 1933–1940, 1975, 60.

die Haut mit Pferdestriegeln. Der Betreffende liegt im Krankenhaus und ist kaum zu retten!"[281] b) „Sitz der Hauptzentrale ist das Braune Haus in München. Hier laufen alle Fäden der gesamten Organisationen zusammen und von hier aus werden die Befehle des Führers weitergeleitet."[282] „Eine besondere Bedeutung hat das Braune Haus in München, Briennerstr. 45. Es ist die Zentralstelle der Partei und beherbergt die Hauptabteilungen der Reichsleitung. Das Haus, ehemals Barlowsches Palais, ist nach Angaben und Ideen Adolf Hitlers von Professor Troost umgebaut worden und war im Januar 1931 fertiggestellt."[283]

Braunhemd

a) Bestandteil der politischen Uniform der NSDAP, insbesondere der SA und der SS. b) Nationalsozialist im *Braunhemd*, insbesondere SA-Mann.[284]

> a) Das einheitliche Uniformhemd als Identifikationsmerkmal der Nationalsozialisten entsprach dem Vorbild des italienischen Faschismus, wie die Bezeichnung *Braunhemd* der faschistischen *camicia nera*, dem Schwarzhemd. Die braune Farbe, die von der Uniformfarbe zur Symbol- und Kennfarbe des Nationalsozialismus überhaupt wurde – „als Farbe der Erde [...] Sinnbild für die Verbundenheit der Bewegung mit Scholle und Boden"[285] – wurde aber eher zufällig aus praktischen Gründen gewählt. In dem Kapitel ‚Von der Windjacke zum Braunhemd' im ‚Ehrenbuch der SA' berichtet der Sturmhauptführer Koch über das Aufkommen der *Braunhemden* bei der SA: „In der SA änderte sich zunächst wenig [nach Hitlers Haftentlassung]. Der Führer mußte sich zurückhalten, und es blieb bei den bisherigen Formen. Als Neuerung kam im Frühjahr das Braunhemd auf. Als am 5. April [1925] eine Feier am Bismarckturm bei Starnberg stattfand, die von der Landespolizei mit Argusaugen bewacht wurde, erschienen einige Trupps im späteren Ehrenkleid der SA, das zuerst bei den Roßbachabteilungen der SA und der im Entstehen begriffenen SS eingeführt wurde. Diese kleine Schutzstaffel war zum persönlichen Schutz des Führers aus ehemaligen Angehörigen des Stoßtrupps Hitler gebildet worden. Die Anordnung zum Tragen des Braunhemdes für die gesamte SA erfolgte am 30. April 1925."[286] Rossbach beschrieb den Zusammenhang später in seiner Autobiographie (1950) so: „Im Jahre 1921 hatte ich mit einigen Leuten der Arbeitsgemeinschaft Rossbach eine Radfahrt nach Ostpreußen unternommen. Um für diese Fahrt einheitlich ausgerüstet zu sein, wurde ein Restposten ostafrikanischer Lettowhemden, wie sie zuletzt die Offiziere der Schutztruppe getragen hatten, käuflich erworben und an die Radfahrer verteilt. Diese Hemden waren beige-braun, also viel heller als die

---

[281] Ebd., 62.
[282] Espe, W. M.: Das Buch der N. S. D. A. P., 1933, Anhang, 4.
[283] Wagner, H.: Taschenwörterbuch des neuen Staates, 33.
[284] Gebucht: 11. Aufl. 1934, 12. Aufl. 1941; Knaur 1934, Meyers Lexikon 1936 ff., Paechter, Volks-Brockhaus 1940. Getilgt: Duden, 13. Aufl. 1947.
[285] Volks-Brockhaus 1940, 85, s. .v. Braunhemden.
[286] Das Ehrenbuch der SA, 1934, 48.

späteren Hitler-Hemden und mit weißen Perlmuttknöpfen besetzt. Später habe ich diese Hemden als Gemeinschaftskleidung in meiner Organisation [...] eingeführt. Durch Edmund Heines wurden sie dann für die SA übernommen und auch vertrieben. Ihre Farbe wurde von Monat zu Monat dunkler."[287] „Das Braunhemd ist das Ehrenkleid des Nationalsozialisten. Es wird von den Politischen Leitern, den Amtswaltern, von der SA. und der HJ. getragen. Das Parteimitglied trägt es nach einer zweijährigen Zugehörigkeit zur Partei. Zum braunen Hemd tragen die SA. und die politischen Führer einen braunen Binder, die Amtswalter einen schwarzen. Am linken Arm wird eine Hakenkreuzbinde getragen. [...]"[288] „Das Wahrzeichen unseres Glaubens sei nicht nur das Braunhemd, es sei mehr noch unser Herz!"[289] b) „Nürnberg 1927! – 30 000 Braunhemden, aus allen deutschen Gauen herbeigeeilt, marschierten durch die alten Mauern der Reichsstadt, um den Führer zu sehen, ihm zuzujubeln und ihm aufs neue den Treueeid zu schwören."[290] „Auch vor dem Hotel des Ostjuden Friedinger ‚Stadt Wien', standen unsere Braunhemden."[291]

brutal

kompromißlos entschlossen.

> Wie ↑ *fanatisch* und ↑ *rücksichtslos* erfährt der Ausdruck *brutal* im NS-Sprachgebrauch eine Aufwertung, wenn er auf die eigene Seite bezogen wird. „Schon damals ersah ich, daß hier nur ein doppelter Weg zum Ziele einer Besserung dieser Zustände führen könne: Tiefstes soziales Verantwortungsgefühl zur Herstellung besserer Grundlagen unserer Entwicklung, gepaart mit brutaler Entschlossenheit in der Niederbrechung unverbesserlicher Auswüchslinge."[292] „Wird der Sozialdemokratie eine Lehre von besserer Wahrhaftigkeit, aber gleicher Brutalität der Durchführung entgegengestellt, wird diese siegen."[293] „Ist die willensmäßig-organische Lüge der Tod des nordischen Menschen, so bedeutet sie das Lebenselement des Judentums. Paradox ausgedrückt: die beständige Lüge ist die ‚organische' Wahrheit der jüdischen Gegenrasse. [...] ‚Große Meister im Lügen' nannte sie der brutale Wahrheitssucher Schopenhauer."[294] Bezogen auf den Gegner behält *brutal* seinen tadelnden Sinn: „Aber selbst wenn man die hierdurch sich ergebenden Folgen der brutalen und rohen Gewissenlosigkeit dieser parlamentarischen Zuhälter ganz außer Betracht ließ: dieser Mangel an ausgebildeten Soldaten zu Beginn des Krieges konnte nur zu

---

[287] Rossbach, G.: Mein Weg durch die Zeit. Erinnerungen und Bekenntnisse, Weilburg/Lahn, 1950, 89 f. Zit. Weißmann, K.: Schwarze Fahnen, Runenzeichen. Die Entwicklung der politischen Symbolik der deutschen Rechten zwischen 1890 und 1945, 1991, 164.
[288] Wagner, H.: Taschenwörterbuch des neuen Staates, 2. Aufl. 1934, 34.
[289] Jeserich, K.: Der Sieg heißt Pflicht. In: Der Schulungsbrief, 1/März 1934, 8.
[290] Espe, W.: Das Buch der N. S. D. A. P., 1933, 240.
[291] VB (Südd. Ausg.), 3. 4. 1933. In: Bayern in der NS-Zeit, 1977, 433.
[292] Hitler, Mein Kampf, 29.
[293] Ebd., 44.
[294] Rosenberg, Mythus, 686 f.

leicht zum Verlust desselben führen, was dann auch im großen Weltkrieg in so furchtbarer Weise sich bestätigte."²⁹⁵ „Seiner [des Juden] ganzen inneren raubgierigen Brutalität entsprechend stellt er die gewerkschaftliche Bewegung zugleich auf brutalste Gewaltanwendung ein."²⁹⁶

Bund Deutscher Mädel, s. ↑BDM.

---

[295] Hitler, Mein Kampf, 298.
[296] Ebd., 354.

C

Charakter

↑ *Rassegebundenes* geistig-seelisches Gepräge des Menschen.

▶ ‚Meyers Lexikon' 1936 ff., das die NS-Ideologie repräsentiert, unterscheidet „weltanschaulich und politisch" einen allgemeinen, einen individuellen und einen sittlichen Charakter des Menschen. Der Charakter im allgemeinen ist „die aus der Zugehörigkeit des Menschen zu einer bestimmten Rasse notwendig folgende, durch Vererbung überkommene allgemeinste Verfassung der Gesinnung, der Haltung, der Handlungsweise, die sich am schlagendsten dadurch beweist, daß der Wille des Menschen im Dienste der obersten Werte der Rasse steht und diese Werte überall und jederzeit zu verwirklichen trachtet; Charakter in diesem Sinne ist im Grunde restlos unabhängig von allen Einflüssen und Beeinflussungsversuchen seitens der Umwelt."[1] Der individuelle Charakter ist die bis zu einem gewissen Grade mögliche Abwandlung des „allgemeinen rassischen" Charakters durch „Abstammung", Erziehung, den „selbstgestalterischen Willen". Der sittliche Charakter bewährt sich oder versagt „angesichts der Forderungen, die durch die sittlichen Werte und Normen, Gebote und Verbote an ihn gestellt sind".[2] „In der Weltanschauung des Nationalsozialismus wird dem Charakter der Rang einer der obersten rassisch-völkischen Wirklichkeiten und Werte zuerkannt, auf den deshalb Erziehung und Haltung des deutschen Menschen praktisch ausgerichtet sein müssen."[3] *Charakter* spielt insbesondere in der nationalsozialistischen Pädagogik eine große Rolle. Wie Hitler in ‚Mein Kampf' ausführt, wird das Bild des nationalsozialistischen Menschen nicht durch Vernunft, Intellekt und Wissen, sondern durch Instinkt, Wille und *Charakter* geprägt. „Der völkische Staat hat in dieser Erkenntnis seine gesamte Erziehungsarbeit in erster Linie nicht auf das Einpumpen bloßen Wissens einzustellen, sondern auf das Heranzüchten kerngesunder Körper. Erst in zweiter Linie kommt dann die Ausbildung der geistigen Fähigkeiten. Hier aber wieder an der Spitze die Entwicklung des Charakters, besonders die Förderung der Willens- und Entschlußkraft [...]. Der völkische Staat muß daher von der Voraussetzung ausgehen, daß ein zwar wissenschaftlich wenig gebildeter, aber körperlich gesunder Mensch mit gutem festem Charakter, erfüllt von Entschlußfreudigkeit und Willenskraft, für die Volksgemeinschaft wertvoller ist als ein geistreicher Schwächling."[4]

---

[1] Ebd., Bd. 2, 1937, 447.
[2] Vgl. ebd.
[3] Ebd., 448.
[4] Hitler, Mein Kampf, 452.

charakterlich

In Bezug auf den Charakter.[5]

> Als frühesten Beleg für das Adjektiv *charakterlich*, das Victor Klemperer eine „Neuprägung der Nazis" nennt[6], gibt ‚Trübners Deutsches Wörterbuch' 1941[7] eine Stelle in Hitlers ‚Mein Kampf'(1933) an: „So hat der völkische Staat in seiner Erziehungsarbeit neben der körperlichen gerade auf die charakterliche Ausbildung höchsten Wert zu legen."[8] In der ersten Auflage von 1927 heißt es statt dessen noch: „Ausbildung des Charakters". Der Duden notiert *charakterlich* erstmals in der zehnten Auflage von 1929 (neben einem ebenfalls neu aufgenommenen kurzlebigen *charakterell*, das bereits 1934 nicht mehr geführt wird.).[9] Pekrun erläutert 1933 in ‚Das Deutsche Wort' *charakterell* durch *charakterlich*, das demnach zu diesem Zeitpunkt vollständig eingeführt ist. Sowohl Goebbels wie auch Rosenberg gebrauchen den Ausdruck schon 1930 durchaus geläufig. Rosenberg: „In blutigen Wirtschaftskämpfen rieben sich die Städte auf oder wurden öde und leer durch die Auswanderung der Hellenen in alle Teile der damaligen Welt: Kulturdünger für rohe Völker, verbunden mit charakterlichem Untergang und physischer Vernichtung." „Was aber in diesem Kampfe unterging, die Veränderung rassischer und charakterlicher Art bewirkte, gerade dieses nun ist von den zünftigen Geschichtsschreibern nicht behandelt worden."[10] Goebbels: „Niemand wird zu bezweifeln wagen, daß das Deutschland von heute ein anderes ist als das von damals, daß sich charakterlich in unserem Volke eine grundsätzliche Wandlung vollzogen hat."[11] In den dreißiger und vierziger Jahren der NS-Herrschaft gehört *charakterlich* als häufig gebrauchter Ausdruck in den Kontext der ↑ *Auslese* von geeigneten (und der ↑ *Ausmerze* von ungeeigneten) Schülern, Studenten und anderen Anwärtern für künftige Führungspositionen. Victor Klemperer kommentiert: „Der Nazipädagogik kam alles so ausschließlich auf Gesinnung, auf den unverfälschten Nazismus ihrer Schüler an, daß die Gesinnung in allem an erster Stelle vor jeder Befähigung und Geschicklichkeit, vor allen Kenntnissen geschätzt wurde."[12] „Inwieweit die Zunahme des Anteils der Aufbauschüler und der Oberrealschüler auch eine Folge des neuen Ausleseziels und der dadurch bedingten Ersetzung der ‚Begabtenauslese' durch die Charakterauslese, die stärkere Berücksichtigung der charakterlich-politischen Haltung anstelle der einseitigen Wertung der geistigen Anlagen bedeutet, läßt sich auf Grund einer so schmalen Erfahrungsgrundlage [...] noch nicht mit Sicherheit feststellen. Nach der Aufnahmestatistik der Reichsförderung für Herbst 1935 ist aber anzunehmen,

---

[5] Gebucht: Duden, (10. Aufl. 1929), 11. Aufl. 1934, 12. Aufl. 1941; Trübners DWB.
[6] LTI, Notizbuch eines Philologen, 14. Aufl. 1996, 205.
[7] Bd. 2, 2, s. v. Charakter.
[8] Ebd., 29. Aufl. 1933, 462.
[9] Betz, W.: Zum Wörterbuch des Unmenschen. charakterlich. In: ZDW 16 /1960, 119 f.
[10] Mythus, 52, 107.
[11] Deutschland unter dem Hammer, Rede v. 25. 2. 1930. In: Signale der neuen Zeit, 61 f.
[12] LTI, 14. Aufl. 1996, 205.

daß eine wesentliche Beeinflussung vorliegt."[13] Die Bewegung verlangt vom deutschen Studenten, daß er sich durch rassische Sauberkeit, klare charakterliche Haltung, weltanschauliche Geschlossenheit und wissenschaftliche Sachbeherrschung auszeichnet."[14] „Die charakterliche Erziehung und die Erziehung vom Leibe her sind der Kern der Erziehung der Jugend."[15] Eine spezielle Rolle spielt *charakterlich* als Fachterminus in der Charakterologie, die in den dreißiger Jahren durch die Veröffentlichungen von Ludwig Klages, Philipp Lersch, Fritz Künkel und anderen einen starken Aufschwung erlebt.[16]

Charakterwert

Positive Eigenschaft eines Charakters.

▶ „Und das germanische Europa beschenkte die Welt mit dem leuchtendsten Ideal des Menschentums: mit der Lehre von dem Charakterwert als Grundlage der Gesittung [Kultur]."[17] „Wir bekennen als Nationalsozialisten [...], daß der Antrieb des Willens für uns das erste und letzte ist, daß also in den Charakterwerten des Menschen der letzte Maßstab auch für die letzten Vernunfterkenntnisse liegt."[18] „Treue ist der erste Charakterwert germanisch-nordischer Prägung, der als oberster Wert im neuen deutschen Leben zu stehen hat, Treue zum Führer, Treue zum Volk."[19]

---

[13] Der deutsche Student, 4/März 1936, 141.
[14] Der 3. Reichsberufswettkampf, (1937), 11.
[15] Das Reich, 5. 1. 1941, 10.
[16] Beispiele aus: Paul Hellwig, Charakterologie, Leipzig 1936. In: W. Betz: Zum Wörterbuch d. Unmenschen. ZDW 16/1960, 119 f.
[17] Rosenberg, Mythus, 115.
[18] Ebd., 139.
[19] Wolff, H.: Der deutsche Lebensstil. In: Der deutsche Student, 4/Februar 1936, 64.

D

DAF, s. ↑ Deutsche Arbeitsfront.

Defaitismus (oder Defätismus), Defaitist, defaitistisch

Zweifel am Sinn des Krieges und am ↑ *Endsieg*; Pessimist, ↑ *Miesmacher*; der mit der deutschen Niederlage rechnet; pessimistisch am Sinn des Krieges und am *Endsieg* zweifelnd.[1]

> *Defaitismus*, aus frz. défaitisme (1915 von einem russischen Publizisten zu *défaite* ‚Niederlage' gebildet), wurde 1919 in der Bedeutung ‚Glaube an die eigene (militärische) Niederlage' ins Deutsche entlehnt. Die Weiterbildungen *Defaitist* und *defaitistisch* sind 1922 und 1930 belegt.[2]

> *Defaitismus* galt im Zweiten Weltkrieg als ↑ *Zersetzung*, dann als ↑ *Wehrkraftzersetzung*, die mit äußerster Schärfe strafrechtlich verfolgt wurde. „Mit der zunehmenden Härte des Krieges sind im Laufe dieses Jahres auch die Strafen gegen Zersetzungsversuche einzelner Defaitisten erheblich verschärft worden. In den ersten Jahren dieses Krieges wurden defaitistische Äußerungen teilweise überhaupt nicht, allenfalls nach dem Heimtückegesetz verfolgt, das als Höchststrafe 5 Jahre Gefängnis vorsieht. Neuerdings erblickt man in diesen Äußerungen vielfach ein todeswürdiges Verbrechen, wenn sie, wie es in einer Rundverfügung des Reichsjustizministers heißt, ‚dem Großangriff des Feindes auf die innere Front Vorschub leisten, indem sie die Opfer, die der totale Krieg von allen fordert, als sinnlos und nicht länger erträglich hinstellen'. Der betreffende Täter wird jetzt insbesondere nach § 5 Absatz 1 Nr. 1 der Kriegssonderstrafrechtsverordnung (Wehrkraftzersetzung) bestraft, einem Straftatbestand, der als regelmäßige Strafe die Todesstrafe androht und nur bei minder schweren Fällen eine Freiheitsstrafe zuläßt. Bereits mit der Verordnung zur Änderung der Zuständigkeitsverordnung vom 29. 1. 1943 ging die frühere Zuständigkeit für die Abstrafung dieser Verbrechen nach § 5 der Kriegsstrafrechtsverordnung von den Sondergerichten auf den Volksgerichtshof über."[3] „Die defaitistische Haltung verschiedener kath. Kreise kommt neuerdings wieder in Predigten der kath. Geistlichkeit zum Ausdruck. So erklärte z. B. in einer Predigt ein Geistlicher in Fulda, daß die gewaltigen Leistungen unserer Technik, Wissenschaft und Industrie, vor denen man eine geradezu religiöse Ehrfurcht hätte, dereinst vernichtet würden. Wo sich heute die gewaltigen Hochbauten unserer Städte emporreckten,

---

[1] Gebucht: Duden (10. Aufl. 1929), 11. Aufl. 1934: ‚Flaumacherei', 12. Aufl. 1941: ‚Miesmacherei'. So nicht in: 20. Aufl. 1991.
[2] Vgl. Paul 1992, 166, s. v. Defätismus.
[3] MADR, 16. 9. 1943, Bd. 15, 5775.

würde dereinst ein Gewirr von Säulenresten und Trümmern zu finden sein. Die Drähte unserer Hochspannungsleitungen würden in Fetzen herunterfallen, Lokomotiven verrosten. Neben den Resten der Eisenbahnschienen würden zertrümmerte Flugzeuge wie tote Vögel auf der Erde liegen. Die Folge dieser Predigt war eine außerordentliche pessimistische Stimmung der Kirchgänger."[4] „Wie aus unseren Lageberichten bereits hervorgeht, mehren sich die defätistischen Äußerungen. [...]"[5] „Die in den letzten Tagen in der gesamten Presse veröffentlichten Notizen über Todesurteile, die gegen Defaitisten gefällt wurden, finden in allen Kreisen immer stärkere Beachtung."[6] „Ortsgruppe Rothenburg-Süd: Es scheint, daß eine gewisse defaitistische Stimmung sich in Kreisen des Mittelstandes breitmachen will. So hörte ich im Gesangverein einmal in einer Probe die Worte sprechen, man weiß nicht, soll man die Gefallenen betrauern oder beneiden, wenn man so die Lage betrachtet."[7]

▷ Heute bedeutet *Defätismus* (*Defaitismus*), gleichgültig, ob sich die Verwendung eher aus rechter oder (hier nicht behandelter) linker Tradition herleitet, verallgemeinert ‚Kleinmut', ‚Schwarzseherei', ‚Untergangsstimmung'. „seine these vom pädagogischen defaitismus."[8] „Damals kritzelte der Schriftsteller Peter Rühmkorf ins Notizbuch: Statt Defätismus auszukrähen, sollte die SPD sich lieber Verantwortung für die verlorene soziale Balance aufhalsen. Er fügte hinzu: ‚Aller Augen warten auf euch, ladies and gentlemen.' Nachzulesen in: ‚Tabu I' (den Tagebüchern 1989–91)."[9]

Deutsche Arbeitsfront (DAF)

Wirtschaftsorganisation, die als der NSDAP angeschlossener Verband an die Stelle von Gewerkschaften und Arbeitnehmerverbänden trat.[10]

▷ Der Ausdruck *Arbeitsfront* ist 1919 in der von Dietrich Eckart herausgegebenen Zeitschrift ‚Auf gut Deutsch' belegt. Die Überschrift eines Artikels von Germanus Agricola (d. i. Dr. Meyers) lautet: „An die Arbeitsfront."[11]

▷ *Deutsche Arbeitsfront* war der Name der Organisation, die am 10. 5. 1933 nach der Zerschlagung der Gewerkschaften auf dem „Kongreß der Arbeit" in Berlin gegründet wurde und unter der Leitung von Robert Ley alle Gewerkschaften und Arbeitnehmerverbände ersetzte. Sie war in achtzehn *Reichsbetriebsgemeinschaften* nach dem Berufsgruppenprinzip und in dreizehn geographische Bezirke nach dem

---

[4] MADR, (Nr. 23), 1. 12. 1939, Bd. 3, 515 f.
[5] Bericht d. SD-Außenstelle Bad Brückenau, 16. 8. 1943. In: Bayern in der NS-Zeit, 1977, 645.
[6] MADR, 16. 9. 1943, Bd. 15, 5775.
[7] Weltanschaul. Bericht des Kreisschulungsamtes Rothenburg o. d. Tauber, 20. 12. 1943. In: Bayern in der NS-Zeit, 1977, 583.
[8] Die Zeit, 11/1966, 18. Zit. DWB (2), Bd. 6, 1983, 514.
[9] Die Zeit, 39/22. 9. 1995, 2.
[10] Gebucht: Duden, 11. Aufl. 1934, 12. Aufl. 1941; Knaur 1934, Meyers Lexikon 1935 ff., Paechter, Volks-Brockhaus 1940. Getilgt: Duden, 13. Aufl. 1947.
[11] 1/30. 5. 1919. Zit. Wiedeburg, P. H.: Dietrich Eckart, Diss. Hamburg, 1939, 138.

Muster der NSDAP gegliedert. An die Stelle der Tarifautonomie trat die Festlegung der Tarife und Arbeitsbedingungen durch die beamteten ↑ *Treuhänder der Arbeit*. Die Betriebsräte wurden durch einmalig gewählte *Vertrauensmänner* ersetzt, die lediglich beratende Funktion hatten. Die Mitgliedschaft in der *DAF* war formal freiwillig. „Verordnung des Führers über Wesen und Ziel der Deutschen Arbeitsfront vom 24. Oktober 1934. § 1 Die Deutsche Arbeitsfront ist die Organisation der schaffenden Deutschen der Stirn und der Faust. In ihr sind insbesondere die Angehörigen der ehemaligen Gewerkschaften, der ehemaligen Angestelltenverbände und der Unternehmervereinigungen als gleichberechtigte Mitglieder zusammengeschlossen. […] § 2 Das Ziel der Deutschen Arbeitsfront ist die Bildung einer wirklichen Volks- und Leistungsgemeinschaft aller Deutschen. Sie hat dafür zu sorgen, daß jeder einzelne seinen Platz im wirtschaftlichen Leben der Nation in der geistigen und körperlichen Verfassung einnehmen kann, die ihn zur höchsten Leistung befähigt und damit den größten Nutzen für die Volksgemeinschaft gewährleistet. […]"[12] „Der Erlaß des Führers über die Eingliederung der gewerblichen Wirtschaft in die Deutsche Arbeitsfront. Der Nationalsozialismus hat den Klassenkampf beseitigt. Die Kampforganisationen der Gewerkschaften und der Arbeitgeberverbände sind verschwunden. An die Stelle des Klassenkampfes ist die Volksgemeinschaft getreten. In der Deutschen Arbeitsfront findet die Volksgemeinschaft ihren sichtbaren Ausdruck durch den Zusammenschluß der schaffenden Deutschen. […]"[13] „Es besteht für jeden Volksgenossen die moralische Pflicht, der Deutschen Arbeitsfront beizutreten."[14] „Der Marxismus arbeitet versteckt in den größeren Betrieben und es gelingt ihm auch teilweise, die Arbeiterschaft gegen die ‚Deutsche Arbeitsfront' aufzuhetzen, wie zahlreiche Austritte aus der Deutschen Arbeitsfront beweisen."[15] „In zwei Großbetrieben in Roßbach und einer Zweigniederlage in Zell bei Roßbach stehen noch mindestens an die 70 Arbeiter in den Betrieben voll beschäftigt, von denen aber nicht ein einziger Mitglied der Deutschen Arbeitsfront ist. Wir haben alle möglichen Versuche mit Betriebsführern und Gefolgschaft sowie Vertrauensmännern und Aufsehern gemacht, nützt aber wenig, da diese Arbeiter zum größten Teil noch nicht dem dienen und angehören, was eigentlich eines jeden Volksgenossen Pflicht und Schuldigkeit wäre, nämlich unserem Führer Adolf Hitler und letzten Endes der gesamten deutschen Nation."[16] „Es stimmt schon, daß die Arbeit der DAF. und ihre Methoden andere sind als der Gewerkschaften und Arbeitgeberverbände. Die klassenkämpferischen Organisationen gingen an die Lösung der Probleme nur mit Protesten und Entschließungen heran. Praktisch wurde jedoch durch Proteste und ellenlange Exposés nichts geändert. Sie stachelten nur den Haß und schürten den Klassenkampf. […] Wir haben alle diese Erscheinungen und Organisationen besei-

---

[12] Zit. Organisationsbuch der NSDAP., 7. Aufl. 1943, 185.
[13] Zit. ebd., 473.
[14] Der Schulungsbrief, 1/Mai 1934, 31.
[15] Lagebericht des Reg.präsidenten in Unterfranken, 4. 4. 1935. In: Bayern in der NS-Zeit, 1977, 235.
[16] Monatsbericht der DAF-Kreiswaltung Roding, Mai 1936. In: Bayern in der NS-Zeit, 1977, 252.

tigt. Der Klassenkampf von links und rechts ist durch den Gedanken der Gemeinschaft hinweggefegt worden. [...] Wir werden im neuen Jahr auch die letzten Schlupfwinkel ausräuchern und die letzten Erscheinungen des zusammengebrochenen Zeitalters zertreten."[17] „Garant des Arbeitsfriedens ist die Deutsche Arbeitsfront; sie hat die im liberalistischen und marxistischen Zeitalter abgebrochenen Brücken zwischen Betriebsführung und Gefolgschaft wieder neu geschlagen. Dem Geldadel der liberalistischen Epoche wurde der Arbeitsadel der neuen Zeit entgegengestellt. Das Recht auf Arbeit löste im schaffenden Menschen das Bewußtsein von der Pflicht zur Arbeit aus. Der Nationalsozialismus hat aber nicht nur das Arbeitsethos neu geschaffen, er wandelte auch den Unternehmerbegriff. Heute ist die Erkenntnis Allgemeingut geworden, daß eine staatlich gelenkte Freiheit um vieles besser ist als die sogenannte Eigengesetzlichkeit der liberalistischen Ära [...]. Der staatliche Lenkungswille ist zum beherrschenden Element der deutschen Wirtschaftspolitik geworden. Die politische Führung wird nie mehr darauf verzichten, der Wirtschaft die Aufgaben zu stellen, die sie zum Wohle des deutschen Volkes erfüllen muß."[18]

deutschen oder artverwandten Blutes

↑ *deutschblütig, nichtjüdisch.*

> Die Formel *deutschen oder artverwandten Blutes* ersetzte den Ausdruck ↑ *arisch* des antisemitischen ‚Gesetzes zur Wiederherstellung des Berufsbeamtentums' von 1933, der wegen Mangels an Eindeutigkeit kritisiert worden war. „Durchdrungen von der Erkenntnis, daß die Reinheit des deutschen Blutes die Voraussetzung für den Fortbestand des Deutschen Volkes ist, und beseelt von dem unbeugsamen Willen, die Deutsche Nation für alle Zukunft zu sichern, hat der Reichstag einstimmig das folgende Gesetz beschlossen, das hiermit verkündet wird: § 1 (1) Eheschließungen zwischen Juden und Staatsangehörigen deutschen oder artverwandten Blutes sind verboten. Trotzdem geschlossene Ehen sind nichtig, auch wenn sie zur Umgehung dieses Gesetzes im Ausland geschlossen sind. [...] § 2 Außerehelicher Verkehr zwischen Juden und Staatsangehörigen deutschen oder artverwandten Blutes ist verboten. § 3 Juden dürfen weibliche Staatsangehörige deutschen oder artverwandten Blutes unter 45 Jahren in ihrem Haushalt nicht beschäftigen. [...]"[19] „Reichsbürgergesetz vom 15. 9. 1936. [...] § 2 (1) Reichsbürger ist nur der Staatsangehörige deutschen oder artverwandten Blutes, der durch sein Verhalten beweist, daß er gewillt und geeignet ist, in Treue dem Deutschen Volk und Reich zu dienen. [...]"[20] „Der Schutz, der dem deutschen oder artverwandten Blut durch das Gesetz zum Schutze

---

[17] Jahres- und Leistungsbericht der Gauwaltung Düsseldorf, o. J. (1938), 4.
[18] Staatssekretär Landfried: Grundideen der volksverpflichteten Wirtschaft. Deutsche Informationsstelle 1941, 80 f.
[19] Gesetz zum Schutze des deutschen Blutes und der deutschen Ehre v. 15. 9. 1935. RGBl. 1, 1935, 1146 f.
[20] RGBl. 1, 1935, 1146.

des deutschen Blutes und der deutschen Ehre vom 15. September 1935 [...] gewährt wird, erstreckt sich nicht auf die ehemaligen polnischen Staatsangehörigen [...]."[21] S. auch ↑ *artverwandt*.

Deutsche Christen (DC)

Sammelbezeichnung für unterschiedliche Gruppierungen in der Evangelischen Kirche, die eine Synthese zwischen Christentum und Nationalsozialismus anstrebten.[22]

▶ Die beiden bedeutendsten *deutsch-christlichen* Gruppen innerhalb der Evangelischen Kirche waren: a) Die *Kirchenbewegung Deutsche Christen*, auch *Thüringer DC* genannt, seit 1927 unter der Führung der Pfarrer Siegfried Leffler und Julius Leutheuser. „Das Erlebnis des Nationalsozialismus wurde zum Ausgangspunkt einer neuen Gemeinde um Christus." In den späteren Jahren bildete sich bei den *Thüringer DC* ein radikaler Flügel, dessen Wortführer ein betont völkisches Christentum vertraten: ↑ *Entjudung* des Gesangbuchs durch Ausmerzung von Begriffen wie *Jehova, Israel, Zion, Zebaoth*; Abwertung oder Abschaffung des Alten Testaments; Eindeutschung des Neuen Testaments durch geeignete „Übersetzung" und Beseitigung „judenchristlicher Legenden". b) Die *Glaubensbewegung Deutsche Christen* entstand 1932 unter Führung des Pfarrers Hossenfelder. In ihren Richtlinien forderte sie eine „Reichskirche", die „Ausdruck aller Glaubenskräfte unseres Volkes ist" und aus ihrem Bekenntnis zu einem „bejahenden artgemäßen Christusglauben" an dem nationalsozialistischen Befreiungskampf teilnimmt. In 10 Grundsätzen vom Mai 1933 wurde eine „Reichskirche luth. Prägung" gefordert, welche nur „Christen arischer Rasse" umfaßt und die Hoheit des nationalsozialistischen Staats „aus Glauben" anerkennt Als sie bei den Kirchenwahlen am 21. 7. 1933 mit politischer Hilfe die Mehrheit errungen hatte und ihr „Schirmherr", Pfarrer Ludwig Müller, zum ↑ *Reichsbischof* berufen worden war, besetzte sie in den meisten Landeskirchen die entscheidenden Positionen, provozierte aber durch ihre Maßnahmen und Forderungen (Entrechtung der Opposition, ↑ *Gleichschaltungen*, Einführung des ↑ *Führerprinzips*, Ausscheiden der „Judenchristen" u. a.) den offenen Kirchenkampf.[23] „Die in Weimar versammelten Führer der Glaubensbewegung ‚Deutsche Christen' aus allen deutschen Gauen geben gegenüber den von gewissen Kreisen verbreiteten Zersetzungsgerüchten folgende Erklärung ab: 1. Die Glaubensbewegung ‚Deutsche Christen' steht als eine von alten Vorkämpfern der NSDAP gegründete Bewegung auf dem Boden des Parteiprogramms. 2. Die Glaubensbewegung ‚Deutsche Christen' steht als eine von Christen gegründete Bewegung auf dem Boden des reinen Evangeliums. 3. Die Glaubensbewegung ‚Deutsche Christen' baut sich auf dem Füh-

---

[21] 2. Verordnung zur Ausführung des Gesetzes zum Schutze des deutschen Blutes und der deutschen Ehre v. 31. 5. 1941. RGBl. 1, 1941, 297.
[22] Gebucht: Meyers Lexikon 1936 ff., Volks-Brockhaus 1940.
[23] Vgl.: Die Religion in Geschichte und Gegenwart, Handwörterbuch für Theologie und Religionswissenschaft, Bd. 2, 3. Aufl. Tübingen 1986 (1958), 105 f.

rerprinzip auf und stellt sich geschlossen hinter ihren Reichsleiter Hossenfelder."[24] „Die geistigen Grundlagen des deutschen Christentums sind darum in Martin Luther uns gegeben worden. An uns liegt es, Augen hierfür zu haben und in der Gnadenstunde, die der ewige Herr dem deutschen Volke durch Adolf Hitler geschenkt hat, die Forderung wahr zu machen, die aber zu seiner Zeit zu verwirklichen unmöglich war: eine Gemeinde deutscher Christen zu werden."[25] „Wegen des Kirchenstreites zwischen der evangelischen Bekenntnisfront und den Deutschen Christen sind die evangelischen Gläubigen recht unzufrieden. Letztere glauben, daß ihnen ihr überliefertes Glaubensbekenntnis genommen wird. In Birkenreuth ist eine größere Zahl von SA-Austritten festgestellt. Angeblich können sie die Beiträge nicht mehr aufbringen. In Wirklichkeit soll aber der evangelische Kirchenstreit mit den Deutschen Christen die Ursache sein."[26] „Die katholischen und evangelischen Bezirksbewohner sind durch das Vorgehen der Deutschen Christen sehr beunruhigt. Es wird allgemein an weitere Spaltungen der Religionsbekenntnisse geglaubt."[27] „Das Problem der Deutschen Christen ist für die Gesamtlage bereits ein Stück Historie geworden. Einige deutsch-christliche Geistliche haben zum Bekenntnis zurückgefunden. Andere müssen sich wenigstens in ihren eigenen Gemeinden sehr zurückhalten, um sich überhaupt halten zu können. [...] gespaltene Gemeinden mit DC-Gruppen sind zum größten Teil wieder zur Ruhe gekommen, da die Deutschen Christen in sich zusammenbrachen und nicht wenige von ihren führenden Leuten ‚deutschgläubig' wurden. Es darf daher gesagt werden, daß die deutsch-christlichen Gedanken während der Berichtsjahre jede werbende Kraft verloren haben, und die noch bestehenden Grüppchen keinerlei Bedeutung für die Gesamtkirche mehr besitzen."[28] „Ein für die Deutschen Christen propagandistisch wertvolles Werk dieses Instituts [zur Erforschung des jüdischen Einflusses auf das kirchliche Leben (Jeba)], obwohl in ihm der deutsch-christliche Ursprung nicht erwähnt wird, ist die sogenannte ‚Botschaft Gottes', ‚eine neue Übertragung ausgewählter wesentlicher Stücke des neuen Testamentes'. (In den dort angezogenen Evangelien werden alle Angaben über die Abstammung Jesu und dessen Beziehungen zum Judentum fortgelassen und alle sonstigen einer deutschen Auffassung widersprechenden Stellen gestrichen oder mundgerecht übersetzt.) Bereits wird dieses in Taschenausgabe herausgegebene billige Buch in immer steigendem Maße in das Feld gesandt. Diese Schrift werde, so wird berichtet, geradezu als das Gegenstück zu der Feldpostausgabe des Führers ‚Mein Kampf' angepriesen."[29]

---

[24] Deutsche Allg. Zeitung, 25. 11. 1933. Zit. Blick in die Zeit, 1/ 2. 12. 1933, 3.
[25] Leffler, S.: Christus im Dritten Reich der Deutschen, 1935, 69 f.
[26] Monatsbericht des Bezirksamts Ebermannstadt, 3. 9. 1935. In: Bayern in der NS-Zeit, 1977, 86.
[27] Monatsbericht der Gendarmerie-Hauptstation Ebermannstadt, 27. 4. 1937. In: Ebd., 101.
[28] Bericht d. Landeskirchenleitung über d. Kirchenvisitationen in Bayern 1937/38. In: Ebd., 413 f.
[29] MADR, (Nr. 210), 11. 8. 1941, Bd. 7, 2635.

Deutsches Frauenwerk (DFW)

Der ↑ *NS-Frauenschaft* unterstellter Zusammenschluß aller *gleichgeschalteten* ehemaligen Frauenverbände.[30]

> „Bis 1933 gab es eine große Zahl von Frauenverbänden mit verschieden begrenzten, z. T. sich überschneidenden Aufgaben und Zielen. 1933 lösten sich die parteipolitisch gebundenen Frauenverbände gleichlaufend mit den Parteien auf; die übrigen Verbände sozialer und konfessioneller Art wurden, soweit sie zur Mitarbeit am Aufbau des nationalsozialistischen Staates bereit waren, zunächst zur ‚Deutschen Frauenfront' zusammengefaßt, die im Oktober 1933 im Deutschen Frauenwerk aufging."[31] „Im Deutschen Frauenwerk kann jede deutsche Frau, die in blutsmäßiger Hinsicht den Erfordernissen des Reichsbürgergesetzes genügt (bei verheirateten Frauen gilt das gleiche für den Ehemann) und die das 21. Lebensjahr vollendet hat, Mitglied werden. Die Anmeldung erfolgt bei der für den Wohnbereich zuständigen Ortsfrauenschaftsleitung. Alle Mädel, die Angehörige der Hitler-Jugend (Staatsjugend) sind, werden mit Ausnahme der Halbjuden in das Deutsche Frauenwerk übernommen."[32] „Durch das Deutsche Frauenwerk werden alle deutschen Frauen, die Hausfrauen sowohl wie die berufstätig und künstlerisch schaffenden Frauen, zu gemeinsamer Arbeitsleistung im Dienste an Volk und Staat zusammengefaßt. Die NS-Frauenschaft verbürgt die politische und weltanschauliche Ausrichtung der Frauen."[33]

Deutsche Glaubensbewegung

Bezeichnung für den Zusammenschluß häufig wechselnder Gruppierungen, denen das Bekenntnis zu einem nordisch-germanisch geprägten, ↑ *artgemäßen* Glauben und die Ablehnung von Christentum und Kirche gemeinsam war.[34]

> 1933 gründete der Tübinger Religionswissenschaftler J. W. Hauer in Eisenach eine *Arbeitsgemeinschaft Deutsche Glaubensbewegung*. In ihr schlossen sich mehr als zehn germanisch-völkisch-religiös gesinnte nichtchristliche Verbände und Bünde zusammen, deren Anfänge sich z. T. bis auf die national-deutsche Erweckungsbewegung des 19. Jahrhunderts zurückverfolgen lassen. „1934 erfolgte in Scharzfeld die Umwandlung der *Arbeitsgemeinschaft Deutsche Glaubensbewegung* in die nach dem Führerprinzip organisierte ‚Deutsche Glaubensbewegung', unter Führung Hauers und seines Stellvertreters Reventlow."[35] „Die *Deutsche Glaubensbewegung* be-

---

[30] Gebucht: Duden, 12. Aufl. 1941, Meyers Lexikon 1936 ff., Volks-Brockhaus 1940. Getilgt: Duden, 13. Aufl. 1947.
[31] Meyers Lexikon, Bd. 4, 1938, 632, s. v. Frauenwerk.
[32] Organisationsbuch der NSDAP., 7. Aufl. 1943, 267b.
[33] Meyers Lexikon, Bd. 4, 1938, 632.
[34] Gebucht: Meyers Lexikon 1936 ff., Volks-Brockhaus 1940.
[35] Meyers Lexikon, Bd. 2, 1937, 972, s. v.

kennt, daß jedem Volk von seinem Blut her ein nur ihm artgemäßer Glaube eignet, und verneint damit zugleich, daß es eine sog. universale Welt- oder Menschheitsreligion von völkischer Verbindlichkeit geben könne: sie ist der Überzeugung, daß im deutschen Volk deutscher Glaube bisher nur in vorchristlicher germanischer Zeit rein gelebt hat, durch deren Erhellung und Darstellung die deutsche Vorgeschichtsforschung der Deutschen Glaubensbewegung tatsachenmäßig den Weg geebnet hat."[36] „Unser Glaube ist Gott! Unsere Kirche ist die deutsche Heimat! Unsere Gemeinde ist das deutsche Volk! Unsere Bibel ist die deutsche Seele und ihre Werte! Unser Priester ist jeder rassebewußte deutsche Mensch! Unsere Sakramente sind Arbeit, Kampf und Liebe! Unser Bekenntnis heißt Blut und Boden, Freiheit und Ehre! Unser Symbol ist das uralte heidnische Hakenkreuz! Unsere Zukunft heißt Deutschland!"[37] „Was will die Deutsche Glaubensbewegung: Die Mitglieder der neuen Gemeinschaft haben die eidesstattliche Versicherung abzugeben: a) daß sie frei sind von jüdischem und farbigem Bluteinschlag; b) daß sie keinem Geheimbund, keiner Freimaurerloge noch dem Jesuitenorden angehören; c) daß sie keiner anderen Glaubensgemeinschaft angehören."[38] „Der an Väterart stark festhaltende Sinn in unseren Gemeinden steht noch mißtrauisch modernen Bewegungen, wie denen der Deutschen Christen und der Deutschen Glaubensbewegung gegenüber."[39] „Auch die Anhänger der Deutschen Glaubensbewegung waren ziemlich rührig. Erwähnung verdient vor allem eine Versammlung in Hof am 27. Februar, wo vor etwa 600 Personen Heinz Brackmann, Detmold, über das Thema ‚Durch arteigenen Glauben zur religiösen Volksgemeinschaft' sprach. Er erklärte, warum die Deutsche Glaubensbewegung entstehen mußte; der deutsche Mensch, arisch und artbewußt, könne der christlichen Kirche mit ihren verjudeten Dogmen nicht angehören. Er suche sich einen Glauben, der ihm arteigen sei und aus Blut und Rasse ihm geboten werde."[40] S. auch ↑ *deutschgläubig*.

Deutscher Gruß

Nationalsozialistischer Gruß durch Heben des rechten gestreckten Arms in Augenhöhe und die Worte „Heil Hitler!".[41]

> Das Vorbild des *Deutschen Grußes* mit erhobenem Arm war offensichtlich der Faschistengruß, der eine Nachahmung des 1919 entstandenen *römischen Grußes* unter der Herrschaft des Dichters d'Annunzio in Fiume war. Vielleicht war dieser eine Antwort auf den seit 1917 bei den Kommunisten üblichen Gruß mit erhobener

---

[36] Ebd., 971, s. v.
[37] Löwe, Busso. Zit. Die Religion in Geschichte und Gegenwart, Bd. 2, 3. Aufl. 1986 (1958), 110., s. v.
[38] Hauer, W.: Was will die Deutsche Glaubensbewegung, 3. Aufl. 1935, 28.
[39] Visitationsbericht über das Dekanat Hof, 1934. In: Bayern in der NS-Zeit, 1977, 417.
[40] Monatsbericht des Reg.präsidenten v. Ober- und Mittelfranken, 6. 4. 1937. In: Ebd., 465.
[41] Gebucht: Duden, 11. Aufl. 1934, 12. Aufl. 1941; Knaur 1934, Meyers Lexikon 1936 ff., Volks-Brockhaus 1940. Getilgt: Duden, 13. Aufl. 1947.

geballter Faust.⁴² Der Zusammenhang mit dem Gruß der Faschisten war den Nationalsozialisten durchaus bewußt. Er wurde zunächst auch erwähnt: „Der erste Vorbeimarsch der Nationalsozialisten vor Adolf Hitler anläßlich des Deutschen Tages in Nürnberg auf dem Marktplatz in Nürnberg. Damals war der Faschistengruß und das braune Hemd noch nicht eingeführt. [Bildunterschrift]"⁴³ Später wird stets betont: „altgermanisch als Waffengruß mit dem Speer".⁴⁴ „Der Gruß durch Heben des rechten Arms war schon bei den Germanen gebräuchlich."⁴⁵ Die Bezeichnung des Grußrituals: *deutscher Gruß* knüpft an ältere nationale, von den Antisemiten aufgegriffene Traditionen an. Friedrich Ludwig Jahn zitiert in seinen Werken ein Gedicht mit dem Titel „Deutscher Gruß an Deutsche" (1806) von Schmidt von Lübeck (d. i. Georg Philipp Schmidt).⁴⁶ Die Antisemiten um die Jahrhundertwende unterzeichneten ihre Briefe – wie später die Nationalsozialisten – mit der Grußformel: „Mit deutschem Gruß." „Allen Gesinnungsgenossen zur Nachricht, daß uns heute ein kräftiger Knabe geboren wurde. Mit deutschem Gruß."⁴⁷ (1888)

▶ Im ↑ *Dritten Reich* wurde das in den zwanziger Jahren bei der NSDAP aufgekommene Grußritual als offizieller *Deutscher Gruß* eingeführt und reglementiert. „Der Reichsminister des Innern hat folgendes Rundschreiben an die obersten Reichsbehörden und die Landesregierungen gerichtet: ,Es ist allgemein Übung geworden, beim Singen des Liedes der Deutschen und des Horst-Wessel-Liedes (1. Strophe und Wiederholung der 1. Strophe am Schluß) den Hitlergruß zu erweisen ohne Rücksicht darauf, ob der Grüßende Mitglied der NSDAP. ist oder nicht. Wer nicht in den Verdacht kommen will, sich bewußt ablehnend zu verhalten, wird daher den Hitlergruß erweisen. Nach Niederkämpfung des Parteienstaates ist der Hitler-Gruß zum Deutschen Gruß geworden."⁴⁸ „Der deutsche Gruß muß dir selbstverständlich werden. Lege ab das ,Grüß Gott', ,Auf Wiedersehen', ,Guten Tag', ,Servus' usw. Begrüßt du ältere Personen oder Damen durch Handschlag, so verbietet dir der Hitlergruß keineswegs den Hut abzunehmen."⁴⁹ „1. Ich mache es allen Schülern zur Pflicht, beim Erscheinen eines Lehrers zu Beginn der Unterrichtsstunde und beim Verlassen der Klasse, am Schluß der Stunden, aufzustehen. 2. Der Deutsche Gruß wird in folgender Weise erwiesen: a) Erheben des rechten ausgestreckten Armes in Schulterhöhe. b) Es wird gerufen ,Heil Hitler'."⁵⁰ „Die Gendarmerie-Station

---

42 Eichberg, H.: Massenspiele, 1977, 119.
43 Espe, W. M.: Das Buch der N. S. D A. P., 1933, Bildunterschrift v. Bild 36: 2. September 1923.
44 Knaur 1934, 276.
45 Volks-Brockhaus 1940, 130.
46 Werke. Hg. C. Euler, Bd. 2.1, 1985, 466.
47 Antisemitische Correspondenz und Sprechsaal für unsere Partei-Angelegenheiten. Central-Organ der deutschen Antisemiten. Hg. Theodor Fritsch, Nr. 38, 1. 11. 1888, 12. Zit. Cobet, 1973, 234 f.
48 VB, 17. 7. 1933. Zit. Blick in die Zeit, 1/21. 7. 1933, 8.
49 Gesetze des Deutschen Studententums. Richtlinien für die Kameradschaftserziehung d. NSD.-Studentenbundes, (1937 ?), 31.
50 Dok. RF–811 v. 15. 6. 1941. In: Der Nürnberger Prozeß, Bd. 6, 528.

Königsfeld berichtet (24. 2. 1937), daß trotz des aufgrund eines Regierungserlasses in den Schulen angeordneten Hitler-Grußes in der Mädchenfortbildungsschule in Königsfeld, die von der Hauptlehrerin Wagner geleitet werde, sowohl bei Unterrichtsbeginn wie bei Unterrichtsende nicht mit dem Deutschen Gruß gegrüßt werde. Kaplan Sp. von Königsfeld habe in einer Gastwirtschaft geäußert: ‚Wir grüßen halt «Leck mich am Arsch», das ist der Deutsche Gruß.'"[51] „Bereits früher habe ich darauf hingewiesen, daß der deutsche Gruß mehr und mehr nachläßt und den früher gebräuchlichen Grußformen wieder Platz macht. Der Erlaß des Herrn Reichs- und Preußischen Ministers des Innern, der den Beamten die Anwendung des deutschen Grußes erneut zur Pflicht macht, ist deshalb sehr zu begrüßen. Bei einem Turnfest erhob eine Teilnehmerin beim Absingen des Deutschland- und des Horst-Wessel-Liedes nicht den Arm zum Gruße. Mehrere Teilnehmer nahmen an ihrem Verhalten Anstoß und erstatteten Anzeige. Das Gericht bestrafte die Betreffende daraufhin im Schnellverfahren wegen groben Unfugs zu 14 Tagen Haft."[52] „Es ist daher schon fast kein besonderes Merkmal mehr, daß der Deutsche Gruß ‚Heil Hitler' immer mehr und mehr aus dem öffentlichen Leben verschwindet und fast nur mehr bei Pg. und Beamten Anwendung findet."[53] „Auffallend ist auch, daß der Deutsche Gruß in betroffenen Städten nach den Angriffen nur selten angewandt, dagegen ostentativ mit ‚Guten Morgen' gegrüßt wird. So hat z. B. ein Parteigenosse, der am Tage nach dem Angriff auf Barmen 51 Menschen mit ‚Heil Hitler' grüßte, nur zweimal den Gegengruß ‚Heil Hitler' bekommen."[54] „Die Anwendung des deutschen Grußes sei, so werde von Geschäftsleuten und Beamten mit Publikumsverkehr erklärt, in den letzten Monaten auffallend zurückgegangen. Auch sei festzustellen, daß viele Parteigenossen das Parteiabzeichen nicht mehr trügen."[55]

Deutsches Jungvolk (DJ)

Untergliederung in der ↑ *Hitlerjugend* für die Jungen von 10—14 Jahren.[56]

> *Jungvolk* war der Name eines der völkisch orientierten Bünde, die sich nach dem Ende der Donaumonarchie vom Österreichischen Wandervogel abgespalten hatten. Gruppen aus der Tradition dieses Bundes schlossen sich in der zweiten Hälfte der zwanziger Jahre in Wien zum *Wandervogel Jungvolk, Bund deutscher Tatjugend* zusammen, der Kontakt mit der österreichischen NSDAP aufnahm und mit deren Hilfe Gruppen in anderen Gebieten Österreichs gründete. Der Namenszusatz *Wan-*

---

[51] Monatsbericht d. Gendarmerie-Hauptstation Ebermannstadt, 27. 4. 1937. In: Bayern in der NS-Zeit, 1977, 100.
[52] Lagebericht für den Monat Februar 1935 d. Staatspolizeistelle f. den Reg.bezirk Aachen v. 9. 3. 1935. In: Vollmer, B.: Volksopposition im Polizeistaat, 1957, 179.
[53] Lagebericht für den Monat August 1935 d. Staatspolizeistelle f. den Reg.bezirk Aachen, v. 5. 9. 1935. In: Ebd., 281.
[54] MADR, 17. 6. 1943, Bd. 14, 5356.
[55] Ebd., 8. 7. 1943, 5447.
[56] Gebucht: Duden, 11. Aufl. 1934, 12. Aufl. 1941, Knaur 1934, Meyers Lexikon 1936 ff., Paechter, Volks-Brockhaus 1940. Getilgt: Duden, 13. Aufl. 1947.

dervogel wurde fallengelassen. Der Bund nannte sich nun *Deutsches Jungvolk, Bund der Tatjugend*. Im Sommer 1930 verband sich die von einigen deutsch-völkischen Wandervogelführern in Absprache mit der Reichsleitung der ↑ *Hitlerjugend (HJ)* gegründete *Deutsche Jungmannschaft, Bund der Tatjugend* mit dem österreichischen Jugendbund, der sich daraufhin in *Deutsches Jungvolk, Bund der Tatjugend Großdeutschlands* umbenannte. Er gab eine Monatszeitschrift ‚Das Deutsche Jungvolk' heraus. Im Laufe der zunehmenden Politisierung näherte sich der Jugendbund immer stärker der *HJ*. Am Ende stand im März 1931 der vollständige Anschluß an die *Hitlerjugend*. Der ehemalige Wandervogelbund bildete zusammen mit den schon bestehenden Gruppen für Jüngere in der *HJ* das *Deutsche Jungvolk in der Hitlerjugend (DJ)*.[57]

▶ In der NS-Zeit behielt die sog. *Untergliederung* der *HJ* die Bezeichnung *Deutsches Jungvolk in der HJ*, wurde aber überwiegend, auch offiziell, *Jungvolk* genannt. „Das Deutsche Jungvolk in der HJ. Gleich der Hitler-Jugend baut sich das Jungvolk in folgenden Einheiten auf: 1. die Jungenschaft (etwa 10 Jungen), 2. der Jungzug (etwa drei bis vier Jungenschaften), 3. das Fähnlein (etwa vier Jungzüge), 4. der Jungstamm (etwa drei bis fünf Fähnlein). Etwa vier bis acht Jungstämme werden im Bann zusammengefaßt."[58] „Das Jungvolk ist die erste Erziehungsgemeinschaft der Partei."[59] „Die schulpflichtige Lipper Jugend muß auf Anordnung des lippischen Landesschulrats vom 10. bis 14. Lebensjahr im Jungvolk und damit also in der HJ sein. Mit der Versetzung in die Sexta oder in die 5. Schulklasse wird jeder Schüler ab Ostern 1934 zwangsläufig in das Jungvolk aufgenommen."[60] „Die Feierstunde der Jugend! Am Vorabend des Geburtstages des Führers fand im Saale von Trippel die Aufnahmefeier des Jungvolkes und der Jungmädel in Büttgen statt, nachdem sich in der Werbewoche die Neuaufzunehmenden 100-prozentig zur Aufnahme gemeldet hatten. Die Feier begann mit dem gemeinsamen Lied: ‚Ein junges Volk steht auf zum Sturm bereit'. Es folgte die Uebertragung der Ansprache des Reichsjugendführers Baldur von Schirach von der Marienburg aus. Nach Ausklang des Liedes ‚Wo wir stehen, steht die Treue' traten die neuen Pimpfe und Jungmädel an, um ihr Gelöbnis dem Führer abzulegen. Gläubig und stark hallten die Worte wieder: ‚Ich verspreche, in der Hitlerjugend allzeit meine Pflicht zu tun in Liebe und Treue zum Führer und unserer Fahne, so wahr mir Gott helfe.' Dann ergriff Ortsgruppenleiter Scheibner das Wort und rief die junge Schar zu treuem Gehorsam, zur steten Bereitschaft zu Führer und Volk und zur Kameradschaft auf. Durch Handschlag wurde dann jeder einzelne Pimpf und jedes einzelne Jungmädel aufgenommen."[61]

---

[57] Vgl. Brandenburg, H.-C.: Die Geschichte der HJ, 2 Aufl. 1982, 53–58.
[58] Organisationsbuch der NSDAP., 7. Aufl. 1943, 442.
[59] Trübners DWB, Bd. 4, 1943, 60, s. v. jung.
[60] Kölnische Zeitung, zit. Blick in die Zeit, 1/2. 12. 1933, 13.
[61] Neuß-Grevenbroicher Anzeiger, Beilage z. Rhein. Landeszeitung, 22. 4. 1937.

Deutscher Nationalpreis für Kunst und Wissenschaft

1937 gestifteter Ersatzpreis für den Nobelpreis.[62]

▶ „Der 30. Januar 1937 brachte auch auf kulturellem Gebiet einen wichtigen Führererlaß – den ‚Erlaß des Führers und Reichskanzlers über die Stiftung eines Deutschen Nationalpreises für Kunst und Wissenschaft': ‚Um für alle Zukunft beschämenden Vorgängen vorzubeugen, verfüge ich mit dem heutigen Tage die Stiftung eines Deutschen Nationalpreises für Kunst und Wissenschaft. Dieser Nationalpreis wird jährlich an drei verdiente Deutsche in der Höhe von je 100 000 Reichsmark zur Verteilung gelangen. Die Annahme des Nobelpreises wird damit für alle Zukunft Deutschen untersagt. [...]' Der Ausgangspunkt dieses Erlasses – die dort genannten ‚beschämenden Vorgänge' – hatte wieder einmal einen Gipfelpunkt jüdischer Niedertracht dargestellt: Der jährlich zur Verteilung kommende internationale Friedensnobelpreis war in diesem Jahr durch das Nobelpreiskomitee dem Pazifisten von Ossietzky verliehen worden, einem der übelsten Schädlinge und Verderber des deutschen Volkes, den das Reichsgericht wegen Landesverrats verurteilt hatte! Diese Verleihung stellte einen unverschämten Angriff auf das nationalsozialistische Deutschland dar [...]."[63] „Professor Ludwig Troost, der große Baumeister, der eigentlich verdient hätte, als erster Träger des Deutschen Nationalpreises zu werden, weilt leider nicht mehr unter den Lebenden. Der Führer hat bestimmt, daß ihm symbolisch über das Grab hinaus als erstem diese Ehrung zuteil werden soll. Professor Ludwig Troost hat in seinen Bauwerken den monumentalen und richtungsweisenden architektonischen Stil des neuen Reiches für alle Zeiten vorgezeichnet. Die Parteibauten auf dem Königlichen Platz und das Haus der Deutschen Kunst werden noch in Jahrhunderten Zeugnis ablegen von der starken formenbildenden Kraft dieses einzigartigen Baumeisters. [...]"[64]

deutscher Stil

Vorgeschriebene Bezeichnung für den Stil der Parteibauten.

▶ Über den erwünschten Ausdruck *deutscher Stil* ergingen in kurzem Abstand mehrere Presseanweisungen: „Es soll vielmehr darauf hingewiesen werden, dass es sich um einen neuen, ‚den deutschen Stil' handele, der sich aus der Artgebundenheit ergäbe. Der Begriff ‚deutscher Stil' soll bewusst in das öffentliche Bewusstsein gebracht werden."[65] „Die künstlerische Ausdrucksform des neuen Deutschland ist einheitlich als ‚der deutsche Stil' zu bezeichnen."[66] „die kuerzlich von herrn berndt ausgesprochene anweisung, man solle bei den neubauten der partei in muenchen

---

[62] Gebucht: Duden, 12. Aufl. 1941, Meyers Lexikon 1936 ff. Getilgt: Duden, 13. Aufl. 1947.
[63] Rühle, G.: Das Dritte Reich, Bd. 1937, 76.
[64] Goebbels: Verkündung der Verleihung des Nationalpreises für Kunst und Wissenschaft. In: Rühle, G.: Das Dritte Reich, Bd. 1937, 231.
[65] ZSg. 101/7/9/Nr. 13. In: Toepser-Ziegert, Bd. 4/I: 1936, 13. Auch unter d. Sigle: Br. 7/9, 6. 1. 1936 (Anw. Nr. 13) zit. Glunk, ZDS 25/1969, 123 f.
[66] Br. 42/79, ohne Datum. Zit. Glunk, ZDS 25/1969, 124.

usw. davon sprechen, daß hier ‚der deutsche Stil' geschaffen werde, wurde heute vorläufig wieder zurueckgezogen. die anwendung des begriffs ‚der deutsche stil' wird damit gestoppt."[67] „Entgegen einer früheren Anweisung wird jetzt gebeten, vorläufig noch keine Bilderserien über die neuen Bauten des ‚deutschen Stils' in München, Nürnberg, Berlin zu bringen. Es werden in nächster Zeit noch nähere Ausführungen über die Grundlagen und Formen des sogenannten ‚deutschen Stils' gemacht werden."[68] „Die kürzliche Anweisung über den ‚deutschen Stil' wird wieder aufgehoben. Es kann also über den deutschen Stil geschrieben werden und vor allem können Bilderserien über die großen neuen Bauten veröffentlicht werden."[69] Im 1937 erschienenen vierten Band von ‚Meyers Lexikon' wird im linientreuen Übersichtsartikel ‚Deutsche Kultur' der Ausdruck *deutscher Stil* entsprechend der Presseanweisung verwendet. Er bezeichnet den Stil, der im Gegensatz zum ‚Kulturbolschewismus und zur völligen Anarchie' aus dem ‚deutschen Stilwillen' ‚einer artgemäßen Weltanschauung' hervorgeht. „Erst die durch den Nationalsozialismus herbeigeführte Besinnung auf die Eigenwerte und das Wesen unseres Volkes und die Zurückführung aus der individualistischen Gesellschaftsordnung zu neuer völkischer Gemeinschaft, die sich durch das National- und das Rassenbewußtsein zusammengehörig fühlt, zeugt auch einen neuen Stilwillen. [...] Den stärksten Ausdruck findet dieses selbstbewußte, starke Lebensgefühl in der Baukunst. Hier ist ein Stilwille lebendig, der aus dem Geist der Einfachheit, der Klarheit und der Disziplin entstanden und auf das Heroische und das Monumentale gerichtet ist. [...] Nach der Machtübernahme (1933) erprobte sich der neue deutsche Stil in gewaltigen Bauten: Ewige Wache auf dem Königl. Platz in München. Parteibauten in München. [etc.]"[70]

Deutsche Volksliste (DVL)

Liste zur ↑ *Erfassung* und Kategorisierung der ↑ *deutschstämmigen* Bevölkerung in den besetzten Ostgebieten.

> Himmler, ↑ *Reichskommissar für die Festigung deutschen Volkstums*, hatte am 12. 9. 1940 einen Erlaß herausgegeben, nach dem die Bevölkerung der besetzten Ostgebiete in eine sog. *Deutsche Volksliste* aufzunehmen und in einzelne Gruppen verschiedenen Rechts einzustufen war. Ziel dieser Maßnahme war die Verwirklichung der Richtlinien einer zukünftigen Ostpolitik, die das rassenpolitische Amt der NSDAP im November 1939 aufgestellt hatte: „Erstens die vollständige und endgültige Eindeutschung der hierzu geeigneten Schichten, zweitens die Abschiebung aller nicht eindeutschbaren fremdvölkischen Kreise und drittens die Neubesiedlung

---

[67] ZSg. 102/2a/37 (4). In: Toepser-Ziegert, Bd. 4/I: 1936, 35. Unter der Sigle: Sä. 13. 1. 1936 (Bd. 2) zit Glunk, ebd.
[68] ZSg. 101/7/27/ Nr. 37. In: Toepser-Ziegert, Bd. 4/I: 1936, 35. Auch unter der Sigle: Br. 7/27, 13. 1. 1936 (Anw. Nr. 37) zit. Glunk, ebd.
[69] ZSg. 101/7/35/ Nr. 46. In: Toepser-Ziegert, Bd. 4/I: 1936, 461. Auch unter der Sigle: Br. 7/35, 16. 1. 1936 (Anw. Nr. 46) zit. Glunk, ebd.
[70] Ebd., 1170.

durch Deutsche."[71] Die Kriterien der Einstufung waren uneinheitlich. Teils waren Rasse- und Volkszugehörigkeitsgesichtspunkte entscheidend, teils politische und sicherheitspolizeiliche Aspekte.[72] „Die ‚Deutsche Volksliste' wird für den inneren Dienstbetrieb in vier Gruppen eingeteilt: 1. Volksdeutsche, die sich im Volkstumskampf aktiv eingesetzt haben. [...] 2. Volksdeutsche, die sich nicht aktiv für das Deutschtum eingesetzt haben, sich aber für das Deutschtum nachweislich bewahrt haben. 3. Deutschstämmige, die im Laufe der Jahre Bindungen zum Polentum eingegangen sind. [...] 4. Deutschstämmige, die politisch im Polentum aufgegangen sind (Renegaten). [...]"[73] Himmlers Idee der Schaffung einer *Volksliste* wurde durch eine 1941 im Reichsgesetzblatt veröffentlichte Verordnung aufgegriffen: „Abschnitt I. Deutsche Volksliste. § 1 (1) In den eingegliederten Ostgebieten wird zur Aufnahme der deutschen Bevölkerung eine Deutsche Volksliste eingerichtet, die sich in vier Abteilungen gliedert. [...]"[74] Personen, die in die *Volkslistengruppen* 1 und 2 aufgenommen wurden, erhielten die volle deutsche Staatsangehörigkeit. Die Angehörigen der *Volkslistengruppe* 3 erhielten lediglich die deutsche Staatsangehörigkeit auf Probe, die in die Gruppe 4 Eingestuften lediglich die Anwartschaft auf die deutsche Staatsangehörigkeit auf Probe. „1. Ich ersuche, die nachgeordneten Dienststellen anzuweisen, die Deutschstämmigen, die ihre Eintragung in die Deutsche Volksliste nicht beantragen, der örtlich zuständigen Staatspolizei(leit)stelle namhaft zu machen. Über das Veranlaßte ist zu berichten. 2. Die örtlich zuständigen Staatspolizei(leit)stellen haben den ihnen namhaft gemachten Personen zur Auflage zu machen, innerhalb einer Frist von acht Tagen nachzuweisen, daß der Antrag auf Eintragung in die Deutsche Volksliste gestellt ist. Wird der Nachweis nicht erbracht, so ist der Betreffende in Schutzhaft zu nehmen und seine Überführung in ein Konzentrationslager zu veranlassen."[75] „Die Absicht einer zersetzenden Tätigkeit von britischen Kriegsgefangenen werde in den volkstumsmäßig nicht einwandfreien Gebieten des Reiches besonders deutlich. So hätten bei einer Danziger Firma beschäftigte Kriegsgefangene sich in geschickter Weise vor allem an Personen, die der Abteilung 3 der Deutschen Volksliste angehören, herangemacht und ihnen zu verstehen gegeben, daß Deutschland den Krieg verlieren werde und Polen dann wieder errichtet würde."[76] „Der alleinige Gebrauch der deutschen Sprache durch alle Deutschen, insbesondere auch durch die Angehörigen der Abteilungen 3 und 4 der Deutschen Volksliste ist durch Zwang und Erziehung (verpflichtende KdF-Sprachkurse, laufende Überprüfung der deutschen Sprachkenntnisse der Kinder) sicherzustellen."[77]

---

[71] Zit. Broszat, M.: Nationalsozialistische Polenpolitik 1939–1945, Stuttgart 1961, 23.
[72] Vgl. insgesamt: Broszat, M.: „Erfassung" und Rechtsstellung v. Volksdeutschen und Deutschstämmigen im Generalgouvernement. Gutachten d. Instituts f. Zeitgeschichte, 1966, 243 f.
[73] Dok. PS–2916 (US–307). In: Der Nürnberger Prozeß, Bd. 3, 653 f.
[74] RGBl. 1, 4. 3. 1941, 118.
[75] Erlaß des Reichsführers SS und Chefs der Deutschen Polizei – RKF – IA 2. Nr. VII/41–176, v. 14. 2. 1942. In: Gutachten des Instituts für Zeitgeschichte, Bd. 2, 1966, 245.
[76] MADR, (Nr. 357), 8. 2. 1943, Bd. 12, 4770.
[77] MADR, 12. 7. 1943, Bd. 14, 5470.

„Sowohl aus Oberschlesien als auch aus Danzig-Westpreußen betonen die Berichte die Tatsache, daß gerade auf Urlaub befindliche deutsche Soldaten der Abt. 3 der DVL in ihrer Heimat vielfach die polnische Sprache gebrauchen, obwohl sie bereits ausreichend die deutsche Sprache beherrschen."[78]

deutschbewußt, Deutschbewußtsein

↑ *blutbewußt,* ↑ *rassebewußt, Blutbewußtsein, Rassebewußtsein.*

> Der Ausdruck *deutschbewußt* ist keine Neubildung der Nationalsozialisten, er ist bereits früher in deutsch-völkischem Sprachgebrauch, durchaus auch mit antisemitischer Tendenz, geläufig. „Was zur Versagung des Wahlrechts an die Frauen zu bemerken ist, habe ich oben kurz dargelegt, und es erscheint mir so durchschlagend, daß keine deutschbewußte Frau dem Trugbilde solchen politischen Rechts weiter nachjagen wird."[79] „Darum muß der Ortsgruppe die Freiheit der Auslese bleiben. Anders kann sie nicht gedeihen. Kein Gaubeschluß soll sie binden, Juden aufzunehmen, wenn es ihr paßt, noch weniger aber soll eine Bundesleitung auf Grund von Satzungsweisheit ihr Juden aufdrängen, zu denen die Mitglieder kein inneres Verhältnis haben können, kein Verhältnis – nicht aus politischen oder konfessionellen Bedenken, die uns ganz und gar und allezeit fern bleiben sollen, sondern allein aus germanischem Instinkt, aus Deutschbewußtsein."[80]

> Im Nationalsozialismus kommt *deutschbewußt* in gleichen Kontexten vor wie die nach gleichem Muster mit nationalsozialistischen Schlüsselwörtern gebildeten Ausdrücke ↑ *art-,* ↑ *blut-,* ↑ *volks-,* ↑ *rassebewußt.* In Gerckes annotierter Bibliographie ‚Die Rasse im Schrifttum' heißt es zum Titel ‚Sterbendes Volk? Das erschreckende Bild des deutschen Bevölkerungsschwundes und die vom Nationalsozialismus gezeigten Wege zur Wiederherstellung des Volkstums' (1933): ‚Fordert deutschbewußte Familienpolitik, Auslese, Sterilisation.'.[81] „Da wird der jüdische Außenminister Rathenau, der das Wort von den ‚300, die die Welt regieren' prägte, am 24. Juni 1922 von Kern und Fischer erschossen. Diese Ehrentat führt zu brutalster Unterdrückung der deutschbewußten Teile des Volkes; Reichskanzler Dr. Wirth erklärt im Reichstag: ‚Der Feind steht rechts!'"[82] „An die Stelle der vorwiegend klassenmäßig oder konfessionell beeindruckten Erziehung muß die Erziehung zum gemeinsamen Deutschbewußtsein treten."[83] „In spartanischer Zucht und soldatischem Geiste – treu, mutig und tapfer – soll in der Jugend ein einiges deutschbewußtes, wehrhaftes Geschlecht erstehen, das eine glückliche Zukunft unseres Volkes gewährleistet."[84]

---

[78] MADR, Bd. 14, 5467.
[79] Frymann, Daniel (d. i. Heinrich Claß): Wenn ich der Kaiser wär!, 2. Aufl. 1912, 119.
[80] Der Bundesleiter. In: Wandervogel. Monatszeitschrift für deutsches Jugendwandern, April 1914. Zit. W. Kindt (Hg.): Die Wandervogelzeit. Quellenschriften zur deutschen Jugendbewegung 1896–1919, 1968, 292.
[81] Ebd., 1934, 83.
[82] v. Leers, J: 14 Jahre Judenrepublik, 1933, Bd. 2, 34.
[83] Gauleiter Grohé zur Gemeinschaftsschule. In: Deutscher Glaube, 2/ Heuert 1935, 324.
[84] Hohmann, W.: 1914–1934. Zwanzig Jahre deutscher Geschichte, 1935, 102.

deutschblütig

↑ *arisch*, ↑ *deutschen oder artverwandten Blutes*.[85]

> Im Gefolge des ‚Gesetzes zum Schutze des deutschen Blutes und der deutschen Ehre' wurde durch einen Runderlaß des Reichs- und Preußischen Ministeriums des Inneren vom 26. 11. 1935 bestimmt, daß im Geschäftsverkehr ‚für eine Person deutschen oder artverwandten Blutes der Begriff *Deutschblütiger* zu verwenden sei'.[86] Der aus dem Kreis um Moeller van den Bruck hervorgegangene Jurist K. C. v. Loesch befaßt sich in einem Artikel: ‚Rasse, Volk, Staat und Raum in der Begriffs- und Wortbildung' 1939 auch mit der Suche der nationalsozialistischen Gesetzgeber und Bürokraten nach einer eindeutigen, bequem handhabbaren Bezeichnung für die *Nicht-Juden* — schließlich sollte es bei der Durchsetzung der rassistischen Maßnahmen keine Reibungsverluste geben: Es bestanden Bedenken, „ob einige in Europa bodenständige Völker (Ungarn, Finnen) bei strengen wissenschaftlichen Maßstäben auf sprachlichem Gebiet als arisch bezeichnet werden dürften. Diese haben dazu geführt, daß die Nürnberger Gesetze im Jahre 1934 den Begriff ‚Arier' durch ‚Personen deutschen und artverwandten Blutes' ersetzen. Der Begriff ‚artverwandt' trug zweifellos bis zu einem Grad den vorher genannten Bedenken Rechnung, hatte aber andere Nachteile. Da die Verwaltungssprache für die tägliche Arbeit nämlich einen kurzen adjektivischen Begriff braucht, wurde daraus kurzweg ‚deutschblütig' statt dem kurzen ‚arisch' oder dem umständlichen ‚deutsch und artverwandt'. Damit wurden nun aber auch die Angehörigen des polnischen, dänischen usw. Volkstums als deutschblütig bezeichnet, was natürlich zu Mißdeutungen Anlaß geben mußte."[87] Das auch vorher verwendete, aber nicht häufig belegte *deutschblütig*[88] wurde nach 1935, wie ‚Meyers Lexikon' feststellt,[89] allgemein gebräuchlich. „Hier kann dem Deutschblütigen die Verweigerung des ehelichen Verkehrs oder die völlige Abwendung vom jüdischen Ehepartner nicht als eine Eheverfehlung, geschweige denn als eine schwere i. S. des § 49 EheG., zur Last gelegt werden, denn das gesunde rassische Empfinden des deutschen Volkes mißbilligt die Verbindung eines Deutschen mit einem Juden auch dann, wenn diese im Rahmen einer gesetzlich gültigen Ehe vollzogen wird."[90] „Aus alledem ergibt sich schließlich auch, was die Ausstellung ‚Entartete Kunst' nicht will: [...] Sie will nicht verhindern, daß diejenigen Deutschblütigen unter den Ausgestellten, welche ihren jüdischen Freunden von ehedem nicht in das Ausland gefolgt sind, nun ehrlich ringen und kämpfen um eine

---

[85] Gebucht: Duden, 12. Aufl. 1941. Getilgt: Duden, 13. Aufl. 1947.
[86] Meyers Lexikon, Bd. 1, 1936, 557.
[87] In: Zeitschrift d. Akademie f. deutsches Recht, 1939, 118. Zit. Poliakov/Wulf: Das Dritte Reich und seine Diener, 1959, 108.
[88] Jung, R.: Der nationale Sozialismus, 2. Aufl. 1922 (zuerst 1919): „Von 100 Juden schlossen Ehen mit Deutschblütigen [...]." (S. 58, Anm.). VB, 4. 4. 1933, 2: „Nur deutschblütige Beamte dürfen die Staatsautorität verkörpern."
[89] Ebd., Bd. 1,1936, 557.
[90] Hofer (Hg.): Der Nationalsozialismus. Dokumente 1933–1945, Fischer Tb. 1980 (zuerst 1957), 285 f.

Grundlage für ein neues gesundes Schaffen."⁹¹ „Außerdem wurde das Geschäft einer Deutschblütigen beschädigt, weil der Bevölkerung bekannt war, daß die Inhaberin mit einem Juden Rassenschande getrieben hatte."⁹² „Die Leistungen der Deutschblütigen sind darum nicht geringer geworden."⁹³ „Nach einer Meldung aus Danzig führe die Tatsache, daß die Eintragungen der Geburtsdaten und Geburtsorte der Eltern nicht vorgeschrieben sind, erfahrungsgemäß zu erheblichen Schwierigkeiten für spätere Nachforschungen, insbesondere beim Nachweis der deutschblütigen Abstammung."⁹⁴

deutschgläubig

Deutsch-völkisch-nationalsozialistisch-religiös.⁹⁵

› Das im Namen der von O. S. Reuter gegründeten Deutschgläubigen Bewegung e. V. bereits 1911 belegte⁹⁶ Adjektiv *deutschgläubig* bezieht sich im Nationalsozialismus auf die Anhänger der ↑*Deutschen Glaubensbewegung* und ihre religiösen Überzeugungen. „Die in Eisenach am 29. und 30. Juli 1933 versammelten deutschgläubigen Männer und Frauen stehen mit dem Führer auf dem Boden des Dritten Reiches und wenden sich in ernster Gewissensnot an ihn. Wir stehen in einem Deutschen Glauben, der seine Richtkräfte aus dem religiösen Erbgut des deutschen Volkes nimmt, dessen schöpferische religiöse Kraft durch mehr als ein Jahrtausend hindurch bis heute lebendig geblieben ist. Wir alle bekennen uns dazu, daß wir in göttlicher Wirklichkeit wurzelnd mit unserem deutschen Ursprung vor ihr und unserem Volk Pflicht und Verantwortung tragen für einen deutsch-geborenen Glauben. Wir haben die Hoffnung zum Führer, daß er uns als den Bekennern des lebendigen germanisch-deutschen Glaubensgutes die freie Ausübung dieses Deutschen Glaubens und die selbständige Glaubensunterweisung und Erziehung unserer Kinder in germanisch-deutschem Vorbilde verschafft."⁹⁷ „Ist es nicht paradox, wenn in einem germanisch-deutschen Staate z. B. zwar ein Angehöriger der Gesellschaft Jesu, selbst, wenn er nicht deutschen Blutes ist, das Recht hat, deutsche Kinder religiös zu betreuen, ein deutschgläubiger nationalsozialistischer Lehrer aber, der das Dritte Reich miterkämpft hat, nicht, weil er sich nicht zum Christentum bekennt."⁹⁸ „Gerade die junge Lehrerschaft, die zum Teil mit deutschgläubigen Ideen von ihren Ausbildungsstätten kommt, bildet weithin einen Fremdkörper im Dorf, der manche Aufregung und Spaltung verursacht."⁹⁹

---

⁹¹ Entartete „Kunst". Ausstellungsführer. Hg. F. Kaiser, 1937, 4.
⁹² Monatsbericht des Reg.präsidenten v. Ober- und Mittelfranken, 8. 12. 1938. In: Bayern in der NS-Zeit, 1977, 473.
⁹³ Das Reich, 15. 2. 1941, 9.
⁹⁴ MADR, (Nr. 214), 25. 8. 1941, Bd. 8, 2691.
⁹⁵ Gebucht: Duden, 12. Aufl. 1941, Paechter. Getilgt: Duden, 13. Aufl. 1947.
⁹⁶ Lexikon der Sekten, Sondergruppen u. Weltanschauungen, 3. Aufl. 1991, 911.
⁹⁷ Hauer, W.: Was will die Deutsche Glaubensbewegung, 3. Aufl. 1935, 9.
⁹⁸ Hauer, W., ebd. 15 f.
⁹⁹ Bericht d. Landeskirchenleitung über die Kirchenvisitationen 1937/38. In: Bayern in der NS-Zeit, 1977, 416.

▷ Der Ausdruck *deutschgläubig* wird heute noch – außer in historischem Bezug – in sektiererischen völkischen Zirkeln zur Bezeichnung ↑ *artgemäßer* Religiosität verwendet. „Viele der völkisch-religiösen Glaubensvorstellungen haben den Zusammenbruch des Dritten Reiches überlebt. [...] Einige der heute existierenden Gruppen sind: Die Deutschgläubige Gemeinschaft e.V.(gegr. 1911 von Otto Sigfried Reuter; nach 1945 von A. Conn erneut gegründet.) Die Artgemeinschaft e. V. [...] legt großen Wert auf die ‚Reinerhaltung der nordischen Art'. Davon spaltete sich 1980 der Treuekreis Artglaube Irminsul ab. Der Goden-Orden [...] setzt sich für einen ‚artgemäßen' und ‚naturverbundenen' Glauben ein und propagiert einen ‚nordischen Jesus'. [...] Aus Mitgliedern der verschiedensten Gruppen entwickelten sich die Arbeitsgemeinschaft der Deutschen Glaubensbewegung und der Treuekreis volksreligiöser Bewegung. [...] Trotz der unterschiedlichen Namen der einzelnen Gruppen ist doch der Grundgedanke der neonazistischen Religiosität gleich. Grundlage ist die unterschiedliche Bewertung der Rassen. ‚Rasseneinheit' besonders für die ‚nordische Rasse', gilt als oberster Wert: dieser wird direkt aus der ‚Stimme des Blutes' – eine Art göttlichen Gewissens – abgeleitet. [...]"[100]

Deutschland erwache!

Refrain des *Sturmlieds* von Dietrich Eckart, während der ↑ *Kampfzeit* im Chor gerufener Slogan der SA bei ihren Umzügen und Aufmärschen; Aufschrift auf dem Tuch der SA-Standarten.[101]

▶ „Im Jahre 1919 las Dietrich Eckart zum erstenmal das Buch über die Geheimnisse der Weisen von Zion. Von dem Inhalt desselben bis ins Innerste erschüttert, schrieb er seinen flammenden Aufruf „Deutschland erwache", den sich die nationalsozialistische Bewegung von nun an zum Kampfruf auserkor. Nirgends konnten diese Worte treffender verewigt werden, als auf den Standarten der Sturmabteilungen. Von dem in der heutigen Form vorliegenden Gedicht bestand zuerst nur die zweite Strophe, die erste hat Dietrich Eckart 1923 hinzugedichtet. [...] Seine Uraufführung in der Öffentlichkeit erlebte das Sturmlied am ersten Reichsparteitag (26. 1. 1923) auf dem Marsfeld in München bei der Weihe der ersten vier Standarten und am nächsten Tage beim Festakt im großen Saal des Hofbräuhauses. Seitdem erklingt das Kampflied „Deutschland erwache" auf Anordnung des Führers auf jedem Reichsparteitag, wenn die Böllerschüsse die Weihe der neuen Standarten anzeigen."[102] Eckarts Gedicht „Feuerjo" wurde wegen seiner ersten Zeile *Sturmlied* genannt: „Sturm, Sturm, Sturm/ Läutet die Glocken von Turm zu Turm/ Läutet die Männer, die Greise, die Buben/ Läutet die Schläfer aus ihren Stuben/ Läutet die Mütter hinweg von den Wiegen/ Dröhnen soll sie, und gellen die Luft/ Rasen, rasen im Donner der Rache/ Läutet die Toten aus ihrer Gruft/ Deutschland, erwache!"[103]

---

[100] Lexikon der Sekten, Sondergruppen und Weltanschauungen, 3. Aufl. 1991, 911.
[101] Gebucht: Knaur 1934.
[102] Bajer, H.: Das Lied der SA. Ein Beitrag zur Geschichte der Bewegung. In: Nationalsozialistische Monatshefte 8/ 1937, 25 f.
[103] VB, 11. 8. 1921, 1.

„Bayern wurde zum Brennpunkt der Politik. Durch die Straßen Münchens gellte unaufhörlich der Schrei: [...] ‚Deutschland erwache!'"[104] „In binnen einer Stunde ist seine brave SA. alarmiert, und mit 800 Mann setzt sich der Extrazug [nach Koburg] in Bewegung. Auf jedem Bahnhof gibt es eine Sensation. Die Leute reißen die Augen auf. Musik und Fahnen [...]. Gesang aus hellen Stimmen [...] und dazwischen das donnernde „Deutschland erwache!" [...]"[105] „Volksgenossen! Freitag, den 8. April 1921 findet im Hofbräuhausfestsaal (Platzl) eine große öffentliche Versammlung statt, es spricht Herr Adolf Hitler über „Deutschland erwache." Beginn 8 Uhr abends, Saaleröffnung 7 Uhr. Juden haben keinen Zutritt."[106] „Erst der Weckruf Adolf Hitlers „Deutschland erwache" hat das deutsche Volk auch wieder für sein Bauerntum sehend gemacht und die Maßnahmen eingeleitet, die eine neue Beziehung des deutschen Volkes zu seinem Bauerntum hergestellt haben."[107]

Dienst

Verpflichtende Teilnahme an Veranstaltungen der NSDAP und ihrer ↑ *Gliederungen*.

> Der Ausdruck *Dienst* wurde aus dem Bereich des Militärs für die verpflichtende Parteiarbeit übernommen. „Es ist nicht ohne Grund, daß in den Erziehungsformen, die der Studententag aufzeigte, diese Koppelung von Erziehung und Einsatz gewollt und vorhanden ist. Das wird deutlich, wenn man feststellt, daß – nicht nur dem Worte nach, sondern auch in der Wirklichkeit – das Wort ‚Dienst' sich mit einzelnen Arbeitsgebieten verbindet: Arbeitsdienst, Wehrdienst, Bundesdienst, SA.-Dienst, Fachschaftsdienst, ja sogar Hochschuldienst und Wissenschaftsdienst. Das ist der Beweis für die Bereitwilligkeit zum Erziehen und Sich-Erziehen-lassen und gleichzeitig Beweis für den Willen zur Gestaltung der Wirklichkeit."[108] „Die vom Fachschaftsleiter angesetzte Arbeit ist Dienst. Versäumnis des Dienstes, Zuwiderhandlung gegen die Anordnung des Fachschaftsleiters und unkameradschaftliches Verhalten innerhalb der Fachschaft werden nach soldatischen Gesichtspunkten geahndet."[109] „Die in Bund und Fachschaft zu leistende Erziehungsarbeit der Studentenschaft muß fest im Hochschuldienstplan eingegliedert werden. Die Hochschule kann nicht mehr nur eine Veranstaltung der Professoren sein. Das Vorlesungsverzeichnis muß in einen Dienstplan verwandelt werden, in dem der Wissenschaftsdienst wie die politische Erziehung und berufliche Ausrichtung in Bund und Fachschaft glei-

---

[104] Espe, W. M.: Das Buch der N. S. D A. P., 1933, 78.
[105] Ebd., 100.
[106] Plakatanhang in: Hitler, Mein Kampf, Bd. 1, 3. Aufl. 1928, o. S.
[107] Darré: Nordisches Bluterbe im süddeutschen Raum (1938). In: Ders.: Um Blut und Boden, 1941, 171.
[108] Schröder, G.: Erziehung, Sozialismus, Staat. In: Der Deutsche Student, 1/Sept. 1933, 41.
[109] Richtlinien des Amtes f. Wissenschaft d. Deutschen Studentschaft für den Aufbau d. Fachschaften u. Fachgruppen bzw. den Umbau d. schon vorhandenen entspr. Einrichtungen. In: Der Deutsche Student, 1/August 1933, 60.

cherweise erscheinen."[110] In der Einleitung zu dem ‚Handbuch für das Deutsche Jungvolk in der HJ.' ‚Pimpf im Dienst' schreibt Baldur von Schirach, der *Jugendführer des Deutschen Reichs*: „Mit diesem Buch erhältst Du eine Verpflichtung. Es umfaßt alles, was zu Deiner körperlichen Ertüchtigung gehört. [...] Du hast den Dienst an Deutschland in einem jüngeren Alter begonnen als die früheren Generationen. Millionen junger Deutsche denken wie Du. Weil wir ein Volk von Männern brauchen, stehst Du heute schon als Junge in Reih und Glied und tust Deine Pflicht. Ich erwarte von Dir, daß Du das Vertrauen erfüllst, mit dem Adolf Hitler Dich beschenkt hat und dass Du Dir der Ehre bewusst bist, die der Dienst auch für den kleinsten Jungen bedeutet."[111] Im Handbuch ‚Mädel im Dienst' heißt es: „Wir stellen das Deutsche Mädel bewusst in den schweren Dienst an der Nation. Möge es im Verzicht auf manche Freiheit, die der Jugend anderer Generationen vergönnt war, das grössere Glück des Erlebnisses innerer selbstloser Gemeinschaft gewinnen."[112] „Leider mehren sich die Berichte darüber, daß es innerhalb der Gliederungen der Staatsjugend vielfach an erforderlicher Dienstfreudigkeit fehlt. [...] Es wäre wünschenswert, wenn innerhalb der HJ ein Dienstplan ein- und durchgeführt würde, der allen Hitlerjungen die Beteiligung am Dienst zur Freude machte."[113]

Dienstverpflichtung, dienstverpflichtet

Zwangsmobilisierung von Arbeitskräften, auch in den besetzten Gebieten, für die Kriegswirtschaft.

> Walther Linden erwähnt 1943 in der ‚Deutschen Wortgeschichte' *dienstverpflichtet* unter den Wörtern, die durch die Kriegswirtschaft seit 1939 neu entstanden. *Dienstverpflichtet* sind „Angestellte und Arbeiter, die vom Staat aus bestimmten Betrieben zugewiesen werden."[114] „Bei der Zuweisung von Arbeitskräften mußten in erster Linie jene Betriebe berücksichtigt werden, die staatspolitisch bedeutsame Aufträge auszuführen haben, eine Aufgabe, die von den Arbeitsämtern teilweise nur durch Zwangsmaßnahmen, d. h. im Wege der Dienstverpflichtung erfüllt werden konnte."[115] „Der wirtschaftliche Gestellungsbefehl. Arbeitseinsatz durch Dienstverpflichtung. Der Arbeitseinsatz erfordert gegenwärtig ein schnelles Anpassen an die ständig wechselnden Notwendigkeiten der auf vollen Touren laufenden Kriegswirtschaft. [...] An die Stelle der freien Arbeitsvermittlung ist daher seit langem die gebundene Form der Dienstverpflichtung getreten. Sie ist in der Hand der

---

[110] Plötner, G.: Die Fachschaft im Neubau der Deutschen Studentenschaft. In: Der Deutsche Student, 1/August 1933, 37.
[111] Pimpf im Dienst, 1938, o. S.
[112] v. Schirach, B., in: Mädel im Dienst, 1934, 5.
[113] Lagebericht f. den Monat Juli 1935 d. Staatspolizeistelle f. den Reg.bezirk Aachen v. 7. 8.1935. In: Vollmer, B.: Volksopposition im Polizeistaat, 1957, 266.
[114] Aufstieg des Volkes (1885–1941). In: Maurer/Stroh (Hg): Deutsche Wortgeschichte, Bd. 2, 1943, 406.
[115] Monatsbericht d. Reg.präsidenten v. Unterfranken, 10. 7. 1939. In: Bayern in der NS-Zeit, 1977, 285.

Arbeitseinsatzbehörden das wirksame Instrument, um die verlangten Arbeitskräfte immer wieder bereitzustellen. Die Dienstverpflichtung ist zum wirtschaftlichen Gestellungsbefehl geworden und hat so zum Wohle der Kriegswirtschaft die militärischen Grundsätze der Arbeitseinsatzpraxis dienstbar gemacht. [...] Man sagt nicht zuviel, wenn man feststellt, daß ohne das Mittel der Dienstverpflichtung die bisherigen gewaltigen arbeitseinsatzmäßigen Leistungen nicht hätten erzielt werden können."[116] „Aber selbst bei ihnen gilt die Einschränkung, daß Dienstverpflichtungen nur vorgenommen werden dürfen, wenn die Bedarfsbetriebe vorher alle innerbetrieblichen und sonstigen arbeitseinsatzmäßigen Möglichkeiten zur Deckung des Bedarfs ausgeschöpft haben. Der einzelne Betrieb, der Anspruch auf Zuweisung von Dienstverpflichteten erhebt, wird also nachzuweisen haben, daß er hinsichtlich der Anlernung von Arbeitskräften, der Einstellung von Frauen, der Beschäftigung von Kriegsgefangenen und Ausländern usw. alles getan hat, was billigerweise von ihm verlangt werden kann."[117] „Führerbefehl v. 8. 9. 1942: Die von mir im Gebiet der Heeresgruppe West angeordneten umfangreichen Küstenbefestigungsanlagen erfordern den Einsatz und die äußerste Anspannung aller im besetzten Gebiet verfügbaren Arbeitskräfte. Die bisherige Zuweisung von einheimischen Arbeitskräften ist ungenügend. Um sie zu erhöhen, ordne ich daher die Einführung der Dienstverpflichtung und des Verbotes, den Arbeitsplatz ohne Zustimmung der zuständigen Behörde zu wechseln, in den besetzten Gebieten an."[118]

dinarische Rasse

Bezeichnung nach dem Hauptsiedlungsgebiet, den Dinarischen Alpen, für eine der sog. sechs, fünf oder vier ↑ *Rassen*, aus denen sich das deutsche Volk zusammensetzen soll.[119]

> ▶ Über den Rassennamen *dinarische Rasse* sagt der für die NS-Rasseideologie maßgebliche H. F. K. Günther in der ‚Rassenkunde des deutschen Volkes': „In diesem Buch sind zum Teil neue Namen gewählt worden. Beibehalten habe ich die Ausdrücke nordische Rasse und dinarische Rasse. Beide sind ziemlich einheitlich eingeführt und zugleich insofern bezeichnend, als sie Hauptwohngebiete der betr. Rassen anzeigen."[120] „Die dinarische Rasse – hochgewachsen, kurzschädlig, schmalgesichtig, mit steilem Hinterhaupt und starker herausspringender Nase, mit braunem oder schwarzem Haar, braunen Augen und bräunlicher Hautfarbe – heißt bei Deniker race adriatique ou dinarique, bei v. Hölder Rhätosarmaten oder Sarmatentypus und wird oft als Defreggertypus angeführt. Ripley und die ihm folgenden Werke kennen diese Rasse nicht und wollen in ihr eine Sondergestaltung der ostischen Rasse sehen.

---

[116] Das Reich, 27. 7. 1941, 8.
[117] Das Reich, ebd.
[118] Dok. RF–55. In: Der Nürnberger Prozeß, Bd. 5, 540 f.
[119] Gebucht: Duden, 11. Aufl. 1934, 12. Aufl. 1941; Knaur 1934, Meyers Lexikon 1936 ff., Paechter, Volks-Brockhaus 1940.
[120] Günther, H. F. K.: Rassenkunde des deutschen Volkes, 8. Aufl. 1926 (zuerst 1922), 23.

Die Bezeichnung adriatisch empfiehlt sich deshalb nicht, weil adriatisch auf das ganze adriatische Küstenland hinweisen könnte, also auf Italien wie auf Nordgriechenland. Die Bezeichnung dinarisch (die also von Deniker stammt) läßt keine Irreführung zu und empfiehlt sich auch durch Kürze."[121] „Nicht nur gebietsmäßig sind die rassischen Grundelemente verschieden gelagert, sondern auch im einzelnen, innerhalb des gleichen Gebietes. Neben nordischen Menschen ostische, neben ostischen dinarische, neben beiden westische, und dazwischen Mischungen. Dies ist auf der einen Seite von großem Nachteil. Es fehlt dem deutschen Volk jener sichere Herdeninstinkt, der in der Einheit des Blutes begründet liegt."[122] „Als kühne Alpenjäger, Bergführer, Tiroler Freiheitskämpfer auf irgendwelchen Bildern werden meist Menschen dinarischer Rasse gezeigt. Kraft, Gradheit, Ehrsinn, Tapferkeit, Selbstbewußtsein und Heimatliebe sind die Haupteigenschaften des dinarischen Menschen. Auch musikalische Begabung zeichnet diese Rasse aus. Dagegen ist der dinarische Mensch keine Führernatur wie der nordische; ihn zeichnet wohl eine gewisse Bauernschlauheit aus, doch fehlt ihm der Weitblick."[123]

DJ, s. ↑ Deutsches Jungvolk.

Dreimächtepakt

Bezeichnung für den am 27. 9. 1940 für zehn Jahre abgeschlossenen Vertrag zwischen dem ↑ *Dritten Reich*, Italien und Japan.[124]

▶ „Nach übereinstimmenden Meldungen aus allen Teilen des Reichs hat der Abschluß des Dreimächtepaktes allgemein vollkommen überrascht."[125] „Meine Herren! Aber auch für die politische Gesamtlage in der Welt ist die Niederlage des Bolschewismus von entscheidender Bedeutung. Das Übergewicht der im Dreimächtepakt verbündeten Großmächte Deutschland, Italien und Japan und der ihnen angeschlossenen Staaten ist durch den Ausfall Rußlands als Großmacht so stark geworden, daß ich keine andere Mächtekombination sehe, die auf die Dauer dagegen aufkommen könnte."[126] „Deutschland, Italien und Japan schlossen sich, getreu dem Geiste des Dreimächte-Paktes zusammen zu einem Bund auf Leben und Tod und beschlossen, die Waffen nicht eher niederzulegen, bis die Zukunft ihrer Völker und die von ihnen geforderte Neuordnung der Dinge in der Welt ein für allemal sichergestellt ist."[127]

---

[121] Ebd., 24.
[122] Hitler, Mein Kampf, 437.
[123] Rosten, C.: Das ABC des Nationalsozialismus, 2. Aufl. 1933, 191.
[124] Gebucht: Paechter.
[125] MADR, (Nr. 128), 30. 9. 1940, Bd. 5, 1619.
[126] v. Ribbentrop, Rede am 26. 11.1941 in Berlin. Deutsche Informationsstelle, Kl. Schriften, 1941, 17.
[127] Die Zeit arbeitet für die Ordnungsmächte des Dreierpaktes. Aus d. Ansprache d. Reichsministers d. Auswärtigen J. v. Ribbentrop am 2. Jahrestag d. Unterzeichnung d. Dreimächtepaktes am 27. 9. 1942. Deutsche Informationsstelle, Kl. Schriften, 1942, gez. S. 2.

Dreivierteljude, s. ↑ **Volljude.**

Drittes Reich

Selbstbezeichnung des NS-Staats.[128]

> Die alte Vorstellung von einem dritten Reich, das auf das erste Reich des Alten Testaments und das zweite Reich des Neuen Testaments folgen sollte, fand ihre systematische und geschichtswirksame Deutung durch den Zisterzienserabt Joachim von Fiore (um 1130–1202). Er interpretierte die Geschichte als eine aufsteigende Abfolge von drei Zeitaltern oder Reichen (lat. *status*). Dem Ersten Reich Gottvaters und des alttestamentlichen Gesetzes und dem Zweiten Reich des Sohnes und des Evangeliums wird – nach einem Zwischenreich des Antichrist mit schrecklichen Verfolgungen – um 1260 das Dritte Reich des Heiligen Geistes folgen, ein Zeitalter ohne geschriebenes Testament, ohne Herrschaft, in dem die Bewohner in völliger Gleichheit und Harmonie in ewigem Frieden leben. Diese joachitische Geschichtsinterpretation wurde zu einem wirksamen Topos im christlich-theologischen, geschichtsphilosophischen und sozialutopischen Denken Europas bis in die Neuzeit. Schon der sozialrevolutionäre Volkstribun Cola di Rienzi (1313–1354) interpretierte das dritte Reich auch politisch. Für das 19. Jahrhundert machte der Frühsozialist Claude Saint-Simon (1760–1825) die Idee wieder aktuell. Er nannte den Staat der vollkommenen Gleichheit und allgemeinen Harmonie, den er ankündigte, den dritten Ring in der aufwärtsführenden Entwicklung der Menschheit. Erst im Zeitalter der Industrie werde er möglich sein.[129] Heinrich Heine (1797–1856), der in Paris Anschluß an die Saint-Simonisten fand, gebraucht gelegentlich joachitische Termini in seinen politischen Gedichten[130], der Ausdruck *Drittes Reich* erscheint aber erst 1888 in der deutschen Übersetzung des Dramas ‚Kejser og Galilaeer‘ (1873) von Henrik Ibsen (1828–1906), in dem das *tredie rige*, das *Dritte Reich*, das Leitmotiv ist. Von diesem Zeitpunkt an wird *drittes Reich* zu einem geläufigen Ausdruck in der deutschen Literatur. 1894 kommt er in dem Roman ‚Vigilien‘ des deutschpolnischen Dichters Przybyszewski (1868–1927) vor, 1896 in der Gedichtsammlung des mit ihm befreundeten Richard Dehmel (1863–1920) ‚Weib und Welt‘. Beide Dichter waren Teilnehmer der Tafelrunde in dem Berliner Lokal ‚Schwarzes Ferkel‘ ‚Unter den Linden‘, das auch Moeller van den Bruck besuchte. Johannes Schlaf (1852–1941), der von einer grundlegenden Wandlung des politischen und religiösen Lebens schwärmte und sich später dem Nationalsozialismus näherte, schrieb eine Roman-Trilogie ‚Die Suchenden‘. Der 1900 erschienene zweite

---

[128] Gebucht: Duden, 11. Aufl. 1934, Knaur 1934, Meyers Lexikon 1936 ff., Paechter. Getilgt: Duden, 12. Aufl. 1941.

[129] „Le nouvel état general que nous annonçons pour l'avenir, formera le troisième anneau de cette chaine. Il se présentera comme une conséquence de la loi du développement de l'humanité." Zit. Kestenberg-Gladstein, R.: Das Dritte Reich. In: Bulletin d. Leo Baeck Instituts 20/1962, 272.

[130] „Auf diesen Felsen bauen wir / Die Kirche von dem dritten, / Dem dritten neuen Testament; / Das Leid ist ausgelitten ./ […]" Zit. ebd., 274.

Roman hat den Titel ‚Das Dritte Reich — ein Berliner Roman'. Im Ersten Weltkrieg und erst recht nach der deutschen Niederlage tauchte der Ausdruck immer häufiger auf.[131] Ernst Krieck, später ein prominenter Nationalsozialist, schreibt 1917 in seiner ersten Schrift ‚Die deutsche Staatsidee': „Die Erkenntnis eines absolut Ersten und Ursprünglichen im Menschen nennt Fichte die Grundlage des deutschen Nationalbewußtseins. Daraus folgt dann unmittelbar die Lehre von der inneren Unabhängigkeit, Selbständigkeit und Selbstbestimmung und der Glaube an eine stete Höherentwicklung der Menschheit [...]. Der Gegenstand des deutschen Nationalbewußtseins ist also eine neue Menschenwürde, eine neue Humanität: der Glaube an das dritte Reich. Drei große Ideenreiche lösen einander in Europa ab und geben ihm die geistige Vorherrschaft auf der Erde. Das Verständnis des dritten Reiches setzt einen Überblick über die geistige Welt der Alten und der christlichen Kirche voraus."[132] „Das dritte Reich kennt dagegen eine neue, tiefer gegründete Menschenwürde. Sie ist aber nicht mehr Stolz auf irgendwelchen Besitz, sondern eine Aufgabe, eine Pflicht: der geistige Mensch ist stets eine Werdender, einer dessen Wert und Würde vor ihm in der Zukunft, im Ideal liegt: das sittliche Reich Gottes auf Erden."[133] 1918 erscheint der erste Band von Oswald Spenglers (1889—1936) ‚Untergang des Abendlandes'. Spengler stellt den Ausdruck *drittes Reich* in die philosophisch-utopische Tradition: „Der ahistorische, appollinische Mensch sah auf ein goldenes Zeitalter zurück; das enthob ihn des Nachdenkens über das Kommende. Der Sozialist — der sterbende Faust — ist der Mensch der historischen Sorge des Künftigen, das er als Aufgabe und Ziel empfindet, demgegenüber das Glück des Augenblicks verächtlich wird. Der antike Geist mit seinen Orakeln und Vogelzeichen will die Zukunft nur wissen, der abendländische will sie schaffen. Das dritte Reich ist das germanische Ideal, ein ewiges Morgen, an das alle großen Menschen von Dante bis Nietzsche und Ibsen — Pfeile der Sehnsucht nach dem andern Ufer, wie es im Zarathustra heißt — ihr Leben knüpften."[134] 1919 gibt Dietrich Eckart, der „Vorkämpfer des Dritten Reiches" (‚Meyers Lexikon'), der Überzeugung Ausdruck: „Es gibt ‚nirgends auf Erden ein Volk, das fähiger wäre, das dritte Reich zu erfüllen', als das deutsche."[135] Im gleichen Jahr 1919 gebraucht Arthur Moeller van den Bruck (1896—1925) *drittes Reich* in seiner Schrift: ‚Jedes Volk hat seinen eigenen Sozialismus', dessen Schlußsatz lautet. „Dieser deutsche Sozialismus ist nicht erst die Aufgabe eines dritten Reiches. Er ist vielmehr seine Grundlage."[136] 1923 veröffentlicht Moeller van den Bruck sein Buch ‚Das Dritte Reich'. Für ihn ist die Idee des *dritten Reiches* zunächst ein politisches Instrument in Antithese zum abgelehnten Weimarer Parlamentarismus. *Drittes Reich* bezeichnet den kommenden

---

[131] Zu dem Vorhergehenden s. ebd., 274—284.
[132] Ebd., 2. Aufl. 1934 (zuerst 1917), 30.
[133] Ebd., 39.
[134] Ebd., 509.
[135] Luther und der Zins. In: Auf gut Deutsch 1/5. 7. 1919. Zit. Wiedeburg, P. H.: Dietrich Eckart, Diss. 1939, 117.
[136] Zit. Kestenberg-Gladstein, R.: Das Dritte Reich. In: Bulletin d. Leo Baeck Instituts 20/ 1962, 284.

großdeutschen, endgültigen Staat des Friedens, dem das Heilige Römische Reich Deutscher Nation (952–1806) als *erstes Reich* und das Bismarcksche Hohenzollernreich (1871–1918) als *zweites Reich* vorausgingen (eine Zählung, die Moeller van den Bruck einführte). Moeller van den Bruck sieht, wie er im Brief an Herrn von Gleichen in der Einleitung seines Buches schreibt, daß „der Gedanke des dritten Reiches" „ein Weltanschauungsgedanke" ist, „der über die Wirklichkeit hinausführt." „Nicht zufällig sind die Vorstellungen, die schon bei dem Begriff sich einstellen, bei dem Namen des dritten Reiches und ebenso bei einem Buch, das von ihm den Titel empfängt, von vorn herein ideologisch bloß gestellt, sind seltsam wolkig, sind gefühlvoll und entschwebend und ganz und gar jenseitig. Der Gedanke des dritten Reiches könnte die größte aller Selbsttäuschungen werden, die das deutsche Volk sich je gemacht hat. Fruchtbar kann er nur werden als ein Wirklichkeitsgedanke, wenn es gelingt, ihn dem Illusionistischen zu entrücken und ganz und gar in das Politische einzubeziehen."[137] 1927 konstatiert eine Zeitschrift der Jugendbewegung: „*Das dritte Reich* ist beinahe zu einem Schlagwort geworden."[138]

▶ Am 6. 1. 1926 notiert Goebbels in sein Tagebuch: „Ich konnte nicht schlafen. Habe bis 4 Uhr wach gelegen und in v. d. Brucks ‚drittem Reich' gelesen."[139] Offenbar erkennt er die propagandistische Kraft der mit mythischen Assoziationen aufgeladenen Formel *drittes Reich* und macht sie sich zu eigen, denn schon ein halbes Jahr später bezieht er sie wie selbstverständlich auf die kommende Herrschaft der Nationalsozialisten: „Umzug! Mit Straßer im Wagen entgegen. Unter endlosem Jubel der dichtgestauten Menschenmassen. Der Zug kommt. Mit an der Spitze. Die ganze Führerschaft, Hitler als erster, marschiert vorne. Durch ganz Weimar. Auf dem Marktplatz, 15 000 S. A. marschieren an uns vorbei. Das dritte Reich zieht auf. Die Brust geschwellt vor Glauben. Deutschland erwacht! […] 15 000 Menschen, ein Fahnenwald. Treuschwur an das dritte Reich!"[140] „Der alte Ausdruck Drittes Reich wird nun in scharfbegrenztem politischem Sinne neugeformt für das Volksreich aller Deutschen; erst von hier aus setzen sich Erstes Reich und Zweites Reich durch, weiterhin Zwischenreich für die Jahre 1919–1933."[141] Im nationalsozialistischen Büchmann heißt es dagegen: „Es waren weniger die nationalen Kreise selbst als ihre Gegner, die das Wort immer häufiger, und zwar meist mit einem hämischen Unterton gebrauchten. Adolf Hitler und die N. S. D. A. P. haben ausdrücklich nie von sich behauptet, sie würden das Dritte Reich herbeiführen, auch amtlich ist nach 1933 nur selten davon gesprochen worden. Trotzdem spricht man volkstümlich im In- und Auslande bis heute von der Zeit seit der Machtergreifung (30. Jan. 1933) nur vom Dritten Reich."[142] Hitler verwendet den Ausdruck nur gelegentlich. „Es ist

---

[137] Ebd., 1923, Vorwort, o. S.
[138] Führerschaft der fahrenden Gesellen, 1/Dez. 1927. Zit. W. Kindt (Hg.): Die deutsche Jugendbewegung. 1974, 808.
[139] Die Tagebücher von Joseph Goebbels, Bd. 1, 1987, 153.
[140] Ebd., 6. 7. 1926, 191.
[141] Deutsche Wortgeschichte, W. Linden: Aufstieg des Volkes, 406.
[142] Büchmann (W. Rust), 1943, 404 f.

daher die erste große Aufgabe des neuen Dritten Reiches, daß es die kulturellen Werte der Vergangenheit sorgfältig pflegt."[143] Er kommt in Gesetzen und Satzungstexten vor: „Die Medaille zur Erinnerung an den 1. Oktober 1938 [Einmarsch der deutschen Truppen in die sudetendeutschen Gebiete] ist bronzegetönt. Sie zeigt auf der Vorderseite zwei männliche Gestalten mit der Flagge des Dritten Reiches und dem Hoheitszeichen. Die Rückseite trägt das Datum 1. Oktober 1938 mit der Umschrift: ‚Ein Volk, ein Reich, ein Führer'."[144] In Titeln von Schulbüchern: ‚Bausteine zum Dritten Reich'.[145] Häufig in Lageberichten: „Ein anderer Geistlicher meines Bezirks kennzeichnet seine Einstellung dadurch, daß er den Ausdruck ‚Glaube an Deutschland und den Führer' beanstandete, da nur Christus der Glaube gelte. Redensarten von dem ‚tausendjährigen Bestehen des Dritten Reiches' seien Angriffe auf die Allmacht Gottes. Zusammenfassend kann gesagt werden, daß die Tätigkeit der Bekenntniskirche augenblicklich sehr rege ist und auch bei der katholischen Bevölkerung, insbesondere aber bei ihrer Geistlichkeit, größtes Interesse findet."[146] „Auch hier geht der Reim um: ‚Heil Hitler ist der deutsche Gruß./ Die Reichswehr steht Gewehr bei Fuß./ Blomberg wartet auf den großen Krach./ Und dann sagen wir wieder «Guten Tag»./ Im dritten Reich marschieren wir,/ Im vierten Reich regieren wir."[147] „Ein ziemlicher Teil der Bauernbevölkerung ist bestimmt noch gegen das Dritte Reich eingestellt. Letzteres beweist die Tatsache, daß große Bauern, die finanziell bestimmt in der Lage wären, ablehnen, in die NSV einzutreten. [...] Ein Eintritt in die Partei kommt für sie überhaupt nicht in Frage."[148] Im Sommer 1939 wurde der Ausdruck *Drittes Reich* durch mehrere aufeinanderfolgende Presseanweisungen verboten: „Um die Änderungen innerer Verhältnisse innerhalb des Reiches propagandistisch zum Ausdruck zu bringen, ist vor und nach der Machtübernahme der Ausdruck ‚Drittes Reich' für das nationalsozialistische Reich geprägt und gebraucht worden. Der tiefgreifenden Entwicklung, die seitdem stattgefunden hat, wird diese historisch abgeleitete Bezeichnung nicht mehr gerecht. Es ergeht deshalb der Hinweis, den Ausdruck ‚Drittes Reich', der ja durch die Geschehnisse bereits durch die Bezeichnung ‚Großdeutsches Reich' ersetzt worden ist, im Rahmen der aktuellen Pressearbeit nicht mehr zu verwenden."[149] „Die Ausdrücke ‚Drittes Reich' und ‚Reichskanzlei Berchtesgaden' dürfen nicht mehr verwendet werden."[150] „Die weitere Verwendung des Begriffes ‚Drittes Reich' für den heutigen deutschen

---

[143] Auf der Kulturtagung. In: A. Hitler, Reden des Führers auf dem Parteitag der Arbeit 1937, 3. Aufl., 46.
[144] RGBl. 1, 18. 10. 1938, 1528.
[145] Lehr- und Lesebuch des Reichsarbeitsdienstes, 5. Aufl., o. J.
[146] Lagebericht f. den Monat März d. Staatspolizeistelle f. den Reg.bezirk Aachen v. 9. 3. 1935. In: Vollmer, B.: Volksopposition, 1957, 183.
[147] Lagebericht f. den Monat Juli 1935 d. Staatspolizeistelle f. den Reg.bez. Aachen v. 7. 8. 1935. In: Ebd., 259.
[148] Monatsbericht d. Gendarmerie-Station Aufseß, 27. 6. 1939. In: Bayern in der NS-Zeit, 1977, 130.
[149] Sä 17/207, 22. 6. 1939. Zit. Glunk, ZDS 22/1966, 67.
[150] Br 18/75, 10. 7. 1939 (Anw. Nr. 700). Zit. ebd.

Staat ist unerwünscht. Statt dessen können in der Presse Bezeichnungen wie ‚nationalsozialistisches Deutschland', ‚Großdeutsches Reich' oder ‚Deutsches Reich' angewandt werden."[151] „es wurde der wunsch des fuehrers wiederholt, den begriff ‚drittes reich' nicht mehr zu verwenden. an seiner stelle koennte gesagt werden ‚grossdeutsches reich' oder ‚nationalsozialistischer staat'."[152] In die 12. Auflage des Rechtschreibdudens 1941 wird, der Anweisung folgend, das in der 11. Auflage 1934 enthaltene Stichwort „*Drittes Reich* (das 1933 gegründete, dritte Reich nach dem alten Deutschen Kaiserreich u. dem Reich der Hohenzollern)" nicht mehr aufgenommen.[153] Auch der Volks-Brockhaus von 1940 führt statt *Drittes Reich* den erwünschten Ausdruck *Großdeutsches Reich*. Die Zeitschrift ‚Die Kunst im Dritten Reich' nennt sich ab 1939 ‚Die Kunst im Deutschen Reich'. Goebbels Wochenzeitung ‚Das Reich' setzt sich jedoch über die Anweisung hinweg. Am 29. 9. 1940: „Das Dritte Reich löste das Zeitalter des Liberalismus ab." (S. 10) Am 13. 10. 1940: „Das Dritte Reich bejaht als autoritärer Staat die ihm zufallende Verantwortung der Ordnung und Lenkung im Arbeitseinsatz." (S. 11) Am 20. 10. 1940: „Das an Kampf und Trotz reiche Leben des alten Streiters mündete folgerichtig in die kämpferische Bewegung des Dritten Reiches." (S. 15) Am 5. 1. 1941: „Die schlimmsten Tadler des Dritten Reiches." (S. 4) Auffallend ist, daß Hitler kurz vor seinem Ende in den Bormann-Diktaten, dem sog. Politischen Testament, den Ausdruck *Drittes Reich* verwendet: „In Ermangelung der Elite, wie sie uns vorschwebte, mußten wir uns mit dem vorhandenen Menschenmaterial begnügen. Das Ergebnis sieht danach aus! Dadurch, daß die geistige Konzeption mit der praktischen möglichen Verwirklichung nicht übereinstimmte, wurde aus der Kriegspolitik eines revolutionären Staates, wie das Dritte Reich, notwendigerweise eine Politik reaktionärer Spießbürger. (14. 2. 1945)"[154]

---

[151] Pr Bln. 10. 7. 1939 (Nr. 3). Zit. ebd.
[152] Sä 18/262, 10. 7. 1939. Zit. ebd.
[153] Duden, 11. Aufl. 1934, 117, s. v. dritt.
[154] Hitlers Politisches Testament, 1981, 73; s. auch: 92, 107, 121.

E

Ehestandsdarlehen

Staatliche Förderung der Eheschließungen durch Vergabe von langfristigen Darlehen an ↑ *deutschblütige* Paare, die frei von Erbkrankheiten waren.[1]

> Mit dem Ausdruck *Ehestandsdarlehen* wurde eine der staatlichen Maßnahmen bezeichnet, die im Rahmen des ‚Gesetzes zur Verminderung der Arbeitslosigkeit' vom 1. 6. 1933 beschlossen wurden.[2] „Personen, die die Ehe miteinander eingehen, kann ein Darlehen bis zum Betrage von 1000 RM. seitens des Reiches gewährt werden, wenn das Darlehen zur Eingehung der Ehe beantragt, die künftige Ehefrau in der Zeit vom 1. 6. 1931–31. 5. 1933 mindestens 6 Monate lang im Inland als Arbeitnehmerin tätig war und sich verpflichtet, eine etwaige Anstellung aufzugeben und keine andere aufzunehmen, solange der Ehemann mehr als 125 RM. monatlich verdient und das Darlehen nicht getilgt ist. Ehestandsdarlehen sind unverzinslich und in Raten von 1% monatlich zurückzuzahlen. Hingabe des Ehestandsdarlehen erfolgt nicht in Geld, sondern in Bedarfsdeckungsscheinen, die zum Bedarf von Möbeln usw. berechtigen."[3] „Bei Geburt eines Kindes in der Ehe werden 25% des Darlehnsbetrages erlassen. Voraussetzung für die Gewährung ist, daß die Verlobten deutschblütig und gesund sind."[4] „Heute können weibliche Volksgenossinnen, die ein Ehestandsdarlehen erhalten haben, ihre frühere Tätigkeit weiterhin ausüben, um den in Erscheinung tretenden Mangel an Facharbeiterinnen zum Teil zu beheben."[5] „Lt. § 6 der Verordnung zur Durchführung des Gesetzes zur Verhütung erbkranken Nachwuchses und des Ehegesundheitsgesetzes vom 31. August 1939 sollen Untersuchungen auf Ehetauglichkeit im allgemeinen vorläufig nicht stattfinden. Die erbgesundheitlichen Voraussetzungen für die Bewilligung von Ehestandsdarlehen wurden jedoch keiner Änderung unterworfen, da mit Recht an einer besonderen Förderung der nicht erbgesunden Familien staatlicherseits kein Interesse besteht."[6]

Ehestandshilfe

a) Steuer für Ledige zur Finanzierung des Ehestandsdarlehens;[7] b) später auch Bezeichnung für die Gewährung eines ↑ *Ehestandsdarlehens*.[8]

---

[1] Gebucht: Duden, 11. Aufl. 1934, 12. Aufl. 1941; Knaur 1934, Meyers Lexikon 1936 ff., Paechter, Volks-Brockhaus 1940. Getilgt: Duden, 13. Aufl. 1947.
[2] RGBl. 1, 1933, 326.
[3] Knaur 1934, 326 f.
[4] Volks-Brockhaus 1940, 159 f.
[5] Jahres u. Leistungsbericht d. Gauwaltung Düsseldorf, o. J. (1938).
[6] MADR, (Nr. 97), 17. 6. 1940, Bd. 4, 1269.
[7] Gebucht: Knaur 1934, Meyers Lexikon 1936 ff.
[8] Gebucht: Volks-Brockhaus 1940, 159.

▶ a) „Die zur Hingabe der Ehestandsdarlehen [...] erforderlichen Summen werden durch eine Ehestandshilfe aufgebracht."[9] „Ehestandshilfe. § 4 Zwecksteuer zur Finanzierung der Ehestandsdarlehen, erhoben 1. 7. 1933 bis 31. 12. 1934 von allen ledigen, unter 55 Jahre alten einkommensteuerpflichtigen Personen in Höhe von 2–5% des Bruttogehaltes oder -lohnes bzw. der jährl. Reineinkünfte; mit Gesetz vom 16. 10. 1934 in den Tarif der Einkommensteuer eingebaut."[10] „Da an Ausländer, die bisher zur Ehestandshilfe herangezogen wurden, Ehestandsdarlehen nicht gewährt werden konnten, sind sie nunmehr von der Ehestandshilfe befreit worden."[11] b) „Ehestandshilfe, Erleichterung der Eheschließung durch Gewährung von Ehestandsdarlehn bis zur Höhe von 1000 RM."[12]

Ehetauglichkeitszeugnis

Für die Eheschließung notwendige Bescheinigung des Gesundheitsamts, daß die Ehewilligen nicht entmündigt und frei von ansteckenden oder erblichen Krankheiten waren.[13]

▶ Das Grundwort der Zusammensetzung *Ehetauglichkeitszeugnis*, das wie die Gegenbildung *Eheuntauglichkeit* vielleicht nach dem Muster *Wehrtauglichkeit, Wehruntauglichkeit* gebildet ist, erscheint zuerst 1930 in R. W. Darrés ‚Neuadel aus Blut und Boden'.[14] Das Compositum *Ehetauglichkeitszeugnis* wird 1935 durch das ‚Erbgesundheitsgesetz' als rechtlicher Terminus eingeführt: „Vor der Eheschließung haben die Verlobten durch ein Zeugnis des Gesundheitsamtes (Ehetauglichkeitszeugnis) nachzuweisen, daß ein Ehehindernis nach § 1 nicht vorliegt."[15] „Nach dem Ehegesundheitsgesetz darf eine Ehe nicht geschlossen werden, wenn einer der Verlobten an einer mit Ansteckungsgefahr verbundenen Krankheit leidet, die eine erhebliche Schädigung der Gesundheit des andern Teils oder der Nachkommen befürchten läßt; wenn einer der Verlobten entmündigt ist oder an einer geistigen Störung leidet, die die Ehe für die Volksgemeinschaft unerwünscht erscheinen läßt; wenn einer der Verlobten an einer Erbkrankheit im Sinne des Gesetzes zur Verhütung erbkranken Nachwuchses leidet. Der Nachweis, daß ein Ehehindernis der vorgedachten Art nicht vorliegt, ist durch ein Ehetauglichkeitszeugnis zu erbringen. Eine entgegen den Verboten geschlossene Ehe ist nichtig, wenn die Ausstellung dieses Zeugnisses oder die Mitwirkung des Standesbeamten durch wissentlich falsche Angaben herbeigeführt worden sind oder wenn die Ehe zum Zwecke der Umgehung

---

[9] RGBl. 1, 1933, 326.
[10] Meyers Lexikon, Bd. 3, 1937, 448.
[11] Vossische Zeitung. Zit. Blick in die Zeit, 2/17. 2. 1934, 9.
[12] Volks-Brockhaus 1940, 159.
[13] Gebucht: Duden, 12. Aufl. 1941, Meyers Lexikon 1936 ff., Paechter, Volks-Brockhaus 1940. Getilgt: Duden, 13. Aufl. 1947.
[14] S. 182. DWB (2), Bd. 7, 117.
[15] RGBl. 1, 1935, 2, 1246. Gesetz zum Schutze der Erbgesundheit des deutschen Volkes v. 18. 10. 1935.

des Gesetzes im Ausland geschlossen ist."¹⁶ „Die Ausstellung des Ehetauglichkeitszeugnisses [...] ist ein Teil der Eheberatung und erfolgt durch das zuständige Gesundheitsamt (Beratungsstelle für Erb- und Rassenpflege)."¹⁷ „Untersuchungsbogen f. Ergebnis der Untersuchung zwecks Erlangung des Ehetauglichkeitszeugnisses, S. 4: Nach dem vorstehenden Befund und den sonstigen Feststellungen ist dem / der ... eröffnet worden, daß vermutlich wegen ... vorübergehend ... dauernd Eheuntauglichkeit besteht. [...]"¹⁸ „I. Die Untersuchung sämtlicher Heiratswilligen auf ihre Ehetauglichkeit würde den erst seit kurzer Zeit eingerichteten Gesundheitsämtern eine Mehrarbeit bringen, der sie mit den zur Zeit vorhandenen Arbeitskräften nicht gewachsen wären. Deshalb tritt die Vorschrift, daß in jedem Falle vor der Eheschließung ein Ehetauglichkeitszeugnis beizubringen ist, erst in einem späteren Zeitpunkt in Kraft, den der Reichsminister des Innern bestimmt. Zur Zeit gilt folgende Übergangsregelung: Ein Ehetauglichkeitszeugnis ist vor der Eheschließung nur dann beizubringen, wenn der Standesbeamte begründete Zweifel hat, ob ein Ehehindernis nach § 1 EhegesG. [Ehegesundheitsgesetz] vorliegt. [...] II. Durch den Krieg sind über diese Übergangsregelung hinaus noch weitere Vereinfachungen erforderlich geworden. 1. Auf Grund der ErbpflegeVO gilt für die Kriegszeit folgendes: a) Untersuchungen auf Ehetauglichkeit sollen im allgemeinen nicht stattfinden. [...] b) Das Ehegesundheitszeugnis darf [...] nur dann versagt werden, wenn besonders schwere Schäden für die Volksgesundheit oder die Reinheit des deutschen Blutes oder ein Verlust wertvollen Erbgutes zu befürchten ist. [...] 2. Besondere Erleichterungen gelten für den Fall der Kriegstrauung. [...] In diesem Falle haben die Verlobten ihre Angaben über ihre ehegesundheitlichen Verhältnisse durch eidesstattliche Versicherung zu bekräftigen. Die Beibringung eines Ehetauglichkeitszeugnisses darf nicht verlangt werden. [...]"¹⁹

Ehre

In nationalsozialistischer Rhetorik der Grundwert der *nordischen* ↑ *Rasse* und damit der *deutschen* ↑ *Volksgemeinschaft*, der seine Norm von dem Ziel der „Reinerhaltung des Blutes" erhalten soll.

▶ „Ehre, Bestand und Bewahrung der eigenen Art, Eintreten und notfalls Sichopfern für die eigene Art und für deren höchste Werte. Gegensatz dazu: Ehrlosigkeit, Verfall, Preisgeben, Verrat, Befleckung der eigenen Art. Ehre kann es nur geben, wenn Bewußtsein der eigenen Art vorhanden ist; wer sich nicht – und sei es unbewußt, instinktiv – zu seiner eigenen Art bekennt, besitzt auch keine Ehre. Germanische, nordische, deutsche Menschen erblicken in Blut und Rasse die Grundlagen ihrer eigentlichen Lebensordnung und Art, aus der sich ihr Dasein im ganzen und im

---

16 Meyers Lexikon, Bd. 3, 1937, 949, s. v. Erbpflege.
17 RGBl. 1, 1935, 2, 1419. 1. Verordnung zur Durchführung des Ehegesundheitsgesetzes v. 29. 11. 1935.
18 RGBl. 1, 1935, 2, 1426.
19 Stuckart/Schiedermair: Rassen- und Erbpflege, 3. erw. Aufl. 1942, 121 f.

einzelnen bestimmt; Reinerhaltung des Blutes, Bewahrung der Rasse in leiblich-instinktiver, seelisch-gemüthafter, geistig-weltanschaulicher Beziehung ist ihre Ehre; Blutentartung, Rassenverfall in all diesen Beziehungen bedeutet ihnen Ehrlosigkeit."[20] „Angesichts der entstehenden Frage, welches Motiv vor allen anderen für die nordische Rasse sich als das seelen-, staaten- und kulturbildende erwiesen hat, erscheint es mit Händen greifbar, daß nahezu alles, was den Charakter unserer Rasse, unserer Völker und Staaten erhalten hat, in erster Linie der Begriff der Ehre und die Idee der mit ihr untrennbar verbundenen, aus dem Bewußtsein der inneren Freiheit stammenden Pflicht gewesen ist. In dem Augenblick aber, in dem Liebe und Mitleid [...] vorherrschend wurden, beginnen die Epochen der rassisch-völkischen und kulturellen Auflösung in der Geschichte aller jemals nordisch bestimmten Staaten."[21] „Wenn irgendwo der Begriff der Ehre Zentrum des ganzen Daseins gewesen ist, so im nordischen, im germanischen Abendland."[22] Eines der↑ *Nürnberger Gesetze*, durch die die seit 1933 betriebene Entrechtung der Juden gesetzlich festgeschrieben wurde, trug den Namen: „Gesetz zum Schutze des deutschen Blutes und der deutschen Ehre". Insbesondere die SS identifizierte sich mit der nationalsozialistisch definierten Ehre. „So wird auch auf deinem Koppelschloß der Wahlspruch stehen, den der Führer selbst am 1. April 1931 seiner SS verliehen hat: Meine Ehre heißt Treue!"[23] „Treue, Ehre, Gehorsam und Tapferkeit bestimmen das Handeln des Staffelmannes. Seine Waffe trägt die vom Führer verliehene Inschrift: ‚Meine Ehre heißt Treue!' Beide Tugenden sind unlöslich miteinander verbunden. Wer hiergegen verstößt, ist unwürdig geworden, der Schutzstaffel anzugehören."[24]

Ehrenkreuz der Deutschen Mutter

Ordensähnliche Auszeichnung für Mütter mit vier und mehr Kindern.

> 1934 hatte der Reichspräsident ein Ordenszeichen zur Erinnerung an den Ersten Weltkrieg und zur Ehrung von Kriegsteilnehmern und hinterbliebenen Angehörigen gestiftet. Mit der Bezeichnung *Ehrenkreuz* knüpfte die Verordnung an die Benennung der im 19. Jahrhundert gestifteten Orden in Form eines stilisierten Kreuzes an, die vom Königreich Sachsen, von den Fürstentümern Reuß und anderen für Kriegs-, aber auch für zivile Verdienste vergeben worden waren.[25]

> Die 1938 vom „Führer und Reichskanzler" gestiftete Auszeichnung für „erbtüchtige und würdige deutschblütige Mütter"[26] von vier, später drei, und mehr Kindern

---

[20] Meyers Lexikon, Bd. 3, 1937, 450.
[21] Rosenberg, Mythus, 147.
[22] Rosenberg, Mythus, 152.
[23] Dich ruft die SS, SS-Hauptamt, 31. (April) 1942. In: Poliakov/Wulf: Das Dritte Reich und seine Diener, 1989 (1956), 506.
[24] Ebd., 417 f.
[25] Vgl. Meyers Lexikon, Bd. 3, 1937, s. v. Ehrenkreuz.
[26] Volks-Brockhaus 1940, 160.

erhielt die Bezeichnung *Ehrenkreuz der Deutschen Mutter*.[27] „Als sichtbares Zeichen des Dankes des Deutschen Volkes an kinderreiche Mütter stifte ich das Ehrenkreuz der Deutschen Mutter."[28] „Darüber hinaus aber bedeutet die Verkündigung des vom Führer gestifteten Ehrenzeichens für kinderreiche Mütter einen weiteren Schritt in der Richtung einer nationalsozialistischen Bevölkerungspolitik, da dieses Ehrenzeichen nur an die Frauen kinderreicher Familien vergeben werden soll, die als erbbiologisch unbedenklich bezeichnet werden müssen."[29] „Ein besonderes Beispiel für die staatsablehnende Haltung der Bekenntnisfront ist die Tatsache, daß ein ev. Geistlicher, – Vater von 10 Kindern – sich weigerte, für seine Frau den Antrag auf Verleihung des ‚Ehrenkreuzes der deutschen Mutter' einzureichen. Er begründete seine Weigerung damit, daß diese Auszeichnung gleichbedeutend wäre mit der Prämierung von Zuchtvieh."[30] „Alle diese Beihilfen sind keine Fürsorge, sondern sie wollen einen gerechten Ausgleich darstellen, da die kinderreiche Familie die Opfer dafür bringt, daß der Staat überhaupt fortbestehen kann. Als ein sichtbares Zeichen des Dankes für die Opfer hat der Führer das Ehrenkreuz der deutschen Mutter gestiftet."[31]
S. auch ↑ *Mutterehrenkreuz*.

EHW, s. ↑ **Ernährungshilfswerk.**

eindeutschen, Eindeutschung

a) Volksdeutsche in den annektierten Ostgebieten zu deutschen Staatsangehörigen unterschiedlichen Rechts machen. b) Als rassisch wertvoll eingestufte Ausländer zwangsweise zu deutschen Staatsangehörigen machen.[32]

> *Eindeutschen* wird 1862 im ‚Deutschen Wörterbuch' in der Bedeutung ‚verdeutschen, ins Deutsche übersetzen' oder auch ‚in Deutschland eingeführt' mit einem Goethezitat belegt.[33] In der ‚Deutschen Geschichte von Einhart', dem Alldeutschen Heinrich Claß, 1909, bedeutet *Eindeutschung* ‚Assimilation' durch Weitergabe von Sprache und Kultur an das Gastvolk, das von den Einwanderern aufgesaugt werden soll: „Aber es wurde zum Verhängnis für das Deutschtum jener Länder (Böhmen und Mähren), daß die Einwanderung zur völligen Eindeutschung doch lange nicht

---

[27] Für die Bezeichnung *Mutterkreuz* fand sich nur ein einzelner Beleg. „Eine 64jährige Altsitzerin, Mutter von 12 Kindern und Trägerin des goldenen Mutterkreuzes [Auszeichnung für die Mütter von 8 und mehr Kindern], deren sämtliche Söhne und Schwiegersöhne an der Front stehen, ließ im März 1942 ein Ausgedingeschwein von etwa 20 kg von einem Polen schwarz schlachten." (Richterbriefe, 1975, 264).
[28] RGBl. 1, 1938, 1928. Verordnung des Führers und Reichskanzlers über die Stiftung des Ehrenkreuzes der Deutschen Mutter v. 16. 12. 1938.
[29] MADR, Jahreslagebericht 1938 d. SHA, Bd. 2, 107.
[30] MADR, Vierteljahreslagebericht 1939 des SHA, Bd. 2, 236.
[31] Biologie für höhere Schulen, Bd. 3, 2. Aufl. 1943, 172.
[32] Gebucht: Duden (9. Aufl. 1926, 10. Aufl. 1929) 11. Aufl. 1934, 12. Aufl. 1941; Paechter.
[33] DWB, Bd. 3, 162, s. v.

ausreichte; die Masse der Bevölkerung blieb slawisch (tschechisch) und, obwohl sie alle Geschenke der höheren Kultur von den Deutschen annahm, deutschfeindlich."[34]

> Hitler bezieht sich in ‚Mein Kampf' auf die alldeutschen Germanisierungspläne: „Ich selbst erinnere mich noch daran, wie in meiner Jugend gerade diese Bezeichnung zu ganz unglaublich falschen Vorstellungen verleitete. Selbst in alldeutschen Kreisen konnte man damals die Meinung hören, daß dem österreichischen Volkstum unter fördernder Mithilfe der Regierung sehr wohl eine Germanisation des österreichischen Slawentums gelingen könnte, wobei man sich nicht im geringsten darüber klar wurde, daß Germanisation nur mit dem Boden vorgenommen werden kann und niemals an Menschen." (S. 428) „Aber nicht nur in Österreich, sondern auch in Deutschland selbst waren und sind die sogenannten nationalen Kreise von ähnlich falschen Gedankengängen bewegt. Die von so vielen geforderte Polenpolitik im Sinne einer Germanisation des Ostens fußte leider fast immer auf dem gleichen Trugschluß. Auch hier glaubte man eine Germanisation des polnischen Elements durch eine rein sprachliche Eindeutschung desselben herbeiführen zu können. Auch hier wäre das Ergebnis ein unseliges geworden: Ein fremdrassiges Volk in deutscher Sprache seine fremden Gedanken ausdrückend, die Höhe und Würde unseres eigenen Volkstums durch seine eigene Minderwertigkeit kompromittierend." (S. 430) Das deutsche Germanisationsprogramm des Zweiten Weltkriegs begnügte sich keineswegs mit der von Hitler gerügten „rein sprachlichen Eindeutschung". Wie eine Instruktion Rosenbergs für einen Reichskommissar Ostland von 1941 zeigt, meinte *Eindeutschung* nun einen Schritt in einem dreistufigen Vorgehen, durch das aus einem deutschen Protektorat ein Teil des *Großdeutschen Reiches* werden sollte: „Ziel eines Reichskommissars für Estland, Litauen und Weißruthenien […] muß es sein, die Form eines deutschen Protektorats zu erstreben und dann durch Eindeutschung rassisch möglicher Elemente, durch Kolonisierung germanischer Völker und durch Aussiedlung nicht erwünschter Elemente dieses Gebiet zu einem Teil des Großdeutschen Reiches umzuwandeln. Das Baltische Meer muß zu einem germanischen Binnensee werden unter großdeutscher Obhut."[35] „Allgemeines zur Frage der Eindeutschung, insbesondere im Hinblick auf die zukünftige Behandlung der Angehörigen der ehemaligen baltischen Staaten. Grundsätzlich ist hier zunächst folgendes zu sagen: Daß nur rassisch für uns wertvolle Fremdvölker für den Versuch einer Eindeutschung in Betracht kommen, ist selbstverständlich. Rassisch wertvoll für unser Volk sind im wesentlichen nur diejenigen Fremdvölkischen, die selbst und in ihrer Sippe sowohl in ihrem äußeren Erscheinungsbild als auch ihrer Haltung und Leistung überwiegend die Merkmale der nordisch-fälischen Rasse aufzuweisen haben. Um diese wertvollen stammesgleichen Sippen herauszufinden, ist eine eingehende Untersuchung der im Ostraum vorhandenen Völker dringend erforderlich. Bevor eine derartige Untersuchung nicht stattgefunden hat, läßt sich praktisch mit

---

[34] Ebd., 8. Aufl. 1919 (zuerst 1909), 67.
[35] Dok. PS−1029 (US−145). Zit. Der Nürnberger Prozeß, Bd. 3, 400.

irgendwelchen Prozentsätzen der Eindeutschungsfähigen oder der rassisch Unerwünschten gar nicht arbeiten."³⁶
S. auch ↑ *Deutsche Volksliste*.

Eindeutschungsfähigkeit

Durch Rassengutachten bestätigte ↑ *rassische* Qualität eines Ausländers als Voraussetzung für seine ↑ *Eindeutschung*.

> „Betrifft: Sonderbehandlung der im Reich eingesetzten polnischen Zivilarbeiter und Kriegsgefangenen. [...] Da zahlreiche Zivilarbeiter mit gutem nordischen Rasseneinschlag festgestelltermaßen Geschlechtsverkehr mit deutschen Frauen hatten, die charakterlich gut beurteilt werden, will der Reichsführer-SS, daß in Zukunft bevor der Sonderbehandlungsvorschlag eingereicht wird, daß diese auf ihre Eindeutschungsfähigkeit geprüft werden. [...] Rassische Beurteilungen von Fällen, die zu einer Sonderbehandlung führen können, sollen daher in Zukunft nur von den Führern des Rasse- und Siedlungswesens bei den Höheren SS- und Polizeiführern oder den Referenten des Rasse- und Siedlungshauptamtes-SS sowie bei den Ergänzungsstellen der Waffen-SS durchgeführt werden. Amtsärztliche rassische Gutachten brauchen daher in der Regel nicht mehr eingeholt werden, außer wenn der RuS-Führer längere Zeit abwesend ist. Dann müssen die amtsärztlichen Gutachten aber enthalten: Rassenbestimmung, Angaben über Körperhöhe (ohne Schuhe), Angaben über Körperbau-Typ, Beschreibung der hervorstechenden Merkmale, Angaben über Haut, Augen, Haarfarbe. Wird die Eindeutschungsfähigkeit anerkannt, entscheidet das RSHA weiter. Meistens Einweisung in ein KZ – Stufe I – für kurze Zeit als ausreichende Sühne. Kommt die Eindeutschung nicht in Frage, dann ist die übliche Sonderbehandlung unter Beifügung der vorgesehenen Unterlagen einschließlich des vom RuS-Führer gefertigten Gutachtens vorzuschlagen."³⁷ „Die mit Anordnung des RuS-Hauptamtes-SS v. 12. 11. 1941 vorgeschriebenen Formblätter zur Bezeichnung von Eindeutschungsfähigkeit und Nichteindeutschungsfähigkeit sind aus diesem Grunde nicht mehr ausreichend. Ab sofort gelten folgende Richtlinien: 1. Über das rassische Überprüfungsergebnis bei polnischen Kriegsgefangenen und Zivilarbeitern, die wegen unerlaubten Geschlechtsverkehrs für eine Sonderbehandlung vorgesehen werden, sind Begutachtungen nur entsprechend beiliegendem Muster zu erstellen. [...] 3. In der Spalte / Gesamturteil / ist neben der rassischen Beurteilung noch eine kurze Beschreibung des Gesamteindrucks einzufügen, etwa in der Form: a) ‚macht einen offenen, freimütigen Eindruck, zeigt ein sicheres Auftreten und Verhalten' oder b) ‚ist verschlossen, scheu, undurchsichtig' bzw. c) ‚macht einen verschlagenen, hinterhältigen Eindruck' usw. 4. Die Erstellung der jedem Vorgang beiliegenden Lichtbilder ist Angelegenheit der zuständigen Stapo-Leitstellen. 4. die

---

36 Der Generalplan Ost. Dok. Nr. 2 (NG–2325), 27. 4. 1942. Zit. VJZG 6/1958, 301.
37 Schnellbrief d. Reichsführers-SS und Chefs der Deutschen Polizei. Reichsministerium des Innern v. 5. 7. 1941. In: Wulf, J.: Aus dem Lexikon der Mörder, 1963, 52 f.

Gutachten sind im Hinblick auf die gegebenenfalls notwendig werdende Schwangerschaftsunterbrechung beschleunigt zu erstellen und dem zuständigen Höheren SS- und Polizeiführer zum Vorgang zu überreichen."[38]

Einsatz (einsetzen)

a) Das Einsetzen, Verwenden von Personen und Sachen für militärische, politische und andere Zwecke. b) Das Eingesetztwerden, Verwendetwerden von Personen und Sachen für militärische, politische und andere Zwecke.[39] c) Gelegentlich auch: Das Sicheinsetzen, das Engagement für ein Ziel.

▸ Walther Linden teilt in seiner Wortgeschichte ‚Aufstieg des Volkes (1885–1941)' mit: „Dazu kommt [...] als weiteres Lieblingswort *einsetzen* und *Einsatz*, deren Weg genau verfolgt werden kann: von den Heeresberichten des Weltkrieges (Truppen werden *eingesetzt*) bis zur weitesten Verbreitung seit 1933: *Einsatzwille, Einsatzbereitschaft*, der *Einsatz* der Facharbeiter, des Luftschutzes, *Großeinsatz* — einer der Kriegsausdrücke, die auf die Friedensarbeit übertragen werden (vgl. *Arbeitsschlacht, Aufrüstung des Dorfes, Soldaten der Arbeit*, dazu Lieblingswort *kämpferisch*)."[40] In Hitlers ‚Mein Kampf', in der ↑ *Kampfzeit* der NSDAP und in den ersten Jahren des ↑ *Dritten Reichs* wird Einsatz überwiegend konkret oder übertragen im Sinne von W. Linden als „Kriegsausdruck" verwendet. Hitler in ‚Mein Kampf': „Wie ist diese Feldzugsgeneration enttäuscht und entrüstet gewesen, voll Ekel und Abscheu über die bürgerliche Schlappschwänzigkeit. Da wurde es einem so recht klar, wie die Revolution wirklich nur dank der verheerenden bürgerlichen Führung unseres Volkes möglich war. Die Fäuste, das deutsche Volk zu beschützen, sie wären selbst damals noch dagewesen, nur die Schädel für den Einsatz hatten gefehlt." (S. 550) „Der Grund und Boden, auf dem dereinst deutsche Bauerngeschlechter kraftvolle Söhne zeugen können, wird die Billigung des Einsatzes der Söhne von heute zulassen, die verantwortlichen Staatsmänner aber, wenn auch von der Gegenwart verfolgt, dereinst freisprechen von Blutschuld und Volksopferung." (S. 739 f.) „Dem kühnen Eroberer, dem von Natur aus zum Kämpfer, zum Angriff, zum heldischen Leben und Sterben geborenen Nordmenschen, war gerade das Meer wild und weit genug, um auf ihm seine Kraft zu erproben und seine Sehnsucht zu stillen. Sein Gott kommt in der Arbeit, im Kampf, im Einsatz zu ihm. Er ist Aktivist."[41] „Hier steht ein kleines Heer, das gegen die Hochschule anrückt, ein Heer, das im Arbeitsdienst, wie er bisher war, geschult wurde. Es wäre falsch diese Abiturienten, die eine neue Haltung in sich tragen, nicht geschlossen zum Einsatz zu bringen. Wir brauchen sie, um sie als geschlossenen Keil zur Revolutionierung der Hochschule einzusetzen."[42] „Die Abiturienten, die auf die Hochschule gehen, werden also wäh-

---

[38] Schreiben des Rassenamtes III/2 – B des Rasse- und Siedlungshauptamtes v. 26. 2. 1942. In: Wulf, J.: Ebd. 57 f.
[39] Gebucht: Paechter.
[40] Deutsche Wortgeschichte, hg. Maurer/Stroh, Bd. 2, 1943, 407 f.
[41] Leffler, S.: Christus im Dritten Reich der Deutschen, 1935, 57.
[42] Der Deutsche Student, 1/Aug. 1933, 32.

rend der ersten zwei Semester planmäßig an den Hochschulen eingesetzt, sie leben gemeinsam mit ihren Kameraden im Kameradschaftshaus in klarer Disziplin und in klaren Dienstformen."[43] Dieses zuletzt zitierte Beispiel zeigt eine Verwendungsweise des Ausdrucks *Einsatz* bzw. *einsetzen*, wie sie in der weiteren Entwicklung des NS-Regimes, vor allem nach Kriegsbeginn, vorherrschend wurde. In einer Sprachglosse der Wochenzeitung ‚Das Reich', die sich mit dem überaus häufig gebrauchten Ausdruck befaßt, heißt es dazu: „Einsatz schließt in sich die generelle große Planung. Was könnte in der Tat den Richtungssinn unserer Zeit besser andeuten als ein Wort, das alle Aktivität im Zusammenhang mit zentraler Lenkung und überschauender Planung bringt! Einsetzen heißt: nach einem genau vorbedachten Plan einzelnen ausführenden Kräften den Platz anweisen. Einsetzen dürfte insbesondere ein Wort der Strategie sein. Die Planung militärischen Ursprungs ist aber heute nicht mehr auf das rein militärische Gebiet beschränkt. Wir reden von Leistungskampf und Erzeugungsschlacht und Vierjahresplan, und überall geht es darum, große Arbeitsvorhaben so einzuteilen und im voraus zu entwerfen, daß alle Kräfte im Zusammenspiel wie die Teile eines großen Arbeitsmechanismus ineinandergreifen."[44] In einer Zuschrift an ‚Das Reich', die sich auf die zitierte Glosse bezieht, beklagt ein Leser: „Sinnlose Sprachregel ist heute: wo ein Mensch tätig wird, wo ein Werkzeug verwendet wird, überall spricht man von Einsatz. Die Gefangenen arbeiten nicht, sondern sie werden eingesetzt. [...] Warum in aller Welt müssen denn Menschen nur als Glieder einer Organisation erscheinen?"[45] „Die deutsche Presse [...] vertritt heute wieder mit deutschen Federn deutsche Ziele und wird einheitlich und geschlossen eingesetzt für die Verfechtung unserer nationalen Ziele."[46] „Die Schüler der höheren und mittleren Schulen, die das 16. Lebensjahr vollendet haben, stehen in den Ferien zum Einsatz als landwirtschaftliche Hilfskräfte zur Verfügung."[47] „Hinkel hat das deutsche Kunstleben und insbesondere den Einsatz der deutschen Künstlerschaft im Kriege auf wichtigen Gebieten geleitet."[48] „Besonders schwer sind die Auswirkungen dieser Maßnahmen auf dem Gebiete des Fraueneinsatzes [...] Bei der ganzen Frage ist [...] von besonderer Bedeutung, daß die gesetzlichen Möglichkeiten zum Einsatz der Frau in den [sic] Arbeitsprozeß sich in der Hauptsache auf jene Arbeitskräfte beschränken, die vor dem Krieg gearbeitet und während des Krieges ihre Beschäftigung aufgegeben haben. [...] In den wenigsten Fällen erklären sich diese Frauen zum Arbeitseinsatz bereit."[49] „Die Verordnung des Generalbevollmächtigten für den Arbeitseinsatz über die Mobilmachung der Arbeitskräfte in der Heimat wurde in weiten Kreisen der Bevölkerung mit Befriedigung aufgenommen.

---

[43] Ebd., 33.
[44] Das Reich, 14. 7. 1940 (ko.), 4.
[45] Das Reich, 11. 8. 1940, 22.
[46] Goebbels: Über das deutsche Kulturleben, 27. 11. 1936. In: Dokumente der deutschen Politik, Bd. 4, 1937, 320.
[47] Verordnung über den Einsatz der älteren Schuljugend v. 22. 9. 1939. RGBl. 1, 1939, 1867.
[48] Das Reich, 30. 6. 1940, 10.
[49] Monatsbericht des Reg.präsidenten v. Schwaben, 8. 11. 1941. In: Bayern in der NS-Zeit, 1977, 303.

[...] Die Bevölkerung wird sehr scharf darüber wachen, ob der totale Einsatz auch wirklich durchgeführt wird."⁵⁰ „Arbeitseinsatzlage unverändert. Neue Einsatzaktion von Frauen und Männern brachte noch keine fühlbare Entlastung [...]."⁵¹

> *Einsatz* ist im heutigen Sprachgebrauch in allen in der NS-Zeit ausgeprägten Bedeutungen geläufig und mit zahlreichen Weiterbildungen in den Wörterbüchern der Gegenwartssprache vertreten.
S. auch ↑ *Arbeitseinsatz*.

Einsatzbereitschaft

Die Bereitschaft, sich nach einem höheren Plan einen Platz im Arbeitsprozeß bzw. in der politischen Arbeit anweisen zu lassen.⁵²

> *Einsatzbereitschaft* wird in dem Aufsatz ‚Deutscher Sprachzuwachs der letzten Jahrzehnte' in der ‚Zeitschrift für Deutschkunde' 1941 zu den „Ausdrücken aus jüngster Zeit" gerechnet.⁵³ Die Bedeutung des Ausdrucks in der NS-Zeit wird in einer Sprachglosse der Wochenzeitung ‚Das Reich' beschrieben: „‚Einsatzbereit'. Die Sprache enthüllt oft mehr vom Wesen und Charakter des Zeitalters, als bewußt unternommene Deutungsversuche vermögen. In bestimmten Wendungen scheint das Innerste einer Epoche so dicht zusammengefaßt, daß der aufmerksame Beobachter versucht ist, sich der Sprache als eines Zaubers zu bedienen, um dem Zeitgeist auf die Schliche zu kommen. Wenn Spätere einmal unsere bewegten Tage schildern, werden sie sich an ein Wort halten, das im deutschen Sprachvorrat noch jung und binnen weniger Jahre geradezu der Inbegriff der Tüchtigkeit und Tugend in unserem Sinne geworden ist. Es ist das vielzitierte Einsatzbereitschaft. [...] Die einzelnen werden dabei ‚eingesetzt'. Sie kennen ihre Funktion und üben sie mit äußerster Präzision aus. Sie werden eingesetzt von wenigen, die den gesamten Plan überschauen. Es gehört ein moralischer Akt der Bejahung des lenkenden Gesamtwillens dazu, sich einsetzen zu lassen. Daher kommt die Zusammensetzung ‚einsatzbereit'. Aus dem Wort spricht geradezu der Enthusiasmus derer, die den Glauben und das Gefühl, das Vertrauen und den Willen zu folgen höher stellen als kritische Einstellung und den Anspruch, alle Teilvorgänge und den Gesamtplan eines großen Gemeinschaftsunternehmens zu kennen. [...]"⁵⁴ „Ungeheure Kämpfe liegen hinter der deutschen Freiheitsbewegung, das schwerste Ringen steht ihr bevor. Die Regimenter der deutschen Zukunft stehen mitten in der Schlacht. Die einsatzbereite Jugend ist dabei, die Zukunft zu bereiten, das Neue zu gestalten. Millionen aller Schichten, jahrzehntelang von Artfremden oder Rückschrittigen gegeneinander ‚geführt', fanden zur Bluts- und Volksgemeinschaft zusammen, bereit, sich ihr deutsches Haus

---

⁵⁰ Monatsbericht des Reg.präsidenten v. Oberbayern, 8. 2. 1943. In: Ebd., 312.
⁵¹ Kriegstagebuch des Rüstungskommandos Nürnberg, 31. 3. 1943. In: Ebd., 313.
⁵² Gebucht: Duden, 12. Aufl. 1941.
⁵³ Krause, K., in: Ebd., 55/1941, 177.
⁵⁴ Das Reich, 14. 7. 1940, 4.

zu zimmern. Der Baumeister heißt Adolf Hitler, unser Führer."[55] „Ein Glied dieser völkischen Ordnung ist auch die SA, die im Ganzen des politischen Volks ihre eigene Überlieferung und Aufgabe trägt und ein besonderes Instrument des politischen Willens des Führers ist. Sie ist nach dem Willen des Führers die Organisation, deren Geschlossenheit und Disziplin, deren Haltung und Einsatzbereitschaft den lebendigen Kern der politischen Haltung des ganzen Volkes darstellt, von dem politische Energien auf das Ganze ausstrahlen und seine geschichtlich-politische Ausrichtung in Zukunft sicherstellen."[56] „Es genügt nicht, daß in dem politisch organisierten Gemeinschaftsempfang die Volksgenossen in den Betrieben, in Gemeinschaftsräumen oder an den Großlautsprechern auf den Straßen Rundfunk hören. Das Rundfunkhören muß jedem einzelnen Volksgenossen zu einer solchen Selbstverständlichkeit werden, daß er auch daheim in seiner Wohnung über einen Empfänger verfügt und an seinem eigenen Lautsprecher jederzeit einsatzbereit ist, wenn die Stimme des Rundfunks die politische Forderung der Stunde zu ihm trägt."[57] „Aus Richterkreisen an einem Sondergericht wird auf folgenden Mangel bei der Durchführung von Strafsachen hingewiesen: Es sei bei Ermittlungsverfahren in Sondergerichtssachen bisher üblich, in den Akten lediglich einen Hinweis aufzunehmen, welchen Formationen und Gliederungen der Bewegung der Angeklagte angehöre, ob er Mitglied der NSDAP sei. Daraus ließe sich jedoch nicht ein vollständiges Bild der politischen Vergangenheit und Einsatzbereitschaft gewinnen, das gerade in Sondergerichtssachen von besonderer Bedeutung sei. Es sei daher erwünscht, jeweils eine Beurteilung durch den zuständigen Hoheitsträger beizuziehen, die unter dem Hinweis auf das schwebende Verfahren auf bestimmte Punkte der politischen Haltung des Angeklagten ausgerichtet sein müßte."[58] „Es ist kein Zufall, daß das deutsche Volk heute geschlossen und einsatzbereit in diesem freiheitfordernden Abwehrkampf steht."[59] „Aber ein ebenso großer Teil bleibt der Initiative und der Einsatzbereitschaft jedes Einzelnen vorbehalten."[60] „Der Zweifel am Sinn des weiteren Kampfes zerfrißt die Einsatzbereitschaft, das Vertrauen der Volksgenossen zu sich selbst und untereinander."[61]

▷ *Einsatzbereitschaft* wird in der Bedeutung ‚die Bereitschaft, eingesetzt zu werden' heute überwiegend in Bezug auf Geräte (z. B. Feuerlöschfahrzeuge) oder militärisch (z. B. in Bezug auf Truppen) verwendet. Bezogen auf Personen bedeutet *Einsatzbereitschaft* heute überwiegend ‚Bereitschaft zum Engagement'.

---

[55] Deutsche Kulturwacht 1932, 1. Zit. Brenner, H.: Die Kunstpolitik des Nationalsozialismus, 1963, 166.
[56] Steinbeck, W.: Beruf und Erziehung. In: Der Deutsche Student, 4/Jan. 1936, 32.
[57] Handbuch der Reichsrundfunkkammer, 1937, 301.
[58] MADR, (Nr. 71), 1. 4. 1940, Bd. 4, 944.
[59] Stabschef Victor Lutze, Das Reich, 2. 6. 1940.
[60] Goebbels, Das Reich, 1. 10. 1944, 2.
[61] MADR, Bericht aus den Akten der Geschäftsführenden Reichsregierung Dönitz v. Ende März 1945, Bd. 17, 6734.

Einsatzgruppen

a) Im Polenfeldzug: mobile, den fünf Armeen und der Provinz Posen zugeordnete, Einheiten der Sicherheitspolizei mit der Aufgabe, im jeweiligen Operationsgebiet hinter der Front einen Vernichtungsfeldzug gegen die polnische Oberschicht und die Juden zu führen. b) Im Rußlandfeldzug: dem Reichssicherheitshauptamt unterstehende, neu konstituierte mobile Verbände mit der Aufgabe, hinter der Front, unter der Tarnung eines Kriegs gegen Partisanen, Kommunisten, Kommissare und vor allem Juden zu ermorden. Später auch für stationäre Einheiten mit den gleichen Aufgaben.

▶ „Der Begriff ‚Einsatzgruppe' wurde gefunden nach einem Abkommen zwischen den Chefs des Reichssicherheitshauptamtes und dem OKW und OKH über den Einsatz eigener sicherheitspolizeilicher Verbände im Operationsraum. Der Begriff der ‚Einsatzgruppe' wurde zum ersten Male im Polenfeldzug aufgestellt. Das Abkommen mit dem OKH und dem OKW wurde aber erst vor Beginn des Rußland-Feldzugs getroffen. In diesem Abkommen wurde bestimmt, daß den Heeresgruppen, beziehungsweise Armeen, ein Beauftragter des Chefs der Sicherheitspolizei und des SD zugeteilt würde, dem gleichzeitig mobile Verbände der Sicherheitspolizei und des SD in Form einer Einsatzgruppe, unterteilt in Einzelkommandos unterstellt würden. Die Einsatzkommandos sollten nach Weisung der Heeresgruppe beziehungsweise der Armee den Heereseinheiten nach Bedarf zugeteilt werden."[62] „Bei allen bisherigen Einsätzen: Ostmark, Sudetenland, Böhmen, Mähren und Polen, waren gemäß Sonderbefehl des Führers besondere polizeiliche Einsatzgruppen [Sicherheitspolizei und Ordnungspolizei] mit den vorrückenden, in Polen mit den kämpfenden Truppen vorgegangen und hatten auf Grund der vorbereiteten Arbeit systematisch durch Verhaftung, Beschlagnahme und Sicherstellung wichtigsten politischen Materials heftige Schläge gegen die reichsfeindlichen Elemente in der Welt aus dem Lager von Emigration, Freimaurerei, Judentum und politisch-kirchlichem Gegnertum sowie der 2. und 3. Internationale geführt. Das Zusammenarbeiten mit der Truppe unterhalb der Stäbe und in vielen Fällen auch mit den verschiedenen Stäben des Heeres war im allgemeinen gut; lediglich über grundsätzliche Fragen der Staatsfeindbekämpfung bestand in vielen Fällen bei den höheren Befehlshabern des Heeres eine grundsätzlich andere Auffassung. Diese Auffassung, die zum größten Teil aus Unkenntnis der weltanschaulichen Gegnerlage heraus entstand, verursachte dann Reibungen und Gegenweisungen gegen die vom Reichsführer-SS nach den Weisungen des Führers sowie des Generalfeldmarschalls durchgeführte polizeiliche Tätigkeit."[63] „Über die Frage von Juden und Kommunisten war den Einsatzgruppen und den Einsatzkommandoführern mündliche Weisung erteilt. [...] Es war die Weisung erteilt, daß in dem Arbeitsraum der Einsatzgruppen im russischen Territorium die

---

[62] Aussage des Zeugen Ohlendorf. In: Der Nürnberger Prozeß, Bd. 4, 346.
[63] Aktenvermerk Heydrichs v. 2. 7. 1940. Zit. Buchheim, H.: Die SS – das Herrschaftsinstrument. In: H. Buchheim, M. Broszat, H.-A Jacobsen, H. Krausnick: Anatomie des SS-Staates, dtv, 6. Aufl. 1994 (zuerst 1967), 72.

Juden zu liquidieren seien, ebenso wie die politischen Kommissare der Sowjets. Oberst Amen: Wenn Sie das Wort ‚liquidieren' verwenden, meinen Sie töten? Ohlendorf: Damit meine ich ‚töten'."[64]

Eintopfsonntag

Je ein Sonntag in den Monaten Oktober bis März, an dem ein schlichtes Eintopfgericht gegessen und der dadurch ersparte Betrag dem ↑ *Winterhilfswerk* gespendet werden sollte.[65]

> „Die Regierung richtet dabei an die gesamte deutsche Öffentlichkeit den Appell, an diesen Sonntagen mittags lediglich ein Eintopfgericht im Preise von höchstens 50 Pf. pro Person zu verzehren."[66] „Auf Grund des großen moralischen und finanziellen Erfolges des ersten Eintopf-Sonntags wird zur Zeit erwogen, die Organisation des Eintopfgerichts noch weiter auszubauen."[67] „Der Landesinspekteur des Winterhilfswerks für Lippe sagt in einem Aufruf, daß Volksgenossen, die trotz mehrfacher Aufforderung ihre Spende zur Winterhilfe auch diesmal wieder nicht abführten, von jetzt ab öffentlich unter voller Namensnennung zur Spendenabführung aufgefordert würden. [...] Gegen Saboteure des Eintopf-Sonntags, die auf dem Standpunkt ständen, ‚wir kochen am Eintopf-Sonntag das, was wir wollen, wenn wir unsere Spende abgeführt haben', werde das Winterhilfswerk mit gleichen Maßnahmen vorgehen."[68] „Weißt du, was das Eintopfgericht im Winter 1933/34 eingebracht hat? 25 129 003, 86 RM. Rechne, wieviel an einem Eintopfsonntag einkam!"[69] „Die deutsche Volksgruppe in Polen beging am 12. Januar ihren ersten Eintopfsonntag. Alle Deutschtumsorganisationen hatten das Deutschtum Polens einmütig zum Eintopfgericht an diesem Sonntag aufgerufen."[70] „Der Eintopfsonntag soll nicht nur materiell (durch die Spende), sondern auch ideell dem Gedanken der Volksgemeinschaft dienen. Es genügt nicht, daß jemand zwar eine Eintopfspende gibt, aber seine gewohnte Sonntagsmahlzeit verzehrt. Das ganze deutsche Volk soll bei diesem Eintopfsonntag bewußt opfern, sich einmal in seiner gewohnten Lebenshaltung einschränken, um bedürftigen Volksgenossen zu helfen."[71] Im Bereich der Organisation und Kontrolle der Sammlungen kommt es zu weiteren Neubildungen zu dem Bestimmungswort *Eintopf*:

---

[64] Ebd., 350.
[65] Gebucht: Duden, 12. Aufl. 1941, Meyers Lexikon 1936 ff., Paechter, Volks-Brockhaus 1940. Getilgt: Duden, 13. Aufl. 1947.
[66] Goebbels: Das deutsche Volk im Kampf gegen Hunger und Kälte, 13. 9. 1933. In: Signale der neuen Zeit, 1934, 225.
[67] Germania. Zit. Blick in die Zeit, 1/7. !0. 1933, 9.
[68] Westfälische Zeitung, 12. 2. 1934. Zit. Blick in die Zeit, 2/3. 3. 1934, 9.
[69] Der Nationalsozialismus in Zahlen. Ergänzungsheft für den Rechenunterricht, o. J. (1935), 17.
[70] NS-Monatshefte, 7/1936, 182.
[71] Meyers Lexikon, Bd. 3, 1937, 528.

Eintopfliste — "Bei Durchsicht der Eintopflisten wurde festgestellt, daß Sie trotz des Schicksalskampfes, in dem unser Volk augenblicklich zur Sicherung seiner Zukunft angetreten ist, und in dem Millionen deutsche Männer ihr Leben einsetzen, nicht die Erwartungen erfüllt haben, die man jetzt in den ehr- und pflichtbewußten Deutschen in der Heimat setzen muß."[72]

Eintopfsammlung — "Das Winterhilfswerk hat im überwiegenden Teil der Bevölkerung freudige Zustimmung gefunden. Die Ergebnisse der Eintopfsammlungen sind durchweg als gut zu bezeichnen und haben teilweise noch bessere Ergebnisse gezeigt als im Vorjahre."[73] "Nach dem Bericht eines Bezirksamts haben bei der darauffolgenden Eintopfsammlung viele Volksgenossen erklärt, nachdem so viele Vermögenswerte unnütz vernichtet worden seien [in der sog. *Kristallnacht*], könnten sie sich nicht entschließen, etwas zur Sammlung zu geben."[74]

Im Krieg wird die Bezeichnung *Eintopfsonntag* durch *Opfersonntag* ersetzt. Der Ausdruck *Eintopfsonntag* wird verboten. „Die frühere Bezeichnung ‚Eintopfsonntag' ist für die Opfersonntage nicht mehr zu verwenden."[75]

Endlösung der Judenfrage

Die endgültige Vernichtung der europäischen Juden.

▶ „‚Endlösung der Judenfrage' war ein Deckname für Hitlers Pläne zur Ausrottung der Juden Europas. Er wurde von deutschen Beamten nach dem Sommer des Jahres 1941 gebraucht, um das direkte Aussprechen der Tatsache zu vermeiden, daß solche Pläne bestanden; aber der Ausdruck war auch vorher schon ziemlich lose in verschiedenen Zusammenhängen verwendet worden, wobei man offenkundig immer Auswanderung im Sinne gehabt hatte. Es ist wahrscheinlich, aber keineswegs sicher, daß die Wahl des Ausdrucks von Adolf Hitler selbst getroffen worden war."[76] In einem Brief an Heydrich vom 31. 7. 1941 gibt Göring den Auftrag, Vorbereitungen für „die angestrebte Endlösung der Judenfrage" zu treffen: „In Ergänzung der Ihnen bereits mit Erlaß vom 24. Januar 1939 übertragenen Aufgabe, die Judenfrage in Form der Auswanderung oder Evakuierung einer den Zeitverhältnissen entsprechend möglichst günstigen Lösung zuzuführen, beauftrage ich Sie hiermit, alle erforderlichen Vorbereitungen in organisatorischer, sachlicher und materieller Hinsicht zu treffen, für eine Gesamtlösung der Judenfrage im deutschen Einflußgebiet in Europa. Sofern hierbei die Zuständigkeiten anderer Zentralinstanzen berührt werden, sind diese zu beteiligen. Ich beauftrage Sie weiter, mir in Bälde einen Gesamtentwurf über die organisatorischen, sachlichen und materiellen Vorausmaßnahmen

---

[72] Schreiben der NSV an „mehrere Volksgenossen", zitiert im Bericht des SD-Abschnitts Würzburg, 25. 11. 1940. In: Bayern in der NS-Zeit, 1977, 607.
[73] Lagebericht d. Staatspolizeileitstelle für den Reg.bezirk Aachen v. 5. 12. 1934. In: Vollmer, B.: Volksopposition im Polizeistaat, 1957, 134.
[74] Monatsbericht des Reg.präsidenten v. Unterfranken, 9. 12. 1938. In: Bayern in der NS-Zeit, 1977, 475.
[75] Br. 42/131, 5. 3. 1942. Zit. Glunk, ZDS 25/ 1969, 125.
[76] Reitlinger, G.: Die Endlösung, 1956, 3.

zur Durchführung der angestrebten Endlösung der Judenfrage vorzulegen."[77] Zu diesem Zeitpunkt war die Technik der Massentötung bereits bei der Ermordung der psychiatrischen Patienten, der Behinderten, der sog.↑ *Gemeinschaftsunfähigen* u. a. erprobt worden. Die physische Vernichtung der Juden hatte im Machtbereich der Nationalsozialisten längst begonnen; in Chelmno war im Dezember 1941 das erste Vernichtungslager eingerichtet worden, in dem, wie bei der Tötung der Kranken, zunächst Gaswagen benutzt wurden. Über die ganze Dimension der Bedeutung des Verschleierungswortes *Endlösung* konnte bei den versammelten Ministerialbeamten, SS- und Polizeiangehörigen daher auf der sogenannten Wannsee-Konferenz am 20. Januar 1942 kein Zweifel bestehen, auf der Heydrich seine Richtlinien für die „Endlösung der europäischen Judenfrage" bekanntgab. Hitler hatte ja bereits am 30. Januar 1939 vor dem Reichstag gedroht: „Wenn es dem internationalen Finanzjudentum innerhalb und außerhalb Europas gelingen sollte, die Völker noch einmal in einen Weltkrieg zu stürzen, dann wird das Ergebnis nicht die Bolschewisierung der Erde und damit der Sieg des Judentums sein, sondern die Vernichtung der jüdischen Rasse in Europa."[78] Die bis dahin unkoordiniert abgelaufene Judenverfolgung sollte nun, unter der Leitung des SS-Obersturmbannführers Eichmann, systematisiert und zentral organisiert werden. Der Protokollführer der Wannsee-Konferenz Eichmann hielt fest: „Der Chef der Sicherheitspolizei und des SD, SS-Obergruppenführer Heydrich, teilte eingangs seine Bestallung zum Beauftragten für die Vorbereitung der Endlösung der europäischen Judenfrage durch den Reichsmarschall mit und wies darauf hin, daß zu dieser Besprechung geladen wurde, um Klarheit in grundsätzlichen Fragen zu schaffen. Der Wunsch des Reichsmarschalls, ihm einen Entwurf über die organisatorischen, sachlichen und materiellen Belange im Hinblick auf die Endlösung der europäischen Judenfrage zu übersenden, erfordert die vorherige gemeinsame Behandlung aller an diesen Fragen unmittelbar beteiligten Zentralinstanzen im Hinblick auf die Parallelisierung der Linienführung. [...] An Stelle der Auswanderung ist nunmehr als weitere Lösungsmöglichkeit nach entsprechender vorheriger Genehmigung durch den Führer die Evakuierung der Juden nach dem Osten getreten. Diese Aktionen sind jedoch lediglich als Ausweichmöglichkeiten anzusprechen, doch werden hier bereits jene praktischen Erfahrungen gesammelt, die im Hinblick auf die kommende Endlösung der Judenfrage von wichtiger Bedeutung sind. Unter entsprechender Leitung sollen im Zuge der Endlösung die Juden in geeigneter Weise im Osten zum Arbeitseinsatz kommen. In großen Arbeitskolonnen, unter Trennung der Geschlechter, werden die arbeitsfähigen Juden straßenbauend in diese Gebiete geführt, wobei zweifellos ein Großteil durch natürliche Verminderung ausfallen wird. Der allfällig endlich verbleibende Restbestand wird, da es sich bei diesen zweifellos um den widerstandsfähigsten Teil handelt, entsprechend behandelt werden müssen, da dieser, eine natürliche Auslese darstellend, bei Freilassung als Keimzelle eines neuen jüdischen Aufbaues anzusprechen

---

[77] In: Hofer, W. (Hg.): Der Nationalsozialismus. Dokumente 1933–1945, 1980 (1957), Nr. 169, 296 f.
[78] Domarus, Bd. 2, 1, 1939–1940, 1058.

ist. (Siehe die Erfahrung der Geschichte.) Im Zuge der praktischen Durchführung der Endlösung wird Europa von Westen nach Osten durchkämmt."[79]

▷ Durch die Nürnberger Prozesse wurde das organisationsinterne Wort *Endlösung* in der Öffentlichkeit allgemein bekannt und zum Symbol für das ungeheure Verbrechen des Genozids an den Juden.
S. auch ↑ *Judenfrage*.

Endsieg

Der am Ende eines langen Kampfes errungene Sieg.[80]

▷ *Endsieg* als Beschwörung eines Sieges, der trotz aller Krisen und Zweifel schließlich doch gewonnen wird, war bereits im Ersten Weltkrieg gebräuchlich. Karl Kraus (1874–1936) gibt 1918 einer die hoffnungslose Krisensituation entlarvenden Glosse den ironischen Titel „Vor dem Endsieg".[81] Im Epilog seines riesigen Manifests gegen den ersten Weltkrieg, der ‚Tragödie in fünf Akten' ‚Die letzten Tage der Menschheit' läßt Kraus „Dr. Ing. Abendrot aus Berlin" auftreten: „Um endlich den endlichen Endsieg zu kriegen, / und dann also endlich unendlich zu siegen, / greift ungebrochne strategische Kraft / in die letzten Reserven der Wissenschaft / […] Ein Druck auf den Knopf wird fürder genügen, / über zehntausend feindliche Lungen zu siegen. / […] Die Miesmacher wollten den Endsieg uns rauben, / nun werden sie doch an ein Wunder glauben!"[82] (1922)

▷ Hitler gebraucht den Ausdruck *Endsieg* in ‚Mein Kampf': Ich war vom schwächlichen Weltbürger zum fanatischen Antisemiten geworden. Nur einmal noch – es war das letztemal – kamen mir in tiefster Beklommenheit ängstlich drückende Gedanken. Als ich so durch lange Perioden menschlicher Geschichte das Wirken des jüdischen Volkes forschend betrachtete, stieg mir plötzlich die bange Frage auf, ob nicht doch vielleicht das unerforschliche Schicksal aus Gründen, die uns armseligen Menschen unbekannt, den Endsieg dieses kleinen Volkes in ewig unabänderlichem Beschlusse wünsche?" (S. 69) „Was dem Marxismus die Millionen von Arbeitern gewonnen hat, das ist weniger die Schreibart marxistischer Kirchenväter, als vielmehr die unermüdliche und wahrhaft gewaltige Propagandaarbeit […]. Und das waren weiter die gigantischen Massendemonstrationen, diese Hunderttausend-Mann-Aufzüge, die dem kleinen armseligen Menschen die stolze Überzeugung einbrannten, als kleiner Wurm dennoch Glied eines großen Drachens zu sein, unter dessen glühendem Atem die verhaßte bürgerliche Welt dereinst in Feuer und Flammen aufgehen und die proletarische Diktatur den letzten Endsieg feiern werde." (S. 529) *Endsieg* nennt Goebbels den Machtantritt der NSDAP nach manchen Rückschlägen: „Und als wir am 30. Januar 33 an die Macht kamen, da hat niemand

---

[79] Aus dem Protokoll der Wannsee-Konferenz. In: Ebd., Nr. 174, 304 f.
[80] Gebucht: Duden (10. Aufl. 1929), 11. Aufl. 1934; (noch) nicht: Duden, 12. Aufl. 1941.
[81] Glossen. In: Die Fackel, 20/15. 10. 1918, 149.
[82] Ebd., Werke, hg. H. M. Fischer, 14 Bde., München 1954–1967. Bd. 5, 1957, 744, 745, 746.

mehr davon gesprochen: Ja, die haben aber im November des vorigen Jahres zwei Millionen Stimmen verloren und Sie haben eine Straßer-Krise und eine Stennes-Krise durchgemacht und Sie haben am 9. November 1923 die ganze Partei zerschlagen und es war ein Chaos und ein Tu-, davon hat niemand mehr geredet, es ist alles vergessen gewesen! Geblieben aber ist der Endsieg! Und was uns damals belastet, was uns graue Haare gemacht hat in der Zeit unserer Opposition, – das ist längst vergessen."[83] Im zweiten Weltkrieg wurde *Endsieg* zu einer Beschwörungsformel, die anfangs Siegesgewißheit, dann zunehmend Resignation oder Verbissenheit ausdrückte: „Das ist ein Sieg, wie er gegen einen so mächtigen Gegner in so kurzer Zeit noch nie errungen worden ist, ein Sieg, aus dem wir wahrhaftig die Gewißheit schöpfen können, daß der Endsieg unser ist."[84] „Das ist, wie unlängst ein italienischer Politiker schrieb, das unerschütterliche Fundament für einen gemeinsamen Endsieg."[85] „Die große Bewunderung der Botschafterin gilt den deutschen Frauen, deren Haltung den gemeinsamen Endsieg mitentscheiden wird."[86] „Seht euch diesen Film an, und dieses herrliche Heer! Es hat im Osten und im Westen gesiegt. Es wird auch den Endsieg an seine Fahnen heften."[87] „Die Sorge, es könnte bei der ungeheuren Ausweitung der Kriegsschauplätze die deutsche Kraft zu sehr verzettelt und damit der Endsieg gefährdet werden, liegt heute in aller Mund."[88] „Der überwiegende Teil der Bevölkerung sieht jedoch die Notwendigkeit des Kampfes bis zum Endsieg ein und ist bereit, sich dafür restlos einzusetzen."[89] „Die Stimmung der Volksgenossen ist z. Zt. ruhig. Es fehlt jedoch an der nötigen Überzeugung und dem Glauben an den Endsieg."[90] „(Goebbels:) Wenn die allgemeine Kriegsentwicklung auch unseren Chancen gegenüber rückfällig geworden ist [...], unsere Aussichten auf den kommmenden Endsieg bleiben weiterhin völlig intakt."[91]

▷ Der Ausdruck *Endsieg* kommt heute nur noch historisierend vor oder gelegentlich ironisch in meist provozierend formulierten Texten, die besondere Aufmerkamkeit auf sich ziehen wollen. „In der Schlacht ‚Garten für uns alle' gegen ‚Volksgarten für jeden' (wer erinnert sich nicht an den urbanen Fleck ohne Zaun?) hat die BUGA-Generalität die entscheidende Phase eingeleitet. Im Kampf Baum gegen Baum wird in der letzten Etappe die strategische Wunderwaffe Kultur eingesetzt. – Am 30. 4. lautete der Tagesbefehl an das Fronttheater: Musik aus der Triologie Krieg der

---

[83] Goebbels-Reden 1932–1945, Hg. H. Heiber, Bd. 1, 1971, Nr. 23, 18. 11. 1934, 203.
[84] Mündler, E., Das Reich, 9. 6. 1940.
[85] Das Reich, 30. 6. 1940, 5.
[86] Das Reich, 7. 7. 1940, 27.
[87] Sieg im Westen. Ein Kriegsfilmbericht des Oberkommandos des Heeres. Hg. Pressegruppe des Heeres OKW/ W. Pr. V (Heer), Berlin o. J., 7.
[88] Monatsbericht d. Gendarmerie-Kreisführers, Bez. Ebermannstadt, 29. 11. 1942. In: Bayern in der NS-Zeit, 163.
[89] Weltanschaul. Bericht d. Kreisschulungsamts Weißenburg, 20. 2. 1943. In: Bayern in der NS-Zeit, 575.
[90] MADR, (Nr. 381), 6. 5. 1943. Bd. 13,
[91] Das Reich, 1. 10. 1944, 2.

Sterne – Das Imperium schlägt zurück – Die Rückkehr der Jedi-Ritter. Die filmische SDI-Vorwegnahme, in der Menschen massenhaft getötet werden, sozusagen stellvertretend für den Mord am Volksgarten. Endlich der wahre Endsieg!"[92]

entarten, Entartung

a) biologisch: Auf Veränderung der Erbmasse zurückgehende Verschlechterung, der ↑ *Art*, der ↑ *Rasse*, als deren Hauptursache Rassenmischung unterstellt wird. b) Niedergang von Kultur und Moral bei Völkern, Familien und einzelnen als Folge biologischer *Entartung*, seltener auch als Folge der Unmoral eines Volkes.

> *Entarten*, mhd. *entarten*, ist 1678 in der biologisch-medizinischen Bedeutung ‚sich abnorm verändern, entwickeln' belegt: „wie die gute speise, in einem verdorbenen magen, von ihrer guten eigenschaft sich entartet und in ungesunden, schädlichen saft verändert."[93] 1691 wird der Ausdruck bei Stieler, ohne eigenes Lemma, unter dem Stichwort *Abarten* neben *ausarten* als Synonym angeführt. Seit der Mitte des 18. Jahrhunderts kommt *entarten*, (wohl unter dem Einfluß des frz. *dégénération*, das vor allem in der von Rousseau ausgehenden Kultur- und Zivilisationskritik eine große Rolle spielt) häufiger vor: 1755 in Klopstocks ‚Messias': „Pilatus saß auf dem Richtstuhl; / Jener entartete Römer, ein weicher Kenner der Wollust, / Stolz und grausam dabey;"[94] 1760: „der weise …/ entartet bis zum thor."[95] ‚Trübners Deutsches Wörterbuch' nennt für den 29. April 1766 einen Beleg in der ‚Franckfurter Reichs-Ober-Post-Amts-Zeitung', die meldet, daß eine „in ihrem Ursprung fromme Stiftung in Mißbrauch entartet hatte".[96] Am 22. 9. 1770 schreibt Herder (1744–1803) an seine Braut Karoline Flachsland: „Und wo sind denn die Zwecke für die Welt zu leben je […] den Zwecken für sich zu leben entgegen? Und wer wollte Einen Augenblick leben, wenn Eins nothwendig dem andern Entgegen seyn müste? Elende, unmenschliche Seelen, die so entartet sind: Sie sind nicht Bürger, Menschen, Eheleute, Freunde, Nichts!"[97] 1781 läßt Schiller (1759–1805) in den ‚Räubern' Franz zu Amalia sprechen: „ – und wie kanst du noch zweyffeln, Amalia, wenn unsere Liebe in einer Vollkommenheit zusammentraf, und wenn die Liebe die nemliche ist, wie könnten ihre Kinder entarten?"[98] Adelung führt 1793 in der zweiten, vermehrten und verbesserten Auflage seines ‚Grammatisch-kritischen Wörterbuchs des Hochdeutschen' das Verb *entarten* mit der Anmerkung: "mit dem Hilfsworte

---

[92] Viertausend. Monatl. Statt-Blatt, Düsseldorf, Mai 1987.
[93] Butschky, rosen-thal. Zit. DWB (2), Bd. 8, Doppellieferung 1/2, 1995, 1341, s. v. entarten.
[94] Hist.-Krit. Ausg., Abt. Werke IV, 1, 1947, VII. Gesang, Vers 65 f. Hinweis DWB (2), ebd., 1341.
[95] v. Creutz, Fr. C. C.: Die Gräber, ein Philosophisches Gedicht. Frankfurt/M. 1760. Nach: DWB (2), Bd. 8, Doppellieferung 1/2, 1995, 1341.
[96] Ebd., Bd. 2, 1940, 192.
[97] Briefe. Gesamtausgabe, Bd. 1, bearb. v. W. Doblek u. G. Arnold, Weimar 1977, 230.
[98] Die Räuber, 1. Akt, 3. Szene. Schillers Werke. Nationalausgabe, Bd. 3, 37. Hinweis: DWB, Bd. 3, 1862, 490.

seyn, in der höhern Schreibart"[99], aber noch nicht das Substantiv *Entartung*, das erst in Campes ‚Wörterbuch der Deutschen Sprache' 1807 erstmalig in einem Wörterbuch erscheint.[100] Die Bildung ist aber älter. 1785 stellt Herder eine *innere Entartung* als Ursache der in Taten sich äußernden *Entartung* gegenüber: „Nur also die innere Entartung des Menschengeschlechts hat den Lastern und Entartungen menschlicher Regierung Raum gegeben."[101] 1795/96 gebraucht Friedrich Schlegel (1772—1829) in seinem wichtigen kunsttheoretischen Aufsatz ‚Über das Studium der griechischen Poesie' mehrfach den Ausdruck *Entartung*, um seine Theorie von Ursprung, Blüte, Niedergang und Verfall der Kunst im Sinne Winckelmanns zu formulieren. (s.↑ *entartete Kunst*) In allen Beispielen aus dieser Zeit bedeutet *entarten, Entartung* ‚sich in seiner Art, seiner Natur verschlechtern', entweder durch Absinken von der früheren moralischen, intellektuellen, kulturellen Höhe oder im Sinne Rousseaus durch die Entfernung von einem edlen Urzustand. So ist es auch, wenn Arndt (1769— 1860) die Juden 1814 ein *entartetes Volk* nennt. „Ich nenne dieses Fremde schon an sich eine Plage und ein Verderben. Es ist noch mehr so zu nennen, weil die Juden ein verdorbenes und entartetes Volk sind. Ich sagte aber, die Juden seyen ursprünglich von einem edlen Menschenstamm und offenbaren dies vor jedermänniglich in Gestalt und Gebehrde. Dies ist wahr; aber wie sie nun sind, erscheinen sie allerdings als verschlechtert und herabgewürdigt."[102] Anders sieht Arndt, durchdrungen vom Mythos des hohen Werts der Unvermischtheit und der angeblich bewahrten *Reinheit* der Deutschen — in nationalistischer Selbstüberschätzung — sein eigenes Volk: „Wie wir ein reines und ungemischtes Urvolk sind, so haben wir unsere Sprache rein und ungetrübt erhalten, einen lauteren Abdruck unserer Art und unseres Gemüthes, ein unschätzbares Kleinod unserer Herrlichkeit, einen Probierstein unserer Tugend oder Entartung."[103]

In der Mitte des 19. Jahrhunderts, in dem Dekadenzbewußtsein und Fortschrittsglaube teils aufeinanderstoßen, teils parallel gehen, 1852, sieben Jahre vor Darwins revolutionierendem Werk ‚Die Entstehung der Arten durch natürliche Zuchtwahl', wird in ‚Meyer's Conversationslexicon für die gebildeten Stände' unter dem Lemma *Menschenracen* der Stand der Diskussion festgehalten: „Wie viel Licht die neueste Physiologie durch ihre praktische Methode über die Entstehung und allmählige Entwickelung des individuellen Menschen verbreitet haben mag, ein so tiefes Dunkel herrscht noch fortwährend über die Entstehung und Entwickelung der Menschheit. Die Fragen: wann, wo und wie ist die Entstehung des oder der ersten Menschen gewesen? Rühren die bekannten Völker der Erde in ihren verschiedenen Formen und Kulturstufen von einem aus der Hand des Schöpfers vollkommen und idealisch gebildet hervorgegangenen Menschenpaare her, und sind dieselben durch Entartung allmählig so geworden, wie sie gegenwärtig sind, oder hat die Natur mit der Her-

---

[99] Ebd., Bd. 1, 1816, s. v.
[100] Ebd., Bd. 1, 916, s. v.
[101] Ideen zur Philosophie der Geschichte der Menschheit, 2. Theil. Sämmtl. Werke, hg. B. Suphan, Bd. 13, 1881, 382.
[102] Blick aus der Zeit in die Zeit. Germanien [Frankfurt] 1814, 193.
[103] Ebd., 170.

vorbringung unvollkommener Menschen begonnen, welche allmählig sich entwikkelt und zum Theil, namentlich in der sogenannten europäischen Race ihren Reifezustand erlangt haben oder demselben doch wenigstens sich nähern? – sind zwar auf verschiedene Weise und von verschiedenen Gesichtspunkten aus, aber keineswegs überzeugend beantwortet worden."[104]
1853 bis 1855 veröffentlichte Josef Arthur Graf Gobineau den ,Essai sur l'inégalité des races humaines', in dem er, wie es in einem nationalsozialistischen Wörterbuch der Philosophie heißt, „nachwies", „daß die einzelnen Rassen wesentlich nicht nur körperlich, sondern auch geistig verschieden seien, daß durch Vermischung mit nicht ebenbürtigen Rassen eine Entartung und durch die Entartung Verfall und Untergang der Kultur bedingt werde. Als einzige kulturfähige und wertvolle Rasse erkannte er die arische, bes. die germanische."[105] Gobineaus Werk ,Über die Ungleichheit der Menschenrassen' wurde von dem Mitglied des Bayreuther Wagner-Kreises Ludwig Schemann ins Deutsche übersetzt. Es erschien, vermehrt durch Kommentare mit antisemitischem Akzent (der bei Gobineau fehlte), in den Jahren 1898 bis 1901 und übte vor allem auf Wagner, Wagners Schwiegersohn H. St. Chamberlain und zeitweilig auch auf Nietzsche einen starken Enfluß aus.
1857 führte der französische Psychiater Benedict Augustin Morel psychische Erkrankungen und Krankheiten überhaupt auf physische, moralische und geistige *Entartung* zurück, und definierte: „Die Degenerationen sind krankhafte Abweichungen vom normalen menschlichen Typ, sind erblich übertragbar und entwickeln sich progressiv bis zum Untergang."[106] Die Degeneration treffe nicht nur den einzelnen und seine Familie, sondern ganze Rassen und vor allem die moderne Gesellschaft, in der sich nach Morels Diagnose die pathologischen Anlagen häuften, die Zahl der krankhaften Familien ständig wuchs, da erbliche Faktoren, vergiftende Umwelteinflüsse, die sozialen Verhältnisse zu degenerativen Schäden führten, die sich durch Vererbung progressiv vermehren und schließlich unausweichlich das Ende der Zivilisation herbeiführen müßten. Cesare Lombroso (1836–1909) verbreitete diese Idee der schicksalhaft in den Abgrund führenden kumulativen Kraft der Vererbung mit seinen 1887 und 1910 ins Deutsche übersetzten, damals fast sprichwörtlich gewordenen Titeln ,Genie und Irrsinn' (1864) und ,Genie und Entartung' (1897).
Noch vor der Rezeption Darwins wurden u. a. von dem Ökonomen Karl Marlo (1810–1865) eugenische Vorschläge gemacht, wie eine weitergehende *Entartung* zu vermeiden sei, die den späteren NS-Gesetzen durchaus nahe kommen: „Die Erfahrung hat gezeigt, dass die Nachkommenschaft gewisser Arten von Mischlingen, falls sich dieselben lediglich unter sich vermischen, völlig entartet, d. h. geringere körperliche und geistige Fähigkeiten erhält, als eine jede der beiden zu Grunde liegenden Racen hat. Die Berechtigung des Staates zum Verbot so verderblich wirkender Ehen unterliegt keinem Zweifel."[107] Karl Marx (1818–1883) bezeichnet 1867 im ,Kapi-

---

[104] Bd. 21, 1852, 208, s. v. Menschenracen.
[105] Philosoph. WB, 1943, 200, s. v.
[106] Zit. Weingart, P.: Rasse, Blut und Gene, 1988, 47. Vgl. insgesamt ebd., 42–50, 66–68.
[107] Marlo, K. (d. i. K. G. Winkelblech): Untersuchungen über die Organisation der Arbeit oder System der Weltökonomie, Bd. 3, 4. Abthlg., Kassel 1858, 267.

tal' mit *Entartung* eine der Folgen der durch den Kapitalismus verursachten desolaten ökonomischen Lage der Arbeiterschaft: „Mit der beständig abnehmenden Zahl der Kapitalmagnaten, welche alle Vorteile dieses Umwandlungsprozesses usurpieren und monopolisieren, wächst die Masse des Elends, des Drucks, der Knechtschaft, der Entartung, der Ausbeutung, aber auch die Empörung der stets anschwellenden und durch den Mechanismus des kapitalistischen Produktionsprozesses selbst geschulten, vereinten und organisierten Arbeiterklasse."[108] 1859 lieferte Charles Darwin (1809–1882) in seinem Werk ‚Die Entstehung der Arten durch natürliche Zuchtwahl' das theoretische Rückgrat der Entartungshypothese. Viele zogen aus Darwin den Schluß, Evolution sei Fortschritt. Wenn natürliche Selektion Fortschritt bewirkte, mußte im Umkehrschluß das Fehlen der, durch die menschliche Zivilisation verhinderten, natürlichen Auslese im Kampf ums Dasein Rückschritt, d. h. *Entartung*, bedeuten.

Um die Jahrhundertwende war *Entartung* zum Symbol für eine verbreitete Diagnose der Zeit geworden: *Entartung* war physischer, geistiger, moralischer Niedergang der Rasse, des Volkes, infolge Rassenmischung, erblicher Krankheiten, äußerer Einflüsse der industriellen Revolution. *Entartung* mußte wegen Fehlens der natürlichen Auslese unausweichlich in die Katastrophe führen, wenn nicht Gegenmaßnahmen getroffen wurden. Die Therapie konnte nur die Entwicklung einer staatlich regulierten künstlichen Auslese sein. Wilhelm Schallmayer eröffnet 1891 mit seiner Broschüre ‚Über die drohende körperliche Entartung der Kulturmenschheit' die Reihe der bis 1933 nicht abreißenden Versuche über eugenische und rassenhygienische Konzepte für eine Umkehrung der angeblichen *Entartung* in eine, wie es seit der Mitte der zwanziger Jahre hieß, ↑ *Aufartung*.

▶ Im Nationalsozialismus wird *entarten, Entartung* in der gleichen Weise verwendet wie schon seit der Jahrhundertwende. Hitler in ‚Mein Kampf': „Wenn man bedenkt, daß außerdem noch eine möglichst große Einschränkung der Zeugung an sich erfolgt, so daß der Natur jede Auslese unterbunden wird, da natürlich jedes auch noch so elende Wesen erhalten werden muß, so bleibt wirklich nur die Frage, warum eine solche Institution [die Ehe] überhaupt noch besteht und welchen Zweck sie haben soll? Ist es dann nicht genau dasselbe wie die Prostitution an sich? [...] So entarten die Kulturvölker." (S. 275) Nach 1933 erhält der Ausdruck seinen besonderen Akzent allein durch den Handlungskontext, in den er gestellt ist. War die Annahme von biologischer und kultureller *Entartung* vor den Nationalsozialisten Ausgangspunkt für Konzepte und mehr oder weniger utopische Gedankenexperimente, so wurde sie im NS-Staat zur Legitimation von Gesetzen und staatlichen Maßnahmen, die schwerste Eingriffe in das Leben der Betroffenen und schließlich die Vernichtung ganzer Bevölkerungsgruppen bedeuteten. „Heute haben wir mit der einfacheren Methode der Sterilisierung die Möglichkeit, ohne die harten Mittel unserer Vorfahren in viel wirkungsvollerer Weise das Entarten des Volkskörpers durch schlechtes Erbgut zu verhindern."[109] „Die Beispiele aus der Geschichte der indogermanischen Völ-

---

[108] Das Kapital, Bd. 1, 1867, Abschn. 7, Kap. 24. MEW, Bd. 23, 1962, 790.
[109] v. Leers, J.: Der Kardinal und die Germanen, 1934, 29.

ker beweisen, daß in den Aufstiegsepochen der Völker der Erbanlagenbestand gut gewesen sein muß. Die menschliche Erbkunde hat aber auch klar herausgestellt, daß neben den geschichtlich erkennbaren Ursachen des rassischen Verfalls der Völker noch ein Wandel in ihrem Erbgut, ein Absinken des gesamten Erbwertes vor sich gegangen sein muß. Die allmähliche Zunahme von Trägern minder wertvollen Erbgutes bezeichnet man als Entartung (Degeneration)."[110] „Rassenpflege ist somit eine Aufgabe von großer Tragweite, die in Deutschland von der Bewegung (Rassenpolitisches Amt der NSDAP.) und vom Staate gemeinsam in Angriff genommen wurde. Es ist die Aufgabe der Rassenpolitik, die für den Menschen wie für jedes andere Geschöpf geltenden Lebensgesetze wieder zur Geltung zu bringen, nachdem auch unser Volk ähnlich wie alle heutigen Kulturvölker Zeichen der beginnenden Entartung aufwies. Das ewige Leben unseres Volkes wird gesichert sein, wenn die Lebensgesetze von Auslese und Fruchtbarkeit, Artreinheit und Vererbung wieder rückhaltlos befolgt werden. Deshalb gliedert sich die rassenpolitische Arbeit in drei große Aufgabengebiete: a) Förderung der Fruchtbarkeit der wertvollen Erbstämme; b) Minderung der Fruchtbarkeit der wertlosen Erbstämme; c) Verhinderung der Mischung mit fremden Rassen. Zur Lösung dieser Aufgaben bedurfte es einer gründlichen rassenpolitischen Aufklärung und Schulung des deutschen Volkes, einer starken Einflußnahme auf die gesetzgeberischen und sozialen Maßnahmen und schließlich einer ständigen Zusammenarbeit mit der Wissenschaft."[111] „Der Nationalsozialismus fand bei der Machtübernahme außer der schwierigen wirtschaftlichen, innen- und außenpolitischen Lage einen besonders bedrohlichen bevölkerungspolitischen Zustand des deutschen Volkes vor. Kulturelle Zersetzung, politischer Niedergang und völkische Entartungserscheinungen auf allen Lebensgebieten deuteten das immer stärker werdende rassische und erbgesundheitliche Absinken des deutschen Volkes an. 1. Die Gründe für dieses Absinken des biologischen Niveaus des deutschen Volkes, insbesondere für seine starke Entnordung, waren mannigfaltiger Natur. In hervorragendem Maße hatten mitgewirkt: a) Die Abtötung des natürlichen Rasseninstinktes durch liberale und marxistische Gleichheitsideen und die dadurch begünstigte Rassenkreuzung, insbesondere mit Juden. b) Die starke Auswanderung wagemutiger und wanderlustiger nordischer Menschen nach überseeischen Ländern, der große Verlust an wehrhaft veranlagten Trägern bester deutscher Erbanlagen im Weltkriege, der zunehmende Geburtenrückgang gerade bei den rassisch wertvollsten Bevölkerungsschichten infolge Verstädterung, Industrialisierung und wirtschaftlicher Not und die Überalterung der Bevölkerung. 2. Die drohende Gefahr forderte ein alsbaldiges Eingreifen der Gesetzgebung und zwar nach beiden Richtungen. Es galt, umgehend sowohl auf dem Gebiet der Rassenpflege wie auf dem Gebiet der Erbpflege einschneidende und durchgreifende Maßnahmen durchzuführen: a) Zwecks Sicherung der Rassereinheit des Volkes. Diesem Zweck dienen namentlich die Nürnberger Gesetze, [...]. b) Zwecks Wahrung der Erbgesundheit des Volkes. Diesem Zweck dienen namentlich das Gesetz zur Verhütung

---

[110] Meyer−Zimmermann: Lebenskunde, Bd. 4, 364.
[111] Ebd., 365 f.

erbkranken Nachwuchses und das Ehegesundheitsgesetz."[112] „Der Nationalsozialismus ist den völkischen Entartungserscheinungen, die sich vor dem Jahre 1933 zeigten und die das rassische Absinken des deutschen Volkes erkennen ließen, zunächst durch seine erzieherische Arbeit entgegengetreten. Er hat das rassische Bewußtsein des deutschen Volkes wieder geweckt und gestärkt und der Erkenntnis Raum geschaffen, daß die Reinheit des Blutes die Voraussetzung für den Fortbestand des deutschen Volkes ist. Trotzdem muß dort, wo natürliches Rasseempfinden und völkisches Verantwortungsbewußtsein trotz Aufklärung und Beratung nicht stark genug sind, um eine volksschädliche Rassenmischung zu verhindern, die Gesetzgebung eingreifen, um jeden Volksgenossen zur Beachtung der völkischen Mindestforderungen zu zwingen, deren Erfüllung zum Heile der Gesamtheit des Volkes und zum eigenen Besten jedes Einzelnen notwendig ist."[113]

entartete Kunst

Offizielle Bezeichnung für die politisch mißliebige, moderne, als krankhaft bewertete Kunst der Avantgarde.

> Die Wortverbindung *entartete Kunst* erscheint schon 1797 in Friedrich Schlegels (1772–1829) kunsttheoretischem Aufsatz ‚Über das Studium der griechischen Poesie'.[114] „Die erhabne Bestimmung der modernen Poesie ist also nichts geringeres als das höchste Ziel jeder möglichen Poesie, das Größte was von der Kunst gefordert werden kann. Das unbedingt Höchste kann aber nie ganz erreicht werden. Das äußerste, was die strebende Kraft vermag, ist: sich diesem unerreichbaren Ziele immer mehr und mehr zu nähern. Und auch diese endlose Annäherung scheint nicht ohne innere Widersprüche zu sein, die ihre Möglichkeit zweifelhaft machen. Die Rückkehr von entarteter Kunst zur echten, vom verdorbenen Geschmack zum richtigen scheint nur ein plötzlicher Sprung sein zu können, der sich mit dem steten Fortschreiten, durch welches sich jede Fertigkeit zu entwickeln pflegt, nicht wohl vereinigen läßt."[115] Schlegel beschreibt die Geschichte der „modernen Poesie" in den Winckelmannschen Kategorien: Ursprung, Blüte, Niedergang und Verfall der Kunst, die er bei den alten Griechen schon vorgebildet sieht. Die moderne Poesie wuchs als aufgepfropfter „frischer Zweig" aus dem „schadhaften Stamm" der antiken Kunst, die notwendigerweise „von dem höchsten Gipfel der Vollendung in die

---

[112] Stuckart/Schiedermair: Rassen- und Erbpflege in der Gesetzgebung des Reiches, 1942, 7 f.
[113] Ebd., 49.
[114] Den Hinweis verdanke ich der Miszelle von Horst Rüdiger: „Entartete Kunst". Von der Degeneration eines Begriffes, in der Literaturbeilage der ‚Neuen Zürcher Zeitung' v. 28. 8. 1981, Fernausgabe Nr. 197. Neuerdings auch in: DWB (2), Bd. 8, Doppellieferung 1/2, 1995, 1341.
[115] I. Über das Studium der griechischen Poesie. Die Griechen und Römer. Historische und kritische Versuche über das Klassische Alterthum. Bd. 1, Neustrelitz 1797. Kritische Friedrich-Schlegel-Ausgabe, hg. E. Behler, Bd. 1, 1. Abtlg., Paderborn, München, Wien 1979, 255.

tiefste Entartung versank"[116]. „Die griechische Poesie ist gesunken, tief, sehr tief gesunken, und endlich entartet."[117] Dies wird einst auch das Los der modernen Poesie sein. „Die Bildung wird rettungslos in sich selbst versinken, und der Gipfel der höchsten Vollendung wird ganz dicht an entschiedene Entartung gränzen."[118] Noch ist die moderne Poesie auf dem immer gefährdeten Weg der endlosen Annäherung an das für sie nie ganz erreichbare höchste Ziel der Vollkommenheit. Die Rückkehr von einmal „entarteter Kunst zur echten" scheint, nach Schlegels Deutung, überhaupt nur durch einen plötzlichen Sprung, eine eigentliche Renaissance, nicht durch die sonst übliche kontinuierliche Entwicklung von Fertigkeiten, möglich zu sein. Richtunggebend für die verirrte Kunst könnte eine „allgemeingültige Kunsttheorie" sein. „Zwar äußern divergierende Begriffe ihren Einfluß auf die ästhetische Praxis: diese sind aber selbst so dürftig, daß sie höchstens für frühe Spuren der künftigen Theorie gelten können. Es existiert noch gar keine eigentliche Theorie, welche von der Praxis abgesondert, und notdürftig zusammenhängend wäre [...]" „Es wäre eigentlich ihre große Bestimmung, dem verderbten Geschmack seine verlorene Gesetzmäßigkeit, und der verirrten Kunst ihre echte Richtung wiederzugeben. Aber nur wenn sie allgemeingültig wäre, könnte sie allgemeingeltend werden, und von einer kraftlosen Anmaßung sich zum Range einer wirklichen öffentlichen Macht erheben.[...] Die einseitige Theorie wird sich leicht noch größere Rechte anmaßen, als selbst der allgemeingültigen zukommen würden. Der entartete Geschmack hingegen wird der Wissenschaft seine eigne verkehrte Richtung mitteilen, statt daß er von ihr eine bessere empfangen sollte."[119] Schlegel verwendet mit ↑ *entarten* — neben *sinken, abirren* — einen Ausdruck, der erst zehn bis zwanzig Jahre vor seinem Essay in der deutschen Literatur wieder eigentlich gebräuchlich wurde, wohl unter dem Einfluß des Sprachgebrauchs der französischen Enzyklopädisten und Aufklärer, für die seit Buffons ‚Histoire naturelle' mit dem Kapitel ‚De la dégénération des animaux' (1766) der Ausdruck *dégénération* zu einem wichtigen biologischen, politischen, gesellschaftskritischen Terminus geworden war.[120] Ähnlich war es in England. Schon 1763 schrieb der englische Philosoph und Kunstkritiker John Brown in seiner ‚Dissertation in Poetry and Music', bezogen auf das Rom der Spätantike: „The degenerate Arts sunk with the degenerate City."[121] Über den Zusammenhang des Niedergangs von Staat, Religion und Kunst im antiken Rom gab es in der Literatur des ausgehenden 18. Jahrhunderts einen europäischen Konsens. Erst die Reisenden entdecken den Widerspruch zwischen der verbreiteten Annahme und dem eigenen Augenschein, wie Platen (1796—1835) ihn 1829 in einem Epigramm über San Vitale in Ravenna festhält: „Hohe Rotunde, du bist ein Produkt

---

[116] Ebd., 316.
[117] Ebd., 283.
[118] Ebd., 317.
[119] Ebd., 236, 237.
[120] Vgl. Weingart, P.: Degeneration — Vorgeschichte des Begriffs. In: Rasse, Blut und Gene, 1988, 42—46.
[121] Zit. Fischer, J. M.: „Entartete Kunst". In: Merkur 38/1984, 348.

des entarteten Zeitlaufs: / Uns Barbaren jedoch erscheinst du erhabenantik."[122] In der Mitte des 19. Jahrhunderts spricht Jacob Burckhardt (1818—1897) im ‚Cicerone. Eine Anleitung zum Genuss der Kunstwerke Italiens' ganz selbstverständlich von *entarteter Kunst*, um die Barockkunst zu charakterisieren, die nach seiner damaligen Einschätzung „dieselbe Sprache [spricht] wie die Renaissance, aber einen verwilderten Dialekt davon".[123] „In der Zeit der entarteten Kunst nahm dieser Bestandteil der Malerei schon als Hilfsmittel der Illusion einen neuen, beträchtlichen Aufschwung, und unsere bedeutendsten Historienmaler könnten wohl einen Pater Pozzi, einen Luca Giordano und dessen Schüler um ihre ungemeine Fertigkeit in der Linien- und Luftperspektive architektonischer Gründe beneiden.".[124] Der Satz: „Die Entartung der Kunst ist aber der sichere Vorbote der sittlichen und weiterhin der leiblichen Entartung"[125], der gegen Ende des 19. Jahrhunderts, 1888, in der ‚Antisemitischen Correspondenz' erscheint, könnte auf den ersten Blick auch in der Degenerations- und Dekadenz-Debatte am Ende des 18. Jahrhunderts formuliert worden sein. Seit Gobineau, Morel, Lombroso und Darwin (s. ↑ *entarten, Entartung*) hatte der Ausdruck *Entartung* jedoch durch seine Beziehung auf *Rassenkreuzung, Irrsinn, seelische Abartigkeit, erbliche Minderwertigkeit* eine immer stärker ausgeprägte naturalistisch-biologische Bedeutung erhalten, die der Aussage in dem antisemitischen Blatt einen völlig neuen Sinn gibt. In dieser neuen Bedeutung verwendete auch der Journalist und Arzt Max Nordau den Ausdruck in seinem 1892 erschienenen, bis nach Amerika wirkenden zweibändigen Werk ‚Entartung'. Nordau schreibt: „Statt eines Vorwortes, Herrn Professor Cesare Lombroso in Turin. [...] Der zuerst von Morel in die Wissenschaft eingeführte, durch Sie genial ausgestaltete Begriff der Entartung hat sich, von Ihnen gehandhabt, bereits nach den verschiedensten Richtungen hin überaus fruchtbar erwiesen. Sie haben über zahlreiche dunkle Hauptstücke der Irrenheilkunde, des Strafrechts, der Politik und Gesellschaftslehre eine Flut von Licht verbreitet. [...] In ein weites und wichtiges Gebiet aber haben bisher weder Sie noch Ihre Schüler die Leuchte Ihrer Methode getragen, nämlich in das der Kunst und des Schriftthums. Die Entarteten sind nicht immer Verbrecher, Prostituierte, Anarchisten und erklärte Wahnsinnige. Sie sind manchmal Schriftsteller und Künstler [...] Einige dieser Entarteten des Schriftthums, der Musik und Malerei sind in den letzten Jahren außerordentlich in Schwang gekommen und werden von zahlreichen Verehrern als Schöpfer einer neuen Kunst, als Herolde der kommenden Jahrhunderte gepriesen. Das ist keine gleichgiltige Erscheinung. Bücher und Kunstwerke üben eine mächtige Suggestion auf die Massen. Aus ihnen schöpft ein Zeitalter sein Ideal von Sittlichkeit und Schönheit. Wenn sie nun unsinnig und gesellschaftsfeindlich sind, so wirken sie verwirrend und verderbend auf die Anschauun-

---

122 v. Platen, A.: Werke in zwei Bänden, Bd. 1, Lyrik. Nach d. Ausg. letzter Hand u. der hist.-krit. Ausg. hg. K. Wölfel u. J. Link, München 1982, 571. Hinweis bei J. M. Fischer, ebd. 347.
123 Neudruck der Urausgabe [1855], Kröner Stuttgart 1964, 348.
124 Ebd., 165. Hinweis: DWB (2), Bd. 8, Doppellieferung 1/2, 1995, 1341, s. v. entartet.
125 Central-Organ der deutschen Antisemiten, hg. Theodor Fritsch, Nr. 34, 1. 9. 1888, 6 (Ekkewart), zit. Cobet, 1973, 194.

gen eines ganzen Geschlechts."[126] „Der Arzt aber [...] erkennt in der fin-de-siècle-Stimmung, in den Richtungen der zeitgenössischen Kunst und Dichtung, in dem Wesen der Schöpfer mystischer, symbolischer, ‚decadenter' Werke und dem Verhalten ihrer Bewunderer, in den Neigungen und Geschmacks-Trieben des Modepublikums auf den ersten Blick das Syndrom oder Gesammtbild zweier bestimmter Krankheits-Zustände, mit denen er wohlvertraut ist, der Degeneration oder Entartung und der Hysterie [...]."[127] In einem ‚Grundriß der Stilistik, Poetik und Ästhetik. Für Schulen und zum Selbstunterricht' heißt es 1897: „Es ist die eigene Krankheit unserer Zeit geworden, dem krassesten Realismus und gelegentlich dem Brutalismus zu frönen. Die öffentlichen Ausstellungen der neuesten Kunstwerke beweisen zur Genüge, daß die endlosen Wiederholungen sentimentaler Liebesszenen, schamloser oder doch sittlich gefährlicher Einzelbilder, krankhafter und widerlicher Zustände, geistloser Alltäglichkeiten Pinsel und Meißel beschäftigen. Was bedeutet das alles anders als die traurigste Entartung des künstlerischen Geistes!" „Vor jener Wahrheit nämlich, die der entartete ‚Verismus' im Menschenleben enthüllt, muß die Wahrheit der geistigen, sittlichen und religiösen Sphäre wie vor einem Gespenst zurückbeben. Nur zu oft wird übrigens statt Natur nichts als pikante Verzerrung und Unnatur auf den Markt getragen."[128] Karl Kraus greift vergeblich in der ‚Fakkel' die Stigmatisierung des Künstlers als *Entarteten* an: „Wir geben also zu, daß Weininger ein abnormer Mensch war. Bedeutet aber eine solche Abnormität eine Entwicklung nach oben oder eine Degeneration? Ist Beethoven eine Entarteter und ein Bierphilister die ideale Norm? Nach Moebius ist bekanntlich auch Goethe dekadent; nach Nordau Nietzsche ein wahnsinniger Fasler und Ibsen etwas Ähnliches. Lombroso hält Schopenhauer für irrsinnig, weil er die Juden haßte, Gogol für einen Degenerierten, weil er ‚zu spät' zum erstenmal liebte [...]."[129] Die angebliche *Entartung der Kunst* als Werk von *Entarteten* war, vor allem in völkischen Kreisen, zu einem Topos geworden. „Was heute dem Volke aller Stände als Kunst geboten wird, ist zum großen Teil Entartung, von der dekadenten Tragödie bis zur Sensation des Kinematographen, und geeignet, die Entartung zu fördern."[130] (1912) Am 12. 4. 1913 gibt es einen Beschluß des Preußischen Abgeordnetenhauses gegen die *Entartung* der Kunst[131] In der Übersetzung von Lothrop Stoddard ‚Der Kulturumsturz. Die Drohung des Untermenschen' heißt es 1925: „Sicherlich weisen die Erzeugnisse der ‚neuen' Kunst eine seltsame Ähnlichkeit mit den rohen Bemühungen entarteter Wilder auf. Die verzerrten und gequälten Gestalten der ‚expressionistischen' Bildhauerkunst ähneln – den Götzenbildern der westafrikanischen Neger. Die ‚expressionistische' Malerei scheint überhaupt keine gesunde Beziehung zu irgend etwas zu haben. Jene zerdrückten, verstümmelten Formen, die inmitten eines Gewirrs von schreienden Farben unbestimmt wahrgenommen werden: wahrlich, das

---

[126] Nordau, M. (d. i. M. S. Südfeld): Entartung, Bd. 1, 1892, VII.
[127] Ebd., 26,
[128] Gietmann, G., ebd., 1897, 289, 290.
[129] Wien, 6. Jahr, Nr. 176, 28. Februar 1905, Ndr. 1968–1976, Bd. 3, 23.
[130] Frymann, D. (d. i. H. Claß): Wenn ich der Kaiser wär'. 2. Aufl. 1912, 114.
[131] Lexikon der Kunst. Hg. H. Olbrich, Bd. 2, 1989, 340, s. v. „Entartete Kunst".

ist nicht ‚wirklich' — wenn nicht die Wirklichkeit des Wahnsinnigen! [...] Was aber bedeutet das alles? Es bedeutet einfach eine weitere Entwicklungsstufe jener weltweiten Auflehnung gegen die Kultur seitens der nichtanpassungsfähigen, minderwertigen und entarteten Bevölkerungsbestandteile [...]."[132] (1925)

> Hitler verwendet in ‚Mein Kampf' Entartung, bezogen auf Kunst und Künstler, im gleichen Kontext wie die Völkischen: „Wohl fanden auch in früheren Zeiten manchmal Verirrungen des Geschmacks statt, allein es handelte sich in solchen Fällen doch mehr um künstlerische Entgleisungen, denen die Nachwelt wenigstens einen gewissen historischen Wert zuzubilligen vermochte, als um Erzeugnisse einer überhaupt nicht mehr künstlerischen, sondern vielmehr geistigen Entartung bis zur Geistlosigkeit. In ihnen begann sich der später freilich besser sichtbar werdende politische Zusammenbruch schon kulturell anzuzeigen." (S. 182 f.)

1933 begann die Serie der Ausstellungen, in denen Werke der verfemten Avantgarde als *entartete Kunst* zur Schau gestellt und gebrandmarkt wurden. *Entartete Kunst* wurde zum legitimierenden Schlagwort für die Verfolgung der Künstler, deren Werke als *entartet* eingestuft wurden, und für die Beschlagnahme, teilweise sogar die Vernichtung der sogenannten ↑ *Verfallskunst*. „Unter dem Titel ‚Eine Ausstellung entarteter Kunst' wird im Dresdener Neuen Rathaus eine Sammlung der unter dem früheren Regime angekauften Kunstwerke gezeigt."[133] (1933) „Der Präsident der Reichskammer der bildenden Künste, Prof. Ziegler, eröffnete am Montag in München die Ausstellung ‚Entartete Kunst', die eine Sammlung kulturbolschewistischer Scheußlichkeiten enthält." (1937)[134] Der ‚Führer durch die Ausstellung Entartete Kunst' erläutert: „Was will die Ausstellung ‚Entartete Kunst'? Sie will am Beginn eines neuen Zeitalters für das Deutsche Volk anhand von Originaldokumenten allgemeinen Einblick geben in das grauenhafte Schlußkapitel des Kulturzerfalles der letzten Jahrzehnte vor der großen Wende. Sie will, indem sie das Volk mit seinem gesunden Urteil aufruft, dem Geschwätz und Phrasendeutsch jener Literaten- und Zunft-Cliquen ein Ende bereiten, die manchmal auch heute noch gerne bestreiten möchten, daß wir eine Kunstentartung gehabt haben. [...] Sie will die gemeinsame Wurzel der politischen Anarchie und der kulturellen Anarchie aufzeigen, die Kunstentartung als K u n s t b o l s c h e w i s m u s im ganzen Sinn des Wortes entlarven. Sie will die weltanschaulichen, politischen, rassischen und moralischen Ziele und Absichten klarlegen, welche von den treibenden Kräften der Zersetzung verfolgt werden.[...]"[135] 1938 ging die Wendung *entartete Kunst* in die Gesetzessprache ein. „Gesetz über Einziehung von Erzeugnissen entarteter Kunst vom 31. 5. 1938. § 1 Die Erzeugnisse entarteter Kunst, die vor dem Inkrafttreten dieses Gesetzes in Museen oder der Öffentlichkeit zugänglichen Sammlungen sichergestellt

---

[132] Deutsch von W. Heise, 1925, 108.
[133] Berliner Börsen-Zeitung. Zit. Blick in die Zeit. 1/7. 10. 1933, 14.
[134] Kieler Neueste Nachrichten, 20. 7. 1937. In: Piper, E.: Barlach und die „entartete Kunst", 1987, Dok. 150, 191.
[135] Führer durch die Ausstellung Entartete Kunst. Hg. Fr. Kaiser, Berlin 1937. Ndr. Köln 1988, 2.

und von einer vom Führer und Reichskanzler bestimmten Stelle als Erzeugnisse der entarteten Kunst festgestellt sind, können ohne Entschädigung zu Gunsten des Reichs eingezogen werden. [...]¹³⁶ „Die mit so großem Erfolg in den Ausstellungshallen am Düsseldorfer Ehrenhof gestartete Wanderausstellung ‚Entartete Kunst‘, die einen einprägsamen Überblick über die politisch verseuchte Verfallskunst einer überwundenen Zeit gibt, weist von Tag zu Tag steigenden Besuch auf."¹³⁷
Nach dem Vorbild von *entartete Kunst* wurde *entartete Musik* geprägt. Der Ausstellungsführer einer am 24. Mai 1938 in Düsseldorf eröffneten Ausstellung *Entartete Musik* trug den Titel: „Entartete Musik. Eine Abrechnung von Staatsrat Dr. H. S. Ziegler."¹³⁸ Die Bildung *entartete Literatur* ist eine ironische Antwort betroffener Exilautoren auf den „nazistischen Kulturkampf": „Als in Kopenhagen die deutsche Buchausstellung eröffnet worden war, [...] da konnte die in Dänemark bestehende Landesvereinigung ‚Freisinniger Kulturkampf‘ nicht umhin, unter der Devise ‚Gegen den nazistischen Kulturkampf‘ eine eigene Buchausstellung in der Hauptgeschäftsstraße von Kopenhagen zu veranstalten. Während in den Haupträumen dieser Ausstellung die emigrierten jüdischen Literaten und sonstigen schreibenden Größen der Systemzeit so ziemlich vollständig mit ihren Werken vertreten sind, hat man daneben eine Sonderabteilung ‚Entartete Literatur‘ eingerichtet, in der die Schriften des Führers und Alfred Rosenbergs den Ehrenplatz einnehmen."¹³⁹

▸ Die Vermeidung der belasteten Wendung *entartete Kunst* und verwandter Ausdrücke setzte sich nach dem Ende des NS-Regimes erst langsam durch. In die stark überarbeitete 13. Auflage des Rechtschreibdudens von 1948 wurde der Eintrag der 12. Auflage von 1941 zu dem Stichwort *Dadaismus* (bis auf die angepaßte Zeitangabe) unverändert übernommen: „entartete Kunstrichtung der Zeit nach dem 1. Weltkrieg". 1949 heißt es in einem Leserbrief in der ‚Hamburger Allgemeinen Zeitung‘ mit Bezug auf ein Relief Barlachs, das die Nationalsozialisten vom Hamburger Gefallenendenkmal entfernt hatten: „Niemand wird behaupten können, daß die noch in unserer Erinnerung stehende Gestalt eine deutsche Frau und Mutter darstellt, sondern man hat bei aller Toleranz andersartiger Kunstauffassungen doch den Eindruck, hier eine Untergrundgestalt entarteter Kunst vor sich zu haben."¹⁴⁰ 1955 wird aus gegebenem Anlaß gleich in zwei Zeitungen gegen den Gebrauch von *Entartung, entarten, entartet* Einspruch erhoben. ‚Frankfurter Allgemeine Zeitung‘: „Die Krefelder Affäre (Ed. Trier). Wir fühlen uns jedoch beteiligt, weil in dieser Kampagne gegen die Werkkunstschule Krefeld ein sattsam bekanntes, unerfreuliches Wörterbuch benutzt wird [...]. ‚Die Richtung führt zur Entartung‘ — so stand —

---

136 RGBl. 1, 1938, 612.
137 Der Mittag, 19. 7. 1938. Zit. Wulf, J.: Die bildenden Künste im Dritten Reich, 1963, 325.
138 Titelblatt abgebildet in: „Entartete Kunst": Das Schicksal der Avantgarde im Nazi-Deutschland. S. Barron m. Beitr. v. P. Guenther u. a. Ausstellungskatalog, München 1992, 181.
139 Nationalsozialistische Monatshefte, 8/1937, 1045.
140 Zit. Piper, E.: E. Barlach und die „entartete Kunst". Eine Dokumentation, 1987, Dok. Nr. 208, 252.

sage und schreibe — dick gedruckt über einem der letzten Artikel. [...]"[141] ‚Die Welt': „‚Entartet'. In Krefeld gibt es eine weithin bekannte Werkkunstschule. Ihre Tätigkeit wird von einem Teil der Öffentlichkeit heftig kritisiert. [...] Uns interessieren im Augenblick nur die Waffen, mit denen gefochten wird. Da beginnt eine Attacke unter der Schlagzeile ‚Die Richtung führt zur Entartung'. Wir finden einen erschreckenden Wortschatz. ‚Entartung, entarten, entartet' — das waren einmal legitime Vokabeln aus dem naturwissenschaftlichen Bereich. Theoretisch betrachtet sind sie das heute noch — aber wirklich nur theoretisch betrachtet! Im praktischen Sprachgebrauch gelten sie dank Hitler und seinen Handlangern als diffamierende Schimpfworte für zeitgenössische Kunst [...]. Mehr noch: ‚Entartet' verunglimpfte unter Hitler schließlich nicht nur eine künstlerische Artung, sondern eine bestimmte Abstammung. Wer heute schon wieder dieses Vokabular benutzt, das zwölf Jahre hemmungslos korrumpiert wurde, begibt sich in eine unheilvolle Nachbarschaft, in jene finsteren Räume, da man nicht über ‚entartete' Kunst diskutierte, sondern entartete Machthaber eine Kunst zu Tode knüppelten, die ihnen nicht genehm war."[142] „Heute unterliegt *entartet* einem sprachlichen Tabu und wird nur noch selten gebraucht."[143]

entjuden, Entjudung

a) Schrittweise, schließlich vollständige Verdrängung der Juden aus dem Berufs- und Wirtschaftsleben. b) Beseitigung des jüdischen Einflusses. c) Zwangsverkauf jüdischer Gewerbebetriebe und Einziehung jüdischen Vermögens. d) Deportation und Ermordung der Juden.[144]

> Schon 1838 erscheint *entjuden* als reflexives Verb *sich entjuden* in einem Aufsatz ‚Beiträge zur Lösung der jüdischen Frage' in der Bedeutung ‚sich assimilieren durch Aufgabe der eigenen Religion und der eigenen Art': „Sie [die Juden] müssen schon der Mitbewerbung wegen gleichen Schritt halten, und freiwillig sich entjuden, um als Staats- und Weltbürger Geltung zu erhalten oder zu erreichen ..."[145] Wilhelm Marr gebraucht 1879 ebenfalls die reflexive Form des Verbs. Bei ihm bedeutet *sich entjuden* aber ‚sich von Juden und von jüdischem Einfluß freimachen': „Die historische Thatsache, daß Israel die leitende socialpolitische Grossmacht im 19. Jahrhundert geworden ist, liegt vor uns. Uns zu entjuden, dazu fehlt uns notorisch bereits die physische und intellectuelle Kraft."[146] In gleicher Bedeutung verwendet Eugen

---

[141] Ebd., Nr. 180/6. 8. 1955.
[142] Die Welt, Nr. 190/1955, 4.
[143] Paul 1992, 221 f.
[144] Gebucht: Duden, (10. Aufl. 1929), 11. Aufl. 1934, 12. Aufl. 1941; Paechter. Getilgt: Duden, 13. Aufl. 1947.
[145] In: Deutsche Vierteljahresschrift, 253. Zit. Cobet, 1973, 134.
[146] Der Sieg des Judenthums über das Germanenthum. Vom nicht confesssionellen Standpunkt aus betrachtet, 1879, 33.

Dühring 1881 das Substantiv *Entjudung*: „Verjudung der Völker und aller Verhältnisse ist Thatsache, Entjudung die Aufgabe."[147]

> a) Das ‚Gesetz zur Wiederherstellung des Berufsbeamtentums' vom 7. 4. 1933, kurz ↑ *Arierparagraph*, hatte an erster Stelle das Ziel der „Entjudung der Rechtspflege und der Verwaltung"[148]. In der Folge wurde durch die Nürnberger Gesetze mit ihren zahlreichen Ausführungsbestimmungen die endgültige Verdrängung der Juden aus dem öffentlichen Leben betrieben. In diesem Zusammenhang stehen solche Weiterbildungen wie: *Entjudungsmaßnahme* und *Entjudungsfrage*. „Jede Kammer hat die Entjudungsmaßnahmen für ihren Mitgliederkreis selbständig durchzuführen."[149] „[...] 2. Die einheitliche Behandlung der Entjudungsfrage in der gesamten Reichskulturkammer wird durch regelmäßige Arbeitsbesprechungen unter dem Vorsitz des Abteilungsleiters II A oder seines Beauftragten sichergestellt. Zu den Besprechungen sind die zuständigen Sachbearbeiter der Einzelkammern zu entsenden. 3. Sachlich sind für die Behandlung der Entjudungsfrage die nachfolgenden Grundsätze maßgebend: Juden im Sinne der Nürnberger Gesetze sind grundsätzlich auszuschließen. Halbjuden sind in den Kammern nur in ganz besonderen Einzelfällen und nur mit meiner persönlichen ausdrücklichen Genehmigung zu belassen. Vierteljuden können in den Kammern verbleiben, es sei denn, daß sie sich gegen den Staat oder gegen den Nationalsozialismus vergangen haben oder sonst beweisen, daß sie dem Judentum zuneigen; wer mit einer Jüdin verheiratet ist, wird grundsätzlich wie ein Halbjude behandelt; wer mit einer Halbjüdin verheiratet ist, grundsätzlich wie ein Vierteljude."[150]
b) „Der stellvertretende Pressechef der Reichsregierung [...] sprach auf der dritten Tagung des Reichskultursenats im Festsaal des Reichsministeriums für Volksaufklärung und Propaganda über das Thema ‚Vom Kunstrichter zum Kunstdiener'. Die Rede diente dem Zweck, den Erlaß des Reichsministers Dr. Goebbels vom 27. d. M. über das Verbot der Kunstkritik näher zu erläutern. [...] Die gesamte Kunstkritik ist seit 1933 genau so wie die übrige Presse entjudet worden. Sie sei dadurch allein noch zu keinem Ideal geworden. Die Umstellung von der subjektiven Anschauung des Kritikers zur sozialistischen des neuen Staates, der als Maßstab weltanschauliche Werte verlangte, habe sich nur sehr langsam und vereinzelt vollzogen."[151] „In den späteren Jahren bildete sich bei den Thüringer Deutschen Christen ein stark deutschkirchlich beeinflußter Flügel, dessen Wortführer ein betont völkisches Christentum vertraten: Entjudung des Gesangbuchs durch Ausmerzung von Begriffen wie Jehova, Israel, Zion, Zebaoth."[152]

---

[147] Die Judenfrage als Racen-, Sitten- und Culturfrage, 1881, 117.
[148] VB v. 7. 4. 1933, 1.
[149] Arbeitsrichtlinien für die Reichskulturkammer v. 3. 1. 1939. Zit. Wulf, J.: Die bildenden Künste im Dritten Reich, 1963, 1.
[150] Arbeitsrichtlinien für die Reichskulturkammer, ebd., 292 f.
[151] Münchener Neueste Nachrichten, 30. 11. 1936. In: Piper, E.: E. Barlach und die „entartete Kunst". 1987, Dok. 140, 182.
[152] Die Religion in Geschichte und Gegenwart, Bd. 2, 3. Aufl. 1986 (1956), 105.

c) „Die Entjudung der gewerblichen Wirtschaft. Um die schwierige Aufgabe der Ausschaltung der Juden aus der gewerblichen Wirtschaft in Angriff nehmen zu können, war es zunächst erforderlich, durch allgemeine Vorschriften klarzustellen, welche Betriebe als jüdisch gelten sollen, und sodann diese Betriebe zu erfassen, um einen Überblick über ihre Zahl und Art zu bekommen. Das ist durch die 3. Verordnung zum Reichsbürgergesetz vom 24. VI. 1938 geschehen [...]. Durch die im Anschluß daran erlassenen Vorschriften wurden die Juden von einer Reihe von Gewerben schlechthin ausgeschlossen und ihnen bestimmte Betriebsarten untersagt [...]. Die danach noch verbliebenen jüdischen Betriebe durften zunächst weitergeführt werden, unterlagen aber gesetzlichen Beschränkungen. Außerdem wurden Vorschriften erlassen, die zur Überführung dieser Betriebe in deutschen Besitz notwendig waren."[153] „Die Verordnung zur planmäßigen Entjudung der deutschen Wirtschaft wurde mit Befriedigung aufgenommen."[154] „Ein weiterer Erlaß über die Entjudung des jüdischen Grundbesitzes wurde vom Reichswirtschaftsministerium am 6. 2. 1939 herausgegeben. Obwohl von der angeordneten Schließung der Einzelhandelsgeschäfte und Handwerksbetriebe diejenigen mit ausländischen Juden als Inhabern ausgenommen waren, erfolgte auch hier fast durchweg eine Überprüfung bzw. ihre Auflösung."[155]

d) Der Zeitzeuge Walter Tausk notierte am 12. 2. 1940 in sein Tagebuch: „Entgegen allen Dementis hat man mit den zirka achthundert Juden in Stettin folgendes gemacht: Man sperrte sie erst in ein leerstehendes Warenhaus (wo man wenigstens noch Zentralheizung hatte). Dann entließ man sie nach Hause. Dann bekamen sie Befehl, sich in fünf Stunden abmarschfertig zu machen, ausgenommen solche, die ein Visum und damit die Auswanderung in der Tasche hatten – und man transportierte alles andere teils in die Gegend von Lublin, teils nach Skalmierzice [...]. Die Wohnungen wurden verschlossen und dann wurde der gesamte Wohnungsinhalt dieser evakuierten Juden ganz einfach versteigert. Die früheren Inhaber der Wohnung sahen davon aber kein Geld: In Stettin herrscht ebenfalls ein Verwandter Streichers. Ganz Pommern wurde so entjudet."[156] In einem Schreiben an das Landeswirtschaftsamt Posen vom 26. 6. 1942 heißt es: „Die Ghettoverwaltung ist im Zuge der Entjudung des Warthegaus in Zusammenarbeit mit der Geheimen Staatspolizei mit der Durchführung einer Sonderaktion beauftragt worden. Für die Abwicklung, die etwa bis Ende Oktober 1942 dauern wird, sind 25 Leute der Ghettoverwaltung abgestellt, die durchschnittlich 14–16 Stunden tätig sind. Unter Bezugnahme auf die heute mit Herrn Regierungsrat Dr. Morawski geführte Unterredung, bei der im einzelnen eine Begründung meines Antrages erfolgte, bitte ich, mir für die Dauer dieser Sonderaktion für die Beteiligten eine monatliche Sonderzuteilung von 5000 Zigaretten zukommen zu lassen."[157]
S. auch ↑ *Sonderaktion*.

---

[153] Stuckart/Schiedermair: Rassen- und Erbpflege in der Gesetzgebung des Reiches, 1942, 59.
[154] Monatsbericht d. Reg.präsidenten v. Oberbayern, 9. 1. 1939. Bayern in der NS-Zeit, 1977, 477.
[155] Vierteljahreslagebericht des SHA, Bd. 1, Judentum. MADR, Bd. 2, 223.
[156] Breslauer Tagebuch, 1988, 236.
[157] In: Wulf, J: Aus dem Lexikon der Mörder, 1963, 72.

entnorden, Entnordung

Das Verringern des nordischen *Rasseanteils* in einem Volk.[158]

▸ Als Terminus der nationalsozialistischen ↑*Rassenkunde* erscheint *entnorden* zuerst bei H. F. K. Günther: „Mit der Revolution aber war Frankreich vielleicht schon bis auf wenige Reste entnordet."[159] Das Verb kommt bei Günther auch in der reflexiven Form *sich entnorden* vor: „Je mehr ein ursprünglich nordisches Volk sich entnordet, desto mehr verliert es seine Wortkargheit."[160] „Die französische Revolution ist eine gründliche Entnordung Frankreichs gewesen. Es genügte damals öfters, blond zu sein, um aufs Blutgerüst gezerrt zu werden."[161] „Der Nordische Gedanke begreift auch wie Spengler die Entartung (d. h. Mehrung minderwertiger Erbanlagen) und Entnordung (d. h. Schwinden des nordischen Blutbestandes der Völker), welche den Untergang der großen Gesittungen des indogermanischen Sprachkreises bewirkt haben, durchaus als eine ‚metaphysische Wendung zum Tode'. Naturwissenschaftliche Forschungen haben die Mittel zur Abwehr dieser ‚metaphysischen Krankheiten' gefunden."[162] F. G. Kneisel nennt 1940 in seinem Aufsatz ‚Die Entwicklung des deutschen Wortschatzes nach dem Weltkriege' *entnorden* unter den Wörtern, die sich als „Flut neuer Wortbildungen aus der Welt der Rasselehren in den Wortschatz ergossen" und „in den allgemeinen Sprachgebrauch eingedrungen sind".[163] „Die Entnordung des deutschen Volkes und des deutschen Geistes. Infolge der Loslösung des Einzelmenschen von Rasse und Volkstum hatte der moderne Mensch für die Zusammenhänge der Geschlechterfolge und Vererbung, für Rassenkunde und Rassenhygiene kein Interesse und keinen Blick. Jedes Blutbewußtsein und das Verantwortungsgefühl gegenüber dem Geschlecht, aus dem er stammt, und gegenüber seiner Nachkommenschaft war dem ‚modernen' Europäer und ganz besonders dem ‚modernen' Deutschen verlorengegangen." „Die Folge dieser Entwicklung war eine Verschlechterung der Erbmasse unseres Volkes. Sie beschleunigte die im 19. Jahrhundert durch Liberalismus und Marxismus begonnene Entnordung."[164] „Im heutigen Europa erkennt Nietzsche klar die Entnordung und ihre geistigen und politischen Folgen."[165] „Dieser Vorgang der Entnordung nimmt auch in der neueren Geschichte seinen unaufhaltsamen Fortgang. In Spanien, Portugal und Italien ist bereits der nordische Blutsanteil bis zur Bedeutungslosigkeit zurückgegangen, und in Deutschland, wo ein stetiges Zurückgehen der nordischen Rasse seit dem Mittelalter festgestellt werden konnte, hat während der letzten Jahrzehnte der Vorgang der Entnordung mit verhängnisvoller Beschleunigung eingesetzt." „Denn mit diesem

---

[158] Gebucht: Duden, 12. Aufl. 1941, Meyers Lexikon 1936 ff., Paechter. Getilgt: Duden, 13. Aufl. 1947.
[159] Rassenkunde des deutschen Volkes, 1922, 298.
[160] Rasse und Stil, 1926, 59.
[161] Ebd., 297.
[162] Günther, Hans F. K.: Der nordische Gedanke unter den Deutschen, 1925, 25.
[163] In: Neophilologus 25/1940, 32.
[164] Hohmann, W.: 1914–934. Zwanzig Jahre deutscher Geschichte, 2. erw. Aufl. 1935, 47.
[165] Härtle, H.: Nietzsche und der Nationalsozialismus, 1937, 61.

durch Gegenauslese verursachten Vorgang der Entnordung vollzieht sich in Deutschland auch ein Niedergang der Sitten. Jeder Rassenwandel hat naturnotwendig einen Gesittungswandel im Gefolge. Der immer mehr beklagte Zerfall unserer guten alten Sitten, der Verlust deutscher Art und deutschen Geistes sind bereits deutliche Anzeichen dafür, daß unser Volk im Kern seines Wesens aufs Allererernsteste bedroht ist. Soll dieses Unglück noch rechtzeitig aufgehalten werden, so muß an Stelle der Entnordung die Aufnordung treten."[166]

erbgesund

Frei von erblichen Krankheiten.[167]

> *Erbgesund*, eine Rückbildung zu ↑ *Erbgesundheit*, erscheint häufig in der Verbindung *erbgesunde Familie*. „Während bisher in unserem liberalistisch geführten Staatswesen immer wieder nur das Einzelwesen im Vordergrund des allgemeinen Interesses stand, sieht es der nationalsozialistische Staat nunmehr als seine Aufgabe an, der erbgesunden Familie und damit der gesunden Bevölkerung insgesamt Fortkommen und Gedeihen zu ermöglichen, ohne den schon geborenen kranken Einzelwesen die notwendige Versorgung versagen zu wollen. Diese Einstellung bedingt jedoch nunmehr eine völlig andere Blickrichtung, d. h. wir betrachten es nicht mehr als unsere Pflicht, nur der jetzigen Generation Gesundheit und Wohlbefinden zu sichern, sondern auch an die Zukunft und an das Gedeihen der kommenden Generation und damit an das Leben der Nation zu denken! Dies sind sittlich hochstehende nationale und völkische Ziele, die es zu verwirklichen gilt!"[168] „Die Fürsorgelasten für alle diese Personen, für Geistesschwache, für Hilfsschüler, für Geisteskranke und sonstige erblich kranke, unglückliche Menschen, aber andererseits auch für Minderwertige und für Verbrecher haben in Deutschland eine Höhe erreicht, die im Hinblick auf die Armut Deutschlands durch den Vertrag von Versailles nicht mehr tragbar erscheint. Bedenken wir, daß alle diese Lasten − es sind mehrere Hunderte von Millionen jährlich − immer wieder von den erbgesunden Personen […] getragen werden müssen. Doch es ist ja nicht nur die wirtschaftliche Belastung allein, sondern in noch größerem Maße besteht die Gefahr des Zusammenbrechens der gesamten sozialen Einrichtungen, wie die des Rückgangs der Gesittung überhaupt."[169] „Der Verein zur Errichtung eines Denkmals zum Gedächtnis der nationalen Erhebung in Altenburg (Thüringen) errichtet eine Siedlung ‚Germanenhof', in der 19 erbgesunde und erbtüchtige Familien Eigenheime erhalten sollen. Die Bewerber und ihre Ehefrauen sollen möglichst nicht über 30 Jahre alt sein. Sie übernehmen die Verpflichtung, innerhalb von fünf Jahren ihren Familienstand um wenigstens zwei, innerhalb der weiteren fünf Jahre um ein drittes und viertes Kind zu erhöhen. Gerechnet werden dabei nur Kinder, bei denen Erbgesundheit festgestellt

---

166 Graf, J.: Vererbungslehre, Rassenkunde und Erbgesundheitspflege, 6. Aufl. 1939, 270.
167 Gebucht: Duden, 11. Aufl. 1934, 12. Aufl. 1941; Knaur 1934, Meyers Lexikon 1936 ff., Trübners DWB. Getilgt: Duden, 13. Aufl. 1947.
168 Gütt/Rüdin/Ruttke: Zur Verhütung erbkranken Nachwuchses, 1934, 49.
169 Ebd., 52.

wird."[170] „Die Genehmigung zur Verheiratung soll nur erteilt werden, wenn der Angehörige des Reichsarbeitsdienstes mindestens 25 Jahre alt ist. Die Braut muß arischer Abstammung sein und einen guten Leumund haben, sie soll erbgesund sein und in geordneten wirtschaftlichen Verhältnissen leben."[171] „Die erbbiologische Auslese richtet sich auf das Erbgut des einzelnen Menschen. Sie dient dazu, den Bestand der wertvollen, leistungsfähigen und erbgesunden Familie zu erfassen und deren Wachstum zu fördern. Mit den Feststellungen über die erbbiologische Beschaffenheit einer Person sind noch keine über ihre politische Bewährung getroffen. Es ist durchaus denkbar, daß ein Mensch, der aus einer erbgesunden Sippe stammt, trotzdem nicht politisch einwandfrei ist. Es kann zwar sein, daß die von dem Betreffenden gezeigte negative politische Haltung nur denkbar ist auf Grund einer entsprechenden minderwertigen Erbanlage; hier ist an die häufige Verbindung von kommunistischer Betätigung und Asozialität zu denken. Das ist aber nicht die Regel. Es darf nicht übersehen werden, daß auch politische Gegner aus erbgesunden Familien stammen können und wir uns dann wenigstens ihre Kinder sichern müssen. [...] Wir werden die Kinder dann in unserem Sinne erziehen und sie auf Grund ihrer guten Erbmasse entsprechend für den Nationalsozialismus einsetzen können. [...]."[172]

Erbgesundheit

Gesundheit der Erbanlagen.[173]

> Alfred Ploetz, der 1895 den Terminus *Rassenhygiene* prägte, schrieb am 24. 12. 1913 an den befreundeten Gerhart Hauptmann über den ‚Bogenclub München', der sich 1910 unter der Leitung von Ploetz zunächst als ‚Geheimer nordischer Ring' konstituiert hatte, das sei eine Vereinigung, „die Erbgesundheit auf sportlicher Basis" pflegen wolle und in die nur ausgesuchte Menschen aufgenommen würden.[174] Weitere Belege für die Verwendung des Ausdrucks vor der NS-Zeit gibt es bisher nicht.

> Im Nationalsozialismus ist *Erbgesundheit*, eine Kontrastbildung zu *Erbkrankheit*, 1930 in ‚Neuadel aus Blut und Boden' von R. W. Darré belegt: „Dagegen hat man im allgemeinen das Gefühl, daß dieser Tatsache [der Bedeutung der Ernährung als ‚ganz wesentlicher Bestandteil der Aufzucht'] bisher von seiten der Ärztewelt wenig, von den um die Wiederaufartung und Erbgesundheit unseres Volkes bemühten Kreisen nicht sehr viel mehr und von den um die Erforschung der Rassenverhältnisse

---

170 Berliner Tageblatt, 28. 7. 1934. Zit. Blick in die Zeit, 2/4. 8. 1934, 9.
171 2. Verordnung zur Durchführung und Ergänzung des Reichsarbeitsdienstgesetzes v. 1. 10. 1935. RGBl. 1, 1935, 1217.
172 Geheimverfügung der Parteikanzlei v. 19. 5. 1942. In: Poliakov/Wulf: Das Dritte Reich und seine Denker, 1989 (1959), 67 f.
173 Gebucht: Duden, 12. Aufl. 1941. Getilgt: Duden, 13. Aufl. 1947.
174 Brief A. Ploetz an G. Hauptmann in: Staatsbibliothek Preuß. Kulturbesitz. Nachlaß G. Hauptmann, Bl. 161/162. Nach: P. Weingart: Rasse, Blut und Gene, 1988, 93.

Bemühten am wenigsten Beachtung geschenkt worden ist."[175] 1925 hatte H. F. K. Günther in seinem Buch ‚Der nordische Gedanke unter den Deutschen' die Zusammensetzungen mit *Erbgesundheit*: *Erbgesundheitsforschung* oder *Erbgesundheitspflege* eingeführt: „Ich möchte im folgenden statt der unklaren Bezeichnung ‚Rassenhygiene' je nachdem ‚Erbgesundheitsforschung' oder ‚Erbgesundheitspflege' setzen."[176] In der zweiten Auflage seiner Schrift von 1927 befaßt er sich im Anhang II ‚Rassenhygiene, deutsch: Erbgesundheitsforschung' noch einmal mit der Frage nach der treffendsten Bezeichnung seines Gegenstands: „Vorliegendes Buch hatte sich 1925 für die Bezeichnungen ‚Erbgesundheitslehre' und ‚Erbgesundheitspflege' entschieden. [...] Die deutschen Bezeichnungen [...] sind unmittelbar und ohne Mißverständnisse leserlich und faßlich."[177] An gleicher Stelle verwendet Günther das abgeleitete Adjektiv *erbgesundheitlich* in der Bedeutung ‚rassenhygienisch', bzw. ‚eugenisch': „die Anwendung erbgesundheitlicher Maßnahmen". 1925 begegnet *Erbgesundheitslehre* auch bei Lothrop Stoddard: „Es ist die Aufgabe der Erbgesundheitslehre, solche gesetzlichen, gesellschaftlichen Einrichtungen zu treffen, daß 1. ein größerer Teil höherwertiger Menschen Kinder aufzieht; 2. die Durchschnittszahl der Nachkommenschaft jedes Höherwertigen größer ist als jetzt; 3. die minderwertigsten Menschen keine Kinder aufziehen; und 4. die übrigen Minderwertigen weniger Kinder aufziehen als jetzt."[178] Der Ausdruck *Erbgesundheit* begegnet aber 1925 weder bei Stoddard noch bei Günther. Im Rechtschreibduden wird der Ausdruck, anders als *erbgesund*, noch nicht 1934, sondern erst 1941 notiert. *Erbgesundheit* setzt sich offenbar erst ab 1930, vor allem im Zusammenhang mit den beiden *Erbgesundheitsgesetzen* von 1933 und 1935, stärker im nationalsozialistischen Sprachgebrauch durch. Jeskes ‚Wörterbuch zur Erblehre' (1934) hat den Ausdruck unter dem Stichwort *Eheberatung*: „Beratung der Heiratswilligen [...] vor der Eheschließung über ihre Erbgesundheit und die Aussicht auf erbgesunde Nachkommen."[179] Durch das ‚Gesetz zum Schutze der Erbgesundheit des deutschen Volkes' (‚Ehegesundheitsgesetz') vom 18. 10. 1935 wurde *Erbgesundheit* zu einem juristischen Terminus. „Erst die Gesetzgebung des nationalsozialistischen Reiches hat die Grundlagen für eine wirksame Erbpflege geschaffen, und zwar durch Maßnahmen zur Verhinderung der Fortpflanzung erblich Minderwertiger und durch Maßnahmen zur Wahrung der Ehegesundheit. Erbgesundheit und Rassenreinheit lassen sich nicht voneinander trennen."[180] „Die Familie ist nach nationalsozialistischer Anschauung die Keimzelle des Volkes; sie ist dazu berufen, den Fortbestand des Volkes zu sichern. Diese Aufgabe kann, weil der Fortbestand eines Volkes von der Erbgesundheit seiner Angehörigen abhängt, nur von solchen Familien erfüllt werden, deren Gründer ehegesund, d. h. zur Erzeugung erbgesunder Nachkommen geeignet sind. Nur die ehegesunde Familie kann Garantin der Erbgesundheit des Volkes sein."[181]

---

[175] Ebd., 164.
[176] Ebd., 9, Anm. 1.
[177] Ebd., 143 f.
[178] Der Kulturumsturz, deutsch von W. Heise, 1925, 183.
[179] Ebd., 32.
[180] Stuckart/Schiedermair: Rassen- und Erbpflege, 3. erw. Aufl. 1942, 91.
[181] Ebd., 112.

Erbgesundheitsgericht

Neugeschaffenes Gericht zur Abwicklung der sog. *Erbgesundheitsverfahren* über die Sterilisierung für ↑ *erbkrank* erklärter Personen.[182]

▸ Die Errichtung von *Erbgesundheitsgerichten* wurde durch das Gesetz zur Verhütung erbkranken Nachwuchses vom 14. 7. 1933 angeordnet. „Über die Unfruchtbarmachung der Erbkranken wird im Wege eines ordentlichen gerichtlichen Verfahrens entschieden. [...] Das Verfahren ist im einzelnen so ausgestaltet, daß die Erreichung des Gesetzeszwecks auf jeden Fall gewährleistet, aber auch dem Unfruchtbarzumachenden die Sicherheit einer unbedingt gerechten Entscheidung gegeben ist."[183] „Die Durchführung des Erbgesundheitsverfahrens ist eigenen neugebildeten und besonders zusammengesetzten Gerichten übertragen. I. Gerichte des Erbgesundheitsverfahrens sind: 1. Erbgesundheitsgerichte. Mitglieder des Erbgesundheitsgerichts sind: a) ein Amtsrichter als Vorsitzender. [...] b) Ein Amtsarzt [...]. c) ein weiterer für das Deutsche Reich approbierter Arzt. Er muß mit der Erbgesundheitslehre besonders vertraut sein. [...] 2. Die Erbgesundheitsobergerichte. [...] II. Zuständig für die Entscheidung ist das Erbgesundheitsgericht, in dessen Bezirk der Unfruchtbarzumachende seinen allgemeinen Gerichtsstand [...] hat [...] III. Die Erbgesundheitsgerichte und -obergerichte sind unabhängige Gerichte, die nur dem Gesetz unterworfen sind. Sie entscheiden auf Grund ihrer freien richterlichen Überzeugung [...]."[184]

Erbgesundheitszeugnis

Ärztliche Bescheinigung über das Fehlen erblicher Krankheiten.

▸ „Aufruf an unsere Studenten. Das Nordisch-biologische Bildungsideal der nationalsozialistischen deutschen Hochschule erfordert eine Umgestaltung des Denkens und Arbeitens auf allen Wissensgebieten. Kamerad, willst du an dieser Umgestaltung mithelfen? Sie ist das Ziel des anerkannten Kameradschaftshauses Mannschaftshaus Trutzberg. Nationalsozialistische Arbeitskameradschaft für rassebewußte Wissenschaft in Jena, das in zweisemestrigem Dienst in enger Zusammenarbeit mit dem neugegründeten Institut für menschliche Züchtungskunde und Vererbungsforschung unter Leitung von Präsident Professor Dr. Astel, aufbauend auf dem Denken Walter Darrés, Hans Günthers und Alfred Rosenbergs, Studenten aller Fakultäten zu Sturmsoldaten des neuen Wissenschaftsbegriffs formen will. [...] Meldung umgehend, unter Beilegung eines handgeschriebenen Lebenslaufes, mehreren Bildern, Ariernachweises, bzw. ehrenwörtlicher Versicherung, kein jüdisches Blut zu haben, und ärztlichen Erbgesundheitszeugnisses (Sippschaftstafel ist baldmöglichst nachzusenden) an das Thüringische Landesamt für Rassewesen. [...]"[185] „In diesem Rasse- und Siedlungshauptamt werden im Sippenamt die Heiratsgesuche der SS-

---

[182] Gebucht: Duden, 12. Aufl. 1941. Getilgt: Duden, 13. Aufl. 1947.
[183] Stuckart/Schiedermair: Rassen- und Erbpflege, 3. erw. Aufl. 1942, 98.
[184] Ebd., 98 f.
[185] Deutscher Glaube. Monatsschrift d. Deutschen Glaubensbewegung, 2/Lenzing 1935, 142.

Männer bearbeitet. Denn kein SS-Mann kann ja bekanntlich heiraten ohne die Genehmigung des Reichsführers SS, unter den Gesichtspunkten des Heiratsbefehls vom Jahre 1931. Hierzu wird eine gesundheitliche Untersuchung von Mann und Frau gefordert. Es sind Bürgen für die Braut in weltanschaulicher und menschlicher Beziehung beizubringen. Weiter werden bis jetzt von Mann und Frau Ahnentafeln – bei Führern bis 1800 – gefordert. Die Vorlage der Erbgesundheitszeugnisse ist ebenfalls erforderlich. [...]"[186]

Erbhof

Nach Definition des ↑ *Reichserbhofgesetzes*: Unteilbarer, unveräußerlicher Bauernhof von der Größe mindestens einer ↑ *Ackernahrung* und höchstens 125 Hektar im Besitz einer ↑ *bauernfähigen* Person.[187]

➤ R. Walther Darré, der spätere *Reichsbauernführer* und Minister für Ernährung und Landwirtschaft, entwickelte Ende der Zwanziger Jahre eine geschlossene Theorie des *Bauerntums* unter rassischem Aspekt, deren Inhalt durch die Titel seiner beiden Bücher aus dieser Zeit deutlich wird: ‚Das Bauerntum als Lebensquell der nordischen Rasse' (1929), ‚Neuadel aus Blut und Boden' (1930). Die in ihrer ↑ *rassischen* Qualität verbesserten Bauern sollten einmal die Führungselite des ↑ *Dritten Reichs* stellen. In diesen Rahmen gehört die Idee des *Erbhofs*, wie sie Darré beschreibt: „Die Wiedergeburt des deutschen Bauerntums ist nicht schwer, denn wir haben – Gott sei Dank – noch ausreichend deutsche Bauern in Deutschland. Was wir hierzu vordringlich brauchen, ist in folgenden vier Forderungen niedergelegt: 1. Grundsätzliche Abkehr von Weimar und die Bejahung des völkischen deutschen Staates. 2. Die bedingungslose Erhaltung der noch vorhandenen echten Bauernfamilien auf ihrer angestammten Scholle. 3. Überführung des Siedlungsgedankens in den Grundgedanken, daß Siedlung nur einen völkischen Sinn hat, wenn sie ‚Neubildung des deutschen Bauerntums' bedeutet. 4. Schaffung eines Rahmengesetzes für das Deutsche Reich, welches denjenigen, die in wirklich bäuerlichem Sinn des Gedankens Bauern auf ihrer Scholle bleiben oder es auf einer neuerworbenen Scholle werden wollen, ermöglicht, ihren Hof als einen ‚Erbhof', etwa bei einer Anerbenrolle, anzumelden, so daß der Erbhof in Zukunft vor Teilung und Verschuldung, aber auch vor landwirtschaftlichen Reingewinnsüchteleien seines jeweiligen Besitzers grundsätzlich geschützt ist. Wenn man für solche ‚Erbhöfe' eine gewisse Mindest- und Höchstgrenze ihres Gebietsumfanges festlegt [...], dann muß sich aus dem Durcheinander der heutigen Höfe und Gutsbetriebe, sowie der Groß- und Kleinbetriebe, langsam und organisch auf Grund natürlicher Auslese ein echtes Bauerntum auf solchen Erbhöfen wieder herausbilden [...]."[188] Das ‚Reichserbhofgesetz' vom

---

[186] d'Alquen, G.: Die SS, 1939, 23 f.
[187] Gebucht: Duden, 11. Aufl. 1934, 12. Aufl. 1941; Knaur 1934, Meyers Lexikon 1936 ff., Paechter, Trübners DWB, Volks-Brockhaus 1940. Getilgt: Duden, 13. Aufl. 1947, doch noch erwähnt s. v. *Odal*, vollständig getilgt: 14. Aufl. 1954.
[188] Bauer und Landwirt. 1932/33. In: Um Blut und Boden, 1941, 208 f.

29. 9. 1933 definiert den *Erbhof* im Sinne Darrés als unteilbares ideales Besitztum: „Die Reichsregierung will unter Sicherung alter deutscher Erbsitte das Bauerntum als Blutquelle des deutschen Volkes erhalten. Die Bauernhöfe sollen vor Überschuldung und Zersplitterung im Erbgang geschützt werden, damit sie dauernd als Erbe der Sippe in der Hand freier Bauern verbleiben. Es soll auf eine gesunde Verteilung der landwirtschaftlichen Besitzgrößen hingewirkt werden, da eine große Anzahl lebensfähiger kleiner und mittlerer Bauernhöfe, möglichst gleichmäßig über das ganze Land verteilt, die beste Gewähr für die Gesunderhaltung von Volk und Staat bilden. Die Reichsregierung hat daher das folgende Gesetz beschlossen. Die Grundgedanken des Gesetzes sind: Land- und forstwirtschaftlicher Besitz in der Größe von mindestens einer Ackernahrung und von höchstens 125 Hektar ist Erbhof, wenn er einer bauernfähigen Person gehört. [...] Der Erbhof geht ungeteilt auf den Anerben über. [...] Der Erbhof ist grundsätzlich unveräußerlich und unbelastbar.[...]"[189]

Erbhofbauer

Besitzer eines *Erbhofs*.[190]

▶ „Können fremdvölkische Grenzlandbauern in der Ostmark Erbhofbauern werden? Nach Meldungen aus der Ostmark wird dort vielfach in der Bevölkerung und in Rechtswahrerkreisen die Frage erörtert, ob fremdvölkische Grenzlandbauern, also Magyaren und Kroaten im ehemaligen Burgenland und die Slowenen in Kärnten, zu Erbhofbauern erklärt werden sollen oder nicht, da die Lösung dieser Frage naturgemäß eine große nationalpolitische Bedeutung hat und es nicht gleichgültig sein kann, ob fremdvölkische Sippen durch die vom Erbhofgesetz geschaffene Bindung an den Boden für immer an den empfindlichsten Grenzen festgesetzt werden sollen und dort nicht mehr wegzubringen sind. Während die Verordnung über die Einführung des Erbhofrechts im Sudetengau die ausdrückliche Bestimmung enthält, daß nur deutsche Volkszugehörige Erbhofbauern sein können, fehlt eine solche Bestimmung für die Ostmark."[191]

Erbhofbuch

Amtliche Vordrucksammlung für beglaubigte Abschriften der Eintragungen in die *Erbhöferolle und von Erbscheinen*.[192]

▶ „1) Das Anerbengericht stellt den Bauern auf Antrag ein amtliches Erbhofbuch aus. Das Buch enthält namentlich eine beglaubigte Abschrift der auf den Hof bezüglichen Eintragungen in die Erbhöferolle sowie der Erbscheine, aus denen sich die Erbfolge in den Hof ergibt. Das Erbhofbuch kann nur durch das Anerbengericht bezogen werden. (2) Die Herstellung und der Vertrieb von nichtamtlichen Büchern

---

[189] Reichserbhofgesetz (RGBl. 1, 1933, 635.), Textausgabe, 2. veränd. Aufl. 1937, 1.
[190] Gebucht: Duden, 12. Aufl. 1941. Getilgt: Duden, 13. Aufl. 1947.
[191] MADR, (Nr. 79), 19. 4. 1940, 1028.
[192] Gebucht: Duden, 12. Aufl. 1941. Getilgt: Duden, 13. Aufl. 1947.

gleicher oder ähnlicher Zweckbestimmung ist unzulässig. (3) Die näheren Bestimmungen über die Führung der Erbhofbücher erläßt der Reichsminister der Justiz im Einvernehmen mit dem Reichsminister für Ernährung und Landwirtschaft."[193]

Erbhöferolle

Vom Anerbengericht geführtes gerichtliches Verzeichnis der vom Gemeindevorsteher erhobenen Daten über Erbhöfe eines Bezirks.[194]

> „Allgemeine Bestimmungen über die Erbhöferolle. § 27 Eintragungen. (1) In der Erbhöferolle sind die zum Erbhof gehörigen Grundstücke aufzuführen. Bei jedem Grundstück ist die Wirtschaftsart (z. B. Acker, Wiese), die Größe und das Grundbuchblatt, auf dem es eingetragen ist, anzugeben. Dies gilt auch für diejenigen Grundstücke, welche der Bauer nach der Eintragung des Hofes zum Hof hinzuerwirbt.[...] § 31 Äußere Einrichtung der Erbhöferolle. (1) Die Erbhöferolle ist in der Form des gebundenen Buchs anzulegen. (2) Für jede Gemeinde ist mindestens ein Band anzulegen. Von der Anlegung eines besonderen Bandes für die Gemeinde soll nur abgesehen werden, wenn die Zahl ihrer Erbhöfe geringer ist als zehn."[195]

Erbhofgericht.

Anerbenbehörde auf Länderebene zur Entscheidung von Erbhofangelegenheiten.[196]

> „Die Anerbenbehörden. § 40 Grundsatz. (1) Zur Durchführung der besonderen Aufgaben dieses Gesetzes werden Anerbengerichte, Erbhofgerichte und das Reichserbhofgericht gebildet. (2) In den durch dieses Gesetz den Anerbenbehörden zur Entscheidung überwiesenen Angelegenheiten können die ordentlichen Gerichte nicht angerufen werden. [...] § 43. Das Erbhofgericht. (1) Für jedes Land wird durch die Landesjustizverwaltung bei einem von ihr bestimmten Oberlandesgericht ein Erbhofgericht gebildet.[...]"[197]

erbkrank, Erbkranker, Erbkrankheit

An einer erblichen Krankheit leidend; an einer erblichen Krankheit Leidender; erbliche Krankheit[198]

> Der Ausdruck *Erbkrankheit* ist schon 1799 belegt. Johann Peter Frank (1748–1821) behandelt im 1. Band seines Werkes ‚System einer vollständigen medizini-

---

[193] Verordnung über die Führung von Erbhofbüchern. RGBl. 1, 1935, 739.
[194] Gebucht: Duden, 12. Aufl. 1941. Getilgt: Duden, 13. Aufl. 1947.
[195] Erbhofverfahrensordnung v. 21. 12. 1936. Reichserbhofgesetz, Textausgabe, 2. veränd. Aufl. 1937, 75 f.
[196] Gebucht: Duden, 12. Aufl. 1941. Getilgt: Duden, 13. Aufl. 1947.
[197] Reichserbhofgesetz, Textausgabe, 1937, 17 f.
[198] Gebucht: Duden, 11. Aufl. 1934, 12. Aufl. 1941; Knaur 1934, Trübners DWB. Getilgt: Duden, 13. Aufl. 1947. Wieder aufgenommen: 15. Aufl. 1961. In 20. Aufl. 1991 nur: *Erbkrankheit*.

schen Polizey' (Mannheim 1799) das „Zeugungswerk". Frank betont, daß vor allem auf eine gesunde Bevölkerung Wert zu legen sei. Denn „ein Zuwachs elender und sicher Körper" ist nur „ein Haufe müßiger Kostgänger", deren Unterhalt „die Verwendungen der geschäftigen Klasse verdoppeln" muß. (I, 94) Frank macht auf die Gesundheitsgefährdung durch eine „größere Beisammenwohnung der Menschen" (44 f.), vor allem aber auch auf „Erbkrankheiten" aufmerksam.. (I, 303)[199] Grimms ‚Deutsches Wörterbuch' weist die übertragene Verwendung des Ausdrucks für 1820 bei Göckingk nach: „die erbkrankheit der Deutschen, die titelsucht."[200]

> Das Adjektiv *erbkrank* ist eine moderne Rückbildung zu *Erbkrankheit*. Das Wort erscheint 1934 erstmals im Rechtschreibduden. Durch das ‚Gesetz zur Verhütung erbkranken Nachwuchses' vom 14. 7. 1933 wurden *erbkrank* und die Substantivierungen des Adjektivs *Erbkranker* und *Erbkrankheit* zu aktuellen, häufig gebrauchten Ausdrücken. „Gesetz zur Verhütung erbkranken Nachwuchses. Die Reichsregierung hat das folgende Gesetz beschlossen, das hiermit verkündet wird: §1 1(1) Wer erbkrank ist, kann durch chirurgischen Eingriff unfruchtbar gemacht (sterilisiert) werden, wenn nach den Erfahrungen der ärztlichen Wissenschaft mit großer Wahrscheinlichkeit zu erwarten ist, daß seine Nachkommen an schweren körperlichen oder geistigen Erbschäden leiden werden. (2) Erbkrank im Sinne dieses Gesetzes ist, wer an einer der folgenden Krankheiten leidet: 1. angeborenem Schwachsinn, 2. Schizophrenie, 3. zirkulärem (manisch-depressivem) Irresein, 4. erblicher Fallsucht, 5. erblichem Veitstanz (Huntingtonscher Chorea), 6. erblicher Blindheit, 7. erblicher Taubheit, 8. schwerer erblicher körperlicher Mißbildung. (3) Ferner kann unfruchtbar gemacht werden, wer an schwerem Alkoholismus leidet."[201] „Diese Personen sowie schwere Alkoholiker können, auch gegen ihren Willen, unfruchtbar gemacht werden. Die Entscheidung darüber liegt in Händen des Erbgesundheitsgerichts."[202] „Wir Deutschgläubige gehen einen anderen Weg, und der ist sicherer. Es ist der Weg der unbedingten Hingabe an die höchsten Ziele des Volkes. Innerhalb dieses Zielschaffens ist es unmöglich, daß man die Masse erbkranken Nachwuchses sich vermehren läßt. Hier ist des Volkes Wille Gottes Wille. Und diesem gehorchen wir."[203] „Das Reichsstudentenwerk teilt mit: Gesundheitliche Auslesebestimmungen für das Hochschulstudium. [...] Vom Hochschulstudium ausgeschlossen werden in Zukunft diejenigen bzw. es wird die Berechtigung zum Weiterstudium denjenigen entzogen, bei denen eine Erbkrankheit vorliegt, z. B. Schizophrenie, manisch-depressives Irresein, Epilepsie usw. Aber auch Krankheiten, wie progressive Muskeldistrophie, spastische Spinalparese, Friedrichsche Krankheit u. a., die also nicht unter das Gesetz zur Verhütung erbkranken Nachwuchses fallen, werden von dem Aus-

---

[199] Nach Stoltenberg, H. L.: Geschichte der deutschen Gruppwissenschaft (Soziologie), Leipzig 1937, 180 f.
[200] Friedrich Nicolai's Leben und Literarischer Nachlaß, hg. L. F. G. Göckingk, Berlin 1820. DWB, Bd. 3, 1862, 727.
[201] In: Gütt/Rüdin/Ruttke: Zur Verhütung erbkranken Nachwuchses. Gesetz und Erläuterungen, 1934, 81.
[202] Knaur 1934, 366.
[203] Hauer, W.: Was will die deutsche Glaubensbewegung? 3. Aufl. 1935, 47.

schluß betroffen."²⁰⁴ „Im nächsten Teil des Buches ist es der Abschnitt über Rassenpflege, der Beachtung verdient. Die Pflicht der Pflege des Erbgutes wird in ihren Ursachen begründet. Klar und übersichtlich, ist die Behandlung der Erbkrankheiten und der Schritte, die der Staat unternommen hat, um die gefährlichen Erbkranken an der Fortpflanzung zu hindern."²⁰⁵ „Wurden in den ersten Jahren sehr viele Erbkranke der Unfruchtbarmachung zugeführt, so ist in der letzten Zeit stellenweise die Zahl der Sterilisationsanträge stark zurückgegangen."²⁰⁶ Im Schulbuch wird vorgerechnet: „Wo es aber um das Wohl des Ganzen geht, hat jedes persönliche Interesse zurückzustehen. In diesem Sinne hat die deutsche Regierung das Gesetz zur Verhütung erbkranken Nachwuchses geschaffen. In welcher Weise unsere Erbkranken seither den Gesunden des Volkes zur Last fielen, zeigen die folgenden Angaben: ‚Es kostet der Geisteskranke etwa 4 RM. den Tag, der Verbrecher 3,50 RM., der Krüppel und Taubstumme 5 bis 6 RM. den Tag, während der ungelernte Arbeiter nur etwa 2,50 RM., der Angestellte 3,60 RM., der untere Beamte etwa 4 RM. den Tag zur Verfügung haben. Das sind die Folgen einer übertriebenen Fürsorge für das Einzelindividuum, die den Arbeitswillen der Gesunden ertöten und das Volk zu Rentenempfängern erziehen muß.' (Reichsminister d. I. Dr. Frick.) Das Deutsche Reich gab im Jahre 1928/29 für Geisteskranke und Geistesschwache allein durch die Landesfürsorgeverbände rund 108 Mill. Mark aus. Es gibt sogar Irrsinnige, die den Staat und die Allgemeinheit bereits je 20 000 bis 30 000 RM. gekostet haben."²⁰⁷

erblich Minderwertige

Als minderwertig geltende Menschen mit erblichen Krankheiten oder mit im NS-Staat unerwünschten, für erblich erklärten Eigenschaften.

> Der Ausdruck *erblich Minderwertige* ist vielleicht eine Verdeutschung der Wortverbindung *generativ Minderwertige*, die in der Rassen- und Sozialhygiene zu Anfang des 20. Jahrhunderts gebräuchlich war. „Wir müssen die natürlichen Ungleichheiten der geistigen und körperlichen Fähigkeiten der Individuen ihrem sozialen und generativen Wert entsprechend schätzen und dürfen uns nicht erkühnen, diese nach unseren verfehlten Begriffen ungerecht erscheinenden Ungleichheiten durch menschliche Einrichtungen möglichst ausgleichen zu wollen, indem wir ungleiche Leistungen gleich entlohnen und den generativ Minderwertigen gleiche Fortpflanzungsmöglichkeit zubilligen, wie den besser Beanlagten."²⁰⁸

> H. F. K. Günther führte die Formel *erblich Minderwertige* in den NS-Sprachgebrauch ein: „Eine Steigerung der leiblichen und seelischen Tüchtigkeit einer Bevölkerung ist möglich und durch Erhöhung der Kinderzahl ihrer leiblich und seelisch

---

[204] Der Deutsche Student, 4/Febr. 1936, 92.
[205] Der Deutsche Student, 4/Okt. 1936, 469.
[206] Vierteljahresbericht des SHA 1939, MADR, Bd. 2, 269.
[207] Biologie f. höhere Schulen, Bd. 3, 2. Aufl. 1943, 171 f.
[208] Schallmayer, W.: Vererbung und Auslese im Lebenslauf der Völker, 1903, 323.

tüchtigen Familien bei Hemmung der Fortpflanzung der Erblich-Minderwertigen aller Stände."[209] „Nebenbei erinnern wir uns daran, daß ‚erblich-minderwertig' zwar in vielen Fällen zugleich soviel bedeutet wie überhaupt minderwertig, auch als Einzelmensch minderwertig; daß ‚erblich-minderwertig' in vielen Fällen soviel bedeutet wie ‚gesellschaftsfeindlich'. Unter den Erblich-Minderwertigen ist die große Zahl der ‚Untermenschen' zu finden — um ein zuerst von Fontane gebrauchtes Wort anzuwenden — der Untermenschen, d. h. der werteverneinenden, gesittung-unterwühlenden Erblich-Minderwertigen. Wir erinnern uns andererseits aber auch daran, daß in vielen Fällen Menschen, die als Einzelmenschen hochwertig sind, als Erbträger minderwertig sein können."[210] „Während die gesunde deutsche Familie, besonders der gebildeten Schichten, nur etwa zwei Kinder im Durchschnitt hat, weisen Schwachsinnige und andere erblich Minderwertige durchschnittlich Geburtenziffern von drei bis vier Kindern pro Ehe auf. Bei einem solchen Verhältnis ändert sich aber die Zusammensetzung eines Volkes von Generation zu Generation, so daß in etwa drei Geschlechterfolgen die wertvolle Schicht von der minderwertigen völlig überwuchert ist. Das bedeutet aber das Aussterben der hochwertigen Familien, so daß demnach höchste Werte auf dem Spiele stehen; es geht um die Zukunft unseres Volkes!"[211] „Verhinderung der Fortpflanzung erblich Minderwertiger. Vorbemerkung. I. Die bevölkerungspolitischen Verfallserscheinungen, die die nationalsozialistische Regierung bei der Machtübernahme vorfand, erschöpften sich nicht in dem Eindringen artfremden Blutes in das deutsche Volk. Vielmehr zeigte sich auch eine gefährdete Erbverfassung des deutschen Volkes selbst, die durch zwei Tatsachen gekennzeichnet war: 1. Ständiger zahlenmäßiger Rückgang der gesunden und hochwertigen Bevölkerungsteile. 2. Unverhältnismäßige Zunahme der erblich minderwertigen Bevölkerungsteile. [...] II. Die nationalsozialistische Regierung erkannte die ungeheure Gefahr, die unserem Volke drohte, und traf sofort Maßnahmen, um der Entwicklung Einhalt zu gebieten. Nach den gesicherten Ergebnissen der Erblehre kann einer Verschlechterung der Erbmasse eines Volkes nur dadurch entgegengetreten werden, daß eine Fortpflanzung erblich Minderwertiger verhindert wird. Die Grundlage hierfür wurde geschaffen durch das Gesetz zur Verhütung erbkranken Nachwuchses (ErbkrG.) vom 14. VII. 1933, das durch die Gesetze vom 26. VI. 1935 und 4. II. 1936 in Einzelpunkten ergänzt und durch 6 Ausführungsbestimmungen näher ausgestaltet wurde. Das Gesetz führte als Maßnahmen zur Verhinderung der Fortpflanzung erblich Minderwertiger ein: 1. die Unfruchtbarmachung erblich Minderwertiger. 2. Die Absonderung erblich Minderwertiger. Damit wurde ein Weg beschritten, den der Führer bereits in seinem Buche bezeichnet hatte. (Mein Kampf, S. 279)."[212]

---

[209] Günther, H. F. K.: Kleine Rassenkunde des deutschen Volkes, 3. Aufl. 1933 (zuerst 1929), 79.

[210] Günther, H. F. K.: Volk und Staat in ihrer Stellung zu Vererbung und Auslese. (Febr. 1933) In: Führeradel durch Sippenpflege, 1936, 27.

[211] Aus d. Begründung d. Gesetzes z. Verhütung erbkranken Nachwuchses, Reichsanz. Nr. 172. In: Gütt/Rüdin/Ruttke: Zur Verhütung erbkranken Nachwuchses, 1934, 60.

[212] Stuckart/Schiedermair: Rassen- und Erbpflege in der Gesetzgebung des Reiches, 3. erw. Aufl. 1942, 91 f.

Erbpflege, Erb- und Rassenpflege

Maßnahmen zur Erhaltung und Verbesserung guter Erbanlagen.[213]

> *Erbpflege* wurde von dem Rasseanthropologen Eugen Fischer als Verdeutschung für *Eugenik* eingeführt[214], vermutlich nicht im Rückgriff auf die alte Wortform, die als *erfplege* im ‚Sachsenspiegel' erscheint[215], sondern als Kurzform zu der von H. F. K. Günther vorgeschlagenen Verdeutschung für Eugenik bzw. Rassenhygiene: *Erbgesundheitspflege*.[216] *Erbpflege* kommt häufig in fester Verbindung mit *Rassenpflege* vor, das, ebenfalls von Fischer, als Verdeutschung für *Rassenhygiene* empfohlen wurde. Im ‚Gesetz über die Vereinheitlichung des Gesundheitswesens' vom 3. 7. 1934 heißt es z. B.: Dem Gesundheitswesen liegt ob: Die Durchführung der ärztlichen Aufgaben a) der Gesundheitspolizei b) der Erb- und Rassenpflege einschließlich der Eheberatung."[217] „„Opfer der Vergangenheit'. [...] Dieser Film hat sich eine schwierige, aber auch bedeutsame Schulungsaufgabe in weltanschaulicher Hinsicht gestellt. Er will in dem Betrachter Verständnis für die Aufgaben der Erbpflege, d. h. also eines Gebietes, dessen Wichtigkeit für die nationalsozialistische Weltanschauung ebenso unbestritten wie vielfach mißverstanden ist. [...] Der Film löst die Aufgabe mit teilweise sehr drastischen Mitteln. Die Einführung zeigte zunächst Bilder aus der Natur, die den Gedanken der natürlichen Auslese dem Beschauer nahebringen sollen. Er führt uns dann in einer recht plötzlichen Wendung Geisteskranke schwersten Grades vor. In immer neuen Situationen werden diese Unglücklichen, die vielfach noch unter die Stufe des Tieres herabgesunken sind, dem Beschauer ohne Beschönigung vorgeführt. [...] und der Film klingt dann aus mit Aufnahmen von Gruppen deutscher Menschen, wie sie der Nationalsozialismus sich wünscht. Wir sehen HJ., BDM., SA., SS. und die Wehrmacht beim Marsch für den Führer und vor dem Führer. [...]"[218] „Zwar gelang in Österreich mit der Machtübernahme die Ausschaltung eines umfangreichen, in der Sankt Lucas-Gilde organisierten Widerstandsherdes gegen die Erb- und Rassenpflege. Trotzdem wurde besonders in katholischen Gebieten eine verstärkte gegnerische Propagandatätigkeit, auch von der Kanzel, festgestellt, die von Seiten des Vatikans durch Ansprachen, Hirtenbriefe usw. gefördert wurde."[219] „Bei der Besetzung der Lehrstühle für Erb- und Rassenpflege an den medizinischen Fakultäten entstanden und entstehen dadurch erhebliche Schwierigkeiten, daß der wissenschaftlich und politisch einwandfreie Nachwuchs fast völlig fehlt [...]. Ein großer Teil der Amtsärzte steht den Fragen der Erb- und Rassenpflege uninteressiert gegenüber."[220]

---

[213] Gebucht: Duden, 12. Aufl. 1941, Meyers Lexikon 1936 ff., Paechter, Volks-Brockhaus 1940. Nicht in: Duden, 20. Aufl. 1991.
[214] In der Liste der von Fischer vorgeschlagenen Verdeutschungen. In: Jeske, E.: Wörterbuch zur Erblehre und Erbpflege, 1934, o. S.
[215] Gebucht: Deutsches Rechtswörterbuch, Bd. 3, 1935–1938, 116.
[216] Der nordische Gedanke unter den Deutschen, 1925, 9.
[217] RGBl. 1, 1934, 531.
[218] NS-Monatshefte, 8/1937, 445 f.
[219] Jahreslagebericht d. SHA. 1938, MADR, Bd. 2, 107.
[220] Vierteljahreslagebericht d. SHA 1939, MADR, Bd. 2, 269.

Erbsünde

Verstoß gegen das von den Nationalsozialisten proklamierte Gebot der Rassenreinheit.↑ *Rassenschande.*

> *Erbsünde*, mhd. erbesünde, Lehnübersetzung von lat. *peccatum hereditarium*, bezeichnet nach christlicher Lehre die von Adam ererbte Ursünde der Menschheit. Die ins Weltliche übertragene Verwendung des Ausdrucks war schon im 19. Jahrhundert üblich. „Der aristokratische Erbhochmut ist die wahre Erbsünde."[221] „Der Schopenhauersche Pessimismus […] brütet über willkürlichen Geschichtskonstruktionen, stellt dem Volke Kants und Fichtes den Werdegang der Menschheit als eine ewige Krankheit dar und verleitet die Nationalökonomen zu einer volkswirtschaftlichen Erbsündenlehre, die um Nichts fruchtbarer und um vieles trostloser ist als die theologische."[222] „Die ruhige Prüfung der letzteren [aktuellen staatlichen Sozialpolitik] ergiebt zwar für Jeden, der nicht im Banne der deutschen Erbsünden, des formalen oder pedantischen Urtheils, steht, die Ueberzeugung, daß hier immerhin ein bedeutender Schritt auf dem Wege der Besserung […] gethan wird."[223] In der Bedeutung ‚Sünde wider das Gebot der Rassenreinheit' taucht *Erbsünde* zuerst in den Zirkeln der rassistischen Völkischen zu Beginn des 20. Jahrhunderts auf, so bei dem obskuren Jörg Lanz von Liebenfels: „Moses, die Propheten und Christus und der neue Bund, sie haben nur ein Gesetz und eine Lehre immer und immer wieder der sich planlos vermischenden Menschheit gepredigt, das Gesetz der Reinzucht […]. Denn alle Völker, auch die Germanen, haben sich im Laufe der Zeit an dem Becher der babylonischen Kebse berauscht. Keiner ist frei von der ‚Erbsünde.'"[224] Guido List bezieht sich auf Lanz von Liebenfels: „Es kommen − trotz aller Sexualgesetze sowohl im Altertum als in der Gegenwart − eben oft genug Geburtsirrungen vor, und zwar bewußt durch Mesalliancen mit minderrassigen Müttern, als auch unbewußt durch Eheirrungen hochrassiger Mütter mit minderrassigen Günstlingen, wodurch das reine Arierblut getrübt, eigentlich verfälscht wurde und der Widerspruch der Rassenforschungsergebnisse mit der hieroglyphischen Urkunde als Ursache eben jene tatsächliche Erbsünde pragmatisch dokumentiert. Näheres darüber siehe in Jörg Lanz Liebenfels Schriften im Ostara-Verlag."[225] Über die Lehre des Lanz von Liebenfels schreibt ein H. Ch. H. Meyer 1920 im Völkischen Beobachter: „Die Erbsünde wäre ausschließlich die Sünde wider das ‚Blut', d. h. das Gebot der Reinerhaltung des Blutes."[226]

> Hitler verwendet in ‚Mein Kampf' *Erbsünde* auf gleiche Weise wie Lanz von Liebenfels. Seine Formulierung wird bestimmend für den Wortgebrauch in der NS-

---

[221] Heß, M.: Die europäische Triarchie. (1841) Ausgew. Schriften, hg. H. Lademacher, o. J., 83.
[222] v. Treitschke, H.: Der Socialismus und seine Gönner, 20. 7. 1874. Zehn Jahre Deutsche Kämpfe, 1874, 459.
[223] Reinhold, K. Th.: Das Deutsche Volksthum und seine nationale Zukunft, 1884, 348.
[224] Ostara, H. 13/Okt. 1906, 19.
[225] List, Guido: Die Bilderschrift der Ariogermanen, 1910, 11.
[226] VB 34/19. 12. 1920, 5.

Zeit: „Die Sünde wider Blut und Rasse ist die Erbsünde dieser Welt und das Ende einer sich ihr ergebenden Menschheit." (S. 272) „Was Frankreich, angespornt durch eigene Rachsucht, planmäßig geführt durch den Juden, heute in Europa betreibt, ist eine Sünde wider den Bestand der weißen Menschheit und wird auf dieses Volk dereinst alle Rachegeister eines Geschlechts hetzen, das in der Rassenschande die Erbsünde der Menschheit erkannt hat." (S. 705) Göring will mit dem Ausdruck *Erbsünde* die Nürnberger Gesetze legitimieren: „Wir wissen, daß die Blutschande die Erbsünde eines Volkes ist. Wir selbst, das deutsche Volk, haben schwer an dieser Erbsünde leiden müssen. Wir wissen, daß die letzte Wurzel allen Zerfalls Deutschlands aus dieser Erbsünde letzten Endes kam."[227]

erbtüchtig, Erbtüchtigkeit

leistungsfähig auf Grund hochwertiger Erbanlagen, frei von erblichen Mängeln; Leistungsfähigkeit, die hochwertigen Erbanlagen zugeschrieben wird.[228]

> Die Ausdrücke *erbtüchtig, Erbtüchtigkeit* stammen aus dem Bereich der Rassen- und Sozialhygiene und sind wohl Verdeutschungen der um die Jahrhundertwende gebräuchlichen Ausdrücke *generativ tüchtig* (bzw. der Substantivierung *generativ Tüchtige*) und *generative Tüchtigkeit*, die z. B. bei Schallmayer 1903 vorkommen. „[...] andererseits wird der generativ Tüchtige auf keine Weise ermutigt, viele Kinder aufzuziehen; denn wirtschaftlich steht eine empfindliche Strafe darauf, da sein Anteil am Nationaleinkommen nicht um so größer wird, je mehr Kinder er hat."[229] „Soll demnach einem Volk das aus Übervölkerung hervorgehende Elend erspart bleiben, und ihm dennoch seine generative Tüchtigkeit erhalten oder sogar erhöht werden, so muß die natürliche Auslese durch eine bewußte ersetzt werden. [...] Diese bewußte oder künstliche Auslese hätte sich beim Menschen selbstverständlich nicht der Vernichtung von Individuen zu bedienen, welche den für die Auslese jeweilig maßgebenden Anforderungen nicht genügen, sondern würde in ihrer bloßen Fernhaltung von der Fortpflanzung zu bestehen haben."[230] 1921 ist der Ausdruck in der verdeutschten Form belegt: „10% der Elternpaare, die sich durch die beste Erb- und Aufzuchttüchtigkeit auszeichnen, haben das Recht und die Pflicht, eine Mindestzahl von sechs Kindern zu erzeugen."[231]

> H. F. K. Günther, der die pseudowissenschaftlichen Grundlagen für die nationalsozialistische *Rassenkunde* liefert, verwendet *erbtüchtig* 1922 in seiner ‚Rassenkunde des deutschen Volkes': „So ist es in Europa vielfach und im Gegensatz zu

---

[227] Rede zu den Nürnberger Gesetzen am 15. 9. 1935. In: G. Rühle: Das Dritte Reich, Bd. 1935, 257 f.
[228] Gebucht: Duden, 12. Aufl. 1941, Meyers Lexikon 1936 ff. Getilgt: Duden, 14. Aufl. 1954.
[229] Schallmayer, W.: Vererbung und Auslese im Lebenslauf der Völker, 1903, 324.
[230] Ebd., 337.
[231] Poll, H.: Über Zeugegebote. In: Z. f. soziale Hygiene, H. 5, 1921. Zit. Bauer/Fischer/Lenz: Menschliche Erblichkeitslehre, 2. Aufl. 1923, Bd. 2, 205.

den erwähnten amerikanischen Bestrebungen dahin gekommen, daß alle äußerst fürsorglich gepflegt werden: alle Schwachen, alle Menschen mit schlechten Erbanlagen, die Säufer, die Landstreicher, die Schwachsinnigen, ja die Arbeitsscheuen, die Dirnen, die Verbrecher. Fürsorglich gepflegt werden gerade Menschen mit Erbanlagen, die auszuscheiden wären, indessen die erbtüchtigen Menschen eben dadurch benachteiligt werden. Man weiß, daß die Nachkommenschaften eines schlecht veranlagten Paares dem Staat oft Millionen an Fürsorgegeldern kosten, aber der Zeitgeist ist dem ‚Menschheitsgedanken' entsprechend ganz auf das ‚Mitleid' mit dem einzelnen eingestellt und gar nicht auf die Verantwortung gegenüber dem Bluterbe eines ganzen Volkes."[232] „Worauf es also ankommt, das ist die Aufstellung eines Auslesevorbildes vor unserem Volke: der leiblich und seelisch erbtüchtige Mensch deutscher Prägung. [...] Was ich hier Auslesevorbild genannt habe, ist das, was die Tierzüchter ein Zuchtziel nennen."[233] „Thüringen beabsichtigt, aus einer Stiftung für arische, erbtüchtige und bedürftige kinderreiche Familien unter Berücksichtigung der Erhaltung der Arbeitsstätte der Ernährer 100 Einfamilienhäuser zu schaffen."[234] „Und am brennendsten ist die Forderung in unserer nationalsozialistischen Fürsorge, und diese Fürsorge hat ja in erster Linie der Förderung erbtüchtigen Nachwuchses und damit dem gesamten Volksaufbau zu dienen. Welches ist der Maßstab für die Bewertung und Beurteilung einer Familie?"[235] „Satzung des Ehrenkreuzes der Deutschen Mutter v. 16. 12. 1938. Artikel 2. Voraussetzung der Verleihung. Das Ehrenkreuz der Deutschen Mutter können Mütter erhalten, falls a) die Eltern der Kinder deutschblütig und erbtüchtig sind, b) die Mutter der Auszeichnung würdig ist, c) die Kinder lebend geboren sind."[236] „Die Pflege des Erbgutes bezieht sich sowohl auf die rassische Eigenart als auch auf die allgemeine Erbtüchtigkeit des Volkes."[237]

Erbwert

Die Summe der Erbanlagen eines einzelnen, eines Elternpaares, des Volkes und ihre Bedeutung für das nationalsozialistische Programm der *Höherzüchtung* des deutschen Volkes.

> Der Ausdruck *Erbwert* war bereits um die Jahrhundertwende in der gleichen Bedeutung wie später bei den Nationalsozialisten in Gebrauch. „Noch etwas mehr ließe sich allerdings leisten, wenn außerdem noch Einrichtungen getroffen würden, wodurch Individuen von besonders hohem generativem Wert die Möglichkeit einer zahlreicheren Nachkommenschaft gesichert würde, oder richtiger, wenn es so eingerichtet werden könnte, daß das Maß der Fortpflanzung eines jeden im geraden Ver-

---

[232] Ebd., 345.
[233] Günther, H. F. K.: Volk und Staat in ihrer Stellung zu Vererbung und Auslese (1933). In: Führeradel, 15.
[234] Lokal-Anzeiger. Zit. Blick in die Zeit, 1/15. 9. 1933, 10.
[235] Der Deutsche Student, 4/April 1936, 173.
[236] RGBl. 1, 1938, 1924.
[237] Biologie für höhere Schulen, Bd. 3, 2. Aufl. 1943, 133.

hältnis zu seinem Erbwert stände. Dieser wäre zu ermessen teils aus seiner individuellen Beschaffenheit, teils nach dem generativen Wert seines Stammbaumes, der durch wissenschaftlich anzulegende Stammtabellen zu begründen wäre."[238] In seiner Rezension des Werkes von Schallmayer schreibt E. Rüdin, der spätere Kommentator des ‚Erbgesundheitsgesetzes', 1904: „Denn der wirksamste Vorzug, den eine höhere Kultur für die generative Entwicklung zu bieten vermöchte, besteht nach Schallmayer in der bewußten Beeinflussung der geschlechtlichen Auslese des Menschen, die sich aus der steigenden Einsicht über den Erbwert der Personen und vielleicht auch aus einer Zunahme des Pflichtgefühls gegen die kommenden Generationen ergeben wird."[239]

> R. Walther Darré verwendet *Erbwert* 1930 in ‚Neuadel aus Blut und Boden' bereits geläufig: „Im Volkskörper ist zunächst jeder tüchtige Mann [...] wünschenswert, dies ist in erster Linie eine Frage des Einzelwertes jeder Persönlichkeit, der nicht notwendigerweise von der Erbmasse abhängig ist. Bei dem Mädchen aber, das dieser Mann heiratet, kommt es vor allem auf den Erbwert an [...]."[240] 1931 kommt Darré in einem Aufsatz ‚Das Zuchtziel des deutschen Volkes' auf sein Thema zurück: „Die Aufgabe des Staates würde sich also auf drei Gebieten zu betätigen haben, um eine geeignete Nachkommenschaft zu gewährleisten: 1. Leistungsprüfung der heranwachsenden jungen Männer in charakterlicher und beruflicher Hinsicht unter Beachtung eines gewissen Mindestmaßes an körperlicher Gesundheit. 2. Scheidung der Mädchen eines jeden Jahrganges nach solchen, die eine Ehe mit Kindersegen eingehen dürfen und solchen, die dies nicht dürfen. 3. Erziehung der jungen Männer zur richtigen Gattenwahl. Über Punkt 3 ist hier noch einiges zu sagen. [...] Wir mögen dahin gelangen, von jedem Menschen glänzend geführte Personalakte zu besitzen und daraufhin in der Lage sein, Ahnentafeln aufzustellen, die über den Erbwert der Ahnen kaum noch einen Zweifel lassen. Aber für den Erbwert eines heranwachsenden jungen Menschen, in diesem Falle des jungen Mädchens, können wir doch nur Vermutungen anstellen, nie bestimmtes behaupten, weil [...] man nie weiß, wie sich die väterlichen und mütterlichen Erbanlagen im Betreffenden bzw. der Betreffenden geteilt und verteilt haben."[241] „Diese Geschichte des deutschen Bauerntums als des Trägers der körperlichen und seelischen Erbwerte der deutschen Nation soll hier gegeben werden."[242] „Dabei müsse an dem Grundgesetz festgehalten werden, daß Mütter, die dem deutschen Volke wertvolle Kinder geschenkt hätten, durch die Verleihung [des Mutterehrenkreuzes] ausgezeichnet würden. Dabei spiele weniger eine Rolle, ob ein solches Kind unehelich oder ehelich geboren sei, größte Bedeutung müßte auf den Erbwert der Eltern, bzw. Sippe gelegt werden."[243]

---

[238] Schallmayer, W.: Vererbung und Auslese im Lebenslauf der Völker, 1903, 258.
[239] In: Archiv f. Rassen- und Gesellschafts-Biologie, 1/1904, 926.
[240] Ebd., 182.
[241] Ebd., 37.
[242] v. Leers, J.: Odal, 2. Aufl. 1936, 6.
[243] MADR, (Nr. 380), 3. 5. 1943, Bd. 13, 5209.

erfassen, Erfassung

a) vollständig durchorganisieren, ideologisch durchdringen, völlig beherrschen; b) für den Arbeitsdienst, den Wehrdienst, den Arbeitseinsatz, für Beschlagnahme und Raub registrieren; c) für die Sterilisierung, Internierung, Euthanasie vorsehen; d) ergreifen und ermorden.

> Die Entschlossenheit des NS-Regimes zur totalen organisatorischen und ideologischen Beherrschung der Bevölkerung und die Eskalation der Unterdrückungsmaßnahmen gegen sogenannte *Untaugliche* und die Juden bis zur Vernichtung, führte zu einer ubiquitären Verwendung des Ausdrucks *erfassen*.

a) „Darum entstand die Forderung nach einer allgemeinen Erfassung der akademischen Jugend, damit sie durch diese Grundschule des Arbeitslagers geht und sich ihrer Aufgabe zur Gestaltung einer neuen Hochschule des deutschen Volkes bewußt wird, Werkhalbjahr und studentische Arbeitsdienstpflicht wurden verkündet und damit die Voraussetzung zur Eroberung der Hochschule durch den politischen sozialistischen Geist der Arbeitsdienstjugend gegeben."[244] „Die NSDAP. wird getragen durch die Politische Organisation (P. O.), die SA. und die Hitlerjugend (HJ.). Dem organisatorischen Aufbau der Partei liegt das Prinzip des Führertums zugrunde. Alle Führerstellen von den Mitgliedern der Reichsleitung bis herunter zum Blockwart beruhen auf Ernennung durch den nächsthöheren Befehlshaber, dem gegenüber volle persönliche Verantwortung für das übertragene Parteiamt zu tragen ist. Die organisatorische Gliederung bezweckt die restlose Erfassung aller Mitglieder der Partei, ihre Heranziehung zu aktiver, tätiger Parteiarbeit und Erziehung im Geiste einer opferbereiten und kampfbereiten Gefolgschaft."[245] „So darf der Kampf gegen bestimmte Korporationen niemals gesehen werden lediglich als ein Kampf gegen bestimmte Formen und Einrichtungen um dieser selbst willen, sondern als der Kampf um die Beseitigung von Erziehungsformen, die einer restlos nationalsozialistischen Erfassung der Studentenschaft im Wege standen."[246] „Der Nationalsozialismus besitzt ... ganz Deutschland seit dem Tag, an dem ich als Reichskanzler vor fünf Jahren das Haus am Wilhelmsplatz verließ, und zwar restlos und ausschließlich. Es gibt keine Institution in diesem Staat, die nicht nationalsozialistisch ist. Vor allem aber hat die nationalsozialistische Partei in diesen fünf Jahren nicht nur die Nation nationalsozialistisch gemacht, sondern sich auch selbst jene vollendete Organisation gegeben, die für alle Zukunft die Selbst- und Forterhaltung gewährleistet. Die größte Sicherung dieser nationalsozialistischen Revolution liegt führungsmäßig nach innen und außen in der restlosen Erfassung des Reiches und all seiner Einrichtungen und Institutionen durch die nationalsozialistische Partei."[247]

b) „Verordnung über die Erfassung der weiblichen Jugend für den Reichsarbeitsdienst v. 28. 6. 1940. § 1 Bestimmung der Geburtenjahrgänge und des Zeitpunkts

---

[244] Der Deutsche Student, 1/Sept. 1933, 46.
[245] Wagner, H.: Taschenwörterbuch des neuen Staates, (1934), 170.
[246] Der Deutsche Student, 4/Febr. 1936, 67.
[247] Reichstagsrede v. 20. 2. 1938. Dok. PS−2715 (US−331). In: Der Nürnberger Prozeß, Bd. 2, 244.

der Erfassung, Musterung und Heranziehung zum Arbeitsdienst. [...] § 3 (1) Als Grundlage für die Erfassung werden Erfassungsmittel angelegt und laufend geführt. (2) Erfassungsmittel sind: a) das Reichsarbeitsdienst-Pflichtstammblatt WJ [Weibl. Jugend], b) die Reichsarbeitsdienst-Pflichtstammrolle WJ, c) die ‚Polizeiliche Auskunft und Auskunft aus dem Strafregister'. (3) In die Erfassungsmittel sind alle weiblichen deutschen Staatsangehörigen der Geburtsjahrgänge, die nach § 1 zur Erfassung bestimmt werden, aufzunehmen; dies gilt auch für solche weiblichen Personen, deren Staatsangehörigkeit nicht feststeht."[248] „Auf Weisung des Reichssicherheitshauptamts Berlin wurden alle jüdischen Mischlinge und jüdisch versippten Personen listenmäßig erfaßt und den Arbeitsämtern zum geschlossenen Arbeitseinsatz bei der Organisation Todt gemeldet. Die Erfassungsaktion ist noch nicht abgeschlossen."[249] „Aufgrund des Führerbefehls vom 17. 9. 1940 über die Erfassung jüdischen Kunstbesitzes in den besetzten Westgebieten begann Anfang Oktober 1940 der Sonderstab Bildende Kunst zunächst in Paris mit der Erfassung des zurückgelassenen Kunstbesitzes der international auch als Besitzer großer Kunstsammlungen bekannten jüdischen Familie Rothschild."[250] „Alle erfaßten Kunstwerke wurden zunächst in ein Sammellager im ehemaligen Museum Jeu de Paume und in dafür zur Verfügung gestellte Räume des Louvre verbracht. Sie wurden dort von kunstwissenschaftlichen Mitarbeitern des Sonderstabes Bildende Kunst wissenschaftlich inventarisiert, fotografiert und durch Fachkräfte für den Abtransport ins Reich sorgfältig verpackt."[251]

c) „Die Erfassung Erbuntauglicher und Asozialer hat erhebliche Fortschritte gemacht und Ergebnisse gebracht, die schon jetzt die Möglichkeit einer Gesetzgebung zur endgültigen Ausschaltung der Asozialen geben."[252] „Der Amtsarzt hat die ihm erstattete Meldung auf die Vollständigkeit der Angaben zu prüfen und nach etwa erforderlicher Ergänzung unter Beifügung des von ihm bzw. seinem Beauftragten hierzu erstatteten Befundberichts unverzüglich an den Reichsausschuß zur wissenschaftlichen Erfassung von erb- und anlagebedingten schweren Leiden in Berlin W 9, Postfach 101, weiterzuschicken. [*Reichsausschuß* war der Tarnname für die Kinder-Euthanasie.]"[253] „Zum Zwecke der Erfassung sämtlicher im Reichsgebiet befindlichen Anstalten, in denen Geisteskranke, Epileptiker und Schwachsinnige nicht nur vorübergehend verwahrt werden, ersuche ich, mir bis zum 15. Oktober 1939 ein Verzeichnis der im dortigen Bezirk vorhandenen Heil- und Pflegeanstalten aller Art herzureichen."[254]

---

[248] RGBl. 1, 1, 1940, 935.
[249] Monatsbericht d. Reg.präsidenten v. Ober- und Mittelfranken, 8. 11. 1944. In: Bayern in der NS-Zeit, 1977, 486.
[250] Arbeitsbericht über d. Zeit v. Oktober 1940 bis Juli 1944 (R. Scholz). Zit. J. Wulf: Die Bildenden Künste im Dritten Reich, 1963, 372 f.
[251] Ebd., 373 f.
[252] Jahreslagebericht des SHA 1938. MADR, Bd. 2, 107.
[253] Runderlaß d. Reichsministers d. Innern v. 18. 8. 1939. Zit. E. Klee: „Euthanasie" im NS-Staat. Die „Vernichtung lebensunwerten Lebens", 1983, 81.
[254] Erlaß d. Gesundheitsabteilung d. Reichsministeriums d. Innern. Zit. Klee. ebd., 87.

d) „Nur durch den unermüdlichen Einsatz sämtlicher Kräfte ist es gelungen, insgesamt 56 065 Juden zu erfassen und nachweislich zu vernichten."[255]

Ernährungshilfswerk (EHW)

Organisation zur Sammlung von Küchenabfällen für die Schweinemast im Rahmen des Vierjahresplans.[256]

> „Die Durchführung des Ernährungshilfswerks ist der NS-Volkswohlfahrt e. V. übertragen und wird gemäß der Weisung des Beauftragten für den Vierjahresplan (s. Runderlaß des Reichs- und Preuß. Ministers des Innern vom 30. 11. 36, betr. die Beteiligung der Gemeinden) unter Mitwirkung der deutschen Gemeinden des Reichsnährstandes usw. durchgeführt. Das Ernährungshilfswerk dient zur Erfassung der bisher nicht verwerteten Küchen- und Nahrungsmittelabfälle für eine zusätzliche Mast von Schweinen. Für die Leitung des Ernährungshilfswerkes ist verantwortlich der Leiter des Hauptamtes für Volkswohlfahrt, dem wiederum für die ordnungsgemäße Erledigung der Aufgaben im Reichsgebiet die Gau-, Kreis- und Ortsgruppenamtsleiter des Amtes für Volkswohlfahrt verantwortlich sind."[257] „Polizeiverordnung über das Sammeln von Küchen- und Haushaltsabfällen v. 19. 10. 1939. § 1 (1) In Gemeinden oder Gemeindeteilen, in denen das Ernährungshilfswerk (NSV) Küchen- und Nahrungsmittelabfälle sammelt, sind die Haushaltsvorstände und die Inhaber gewerblicher und sonstiger Betriebe verpflichtet, die bei ihnen anfallenden Küchen- und Nahrungsmittelabfälle zur Verfügung zu stellen und die Abfälle in die dafür aufgestellten Haussammeleimer zu schütten."[258] „Nach einer von Ministerpräsident Generalfeldmarschall Göring neulich gegebenen Weisung wird das Bauprogramm des Ernährungshilfswerkes jedoch beschleunigt fortgesetzt." „Ende des Jahres 1938 hatte das EHW einen Schweinebestand von insgesamt 113 388 Tieren gegenüber 95 616 am 1. 7. 1938 aufzuweisen."[259]

Erzeugungsschlacht

Jährliche Aktion zur Förderung der landwirtschaftlichen Produktivität.[260]

> Mussolini hatte am 4. Juli 1925 im Rahmen seiner autarkiewirtschaftlichen Bestrebungen die *Battaglia del Grano*, die ‚Weizenschlacht', verkündet. Der Reichsernährungsminister und Reichsbauernführer Darré griff zehn Jahre später die Idee einer propagandistischen Mobilisierung aller Kräfte in der Landwirtschaft auf und rief auf dem zweiten Reichsbauerntag in Goslar im November 1934 die – nach

---

[255] SS- und Polizeiführer Stroop: Bericht über die Vernichtung des Warschauer Ghettos 1943. In: Die Wandlung, 2/1947, 532.
[256] Gebucht: Duden, 12. Aufl. 1941, Meyers Lexikon 1936 ff. Getilgt: Duden, 13. Aufl. 1947.
[257] Organisationsbuch der NSDAP. 1943, 282 b.
[258] RGBl. 1, 1939, 2, 2104.
[259] Jahreslagebericht 1938 des SHA, MADR., Bd. 2, 209 f., 210.
[260] Gebucht: Duden, 12. Aufl. 1941, Meyers Lexikon 1936 ff. Getilgt: Duden, 13. Aufl. 1947.

dem faschistischen Muster benannte – alljährliche *Erzeugungsschlacht* aus.[261] „Aus dieser Sachlage heraus muß ich an das deutsche Bauerntum den Appell richten, sich einzureihen in die kommende Erzeugungsschlacht."[262] „Sammelbegriff für alle Maßnahmen, die im Kampf um die deutsche Lebensmittel- und Rohstoffversorgung aus eigener Kraft vom Reichsnährstand durchgeführt werden, um durch Hebung der Leistung in allen bäuerlichen und landwirtschaftlichen Betrieben jede nur mögliche Ertragssteigerung zu erreichen. Die beiden großen Ziele der Erzeugungsschlacht sind: Deutschlands Lücken auf dem Gebiete der Nahrungsmittelversorgung (Eiweißlücke und Fettlücke) weitestgehend auszufüllen (Nahrungsfreiheit) und darüber hinaus die Versorgung mit einer Reihe von Rohstoffen, wie Flachs, Hanffaser, Wolle, Leder, Öl u. a. zu verstärken."[263] „Die Erzeugungsschlacht verfolgt das Ziel, die Ernährung unseres Volkes auf eigenem Grund und Boden sicherzustellen.."[264] „Wegen böswilligen Verlassens ihrer Dienststellen wurden im Bezirke vor einiger Zeit sechs Dienstknechte in Schutzhaft genommen, weil sie durch ihr Verhalten dazu beitragen, die Durchführung der Erzeugungsschlacht zu sabotieren. Nach einigen Tagen wurden dieselben wieder entlassen."[265] „Lebhaft geklagt wird über den großen Mangel an ländlichen Arbeitskräften in den Juragemeinden. Als Folge dieses Mangels an Arbeitskräften kommt es nicht selten vor, daß die Bauern sich gegenseitig die bereits gedungenen Knechte und Mägde durch höhere Angebote wieder abdingen. Durch diese Machenschaften nimmt der Arbeitseinsatz in der Landwirtschaft Formen an, die es dem wirtschaftlich schwächeren Bauern fast unmöglich machen, infolge der in die Höhe getriebenen Löhne für das kommende Arbeitsjahr Arbeitskräfte einzustellen, ein Umstand, der sich angesichts der Erzeugungsschlacht recht wenig günstig auswirken wird."[266] „Als Folgeerscheinung des Landarbeitermangels machen sich zunehmende Anzeichen eines Stillstandes bzw. Rückgangs der Erzeugungsschlacht bemerkbar."[267] „Ich weiß, daß dieser Angriffsbefehl an alle Frontsoldaten der Erzeugungsschlacht ergeht, die sich keinerlei Illusionen hingeben über die Schwierigkeiten, welche ihnen entgegentreten werden."[268] Am 6. 8. 1941 erging eine Presseanweisung in Bezug auf den Ausdruck *Erzeugungsschlacht*: „Das Wort ‚Erzeugungsschlacht' ist ausschließlich für die im Großdeutschen Reich durchgeführten Anstrengungen zur Steigerung der landwirtschaftlichen Erzeugung anzuwenden. Die gleichlaufenden Bemühungen in anderen Ländern sind so zu bezeichnen, wie dies dort üblich ist, also z. B. ‚Weizenschlacht' (in Italien), ‚Anbauschlacht'- (Schweiz) usw. Es gibt demzufolge auch keine europäische Erzeugungsschlacht, son-

---

261 Eine eigentlich naheliegende Weiterbildung mit dem in der Landwirtschaft bereits gebräuchlichen *Kampagne* (*Rübenkampagne, Erntekampagne*) für saisonale Leistungsspitzen kam für den Puristen Darré wohl nicht in Frage.
262 Darré, Rede in Goslar am 18. 11. 1934. In: G. Rühle: Das Dritte Reich, Bd. 1934, 328.
263 Meyers Lexikon, Bd. 3, 1937, 1065.
264 Der Nationalsozialismus in Zahlen. Ergänzungsheft f. d. Rechenunterricht, (1935), 22.
265 Monatsbericht d. Bezirksamts Aichach v. 4. 7. 1935. In: Bayern in der NS-Zeit, 1977, 354.
266 Monatsbericht d. Bezirksamts (Ebermannstadt), 29. 12. 1936, In: Bayern in der NS-Zeit, 1977, 98.
267 Vierteljahreslagebericht 1939 des SHA, MADR., Bd. 2, 295.
268 Darré, Rede am 6. Reichsbauerntag 1938. In: VB, 28. 11. 1938, 1.

dern nur eine Abwehr der englischen Hungerblockade durch die verschiedenen Länder."[269]

▷ 1950 kommt *Erzeugungsschlacht* noch einmal in Bert Brechts Lehrgedicht ‚Die Erziehung der Hirse' vor. „Aus fuhr das Geschlecht der Agronomen/ In die süd- und östliche Erzeugungsschlacht/ Hirsepflanzern zu berichten von der Hirse/ Wie man ihr das Blühen und Reifen leichter macht."[270]

Eugenik

Maßnahmen zur langfristigen Verbesserung des Erbanlagenbestands des deutschen Volkes durch Förderung der Fortpflanzung sog. ↑*Erbgesunder* und Verhinderung der Fortpflanzung sog.↑ *Erbkranker*.

▷ Das Wort *Eugenik* wurde 1883 von Francis Galton (1822–1911), einem Vetter Ch. Darwins, geprägt.[271] Galton, der sich mit der Vererbung quantitativer Merkmale, wie der Intelligenz, beschäftigte, übertrug die Lehre Darwins (nach der es durch natürliche Selektion zum Überleben der stärkeren und besser angepaßten Species und durch deren Fortpflanzung zu einer Höherentwicklung der Gesamtheit, der Evolution, kommt) als utopisches Konzept der Menschenzüchtung auf den Bereich der Sozialpolitik. An die Stelle der durch die Zivilisation verhinderten natürlichen Selektion sollte eine künstliche Selektion nach „Fortpflanzungswürdigkeit" treten. „Eugenik ist die Wissenschaft, die sich mit allen Einflüssen befaßt, welche die angeborenen Eigenschaften einer Rasse verbessern und welche diese Eigenschaften zum größtmöglichen Vorteil der Gesamtheit zur Entfaltung bringen."[272]

▷ Als die Nationalsozialisten 1933 an die Macht kamen, taten sie den Schritt von der Theorie zur Praxis. In der Einführung der kommentierten Ausgabe des ‚Gesetzes zur Verhütung erbkranken Nachwuchses' von Gütt/Rüdin/Ruttke, das auf Anordnung des Reichsführers der Kassenärztlichen Vereinigung Deutschlands jedes Mitglied besitzen mußte, schließt die Aufzählung eugenischer Maßnahmen (Eheverbote, Sterilisierungsgesetze) in den USA, in Dänemark und der Schweiz mit dem Satz: „Jedenfalls hat bisher kein Staat der Welt den Mut gehabt, die Sterilisierung von erbkranken Personen umfassend gesetzlich zu regeln."[273] Bei den Nationalsozialisten führte das eugenische Programm, in dem auf der Basis ideologischer Vorurteile unzureichende genetische Erkenntnisse verabsolutiert und Umweltfaktoren vernachlässigt wurden, zu Zwangsmaßnahmen gegen unerwünschte Bevölkerungsgruppen, die man für minderwertig erklärte: zu Zwangssterilisationen, zur ↑*Vernichtung lebensunwerten Lebens,* der Tötung der unheilbaren oder für unheilbar erklärten

---

[269] Pr Bln 7. 8. 1941; ebenso: Ob 24/18. 6. 1941. Zit. Glunk, 125 f.
[270] Ges. Werke in 20 Bden., Werkausgabe ed. Suhrkamp, Frankfurt/M. 1967, Bd. 10, Gedichte 3, 984.
[271] Francis Galton: Inquiries into Human Faculty and its Development, London 1883. Ders.: Eugenics, its definition scop and aims. Sociological papers, 2, 1905.
[272] Zit. Bauer/Fischer/Lenz, F.: Menschliche Erblichkeitslehre, Bd. 2, 2. Aufl. 1923, 161.
[273] Ebd., 1934, 54.

Patienten psychiatrischer Anstalten, und in letzter Konsequenz zur ↑ *Endlösung der Judenfrage*, dem Holocaust. Die Wissenschaft, die sich zur Legitimierung dieser Maßnahmen hergab, wurde in der nationalsozialistischen Öffentlichkeit statt *Eugenik* häufiger ↑ *Erbgesundheitslehre, Erblehre* und als Praxis *Erbgesundheitspflege*, ↑ *Erbpflege* genannt. „Eugenetik oder Eugenik (heute gebräuchlicher der Ausdruck: Erbpflege)"[274] „Im Gegensatz dazu richtet die Erbgesundheitspflege ihr Hauptaugenmerk auf das Erbbild des Menschen. Sie erstreckt sich also nicht bloß auf das Einzelleben, sondern sucht auch alle Geschlechter der Zukunft vor körperlichem und geistigem Zerfall zu bewahren. Man gebraucht deshalb statt des Ausdrucks ‚Erbgesundheitspflege' auch noch die Bezeichnungen ‚Eugenik' oder ‚Rassenhygiene'. Dazu rechnet man alle Bestrebungen, welche diejenigen Umwelteinflüsse zu unterdrücken und zu bekämpfen suchen, die imstande sind, das Erbgut zu zerstören. Denn es hieße nur halbe Arbeit leisten, wollte man im Kampfe gegen Geschlechtskrankheiten, Alkohol und andere Kulturgifte die erbkundliche Seite der Frage vollständig außer acht lassen. Erst die Vererbungslehre zeigt uns nämlich die Volkskrankheiten in ihrer letzten Folge. Ihre wichtigste Aufgabe erblickt jedoch die Erbgesundheitslehre oder Eugenik in der Untersuchung und Beeinflussung der Auslesevorgänge, die bekanntlich zum Niedergang oder zum Aufstieg der Völker führen können. Da nämlich auf den Erbanlagen die Leistungsfähigkeit, Tüchtigkeit und Gesundheit des einzelnen beruht, wird der größte Reichtum eines Volkes durch sein Gesamterbgut bestimmt. [...] Aus dieser Erkenntnis erwachsen der Erbgesundheitspflege oder Eugenik neben der Bekämpfung der Volksgifte zwei weitere wichtigere Aufgaben: wertvolle Erbanlagen vor dem Untergang bewahren und das Überhandnehmen minderwertigen Erbgutes verhüten und verhindern."[275]
S. auch ↑ *Entartung*, ↑ *Erbgesundheit*, ↑ *Erbkrankheit*, ↑ *Erbpflege*, ↑ *erbtüchtig*, ↑ *Rassenhygiene*.

▷ Die modernen Möglichkeiten der Genetik zur „Kontrolle der Evolution" (Strickberger) durch pränatale Diagnostik und Keimselektion werden heute kontrovers diskutiert. Doch wird in Deutschland seit dem Ende des NS-Regimes das Wort *Eugenik* als Bezeichnung für die in die NS-Untaten verstrickte Vererbungswissenschaft vermieden. An seine Stelle trat die Bezeichnung *Humangenetik*, die den Neuanfang einer am Wohl des Individuums orientierten, ethisch verantwortungsvollen, ihre Grenzen reflektierenden Wissenschaft symbolisieren soll.

Europäische Neuordnung

Aufwertend: Bezeichnung für das nationalsozialistische Kriegsziel: ein *neues Europa* mit neuen — nach nationalsozialistischen Wirtschaftsinteressen gezogenen — Grenzen und gestufter Abhängigkeit der unfreien Satelliten unter der Oberherrschaft des Deutschen Reiches.

▷ „Um die schöpferische Kraft der abendländischen Kultur zu erhalten und zu entwickeln, erstrebt der Nationalsozialismus die Schaffung einer europäischen Völker-

---
[274] Philosophisches Wörterbuch, Kröner-Taschenbuchausgabe Bd. 13, 1943, 143.
[275] Graf, J.: Vererbungslehre, Rassenkunde und Erbgesundheitspflege 1939, 314.

gemeinschaft, die aus der Erkenntnis der natürlichen Verschiedenheit der Völker heraus und bei voller Achtung ihrer Herrschaftssysteme doch eine lebendige Einheit bildet; in diesem Sinne haben sich das nationalsozialistische Deutsche Reich und das faschistische Italien in der Achse Berlin–Rom zusammengeschlossen. Diesem Streben steht die Weigerung der westlichen Demokratien, zu einer Neuordnung Europas die Hand zu bieten, und besonders das Interesse der englischen Politik an der Uneinigkeit der europäischen Völker entgegen."[276] „Der große Totentanz, zu dem nun die angelsächsisch-jüdische und bolschewistisch-jüdische Welt angetreten ist, beide die Würger des freien arischen Europas, führt uns über die Schwelle eines neuen Zeitalters, das verheißungsvoll ist, wie keines zuvor, reich an ungestörter und aufbauender Arbeit. Friede und Freude werden auf den Fluren Europas weilen."[277] „Das Diktat von Versailles muß ein Ende finden. Das Ziel des jetzigen Kampfes, unter dem auch der Feldzug im Westen gestanden hat, heißt Gestaltung eines neuen Europas."[278] „Die europäische Neuordnung wird kommen, und das Neue Europa wird ein besseres sein als das vergangene, und jede Nation wird in demselben den ihr gebührenden Platz finden."[279] „Der Beschluß des bulgarischen Ministerrates, der außer einem allgemeinen Zuzugsverbot für die bulgarische Hauptstadt die Ansiedlung der jüdischen Bevölkerung in besonderen Stadtvierteln vorsieht, wird in der bulgarischen Öffentlichkeit lebhaft begrüßt. Man hofft, daß auf diese Weise die Wohnungskrise in Sofia [...] zum Teil behoben werden kann. Außerdem zeugt der Beschluß des Ministerrats von der festen Absicht der Regierung, die Judenfrage in Bulgarien im Sinne der europäischen Neuordnung endgültig zu lösen."[280] „15. September 1942. Der Minister [Goebbels] polemisiert sehr scharf gegen das Gerede vom ‚Neuen Europa'. Er halte es nicht für richtig, wenn heute von unserer Seite aus so ein Lärm um dieses Thema gemacht werde. Es wird uns in der Welt niemand glauben, daß wir nur für ein neues Europa kämpfen würden, ohne dabei materielle Interessen zu haben."[281] „18. September 1942. Der Minister kommt im Zusammenhang mit den Meldungen über den europäischen Jugendkongreß in Wien erneut auf die verschiedenen Äußerungen bezüglich der Neuordnung Europas zu sprechen und präzisiert seine Meinung. Es sei notwendig, daß man in der heutigen Situation unseren Idealismus zum Ausdruck bringe, aber nicht dies in einer Form tue, die uns niemand glaube. Es gebe zwei Möglichkeiten der Neuordnung Europas, und zwar die paneuropäische, die selbstverständlich von uns verworfen werde, und die Bildung einer Zentralgewalt, die mit magnetischer Kraft die übrigen Staaten anziehe. [...] Wir müßten heute mit aller Deutlichkeit betonen, daß wir derjenige Konkurrent

---

[276] Volks-Brockhaus 1940, 189, s. v. Europa.
[277] Scheel, O. In: Jomsburg, Vierteljahresschr. 5/1941, 163. Zit. Poliakov/Wulf: Das Dritte Reich und seine Diener, 1989 (1956), 23.
[278] Sieg im Westen. Ein Kriegsfilmbericht des Oberkommandos d. Heeres, o. J., 2.
[279] Die Zeit arbeitet für die Ordnungsmächte des Dreierpaktes. Deutsche Informationsstelle. Kl. Schriften, 1942, gez. S. 32.
[280] Die Front, Feldzeitung einer Armee, 16. 7. 1942, 2. Zit. Poliakov/Wulf: Das Dritte Reich und seine Diener, 1989 (1956), 51.
[281] Wollt Ihr den totalen Krieg? Die geheimen Goebbels-Konferenzen, 1967, 281.

sind, der eines Tages siegt und daß sich nach uns die übrigen europäischen Völker über kurz oder lang ausrichten werden. Dabei müsse betont werden, daß wir nicht als Bettler vor die übrigen europäischen Staaten uns hinstellen, sondern die Gebenden sind, die Europa eine neue Ordnung bringen."[282]

Euthanasie

Euphemistisch für: Tötung geistig, psychisch, körperlich Behinderter, mit zunehmendem Einfluß der SS auch gesunder Unangepaßter; ferner: Tötung arbeitsunfähiger KZ-Häftlinge.

> *Euthanasie* ist eine Entlehnung aus griech. *euthanasía* ‚leichter, schöner Tod'.[283] Die Bedeutung ‚Sterbehilfe' durch das Eingreifen eines Arztes ist für die Antike nicht belegt. Euthanasie kennzeichnet hier vielmehr die ideale menschliche Haltung gegenüber dem Tod, den Wunsch oder die Forderung, einen guten und ehrenvollen Tod zu sterben. Noch Kant (1724–1804) verwendet den Ausdruck in dieser Bedeutung metaphorisch, wenn er die Juden, ganz im Sinne der Aufklärung, auffordert, ihren Glauben mit den ‚alten Satzungslehren' ehrenvoll absterben zu lassen, um auf dem Weg über das Christentum schließlich zu einer reinen moralischen Menschheitsreligion zu gelangen. „[...] so kann man den Gedanken eines sehr guten Kopfes dieser Nation [der Juden], Bendavid's, die Religion Jesu (vermuthlich mit ihrem Vehikel, dem Evangelium) öffentlich anzunehmen, nicht allein für sehr glücklich, sondern auch für den einzigen Vorschlag halten, dessen Ausführung dieses Volk, auch ohne sich mit andern in Glaubenssachen zu vermischen, bald als ein gelehrtes, wohlgesittetes und alle Rechte des bürgerlichen Zustandes fähiges Volk, dessen Glaube auch von der Regierung sanctioniert werden könnte, bemerklich machen würde [...]. Die Euthanasie des Judenthums ist die reine moralische Religion mit Verlassung aller alten Satzungslehren, deren einige doch im Christenthum (als messianischen Glauben) noch zurück behalten bleiben muß und so das, was man als den Beschluß des großen Dramas des Religionswechsels auf Erden nennt (die Wiederbringung aller Dinge) wenigstens im Geiste herbeiführt, da nur ein Hirt und eine Heerde Statt findet."[284] 1605 hatte Francis Bacon (1561–1626) als erster die Schmerzlinderung bei Sterbenden als ärztliche Aufgabe angesehen. In der Folge wandelte sich im 19. Jahrhundert die Bedeutung von *Euthanasie* zu ‚Erleichterung des Sterbens und des Todeskampfes durch ärztliche Schmerzlinderung'. Die *Euthanasia medica* des 19. Jahrhunderts war ‚Hilfe beim Sterben', nicht ‚Hilfe zum Sterben', vor der gewarnt wurde. Im Zuge der sozialdarwinistischen Strömung begann um die Jahrhundertwende die Diskussion um die *aktive Euthanasie*, die lebenszeitverkürzende Tötung auf Verlangen von Sterbenden und unheilbar Kranken.[285] In

---

[282] Ebd., 282 f.
[283] Kluge 1989, 192, s. v.
[284] Der Streit der Fakultäten (1798). Kant's gesammelte Schriften, hg. v. der Königl. Preuß. Akademie d. Wiss., Bd. 7, Berlin 1907, 53. Hinweis: Poliakov, L.: Geschichte des Antisemitismus, Bd. 5: Die Aufklärung und ihre judenfeindliche Tendenz, 1983, 264.
[285] Vgl. Meyers Enzyklopädisches Lexikon, 1971 ff., Bd. 8, 357, s. v.

der 1920 erschienenen Schrift von K. Binding und A. Hoche: ‚Die Freigabe der Vernichtung lebensunwerten Lebens. Ihr Maß und ihre Form' wurde der Ausdruck *Euthanasie* in einer Weise verwendet, die für den Sprachgebrauch der Nationalsozialisten maßgeblich wurde. Bei ihnen bezeichnet *Euthanasie* (auch) die aktive Tötung nicht eines Sterbenden, sondern eines Kranken, auch ohne seine Einwilligung. Vorrangig ist das Interesse der Gesellschaft, die durch die Pflege unheilbarer „Ballastexistenzen" (Hoche, S. 55) unzumutbar und sinnlos belastet werde. „Wer also einem Paralytiker am Anfang von dessen vielleicht auf die Dauer von Jahren zu berechnenden Krankheit auf dessen Bitte oder vielleicht sogar ohne diese die tödliche Morphiumeinspritzung macht — bei dem kann von reiner Bewirkung der Euthanasie keine Rede sein. Hier ist eine starke, auch für das Recht ins Gewicht fallende Lebensverkürzung vorgenommen worden, die ohne rechtliche Freigabe unzulässig ist. In demselben Augenblick aber wird klar: Die sichere Ursache qualvollen Todes war definitiv gesetzt, der baldige Tod stand in sicherer Aussicht. An dieser toddrohenden Lage wird nichts geändert, als die Vertauschung dieser vorhandenen Todesursache durch eine andere von der gleichen Wirkung, welche die Schmerzlosigkeit vor ihr voraus hat. Das ist keine ‚Tötungshandlung im Rechtssinne', sondern nur eine Abwandelung der schon unwiderruflich gesetzten Todesursache, deren Vernichtung nicht mehr gelingen kann. Es ist in Wahrheit eine Heilbehandlung."[286] In dem für die Nationalsozialisten grundlegenden Handbuch ‚Menschliche Erblichkeitslehre' von Bauer/Fischer/Lenz wird *Euthanasie* 1923, unter Bezug auf Binding/Hoche, in gleicher Bedeutung verwendet: „Schließlich möge hier noch kurz die Frage der Euthanasie erwähnt werden, d. h. ob es nicht angezeigt wäre, idiotische oder schwer mißgebildete Individuen, deren Leben auch für sie selbst, soweit sie überhaupt ein Selbstbewußtsein haben, nur ein Unglück ist, bald nach der Geburt zu töten. Für die Rassenhygiene hat die Euthanasie keine große Bedeutung, weil die dafür in Betracht kommenden Individuen ohnehin nicht zur Fortpflanzung gelangen; es handelt sich vielmehr vorzugsweise um eine Frage der Humanität. Selbst die altspartanische Aussetzung mißratener Kinder ist noch ungleich humaner als die gegenwärtig im Namen des ‚Mitleids' geübte Aufzucht auch der unglücklichsten Geschöpfe."[287]

▶ Nach dem Machtantritt der Nationalsozialisten heißt es 1934 in E. Jeskes ‚Wörterbuch zur Erblehre und Erbpflege (Rassenhygiene)' noch: „Euthanasie bedeutet leichtes Sterben und das Sterben erleichtern. Zuweilen ist der praktisch unausführbare Vorschlag gemacht worden, unheilbar Kranke, besonders Erbkranke, durch Euthanasie zu beseitigen."[288] Hitler hat in seinen Ausführungen vom 10. 2. 1934 diese Bedenken nicht, wenn er, ohne den Ausdruck *Euthanasie* zu gebrauchen, kommende Maßnahmen andeutet: „Und eine weitere schwere Belastung ist das Heer jener, die aus Erbveranlagung von vornherein auf der negativen Seite des völkischen Lebens geboren werden. Hier wird der Staat zu wahrhaft revolutionären Maßnahmen greifen müssen."[289] Im Oktober 1939, auf den 1. September zurückdatiert, gab Hitler

---

[286] Ebd., 17 f.
[287] Ebd., 2. Aufl. 1923, 192.
[288] Ebd., 40, s. v.
[289] In: VB. Zit. Blick in die Zeit, 2/10. 2. 1934, 2.

den *Euthanasiebefehl*: „Reichsleiter Bouhler und Dr. med. Brandt sind unter Verantwortung beauftragt, die Befugnisse namentlich zu bestimmender Ärzte so zu erweitern, daß nach menschlichem Ermessen unheilbar Kranken bei kritischster Beurteilung ihres Krankheitszustandes der Gnadentod gewährt werden kann."[290] Das von Hitler befohlene *Euthanasieprogramm* war durch die Gesetze vom 14. 7. 1933 zur ‚Verhütung erbkranken Nachwuchses' und vom 18. 10. 1935 ‚Schutz der Erbgesundheit des deutschen Volkes' vorbereitet worden. Für die Ausführung des Programms wurden neue Dienststellen geschaffen, eigene Organisationen gegründet und Ärzte und Techniker zugezogen. Die Opfer wurden in Tötungsanstalten verlegt, in Gaswagen und Gaskammern getötet, ihre Leichen in Krematorien verbrannt. All dies geschah unter strengster Geheimhaltung. Deshalb ist der Gebrauch des Ausdrucks *Euthanasie* untersagt. Im Protokoll der geheimen Goebbels-Konferenzen wird über den 29. 4. 1941 notiert: „Der Minister betont, das Thema ‚Euthanasie' dürfe jetzt auf keinen Fall berührt werden. Auch auf die Frage der Irren und Erbkranken soll in diesem Zusammenhang gar nicht eingegangen werden."[291] Am 2. 9. 1941 erging in gleicher Sache eine – allerdings weniger deutliche – Presseanweisung: „Zu dem Film ‚Ich klage an': Der Film behandelt das Problem der ‚Euthanasie'. Dieser Ausdruck ist keinesfalls zu gebrauchen. Dagegen kann erwähnt werden, daß in dem Film das Problem angeschnitten wird, ob einem Arzt das Recht zugestanden werden kann, auf Wunsch unheilbarer Kranker deren Qualen zu verkürzen."[292] Daß die umfangreichen Mordaktionen jedoch nicht verheimlicht werden konnten und daß dafür nach wie vor die Bezeichnung *Euthanasie* verwendet wurde, zeigen ‚Meldungen aus dem Reich': „Es hätten sich zum Beispiel viele Volksgenossen geweigert, an der Röntgenreihenuntersuchung teilzunehmen, da sie nach den Hetzpredigten des Bischofs von Münster und des Bischofs von Trier u. a. eine Ausscheidung (Euthanasie) als ‚unproduktive' Menschen befürchteten."[293] Das gilt auch für die an der Tötungsaktion Beteiligten: „Der Reichsausschuß zur wissenschaftlichen Erfassung von erb- und anlagebedingten schweren Leiden [die Tarn-Organisation für die Kinder-Euthanasie] macht mich darauf aufmerksam, daß die Universitätskinderklinik in Jena in ihren Krankenblättern immer wieder Einträge ‚Euthanasie beantragt', ‚Die beantragte Euthanasie ist noch nicht bewilligt' macht. Wie Sie wissen, soll nach außen hin die Tatsache, daß in Einzelfällen Euthanasie gewährt werden kann, nicht in Erscheinung treten. Ich wäre Ihnen daher dankbar, wenn Sie als Rektor der Universität Jena mit dem Leiter der Kinderklinik sprechen würden und ihn ersuchten, von derartigen Eintragungen in die Krankengeschichten Abstand zu nehmen."[294] Ein Wörterbuch der Philosophie von 1943 teilt unter dem Lemma *Euthanasie* mit: „Die zukünftigen Herren der Erde, wie sie sich Nietzsche wünscht, erlö-

---

[290] Zit. Klee, E.: „Euthanasie" im NS-Staat. Die „Vernichtung lebensunwerten Lebens", 1983, 100.
[291] Wollt Ihr den totalen Krieg? Die geheimen Goebbels-Konferenzen, 1967, 162.
[292] PR Bln 2. 9. 1941. Zit. Glunk, ZDS 25/ 1969, 126.
[293] MADR, (Nr. 267), 12. 3. 1942, Bd. 9, 3455.
[294] Reichsministerium des Innern, Berlin, 12. 7. 1943 an Herrn Präsidenten Prof. Dr. K. Astel. Zit. Klee, E.: „Euthanasie" im NS-Staat, 1983, 425.

sen die Mißratenen durch die ‚Lehre vom schnellen Tod'."²⁹⁵ Aus den Protokollen des Ärzte-Prozesses in Nürnberg vom 9. 12. 1946 bis zum 19. 7. 1947 geht hervor, daß im Zuge der *Euthanasie-Aktion* auch arbeitsunfähige KZ-Häftlinge Opfer der *Euthanasie* wurden.: „Im Herbst 1941 bei einem dienstlichen Besuch des Dr. Lolling in meinem Revier wurde mir von ihm mitgeteilt, daß in kurzer Zeit eine Kommission, aus 4 Ärzten bestehend, unter der Leitung von Prof. Heyde das Konzentrationslager Dachau besuchen würde. Die Aufgabe dieser Kommission sei die, arbeitsunfähige KZ-Häftlinge zur Verlegung zwecks Euthanasie zu erfassen und sie nach dem Konzentrationslager Mauthausen zur Vergasung zu verlegen. […] Ich sah aber, wie diese vier Ärzte zwischen 2 Baracken an 4 getrennten Tischen saßen und viele Hundert von KZ-Häftlingen waren vor ihnen angetreten. Dort wurden die einzelnen KZ-Häftlinge an Hand ihrer Arbeitsunfähigkeit und ihrer politischen Akte überprüft und dementsprechend ausgesucht. […] Einige Wochen, nachdem diese Kommission das Konzentrationslager Dachau verließ, im Dezember 1941, ging der erste Transport von mehreren Hunderten KZ-Häftlingen, die von der Kommission der Psychiater ausgesucht waren, nach dem Konzentrationslager Mauthausen zwecks Vergasung ab. […] Die Aktion der Erfassung von Arbeitsunfähigen zur Euthanasie im Konzentrationslager Dachau war bekannt unter dem Namen ‚Aktion Heyde'."²⁹⁶

▷ Im heutigen Sprachgebrauch hat *Euthanasie* zwei Bedeutungen: ‚Erleichterung des Sterbens' und ‚bewußte Herbeiführung des Todes'.²⁹⁷ In der gegenwärtigen Diskussion um die Rechtmäßigkeit der Tötung unheilbar Kranker (unter bestimmten Bedingungen) wird entweder für den Ausdruck eine Verwendungseinschränkung im Sinne der alten Bedeutung erstrebt oder versucht, Eindeutigkeit durch Präzisierung zu erreichen. „Ich empfinde es als fatal, daß in der Päpstlichen Enzyklika ‚Evangelium vitae' der Begriff ‚Euthanasie' als aktive Sterbehilfe verstanden wird. Wörtlich übersetzt heißt das griechische Wort ‚Euthanasie' ‚Guter Tod' (Eu-thanatos). Für jeden vor Gott verantwortungsbewußten Arzt die erstrebenswerte Sterbebegleitung. […] Leider wurde der Begriff in der Vergangenheit bewußt von der NSDAP verfälscht, was aber dem richtigen ursprünglichen Sinn keineswegs entspricht. Hier bedarf es – auch in den Medien – dringend einer notwendigen Begriffskorrektur."²⁹⁸ „In den Niederlanden wird aktive Euthanasie mittlerweile unter ganz bestimmten Bedingungen nicht mehr bestraft. Die Delegierten des 98. Deutschen Ärztetages in Stuttgart (Mai 1995) haben sich vehement gegen solche Bestrebungen ausgesprochen. In der Schweiz wurden kürzlich unter anderem aufgrund der niederländischen Erfahrungen von der Schweizerischen Akademie der Medizinischen Wissenschaften die Richtlinien für die Sterbehilfe neu gefaßt. Darin bleibt jedes aktive Töten eines Patienten verboten."²⁹⁹

---

²⁹⁵ Kröners Taschenbuchausgabe, Bd. 13, 144, s. v.
²⁹⁶ Dok. NO−799. Eidesstattliche Erklärung des 1. Lagerarztes des KZ Dachau, Dr. Muthig. Zit. Wulf, J.: Aus dem Lexikon der Mörder, 1965, 99 f.
²⁹⁷ Duden, 20. Aufl. 1991, 256 s. v.
²⁹⁸ Leserbrief, Dr. med. J. S. In: Neuß-Grevenbroicher Ztg., 8. 4. 1995.
²⁹⁹ Deutsches Ärzteblatt, 92/22. 9. 1995, A-2450.

evakuieren, Evakuierung

a) Kriegs- oder bombenbedrohte Gebiete von Frauen und Kindern räumen;[300] b) Juden mit dem Ziel der Vernichtung deportieren.

> *evakuieren* wurde im 19. Jahrhundert aus lat. *evacuare* ‚räumen, leer machen' entlehnt, zu lat. *vacuus* ‚leer'.[301]

> Ab 1939 wurden die Ausdrücke *evakuieren, Evakuierung*, mit Weiterbildungen wie *Evakuierungsmaßnahmen* und der Substantivierung des Partizips *Evakuierte* in der Bedeutung ‚Ausgesiedelte', infolge der Kriegsereignisse mit steigender Frequenz verwendet. „Stimmungsmäßig am meisten ausschlaggebend ist nach wie vor die Furcht vor Terrorangriffen und die damit verbundenen Evakuierungsmaßnahmen der süddeutschen Städte. [...] In den Landgemeinden wird nach wie vor über das Verhalten der aus Norddeutschland Evakuierten, die größtenteils auf eigene Kosten fuhren, geklagt."[302] In ‚Wustmanns Sprachdummheiten' kritisiert W. Schulze 1943 die Verwendung des Ausdrucks *Evakuierte* als „Sprachdummheit": „Für evakuieren hat sich ganz allgemein ein törichter Gebrauch eingeschlichen. Das aus dem Lateinischen und Französischen abgeleitete Fremdwort heißt nicht anderes als entleeren, räumen. So kann sehr wohl eine gefährdete Stadt von ihren Bewohnern evakuiert werden; wenn nun aber allenthalben die Fortgeführten selbst als Evakuierte bezeichnet werden, so ist das weiter nichts als eine fast zum Siege gelangte Sprachdummheit."[303] 1943 geht auch eine Presseanweisung, offenbar erfolglos, gegen das Wort *Evakuierte* vor: „In diesem Zusammenhang wird nochmals darauf aufmerksam gemacht, daß das Wort ‚Evakuierte' grundsätzlich nicht zu gebrauchen ist und dafür stets ‚Umquartierte' einzusetzen ist."[304] „Die Lösung der Frage, wo die neu hinzukommenden Arbeiter und Angestellten untergebracht und verpflegt werden sollen, wird in dem Marktflecken Muggendorf auf ziemlich große Schwierigkeiten stoßen, nachdem bisher schon mit der Anwendung des Reichsleistungsgesetzes gedroht und operiert werden mußte und die hierfür an sich geeigneten [...] Fremdenverkehrsbetriebe zur Unterbringung von KLV-Lagern und zur Betreuung Evakuierter schon restlos beansprucht sind."[305] b) „Im Zuge der Juden-Evakuierungsaktion ging am 29. November ein Sonderzug mit 1000 Juden und neun Kindern von Nürnberg nach Riga ab. Vermutlich aus Furcht vor der bevorstehenden Evakuierung haben drei Jüdinnen Selbstmord verübt."[306] „Im Rahmen der Evakuierungsaktion verließ am 24. März ein Sonderzug mit 990 Juden Nürnberg mit dem Reiseziel Lublin−Izbica. Zwischenfälle haben sich nicht ereignet. Der Jude Dr. Martin Israel Offenbacher

---

[300] Gebucht: Meyers Lexikon 1936 ff., Volks-Brockhaus 1940.
[301] Kluge 1989, 192.
[302] Bericht d. SD-Außenstelle Friedberg v. 28. 8. 1943. Bayern in der NS-Zeit, 1977, 646.
[303] Ebd., 11. Aufl., v. W. Schulze, 1943, 374.
[304] KI 20. 8. 1943 (Nr. 1). Zit. Glunk, ZDS 25/1969, 126.
[305] Monatsbericht d. Landrats, Bez. Ebermannstadt, v. 2. 6. 1944. Bayern in der NS-Zeit, 1977, 184.
[306] Monatsbericht d. Reg.präsidenten v. Ober- u. Mittelfranken, 7. 12. 1941. Bayern in der NS-Zeit, 1977, 484.

hat sich der Evakuierung durch Selbstmord (Leuchtgas) entzogen."[307] „Am 24. März wurden 781, am 25. April 105 Juden nach dem Osten evakuiert. Außer einigen Selbstmorden und Selbstmordversuchen sind keinerlei Störungen aufgetreten."[308] „Die jüdische Bevölkerung soll ca. 7000 Personen in Libau stark gewesen sein zu der Zeit. Bis Ende März 1942 waren dort bereits viele Tausende von der Gestapo und der lettischen Polizei ‚evakuiert' worden. Evakuiert war der Ausdruck dort für die Beseitigung dieser Menschen."[309]

ewig

a) Emphatisch: auf immer dauernd; b) religiös überhöht: zeitlos wie das Göttliche; c) im Sinne der Erbbiologie: die Einheit des Lebens in der ununterbrochenen Kette der Erbträger.

▶ *Ewig* ist ein viel gebrauchtes Modewort der NS-Zeit. Victor Klemperer, der Zeitzeuge, hält in seinem ‚Notizbuch eines Philologen' über die Sprache im ↑ *Dritten Reich*, fest: „[Das Wort ewig] gehört zu denjenigen Wörtern des LTI-Lexikons, deren besonderer Nazismus nur in der skrupellosen Häufigkeit ihrer Anwendung liegt: allzu vieles in der LTI ist ‚historisch', ist ‚einmalig', ist ‚ewig'."[310] a) „Am Donnerstag [...] findet nun die Grundsteinlegung zum Deutschen Stadion statt [...]. So erhält, dem übrigen Deutschland vielleicht voraneilend, zunächst diese Stadt [Nürnberg] ihr künftiges und damit ewiges Gepräge."[311] (1937) In einem Merkblatt werden 1938 alle Redner und ↑ *Schriftleiter* über den erwünschten Tenor der Wahlpropaganda instruiert: „Über die Ausführungen des Führers in seiner Rede [...] am 10. 3. 1938 in der Krolloper. 1. Die ganze Wahlpropaganda muß das Ziel kennzeichnen: Das große ewige Deutschland. Der 10. April muß ein gewaltiger Erfolg werden, da die ganze Welt an diesem Tag auf Deutschland sieht. Das erfordert unerhörteste Anstrengung und Einsatz jedes einzelnen."[312] „Die Partei braucht nur ihrer Aufgabe und Sendung treu zu bleiben, dann ist ihr Führungsanspruch von ewiger Dauer."[313] (1944) b) Klemperer vermerkt: „Ewig, die religiöse Entgrenzung der Dauer, wird häufig angewendet."[314] „Man könnte ewig als die oberste Sprosse an der langen Leiter der nazistischen Zahlensuperlative auffassen, aber mit dieser letzten Sprosse wird der Himmel erreicht. Ewig ist Attribut einzig des Göttlichen; was ich ewig nenne, erhebe ich in die Sphäre des Religiösen."[315] Theodor Haecker notiert in

---

[307] Ebd. 7. 4. 1942, 484.
[308] Ebd., 5. 5. 1942, 484.
[309] Eidesstattl. Erklärung v. W. K. Dittmann, Marine-Verwaltungsinspektor u. Dienststellenleiter d. Marinebekleidungslagers in Libau in Lettland. Dok. GB–474. In: Der Nürnberger Prozeß, Bd. 14, 236.
[310] LTI. 14. Aufl. 1996, 118.
[311] Hitler. Reden des Führers am Parteitag der Arbeit 1937, 1937, 9.
[312] Slg. Brammer. ZSG. 101/11, 1938.
[313] Goebbels. Das Reich, 14. 5. 1944, 2.
[314] LTI, ebd., 232.
[315] LTI, ebd., 118 f.

seinen Tag- und Nachtbüchern am 3. 7. 1942: „Es ist der teils leichtsinnige, teils freche Mißbrauch der Worte und Begriffe ‚ewig', ‚unendlich', vor dem der Philosoph in mir erschrickt und vor dem er Abscheu hat."[316] „[Der Nationalsozialismus] ist eine Lehre des ewigen Lebens, frei von blassen Theorien und weinerlichen Ressentiments."[317] „Wir glauben der Fahne und folgen dem Führer zum ewigen Reich."[318]
c) Schon Fichte sprach in seiner 8. Rede an die deutsche Nation von der „Hoffnung auf die ewige Fortdauer des Volks".[319] Aber erst durch die Biologisierung des Denkens seit Darwin, die ihren Höhepunkt bei den Nationalsozialisten erfuhr, erhielt die Formel *das ewige Leben unseres Volkes* die Bedeutung: ‚die unsterbliche biologische Einheit des Lebens', die zu erringen und zu bewahren alle Opfer und Verbrechen rechtfertigt „Also, wenn heute Dinge von uns angepackt werden müssen, weil wir das ewige Leben unseres Volkes erringen wollen, vor denen Frauen schaudern müssen, dann müssen sie so angepackt werden, daß sie wirklich verborgen bleiben."[320] Noch im letzten Wehrmachtbericht des Zweiten Weltkrieges heißt es am 9. 5. 1945: „Den Leistungen und Opfern der deutschen Soldaten zu Lande, zu Wasser und in der Luft wird auch der Gegner die Achtung nicht versagen. Jeder Soldat kann deshalb die Waffe aufrecht und stolz aus der Hand legen und in den schwersten Stunden unserer Geschichte tapfer und zuversichtlich an die Arbeit gehen für das ewige Leben unseres Volkes."[321] Daß auch diese Verwendung von *ewig* besonders in den Kirchen auf Kritik stieß, zeigt eine ‚Meldung aus dem Reich': „Wie sehr die Kirche dieses Suchen des deutschen Menschen um einen neuen Glauben aufgreift, zeigt sich daraus, daß sie bei jeder Gelegenheit, in Hirtenbriefen und Predigten, vor allem aber in der Jugendunterweisung die religiösen Inhalte der nationalsozialistischen Weltanschauung angreift. ‚Auch die Kirchenfeinde der heutigen Zeit erwähnen zwar das Wort ‚unsterblich', aber nur zur Irreführung und Täuschung. Sie reden von dem ewigen Bestand der Nation, von der Erb- und Blutsgemeinschaft und meinen damit, daß der Mensch nach seinem Sterben fortlebt in seinen Kindern und im Andenken der Hinterbliebenen. Aber wie steht es dann, wenn der einzige Sohn stirbt, wenn unsere Soldaten, die für ihre Heimat kämpfen, ohne Nachkommen fallen? Gibt es für diese keine Unsterblichkeit? Auch die Erde und die Menschheit hören einmal auf zu bestehen. Das alles sind nur leere Begriffe und Verdrehungen der wirklichen Unsterblichkeit der Seele. [...] (Nürnberg, aus der Predigt eines evangelischen Geistlichen.)"[322]

---

[316] Tag- und Nachtbücher 1939–1945, München 1947, 250.
[317] Goebbels: Deutsches Volk – Deutsche Arbeit. Rede am 21. 4. 1934. In: Signale der neuen Zeit, 1934, 359.
[318] Fahne im Morgenwind. Flaggensprüche und Tagesparolen, 1935, 10.
[319] Sämtl. Werke, hg. I. H. Fichte, Leipzig 1845–46. Ndr. 1924, Bd. 7, 382.
[320] Der Oberste Richter d. NSDAP Walter Buch am 7. 12. 1940 an Himmler [über die Ermordung der Geisteskranken]. In: Die Wandlung, 2/1947, 264.
[321] Die Wehrmachtberichte 1939–1945, 1989, 569.
[322] MADR, (Nr. 335), 16. 11. 1942, Bd. 12, 4477.

F

Fähnlein

Einheit des ↑ *Deutschen Jungvolks in der HJ*.[1]

> *Fähnlein* bezeichnete militärsprachlich: „Zunächst ‚kleine Fahne', dann ‚Kriegszeichen' und ‚Trupp von Landsknechten unter einem Fähnlein'. Von da an weiter im Gebrauch als militärischer Fachausdruck."[2] Das *Fähnlein* war seit Ende des 15. Jahrhunderts unterste administrative Einheit der von Landsknechten gestellten Infanterie und der Kavallerie in den europäischen Heeren.[3] „den hauptleuten folgen mit halbem oder ganzem fenlein." (1586)[4] „Zu Beginn des 17. Jahrhunderts wird das Wort *Fähnlein* allmählich durch Kompagnie ersetzt."[5] Schiller gebraucht den Ausdruck historisierend in seiner im 15. Jahrhundert spielenden ‚romantischen Tragödie': ‚Die Jungfrau von Orleans': „Wir hatten sechzehn Fähnlein aufgebracht / Lothringisch Volk, zu deinem Heer zu stoßen, / Und Ritter Baudricour aus Vaucouleurs / war unser Führer."[6] (1801) So wie in der Jugendbewegung alte Landsknechtlieder als Fahrtenlieder neu belebt wurden, so griffen auch einige Bünde in ihrer Organisation auf das *Fähnlein* der Landsknechte zurück: „In den Fähnlein lernen die Jüngeren durch ihre Führer die inneren und äußeren Hemmungen zum neuen Menschen überwinden."[7] (1920) „Die Grundpfeiler, auf denen sich der [Nerother] Bund aufbaut, sind die einzelnen Fähnlein mit ihrem eigenen Leben, in dessen innere Angelegenheiten kein Führer des Bundes, ausgenommen der Ritter des betreffenden Fähnleins, eingreifen darf."[8] (1924)

> Das aus dem völkischen Flügel des Wandervogels hervorgegangene ↑ *Deutsche Jungvolk*, das sich 1931 der ↑ *Hitlerjugend* angeschlossen hatte, behielt als Organisation in der ↑ *HJ* für Jungen von 10 bis 14 Jahren die Bezeichnung *Fähnlein* für

---

[1] Gebucht: Duden, 12. Aufl. 1941, Meyers Lexikon 1936 ff., Paechter, Volks-Brockhaus 1940. Getilgt: Duden, 13. Aufl. 1947.
[2] Kluge 1989, 198, s. v.
[3] Haberkern/Wallach: Hilfswörterbuch für Historiker, 4. Aufl. 1974 (zuerst 1964), Bd. 1, 190, s. v.
[4] Adam Junghans v. d. Olsznitz: krieges ordnung zu wasser undt landt. Zit. DWB, Bd. 3, 1862, 1243.
[5] Haberkern/Wallach, ebd.
[6] Ebd., 1. Aufzug, 9. Auftritt.
[7] Arbeitsgrundlagen f. eine Bundesfeldmeisterschaft der Neupfadfinder. Beiblätter zum ‚Weißen Ritter', Zwischenheft v. 1. 11. 1920. In: Kindt, W. (Hg.): Die deutsche Jugendbewegung 1920–1933, 1974, 410.
[8] Wandervogel (Gelbe Zeitung), H. 4–8, April–September 1924. In: Ebd., 221.

eine der Organisationseinheiten bei: „Gleich der Hitlerjugend baut sich das Jungvolk in folgenden Einheiten auf: 1. die Jungenschaft (etwa 10 Jungen); 2. der Jungzug (etwa drei bis vier Jungenschaften); 3. das Fähnlein (etwa 4 Jungzüge) [...].[9]

fälische Rasse

Ein im Nationalsozialismus als Rasse geltender Menschenschlag des deutschen Volkes.[10]

> Der Ausdruck *fälische Rasse* ist ein Terminus der ↑ *Rassenkunde*. Maßgeblich für seinen Gebrauch im ↑ *Dritten Reich* waren die als wissenschaftlich geltenden, popularisierenden Ausführungen des Rassenkundlers H. F. K. Günther: „Als ein Einschlag, der gerade für die Rassenzusammensetzung Deutschlands wichtig ist, muß die fälische Rasse (sehr hochgewachsen, mittel- bis langköpfig, breitgesichtig mit hellen Haut-, Haar- und Augenfarben) betrachtet werden, allem Anschein nach eine Fortsetzung der altsteinzeitlichen Cro-magnon-Rasse. [...] Die Benennung ‚fälische Rasse' ist nach demjenigen deutschen und europäischen Gebiet gewählt worden, wo ein Einschlag dieser Rasse heute noch am deutlichsten erkennbar scheint, nach Westfalen."[11] „Der fälische Mensch ist im Seelischen ebenso wuchtig-schwer geartet wie im Leiblichen: wuchtiges Standhalten, unerschütterliche Ausführung ruhig gefaßter Beschlüsse, Drang der Gewissenhaftigkeit und Rechtschaffenheit, ja ein gewisses Bedürfnis, sich treu zu erweisen, kennzeichnen ihn."[12] „Lenz hat darauf aufmerksam gemacht, daß eine Vereinigung nordischer Kühnheit und fälischer Wucht solche Männer wie Bismarck und Hindenburg hervorgebracht habe. Man könnte hier auch einen Mann wie Björnsen anführen und den fälischen Einschlag bei Luther, dessen bekanntes Abwehrwort vor dem Wormser Reichstag von kennzeichnend fälischem Klange ist."[13] Obwohl der Ausdruck *fälische Rasse* wie die anderen Rassebezeichnungen durch Lexika, Wörterbücher, den Rechtschreibduden und die Schulbücher vermittelt wurde, hält F. G. Kneisel 1940 fest: „Während diese Worte [Blutgemeinschaft, entnorden, Gegenrasse, minderrassisch, u. a.] in den allgemeinen Sprachgebrauch eingedrungen sind, sind die Bezeichnungen für die verschiedenen Rassen mehr eine Angelegenheit der Fachliteratur geblieben, zumal von manchen Forschern für Europa immer neue Rassetypen und entsprechende neue Bezeichnungen konstruiert werden."[14]

---

[9] Organisationsbuch der NSDAP. 1943, 442. – F. G. Kneisel nennt in seinem deutschsprachigen Beitrag zum niederländischen ‚Neophilologus' ‚Die Entwicklung des deutschen Wortschatzes nach dem Weltkriege' (25/1940, 24–34) *Fähnlein* unter den wiederbelebten alten Wörtern irrtümlich als Bezeichnung für einen ‚Truppenteil der SA' (S. 30).

[10] Gebucht: Duden, 11. Aufl. 1934, 12. Aufl. 1941; Knaur 1934, Meyers Lexikon 1936 ff., Paechter, Volks-Brockhaus 1940. Nicht mehr in: Duden, 20. Aufl. 1991.

[11] Günther, H. F. K.: Kleine Rassenkunde des deutschen Volkes, 3. Aufl. 1933 (zuerst 1929), 20.

[12] Ebd., 68.

[13] Ebd., 69.

[14] Die Entwicklung des deutschen Wortschatzes nach dem Weltkriege. In: Neophilologus, 25/1940, 32.

fanatisch, Fanatismus, (Fanatiker)

„Sich unbedingt, rücksichtslos einsetzend"[15]; blind enthusiastische, rücksichtslose ↑ *Einsatzbereitschaft*; („von unbedingter Einsatzbereitschaft erfüllter Mensch"[16]).[17]

> Das Adjektiv *fanatisch* wurde im 16. Jahrhundert entlehnt aus lat. *fanaticus* ‚religiös schwärmerisch', ‚von der Gottheit ergriffen', zu lat. *fanum* ‚Ort der Gottheit', ‚Tempel'.[18] *fanaticus* bezog sich von Anfang an auf fremde Kulte in Rom (der Bellona, Magna Mater, Isis, Kybele, des Serapis) mit Erscheinungsformen, die von den Römern negativ bewertet und als Krankheit angesehen wurden. Horaz stellt die im *fanaticus error*, dem schwärmerischen Rasen Begriffenen den Vernünftigen, „qui sapiunt", gegenüber.[19] Im christlichen Sprachgebrauch der Antike wie des Mittelalters stehen sich *fanaticus error* und die Wahrheit des christlichen Glaubens gegenüber. *fanaticus* und *paganus*, ‚heidnisch', werden gleichbedeutend gebraucht. Die aus dem Lateinischen entlehnte Form des Adjektivs wird im Deutschen erst spät üblich. Ein früher Beleg von 1588 im Titel der Streitschrift von F. Johannes Nass über die Geschichte der Ketzerei bleibt isoliert: „Ananeosis. Vieler wunderbarlichen Religions händel beschreybung ... Denen zuwider/ So dieses Jar Christi Achtzig acht/ zu gar Fanattisch haben verdacht/ samb es alles müst zu Boden gehn."[20] Erst in der Mitte des 18. Jahrhunderts wird das deutsche Wort *fanatisch* geläufiger. Das Substantiv *Fanatismus* ist 1760 belegt: „Man spielte dabey die Tragödie Mahomet oder der Fanatismus."[21] Es löst allmählich das vorher verwendete *Fanaticismus* ab, mit dem es eine Zeitlang parallel läuft. Das substantivierte Adjektiv *Fanatiker* tritt erst Ende des 18. Jahrhunderts auf. Vorher ist auch im Zusammenhang eines deutschen Textes nur lat. *fanaticus* üblich. Ende des 18. Jahrhunderts sind alle drei Ausdrücke im Deutschen verfügbar, werden aber nur in Fremdwörterbüchern geführt.[22] Ihre Verwendung ist im Deutschen – mit stark negativer Wertung – traditionell auf den religiösen Bereich beschränkt. Die Bedeutungserweiterung ins Allgemeine und Politische ging für *Fanatiker* von England aus, wo es durch die in ihren Motiven untrennbar verflochtenen politischen und konfessionellen Kämpfe zuerst zu einer Politisierung der Verwendungsweise von engl. *fanatic* kommt. Daß Hume (1711–1776) für die *Levellers*, eine Gruppe der Dissenters (Nonkonformisten, meist Anhänger Calvins), die sich dem Zwangseintritt in die Staatskirche widersetzte und

---

[15] Duden, 12. Aufl. 1941, 165, s. v. Fanatiker.
[16] Meyers Lexikon, Bd. 3, 1937, 1290, s. v.
[17] Gebucht: Duden, 11. Aufl. 1934, 12. Aufl. 1941; Meyers Lexikon 1936 ff., Volks-Brockhaus 1940.
[18] Kluge 1989, 202, s. v. – Vgl. zum Folgenden: Conze, W./ H. Reinhart: Fanatismus, GG, Bd. 2, 1975, 303–327.
[19] Horaz, Ars poetica, 453–456. Nach ebd., 304.
[20] Zit. ebd., 304.
[21] Vossische Zeitung, Nr. 137/1760. Zit. Kluge 1959, 183, s. v. Fanatiker.
[22] Vgl. GG, Bd. 2, 303, Anm. 3.

Besitzgleichheit für alle forderte, den Ausdruck „political fanatics"[23] prägt, dokumentiert die abgeschlossene Bedeutungserweiterung, die sich auf ähnliche Weise auch in Frankreich vollzog. Die endgültige Verlagerung des Schwergewichts der Verwendung erfolgte durch die französische Revolution, in deren Gefolge sich die Parteien in den Meinungskämpfen gegenseitig *Fanatismus* vorwarfen. *Fanatismus* war zum politischen Kampf- und Schlagwort mit weiterhin stark negativer Wertung geworden. Repräsentativ für diese Wertung ist der Eintrag in Campes Verdeutschungswörterbuch 1808: „Fanatism, Lat. Fanatismus, oder Fanaticismus, die Schwärmerei, in Glaubenssachen die Glaubensschwärmerei; und wenn diese einen hohen Grad erreicht hat, die Glaubenswuth. Dieser äußert sich durch Vernunftscheu, so wie gewöhnliche Tollheit durch Wasserscheu [...] und 2. scheint mir ein milderer Ausdruck weder nöthig, noch rathsam zu sein, weil jene Seuche sich bekanntlich von jeher als eine Art von Wuth gezeigt, und der Menschheit mehr, als irgendeine Art von Tollheit, geschadet hat. [...] Wenn Fanatismus uneigentlich von einer andern, als religiösen, z. B. von politischer Schwärmerei gebraucht wird: so kann man Meinungswuth dafür sagen."[24]
Neben der pejorativen gibt es die viel schwächere Tradition einer positiven Wertung von *Fanatismus*. Am herausragendsten ist die Äußerung von Jean Jaques Rousseau (1712–1778) in einer Anmerkung zum ‚Glaubensbekenntnis des savoyischen Vikars' im ‚Émile': „Bayle hat sehr richtig bewiesen, daß Fanatismus viel verhängnisvoller ist als Atheismus, und das unwiderlegbar; was er aber sorgsam verschwiegen hat und was nicht weniger wahr ist, ist, daß der Fanatismus, obgleich blutrünstig und grausam, dennoch eine große und starke Leidenschaft ist, die des Menschen Herz erhebt, ihn den Tod verachten läßt, ihm eine ungeheure Tatkraft gibt, und den es nur besser zu lenken gilt, um ihm die erhabensten Tugenden abzugewinnen; wogegen die Irreligion und im allgemeinen der räsonierende und philosophische Geist ans Leben fesselt, verweichlicht, die Seelen erniedrigt, alle Leidenschaften in der Niedrigkeit der Eigensucht konzentriert, in der Niedertracht des menschlichen Ichs, und so ganz unauffällig die Grundfesten jeglicher Gesellschaft unterminiert."[25]
In der Mitte des 19. Jahrhunderts fordert Ludwig Bamberger (1823–1899), der als damals radikalrepublikanischer Journalist an der 1848er Revolution teilnahm, politischen *Fanatismus* von den „Freiheitsgläubigen": „Darum sind Religionskämpfe erbittert und darum sind es alle Kämpfe, die in einem heiligen, ganzen Glauben geführt werden. Verächtlich ist die Religion, welche nicht Proselyten machen will, verächtlich die nicht fanatische Religion, welche ihr Größtes und Wichtigstes als eine Nebensache hinstellt und nicht die äußerste Kraft anwendet, es Allen beizubringen. Es ist unhaltbar vom religiösen Standpunkt aus dem Fanatiker zuzurufen: Störe

---

[23] Hume: An Enquiry concerning the Principles of Morale, EW vol. 4, 1882, 188. Zit. GG, Bd. 2, 308; nach Hinweis bei R. Spaemann: „fanatisch" und „Fanatismus", Arch. f. Begriffsgesch. 15/1971, 262.
[24] Wörterbuch z. Erklärung u. Verdeutschung, 2. verb. u. mit einem 3. Bd. verm. Aufl., Bd. 2, Graetz 1808 (zuerst 1801), 6 f.
[25] Emile oder über die Erziehung. Hg. M. Rang. Aus d. Französischen v. E. Sckommodau. Reclam 1965, 4. Buch, 636. (Oeuvres complètes, éd. V. D. Musset-Pathey, t. 4, 1823, 116).

nicht den sanften Frieden der Bürger und Familien um der Religion halber. Er hat Recht: die Religion, an die er glaubt, steht über all dem und ist für Alle mehr wert, als jene Güter. [...] Die Religion unserer Zeit heißt: Politik und unser Bekenntnis: Freiheit. Und wir können uns nicht denken, wie ein Freiheitsgläubiger den − seiner Ansicht nach − freiheitsfeindlichen Systemen sachte und schonend entgegentreten kann. Wer uns verübelt, daß wir pochen und stürmen, der hat keinen politischen wie der „Tolerante" keinen religiösen Glauben, der ist ein Gleichgültiger, und nur der Gleichgültige, dem der häusliche und städtische Friede des Essens und Spazierengehens über alles geht, kann sich über uns skandalisieren. Wir gestehen es: Wir sind Fanatiker!"[26] In diesem − emotional jedoch schon verblaßten − Sinn schreibt Moses Hess (1812−1875) am 9. 12. 1863 an Ferdinand Lassalle: „Was mich betrifft, ich habe noch denselben Fanatismus für die soziale Bewegung, der mich seit achtundzwanzig bis dreißig Jahren beseelte."[27]
Vorherrschend blieb aber die Verwendung der Wortgruppe mit negativer Wertung. Die seit der Aufklärung „immer von neuem tradierte, geschichts- und moralphilosophisch begründete Antinomie zwischen liberaler Humanität bzw. rational bestimmter Toleranz und ‚blindem', auf Glaubenseifer beruhendem, zur nackten Gewalt führendem Fanatismus [ist] bis zur Gegenwart bewußt geblieben."[28] Der Purist Eduard Engel bietet 1918 in seinem Verdeutschungswörterbuch für *fanatisch wuteifrig, eiferwütig, unduldsam, erbittert, übereifrig, verrannt, verbiestert, verbohrt, versessen, verbissen, starrsinnig, blindwütig, glaubenswütig, leidenschaftlich, schonungslos* als Äquivalent an. ‚Der Große Herder' definiert noch 1932: „Fanatismus. Gesinnungswahn, blinder Eifer für eine Idee, beruht nicht selten auf seelischer Abnormität. Der Fanatiker ist unduldsam, oft gewalttätig."[29]

> Im Nationalsozialismus kommt es zum ersten Mal zu einer breiten Umwertung der Ausdrücke *fanatisch, Fanatismus, Fanatiker*. Victor Klemperer vermerkt dazu in seinem ‚Notizbuch eines Philologen': „denn da der Nationalsozialismus auf Fanatismus gegründet ist und mit allen Mitteln die Erziehung zum Fanatismus betreibt, so ist fanatisch während der gesamten Ära des Dritten Reiches ein superlativisch anerkennendes Beiwort gewesen. Es bedeutet die Übersteigerung der Begriffe tapfer, hingebungsvoll, beharrlich, genauer eine glorios verschmelzende Gesamtaussage all dieser Tugenden, und selbst der leiseste pejorative Nebensinn fiel im LTI-Gebrauch des Wortes fort. An Festtagen, an Hitlers Geburtstag etwa oder am Tag der Machtübernahme, gab es keinen Zeitungsartikel, keinen Glückwunsch, keinen Aufruf an irgendeinen Truppenteil oder irgendeine Organisation, die nicht ein ‚fanatisches Gelöbnis' oder ‚fanatisches Bekenntnis' enthielten, die nicht ‚den fanatischen Glauben' an die ewige Dauer des Hitlerreiches bezeugten."[30] Der inflationäre Gebrauch der

---

[26] Die intolerante Toleranz. Den 30. April 1848. In: Politische Schriften von 1848 bis 1868, Berlin 1895, 43 f.
[27] Briefwechsel, hg. v. E. Silberner unter Mitwirkung v. W. Blumenberg, ‚s-Gravenhage 1959, 459.
[28] GG, Bd. 2, 326.
[29] Ebd., Bd. 4, 4. Aufl., Freiburg 1932, 667.
[30] LTI, 14. Aufl. 1996, 65.

umgewerteten Ausdrücke ging offenbar von Hitler aus. Er beschreibt in ‚Mein Kampf' seinen Werdegang: „In kurzer Zeit war ich zum fanatischen ‚Deutschnationalen' geworden." (S. 10f.) „Ich war vom schwächlichen Weltbürger zum fanatischen Antisemiten geworden." (S. 69) Auf einem Plakat von 1923 wird zu einer „Riesenkundgebung" mit Hitler als Redner eingeladen: „Nationalsozialisten! Antisemiten! Was wir seit 4 Jahren prophezeien, ist nun eingetreten. Über alle Phrasen internationaler Solidaritätsduselei hinweg ist nun Frankreich zur Besetzung des Ruhrgebietes geschritten. Das Volk kann sich nun bei seinen Verführern von einst bedanken. Wir aber wollen in diesen Tagen unseren feierlichen Protest gegen diese Gewalttat und unseren fanatischen Entschluß, die Schuldigen zur Verantwortung zu ziehen, kundgeben."[31] Immer wieder kommt Hitler in ‚Mein Kampf' auf seine Grundthese zurück, daß nur eine durch „fanatische Weltanschauung" gestützte Gewalt den Sieg über politische Gegner, die Errringung und Erhaltung der Macht garantieren kann. „Die allererste Voraussetzung zu einer Kampfesweise mit den Waffen der nackten Gewalt ist und bleibt die Beharrlichkeit. [...] Diese Beharrlichkeit ist jedoch immer nur das Ergebnis einer bestimmten geistigen Überzeugung. Jede Gewalt, die nicht einer festen geistigen Grundlage entsprießt, wird schwankend und unsicher sein. Ihr fehlt die Stabilität, die nur in einer fanatischen Weltanschauung zu ruhen vermag." (S. 188) „Die Nationalisierung der breiten Masse kann niemals erfolgen durch Halbheiten, durch schwaches Betonen eines sogenannten Objektivitätsstandpunktes, sondern durch rücksichtslose und fanatisch einseitige Einstellung auf das einmal zu erstrebende Ziel." (S. 370f.) „Der Glaube ist schwerer zu erschüttern als das Wissen, Liebe unterliegt weniger dem Wechsel als Achtung, Haß ist dauerhafter als Abneigung, und die Triebkraft zu den gewaltigsten Umwälzungen auf dieser Erde lag zu allen Zeiten weniger in einer die Masse beherrschenden wissenschaftlichen Erkenntnis als in einem sie beseelenden Fanatismus und manchmal in einer sie vorwärtsjagenden Hysterie." (S. 371) „Die Überzeugung vom Recht der Anwendung selbst brutalster Waffen ist stets gebunden an das Vorhandensein eines fanatischen Glaubens an die Notwendigkeit einer umwälzenden neuen Ordnung dieser Erde. Eine Bewegung, die nicht für solche höchste Ziele und Ideale ficht, wird daher nie zur letzten Waffe greifen." (S. 597) In der Nachfolge Hitlers wurde die positive Umwertung der Wortgruppe im öffentlichen Sprachgebrauch allgemein, zunächst vor allem, wenn rückblickend von der ↑ *Kampfzeit* der NSDAP gesprochen wurde: „Der Reichsparteitag der NSDAP. in Nürnberg am 19. und 20. August [1927] aber zeigt, wie stark jetzt schon die junge Bewegung geworden war. Über 30 000 Braunhemden aus allen Teilen des Reichs marschieren am Führer vorüber – alles Kämpfer der schwersten Zeit, überzeugt, fanatisch, die Truppe des ersten Angriffs, Kämpfer aus einer Zeit, als es noch bitter schwer war, Nationalsozialist zu sein."[32] „Vor anderthalb Jahrzehnten hat das deutsche Volk – geführt von einer Minderheit fanatischer Nationalsozialisten – den Kampf um Freiheit und Brot der Nation begonnen."[33] „Dieser hingebende Glaube an die Durchführung der fest um-

---

[31] Plakat v. 14. 1. 1923. In: Hitler, Mein Kampf, Bd. 1, 3. Aufl. 1928, Plakatanhang, o. S.
[32] v. Leers, J.: 14 Jahre Judenrepublik, Bd. 2, 2. Aufl. 1933, 82.
[33] Goebbels, Signale der neuen Zeit, Leitwort des Verlages, 1934, 7.

rissenen neuen Weltanschauung machte die alten Parteigenossen zu Fanatikern und befähigte sie zu ungeheuren Leistungen."[34] Für die zeitgenössischen Beobachter wie Klemperer oder Kneisel ist das positive *fanatisch* ein typisches Element des nationalsozialistischen Sprachgebrauchs: „So werden z. B. die Ausdrücke *hart, unduldsam, fanatisch* heute im allgemeinen nur im positiven Sinne verwendet, Bezeichnungen wie *nachsichtig, duldsam* dagegen im negativen Sinne."[35] Doch kommt auch pejorativer Gebrauch vor, oft traditionell auf den religiösen Bereich bezogen: „So ist zwar die Kirche weitgehend aus ihren bisherigen Machtpositionen verdrängt, sie baut aber in zäher Arbeit ihre Rückzugsstellungen aus und sucht eine zuverlässige Kernschar fanatischer Anhänger um sich zu sammeln und zu schulen."[36] Der uneinheitliche Gebrauch läßt sich schon in Hitlers ‚Mein Kampf' feststellen: „Nur in den seltensten Fällen wird ein überzeugter Sozialdemokrat oder ein fanatischer Kommunist sich herbeilassen, ein nationalsozialistisches Buch zu erwerben."[37] Offiziell erwünscht war jedoch die positiv wertende Verwendung von *fanatisch*, das allein Nationalsozialisten und nationalsozialistischer Haltung als auszeichnendes Attribut zugeschrieben werden sollte. Das beweist die Tatsache, daß zwischen 1941 und 1943 in der 820. Auflage von ‚Mein Kampf' ein auf die Juden bezogenes pejoratives *fanatisch*, das zur Zeit des Rußlandfeldzuges und der Judenvernichtung besonders ins Auge fallen mußte, durch *satanisch* ersetzt wurde. Vorher lautete der Satz: „Das furchtbarste Beispiel dieser Art bietet Rußland, wo er [der Jude] an dreißig Millionen Menschen in wahrhaft fanatischer Wildheit teilweise unter unmenschlichen Qualen tötete oder verhungern ließ, um einem Haufen jüdischer Literaten und Börsenbanditen die Herrschaft über ein großes Volk zu sichern." (S. 358) Im Krieg ist die Wortgruppe, besonders in Goebbels' Leitartikeln im ‚Reich', ein Bestandteil der an Bevölkerung und Truppe adressierten Durchhalteparolen: „Und hinter ihnen [den Soldaten] steht eine Heimat, die in einem gänzlich unpathetischen, aber um so fanatischeren Heroismus ihr nationales Leben verteidigt."[38] Goebbels spricht von „fanatischem Eifer"[39], „fanatischer Entschlossenheit"[40], „fanatischer Selbstbehauptung"[41], von dem deutschen Volk „in seinem Fanatismus und seiner Entschlossenheit"[42] Ab 1944 tritt fast regelmäßig ein verstärkendes Attribut zu *Fanatismus*: „mit kaltem Fanatismus und heißem Haß"[43], „mit heiligem Fanatismus"[44], „mit wildem

---

[34] Gohdes, O.: Das Prinzip der weltanschaulichen Schulung. In: Der Schulungsbrief, 1/März 1934, 4.

[35] Kneisel, F. G.: Die Entwicklung des deutschen Wortschatzes nach dem Weltkriege. In: Neophilologus, 25/1940, 30.

[36] Jahreslagebericht 1938 d. SHA. MADR, Bd. 2, 43.

[37] Ebd., 534.

[38] 2. 3. 1941, 2.

[39] 29. 9. 1940, 5.

[40] 15. 12. 1940, 2.

[41] 5. 1. 1941, 4.

[42] 23. 2. 1941, 2.

[43] 5. 3. 1944, 2.

[44] 23. 4. 1944, 2.

Fanatismus"[45], „trotziger Fanatismus"[46], „mit heißem Fanatismus"[47], „heißester Fanatismus"[48]. Am 26. 7. 1944, in immer aussichtsloserer Lage, erschien *fanatisch* im Heeresbericht: „Im Verlauf der schweren Kämpfe südlich Caen gelang es dem Feind westlich der Straße Caen−Falaise in unsere Stellungen einzubrechen und weitere Infanterie- und Panzerkräfte nachzuführen. Unsere fanatisch kämpfenden Truppen verhinderten jedoch das Ausweiten der feindlichen Einbrüche und traten dann in den Nachmittagsstunden zum Gegenangriff an."[49]

▷ Mit dem Ende des Nationalsozialismus verschwanden *Fanatismus, fanatisch, Fanatiker* in positiv wertender Verwendung fast vollständig aus dem Sprachgebrauch. In den wenigen Beispielen klingen, noch rund zehn Jahre nach dem Ende des Zweiten Weltkriegs, in der NS-Zeit zu Phraseologismen gewordene Wortverbindungen nach: „fanatischer Einsatz", „heiliger Fanatismus": „Die Holländer erfüllten die Erwartungen ebenfalls nicht ganz, obwohl sie alle Voraussetzungen für das moderne Fußballspiel mitbrachten, in erster Linie Kraft, Ausdauer und einen geradezu fanatischen Einsatz."[50] „Missionsabend des CVJM. Die Frage für oder wider das Waffentragen sei erst in unserer Zeit so aktuell geworden. Heute habe der Christ gegenüber Gott und der Welt die Verantwortung, mit heiligem Fanatismus für den Frieden [einzutreten]."[51] Heute ist das positive *fanatisch* womöglich noch seltener geworden. Am ehesten begegnet es als Attribut eines Menschen, der mit leidenschaftlicher Ausschließlichkeit ein Hobby pflegt. „Während sie früher mit Ehemann Hans-Jürgen (,ein fanatischer Jazzliebhaber') in Jazzclubs die Nacht durchgefeiert hat, ließ Samstagnacht Patricia Highsmith sie nicht zur Ruhe kommen."[52]

Feierabendgestaltung

Organisation der Freizeit durch das *Amt „Feierabend"* in der ↑ *NS-Gemeinschaft „Kraft durch Freude"*.[53]

▶ Nach dem Muster des faschistischen, 1923 eingerichteten, ‚Zentralamtes für Dopolavoro' wurde am 27. 11. 1933 die „Organisation der Freizeit" ↑ *Kraft durch Freude* geschaffen.[54] Das für die *Feierabendgestaltung* zuständige *Amt „Feierabend"* in der *KDF* erhielt seinen Namen wohl in Anlehnung an den faschistischen Neologismus *dopolavoro*, der den engen Zusammenhang der kontrollierten Freizeit mit der Arbeit auch im Namen der Organisation zum Ausdruck bringen sollte.[55] „Die

---
[45] 28. 5. 1944, 2; 5. 11. 1944, 2; 13. 11. 1944.
[46] 10. 9. 1944, 2; 7. 1. 1944, 2.
[47] 1. 10. 1944, 2.
[48] 12. 11. 1944, 2.
[49] Die Wehrmachtberichte, Bd. 3, 1989, 175. Hinweis: Klemperer, LTI, 14. Aufl. 1996, 66.
[50] Die Welt, 22. 3. 1956, 10.
[51] Bonner Generalanzeiger, 23. 11. 1956.
[52] Neuß-Grevenbroicher Ztg., 7. 10. 1991.
[53] Gebucht: Duden, 12. Aufl. 1941. Getilgt: Duden, 13. Aufl. 1947.
[54] Volz, H.: Daten der Geschichte der NSDAP, 11. Aufl. 1943, 59.
[55] Kolb, S.: Sprachpolitik unter dem italienischen Faschismus, 1990, 119.

von der NS-Gemeinschaft ‚Kraft durch Freude' organisierte Freizeitbewegung ist daher stets darauf bedacht, die Feierabendgestaltung in engster Beziehung zum Arbeitsleben durchzuführen. Die nationalsozialistische Feierabendgestaltung heißt nicht: weg von der Arbeit! sondern: hin zur Arbeit!"[56] „Die Aufgaben des *Amtes ‚Feierabend'* sind: Gestaltung des Feierabends und der Freizeit der werktätigen Menschen mit den Mitteln der Kunst, der wertvollen Unterhaltung und des Volkstums."[57] „Am 10. und 11. April 1937 fand in Berlin die Tagung der KdF.-Beauftragten für die Dorfbetreuungsarbeit in Zusammenhang mit dem Reichsnährstand statt. Auf Grund des Abkommens zwischen Reichsorganisationsleiter Dr. Ley und Reichsbauernführer Darré ist die gesamte Feierabendgestaltung des Landes der Organisation ‚Kraft durch Freude' übertragen worden. Nach der Eröffnung der Arbeitstagung durch den Leiter des Amtes ‚Feierabend', Pg. Klemme, führte [...] aus, daß die Landbetreuung zur Voraussetzung eine vermehrte Ehrung der Bauernarbeit haben müsse; daß die Gruppe der arttreuen Menschen immer stärker werde, sei die Aufgabe der Dorfgemeinschaftsarbeit."[58] „Feierabendgestaltung. An 915 Veranstaltungen, zu denen ein Eintrittspreis erhoben wurde und die durch die Unterabteilung Feierabend selbst veranlaßt oder betreut wurden, nahmen 680 000 Volksgenossen teil."[59] Die *Feierabendgestaltung* im ganzen Reich wurde unter dem Oberbegriff *Feierabendarbeit* zusammengefaßt: „Zwischen der Deutschen Arbeitsfront und dem Reichsministerium für Volksaufklärung und Propaganda wurde eine Vereinbarung über die Gründung einer achten Kulturkammer mit dem Zweck geplant, die gesamte kulturelle Feierabendarbeit Deutschlands zusammenzufassen. Die Gründung der Kammer ist bis jetzt nicht ausgesprochen. Als Mitglieder würden in dieser Kammer zunächst sämtliche Vereine Deutschlands, die sich mit Feierabendarbeit befassen, vor allen Dingen aber Mitglieder des Deutschen Sängerbundes, Orchester und Chorvereinigungen, aber auch Volkstumsvereinigungen und Laienspielscharen infragekommen."[60]

Feindseite

Zusammenfassende Bezeichnung für alle Kriegsgegner und Fronten im Zweiten Weltkrieg.

> Hitler hatte in ‚Mein Kampf' ausgeführt: „Es gehört zur Genialität eines großen Führers, selbst auseinanderliegende Gegner immer nur zu einer Kategorie gehörend erscheinen zu lassen, weil die Erkenntnis verschiedener Feinde bei schwächlichen und unsicheren Charakteren nur zu leicht zum Anfang des Zweifels am eigenen Recht führt." (S. 129) Dieser Devise entspricht der vor allem in den letzten Kriegsjahren häufig gebrauchte Ausdruck *Feindseite*. Auf einer der geheimen Goebbels-

---

[56] Organisationsbuch der NSDAP., 7. Aufl. 1943, 210.
[57] Ebd., 211.
[58] NS-Monatshefte, 8/1937, 450.
[59] Die Arbeitsfront hält Rückschau. Jahresbericht 1936 der DAF.-Gauwaltung Düsseldorf, o. J. (1937), 20.
[60] Vierteljahreslagebericht 1937 d. SHA. MADR, Bd. 2, 273.

Konferenzen am 20. November 1942 gibt Goebbels eine Sprachregelung aus, die bereits im Protokoll der Konferenz befolgt wird: „Der Minister wendet sich gegen einige Begriffe der Feindseite, die in gefährlicher Weise sich in den Sprachschatz der Deutschen einschlichen. Wir sollten uns hüten, Begriffe wie ‚Die Vereinten Nationen', ‚Die Alliierten' zu verwenden, die einen propagandistischen Hintergrund hätten und die uns an den Weltkrieg erinnerten und daher vielen Menschen einen Schrecken einjagten. Es sollte daher immer nur von ‚unseren Feinden', ‚von der Feindseite' u. dergl. gesprochen werden."[61] „Es gibt kein Verbrechen gegen die Humanität, Kultur und Zivilisation, das die Feindseite sich in diesem Kriege nicht hat zuschulden kommen lassen."[62]

Festigung deutschen Volkstums

Verhüllender Ausdruck für die Umsiedlung, Vernichtung, Enteignung, Deportation von Juden und Polen in den von den Deutschen besetzten polnischen Gebieten und deren Ersetzung durch „Menschen wirklich deutschen, germanischen Blutes"[63].

▶ „Dem Stabshauptamt des Reichskommissars für die Festigung deutschen Volkstums liegt im Reich und in den unter der Oberhoheit des Reiches stehenden Gebieten die gesamte Siedlungs- und Aufbauplanung und deren Durchführung ob, einschließlich aller mit der Siedlung zusammenhängenden Verwaltungs- und Wirtschaftsfragen, insbesondere der Menscheneinsatz zum Zwecke der Siedlung."[64] „Erlaß des Führers und Reichskanzlers für die Festigung deutschen Volkstums vom 7. Oktober 1939. [...] Dem Reichsführer SS obliegt nach meinen Richtlinien: 1. Die Zurückführung der für die endgültige Heimkehr in das Reich in Betracht kommenden Reichs- und Volksdeutschen im Ausland. 2. Die Ausschaltung des schädigenden Einflusses von solchen volksfremden Bevölkerungsteilen, die eine Gefahr für das Reich und die deutsche Volksgemeinschaft bedeuten. 3. Die Gestaltung neuer deutscher Siedlungsgebiete durch Umsiedlung, im besonderen durch Seßhaftmachung der aus dem Ausland heimkehrenden Reichs- und Volksdeutschen. [...]"[65] In einem Runderlaß des Reichsministers für Landwirtschaft und Ernährung vom 17. 1. 1940 wird bekanntgegeben: „Nach dem Führererlaß vom 7. Oktober 1939 obliegen dem Reichsführer-SS alle Maßnahmen zur Festigung deutschen Volkstums nach den Richtlinien des Führers. Der Reichsführer-SS hat für diese Aufgaben das Reichskommissariat zur Festigung deutschen Volkstums gegründet."[66] „Die Säuberung der ein-

---

[61] Wollt Ihr den totalen Krieg? Die geheimen Goebbels-Konferenzen. Hg. und ausgew. v. W. A. Boelcke, 1967, 303.
[62] Goebbels, Leitartikel in: Das Reich, 2. 1. 1944, 2.
[63] Himmler, Vorwort in: Deutsche Arbeit, Juni/Juli 1942. Dok. PS–2915. In: Der Nürnberger Prozeß, Bd. 3, 651.
[64] Organisationsbuch der NSDAP. 1943, 421/422.
[65] Dok. PS–686. In: Der Nürnberger Prozeß, Bd. 3, 650f.
[66] Dok. NG–37. Zit. Buchheim, H.: Die SS – das Herrschaftsinstrument. In: Anatomie des SS-Staates, dtv, 6. Aufl. 1994, 185.

gegliederten Ostgebiete von fremdrassigen Personen ist mit das wesentlichste Ziel, das im deutschen Osten erreicht werden muß. Es ist dies die kardinale volkspolitische Aufgabe, die der Reichsführer SS, Reichskommissar für die Festigung deutschen Volkstums, in den eingegliederten Ostgebieten zu bewältigen haben wird. [...]"[67] Nach einem Erlaß Görings vom 17. September 1940 war die Einziehung beschlagnahmten Vermögens zugelassen, „wenn es das öffentliche Wohl, insbesondere die Reichsverteidigung oder die Festigung deutschen Volkstums erfordert."[68] „Die Voraussetzungen der Beschlagnahmemöglichkeiten nach Paragraph 2, Absatz 2a, sind objektiv stets dann gegeben, wenn es sich z. B. um Grundbesitz handelt, der einem Polen gehört. Denn der polnische Grundbesitz wird restlos für die Festigung deutschen Volkstums benötigt."[69]

Festung Europa

Slogan der ersten Kriegsjahre, der die Stärke des von der ↑ *Achse* beherrschten Kontinents im Kampf gegen die Alliierten ausdrücken sollte.[70]

> „Den Begriff ‚Festung Europa' haben in der deutschen Publizistik zuerst Propagandaexperten des Auswärtigen Amts eingeführt."[71] Klemperer schreibt in seinem ‚Notizbuch eines Philologen': „Sooft der Name Europa während der letzten Jahre in der Presse oder in Reden auftaucht – und je schlechter es um Deutschland steht, um so öfter und um so beschwörender geschieht das –, immer ist dies sein alleiniger Inhalt: Deutschland, die ‚Ordnungsmacht', verteidigt die ‚Festung Europa'."[72] Schon Ende 1942 ergehen Presseanweisungen, die den Gebrauch des Ausdrucks untersagen. „Aus gegebenem Anlaß werden die Zeitungen gebeten, den Ausdruck ‚Festung Europa' nicht mehr zu gebrauchen, da es ein negativer Ausdruck ist. Festungen sind immer auf Belagerung und Verteidigung eingestellt, dagegen befindet sich Europa im Angriff."[73] „der ausdruck festung europa ist mit sofortiger wirkung gesperrt. er sei im allgemeinen [sic] von der presse in einem defensiven sinne gebraucht worden, was nicht in unserer absicht gelegen habe. wir seien keine belagerte festung, sondern wir griffen an."[74] „Es wird noch einmal darauf hingewiesen, daß

---

[67] Der Menscheneinsatz. Veröffentlichung des Amtes für die Festigung deutschen Volkstums, 1940. Dok. PS−2916. In: Der Nürnberger Prozeß, Bd. 3, 651.
[68] RGBl. 1, 1940, 1270. Zit. Der Nürnberger Prozeß, Bd. 3, 660.
[69] 15. 4. 1941. Interne Richtlinien für die Anwendung der Polenvermögensverordnung v. 17. 9. 1940 d. Reichsführers SS, Kommissar für die Festigung deutschen Volkstums. Dok. R−92. In: Ebd., Bd. 3, 660.
[70] Gebucht: Paechter.
[71] Boelcke W. A.: Anmerkung zum 7. 12. 1942. In: Wollt Ihr den totalen Krieg? Die geheimen Goebbels-Konferenzen, 1967, 311.
[72] Klemperer, V.: 14. Aufl. 1996, 173.
[73] Ob 40/19, 7. 12. 1942. Zit. Glunk, ZDS 25/1969, 127.
[74] Sä 41/101, 7. 12. 1942. Zit. ebd.

dieser Ausdruck nicht verwendet werden soll."[75] „ ... Sollten in den Artikeln noch Formulierungen wie ‚Festung Europa' oder ‚europäische Festung' enthalten sein, so sind solche und ähnliche Bezeichnungen für den Atlantikwall herauszustreichen."[76]

auf der Flucht erschossen

Stereotyp gewordene Angabe der Todesursache auf Totenscheinen der ↑ *Konzentrationslager* und in den Formularen zur Benachrichtigung der Angehörigen von Häftlingen.[77]

> Die Formel *auf der Flucht erschossen* bildete sich 1933 heraus. Sie tauchte im ersten Jahr der NS-Herrschaft, als zur Einschüchterung politischer Gegner noch über Inhaftierungen und Konzentrationslager in der Presse berichtet wurde, bereits so häufig in den Meldungen auf, daß schon damals ihr Wahrheitsgehalt in Zweifel gezogen wurde. „Am 22. August wurde der kommunistische Funktionär Franz Stenzer aus Pasing bei einem Fluchtversuch aus dem Konzentrationslager Dachau erschossen."[78] „In Wiesbaden unternahm der Kommunist Karl Müller aus dem Verwaltungsgebäude der SA. einen Fluchtversuch, beachtete wiederholten Anruf nicht und wurde erschossen."[79] „In der Nähe des Lagers Esterwegen im Emsland wurde ein Insasse des Lagers auf der Flucht erschossen."[80] „Der Kommunist Theodor Ebers, der als Straf- und Schutzhaftgefangener nach Essen überführt werden sollte, wurde auf der Flucht erschossen."[81] Walter Tausk, der selbst Opfer des Holocaust wurde, trug am 10. 9. 1933 in sein heimliches Tagebuch ein: „Rund eine Million Menschen befinden sich – laut ausländischen Zeitungen – in den deutschen Konzentrationslagern! Täglich kommen weitere hinzu, und täglich verschwinden Gefangene in diesen Lagern, zum Teil angeblich ‚auf der Flucht erschossen'. Unter den letzteren ist eine Breslauer Persönlichkeit: Reichsbannerführer Alexander, Ritter des goldenen Militär-Verdienst-Kreuzes. [...] Alexander wurde am 6. des Monats auf dem jüdischen Friedhof Breslau-Cosel beerdigt: in einem plombierten Sarg, der so vom Lager Osnabrück gekommen war und nicht mehr geöffnet werden durfte (die Polizei verweigerte das!). Obwohl in den Zeitungen nur die kurze Notiz stand: ‚Der Reichsbannerführer Alexander ist auf der Flucht aus dem Konzentrationslager bei Osnabrück erschossen worden', waren Tausende von Menschen bei der total geheimgehaltenen Bestattung (eine Todesanzeige wurde von den Zeitungen nicht angenommen, die Anzeige erschien erst heute, Sonntag, in der ‚Breslauer Zeitung') auf dem Friedhof – und machten dort eine spontane Demonstration mit ‚Heil Freiheit' und ‚Rache', lauter Christen, lauter ehemalige Kameraden, von Front und Reichsbanner! Das will viel sagen!"[82]

---

[75] ZD 8677, 9. 4. 1943. Zit. ebd.
[76] Ob 42/29, 12. 4. 1943. Zit. ebd.
[77] Gebucht: Paechter.
[78] Vossische Zeitung. Zit. Blick in die Zeit, 1/1. 9. 1933, 8.
[79] WAZ. Zit. ebd.
[80] Germania. Zit. ebd. 1/ 15. 9. 1933, 9.
[81] VB. Zit. ebd. 1/9. 12. 1933, 9.
[82] Breslauer Tagebuch 1933–1940, 1988, 109.

Frauendienst

a) Referat für *Frauendienst* im Hauptamt für Studentinnen der Deutschen Studentenschaft; b) vom Referat für *Frauendienst* organisierte, verpflichtende Ausbildung für Studentinnen der ersten Semester in Luftschutz, Sanitätsdienst und Nachrichtenwesen.

> *Frauendienst* war im ersten Weltkrieg der Name eines Hilfswerks der deutschen Frauen, das auf Anregung des ‚Bundes deutscher Frauenvereine' unter Gertrud Bäumer zur Unterstützung des ‚Vaterländischen Frauenvereins vom Roten Kreuze' gegründet worden war.[83]

> „Das Hauptamt für Studentinnen in der DSt. [Deutsche Studentenschaft] beabsichtigt vom kommenden Wintersemester ab, die Studentinnen zu einzelnen gemeinsamen Übungen und Arbeiten zu verpflichten. Es sollen eingeführt werden: [...] Frauendienst für die 1.–6. Semester, umfassend eine Ausbildung in Luftschutz, Nachrichtenwesen, Sanitätsdienst."[84] „Im Hauptamt für Studentinnen werden die Gesamtarbeiten der Studentinnen geschlossen bearbeitet. Das Referat für Frauendienst trägt für eine Vorbereitung der Studentinnen zum Einsatz im Rahmen der Landesverteidigung Sorge, indem es für jede Studentin eine Kurzausbildung in Luftschutz, erste Sanitätshilfe und Nachrichtenwesen durchführt und ergänzend für eine gründliche Ausbildung auf einem dieser drei Gebiete Sorge trägt. Das Referat für Frauendienst arbeitet in diesem Rahmen mit den zuständigen Ministerien, mit dem Roten Kreuz, mit dem Reichsluftschutzbund usf. zusammen."[85] „Diese Studentinnenarbeit bahnte sich im ersten Semester nach der nationalsozialistischen Revolution noch tastend und vielfach ungewiß an. In den Kursen des Frauendienstes (Luftschutz, Sanitätsdienst), als der ersten und selbstverständlichsten Pflicht der Frau dem Volksganzen gegenüber, wurde zunächst versucht, die Studentinnen an eine allen gemeinsame Aufgabe zu führen."[86]

Frauenschaft, s. ↑ NS-Frauenschaft.

Frauenwerk, s.↑ Deutsches Frauenwerk.

freiwillig

Bezeichnung für gesetzlich nicht vorgeschriebene Abgaben, Leistungen, Mitgliedschaften, deren Unterlassung in der Regel gravierende Nachteile nach sich zog.[87]

> Der Zeitzeuge V. Klemperer notiert am 23. 10. 1933: „Mir ist vom Gehalt eine ‚Freiwillige Winterhilfe' abgezogen worden, niemand hat mich deswegen vorher

---

[83] Meyers Lexikon, Bd. 4, 1938, 628, s. v.
[84] Der Deutsche Student, 1/Nov. 1933, 63.
[85] Der Deutsche Student, 4/Febr. 1936, 75.
[86] Der Deutsche Student, 4/Juli 1936, 326.
[87] Gebucht: Paechter.

gefragt. Es soll sich um eine neue Steuer handeln, von der man sich ebensowenig ausschließen darf, wie von irgendeiner anderen Steuer; die Freiwilligkeit bestehe nur darin, daß man über den festgesetzten Betrag hinaus zahlen dürfe und auch hinter dieses Dürfen stelle sich für viele schon ein kaum verhüllter Zwang."[88] Die Praxis des automatischen Abzugs sog. Spenden wird allerdings 1934 wieder eingeschränkt: „Ab 1. April 1934 darf die freiwillige Spende zur Förderung der nationalen Arbeit von den Gehalts- und Lohnabzügen nicht mehr einbehalten werden."[89] Unter Druck eingetriebene Spenden blieben dennoch die Regel. Das zeigt ein Lagebericht über den Monat Januar 1935 der Staatspolizeistelle für den Regierungsbezirk Aachen: „Auch das Wort: ‚Freiwillige Spende' wird häufig stark ironisiert, weil man den Eindruck hat, daß hinter dem freiwilligen Geben nicht selten doch ein gewisser Druck steckt, wenngleich auch die Werbung zum Winterhilfswerk im Berichtsmonat zweifellos geschickter war als in den verflossenen Monaten."[90] Was die Machthaber unter *freiwillig* im NS-Staat verstanden, wird in folgenden Beispielen deutlich: Hitler, Rede zur Eröffnung des Winterhilfswerks 1935/36: „Was heißt Staat? Volksgenosse, Du bist der Staat! Nicht der Staat soll Dich zwingen, daß Du Deiner Empfindung für Deine Volksgemeinschaft selbst lebendigen Ausdruck gibst! Du mußt herantreten und freiwillig Opfer bringen. Du sollst Dich nicht davor drücken und sagen, das ist unangenehm für mich."[91] Jahres- und Leistungsbericht der Gauwaltung Düsseldorf 1938: „Wie groß muß das Vertrauen unserer Volksgenossen zum Nationalsozialismus sein, daß sie sich freiwillig der DAF. anschlossen! Nicht unerwähnt soll allerdings bleiben, daß es heute unmöglich ist, ohne DAF-Mitglied zu sein in einem Betrieb arbeiten zu können, weil es ein ungeschriebenes Gesetz unserer Tage ist, sich zur Gemeinschaft des schaffenden Volkes zu bekennen."[92] Goebbels, Rede auf der Tagung der Reichsleiter, Gauleiter und Verbandsführer der NSDAP am 3. 8. 1944: „Jetzt werden die Nationalsozialisten wieder darüber entscheiden, wie die Nation geführt wird – nämlich nach den Grundsätzen, nach denen wir damals unsere Partei geführt haben: mit kleinstem Apparat, und größter Wirkung, mit ungeheurem Enthusiasmus, aufbauend auf Freiwilligkeit; aber wer freiwillig nicht mittut, wird dann auch entsprechend zur Rechenschaft gezogen werden."[93]

Freizeitgestaltung

Organisation der Freizeit durch die ↑ *NS-Gemeinschaft „Kraft durch Freude"* in der ↑ *DAF.*[94]

> Der Ausdruck *Freizeitgestaltung*, der sich über die ↑ *Feierabendgestaltung* hinaus auf die Organisation und Kontrolle der gesamten freien Zeit der arbeitenden Bevöl-

---

[88] LTI, 14. Aufl. 1996, 41.
[89] Lokal-Anzeiger. Zit. Blick in die Zeit, 2/24. 3. 1934, 8.
[90] In: Vollmer, B.: Volksopposition im Polizeistaat, 1957, 164.
[91] Führerreden zum Winterhilfswerk, 1937, 15.
[92] Kampf und Erfolg. Das Spiegelbild der Deutschen Arbeitsfront, M. Gladbach o. J. [1938], 10.
[93] In: Goebbels-Reden. Hg. H. Heiber, Bd. 2, 1972, 385.
[94] Gebucht: Duden, 12. Aufl. 1941, Meyers Lexikon 1936 ff., Paechter. Getilgt: Duden, 13. Aufl. 1947.

kerung bezieht, wird von W. Linden 1943 in der Wortgeschichte von Maurer/Stroh als Neuwort des nationalsozialistischen Staates aufgeführt.[95] ‚Meyers Lexikon' nennt 1936 unter den „Leistungen der *DAF*" die *Freizeitgestaltung*: „Der Freizeitgestaltung dient die Nationalsozialistische Gemeinschaft ‚Kraft durch Freude' mit dem Amt für Reisen, Wandern, Urlaub, dem Amt ‚Feierabend', dem Sportamt, dem Amt für ‚Schönheit der Arbeit', das auch für ‚Schönheit des Dorfes' zuständig ist und dem Amt Deutsches Volksbildungswerk."[96] Robert Ley erläutert 1934 im ‚Ehrenbuch der Arbeit' die Bedeutung der *Freizeitgestaltung*: „Die Organisation, das Ziel und der Weg der alten Gewerkschaften waren falsch, grundfalsch; deshalb mußten wir ganz neue Wege beschreiten, ganz neue Ziele aufstellen und die Organisation diesen beiden anpassen. Bereits am 27. November verkündete ich dann in der denkwürdigen Sitzung im Staatsrat den Plan der deutschen Freizeitgestaltung. Während das Volk durch das vergangene System zerrissen, zerklüftet und zerspalten war und doch in allen großen Organisationen die Gemeinschaft gepredigt worden war, trat jetzt die gewaltige Reaktion auf diese Fehler ein. Das Volk drängte zur Gemeinschaft. Es überstürzte sich geradezu in diesem Drang, sich wieder zusammenzufinden. Der Führer hatte den Ausspruch getan, daß ein Volk, mit dem man Politik machen will, starke Nerven haben muß. Die moderne Entwicklung der Industrie, das Washingtoner Abkommen über den 8-Stunden-Tag bedingten jene verderbliche Rationalisierung, die den Menschen nur noch zur Maschine machte. [...] Die vergangenen Machthaber hatten es nun in gar keiner Weise verstanden, den Ausgleich zu schaffen, den Feierabend der Millionen aufzufüllen und ihnen damit zunächst auch nur einmal Erholung zu schaffen. Für mich stand es fest, daß nicht allein eine neue politische und wirtschaftliche Ordnung der letzte Sinn unserer Revolution sein könnte, sondern daß zuerst und vor allem eine neue Gesellschaftsordnung aufgebaut werden mußte. Das Volk drängte zur Gemeinschaft, und unsere Ziele mußten sein, diese zu organisieren und mit neuen Aufgaben zu erfüllen."[97] „Das Ziel unserer Kulturarbeit – denn das ist schließlich die Freizeitgestaltung – muß sein, auch den letzten Volksgenossen zur Mitgestaltung heranzuziehen."[98] „Veranstaltungen seien nur noch tragbar, wenn sie in den Dienst der Freizeitgestaltung des Soldaten und des tätigen Menschen gestellt werden."[99]

fremdblütig

↑ *artfremd*, nicht ↑ *deutschblütig*, ↑ *fremdrassig*.

> Anders als das Kontrastwort *deutschblütig*, das erst durch die Nürnberger Rassengesetze eingeführt wurde, kam *fremdblütig* schon im völkischen Sprachgebrauch vor. „Es wird zu prüfen sein, ob und inwieweit für die Fremdblütigen, die noch kein Vollbürgerrecht im Deutschen Reiche besitzen, eine Beschränkung der Freizügigkeit

---

[95] Bd. 2, 408.
[96] Bd. 2, 1936, 961.
[97] 1934, 16 f.
[98] Der Deutsche Student, 4/Juli 1936, 325.
[99] SD-Berichte zu Inlandsfragen v. 13. 9.1943. MADR, Bd. 15, 5752.

eingeführt werden soll."[100] (1917) „Nicht genug damit, daß dank der fremdblütigen Zuwanderung die Wohnungsnot in München bis auf ein überhaupt unerträgliches Maß gestiegen ist."[101]

> „Blutmäßig verwehrt ist es dem Fremdblütigen, Großes, Dauerndes, Echtes zu schaffen im Geist eines ihm fremden Volkes."[102] „Wie heben und mehren wir deutsches Volkstum, deutsche Kultur und Sitte? Dadurch, daß wir alles Fremdblütige und Fremdländische aus dem Volkskörper ausscheiden und das deutsche Volk wieder zu den ursprünglichen Quellen deutscher Rasse, deutschen Geistes und deutscher Kultur zurückführen."[103] „Der alte Sozialismus verfault am lebendigen Leibe. Als organische Sehnsucht geboren, fiel er in die Hände internationaler Schwätzer und Betrüger, verriet seinen opfermutigen Aufschwung dank börsenkapitalistischen Bindungen seiner fremdblütigen Führung, vermählte sich mit tartaro-bolschewistischen Verwesungskeimen und bewies von neuem, daß mit materialistischen Ideen keine organischen Revolutionen zur Freiheit durchgeführt werden können."[104] „Der Nationalsozialismus schuf sich eigene Rechtsbegriffe, die mit den Ergebnissen der Erb- und Rassenforschung und der Geschichtsforschung auf rassischer Grundlage nicht in Widerspruch stehen: die Begriffe deutschblütig und fremdblütig."[105] „Zu den Trägern artfremden Blutes gehören die Angehörigen derjenigen Völker, die von Rassen oder Rassenmischungen abstammen, die mit den im deutschen Volk vertretenen Rassen nicht verwandt sind. In Europa haben artfremdes Blut im wesentlichen nur die Juden und die Zigeuner. [...] Gleichbedeutend mit ‚artfremd' ist der Begriff ‚fremdblütig'."[106]

fremdrassig oder fremdrassisch

Einer fremdem Rasse angehörend.[107]

> *fremdrassig* oder *fremdrassisch* war wie *fremdblütig* bereits bei den Völkischen im Gebrauch. „Immer gab man den Sklaven den Typus des Fremdrassigen, so in Griechenland, so noch bis tief in die Neuzeit hinein."[108] „Lionardo da Vinci ist nicht irgendwie fremdrassig, sondern arischer Herkunft."[109] „Wir, die dieser Rasse angehören, tragen das Hakenkreuz. Damit bringen wir zum Ausdruck, daß wir fremdrassige Beeinflussungen nicht dulden wollen."[110]

---

100 Claß, H:: Zum deutschen Kriegsziel, 11–20. Tausend 1917, 71.
101 VB, 10. 10. 1920, 1.
102 Günther, H.: Rassenkunde des deutschen Volkes, 1922, 417.
103 Goebbels, Das kleine abc des Nationalsozialisten. o. J. (1927), 5.
104 Rosenberg, Mythus, 215.
105 Meyers Lexikon, Bd. 9, 1942, 58, s. v. Rasse.
106 Stuckart/Schiedermair: Rassen- und Erbpflege in der Gesetzgebung des Reiches, 1942, 19.
107 Gebucht: Duden, 11. Aufl. 1934, 12. Aufl. 1941; Meyers Lexikon 1936 ff. Getilgt: Duden, 13. Aufl. 1947, doch noch in der Bedeutungserklärung s. v. *überfremden*. Völlig getilgt: 15. Aufl. 1961.
108 Hauser, O.: Rasse und Rassenfragen in Deutschland, 1915, 30.
109 VB, 6. 3. 1920, 3.
110 VB, 29. 5. 1920, 3.

▸ „Die griechische Geschichte ließe sich darstellen als die Auseinandersetzung des Geistes der nordischen Oberschicht mit dem Geist der fremdrassigen Unterschicht in solcher Umwelt."[111] „Minister Dr. Frick hat folgende Bekanntmachung des Thüringischen Ministeriums des Innern und für Volksbildung herausgegeben: Seit Jahren machen sich fast auf allen kulturellen Gebieten in steigendem Maße fremdrassige Einflüsse geltend, die die sittlichen Kräfte des deutschen Volkstums zu unterwühlen geeignet sind. Einen breiten Raum nehmen dabei die Erzeugnisse ein, die, wie Jazzband- und Schlagzeug-Musik, Negertänze, Negergesänge, Negerstücke, eine Verherrlichung des Negertums darstellen und dem deutschen Kulturempfinden ins Gesicht schlagen. Diese Zersetzungserscheinungen nach Möglichkeit zu unterbinden, liegt im Interesse der Erhaltung und Erstarkung deutschen Volkstums. [...] Gilt es, auf der einen Seite die Verseuchung deutschen Volkstums durch fremdrassige Unkultur, wo nötig, mit polizeilichen Mitteln abzuwehren, so werden auf der anderen Seite die Behörden der inneren Verwaltung, soweit sie dazu nach ihrem Wirkungskreis in der Lage sind, unter der Leitung des Volksbildungsministeriums alles tun, um in positivem Sinn deutsche Kunst, deutsche Kultur und deutsches Volkstum zu erhalten, zu fördern und zu stärken."[112] „Der Reichskanzler [Hitler] erkannte die Not an, die im ärztlichen Stande und unter der jetzigen ärztlichen Jugend vielfach herrschte. Gerade dieser deutschen Jugend müssen Lebensraum und Arbeitsmöglichkeit durch eine tatkräftige Zurückdrängung fremdrassiger Elemente geschaffen werden."[113] „Der Polizeipräsident von Harburg-Wilhelmsburg teilt mit: Ein nichtarischer kaufmännischer Angestellter R.. und eine 20jährige deutsche christliche Verkäuferin wurden durch die SA der Polizei übergeben. Die SA hatte festgestellt, daß die beiden ein Liebesverhältnis unterhielten. [...] Die Polizei weist alle, die es angeht, eindringlich darauf hin, daß gegen eine solche Rassenschändung in Zukunft, auch solange das geplante Gesetz noch nicht besteht, aufs schärfste eingeschritten wird. Dem fremdrassigen wie dem deutschen Teil, der seine deutsche Rassenehre so schamlos preisgeben kann, droht das Konzentrationslager oder Schutzhaft in einer Fürsorgeerziehungsanstalt."[114] „Auf einer Gautagung des Bundes nationalsozialistischer Juristen des Oberlandesbezirks Naumburg führte Reichsjustizminister Dr. Frank u. a. aus: [...] Der künftige Volksrichter muß ein Richterkönig sein. Denn er hat die Entscheidung über Leben und Tod, und es geht nicht an, daß eine solche Entscheidungsmacht in die Hände von Fremdrassigen gelegt wird."[115] „In letzter Zeit häufen sich Meldungen, in denen über ein würdeloses Verhalten deutscher Mädchen gegenüber fremdrassigen Ausländern (Türken, Afghanen, Chinesen usw.) berichtet wird. Insbesondere handelt es sich hierbei um den Verkehr fremdrassiger Studenten mit deutschen Mädchen."[116]

---

[111] Günther, H. [F. K.]: Rassenkunde des deutschen Volkes, 1922, 260.
[112] Thüringisches Ministerium d. Innern. Thür. Volksbildungsministerium, Weimar, 5. 4. 1930: Wider die Negerkultur für deutsches Volkstum. Zit. Brenner, H.: Die Kunstpolitik des Nationalsozialismus, 1963, 169.
[113] VB, 7. 4. 1933, 1.
[114] Altonaer Nachrichten, 7. 11. 1933. Zit. Blick in die Zeit, 1/25. 11. 1933, 9.
[115] Berliner Börsenzeitung, 25. 6. 1934. Zit. Blick in die Zeit, 2/7. 7. 1934, 9.
[116] MADR, (Nr. 108), 8. 7. 1940, Bd. 5, 1358.

fremdstämmig

Nicht der eigenen Rasse zugehörig.[117]

> Der Ausdruck *fremdstämmig* wurde hauptsächlich in den ersten Jahren der NS-Zeit verwendet. Später herrschen die in den ‚Nürnberger Gesetzen' oder deren Kommentaren vorkommenden Ausdrücke *artfremd*, *fremdblütig* vor. „Die unter dem deutschen Volk lebenden Teile des jüdischen Volkes, das sich der Notwendigkeit rassischer Wiedergeburt schon vielfach bewußt geworden ist und zum Teil vorbildlich an seinem Rassentum arbeitet, die Juden in Deutschland sollen als fremdstämmiges Volk im Anhang getrennt behandelt werden."[118] „Reichskanzler Hitler erwiderte dem Bericht zufolge mit einer sehr ausführlichen Darlegung seines Standpunktes und seiner Absichten zur Reinigung des Volkes und namentlich der intellektuellen Schichten." „Er zeichnete die Stellung des werktätigen Arbeiters im neuen Reich, erklärte, wie der Marxismus mit jüdischen Phrasen von Völkerversöhnung und Weltfrieden das Volk zu entnationalisieren drohte, wie internationale Börsenagenten in ständiger Hetzarbeit Deutschland für den Zusammenbruch reif zu machen suchten, um Staat und Wirtschaft dann in den Besitz fremdstämmiger Finanzkonsortien übergehen zu lassen."[119] „Die NSDAP. stellt darauf im Reichstag eine Anzahl Anträge gegen den unerträglich gewordenen Wucher, darunter einen Antrag auf entschädigungslose Enteignung der gesamten Vermögen der Bank- und Börsenfürsten, der seit 1. August 1914 zugezogenen Ostjuden und sonstigen Fremdstämmigen."[120]

fremdvölkisch

Nicht zum deutschen Volk gehörig.[121]

> Ein zu *fremdes Volk* gebildetes Adjektiv ist in substantivierter Form 1817 bei Christian Moritz Pauli: ‚Beiträge zur Sprachwissenschaft' belegt: „der Fremdvolkische" (ohne Umlaut).[122] Das Beispiel steht aber allein. Die Geschichte des Ausdrucks *fremdvölkisch* beginnt offenbar erst mit den Völkischen. "Die Landwirtschaft verlor in der Hauptsache an Arbeitern, was die Industrie gewann, und mußte, um ihren Bedarf zu decken, fremdvölkische Ausländer heranziehen."[123]

> Der Ausdruck *fremdvölkisch* spielt in der ↑ *Rassenkunde* eine Rolle, erhält aber im NS-Sprachgebrauch seine Hauptbedeutung während des Zweiten Weltkriegs, als nach dem Einmarsch in Polen über das Schicksal der polnischen Bevölkerung entschieden wurde und Millionen als Zwangsarbeiter in Deutschland leben mußten.

---

[117] Gebucht: Duden, 10. Aufl. 1929, 11. Aufl. 1934, 12. Aufl. 1941.
[118] Günther, H.: Rassenkunde des deutschen Volkes, 1922, 5.
[119] Espe, W.: Das Buch der N. S. D A. P., 1933, 25 f.
[120] v. Leers, 14 Jahre Judenrepublik, Bd. 2, 1933, 93.
[121] Gebucht: Duden, 10. Aufl. 1930, 11. Aufl. 1934, 12. Aufl. 1941; Meyers Lexikon 1936 ff. Getilgt: Duden, 15. Aufl. 1961.
[122] Zit. Stoltenberg, H. L.: Vernunftsprachtum. In: Maurer/Stroh: Deutsche Wortgeschichte, Bd. 2, 1943, 172.
[123] Frymann, Daniel (d. i. H. Claß): Wenn ich der Kaiser wär', 2. Aufl. 1912, 20 f.

H. F. K. Günther: „Die nichtnordischen Einschläge des heutigen deutschen Volkes kommen – abgesehen von späteren Zuwanderungen Fremdvölkischer in das deutsche Sprachgebiet – in der Hauptsache aus der ursprünglich verhältnismäßig schwachen Knechteschicht der Germanenstämme und später auch der eingedeutschten slawischen Stämme."[124] Denkschrift Himmlers über die Behandlung der Fremdvölkischen im Osten: „Am Sonnabend, dem 25. d. Mts., gab ich dem Führer meine Niederschrift über die Behandlung der Fremdvölkischen im Osten. Der Führer las die 6 Seiten durch und fand sie sehr gut und richtig. Er gab jedoch die Anweisung, daß sie nur in ganz wenig Exemplaren vorhanden sein dürfe, nicht vervielfältigt werden dürfe und ganz geheim zu behandeln sei."[125] Hans Frank: „Im übrigen geht der Kampf um die Durchsetzung unserer Ziele eiskalt weiter. Sie sehen, wie die staatlichen Organe arbeiten, Sie sehen, daß man vor nichts zurückschreckt und ganze Dutzende von Elementen an die Wand stellt. Das ist schon deshalb notwendig, weil hier eine einfache Überlegung sagt, daß es nicht unsere Aufgabe sein kann, in einem Zeitpunkt, in dem das beste deutsche Blut geopfert wird, fremdvölkisches Blut zu schonen."[126] „Unsere Stellungnahme zur Frage der Polen im Reich. [...] Wir erleben heute die Entstehung unseres Volksreiches und sind uns darüber klar, daß in Zukunft fremdvölkische Elemente in großer Zahl innerhalb unseres Lebensraumes wohnen werden. Darüber hinaus sind durch den Einsatz polnischer Land- und Fabrikarbeiter aber auch im ganzen Reich völkische Fragen akut geworden. Das Volksreich kann nur dann ewigen Bestand haben, wenn jeder Deutsche in seiner Haltung volksbewußt auftritt und mit all diesen Fragen von sich aus fertig wird. Gesetze können das Zusammenleben nur unterstützend regeln. Das Wichtigste bleibt die gefühlsmäßige, sichere Haltung jedes einzelnen. Das ganze Volk muß daher in ganz besonderem Maße über die Gefahren aufgeklärt werden, die das Zusammenleben mit fremdvölkischen Menschen mit sich bringt. [...] Deutsches Volk! Vergiß nie, daß die Greueltaten in Polen den Führer zwangen, mit seiner bewaffneten Wehrmacht unsere Volksdeutschen zu schützen!"[127] „Das starke Vorhandensein fremdvölkischer Arbeitskräfte (90 000 im Gau Franken nach einer Angabe des Pg. Reich in der letzten Schulung) beschäftigt die Volksgenossen immer stärker. Die gefühlsmäßige Einstellung zu den Fremdvölkischen ist nicht einheitlich klar."[128]

Führer, der Führer

In absoluter Verwendung: nomen proprium, Beiname Hitlers.

> Die Verwendung des Ausdrucks *Führer* auch für ‚Personen an der Spitze einer Partei, politischen Vereinigung oder Strömung' ist bereits im 19. Jahrhundert üblich.

---

[124] Kleine Rassenkunde des deutschen Volkes, 3. Aufl. 1933 (1929), 122.
[125] Mai 1940. In: VJZG 5/1957, 195.
[126] Besprechung mit den Distriktsstandortführern u. Polit. Leitern d. NSDAP. in Krakau am 18. 3. 1942. Dok. PS–2233 (r). In: Der Nürnberger Prozeß, Bd. 5, 102.
[127] Zentner, K.: Illustrierte Geschichte des Zweiten Weltkrieges, 3. Aufl. 1973, 112.
[128] Weltanschaul. Bericht d. Kreisschulungsamtes Nürnberg, 18. 4. 1943. In: Bayern in der NS-Zeit, 1977, 577.

In einem Schreiben vom 22. 9. 1864 an Moses Heß heißt es: „Meinen ersten Brief an Sie richte ich unter sehr schmerzlichen Umständen. Alle unsere Gemeinden sind durch den Tod unseres großen Führers [Ferdinand Lassalle, Präsident des Allgemeinen Deutschen Arbeitervereins] schwer ergriffen worden, wie die überall veranstalteten Totenfeiern beweisen."[129] In Grimms ‚Deutschem Wörterbuch' wird 1878 unter dem Lemma *Führer* auch die Bedeutung ‚politische führer'; ‚der führer einer partei in einer landständischen kammer' gebucht.[130] Nach der Jahrhundertwende gab es in der Jugendbewegung an der Spitze der Jugendgruppen jugendliche *Führer*: „Anwesend sind etwa 100 Führer und Ortsgruppenleiter des AWV. [Altwandervogel], DB., EV und der Schülerwanderungen im Nordthuringgau."[131] (1910) Bei dem Alldeutschen Heinrich Claß bezeichnet 1912 *Führer* den charismatischen Politiker, dem sich das durch die „Lehren undeutscher Demokratie" noch nicht verführte Volk willig unterwerfen wird: „Das Bedürfnis lebt heute noch in den Besten unseres Volkes, einem starken, tüchtigen Führer zu folgen; alle, die unverführt geblieben sind von den Lehren undeutscher Demokratie, sehnen sich danach, nicht weil sie knechtisch gesinnt wären oder charakterschwach, sondern weil sie wissen, daß Großes nur bewirkt werden kann durch die Zusammenfassung der Einzelkräfte, was sich wiederum nur durch die Unterordnung unter einen Führer erreichen läßt. Ein Glück für unser Volk, wenn in dem Träger der Krone dieser Führer ihm erstünde."[132] *Führer* bezeichnete ferner, wie schon im 19. Jahrhundert, den Parteivorsitzenden. In der national-konservativen Kulturzeitschrift ‚Der Kunstwart' wird 1914 der Beitrag eines Sozialdemokraten folgendermaßen eingeführt: „Zum Falle Keiling sendet uns der Führer der Sozialdemokratie Engelbert Pernerstorfer den folgenden Beitrag, um als Sozialdemokrat zu Bürgerlichen zu sprechen."[133] Der Ausdruck *Führer* — oft wie bei Claß mit der Nebenbedeutung ‚Hoffnungsträger' — wurde auf Politiker aller politischen Richtungen bezogen. Eines der Telegramme, die in der zweiten Sitzung der Deutschen Nationalversammlung am 7. 2. 1919 zur Wahl des ersten Reichspräsidenten einliefen, schlug Walther Rathenau vor: „Zum Präsidenten Deutschlands vorschlage im Namen vieler Auslandsdeutscher unseren von Freund und Feind im Inland und Ausland gleich hoch geachteten und weitblickenden Walther Rathenau. Er werde unser Führer. Eugen Müller, Stockholm."[134]

> Der NS-Neologismus *der Führer*, als Titel und Beiname — nach faschistischem Vorbild absolut auf Hitler bezogen — bildete sich in den 20er Jahren heraus. Daß Hitler nach seiner Wahl zum Vorsitzenden der NSDAP am 29. 7. 1921 noch am selben Abend im Zirkus Krone von Hermann Esser als „unser Führer" gefeiert

---

[129] Moses Heß. Briefwechsel. Hg. E. Silberner unter Mitw. v. E. Blumenberg, 1959, 479 f.
[130] DWB, Bd. 4, Sp. 462.
[131] Wandervogel, Ztschr. d. Bundes f. Jugendwanderungen „Alt-Wandervogel", Nr. 6, Juni 1910. In: Kindt: Die Wandervogelzeit, 1968, 126.
[132] Frymann, D. (d. i. H. Claß): Wenn ich der Kaiser wär', 2. Aufl. 1912, 227.
[133] Ebd., 2. Märzheft 1914, 476.
[134] Zit. Kessler, Harry Graf: Walther Rathenau, Wiesbaden o. J. (2. Aufl. 1962, zuerst 1928), 273.

wurde[135], entsprach dem herrschenden Sprachgebrauch. Hitler selbst nennt in ‚Mein Kampf' sowohl die völkischen Politiker und Parteigründer v. Schönerer und Lueger *Führer* (S. 107) wie auch die sozialdemokratischen Parteivorsitzenden (S. 52, 65, 185). Allerdings schreibt er den *Führern*, selbst wenn er sie als „jüdisches Führerpack" (S. 185) beschimpft, eine besondere Qualität zu. Sie sind nicht Vertreter „einer der gewöhnlichen politischen Tagesparteien" (S. 115), sondern einer „Weltanschauung". Auf den Plakaten, die Anfang der 20er Jahre für Massenveranstaltungen der NSDAP werben, wird der Redner Hitler, auch noch als Parteivorsitzender, bis zum Februar 1922 als „Herr Adolf Hitler" angekündigt, ab 2. 2. 1922 als „Pg. Adolf Hitler" oder „unser Parteigenosse Adolf Hitler". Erst ab 30. 11. 1922 heißt es dann regelmäßig: „Unser Führer Pg. Adolf Hitler".[136] Etwa um die gleiche Zeit findet sich die Formulierung „unser Führer Hitler" im ‚Völkischen Beobachter': „Als Redner war unser Führer Hitler erschienen".[137] „In diesem Sinne scharen wir uns unter dem Banner des schwarzen Hakenkreuzes in weißer Scheibe auf rotem Grund und in diesem Sinne war das Schlußwort des Pg. Weber ein Heil unserem Führer Hitler, in das die Zuhörer begeistert einstimmten."[138] Erst seit der Neugründung der NSDAP am 27. 2. 1925 setzt sich, folgt man dem Bericht Konrad Heidens, *der Führer* als Bezeichnung und Beiname für Hitler durch: „Schließlich erklärte er [Hitler], der Streit in der Bewegung müsse ein Ende haben, es dürfe keine Gegner und Rivalen mehr geben. [...] Buttmann [der bayrische Fraktionsführer] spricht: er sei noch mit Bedenken in den Saal gekommen und habe nicht recht gewußt, wie er sich verhalten sollte, aber ‚alle Bedenken schmolzen in mir weg, als der Führer sprach.' Das Wort ‚der Führer' macht Eindruck; es wird von diesem Tag an in der Partei geflügelt."[139] 1934 wird unter dem Stichwort *Führer* in ‚Knaurs Konversationslexikon A–Z' erläutert: „*Der Führer* wird Adolf Hitler als die richtungsweisende und ausschlaggebende Persönlichkeit und oberste Spitze der nationalsozialistischen Bewegung genannt."[140]

Durch das ‚Gesetz über das Staatsoberhaupt des Deutschen Reiches' (vom 1. 8. 1934: „Das Amt des Reichspräsidenten wird mit dem des Reichskanzlers vereinigt. Infolgedessen gehen die bisherigen Befugnisse des Reichspräsidenten auf den Führer und Reichskanzler Adolf Hitler über. [...]"[141]) schuf Hitler für sich selbst die Amtsbezeichnung *Führer und Reichskanzler*. Damit wurde gleichzeitig die Bezeichnung *Führer* amtlich gemacht. In einem Erlaß vom 2. 8. 1934, dem Sterbetag Hindenburgs, begründet Hitler die Abschaffung des Titels *Reichspräsident* mit der Ehrfurcht vor der „Größe des Dahingeschiedenen", mit dessen Namen der Titel „unzertrennlich verbunden" sei, und fährt fort: „Ich bitte daher, Vorsorge treffen zu wollen, daß ich im amtlichen und außeramtlichen Verkehr wie bisher nur als

---

[135] Fest, J. C.: Hitler. Eine Biographie, 1973, 207.
[136] Plakatanhang in: Hitler, Mein Kampf, 3. Aufl. 1928, o. S.
[137] Ebd. 13. 9. 1922, 3.
[138] Ebd. 6. 12. 1922, 1.
[139] Ebd. Adolf Hitler, Bd. 1, 1936, 216.
[140] Ebd. 450, s. v. Führer.
[141] RGBl. 1, 1934, 747.

Führer und Reichskanzler angesprochen werde. Diese Regelung soll für alle Zukunft gelten."[142] Hatte es am 17. 3. 1934 noch im Völkischen Beobachter geheißen: „Die Bezeichnungen ‚Führer', ‚Reichsleiter', ‚Gauleiter', ‚Kreisleiter' sind der NSDAP. allein vorbehalten. Alle anderen Verbände haben ihre Organe anders zu benennen"[143], so befiehlt Ley im Oktober 1934: „daß kein politischer Leiter das Wort ‚Führer' für sich verwenden darf. Für die Deutsche Arbeitsfront ordnet er an, daß ab sofort für seine Person die Bezeichnung ‚Führer der Deutschen Arbeitsfront' nicht mehr gebraucht werden darf. Seine Dienstbezeichnung ist ‚Stabsleiter der PO'."[144] Durch die Beschränkung des Verwendungsbereichs soll die in der nichtoffiziellen Praxis wohl schon verbreitete Umdeutung der Amtsbezeichnung *Führer* in einen Eigennamen für Hitler auch offiziell durchgesetzt werden. Den gleichen Zweck verfolgt – noch immer – eine Serie von Presseanweisungen zwischen 1939 und 1942. „An die deutsche Presse ergeht die strenge Anweisung, in Zukunft A. Hitler nicht mehr als ‚Führer und Reichskanzler' zu bezeichnen, sondern nur noch als ‚Führer'. Dies bezieht sich auf alle vorkommenden Fälle."[145] „Es ist erwünscht, künftig ausschließlich diese Bezeichnung [Betriebsführer] zu verwenden, nicht aber vom ‚Führer des Betriebes' zu sprechen. Die Bezeichnung ‚Führer' soll nur Adolf Hitler vorbehalten bleiben, um so mehr als sie mittlerweile staatspolitische und weltpolitische Bedeutung erhalten hat."[146] „‚Oberster Kriegsherr' als Führer-Titel verboten."[147] „ ‚U-Bootführer' verboten, stattdessen ‚U-Bootkommandant'."[148] „In Zukunft soll der Ausdruck ‚Führer und Oberster Befehlshaber der Wehrmacht' auch bei Besprechungen der militärischen Angelegenheiten immer mehr in den Hintergrund treten zu Gunsten des Begriffs ‚der Führer'."[149] Die abgeschlossene Umwandlung des appellativums *Führer* in den Eigennamen *der Führer* ist aus dem im Reichsgesetzblatt veröffentlichten ‚Beschluß des Großdeutschen Reichstags' vom 26. 4. 1942 abzulesen, in dem die Funktions- und Amtsbezeichnungen *Führer der Nation*, *Führer der NSDAP* dem *Führer*, nämlich Adolf Hitler, zugeordnet werden: „Es kann keinem Zweifel unterliegen, daß der Führer in der gegenwärtigen Zeit des Krieges, in der das deutsche Volk in einem Kampf um Sein oder Nichtsein steht, das von ihm in Anspruch genommene Recht besitzen muß, alles zu tun, was zur Errringung des Sieges dient oder dazu beiträgt. Der Führer muß daher – ohne an bestehende Rechtsvorschriften gebunden zu sein – in seiner Eigenschaft als Führer der Nation, als Oberster Befehlshaber der Wehrmacht, als Regierungschef und oberster Inhaber der vollziehenden Gewalt, als oberster Gerichtsherr und als Führer der Partei jederzeit in der Lage sein, nötigenfalls jeden Deutschen [...] mit allen ihm geeignet erscheinenden Mitteln zur Erfüllung seiner Pflichten anzuhalten [...]."[150]

---

[142] RGBl. 1, 1934, 751.
[143] Zit. Blick in die Zeit, 2/17. 3. 1934, 8.
[144] Nachtausgabe, Berlin. Zit. Blick in die Zeit, 2/27. 10. 1934, 8.
[145] Br. 12/8, 14. 1. 1939. Zit. Glunk, ZDS 22/1966, 146.
[146] ZD 5667, 7. 11. 1941. Zit. ebd.
[147] Br. 42/75, 15. 4. 1942. Zit. ebd.
[148] Br. 42/105, 17. 1. 1942. Zit. ebd.
[149] Br. 23/34, 22. 1. 1942 (Anw. Nr. 124). Zit. ebd.
[150] RGBl. 1, 1942, 247.

Hitlers Beiname *Führer* erfuhr durch seine Verwendung in quasireligiösen Kontexten eine pathetische Überhöhung und wurde schließlich von Goebbels als ‚geheiligter Staatsbegriff' apostrophiert. „Von den Bergen und ihrer königlichen Freiheit steigen die Propheten, die mit Gott im Bund leidenschaftlich die Wahrheit vertraten. In die majestätische Einsamkeit seiner Berge eilt immer wieder der Führer. In Zwiesprache mit dem Schöpfergeist, der die Fernen und Firnen der Gipfel umweht, faßt er seine entscheidenden Entschlüsse. Aus der Bergeinsamkeit tritt er heraus als Mann der Vollmacht, um seinem Volk Bahn zu brechen in die Freiheit."[151] „[...] so habe ich doch das Bedürfnis, am Ende dieses Jahres zum deutschen Volk über den Führer zu sprechen. Wenn die Welt wirklich wüßte, was er ihr zu sagen und zu geben hat und wie tief seine Liebe über sein ganzes Volk hinaus der Menschheit gehört, dann würde sie in dieser Stunde noch Abschied nehmen von ihren falschen Göttern und ihm ihre Huldigungen darbringen. Er ist die größte unter den Persönlichkeiten [...]. Der Mann, der sich zum Ziel gesetzt hat, sein Volk zu erlösen. [...] Er ist die Wahrheit selbst."[152] In einer der geheimen Goebbels-Konferenzen mit Medienvertretern wurden ‚Meldungen aus dem Reich' wie die folgende besprochen: „Als Beispiel dafür, daß politische Anzüglichkeiten auch zuweilen in ziemlich klarer Form veröffentlicht werden, diene folgender Absatz aus einem Sonntagsblatt: ‚Der Führer! Unsere Zeit ruft nach einem Führer. Die Führerfrage ist brennend geworden, das Führerproblem wird eingehend erörtert. Von allen Seiten bieten sich neue Führer an. Sie entwickeln ihr Programm, versprechen goldene Berge und können es doch nicht halten, was sie versprechen. Ich weiß einen Führer, der hält, was er verspricht und keinen enttäuscht. Menschen können uns enttäuschen. Jesus enttäuscht uns nie! Er bietet sich heute als Führer an. [...]"[153] Goebbels' Kommentar: „Die katholische und die evangelische Kirche verfälschen bewußt den Begriff ‚Führer'; sie wenden ihn neuerdings mit besonderer Vorliebe auf Christus an. [...] Der Begriff ‚Führer' sei, bevor die Partei ihn schuf, niemals auf Christus angewandt worden. Wenn dieser Begriffsfälschung nicht mit Schärfe ein Riegel vorgeschoben werde, hätten die Kirchen die Möglichkeit, mit durchsichtiger Perfidie überhaupt jeden deutschen Staatsbegriff zu entwerten. Der Staat stehle der Kirche nicht ihre Parolen. Die Kirche solle gefälligst ihre Hand von seinen Parolen lassen. Jeder, der sich in dieser Weise gegen die geheiligten Staatsbegriffe vergehe, werde zur Rechenschaft gezogen werden."[154]

Mein Führer – Die offizielle Anrede an Hitler lautete: *Mein Führer*. „Im Heeresverordnungsblatt teilt Reichswehrminister v. Blomberg mit: Der Führer und Reichskanzler hat befohlen, daß die Anrede aller Soldaten der Wehrmacht an ihn lautet: ‚Mein Führer'."[155] Die bisher in der SA übliche Anrede an Vorgesetzte wie „Mein Sturmführer" usw. wird daraufhin abgeschafft. „Im SA-Dienst dürfen für sämtliche

---

[151] Leffler, S.: Christus im Dritten Reich, 1935, 44.
[152] Goebbels, Der Führer, Rede am 31. 12. 1944. In: Hofer, W. (Hg.): Der Nationalsozialismus, 263 f.
[153] MADR, (Nr. 149), 12. 12. 1940, Bd. 6, 1867.
[154] 20. 12. 1940. Wollt Ihr den totalen Krieg. Die geheimen Goebbels-Konferenzen, 1967, 124.
[155] Der Deutsche. Zit. Blick in die Zeit, 2/18. 8. 1934, 8.

SA-Führer nur die Dienstanreden der SA verwendet werden, zum Beispiel ‚Sturmführer', ‚Brigadeführer', ‚Gruppenführer' usw. Das bisher bei Ansprechen der Dienstgrade vom Gruppenführer einschließlich aufwärts vorzusetzende Wort ‚Mein' fällt weg."[156] Auf diese Anredeformel hatte sich schon 1933 ein anonymer Verfasser in der ‚Weltbühne' bezogen: „Nach dieser Anordnung, die jedem Pg., der auf irgendeinem Posten steht, gegen Zahlung eines nicht unerheblichen Betrages ausgehändigt werden muß, wird der Oberste SA-Führer Adolf Hitler mit ‚Mein Führer' angeredet. Ist es auch Unsinn, so hat es doch System! Mein Führer – mon prince – welche Duplizität, welcher Unsinn, welche Vergötterung, die bedenkenlos gefordert, aber auch bedenkenlos gewährt wird."[157] Ein 64jähriger Parteigenosse schrieb 1936 an Hitler: „Mein Führer! ... Aus unendlicher Liebe fühle ich mich durchdrungen, unserm Schöpfer tagtäglich dafür zu danken, der uns durch seine Gnade und dem ganzen deutschen Volk einen solch herrlichen Führer geschenkt (hat), und zu einer Zeit ... wo unser schönes liebes Vaterland durch den Judenbolschewismus dem gräßlichsten Untergang gefährdet war. [...]"[158] In einer Rede des Vorsitzenden der Reichskammer der bildendenden Künste, Adolf Ziegler, heißt es: „Wir sind heute vor Ihnen, mein Führer, als dem größten Baumeister aller Zeiten angetreten, um Ihnen zu danken für die Aufgaben, die Sie uns gestellt haben. [...] Die Richtlinien, mein Führer, auf die Sie den deutschen bildenden Künstler bei der Eröffnung der ersten großen Kunstausstellung im Haus der Deutschen Kunst im Jahre 1937 verpflichteten, sind heute Gemeingut unter uns Künstlern geworden. [...] Heute kann ich hier versichern, daß dieses Ihnen, mein Führer, niemand mehr dankt, als der deutsche bildende Künstler selbst."[159]

Führergrundsatz

Antiparlamentarisches Organisationsprinzip des ↑ *Dritten Reichs*, demzufolge Hitler nicht im Rahmen einer Verfassung, sondern als angebliche Personifizierung des Volkswillens regierte.[160]

> Der Ausdruck *Führergrundsatz* ist die Verdeutschung von ↑ *Führerprinzip*, die sich vielleicht bezugnehmend auf Ausführungen Hitlers in ‚Mein Kampf' über die Organisation der Macht „im völkischen Staat" und „in der N. S. D. A. P." herausgebildet hat, in denen Hitler selbst vom „Grundsatz des Aufbaues unserer ganzen Staatsauffassung" (S. 501) und vom „Grundsatz der unbedingten Führerautorität" (S. 378) spricht. „Der Grundsatz, der das preußische Heer seinerzeit zum wundervollsten Instrument des deutschen Volkes machte, hat in übertragenem Sinne dereinst der Grundsatz des Aufbaues unserer ganzen Staatsauffassung zu sein: Autori-

---

[156] Germania. Zit. Blick in die Zeit, 2/8. 9. 1934, 8.
[157] Die größte Firma. In: Die Weltbühne, 29/1933, 17. 1. 1933, 93.
[158] Zit. Thamer, H.-U.: Verführung und Gewalt, 1986, 349.
[159] Zit. Wulf, J.: Die bildenden Künste im Dritten Reich, 1963, 144.
[160] Gebucht: Duden, 12. Aufl. 1941, Meyers Lexikon 1936 ff., Trübners DWB, Volks-Brockhaus 1940. Getilgt: Duden, 13. Aufl. 1947.

tät jedes Führers nach unten und Verantwortlichkeit nach oben." (S. 501) „Die junge Bewegung ist ihrem Wesen und ihrer inneren Organisation nach antiparlamentarisch, d. h. sie lehnt im allgemeinen wie in ihrem eigenen inneren Aufbau ein Prinzip der Majoritätsbestimmung ab, in dem der Führer nur zum Vollstrecker des Willens und der Meinung anderer degradiert wird. Die Bewegung vertritt im kleinsten wie im größten den Grundsatz der unbedingten Führerautorität, gepaart mit höchster Verantwortung." (S. 378) Nach ‚Meyers Lexikon' ist der *Führergrundsatz* das „Grundgesetz der nationalsozialistischen Weltanschauung, tief im germanischdeutschen Denken verwurzelt, wesentliche Grundlage der germanischen Demokratie, auf dem engen Vertrauensverhältnis zwischen politisch-soldatischer Führung und Gefolgschaft beruhend. Die ursprünglich rein ausgeprägte Form des germanischen Führungs- und Gefolgschaftswesens hat sich trotz aller fremdartigen Einflüsse immer wieder durchgesetzt und ausgeprägt [...], jedoch wurde die Überlagerung mit fremdem Denken immer stärker, bis der Nationalsozialismus den Führergrundsatz wieder weltanschaulich begründete, in seinen Kampfformationen (SA., NSDAP.) verwirklichte und nach der Machtübernahme auch zum Grundgesetz der deutschen Staatsauffassung und -organisation machte."[161] „Die von der nationalsozialistischen Bewegung verkündete und vertretene weltanschauliche Erkenntnis des Führergrundsatzes und die sich daraus ergebenden politischen Folgerungen und Forderungen hat die Partei in ihrer eigenen Organisation bereits bald nach ihrer Gründung durchgeführt und verwirklicht. 1921 wurde der Führergrundsatz in der Leitung der gesamten Partei eingeführt und in der Folge bis in die letzte Ortsgruppe und letzte nationalsozialistische Organisation durchgeführt. Jedem Führer und jedem Unterführer der Partei stehen für die Einzelgebiete Berater zur Seite (Beratung statt Abstimmung!), die Entscheidung aber trifft ein Mann, der für alle Maßnahmen allein die Verantwortung trägt."[162]

Führerprinzip

s. *Führergrundsatz*.[163]

> Hitler verwendet in ‚Mein Kampf' den Ausdruck *Führerprinzip* (nicht *Führergrundsatz*). „Befehlsmäßig kann man zum Beispiel sehr wohl das Führerprinzip diktatorisch einem Staatsorganismus aufpfropfen. Lebendig wird dieses aber nur dann sein, wenn es in eigener Entwicklung aus Kleinstem heraus sich selbst allmählich gebildet hat und durch die dauernde Auswahl, die die harte Wirklichkeit des Lebens ununterbrochen vornimmt, im Laufe von vielen Jahren das für die Durchführung dieses Prinzips notwendige Führermaterial erhielt." (S. 673) „Ende Juli 1921 wurde in einer Generalversammlung die gesamte Leitung der Partei Adolf Hitler übertragen. Neue Satzungen wurden aufgestellt, durch die Adolf Hitler die offiziellen Vollmachten als Führer der Bewegung erhielt. Eine vollständige Reorganisation der Par-

---

[161] Ebd., Bd. 4, 1938, 802.
[162] Ebd., Bd. 4, 1938, 804.
[163] Gebucht: Duden, 12. Aufl. 941, Knaur 1934, Paechter. Getilgt: Duden, 13. Aufl. 1947.

tei wurde durchgeführt. Hitler beseitigte die bisher in Kraft gewesene Beschlußfassung und Abstimmung der Mitglieder und setzte an ihre Stelle das ‚Führerprinzip'. Als Vorsitzender der Partei und ihr gesetzlicher Vertreter übernahm er für die gesamte Leitung die alleinige Verantwortung."[164] „Die glänzende Neuordnung aller politischen Körperschaften in Reich, Land, Gemeinde und öffentlichem Leben hat auf einen Schlag das unverantwortliche System der Mehrheitsabstimmungen beseitigt und schafft außerordentliche Möglichkeiten zur Entwicklung verantwortlicher Führerpersönlichkeiten."[165] „Das in der Partei entwickelte Führerprinzip ist auf Volk und Staat übertragen worden. Es stehen nicht mehr das Volk und der Staat oder der einzelne und der Staat mit den rechtlich abgegrenzten Gegensätzen sich gegenüber, sondern sie sind zu einer Einheit geworden durch die Bewegung."[166] „Das Führerprinzip bedingt einen pyramidenartigen Aufbau der Organisation im einzelnen wie in der Gesamtheit. An der Spitze steht der Führer. Er ernennt die notwendigen Leiter für die einzelnen Arbeitsgebiete der Reichsführung, des Parteiapparates und der Staatsverwaltung. Damit ist das Aufgabengebiet der Partei klar gegeben. Sie ist Führerorden."[167]

---

[164] Espe, W. M.: Das Buch der N. S. D A. P., 1933, 68 f.
[165] v. Leers, J.: 14 Jahre Judenrepublik, Bd. 2, 2. Aufl. 1933, 115.
[166] v. Leers, J.: Arteigenes Recht und Unterricht, 1937, 173.
[167] Organisationsbuch der NSDAP, 1943, 86.

G

Garant

Schlagwort des Nationalsozialismus: Bürge.

▶ Der aus dem Französischen entlehnte Ausdruck, der schon 1748 im Deutschen belegt ist[1], wurde im Nationalsozialismus zum viel verwendeten Schlagwort. Hitler hat es in ‚Mein Kampf' noch nicht. In der Beilage zum ‚Völkischen Beobachter' ‚Die neue Front' erscheint es 1927 bereits in typischer, emphatischer Verwendung: „Die neue Front ist sozialistisch, sie wird gebildet von dem neuen Arbeitertum jener, die wissen, daß sie die Garanten des deutschen Schicksals sind."[2] Von Rosenberg wird im ‚Mythus' ein von Spengler und Rathenau vertretener „ungermanischer Zwangsglaubenssatz von der Freizügigkeit als ‚Garant der persönlichen Freiheit'" erwähnt. Als Schlagwort setzt sich *Garant* aber erst durch, nachdem es zum Lieblingswort Hitlers geworden war.[3] „Ich bin überzeugt, daß der Bund der beiden Verbände für alle Zeiten ein unerschütterlicher sein wird, ein Garant für den Bestand der nationalen Revolution."[4] „Ich bin dafür in Deutschland der Garant, daß diese Gemeinschaft nicht zugunsten einer Seite unseres Volkes ausschlägt. Ihr könnt mich als den Mann ansehen, der keiner Klasse angehört, der keinem Stand angehört, der über all' dem steht."[5] „Denn ihr, meine Jungen, ihr seid die lebenden Garanten Deutschlands, ihr seid das lebende Deutschland der Zukunft, nicht eine leere Idee, kein blasser Schemen, sondern ihr seid Blut von unserem Blut, Fleisch von unserem Fleisch, Geist von unserem Geist, ihr seid unseres Volkes Weiterleben."[6] „Meine SA-Kameraden! [...] Sie sind die Garanten nicht für die Gegenwart, sondern auch für die deutsche Zukunft."[7] Von Hitler ausgehend: „Im Gegenteil steht nach dem Willen des Führers der SA-Mann als Garant der nationalsozialistischen Revolution vor den Toren der Macht und wird da stehen bleiben für alle Zeiten. Denn noch harren gewaltige Aufgaben ihrer Erfüllung, die ohne das Vorhandensein und die

---

[1] Paul 1992, 309, s. v. Garantie.
[2] Ebd., 1/23, 24. 1. 1927.
[3] W. Porzig (Das Wunder der Sprache, 5. Aufl. München 1971, zuerst 1950, 312) wählt *Garant* als Beispiel für das Aufkommen von Modewörtern: „Wenn ein maßgebender Mann *Garant* zu sagen pflegt, wimmelt es plötzlich allenthalben von *Garanten* und die Bürgen werden verdrängt, obwohl gleichzeitig ein erbitterter Feldzug gegen Fremdwörter im Gange ist." Hinweis: Glunk, ZDS 24/1968, 86.
[4] Der Führer schreibt an Seldte. In: Volksparole. Amtl. nat.soz. Tageszeitung, Düsseldorf, 1. Wonnemonat/Mai 1933, 1.
[5] Hitler vor den Siemensarbeitern am 10. 11. 1933. In: Sozialismus wie ihn der Führer sieht. Hg. F. Meystre, 1935, 64.
[6] Hitler am Reichsparteitag 1933. In: Adolf Hitler an seine Jugend, 1937, o. S.
[7] Rede, 22. 10. 1933. In: Siebarth, W.: Hitlers Wollen, 1936, 79.

tätige Mitarbeit der SA nicht denkbar wäre."[8] Auch der Anhänger des Purismus, der den Titel seiner Zeitschrift, die „fremdwörtliche Schwammbezeichnung *Agrarpolitik*"[9], in „Odal" umänderte, R. W. Darré, verwendet das Wort: „Unsere bäuerlichen Vorfahren haben vor den Notzeiten des 16. und 17. Jahrhunderts noch ganz genau gewußt, was jeder schwedische und finnische Bauer noch heute weiß, daß in der Erkenntnis und Anerkenntnis der Lebensgesetze des Körpers und damit des Körpers schlechthin, ein sicherer Garant für die rassische Hochhaltung des Standes eingeschlossen liegt."[10] „Dann wird Europa zu jener Ordnung kommen, die der einzige Garant für einen europäischen Frieden ist [...] weil unser Führer uns der Garant für diese neue Idee der Wirtschaftsordnung ist, ist er letzten Endes in seiner Person auch der Garant für den Frieden in Europa."[11] Am 5. 2. 1940 erging eine auf den Ausdruck *Garant* bezogene Presseanweisung: „Bei der Behandlung des Themas ‚Jugend', bzw. ‚Jugendliche' ist ab sofort jede Glorifizierung zu vermeiden. Ausdrücke wie ‚Die Jugend ist der Garant des Volkes', oder ‚Die Verantwortung für die Zukunft liegt bei der Jugend', oder ‚Die Jugend ist die Generation der Zukunft' müssen unterbleiben. In einer Zeit, in der die Jugendlichen noch nicht an der Front stehen, dürfen ihnen in der Presse keine besonderen Vorschußlorbeeren gegeben werden. So wenig es aber am Platze ist, diesbezüglich im Augenblick von den Rechten der Jugend zu sprechen, so sehr ist es wichtig auf ihre Pflichten hinzuweisen."[12] Noch Ende 1944 schreibt Goebbels: „Wir sind damit die Garanten einer neuen Zukunft der gesamten, gesitteten Welt. Sie würde verloren sein, wenn wir uns selber preisgäben."[13]

▷ *Garant* kommt auch im heutigen Sprachgebrauch vor. Der Ausdruck wird — wie schon in der NS-Zeit — oft gleichbedeutend mit *Garantie* verwendet. „Der Völkerbund war also der Garant des staatsrechtlichen Status."[14] „In erster Linie sind ein intaktes Ladesystem, eine gute Batterie und ein einwandfreies Zündsystem Garant dafür, daß der Wagen immer klaglos anspringt."[15]

Gau

Oberste territoriale und organisatorische Einheit der NSDAP nach dem *Reich*.[16]

▷ Ahd. *gewi, gouwi*, mhd. *göu, gou*, Nebenform *Gäu* (*Allgäu*); ‚Land', ‚Landschaft', ‚Bezirk'. Von Adelung noch 1796 als „größten Theils veraltetes Wort" bezeichnet,

---

[8] Der SA-Mann, 6. 1. 1934, 1. Dok. PS−3050. In: der Nürnberger Prozeß, Bd. 4, 152.
[9] Unser Weg, 1. 4. 1934. In: Um Blut und Boden, 1941, 105.
[10] Die Frau im Reichsnährstand, 1. 3. 1934. In: Um Blut und Boden, 1941, 155.
[11] Rede am 2. Reichsbauerntag, 18. 11. 1934. In: G. Rühle: Das Dritte Reich, Bd. 1934, 329.
[12] Pr Bln 5. 2. 1940 (Nr. 4). Zit. Glunk, ZDS 25/1969, 181 f.
[13] Das Reich, 8. 10. 1944, 2.
[14] Dönhoff, M. Gräfin: Die Bundesrepublik in der Ära Adenauer, 1963, 80. Zit. GWB Duden 1994, Bd. 3, 1211, s. v.
[15] ADAC-Motorwelt, 11/1986, 107. Zit. GWB Duden 1994, 1211, s. v.
[16] Gebucht: Knaur 1934, Meyers Lexikon 1936 ff., Paechter, Trübners DWB, Volks-Brockhaus 1940.

doch seit der zweiten Hälfte des 18. Jahrhunderts poetisch wiederbelebt.[17] Ludwig Börne (1786–1837) lästert über die „altdeutschen Narren", die Revolution machen wollen und das Wort *Gau* in den Mund nehmen: „Ich fragte einen Freund, ob er nichts Näheres wisse von der großen Verschwörung, ob er nicht selbst darin verwikkelt sei und wie die deutsche Republik habe eingerichtet werden sollen? Er antwortete mir, er sei kein Verschworner, aber von der Republik wisse er Manches. Nämlich: Deutschland habe in 20 Gaue eingeteilt werden sollen ... Gaue? fiel ich ihm in die Rede. Ich mag nichts weiter hören, ich durchschaue schon die ganze Posse. Gespenstergeschichten aus dem Mittelalter [...]. Hätten sie gesagt: In Provinzen, hätte ich ihnen gesagt: Ihr seid ruchlose, gottvergessene Menschen. Da sie aber sprachen von Gauen sage ich ihnen: Ihr seid altdeutsche Narren!"[18] (1819) Anders Friedrich Ludwig Jahn (1778–1852): „Unsere kunstwortreiche, lebensvolle und bildsame Sprache hat an Einteilungsnamen keinen Mangel, daß wir aus welschen Sprachen nichtssagende Kunstausdrücke borgen müßten. [...] Mit: Landen, Marken, Gauen (Kreisen, Vierteln, Bezirken), Kirchspielen, Gemeinden kann das größeste und wohlgegliedertste deutsche Reich auskommen."[19] (1833) „Campe empfahl es schon vor 1800 auch fürs leben statt *district*, später für *canton* [...] und wirklich beginnt es in unserer Zeit ein neues dasein im vereinsleben; wie die dichter längst wieder von Deutschlands gauen reden, so theilen sich turner, sänger ihr gebiet wieder in gaue ein, halten gaufeste, gauturnfeste ab, gründen gauverbände u. ä."[20] (1878) Von den Turnern und Sängern übernimmt die Jugendbewegung die Gaueinteilung. „Der neue Verein gründet sich auf größere landschaftliche Einheiten, die Gaue. Wir arbeiten daher eifrig daran mit, einen Gau Brandenburg zustande zu bringen. [...] Er wird verwaltet von einem Gauamt. [...] Der Gau ist als eingetragener Verein mit festen Satzungen gegründet; er tastet die innere Selbständigkeit der organisierten Ortsgruppen nicht an, schafft aber für das große Gebiet der Mark Brandenburg die notwendige Einheitlichkeit und vertritt die Gesamtheit der ihm angeschlossenen Ortsgruppen im großen neuen E. V."[21] (1912)

> Hitler beschreibt in ‚Mein Kampf' den organisatorischen Aufbau der NSDAP: „Der gleiche [Führer-] Grundsatz gilt für die nächsthöhere Organisation, den Bezirk, den Kreis oder den Gau. Immer wird der Führer von oben eingesetzt und gleichzeitig mit unbeschränkter Vollmacht und Autorität bekleidet." (S. 378) Im ‚Taschenwörterbuch des neuen Staates' von H. Wagner wird erläutert: „Das Deutsche Reich mit Deutschösterreich und Freistaat Danzig ist seit der Umorganisation der Parteien im Jahre 1928 in 33 Gaue eingeteilt. Sie bilden das starre Organisationsnetz, innerhalb dessen sich die Zahl der Ortsgruppen nach dem Wachsen der Partei

---

[17] Vgl. Paul 1992, 311, s. v.
[18] Fragmente und Aphorismen, Nachtrag zu Börne's gesammelten Schriften, Leipzig 1847. Zit. Die Grenzboten, 5. Jg., 2. Semester, Bd. 4, 1846, 548.
[19] Merke zum Deutschen Volkstum, Werke, hg. C. Euler, Bd. 2/2, Hof 1887, 591 f.
[20] DWB, Bd. 4/1, 1878, 1524.
[21] Aus dem Jahresbericht 1912 d. Wandervogel e. V. zu Steglitz. In: Nachrichtenblatt des „Wandervogel" e. V. Nr. 1, März 1913. Zit. W. Kindt (Hg.): Die Wandervogelzeit, 1968, 103.

erweitern kann. An der Spitze des Gaues, der allgemein einem Wahlkreis entspricht, steht der Gauleiter. Er wird vom Führer eingesetzt und abberufen."[22] Zahlreiche, dem ↑ *Hoheitsgebiet Gau* zugeordnete Amtsbezeichnungen werden mit dem Bestimmungswort *Gau* gebildet: *Gauamt, Gauarchiv, Gauarbeitsgemeinschaft Schulung, Gaudienst, Gaudienststelle, Gauehrenzeichen, Gaufrauenschaft, Gaugericht, Gauinspektor, Gaukarte, Gauleiter, Gauleitung, Gauorganisationsamt, Gaupersonalamt, Gaupresseamt, Gaupropagandaamt, Gauredner, Gauschulungsamt, Gaustabsamt, Gauwaltung, Gauwirtschaftsberater*.[23]

Gauleiter

Oberster ↑ *Hoheitsträger* an der Spitze eines ↑ *Gaus*.[24]

▶ „Der Gauleiter untersteht unmittelbar dem Führer. Er wird vom Führer ernannt. Der Gauleiter trägt dem Führer gegenüber die Gesamtverantwortung für den ihm anvertrauten Hoheitsbereich. Die Rechte, Pflichten und Zuständigkeiten des Gauleiters ergeben sich vornehmlich aus dem vom Führer erteilten Auftrag und im übrigen aus den im einzelnen festgelegten Bestimmungen."[25] „So hat sich gerade auf dem Gebiete der öffentlichen Verwaltung diese Verbindung von Parteiverwaltung und Staatsverwaltung [...] schon weitgehend entwickelt und in der nationalsozialistischen Gesetzgebung ihren Niederschlag gefunden. [...] Im Verwaltungsaufbau selbst wird bekanntlich in den obersten Verwaltungsstellen diese Verbindung durch die Personalunion von Partei- und Staatsämtern in weitem Maße sichergestellt, indem z. B. die Gauleiter gleichzeitig Inhaber oberster Staats- und Verwaltungsämter sind."[26]

Gauredner

Parteiredner (politischer Redner) auf Gauebene im Auftrag der Reichspropagandaleitung.[27]

▶ „Der politische Redner hat die Aufgabe, in öffentlichen Kundgebungen und Versammlungen die nationalsozialistische Weltanschauung sowie Maßnahmen der nationalsozialistischen Regierung dem deutschen Volke durch das gesprochene Wort nahezubringen. Als politische Redner werden zur Zeit nur Parteigenossen bestätigt, die bereits vor der Machtübernahme Mitglied der NSDAP. waren und sich damals entweder rednerisch oder als Politische Leiter oder in der SA, SS bzw. HJ aktiv betätigten. Als politische Redner werden künftig nur Parteigenossen eingesetzt, die eine Prüfungszeit als Anwärter absolviert und an einem weltanschaulichen Lehrgang

---

22 Ebd., 2. Aufl. 1934, 75.
23 Organisationsbuch der NSDAP. 1943, Register, 588.
24 Gebucht: Duden, 11. Aufl. 1934, 12. Aufl. 941; Meyers Lexikon 1936 ff., Paechter, Trübners DWB.
25 Organisationsbuch der NSDAP. 1943, 137/138.
26 Koellreutter, O.: Grundfragen unserer Volks- und Staatsgestaltung, 1936, 26.
27 Gebucht: Duden, 12. Aufl. 1941. Getilgt: Duden, 13. Aufl. 1947.

einer Gauschulungsburg der NSDAP. mit Erfolg teilgenommen haben."[28] „Es nützt uns hier nichts, wenn junge Gauredner vor erfahrenen Familienvätern ihre Sprüche herunterklopfen, für die sie nie verantwortlich sein können."[29] „In politischer Hinsicht wird berichtet, daß am 18. 5. 1944 um 20 Uhr in der Hans-Schemm-Halle dahier eine öffentliche Volksversammlung stattgefunden hat, wozu als Referentin die Gaurednerin Luise Waack von Bayreuth erschienen war. Sie behandelte als Hauptthema ‚Selbsterlebtes in Rußland'. Die Versammlung war gut besucht."[30]

Gefolgschaft

a) Bezeichnung für das Treueverhältnis der Geführten zum ↑ *Führer* wie auch für die durch das Treueverhältnis zum *Führer* in Gehorsam verbundene Anhängerschaft; b) Belegschaft; c) Unterabteilung der ↑ *Hitlerjugend*.[31]
> *Gefolgschaft* ist eine fachsprachliche Lehnschöpfung der Geschichtswissenschaft zu Beginn des 19. Jahrhunderts für lat. *comitatus*, die Bezeichnung für eine in der ‚Germania' des Tacitus (13; 14) beschriebene „altgermanische Einrichtung": „die Germanen [...] und Sueven haben miteinander gemein, dasz auszer dem allgemeinen aufgebot besondere gefolgschaften an die tapfern und fürsten sich anschlieszen, die ihrer person eben so pflichtig sind, wie die andern (kriegshaufen) der volksgemeinde."[32] In der 2. Hälfte des 19. Jahrhunderts bildete sich der übertragene Gebrauch des Ausdrucks[33] in der Bedeutung ‚unverbrüchlich treue Anhängerschaft' heraus. In der bündischen Jugendbewegung der Zwanziger Jahre kann *Gefolgschaft* sowohl eine Gruppe bezeichnen, die sich in Treue miteinander, mit ihrem Führer und einer gemeinsamen Idee verbunden fühlt, wie auch diese treue Verbundenheit selbst: „‚Der Reichsstand, Gefolgschaft deutscher Wandervögel' ist herausgewachsen aus der deutschen Jugendbewegung. Seinen Zweck sieht er in der Erziehung fähiger Menschen zu verantwortungsbewußter Gestaltung der deutschen Zukunft. In der Form der Gefolgschaft erstrebt er die Verwirklichung seiner Reichsidee als ‚Reichsstand'.[34] „Wir Geusen bilden in unserem Bunde eine wirkliche Gefolgschaft. Mir erscheint ein Bund erst dann wahrhaft geschaffen, wenn er zu einer Gefolgschaft geworden und gewachsen ist. Eine Gefolgschaft verlangt den Führer und Stetigkeit in der Führung. Sie gründet sich mehr auf eine ideemäßig geschlossene Haltung als auf gemeinsame Lebensart. Doch gehört die gemeinsame Lebensart unbedingt dazu. Eine Gefolgschaft trägt männlichen und damit kriegerischen Cha-

---

[28] Organisationsbuch der NSDAP. 1943, 299.
[29] Monatsbericht d. DAF-Kreiswaltung Viechtach für Mai 1936. In: Bayern in der NS-Zeit, 1977, 251.
[30] Monatsbericht d. Gendarmerie-Station Hollfeld, 25. 5. 1944. In: ebd., 183.
[31] Gebucht: Meyers Lexikon 1936 ff., Paechter, Volks-Brockhaus 1940.
[32] Pfister: Die Geschichte der Teutschen, Hamburg 1829, 1, 513. Zit. DWB, Bd. 4, 1878, 2152.
[33] Paul 1992, 319, s. v. Gefolge.
[34] Kreppel, F., 2. 11. 1923. In: Kindt, W. (Hg.): Die deutsche Jugendbewegung. Die bündische Zeit, 1974, 153.

rakter und will den Staat. [...] Wir bekennen uns als Gefolgschaft zur Volksbewegung des Nationalsozialismus, ohne unsere bündische Freiheit aufzugeben."[35]

▶ a) Hitler gebraucht in ‚Mein Kampf' den Ausdruck Gefolgschaft in der verblaßten Bedeutung ‚Anhängerschaft'. „Sie [die christlich-soziale Partei] besaß das nötige Verständnis für die Bedeutung der Masse und sicherte sich wenigstens einen Teil derselben durch offensichtliche Betonung ihres sozialen Charakters vom ersten Tage an. Indem sie sich in wesentlicher Weise auf die Gewinnung des kleinen und unteren Mittel- und Handwerkerstandes einstellte, erhielt sie eine ebenso treue wie ausdauernde und opferwillige Gefolgschaft." (S. 130) Im ↑ *Dritten Reich* wird der Ausdruck oft pseudoreligiös überhöht: „Gefolgschaft – Im nationalsozialistischen Sinne die auf Blutsverbundenheit und natürlicher Ungleichheit der Menschen beruhende sich im Führergrundsatz ausdrückende Verbundenheit von Führer und Geführten, wie auch die Gesamtheit der letzteren. Weltanschaulich-religiöse Grundlage der Gefolgschaft ist die Überzeugung, daß jedes echte Führertum vom Schicksal gesandt ist und daß die Aufforderung, Gefolgschaft zu leisten, von höheren Mächten aus an die Geführten ergeht (‚Glaube an den Führer als weltanschaulich-religiöse Wurzel der Gefolgschaft'). Die in der Gefolgschaft enthaltenen sittlichen Verpflichtungen gipfeln in der Treue zum Führer, in der Kameradschaft innerhalb der Gefolgschaft und in der Bewahrung der eigenen Ehre."[36] „An unserem Werk wird sich die späteste Nachwelt noch unserer erinnern. Als Bemerkenswertestes und Vornehmstes aber soll sie dereinst feststellen, daß in einer Zeit der Treulosigkeit und des allgemeinen Verrats, sich in Deutschland in unserer Zeit ein Bund der gegenseitigen treuesten Gefolgschaft bilden konnte, wie nie zuvor."[37] „Die Aufgaben der Partei sind nicht, wie mancher Außenstehende früher glaubte prophezeien zu können, kleiner geworden nach der Machtergreifung; sie sind größer geworden, sie sind umfassender geworden und in ihrer Bedeutung bestimmt nicht geringer. [...] Denn nach genau vier Jahren wird am 1. Mai die Mitgliedersperre [der NSDAP] aufgehoben. Damit steht vielen deutschen Volksgenossen wieder der Weg offen, sich einzureihen in die engste Gefolgschaft des Führers."[38]

b) Das ‚Gesetz zur Ordnung der nationalen Arbeit' vom 20. 1. 1934 (RGBl. 1, S. 45) „regelt das Verhältnis der Betriebsmitglieder (Wirschafts- und Verwaltungsbetriebe) zueinander im Sinne von Führung und Gefolgschaft. Der Unternehmer ist Führer, Angestellte und Arbeiter bilden die Gefolgschaft. Aus ihrer Mitte treten Vertrauensmänner dem Führer beratend zur Seite. Führer und Vertrauensmänner bilden den Vertrauensrat. Seine Mitglieder legen vor der Gefolgschaft am Tage der nationalen Arbeit das feierliche Gelöbnis ab, ‚in ihrer Amtsführung nur dem Wohle des Betriebes und der Gemeinschaft aller Volksgenossen unter Zurückstellung eigennütziger Interessen zu dienen und in ihrer Lebensführung und Diensterfüllung den Betriebs-

---

35 Berns, P., Bundesführer der Geusen. Die Kommenden. Überbündische Wochenschrift für d. deutsche Jugend, H. 39/25. 9. 1932. In: Kindt, W. (Hg.): Ebd. 824.
36 Meyers Lexikon, Bd. 4, 1938, 1085.
37 Hitler, Rede vor dem Parteikongreß, 16. 9. 1935. In: Domarus, Bd. 1/2, 1965, 541.
38 Heß, R., Rede am 18. 4. 1937 auf dem Gautag des Gaues Baden der NSDAP. Zit. Rühle, G.: Das Dritte Reich, Bd. 1937, 108.

angehörigen Vorbild zu sein.'"[39] „Recht unbeliebt werden in der Arbeiterschaft allmählich die geschlossenen Aufmärsche, die bei besonderen Anlässen von den Betriebszellen auf Veranlassung der DAF durchgeführt werden, zumal auf die Gefolgschaften der einzelnen Betriebe oftmals ein starker Zwang zur Teilnahme ausgeübt wird."[40] „Richtig ist auch, daß die Leistungen pro Kopf der Gefolgschaft bedeutend gestiegen sind. [...] Heute ist es für den Betriebsführer eine Lust und Freude, Leiter eines Unternehmens zu sein, weil seine Gefolgschaft mit ihm an einem Stricke zieht."[41] „Nach kurzer Zeit waren überall behelfsmäßig die alten Betriebe wieder aufgebaut und bald fanden sich aus dem ganzen Reich die Gefolgschaften wieder ein."[42] Victor Klemperer berichtet in ‚LTI', seinen Notizen über die „Sprache des Dritten Reichs": „und wenn der Held im Privatleben etwa Fabrik- oder Ladenbesitzer gewesen war, so ließ es sich seine Gefolgschaft nicht nehmen, ihm von sich aus einen besonderen Nachruf zu widmen. Eine solche zweite Anzeige neben der Witwe war für die Angestellten einer Firma unumgängliche Pflicht, und so gehört denn auch das gefühlsverlogene Wort ‚Gefolgschaft' in mein Repetitorium."[43]

c) Die *Gefolgschaft* in der ↑ *HJ* „besteht aus vier Scharen (120−160 Jungen) von möglichst gleicher Stärke. Sie umfaßt den Bereich einer oder mehrerer Ortsgruppen. Die Gefolgschaft ist die unterste Verwaltungsdienststelle der HJ. und hat aus diesem Grunde einen besonderen Gefolgschaftsgeldverwalter. Außerdem ist dem Führer der Gefolgschaft ein Hauptscharführer [...] zur Unterstützung in sämtlichen dienstlichen Angelegenheiten beigegeben. Die Gefolgschaft ist die erste in sich geschlossene Einheit, die deshalb auch eine Fahne führt. [...]"[44] In Baldur v. Schirachs Aufruf anläßlich der Verabschiedung des Hitler-Jugend-Gesetzes vom 1. 12. 1936, durch das die Zwangsmitgliedschaft in der HJ eingeführt wurde, heißt es: „Die Sendung unserer 21 gefallenen Kameraden der ‚Unsterblichen Gefolgschaft' ist erfüllt: Die ganze deutsche Jugend ist Hitler-Jugend! Es lebe der Führer!"[45]

▷ Heute wird *Gefolgschaft* in den Wendungen *Gefolgschaft leisten* ‚mitmachen, sich unterwerfen', *Gefolgschaft aufkündigen, verweigern* ‚rebellieren' und in der Bedeutung ‚treue Anhängerschaft' gebraucht: „Auf dem Höhepunkt der Unruhen fürchteten Gewerkschaft und Kommunistische Partei, die Kontrolle über ihre Gefolgschaft zu verlieren."[46] Die 1956 noch in einer Todesanzeige[47] belegte Verwendungsweise *Gefolgschaft* für ‚Belegschaft' ist heute nicht mehr üblich.

---

[39] Wagner, H.: Taschenbuch des neuen Staates, 2. Aufl. 1934, 90.
[40] Lagebericht d. Polizeidirektion Augsburg, 1. 10. 1934. In: Bayern in der NS-Zeit, 1977, 228.
[41] Jahres- u. Leistungsbericht d. Gauwaltung Düsseldorf. Kampf und Erfolg. Das Spiegelbild der Deutschen Arbeitsfront, o. J. (1938), 7.
[42] Das Reich, 30. 6. 1940, 2.
[43] Klemperer, V.: LTI. 14. Aufl. 1996, 131.
[44] Organisationsbuch der NSDAP. 1943, 440f.
[45] NS-Monatshefte, 8/1937, 59.
[46] Augsburger Allgemeine, 13/14. 5. 1978, 3. Zit. GWB Duden 1994, 1244, s. v. Gefolge.
[47] „Nach schwerer Krankheit verschied [...] 1956 unser Gefolgschaftsmitglied Heinrich P. [...] Geschäftsleitung und Gefolgschaft d. Rhein. Kraftwagen G.m.b.H Mercedes Benz Bad Godesberg." Bonner Generalanzeiger, 8. 7. 56.

Gefolgschaftsführer

a) (nichtamtlich:) Stimmführer einer Belegschaft; b) Dienstgrad des Führers einer Unterabteilung der *HJ*.

▶ a) „Unter den Fabrikarbeitern in Schweinfurt herrscht über die neu herausgegebene Betriebsordnung große Mißstimmung [...]. Die Ursache für die oppositionelle Einstellung dürfte in den Überresten marxistischer Denkungsart einzelner Gefolgschaftsführer zu suchen sein."[48] b) „In der Hitler-Jugend ist Gefolgschaft eine unter einem Gefolgschaftsführer stehende, bis zu 250 Jungen umfassende Gliederung, die aus 2—4, meist 3 Scharen besteht."[49] „[...] Dienstgrad: Gefolgschaftsführer. Führerschnur: grün-weiß. Sonstige Kennzeichen: 3 Sterne auf der Schulterklappe."[50]

Gefolgschaftsmann (-frau)

Belegschaftsmitglied.

▶ „Neben diesen Einrichtungen bestehen für die unteren Tarifgebiete sogenannte Arbeitsausschüsse, die paritätisch aus Betriebsführern und Gefolgschaftsmännern und -frauen sich zusammensetzen."[51] „Ebenso wie der Gefolgschaftsmann stets an den Trümmerhaufen zurückdenken soll und muß, den der Führer am 30. Januar 1933 übernahm, wenn ihm das Tempo des Neubaus der Sozialpolitik zu langsam erfolgen sollte, so muß auch sein Betriebsführer und Unternehmer stets sein Gedächtnis wachrufen, wenn er mit der augenblicklichen Entwicklung nicht zufrieden sein sollte."[52]

Gefolgsmann

Bedingungslos treuer Anhänger.

▶ „Politischer Mensch ist man durch Geburt und Erziehung. Man ist es als Glied der deutschen Schicksalsgemeinschaft, als Volksgenosse, und man ist es als Führer oder Gefolgsmann innerhalb des staatlichen Aktionszusammenhanges."[53] „Mit leidenschaftlichem Willen ihm uns hinzugeben und dadurch an der Heimat der deutschen Seele zu bauen, ist unsere Pflicht, die wir als bedingungslos treue Gefolgsmannen unseres Führers Adolf Hitler haben."[54]

---

[48] Lagebericht d. Reg.präsidenten v. Unterfranken, 6. 11. 1934. In: Bayern in der NS-Zeit, 1977, 230.
[49] Meyers Lexikon, Bd. 4, 1938, 1085.
[50] H. J. im Dienst, 7. Aufl. 1940, 24.
[51] Die Deutsche Arbeitsfront hält Rückschau. Jahresbericht d. DAF.-Gauwaltung Düsseldorf, o. J. (1937), 8 f.
[52] Jahres- und Leistungsbericht d. Gauwaltung Düsseldorf, Kampf und Erfolg. Das Spiegelbild d. Deutschen Arbeitsfront. o. J. (1938).
[53] Baeumler, A.: Der politische Student. In: Der Deutsche Student, 1/August 1933, 3.
[54] Leffler, S.: Christus im Dritten Reich, 1935, 155.

❯ *Gefolgsmann* ist in gleicher Bedeutung auch heute gebräuchlich: „Er tat sich bald als loyaler und kämpferischer Gefolgsmann Nixons hervor, der ihn 1971 zum Vorsitzenden des republikanischen Parteivorstandes machte."[55]

Gegenauslese

a) Abnahme der guten Erbstämme durch falsche Auslese;[56] b) gelegentlich: das Resultat der falschen Auslese.

❯ *Gegenauslese*, Kontrastwort zu ↑ *Auslese*, gehört in das Vokabular der ↑ *Rassenhygiene* und ↑ *Erbgesundheitslehre*. Für die Verwendung des Ausdrucks in der NS-Zeit sind die Ausführungen von F. Lenz in seinem Kapitel ‚Menschliche Auslese und Rassenhygiene' in dem Kompendium ‚Menschliche Erblichkeitslehre' von Baur/Fischer/Lenz grundlegend. a) „Wenn die Ausleseverhältnisse in einer Bevölkerung sich so gestalten, daß nicht die Tüchtigeren, sondern die Untüchtigeren überleben und die größere Nachkommenschaft haben, so sprechen wir von Gegenauslese oder Kontraselektion (Ploetz). Da die Unterscheidung zwischen Tüchtigeren und Untüchtigeren ein Werturteil in sich schließt, so setzt dieser Begriff der Gegenauslese ebenfalls einen Wertmaßstab voraus. [...] Besondere Bedeutung, und zwar ganz gewaltige, gewinnt der Begriff der Gegenauslese aber, wenn man ihn auf ein Ziel bezieht, etwa die Entwicklung der Kultur, oder das dauernde Gedeihen der Rasse. [...] Die Gegenauslese ist die praktisch wichtigste Ursache der Entartung. Auch der Begriff der Entartung setzt ein Werturteil voraus. Wenn wir darunter nicht nur die Neuentstehung und Ausbreitung eigentlich krankhafter Erbanlagen, sondern auch die sonst unerwünschter, wie etwa mangelnde Kulturbegabung, verstehen."[57] „Wie wir früher schon mehrfach festgestellt haben, erklärt sich die große Widerstandskraft und die Anpassung der Tier- und Pflanzenarten in der freien Natur aus der Auslese. Diese findet infolge eines erbitterten Kampfes ums Dasein fortgesetzt statt. Geschöpfe mit Erbanlagen zu Gebrechen und schlimmen Krankheiten gehen bereits vor der Fortpflanzung zugrunde. Auf die gleiche Weise erhält der Landwirt sowie der Tier- und Pflanzenzüchter durch Ausmerze des minderwertigen Erbgutes seine Zuchtrassen gesund und lebenskräftig. Das in der Natur überall herrschende Gesetz der Auslese wird von den Kulturvölkern meistens außer acht gelassen. Vielfach wird sogar die Auslese ins Gegensätzliche, in die sog. Gegenauslese verkehrt."[58] „Bei der Gegenauslese wird nicht das schlechte, sondern das gute Erbgut ausgeschieden. Vermehren sich innerhalb eines Volkes die Menschen mit wertvollem Erbgut weniger stark als solche mit minderwertigen Erbanlagen, dann ist die Folge davon, daß das Gesamterbgut des Volkes in seinem Durchschnittswert sinkt. [...] Das Volk wird einerseits ärmer an gesunden, begabten und tüchtigen Menschen, während andererseits immer mehr Kranke, Schwachbegabte und Minderwertige geboren

---

[55] Die Welt, 20. 8. 1976, 1. Zit. GWB Duden 1994, Bd. 3, 1244.
[56] Gebucht: Volks-Brockhaus 1940.
[57] Ebd., Bd. 2, 2. Aufl. 1923, 9.
[58] Biologie für höhere Schulen, Bd. 3, 2. Aufl. 1943, 169.

werden. Wir finden diese Entartungserscheinung bei jedem Volk während der Zeit des Niederganges."[59] Schon 1933 wird *Gegenauslese* auch allgemeinsprachlich verwendet: „Wir haben bis jetzt nur zwei Tatsachen festgestellt: 1. durch die sich immer mehr verschärfende Gegenauslese des jetzigen Lebens steigt die Zahl der Minderwertigen mit rasender Geschwindigkeit. 2. die Minderwertigen pflanzen sich doppelt so schnell fort wie die Hochwertigen."[60] b) „Innerhalb der Rechtsstudentenschaft zeichneten sich gewisse Gruppen ab. So stellen nach einigen Meldungen die ‚Heimatstudenten' eine Gegenauslese dar. Es handelt sich meist um körperbehinderte Menschen, die unter Minderwertigkeitskomplexen litten und stark egozentrisch eingestellt seien."[61]

Gegenrasse

Gegentypus zur ↑ *nordischen Rassse*.[62]

> Der auf die Juden bezogene Ausdruck der nationalsozialistischen ↑ *Rassenkunde* wurde nach Rosenberg von Arno Schickedanz geprägt. Gerckes Bibliographie ‚Die Rasse im Schrifttum' nennt von Schickedanz den Titel: ‚Das Judentum, eine Gegenrasse' (1927).[63] Rosenberg führt aus: „Auf diesen außerordentlich wichtigen Punkt hat bisher nur ein Forscher hingewiesen, der nach streng wissenschaftlichem Nachweis über die wirkenden Lebensgesetze beim jüdischen Parasiten auch hier die richtige Erklärung dafür findet, daß die äußere Vielformigkeit des Judentums keinen Widerspruch zu seiner inneren Einheit bildet, sondern – so merkwürdig das klingen mag – seine Bedingung. Schickedanz prägt hierbei den sehr treffenden Begriff einer jüdischen Gegenrasse, indem nämlich die parasitäre Lebensbetätigung ebenfalls eine gewisse Blutauslese zeitigt, nur in ihrer stets gleich bleibenden Äußerung das Gegenteil der Aufbauarbeit etwa der nordischen Rasse."[64] An anderer Stelle im ‚Mythus' schreibt Rosenberg: „Hier zeigt sich ein interessantes Gegenspiel, das sich auf allen anderen Gebieten beobachten läßt: ist die willensmäßig-organische Lüge der Tod des nordischen Menschen, so bedeutet sie das Lebenselement des Judentums. Paradox ausgedrückt: die beständige Lüge ist die ‚organische' Wahrheit der jüdischen Gegenrasse." (S. 686) H. Härtel, der in seinem Buch ‚Nietzsche und der Nationalsozialismus' Nietzsche als Protonationalsozialisten interpretiert, sieht bei Nietzsche „schon keimhaft die Hypothese Arno Schickedanz', daß die Juden weder Volk noch Rasse, sondern die menschliche Gegen-Rasse, die Parasiten der menschlichen Gattung seien." Er nennt als Urheber des Ausdrucks E. R. Jaensch.[65] F. G. Kneisel zählt *Gegenrasse* in seiner Liste der neuen „Wortbildungen aus der Welt der Rasselehren"

---

[59] Graf, J.: Vererbungslehre, Rassenkunde, Erbgesundheitslehre, 1939, 304 f.
[60] v. Leers: 14 Jahre Judenrepublik, Bd. 2, 2. Aufl. 1933, 119.
[61] MADR, Bd. 14, SD-Berichte zu Inlandsfragen, 1. 7. 1943, 5417.
[62] Gebucht: Paechter.
[63] Gercke, A.: Die Rasse im Schrifttum, 2. Aufl. 1934, 31.
[64] Mythus, 461 f. Rosenberg verweist in einer Fußnote auf A. Schickedanz: Sozialparasitismus im Völkerleben.
[65] Ebd., 1937, 47.

auf, die „in den allgemeinen Sprachgebrauch eingedrungen sind."[66] „Im Juden erkennt Adolf Hitler als erster die Gegenrasse, die bewußte Zerstörung des deutschen Volkskörpers."[67]

Geheime Staatspolizei (↑ Gestapo)

Politische Polizei des NS-Regimes.

> „Geheime Staatspolizei (Abk. Gestapo) hat als selbständiger Zweig der Staatsverwaltung die Aufgabe, alle für die Staatssicherheit und für die Einheit und Gesundheit des Volkskörpers gefährlichen Bestrebungen und Handlungen, besonders Hoch- und Landesverrat, Spionage, Verhetzung und seelische Vergiftung des Volkes, Sprengstoff- und Waffenmißbrauch sowie strafbare Angriffe gegen Partei und Staat, zu erforschen, zu überwachen und zu bekämpfen und die Träger solcher Bestrebungen, möglichst bevor sie Schaden anrichten konnten, unschädlich zu machen, soweit nicht die Organe der ordentlichen Rechtspflege zuständig sind. Um die illegale und die getarnte Tätigkeit der Gegner des Nationalsozialismus feststellen zu können, ist eine umfassende Beobachtung aller Lebensgebiete und eine tiefe Einsicht in die Bedeutung besonders der geistigen Zeiterscheinungen erforderlich. Die Geheime Staatspolizei arbeitet daher weitgehend mit den Dienststellen der NSDAP., besonders mit dem Sicherheitsdienst des Reichsführers SS zusammen."[68] Göring 1934: „Wochenlang arbeitete ich persönlich an der Umgestaltung, und schließlich schuf ich allein und aus eigener Entschließung und aus eigener Überlegung das Geheime Staatspolizeiamt. Jenes von den Staatsfeinden so sehr gefürchtete Instrument, das in erster Linie mit dazu beigetragen hat, daß heute von einer kommunistischen und marxistischen Gefahr in Deutschland und in Preußen keine Rede mehr sein kann."[69] Göring 1939: „Auch die Schaffung der Geheimen Staatspolizei war eine Notwendigkeit. Welche Bedeutung der neue Staat diesem Instrument der Staatssicherheit zuweist, mögen Sie daraus erkennen, daß der Ministerpräsident sich selbst diesem Verwaltungszweig unterstellt hat, weil gerade die Beobachtung sämtlicher Strömungen, die gegen den neuen Staat gerichtet sind, von fundamentaler Bedeutung ist."[70]

Geltungsjude

Bezeichnung für eine Person, die im Sinne der ersten Verordnung zum Reichsbürgergesetz vom 14. 11. 1935 „als Jude galt", im Unterschied zu den Personen, die nach der Definition des Gesetzes „Juden waren".

> Die Bildung des in der ersten Verordnung zum Reichsbürgergesetz nicht verwendeten Ausdrucks *Geltungsjude* wurde motiviert durch die sprachliche — nicht sach-

---

[66] Kneisel: Die Entwicklung des deutschen Wortschatzes nach dem Weltkriege. In: Neophilologus 25/1940, 32.
[67] v. Leers, J.: 14 Jahre Judenrepublik, Bd. 2, 1933, 9.
[68] Meyers Lexikon, Bd. 4, 1938, 1095, s. v.
[69] Aufbau einer Nation, 1934, 88. Dok. PS−2344. In: Der Nürnberger Prozeß, Bd. 4, 258.
[70] Reden und Aufsätze, 1939, 102. Dok. Ps−3343. In: Der Nürnberger Prozeß, Bd. 4, 258 f.

liche — Unterscheidung des Gesetzes zwischen Personen, die „Juden sind" und Personen, die „als Juden gelten". Das Gesetz bestimmte: „Als Jude gilt auch der von zwei volljüdischen Großeltern abstammende staatsangehörige jüdische Mischling, a) der beim Erlaß des Gesetzes der jüdischen Religionsgemeinschaft angehört hat oder danach in sie aufgenommen wird, b) der beim Erlaß des Gesetzes mit einem Juden verheiratet war oder sich danach mit einem solchen verheiratet, c) der aus einer Ehe mit einem Juden [...] stammt, die nach dem Inkrafttretens des Gesetzes [...] geschlossen ist, d) der aus dem außerehelichen Verkehr mit einem Juden [...] stammt und nach dem 31. Juli 1936 außerehelich geboren wird."[71] Die im Gesetz vorgesehenen diskriminierenden und entrechtenden Maßnahmen betrafen die beiden — mit Rücksicht auf die ↑ *Rassenbiologie* sprachlich sorgfältig differenzierten — Gruppen jedoch in gleicher Weise. 1942 befaßt sich eine ‚Meldung aus dem Reich' mit der ‚Kennzeichnungsverordnung', die das Tragen des ↑ *Judensterns* vorschrieb: „Man müsse aufgrund der Kennzeichnungsverordnung nunmehr folgende Einteilung treffen: I. Gekennzeichnet: 1. Volljuden (mit 4 oder 3 jüdischen Großelternteilen). 2. ‚Halbjuden', im mosaischen Glauben erzogene Mischlinge 1. Grades, sog. Geltungsjuden. II. Nicht gekennzeichnet: 1. Volljuden in ‚privilegierter Ehe' (Mischehe), A) männliche Volljuden bei Vorhandensein von ehelichen Abkömmlingen, B) weibliche Volljuden 1. bei Vorhandensein von ehelichen Abkömmlingen, 2. während der Dauer einer kinderlosen Mischehe. 2. ‚Halbjuden', nicht mosaisch erzogene Mischlinge 1. Grades. 2. Mischlinge 2. Grades. Wie in den Meldungen durchweg zum Ausdruck kommt, stehe eine solche Einteilung der jüdischen Personengruppe auf Grund der Kennzeichnungsverordnung im Widerspruch zur Rassegesetzgebung, die eine in Bezug auf die Rechtsstellung eingeteilte Stufenleiter vom Volljuden zum Arier aufgrund des jeweiligen arischen Blutanteils kenne. Es sei nunmehr so, daß gewisse Volljuden nicht gekennzeichnet seien, während Mischlinge 1. Grades mit einem 50%igen arischen Blutsanteil gekennzeichnet seien und somit eine mindere Rechtsstellung als jene Volljuden hätten."[72] Im Monatsbericht des Regierungspräsidenten von Ober- und Mittelfranken heißt es am 7. 7. 1943: „Insgesamt sind im Regierungsbezirk Oberfranken-Mittelfranken noch 242 Juden wohnhaft, von denen 153 in privilegierter Mischehe leben. Der Rest setzt sich aus 23 Geltungsjuden und 3 Ausländern zusammen."[73]

Gemeinnutz geht vor Eigennutz

Schlußsatz von Punkt 24 des Parteiprogramms der ↑ *NSDAP*.[74]

> „Dem Nationalsozialismus verdanken wir dann noch eine weitere Reihe geflügelter Worte, so vor allem den altdeutschem Gemeinderecht entsprechenden Grundsatz

---

[71] § 5 Abs. 2 der 1. VO zum Reichsbürgergesetz v. 14. 11. 1935, RGBl. 1, 1935, 1333.
[72] MADR, Bd. 9, (Nr. 256) 1942, 3246.
[73] Bayern in der NS-Zeit, 1977, 485.
[74] Rosenberg, A.: Das Parteiprogramm. Wesen, Grundsätze und Ziele der NSDAP. 22. Aufl. 1941 (zuerst 1922), 18. — Gebucht: Duden, 11. Aufl. 1934, Knaur 1934, Meyers Lexikon 1936 ff., Paechter, Volks-Brockhaus 1940. Nicht mehr in: Duden, 12. Aufl. 1941.

Gemeinnutz geht vor Eigennutz. Er wurde der Nation erneut in das Gedächtnis gerufen durch das Parteiprogramm der NSDAP., das Adolf Hitler am 24. Februar 1920 in der ersten großen Massenversammlung im Münchener Hofbräuhaussaal bekanntgab. Es heißt dort von der Partei: ‚Sie bekämpft den jüdisch-materialistischen Geist in und außer uns und ist überzeugt, daß eine dauernde Genesung unseres Volkes nur erfolgen kann von innen heraus auf der Grundlage: **Gemeinnutz geht vor Eigennutz**'. — Der Ausdruck findet sich bereits einen Monat früher auf dem 1. Flugblatt der Partei (verfaßt von Ant. Drexler im Jan. 1920): Gemeinnutz vor Eigennutz soll unsere Parole sein![75] „Er [Hitler] gab der Wirtschaft und der Arbeit ihren neuen Geist mit dem Grundgesetz des Nationalsozialismus: „Gemeinnutz geht vor Eigennutz". Dieses Gesetz ist die erbitterte Kampfansage gegen den schrankenlosen Individualismus des liberalistischen Zeitalters [...]. Im Mittelpunkt dieser Erziehungsarbeit steht das Volk, und nur das Volk; jedes Einzelschicksal verliert Recht und Berechtigung gegenüber dem Gemeinnutz, dem Wohl des ganzen Volkes."[76] „Gemeinnutz geht vor Eigennutz! Diese Parole führt zwangsläufig zur Volksgemeinschaft, die ein Hochziel unseres Kämpfens und Ringens ist. Denn — es muß immer wieder gesagt sein — wir können unsere Lebensrechte als Nation in dem uns vom Schicksal zugewiesenen geographischen Raum nur behaupten, wenn wir unsere Kräfte nicht im inneren Kampf gegeneinander erschöpfen, sondern füreinander und miteinander einstehen, unser Volk, Deutschland, zu erhalten und zum Aufstieg zu führen. Darum war es für den Nationalsozialismus eine Selbstverständlichkeit, alles auszuschalten und zu unterbinden, was der Verwirklichung einer Volksgemeinschaft im Wege stand. Das Gegeneinander von Arm und Reich wurde durch das Statthaltergesetz beseitigt; die Parteien wurden zerschlagen; der klassenkämpferische Marxismus vernichtet, Arbeitgeber- und Arbeitnehmerverbände aufgelöst [...].[77] „Wir predigen in allen Dingen unseres völkischen Daseins, daß der Gemeinnutz dem Eigennutz voranzugehen habe. Aber die Übertragung dieses Grundsatzes auf den wirklich einzigen Wertbestand unseres Volkes, auf sein Blut, beginnen wir erst sehr langsam zu verwirklichen, kommen kaum über die Erörterung dieser Frage hinaus. In den Fragen des Blutes gilt leider noch und zum Teil rechtskräftig, daß der Eigennutz vor dem Gemeinnutz vorangehen kann. Nur langsam vermag sich hier die nationalsozialistische Idee Adolf Hitlers durchzusetzen. Wo wir uns wenigstens zu jäten aufgerafft haben (z. B. Gesetz zur Verhütung erbkranken Nachwuchses, Nürnberger Gesetze usw.) geht das deutsche Volk in seiner breiten Masse noch sehr zaghaft an solche Fragen heran. Eine Gesetzgebung, welche die Hege und Mehrung der wertvollen Blutsstämme unseres Volkes nach dem Grundsatz, daß Gemeinnutz vor Eigennutz zu gehen habe, ausrichtet, fehlt jedenfalls noch. Die Umwandlung unseres geltenden Rechtes wäre ein revolutionärer Schritt erster Ordnung."[78]

---

[75] Büchmann (W. Rust): Geflügelte Worte, 1943, 142.
[76] Schley, A. (Hg.): Führerworte. Bd. 1, o. J. (1934?), 69.
[77] Das Ehrenbuch der Arbeit, 1934, 151.
[78] Darré, R. W.: Neuordnung unseres Denken, 157.–167. Tausend, 1940, 20.

Gemeinschaft

a) Schlagwort des ↑ *Nationalsozialismus*: Bezeichnung für die aus dem Fronterlebnis des Ersten Weltkriegs erwachsene, auf ↑ *Blut* und ↑ *Rasse* gegründete, von der ↑ *nationalsozialistischen* ↑ *Weltanschauung* getragene Verbundenheit aller ↑ *Volksgenossen* untereinander und mit dem ↑ *Führer*;[79] b) Namensbestandteil der zu dem ↑ *angeschlossenen Verband* ↑ *Deutsche Arbeitsfront* (DAF) gehörenden ↑ *NS-Gemeinschaft „Kraft durch Freude"* (KdF); c) Bezeichnung für die unterste Einheit des Stammpersonals der ↑ *Ordens-* und ↑ *Schulungsburgen*.

▶ *Gemeinschaft* a) „im soziologisch-politischen Sinne das tatsächliche und natürliche (organische) Zusammenleben einer Menschengruppe im Gegensatz zu dem nur ideellen, mechanischen und scheinbaren in der Gesellschaft, von welcher die Gemeinschaft zuerst Tönnies 1887 in seiner Schrift ‚Gesellschaft und Gemeinschaft' unterschieden hatte. Unechte Gemeinschaft liegt vor als bloße Interessen- oder Geschäftsgemeinschaft. Formen der echten Gemeinschaft sind die Familie, der Orden, das Volk, das gemeinsame Schicksal, daher Bluts-, Volks-, Schicksalsgemeinschaft. Praktisch und weltanschaulich wurde vom Erlebnis der Front-Gemeinschaft des Weltkrieges her die rassisch gegründete Volks-Gemeinschaft durch den Nationalsozialismus zur tragenden Grundlage der Existenz des Volkes erhoben. Volks-Gemeinschaft ist zuerst rassisch-völkisch gegründete Schicksals-Gemeinschaft, aus der Wehr-Gemeinschaft und Arbeits-Gemeinschaft folgen, die mit jener die Grundlage einer neuen völkisch-rassischen Gemeinschaftsethik ausmachen [...]."[80] „1. Die Gemeinschaft ist nicht ein Kollektiv, ein zusammengehaltener Haufen von Menschen, sondern sie ist ausgerichtet, jeder hat seinen Platz. 2. Oberstes Gesetz der Gemeinschaft ist Disziplin, ausgedrückt durch die Begriffe ‚Führer und Gefolgschaft'.[81]
b) „Zur Weckung und Stärkung des Gemeinschaftslebens, wie es die nationalsozialistische Weltanschauung erfordert, ist die NS-Gemeinschaft ‚Kraft durch Freude' bemüht, auf immer neuen Wegen und mit immer neuen Mitteln den deutschen Arbeiter in die erhabene Welt der Ideale einzubeziehen, um ihn zu befähigen, mit seiner ganzen Kraft an den Sinn und an die Größe des von ihm mitgestalteten deutschen Lebens zu glauben."[82]
c) „Dem Burgkommandanten unterstehen unmittelbar: Drei Bereitschaftsführer [...]. Den Bereitschaftsführern unterstehen: Hundertschaftsführer [...]. Den Hundertschaftsführern unterstehen: Kameradschaftsführer [...]. Die Kameradschaften sind unterteilt in Gemeinschaften, die jeweils von einem Gemeinschaftsführer geleitet werden."[83]

---

[79] Gebucht: Meyers Lexikon 1936 ff., Paechter.
[80] Philos. WB, 1943, 183 f.
[81] Ley, R.: Aufruf v. 11. 12. 1934. In: Rühle G. (Hg.): Das Dritte Reich, Bd. 1934, 391.
[82] Organisationsbuch der NSDAP. 1943, 211.
[83] Organisationsbuch der NSDAP. 1943, 183a.

Gemeinschaftsempfang

Verordnetes gemeinsames Anhören der Rundfunkübertragungen von Reden Hitlers und anderer Parteiführer in Hausgemeinschaften, Betrieben, Schulen, Gaststätten und in der Öffentlichkeit auf Straßen und Plätzen.

▶ „Es genügt nicht, daß in dem politisch organisierten Gemeinschaftsempfang die Volksgenossen in den Betrieben, in Gemeinschaftsräumen oder an den Großlautsprechern auf den Straßen Rundfunk hören. Das Rundfunkhören muß jedem einzelnen Volksgenossen zu einer solchen Selbstverständlichkeit werden, daß er auch daheim in seiner Wohnung über einen Empfänger verfügt und an seinem eigenen Lautsprecher jederzeit einsatzbereit ist, wenn die Stimme des Rundfunks die politische Forderung der Stunde zu ihm trägt."[84] „Die Rede des Reichsbauernführers wurde hier übertragen. Es war Gemeinschaftsempfang angeordnet, aber nur ein kleiner Teil der Bauern war anwesend."[85] „Mißfallen erregte, daß während der Führerrede die Bauarbeiten am Königs-Platz nicht eingestellt wurden. – Die Tatsache, daß keine offizielle Anordnung über den Gemeinschaftsempfang der Führerrede bekannt wurde, veranlaßte einige Betriebsführer dazu, keinen Gemeinschaftsempfang anzusetzen. In einigen Betrieben ließen die Betriebsführer nur 2 bis 3 Mann die Rede anhören, damit diese später ihren Arbeitskameraden das Wichtigste mitteilen sollten. – In Berlin wurde festgestellt, daß in einzelnen Gastwirtschaften während der Rede weiter bedient und verzehrt wurde."[86] „Durchführung des Gemeinschaftsempfanges zur weltanschaulichen Betreuung der Jugend. Die Presse- und Rundfunkmeldungen über die geplanten Reden führender Männer haben bei der Bevölkerung und besonders bei der Jugend großen Widerhall gefunden. Anläßlich der Rede des Generalfeldmarschalls hatten sich überall Schulen, HJ.-Einheiten und auch ganze Betriebe zum Gemeinschaftsempfang versammelt. Teilweise gestalteten HJ.-Führer und Kreisjugendwalter der DAF Feierstunden in festlich geschmückten Räumen, die mit kurzen Ansprachen eingeleitet und abgeschlossen wurden. Nach den nunmehr vorliegenden Berichten über die Durchführung des Gemeinschaftsempfanges wurde die Rede in allen Teilen des Reiches von den Teilnehmern mit großer Begeisterung aufgenommen."[87]

Gemeinschaftslager

a) Veranstaltung zur *Gemeinschaftserziehung* und ↑ *weltanschaulichen Schulung* für Referendare vor der zweiten juristischen Staatsprüfung;[88] b) unregelmäßig stattfindende Schulungsveranstaltung für Lehrer, auch: *Lehrerlager.*[89]

▶ „Verordnung über den weiteren Ausbau des Gemeinschaftslagers Hanns Kerrl. Vom 9. März 1935. Die Vorschrift, daß der Referendar nach der Abgabe der Haus-

---

[84] Kriegler, H.: Rundfunk in Partei und Staat. In: Handbuch der Reichskulturkammer, hg. H. Hinkel, 1937, 301.
[85] Tätigkeits- u. Stimmungsbericht d. Ortsgruppe Tschirn, 20. 12. 1937. In: Bayern in der NS-Zeit, 1977, 514.
[86] MADR, (Nr. 1), 9.10. 1939, 331.
[87] MADR, (Nr. 79), 19. 4. 1940, Bd. 4, 1022.
[88] Gebucht: Knaur 1934.
[89] Gebucht: Meyers Lexikon 1936 ff.

arbeit den Vorbereitungsdienst bis zur mündlichen Prüfung fortzusetzen hat, und daß er in unmittelbarem Anschluß an die Beendigung des Vorbereitungsdienstes zur mündlichen Prüfung geladen wird [...], ermöglicht es, nunmehr das Gemeinschaftsleben der Referendare aus der Zeit zwischen der Abgabe der Hausarbeit und der mündlichen Prüfung vor den letzten Ausbildungsabschnitt zu legen. Die Referendare betätigen sich in stetig zunehmenden Maße bei der SA., SS. und in sportlichen Lehrgängen. Der Lagerdienst kann und soll daher in Zukunft mehr als bisher außer Gemeinschaftserziehung und Kameradschaftspflege den aus möglichst allen deutschen Gauen zusammen kommenden Referendaren geistige Anregung und Schulung in Vorträgen, Schulungskursen und freier Gruppenarbeit der Referendare bieten. Insoweit soll der Lagerdienst das seine dazu beitragen, eine ernste Beschäftigung der künftigen Rechtswahrer mit den großen unser Volk bewegenden und für unser Volk bedeutungsvollen Fragen über das rein fachliche Arbeiten hinaus zu sichern und den künftigen Rechtswahrern die Beeinflussung ihrer Berufsarbeit durch die Grundfragen des Volkslebens zum Bewußtsein zu bringen."[90] „Im einzelnen gilt folgendes: [...] a) Referendare, die bis zum 1. April 1935 zugelassen sind, schreiben nach Abgabe der häuslichen Arbeit die Aufsichtsarbeiten im Gemeinschaftslager und werden nach Ableistung des Lagerdienstes von den für sie zuständigen Prüfungsstellen mündlich geprüft. b) Referendare, deren Vorbereitungszeit bis zum 1. April 1935 beendet ist, die aber bis dahin noch nicht zur Prüfung zugelassen sind, melden sich sofort zur großen Staatsprüfung. Sie schreiben nach der Zulassung am Sitz ihres Oberlandesgerichts die Aufsichtsarbeiten, erhalten sodann die Akten für die praktische Arbeit, werden nach deren Abgabe in das Gemeinschaftslager einberufen und im Anschluß an den Lagerdienst von den für sie zuständigen Prüfungsstellen mündlich geprüft."[91] b) „Lehrerlager, (unperiodische) Zusammenrufung von Lehrern in Gemeinschaftslagern und Schulungslehrgängen des NS-Lehrerbundes zur gemeinsamen Behandlung von Erziehungsfragen sowie zur weltanschaulichen Schulung und fachlichen Ausrichtung der Erzieherschaft."[92]

gemeinschaftsunfähig

Nach nationalsozialistischer Definition für erblich asozial geltend.[93]

> Der Ausdruck *gemeinschaftsunfähig*, eine Verdeutschung von *asozial*, findet ab 1939 Verbreitung, vielleicht durch die in drei Teilen erschienene Publikation des Gauamtsleiters des Rassenpolitischen Amtes der NSDAP im Gau Hessen-Nassau, Professor Heinrich W. Kranz mit Siegfried Koller: ‚Die «Gemeinschaftsunfähigen». Ein Beitrag zur wissenschaftlichen und praktischen Lösung des sogenannten «Aso-

---

[90] RGBl. 1, 1935, 359.
[91] Durchführungs- und Übergangsbestimmungen v. 9. 3. 1935. In: Die neue Justizausbildungsordnung des Reiches, Nachtrag, München u. Berlin 1935, 14 f.
[92] Meyers Lexikon, Bd. 7, 1939, 393.
[93] Gebucht: Duden, 12. Aufl. 1941, Meyers Lexikon 1936 ff. (s . v. Rassenpolitik 5). Getilgt: Duden, 15. Aufl. 1961.

zialenproblems»'.[94] 1940 erklärt dieser Professor Dr. med. Kranz in einem Aufsatz: ‚Das Problem der Gemeinschaftsunfähigen im Aufartungsprozeß unseres Volkes': „Grundsätzlich ergab sich jedenfalls, daß nicht nur die Kriminellen eine wirtschaftliche und vor allem biologische Gefahr für das Volksganze bilden, sondern daß es auch eine noch viel größere Zahl von Menschen gibt, die ohne straffällig zu werden, als Schmarotzer an der Gesamtheit anzusehen sind − d. h. Menschen, die keinerlei Einordnungswillen oder -fähigkeit zeigen und die als Schlacken der menschlichen Gesellschaft als ‚Gemeinschaftsuntüchtige' angesprochen werden müssen. Die Kriminellen und die Gemeinschaftsuntüchtigen bilden zusammen das wahrscheinlich an die Million heranreichende Heer der ‚Gemeinschaftsunfähigen' (Asozialen)."[95] Im Biologiebuch ‚Lebenskunde' werden die Schüler belehrt: „Ungebrochen in der Fruchtbarkeit blieb auch die breite Schicht der asozialen (gemeinschaftsunfähigen) Sippen. Es sind arbeitsscheue Elemente, politische Untermenschen, die von der Fürsorge der übrigen Volksgenossen mit durchgeschleppt werden müssen. Sie brauchen ihrer verstandesmäßigen Begabung nach durchaus nicht minderwertig zu sein, aber ihr völliger Mangel an Gemeinschaftssinn, der erblich bedingt ist, macht sie sehr gefährlich. Sie gehen meist abstammungsgemäß auf das Diebes- und Gaunergesindel des 17. und 18. Jahrhunderts zurück. Es ist erwiesen, daß asoziale Elemente meist untereinander heiraten (biologische Partnerregel) und daß auf diese Weise besonders in den Großstädten ganze asoziale Zuchtgemeinschaften als trübe Quelle eines Lumpenproletariats entstanden ist."[96] Ein Merkblatt des Rassenpolitischen Amtes der Gauleitung Niederdonau klärt die Begriffe: „Wer ist gemeinschaftsunfähig (asozial)? Gemeinschaftsunfähig sind Personen, die auf Grund einer anlagebedingten und daher nicht besserungsfähigen Geisteshaltung nicht in der Lage sind, den Mindestanforderungen der Volksgemeinschaft an ihr persönliches, soziales und völkisches Verhalten zu genügen. Gemeinschaftsunfähig ist also, wer 1. infolge verbrecherischer, staatsfeindlicher und querulatorischer Neigungen fortgesetzt mit den Strafgesetzen, der Polizei und anderen Behörden in Konflikt gerät; − oder 2. wer arbeitsscheu ist [...]; 3.[sinngemäß wiedergegeben: seinen und seiner Familie Unterhalt den Wohlfahrtseinrichtungen aufbürdet; 4. Schuldenmacher ohne geordneten Haushalt, ungeeignet zur Kindererziehung; 5. Trinker; 6. Personen mit unsittlichem Lebenswandel, Vertreter unsittlicher Gewerbe: Straßendirnen, Zuhälter, Sittlichkeitsverbrecher, Homosexuelle usw.] Biologisch ist für die Gemeinschaftsunfähigen kennzeichnend: 1. Erblichkeit der entscheidenden körperlichen und geistigen Anlagen und Merkmale, welche die Gemeinschaftsunfähigkeit bedingen."[97] „In einigen Gauen ist der Versuch gemacht worden, nun von der bloß theoretischen Begriffsklärung weiter zur aktiven Bekämpfung der Gemeinschaftsunfähigen zu kommen. [...] Da die Asozialen ein politisches Unruheelement erster Ordnung darstellen, ist diese

---

[94] Teil 1−3, Gießen 1939−1941.
[95] In: Nationalsozialistischer Volksdienst, H. 4/1940, 63. Zit. Klee, E.: „Euthanasie" im NS-Staat, 1983, 177.
[96] Meyer-Zimmermann, Bd. 4, o. J., 374f.
[97] In: Informationsdienst Rassenpolitisches Amt der NSDAP (Reichsleitung), 20. 6. 1942. Zit. Klee, E., ebd., 357.

Arbeit gerade im Krieg sehr wichtig."[98] „Die von uns geforderte rassenhygienische Sonderbehandlung dieser aus asozialer Sippe stammenden chronisch Gemeinschaftsunfähigen ist [...] in jeder Weise auch wissenschaftlich begründet."[99]

Generalgouvernement (GG)

Bezeichnung für deutschen Verwaltungsbezirk auf polnischem, nach dem deutschen Überfall 1939 von deutschen Truppen besetzten, Staatsgebiet (ohne das nach den Vereinbarungen des deutsch-sowjetischen Nichtangriffspakts vom 28. 9. 1939 an die Sowjetunion gefallene Ostpolen und ohne die westlichen Teile Polens, die zu Reichsgebiet gemacht und zusammenfassend als *eingegliederte Ostgebiete* bezeichnet wurden).

> „Nach der Errichtung der beiden Reichsgaue Danzig-Westpreußen und Wartheland und nach der Inbesitznahme von Ostpolen durch die Sowjetunion mußte auch über das dazwischenliegende Gebiet eine Entscheidung getroffen werden, die der Tatsache des überwältigenden deutschen Waffensiegs und außerdem der Notwendigkeit, den Lebensraum des deutschen Volks zu sichern, Rechnung trug. Dabei sind folgende Entwicklungsstufen zu unterscheiden: I. Im unmittelbaren Anschluß an die Besetzung wurde das Gebiet zunächst unter Militärverwaltung gestellt. [...] II. Nach der endgültigen Beendigung der militärischen Kampfhandlungen und der Durchführung der militärischen Sicherung wurde die gesamte Zivilverwaltung aus dem Bereich der Wehrmacht herausgelöst und verselbständigt. Durch Erlaß des Führers vom 12. X. 1939, der nach Beendigung der vorläufigen Militärverwaltung am 26. X. 1939 in Kraft getreten ist, wurde ein ‚Generalgouverneur für die besetzten polnischen Gebiete' eingesetzt mit der allgemeinen Aufgabe, die öffentliche Ordnung und das öffentliche Leben in diesem Teil des bisher polnischen Raums wieder herzustellen und aufrecht zu erhalten. [...] III. Das Verhältnis der besetzten polnischen Gebiete zum Großdeutschen Reich konnte zunächst offen bleiben und ist daher auch in dem Führererlaß vom 12. X. 1939 noch nicht festgelegt worden. In Durchführung des Führerworts, daß Polen in seiner früheren Gestalt nie mehr wiederkehren wird, ist jedoch inzwischen auch diese Frage durch die Errichtung des **Generalgouvernements als Nebenland des Deutschen Reichs** geklärt worden."[100] „Das Generalgouvernement ist ein Nebenland des Deutschen Reichs. Das Gebiet ist als mittelbares Reichsgebiet anzusehen und gehört damit in den Verband des Großdeutschen Reichs."[101] Durch den diskriminierenden Status des *Generalgouvernements* wurde dieser Teil Polens zu einem bewußt außer Besatzungs-, Staats- und Völkerrecht gestellten Gebiet. Die polnische Bevölkerung galt als staatenlos und sollte nach Hitlers Vorstellung für immer als Arbeitskräftereservoir für die deutsche Wirtschaft die-

---

[98] Informationsdienst d. Rassenpolitischen Amtes d. NSDAP (Reichsleitung), 20. 6. 1942. Zit. Klee, E., ebd., 356.
[99] Kranz, W.: Weg und Ziel bei der Lösung des Problems der Gemeinschaftsunfähigen. In: Nationalsozialistischer Volksdienst, Nov. 1942. Zit. Klee, E., ebd. 356.
[100] Stuckart/Schiedermair: Neues Staatsrecht II, 15. durchges. u. erg. Aufl. 1941, 84 f.
[101] Ebd., 85.

nen.¹⁰² 1942 erging die Presseanweisung: „Bisher wurde für die östlichen Gebiete die Bezeichnung ‚Generalgouvernement für die besetzten polnischen Gebiete' gewählt. Statt dessen ist ab sofort nunmehr lediglich die Bezeichnung ‚Generalgouvernement' zu nehmen."¹⁰³ Im gleichen Jahr erschien eine Publikation von du Prel: ‚Das General-Gouvernement', in der der Leiter der Hauptabteilung Propaganda bei der Regierung des *Generalgouvernements* ausführt: „Für die objektive Forschung bestand nie ein Zweifel daran, daß alle unvergänglichen kulturellen Werte des Weichselraumes ihren Ursprung deutscher Leistung verdanken. Wenn wir heute nach zweijähriger deutscher Verwaltung des Raumes, der das Generlgouvernement darstellt, aus eigener Anschauung die wissenschaftlichen Erkenntnisse kritisch nachprüfen, so finden wir sie in allen Belangen vollinhaltlich bestätigt."¹⁰⁴
S. auch ↑ *Arbeitseinsatz*; ↑ *Deutsche Volksliste*

germanische Demokratie

Bezeichnung für die nationalsozialistische Führerdiktatur.

❯ Wohl von Hitler in ‚Mein Kampf' geprägter Kontrastausdruck zu *parlamentarische Demokratie*: „Man wird diese ebenso unsinnige wie gefährliche menschliche Verwirrung am ehesten und auch am leichtesten verstehen, sobald man den demokratischen Parlamentarismus in Vergleich bringt mit einer wahrhaften germanischen Demokratie." (S. 95) „Dem steht gegenüber die wahrhaftige germanische Demokratie der freien Wahl des Führers mit dessen Verpflichtung zur vollen Übernahme aller Verantwortung für sein Tun und Lassen." (S. 99) „Darin liegt ja eben der Sinn einer germanischen Demokratie, daß nicht der nächstbeste unwürdige Streber und moralische Drückeberger auf Umwegen zur Regierung seiner Volksgenossen kommt." (S. 100) „Die mittelbare Demokratie trennen wir heute nach der Begriffsbestimmung des Führers in die parlamentarische und die germanische Demokratie. Die Gegenüberstellung von Demokratie und autoritärem Staat oder Diktatur ist eine liberale Verfälschung."¹⁰⁵ „Die germanische Demokratie oder auch Führerdemokratie steht dagegen in Erfüllung des aristokratischen Grundgesetzes der Natur auf dem Standpunkt der durch Leistung ausgelesenen und für ihre Taten allein verantwortlichen Einzelpersönlichkeit. ‚In Wirklichkeit ist es die Herrschaft der Besten, der Edelsten, der Treuesten eines Volkes.' (Rede des Führers in Nürnberg am 2. 11. 1928). Gewählt und getragen durch das ganze Volk ist der erkorene Führer nur diesem dienstbar und verantwortlich. Dem ganzen Volk und seiner Geschichte gegenüber trägt er die absolute Verantwortung. Hinter dem Führer steht in germanischer Gefolgschaftstreue das ganze Volk. […] Die reinste Form einer wahren Demokratie finden wir im nationalsozialistischen Deutschland verwirklicht. Der Führer ist getragen von dem Vertrauen und der Liebe des Volkes und fühlt sich nur diesem verantwortlich. Zu allen großen Entscheidungen holt er sich von Zeit zu Zeit unmit-

---
¹⁰² Vgl. Broszat, M.: Nationalsozialistische Polenpolitik 1939–1945, 1961, 68 ff.
¹⁰³ Br. 42/83–85, o. Datum, 1942. Zit. Glunk, ZDS 25/1969, 183.
¹⁰⁴ Zit. Brenner, H.: Die Kunstpolitik des Nationalsozialismus, 1963, 217 f.
¹⁰⁵ Meyers Lexikon, Bd. 2, 1937, 908.

telbar die Zustimmung des Volkes. [...] Die Wurzel der Kraft des Führers liegt im Volk, aus dem er gekommen ist, der Wille des Volkes wird repräsentiert durch die NSDAP., die Trägerin der Staatsgewalt ist."[106]

Germanische Freiwillige

Seit 1940 im Rahmen der ↑ *Waffen-SS* aufgestellte Verbände von Freiwilligen aus den sog. *germanischen* Ländern (Norwegen, Schweden, Dänemark, Niederlande u. a.).

> „In ihrer weltanschaulichen Ausweitung umfaßt die Waffen-SS auch die Freiwilligen der germanischen Länder. Diese Wehrgemeinschaft mit den SS-Kameraden aus Norwegen, Dänemark, den Niederlanden und Flandern und den Freiwilligen aus Finnland ist ein großer Beitrag für die Verwirklichung jener neuen Schicksalsgemeinschaft in Europa, zu deren Vorkämpferin, Trägerin und Kerntruppe sich die SS gemacht hat."[107] „Germanische Freiwillige. Neue Einheiten in der Aufstellung. Im französischen Sprachgebiet Europas, vorwiegend in Nordfrankreich, wird gegenwärtig auf der Grundlage der SS-Tauglichkeit eine SS-Standarte aufgestellt. Estnische Freiwillige treten in die SS-Standarte Narwa ein [...]. Vor wenigen Wochen, im Februar, hat die Legion Lettland den Eid auf den Obersten Befehlshaber der deutschen Wehrmacht geschworen. Neben Angehörigen aller anderen mittel- und nordeuropäischen Völker stehen, wenn auch in weit geringerer Verhältniszahl, Schweden und Schweizer als SS-Männer in der europäischen Verteidigungsfront im Osten. Einheiten der germanischen Freiwilligen, die am Kampfe gegen den Bolschewismus teilnehmen, werden zu einem Germanischen SS-Korps zusammengefaßt werden. Diese Nachrichten deuten die Spannweite und den Umfang eines neu erwachenden germanischen Gemeinschaftsdenkens an, deren Träger auf den Schlachtfeldern seine Ehrlichkeit bezeugen. Nicht unterirdisch und heimlich, doch auch nicht unter künstlicher Lautverstärkung, sondern in der Stille natürlichen Wachstums beginnt hier eine Form europäischer Einheit zu wirken, die gelassen ihre Zeit erwartet. Sie beruht nicht auf Zwang, Furcht oder befristeter Zweckmäßigkeit, sondern auf Freiwilligkeit, Instinkt und Gleichwertigkeit des Blutes."[108] „Seit drei Jahren gibt es Begriff und Organisation der germanischen Freiwilligen. Ihre Einheiten werden durch die Germanische Leitstelle unter der Führung des Chefs des SS-Hauptamtes SS-Gruppenführer Berger aufgestellt."[109]

gesamtdeutsch

Die Gesamtheit der Deutschen im Inland und Ausland betreffend.[110]

> *gesamtdeutsch* — wohl eine Rückbildung aus *Gesamtdeutschtum*.[111] — erscheint im Rechtschreibduden erstmalig in der 12. Auflage 1941. ‚Meyers Lexikon' erläutert

---

[106] Ebd., 910.
[107] Poliakov/Wulf: Das Dritte Reich und seine Diener, 1989 (zuerst 1956), 506.
[108] Das Reich, 20. 4. 1943.
[109] Das Reich, 20. 4. 1943.
[110] Gebucht: Duden, 12. Aufl. 1941, Meyers Lexikon 1936 ff.
[111] Belegt: Rosenberg, Mythus, 634.

1938: „Gesamtdeutsch bezeichnet den Gesamtzusammenhang des vergangenen und gegenwärtigen, blutlich, rassisch, geistig und politisch einheitlichen, schicksalsverbundenen deutschen Volkstums diesseits und jenseits der staatlichen Grenzen und kennzeichnet die Gesinnung und Haltung der am Nationalsozialismus ausgerichteten neuen Volkstumsforschung und Volkstumspolitik. Die gesamtdeutsche Gesinnung lehnt die Kulturgemeinschaftsideologie des Liberalismus, wie sie wissenschaftlich Meinecke, politisch vornehmlich Stresemann formulierte, ab. Der gesamtdeutschen Betrachtungsweise ist das Außendeutschtum keine besonders eigentümliche, ‚auch' deutsche Lebens- und Daseinsform, sein geschichtliches Werden nicht zufälliges Einzelschicksal deutscher Menschengruppen, sondern eine Volks- und Schicksalsgemeinschaft, die rassisch, biologisch, geschichtlich, sozial, politisch und geistig unter den gleichen Lebensgesetzen, wie das Binnendeutschtum steht und mit ihm in den großen Lebens- und Schicksalszusammenhang des deutschen Volkstums eingefügt ist."[112] „Die Deutsche Studentenschaft bemüht sich in immer stärkerem Maße, nicht mehr als sonderakademische Organisation aufzutreten und ihre Maßnahmen danach zu richten, die Stärkung eines besonderen akademischen Standes zu erreichen, sondern vielmehr sich selbst verpflichtet zu fühlen gegenüber der großartigen Leistung und dem fanatischen Arbeitswillen der gesamtdeutschen Jugend, wie er sich in der Hitler-Jugend verkörpert. Wir sind insbesondere für die Zukunft der Meinung, daß es in immer stärkerem Maße gelingen muß, die Arbeiten der Studentenschaft in die große marschierende Front der gesamtdeutschen Jugend einzureihen."[113] „Die Aufgaben der Zukunft liegen hier in der Eingliederung der österreichischen Volksgeschichte in die gesamtdeutsche Geschichte, ohne daß die habsburgisch legitimistischen Traditionen übernommen werden."[114] „Die Tätigkeit auf dem Gebiet der Geschichte fand ihren Höhepunkt in der 3. Reichstagung des NSLB [NS-Lehrerbund] für Geschichte vom 28. 3.–2. 4. in Eger [...]. Die Tagung stand unter dem Leitgedanken der ‚gesamtdeutschen Geschichtsauffassung' (Das Volk ist alles!)."[115] „Das Deutschtum der belgischen Provinz hängt eng mit dem Deutschtum der südlichen Niederlande (zwischen Maastricht und Aachen) zusammen, das noch 1848 durch den Freiherrn von Scherpenseel ein gesamtdeutsches Bekenntnis ablegte. Es handelt sich um 163 qkm Land deutschen Volksbodens, der von Nordwesten an das flämische Sprachgebiet anschließt. Mittelpunkt ist der in letzter Zeit stark verwelschte Ort Aubel, die Zahl der Deutschstämmigen beträgt rund 26 000."[116]

› Seit 1945 wurde *gesamtdeutsch* in der Bedeutung ‚beide deutsche Staaten betreffend' verwendet. 1952 nahm die Partei ‚Block der Heimatvertriebenen und Entrechteten' den Namen ‚Gesamtdeutscher Block' an, 1961, nach der Fusion mit der ‚Deutschen Partei', den Namen ‚Gesamtdeutsche Partei'. Die Ende 1952 von Gustav Hei-

---

[112] Meyers Lexikon, Bd. 4, 1938, 1362 f.
[113] Feickert, A.: Der völkische Weg der Deutschen Studentenschaft. In: Der Deutsche Student, 4/Febr. 1936, 76.
[114] MADR, Jahreslagebericht 1938 d. SHA, Bd. 2, 87.
[115] MADR, Vierteljahreslagebericht 1939 d. SHA, Bd. 2, 251.
[116] MADR, (Nr. 89), 20. 5. 1940, Bd. 4, 1157.

nemann gegründete ‚Gesamtdeutsche Volkspartei' erstrebte die Vereinigung der beiden deutschen Staaten auf dem Wege der Neutralisierung. Es gab einen Bundesminister für gesamtdeutsche Fragen (später: innerdeutsche Fragen), der durch Erlaß vom 25. 6. 1969 die Bundesanstalt für gesamtdeutsche Aufgaben, kurz: das Gesamtdeutsche Institut, gründete. Die Teilung Deutschlands in zwei Staaten und die Entwicklung der politischen Beziehungen zwischen den beiden Staaten wurde in der Geschichtsschreibung unter der Überschrift: ‚Gesamtdeutsche Frage' behandelt.[117]

Gestapo

Kurzwort für: ↑ *Geheime Staatspolizei.*[118]

> Über die Entstehung des Kurzworts als geläufige Bezeichnung für die berüchtigte, gefürchtete politische Polizei des NS-Regimes teilt Rudolf Diels, der ehemalige Gestapo-Chef, mit: „Die Abkürzung ‚Gestapo' war eine selbständige Erfindung der Reichspost; sie wurde uns eines Tages auf ihrem Laufstempel zu Gemüte geführt."[119] Über die Wirkung der *Gestapo* in der Bevölkerung geben die politischen Lageberichte Auskunft: „Nicht unerwähnt darf in diesem Zusammenhang bleiben, daß die Tätigkeit der Gestapo und des SD als Spitzeldienste übelster Sorte gebrandmarkt werden und es ist nicht abzustreiten, daß gerade von der Gestapo manchmal Manieren an den Tag gelegt werden, die als direkt volksschädigend bezeichnet werden müssen."[120] „Es ist wirklich so, daß es niemand wagt, außer in den regulären Versammlungen, politisch aufzutreten. Selbst diejenigen, denen das eine oder andere unangenehm erscheint, lassen sich nichts merken, wollen sie doch nicht in die Hände der Gestapo fallen. Über die Dauer des Krieges, über die man ehedem gern sprach, herrscht völliges Schweigen."[121]

gesund

Speziell: der Norm der ↑ *NSDAP* entsprechend.

> Victor Klemperer schreibt in seinem Notizbuch ‚LTI': „Und gesund war, was dem Willen und Nutzen der Partei entsprach."[122] Das bestätigt ein Autor der NS-Monatshefte aus nationalsozialistischer Sicht: „‚Gesund' ist also nicht etwa nur das, was ein Arzt meint, wenn er vom Gesunden als nicht Krankhaften spricht, auch nicht das, was ein Biologe bei diesem Begriff zu verstehen pflegt, es ist vielmehr das Aktivtreibende, das sich auf das Leben in der Gemeinschaft bezieht. Wenn ich also

---

[117] Ploetz, Auszug aus der Geschichte, 28. Aufl. Würzburg 1976, 1562 ff.
[118] Gebucht: Paechter.
[119] Lucifer ante portas, Stuttgart 1950, 228.
[120] Politischer Lagebericht d. NSDAP-Kreisleitung Augsburg-Stadt v. 10. 8. 1940. In: Bayern in der NS-Zeit, 1977, 294.
[121] Monatsbericht d. Gendarmerie-Station Heiligenstadt v. 26. 11. 1943. In: Bayern in der NS-Zeit, 1977, 177.
[122] 14. Aufl. 1996, 252.

von einem gesunden Menschen spreche, so will ich damit ausdrücken, daß er als handlungsbereit und für die Gemeinschaft einsatzfähig bezeichnet werden soll. [...] Gesund ist ein Mensch, wenn er so ist, wie ihn die Gemeinschaft haben will."[123]

Gesundes Volksempfinden

Einschätzung eines Sachverhalts nach Maßgabe der vom *Führerwillen* geprägten ↑ *nationalsozialistischen* ↑ *Volksgemeinschaft*.

> Bereits 1933 wurde in einer ‚Denkschrift des Preußischen Justizministers über das künftige nationalsozialistische Strafrecht' das *gesunde Volksempfinden* als Grundlage für richterliche Entscheidungen in Anspruch genommen: „Denn das Wesen der Volksgemeinschaft liegt gerade in dem gemeinsamen Tragen der Verantwortung für den Bestand von Volk, Staat und Rechtsfrieden − im Gegensatz zu der individualistischen Weltanschauung, wonach die Volksangehörigen ohne gegenseitige Verpflichtung nebeneinander herleben. Dieser Forderung ist jedoch bereits dadurch Rechnung getragen, daß die ‚Unterlassung' nach dem neuen Vorschlag auch dann bestraft werden soll, wenn nach gesundem Volksempfinden von den Unterlassenden aus sittlichen Gründen ein Handeln zur Abwendung eines strafbaren Erfolges verlangt werden konnte."[124] Am 24. 1. 1935 erläutert ein Jurist im Berliner Tageblatt die neue Rechtsauffassung: „Im Mittelpunkt des nationalsozialistischen Strafrechts steht [...] das freie richterliche Ermessen und das gesunde Volksempfinden. Dieses wird höher bewertet als das formale Recht. Erfordert das gesunde Volksempfinden eine Bestrafung wegen eines Untreueakts gegen die Gemeinschaft, so ist der Täter strafbar, auch wenn kein Gesetz für seine Handlung im voraus eine Strafandrohung ausgesprochen hat."[125] Durch das ‚Gesetz zur Änderung des Strafgesetzbuchs' vom 28. 6. 1935 findet der Ausdruck *gesundes Volksempfinden* Aufnahme in die offizielle Gesetzessprache: „Artikel 1. Rechtsschöpfung durch entsprechende Anwendung der Strafgesetze. Die §§ 2 und 2a des Strafgesetzbuchs erhalten folgende Fassung: § 2 Bestraft wird, wer eine Tat begeht, die das Gesetz für strafbar erklärt oder die nach dem Grundgedanken eines Strafgesetzes und nach gesundem Volksempfinden Bestrafung verdient. Findet auf die Tat kein bestimmtes Strafgesetz unmittelbar Anwendung, so wird die Tat nach dem Gesetz bestraft, dessen Grundgedanke auf sie am besten zutrifft."[126] In der Fachzeitschrift ‚Deutsche Justiz' wird kommentiert: „In Zukunft soll nicht nur Unrecht sein, was als solches durch das Gesetz ausdrücklich bezeichnet ist, sondern es soll jeder nach dem gesunden Volksempfinden strafwürdige Verstoß gegen die völkische Lebensordnung seine Ahndung finden."[127] Der spätere Präsident des Volksgerichtshofs Freisler gibt dem völlig undefinierten neuen Rechtsbegriff *gesundes Volksempfinden* in der gleichen Zeitschrift die maßgebliche

---

[123] Schering, W. M.: Charakter und Gemeinschaft. NS-Monatshefte 8/1937, 900.
[124] Nationalsozialistisches Strafrecht. Eine Denkschrift d. Preuß. Justizministers, 1933, 133.
[125] Prof. Dr. Dahm. Zit. Blick in die Zeit, 3/17. 5. 1935, 5.
[126] RGBl. 1, 1935, 839.
[127] 97/12. 6. 1935, 998.

nationalsozialistische Interpretation. *Gesundes Volksempfinden* ist danach keineswegs identisch mit einem „tatsächlichen Volksempfinden": „Hier muß der Richter zunächst sich hüten vor der Verwechslung eines tatsächlichen Volksempfindens mit dem gesunden Volksempfinden. [...] Ob das Empfinden gesund ist, das muß an Hand der Maßstäbe und Leitsätze geprüft werden, die der Führer selbst in wichtigen Lebensfragen des Volkes vielfach dem Volke gegeben hat."[128] „Denn den Charakter des Reiches bestimmt allein der Führer. Jede andere Einstellung beruht auf einer Einstellung, die mit gesundem Volksempfinden über Recht und Unrecht unvereinbar ist."[129] Damit wird die Teilung der Gewalten aufgehoben und auch in der Rechtsprechung das ↑ *Führerprinzip* eingeführt. In der ‚Verordnung gegen Volksschädlinge' wird die Entscheidung über die Verhängung der Todesstrafe vom *gesunden Volksempfinden* abhängig gemacht: „Wer vorsätzlich unter Ausnutzung der durch den Kriegszustand verursachten außergewöhnlichen Verhältnisse eine sonstige Straftat begeht, wird unter Überschreitung des regelmäßigen Strafrahmens mit Zuchthaus bis zu 15 Jahren, mit lebenslangem Zuchthaus oder mit dem Tode bestraft, wenn dies das gesunde Volksempfinden wegen der besonderen Verwerflichkeit der Straftat erfordert."[130] Die Willkürlichkeit der Berufung auf das *gesunde Volksempfinden* wird auch in den ‚Berichten zur Lage' deutlich: „Ob das Volksempfinden mit seiner Genugtuung darüber, daß der Verbrauchsregelung ein Schnippchen geschlagen wurde, auf dem rechten Wege ist, ob es sich also um gesundes Volksempfinden handelt, kann man am ehesten daraus entnehmen, wenn man sich die Leute ansieht, die sich am gewissenlosesten über die gesetzliche Verbrauchsregelung hinwegsetzen. Es sind dieselben Kreise, die von Partei und Staat nichts wissen wollen, die zu den Miesmachern und Meckerern gehören."[131] „Nach den Meldungen ist die Rechtsstellung der Juden in verschiedener Hinsicht noch nicht immer in einer dem gesunden Volksempfinden entsprechenden Weise geregelt."[132] Noch in der ‚5. Verordnung zur Ergänzung der Kriegssonderstrafrechtsverordnung' im Jahre 1944 wird die dem Richter freigestellte Überschreitung des regelmäßigen Strafrahmens mit der Berücksichtigung des *gesunden Volksempfindens* legitimiert: „Bei allen Tätern, die durch eine vorsätzliche strafbare Handlung einen schweren Nachteil oder ernste Gefahr für die Kriegführung oder die Sicherheit des Reiches verschuldet haben, kann unter Überschreitung des regelmäßigen Strafrahmens die Strafe bis zur Höchstgrenze der angedrohten Strafart erhöht oder auf zeitiges oder lebenslanges Zuchthaus oder Todesstrafe erkannt werden, wenn der regelmäßige Strafrahmen nach gesundem Volksempfinden zur Sühne nicht ausreicht."[133]

▷ Seit dem Ende des NS-Regimes, speziell seit der Aufhebung des § 2 des Stafgesetzbuches durch das Kontrollratsgesetz 11, ist die Berücksichtigung eines sogenannten

---

[128] Volk, Richter, Recht. In: Deutsche Justiz, 97/1935, 1163.
[129] Deutsche Justiz, 100/11. 3. 1938, A, 365.
[130] RGBl. 1, 1939, 1679.
[131] Bericht des SD-Abschnitts Würzburg v. 16. 1. 1941. Bayern in der NS-Zeit, 1977, 610.
[132] MADR, Bd. 7, (Nr. 181), 12. 4. 1941, 2233.
[133] RGBl. 1, 5. 5. 1944, 115.

gesunden Volksempfindens im Rahmen der Rechtsprechung verpönt. „Kein Gericht darf irgendeine Handlung [...] im Hinblick auf das sogenannte gesunde Volksempfinden für strafbar erklären. [...]"[134] Außerhalb des rechtlichen Zusammenhangs kommt der Ausdruck noch gelegentlich vor: „Proben aus Ephraim Kishons Ausfällen gegen die moderne Kunst, wiedergegeben auf dem Einladungsschreiben zu einer Podiumsdiskussion in der Düsseldorfer Akademie, hatten die beabsichtigte Wirkung erzielt. Mehr als 500 überwiegend junge Leute waren in die Aula geströmt, um Berlins Kultursenator Volker Hassemer, den Graphiker Klaus Staeck, den Ausstellungsmacher und Direktor der Frankfurter Städelschule, Kasper König, den Kunstpublizisten Walter Grasskamp und den Düsseldorfer Kunsthistoriker Werner Alberg über ein Thema streiten zu hören, dessen mancher schon überdrüssig geworden schien — nicht zuletzt die Geladenen selber. ‚Das gesunde Volksempfinden und die schöne Kunst', dieser Titel setzt auf Verständnis fürs Elitäre und klingt doch zugleich ein wenig linkisch nach Abgrenzung der Feinsinnigen von der Masse derer, welche die Höhen des Geistes eh nie erklimmen werden."[135] In etwas abgewandelter Form: „Diffamierung hin — Beweihräucherung her: Umgekehrt wird ein Schuh daraus. Man wollte dem Volk auf dem silbernen Tablett einen weitgehend unbekannten Bundespräsidenten-Anwärter präsentieren — besser noch, an ihm, dem Volk, vorbeiwählen, im Glauben, daß sich selbiges mit der Zeit an ihn gewöhnt. Bei dem ganzen Gezerre wurden Ursache und Wirkung verwechselt; es ist ein ganz normales Volksempfinden: Dieses Amt verlangt Charisma, Ausstrahlung. Heitmann konnte das nicht vorweisen und wohl auch kaum erreichen."[136]

Gesundheitsführung

Bestandteil von Namen der für die staatliche Gesundheitsvorsorge zuständigen Institutionen und Bezeichnung für die Aufgabe dieser Institutionen.[137]

> Der Ausdruck *Gesundheitsführung* stand für ein neues System der Gesundheitsfürsorge in der NS-Zeit. In einem Aufsatz des ‚Deutschen Ärzteblatts': ‚Gesundheitsführung des Volkes, die Aufgabe des Staates' wurde 1933 das Ziel der nationalsozialistischen *Gesundheitsführung* formuliert: „Leistungssteigerung zu erbbiologisch und rassisch erreichbaren Höchstformen".[138] Seit 1934 gab es eine „Reichszentrale für Gesundheitsführung beim Reichsministerium des Innern, der alle für die Gesundheitsführung wichtigen Reichsarbeitsgemeinschaften angehören". Sie wurde „der neuen Volksgesundheitsabteilung der Arbeitsfront zur praktischen Arbeit angegliedert".[139] Die Monatsschrift des ‚Hauptamtes für Volksgesundheit der NSDAP.'

---

134 Kontrollratsproklamation 3 II, Nr. 3. In: Kohlrausch-Lange, StGB, Berlin 1950, 24 f.
135 Neuß-Grevenbroicher Ztg., 4. 2. 1988.
136 Leserbrief K.-H. K., Seevetal. In: Frankfurter Allgem. Ztg., 4. 12. 1993.
137 Gebucht: Duden, 12. Aufl. 1941, Meyers Lexikon 1936 ff. (s. v. Gesundheitswesen). Getilgt: Duden, 13. Aufl. 1947.
138 In: Ebd. 63/1933, 19. Zit. Bleker/Jachertz (Hg.): Medizin im „Dritten Reich", 2. erw. Aufl. 1993, 191.
139 Abkommen zwischen dem Sachverständigenbeirat für Volksgesundheit der NSDAP. und der Deutschen Arbeitsfront v. 3. 3. 1934. Organisationsbuch der NSDAP. 1943, 472.

nannte sich ‚Die Gesundheitsführung, Ziel und Weg'. „Neben die körperliche Ertüchtigung, die dem Weg der nationalsozialistischen Jugend von Anbeginn treulich gefolgt ist, trat mit Einsatz der sozialen Arbeit zunächst die Gesundheitsführung der erfaßten Jugendlichen, ausgerichtet auf das Ziel der Erhaltung und rassischen Wertsteigerung der Volkskraft."[140] „Und über die Aufgaben der Gesundheitsführung (im Gegensatz zur früheren rein individualistischen Einstellung, die lediglich den einzelnen Patienten sah) führte Pg. Wagner u. a. aus: ‚Wenn wir vom deutschen Menschen den höchsten Einsatz für Volk und Vaterland verlangen, so ist es auch unsere verdammte Pflicht und Schuldigkeit, alles zu tun, um diesen deutschen Menschen so stark und leistungsfähig wie möglich zu machen. Wir betrachten das als unsere Pflicht aus wirtschaftlichen, wehrpolitischen und weltanschaulichen Gründen. Wir haben heute schon Mangel an Arbeitskräften [...] und wir können ihn nur ausgleichen durch Leistungserhaltung und Leistungssteigerung der jetzt lebenden Generation. [...] Und sollte – wovor uns ein gütiges Geschick bewahren möge – dem deutschen Volk ein Kampf um seine Existenz und Ehre aufgezwungen werden, so müssen wir uns auch hier darüber klar sein, daß trotz aller modernen Kampfmittel doch immer wieder das Entscheidende sein werden die Menschen, die diese Kampfmittel bedienen und in der Heimat herzustellen haben. Zu diesen beiden wirtschaftlichen und wehrpolitischen Gründen kommt für uns noch eine politische und weltanschauliche Verpflichtung gegenüber dem deutschen Arbeiter. – Ich bin überzeugt, der deutsche Arbeiter wird niemals mehr abseits von seiner Volksgemeinschaft stehen, wenn er weiß, daß alles getan wird, um ihn als vollwertiges Glied der Volksgemeinschaft bis ins hohe Alter voll arbeitsfähig zu erhalten. [...]' Im Sinne dieser Ausführungen wurden im Zusammenwirken mit der Deutschen Arbeitsfront überall im Reich die Betriebsuntersuchungen in Angriff genommen und damit wichtige Grundlagen einer wirklichen Gesundheitsführung gelegt."[141]

gigantisch

Modewort des Nationalsozialismus: gewaltig, nie dagewesen.

> „seit der ersten hälfte des 16. jh.; im 18. jh. modewort, von Schönaich als solches verspottet. [...] in zeiten geistigen und politischen aufschwungs gern für alles grosze und erhabene, bisher unerreichte verwendet. [...] 3. unsinnlich, für alles gewaltige, unerhört grosze; bei abstrakten: „in ... einsamen augenblicken schmeichelte er (Napoleon) sich mit der gigantischen aussicht (ein orientalisches reich zu errichten)."[142] „aus dem schwachen willen von 60 millionen einzelner (wird) ein gigantischer, gewaltiger, zusammengeballter wille aller."[143]

> *Gigantisch* wird vor allem von Hitler zur Charakterisierung der Einzigartigkeit des Nationalsozialismus verwendet. „Angefangen von den Millionenscharen unserer

---
140 Müller, A.: Leistung für die Gesellschaft. In: Der Deutsche Student, 4/März, 1936, 102.
141 Rühle, G.: Das Dritte Reich, Bd. 1936, 347 f.
142 Ranke, L.: Sämmtliche Werke, Leipzig 1867–1890, 40/41, 6. Zit. DWB, Bd. 4, Abt. 1, Teil 4, 7476.
143 Hitler, in: VB v. 2. 5. 1936. Insgesamt: DWB, Bd. 4, Abt. 1, Teil 4, s. v.

Jugend bis zur gigantischen Gemeinschaft der in einer Front vereint tätigen Arbeiter der Stirn und der Faust sehen wir die Zeugen nationalsozialistischer Organisationskunst und Organisationsarbeit."[144] „Gesellschaftlich, sozial, wirtschaftlich, politisch, kulturell und rassisch leben wir in einem gigantischen Umbruch der Zeit."[145] „In den trägen Zeiten des deutschen bürgerlichen Weltliberalismus wäre niemals eine so gigantische Steigerung der Stärke und des Bewußtseins einer solchen Mission in unserem Volke möglich gewesen."[146] Im Zweiten Weltkrieg wird *gigantisch* geradezu zum Erkennungszeichen der meist von Goebbels, gelegentlich auch von Eugen Mündler, verfaßten Leitartikel in der Wochenzeitung ‚Das Reich'. „Jede nur denkbare Möglichkeit ist in diesem gigantischen Ringen ausgenutzt." (26. 5. 1940) „In einem siebenjährigen gigantischen Ringen ist es Adolf Hitler gelungen, das Großdeutsche Reich aufzurichten und die Nation aus der englischen Geldherrschaft zu befreien." (30. 6. 1940) „Wir können siegen und wir werden siegen. Aber dazu bedarf es einer gigantischen nationalen Kraftanstrengung des gesamten Volkes." (9. 11. 1941) „Heute verfügen wir über die stärkste Wehrmacht der Welt. Die gigantischste Rüstungsmaschinerie, die Geschichte je sah, schmiedet ihre Waffen, ein ganzer Kontinent mit all seinen unerschöpflichen Hilfsquellen steht an unserer Seite oder arbeitet für uns." (7. 12. 1941) *Gigantisch* tritt in phraseologische Verbindung mit Ausdrücken, die pathetisch den Krieg bezeichnen: „Es gibt wohl, abgesehen von einigen Hundert gewerbsmäßigen Kriegshetzern, Kriegsschiebern und Kriegsgewinnlern, in der ganzen Welt kaum noch jemanden, der nicht das Ende dieses gigantischen blutigen Weltkampfes herbeisehnt." (10. 10. 1943) Am 28. 5. 1944 wird der Krieg: „gigantischer Zusammenprall der Waffen", am 6. 8. 1944 „gigantischer Schicksalskampf" genannt.

Glaube

a) Der *Nationalsozialismus* als neuer politischer Glaube; b) Innere Haltung des wahren Nationalsozialisten: fragloses, hingebungsvolles Vertrauen in die Sache des ↑*Nationalsozialismus* und die Fähigkeit des ↑*Führers* (und der von ihm Beauftragten), stets das Richtige zu tun; c) quasireligiöse Hingabe an die neue Heilslehre des *Nationalsozialismus* und den gottgesandten *Führer*; d) eine neue ↑*arteigene* Religion des nordischen Blutes.

▶ a) „Das ist das Gewaltigste, das unsere Bewegung schaffen soll: für diese breiten suchenden und irrenden Massen einen neuen Glauben."[147] „Wir wollen dafür kämpfen, daß die Macht, die der neue Gedanke des Nationalsozialismus, der neue politische Glaube, in unserem Volke erobert hat, nimmermehr entschwindet."[148] „In diesem Krieg kann sich nur ein Volk behaupten, das auf dem Boden eines klaren unum-

---

[144] Hitler, Aufruf am 30. 1. 1935. In: Siebarth, W.: Hitlers Wollen, 1936, 85.
[145] Hitler, Schlußproklamation. In: Reden des Führers am Parteitag der Arbeit, 3. Aufl. 1937, 14.
[146] Hitler, ebd., 80.
[147] Hitler, Rede v. 18. 4. 1922. In: Siebarth, W.: Hitlers Wollen, 3. Aufl. 1936, 87.
[148] Hitler am 1. Mai 1933. Zit. Arbeitsdienst-Liederbuch, o. J., 76.

stößlichen, weltanschaulich begründeten politischen Glaubens steht. Der Krieg selbst ist ein Glaubensbekenntnis der Waffen. Diesen Glauben aber im Volke zu verankern [...] kann nicht Sache einer staatlichen Verwaltung, sondern nur Sache der politischen Führung durch die Partei sein, denn sie ist Trägerin dieses Glaubens."[149] b) „Das schwerste in dieser ersten Zeit [...] war, in diesem kleinsten Kreise den Glauben an die gewaltige Zukunft der Bewegung zu erwecken und zu erhalten."[150] „Die Überzeugung vom Recht der Anwendung selbst brutalster Waffen ist stets gebunden an das Vorhandensein eines fanatischen Glaubens an die Notwendigkeit des Sieges einer umwälzenden neuen Ordnung dieser Erde."[151] „Ich habe jetzt über drei Jahre lang meine Pflicht erfüllt. Deutsches Volk, erfülle du jetzt die deine genau so! Ich habe drei Jahre mit Hingabe und fanatischem Glauben für dich gekämpft! Jetzt reiße deinen Mut, deine Tapferkeit und deine Hingabe zusammen und tritt genauso fanatisch ein für mich, der ich nichts bin als dein Sprecher, dein Vertreter und damit dein Führer."[152] „Unser Volk hat ‚Ja' gesagt zu dem ungeheuren Wagnis des Glaubens an eine Politik, von der ich zu sagen wage, daß sie zum Geiste der Bergpredigt stimmt, und mit dem der Führer Europa vom Rande des Abgrundes zu retten versucht. Diesem Volk bin ich verschworen. Es lebt in seinem politischen und wirtschaftlichem Bestande vom Wagnis des Glaubens."[153] „Unser Glaube an den kommenden Sieg unserer Sache ist unerschüttert und unerschütterlich. [...] Diesen Glauben wollen wir wie eine Fahne vor uns hertragen. Knatternd flattert sie im Sturmwind der Zeit."[154] „Der Glaube an den Führer ist der Glaube an die geschichtliche Macht der stiftenden Tat. Wir haben kein Programm von Adolf Hitler verlangt, um davon unsere Gefolgschaft abhängig zu machen."[155] „Der Glaube an den Führer und sein Werk bestimmen das Ausmaß der Verantwortung jedes einzelnen. Der Glaube setzt sich aber auch um in Gehorsam. Wer etwa einmal auf die Frage: Glaubst du an deinen Blockleiter und gehorchst du ihm auch? antworten würde: Nein, mein Blockleiter ist ja nur Briefträger, und ich bin Oberpostsekretär! – wer in solchen Irrtümern noch befangen sei, möge nicht pathetisch erklären, er sei ein Gefolgsmann Hitlers."[156] c) „Den Kämpfer der SA beseelt unerschütterlicher Glaube an den Führer Adolf Hitler. [...] Der Führer ist die Verkörperung des Lebenswillens der deutschen Nation und der unüberwindlichen Kampfesfreudigkeit, nicht eher zu ruhen, bis die Lebensgrundlagen für ein neues Deutschland erstritten und gesichert sind. [...] Wille und Zuversicht des Führers richten ihn wieder auf und stärken den Glauben an den Führer stets von neuem. Im Glauben an den Führer

---

[149] Goebbels, Das Reich, 14. 5. 1944, 2.
[150] Hitler, Mein Kampf, 388.
[151] Hitler, Mein Kampf, 597.
[152] Hitler, Kundgebung in Berlin am 25. 3. 1936. In: G. Rühle: Das Dritte Reich, Bd. 1936, 81.
[153] Reichsbischof Ludwig Müller: Für und wider die Deutschen Gottesworte, 1936, 8.
[154] Goebbels, Das Reich, 1. 10. 1944, 2.
[155] Holfelder, A.: Die „politische Universität" und die Wissenschaft. In: Der Deutsche Student, 1/August 1933, 11.
[156] VB, 23. 11. 1938, 2.

findet der nationalsozialistische Kämpfer den Glauben an eine neue Idee. Es ist die Idee der Kraft und des Lebens, nach göttlich-ewigem Gesetz bestimmt, den Sieg über Schwäche, Auflösung und Sterben davonzutragen. [...] Die Frohbotschaft: ‚Ihr habt das Leben, wenn ihr das Leben wollt!' klingt als rettende Verkündigung vom Nationalsozialismus her in eine Zeit verzagter und willensschwacher Menschen. [...] Dem SA-Mann kommt zum Bewußtsein, letzten Endes Kämpfer für die Verwirklichung eines göttlichen Lebenswillens für sein Volk zu sein. [...] So erhält Dienst und Kampf der SA ein letztes heiliges Motiv: Glaube an die göttliche Lebensverheißung für Menschen und Völker. [...] Glaube an den nach Gottes Willen gesandten Führer. [...] Glaube an die Heiligkeit des Dienstes."[157] „Mein Wille — das muß unser aller Bekenntnis sein — ist euer Glaube! Mein Glaube ist mir — genau so wie euch — alles auf dieser Welt! Das Höchste aber, was mir Gott auf dieser Welt gegeben hat, ist mein Volk! In ihm ruht mein Glaube. Ihm diene ich mit meinem Willen, und ihm gebe ich mein Leben! Das sei unser gemeinsames heiliges Bekenntnis am Tage der deutschen Arbeit, der so recht ist der Tag der deutschen Nation."[158] d) „Heute erwacht aber ein neuer Glaube. Der Mythus des Blutes, der Glaube, mit dem Blute auch das göttliche Wesen der Menschen überhaupt zu verteidigen. Der mit hellstem Wissen verkörperte Glaube, daß das nordische Blut jenes Mysterium darstellt, welches die alten Sakramente ersetzt und überwunden hat."[159] „Gewiß wird dereinst auch das deutsche Volk eine Form finden für seine Gotteserkenntnis, sein Gottesleben, wie es sein nordisches Blutsteil verlangt, gewiß wird erst dann die Dreieinigkeit des Blutes, des Glaubens und des Staates vollkommen sein."[160] „Die Toten des großen Krieges und der Bewegung sind die **Blutzeugen**, die zu ewiger Treue gemahnen, die **Blutfahne** ist das Symbol dieser Treue, die Lieder der Bewegung, ‚Kam'raden, die Rotfront und Reaktion erschossen, marschier'n im Geist in unsern Reihen mit', die Feiern des Volkes, deren mythischer Sinn in dem Wort ‚**Ewige Wache**' aufklingt, alles das sind Symbole eines tiefen Glaubens, der Alfred Rosenberg das auf dem Parteitag der Arbeit gesprochene Wort eingab: Die NSDAP. ist die **Große Bekenntnisfront** des deutschen Volkes. Er sagte damit nichts anderes, als daß alle Taten unseres Reiches befohlen und getragen werden von dem Glauben an das **Dritte Deutschland** (Dr. Goebbels), von dem unsterblichen Glauben an die **Ewigkeit des Volkes** und das **ewige Deutschland**. Fassen wir unser Bekenntnis, diktiert von dem Blutopfer Millionen Deutscher, so ernst auf, so verfliegt jeder Hohn, der sich über die Mienen oder über die Lippen Fremdgläubiger wagt, wenn wir von diesem Glauben sprechen als von unserem wahren und echten **Blutglauben**."[161] In der in deutscher Sprache abgefaßten

---

[157] Eckert, E.: Der Glaube in der SA. In: VB, 27. 1. 1933, 8.
[158] Hitler, Zum „Nationalen Feiertag des deutschen Volkes" am 1. 5. 1935. In: Sozialismus wie ihn der Führer sieht. (Hg. F. Meystre), 1935, 95.
[159] Rosenberg, Mythus, 144.
[160] Feder, G.: Das Programm der NSDAP. und seine weltanschaulichen Grundlagen. In: NS-Monatshefte, 1/1930, 49.
[161] Pechau, M.: Nationalsozialismus und deutsche Sprache. In: NS-Monatshefte, 8/Dezember 1937, 1071.

Enzyklika über die Lage der katholischen Kirche im Deutschen Reich vom 14. 3. 1937 ‚Mit brennender Sorge' protestiert Papst Pius XI. gegen die „Grenzverwischung" zwischen politischer und religiöser Sprache: „Glaube ist das sichere Fürwahrhalten dessen, was Gott geoffenbart hat und durch die Kirche zu glauben vorstellt: ‚die feste Überzeugung vom Unsichtbaren' (Hebr. 11,1). Das freudige und stolze Vertrauen auf die Zukunft seines Volkes, das jedem teuer ist, bedeutet etwas ganz anderes, als der Glaube im religiösen Sinne. Das eine gegen das andere ausspielen, das eine durch das andere ersetzen wollen und daraufhin verlangen, von dem überzeugten Christen als ‚gläubig' anerkannt zu werden, ist ein leeres Spiel mit Worten oder bewußte Grenzverwischung oder Schlimmeres."[162]

„Glaube und Schönheit", s. ↑ BDM-Werk „Glaube und Schönheit".

glaubensverschiedene Ehe

↑ Mischehe.

▶ „Ein Erlaß des Reichsministers ... bestimmt, daß für Ehen zwischen Anhängern verschiedener religiöser Bekenntnisse die Bezeichnung ‚glaubensverschiedene Ehe' anzuwenden ist. [...] Bekanntlich ist durch Runderlaß des Reichsinnenministers vom 26. 4. 1935 die Bezeichnung Mischehe für glaubensverschiedene Ehen im behördlichen Verkehr untersagt."[163]

Gleichschaltung

(gleichschalten, sich gleichschalten; gleichgeschaltet)
a) *Politische Gleichschaltung*: Aufhebung des politischen und organisatorischen Pluralismus durch Anpassung der vorgefundenen Organisationsstrukturen bestehender Körperschaften und Institutionen an das nationalsozialistische ↑ *Führerprinzip*; b) *innere Gleichschaltung*: Anpassung des Denkens und Handelns an die *nationalsozialistische* ↑ *Weltanschauung*; c) *äußere Gleichschaltung* (pejorativ): *politische Gleichschaltung*, ohne gleichzeitige Anpassung des Denkens und Handelns an die *nationalsozialistische Weltanschauung*.[164]

▶ Der Ausdruck *Gleichschaltung* wurde nach Hans Frank[165] 1933 von Reichsjustizminister Gürtner mit der Formulierung der Gesetze zur ‚Gleichschaltung der Länder mit dem Reich' aus dem Fachwortschatz der Elektrotechnik in die Politik übertragen. Er wird rasch zu einem überaus häufig verwendeten Schlagwort: „Die kleinsten

---

[162] In: Albrecht, D.: Der Notenwechsel zwischen dem Hl. Stuhl und der deutschen Reichsregierung, Bd. 1, Mainz 1965, Anhang Nr. 7, 424.
[163] Kritik der Zeit. NS-Monatshefte, 8/1937, 731, Sp. 2.
[164] Gebucht: Duden, 11. Aufl. 1934, 12. Aufl. 1941; Knaur 1934, Meyers Lexikon 1936 ff., Paechter, Volks-Brockhaus 1940.
[165] Frank, H.: Im Angesicht des Galgens, 1953, 155.

Zeitungen schrieben das Wort täglich mindestens 20mal auf jede ihrer inhaltslosen Seiten und schalteten von der größten Partei bis zu dem lächerlichsten Schrebergartenklub alles, aber auch alles gleich."[166] Der Gebrauch bleibt vorwiegend auf die Jahre 1933 und 1934 beschränkt[167], erfährt aber nach dem ↑ *Anschluß* Österreichs noch einmal eine Belebung.

a) „Es war daher eine der ersten gesetzlichen Maßnahmen der nationalen Regierung, auf Grund des Ermächtigungsgesetzes zwei Gesetze, das ‚Gesetz zur Gleichschaltung der Länder mit dem Reich' vom 31. März, das ‚Gesetz zur Gleichschaltung der Länder' vom 7. April 1933 zu erlassen. Sie dienen dem Ziele, die politischen Kräfte im öffentlichen Leben überall in Willens- und Richtungsgleichheit mit der verantwortlichen Führung der Reichsregierung zu bringen. In dem ersten Gesetz wurde angeordnet, daß alle Landtage und Gemeindevertretungen nach dem Schlüssel der Reichstagswahl vom 5. März – unter Ausschaltung der Kommunisten – neu zu bilden seien, und in dem zweiten Gesetz wurde der Reichspräsident ermächtigt, auf Vorschlag des Reichskanzlers Statthalter des Reichs in allen Ländern einzusetzen. [...] Dadurch ist eine völlige Vereinheitlichung der Politik in Reich und Ländern erreicht und in kurzer Zeit eine gewaltige Reform vollzogen worden."[168] „Was man heute mit dem viel mißbrauchten Wort ‚Gleichschaltung' meint, das ist nichts anderes als die radikale Umgestaltung des Staats und aller Parteien, aller Interessenvereinigungen, aller Verbände zu einem großen Ganzen. Das ist der Schritt zum totalen Staat, der in Zukunft nur eine Partei, eine Überzeugung, ein Volk sein kann. Und alle anderen Kräfte müssen sich diesem Staat unterordnen oder rücksichtslos beiseite geräumt werden. Denn diese echte Revolution kennt auch keine Kompromisse, die lediglich Sache des Parlamentarismus sind."[169] „Sämtliche größeren Vereinigungen und Verbände des öffentlichen Lebens sind gleichgeschaltet, d. h. ihre Führung ist nationalsozialistisch geworden."[170]

b) „Naturgegeben ist allen Nordischen ein starkes Vermögen zur Gleichschaltung des Willens im Streben nach hohen Gemeinschaftszielen ideeller Art."[171] „Man mag in Nebensächlichkeiten, in Formnuancen verschiedener Ansicht sein, der Grundsatz muß derselbe bleiben. Ist dem nicht so, dann wird es notwendig, daß die Männer des Volkes diese Gleichschaltung vollziehen, auch wenn hierbei die eine oder andere Individualität zu Schaden kommt."[172] „Diese Gemeinschaft hat die große Aufgabe

---

166 Pechau, M.: Nationalsozialismus und deutsche Sprache, Diss. Greifswald, 1935, 95.
167 Linden, W.: Aufstieg des Volkes. In: Maurer/Stroh: Deutsche Wortgeschichte, 1943, 393. Vgl. aber: Klemperer, V.: LTI, 185: „Man hat es [Gleichschaltung] all die zwölf Jahre gebraucht, wenn auch anfangs häufiger als später, aus dem einfachen Grunde, weil sehr bald alle Gleichschaltungen, alle Automatisierungen vollzogen und zur Selbstverständlichkeit geworden waren." Vgl. auch: Wustmann (W. Schulze), 11. Aufl. 1943, 312.
168 Haensel/ Strahl: Politisches ABC des Neuen Reiches, 1933, 31.
169 Goebbels, 12. 6. 1933. Zit. Blick in die Zeit, 1/30. 6. 1933, 3.
170 v. Leers, J.: 14 Jahre Judenrepublik, Bd. 2, 2. Aufl. 1933, 110.
171 VB, 13. 4. 1933, 2. Beibl., 1.
172 Goebbels: Der Faschismus und seine praktischen Ergebnisse, 29. 6. 1933. In: Signale der neuen Zeit, 1934, 168.

der geistigen Gleichschaltung des Volkes mit dem Wollen der Regierung."[173] „Reichsstatthalter Kaufmann sprach im Kampfbund der Deutschen Architekten und Ingenieure vor den Vertretern der Technik. Er betonte, daß nicht die äußere, sondern die kompromißlose innere Gleichschaltung die Hauptsache sei. Wir wollen, so sagte der Reichsstatthalter, sachliche Kritik nicht ausschalten. Wir wollen aber keine gleichgeschalteten Kriecher, die darauf warten, in der Stunde der Gefahr dem Reich den Dolchstoß zu versetzen."[174] „Die Wiedervereinigung mit dem Reich hat auch eine Neuordnung des Beamtentums notwendig gemacht. Bevor auf dem Gebiet des Beamtenrechts Rechtseinheit und Rechtsgleichheit mit dem Reich hergestellt werden konnte, mußte erst die gesinnungsmäßige Gleichschaltung der österreichischen Beamten mit dem nationalsozialistischen Staat gesichert werden; denn nur dann besteht die Gewähr, daß die Beamtenschaft in Österreich die wichtigen Aufgaben, die ihr beim Neuaufbau zukommen, erfüllen kann."[175]

c) „Dabei ist natürlich zu unterscheiden zwischen äußerer Gleichschaltung und innerer Umstellung."[176] „Auf dem Gebiet der bildenden Kunst erleben wir heute eine geradezu konzentrische Tätigkeit in der gleichgeschalteten Presse, die uns immer wieder Klee, Dix, Pechstein, Barlach und Nolde nebst ihren Vorgängern und Nachfolgern als die Künstler unserer Zeit aufzuschwatzen versucht. Dabei braucht man nur die Kunstschau der Juryfreien in der Bellevuestr. zu besuchen, um das glotzende Elend naturentfremdeter Antikünstler erschreckt zu erleben."[177] „Wenn die Weltanschauung des Nationalsozialismus eine heroische ist, so sucht man etwas Gleiches oder auch Verwandtes bei Barlach vergeblich. Nichts Gleichklingendes finden wir da. Da nützt auch ein krampfhaftes äußerliches ‚Gleichschalten' nichts, jene heute so beliebte geistige Lebensversicherung."[178] „Wir wollen in der Hitler-Jugend den Nationalsozialismus 1923 und 1925 wieder lebendig machen! Das ist ein Ziel, vor dem jedes gleichgeschaltete Lästermaul zu schweigen hat, eine Parole, die uns mit den alten Kämpfern der NSDAP zu einer unzerstörbaren Kampfgemeinschaft zusammenkitten wird."[179] „Jene Zeit der äußeren Gleichschaltung, in der tollgewordene Spießer, Leute, die nie den Geist des Nationalsozialismus erfassen werden, ihre Hundezüchtervereine und Briefmarkensammler-Verbände, ihre Ruderklubs und Stammtischgemeinschaften im Sinne eines mißverstandenen ‚Führerprinzips' und nach dem Gesichtspunkt der (zumeist frisch erworbenen Parteizugehörigkeit) neu zu organisieren suchen, ist vorüber. Nachdrücklich genug haben sich oberste Parteistellen gegen diesen Unfug ausgesprochen und die Spießer in ihre Schranken verwiesen."[180] „Von diesem Kampf des einzelnen erzählt das vorliegende Buch. Es schildert

---

[173] Goebbels, anläßlich einer Fahnenweihe am 4. 7. 1933. In: Signale der neuen Zeit, 1934, 181.
[174] Frankfurter Zeitung, 26. 8. 1933. Zit. Blick in die Zeit, 1/1. 9. 1933, 8.
[175] Stuckart/Schiedermair: Neues Staatsrecht II, 15. durchges. u. erw. Aufl. 1941, 27.
[176] Der Deutsche Student, 1/Sept. 1933, 49.
[177] VB, 10. 3. 1934. Zit. Piper, E.: Ernst Barlach und die „entartete Kunst", 1987, 108.
[178] Schweriner Zeitung, Jan. 1934. Zit. Piper, E., ebd., 98.
[179] Gebietsführer Strube, in: Deutsche Wochenschau, Berlin. Zit. Blick in die Zeit, 2/12. 5. 1934, 8.
[180] Die Tat, Nov. 1934. Zit. Blick in die Zeit, 2/22. 12. 1934, 11.

den Kampf mit den Inhabern der wirtschaftlichen Macht, die als Gleichgeschaltete die Revolution sabotieren. Sie benützen die Parolen der neuen Zeit, um ihre früheren Geschäfte fortzubetreiben."[181] „Man ist eben gleichgeschaltet. Wie viel schöner aber wäre es, wenn man nicht nach äußerlicher Gleichschaltung strebte, im Innern aber bleibt, der man ist, sondern umgekehrt sich innerlich die Grundhaltung des NS. zu eigen machte."[182]

> Seit 1945 wird *Gleichschaltung* (*gleichschalten, gleichgeschaltet*) abwertend verwendet in der Bedeutung ‚unter Druck auf eine einheitliche Linie bringen', ‚gleiches Denken und Handeln bewirken (oder erzwingen)': „Es waren die peinlichsten Tage in der Geschichte des deutschen Nachkriegsjournalismus, und es gab keinen Grund, die Springerpresse schlimmer zu finden als die anderen. Ausnahmen — wie den Kölner Stadt-Anzeiger — empfinde ich angesichts der fast totalen Gleichschaltung fast schon als störend, weil sie, mögen sie tatsächlich liberal sein, gleichzeitig die Funktion erfüllen, der Liberalität noch ein Alibi zu geben."[183] „Heutzutage aber brauchen wir dank der Massenkommunikationsmittel gar nicht mehr unter die Massen zu gehen, um ihrer Suggestion ausgesetzt zu sein. Gleichzeitig mit Millionen schalten wir uns in dasselbe Programm ein. Auf diese Weise gleichgeschaltet bleiben wir doch allein."[184] „Kultusminister Holzapfel ist zuzustimmen, ein Vergleich des hessischen mit dem bayerischen Bildungswesen ist nicht möglich. Nach dem neuen Schulgesetz kann man ja nicht einmal mehr die einzelnen Schulen in Hessen vergleichen. Alles ist gleichgeschaltet. Einheitsstundentafeln, Einheitspläne, Einheitsschulen gleich Einheitslehrer und Einheitsschüler."[185] Nur ganz ausnahmsweise begegnet der Gebrauch von *Gleichschaltung* (oder seiner Komposita) mit positiver Wertung: „Die ‚Soziokulturelle Kommission' (3 CDU, 3 SPD, 2 Grüne, 1 FDP) lehnte am 23. 8. 87 gegen die Stimmen der Grünen den Antrag der ‚Frauenkommunikation' auf Übernahme der 2 ABM-Stellen ab. SPD-Fraktionsvorsitzende Marlies Smeets: ‚Ich sehe keinen Bedarf. Außerdem ist der Haushalt überlastet!' Frau Smeets störte übrigens nicht, daß die Frauengleichschaltungsstelle den Antrag der ‚Frauenkommunikation' ausdrücklich gutgeheißen hatte."[186]

Gliederung

Organisationseinheit der NSDAP.[187]

> *Gliederung* erhielt bei den Nationalsozialisten die zusätzliche Bedeutung ‚Organisationseinheit, Formation der NSDAP'. Bereits 1919 nannte Rudolf Jung in seiner

---

[181] Der Schulungsbrief, 1/Nov. 1934, 32.
[182] Der Deutsche Student, 4/April 1936, 177.
[183] Böll, H.: Notstandsnotizen, 1968. In: Werke, Essayistische Schriften und Reden 2, o. J. (1978), 293.
[184] Safranski, R.: Und keiner ist er selbst. In: Frankfurter Allgem. Ztg., 1. 9. 1990, Samstagsbeilage.
[185] Leserbrief, Frankfurter Allgem. Ztg., 28. 1. 1995, 9.
[186] Viertausend. Monatliches Statt-Blatt, Düsseldorf, Mai 1987.
[187] Gebucht: Meyers Lexikon 1936 ff., Paechter.

Schrift ‚Der nationale Sozialismus' die Organisationseinheiten der ‚Nationalsozialistischen Partei' in Böhmen und Mähren *Gliederungen*.[188] In der ‚Verordnung zur Durchführung des Gesetzes zur Sicherung der Einheit von Partei und Staat' vom 29. 3. 1935 wurden die Organisationen als *Gliederungen* der NSDAP bezeichnet, die im Gegensatz zu den ↑ *angeschlossenen Verbänden* ohne eigene Rechtspersönlichkeit mit der NSDAP zivil- und verwaltungsrechtlich identisch waren. „Die SA., die SS., das Nationalsozialistische Kraftfahrerkorps, die Hitlerjugend (einschließlich des Jungvolks, des Bundes Deutscher Mädel und der Jungmädel), der NS-Deutsche Studentenbund, die NS-Frauenschaft sind Gliederungen der Nationalsozialistischen Deutschen Arbeiterpartei."[189] Die nationalsozialistischen Dozenten, die zunächst 1934 in der Hauptfachschaft I des *angeschlossenen Verbandes NS-Lehrerbund* vereinigt waren, wurden am 24. 7. 1935 im *NSD-Dozentenbund* zusammengeschlossen[190], der durch Verordnung vom 5. 12. 1935 zu einer *Gliederung der NSDAP* wurde. „Jeder Student, der Mitglied einer Kameradschaft ist, und alle Mitglieder des NSD.-Studentenbundes müssen einer Gliederung der Partei angehören."[191] „Die Bezeichnungen, die die Nationalsozialistische Deutsche Arbeiterpartei, ihre Gliederungen und angeschlossenen Verbände für ihre Amtsträger, ihren Aufbau, ihre Einrichtungen und Symbole führen, dürfen von anderen Vereinigungen weder allein noch in Verbindung mit Zusätzen geführt werden."[192] „Es ist sehr schwer, hier etwas Positives zu unternehmen, denn die Kirche ist bei den Bauern immer noch Allheilmittel, wogegen die Partei mit ihren Gliederungen bzw. angeschlossenen Verbänden nur als Geldquetsche angesehen wird."[193]

gottgläubig

Amtliche Bezeichnung für das neue ↑ *arteigene* Bekenntnis der aus den christlichen Kirchen Ausgetretenen.[194]

> Campe rechnet in seinem ‚Wörterbuch der Deutschen Sprache' 1808 den Ausdruck *der Gottgläubige* ‚der an einen Gott glaubt (Deist)' zu den neuen Wörtern „von zweifelhaftem, noch nicht ausgemachten Werthe".[195]

> Im ↑ *Dritten Reich* wurde durch Erlaß des Reichsministers des Innern vom 26. November 1936 anstelle der Ausdrücke *Dissident* oder *konfessionslos* offiziell

---

[188] Ebd., 2. Aufl. 1922 (zuerst 1919), 80.
[189] RGBl. 1, 1935, 502 (§ 2).
[190] Vg. Meyers Lexikon, Bd. 8, 1940, 149, s. v. Nationalsozialistischer Deutscher Dozentenbund.
[191] Reichsstudentenführer Scheel am 10. November 1936. Zit. Rühle, G.: Das Dritte Reich, Bd. 1936, 363.
[192] Gesetz zum Schutze von Bezeichnungen der Nationalsozialistischen Deutschen Arbeiterpartei v. 7. 4. 1936. Zit. Rühle, G.: Das Dritte Reich, Bd. 1937, 110.
[193] Bericht d. SD-Außenstelle, Bad Kissingen, 24. 2. 1941. In: Bayern in der NS-Zeit, 1977, 612.
[194] Gebucht: Duden, 12. Aufl. 1941, Meyers Lexikon 1936 ff., Volks-Brockhaus 1940. Getilgt: Duden, 13. Aufl. 1947.
[195] Ebd., Bd. 2, 1808, 433.

der Ausdruck *gottgläubig* zur Angabe der Religionszugehörigkeit vorgeschrieben. „Die abwertende und häßliche Bezeichnung Dissident wurde durch einen Erlaß des Reichsministers des Innern, der zugleich im Namen des Stellvertreters des Führers und des Reichsministers für kirchliche Angelegenheiten herausgegeben worden ist, aufgehoben und durch eine neue klare Begriffsbestimmung abgelöst. [...] Der neue Erlaß bestimmt, daß zukünftig in ‚öffentlichen Listen, Vordrucken und Urkunden auf Grund ihrer Erklärung zu unterscheiden sind: 1. Angehörige einer Religionsgemeinschaft oder einer Weltanschauungsgemeinschaft; 2. Gottgläubige; 3. Gottlose.' Die Personenstandsliste 1937 wird zeigen, daß sich zur dritten Gruppe so gut wie niemand rechnet."[196] Das ‚Philosophische Wörterbuch' definiert *Gottgläubigkeit* als ‚amtliche Bezeichnung für diejenigen, die sich zur artgemäßen Frömmigkeit und Sittlichkeit bekennen, ohne konfessionell-kirchlich gebunden zu sein, anderseits aber Religions- und Glaubenslosigkeit verwerfen.'[197] Gegen die nationalsozialistische Verwendung des Ausdrucks wendet sich Papst Pius XI. in einer in Deutsch abgefaßten Enzyklika über die Lage der Kirche im Deutschen Reich vom 14. 3. 1937: „Gottgläubig ist nicht, wer das Wort Gott rednerisch gebraucht, sondern nur wer mit diesem hehren Wort den wahren und würdigen Gottesbegriff verbindet. [...] Wer nach angeblich altgermanisch vorchristlicher Vorstellung das düstere unpersönliche Schicksal an die Stelle des persönlichen Gottes rückt, leugnet Gottes Weisheit und Vorsehung. [...] Ein solcher kann nicht beanspruchen, zu den Gottgläubigen gerechnet zu werden. Wer die Rasse oder das Volk, oder den Staat, oder die Staatsform, die Träger der Staatsgewalt oder andere Grundwerte menschlicher Gemeinschaftsgestaltung [...] aus dieser ihrer irdischen Wertskala herauslöst, sie zur höchsten Norm aller, auch der religiösen Werte macht und sie mit Götzenkult vergöttert, der verkehrt und fälscht die gottgeschaffene und gottbefohlene Ordnung der Dinge. Ein solcher ist weit vom wahren Gottesglauben und einer solchem Gottesglauben entsprechenden Lebensauffassung entfernt."[198] „Die deutschen Bischöfe haben in einem Hirtenschreiben zu dem religiösen Bekenntnis ‚gottgläubig', das bekanntlich durch einen Erlaß des Reichsminister des Innern die staatliche Anerkennung gefunden hat, Stellung genommen. Das Hirtenschreiben stellt fest, daß ein Katholik, der sich als ‚gottgläubig' einschreiben läßt, ‚seinen heiligen Glauben' verleugnet und ‚nichts weniger als seinen Austritt aus der katholischen Kirche' erklärt habe."[199] „Jetzt wird der Inhalt des Begriffes noch dadurch unterstrichen, daß die Reichsleitung der Partei sich dagegen wendet, daß Juden, die aus der jüdischen Religionsgemeinschaft ausgetreten sind, als neues Bekenntnis ‚gottgläubig' angeben. Dieser Ausdruck entspreche, so betont die Stellungnahme der ‚NS-Korrespondenz', der arteigenen Frömmigkeit des deutschen Wesens und der Menschen artverwandten Blutes. Damit wird die bisher unverbindliche Bezeichnung ‚gottgläubig' unter einen gewissen Schutz gestellt."[200] „Im Zug der zunehmenden Abwendung der Lehrer-

---

[196] Zur weltanschaulichen Lage. In: NS-Monatshefte, 8/ 1937, 61 f.
[197] Ebd., Kröners Taschenausgabe, Bd. 12, 1943, 206.
[198] „Mit brennender Sorge". In: Albrecht, D.: Der Notenwechsel zwischen dem Hl. Stuhl und der Reichsregierung, Bd. 1, 1965, 140.
[199] NS-Monatshefte, 8/1937, 638.
[200] Das Reich, 29. 9. 1940, 6.

schaft vom kirchlichen Einfluß traten in den letzten Jahren zahlreiche, besonders jüngere Lehrer aus den Kirchen aus und bekannten sich als gottgläubig."[201] „Von gottgläubigen Schülern wird immer wieder darauf hingewiesen, daß ihnen keine Gelegenheit geboten wird, über ihren Gottglauben etwas zu erfahren. Gottgläubige Schüler sind in den meisten Fällen nicht einmal in der Lage, ihren Glauben im Unterschied zum Glauben der Kirchen irgendwie zu begründen. Der gottgläubige Schüler empfindet es [...] sehr bitter, daß wohl dem Katholiken und dem Protestanten, nicht aber dem Gottgläubigen Gelegenheit geboten wird, sich in besonderen Stunden ein Wissen anzueignen. [...] Es würden sich zweifellos Lehrer finden, die bereit wären, gottgläubige Schüler in besonderen Stunden mit den Grundfragen einer deutschen Weltanschauung bekannt zu machen."[202] „Die sich steigernden seelischen Anforderungen des Krieges haben nicht nur unter den im unmittelbaren Fronteinsatz stehenden Männern, sondern auch unter deren Angehörigen bis in das alltägliche Leben hinein verstärkte seelische und religiöse Bedürfnisse geweckt. Nach oft gehörten Äußerungen könne das weder inhaltlich noch begrifflich genau bestimmte Bekenntnis ‚gottgläubig' diesem Bedürfnis oft noch nicht in jeder Stunde des Lebens befriedigen. So komme es, daß in einzelnen, sich aber in letzter Zeit mehrenden Fällen auch Gottgläubige sich an den zuständigen Pfarrer mit der Bitte um Abhaltung einer Heldenehrungsfeier wenden."[203] „Der Stadtpfarrer Kelber von Treuchtlingen, einer der gemeinsten und aktivsten weltanschaulichen Gegner, hat sich nun selbst erledigt. Er hat in einem überheblichen Schriftsatz dagegen Verwahrung eingelegt, daß christliche Kinder, die dem BdM angehören, zu ‚heidnischen' Lebensfeiern usw. herangezogen werden. Er hat im Namen des Kirchenvorstandes gegen diese Gewissensvergewaltigung Protest eingelegt und dabei ausgeführt, daß die sog. ‚Gottgläubigen' eine hoffnungslose Minderheit seien und immer noch über 95% des deutschen Volkes dem Christentum angehören. Die ganzen Akten in dieser Sache wurden nun über den Gauleiter der Gestapo zugeleitet, die verschiedene Maßnahmen verfügte. [...]"[204]

Greuelhetze, Greuelpropaganda; Greuelmärchen, Greuelnachrichten

Das Aufstellen und Verbreiten angeblich unwahrer oder angeblich gröblich entstellter Tatsachenbehauptungen, im In- oder Ausland, die geeignet waren, den Interessen des ↑ *Dritten Reiches* zu schaden[205]; angeblich unwahre oder angeblich gröblich entstellte Tatsachenbehauptungen im In- oder Ausland, die geeignet waren, den Interessen des *Dritten Reiches* zu schaden[206].

---

[201] MADR, (Nr. 142), 18. 11. 1940, Bd. 6, 1777.
[202] MADR, (Nr. 321), 28. 9. 1942, Bd. 11, 4246.
[203] MADR, (Nr. 325), 12. 10. 1942, Bd. 11, 4312.
[204] Weltanschaul. Bericht d. Kreisschulungsamtes Weißenburg, 29. 5. 1944. In: Bayern in der NS-Zeit, 1977, 588.
[205] Gebucht: Knaur 1934, Meyers Lexikon 1936 ff., Paechter. *Greuelhetze*: Volks-Brockhaus 1940. *Greuelpropaganda*: Duden, 11. Aufl. 1934, 12. Aufl. 1941.
[206] Gebucht: *Greuelmärchen*: Duden, 11. Aufl. 1934, 12. Aufl. 1941; Paechter. Getilgt: Duden, 13. Aufl. 1947.

> *Greuelhetze, Greuelmärchen*[207], *Greuelpropaganda* sind Ausdrücke des Ersten Weltkrieges: „im weltkriege die feindliche propaganda gegen die greuel, die wir Deutsche angeblich in Belgien, Frankreich und früher schon in unseren kolonien verübt haben […]."[208]

> Im NS-Staat waren *Greuelhetze, Greuelpropaganda* oder *Verbreitung von Greuelmärchen, Greuelnachrichten* in Bezug auf deutsche Urheber Bezeichnungen für Straftatbestände, die nach der Verordnung zur Abwehr heimtückischer Angriffe gegen die Regierung der nationalen Erhebung vom 21. 3. 1933, am 20. 12. 1934 abgelöst durch das ↑ *Heimtückegesetz*, vor ↑ *Sondergerichten* verhandelt und streng geahndet wurden. Die Ausdrücke kommen im Verordnungs- und Gesetzestext nicht vor, werden aber in Beziehung auf ihn verwendet.

Greuelhetze – „Nach der Machtübernahme durch den Nationalsozialismus und besonders nach dem Reichstagsbrand, floh ein großer Teil der politischen Gegner und mit ihnen der Schwarm jüdischer Drahtzieher, der dem korrupten Regime der Novembermänner das Gepräge gegeben hatte. Im sicheren Ausland begannen sie ihre Hetzmethoden aufs neue gegen Deutschland spielen zu lassen. In Anlehnung an die Kriegsgreuelmärchen unserer Feinde erfanden sie Greuelgeschichten, die von der SA. begangen sein sollten. […] Zur Unterstützung dieser Lügenhetze wurde unter Protektorat des Juden Einstein ein ‚Braunbuch' herausgebracht. Es bezweckte eine erbärmliche Verunglimpfung des Nationalsozialismus und seiner Ideen und die Beweisführung, daß Deutschland mit Hitler wieder in die Barbarei zurückgesunken sei. Deutschland antwortete auf die Greuelhetze mit einem Boykott jüdischer Geschäfte. Der Boykott, der nur einen Tag dauerte, tat seine Wirkung. […] Der Lügenabwehr dient Abt. VII des Reichsministeriums für Volksaufklärung und Propaganda und die Zentralstelle bei der Reichsleitung der NSDAP."[209] „In einer ganzen Reihe von Fällen mußten Polizei und Gerichte gegen Kirchenblätter vorgehen, die statt religiöser Belehrung politische Entgleisungen und Schlimmeres veröffentlicht hatten. Dazu kam die Tatsache, daß in katholischen Blättern des Auslandes in schmutzigster und gemeinster Form die Greuelhetze der jüdischen Emigrantenblätter fortgesetzt wurde."[210]

Greuelmärchen – Victor Klemperer notiert für den 27. 3. 1933: „Die Weltjuden treiben ‚Greuelpropaganda' und verbreiten ‚Greuelmärchen', und wenn wir hier im geringsten etwas von dem erzählen, was Tag für Tag geschieht, dann treiben eben wir Greuelpropaganda und werden dafür bestraft."[211] „Die Ausgabe der Londoner ‚Times' vom 23. August 1934 ist beschlagnahmt und eingezogen worden, weil sie

---

[207] *Greuelmärchen* ist bereits bei Brentano nachgewiesen: „nachdem man die weltlichen herrlichkeiten (von Paris) mit geistlichen greuelmährchen schattiert hat." Zit. DWB, Bd. 4, Abt. 1, T. 6, 26.
[208] DWB, Bd. 4, Abt. 1, T. 6, 1935, 224, s. v. Greuelfeldzug.
[209] Wagner, H.: Taschenbuch des neuen Staates, 2. Aufl. 1934, 98–100.
[210] Deutscher Glaube, 2/1935, 327.
[211] Ebd., LTI, 16. Aufl. 1996, 36.

in einem längeren Bericht eines Korrespondenten in Deutschland über die Konzentrationslager eine Reihe von Greuelmärchen brachte."[212]

Greuelnachrichten — „Am 3. 2. 1934 wurden auf dem Hauptbahnhof Aachen zwei Personen festgenommen, die ohne Papiere aus Belgien gekommen waren. Es handelte sich um zwei nach der Machtübernahme aus Deutschland geflüchtete Leipziger KPD-Funktionäre [...] Bei ihnen wurden Tagebücher vorgefunden, aus denen einwandfrei hervorgeht, daß sie im Auslande Greuelnachrichten verbreitet haben."[213] „Wegen Vergehens gegen das Heimtückegesetz und sonstigen staatsfeindlichen Verhaltens, insbesondere wegen Verbreitung von Greuelnachrichten und Abhörens ausländischer Sender wurden von der Staatspolizei festgenommen: in Berlin 13 Personen, in Dortmund 12, in Graz 9, in Kiel 5, in Düsseldorf, Karlsruhe, Magdeburg, Stuttgart und Wien je 4, in Chemnitz, Köln und Schwerin je 3 Personen."[214]

Greuelpropaganda — „Deutsche, verteidigt Euch gegen die jüdische Greuelpropaganda, kauft nur bei Deutschen!"[215] „Am 1. April 1933, vormittags 10 Uhr, wurde von der Parteileitung der NSDAP eine Boykottbewegung gegen jüdische Geschäfte, Ärzte, Rechtsanwälte usw. eingeleitet, als Abwehr gegen die jüdische Greuelpropaganda im Auslande."[216] 1937 fordert eine Presseanweisung die Vermeidung des Ausdrucks *Greuelpropaganda*: „Es wird gebeten, das Wort ‚Propaganda' nicht mißbräuchlich zu verwenden. Propaganda ist im Sinne des neuen Staates gewissermaßen ein gesetzlich geschützter Begriff geworden und soll nicht für abfällige Dinge Verwendung finden. Es gibt also keine ‚Greuelpropaganda', keine ‚bolschewistische Propaganda', sondern nur eine Greuelhetze, Greuelagitation, Greuelkampagne usw. Kurzum — Propaganda nur dann, wenn für uns, Hetze, wenn gegen uns."[217] Das im Weltkrieg eingeführte und auch von Hitler in ‚Mein Kampf' (S. 201) verwendete Wort bleibt dennoch weiter im Gebrauch. Selbst Goebbels benutzt, allerdings mit Verweis auf den Ersten Weltkrieg, noch 1940 *Greuelpropaganda*: „Sie hatten beispielsweise die Absicht, bei Beginn des Frankreich-Feldzuges die altbewährte Greuelpropaganda des Weltkrieges wieder aufleben zu lassen."[218] Die Geläufigkeit des Ausdrucks im allgemeinen Sprachgebrauch zeigt ein Beispiel aus einem bayerischen Gendarmerie-Bericht „Was auf dem Lande an Greuelpropaganda und Schauernachrichten verbreitet wird, hat wohl in der Hauptsache seinen Ursprung in diesen Kreisen [der ‚luftgefährdeten Großstädter']. So wurde bekannt, daß der in Aufseß untergebrachte Schüler H. von Kiel, geb. 1932, äußerte: Wenn Hitler eine Rede halte, dann schalten seine Eltern das Radio aus, sie wollten das Schwein nicht hören. Ein

---

[212] Der Angriff. Zit. Blick in die Zeit, 2/1. 9. 1934, 8.
[213] Lagebericht d. Reg.präsidenten v. Aachen an das Geheime Staatspolizeiamt, Berlin, v. 5. 3. 1934. In: Vollmer, B.: Volksopposition, 1957, 29.
[214] MADR, Bd. 2, (Nr. 1), 9. 10. 1939, 331 f.
[215] Plakat, abgebildet in: Espe, W. M.: Das Buch der N. S. D A. P., 1933, Bild 147.
[216] Halbmonatsbericht d. Reg.präsidenten v. Ober- u. Mittelfranken, 7. 4. 1933. In: Bayern in der NS-Zeit, 1977, 435.
[217] Br 10/61, 28. 7. 1937 (Anw. Nr. 960). Zit. Glunk, ZDS 23/1967, 100.
[218] Goebbels, Das Reich, 22. 12. 1940, 2.

anderer Kieler Junge, ebenfalls in Aufseß, erzählte, der Hafen in Kiel habe nach einem Luftangriff drei Tage lang gebrannt, in der Zeitung habe man davon nichts gelesen und im Radio nichts gehört..."[219]

großdeutsch
Alle Deutschen umfassend.

> Der Ausdruck *großdeutsch* kam Ende 1848 in den Debatten der Frankfurter Nationalversammlung über v. Gagerns Programm einer kleindeutschen Reichsgründung unter preußischer Führung auf. Der Ausdruck entstand offenbar als Kontrastwort zu der von Ludwig Simon geprägten Bezeichnung *Kleindeutsche* für die Anhänger einer preußischen Lösung der deutschen Frage unter Ausschluß Österreichs. Die dem Präsidenten der Frankfurter Nationalversammlung Eduard Simson zugeschriebene Prägung[220] *großdeutsch* bezog sich dagegen auf alle, die eine Einigung Gesamtdeutschlands mit Einschluß Österreichs erstrebten.[221] – „An die Groszdeutschen", Überschrift in G. Pfizer: ‚Weder jetzt das Direktorium, noch das Habsburg'sche Kaiserthum später! Antwort an den «Großdeutschen» Herrn Dr. Buß'.[222] (1849) „Das Wort ‚großdeutsch' hat zwei Bedeutungen. Entweder heißt es ‚eine große deutsche Republik', in welche auch die deutsch österreichischen Länder mitaufgenommen werden sollen, oder es ist nichts als eine Phrase, mit der Preußen entgegengearbeitet und der gutmütige Spießbürger in Schlaf gehalten wird."[223] (9. 3. 1862)

> In der NS-Zeit bezeichnete *großdeutsch* das Ziel der Nationalsozialisten, alle geschlossen siedelnden Deutschen in Mitteleuropa unter der Führung des Deutschen Reiches zusammenzuschließen. „Durch die Wiedervereinigung Österreichs und der Sudetendeutschen mit dem Deutschen Reich, die Errichtung des Reichsprotektorats Böhmen und Mähren und die Befreiung der deutschen Ostgebiete von der polnischen Herrschaft hat Adolf Hitler 1938/39 dem großdeutschen Gedanken die Erfüllung gebracht."[224] Nur wenige Tage nach der Annexion Österreichs wurde jedoch die Verwendung von *großdeutsch* in Beziehung auf das Reich durch eine Presseanweisung verboten: „Die Begriffe ‚großdeutsch' und ‚volksdeutsch' sollen in Bezug auf das Reich nicht mehr verwendet werden."[225] Am gleichen Tag folgte eine weitere Anweisung: „Über den Rundruf, daß in Zukunft die Worte ‚volksdeutsch' und ‚großdeutsch' im Zusammenhang mit der Eingliederung Österreichs in das Reich nicht mehr verwendet werden sollen, wird streng vertraulich mitgeteilt, daß dies in

---

[219] Monatsbericht d. Gendarmerie-Kreisführers, 29. 5. 1941. In: Bayern in der NS-Zeit, 1977, 147.
[220] Lexikon der deutschen Geschichte, 1977, 468, s. v. Großdeutsche.
[221] Vgl. Sachwörterbuch zur deutschen Geschichte, 1958, 372, s. v. Großdeutsch und 524, s. v. Kleindeutsch.
[222] S. 14. Zit. DWB, Bd. 4, Abt. 1, T. 6, 521, s. v.
[223] Denkwürdigkeiten des Fürsten Chlodwig zu Hohenlohe-Schillingfürst, Bd. 1, 1907, 123.
[224] Volks-Brockhaus 1940, 264, s. v. Großdeutsche.
[225] Sammlung Brammer, Bundesarchiv Koblenz: ZSg. 101/11. Rundrufe v. 21. 3. 1938.

folgender Weise zu verstehen ist: Selbstverständlich kann das Wort ‚großdeutsch' im Gegensatz zu kleindeutsch verwendet werden, wie es der Führer in seiner Rede getan hat. Es soll lediglich der Eindruck vermieden werden, als ob die deutschen Ansprüche mit der Herstellung der deutsch-österreichischen Einheit erledigt wären. Dies ist nicht der Fall. Zu dem wirklichen großdeutschen Reich gehören natürlich noch andere Gebiete, die wir zu gegebener Zeit beanspruchen werden."[226] Der Reichstag erhielt nach den Annexionen des Jahres 1938 den Namen *Großdeutscher Reichstag*: "2. Verordnung zur Volksabstimmung und zur Wahl zum Großdeutschen Reichstag vom 24. 3. 1938."[227] „Erlaß des Führers und Reichskanzlers über Ergänzungswahlen zum Großdeutschen Reichstag in den sudetendeutschen Gebieten vom 31. 10. 1938."[228] Auch der unerwünschte Ausdruck *Großdeutsches Reich* wird weiterhin verwendet: „Es bleibt den kleinen europäischen Staaten theoretisch also nur die Wahl, sich der angelsächsischen Welt oder dem sich unter der Führung des Großdeutschen Reiches herausbildenden kontinentalen europäischen Großraum wirtschaftlich anzuschließen."[229] „Sollen die Staaten nordischer Völker Bestand haben, dann muß zur natürlichen Begabungsanlage für die Staatsgestaltung noch die Schöpfung einer politisch wirksamen, die biologische Substanz sichernden Idee treten [...] Einen solchen zukunftssichernden Gedanken hat der Nationalsozialismus durch Errichten des Großdeutschen Reiches und den den Germanen blutsmäßig eingegebenen Reichsgedanken wieder aufgenommen."[230] „Nach 1943 führten die Postwertzeichen auf Befehl Hitlers die Inschrift „Großdeutsches Reich"."[231]

Großdeutschland

a) Das durch den Zusammenschluß aller Deutschen zu schaffende *Großdeutsche Reich*. b) Das ↑ *Dritte Reich* nach dem ↑ *Anschluß* Österreichs.[232]

> Entsprechend der Bedeutung von↑ *großdeutsch* bezeichnete *Großdeutschland* in den Debatten der Frankfurter Nationalversammlung 1948/49 einen Bundesstaat, der alle deutschen Staaten einschließlich Österreichs umfaßte. „Perthes hatte so sehr Groszdeutschland im auge, dasz er darüber fast mit Niebuhr verfallen wäre, der allein Preuszen (was man jetzt in Frankfurt Kleindeutschland nennt) im auge hatte."[233]

---

[226] Br 11/227, 21. 3. 1938. (Anw. Nr. 392). Zit. Glunk, ZDS 25/1969, 183.
[227] RGBl. 1, 1938, 303.
[228] RGBl. 1, 1938, 1667.
[229] Deutsche Informationsstelle. Um die Umgestaltung der europäischen Wirtschaft., 1941, 19.
[230] Meyers Lexikon, Bd. 9, 1942, 49.
[231] Frankfurter Allgem. Ztg., 8. 6. 1995. Text zu einer abgebildeten Briefmarke.
[232] Gebucht: Duden, 11. Aufl. 1934, 12. Aufl. 1941; Knaur 1934, Meyers Lexikon 1936 ff., Paechter, Volks-Brockhaus 1940. Getilgt: Duden, 13. Aufl. 1947.
[233] Menzel, W., Literarische Blätter v. 17. 3. 1849, 80 b. Zit. DWB, Bd. 4, Abt. 1, T. 6, 1935, 521.

› a) Der ‚Völkische Beobachter', das im Dezember 1920 erworbene Zentralorgan der NSDAP, trug seit Juli 1921 den Untertitel: „Kampfblatt der national-sozialistischen Bewegung Großdeutschlands". Der erste Punkt des Parteiprogramms der NSDAP lautete: „Wir fordern den Zusammenschluß aller Deutschen auf Grund des Selbstbestimmungsrechts der Völker zu einem Groß-Deutschland."[234] b) „Die Schaffung Großdeutschlands, das Wahlergebnis vom 10. April, sowie die großen sozialen Maßnahmen vieler Betriebsführer ihren Gefolgschaftsangehörigen gegenüber, ließen eine allgemein freudige Stimmung aufkommen."[235] „Durch die Schaffung Groß-Deutschlands sah sich vor allen Dingen der Vatikan in seinen Bestrebungen, im Südosten ein katholisches Bollwerk zu errichten, unmittelbar angegriffen."[236] „Die Benutzung von Schlaf- und Speisewagen auf sämtlichen Eisenbahnstrecken Großdeutschlands durch Juden wurde mit Erlaß des Reichsverkehrsministers vom 23. 2. 1939 verboten. Da von einer Veröffentlichung des Erlasses abgesehen wurde, erfolgte die Bekanntgabe an die Juden auf dem Wege über ihre Zentralorganisationen."[237] „Unter der Führung Adolf Hitlers ist Großdeutschland mit neuen weiten Grenzen entstanden, die noch vor wenigen Jahren für völlig utopisch gehalten wurden."[238] „Holland und Belgien hat kapituliert, Frankreichs und Großbritanniens Stoßarmeen sind vernichtet, einer der größten Siege der Weltgeschichte ist errungen. Großdeutschland beherrscht das gesamte Ost- und Südufer der Nordsee und den Kanal. Da die Gegner den Frieden auch weiterhin verneinen, wird sie der Kampf bis zur völligen Vernichtung treffen."[239]

---

[234] Rosenberg, A. (Hg.): Das Parteiprogramm, 21. Aufl. 1941, 15.
[235] Monatsbericht d. DAF-Gauwaltung Bayerische Ostmark f. April 1938. In: Bayern in der NS-Zeit, 1977, 273.
[236] MADR, Jahresbericht 1938, Bd. 2, 7.
[237] MADR, Vierteljahresbericht 1939, Bd. 2, 221.
[238] Müller, L.: Der deutsche Volkssoldat, 1940, 8.
[239] Deutsche Informationsstelle, Der Feldzug in Frankreich, 10. Mai – 23. Juni 1940, 20.

H

Hakenkreuz

Symbol der NSDAP: Schwarzes Kreuz aus vier gleichlangen, rechtwinklig abgeknickten, nach rechts weisenden Haken.[1]

> Dem schon in der Frühgeschichte in Asien, Europa und in indianischen Kulturen verbreiteten, oft als Sonnen- und Heilszeichen gedeuteten Symbol, das in Kunst und Kunsthandwerk auch als dekoratives Element eine Rolle spielt, wurde zu Beginn des 19. Jahrhunderts „von den deutschtümelnden Kreisen um Turnvater Jahn ein politischer Bedeutungsinhalt unterlegt. Völkische Gruppierungen in Österreich und Deutschland beanspruchten im Gefolge der Theorien Guido Lists das angeblich rein ‚arische' Symbol für sich und machten es seit der Jahrhundertwende zum Feldzeichen des Antisemitismus. [...]"[2] Das *Hakenkreuz* fand Eingang im Wandervogel: "Das Zeichen Werdandis ist die alte Germanenrune Svastika, das nach oben offene Hakenkreuz. Es ist das Zeichen des Höherstrebens, der steten Entwicklung, des Werdens. Hierdurch soll auch der bewußte Deutschwille der Verbindung offen und stolz bekannt werden. Es verkörpert auch den Wahlspruch (Devise): ‚Wir bekennen uns zu dem Geschlecht, das aus dem Dunklen ins Helle strebt!'"[3] (1917) Nach 1918 erscheint das *Hakenkreuz* auch bei den Heimwehren und den Freikorps (Brigade Ehrhardt, Freikorps Roßbach).[4] „Im völkisch-sektiererischen Bereich gab es einen ‚Hakenkreuz-Bund' und die Zeitschriften ‚Hakenkreuz-Jahrweiser', ‚Hakenkreuz-Sonntagsblatt fürs deutsche Volk' und ‚Hakenkreuz-Rundbrief der Nationalen Kanzlei'."[5]

> Hitler machte das *Hakenkreuz* zum Wahrzeichen des Nationalsozialismus. In ‚Mein Kampf' schreibt er: „Im Hakenkreuz [sehen wir] die Mission des Kampfes für den Sieg des arischen Menschen und zugleich mit ihm auch den Sieg des Gedankens der schaffenden Arbeit, die selbst ewig antisemitisch war und antisemitisch sein wird." (S. 557) Rosenberg stellt im ‚Mythus' das *Hakenkreuz* konkurrierend in eine Reihe mit dem christlichen Kreuz und der roten Fahne. „Einst bewirkte das hochgehaltene Kruzifix die plötzliche Ummagnetisierung tausender dies Symbol anschauender Menschen. Bewußt und unterbewußt traten alle assoziativen Faktoren

---

[1] Gebucht: Duden, 11. Aufl. 1934, 12. Aufl. 1941; Knaur 1934, Meyers Lexikon 1936 ff., Paechter, Trübners DWB, Volks-Brockhaus 1940. Getilgt: Duden, 13. Aufl. 1947.
[2] Meyers Enzyklopädisches Lexikon 1971 ff., Bd. 11, 308.
[3] Meyen, A., Führerzeitung f. d. deutschen Wandervogelführer, April 1917. In: Kindt, W. (Hg.): Die Wandervogelzeit, 1968, 454.
[4] Vgl. Meyers Enzyklopädisches Lexikon 1971 ff., Bd. 11, 308.
[5] Eichberg, H. u. a.: Massenspiele, 1977, 116.

hinzu [...] und schweißten oft Millionen zu Taten im Dienste der Herrschaft dieses Gleichnisses zusammen. Auch die heutige Zeit des Verfalls besitzt ihr Symbol: die rote Fahne. Bei ihrem Anblick erwachen auch hier bei Millionen viele Assoziationen: Weltbrüderlichkeit der Besitzlosen, proletarischer Zukunftsstaat usw. [...] Die alten Gegensymbole sind gefallen. [...] Aber ein neues Symbol ist bereits emporgehoben und ringt mit allen anderen: das Hakenkreuz. Wird dieses Zeichen entrollt, so ist es Gleichnis für alt-neuen Mythus; die es schauen, denken an Volksehre, an Lebensraum, an nationale Freiheit und soziale Gerechtigkeit, an Rassenreinheit und lebenerneuernde Fruchtbarkeit. [...] Das Symbol der organischen germanischen Wahrheit ist heute bereits unumstritten das schwarze Hakenkreuz." (S. 688 f.) Nach 1933 steht das *Hakenkreuz* als „Hoheitszeichen des neuen Staates"[6] unter besonderem Schutz. „Vom Reichsministerium für Volksaufklärung und Propaganda wurden als einwandfrei zugelassen: Neujahrskarten und Christbaumschmuck mit dem Hakenkreuz, ein durchsichtiges Bildnis des Reichskanzlers mit Vorrichtung zur Beleuchtung, SA.- und SS.-Puppen, weil sie von einer guten Ausführung waren und die SA.- und SS.-Uniform ein würdiges Aussehen verliehen. Auf die Verbotsliste wurden u. a. gesetzt: Abziehbilder mit berühmten deutschen Persönlichkeiten, Selbstbinder mit eingewebten Hakenkreuzen, Speisekartenständer aus Holz in Form eines Hakenkreuzes, Pullover mit aufgenähtem Hakenkreuz und aufgenähter Aufschrift ‚Heil Hitler'."[7] „Wenn die älteren Jahrgänge noch wankend werden könnten, die Jugend ist uns verschrieben und verfallen mit Leib und Seele. Sie lebt in diesem stolzen Deutschland des Hakenkreuzes und wird es niemals mehr aus ihrem Herzen reißen lassen."[8] „Vermutlich in der Nacht zum 1. 9. 1944 ist das auf dem 699 Meter hohen Eckersberg, Gemeinde Dettendorf, errichtete, aus Eschenholz gefertigte Hakenkreuzdenkmal vernichtet worden. Die Feststellungen ergaben: Das Hakenkreuzdenkmal wurde kurz nach der Machtübernahme als Symbol deutscher Einigkeit von der Ortsgruppe der NSDAP in Au bei Aibling errichtet. Es war circa 8 Meter hoch und weithin sichtbar."[9]

Hakenkreuzfahne, Hakenkreuzflagge, Hakenkreuz-Tragfahne

Bezeichnung der Parteifahne der ↑ *NSDAP*, einer roten Fahne mit schwarzem ↑ *Hakenkreuz* auf kreisförmigem weißen Untergrund; vom 15. 9. 1935 bis 1945 die Reichs- und Nationalflagge, sowie die Handelsflagge des Deutschen Reiches.

▶ Hitler beschreibt in ‚Mein Kampf' die Überlegungen, die für seine Entscheidung über das Aussehen der Parteifahne maßgeblich waren: „Die Frage der neuen Flagge, d. h. ihr Aussehen, beschäftigte uns damals sehr stark. Denn die neue Fahne mußte

---

[6] Knaur 1934, 554.
[7] Frankfurter Zeitung. Zit. Blick in die Zeit, 1/2. 12. 1933, 13.
[8] Hitler auf dem Reichsparteitag 1935. In: Adolf Hitler an seine Jugend, 1937, o. S.
[9] Monatsbericht d. Gendarmerie-Station Au, 11. 9. 1944. In: Bayern in der NS-Zeit, 1977, 674.

ebensosehr ein Symbol unseres eigenen Kampfes sein, wie sie andererseits auch von großer, plakatmäßiger Wirkung sein sollte. Wer sich selbst viel mit der Masse zu beschäftigen hat, wird in all diesen scheinbaren Kleinigkeiten doch sehr wichtige Angelegenheiten erkennen. Ein wirkungsvolles Abzeichen kann in Hunderttausenden von Fällen den ersten Anstoß zum Interesse an einer Bewegung geben." (S. 554 f.) „Ich selbst hatte unterdes nach unzähligen Versuchen eine endgültige Form niedergelegt; eine Fahne aus rotem Grundtuch mit einer weißen Scheibe und in deren Mitte ein schwarzes Hakenkreuz." (S. 556) „Und ein Symbol ist dies wahrlich! Nicht nur, daß durch die einzigen, von uns allen heißgeliebten Farben, die einst dem deutschen Volke soviel Ehre errungen hatten, unsere Ehrfurcht vor der Vergangenheit bezeugt wird, sie war auch die beste Verkörperung des Wollens der Bewegung. Als nationale Sozialisten sehen wir in unserer Flagge unser Programm. Im Rot sehen wir den sozialen Gedanken der Bewegung, im Weiß den nationalistischen, im Hakenkreuz die Mission des Kampfes für den Sieg des arischen Menschen. [...]" (S. 556 f.) „In Deutschland flattern Hakenkreuzfahnen. Hinter diesem Banner steht eine entschlossene Schar bereit und schickt sich an, Geschichte zu machen. Nicht ohne Absicht hat sie gerade das Hakenkreuz, dieses uralte Zeichen, zu ihrem Sinnbilde erwählt. Sie will dadurch ihr Bekenntnis zum rassisch reinen Volkstum und ihren unerschütterlichen Glauben an Deutschlands Wiedergeburt zum Ausdruck bringen."[10] „Zur Beseitigung von immer wieder auftauchenden Zweifeln über den Fahnengruß hat die Reichsregierung eine Erklärung zu dieser Frage erlassen. Sie spricht darin die Erwartung aus, daß jeder Deutsche, entsprechend dem Wesen wahrer Volksgemeinschaft ohne besonderen Erlaß es als eine Ehrenpflicht betrachtet, der Hakenkreuz- und schwarzweißroten Fahne, wenn sie in geschlossenem Zug mitgeführt oder bei einer öffentlichen Kundgebung gezeigt werden, seine Achtung durch Erheben des rechten Armes zu erweisen."[11] In Liedern wurden die *Hakenkreuzfahnen* besungen. So lautet der Kehrreim des Arbeitsdienst-Liedes „Heil Deutschland": „Hakenkreuzfahnen / schwarz, weiß und rot / grüßen und mahnen / seid getreu bis zum Tod."[12] Gegen die traditionellen Fahnen, die an traditionellen Festtagen gehißt wurden, konnten die *Hakenkreuzfahnen* zunächst nur schwer durchgesetzt werden: „Die Bevölkerung hält nach wie vor daran fest, bei den herkömmlichen Maifeiern die alten Landesfarben zu verwenden. Da HJ und SA dies vielerorts nicht dulden wollten, kam es zu erheblichen politischen Schwierigkeiten. Die weiß-blauen Fahnen wurden von HJ und SA vielfach mit Gewalt entfernt und durch die Hakenkreuzfahne ersetzt."[13] Am 15. 9. 1935 wurde von dem nach Nürnberg einberufenen Reichstag das Flaggengesetz beschlossen. Artikel 1 des Gesetzes lautete: „Die Reichsfarben sind schwarz-weiß-rot." Artikel 2: „Reichs- und Nationalflagge ist die Hakenkreuzflagge. Sie ist zugleich Handelsflagge."[14] Damit war

---

[10] Schulungsbriefe, 1/1933, 41.
[11] Der Deutsche, 15. 2. 1934. Zit. Blick in die Zeit, 2/24. 2. 1934, 9.
[12] Arbeitsdienst-Liederbuch, o. J. (1934), 53.
[13] Monatsbericht d. Reg.präsidenten v. Oberbayern, 11. 6. 1935. In: Bayern in der NS-Zeit, 1977, 353.
[14] RGBl. 1, 1935, 1145.

die Parteifahne der NSDAP zur Reichs- und Nationalfahne geworden. Reichstagspräsident Göring kommentierte das Gesetz: „Die alte Flagge, sie ist in Ehren eingeholt worden, sie gehört einem vergangenen Deutschland an. [...] So wie jede Zeit und jedes System in der Vergangenheit das ihnen arteigene Symbol gehabt haben, so ist es selbstverständlich, daß das deutsche Reich, das unter nationalsozialistischer Führung wieder zur Ehre und zur Freiheit zurückgefunden hat, auch ein sichtbares arteigenes Symbol haben muß, daß auch über diesem neuen deutschen Reich das Feldzeichen stehen muß, das dieses Reich allein erst geschaffen hat."[15] Wer keine *Hakenkreuzfahne* besaß, galt als regimefeindlich und mußte mit Sanktionen rechnen. In einem ↑ *Richterbrief*, der die Frage einer Sorgerechtsentziehung abhandelt, wird argumentiert: „Auch sonst zeigen sich die Eltern als Gegner des nationalsozialistischen Staates. Sie besitzen keine Hakenkreuzfahne."[16] Über das Mitführen und Hissen der verschiedenen Fahnentypen gab es detaillierte Richtlinien (s. auch ↑ *Hausfahne*): „Das Führen von Hakenkreuz-Tragfahnen, Tuchfläche 90 x 150 cm oder kleiner, ist den angeschlossenen Verbänden, sowie Vereinen, Verbänden und Schulklassen gestattet. Die Hakenkreuz-Tragfahne mit der Tuchfläche 90 x 150 cm führt die Bezeichnung ‚Tragfahne 300' und kann bei der Reichszeugmeisterei und deren zugelassenen Verkaufsstellen bezogen werden."[17]

Halbjude

Terminus der *Rassenbiologie*: Person mit zwei jüdischen Großeltern.[18]

> 1881 unterscheidet der fanatische Antisemit Eugen Dühring in seiner Schrift ‚Die Judenfrage als Racen-, Sitten- und Culturfrage' von den *Vollblutjuden* die „Halb- und Vierteljuden oder auch Dreivierteljuden" bereits im erbbiologischen Sinn. „Die Dosis der Beimischung in den jüdischen Bastarden kann verschieden ausfallen, je nachdem die Kreuzung nach der einen oder nach der andern Seite wiederholt wird. Halb- und Vierteljuden oder auch Dreivierteljuden werden aber eine Plage sein, die vor den Vollblutjuden noch die Möglichkeit voraushat, leichter in die übrige Gesellschaft einzudringen."[19] *Halbjude* wurde wohl zu *Vollblutjude* (der Vorstufe des späteren ↑ *Volljude*) gebildet, das schon 1857 bei Jeremias Gotthelf vorkommt.[20]

> Durch die Rassengesetzgebung des NS-Regimes erhielt der Ausdruck *Halbjude*, obwohl selbst kein juristischer Terminus, im Kontext der gesetzlich definierten Bezeichnung *jüdischer Mischling ersten Grades* für die Betroffenen existentielle Bedeutung. Der Ausdruck *Halbjude* kommt in den ↑ *Nürnberger Gesetzen* (15. und

---

[15] Zit. Overesch/Saal: Das III. Reich, 1982, Bd. 1, 231.
[16] 21. 9. 1940. In: Justiz im Dritten Reich. Eine Dokumentation. Hg. I. Staff, Fischer Tb. 3409, 69.
[17] Organisationsbuch der NSDAP. 1943, 36.
[18] Gebucht: Duden, 12. Aufl. 1941. Getilgt: Duden, 13. Aufl. 1947.
[19] Ebd., 2. verb. Aufl. 1881, 143.
[20] Hinweis: Cobet, 94. ↑ *Volljude*.

16. 9. 1935) nicht vor; er wird aber für die Gesetzesinterpretation in Kommentaren, Zeitungen, Schulbüchern usw. und bei der praktischen Durchsetzung der zahlreichen, das Existenzrecht der Betroffenen immer stärker beschneidenden Ausführungsverordnungen verwendet. „Die rassische Einordnung des Einzelnen richtet sich grundsätzlich nach der Rassenzugehörigkeit seiner Großeltern. Auf eine rassenbiologische Untersuchung des Einzelnen kann daher in der Regel verzichtet werden. Rassenbiologisch sind, da jeder Mensch vier Großeltern hat, zu unterscheiden: Volljuden, Dreivierteljuden, Halbjuden und Vierteljuden. Diese Vierteilung ist von der Rassengesetzgebung nicht übernommen worden. Gesetzlich wird grundsätzlich nur zwischen zwei Gruppen unterschieden: zwischen ‚Juden‘ und ‚jüdischen Mischlingen‘."[21] „I. Die jüdischen Mischlinge zerfallen in zwei Gruppen: 1. Die jüdischen Mischlinge ersten Grades (Halbjuden), d. h. solche, die von zwei volljüdischen Großelternteilen abstammen. Zu ihnen gehören nicht die von zwei volljüdischen Großelternteilen abstammenden Personen, die ‚als Juden gelten‘. Diese zählen nicht zu den jüdischen Mischlingen, sondern zu den Juden. [...] 2. Die jüdischen Mischlinge zweiten Grades (Vierteljuden), d. h. solche, die von einem volljüdischen Großelternteil abstammen. II. Diese Unterscheidung spielt bei dem für die jüdischen Mischlinge geltenden Recht, insbesondere bei den Eheverboten [...] eine wichtige Rolle."[22] „Die einheitliche Behandlung der Entjudungsfrage in der gesamten Reichskulturkammer wird durch regelmäßige Arbeitsbesprechungen unter dem Vorsitz des Abteilungsleiters II A oder seines Beauftragten sichergestellt. Zu den Besprechungen sind die zuständigen Sachbearbeiter der Einzelkammern zu entsenden. Sachlich sind für die Behandlung der Entjudungsfrage die nachfolgenden Grundsätze maßgebend: Juden im Sinne der Nürnberger Gesetze sind grundsätzlich auszuschließen. Halbjuden sind in den Kammern nur in ganz besonderen Einzelfällen und nur mit meiner persönlichen Genehmigung zu belassen. [...] Wer mit einer Jüdin verheiratet ist, wird grundsätzlich wie ein Halbjude behandelt; wer mit einer Halbjüdin verheiratet ist, grundsätzlich wie ein Vierteljude."[23] (1939). 1941 wird der Ausdruck *Halbjude* erstmalig in den Rechtschreibduden aufgenommen: „*Halbjude* (jüdischer Mischling mit zwei volljüdischen Großeltern)."[24] Mit den Problemen der ↑ *Kennzeichnungsverordnung*, die den Juden das Tragen des ↑ *Judensterns* auferlegte, befaßt sich eine ‚Meldung aus dem Reich‘: „Man müsse aufgrund der Kennzeichnungsverordnung nunmehr folgende Einteilung treffen: I. Gekennzeichnet: 1. Volljuden (mit 4 oder 3 jüdischen Großelternteilen). 2. ‚Halbjuden‘, im mosaischen Glauben erzogene Mischlinge 1. Grades, sog. Geltungsjuden. II. Nicht gekennzeichnet: 1. Volljuden in ‚privilegierter Ehe‘ (Mischehe). A) männliche Volljuden bei Vorhandensein von ehelichen Abkömmlingen. B) weibliche Volljuden 1. bei Vorhandensein von ehelichen Abkömmlingen 2. während der Dauer einer kinderlosen Mischehe. 2. ‚Halbju-

---

[21] Stuckart/Schiedermair: Rassen- und Erbpflege in der Gesetzgebung des Reiches, 3. erw. Aufl. 1942, 14.
[22] Ebd., 16.
[23] Arbeitsrichtlinien für die Reichskulturkammer v. 3. 1. 1939. Zit. Wulf, J.: Die bildenden Künste im Dritten Reich, 1963, 292.
[24] Duden, 12. Aufl. 1941, 222, s. v. halb.

den', nicht mosaisch erzogene Mischlinge 1. Grades. 2. Mischlinge 2. Grades. Wie in den Meldungen durchweg zum Ausdruck kommt, stehe eine solche Einteilung der jüdischen Personengruppe auf Grund der Kennzeichnungsverordnung im Widerspruch zur Rassengesetzgebung, die eine in Bezug auf die Rechtsstellung eingeteilte Stufenleiter vom Volljuden zum Arier aufgrund des jeweiligen arischen Blutanteils kenne. Es sei nunmehr so, daß gewisse Volljuden nicht gekennzeichnet seien, während Mischlinge 1. Grades mit einem 50%igen arischen Blutsanteil gekennzeichnet seien und somit eine mindere Rechtsstellung als jene Volljuden hätten."[25] (1942) Im Schulbuch heißt es 1943: „Der unüberbrückbare rassenseelische Gegensatz zwischen Wirtsvolk und Gastvolk mußte für beide Seiten zur Schicksalsfrage werden. Um diese Frage zu lösen, wurden durch die nationalsozialistische Regierung eine Reihe von Maßnahmen getroffen, die das Judentum in die Grenzen zurückweisen sollen, die ihm als Gastvolk von vornherein gezogen sind."[26] „Von einem jüdischen Mischling spricht man, wenn eine Person von einem oder zwei jüdischen Großeltern abstammt. Eine Ausnahme bilden Halbjuden, die aus den obengenannten Gründen als Juden gelten. Mischlinge, die nur einen jüdischen Großelter haben (= Vierteljuden), dürfen keine Ehe mit einem Juden eingehen, können aber ohne weiteres einen Deutschen heiraten. Halbjuden müssen zur Eheschließung mit einem Deutschen oder einem Vierteljuden um die Erlaubnis bei dem Reichsminister des Innern und dem Leiter der Parteikanzlei nachsuchen. Die Entscheidung hängt von der Gesundheit und dem Charakter des Antragstellers, von der Dauer des Wohnsitzes seiner Familie in Deutschland und von der Teilnahme am Weltkrieg ab."[27]

hart, Härte

Die Qualität eines idealen Nationalsozialisten.

> Mhd. *herte* ‚hart' bezeichnet, auf den Menschen bezogen, die unfreundliche Gesinnung: „Ich truc iu do so herten mut"[28] (Hartmann von Aue, um 1200). 1350 wird von Konrad Megenberg „grober sin und hert vernunft" zusammengestellt.[29] Bei Luther spricht der Knecht des Evangeliums zu seinem Herrn: „Ich fürchtete mich vor dir, denn du bist ein harter mann."[30] In dem Märchen von Wilhelm Hauff (1802–1827) ‚Das kalte Herz' verkörpert das eingetauschte steinerne Herz die unempfindliche Hartherzigkeit des reichgewordenen Kohlenbrenners Peter Munk. Neben dieser Tradition einer pejorativen Wertung des auf den Menschen bezogenen *hart* gibt es die positive Wertung des Adjektivs: „die alte sprache übertrug hart von den kriegswaffen auf den mann, der sie führt, das adjectiv bezeichnete in ihr auch kräftig, kriegstüchtig und tapfer. [...] von hier aus wird hart gebraucht: a) von körperlicher tüchtigkeit und ausdauer, kraft, gesundheit: die ebreischen weiber sind

---

[25] MADR, (Nr. 256), 2. 2. 1941, Bd. 9, 3246.
[26] Biologie für höhere Schulen, Bd. 3, 2. verb. Aufl. 1943, 153.
[27] Ebd., 154.
[28] Hartmann v. Aue, Gregorius, V. 3715. Zit. Trübners DWB, Bd. 3, 334, s. v.
[29] Buch der Natur, 47, 9 Pfeiffer. Zit. ebd.
[30] Luther, Luk. 19, 21. Zit. ebd.

nicht wie die egyptischen, denn sie sind harte weiber, ehe die wehmutter zu inen kompt, haben sie geborn. (2 Mos. 1, 19); [...] b) von fester, strenger, mannhafter gesinnung[31] Diese Bedeutung hat der Spruch „Landgraf werde hart!" in der Thüringischen Sage.[32] Die Figur des Landgrafen Ludwigs des Eisernen, der erst durch den Spruch des Schmieds zu der Strenge fand, mit der er den Übermut der Mächtigen gegen die Bedrückten in die Schranken weisen konnte, wurde von den völkischen Antisemiten zum Symbol für das deutsche Volk erhoben: „Der hochedle Landgraf aber ist unser deutsches Volk. [...] Einsam in der Waldschmiede aber hämmert der schwertkundige Geist seiner Väter [...] den eintönig rauhen [...] Kehrreim: ‚Deutsch Volk werde hart!'. Das gute, unübertrefflich harte Schwert [...] das ist die Liebe zur eigenen Artung! Wer diese Liebe trägt, dem ist auch tief ins Herz gegraben das: ‚Bleibe hart!' [...] Denn notwendig muß diese Liebe hart machen gegen alle Art von Feinden und Verfälschern des eigenen Geistes und Blutes."[33] Willibald Hentschel verschmilzt 1901 die Bedeutungen von *hart*: ‚körperliche Robustheit' und ‚mitleidlose Unempfindlichkeit', wenn er in seiner Schrift ‚Varuna' unter der Überschrift „Der arische Gedanke" von seinen Mitstreitern fordert: „Heilige Lohe über Euch! Hart wie Stein sei Euer Herz, denn hart wie Stein ist die Welt."[34]

▶ Die Nationalsozialisten machten aus dem in sektiererischen völkischen Zirkeln positiv umgewerteten Adjektiv *hart* (wie aus dem zugehörigen Substantiv *Härte*) ein verbreitetes Hochwertwort. Der Zeitzeuge F. G. Kneisel stellt fest: „Aus diesem neumilitärischem Geiste sind auch eine Reihe von Neuwertungen oder Neudeutungen zu erklären, so werden z. B. die Ausdrücke *hart, unduldsam, fanatisch* heute im allgemeinen nur im positiven Sinne verwendet, Bezeichnungen wie *nachsichtig, duldsam* dagegen im negativen Sinne."[35] Rosenberg 1926: „Der härteste Mann ist für die eiserne Zukunft gerade noch hart genug."[36] In ‚Mein Kampf' beschreibt Hitler, welche Eigenschaften Nationalsozialisten besitzen müssen, um die „neue Idee" zum Sieg zu führen: „So waren beide Männer [der erste Vorsitzende der Partei Harrer und der Vorsitzende der Münchener Ortsgruppe Drexler] nicht aus einem Holz geschnitzt, das sie befähigt hätte, nicht nur den fanatischen Glauben an den Sieg einer Bewegung im Herzen zu tragen, sondern auch mit unerschütterlicher Willensenergie und, wenn nötig, mit brutalster Rücksichtslosigkeit die Widerstände zu beseitigen, die sich dem Emporsteigen der neuen Idee in die Wege stellen mochten. Dazu paßten nur Wesen, in denen sich Geist und Körper jene militärischen Tugenden zu eigen gemacht hatten, die man am besten so bezeichnen kann: Flink wie Windhunde, zäh wie Leder und hart wie Kruppstahl." (S. 392) Die gleichen Eigenschaften fordert Hitler später von der Jugend des ↑ *Dritten Reichs*: „Was wir

---

[31] DWB, Bd. 4, Abt. 2, 1, 1877, 501.
[32] Grimm, J,: Deutsche Sagen, Nr. 556, Berlin 1816–1818.
[33] v. Hagen, A. in: Ostara, 15. 6. 1906, Rodaun b. Wien, 1906.
[34] Ebd., Bd. 2, Leipzig 1901, 376.
[35] Die Entwicklung des deutschen Wortschatzes nach dem Weltkriege. In: Neophilologus, 25/1940, 30.
[36] Der Weltkampf, April 1926. In: Blut und Ehre, 1934, 223.

von unserer deutschen Jugend wünschen, ist etwas anderes, als es die Vergangenheit gewünscht hat. In unseren Augen da muß der Junge der Zukunft schlank und rank sein, flink wie Windhunde, zäh wie Leder und hart wie Kruppstahl."[37] „Denn durch diese wirklichen Taten wird bewiesen, daß der von intellektueller Bildung unabhängige wahre Charakter, der sich unter den sogenannten ‚einfachen Schichten' findet, in seinen Taten das beweist, was nun einmal zum charaktervollen Menschen gehört: die Härte. Mit dem sogenannten ‚Herzenstakt' befreit sich kein Volk von artfremdem Schädlingen, mit ihm erhebt es sich nicht zur Ehrliebe und Wehrhaftigkeit."[38] „Harte Zeiten verlangen harte Herzen."[39] „Aber schon Klopstock hat uns den guten Rat gegeben, nicht allzu gerecht zu sein; unsere Feinde dächten nicht edel genug, zu sehen, wie schön unser Fehler sei. Wenn irgendwohin, dann paßt dieses Wort auf unser Verhältnis den Juden gegenüber. Hier ist Nachgiebigkeit nicht nur Schwäche, sondern Pflichtvergessenheit und ein Verbrechen gegen die Staatssicherheit obendrein. Denn die Juden sehen ja nur eine Möglichkeit herbei, um unsere Tölpelhaftigkeit mit Blut und Terror zu belohnen. Dazu darf es niemals kommen. Und eine der wirksamsten Maßnahmen dagegen ist eine unerbittliche kalte Härte gegen die Verderber unseres Volkes, gegen die Anstifter dieses Krieges, gegen seine Nutznießer, wenn wir ihn verlören, und deshalb notwendigerweise auch gegen seine Opfer, wenn wir ihn gewinnen."[40] Auf einer SS-Gruppenführertagung in Posen führt Heinrich Himmler am 4. Oktober 1943 aus: „Ich meine jetzt die Judenevakuierung, die Ausrottung des jüdischen Volkes. [...] Von euch werden die meisten wissen, was es heißt, wenn 100 Leichen beisammen liegen, wenn 500 da liegen oder wenn 1000 da liegen. Dies durchgehalten zu haben und dabei – abgesehen von den Ausnahmen menschlicher Schwächen – anständig geblieben zu sein, das hat uns hart gemacht. Dies ist ein niemals geschriebenes und niemals zu schreibendes Ruhmesblatt unserer Geschichte."[41]

Hauptstadt der Bewegung

Von Hitler verliehener Ehrentitel der Stadt München.[42]

▸ Von München nahm die ↑ *Bewegung* ihren Ausgang, in München begann Hitlers Aufstieg. München blieb auch nach 1933 Sitz der NSDAP. In ‚Mein Kampf' begründet Hitler das Festhalten an München: „Die geopolitische Bedeutung eines zentralen Mittelpunktes einer Bewegung kann dabei nicht überschätzt werden. Nur das Vorhandensein eines solchen, mit dem magischen Zauber eines Mekka oder Rom umgebenen Ortes, kann auf die Dauer einer Bewegung die Kraft schenken, die in der inneren Einheit und der Anerkennung einer diese Einheit repräsentierenden Spitze

---

[37] Rede am Reichsparteitag 1935. In: Adolf Hitler an seine Jugend, 1937, o. S.
[38] Schering, W. M.: Charakter und Gemeinschaft. In: NS-Monatshefte, 8/1937, 901.
[39] Müller, L.: Der deutsche Volkssoldat, 1940, 121.
[40] Goebbels: Die Juden sind schuld! In: Das Reich, 16. 11. 1941, 1.
[41] Zit. Hofer, W. (Hg.): Der Nationalsozialismus, 114.
[42] Gebucht: Duden, 11. Aufl. 1934, 12. Aufl. 1941 (s. v. *München*). Getilgt: Duden, 13. Aufl. 1947.

begründet liegt." (S. 381) Diese Überlegungen fanden ihren Niederschlag in dem Beinamen, den Hitler der Stadt, allerdings erst 1935, verlieh. „Amtliche Mitteilung vom 2. 8. 1935: Der Führer hat in einer heute stattgefundenen Besprechung mit Oberbürgermeister Fiehler der Stadt München die Bezeichnung ‚Hauptstadt der Bewegung' offiziell verliehen."[43] „München, Hauptstadt der Bewegung. [...] Nach dem Willen des Führers soll München als die Stadt, in der die nationalsozialistische Bewegung gegründet wurde, eine besondere Ausgestaltung erfahren. In großzügigen klaren Formen wurde nach Plänen des Baumeisters L. Troost das Führerhaus, das Verwaltungsgebäude der NSDAP, die beiden Tempel der ‚Ewigen Wache' [...], in denen die an der Feldherrnhalle am 9. November 1928 Gefallenen der NSDAP. ruhen, und das Haus der Deutschen Kunst errichtet."[44] Am 21. 12. 1938 erschien ein „Erlaß des Führers und Reichskanzlers über die Neugestaltung der Hauptstadt der Bewegung".[45] Nach den schon vorliegenden Plänen sollte die Stadt zu einem riesigen ideologischen Zentrum des NS-Staates werden. Nur der Krieg verhinderte die Realisierung. Noch im Februar 1945 wird die in Trümmern liegende Stadt München im Monatsbericht des Regierungspräsidenten *Hauptstadt der Bewegung* genannt: „So sind diese bitteren Wochen in der grausam zugerichteten Hauptstadt der Bewegung ohne unerträgliche Störungen in der Versorgung der Bevölkerung vorübergegangen."[46]

Hausfahne

↑ *Hakenkreuzfahne* im Besitz des einzelnen ↑ *Volksgenossen*.

> „Die Reichs- und Nationalfahne (Hakenkreuzfahne) kann laut Flaggengesetz von jedem deutschen Reichsbürger gezeigt werden. Bestimmte Größen für alle Hausfahnen sind nicht festgelegt."[47] Das Hissen der *Hausfahne* an den Nationalfeiertagen des NS-Staates und zu sonstigen Anlässen war nicht verpflichtend, doch wurde die Unterlassung als Akt der Verweigerung und des Widerstandes gewertet und mit Sanktionen bedroht. So wurde einem Kölner Bürger, der am 30. Januar, dem *Tag der nationalen Erhebung*, nicht die *Hausfahne* gehißt hatte, in einem Schreiben seiner NSDAP-Ortsgruppe vorgeworfen, „ein gleichgültiger und lauer Deutscher" zu sein. Sein Verhalten wurde als „gewollte Gegenkundgebung gegen die Anordnung der Reichsleitung oder als Ausdruck einer absichtlich betonten Judenfreundlichkeit" angeprangert. Für solche warnenden Mahnschreiben gab es Formblätter, in die nur noch das Datum und der Name des Empfängers einzutragen waren.[48]

---

[43] In: Domarus, Bd. 1/2 (1935–38), 1965, 519.
[44] Volks-Brockhaus 1940, 462.
[45] RGBl. 1, 1938, 1891f.
[46] 9. 2. 1945. In: Bayern in der NS-Zeit, 1977, 681.
[47] Organisationsbuch der NSDAP. 1943, 36.
[48] Der Name der Freiheit 1288 – 1988. Handbuch zur Ausstellung d. Köln. Stadtmuseums, 1988, 627f.

Haushalt(s)kartei

Vom ↑ *Blockleiter* geführte Datensammlung über die Mitglieder der zu seinem ↑ *Block* gehörigen Haushaltungen.

▸ Die *Haushaltkartei* wurde als Grundlage für statistische Erhebungen, die organisatorische ↑ *Erfassung* und die politische Beurteilung der Haushaltsmitglieder geführt. „Rundschreiben im Gau Köln-Aachen vom 31. 1. 1941 an alle Kreis- und Ortsgruppenleiter: […] Die Blockleiter müssen im Besitz von Listen sein, die den gleichen vorgedruckten Text haben wie die Haushaltkartei und von den Blockleitern mit notwendigen Eintragungen zu versehen sind (Familienstand, Mitgliedschaft in der Partei, einer Gliederung, einem angeschlossenem Verband usw.) […] So ist zu vermerken, seit wann der „Völkische Beobachter" bezogen wird, ob die Familie bereits vor dem Flaggengesetz von 1935 eine Hakenkreuzfahne besaß und welches Rundfunkgerät in dem Haushalt vorhanden ist… Diese Angaben sind durch Unterhaltung der Blockleiter mit den betreffenden Volksgenossen leicht zu erhalten. […] Die politische Beurteilung eines jeden Volksgenossen ist von dem Ortsgruppenorganisationsleiter in Zusammenarbeit mit dem zuständigen Block- oder Zellenleiter, sowie im Einvernehmen mit dem Ortsgruppenleiter vorzunehmen. […]"[49] „Die Erfassung [für den Volkssturm] geschieht entweder durch öffentlichen Aufruf oder durch Einzelzustellung der Einberufung, wobei sich die Ortsgruppen der NSDAP. der bereits bestehenden Haushaltskarteien, gegebenenfalls auch der Unterlagen der Einwohnermelde- und Ernährungsämter bedienen."[50]

Hegehof

Von Darré vorgeschlagene Bezeichnung für neu einzurichtende bäuerliche Erbsitze, auf denen ein neuer deutscher Adel „aus Blut und Boden" herangezogen werden sollte.[51]

▸ R. W. Darré übernahm den Ausdruck *Hegehof*, wie er selbst angibt, aus dem zeitgenössischen Roman ‚Adel verpflichtet'[52], in dem er manche seiner Ideen vorausahnend geschildert sieht. „Nahe liegend für eine Bezeichnung des Erbsitzes wäre vielleicht das Wort ‚Adelsgut', weil es dem altgermanischen Sinn des Wortes ‚Adel' am nächsten kommt. Dem stehen jedoch Bedenken gegenüber, so z. B., daß unserem Volke das Wort Adel doch nicht mehr in dem germanischen Sinne des Wortes gegenwärtig ist, mithin Mißverständnisse entstehen könnten; schwerwiegender ist aber die Tatsache, daß in Ostelbien heute noch verschiedene Güter die Bezeichnung ‚Adlig Gut' führen und entsprechend im Grundbuch eingetragen sind. Das Wort Adel möchte Verfasser daher in der äußeren Kennzeichnung des Erbsitzes vermeiden.

---

[49] Dok. D-901a. In: Der Nürnberger Prozeß, Bd. 20, 120 f.
[50] H. Hahn: Volkssturm im Aufbau. In: Das Reich, 5. 11. 1944.
[51] Gebucht: Paechter (jedoch mit falscher Bedeutungsangabe).
[52] Johannes: Adel verpflichtet, 2. Aufl. Leipzig 1930. Zit. Darré, R. W.: Neuadel aus Blut und Boden, 1934, 54, Fußnote.

Vorgeschlagen wird hiermit das Wort **Hegehof**. In diesem Wort kommt das zu Hegende an Blut und Boden unmißverständlich zum Ausdruck."[53] „Der ganze Hegehof-Gedanke hat überhaupt nur einen Sinn, wenn man die Hegehöfe als Sammelbecken unseres besten deutschen Blutes betrachtet, so daß sie zu Quellen hochwertigster Blutströme im Volkskörper werden."[54]

Heil Hitler

In der ↑ *Kampfzeit* Gruß der NSDAP-Mitglieder, nach 1933 der offizielle Gruß aller ↑ *Volksgenossen*.[55]

> Wunsch- und Grußformeln, die das Substantiv *Heil* enthalten, haben eine lange Geschichte. Vorbildlich war vielleicht der biblische Gruß der ‚Offenbarung des Johannes': „Und siehe, eine große Schar, welche niemand zählen konnte, aus allen Heiden und Völkern und Sprachen, vor dem Stuhl stehend und vor dem Lamm [...] schrien mit großer Stimme und sprachen: Heil sei dem, der auf dem Stuhl sitzt, unserm Gott, und dem Lamm!"[56] Schon im mhd. ‚Alexanderlied' des Pfaffen Lamprecht (um 1120/1130) heißt es: „Heil dir, sprach er, sune min".[57] Durch Klopstock (1724–1803) wird die Formel, zuerst im 4. Gesang (1751) seines ‚Messias', neu belebt. Gottsched (1700–1766), der Literatur-Gesetzgeber der Aufklärungszeit, tadelt sie vergeblich als undeutschen Anglizismus.[58] Dennoch gehen *Heil, Heil dir* u. ä. in der zweiten Hälfte des 18. Jahrhunderts als gehobene, emphatische Wunsch- und Grußformeln in die Literatursprache ein und werden „sehr gebräuchlich".[59] Seltener ist die Verwendung als reine Grußformel, wie sie häufig bei Herder (1744–1803) vorkommt: „Heil Ihnen von meinem Weib und Kinde" (1774 an Hamann)[60] F. L. Jahn (1778–1852) führt 1817 den Zuruf *Gut Heil* als Turnergruß ein, der sich mit großer Schnelligkeit verbreitet. Rückblickend schreibt Jahn: „‚Gut Heil' ist ein deutscher Gruß wie nur irgend einer. Guten Morgen, Guten Tag, Gute Nacht! wünscht die ganze deutschredende Welt."[61] „Warum soll der Turner, der in der Turnkunst eine Verjüngung der altersschwachen Gegenwart ahnt und eine Heilung kranker Zustände, sich nicht ‚Gut Heil' zurufen? Es ist ein alter Wunsch, wenn auch lange in Vergeßnis, woran die Deutschen immer sehr gelitten haben. Das Turnen, was so Vieles wieder lebendig gemacht, hat auch Gut Heil wieder hervorgerufen. Seit 1817 findet sich das Wort schon wieder gedruckt und nunmehr in allgemeinem Gebrauch."[62] Im 19. Jahrhundert und nach der Jahrhundertwende setzte

---

[53] Ebd., 53 f.
[54] Ebd., 163.
[55] Gebucht: Duden, 11. Aufl. 1934, 12. Aufl. 1941. Getilgt: Duden, 13. Aufl. 1947.
[56] Offenbarung VII, 9. 10. Hinweis bei Walz, J. A.: „Heil!" In: ZDW 15/ 1914, 171.
[57] Vgl.: Trübners DWb., Bd. 3, 1939, s. v.
[58] Walz, ebd., 157.
[59] DWB, Bd. 4, Abt. 2, 818 s. v.
[60] Zit. Walz, ebd., 170.
[61] Jahn, F. L.: Der Turnergruß „Gut Heil!" (zuerst 1846). In: Werke. Hg. C. Euler, Bd. 2/2, 1887, 920 f.
[62] Ebd., 921.

sich die emphatische Tradition des Heilsrufes fort bis in die vaterländischen Lieder: „Dem Vaterland Heil, dem geeinten, befreiten", „Heil meinem Vaterlande", „Heil dir im Siegerkranz [...] Heil, Kaiser, dir", „Dem Kaiser Heil", „Heil Hohenzollern, Heil Kaiser und Reich".[63] Daneben verbreiten sich *Gut Heil*, später auch *All Heil* (als Gruß der Radfahrer) und zuletzt *Ski Heil*, sowie *Heil* ohne weiteren Zusatz als reine Grußformeln und Gruppenkennzeichen.[64] *Heil* galt „immer als ausgesprochen ‚deutscher Gruß'. Ganz in diesem Sinn haben auch die Antisemiten und in Österreich die Anhänger Schönerers den Ruf verstanden; in einem zeitgenössischen „alldeutschen Streitgedicht" hieß es: „Heil gilt als Gruß in deutschen Landen, / Das ist ein Gruß nach deutscher Art, / Was falsch und schlecht, das wird zu schanden, / Heil wer dem Volk die Treue wahrt / (…) Fort mit dem Gruße feichter (sic) Laffen / (…) Mit Servus und noch mancherlei / (…) Wenn deutsche Männer sich begegnen, / Sei Heil ihr Gruß dem Feind zum Fluch, / Sei dreifach Heil der Segensspruch."[65] Dazu paßt, was Hitler über seine Jugend in ‚Mein Kampf' berichtet: „Auch ich hatte so einst die Möglichkeit, schon in verhältnismäßig früher Jugend am Nationalitätenkampf des alten Österreich teilzunehmen. Für Südmark und Schulverein wurde da gesammelt, durch Kornblumen und schwarzrotgoldene Farben die Gesinnung betont, mit Heil! begrüßt und statt des Kaiserliedes lieber ‚Deutschland über alles' gesungen, trotz Verwarnung und Strafen." (S. 10) „Der Heil-Gruß verbreitete sich als besonderes Kennzeichen in allen Teilen der völkischen und dann der Jugendbewegung."[66] Postkarten vom Schillerfest 1905 in Krummau trugen den Aufdruck: „Heilgruß vom Schillerball".[67] Wandervögel schlossen ihre Rundschreiben und Zuschriften mit Grüßen wie: „in Treue Heil!" (1904), „Heil und Sieg" (1912), „Heil!" (1912)[68] Neu eintreffende „Wanderscharen" „wurden mit Heilsgejubel von den schon Versammelten begrüßt".[69]

▶ Über den Gruß *Heil Hitler* schreibt Manfred Pechau in einer Zusammenfassung seiner Dissertation ‚Nationalsozialismus und deutsche Sprache' von 1935 in den ‚Nationalsozialistischen Monatsheften': „Am meisten in den Volksgebrauch eingegangen ist der Gruß ‚Heil Hitler'. Von diesem kann man wirklich sagen, daß er im Volke entstanden ist. Noch 1923 wechseln die Zustimmungs- und Begeisterungsrufe zwischen Heil Hitler und Heil Ludendorff. 1925 wird der ‚Hitlergruß' offiziell eingeführt. Wir wissen, daß auch andere Parteien den Gruß nachzuahmen versuchten. So hatten sich die Deutschnationalen zu einem ‚Heil Hugenberg' entschlossen,

---

[63] Liederschatz für höhere Schulen, T. 3, hg. Günther/Noack, 22. Aufl. Berlin-Karlshorst, 1916, Nr. 87: „Mein Deutschland"; Nr. 98: „Ich bin ein Preuße"; Nr. 92; Nr. 95 b; Nr. 79: „Hohenzollernlied".

[64] *All Heil* und *Ski Heil* erwähnt bei Walz, ebd., 171 (1914).

[65] Weißmann, K.: Schwarze Fahnen, Runenzeichen, 1991, 39. („Alldeutsches Streitgedicht" dort nach Whiteside, A.: Georg Ritter v. Schönerer. Alldeutschland und sein Prophet, Graz, Wien, Köln 1981, 301, Anm. 13.)

[66] Weißmann, ebd.

[67] Krummau, 4. 3. 1905. Schillerausstellung im Schillermuseum, Weimar.

[68] Kindt, W. (Hg.): Die Wandervogelzeit. Quellenschriften zur Jugendbewegung, 1968, 60, 134, 135.

[69] Kindt, ebd., 154.

während es wieder andere bei einem ‚Heil Deutschland' beließen. Daß neben vielen anderen Heilgrüßen (Front Heil, Frei Heil u. a.) in Deutschland vor einigen Jahren auch noch ‚Heil Moskau' geschrien wurde, sollte noch nicht vergessen sein. Der katholischen Aktion blieb es vorbehalten, auch nach der Machtergreifung die Einheit des ‚deutschen Grußes' zu durchbrechen durch einen ‚Treu Heil'-Versuch. – Daß die Art des Grußes auf germanischen Brauch zurückgeht, ist bekannt. – "[70] Der Gruß *Heil Hitler* wurde zum üblichen Gruß für alle Deutschen, nicht nur für die Parteigenossen. Die Verwendung abweichender Grußformeln galt als Provokation: „Es darf nicht unerwähnt bleiben, daß ein Teil des bei der Systierung (sic) der Geistlichen anwesenden Publikums in eindeutiger Weise für sie durch ‚Treu Heil'-Rufe Stellung nahm."[71] „Diese Auffassung tritt bei zahlreichen kirchlichen Veranstaltungen zu Tage, an denen sich die Bevölkerung in verstärktem Maße und mit gesteigerter Anteilnahme beteiligt. Überall wo sich der Bischof zeigt, wird er mit spontaner Begeisterung begrüßt. Laute ‚Treu Heil'-Rufe und das Erheben der drei Schwurfinger sind ein gewohntes Bild geworden. Man kann nicht umhin, derartige Demonstrationen als Bekenntnis einer ablehnenden Geisteshaltung gegenüber Bewegung und Staat anzusehen."[72] Das Verweigern des ↑ *deutschen Grußes* konnte als Zeichen illoyaler oder staatsfeindlicher Gesinnung mit Sanktionen verfolgt werden. „Der Ehrengerichtshof erblickt in der Verweigerung des Deutschen Grußes eine ernstlich zu ahndende Standespflichtverletzung. Die Annahme des Ehrengerichts, der Angeklagte habe hier nicht absichtlich, sondern aus einer erklärlichen Gleichgültigkeit heraus gehandelt, vermag der Ehrengerichtshof nicht zu teilen. Nicht nur das Verhalten des Angeklagten am 20. Oktober 1936, auch die von dem Zeugen gemachten Wahrnehmungen lassen keinen Zweifel darüber, daß der Angeklagte den Deutschen Gruß vielfach absichtlich nicht entboten und erwidert hat."[73] Ende 1944 meldet der Lagebericht der Gendarmerie-Station Feilnbach, Kr. Bad Aibling/Rosenheim: „Wenn man seine stillen Beobachtungen von 1933 bis zur jetzigen Zeit macht, so kommt man zu dem Entschluß, daß viele Parteigenossen von ihrem seinerzeitigen Versprechen abweichen und nunmehr anderer Ansicht sind. Viele grüßen nicht mehr mit ‚Heil Hitler' und schauen die gegenwärtige Lage als sehr tragisch an."[74]

Heimtückegesetz

Kurzbezeichnung für das ‚Gesetz gegen heimtückische Angriffe auf Staat und Partei und zum Schutz der Parteiuniformen' vom 20. 12. 1934.[75]

> Das *Heimtückegesetz* löste die unmittelbar nach Hitlers Regierungsantritt erlassene Verordnung des Reichspräsidenten zur Abwehr heimtückischer Angriffe gegen

---

[70] Ebd., 8/Dez. 1937, 1061; s. auch: Pechau, Diss. 1935, 21.
[71] Lagebericht f. den Monat Mai 1935 d. Staatspolizeistelle f. d. Regierungsbez. Aachen v. 7. 6. 1935. In: B. Vollmer: Volksopposition im Polizeistaat, 1957, 218.
[72] Ebd., 224.
[73] Urteil v. 1. November 1937. In: Justiz im Dritten Reich. Eine Dokumentation. Hg. I. Staff, 1979, 69.
[74] 22. 12. 1944. In: Bayern in der NS-Zeit, 1977, 677.
[75] Gebucht: Duden, 12. Aufl. 1941, Meyers Lexikon 1936 ff., Paechter, Volks-Brockhaus 1940. Getilgt: Duden, 13. Aufl. 1947.

die Regierung der nationalen Erhebung vom 21. 3. 1933[76] ab. Es „wurde vor allem zur Bekämpfung der Greuelnachrichten erlassen".[77] Artikel 1 des *Heimtückegesetzes*, in dem die Ausdrücke *Heimtücke* und heimtückisch selbst nicht vorkommen, lautete: „§ 1 (1) Wer vorsätzlich eine unwahre oder gröblich entstellte Behauptung tatsächlicher Art aufstellt oder verbreitet, die geeignet ist, das Wohl des Reiches oder das Ansehen der Reichsregierung oder das der Nationalsozialistischen Deutschen Arbeiterpartei oder ihrer Gliederungen schwer zu schädigen, wird, soweit nicht in anderen Vorschriften eine schwere Strafe angedroht ist, mit Gefängnis bis zu zwei Jahren und, wenn er die Behauptung öffentlich aufstellt oder verbreitet, mit Gefängnis nicht unter drei Monaten bestraft. [...] §2 (1) wer öffentlich gehässige, hetzerische oder von niedriger Gesinnung zeugende Äußerungen über leitende Persönlichkeiten des Staats oder der NSDAP, über ihre Anordnungen oder die von ihnen geschaffenen Einrichtungen macht, die geeignet sind, das Vertrauen des Volkes zur politischen Führung zu untergraben, wird mit Gefängnis bestraft. [...]"[78] „Für die in den Artikeln 1, 2 des Gesetzes gegen heimtückische Angriffe auf Staat und Partei und zum Schutz der Parteiuniformen vom 20. Dezember 1934 [...] bezeichneten Verbrechen und Vergehen sind die nach der Verordnung der Reichsregierung vom 21. März 1933 [...] gebildeten Sondergerichte zuständig, soweit nicht die Zuständigkeit des Volksgerichtshofs oder Oberlandesgerichts begründet ist."[79] „Angezeigt wurde der verheiratete Landwirt B. von Sachsendorf wegen heimtückischer Angriffe auf Staat und Partei. B. äußerte sich in abfälliger Weise über die Kriegsopferversorgung, was bei Kriegsbeschädigten Anstoß erregte."[80] „Wegen Vergehens gegen das Heimtückegesetz und sonstigen staatsfeindlichen Verhaltens, insbesondere wegen Verbreitung von Greuelnachrichten und Abhörens ausländischer Sender wurden von der Staatspolizei festgenommen: in Berlin 13 Personen, in Dortmund 12, in Graz 9, in Kiel 5, in Düsseldorf, Karlsruhe, Magdeburg, Stuttgart und Wien je 4, in Chemnitz, Köln und Schwerin je 3 Personen."[81] „Die im hiesigen Dienstbezirk noch vorhandenen Anhänger der früheren KPD und SPD haben sich vollständig ruhig verhalten. Lediglich wurde von diesseits am 5. 3. 1940 gegen den verheirateten Bäckermeister Franz Degen von Hollfeld Strafanzeige wegen Vergehens gegen das Heimtückegesetz erstattet. Degen schaltete gelegentlich der Übertragung einer Ansprache des Gauleiters und Reichskommissars Bürckel in seinem Café einfach den Radioapparat weg und äußerte sich anschließend noch in abfälliger Weise."[82] „In den ersten Jahren dieses Krieges wurden defaitistische Äußerungen teilweise überhaupt nicht, allenfalls nach dem Heimtückegesetz verfolgt, das als Höchststrafe 5 Jahre Gefängnis vorsieht."[83]

---

[76] RGBl. 1, 1933, 135.
[77] Volks-Brockhaus 1940, 283.
[78] RGBl. 1, 1934, 1269.
[79] RGBl. 1, 1935, 4.
[80] Monatsbericht der Gendarmerie-Station Aufseß, 28. 2. 1936. In: Bayern in der NS-Zeit, 1977, 90.
[81] MADR, (Nr. 1), 9. 10. 1939, Bd. 2, 331 f.
[82] Monatsbericht der Gendarmerie-Station Hollfeld, 26. 3. 1940. In: Bayern in der NS-Zeit, 1977, 137.
[83] MADR, SD-Berichte zu Inlandsfragen, 2. 12. 1943, Bd. 15, 6096.

Heiratsbefehl

Bezeichnung für den SS-Befehl A Nr. 65 vom 31.12.1931, durch den Himmler eine an ↑ *rassische* Kriterien gebundene Heiratsgenehmigung für SS-Angehörige einführte.

▶ „Der ‚Heiratsbefehl'. Es wäre natürlich unsinnig und auch schon nach kurzer Zeit wertlos gewesen, den Versuch zu unternehmen, eine männliche rassische Auslese zu sammeln und dabei an den vorhandenen oder gar zukünftigen Familien der Männer vorbeizugehen. Entsprechend dieser ganz einfachen und klaren Erkenntnis [...] hat sich dann die SS ihre entsprechenden eigenen grundsätzlichen Gesetze gegeben. Als erste und wichtigste dieser Grundforderungen gab der Reichsführer SS bereits im Jahr 1931 der Schutzstaffel das Gesetz, das die Verlobungs- und Heiratsgenehmigung des SS-Mannes vorschreibt. Dieser Befehl hat folgenden Wortlaut [...] : 1. Die SS ist ein nach besonderen Gesichtspunkten ausgewählter Verband deutscher nordisch-bestimmter Männer. 2. Entsprechend der nationalsozialistischen Weltanschauung und in der Erkenntnis, daß die Zukunft unseres Volkes in der Auslese und Erhaltung des rassisch und erbgesundheitlich guten Blutes beruht, führe ich mit Wirkung vom 1. Januar 1932 für alle unverheirateten Angehörigen der SS die ‚Heiratsgenehmigung' ein. 3. Das erstrebte Ziel ist die erbgesundheitlich wertvolle Sippe deutscher nordisch-bestimmter Art. 4. Die Heiratsgenehmigung wird einzig und allein nach rassischen und erbgesundheitlichen Gesichtspunkten erteilt oder verweigert."[84] „Der zur SS zurückgekehrte ist dort zunächst noch SS-Anwärter. Er wird in der Folgezeit bis zu seiner bevorstehenden endgültigen Aufnahme noch einmal weltanschaulich besonders geschult, indem er eingehend über die Grundgesetze der SS, insonderheit über den Heiratsbefehl und die Ehrengesetze der SS belehrt und unterrichtet wird."[85]

Heldenehrungsfeier

Von der NSDAP ausgerichtete Totenfeiern für Kriegsopfer, deren Angehörige eine kirchliche Feier ablehnten.

▶ „Aufnahme und Auswirkungen der Heldenehrungsfeiern der NSDAP in der Bevölkerung. Aus allen Reichsteilen wird in zahlreichen Meldungen berichtet, daß die durchgeführten Heldenehrungsfeiern, wenn sie einigermaßen würdig durchgeführt wurden, in der Bevölkerung und bei den Hinterbliebenen dankbarste Aufnahme gefunden haben, um so mehr als es im Hinblick auf die bisher führende Stellung der Kirche in der Gestaltung von Gefallenenfeiern und Gedächtnisgottesdiensten als dringend notwendig empfunden wurde, daß die Partei sich um diese wesentliche Frage kümmern möchte."[86] „Selbstverständlich wird für jeden Gefallenen, deren

---

[84] d'Alquen, Gunter: Die SS, 1939, 9f.
[85] Ebd., 19.
[86] MADR, (Nr. 291), 15.6.1942, Bd. 10, 3830.

Angehörige keine kirchliche Feier wünschen, eine Heldenehrungsfeier der Partei gestaltet."[87]

Heldengedenktag

Gedenktag für die toten Soldaten des Ersten Weltkriegs und die beim Putschversuch am 9. 11. 1923 umgekommenen Nationalsozialisten; ab 1939 Gedenktag für die Toten beider Weltkriege (für die *Gefallenen der Bewegung* wurde ein eigener Gedenktag festgelegt).[88]

> Der nationalsozialistische *Heldengedenktag* ersetzte den Volkstrauertag, der seit 1926 auf Initiative des ‚Volksbundes Deutsche Kriegsgräberfürsorge e. V.' zum Gedenken an die Opfer des Ersten Weltkrieges am 2. Fastensonntag Reminiscere, dem 5. Sonntag vor Ostern, begangen wurde. Am 20. 2. 1934 wurde durch eine Presseanweisung bestimmt: „Der Volksbund für Kriegsgräberfürsorge hat eine Reihe von Artikeln, Matern usw. an die Zeitungen versandt. Es wird gebeten, überall das Wort ‚Volkstrauertag' zu ersetzen durch das Wort ‚Heldengedenktag'."[89] (Diese Anweisung muß 1936 noch einmal wiederholt werden: „Es wird gebeten, am kommenden Sonntag nicht vom Volkstrauertag, sondern vom Heldengedenktag zu sprechen."[90]) Am 24. 2. 1934 gibt ‚Blick in die Zeit' eine Meldung des ‚Völkischen Beobachters' wieder: „Der 25. Februar wird als Heldengedenktag einheitlich im ganzen Reich begangen werden. Alle Lustbarkeiten sind an diesem Tag verboten."[91] Am 28. Februar 1934 wird im Gesetz über die nationalen Feiertage festgelegt: „§ 2 Der 5. Sonntag vor Ostern (Reminiscere) ist Heldengedenktag."[92] An die Stelle der Volkstrauer tritt das *Heldengedenken*: „Der Heldengedenktag steht bevor. Ehre der großen Armee von Kameraden, die im Weltkrieg ihr Leben für ihr Vaterland, für Ehre und Freiheit geopfert haben.!"[93] „Am Heldengedenktage, der im nationalsozialistischen Staate an die Stelle des Volkstrauertages getreten ist, gedachte das deutsche Volk der im Weltkrieg Gefallenen [...]. In Feiern dieser Art liegt viel mehr, als man früher jemals zu glauben vermocht hat. Sie sind nicht nur der Ausdruck gefühlsmäßiger Verbundenheit mit der Vergangenheit und mit ihren Taten und mit dem Schmerze aller unmittelbar Betroffenen, sondern sie vermitteln ein gläubiges Nacherleben, das zugleich eine Bestärkung des Glaubens an deutsche Kraft und des Hoffens auf neues deutsches Leben in sich trägt. So ist die Besinnung zugleich die Kraftquelle für die neue und kommende Arbeit."[94] In einem Aufsatz ‚Das Werk deutscher

---

[87] Weltanschaul. Bericht d. Kreisschulungsamtes Weißenburg, 29. 6. 1944. In: Bayern in der NS-Zeit, 1977, 589.
[88] Gebucht: Trübners DWB.
[89] ZSg. 101/3/89/Nr. 294. In: Toepser-Ziegert, Bd. 2: 1934, 99. Auch unter d. Sigle: Br 3/89, 20. 2. 1934 (Anw. Nr. 294) zit. Glunk, ZDS 27/1971, 178.
[90] ZSg. 101/7/159/Nr. 244. In: Toepser-Ziegert, Bd. 4/I: 1936, 242 f. Auch unter d. Sigle: Br. 7/159, 3. 3. 1936 (Anw. Nr. 244) zit. Glunk, ebd.
[91] Ebd. 2/24. 2. 1934, 8.
[92] RGBl. 1, 1934, 129.
[93] In: Deutsche Justiz, 99/19. 2. 1937, 268.
[94] In: Deutsche Justiz, 99/ 26. 2. 1937, 303.

Heldenehrung' in den ‚NS-Monatsheften' wird der Volksbund von dem Makel falscher Gesinnung freigesprochen. Der damals gewählte Name *Volkstrauertag* sei ein Notbehelf gewesen, erzwungen durch die herrschende ‚ehrlose Gesinnung und marxistische Regierungen'. „Darum führte er [der Volksbund Deutsche Kriegsgräberfürsorge] gegen ehrlose Gesinnung und marxistische Regierungen einen ununterbrochenen Kampf für die Einrichtung eines deutschen Heldengedenktages. Es ist bisweilen so dargestellt worden, als hätten jene Regierungen von sich aus den Volkstrauertag eingeführt – einen Tag, der ihrer Gesinnung entsprochen habe. In Wirklichkeit ist die Schuld, die sie den gefallenen deutschen Soldaten gegenüber auf sich geladen haben, eine viel größere! Sie wehrten sich gegen jeden Gedenktag, wie er ohne den jahrelangen Kampf des Volksbundes nie begangen worden wäre. Die Arbeit, die der Volksbund seit nahezu zwanzig Jahren leistet [...], ist der beste Beweis für die Gesinnung und Verantwortung, in der er zu seinem Teil die deutsche Heldenehrung trägt: nicht als Ausdruck der Trauer und des Schmerzes, mag auch der als Notbehelf gewählte Name scheinbar das Gegenteil sagen, sondern der Ehrfurcht, des Dankes, des Gelöbnisses. Einen zweiten Beweis dafür gibt die Tatsache, daß dieser Gedenktag nicht in Verbindung mit dem winterlichen Totensonntag, sondern im Frühling gefeiert wurde."[95] 1939 ordnete Hitler an, den *Heldengedenktag* auf den 16. März zu legen, den ‚Tag der Wehrfreiheit', Jahrestag der Wiedereinführung der Wehrpflicht: „Heldengedenktag ist künftig der 16. März als der Jahrestag der Wiedereinführung der allgemeinen Wehrpflicht, sofern dieser Tag auf einen Sonntag fällt, andernfalls der diesem Tage vorangehende Sonntag."[96] „Die Verbindung mit dem christlichen Kalender war damit gelöst, der ursprüngliche Sinn dieses Tages der Trauer verlagert worden. Die Flaggen wurden am Heldengedenktag nicht mehr auf halbmast, sondern nur noch auf vollstock gesetzt."[97] „Die von unbedingter Siegesgewißheit zeugende Rede des Führers am Heldengedenktag bestärkte alle Volksgenossen in ihrem Glauben an den Endsieg 1941."[98]

▶ Seit 1952 ist in der Bundesrepublik wieder die Bezeichnung *Volkstrauertag* eingeführt. Der Gedenktag wird am vorletzten Sonntag vor dem ersten Advent als nationaler Trauertag zum Gedenken an die Gefallenen beider Weltkriege und die Opfer des Nationalsozialismus begangen.[99]

heldisch

heldenhaft: Bezeichnung für die Qualität des „erblich-gesunden nordischen Menschen".

> Das zuerst bei Ulrich v. Hutten (1488–1523) nachgewiesene Adjektiv *heldisch*: „dein stolzes, heldisch gemüth"[100], ist ein zweites Mal im 17. Jahrhundert belegt:

---

[95] Könitzer, W. F., ebd., 9/Nov. 1938, 990.
[96] RGBl. 1, 1939, 322.
[97] Vondung, K.: Magie und Manipulation. Ideologischer Kult und politische Religion des Nationalsozialismus, Göttingen 1971, 76.
[98] Bericht d. SD-Außenstelle Schweinfurt, 18. 3. 1941. In: Bayern in der NS-Zeit, 1977, 617.
[99] Vgl. Meyers Enzykl. Lexikon, 1971 ff., Bd. 24, 683.
[100] DWB, Bd. 4, Abt. 2, 1877, 949.

„sein heldisch herz".[101] Der Ausdruck bleibt aber selten und scheint erst im Ersten Weltkrieg wieder, mehr noch danach, eine Rolle zu spielen. „Die Passion der heldisch Vollendeten aber, von denen Hügel und Woge zeugen, setzt sich fort in der Passion der Lebenden, die, Männer und Frauen und Kinder, als Verlassene, Verstümmelte, Vertriebene einen Kampf kämpfen, der nicht minder schwer ist als das Ringen derer, die vorm Feinde stehen."[102]

> Im Nationalsozialismus erhält der Ausdruck *heldisch* eine zusätzliche Bedeutung. Er bezeichnet die ↑ *rassische* Qualität des ↑ *erbgesunden* ↑ *nordischen* Menschen und wird in dieser Bedeutung zu einem vielgebrauchten Modewort. Am Anfang der nationalsozialistischen Bedeutungsspezialisierung steht die Schrift von H. F. K. Günther: ‚Ritter, Tod und Teufel. Der heldische Gedanke', 1920, in der er „die *heldische* Liebe", „den *heldischen* Glauben", „den *heldischen* Haß", „die *heldische* Rasse" abhandelt. Nach der Beschäftigung mit Baur/Fischer/Lenz: ‚Grundriß der menschlichen Erblichkeitslehre und Rassenhygiene' und Hildebrandt: ‚Norm und Entartung des Menschen', 1923, präzisiert Günther in: ‚Der Nordische Gedanke unter den Deutschen', 1925, seine Vorstellung vom „heldischen Menschen": „Der erblich-gesunde nordische Mensch könnte […] die Norm genannt werden, welche der Nordische Gedanke den Deutschen aufzustellen hat".[103] „Die Nordische Bewegung folgt den Lenzschen Ausführungen über die Norm […] und hat wie Hildebrandt den Helden als die ‚Norm' erkannt, die allein aufgestellt werden kann."[104] „Es gibt aber für ein Volk kein ‚Streben' nach dem Durchschnitt. Streben und Spannung des Leibes und der Seele entzündet nur ein Vorbild heldischer Art: das Bild des gesunden, schönen und führenden Menschen"[105], „das Vorbild des heldischen nordischen Menschen".[106] Hitler postuliert in ‚Mein Kampf' den Gegensatz zwischen „*heldischen* Tugenden" und „krämerischem Egoismus" oder „heimtückischer Grausamkeit" und will mit ihm den Gegensatz zwischen ↑ *Ariern* und Juden begründen. „Daher glauben dann diese [Staatsmänner] auch den Staat durch Wirtschaft aufbauen zu können, während er in Wahrheit ewig nur das Ergebnis der Betätigung jener Eigenschaften ist, die in der Linie des Erhaltungswillens der Art und Rasse liegen. Diese sind aber immer heldische Tugenden und niemals krämerischer Egoismus […]." (S. 165 f.) „Dies wird bei Völkern auf eigenem Boden zur Bildung heldischer Tugenden, bei Schmarotzern zu verlogener Heuchelei und heimtückischer Grausamkeit führen." (S. 166) Neben der rassisch spezifizierten Bedeutung hält sich auch die allgemeine, die Weltkriegsbedeutung von *heldisch*. Auf sie bezieht sich Kurt Hiller 1933 in der ‚Weltbühne' in einer Auseinandersetzung mit den Nationalisten: „Aber da kommen Leute, ehrenwerte, ehrliche, von Idealen beseelte Leute, die, wie sie versichern „mit dem Blut" denken, aber das reden sie uns und sich

---
[101] Johann Georg Greflinger: Cid, 1879. Zit. ebd.
[102] Deißmann, A.: Inneres Aufgebot. Deutsche Worte im Weltkrieg, 2. Aufl. 1915, 36.
[103] Ebd., 2. umgearb. Aufl. 1927, 49.
[104] Ebd., 50.
[105] Ebd., 50.
[106] Ebd., 65.

selber nur ein, weil sie für ihre blamable Unfähigkeit, mit dem Gehirn zu denken, eine imponierende Ausrede brauchen ... da kommen sie und erzählen uns, dieser millionenfache Gastod der Männer und Mädchen, der Mütter und Kinder, der Greise und Jünglinge habe etwas „Heldisches". Man müsse den Krieg konservieren, weil sonst der Heroismus ausstürbe. Leider erlebt Deutschland kein lautes Gelächter über diese Lächerlichen, die lieber wollen, daß die weiße Rasse auf Kommando ausstirbt, als daß jenes Etwas ausstirbt, das sie Heroismus nennen."[107] Als *heldisch* charakterisierten die Nationalsozialisten das „neue Zeitalter der bildenden Kunst", das mit dem Nationalsozialismus beginnen sollte. „Das Charakterideal des Germanentums war stets die Heldenhaftigkeit. Zu dem Schönheitsbild der nordischen Rasse gehört dieser heldenhafte Charakter als Ergänzung. [...] Die heldische Sachlichkeit, verknüpft mit dem nordischen Schönheitsideal, wird der Untergrund eines neuen Zeitalters der bildenden Kunst in Deutschland sein – oder die bildende Kunst wird auch weiterhin zwischen südlichem Formalismus und asiatischer Chaotik hin und her schwanken."[108] „In der Zielsetzung der nationalsozialistischen Filmpolitik erscheint der heldische Film naturgemäß als Krönung aller Filmkultur."[109] In Schulbüchern appellierte *heldisch* an *Einsatz- und rassenbewußte Kampfbereitschaft*: „Der nordische Mensch mit seiner heldischen Aufopferungsfähigkeit, seinem mutigen Willen, seiner Gradheit und Treue, seinem Stolz und seinem Selbstbewußtsein, hat sich jederzeit willig und freudig in den Dienst der Volksgemeinschaft gestellt und sogar Gut und Leben nicht geschont, wenn das Schicksal des Volkes es forderte."[110] „Der Kampf um das Blut war das Aufbäumen des stolzen Germanen gegen fremdes, schlechtes Blut. Heldentum duldete kein Händlertum. Denn der heldische Mensch kämpft, aber schachert nicht. Darum ist er der Sieger, weil er im Kampf seiner Art treu bleibt, die die stärkste ist."[111]

heroisch, Heroismus

S. ↑ *heldisch*.[112]

> Hitler auf dem Nürnberger Parteitag 1933: „Jede Rasse handelt in der Behauptung ihres Daseins aus den Kräften und Werten heraus, die ihr natürlich gegeben sind. Nur der heroisch geeignete Mensch denkt und handelt heroisch. Die Vorsehung hat ihm die Voraussetzungen hierfür gegeben. Die von der Natur aus schon rein sachlichen, also z. b. physisch unheroischen Menschen tragen auch in der Führung ihres Lebenskampfes nur unheroische Züge an sich. Der Nationalsozialismus

---

[107] Heroismus und Pazifismus. Aus einer Diskussion mit Nationalisten. In: Ebd., 29/ 7. 3. 1933, 353.
[108] v. Trotha, Th.: Die völkische Kunst. 1934. Zit. Wulf, J.: Die bildenden Künste im Dritten Reich, 1963, 177.
[109] Spielhofer, Münchener Neueste Nachricht [sic], 25. 4. 1935. Zit. Blick in die Zeit, 3/ 7. 6. 1935, 5.
[110] Berendt, E. F.: Rasse und Rassefragen. In: Bausteine zum Dritten Reich, o. J., 169.
[111] Decker, W.: Kampf. In: Ebd., 152.
[112] Gebucht: Meyers Lexikon 1936 ff.

bekennt sich damit zu einer heroischen Lehre der Wirkung des Blutes, der Rasse und der Persönlichkeit sowie der ewigen Auslesegesetze und tritt somit bewußt in unüberwindbare Gegensätze zur Weltanschauung der pazifistisch-internationalen Demokratie und ihren Auswirkungen."[113] Das Arbeitsziel der Volksbüchereien: „Auf der Jahrestagung des Verbandes Deutscher Volksbibliothekare wurde als Arbeitsziel der Volksbüchereien gefordert Erziehung des politischen Menschen und, in engster Zusammenarbeit mit den politischen Organisationen, Herausbildung einer Elite. Die Auswahl der Bücher habe nicht nur nach moralischen, sondern auch nach rassemäßigen Gesichtspunkten zu erfolgen; der Vorrang gebühre dem heroischen Buch."[114] Goebbels bei der Gründung der Reichskulturkammer: „Was wir wollen, ist mehr als dramatisiertes Parteiprogramm. Uns schwebt als Ideal vor eine tiefe Vermählung des Geistes der heroischen Lebensauffassung mit den ewigen Gesetzen der Kunst."[115] Professor Hamel von der Berliner Technischen Hochschule über die Beziehung zwischen der Mathematik und der geistigen Haltung des neuen Deutschland: „Der Erziehungswert, den die Mathematik gerade für das heutige Deutschland hat, liegt vor allem darin begründet, daß die Geisteshaltung bei der Mathematik und des heutigen Deutschland die gleiche ist: die ‚heroische Mathematik' ist kein leichtes Spiel, ist kein unverantwortliches Klugreden. Sie verlangt Opfer, hingebungsvolle, angestrengte Arbeit des Kopfes, die nach den Worten unseres Führers gleichwertig und gleichgeachtet der der Hand sein soll."[116] In der Zeitschrift ‚Der Deutsche Student': „So wie der Romantiker in jenen Verfallszeiten sich von den geistigen Gütern der Vergangenheit mit Stolz erfüllen ließ, aus dem ihm ein Auftrieb zum Befreiungskampfe erwuchs, so leuchtet dem Nationalsozialisten, allerdings nicht im Dämmerschein der mystischen Romantik, sondern in heroischer Klarheit, die räumlich Kontinente umspannt, aus den ehrwürdigen Liedern und Sagen der Altvorderen die nordische Rassenseele entgegen. Vielleicht kann diese neue Schau mithelfen, die Seelen stark zu machen zu der kommenden großen Auseinandersetzung, von der unsere SA singt: Doch einst wird der Erdball erbeben, / erzittern das Menschengeschlecht, / wenn sich die Germanen erheben / zum Kampfe für Freiheit und Recht."[117]

Hilfswillige

Angehörige eines vom deutschen Heer besetzten Landes, die freiwillig in der deutschen Wehrmacht nichtmilitärische Hilfsdienste leisteten.

▶ „Einen ähnlichen Eid wie die Freiwilligen der landeseigenen Kampfverbände leisten die Hilfswilligen, die die Truppe unterstützen, als Fahrer in Nachschubkolonnen, in Versorgungseinheiten und in Brücken- und Straßenbaubataillonen, aber

---
[113] In: Berliner Lokal-Anzeiger, 2. 9. 1933. Zit. Wulf, J.: Die bildenden Künste im Dritten Reich, 1963, 64 f.
[114] Kölnische Zeitung. Zit. Blick in die Zeit, 1/23. 9. 1933, 14.
[115] Zit. Blick in die Zeit, 1/25. 11. 1933, 8.
[116] Deutsche Zukunft, 29. 12. 1933. Zit. Blick in die Zeit, 2/21. 1. 1934, 13.
[117] Ebd., 4/Aug. 1936, 367.

auch bei örtlichen Hilfspolizeikommandos. Sie rekrutieren sich aus freiwilligen Landeseinwohnern und entlassenen Kriegsgefangenen. Die Hilfswilligen haben die gleichen Pflichten wie die unmittelbar an der Front eingesetzten Kampfverbände und fast die gleichen Rechte. Daß sie auch schwierige Situationen meistern, beweist der Bericht des Kommandeurs einer deutschen Jägerdivision. Er meldete, daß bei seiner Division die Hilfswilligen den auf verschlammten, zum Teil unter Feindbeschuß liegenden Wegen höchst anstrengenden Trägerdienst geleistet und sich besonders gut gehalten hätten. Ohne ihre Arbeit wäre die Versorgung der Truppe mit Munition und Verpflegung und der Rücktransport der Verwundeten nicht möglich gewesen."[118] „§ 2 (1) Ehemalige Hilfswillige bzw. ehemalige Angehörige der landeseigenen Verbände, jetzt Angehörige der Freiwilligen Verbände des Ostens, die in Ehren aus diesen Verbänden ausgeschieden sind und zum Arbeitseinsatz ins Reich kommen, erhalten zusätzlich zu dem im § 1 näher beschriebenen Volkstumsabzeichen einen Ärmelstreifen von 8 cm Länge und 1,5 cm Höhe [...]. (3) Der Ärmelstreifen ist unmittelbar unterhalb des Volkstumsabzeichens zu tragen. (4) Den mit Ärmelstreifen ausgezeichneten Ostarbeitern und -arbeiterinnen ist der Besuch von öffentlichen Veranstaltungen und von Gaststätten sowie die Benutzung öffentlicher Verkehrsmittel innerhalb des Ortsbereichs gestattet."[119]

Hitlerjugend (HJ)

Bezeichnung für: a) Die Jugendorganisation der NSDAP; b) eine *Untergliederung* der *Hitlerjugend*, meistens mit der Abkürzung *HJ* bezeichnet, für Jungen von 14 bis 18 Jahren.[120]

▷ Die erste Gruppe, die den Namen *Hitlerjugend* führte, war eine NS-Jugendgruppe in Gera. „Diesen Namen gebrauchte als erster der damalige stellvertretende Gauleiter des Gaues Thüringen Dr. Hans Severus Ziegler am 2. Mai 1926 in Gera."[121] Von der nach dem gescheiterten Putsch neugegründeten NSDAP anerkannt wurde aber die von Kurt Gruber geführte, in der sog. *Verbotszeit* im Rahmen der NSDAP-Nachfolgepartei *Großdeutsche Volksbewegung* der Drexler, Rosenberg, Amann, Dinter, Streicher und Esser entstandene *Großdeutsche Jugendbewegung*.[122] „Auf dem ersten Reichsparteitag nach Neugründung der Partei am 3./4. Juli 1926 in Weimar wurde der neuen Jugendorganisation auf Antrag des Gauleiters Streicher der Name ‚Hitler-Jugend' gegeben und Kurt Gruber vom Führer zum Reichsführer der HJ. ernannt. [...]"[123] „Am 30. Oktober 1931 ernannte der Führer seinen alten Mit-

---

[118] Neue Verbündete. Von Kriegsberichter E. Kirchhof. In: Das Reich, 21. 2. 1943.
[119] Polizeiverordnung über die Kennzeichnung der im Reich befindlichen Ostarbeiter und -arbeiterinnen v. 19. 6. 1944, RGBl. 1, 1944, 147.
[120] Gebucht: Duden 1934, 1941; Knaur 1934, Meyers Lexikon 1936 ff., Paechter, Volks-Brockhaus 1940. Getilgt: Duden, 13. Aufl. 1947.
[121] Volz, H.: Daten der Geschichte der NSDAP, 6. Aufl. 1936, 133.
[122] Brandenburg, H.-C.: Die Geschichte der HJ, 2. Aufl. 1982, 24, 27.
[123] Vom Werden der Hitler-Jugend und des deutschen Jungvolks. Pimpf im Dienst, 1938 (zuerst 1934), 12 f.

kämpfer, den Führer des NS-Studentenbundes, Baldur von Schirach, zum Reichsjugendführer, der in dieser Eigenschaft unmittelbar dem Chef des Stabes der Obersten SA-Führung unterstand. Dieses Unterstellungsverhältnis wurde durch die Ernennung des Reichsjugendführers zum Reichsleiter am 15. Juni 1932 aufgehoben. An die Stelle der alten Bezeichnungen traten jetzt neue Namen für die HJ.-Einheiten in Kraft. Die Bezeichnungen Gebiete, Banne und Unterbanne wurden eingeführt. [...]"[124] Durch das ‚Gesetz über die Hitlerjugend' vom 1. 12. 1936 wurde die *Hitlerjugend* zur Staatsjugend für die gesamte deutsche Jugend erklärt: „Von der Jugend hängt die Zukunft des Deutschen Volkes ab. Die gesamte deutsche Jugend muß deshalb auf ihre künftigen Pflichten vorbereitet werden. Die Reichsregierung hat daher folgendes Gesetz beschlossen, das hiermit verkündet wird. § 1 Die gesamte deutsche Jugend innerhalb des Reichsgebiets ist in der Hitlerjugend zusammengefaßt. § 2 Die gesamte deutsche Jugend ist außer in Elternhaus und Schule in der Hitlerjugend körperlich, geistig und sittlich im Geiste des Nationalsozialismus zum Dienst am Volk und zur Volksgemeinschaft zu erziehen. §3 Die Aufgabe der Erziehung der gesamten deutschen Jugend in der Hitlerjugend wird dem Reichsjugendführer der NSDAP. übertragen. Er ist damit ‚Jugendführer des Deutschen Reiches'. Er hat die Stellung einer Obersten Reichsbehörde mit dem Sitz in Berlin und ist dem Führer und Reichskanzler unmittelbar unterstellt. [...]"[125] Baldur v. Schirach erließ aus Anlaß des Gesetzes folgenden Aufruf: „Der Führer, dessen Namen wir mit Stolz und Ehrfurcht tragen, hat soeben ein Gesetz unterschrieben, das uns für alle Zukunft mit seiner Person und mit seinem nationalsozialistischen Staat verknüpft."[126] Obwohl v. Schirach am 2. Dezember 1936 noch ausdrücklich erklärt hatte: „Ich sehe es ferner als meine Aufgabe an, das Prinzip der Freiwilligkeit [...] aufrechtzuerhalten"[127], wurde durch die Jugenddienstverordnung vom 25. 3. 1939 die Zugehörigkeit zur *Hitlerjugend* endgültig verpflichtend gemacht. Ferner wurde die Dauer der *Dienstpflicht* geregelt. „Der Dienst in der Hitler-Jugend ist Ehrendienst am Deutschen Volke. Alle Jugendlichen vom 10. bis zum vollendeten 18. Lebensjahr sind verpflichtet, in der Hitlerjugend Dienst zu tun, und zwar die Jungen im Alter von 10 bis 14 Jahren im ‚Deutschen Jungvolk' (DJ). Die Jungen im Alter von 14 bis 18 Jahren in der ‚Hitler-Jugend' (HJ). Die Mädchen im Alter von 10 bis 14 Jahren im ‚Jungmädelbund' (JM). Die Mädchen im Alter von 14 bis 18 Jahren im ‚Bund Deutscher Mädel' (BDM)."[128]

HJ

Abkürzung von ↑ *Hitlerjugend*.[129]

▸ „Während das kleine Häuflein der alten Hitlerjungen Schulter an Schulter zusammen mit den Kämpfern der Bewegung um die Verwirklichung der Ziele des Natio-

---

[124] Ebd., 13 f.
[125] RGBl. 1, 993.
[126] Zit. NS-Monatshefte, 8/1937, 59.
[127] Rühle, H.: Das Dritte Reich, Bd. 1936, 343.
[128] RGBl. 1, 6. 4. 1939, 710.
[129] Gebucht: Duden, 11. Aufl. 1934, 12. Aufl. 1941. Getilgt: Duden, 13. Aufl. 1947.

nalsozialismus rang und keine andere Aufgabe kannte, als in diesem Kampf seinen Mann zu stehen, hat die HJ. seit der Machtübernahme die große Verpflichtung übernommen und durch den Führer die Aufgabe gestellt bekommen, die gesamte deutsche Jugend in die nationalsozialistische Weltanschauung einzuführen. Neben die politische Erziehungsarbeit, welche die HJ. zu leisten hat, tritt noch die Aufgabe der körperlichen Ertüchtigung der deutschen Jugend. Sie soll gehorchen lernen und Disziplin üben; aber auf der anderen Seite soll durch die Erziehungsarbeit der HJ. bereits die Grundlage zu wahrem Führertum gelegt werden. Wenn der deutsche Junge und das deutsche Mädel später zur Aufnahme in die Partei vorgesehen werden, sollen sie bereits innerlich gefestigte Nationalsozialisten sein."[130] „Die deutsche Morgenfeier der H. J. In einem Führerblatt der H. J. heißt es: ‚aus der Entwicklung der H. J. hat sich als neue Form des Gemeinschaftslebens bei Treffen und Tagungen die deutsche Morgenfeier ergeben. Herausgewachsen ist diese Feier nicht zuletzt aus dem Willen, die konfessionelle Entzweiung unseres Volkes gerade bei diesen Anlässen nicht immer in schmerzlicher Weise spüren zu müssen. Wir kommen zusammen, um uns tiefer und stärker zu einigen und allen Zwist und Hader zu vergessen. Im Glauben an Deutschland haben wir uns gefunden, und dieses Glaubens wollen wir leben.'"[131]

HJ-Dienst – „Aus Bayern wird mitgeteilt, daß die Elternschaft z. T. darüber ungehalten sei, daß HJ-Führer von ihren Jungen die Anschaffung von Winteruniformen trotz der Kriegslage und der damit verbundenen Schwierigkeiten der Stoffbeschaffung verlangen und daß die Jungen von ihrem HJ- und Geländedienst z. T. mit völlig verdreckten und bei dem derzeitigen Seifenmangel kaum zu reinigenden Kleidern zurückkämen."[132]

HJ-Landdienst – „Größte Aufmerksamkeit wird von seiten der Hitlerjugend dem HJ-Landdienst entgegengebracht. Man ist bestrebt, gemeinsam mit den hierfür zuständigen Organisationen und der Schutzstaffel der rückläufigen Bewegung des Landarbeiterstandes zu begegnen und eine Überfremdung des Landes mit fremdvölkischen Elementen zu verhindern."[133]

HJ-Verpflichtungsfeier – „Die ‚HJ-Verpflichtungsfeiern' fanden nach zahlreichen Meldungen in den überwiegend katholischen Gegenden des Reiches verhältnismäßig wenig Beachtung, da der ‚Weiße Sonntag' der katholischen Kirche für die katholische Bevölkerung im Vordergrund stand. Es trat in den katholischen Gegenden der Umstand ein, daß nicht der ‚Weiße Sonntag' durch die HJ-Verpflichtung, sondern die HJ-Verpflichtung durch den ‚Weißen Sonntag' stark in Mitleidenschaft gezogen wurde. [...] Im allgemeinen wurden die Feiern nach den Richtlinien der Reichsjugendführung in Zusammenarbeit mit den Ortsgruppen der Partei gestaltet. Berichte über besonders eindrucksvolle Feiern liegen aus Breslau, Münster (dort gute

---

[130] Organisationsbuch der NSDAP. 1943, 437.
[131] In: Deutscher Glaube, 2/Hornung 1935, 87.
[132] MADR, 25. 10. 1939, Bd. 2, 392.
[133] MADR, Jahreslagebericht d. SHA 1938, Bd. 2, 146.

Beteiligung der Eltern) und Köln vor, die besonders durch gute Reden der Gauleiter […] überzeugt haben."[134]

HJ-Vertrauenslehrer – „Das Verhältnis von Schule und Hitler-Jugend ist auch im Jahre 1938 durch zahlreiche örtliche Differenzen gekennzeichnet gewesen. Die Einrichtung der HJ-Vertrauenslehrer hat bisher an den meisten Orten nur formale Bedeutung gehabt, und es ist besonders in Kreisen der HJ die Forderung erhoben worden, daß die Vertrauenslehrer zugleich Angehörige der HJ sein müßten, um eine wirkliche Zusammenarbeit beider Erziehungsfaktoren zu gewährleisten."[135]

Hohe Schule

Geplante „zentrale Stätte der nationalsozialistischen Forschung, Lehre und Erziehung", die seit 1938 in einzelnen Ressorts ausgebaut wurde.

▶ „‚Die Hohe Schule' soll einst die zentrale Stätte der nationalsozialistischen Forschung, Lehre und Erziehung werden. Ihre Errichtung wird nach dem Kriege stattfinden. Um jedoch die begonnenen Vorarbeiten zu fördern, ordne ich an, daß Reichsleiter Alfred Rosenberg diese Vorbereitungsarbeiten, vor allem auf dem Gebiet der Forschung und Errichtung der Bibliothek, weiterführt."[136] (1940) 1941 erging eine Presseanweisung: „Reichsleiter Rosenberg bittet die Presse, das Wort und den Begriff ‚Hohe Schule' ausschließlich auf die geplante Hohe Schule der NSDAP anzuwenden. Die Hohe Schule der NSDAP soll bekanntlich nach dem Kriege am Chiemsee errichtet und der Name gesetzlich geschützt werden."[137] „Als erste Außenstelle der im Aufbau begriffenen Hohen Schule eröffnete Reichsleiter Alfred Rosenberg in Frankfurt a. M. das ‚Institut zur Erforschung der Judenfrage'. Bei der Eröffnungskundgebung umriß Alfred Rosenberg die Aufgaben der Hohen Schule und kennzeichnete die Stellung der Wissenschaft im Nationalsozialismus. […] Wenn unsere Generation durch Instinkt und letzte Einsicht diesen Dämon des Verfalls [gemeint sind die Juden] in Deutschland ausgeschaltet hat, so erwächst ihr nunmehr die Pflicht, sich ein Gesamtbild des jüdischen Wirkens in Zusammenhang mit den anderen Völkern zu bilden und allen irgendwie faßbaren Urkunden über die jüdische Wirksamkeit, namentlich in den letzten 200 Jahren, nachzugehen. 'Es ist durch den Sieg der nationalsozialistischen Revolution und durch den Sieg der deutschen Wehrmacht im Jahre 1939/40 möglich geworden, auch früher nicht bekannte Urkunden sicherzustellen und einer kommenden Forschung zuzuführen. Die Bibliothek des heute zu eröffnenden Frankfurter Instituts zur Erforschung der Judenfrage ist heute schon die größte der Welt, die sich mit dem Judentum befaßt. […]'"[138] „Juden, Freimaurer und die mit ihnen verbündeten weltanschaulichen Gegner des Na-

---

[134] MADR, (Nr. 78), 17. 4. 1940, Bd. 4, 1010 f.
[135] MADR, Jahreslagebericht d. SHA 1938, Bd. 2, 139.
[136] Hitler-Befehl v. 29. 1. 1940. Dok. PS−136 (US−367). In: Der Nürnberger Prozeß, Bd. 4, 95.
[137] Ob 18/177, 28. 2. 1941. Zit. Glunk, ZDS 26/1970, 84.
[138] Bericht in: Das Archiv, März 1941, 1150−1153. Zit. Poliakov/Wulf: Das Dritte Reich und seine Denker, 1989, 142.

tionalsozialismus sind die Urheber des jetzigen gegen das Reich gerichteten Krieges. Die planmäßige geistige Bekämpfung dieser Mächte ist eine kriegsnotwendige Aufgabe. Ich habe daher den Reichsleiter Alfred Rosenberg beauftragt, diese Aufgabe im Einvernehmen mit dem Chef des Oberkommandos der Wehrmacht durchzuführen. Sein Einsatzstab für die besetzten Gebiete hat das Recht, Bibliotheken, Archive, Logen und sonstige weltanschauliche und kulturelle Einrichtungen aller Art nach entsprechendem Material zu durchforschen und dieses für die weltanschaulichen Aufgaben der NSDAP und die späteren wissenschaftlichen Forschungsarbeiten der Hohen Schule beschlagnahmen zu lassen."[139]

Hoheitsträger

Parteiführer mit hoheitlichen (sonst dem Staat zustehenden) Machtbefugnissen.[140]

> „Innerhalb der Politischen Leiter nehmen die Hoheitsträger eine Sonderstellung ein. Im Gegensatz zu den übrigen Politischen Leitern, die fachliche Aufgaben haben und zur Beratung der Hoheitsträger dienen, leiten letztere ein räumliches Gebiet, welches Hoheitsgebiet genannt wird. Hoheitsträger sind: Der Führer, die Gauleiter, die Kreisleiter, die Ortsgruppenleiter, die Zellenleiter, die Blockleiter. Hoheitsgebiet sind: Das Reich, die Gaue, die Kreise, die Zellen, die Blocks. Den Hoheitsträgern ist für ihr Hoheitsgebiet das politische Hoheitsrecht übertragen. Sie vertreten in ihrem Bereich die Partei nach innen und außen und sind verantwortlich für die gesamtpolitische Lage in ihrem Hoheitsgebiet."[141] Für die *Politischen Leiter* der NSDAP gab es die Zeitschrift ‚Der Hoheitsträger'. Sie trug auf der Innenseite des Deckblatts den Vermerk: „‚Der Hoheitsträger', dessen Inhalt vertraulich zu behandeln ist, dient nur der Unterrichtung der zuständigen Führer. Er darf an andere Personen nicht ausgeliehen werden."[142] „[...] Eine dieser Wallfahrten [...] beginnt bereits um 2 Uhr früh mit Glockengeläut, Blasmusik und Gesang. Der Ortsgruppenleiter der NSDAP in Ebermannstadt hat deshalb bei der Gendarmerie Anzeige erstattet und verlangt, daß hierwegen ein Strafverfahren wegen nächtlicher Ruhestörung durchgeführt und daß dem Unfug ein Ende bereitet wird. Da es sich um eine althergebrachte Veranstaltung handelt, fehlt die Rechtsgrundlage zu dem Erlaß des gewünschten Verbotes. Dies ist wieder einer der bedauerlichen Fälle, in denen der Landrat einem von einem Hoheitsträger der NSDAP ausgehenden Wunsch, die Betätigungen der Konfessionen mehr einzuschränken, als nach den Weisungen der Geheimen Staatspolizei zulässig ist, nicht entsprechen kann."[143]

---

[139] Führererlaß v. 1. 3. 1942. Zit. Brenner, H.: Die Kunstpolitik des Nationalsozialismus, 1963, 220.
[140] Gebucht: Meyers Lexikon 1936 ff., Paechter.
[141] Organisationsbuch der NSDAP. 1943, 98 f.
[142] Zit. Der Nürnberger Prozeß, Bd. 4, Dok. PS−2660 (US−325), 38.
[143] Monatsbericht d. Bezirksamts Ebermannstadt, 30. 6. 1939. In: Bayern in der NS-Zeit, 1977, 131.

Horst-Wessel-Lied

Seit 1933 zusammen mit dem Deutschlandlied die nationalsozialistische Nationalhymne.[144]

> Der Ausdruck *Horst-Wessel-Lied* ging in den nationalsozialistischen Büchmann ein: Dort heißt es: „Horst Wessels (1907 – 1930) unsterbliches Lied entstand im Frühjahr 1929. Es wurde von Wessels SA-Sturm 5 in Frankfurt a. O. vor der Versammlung der NSDAP. gesungen. In jedem Deutschen ist es lebendig, unser ganzes Volk trägt die Verpflichtung dieser Verse im Herzen: ‚Die Fahne hoch! die Reihen dicht geschlossen!/ SA marschiert mit ruhig festem Schritt./ Kam'raden, die Rotfront und Reaktion erschossen,/ Marschier'n im Geist in unsern Reihen mit.'"[145] „Vom Vater mag er auch sein poetisches Talent gehabt haben, das ihn befähigte, die bekannten SA-Lieder zu dichten, deren schönstes das zum Kampflied der ganzen Bewegung gewordene Horst-Wessel-Lied […]."[146] „Eines der Heiligtümer der Bewegung des neuen Reiches ist unser Horst-Wessel-Lied […], das der Bewegung erster und einziger Choral geworden ist."[147]

---

[144] Gebucht: Duden, 12. Aufl. 1941. Getilgt: 13. Aufl. 1947.
[145] Büchmann (W. Rust): Geflügelte Worte, 1943, 415.
[146] Rosten, C.: Das ABC des Nationalsozialismus, 2. Aufl. 1933, 223.
[147] Der Ostdeutsche Sturmtrupp, 2. März-Ausgabe 1934. Zit. Blick in die Zeit, 2/31. 3. 1934, 13.

I

Intellekt

Abwertend: *wurzelloser,* kritisch ↑ *zersetzender* und unfruchtbarer Verstand.

> Das aus lat. *intellectus* ‚Erkenntnisvermögen', ‚Verstand' gleichbedeutend entlehnte *Intellekt* wird schon 1571 in Simon Rots Fremdwörterbuch geführt: *Intellect,* doch kommt es bis Anfang des 19. Jahrhunderts meist in der noch an das Lateinische angelehnten orthographischen Form *Intellectus* vor. In der Philosophie wird *Intellekt* zuerst von Schopenhauer (1788–1860) terminologisch verwendet.[1] Durch die Tradition der Vernunftkritik des 19. Jahrhunderts – vor allem Nietzsches –, den Kulturpessimismus der Lagarde, Langbehn, Spengler, Moeller van den Bruck, die Rationalisierungs- und Technikkritik um die Jahrhundertwende, „die vulgäre Philosophie des Lebens"[2] dieser Zeit, den Rückzug der Völkischen auf ein angeblich seelen- und gemüthaftes deutsches Wesen, das Erlebnis der Erschütterungen des Ersten Weltkrieges und der ihm folgenden Krisen kam es zu einem verbreiteten Irrationalismus und Anti-Intellektualismus. „Die Abwendung von der ratio, welche das Geistesleben des beginnenden Jahrhunderts in Deutschland kennzeichnet, führte vielfach zur Verurteilung rationaler Denkmethoden schlechthin."[3] Spengler schrieb 1919: „Wir glauben nicht mehr an die Macht der Vernunft über das Leben. Wir fühlen, daß das Leben die Vernunft beherrscht, Menschenkenntnis ist uns wichtiger als abstrakte und allgemeine Ideale."[4] Der Ausdruck *Intellekt* erscheint zunehmend in negativen Kontexten: „Das Wachstum des Intellekts geschieht auf Kosten der gesamtmenschlichen Substanz. Das Gefühl wird nüchterner, die Phantasie wird matt und schematisch, die Leidenschaft verliert an Wucht, der Instinkt wird dünn und unsicher, das Ahnungsvermögen stirbt ab. Aber der Intellekt wächst und sucht durch Berechnung, Erwägung, gedankliche Entwürfe usw. das quellende Gefühl, die Phantasie, den Instinkt und die Ahnung zu ersetzen. Während der Mensch immer mehr in das Reich des Intellekts hineinwächst, dorrt die Wurzel seiner Existenz ab. An die Stelle der unmittelbaren, unbewußten Reaktionen ... tritt eine Gehirntechnik."[5] Die aufgezählten negativen Kennzeichen des *Intellekts*: Nüchternheit des Gefühls, matte, schematische Phantasie, leidenschaftslose Kälte, unsicherer Instinkt,

---

[1] Vgl. Paul 1992, 432, s. v.
[2] Sontheimer, K.: Antidemokratisches Denken in der Weimarer Republik, 4. Aufl. 1962, 45.
[3] Ebd.
[4] Preußentum und Sozialismus, 1919, 82.
[5] Stapel, W.: Der Christliche Staatsmann. Eine Theologie des Nationalismus, 1932, 195. Zit. Sontheimer, ebd., 74.

abgestorbenes Ahnungsvermögen, Wurzellosigkeit sind genau die Merkmale, die der Antisemitismus den Juden zuschreibt. Das macht die enge Beziehung zwischen Anti-Intellektualismus und ↑ *Antisemitismus* evident.

> Für die Nationalsozialisten bezeichnet *Intellekt* überwiegend das kritisch ↑ *zersetzende*, sterile Denkvermögen, wie sie es insbesondere den Juden unterstellen. Hitler bezieht in beiden Verwendungen, die in ‚Mein Kampf' begegnen, *Intellekt* auf Juden, wobei er bezeichnenderweise den typisierenden Kollektivsingular benutzt: „Da nun der Jude [...] niemals im Besitze einer eigenen Kultur war, sind die Grundlagen seines geistigen Arbeitens immer von anderen gegeben worden. Sein Intellekt hat sich zu allen Zeiten an der ihn umgebenden Kultur entwickelt." (S. 330) „Nein, der Jude besitzt keine irgendwie kulturbildende Kraft, da der Idealismus, ohne den es eine wahrhafte Höherentwicklung des Menschen nicht gibt, bei ihm nicht vorhanden ist und nie vorhanden war. Daher wird sein Intellekt niemals aufbauend wirken, sondern zerstörend und in ganz seltenen Fällen vielleicht höchstens aufpeitschend [...]." (S. 332) 1927 schreibt Goebbels in den ‚Nationalsozialistischen Briefen': „Wo bliebe bei solchem Werden noch Raum für den wurzellosen, intellektualisierten zynischen Juden, dem die russische Seele so fremd wie der russische Boden und der aus Rasse und Intellekt nur eines kann: zersetzen, zersetzen, negieren?! — Wenn die Zeit der Zersetzung, der Zerstörung des Alten, die Zeit der Kritik und der Negierung zu Ende ist und das Neue herangekommen ist, die Stunde des Aufbaus und des Schaffens — was bleibt für ihn dann anderes übrig als das Ende?! — "[6] 1928 soll der Spruch aufgekommen sein, der im ‚Plischke-Jahrweiser [Kalender] für das Jahr 1935' abgedruckt war: „‚Intellekt'. Hinweg mit diesem Wort dem bösen,/ Mit seinem jüdisch-grellen Schein!/ Wie kann ein Mann von deutschem Wesen/ Ein Intellektueller sein!"[7] In der Zeitschrift des Deutschen Studentenbundes ‚Der Deutsche Student' befaßt sich ein Artikel mit „Geist und Intellekt". Vom positiven *Geist* hebt sich der *Intellekt* ab, der „von vornherein einen Beigeschmack", d. h. eine pejorative Akzentuierung, hat. „Das alles unterscheidet ihn [den Geist] vom Intellekt, der überspitzt zu den üblen Auswüchsen des Intellektualismus entartet. Dieser Intellekt, dem Verstandesmäßigen wohl entsprungen, hat von vornherein einen Beigeschmack, weil wir es bitter erleben mußten, wie Juden und Judengenossen sich seiner mit einer Meisterschaft sondergleichen bedienten. Beim Stadtmenschen ist er zu Hause, beim Wurzellosen, auf dem Asphalt gedeiht er und gesellt sich dem Literatentum der Kaffeehäuser. Zersetzend ist seine Wirkung, alles abtastend, ohne Ehrfurcht zu empfinden. Entseelt und diesseitig ist sein Getue, das zum Jonglieren neigt, bar jeder Tiefe und bar jeder Leidenschaft."[8] Wenn Goebbels in seinem berüchtigten Leitartikel über den 20. Juli von den überwuchernden Kräften „eines diabolischen Intellekts" bei den Attentätern spricht, will er sie mit den zu Urfeinden der Deut-

---

[6] 3/1927, 124 f. Zit. Bering, D.: Die Intellektuellen, 1978, 125.
[7] 9. Jg., Zittau. Zit. Blick in die Zeit, 2/22. 12. 1934, 9. D. Bering, der den Spruch zu Anfang seiner Einleitung aus der ‚Deutschen Drogistenzeitung' 1934 zitiert, nennt Alfred Kantorowicz als Zeugen für den Zeitpunkt der Entstehung (Ebd., 1).
[8] 1/Dez. 1933, 52.

schen abgestempelten Juden gleichsetzen. „So wenig wir auch im einzelnen verstehen wollen, daß es Menschen mit deutschem Namen [...] gibt, die ihre Hand erheben, um das Leben des Führers auszulöschen, so sehr ist es uns doch andererseits klargeworden, daß eine so scheußliche Untat nur aus einer bestimmten Geistes- und Charakterhaltung entspringen konnte, die das Resultat einer völligen Überwucherung der Kräfte des Instinkts und des Gefühls durch solche eines diabolischen Intellekts und einer eiskalten, dünkelhaften Berechnung ist."[9]

Intellektueller

Abwertend: einseitig verstandesmäßig geprägter, überkritischer, *wurzelloser*, unschöpferischer Mensch.[10]

> Das aus frz. *intellectuel* (lat. *intellectualis*) entlehnte Adjektiv *intellektuell* ‚verstandesmäßig' ist 1769 belegt.[11] Das substantivierte Adjektiv *Intellektueller* ist dagegen in den Wörterbüchern des 19. Jahrhunderts noch nicht gebucht. Zwar wird *Intellektueller* als naheliegende Weiterbildung des älteren Adjektivs 1840 von Karl Immermann (1796–1840) verwendet, der Bildung, Kunst und Wissenschaft als die „Domäne der Intellektuellen" bezeichnet[12], doch kommt es erst 1898 durch die Presseberichterstattung über den französischen Dreyfus-Prozeß zu einer allmählichen Einbürgerung des neu aus dem Französischen entlehnten Ausdrucks im Deutschen. Der französische Neologismus *les intellectuels* war, wie D. Bering nachweist, im Kampf gegen die Wiederaufnahme des Verfahrens gegen den – zur Unrecht wegen Verrats verurteilten, von der antisemitischen Presse verfemten – jüdischen Hauptmann Dreyfus gebildet und zum antirationalistischen Schlagwort geworden. An das Schlagwort der Rechten banden sich im Lauf der Kampagne assoziativ auch viele der Topoi, die in der Sprache der rechten und linken Antisemiten seit der Mitte des 19. Jahrhunderts für die Juden bereitlagen und nun auf diejenigen projiziert wurden, die für einen Juden gegen die vermeintlichen Interessen der Nation eintraten. Die kleine Schar der Dreyfusianer hingegen, die das ‚Manifeste des intellectuels' unterschrieben hatte, bezeichnete mit dem gleichen Ausdruck sich selbst positiv als die republikanisch-demokratische Avantgarde. Zum ersten Mal erscheint der Ausdruck *Intellektuelle* in diesem Zusammenhang – noch in Anführungsstrichen und in nicht völlig eingedeutschter Schreibung – in dem kritischen Bericht der liberalen ‚Kölnischen Zeitung' über die Verurteilung Emile Zolas (1840–1902) für seinen berühmten offenen Brief „J'accuse", in dem er für Dreyfus eingetreten war. Die Zeitung schrieb am 24. 2. 1898: „In diesem Volk, das der Welt die Menschenrechte gab, ist heute die Bezeichnung ‚Intellectuelle', wie man unter der Gewalt der Tatsachen Zola und seine Freunde nennen mußte, ein Schimpfwort geworden

---

[9] Das Reich, 20. 8. 1944, 1.
[10] Gebucht: Duden, 12. Aufl. 1941, Meyers Lexikon 1936 ff.
[11] Paul 1992, 432, s. v. Intellekt.
[12] Autobiographische Schriften, Werke in 5 Bden., hg. B. v. Wiese, Bd. 4, Frankfurt/M., 581. Zit. Bering, D.: Die Intellektuellen, 1978, 68. Die Darstellung stützt sich insgesamt auf die Ergebnisse von D. Bering. Zitate werden einzeln nachgewiesen.

[...]."¹³ Die Übersetzung einer Rede des Dreyfus-Gegners Cassagnac in der konservativen ‚Norddeutschen Allgemeinen' enthält die orthographisch eingedeutschte Form: „Die Dreyfusards-Bande prahlt ja damit, sich lediglich aus ‚Intellektuellen' zu rekrutieren."¹⁴ Die allgemeine Verbreitung des Ausdrucks *Intellektueller* im Deutschen geht 1903 von der dreitägigen „Akademikerdebatte" des Dresdener Parteitags der SPD aus, in der sich das Mißtrauen der Arbeiter gegen die (bürgerlichen) *Intellektuellen* artikulierte. Bebel (1840–1913) führte aus: „Es steht deshalb so [daß ich die Massen stets hinter mir hatte], weil ich zu jeder Zeit ehrlich den sozialdemokratischen Klassenstandpunkt vertreten habe, weil ich heute noch mit diesen Massen übereinstimme, aus denen ich hervorgegangen bin. Nach der Entwicklung der letzten Jahre bin ich aber leider noch auf meine alten Tage dazu gekommen zu sagen: seht Euch jeden Parteigenossen an, aber wenn er ein Akademiker ist oder ein Intellektueller, dann seht ihn Euch doppelt und dreifach an."¹⁵ Zwar setzte Bebel seine Rede ausgleichend fort: „Wir brauchen die Intelligenz der Akademiker und Intellektuellen. Ihnen ist es durch das Glück der Umstände und durch ihre soziale Stellung vergönnt, das wissenschaftliche Rüstzeug mitzubringen, das sie befähigt, in hervorragender Weise für unsere Partei tätig zu sein [...]", doch blieb es dabei, daß er Mißtrauen ausgedrückt und die soziale Distanz zwischen den Massen und den *Intellektuellen* betont hatte. Der Satz wurde von vielen großen Zeitungen zitiert, der Kontrast: Masse – *Intellektueller* verfestigte sich. Damit begann eine marxistische Tradition der Pejorisierung des Ausdrucks, die jedoch hier nicht weiter verfolgt werden soll.¹⁶ Die Abwertung des Wortes *Intellektueller* auf der Rechten wird durch das Erlebnis des Ersten Weltkriegs forciert. Exemplarisch ist die Verwendung des Ausdrucks in der 1918 erschienenen kulturpolitischen Streitschrift des frühen Thomas Mann (1875–1955): ‚Betrachtungen eines Unpolitischen', einer der Quellen, die u. a. der antidemokratischen Rechten in der Weimarer Republik ihre Stichwörter gab. In seiner programmatischen ‚Vorrede' postuliert Thomas Mann die Antithese von Politik und Geist: „Geist ist nicht Politik: man braucht, als Deutscher, nicht schlechtes neunzehntes Jahrhundert zu sein, um auf Leben und Tod für dieses ‚nicht' einzustehen. Der Unterschied von Geist und Politik enthält den von Kultur und Zivilisation, von Seele und Gesellschaft, von Freiheit und Stimmrecht, von Kunst und Literatur; und Deutschtum, das ist Kultur, Seele, Freiheit, Kunst und nicht Zivilisation, Gesellschaft, Stimmrecht, Literatur."¹⁷ In dem Kapitel ‚Der Zivilisationsliterat' greift Thomas Mann den fortschrittlich-demokratischen „Zivilisationsliteraten" an, den *Intellektuellen*, der auf der Seite von „Zivilisation, Gesellschaft, Stimmrecht, Literatur" stehe, gegen „Kultur, Seele, Freiheit, Kunst" und damit innerlich auf der Seite der westlichen Kriegsgegner: „Der Krieg, in dem wir

---

[13] Zit. Bering, D.: ebd., 71.
[14] Zit. ebd.
[15] Protokoll über d. Verhandlungen d. Parteitages d. SPD, abgehalten zu Dresden v. 13.–20. 9. 1903, Berlin 1903, 225. Zit. Bering, D.: ebd., 73.
[16] Eine ausführliche Beschreibung und differenzierte Analyse bietet D. Berings 5. Kapitel: „Intellektueller" bei den Marxisten.
[17] In: Mann, Th.: Politische Schriften und Reden, Bd. 1, 1968, 23.

stehen, erscheint ihm völlig entente-korrekt, als ein Kampf zwischen ‚Macht und Geist' — das ist seine oberste Antithese! —, zwischen dem ‚Säbel' und dem Gedanken, der Lüge und der Wahrheit, der Rohheit und dem Recht. [...] Mit einem Worte: dieser Krieg stellt sich ihm als eine Wiederholung der Dreyfus-Affäre in kolossalisch vergrößertem Maßstabe dar, — wer es nicht glaubt, dem will ich Dokumente unterbreiten, die ihn vollkommen überzeugen werden. Ein Intellektueller ist, nach der Analogie jenes Prozesses, wer geistig auf seiten der Zivilisations-Entente gegen den ‚Säbel', gegen Deutschland ficht."[18]

> Über den Sprachgebrauch der Nationalsozialisten stellt der Zeitzeuge F. G. Kneisel fest: „Auch die Begriffe ‚intellektuell', der ‚Intellektuelle' werden heute im Reiche fast nur noch in ablehnendem Sinne gebraucht [...]."[19] Die 11. Auflage des Rechtschreibdudens von 1934 hat unter dem Stichwort *Intellektueller* den Eintrag: ‚Gebildeter, Angehöriger der geistigen Oberschicht';[20] in der 12. Auflage von 1941 lautet er: ‚einseitiger Verstandesmensch'.[21] Eine Verwendung in positivem oder neutralem Kontext wird nicht mehr in Betracht gezogen. Für das Adjektiv *intellektuell* sieht der Befund etwas anders aus: 1934 lautet die Paraphrase: ‚verstandesmäßig, geistig [überlegen]'; 1941: ‚[einseitig] verstandesmäßig, geistig'. Das ältere Adjektiv wurde in die (fast) ausnahmslose Pejorisierung des Substantivs nicht in gleicher Weise einbezogen. Hitler gebraucht *Intellektueller*, wie es scheint, in ‚Mein Kampf' nur zweimal, beide Male in negativem Kontext, und zwar direkt oder indirekt auf seine Erzfeinde, die Juden, bezogen: „Auch ihre Organisation [der Sozialdemokratie] stellt eine Armee von Offizieren und Soldaten dar. Der aus dem Heeresdienst entlassene deutsche Handarbeiter wurde der Soldat, der jüdische Intellektuelle der Offizier." (S. 509) „Von hunderttausend deutschen Arbeitern kennen im Durchschnitt noch nicht hundert dieses Werk [‚Das Kapital' von Karl Marx], das seit jeher von tausendmal mehr Intellektuellen und besonders Juden studiert wurde als von wirklichen Anhängern dieser Bewegung aus den großen unteren Schichten."[22] (S. 528) Kurz nach seiner Einsetzung als ‚Beauftragter des Führers für die Überwachung der gesamten geistigen und weltanschaulichen Schulung und Erziehung der NSDAP.' am 24. 1. 1934 hielt Rosenberg eine große programmatische Rede über den „Kampf um die Weltanschauung", in der er den Ausdruck *Intellektueller* in den Kontext all der negativen Topoi stellt, die im Lauf seiner Verwendungsgeschichte assoziativ mit

---

[18] Mann, Th.: ebd., 44. Hinweis: Bering, D., ebd.
[19] Die Entwicklung des deutschen Wortschatzes nach dem Weltkriege. In: Neophilologus 25/ 1940, 26.
[20] Ebd., 246, s. v. Intellekt.
[21] Ebd., 260, s. v. Intellekt.
[22] Hitler verwendet auch das Adjektiv *intellektuell* nur selten. Von 8 Belegen beziehen sich 5 direkt, indirekt oder kontrastierend („Nicht in den intellektuellen Gaben liegt die Ursache der kulturbildenden und aufbauenden Fähigkeit der Arier." S. 326) auf die Juden (S. 329, 330, 331, 528), 2 betonen, wie das marxistische Schlagwort, die soziale Distanz zwischen „der breiten Masse" und der „dünne[n] intellektuelle[n] Oberschicht (S. 586), 1 hat einen neutralen Kontext („ein für höhere intellektuelle Schichten bestimmtes Werk", S. 526). S. auch D. Bering, S. 365, Anm. 130.

ihm verbunden wurden. „Die liberalistische Weltanschauung, gegen die wir den Kampf geführt haben, war die Folge einer immer größer werdenden Verstädterung des deutschen Menschen, und nicht nur der Deutschen, sondern aller Europäer überhaupt. Immer mehr losgelöst von Blut und Boden mußte der Weltstadtmensch nach und nach das Urteil über die Zweckmäßigkeit seines Handelns verlieren. [...] Und deshalb war es hier nicht verwunderlich, daß die ursprünglich liberale These von der Vervollkommnung der Einzelpersönlichkeit schließlich zu einem blutlosen, haltlosen Großstadtintellektualismus geführt hat. Neben diesem welt- und volksfremden Intellektuellen wuchsen dann die ebenso lebensfern gewordenen, immer größer werdenden Massen des Arbeitertums der Weltstädte heran und fanden in damaliger Zeit keinen Hüter und Schirmer, der sich ihrer innerlich und äußerlich wirklich angenommen hätte. So sehen wir als Ergebnis dieser jahrzehntelangen Entwicklung, daß sich der wurzellose Intellektuelle und der nicht mehr blutgebundene ‚Proletarier‘ zusammenfanden und beide Opfer wurden einer utopischen und volksfeindlichen Ideologie, die wir die marxistische Bewegung nennen."[23] In Heidelberg, auf einer Sondertagung der Reichsstudentenführung mit dem Thema ‚Der geistige Arbeiter im Schicksalskampf des Reiches‘, an der außer den Studentendelegationen auch Wissenschaftler als Vertreter der Hochschulen, darunter fast alle Hochschulrektoren, teilnahmen[24], verkündet Goebbels zum wiederholten Male die Antinomie von *Intellektualismus* und *gesundem Menschenverstand*, *Intellekt* und *Charakter* oder *natürlichem, unverbildetem Instinkt*, zwischen *Intellektuellen* und *geistigen Arbeitern*: „Jeder Mensch hat den verständlichen Wunsch, als intelligent angesehen zu werden. Aber darum braucht er kein Intellektueller zu sein. Unter Intellektualismus verstehen wir nach dem heutigen Sprachgebrauch eine Degenerationserscheinung des gesunden Menschenverstandes, eine Über- oder Unterzüchtung der Beschäftigung mit geistigen Dingen − oder besser gesagt: ein zu starkes Inerscheinungtreten der Kräfte des reinen Intellekts gegenüber den Kräften des Charakters, die, wie die Erfahrung beweist, die elementare Voraussetzung der Kunst des Führens bilden. Es ist klar, daß diese Gefahr am deutlichsten in den geistigen Berufen in Erscheinung tritt, und hier wiederum sind es nicht die Höhenerscheinungen, die ihr verfallen, sondern eine gewisse Schicht von Halbbildung, die genau an der Grenze zwischen natürlichem, unverbildeten Instinkt und Glauben durch Wissen und Erkenntnis stehenbleibt."[25] In der Absicht, auch die bis dahin nicht für voll genommene Intelligenz für die kriegswichtige Mitarbeit zu motivieren, verfehlt Goebbels nicht, den gleichen Personen, die früher abwertend mit dem zum Schmähwort gemachten Ausdruck *Intellektuelle* bezeichnet wurden, mit Ausdrücken wie *neue deutsche Führungsschicht*, *gesunder Menschenverstand*, *politischer Instinkt* eine positive Identifikation anzubieten. Durch die (schon in früheren Reden vorgenommene) neue Definition: Intellektuelle sind Halbgebildete wird den Angeredeten ermöglicht, sich von dem nach wie vor verächtlichen Ausdruck nicht betroffen zu fühlen. Goebbels hatte

---

[23] Rede v. 22. 2. 1934. In: Der Deutsche, 24. 2. 1934. Zit. Blick in die Zeit, 2/3. 3. 1934, 1.
[24] Heiber, H. (Hg.): Goebbels Reden, Bd. 2, Nr. 20, 240, Anm. 1.
[25] Rede v. 9. 7. 1943. In: Goebbels Reden, hg. H. Heiber, Bd. 2, 1972, Nr. 20, 245.

schon den zitierten Passus seiner Rede mit dem Satz eingeleitet: „Ich beziehe mich hier vor allem auf das Schlagwort vom Intellektualismus, das, leicht hingeworfen und zum Gegenstand eines billigen Spotts gemacht [vor allem von Goebbels!], wertvollste Kräfte unseres geistigen Lebens als angegriffen erscheinen ließ, die das gar nicht verdienten. Sie zogen sich einen Schuh an, der ihnen gar nicht paßte."[26] Später bekräftigt Goebbels: „Wenn wir mit Verachtung von den Degeneraten eines hohlen Intellektualismus sprechen, so meinen wir damit eine Art von Halbbildung, die nur selten an deutschen Universitäten Platz gefunden hat."[27] Goebbels führt weiter aus: „Nicht die Einzelgänger allein garantieren die ruhige und stetige Entwicklung des Geisteslebens eines Volkes. Sie sind die Kometen [...]. Aber hinter ihnen muß ein Block von Intelligenz, Willens- und Tatkraft stehen, zusammengesetzt aus ungezählten Beamten, Lehrern, Ärzten, Technikern, Ingenieuren und Konstrukteuren. Sie bilden zu allen Zeiten jenes dauerhafte Fundament, auf dem das Genie fußt und wirkt."[28] „Die neue deutsche Führungsschicht, die wir erstreben, muß deshalb aus anderem Holze geschnitten sein. Ihre Einsicht vermähle sich mit der Tapferkeit des Herzens, sie sei klug und mutig zugleich, sie verachte das Wissen nicht, aber sie soll sie auch nicht überschätzen, sie bewahre sich ihren gesunden Menschenverstand in allen Lebenslagen, ihr politischer Instinkt reagiere natürlich und ungehemmt."[29] Über das Echo einer anderen, aber inhaltlich in vielen Punkten übereinstimmenden Rede, die Goebbels in Weimar hielt, berichtete eine ‚Meldung aus dem Reich': „Besonderen Eindruck hat die Rede von Reichsminister Dr. Goebbels gemacht. [...] Alle geistig Schaffenden, vor allem Wissenschaftler und Künstler, hatten sich seit Jahren erstmals positiv angesprochen gefühlt und durchweg einer tiefen Befriedigung und Genugtuung Ausdruck gegeben. Man sei dankbar für die Unterscheidung zwischen Intelligenz und Intellektualismus. Es sei damit eine Frage, die jahrelang für alle geistig Schaffenden zu oftmals bedrückenden Erscheinungen geführt habe, offen angeschnitten worden [...]. Nur vereinzelt wird die Kennzeichnung des Intellektuellen als nicht prägnant genug empfunden. Statt der Gleichsetzung mit dem Halbgebildeten, wolle man unter dem Intellektuellen einen Mann verstanden wissen, der ohne Fühlung zum Volk und ohne Bindung zur Gesamtheit von seinen Verstandeskräften überspitzt Gebrauch mache und nicht im Leben stehe."[30] „Gegenüber der vielfältigen verdienten Ehrung des Arbeiters, des Bauern und des Soldaten sei jede geistige Tätigkeit durch Jahre hindurch sehr kurz weggekommen. Viele geistig Arbeitenden hätten dadurch das Gefühl gehabt, daß man sie im nationalsozialistischen Deutschland offiziell nicht brauche und haben wolle. [...] Mit der Rede sei endlich dem üblichen Verhalten, jeden Akademiker zunächst einmal als ‚Intellektuellen' zu bezeichnen und ‚über Volksgenossen nur deshalb herzuziehen, weil sie studiert haben, ein Dämpfer aufgesetzt worden'."[31]

---

26 Ebd.
27 Ebd. 251.
28 Ebd., 246.
29 Ebd. 247.
30 MADR, (Nr. 327), 19. 10. 1942, Bd. 11, 4345.
31 MADR, ebd. 4346.

▷ Im heutigen Sprachgebrauch kommt der Ausdruck *Intellektueller* sowohl in beschreibendem wie wertendem Kontext vor. Das belegt der Eintrag im großen Duden-Wörterbuch[32]: „Intellektuelle. a) jemand, der wissenschaftlich [oder künstlerisch] gebildet ist und geistig arbeitet: Von der Gefahr, die der ... Republik drohte, machte sich Heinrich, ähnlich wie meisten Intellektuellen in jener Zeit, keine Vorstellungen;[33] seine Mutter, die sich als Intellektuelle sah und deren Weitsicht er als Ausflucht begriff;[34] b) übermäßig vom Verstand bestimmter Mensch: Ein von Natur aus frostiger Mensch, ein Intellektueller.[35] Intellektueller (a), der Sozialkritik übt und herrschende Institutionen angreift: die Intellektuellen kritisierten die Regierungspolitik; ... denn der Intelektuelle kann, wenn er sich selbst ernst nimmt, keine starren Valuten gelten lassen — und keine Klischees. Er muß zersetzen... (Zeit, 5. 6. 64, 11); c) übermäßig verstandesbetonter Mensch: ein typischer Intellektueller; Ein von Natur aus frostiger Mensch, ein Intellektueller (Lynen, Kentaurengefährte, 319)."[36]

international (Internationale, Internationalismus)

Abwertend: undeutsch, vaterlandslos, zur *jüdischen* Weltverschwörung gehörig.

> Das Adjektiv *international* wurde 1839[37] aus engl. *international* entlehnt, das der Jurist J. Bentham 1789 nach lat. *ius inter gentes* ‚Völkerrecht' bildete. Das Substantiv *Internationale* geht zurück auf die Kurzform des Namens der 1864 in London gegründeten ‚Internationalen Arbeiterassociation (IAA)': „Extrasitzung der ‚Internationale'" Karl Marx 1865. Geläufig wurde der Ausdruck durch die Schrift von O. Testut: ‚Die Internationale' (1871).[38] „Internationale [...] wurde anscheinend noch in den sechziger Jahren zum Schlagwort von der **roten Internationalen** spezialisiert, das in den staatserhaltenden Parteien längere Zeit die Vorstellung von einer gefährlichen Weltverschwörung wachrief und jedenfalls mit dem Makel der Vaterlandslosigkeit behaftet war. Nach diesem Muster wurde im Jahre 1873 für die entsprechenden jesuitischen Bestrebungen das parallele Schlagwort von der **schwarzen Internationale** gebildet [...]."[39] 1875 spricht der Antisemit O. Beta in seiner Schrift: ‚Darwin. Deutschland und die Juden oder der Juda-Jesuitismus' von der *goldenen Internationale*.[40] 1876 erscheint in Berlin von C. Wilmanns: ‚Die «goldene» Internationale und die Notwendigkeit einer socialen Reformpartei'. 1881

---

[32] GWB Duden 1993 ff., 8 Bde, Bd. 4, 2. Aufl. 1994, 1720, s. v.
[33] Reich-Ranicki, Marcel: Thomas Mann und die Seinen, Stuttgart 1988, 175.
[34] Frisch, Max: Montauk. Franfurt/M., 1975, 36.
[35] Lynen, Adam, R.: Kentaurengefährte, München 1963, 319.
[36] GWB in 6 Bdn., Bd. 3, 1977, 1352, s. v. Intellekt.
[37] GG, Bd. 3, 374.
[38] GG, Bd. 3, 384 f. Vgl. Paul 1992, 432, s. v.
[39] Ladendorf, O.: Historisches Schlagwörterbuch, 1906, 142. Ladendorf zitiert einen Beleg aus den ‚Grenzboten' 1873, 2. Sem. 2, 119.
[40] Berlin 1875, 43. Nach Cobet: 1973, 171.

wendet sich W. Marr an die deutschen Wähler: „Eins aber rufen wir der ‚roten' Internationale zu: Ihr glaubt zu schieben und ihr werdet geschoben. Ihr laßt Eure Blicke soweit ablenken, daß Ihr für die ‚Verbrüderung' aller Völker zu arbeiten glaubt und seht daher nicht, daß Ihr nur für die goldene Internationale des auserwählten Volks arbeitet, die Euch in die Ferne hinein träumen läßt, um das, was Ihr in der Nähe umstürzt, sich selbst anzueignen."[41] Schon 1879 hatte er erklärt: „denn die goldene Internationale kennt eben so wenig ein Vaterland, wie die schwarze und rothe".[42] Paul de Lagarde gebraucht 1881 in den ‚Deutschen Schriften' die Verbindung *jüdische Internationale*, um die im gleichen Abschnitt genannte „*alliance israélite*" zu bezeichnen, „eine dem Freimaurerthume ähnliche internationale Verschwörung zum besten der jüdischen Weltherrschaft, auf semitischem Gebiete dasselbe was der Jesuitenorden auf katholischem".[43] In einer Reichstagsrede am 3. Februar 1882 bekräftigt der Hofprediger A. Stoecker: „Die Juden gehen nie in einem Volke auf, unter dem sie wohnen, sie bleiben ... exklusiv, in internationalem Zusammenhang miteinander in der großen goldenen Internationale, welche mit ihren Netzen die Welt umspannt. Dieser Bund geht darauf aus, das nationale Leben der Völker zu untergraben, sie materiell und geistig zu beugen, sie zu beherrschen."[44]

> Im Kampf um die Macht, in der ↑ *Kampfzeit*, konnten die Nationalsozialisten auf das schon vorgeprägte Vokabular gegen den *Internationalismus* zurückgreifen, der, wie ‚Meyers Lexikon' definiert, zum Nationalsozialismus in einem prinzipiellen Gegensatz stand. „Der Internationalismus ist nur denkbar und möglich bei Auffassungen und Anschauungen, die eine Gleichbewertung der Menschen und damit auch der Völker vornehmen. Rassisches Denken schließt den Internationalismus aus, denn die Erkenntnis von der Verschiedenartigkeit und -wertigkeit der Menschen und Völker lehnt den Internationalismus als undurchführbar ab."[45] Mit dem einen Ausdruck *international* und seinen Weiterbildungen *Internationale, Internationalismus, Internationalität* konnten die eigentlich widersprüchlichen Elemente der NS-Ideologie: Antikapitalismus und Antibolschewismus verknüpft, „die großen Internationalen Judentum, Liberalismus, Freimaurertum, christliche Kirchen"[46] angegriffen und ihnen die schon vor der Jahrhundertwende mit ihm stereotyp verknüpften negativen Merkmale ‚Vaterlandslosigkeit', ‚Weltverschwörung', ‚Subversivität' zugeschrieben werden. Die Hauptangriffsrichtung ging gegen die Juden, die von der nationalsozialistischen Propaganda, wie schon durch Marr 1881, von Anfang an mit dem Marxismus und Bolschewismus identifiziert wurden.[47] M. Pechau nennt 1935 in seiner Dissertation ‚Nationalsozialismus und deutsche Sprache' unter den

---

41 Wählet keinen Juden! Ein Mahnwort an die deutschen Wähler, Berlin 1881, 37. Zit. Cobet, 171.
42 Der Sieg des Judenthums über das Germanenthum. Vom nicht confessionellen Standpunkt aus betrachtet, Bern 1879, 44 f.
43 Ebd., Gesammtausgabe letzter Hand, 5. Aufl. 1920, 278.
44 Reden im Reichstag. Hg. R. Mumm, Schwerin 1914, 213. Zit. Cobet, 171 f.
45 Ebd., Bd. 6, 1939, 298, s. v.
46 Meyers Lexikon, Bd. 9, 1942, 72, s. v. Rasse.
47 Vgl. Der Aufstieg der NSDAP in Augenzeugenberichten. Hg. E. Deuerlein, 1968, passim.

Diffamierungsvokabeln der *Kampfzeit: internationale Drahtzieher* (S. 40), *internationale Finanzchirurgie* (S. 54), *internationale Hochfinanz* (S. 53), *internationale Regie* (S. 40), *internationale Sklavenkolonie* (S. 52), *internationale Völkermade* (S. 67, 91), *internationale Weltvergiftung* (S. 69), *internationale Weltvertrustung* (S. 40). Hitler verwendet ferner in ‚Mein Kampf': *internationales Börsenjudentum, internationales jüdisches Börsenkapital,* (S. 702) *internationale jüdische Weltfinanz* (S. 163) u. a. Nach 1933 traten die zu Phraseologismen gewordenen Verbindungen: *der internationale Jude* (sowohl als Kollektivsingular wie auf eine Person bezogen) und *internationales Judentum* in den Vordergrund, die schon früh zu Hitlers Vokabular gehörten.. „Todfeind jedes wahren sozialen Gedankens ist der internationale Jude."[48] (18. 7. 1922) „Der internationale Jude Eisner begann Bayern gegen Preußen auszuspielen."[49] (1927) „Länger als fünfzehn Jahre führt nun die NSDAP. den Kampf gegen das Judentum. In Hunderttausenden von Versammlungen, in Reden, Büchern und in jeder nur erdenklichen Form der Aufklärungsarbeit ist versucht worden, dem deutschen Volk klarzumachen, welches Unheil der lüsterne und nur auf Völkervernichtung und Aussaugung bedachte Jude heraufbeschworen hat... Leider beweist die Erfahrung, daß es noch immer Unbelehrbare gibt, die sich vor ihren Volksgenossen nicht schämen, teils heimlich, teils in aller Öffentlichkeit, weiteren Verkehr mit Juden zu pflegen und sogar für sie einzutreten. Diese Unbelehrbaren und Pflichtvergessenen mögen bedenken, daß unser Staat nationalsozialistisch ist und daß sich jeder, der in diesem Staate wohnt, seinen auf dem nationalsozialistischen Programm beruhenden Anschauungen und Gesetzen unterzuordnen hat."[50] (1935) „Als ich das letztemal hier zu Ihnen sprach, meine alten Parteigenossen, da konnte ich im Vollgefühl eines Sieges sprechen wie kaum je ein Sterblicher vor mir. Und trotzdem lastete damals auf mir eine schwere Sorge, denn ich war mir im klaren, daß hinter diesem Krieg als letzter derjenige Brandstifter zu suchen ist, der immer von den Händeln der Nationen gelebt hat: der internationale Jude. Ich wäre kein Nationalsozialist mehr gewesen, wenn ich mich von dieser Erkenntnis je entfernt hätte."[51] (1941) Victor Klemperer vermerkt in seiner ‚LTI' den häufigen Gebrauch der Formel *internationales Judentum*[52], die nach dem organisierten Pogrom gegen die Juden 1938 sogar im Reichsgesetzblatt erschien. In der ‚Verordnung zur Wiederherstellung des Straßenbildes bei jüdischen Gewerbebetrieben' vom 12. 11.1938 werden die Juden heuchlerisch selbst zu Verursachern der erlittenen Schäden, von Zerstörung, Verfolgung, Mord, gemacht. „Alle Schäden, welche durch die Empörung des Volkes über die Hetze des internationalen Judentums gegen das nationalsozialistische Deutschland am 8. 9. und 10. November 1938 an jüdischen Gewerbebetrieben und Wohnungen entstanden sind, sind von dem jüdischen Inha-

---

[48] In: Sozialismus wie ihn der Führer sieht. Hg. F. Meystre, 1935, Nr. 149, S. 27.
[49] Hitler, Mein Kampf, 623.
[50] Amtl. Mitteilung an d. Leipziger Neueste Nachrichten v. 19. 7. 1935. Zit. Blick in die Zeit, 3/Nr. 30, 26. 7. 1935, S. 4.
[51] Hitler, 8. 11. 1941. In: Domarus, Bd. 2/2, 1772.
[52] Ebd., 14. Aufl. 1996, 35.

ber oder jüdischen Gewerbetreibenden sofort zu beseitigen. [...]"[53] Im Jahr des Kriegsbeginns verkündet Hitler: „Die Völker werden in kurzer Zeit erkennen, daß das nationalsozialistische Deutschland keine Feindschaft mit anderen Völkern will, daß alle Behauptungen über Angriffsabsichten unseres Volkes auf fremde Völker entweder aus krankhafter Hysterie geborene oder aus der persönlichen Selbsterhaltungssucht einzelner Politiker entstandene Lügen sind, daß diese Lügen aber in gewissen Staaten gewissenlosen Geschäftemachern zur Rettung ihrer Finanzen dienen sollen, daß vor allem das internationale Judentum damit eine Befriedigung seiner Rachsucht und Profitgier erreichen zu hoffen mag, daß sie aber die ungeheuerlichste Verleumdung darstellen, die man einem großen und friedliebenden Volk antun kann."[54] Noch in seiner letzten Rundfunkansprache am 19. 4. 1945, kurz vor dem katastrophalen Ende des angezettelten Krieges, dient Goebbels der Phraseologismus *internationales Judentum* zur Beschwörung eines mythischen Gegners: „Noch einmal stürmen die Heere der feindlichen Mächte gegen unsere Verteidigungsfronten an. Hinter ihnen geifert als Einpeitscher das internationale Judentum, das keinen Frieden will, bis es sein satanisches Ziel der Zerstörung der Welt erreicht hat. Aber es wird vergeblich sein! Gott wird Luzifer wie so oft schon, wenn er vor den Toren der Macht über allen Völkern stand, wieder in den Abgrund zurückschleudern, aus dem er gekommen ist."[55] Noch einen Tag vor seinem Selbstmord, in seinem „politischen Testament" vom 29. 4. 1945, gibt Hitler seiner antisemitischen Obsession Ausdruck in der Formel *internationales Judentum*: „Es werden Jahrhunderte vergehen, aber aus den Ruinen unserer Städte und Kunstdenkmäler wird sich der Haß gegen das letzten Endes verantwortliche Volk immer wieder erneuern, dem wir das alles zu verdanken haben: dem internationalen Judentum mit seinen Helfern!"[56] „Vor allem verpflichte ich die Führung der Nation und die Gefolgschaft zur peinlichen Einhaltung der Rassegesetze und zum unbarmherzigen Widerstand gegen den Weltvergifter aller Völker, das internationale Judentum."[57]

---

[53] RGBl. 1, 1938, 1581.
[54] Rede am 30. 1.1939. In: Domarus Bd. 2/1, 1055 f.
[55] Goebbels, Reden, hg. H. Heiber, Bd. 2, 1972, 452.
[56] In: Domarus, Bd. 2/2, 2236 f.
[57] Ebd., 2239.

J

JM, s. ↑ Jungmädelbund.

Journaille

Gegen die Presse der Weimarer Republik gerichtetes Schmähwort.[1]

> Der Ausdruck *Journaille* ist mit dem pejorativen Suffix *-aille* gebildet, das aus *Kanaille* (seit Anfang des 17. Jahrhunderts aus frz. *canaille* ‚Hundepack' entlehnt und wie dies auch pejorativ auf Einzelpersonen anwendbar) gelöst wurde. Das Suffix wird okkasionell zur Bildung stark expressiver Bezeichnungen von Personengruppen verwendet.[2] *Journaille* wurde 1902 von Karl Kraus (1874–1936) in Umlauf gebracht. Er überschreibt einen Artikel in der ‚Fackel' „Die Journaille" und gibt in einer Anmerkung den Hinweis: „Sprich: Journallje. Ein geistvoller Mann hat mir neulich, da wir über die Verwüstung des Staates durch die Pressmaffia klagten, diese für meine Zwecke werthvolle Bezeichnung empfohlen, die ich hiermit dem Sprachgebrauch überliefere." Seinen Artikel beginnt Kraus mit der Frage: „Darf eine Zeitung beschimpft werden? Darf der einfache Mann aus dem Volke, dem jene Erkenntnis über das Zeitungswesen mangelt, aus der der Herausgeber der ‚Fackel' aufreizende, zwingende Argumente für Hass und Verachtung gegen die parasitären Zerstörer des Geisteslebens schöpft – darf einer, der ihr Wirken nicht durchschaut, dem aber endlich ein Ahnen die Augen geöffnet, dem dumpfen Gefühl von Abscheu und Ekel in einem Schimpfwort den erlösenden Ausdruck geben?"[3] Den Hinweis auf Karl Kraus gab 1935 J. A. Storfer. In seinem Buch ‚Wörter und ihre Schicksale' führt er aus: „Bei Karl Kraus findet sich auch Generaille. [...] der geistvolle Mann war Alfred von Berger. Übrigens führt Chautards Werk über die französische Gaunersprache journaille als Nebenform von journeé = Tag auf. Bei diesen deutschen Schimpfwörtern auf *-aille* kann man nicht schlechthin nur von der pejorativen Endung -aille sprechen. Sosehr ist ja dem Deutschen diese Funktion nicht vertraut; vielmehr ist für uns -aille ein Stück vom bekannten Kraftausdruck canaille. Intellectuaille, Journaille sind also gewissermaßen Zusammenziehungen von intellektueller Canaille, von journalistischer Canaille, also Beispiele von Verschmelzungswörtern."[4] M. Pechau nennt in den ‚Nationalsozialistischen Monatsheften' als Parallele zu *Journaille* den bei Campe belegten Ausdruck *Emigraille* „als Benennung der

---

[1] Gebucht: Duden, 12. Aufl. 1941, Meyers Lexikon 1936 ff.
[2] Fleischer, W.: Wortbildung der deutschen Gegenwartssprache, 5. Aufl., Tübingen 1982, 190.
[3] Ebd., 3/Nr. 99, Ende März 1902, 1.
[4] Ebd., 205.

Leute, die vor der Französischen Revolution ins Ausland fliehen."[5] Der aggressive, wortmächtige Antisemit Eugen Dühring hat 1899 *Feminaille*[6], 1900 *Marxaille*[7], *Intellektuaille*[8], aber offenbar nicht *Journaille*.

▶ M. Pechau nennt als „Kampfausdrücke" gegen die „jüdisch marxistische Lügenpresse": „die geniale Bildung *Journaille*", *jüdische Journaille* (Völkischer Sprechabend) und die Zusammensetzungen *Zeitungsjournaille* [Hitler nennt in ‚Mein Kampf' Kurt Eisner eine *Zeitungsjournaille*[9]], *Erfüllungsjournaille, Dolchstoßjournaille* (Nationalsozialistische Briefe).[10] „Die jüdische Marxistenpresse ist zwar entrüstet, wenn man das marxistische Regime für das Elend von heute verantwortlich macht und wenn man gar persönliche Rechenschaft und Verantwortlichkeit der marxistischen Regierungsbonzen fordert. Da lügen der galizische ‚Vorwärts' und die jüdische Journaille dem Volke, mit der von ihnen bekannten Frechheit vor, die SPD habe überhaupt niemals Gelegenheit gehabt, ihre Grundsätze zum Wohle des Volkes in der Regierung zu erzwingen."[11] „Als Dr. Goebbels seine Gegner von der ‚Asphaltpresse' treffen wollte, da schleuderte er ihnen die vernichtende Bezeichnung Journaille entgegen."[12]

Jud

Besonders verächtlich gemeinter Namenszusatz, für: ↑ *Jude*.[13]

▶ „In einem kleinen Raum sind hier der Abwechslung halber einmal nur Juden vertreten. Damit keine Mißverständnisse entstehen, sei bemerkt, daß es sich hier um eine kleine Auswahl aus den zahlreichen jüdischen Machwerken handelt, die die Ausstellung insgesamt zeigt. Die großen ‚Verdienste', die sich die jüdischen Wortführer, Händler und Förderer der entarteten Kunst zweifellos erworben haben, rechtfertigt zur Genüge diese ‚Sonderehrung'. Hier findet sich u. a. auch ‚Der neue Mensch', wie ihn sich Jud Freundlich erträumt hat. Dort stehen und hängen auch noch andere plastische und gemalte Wüstenträume herum, denen gegenüber Worte versagen müssen."[14] „Jud B [...] als Rassenschänder. Ein Fall von Rassenschande, wie er skrupelloser und widerlicher kaum gedacht werden kann, führte am 5. März

---

[5] Nationalsozialismus und deutsche Sprache, ebd., 8/ Dez. 1937, 1068.
[6] Feminismus und Feminaille. Wahre und falsche Emancipatricen. In: Völkergeist, No. 10, 12 u. 16, 1899. In: Döll (Hg.): Dühringwahrheiten, Leipzig 1908, 143.
[7] Physiognomie der Marxistischen Agitation. Von der Utopie zur Unsinnschmiere, nicht zur Wissenschaft. Oekonomiegeschichte. In: ebd. 53, 58.
[8] Sociale Rettung. Das Werden des gegenwärtigen Francomusterbildes einer vollendeten Canaillokratie. In: ebd., 69.
[9] Seite 624.
[10] Nationalsozialismus und deutsche Sprache. In: NS-Monatshefte, 8/Dez. 1937, 1068.
[11] Volksführer in Theorie und Praxis. Hg. Nationalsozialistische Propagandaleitung. Kleine Schriften, 1933, 5.
[12] Wustmann (W. Schulze): Sprachdummheiten, 11. Aufl. 1943, 368.
[13] Gebucht: Duden, 12. Aufl. 1941. Getilgt: Duden, 13. Aufl. 1947.
[14] Entartete „Kunst". Ausstellungsführer, hg. F. Walter, 1937, 20 f.

d. J. zur Festnahme des Vollblutjuden E[...] B[...]. [...] Hier in der Blumenstraße war es, wo Jud B[...] die artvergessenen Mädchen [...] und nicht weniger artvergessenen geschiedenen Frauen ‚empfing'."[15] Am 22. Mai 1940 trägt Victor Klemperer in sein Tagebuch ein: „Feine Unterscheidung: Innenminister in Frankreich wurde Mandel. ‚Dresdener Neueste Nachrichten' schreiben ‚Jude M.', ‚Freiheitskampf': ‚*Jud*' Mandel'. Der Apostroph ist Mittelalterwürze und Pejorativ (Pessimativ)."[16]

Jude

a) Seit der ‚1. Verordnung vom 14. 11. 1935 zum Reichsbürgergesetz ‚eine Person, die die Kriterien des *gesetzlichen Judenbegriffs*[17] erfüllte; b) verächtlich gemeinter Namenszusatz für Menschen jüdischer Herkunft oder solche, die ihnen gleichgesetzt wurden.

▶ a) „I. Jude im Sinne des Gesetzes ist ohne Rücksicht auf seine Staatsangehörigkeit und sein Geschlecht: 1. Wer von vier der Rasse nach volljüdischen Großelternteilen abstammt. 2. wer von drei der Rasse nach volljüdischen Großelternteilen und einem anderen Großelternteil abstammt. II. Als Jude gilt ferner der deutsche Staatsangehörige, der von zwei der Rasse nach volljüdischen und zwei anderen Großelternteilen abstammt, wenn er: 1. Am 16. IX. 1935 (Tag des Erlasses des Reichsbürgergesetzes) der jüdischen Religionsgesellschaft angehört hat oder danach in sie aufgenommen wird. 2. Am 16. IX. mit einem Juden verheiratet war oder sich danach mit einem solchen verheiratet. [...] 3. Aus einer Ehe mit einem Juden im Sinne von I stammt, die nach dem 17. IX. 1935 (Tag des Inkrafttretens des Blutschutzgesetzes) geschlossen ist. 4. Aus einem außerehelichen Verkehr mit einem Juden im Sinne von I stammt und nach dem 31. VII. 1936 außerehelich geboren ist."[18]

b) Die Nationalsozialisten setzten bei dem Gebrauch des Namenszusatzes *Jude* voraus, daß durch die permanente Hetze gegen die Juden (noch in den Programm-Pausen des Rundfunks ertönten kleine Sprüche wie: „Der Bauer pflügt, / Der Jude lügt."; „Der Maurer baut, / Der Jude klaut".[19]), durch die stereotype Verwendung des Ausdrucks in negativen Kontexten, alle neubelebten alten wie die neuen Vorurteile als definitorische Merkmale mit dem Ausdruck *Jude* verknüpft worden waren, so daß er, ohne jedes Attribut, als Verunglimpfung dienen konnte. „Der Jude Dr. Preuß legt den Entwurf der neuen Reichsverfassung vor, der zuerst eine Zerstückelung Preußens vorsieht. [...] Am 25. Januar, dem Geburtstage Friedrichs des Großen, wird unter Vorsitz des Juden Preuß eine Kommission der Vertreter der deutschen Einzelstaaten zur Beratung des Verfassungsentwurfs eingesetzt. [...] Am 12. Februar wird der Leiter der kommunistischen Propaganda Karl Radek in Char-

---

[15] Rhein. Landeszeitung, 22. 4. 1937.
[16] Ich will Zeugnis ablegen bis zum letzten. Tagebücher, Bd. 1, 1995, 527.
[17] Stuckart/Schiedermair: Rassen- und Erbpflege in der Gesetzgebung des Reiches, 3. erw. Aufl. 1942, 15.
[18] Ebd., 15 f.
[19] Tausk, W.: Breslauer Tagebücher, 1988, Eintragung v. 11. 12. 1938, 207.

lottenburg verhaftet; er heißt eigentlich Jude Sobelsohn. Am 13. Februar wird das neue Reichskabinett gebildet, Scheidemann wird Präsident des Reichsministeriums, der Jude Preuß übernimmt das Reichsministerium, der Jude Landsberg das Justizministerium."[20] Am 24. 4. 1936 erging eine Presseanweisung mit dem Vermerk: „Wichtig!": „Die Zeitungen werden auf folgende Anordnung strikt hingewiesen. In Zukunft dürfen die Namen führender sowjetischer Beamter und Politiker nur mit dem Zusatz ‚Jude' und mit dem jüdischen Beinamen zitiert werden, sofern es sich um Juden handelt. Es muss also in Zukunft heissen: ‚Der Sowjet-Jude Litwinow-Finkelstein, Volkskommissar des Aeusseren, oder der frühere Kommunistenführer Radeck-Sobelsohn usw.' Den Zeitungen geht noch eingehendes Material über die jüdischen Namen der einzelnen Sowjetfunktionäre zu, so dass sie nicht im Irrtum darüber bleiben, wer Jude ist und wer nicht. Auf die genaue Innehaltung dieser Anweisung wird grösster Wert gelegt."[21]

Juden und Judengenossen

Juden und ihre Parteigänger.

> Die biblische Wendung geht auf Luthers Bibelübersetzung zurück: „Jüden und Jüdegenossen / Kreter und Araber / Wir hören Sie mit unsern Zungen / die grossen Thaten Gottes reden." (1545)[22] Campe bucht die Wendung in seinem ‚Wörterbuch der Deutschen Sprache' und erklärt *Judengenoß*: „bei den älteren Juden und in der Bibel, eine Person, welche die jüdische Religion angenommen hatte; zum Unterschiede von den gebornen Juden".[23] Grimms ‚Deutsches Wörterbuch' belegt ein Beispiel „in freier anwendung" des Ausdrucks *Juden und Judengenossen* für die Zeit des Dreißigjährigen Krieges: „ein lied, allen falschen und leich münzern, küppern und ihren saubern rottgesellen den juden und judengenossen zu ehren gestellet."[24] So gebraucht auch Ernst Moritz Arndt (1769–1860) die Wendung: „Juden-und Judengenossen, getaufte und ungetaufte, arbeiten unermüdlich und auf allen äußersten, radikalsten Linken mitsitzend an der Zersetzung und Auflösung dessen, worin uns Deutschen bisher unser Menschliches und Heiliges eingefaßt schien."[25]

> Im Nationalsozialismus ist *Juden und Judengenossen* eine verunglimpfende Bezeichnung für die Juden und solche, denen Parteigängerschaft mit den Juden vorgeworfen wird. „Warum bekämpft die N. S. D. A. P. das heutige parlamentarisch-demokratisch-kapitalistische System? Weil dieses parlamentarisch-demokratisch-kapitalistische System nur das Aushängeschild des krassesten, mammonistischen und kapitalistischen Egoismus ist, gehalten und geführt von Juden und Judengenossen,

---

20 v. Leers, J.: 14 Jahre Judenrepublik, Bd. 2, 1933, 19.
21 ZSG. 101/7/275/Nr. 375. 24. April 1936. In: Toepser-Ziegert, Bd. 4/I, 435 f.
22 Apostelg. 2, 11. In: D. Martin Luther: Die gantze Heilige Schrifft Deudsch 1545 / Auffs new zugericht. Hg. H. Volz, München 1972, 2192.
23 Campe, ebd., Bd. 2, 1808, 851.
24 Weller lieder des 30j. kr. 145. In: Ebd., Bd. 4, Abt. 2, 1877, 2355.
25 Reden und Glossen, 1848, 37.

zur gemeinsamen Ausbeutung des schaffenden deutschen Volkes, und zwar mit staatlichen Mitteln."[26] „Die Sozialdemokratie steht im Dienste der Börse und ihre Führer sind Juden und Judengenossen."[27] „Juden und Judengenossen! ‚Le Temps' vom 3. Dezember 1935 meldet aus Genf, daß eine Delegation ‚deutscher' Emigranten bei einer ‚internationalen Kommission zur Unterstützung der Emigranten' (!) sich gemeldet habe und vorstellig geworden sei. Es wundert uns wirklich nicht, daß diese Delegation unter der Führung von Männern stand, die kennzeichnend für das Gesamtunternehmen sind: Es waren der ‚famose' Schriftsteller Heinrich Mann, der berüchtigte Journalist Georg Bernhard und der Advokat Rozelaar. Georg Bernhard gab in einer Presseerklärung die Zahl der ‚deutschen' Emigranten auf etwa 100 000 an, von denen 80 000 (!) Juden seien. die anderen 20 000 sind Judengenossen, Volksverräter, Schieber und Leute, die auch ein schlechtes Gewissen haben. Bernhard hat zwar die 20 000 nicht so genannt, aber wir wissen ja, wer es war; jedenfalls keine Leute, die eine saubere Weste haben."[28]

Judenfrage

Bezeichnung für die von den Nationalsozialisten behauptete, angeblich ↑ *rassisch* bedingte Unmöglichkeit des Zusammenlebens von Juden und Nichtjuden.[29]

> Der Ausdruck *Judenfrage* entstand im Zusammenhang mit der Diskussion um die Emanzipation und die soziale Integration der Juden seit den Dreißiger Jahren des 19. Jahrhunderts, auf deren Probleme er sich bezieht. Er wurde offenbar geprägt von dem Junghegelianer Bruno Bauer (1809–1862), der 1842 in den ‚Deutschen Jahrbüchern für Wissenschaft und Kunst' einen Aufsatz gegen die Emanzipation mit dem Titel ‚Die Juden-Frage' veröffentlichte.[30] In den zahlreichen Reaktionen auf Bruno Bauer stand das Wort *Judenfrage* im Mittelpunkt. Karl Marx verfaßte 1844 seine gegen Bruno Bauer gerichtete Schrift ‚Zur Judenfrage'[31], in der er die Judenemanzipation abhandelt und die Juden polemisch mit Handel, Banken, Kapitalismus und Ausbeutung gleichsetzt (wie schon die französischen Frühsozialisten Fourier, Toussenel, Leroux)[32]. Maßgeblich für den ↑ *Antisemitismus* wurden Eugen Dührings judenfeindliche Schrift ‚Die Judenfrage als Racen-, Sitten- und Culturfrage' (1881), von der 1930 eine sechste vermehrte Auflage mit modernisiertem Titel erschien[33] und ‚Der Antisemitenkatechismus' von Theodor Fritsch, der 1887 zum

---

[26] Goebbels: Das kleine abc des Nationalsozialisten, 1927, 7.
[27] Ebd., 19.
[28] Gedanken und Glossen. In: Der Deutsche Student, 4/Jan. 1936, 37.
[29] Gebucht: Trübners DWB.
[30] Jg. 5, (1093–1126). Vgl. Cobet, 1973, 141.
[31] Deutsch-französische Jahrbücher, Lfg. 1/2, 1844. Zit. Cobet, 1973, 142.
[32] Vgl. Silberner, E,: Sozialisten zur Judenfrage, Berlin 1962.
[33] 2. verb. Aufl. 1881. Eine 1. Aufl. vom November 1980 war, wie Dühring im Vorwort angibt, schon nach vier Wochen vergriffen. Der Titel der 6. Aufl.: Die Judenfrage als Frage des Rassencharakters und seiner Schädlichkeit für Existenz und Kultur der Völker, Leipzig 1930.

erstenmal herauskam, mit der 26. Auflage 1907 in ‚Handbuch der Judenfrage' umbenannt wurde und seine 44., mehrfach umgearbeitete, Auflage 1944 erlebte. Der deutsch-schweizerische Vorgeschichtsforscher Otto Hauser beschreibt die Verwendungssituation des Ausdrucks *Judenfrage* im Jahr 1915: „Unsere Zeit hat die Judenfrage immer mehr zu einer Rassenfrage gemacht. Die Juden sind die Orientalen, die Hethiter und Kuschiten, Asiaten und Afrikaner, sie sind Beduinen, Nomaden, die eine Trift abweiden und dann weiterziehen. Man kennt nicht nur jeden Juden aus tausenden heraus, man erkennt auch die jüdische Beimischung selbst in homöopathischer Verdünnung. Man sagt, der und jener sei Jude oder Judenstämmling und hat ihn damit erledigt."[34] Der Ausdruck wurde jedoch nicht nur in antisemitischem Kontext verwendet. Der Begründer des Zionismus Theodor Herzl (1860–1904) nennt seinen 1896 erschienenen Essay ‚Der Judenstaat' im Untertitel: ‚Der Versuch einer modernen Lösung der Judenfrage' und er führt aus: „Ich halte die Judenfrage weder für eine soziale noch für eine religiöse, wenn sie sich noch so oder anders färbt. Sie ist eine nationale Frage, und um sie zu lösen, müssen wir sie vor allem zu einer politischen Weltfrage machen, die im Rate der Kulturvölker zu regeln sein wird."[35] In einer Tageszeitung wird 1918 berichtet: „Die deutschen Zionisten und Palästina. Die jüdische Rundschau, das Organ der deutschen Zionisten, bezeichnet die Erklärung, die der stellvertretende Staatssekretär des Auswärtigen Amtes [...] namens der deutschen Reichsregierung zu der Judenfrage, insbesondere über die Bestrebungen der Zionisten in Palästina, abgegeben hat, als eine ebenso wichtige wie erfreuliche Zustimmung [...]."[36]

> Im Nationalsozialismus ist der Ausdruck *Judenfrage* einheitlich antisemitisch definiert. Er wird nicht nur auf das angebliche Rassenproblem bezogen, sondern verweist zugleich auf die radikalen, letztlich tödlichen, Konsequenzen, die aus der *Judenfrage* gezogen werden sollen oder schon gezogen worden sind und in den – verschleiernden – Formeln *Lösung der Judenfrage, Gesamtlösung der Judenfrage, Endlösung der Judenfrage* ausgedrückt werden. Hitler formuliert in ‚Mein Kampf' ähnlich wie Dühring: „Ohne klare Erkenntnis des Rasseproblems, und damit der Judenfrage, wird ein Wiederaufstieg der deutschen Nation nicht mehr erfolgen." (S. 372) „Die Gründung der Forschungsabteilung Judenfrage im Reichsinstitut für Geschichte des neuen Deutschlands ist mehr als ein gewöhnlicher organisatorischer Akt der Wissenschaftspflege, sie ist vielmehr auf dem Felde der Wissenschaft und der Hochschule selbst ein Akt der Revolution, der großen nationalsozialistischen Revolution Adolf Hitlers. Es ist zum erstenmal, nicht nur in unserem Vaterland, daß die wissenschaftliche Forschung eines Volkes unserer Rasse sich dieses Gegenstandes grundsätzlich und mit völkischer Zielsetzung annimmt. Es ist einer der wichtigsten und schicksalsvollsten Gegenstände der Geschichte. [...] auch Anfeindungen fehlten von Anfang an nicht. Es schien, als komme manchen Stellen die bloße Tatsache, daß die Geschichte der Judenfrage einmal nicht von einem projüdischen Standpunkt

---

[34] Hauser, O.: Rasse und Rassefragen in Deutschland, 1915, 100 f.
[35] Ebd., Zürich 1988, 16.
[36] Neußer Zeitung, 93/Nr. 16/17. 1. 1918, 3.

aus betrachtet wird, schon als eine schwere Verletzung der wissenschaftlichen Gerechtigkeit vor. [...]"37 (1936) „In seiner Rede vom 13. November [1938] in den Berliner Germaniasälen, in der er u. a. die Feststellungen traf: ‚Der Jude Grünspan hat erklärt, er habe das deutsche Volk treffen wollen. Dieses Volk hat jetzt durch seine Regierung eine entsprechende Antwort erteilt. Es hat sich als Volk zur Wehr gesetzt gegen die Rasse, die durch den Juden Grünspan auf einen deutschen diplomatischen Vertreter geschossen hat.' konnte Pg. Dr. Goebbels mit Recht erklären: ‚Ich bin der festen Überzeugung, daß sich die deutsche Regierung damit in vollkommener und restloser Übereinstimmung mit dem deutschen Volke befindet. Die Judenfrage wird in kürzester Frist einer das deutsche Volksempfinden befriedigenden Lösung zugeführt! Das Volk will es so, und wir vollstrecken nur seinen Willen!"38 „Die Judenfrage fand im Laufe des Jahres 1938, soweit sie auf dem Gesetzes- und Verordnungswege zu regeln ist, ihren Abschluß."39 „Tatkräftig half die GBG. [Gaubetriebsgemeinschaft] mit, die Judenfrage im Bankgewerbe zu klären und die Juden restlos auszuschalten."40 (1938) „Über eines soll sich aber dabei jedermann klar sein. Diese Versuche können vor allem Deutschland nicht im geringsten in der Erledigung seiner Judenfrage beeinflussen. Ich möchte zur jüdischen Frage folgendes bemerken: es ist ein beschämendes Schauspiel, heute zu sehen, wie die ganze Welt der Demokratie vor Mitleid trieft, dem armen, gequälten jüdischen Volk gegenüber allein hochherzig verstockt bleibt angesichts der dann doch offenkundigen Pflicht zu helfen."41 „Denn Europa kann nicht mehr zur Ruhe kommen, bevor nicht die jüdische Frage ausgeräumt ist."42 (1939) „In Ergänzung der Ihnen bereits mit Erlaß vom 24. 1. 39 übertragenen Aufgabe, die Judenfrage in Form der Auswanderung oder Evakuierung einer den Zeitverhältnissen entsprechend möglichst günstigen Lösung zuzuführen, beauftrage ich Sie hiermit, alle erforderlichen Vorbereitungen in organisatorischer, sachlicher und materieller Hinsicht zu treffen für eine Gesamtlösung der Judenfrage im deutschen Einflußgebiet in Europa. [...] Ich beauftrage Sie weiter, mir in Bälde einen Gesamtentwurf über die organisatorischen, sachlichen und materiellen Vorausmaßnahmen zur Durchführung der angestrebten Endlösung der Judenfrage vorzulegen."43 (1941) „Die Judenfrage ist nicht nur ein europäisches Problem. Die Judenfrage ist eine Weltfrage. Ebenso wenig wie Deutschland vor den Juden sicher ist, so lange auch nur ein Jude in Europa lebt, ebenso wenig ist in Europa die Judenfrage gelöst, solange die Juden die übrige Welt bevölkern."44

---

[37] v. Müller, A.: Rede bei d. Kundgebung z. Eröffnung d. Forschungsabteilung „Judenfrage" d. Reichsinstituts f. Gesch. d. neuen Deutschlands in München, 19. 11. 1936. In: Wulf, J.: Die bildenden Künste im Dritten Reich, 1963, 274.
[38] Rühle, G.: Das Dritte Reich, Bd. 1938, 402.
[39] MADR, Jahresbericht 1938 d. SHA, Bd. 2, 7.
[40] Jahres- u. Leistungsbericht der Gauwaltung Düsseldorf, M. Gladbach o. J. (1938), 26.
[41] Hitler, Rede am 30. 1. 1939. In: Domarus, Bd. 2. 1, 1056.
[42] Ebd., 1057.
[43] Brief Görings an Heydrich v. 31. 7. 1941. In: Longerich, P. (Hg.): Die Ermordung der europäischen Juden, 1989, Nr. 14, 78.
[44] Julius Streicher in: Der Stürmer, 7. 5. 1942. Zit. Der Nürnberger Prozeß, Bd. 2, 141.

(1942) „Im Zuge der Arbeiten an der Endlösung der Judenfrage werden neuerdings innerhalb der Bevölkerung in verschiedenen Teilen des Reichsgebiets Erörterungen über ‚sehr scharfe Maßnahmen' gegen die Juden besonders in den Ostgebieten angestellt. Die Feststellungen ergaben, daß solche Ausführungen – meist in übertriebener Form – von Urlaubern der verschiedenen im Osten eingesetzten Verbände weitergegeben werden, die selbst Gelegenheit hatten, solche Maßnahmen zu beobachten. [...] Es liegt in der Natur der Sache, daß diese teilweise sehr schwierigen Probleme im Interesse der endgültigen Sicherung unseres Volkes nur mit rücksichtsloser Härte gelöst werden können."[45] (1942)

judenfrei

Bezeichnung für die vollzogene Verdrängung der Juden aus Institutionen, Berufen, Wirtschaftszweigen, Wohnstätten usw. Gelegentlich auch: frei von jüdischem Einfluß.[46]

▷ Vermutlich ist der schon in der Bildung antisemitische Ausdruck *judenfrei* etwa gleichzeitig mit dem Aufkommen der sog. ↑ *Arierparagraphen* entstanden. Das Suffix *-frei*, das verbunden mit einem Substantiv als erster Konstituente das Nichtvorhandensein bezeichnet, wird immer dann verwendet, wenn das Nichtvorhandensein als Vorzug aufgefaßt wird.[47] 1888 erschien im ‚Central-Organ der deutschen Antisemiten' ein Aufruf zur Errichtung einer Bühne ohne jüdische Beteiligung: „Auf also, ihr judenfreien Vereine von Jünglingen und jungen Männern ... tut euch zusammen zu dramatischen Aufführungen!"[48] 1907 antwortet der Balladendichter Börries Freiherr v. Münchhausen (1874–1945) auf eine Rundfrage bezüglich der „Lösung der Judenfrage". Er erklärt die Zurückhaltung vieler Zeitgenossen bei der Beantwortung der gestellten Frage: „Vielen bindet das Zartgefühl die Zunge, vielen auch die nicht ganz judenfreie Verwandtschaft, vielen wohl auch die geldliche Abhängigkeit, oder Furcht vor unserer ganz jüdischen Presse."[49]

▷ „Wer nicht haben will, daß Deutschland auf ewig der Ausbeutung durch das jüdische Weltkapital anheimfalle, der muß eine judenfreie Regierung unterstützen."[50] (1920) „Seit Sommer dieses Jahres ist von Thüringen aus der deutschchristliche Pfarrer Künder Kamerad Stefan in Hof stationiert. Alle 14 Tage hält er ... Gottesfeiern ... Er erteilt auch judenfreien Religions- und Konfirmandenunterricht. [D. h.

---

[45] Vertrauliche Informationen der Partei Kanzlei, München, Folge 06/42, 5. 10. 1942. In: Longerich, P. (Hg.): Die Ermordung der europäischen Juden, 1989, 433 f.
[46] Gebucht: Duden, 12. Aufl. 1941. Getilgt: Duden, 13. Aufl. 1947.
[47] Fleischer, W.: Wortbildung der deutschen Gegenwartssprache, Tübingen 1982, 279.
[48] Central-Organ der deutschen Antisemiten, hg. Theodor Fritsch, Nr. 32, 1. 8. 1988. Zit. Cobet, 1973, 227.
[49] In: Moses, Julius: Die Lösung der Judenfrage. Eine Rundfrage, 1907, 10. Zit. Cobet, 1973, 227.
[50] VB, 24. 3. 1920, 2.

insbesondere ohne Einbeziehung des Alten Testaments]"[51] (1938) „Am 14. November wurden die Juden endgültig aus den deutschen Hochschulen ausgeschlossen, – ebenso aus den deutschen Schulen, die am 15. November judenfrei waren."[52] (1938) „Der Landkreis Ebermannstadt darf nunmehr als judenfrei bezeichnet werden, nachdem auch die in Aufseß wohnhaft gewesenen drei Familien David Fleischmann und Günther diesen Ort für immer verlassen haben."[53] (1939) „Dr. Frank [Generalgouverneur in Polen]: Der Führer hat weiter verlangt, daß Juden in das Generalgouvernement nicht mehr hereintransportiert werden. Im Gegenteil, auch die Juden, die im Generalgouvernement wohnen, werden sämtlich auf Grund eines besonderen Programms einheitlich behandelt, so daß auch das Generalgouvernement in absehbarer Zeit judenfrei wird. Sobald der Überseeverkehr die Möglichkeit des Abtransportes der Juden zuläßt (Heiterkeit), werden die Juden Stück um Stück, Mann um Mann, Frau um Frau, Fräulein um Fräulein abtransportiert werden. Ich nehme an, daß ich sie darum nicht zu beklagen brauche (erneute Heiterkeit). Ich glaube also, daß wir, wie man so sagt, durch den dicksten Dreck hindurch sind, und daß es nunmehr möglich ist, uns nunmehr eine wirkliche, eine anständige, berufliche und auch menschliche Stadt für deutsche Volksgenossinnen und Volksgenossen zu errichten."[54] (1940) „Aus Ostpreußen wird gemeldet, daß dort bei der Frage der Verwertung der jüdischen Friedhöfe insofern Schwierigkeiten aufgetreten seien, als ein Liquidator bzw. Rechtsnachfolger für das jüdische Vermögen – zu dem auch die Friedhöfe gehören – in heute judenfreien Städten nicht mehr vorhanden ist."[55] (1941) „In der Zwischenzeit wurde die weitere Aussiedlung energisch betrieben, so daß mit Wirkung vom 23. Juni 1943 sämtliche Judenwohnbezirke aufgelöst werden konnten. Der Distrikt Galizien ist damit, bis auf die Juden, die sich in unter der Kontrolle des SS- und Polizeiführers stehenden Lagern befinden, judenfrei. Die noch vereinzelt aufgegriffenen Juden werden von den jeweiligen Ordnungspolizei- und Gendarmerieposten sonderbehandelt."[56]

judenrein

Gleichbedeutend mit ↑ *judenfrei*.

> Der Ausdruck *judenrein* ist 1903 bei Karl Kraus belegt. In einem Artikel über das antisemitische Jubiläumstheater in Wien erwähnt Kraus ironisch „die journalistischen Vertreter einer judenreinen Kulissenwelt".[57] Schon nach dem Ersten Weltkrieg

---

[51] Visitationsberichte Dekanat Hof über d. Jahre 1934–1942, [1938]. In: Bayern in der NS-Zeit, 1977, 420f.
[52] Rühle, G.: Das Dritte Reich, Bd. 1938, 401.
[53] Monatsbericht d. Gendarmerie-Bezirksinspektion, 29. 4. 1939. In: Bayern in der NS-Zeit, 1977, 129.
[54] Ansprache am 23. 7. 1940 in Krakau. Zit. Poliakov/Wulf: Das Dritte Reich und die Juden, 1989, 178f.
[55] MADR, (Nr. 173), 25. 3. 1941, Bd. 6, 2145f.
[56] Wulf, J.: Aus dem Lexikon der Mörder, 1963, 19.
[57] In: Die Fackel, Wien, 5/Nr. 146, 11. November 1903, 11.

gab es Orte, die sich auf Plakaten *judenrein* nannten. Victor Klemperer erzählt in seinen Jugenderinnerungen: „In Heringsdorf [...] traf sich Berlin W. Und zwar eine ganz bestimmte Schicht des Berliner Westens: die jüdische. Heringsdorf war damals – und blieb es bis zum Krieg – eine Art freigewählten und freien Ghettos. Auch nach dem Weltkrieg behielt es noch im wesentlichen diesen Charakter; aber da war doch wenn nicht das Gefühl der Freiheit, so doch das der Unbekümmertheit schon angefochten: in gleicher Nähe wie das harmlose Ahlbeck im Osten blühte jetzt das betont deutschnationale und christliche Bansin im Westen, und wenige Stunden entfernt, noch an derselben Wolliner Küste, las man in Zinnowitz am Landungssteg in Riesenbuchstaben das Plakat: ‚Judenrein!'"[58] Noch vor dem Ankauf des ‚Völkischen Beobachters' durch die Nationalsozialisten wird unter der Rubrik „Nachrichten aus der Bewegung" am „25. Julmond 1920" bekanntgegeben: „Die deutschvölkische Verlagsgenossenschaft teilt mit: Das Anschriftenbuch judenreiner Firmen konnte unter Aufgebot aller Kräfte nun fertiggestellt werden."[59] Eine Anzeige wirbt in der selben Nummer für ein „Anschriftenbuch judenreiner Geschäfte".

> Im NS-Regime zeigt die Abfolge der Verwendungen des Ausdrucks *judenrein* – wie *judenfrei* – die Eskalation der Judenverfolgung an. „Ebenso kann jedem Volke, das sich nicht vom Judentum mißbrauchen lassen will, nur dringend empfohlen werden, seine Presse entweder ganz judenrein zu machen oder aber unter schärfster Kontrolle zu halten, denn die unkontrollierte Schreiberei von jüdischen und in jüdischem Auftrag stehenden Journalisten in der Tagespresse ist für kein Volk nützlich und vielfach eine lebensbedrohende Gefahr."[60] „In Deutschland gab es einzelne Judenhäuser, in die man die Juden zusammendrängte und die man bisweilen auch mit der Außenanschrift ‚Judenhaus' versah. Aber diese Häuser lagen inmitten arischer Wohnviertel, und auch selber waren sie nicht ausschließlich von Juden bewohnt, weswegen man denn an anderen gelegentlich die Mitteilung lesen konnte: ‚Dies Haus ist judenrein'."[61] „Er [Generalgouverneur H. Frank] habe gestern mit einigen Generälen über diese Frage gesprochen und dabei festgestellt, daß Generäle, die Divisionen kommandierten, angesichts der Notlage auf dem Wohnungsmarkt gezwungen seien, in Häusern zu wohnen, die außer dem General nur noch Juden als Mieter hätten. Das gelte übrigens auch für alle Kategorien von Beamten. Dieser Zustand sei auf die Dauer vollkommen unerträglich. Wenn die Autorität des nationalsozialistischen Reiches aufrechterhalten werden solle, dann sei es unmöglich, daß die Repräsentanten dieses Reiches gezwungen seien, beim Betreten oder Verlassen des Hauses mit Juden zusammenzutreffen, daß sie der Gefahr unterlägen, von Seuchen befallen zu werden. Er beabsichtige deshalb, die Stadt Krakau bis zum 1. November 1940 soweit irgend möglich judenfrei zu machen. [...] Die Stadt Krakau müsse die judenreinste Stadt des Generalgouvernements werden."[62]

---

58 Curriculum vitae, Jugend um 1900, Bd. 1, 1989, 127.
59 VB, 34/Nr. 110/11, 25. Julmond 1920, 5.
60 V. Leers, J.: 14 Jahre Judenrepublik, Bd. 2, 1933, 130.
61 Klemperer, V.: LTI, 14. Aufl. 1996, 179.
62 Abteilungsleitersitzung am 12. 4. 1940 in Krakau. In: Poliakov/Wulf: Das Dritte Reich und die Juden, 1989, 178.

Judenstämmling

Abwertend: Menschen jüdischer Abkunft aus Ehen zwischen Juden und Nichtjuden.

> Der Ausdruck *Judenstämmling* ist 1903 bei H. St. Chamberlain belegt: „Es sind bei Leibe nicht bloss Juden, die diesen Feldzug führen – wenngleich unter unseren protestantischen und katholischen Theologen und Orientalisten weit mehr Juden und Judenstämmlinge sich befinden, als ein naives Publikum sich vorstellt […]."[63] Die Verwendungssituation, in die der Ausdruck gehörte, macht eine Äußerung des Vorgeschichtsforschers Otto Hauser deutlich: „Man kennt nicht nur jeden Juden aus tausenden heraus, man erkennt auch die jüdische Beimischung selbst in homöopathischer Verdünnung. Man sagt, der und jener sei Jude oder Judenstämmling und hat ihn damit erledigt."[64] „Aber hinwieder wurde Arndt von einem Soldaten verhalten, den Judenzoll zu zahlen und erst freigegeben, als er ihn im heimatlichen Platt ansprach, und fast jeder einigermaßen bedeutende Mann wurde gelegentlich nach seinem Äußern für einen Juden oder Judenstämmling gehalten, und erst wieviele unbedeutende Männer."[65]

> Im Nationalsozialismus wird der Ausdruck in gleicher Bedeutung mit stark negativer Akzentuierung verwendet, doch zunehmend durch die rassenbiologisch definierten Ausdrücke ↑ *Halbjude*, ↑ *Vierteljude* und die juristisch definierten Ausdrücke *jüdischer Mischling ersten Grades*, *jüdischer Mischling zweiten Grades* verdrängt. „Glasklar sieht Hitlers Auge die Entwicklung. Aus der kleinen unbedeutenden Gruppe schmiedet er die Kampfwaffe gegen die jüdische Gefahr, gegen die Pläne zu Vernichtung der Lichtrasse. In allen Formen organisiert er die Partei so, daß jede jüdische Einbruchstelle ausgeschlossen ist. Kein Jude, kein Judenstämmling, kein Freimaurer kann in sie eintreten. Sie bleibt Rassepartei."[66] Der selbst von Verfolgung betroffene Zeitzeuge W. Tausk notiert am 28. 4. 1933 in sein Tagebuch: „Der Religionskrieg gegen die Nichtarier geht so weit: bei bereits als Christen von christlichen Eltern geborenen Leuten (wo die Großväter also noch Juden oder schon getauft waren) erklärt das christliche Personal, soweit es irgendwie nazistisch ist: wir können bei Ihnen nicht mehr arbeiten. Sie sind ja ein Jude! oder : Sie stammen ja von Juden ab! Und diese unglücklichen Judenstämmlinge werden sogar, soweit sie lutherisch sind, auch von den Gemeindemitgliedern schon attackiert! Jetzt sind sie also, genau gesehen, weder Juden noch Christen."[67] In seiner annotierten Bibliographie ‚Die Rasse im Schrifttum' verweist A. Gercke mit dem Hinweis „Grundsätzliches zur Mischlingsfrage" auf einen Aufsatz in den ‚NS-Monatsheften': „Gegen die Judenstämmlinge".[68] V. Klemperer nennt in der ‚LTI' *Judenstämmling* unter den

---

[63] Die Grundlagen des neunzehnten Jahrhunderts, 1. Hälfte, 4. Aufl. 1903, Vorwort z. 4. Aufl., XLVII f.
[64] Hauser, O.: Rasse und Rassefragen in Deutschland, 1915, 101.
[65] Ebd.
[66] v. Leers, J.: 14 Jahre Judenrepublik, 1933, Bd. 2, 15.
[67] Breslauer Tagebuch 1933–1940, hg. R. Kincel, 1988, 67.
[68] NS-Monatshefte, 1933, H. 38, 5–10. Zit. Ebd., 2. Aufl. 1934, 18.

„amtlichen Ausdrücken und Wendungen, die allen Betroffenen geläufig waren und ständig in ihren Unterhaltungen auftraten"[69]. Das bestätigt der Gebrauch des Ausdrucks in dem Vermerk, den W. Tausk am 27. 11. 1938 in sein Tagebuch eintrug: „Ein Spezielles soll über die Art der Verhaftungen aufnotiert werden, wie sie hier durchgeführt werden. Anfänglich sollten sie nach bestimmten Listen vorgenommen werden, denn es ist Tatsache, daß man auf einigen Polizeirevieren eingebrachte Judenstämmlinge wieder entließ, ‚weil sie nicht auf der Liste standen' und ‚weil daher nichts gegen sie vorlag'."[70] In ‚Meyers Lexikon' heißt es 1938: „Trotz dieser Niederlage riefen Max Hirsch und der Judenstämmling und Verleger der Berliner Volkszeitung, Franz Duncker, wenige Tage später die Deutschen Gewerkvereine ins Leben."[71] Am 16. 7. 1941 hält V. Klemperer in einem Eintrag in seinem Tagebuch für die geplante Arbeit ‚LTI' auch den Ausdruck *Judenstämmling* fest.[72] In der ‚Tagesparole des Reichspressechefs' vom 28. 10. 1941 wird Roosevelt *Judenstämmling* genannt: „Im gleichen Augenblick, in dem die britische Propaganda verlogene Behauptungen über Deutschlands Absichten der Religionsführung kundgibt, bläst der Judenstämmling Roosevelt in dasselbe Horn."[73] Und so bezeichnet ihn auch Hitler in seinem ‚Politischen Testament': „Die Amerikaner werden eines Tages innewerden, daß sie in Roosevelt einen falschen Götzen angebetet haben und daß dieser Judenstämmling in Wirklichkeit ein Verbrecher war [...]."[74]

Judenstern

Durch Polizeiverordnung vorgeschriebenes Kennzeichen der Juden.

> „Polizeiverordnung über die Kennzeichnung der Juden vom 1. September 1941. [...] § 1 (1) Juden [...], die das sechste Lebensjahr vollendet haben, ist es verboten, sich in der Öffentlichkeit ohne einen Judenstern zu zeigen. (2) Der Judenstern besteht aus einem handtellergroßen, schwarz ausgezogenen Sechsstern aus gelbem Stoff mit der schwarzen Aufschrift ‚Jude'. Er ist sichtbar auf der linken Brustseite des Kleidungsstücks fest aufgenäht zu tragen. [...]"[75] Goebbels kommentiert die ‚Kennzeichnungsverordnung' in seinem Hetzartikel ‚Die Juden sind schuld!' in der Wochenzeitung ‚Das Reich': „Eine dieser Maßnahmen ist die Einführung des gelben Judensterns, den jeder Jude sichtbar zu tragen hat. Damit wollen wir ihn äußerlich kennzeichnen, vor allem auch deshalb, damit er beim geringsten Versuch, sich gegen die deutsche Volksgemeinschaft zu vergehen, auch gleich als Jude erkannt wird. Es ist das eine außerordentlich humane Vorschrift, sozusagen eine hygienische Prophylaxe, die verhindern soll, daß der Jude sich unerkannt in unsere Reihen einschlei-

---

[69] Ebd., 14. Aufl. 1996, 180.
[70] Breslauer Tagebücher, 1988, 202.
[71] Ebd., Bd. 4, 1938, 1489, s. v. Gewerkschaften.
[72] Klemperer, V.: Ich will Zeugnis ablegen bis zum letzten. Tagebücher 1933–1941, Berlin 1995, 651.
[73] Zit. Poliakov/Wulf: Das Dritte Reich und seine Denker, 1989, 453.
[74] Hitlers politisches Testament, 1981, 105.
[75] RGBl. 1, 1941, 547.

chen kann, um Zwietracht zu säen."[76] „Wenn Herr Bramsig oder Frau Knöterich beim Anblick einer alten Frau, die den Judenstern trägt, eine Regung von Mitleid empfinden, dann mögen sie gefälligst auch nicht vergessen, daß ein entfernter Neffe dieser alten Frau mit Namen Nathan Kaufmann in New York sitzt und einen Plan vorbereitet hat, nach dem die deutsche Bevölkerung unter 60 Jahren sterilisiert werden soll, und daß der Sohn ihres entfernten Onkels als Kriegstreiber unter dem Namen Baruch oder Morgenthau oder Untermayer hinter Mr. Roosevelt steht, um ihn in den Krieg hineinzuhetzen [...], alles zur höheren Ehre des Judentums, zu dem auch diese alte Frau gehört, sie mag noch so zerbrechlich und mitleiderregend tun."[77] „Wenn einer den Judenstern trägt, so ist er damit als Volksfeind gekennzeichnet. Wer mit ihm noch privaten Umgang pflegt, gehört zu ihm und muß gleich wie ein Jude gewertet und behandelt werden. Er verdient die Verachtung des ganzen Volkes, das er in seiner schwersten Zeit feige und gemein im Stich läßt, um sich auf die Seite seiner Hasser zu stellen."[78] „Die Polizeiverordnung des Reichsministeriums des Innern vom 1. September 1941, die den Juden verbietet, sich in der Öffentlichkeit ohne den sichtbar auf der linken Brustseite des äußersten Kleidungsstückes zu tragenden Judenstern zu zeigen, hat nicht nur in den größeren Städten hinsichtlich der großen Zahl der Juden in der Bevölkerung Überraschung ausgelöst, sondern auch das Kirchenvolk auf die zahlreichen getauften Juden, die sich unter den Besuchern der Sonntagsgottesdienste befinden, aufmerksam gemacht."[79] „Ein Jude hat sich im Jahre 1915 mit einer Arierin verheiratet. Aus der Ehe ist 1916 ein Kind hervorgegangen. Bereits 1916 hat sich der Jude von der Arierin getrennt und nicht wieder geheiratet. Um die Arierin und das Kind hat sich der Jude seit seiner Trennung nicht mehr gekümmert. Dennoch braucht er den Judenstern nach § 3, Buchstabe a der VO., nicht zu tragen, weil er einmal mit einer Arierin verheiratet war."[80] „Betr. Abgabe von Spinnstoffwaren an die NSV durch die Gettoverwaltung. In obiger Sache nehme ich Bezug auf die seinerzeitige Rücksprache meines Hauptstellenleiters Parteigenossen Eicheborn und der späteren Verhandlung des Stellenleiters Parteigenossen Koalick mit Ihnen, wonach der NSV tragbare und aufgearbeitete Anzüge, Kleider und Wäschestücke in gereinigtem Zustande gegen entsprechende Begleichung der durch die Aufarbeitung entstandenen Kosten überlassen werden sollten. Die der Kreisamtsleitung Litzmannstadt-Land zugestellte erste Sendung von 1500 Anzügen entspricht in keiner Weise den seinerzeit in Augenschein genommenen Textilien [...]. Ein großer Teil der Bekleidungsstücke ist stark befleckt und teilweise auch mit Schmutz und Blutflecken durchsetzt. [...] Da die Kollis von der Kreisamtsleitung Litzmannstadt-Land ungeöffnet an verschiedene Kreisamtsleitungen im Gaugebiet weitergesandt wurden, hat es sich später bei Öffnen der Kollis herausgestellt, daß z. B. bei einer Sendung an die Kreisamtsleitung Posen-Stadt von 200 Röcken an 51 Röcken die Judensterne noch nicht entfernt waren! Da in den

---

[76] Das Reich, 16. 11. 1941, 1.
[77] Ebd., 2.
[78] Ebd., 2.
[79] MADR, (Nr. 240), 24. 11. 1941, Bd. 8, 3021.
[80] MADR, (Nr. 256), 2. 2. 1942, Bd. 9, 3247.

Kreislagern zum größten Teil polnische Lagerarbeiter verwendet werden müssen, besteht die Gefahr, daß die zur Betreuung im Winterhilfswerk vorgesehenen Rückwanderer von der Herkunft der Sachen Kenntnis erhalten und das WHW somit in Mißkredit kommt."[81]

jüdischer Mischling

Durch die ,1. Verordnung zum Reichsbürgergesetz vom 14. 11. 1935' gesetzlich definiert: jemand, der "von einem oder von zwei der Rasse nach volljüdischen Großelternteilen abstammt".[82]

> Der Ausdruck *Mischling* wird im 19. Jahrhundert erstmalig auf Menschen bezogen und bezeichnet einen Abkömmling verschiedener Rassen. Das ,Deutsche Wörterbuch' weist Belege bei Niebuhr und Heine nach.[83] Paul de Lagarde (1827–1891) nennt 1884 in seinem ,Programm für die konservative Partei Preußens' die Nachkommen aus "Mischehen" mit Juden auch "Mischlinge", doch klassifiziert er die Juden als Nation, nicht als Rasse: "Auch die dritte Thatsache läßt sich nicht bestreiten, daß die Juden nicht eine Religionsgenossenschaft, sondern eine Nation ausmachen."[84] Er setzt voraus, daß die Juden im intensiven Kontakt mit der als höherwertig angesehenen "indogermanischen Wissenschaft und Kunst" nicht mehr Juden bleiben und daß aus "Mischehen" "deutsche Nachkommenschaft" hervorgehen kann. "Bisher ist noch kein Jude, der griechische Philosophie, deutsche Geschichte, deutsche Musik von Herzen studiert hat, Jude geblieben und keiner der so dem Judenthume Entfremdeten darf behaupten, daß ihm nicht alle wirklich deutsche Herzen freudig und dauernd warm entgegengeschlagen hätten." "Mischehen liefern deutsche Nachkommenschaft, sowie der deutsche Theil der Ehe mehr als preußische Durchschnittswaare, und der jüdische irgend einem nicht spezifisch jüdischen Lebensinhalte zugewandt ist, so deutsche Nachkommenschaft, daß die nicht Wissenden gar nicht daran denken, in diesen Mischlingen nicht rein deutsche Kinder vor sich zu haben."[85]

> Im Nationalsozialismus wurde der Ausdruck *jüdischer Mischling* durch die 1. Verordnung zum Reichsbürgergesetz vom 14. 11. 1935 eingeführt und gesetzlich definiert. "Der gesetzliche Mischlingsbegriff [...]. Jüdischer Mischling ist, wer von einem oder von zwei der Rasse nach volljüdischen Großelternteilen abstammt, sofern er nicht als Jude gilt. [...] I. Die jüdischen Mischlinge zerfallen in zwei Gruppen: 1. Die jüdischen Mischlinge ersten Grades (Halbjuden), d. h. solche, die von zwei volljüdischen Großelternteilen abstammen. Zu ihnen gehören nicht die von zwei volljüdischen Großelternteilen abstammenden Personen, die ,als Juden gelten'. Diese zählen nicht zu den jüdischen Mischlingen, sondern zu den Juden. [...] 2. Die

---

[81] Zit. Poliakov/Wulf: Das Dritte Reich und die Juden, 1989, 58 f.
[82] Gebucht: Meyers Lexikon, 1936 ff., Volks-Brockhaus 1940.
[83] DWB, Bd. 6, 1885, 2254, s. v.
[84] Ebd., in: Deutsche Schriften, 5. Aufl. 1920, 396.
[85] Alle Zitate ebd. 399.

jüdischen Mischlinge zweiten Grades (Vierteljuden), d. h. solche, die von einem volljüdischen Großelternteil abstammen. II. Diese Unterscheidung spielt bei dem für die jüdischen Mischlinge geltenden Recht, insbesondere bei den Eheverboten [...], eine wichtige Rolle. Natürlich kommen in beiden Gruppen nur solche Mischlinge in Frage, bei denen der nichtjüdische Bluteinschlag deutschblütig ist."[86] „Vertraulich möchten wir nur darauf hinweisen, daß die Tendenz bezüglich der zukünftigen Behandlung der jüdischen Mischlinge 1. Grades klar dahin verläuft, sie schlechter als bisher zu stellen. Es ist nicht ausgeschlossen, daß nach Kriegsende eine Gleichstellung mit Volljuden erwogen wird."[87] „Nach § 25 des Deutschen Beamtengesetzes darf ein Beamter eine Ehe nur mit einer Person deutschen oder artverwandten Blutes eingehen. Das Vorliegen dieser Voraussetzungen hat der Beamte seiner vorgesetzten Dienstbehörde in jedem Fall nachzuweisen. Diese Maßnahme erwies sich nach 1933 als notwendig, um die Beamtenschaft von nichtarischen oder sonstigen jüdischen Mischlingen zu säubern. Inzwischen ist nun die Nachprüfung der arischen Abstammung der Beamten beendet."[88]

jüdisch versippt

Abwertend: mit Juden verwandt, verheiratet.

> „Wo Heinrich seine zersetzenden Sentenzen zum besten gab, durfte Thomas selbstverständlich nicht fehlen. Auch Thomas Mann sicherten sich die Väter der Preußischen Dichterakademie so schnell wie möglich. Wo hätten sie auch so leicht einen ähnlich frankophilen, erfüllungsbegeisterten, marxistischen, dazu mit dem Zentrum liebäugelnden, überdies pazifistischen und jüdisch versippten ‚Kopf' finden können! Überdies empfahl ihn seine Bewunderung des ‚grandiosen bolschewistischen Experiments' und der ‚alten, vornehmen jüdischen Rasse' sowie sein ‚Abscheu vor jeder germanischen Gefühlsfeuchte'."[89] „Der Gegenspieler, vielleicht auch Konkurrent des Juden Marx in England, war der Jude Ferdinand Lassalle in Preußen-Deutschland. [...] Sein Nachfolger in der Führung des ‚Allgemeinen Deutschen Arbeitervereins' [...] wurde der jüdischversippte Wilhelm Liebknecht, Vater des 1919 zu gleicher Zeit mit der Jüdin Rosa Luxemburg von empörten Frontsoldaten erschossenen Spartakisten Karl Liebknecht."[90] „Einer Meldung aus Graudenz zufolge, häufen sich die Ehescheidungsanträge neuerdings sehr stark. Ähnlich wie im Altreich nach Erlaß der Nürnberger Gesetze, jüdisch versippte Personen die Ehescheidung begehrten, würden jetzt die Scheidungen polnisch versippter Ehen beantragt."[91] „Die Juden sind auch für uns außergewöhnlich schädliche Fresser. Wir haben im Generalgouvernement schätzungsweise 2,5, vielleicht mit den jüdisch Ver-

---

[86] Stuckart/Schiedermair: Rassen- und Erbpflege, 3. erw. Aufl. 1942, 16.
[87] Rassepolit. Amt d. Reichsleitung d. NSDAP am 5. 12. 1940. In: Bayern in der NS-Zeit, 1977, 483.
[88] MADR, (Nr. 305), 3. 8. 1942, Bd. 11, 4037.
[89] VB, 17. 2. 1933. Zit. Brenner, H.: Ende einer bürgerlichen Kunst-Institution, 1972, 39.
[90] Der Weg zum deutschen Arbeitertum. In: Bausteine zum Dritten Reich, o. J., 89.
[91] MADR, (Nr. 53), 14. 2. 1940, Bd. 3, 761.

sippten und dem, was alles daran hängt, jetzt 3,5 Millionen Juden. Diese 3,5 Millionen Juden können wir nicht erschießen, wir können sie nicht vergiften, werden aber trotzdem Eingriffe vornehmen können, die irgendwie zu einem Vernichtungserfolg führen, und zwar im Zusammenhang mit den vom Reich her zu besprechenden großen Maßnahmen. [...]"[92] „Auf Weisung des Reichssicherheitshauptamts Berlin wurden alle jüdischen Mischlinge und jüdisch versippten Personen listenmäßig erfaßt und den Arbeitsämtern zum geschlossenen Arbeitseinsatz bei der Organisation Todt gemeldet. Die Erfassungsaktion ist noch nicht abgeschlossen."[93]

Jugendwalter, Jugendwalterin

Kontaktperson: a) zwischen ↑ *DAF* und ↑ *HJ* mit Kontroll- und Beratungsfunktion in Betrieben mit jugendlichen Belegschaftsmitgliedern (auch: *Betriebs-Jugendwalter*); b) zwischen Schulleiter und der aus Lehrern, Eltern und Vertretern der HJ zusammengesetzten *Schulgemeinde* (auch: *Schuljugendwalter*).[94]

▶ a) „Der Betriebsobmann der DAF. betreut im besonderen die gesamte männliche und weibliche junge Gefolgschaft politisch, sozial und beruflich. Sofern wenigstens fünf männliche Jugendliche (bis einschließlich 18 Jahre) im Betrieb tätig sind, wird zur Beratung des Betriebsobmannes der DAF. und in dessen Auftrage zur Bearbeitung der Jugendfrage des Betriebes ein Jugendwalter berufen. Für die Beratung des Betriebsobmannes der DAF. in allen Fragen der weiblichen Jugend (bis einschließlich 18 Jahre) und für die Bearbeitung der entsprechenden Aufgaben im Auftrage des Betriebsobmannes der DAF. wird eine Jugendwalterin dann berufen, wenn wenigstens fünf jugendliche weibliche Betriebsmitglieder im Betrieb vorhanden sind."[95] „Träger der Jugendarbeit in den Betrieben ist das Jugendamt der DAF., im einzelnen Betrieb der Betriebs-Jugendwalter auf Grund des Gesetzes zur Ordnung der nationalen Arbeit und des Jugendschutzgesetzes. Der Leiter des Jugendamtes der DAF. wird vom Reichsorganisationsleiter der NSDAP. im Einvernehmen mit dem Reichsjugendführer bestellt und abberufen. In den Gauen und Kreisen gilt die Regelung entsprechend; die Jugendwalter (alle sind Führer der HJ. und tragen ihre Uniform und Rangabzeichen) in den Gauen, Kreisen und Orten sind die Verbindungsführer zwischen DAF. und zuständiger HJ.-Dienststelle. Bereits 1935 wurden Betriebs-Jugendwalter als Sprecher der Jugend oder Vertrauensmädel eingesetzt, aber erst 1937 erfolgte planmäßiger Aufbau [...]. Der Betriebs-Jugendwalter hat Betreuer und Berater der jungen Gefolgschaft seines Betriebes zu sein, hat die Jugendbetriebsappelle und Feiern der Jugend im Betrieb zu gestalten, die Einhaltung

---

[92] Frank, H.: Schlußworte zu den Sitzungsteilnehmern einer Kabinettsitzung in Krakau, Tagebuch, 16. 12. 1941. Dok. PS−2233d. In: Der Nürnberger Prozeß, Bd. 3, 560.
[93] Monatsbericht d. Reg.präsidenten v. Ober- und Mittelfranken, 8. 11. 1944. In: Bayern in der NS-Zeit, 1977, 486.
[94] Gebucht: Volks-Brockhaus 1940.
[95] Organisationsbuch der NSDAP. 1943, 206q.

Jungvolk, s. ↑ Deutsches Jungvolk in der HJ.

der im Jugendschutzgesetz festgelegten Bestimmungen zu überwachen, alle Jugendfragen mit dem Betriebsführer oder mit dem Betriebsobmann zu besprechen, für sportliche Ausgleichsübungen der Jugend im Betrieb sowie für sinnvolle Urlaubsgestaltung der Jugend zu sorgen und einmal wöchentlich (Montagmorgen) als Auftakt für die Wochenarbeit einen Appell der jungen Gefolgschaft durchzuführen."[96]

b) „Nach einem Erlaß des Reichserziehungsministers Rust ... wird statt des Elternbeirats die ‚Schulgemeinde' eingeführt, die sich aus sämtlichen Lehrern der Schule, aus den Eltern der Schüler und aus Beauftragten der HJ. zusammensetzt. Führer der Schulgemeinde ist der jeweilige Schulleiter. Er beruft zu seiner Unterstützung in der Schulgemeinde – je nach Größe der Anstalt – zwei bis fünf ‚Jugendwalter' aus den Kreisen der Eltern und Lehrer. Im Einvernehmen mit dem zuständigen Gebietsführer der Hitlerjugend wird in diesen Kreis der ‚Jugendwalter' auch ein HJ.-Führer entsandt. Die Jugendwalter werden zu Schuljahresbeginn auf ein Jahr bestellt. Vor ihrer Berufung wird der zuständige Ortsgruppenleiter der NSDAP. gehört."[97] „Für jeden Schulsprengel ist noch ein Jugendwalter und, wo notwendig, eine Jugendwalterin aufgestellt, die die Belange zwischen Schule, Elternhaus und Jungvolk bzw. HJ regeln."[98] Durch das Abkommen vom 28. 3. 1938 zwischen dem Reichserziehungsminister und dem NS-Lehrerbund trat an die Stelle der *Jugendwalter* in jeder Schule ein *Vertrauenslehrer*, der vom Bannführer der *HJ* aus der Lehrerschaft der Schule ausgewählt und vom Schulleiter bestätigt wurde. Er sollte nun die Rolle des Verbindungsmanns zwischen Schule und *HJ* spielen.[99]

Jungmädelbund in der HJ (JM)

Abteilung für die 10- bis 14jährigen Mädchen (*Jungmädel*) in der ↑ *Hitlerjugend*.

▶ „Die Einheiten der Jungmädel sind entsprechend denen der anderen HJ.-Einheiten wie folgt aufgebaut: 1. die Jungmädelschaft (etwa zehn Jungmädel), 2. die Jungmädelschar (etwa drei bis vier Jungmädelschaften), 3. die Jungmädelgruppe (etwa 4 Jungmädelscharen), 4. der Jungmädelring (etwa drei bis fünf Jungmädelgruppen). Etwa vier bis acht Jungmädelringe werden im Bann zusammengefaßt."[100]

Jungvolk, s. ↑ Deutsches Jungvolk in der HJ.

---

[96] Meyers Lexikon Bd. 6, 1939, 628, f.
[97] Berliner Börsenzeitung, 1. 11. 1934. Zit. Blick in die Zeit, 2/Nr. 45, 10. 11. 1934, 14.
[98] Bericht d. Amts f. Erzieher, Gau Schwaben v. 19. 11. 1935. In: Bayern in der NS-Zeit, 1977, 536.
[99] Vgl. Eilers, R.: Die nationalsozialistische Schulpolitik, 1963, 124.
[100] Organisationsbuch der NSDAP. 1943, 442.

K

Kameradschaft

a) Geist der ↑ *nationalen Solidarität* in der ↑ *nationalsozialistischen* ↑ *Volksgemeinschaft*; b) Einheit nationalsozialistischer Organisationen wie 1. der ↑ *Hitlerjugend*;[1] 2. des ↑ *NS-Studentenbundes in der NSDAP*;[2] 3. des ↑ *Reichsarbeitsdienstes der weiblichen Jugend*;[3] c) für die Dauer der ↑ *Schulung* gebildete Gruppen in ↑ *Schulungslagern*, auf ↑ *Schulungs-* und ↑ *Ordensburgen*.[4] d) Nationalsozialistische Künstlervereinigung.

▶ a) „Während die ‚Freundschaft' eine Teilerscheinung zwischen zweien ist, umfaßt die Kameradschaft immer eine geschlossene größere Gemeinschaft. Kameradschaft ist zugleich die vollkommene Form des Männerbundes, der unter dem Gesetz von Führung − Gefolgschaft steht und einer soldatisch-heroischen Ordnung gehorcht. In diesem Sinn ist der Begriff Kameradschaft zum politisch-soziologischen Zentralbegriff des Dritten Reichs und der neuen völkischen Weltanschauungen geworden (in dieser Form aus dem Kriegserlebnis entstanden). In Kunst und Wissenschaft zeigt sich der Geist der Kameradschaft als heroische Grundstimmung; er durchdringt den Alltag; im Berufsleben hat er den bleibenden Begriff ‚Berufskameradschaft' geprägt."[5] „Im Dritten Reich hat der Begriff **Kameradschaft** einen neuen tiefen Sinn bekommen. Im Schützengraben des Weltkriegs ist der Nationalsozialismus geboren, von da hat er auch seine soldatische Haltung und den Grundsatz der Kameradschaft, der die Gefolgschaft Adolf Hitlers im Glauben und Gehorsam zu einer verschworenen Gemeinschaft zusammenschließt. [...] Nationalsozialistische Kameradschaft ist im Wollen gemeinsam ausgerichtet und überwindet damit alle Gegensätze der Klassen und Gesellschaftsstände, in ihr verwirklicht sich wahrer Sozialismus der Tat und der Opferbereitschaft: ‚Unser Sozialismus ist ... eine Kameradschaft der Tat und des sozialen Ausgleichs.'"[6] So wird Kameradschaft für den Nationalsozialismus die neue Form für die deutsche Volksgemeinschaft."[7]

b) Als Kollektivum bezeichnet der Ausdruck *Kameradschaft* eine Personengruppe: 1. Die kleinste Einheit der ↑ *HJ*: „Die Kameradschaft [in der HJ] dient zur Zusam-

---

[1] Gebucht: Paechter.
[2] Gebucht: Meyers Lexikon 1936 ff., Trübners DWB, Volks-Brockhaus 1940.
[3] Organisationsbuch der NSDAP, 1943, 468b.
[4] Organisationsbuch der NSDAP, 1943, 183.
[5] Meyers Lexikon, Bd. 6, 1939, 751.
[6] Goebbels, in: Beyer, V.: Das neue Deutschland im Werden, 9. Aufl. 1938, 16. Zit. Trübners DWB, Bd. 4, 1943, 84.
[7] Trübners DWB, ebd.

menfassung von etwa 10 Jungen. Sie hat ihrem Namen entsprechend die Aufgabe, die Jungen zu einer unverbrüchlichen Einheit zusammenzuschmieden."[8] 2. *Studentische Kameradschaft*: „Wesen der Kameradschaft. 1. Die Kameradschaften sind die Erziehungs- und Lebensgemeinschaften der deutschen Studenten. Sie sind Einheiten des NSD.-Studentenbundes der NSDAP. Ihre Grundlage sind die Lebensgesetze des deutschen Studenten. 2. Die Kameradschaft hat den Auftrag, diese Gesetze zu einem festen Bestandteil der Persönlichkeit des Studenten zu machen und ihm zu deutscher Ehrauffassung, Charakterfestigkeit, Treue, Verantwortungsfreudigkeit, Zucht und Einsatzbereitschaft zu erziehen."[9] „1. Der Eintritt in die Kameradschaft ist freiwillig. 2. Mitglied einer studentischen Kameradschaft kann jeder Student werden, der den Aufnahmebedingungen der NSDAP. genügt. [...] 3. Jedes Mitglied ist drei Semester zu vollem Dienst in der Kameradschaft der Stammtischrunde (Stammkameradschaft) verpflichtet. [...] 7. Die Kameradschaft setzt sich zusammen aus: a) den Jung-Kameraden (erstes bis drittes Semester), b) den Alt-Kameraden (mehr als drittes Semester), c) den Gastkameraden."[10] „Wie aber sehen die Aufgaben heute aus? Welches sind die Mittel und Wege, die wir im Zeichen der neuen Verpflichtungen durch den Nationalsozialismus nun gehen? Das ist zunächst einmal die Kameradschaftserziehung. Aufgebaut auf der Erziehung in der Hitlerjugend, im Arbeitsdienst, in der Wehrmacht, allein getragen von der Grundlage nationalsozialistischer Weltanschauung und dem unbändigen Willen, Führer und Volk zu dienen, werden die Kameradschaften antreten. Im Rahmen der studentischen Selbstverwaltung und Selbstführung, die geleitet ist von dem Grundsatz der Selbstverantwortung, soll der Student erzogen werden. Hier erfährt er die politische Erziehung für die ihm besonders übertragenen Aufgaben. In Vorträgen und Diskussionen schärft er seinen Geist und wissenschaftliche Fähigkeiten. In der Kameradschaft leistet der Student seine Leibesübungen als selbstverständliche Pflicht. Hier bereitet er sich vor auf die Wettkämpfe mit anderen Hochschulen des In- und Auslandes. Im Landdienst erlebt er den deutschen Bauern an der Grenze, im Fabrikdienst ersetzt er 4 Wochen einen deutschen Arbeiter, der sich in dieser Zeit bei vollem Lohn einen vollbezahlten Urlaub nehmen kann, hier erlebt der Student keinen theoretischen, sondern praktischen Sozialismus."[11] „Über die Arbeit in den Kameradschaften selbst hat sich ein abschließendes Bild noch nicht machen lassen. Es wird die Meinung geäußert, die richtige Form des Zusammenlebens sei noch nicht gefunden und es mache sich jetzt schon der Einfluß und die geistige Überlegenheit der alten Herren bemerkbar. Von Seiten der Studentenführung wird darüber geklagt, daß für die Kameradschaftsmitglieder die Geselligkeit nun schon weit im Vordergrund stehe. Die politische Schulung und der aktive Einsatz werde daher bereits als Belastung des Einzelnen und der Kameradschaft empfunden."[12]

---

[8] Organisationsbuch der NSDAP 1943, 440.
[9] Gesetze des Deutschen Studententums, o. J. (1937 ?), 5.
[10] Ebd., 7 f.
[11] Scheel, G. A.: Tradition und Zukunft des deutschen Studententums, 1937, 15.
[12] MADR, Jahreslagebericht 1938 des SHA, Bd. 2, 141.

c) „Die zu einer Kameradschaft von je 20 Mann zusammengefaßten jungen Rechtswahrer stehen unter der Leitung eines Kameradschaftsführers, dem ein Kameradschaftsältester helfend zur Seite steht. Mehrere Kameradschaften bilden einen Lehrgang [im *Gemeinschaftslager Hanns Kerrl*]."[13]
d) Die *Kameradschaft der deutschen Künstler e. V.* gehörte zu den korporativen Mitgliedern der *Reichstheaterkammer*. „Die Kameradschaft soll alle künstlerisch schöpferischen Menschen auf Grund des Leistungsprinzips zu einer kameradschaftlichen Gemeinschaft vereinigen, deren bestimmende Grundlage die nationalsozialistische Weltanschauung ist."[14]

Kameradschaftshaus

Studentenheim[15]

> „Aus der studentischen Arbeitsdienstjugend selbst entstand die Idee von der Form, in der sie künftig leben will. In dem Bewußtsein, daß studentisches Leben der Vorkriegszeit nicht auf die Universität von 1933 gehört, fordert sie Eingliederung der einzelnen Studenten in eine Gemeinschaftsgruppe, mit der er lebt, arbeitet und dient. Die Idee des Kameradschaftshauses wurde geboren. Die DSt. wird den Gedanken des Kameradschaftshauses planmäßig fördern, um ihm zu seiner Verwirklichung zu verhelfen. Sie sieht in der neuen Mannschaftserziehung den Ansatzpunkt für die grundlegende Umgestaltung des bisherigen Hochschulbetriebes. Die Erziehung muß den ganzen Menschen erfassen, die Wissenschaft darf nicht von unpolitischen Menschen getragen sein. Die Erziehung des Studenten aber kann nur in der Gemeinschaft erfolgen. Diese Aufgabe soll durch das Kameradschaftshaus erfüllt werden. Hier wird die Lebensform des Arbeitslagers in der studentischen Erziehung an der Hochschule ausgewertet."[16] „Es wird in Zukunft an jeder Hochschule [...] ein Kameradschaftshaus des NSD-Studentenbundes geben. Die staatlichen Kameradschaftshäuser kommen damit in Wegfall. In diesem Kameradschaftshaus des NSD-Studentenbundes sollen Mitglieder des NSD-Studentenbundes und damit der Führernachwuchs im Gemeinschaftsgeist der NSDAP. geschult werden."[17]

kämpferisch

Heroisch, kampflustig; kennzeichnendes Attribut für Charakter, Haltung und Leistung des idealen Nationalsozialisten.[18]

> Das Adjektiv *kämpferisch* zu dem von *Kampf* abgeleiteten Nomen agentis *Kämpfer* ist im ‚Deutschen Wörterbuch' nur mit einem vereinzelten Beleg aus dem letzten

---

[13] Palandt, O.: Die Arbeit der Ausbildungsabteilung (RJP.) im Jahre 1937. In: Deutsche Justiz, 100/1938, 23.
[14] Handbuch der Reichskulturkammer, 1937, 267.
[15] Gebucht: Duden, 12. Aufl. 1941, Meyers Lexikon 1936 ff., Trübners DWB. Getilgt: Duden, 13. Aufl. 1947.
[16] Roosch, H.: Sinn und Aufgabe des studentischen Kameradschaftshauses. In: Der Deutsche Student, 1/Sept. 1933, 47.
[17] Dt. Allg. Zeitung, 14. 11. 1934. Zit. Blick in die Zeit, 2/Nr. 47, 24. 1. 1934, 18.
[18] Gebucht: Duden, 11. Aufl. 1934, 12. Aufl. 1941; Meyers Lexikon 1936 ff., Trübners DWB.

Drittel des 16. Jahrhunderts gebucht: „Gurgelstrozza, welcher zu Paris sich fast verstudieret und kempferisch ubet."[19]

> Hitler verwendet den Ausdruck *kämpferisch* in ‚Mein Kampf' noch nicht.[20] Erst in den dreißiger Jahren wird *kämpferisch* zum vielgebrauchten Modewort. Victor Klemperer hält in ‚LTI. Notizbuch eines Philologen' fest: „Nicht umsonst hat die Sprache des Nazismus das neue und seltene Adjektiv neuromantischer Ästheten: ‚kämpferisch' in allgemeinen Umlauf gesetzt und zu einem seiner Lieblingsworte gemacht."[21] Auch W. Linden spricht in seiner Wortgeschichte ‚Aufstieg des Volkes' (1943) vom ‚Lieblingswort kämpferisch'.[22] Im Rechtschreibduden ist der Ausdruck zuerst in der 11. Auflage von 1934 gebucht.[23] In ‚Trübners Deutschem Wörterbuch' wird das Adjektiv mit einem Zitat von Rosenberg belegt: „Wir sind deshalb des Glaubens, daß das kämpferische Geschlecht von heute auch die Antriebe der Kämpfe der Niedersachsen und ihrer geistigen Nachkommen besser begreift als sattes Gelehrtentum."[24] (1936) ‚Meyers Lexikon' hat ein eigenes Stichwort *kämpferischer Mensch* und erläutert: „nordisch-germanisches Ideal des Menschen und seiner Lebensführung, der Ethik des Kampfes unterstellt und nach den nordisch-germanischen Kardinaltugenden und dem Heroismus ausgerichtet; politisch, weltanschaulich, pädagogisch fußend auf dem Front- und Kameradschaftserlebnis des Großen Krieges, dem vom Nationalsozialismus zum bewußten Durchbruch verholfen wurde. [...]"[25] In diesem Sinne wird *kämpferisch*, fast durchweg metaphorisch, auf die Nationalsozialisten selbst und auf ihre sämtlichen Lebensäußerungen bezogen: „Gut muß die Kunst sein, darüber hinaus aber auch verantwortungsbewußt, gekonnt, volksnahe und kämpferisch."[26] „Die Arbeit in der Gemeinschaft, in der Gruppe, ist für uns das tragende Element jedes kämpferischen Lebens und jeder nationalsozialistischen Haltung."[27] „Der neue Staat verlangt ein widerstandsfähiges, hartes Geschlecht. Neben der weltanschaulichen Schulung des Geistes muß eine kämpferische Schulung des Leibes durch einfache, nützliche und natürliche Körperübungen gefordert werden."[28] In nunmehr 15 Jahren Kampf und Sieg erzog er [der Führer] zuerst wenige, dann mehr und mehr der am meisten die Freiheit liebenden Köpfe, die Auslese des kämpferischen deutschen Blutes zu Nationalsozialisten."[29] „Der Nationalsozialismus enthält den kämpferischen Glauben an die schöpferische

---

[19] DWB, Bd. 5, 1873, 151, s. v.
[20] Auf S. 675 gebraucht Hitler „*klassenkämpferisch*" (in Anführungszeichen).
[21] Ebd., 14. Aufl. 1996, 10 f.
[22] In: Maurer/Stroh (Hg.): Deutsche Wortgeschichte, Bd. 2, 1943, 408.
[23] Ebd., 277, s. v.
[24] Gestaltung der Idee, 1936, 269. Zit. ebd., Bd. 4, 1943, 89, s. v. Kampf.
[25] Ebd., Bd. 6, 1939, 770.
[26] Goebbels: Brief an Furtwängler, veröff. am 11. 4. 1933. In: Rühle, G.: Das 3. Reich, Bd. 1933, 92.
[27] Der Deutsche Student, 1/Aug. 1933, 32.
[28] Hitler, Verfügung v. 14. 3. 1935. In: Domarus, Bd. 1/2, 1965, 490.
[29] Himmler, Rede auf dem Reichsbauerntag in Goslar, 12. 11. 1935. In: Dokumente d. Dt. Politik, Bd. 3, 1937, 43.

Kraft der Persönlichkeit [...]."[30] „Was heute siegt, ist deshalb ein System, das in vierzehn Jahren kämpferisch vorbereitet [...] wurde."[31] „Und doch sind die bisherigen deutschen Siege ebensowohl ein Triumph der Kriegstechnik als der kämpferischen Ethik."[32] „Im ‚Westdeutschen Beobachter' stellt A. Weber unter dem Titel ‚Wehrgeistige Erziehung im Musikunterricht' die kämpferische Haltung in Tonwerken und bei den Tonschöpfern selbst heraus."[33]

▶ Der Ausdruck *kämpferisch* gehört auch dem heutigen Vokabular an. Seit der 12. Auflage 1941 erscheint er in allen Nachkriegsauflagen des Rechtschreibdudens bis heute, wird aber deutlich seltener verwendet als in der NS-Zeit.

Kampfzeit

Die Zeit des Aufstiegs der NSDAP von 1918 bis 1933.[34]

▶ „Die Kampfzeit ist in der Geschichte und im Gedankengut des Nationalsozialismus ein fester Begriff geworden, mit dem sich für alle alten Kämpfer der Bewegung die Erinnerung an schwere und opferreiche Jahre verbindet. Terror und Unterdrückungen jeglicher Art forderten große Opfer an Gesundheit und Leben und brachten unzählige nationalsozialistische Kämpfer in bittere wirtschaftliche Not. Lügen und Verleumdungen, Spott und Verständnislosigkeit mußte die Bewegung über sich ergehen lassen; der Kampf jedoch, die gemeinsam ertragene schwere Zeit schweißte die nationalsozialistischen Kämpfer immer fester zusammen und steigerte ihren unbändigen Glauben an den Sieg und die Einsatzbereitschaft für Führer und Bewegung. Das Erlebnis der Kampfzeit festigte die Kameradschaft und das Zusammengehörigkeitsgefühl und ist dadurch die Grundlage der nationalsozialistischen Kampfgemeinschaft, die auf diese Weise eine Auslese politischen Führertums wurde."[35] In der Mai-Nummer der ‚Schulungsbriefe' von 1934 veröffentlicht der *Reichsschulungsleiter* einen „Aufruf an alle", um Material für eine Geschichte der *Kampfzeit* zu erhalten: „Erwünscht sind alle Berichte aus der Kampfzeit bis Januar 1933."[36] *Kampfzeit* ist hier bereits eine eingeführte Epochenbezeichnung der NS-Geschichte. „An der Spitze steht der Pfälzer Grenzlanddeutsche, der alte Kämpfer des Führers, der erste und einzige Fraktionsführer der NSDAP. in der Kampfzeit, der nationalsozialistische Reichsminister und Verwaltungsfachmann Dr. Wilhelm Frick, dessen arbeitsreiches Leben nur ein einziger Gedanke und Wille beherrscht: Deutschland!"[37] Im „Vorwort zur Ausgabe 1941" des ‚Büchmann' teilt G. Haupt mit: „Verlag und Bearbeiter haben sich wiederum dazu entschlossen, die in der Volksausgabe seit der

---

[30] Rudolf Heß: Rede vor Beamten, 4. 6. 1936. In: Dokumente d. dt. Politik, Bd. 4, 1937, 183.
[31] Goebbels. In: Das Reich, 26. 5. 1940, 1.
[32] Goebbels. In: Das Reich, 1. 10. 1940, 9.
[33] MADR, 13. 9. 1943, Bd. 15, 5757.
[34] Gebucht: Duden, 11. Aufl. 1934, 12. Aufl. 1941; Meyers Lexikon 1936 ff. Getilgt: Duden, 13. Aufl. 1947.
[35] Meyers Lexikon, Bd. 6, 1939, 771.
[36] Ebd., 1/Mai 1934, 19.
[37] Berliner Illustrierte Zeitung, Sonderheft z. 700-Jahr-Feier. Heimat Berlin. Berlin 1937, 6.

letzten umfangreichen Neubearbeitung aufgenommenen Zitate, d. h. also insbesondere die Zitate aus der Kampfzeit des Nationalsozialismus, aus den Jahren des Aufbaues des Reiches durch Adolf Hitler und aus jüngster Zeit in einem besonderen Register [...] zusammenzufassen."[38]

KdF

Abkürzung von ↑ NS-Gemeinschaft „Kraft durch Freude".[39]

> Neben der häufig verwendeten Abkürzung *KdF* für die Freizeitorganisation ↑ *NS-Gemeinschaft „Kraft durch Freude"* in der ↑ *Deutschen Arbeitsfront*, mit der zahlreiche Komposita wie: *KdF-Bad, -Reise, -Schiff, -Stadt, -Urlaub, -Wagen, -Zug* gebildet wurden, waren auch Bezeichnungen wie *NSG. KdF* oder *NS-Gemeinschaft KdF* gebräuchlich. „Mehr als eine Million Arbeitskameraden wurden bisher durch das Amt für Reisen, Wandern und Urlaub erfaßt, und in diesem Jahre soll die Zahl auf drei bis vier Millionen Urlauber gesteigert werden. Nicht weniger als 60 000 Urlauber haben auf KdF.-Schiffen Hochseefahrten unternommen, – in diesem Jahre werden es 150 000 sein. Die KdF.-Wanderbewegung hat in den ersten fünf Monaten dieses Jahres bis 7000 Wanderungen mit über 100 000 Teilnehmern durchgeführt."[40] „[Bildunterschrift:] Die große Festhalle in der KdF-Stadt an der Heerstraße. In dieser gewaltigen Stadt wurden Besucher, die mit KdF-Zügen aus dem Reich zu den [olympischen] Spielen nach Berlin kamen, verpflegt und in den ‚sportfreien' Stunden mit Vorführungen unterhalten."[41] „KdF. gehört heute zu den populärsten Begriffen. KdF. ist eine Absage an jene, die uns den Glauben an den göttlichen Willen von der Schönheit des Lebens nehmen wollen. KdF. verneint das irdische Jammertal und will unser Arbeitsleben mit Freude erfüllen. KdF. ist der ehrliche Ausdruck der Mitarbeit von Millionen schaffenden Deutschen am kulturellen Neubau unseres Volkes. KdF. ist die größte Kulturorganisation und das einzige Feierabendwerk der Welt. KdF. verbindet die Arbeit mit der Freude. KdF. ist die Losung von Abermillionen schaffenden Deutschen geworden. KdF. erschließt dem deutschen Arbeitertum unser Deutschland und die Schönheiten anderer Länder. KdF. läßt seinem Arbeitertum das deutsche Vaterland zum inneren Besitz werden. KdF.-Erfolge und -Preise sind beispiellos auf der ganzen Welt und beispielhaft für das Wirken der nationalsozialistischen Gemeinschaft. KdF. bezeugt die Richtigkeit des nationalsozialistischen Grundsatzes: ‚Idealismus ist höchste Wirtschaftlichkeit.'"[42] „Als die NSG. KdF. im November 1933 durch den Reichsorganisationsleiter der NSDAP. und Reichsleiter der DAF., Parteigenossen Dr. Ley, aus der Taufe gehoben wurde, da haben sicherlich weder er selbst noch andere Kreise daran gedacht, welch großes Arbeitsgebiet ihr zu beackern übertragen wurde. Die Erfolge, die die NS.-Gemeinschaft KdF. an die

---

[38] Büchmann (W. Rust), 1943, o. S.
[39] Gebucht: Duden, 12. Aufl. 1941, Meyers Lexikon 1936 ff. Getilgt: Duden, 13. Aufl. 1947.
[40] Reichsleiter d. Dt. Arbeitsfront Dr. Ley auf d. Hamburger Reichstagung. In: Germania, 10. 7. 1935. Zit. Blick in die Zeit, 3/Nr. 29, 19. 7. 1935, 8.
[41] Berliner Illustrierte Zeitung. 2. Sonderheft „Die 16 olympischen Tage", Berlin 1936, 61.
[42] Jahresbericht 1936 d. DAF. d. Gauwaltung Düsseldorf, o. Ort, o. J. (1937), 18.

Fahne des Nationalsozialismus heften konnte, sind nur dadurch möglich gewesen, daß von jedem einzelnen angepackt und mitgearbeitet wurde. Hierdurch war es möglich, die Grundlage für eine vollkommene Neuordnung der Welt des Arbeitsmenschen zu schaffen. [...] Die Arbeit der NS.-Gemeinschaft KdF. soll aber auch dazu dienen, um den deutschen Arbeiter zu einem stolzen, frohen und freien, zu einem Herrenmenschen zu machen. So sehen wir in dem Aufgabengebiet der NS.-Gemeinschaft KdF. nicht nur eine Organisation, um die Freizeit zu gestalten. Sie ist vielmehr eine nationalsozialistische Gemeinschaft, die eine neue Gesellschaftsordnung herstellt!"[43] „In Hamburg lief in Anwesenheit des Führers das neue KdF.-Schiff, das in der Taufe den Namen ‚Wilhelm Gustloff' erhielt, vom Stapel."[44] „Außer den eigentlichen Urlaubsfahrten werden Sonderfahrten zu allen großen politischen, kulturellen und sportlichen Veranstaltungen durchgeführt. Solche Fahrten ermöglichten dem deutschen Arbeiter den Besuch der Reichsparteitage in Nürnberg, der Olympiade in Berlin, der KdF.-Reichstagungen in Hamburg, großer Ausstellungen, Sportfeste und nationaler Feiern."[45]

KdF-Wagen

Kraft-durch-Freude-Wagen, der *deutsche Volkswagen.*[46]

▶ „Der Führer legt den Grundstein zur Volkswagenfabrik bei Fallersleben und gibt dem Volkswagen den Namen: ‚Kraft-durch-Freude-Wagen'."[47] „Für die breite Masse ist dieser Wagen geschaffen worden. Er soll ‚KdF.-Wagen' heißen."[48] „Die NS-Gemeinschaft ‚Kraft durch Freude' hat im letzten Jahre mit der Aufgabe, den Bau des deutschen Volkswagens durchzuführen, der nach dem Willen des Führers auch die Bezeichnung ‚K.d.F.-Wagen' erhält, einen verantwortungsvollen neuen Auftrag bekommen. [...] Der ganze Organisationsapparat von K. d. F. wurde in den Dienst der Volkswagenwerbung gestellt. Die Bestellungen für den Volkswagen sind aber aus den Arbeiterkreisen nur gering."[49] „Die Bestellungen für den KdF-Wagen haben bis jetzt nicht den Erwartungen entsprochen, so daß die erste Jahresproduktion noch nicht abgesetzt werden konnte."[50] „Die Verwirklichung des KdF.-Volkswagens ist eine revolutionäre Tat, die sich auf die zukünftige Urlaubsgestaltung stark auswirken wird. Der KdF.-Wagen wird die Beweglichkeit und Reiselust seiner glücklichen Besitzer in ungeahntem Maße erhöhen, so daß man in absehbarer Zeit mit einem schon allein aus diesem Grunde noch weit stärkeren Reiseverkehr rech-

---

[43] Jahres- und Leistungsbericht d. Gauwaltung Düsseldorf, M. Gladbach o. J. (1938), 46.
[44] Ebd., 48.
[45] v. Hübbenet, A.: Die NS-Gemeinschaft „Kraft durch Freude". Aufbau und Arbeit, 1939, 47 f.
[46] Gebucht: Duden, 12. Aufl. 1941, Volks-Brockhaus 1940. Getilgt: Duden, 13. Aufl. 1947.
[47] Volz, H.: Daten der Geschichte der NSDAP, 6. Aufl. 1936, 79.
[48] Völkischer Beobachter, 27. 5. 1938, 1.
[49] MADR, Jahreslagebericht 1938 d. SHA. Bd. 2, 206.
[50] MADR, Jahreslagebericht 1938 d. SHA. Verkehr. Bd. 2, 177.

nen muß."⁵¹ „Der aus der Gemeinschaft heraus geschaffene ‚KdF.'-Wagen führt dem deutschen Arbeiter den Glauben an den tiefen sozialen Sinn der nationalsozialistischen Weltanschauung vor Augen. Der ‚KdF.'-Wagen ist eine sichtbare Verwirklichung dieser Idee. Er gibt dem Arbeiter die Möglichkeit, Natur, Landschaft und Menschen zu erleben. Zur Weckung und Stärkung des Gemeinschaftslebens, wie es die nationalsozialistische Weltanschauung erfordert, ist die NS.-Gemeinschaft ‚Kraft durch Freude' bemüht, auf immer neuen Wegen und mit immer neuen Mitteln, den deutschen Arbeiter in die erhabene Welt der Ideale einzubeziehen, um ihn zu befähigen, mit seiner ganzen Kraft an den Sinn und an die Größe des von ihm mitgestalteten deutschen Lebens zu glauben. Die NS.-Gemeinschaft ‚Kraft durch Freude' ist deshalb nicht allein die Organisation für Freizeit- und Feierabendgestaltung, sondern sie will eine neue Lebensauffassung bringen. Sie ist der stärkste Ausdruck der lebensbejahenden nationalsozialistischen Idee."⁵²

Kinderlandverschickung (KLV)

a) Vor dem Zweiten Weltkrieg: von der ↑ *NSV* organisierte Erholung für gesundheitlich gefährdete Kinder und Jugendliche aus Großstädten und Industriebezirken; b) im Zweiten Weltkrieg: *erweiterte Kinderlandverschickung*, die geschlossene Verlegung von Schulklassen und ganzen Schulen aus bombengefährdeten Gebieten.

▶ Bereits im Ersten Weltkrieg gab es „wegen Ernährungsschwierigkeiten" eine „Verschickung von Kindern aufs Land": „In dem Erlaß heißt es: ‚Die in den Großstädten und Industriebezirken unvermindert fortbestehenden Ernährungsschwierigkeiten zwingen dazu, auch für das kommende Jahr eine umfangreiche Verschickung von Kindern auf das Land vorzunehmen.'"⁵³
a) Für die dreißiger Jahre des ↑ *Dritten Reichs* galt: „Die Erholungsfürsorge für Kinder und Jugendliche, insbesondere die Kinderlandverschickung und Heimentsendung ist ein weiteres Aufgabengebiet des Amtes [Wohlfahrtspflege und Jugendhilfe der *NSV*]."⁵⁴ „Nach einer kurzen Begrüßung durch Ortsgruppenleiter Stamm sprach Amtsbürgermeister Daniels in herzlichen Worten über die Hilfsbereitschaft, die damals sein Amtskollege Bauen aus Teupitz bewiesen hatte und weiter über den Sinn der Kinderlandverschickung, die der Jugend ein unvergeßliches Erlebnis bedeute, indem ihnen andere Gegenden des Vaterlandes erschlossen werden. [...] Nachdem der Beauftragte des Gauamtes [...] mit Grüßen vom Kreisamtsleiter Asendorf und Bürgermeister Bauen den Dank für die den Kindern bereitete Freude ausgesprochen hatte, schloß Kreisamtsleiter Seeberger die Feierstunde mit einem Treuge-

---
51 v. Hübbenet, A.: Die NS-Gemeinschaft „Kraft durch Freude", 1939, 49.
52 Organisationsbuch der NSDAP 1943, 210 f.
53 Neußer Zeitung, 8. 1. 1918, 1.
54 Organisationsbuch der NSDAP 1943, 276.

löbnis an den Führer, der das große Werk der Kinderlandverschickung erst ermöglicht hatte."[55]

b) Im Verlauf des Zweiten Weltkriegs kam es zur sog. *erweiterten Kinderlandverschickung*: „Durch Erlaß des Generalbevollmächtigten für die Reichsverwaltung vom 15. 6. 1943 wurde bestimmt, daß die geschlossene Verlegung von Schulen (mit Ausnahme der Berufsschulen) aus den Luftkriegsgebieten, von den Reichsverteidigungskommissaren angeordnet werden kann. Die Überführung der Schulen erfolgt in Zusammenarbeit der mittleren Schulaufsichtsbehörde und der Dienststellen der erweiterten Kinderlandverschickung."[56] „Als die Kinderlandverschickung von der HJ ins Leben gerufen wurde, begannen kirchliche Kreise bereits mit der Bekämpfung dieser neuen nationalsozialistischen Einrichtung. [...] Mit dem Ausbau der Kinderlandverschickung (KLV.) zur erweiterten KLV. und der Durchführung der ‚Besonderen Maßnahmen in luftbedrohten Gebieten', welche die Verlegung der Schulen regeln (Erlaß des Reichsleiters von Schirach vom 4. 6. 1943) begann der Kampf kirchlicher Kreise um den regelmäßigen Religionsunterricht in den Lagern."[57]

KL

Offizielle Abkürzung von ↑ *Konzentrationslager* im amtsinternen Gebrauch.

❯ Rundschreiben des Gestapo-Chefs Müller vom 2. 10. 1942: „Der RFSSuChefdDTPol. [Reichsführer SS und Chef der Deutschen Polizei] hat befohlen, daß sämtliche im Reich gelegenen Konzentrationslager judenfrei zu machen und daß sämtliche Juden in das KL. Auschwitz und in das Kriegsgefangenenarbeitslager Lublin zu überstellen sind. Der Inspekteur der KL. hat die entsprechenden Verlegungsanordnungen bereits erteilt. Über erfolgte Verlegungen von derartigen Häftlingen geben die jeweiligen KL. Kenntnis. [...]"[58] Schreiben des Reichsgeschäftsführers des SS-Amtes „Ahnenerbe" W. Sievers vom 2. 11. 1942 an den Adjutanten Himmlers Brandt: „Wie Sie wissen, hat der Reichsführer SS seinerzeit angeordnet, daß SS Hauptsturmführer Professor Dr. Hirt für seine Forschungen alles bekommen soll, was er braucht. Für bestimmte anthropologische Untersuchungen [...] sind nun 150 Skelette von Häftlingen bzw. Juden notwendig, die vom KL Auschwitz zur Verfügung gestellt werden sollen [...]."[59]

S. auch ↑ *KZ*.

---

[55] Neuß-Grevenbroicher Zeitung. Aus der Stadt Neuß, 22. 5. 1936: Die Teupitzer Kinder in Neuß eingetroffen.
[56] MADR, 30. 9. 1943, Bd. 15, 5827.
[57] MADR, 21. 10. 1943, Bd. 15, 5898 u. 5899.
[58] Zit. Die Ermordung der europäischen Juden. Hg. Longerich, P., 1989, 386.
[59] Dok. NO−086 (GB-575). In: Der Nürnberger Prozeß, Bd. 20, 568.

KLV

Abkürzung von ↑ *Kinderlandverschickung*.

> „Kinder in Sicherheit! Zur Räumung Bielefelds, die in einer Reihe von Versammlungen erörtert wurde, erläßt der Kreisleiter [...] folgenden Aufruf: Bielefelder Mütter! Gebt Euch keinen Illusionen hin! Ich fordere Euch hiermit auf, Eure Kinder in Sicherheit zu bringen. Ihr habt die Stadt zu verlassen. Dieses gilt für alle, die hier nicht durch Beruf oder durch andere hohe Pflichten zwingend notwendig gebunden sind. Eure schulpflichtigen Kinder, vom 10. bis 14. Lebensjahre, sind ohne Bedenken der KLV anzuvertrauen. Alle Mütter mit ihren jüngeren Kindern wenden sich an die NSV. Ich erwarte von jedem Quartiergeber im Kreise Bielefeld-Land und Halle bereitwilligste Aufnahme ohne Bedenken und Einwände. Jeder hat zu helfen, und keiner hat zu fordern. Dieses gilt für alle. Jeden Widerstand gegen diese Anordnung werde ich mit Gewalt brechen!"[60]

KLV-Lager

Von der *Reichsjugendführung* der *NSDAP* organisierte Sammelunterbringung von bombengefährdeten Kindern und Jugendlichen auf dem Land.

> Die *KLV-Lager* standen unter der Aufsicht der *Hitlerjugend*. Sie war für die Versorgung der Untergebrachten verantwortlich, während Lehrkräfte für den Unterricht zuständig waren.[61]

„Die über 10 Jahre alten Schüler sollen nach Möglichkeit in KLV-Lagern Aufnahme finden und nur dann, wenn keine Lagerunterbringung sich erreichen läßt, ebenfalls [wie die jüngeren Kinder] in Familienpflegestellen ein Unterkommen finden."[62] „Die Einrichtung der KLV-Lager bietet die Möglichkeit, Jugendliche in großem Rahmen und für längere Zeit total zu erziehen. Schulische Arbeit, HJ-Dienst und Freizeit lassen sich hier erzieherisch gleichmäßig beeinflussen."[63]

Konzentrationslager (KL, KZ)

Haftlager, Arbeitslager, Todeslager für Regimegegner und andere Personengruppen, die aus ideologischen und rassistischen Gründen als ↑ *Volksschädlinge* und ↑ *Minderwertige* klassifiziert wurden (wie Bibelforscher, Geistliche, sogenannte Arbeitsscheue, Berufsverbrecher, polnische u. a. Zwangsarbeiter, sowjetische Kriegsgefangene, Homosexuelle, Zigeuner und vor allem Juden).[64]

---

[60] Presseaufruf 1943. Zit. Thamer, H.-U.: Verführung und Gewalt, 1986, 725.
[61] Klönne, A.: Hitlerjugend, 1955, 22.
[62] MADR, 30. 9. 1943, Bd. 15, 5827.
[63] Das junge Deutschland. Amtl. Organ des Jugendführers d. Dt. Reiches, Berlin 1943, 103. Zit. Klönne, A.: Hitlerjugend, 1955, 30.
[64] Gebucht: Duden, 11. Aufl. 1934, 12. Aufl. 1941; Knaur 1934, Meyers Lexikon 1936 ff., Paechter. Getilgt: Duden, 13. Aufl. 1947.

> *Konzentrationslager* ist eine Lehnübersetzung des engl. *concentration camp*, der Bezeichnung für „während des Burenkrieges (1899–1902) von England eingerichtete Lager für die burische Zivilbevölkerung, in denen Frauen und Kinder in Massen starben."[65] Der Ausdruck wurde vermutlich durch die Presseberichte über den Burenkrieg im Deutschen verbreitet. 1901 erschien auf der Titelseite des ‚Simplicissimus' eine Karikatur von Bruno Paul (1874–1968) „Englische Konzentrationslager", auf der der englische König Eduard VII. und der Generalstabschef Kitchener als Riesenfiguren dargestellt sind, die eine eingepferchte Menge von Frauen und Kindern niedertrampeln.[66] Im Ersten Weltkrieg wurden Internierungslager für ausländische Zivilisten *Konzentrationslager* genannt. „Im Weltkrieg wurde das System der Konzentrationslager weitgehend für die Unterbringung von Zivilgefangenen eines feindlichen Staates, die sich bei Kriegsausbruch im Gebiet ihrer gegnerischen Macht befanden oder bei Besetzung ihrer Heimat aus militärischen Gründen weggeschafft werden mußten, angewandt."[67] Karl Kraus gebraucht 1916 in einer ironischen Anspielung auf die Eitelkeit des Schriftstellers Max Nordau *Konzentrationslager* gleichbedeutend mit *Interniertenlager*: „Sinnfällig kam diese Tendenz zum Rollentausch in dem Stolz des Grafen Karolyi zum Ausdruck, der die voreilige und höchst laienhafte Meinung, der Herr Nordau habe mit seinem Umgange im Konzentrationslager renommiert, hinterdrein durch das Bekenntnis enttäuscht hat, er habe sich vor Glück gar nicht fassen können, den Nordau endlich kennen zu lernen, und dessen eigenes Erstaunen mit der Versicherung beruhigen müssen, es werde noch schöner kommen und die Klassenunterschiede würden völlig schwinden, seitdem man einmal zusammen nicht nur im Interniertenlager, sondern auch im Schützengraben gelegen sei."[68] In einer seiner Attacken gegen den Purismus nennt Kraus die Abkapselung enttäuschter Puristen metaphorisch „inneres Konzentrationslager": „Eindeutschen – das ist die Tätigkeit jener in der Außenwelt unbeliebten Leute, die nach erfolgter Ablehnung den heroischen Entschluß gefaßt haben, ‚sich auf sich selbst zu besinnen', wie man jetzt sagt, sich also gewissermaßen freiwillig in ein inneres Konzentrationslager zu verfügen und von einer Walhalla mit Exportabteilung zu träumen."[69] Der Purist Eduard Engels führt in seinem Verdeutschungswörterbuch von 1918 das Stichwort *Konzentrationslager* auf und kommentiert kritisch: „(echt englische Erfindung und Engländerei)". Als deutsche Äquivalente schlägt er „Einschließungslager, Haft-, Sammel-, Einpferchung" vor.[70] Die ‚Neußer Zeitung' bringt am 7. 1. 1918 einen Bericht über „die Gefangenenfrage": „Abg. Erzberger (Ztr.) fragt, wie groß die Zahl der Zivilgefangenen sei und wie es mit dem Kopenhagener Abkommen stände. Diese Gefangenen loszubekommen, müßte der erste Er-

---

[65] Meyers Lexikon, 7. Aufl., Bd. 6, 1929, 1725, s. v.
[66] Ebd., 6/1901, Nr. 32, 249.
[67] Meyers Lexikon, 8. Aufl., Bd. 6, 1939, 1416, s. v. (Zitiert nach der nur in einem Teil der Auflage nachzuweisenden Langfassung des Lemmas, hier nach einem Exemplar d. Univ. Bibl. Bonn.)
[68] Die Fackel, 17/8. 4. 1916, 6 f.
[69] Die Fackel, 23/2. 8. 1916, 104 f.
[70] Entwelschung. Verdeutschungswörterbuch, 1918, 282, s. v. Konzentration.

folg des neuen Komitees in Petersburg sein. Während der Zeit des Austauschs, die nicht kurz ist, müssen Fürsorgemaßnahmen getroffen werden durch Kommissionen, die in den Konzentrationslagern sind und sich der Gefangenen annehmen."[71] Eine Zeitungsmeldung von 1920 belegt, daß *Konzentrationslager* nach dem Kriegsende in erweiterter Verwendung auch auf Sammellager für „lästige Ausländer" bezogen wurde. Der ‚Völkische Beobachter', noch das Sprachrohr der antisemitischen, völkischen Thulegesellschaft, zitiert eine Notiz des ‚Berliner Lokalanzeigers': „[...] Die Frage des Vorgehens gegen lästige Ausländer beschäftigt die Behörden schon seit längerer Zeit. [...] Dann plante man, alle lästigen Elemente in einem Konzentrationslager in Ohrdruf unterzubringen. Diese Absicht ließ sich nicht verwirklichen. [...] Über 600 der Verhafteten, die bereits wiederholt mit dem Strafrichter in Berührung gekommen sind, wurden in das Lager nach Zossen gebracht. Dieses wird jetzt als Konzentrationslager für unzuverlässige Ausländer dienen." Der ‚Völkische Beobachter' fügt hinzu: „Es ist wohl keine Frage, daß es sich in erster Linie um polnische und galizische Juden handelt."[72]

> Im NS-Regime bezeichnet *Konzentrationslager* einen neuen Lagertyp. Durch den Funktionswandel der Lager von Sammellagern für politische Gegner zur Ausschaltung jeglicher Opposition nach dem Machtantritt der Nationalsozialisten bis zu Massenvernichtungslagern nahm der Ausdruck neue Bedeutungskomponenten auf, bis er zum Inbegriff des Vernichtungsterrors des nationalsozialistischen Schreckensregimes wurde. Schon im Dezember 1932 hatte der spätere NS-Innenminister W. Frick dem Sozialdemokraten G. H. Seger bei einer Debatte im Außereuropäischen Ausschuß des Reichstages angedroht: „Schon gut, wenn wir zur Macht kommen, werden wir euch Kerls alle ins Konzentrationslager stecken".[73] Ab März 1933 wurden politische Gegner unter Ausnutzung des Freibriefs der ‚Notverordnung' vom 28. 2.1933 in sogenannte ↑ *Schutzhaft* genommen und in *Konzentrationslager* verschleppt. Am 21. 3. 1933 meldet der ‚Völkische Beobachter': „Aus zwingenden Gründen sind einige Änderungen in der Unterbringung der Schutzhäftlinge notwendig geworden. Am Mittwoch wird in der Nähe von Dachau das erste Konzentrationslager mit einem Fassungsvermögen für 5000 Menschen errichtet werden. Hier werden die gesamten kommunistischen und soweit das notwendig ist, Reichsbanner- und sozialdemokratischen Funktionäre, die die Sicherheit des Staates gefährden, zusammengezogen, da es auf die Dauer nicht möglich ist und den Staatsapparat zu sehr belastet, diese Funktionäre in den Gerichtsgefängnissen unterzubringen. Es hat sich gezeigt, daß es nicht angängig ist, diese Leute in der Freiheit zu lassen, da sie weiter hetzen und Unruhe stiften. Im Interesse der Sicherheit des Staates müssen wir diese Maßnahme treffen ohne Rücksicht auf kleinliche Bedenken. Polizei und Innenministerium sind überzeugt, daß sie damit zur Beruhigung der gesamten nationalen Bevölkerung und in ihrem Sinne handeln."[74] Wagners ‚Taschenwör-

---

[71] Ebd., 2.
[72] Ebd., 15. 4. 1920, 3.
[73] Eidesstattl. Erklärung G. H. Seger. Zit. Der Nürnberger Prozeß, Bd. 3, 555 f.
[74] Ebd., 1.

terbuch des neuen Staates' erklärt in der zweiten Auflage 1934 unter dem Stichwort *Konzentrationslager*: „dient der zwangsweisen Internierung politischer Schädlinge und Verbrecher. Die nationalsozialistische Regierung machte von dem Mittel des Konzentrationslagers Gebrauch. Nach dem Reichstagsbrand wurden die kommunistischen Führer und Funktionäre als die Urheber der Untat in Haft genommen und den Konzentrationslagern zugeführt. Diese zwangsweise Ausschaltung der kommunistischen Agitatoren und der sonstigen Schädlinge des Deutschen Reiches hatte sich für die Aufbauarbeit als notwendig erwiesen. Der Aufenthalt in den Konzentrationslagern soll die Häftlinge in ihrer politischen Haltung korrigieren und sie dem Nationalsozialismus näher bringen. Die erzieherische Maßnahme hat in vielen Fällen zu Erfolg geführt. [...]"[75] Manfred Pechau spricht 1937 euphemistisch von den „nachhelfenden Maßnahmen in Konzentrationslagern, scherzhaft Konzertlager genannt" in den Fällen, „wo der Gleichschaltung und der Zusammenfassung aller Kräfte entgegengearbeitet wurde."[76] (In seiner Dissertation ‚Nationalsozialismus und deutsche Sprache' von 1935 behandelt Pechau den Ausdruck *Konzentrationslager* noch nicht.) ‚Meyers Lexikon' erläutert noch 1939 beschwichtigend: „Im Deutschen Reich haben die Konzentrationslager (besser Verwahrungs- und Erziehungslager) seit 1933 den Zweck a) Gewohnheitsverbrecher [...] aufzunehmen, b) Kommunisten und andere Feinde des nationalsozialistischen Staates [...] vorübergehend unschädlich zu machen und sie zu brauchbaren Volksgenossen zu erziehen."[77] In einem Teil der gleichen Auflage des gleichen Lexikons heißt es noch stärker geglättet und ohne Erwähnung der Häftlingsgruppe der „Gewohnheitsverbrecher": „Im Deutschen Reich seit 1933 Sicherungs- und Erziehungslager für Gegner des nationalsozialistischen Staates, besonders für Kommunisten, die dem Aufbauwerk der Regierung Widerstand geleistet oder sich sonst schwer gegen die Volksgemeinschaft vergangen haben. Rechtsgrundlagen: VO. zum Schutz von Volk und Staat vom 28. 2. 1933 und der Erlaß des Reichsinnenministers vom 10. 4. 1934."[78] Doch kaum beeinflußt von der propagandistischen Verharmlosung wurde die Bedeutung des Ausdrucks *Konzentrationslager* schon 1933 teils durch Gerüchte, teils durch die ersten erschütternden und schreckensvollen Erfahrungen mit den Lagern geprägt. Der Tagebuchschreiber W. Tausk notiert am 7. 6. 1933: „Den kürzlich in der Irrenanstalt verstorbenen Dr. jur. Eckstein, der aus der SPD die Sozialistische Arbeiter-Partei gegründet hatte, hat man in der Polizei- und Gefängnishaft mit dauernden Prügelungen so drangsaliert, daß der Mann schließlich am Tage vor seiner Überführung in das Konzentrationslager an der Strehlener Chaussee Selbstmord versuchte: halb irre geschlagen, nierenkrank geschlagen."[79] V. Klemperer schreibt am 10. 8. 1933 in sein Tagebuch: „Frau Krappmann, die stellvertretende Aufwärterin [...], ihr Mann Kraftfahrer bei der Reichspost. Sie erzählt mit Tränen in den Augen: ein Kollege ihres Mannes Knall und Fall entlassen, weil er nicht mit Armaufheben

---

[75] Ebd., 141 f.
[76] Nationalsozialismus und deutsche Sprache. In: NS-Monatshefte, 8/Dez. 1937, 1068.
[77] Bd. 6, 1939, 1416.
[78] Meyers Lexikon, Bd. 6, 1939, 1416.
[79] Breslauer Tagebuch. Hg. R. Kincel, 1988, 78.

gegrüßt hat. Ein Freund aus dem Konzentrationslager freigekommen. Er mußte dort, ein brillentragender Mann, auf den Namen ‚Brillhund' hören, er mußte seinen Eßnapf auf allen vieren kriechend apportieren, wenn er Essen haben wollte. Er mußte bei der Entlassung unterschreiben, über alles zu schweigen."[80] W. Tausk vermerkt am 10. 9. 1933: „Rund eine Million Menschen befinden sich — laut ausländischen Zeitungen — in den deutschen Konzentrationslagern! Täglich kommen weitere hinzu und täglich verschwinden Gefangene in diesen Lagern, zum Teil angeblich ‚auf der Flucht erschossen'."[81] In der Allgemeinsprache wurde *Konzentrationslager* als Bezeichnung für die im Zweiten Weltkrieg sprunghaft vermehrten Lager, in denen Häftlinge der verschiedensten Kategorien in ungeheurer Zahl durch Hunger, Seuchen, sogenannte medizinische Experimente, sadistische Mißhandlung zugrundegingen, durch Sklavenarbeit für die Rüstungsindustrie ausgebeutet und vernichtet, in Massen erschossen oder durch ausgeklügelte Strategien getötet wurden, zum einschüchternden Symbol für die unbeschränkte, terroristisch ausgeübte Macht des NS-Regimes über Leben und Tod. Als definierte Bezeichnung für einen bestimmten Lagertyp, der genau umschriebene Bedingungen erfüllte[82], kam er nur in SS-internen Briefwechseln und Verordnungen vor, die als ‚geheime Reichssache' firmierten.

≫ Seit 1945 steht der Ausdruck *Konzentrationslager*, wie auch seine Abkürzung ↑ *KZ*, für einen Genozid ungeheuren Ausmaßes. Daher stoßen alle, die diese Ausdrücke auf vermeintlich vergleichbare Verhältnisse beziehen oder mit ihnen den parteiübergreifenden Abscheu über nationalsozialistische Verbrechen für eigene politische Zwecke instrumentalisieren wollen, auf Widerspruch in der Öffentlichkeit.[83] Das mag ein eher peripheres Beispiel illustrieren. Am 19. 11. 1994 hieß es in einer Würdigung Voltaires anläßlich seines 300. Geburtstages: „Der Mann, der sich Voltaire nannte [...], wurde am 21. November 1694 in Paris geboren. Der Sohn eines Notars lernte die Bastille, das Pariser KZ für jeweils politisch Verfolgte, zweimal von innen kennen."[84] Ein Leser protestierte gegen diese Formulierung: „Angesichts des unvorstellbaren Grauens, das sich mit dem Begriff des KZ verbindet, entspricht Ihr völlig unzulässiger Vergleich des nationalsozialistischen Vernichtungsapparates mit der ‚Bastille' einer erschreckenden Verharmlosung der deutschen Verbrechen an Millionen von Menschen. Im Zusammenhang mit der industriell betriebenen Vernichtung von Menschen in ‚Auschwitz-Birkenau' und anderen Konzentrationslagern möchte ich Ihnen die Frage stellen, ob Sie es für vertretbar halten, solche Geschichtsverdrehungen in Ihrer Zeitung zu veröffentlichen."[85] Ein Bericht über die Greuel des Bürgerkriegs in Bosnien-Hercegovina, in dem wie selbstverständlich von Konzentrationslagern gesprochen wird, blieb dagegen unwiderspro-

---

80 Ich will Zeugnis ablegen bis zum letzten. Tagebücher 1933—1941, Bd. 1, 1995, 46 f.
81 Breslauer Tagebuch, 109.
82 Anatomie des SS-Staates, dtv, 6. Aufl. 1994, 409 ff.
83 Vgl. die Dokumentation von Beispielen bei Stötzel, G.: Der Nazi-Komplex. In: Kontroverse Begriffe, hg. Stötzel, Wengeler, 1995, 372 f. u. 377 f.
84 Neuß-Grevenbroicher Ztg., 19. 11. 1994, Feuilleton.
85 Neuß-Grevenbroicher Ztg., 24. 11. 1994, Leserbrief P. H.

chen. Der Schock über die Grausamkeit von Menschen gegen Menschen, über „die systematische Ausrottung von Zehntausenden", verbietet es offenbar, hier Korrektheit zu fordern, obwohl die Dimension der Untaten auch in diesem Fall keineswegs vergleichbar ist. „Über ein besonders brutales Verbrechen, das Massaker von Vlasic, berichtete Fadila Memiševic vom Dokumentationszentrum Zenica. Auf dem Berg Vlasic seien am 21. August gegen 16 Uhr 250 männliche bosnische Gefangene der berüchtigten Konzentrationslager Omarska, Keraterm und Trnopolje erschossen worden, nachdem man sie zuvor in drei Autobussen dorthin gebracht habe. Nach der Exekution hätten die Serben die herumliegenden Leichen mit Füßen eine 350 Meter tiefe Schlucht hinuntergestoßen. [...] Edhem Godinjak vom bosnischen Innenministerium gab bekannt, daß nach erreichbaren Informationen die Serben 222 Konzentrationslager und Gefängnisse mit dem Ziel geschaffen hätten, um Bosniaken, Kroaten und Zigeuner zu vernichten. [...] Godinjak, der die angewandten Tötungs- und Foltermethoden beschrieb, sagte, mit Hilfe der früheren jugoslawischen Armee, paramilitärischer Einheiten der ‚serbischen Republik' und illegaler serbischer Miliz seien die Konzentrationslager ‚ein Ort organisierter systematischer Ausrottung' von Zehntausenden Bosniaken im Gebiet von Bosanska Kajina. [...]"[86]

körperliche Ertüchtigung

Grundprinzip der nationalsozialistischen Erziehung zum *neuen Menschen*.[87]

> Eduard Engel nennt in seinem ‚Verdeutschungswörterbuch' ‚Entwelschung' (1918) das als Verdeutschung für *trainieren* vorgeschlagene *ertüchtigen* ein Neuwort von 1915.[88] Ein Beleg aus dem Jahr 1914 für *körperliche Ertüchtigung* scheint aber auf eine frühere Entstehung des Ausdrucks im Turnwesen und der Jugendbewegung hinzudeuten: „Das Jahr 1913 ist hierin wenigstens ein Jahr der Erweckung gewesen: Jungdeutschland, Wandervögel, Pfadfinder, Sportvereine wurden geläufige Schlagworte in unseren Tagen. Da konnte denn auch der Akademiker nicht zurückstehen, und man darf sagen, daß wirklich ein fröhlicher Eifer unsere ganze Studentenschaft erfaßt hat, in körperlicher Ertüchtigung voranzukommen."[89]

> Bereits das von Drexler und Hitler entworfene Parteiprogramm der Deutschen Arbeiterpartei vom 24. Februar 1920, das von der NSDAP nach ihrer Wiederbegründung übernommen wurde, fordert unter Punkt 21 die *körperliche Ertüchtigung* der Jugend: „Der Staat hat für die Hebung der Volksgesundheit zu sorgen durch den Schutz der Mutter und des Kindes, durch Verbot der Jugendarbeit, durch Herbeiführung der körperlichen Ertüchtigung mittels gesetzlicher Festlegung einer Turn- und Sportpflicht, durch größte Unterstützung aller sich mit körperlicher

---

[86] E. Levy: Mordversuch an einer europäischen Nation. Frankfurter Allgem. Ztg., 12. 9. 1995.
[87] Gebucht: Trübners DWB.
[88] Ebd., 582.
[89] Der Kunstwart und Kulturwart. Hg. F. Avenarius, 27/2. Viertel Jan. bis März 1914, 73.

Jugendausbildung beschäftigender Vereine."⁹⁰ Hitlers ‚Mein Kampf' hat im „Personen- und Sachverzeichnis" ein eigenes Stichwort *körperliche Ertüchtigung* (S. XV), mit dem der wichtigste „Erziehungsgrundsatz des völkischen Staates" bezeichnet wird. Hitler befaßt sich in ‚Mein Kampf' ausführlich mit dem Thema *körperliche Ertüchtigung*: „Vor allem muß in der bisherigen Erziehung ein Ausgleich zwischen geistigem Unterricht und körperlicher Ertüchtigung eintreten." (S. 276) „Der völkische Staat hat in dieser Erkenntnis seine gesamte Erziehungsarbeit in erster Linie nicht auf das Einpumpen bloßen Wissens einzustellen, sondern auf das Heranzüchten kerngesunder Körper. Erst in zweiter Linie kommt dann die Ausbildung der geistigen Fähigkeiten. [...]" (S. 452) „Die körperliche Ertüchtigung ist daher im völkischen Staat nicht eine Sache des einzelnen, auch nicht eine Angelegenheit, die in erster Linie die Eltern angeht, und die erst in zweiter und dritter die Allgemeinheit interessiert, sondern eine Forderung der Selbsterhaltung des durch den Staat vertretenen und geschützten Volkstums. So wie der Staat, was die rein wissenschaftliche Ausbildung betrifft, schon heute in das Selbstbestimmungsrecht des einzelnen eingreift und ihm gegenüber das Recht der Gesamtheit wahrnimmt, indem er [...] das Kind dem Schulzwang unterwirft, so muß in noch viel höherem Maße der völkische Staat dereinst seine Autorität durchsetzen [...] in den Fragen der Erhaltung des Volkstums." (S. 453) „Die Schule als solche muß in einem völkischen Staat unendlich mehr Zeit freimachen für die körperliche Ertüchtigung. Es geht nicht an, die jungen Gehirne mit einem Ballast zu beladen, den sie erfahrungsgemäß nur zu einem Bruchteil behalten [...]." (S. 454) „Doch hat der völkische Staat eben nicht die Aufgabe, eine Kolonie friedsamer Ästheten und körperlicher Degeneraten aufzuzüchten. Nicht im ehrbaren Spießbürger oder der tugendsamen alten Jungfer sieht er sein Menscheitsideal, sondern in der trotzigen Verkörperung männlicher Kraft und in Weibern, die wieder Männer zur Welt zu bringen vermögen." (S. 455) „Der völkische Staat hat die körperliche Ertüchtigung nicht nur in den offiziellen Schuljahren durchzuführen und zu überwachen [...]. Es ist ein Unsinn, zu glauben, daß mit dem Ende der Schulzeit das Recht des Staates auf die Beaufsichtigung seiner jungen Bürger plötzlich aussetzt, um mit der Militärzeit wieder zu kommen. Dieses Recht ist eine Pflicht, und als solche immer gleichmäßig vorhanden." (S. 158) Im ‚Handbuch für das Deutsche Jungvolk in der HJ' ‚Pimpf im Dienst' wendet sich der *Jugendführer des Deutschen Reichs* Baldur v. Schirach an die ↑ *Pimpfe*: „Mit diesem Buch erhältst Du eine Verpflichtung. Es umfasst alles, was zu Deiner körperlichen Ertüchtigung gehört. Lass nicht Papier bleiben, was auf diesen Seiten steht, sondern setze es um in Leistung. Du hast den Dienst an Deutschland in einem jüngeren Alter begonnen als die früheren Generationen. Millionen Jungen denken wie Du. Weil wir ein Volk von Männern brauchen, stehst Du heute schon in Reih und Glied und tust Deine Pflicht."⁹¹ „Das DJ-Leistungsabzeichen gilt für Angehörige des Deutschen Jungvolks vom 13.–14. Lebensjahr. Es wird vom Reichsjugendführer nach Bestehen der Leistungsprüfung verliehen. [...] Die Abnahmeberechtigung wird von

---

⁹⁰ Rosenberg, A. (Hg.): Das Parteiprogramm, 22. Aufl. 1941, 17.
⁹¹ Ebd., hg. v. d. Reichsjugendführung, 1938, o. S.

der Reichsjugendführung, Amt für körperliche Ertüchtigung, erteilt."[92] „In der RJF. [Reichsjugendführung] besteht das Amt für Leibesübungen und das Amt für körperliche Ertüchtigung. [...] Das Amt für körperliche Ertüchtigung leitet die Wehrerziehung, die auf der Grundschule in den Leibesübungen der gesamten sportlichen Mobilmachung der Jugend aufbaut. Der Schießsport und der Geländesport gelten als Grundausbildung."[93] „Die Erziehungsarbeit der Staatsjugend im vergangenen Jahr umfaßte vorwiegend die weltanschaulich-geistige Schulung und körperliche Ertüchtigung der deutschen Jugend."[94] „Eine der wichtigsten Aufgaben der DAF. ist die Gesunderhaltung und körperliche Ertüchtigung des schaffenden Menschen. Zu diesem Zweck wurde am 30. 6. 1937 der Betriebssport proklamiert und die Bildung von Betriebssportgemeinschaften angeordnet."[95]

Kraft durch Freude, s. ↑ NS-Gemeinschaft „Kraft durch Freude".

Kritikaster

Meckerer und Miesmacher.[96]

> Der Ausdruck *Kritikaster* ‚Krittler', als verächtliche Bezeichnung für kleinliche Kritiker nach dem Muster von lat. *philosophaster* gebildet, wird schon 1767 von Lessing (1729–1781) in der Ankündigung der ‚Hamburgischen Dramaturgie' verwendet: „Nur daß sich nicht jeder kleine Kritikaster für das Publikum halte"[97], und ist seither gebräuchlich.

> Bei den Nationalsozialisten kam der Ausdruck *Kritikaster* durch Goebbels' Propagandafeldzug gegen *Miesmacher und Kritikaster* in Mode. „Um solchen Versuchen, die Tatkraft und den Willen des deutschen Volkes zu lähmen, von vornherein entgegenzutreten, führte die Reichspropagandaleitung der NSDAP eine mehrwöchige propagandistische Aktion gegen Miesmacher und Kritikaster durch. [...] [Sie] wurde von Reichsminister Dr. Goebbels selbst eröffnet mit einer Rede im Berliner Sportpalast am 11. 5. [1934]."[98] „Der Propagandafeldzug gegen die Kritikaster wird um so erfolgreicher sein, je mehr allen Volksgenossen bewußt wird, warum mit der demokratischen Methode, wonach jeder jeden und jeder die Führung unberufen kritisieren darf, Kritik in Kritikasterei ausarten muß. Dieses politische Laster des Liberalismus darf sich nicht hinüberretten in die sozialistische Nation. Darum sei wiederholt: Es gibt kein Recht auf Kritik, wohl aber ein Recht auf Arbeit und Leistung."[99] „Wenn sich die NSDAP, ohne daß sie das ganze Kritisieren sonderlich tragisch nimmt, dennoch zum Kampf gegen Kritikaster und Nörgler entschlossen

---

[92] Ebd., 19.
[93] Meyers Lexikon, Bd. 6, 1939, 622, s. v. Jugend.
[94] MADR, 1938, Bd. 2, 143.
[95] Jahres- und Leistungsbericht d. Gauwaltung Düsseldorf, M. Gladbach o. J. (1938), 49.
[96] Gebucht: Duden, 10. Aufl. 1929, 11. Aufl. 1934, 12. Aufl. 1941.
[97] Vgl. DFWB., Bd. 1, 1913, 406.
[98] Rühle, G.: Das Dritte Reich, Bd. 1934, 229.
[99] Welt des Kaufmanns, 18. 5. 1934. Zit. Blick in die Zeit, 2/Nr. 21, 26. 5. 1934, 5.

hat, dann führt sie den Kampf entsprechend dem nationalsozialistischen Grundsatz: Wenn du schlägst, dann schlage hart!"[100]

Kulturbolschewismus

Verächtlich für die sogenannte ↑ *Verfallskunst* der ↑ *Systemzeit*, die Ursache des angeblichen Kulturverfalls der zwanziger Jahre.[101]

> Nach Trübners ‚Deutschem Wörterbuch' war *Kulturbolschewismus* „zunächst die Bezeichnung für die sowjetischen Bemühungen, den Proletkult, eine proletarisch-revolutionäre Kunst und Kultur, zu schaffen. Politisches Schlagwort wurde es im Kampf gegen zersetzende artfremde und für arteigene Kunst und Kultur."[102] Bis 1933 gehörte *Kulturbolschewismus* zum Vokabular aller bürgerlicher Parteien[103] und bezeichnete Kulturverfall im weitesten Sinne. Am 6. September 1927 fand in Berlin eine von der ‚Großdeutschen Theatergemeinschaft' veranstaltete Kundgebung „Gegen den Kulturbolschewismus – Für das deutsche Theater!" statt. 1930 brachte der Deutschlandsender eine Diskussion zwischen dem Jesuitenpater Muckermann und dem Schriftsteller Alexander Döblin über Fragen der Gegenwartskultur. Muckermann nannte in diesem Zusammenhang den *Kulturbolschewismus* eine „zielbewußte Entwertung von Moral, Ehre und Familie, Vaterland", Döblin dagegen eine „Formveränderung alten Wesensgehaltes".[104] Am 15. November 1930 klagt der Vorsitzende der Christlich-Sozialen Partei Dr. Albert Schmidt, evangelischer Pfarrer in Bochum, im ‚Christlichen Volksdienst': „Ich las letzthin eine Sonntagsnummer des ‚Berliner Lokal-Anzeigers' [Blatt des Vorsitzenden der Deutschnationalen Volkspartei, Hugenberg]. Im Anzeigenteil fand ich mehrere Dutzend Anzeigen, die auf die Anbahnung von wilden Ehen, von Hurerei und Ehebruch hinzielten. Kulturbolschewismus auch bei den Antikulturbolschewisten! ... Wir sagen [...], daß es blankester Kulturbolschewismus ist, wenn wir in der ‚Nachtausgabe' [Hugenbergs] Anzeigen lesen, wo die Schau nackter Weiber angepriesen und darauf aufmerksam gemacht wird, daß ganz vorne an der Bühne noch gute Plätze mit guter Sicht zu haben seien."[105] Die große Rolle, die das Schlagwort zu Beginn der dreißiger Jahre spielt, beweisen die Publikationen, die *Kulturbolschewismus* im Titel führen. K. Nötzel: ‚Gegen den Kulturbolschewismus' (1930); K. Hutten: ‚Kulturbolschewismus' (1931, in erweiterter Fassung 1932): P. Renner: ‚Kulturbolschewismus?' (1932).

> Der Herausgeber der in der NS-Zeit erschienenen Auflage des ‚Büchmann', W. Rust, führt die Bildung des Ausdrucks *Kulturbolschewismus* auf eine Stelle in

---

[100] Rudolf Heß, Rundfunkrede am 25. 6. 1934. In: Rühle, G.: Das Dritte Reich, Bd. 1934, 230.
[101] Gebucht: Knaur 1934, Trübners DWb. 1939 ff., Volks-Brockhaus 1940.
[102] Ebd., Bd. 4, 1943, 299.
[103] Baur, I.: Die Geschichte des Wortes „Kultur" und seiner Zusammensetzungen. Diss. München 1951, 290.
[104] Zit. VB, 17. 9. 1930, nach I. Baur, ebd., 290.
[105] Zit. Der Kampf um Preußen. Rednermaterial. Hg. Sekretariat d. Preußischen Zentrumspartei. Als Manuskr. gedr., o. J., 12.

Hitlers ‚Mein Kampf' zurück: „Der Bolschewismus der Kunst ist die einzig mögliche kulturelle Lebensform und geistige Äußerung des Bolschewismus überhaupt. (S. 283)"[106] Wagners ‚Taschenwörterbuch des neuen Staates' (1934) interpretiert *Kulturbolschewismus* noch als polemische Bezeichnung für das kommunistische Programm, Kunst als Waffe im Klassenkampf einzusetzen: „Unter Kultur-Bolschewismus versteht man die Propagierung des Bolschewismus mit den Mitteln des politischen Theaters (Piskator), der Literatur in all ihren Erscheinungsformen."[107] Knaurs ‚Konversations- Lexikon von A – Z' (1934) verwendet in seiner Paraphrase dagegen bereits die im Nationalsozialismus mit den Stichwörtern *Kulturbolschewismus*, ↑ *Kunstbolschewismus*, ↑ *entartete Kunst* in stereotyper Verbindung stehenden Ausdrücke *zersetzend*, *gesundes Volksempfinden*: „Bezeichnung für die Bestrebungen, mit den Mitteln der Kunst und Literatur das gesunde Volksempfinden zu verwirren und durch Auflösung jeder Form und Tradition zersetzend zu wirken (z. B. Dadaismus, Negermusik usw.)."[108] Im Wahlaufruf der NSDAP „A. Hitlers Programm" hieß es am 31. 7. 1932: „Die Vergiftung und Zersetzung eines Volkskörpers durch die Erscheinungen unseres Kulturbolschewismus sind fast noch verheerender als die Wirkung des politischen und wirtschaftlichen Kommunismus."[109] „Juden förderten den Kulturbolschewismus und wurden damit Wegbereiter für die Zerstörung der deutschen Seele; [...] sie setzten an das moralische und sittliche Empfinden des deutschen Menschen die Sonde einer ätzenden und zersetzenden Kritik und zogen ihm damit den Boden unter den Füßen fort."[110] „Reichskulturwalter Moraller hob in einer Ansprache besonders den Begriff des Kulturbolschewismus hervor, im Sinne einer politischen Gefahr, welche durch diese Ausstellung vor Augen geführt werde. Man lasse sich heute den Begriff des Kulturbolschewismus keineswegs hinwegdiskutieren. Reichskulturwalter Moraller wandte sich in diesem Zusammenhang gegen Äußerungen, die die Kunst der Nachkriegsjahre als einen ‚zeitbedingten notwendigen Reinigungsprozeß', die des Aufhebens nicht wert sei, abtun wollten. Um der Gefahr willen, die die ausgestellten Werke bedeuteten, werde man diese Dinge fixieren für alle Zeiten."[111]

Kulturführung

Kontrolle und Steuerung „der geistigen Einwirkung auf die Nation" durch die Kunst als Aufgabe des *Reichsministeriums für Volksaufklärung und Propaganda* und des *Leiters der gesamten Schulungs- und Erziehungsarbeit der Partei* Alfred Rosenberg.

➤ „Zu den Aufgaben der geistigen Einwirkung auf die Nation gehört auch die Kunst, denn diese ist für die Staatspolitik ein unentbehrlicher Teil der Propaganda.

---
[106] Ebd., 1943, 407.
[107] Ebd., 2. Aufl. 1934, 146.
[108] Ebd. 1934, 813, s. v.
[109] In: Siebarth, W.: Hitlers Wollen, 8. Aufl. 1940, 247.
[110] Schley, A. (Hg.): Führerworte, Bd. 1, o. J., 44.
[111] Frankfurter Zeitung, 27. 2. 1938. Zit. Wulf, J.: Die bildenden Künste im Dritten Reich, 1963, 325.

Durch die Kunst und in der Kunst vollzieht sich eine geistige Beeinflussung des Volkes, die der Staat lenkt, formen und mit Gehalt erfüllen muß, nämlich mit dem Gehalt der nationalsozialistischen Idee. [...] Propaganda und Kulturführung sind eine Einheit."[112] „Alfred Rosenberg übernimmt die Kulturführung. Der Kanzler hat den Reichsleiter des Kampfbundes für deutsche Kultur, Alfred Rosenberg, zum Leiter der gesamten Schulungs- und Erziehungsarbeit der Partei mit sämtlichen Unterorganisationen ernannt."[113] „Eine Zusammenfassung der Kulturberufe, wie sie das Reichskulturkammer-Gesetz vornimmt, setzt eine völlig neue Auffassung vom Wesen des Staates voraus. Diese neue Anschauung war bei Erlaß des Reichskulturkammer-Gesetzes auch schon niedergelegt; sie hatte ihren ersten Niederschlag in der Gründung des neuen Ministeriums gefunden, dem die Kulturführung anvertraut wurde, nämlich dem Reichsministerium für Volksaufklärung und Propaganda. Zunächst wirkte es in weiten Kreisen überraschend, daß diesem Ministerium auch die Kultur anvertraut wurde. Und doch ist es bei tieferem Eindringen in die Zusammenhänge nicht etwa nur eine zweckmäßige Lösung, sondern geradezu eine zwingende Notwendigkeit. Denn der Führer hat dem bald nach der Machtübernahme neugegründeten Ministerium den Auftrag erteilt, ‚alle Aufgaben der geistigen Einwirkung auf die Nation zusammenzufassen.'"[114] „Dennoch ergeben sich selbstverständlich in jedem Entwicklungsprozeß [...] immer wieder eine Reihe von Hindernissen und Hemmungen [...] Da muß man dann im geeigneten Augenblick eingreifen. Das ist denn auch die besondere Aufgabe der politischen Kulturführung und Kulturlenkung."[115] „Die Kulturführung, wie wir sie verstehen, hat dem Künstler klar zu machen, daß er im laufenden Auftrag seines Volkes arbeitet."[116] „Verschiedene Beobachtungen laufen darauf hinaus, daß von kirchlichen Stellen in stärkerem Maße der Versuch gemacht wird, Volksgenossen von der Teilnahme an kulturellen Veranstaltungen abzuhalten und sie unter Einsatz kirchlicher Autorität den Bestrebungen der nationalsozialistischen Kulturführung zu entziehen."[117]

Kulturkammer, s. ↑ *Reichskulturkammer.*

Kulturschaffende

Sammelbezeichnung für alle im weitesten Sinne im Bereich der Kunst Tätigen, die in der ↑ *Reichskulturkammer* berufsständisch organisiert waren.

▸ Der überwiegend in der Pluralform verwendete Neologismus entstand wohl im Zusammenhang mit der Errichtung der *Reichskulturkammer* aufgrund des Gesetzes

---

[112] Staatssekretär Funk auf d. Tagung d. Reichskulturkammer 1934. In: Filmkurier, 15. 11. 1934. Zit. Blick in die Zeit, 2/Nr. 51, 22. 12. 1934, 5.
[113] Deutsche Wochenschau. Zit. Blick in die Zeit, 2/Nr. 6, 10. 2. 1934, 15.
[114] Handbuch der Reichskulturkammer, 1937, 18.
[115] Goebbels: Über das deutsche Kulturleben, 27. 11. 1936. In: Dokumente d. dt. Politik, Bd. 4, 1937, 321.
[116] Best, W.: Kultur und Bildung, 1939, 79.
[117] MADR, (Nr. 265), Bd. 9, 5. 3. 1942, 3413.

vom 22. 9. 1933.[118] Das Gesetz selbst enthält den Ausdruck nicht. In der ‚Ersten Verordnung zur Durchführung des Reichskulturkammergesetzes' vom 1. 11. 1933 wird von *Kulturberufen* gesprochen.[119] Die Personengruppe, die der Ausdruck *Kulturschaffende* bezeichnet, wird in „Meyers Lexikon" unter dem Stichwort *Reichskulturkammer* beschrieben: „Die Reichskulturkammer (Abk. RKK.) ist die berufsständische Zusammenfassung und Gliederung der Kunstschaffenden im Großdeutschen Reich in Körperschaften des öffentlichen Rechts [...]. Mitglied der zuständigen Einzelkammer muß jeder sein, der bei der Erzeugung, der Wiedergabe, der geistigen oder technischen Verarbeitung, der Erhaltung, dem Absatz oder der Vermittlung des Absatzes von Kulturgut mitwirkt."[120] Nach dem Tod Hindenburgs unterstützte ein „Aufruf der Kulturschaffenden" die Volksabstimmung vom 19. August 1934 zur Vereinigung der Ämter des Reichskanzlers und des Reichspräsidenten in der Person Hitlers. Goebbels hatte auch Nichtnationalsozialisten für diesen Aufruf geworben, darunter auch den Künstler Ernst Barlach. Barlach schrieb am 31. 8. 1934 in einem Brief: „Ich habe den Aufruf der „Kulturschaffenden" mitunterschrieben, bin also den Vorwurf, Kulturbolschewismus zu treiben, los, bis man ihn wieder aus der Kiste holt."[121] Er setzt das Wort *Kulturschaffende* in Anführungsstriche, das als nationalsozialistischer Funktionärsausdruck wohl nicht zu seinem Wortschatz gehörte. Der Abteilungsleiter im Propagandaministerium H. Hinkel schreibt in seinem Geleitwort zum ‚Handbuch der Reichskulturkammer' 1937 „Im Schmelztiegel des nationalsozialistischen Gedankengutes wurde durch die Reichskulturkammer und in ihr die lang ersehnte Gemeinschaft aller Kunst- und Kulturschaffenden geboren. Diese Gemeinschaft steht mitten im Volk und das Volk um sie! Daß dies alles aber so werden konnte, verdankt das ganze deutsche Volk seinem Führer Adolf Hitler, dem Schöpfer des Nationalsozialismus, dem ersten Künstler unserer Nation."[122] In dem Beitrag: ‚Über die rechtlichen Grundlagen der Reichskulturkammer' wird ausgeführt: „Auch der Kulturschaffende hat ein Amt inne, und zwar ein im weltanschaulich gebundenen Staat besonders wichtiges Amt — wenn er auch nicht zum Beamten im eigentlichen Sinne gemacht wird. Seine Tätigkeit ist nicht unmittelbare Staatsfunktion, sondern ein freies, aber verantwortliches Dienen. [...] Ist aber die öffentliche Seite alles Kulturschaffens einmal erkannt, so ergibt sich zwangsläufig daraus die Notwendigkeit, ein Mittel gegen diejenigen zu schaffen, die sich ihrer öffentlichen Aufgabe nicht bewußt sind oder sie gar zu destruktiven Zwecken mißbrauchen."[123]

≫ Nach 1945 blieb der Ausdruck *Kulturschaffende* als praktische, inhaltlich vage, Sammelbezeichnung in Gebrauch. 1949 berichtete die ‚Süddeutsche Zeitung' über einen „Weltfriedenskongreß der Kulturschaffenden"[124], 1950 über den Zusammen-

---

[118] RGBl. 1, 1933, 661.
[119] RGBl. 1, 1933, 797.
[120] Ebd., Bd. 9, 1942, 221 f.
[121] Brief an H. Barlach. Zit. Piper, E.: Nationalsozialistische Kunstpolitik, 1987, 113.
[122] Ebd. 11.
[123] Ebd. 20.
[124] Süddeutsche Zeitung, 29. 3. 1949.

schluß „Kulturschaffender" in Berufsverbänden.[125] Auch heute wird der Ausdruck überwiegend in der Presse verwendet: Mit dem erhöhten Kulturbudget „kann sich Frau Trüpel bei den Kulturschaffenden Bremens zeigen;"[126] „Solidarität mit den Kulturschaffenden anstelle einer bloßen Verwaltung des Betriebs";[127] „Hilfreich wäre dabei die Anhörung der Kulturschaffenden, um die Fülle der Perspektiven unter einen Hut zu bringen";[128] „Von Politikern und Kulturschaffenden kaum bemerkt vollzog sich jetzt ein Wachwechsel bei der Deutschen Kammerakademie Neuss."[129] Der Rechtschreibduden von 1991 führt *Kulturschaffende* mit dem Hinweis auf regionale Verbreitung. Im ‚Duden. Großes Wörterbuch der deutschen Sprache' von 1994 lautet die Paraphrase: ‚jmd., der auf geistigem, kulturellem Gebiet produktiv tätig ist; Künstler, Intellektueller'. Als Hinweis auf das Verbreitungsgebiet des Ausdrucks wird „bes. ehem. DDR" angegeben.[130]

Kunstbericht

„Taktvolle" Würdigung eines Kunstwerks anstelle der verbotenen Kunstkritik.

> „Nahm so die nationalsozialistische Regierung auf der einen Seite den schwersten sozialen Druck von der Seele des schaffenden Künstlers, so räumte sie auf der anderen Seite mit einem Erbübel auf, unter dem das Kunstleben schon seit langer Zeit schwer gelitten hatte [...]: mit der verantwortungslosen Kunstkritik. Da das Verbot der sogenannten ‚Nachtkritik' (d. h. der noch in der gleichen Nacht nach der Veranstaltung ‚hergestellten' Kritik) und die Mahnungen auf der Kritikertagung eine befriedigende Besserung nicht gezeitigt hatten, erließ der Reichsminister für Volksaufklärung und Propaganda am 27. November [1936] eine Anordnung, durch die an Stelle der bisherigen Kunstkritik der Kunstbericht und an die Stelle des Kritikers der Kunstschriftleiter trat."[131] „Anordnung des Reichsministers für Volksaufklärung und Propaganda über Kunstkritik: [...] An die Stelle der bisherigen Kunstkritik, die in völliger Verdrehung des Begriffes ‚Kritik' in der Zeit jüdischer Kunstüberfremdung zum Kunstrichtertum gemacht worden war, wird ab heute der Kunstbericht gestellt [...]. Der Kunstbericht soll weniger Wertung als vielmehr Darstellung und damit Würdigung sein. Er soll dem Publikum die Möglichkeit geben, sich selbst ein Urteil zu bilden. [...] Der künftige Kunstbericht setzt die Achtung vor dem künstlerischen Schaffen und der schöpferischen Leistung voraus. Er verlangt Bildung, Takt, anständige Gesinnung und Respekt vor dem künstlerischen Wollen."[132] Hitler unterstrich das Verdikt der Kunstkritik in seiner Rede zur Eröffnung des

---

[125] Süddeutsche Zeitung, 21. 4. 1950.
[126] Frankfurter Allgem. Ztg., 25. 2. 1992.
[127] Neuß-Grevenbroicher Ztg., 15. 9. 1994.
[128] Neuß-Grevenbroicher Ztg., 9. 11. 1995.
[129] Neuß-Grevenbroicher Ztg., 6. 1. 1996.
[130] Ebd., 2. Aufl., Bd. 4, 2021, s. v. Kult.
[131] Rühle, G.: Das Dritte Reich, Bd. 1935, 321 f.
[132] VB, 28. 11. 1936. Zit. Wulf, J.: Die bildenden Künste im Dritten Reich, 1953, 119 u. 120.

Hauses der Deutschen Kunst in München am 18. 7. 1937: „Das Judentum verstand es besonders unter Ausnutzung seiner Stellung in der Presse, mit Hilfe der sogenannten Kunstkritik nicht nur die natürlichen Auffassungen über das Wesen der Kunst sowie deren Zweck allmählich zu verwirren, sondern überhaupt das allgemeine gesunde Empfinden auf diesem Gebiete zu zerstören."[133]

Kunstbetrachtung

Wie ↑ *Kunstbericht*: Würdigung von Kunstwerken anstelle der verbotenen Kunstkritik.[134]

> Der von Goebbels durch Verordnung vom 27. 11. 1936 vorgeschriebene Ausdruck *Kunstbericht* für die einzuführende Würdigung von Kunstwerken, anstelle der verbotenen Kunstkritik, drang offenbar so wenig durch, daß der Vorsitzende des Reichsverbandes der Deutschen Presse in seiner Anordnung nur ein Vierteljahr später eine andere Bezeichnung einführen konnte. „Kunstbetrachtung. Die nach dem Verbot der Kunstkritik (Anordnung [...] vom 24. 2. 1937) im deutschen Zeitungs- und Zeitschriftenwesen eingeführte Form der wertenden Erörterung von Theater-, Musik- und Filmaufführungen [...]. Ziel ist eine fördernde produktive Kunstbetrachtung, die aber von jeder subjektivistischen Kritik um der Kritik willen, wie sie sich in der Zeit des geistigen Verfalls der Systemzeit breit gemacht hatte, frei sein muß, aber getragen von der Verantwortung vor den Grundsätzen völkischer Kultur."[135] Noch 1944 mußte eine Presseanweisung die Anordnung vom 24. 2. 1937 in Erinnerung rufen: „Kunstbetrachtung statt Kunstkritik. Aus gegebenem Anlaß wird nochmals darauf hingewiesen, daß wir nicht mehr eine Kunstkritik, sondern eine Kunstbetrachtung haben."[136]

Kunstbetrachter – Zu *Kunstbetrachtung* in der Verwendung von ‚Würdigung von Kunstwerken' wurde *Kunstbetrachter* als Ersatz für das verbotene *Kritiker* gebildet. „Es gibt Erlebnisse des Herzens, die wir uns scheuen zu zerreden. Zu diesen Erlebnissen gehören die Zeichnungen des Führers. [...] Aber über sie zu schreiben, das ist vielleicht der schwerste Auftrag, der dem deutschen Kunstschrifttum gestellt werden kann. Darin mag für jeden Kunstbetrachter eine allgemeine Lehre liegen, die große Lehre, sich allem schöpferischen Eigenleben achtungsvoll zu nahen, nicht deuten zu wollen, was undeutbar ist, sondern um Verständnis des Undeutbaren zu ringen."[137]

Kunstbolschewismus

Wie ↑ *Kulturbolschewismus* verächtlich für die sogenannte ↑ *Verfallskunst* der ↑ *Systemzeit*.

> Die Parallelbildung zu *Kulturbolschewismus* könnte auf eine Formulierung Hitlers in ‚Mein Kampf' zurückgehen: „Der Bolschewismus der Kunst ist die einzig

---

[133] Zit. Ausstellungsführer: Entartete „Kunst". Hg. F. Kaiser, 1937, 20.
[134] Gebucht Duden, 12. Aufl. 1941, Meyers Lexikon 1936 ff..
[135] Meyers Lexikon, Bd. 7, 1939, 37, s. v.
[136] ZD A 178, 21. 4. 1944. Zit. Glunk, ZDS 26/1970, 91.
[137] Hartmann, W.: Des Führers Aquarelle. In: NS-Monatshefte, 8/1937, 1131.

mögliche kulturelle Lebensform und geistige Äußerung des Bolschewismus überhaupt. Wem dies befremdlich vorkommt, der braucht nur die Kunst der glücklich bolschewistischen Staaten einer Betrachtung zu unterziehen, und er wird mit Schrecken die krankhaften Auswüchse irrsinniger oder verkommener Menschen, die wir unter den Sammelbegriffen des Kubismus und des Dadaismus seit der Jahrhundertwende kennenlernten, dort als offiziell staatlich anerkannte Kunst bewundern können." (S. 283) C. v. Ossietzky stellt 1933 in der ‚Weltbühne' fest: „Es hat bis jetzt noch keine klare Antwort gegeben auf die Frage, was ‚Kunstbolschewismus' eigentlich ist. Die Herren, die es wissen müßten, weichen voneinander ab."[138] Der von dem Vorwurf des *Kunstbolschewismus* verfolgte Ernst Barlach schreibt 1936 an die ↑ *Geheime Staatspolizei*: „Kunstbolschewismus ist eine Bezeichnung, unter die alles fallen kann, was nicht ganz offensichtlich als der Zeit beflissentlich angepaßt erscheint. [...]"[139] In dem Führer durch die Ausstellung ‚Entartete «Kunst»' wird die Frage beantwortet: „Was will die Ausstellung ‚Entartete Kunst'? Sie will am Beginn eines neuen Zeitalters für das Deutsche Volk anhand von Originaldokumenten allgemeinen Einblick geben in das grauenhafte Schlußkapitel des Kulturzerfalles der letzten Jahrzehnte vor der großen Wende. [...] Sie will die gemeinsame Wurzel der politischen Anarchie und der kulturellen Anarchie aufzeigen, die Kunstentartung als Kunstbolschewismus im ganzen Sinn des Wortes entlarven. Sie will die weltanschaulichen, politischen, rassischen und moralischen Ziele und Absichten klarlegen, welche von den treibenden Kräften der Zersetzung verfolgt wurden."[140]

Kunstschriftleiter

Kritiker.

▶ „An die Stelle des Kritikers tritt der Kunstschriftleiter. [...] Nur Schriftleiter werden in Zukunft Kunstleistungen besprechen können, die mit der Lauterkeit des Herzens und der Gesinnung des Nationalsozialisten sich dieser Aufgabe unterziehen."[141] „Von nun an galten für die Kunstbesprechung folgende Bestimmungen: Zeichnung mit vollem Namen, Nachweis ausreichender Vorbildung auf dem betreffenden Kunstgebiet, Mindestalter von dreißig Jahren. Die Ausübung des Amtes des Kunstschriftleiters kann nur nach Eintragung in die Berufsliste der Deutschen Presse erfolgen, wozu die Genehmigung erst bei Erfüllung obiger Voraussetzungen erteilt wird."[142] „Mit Erschütterung konnten sich die Kunstschriftleiter der deutschen und ausländischen Presse, die vor der Eröffnung der Ausstellung an einer Vorbesichtigung teilnahmen, davon überzeugen, welche verantwortungslose Vergeudung von

---

[138] Ebd., 29/1933, Nr. 9, 28. 2. 1933, 319.
[139] In: Piper, E.: Nationalsozialistische Kunstpolitik, 1987. 167.
[140] Ebd., Hg. F. Kaiser, 1937, 2.
[141] Anordnung d. Reichsministers f. Volksaufklärung u. Propaganda über Kunstkritik v. 27. 11. 1936. Zit. Wulf, J.: Die bildenden Künste im Dritten Reich, 1963, 119.
[142] Rühle. G.: Das Dritte Reich, Bd. 1936, 324.

Steuergroschen arbeitender Volksgenossen mit dem Ankauf derartiger ‚Kunstwerke' getrieben wurde. Phantastische Schmierereien sind früher zu ungeheuren Preisen von staatlichen Museen angekauft worden."[143]

KZ

Abkürzung von ↑ *Konzentrationslager,* seit 1940 auch im dienstlichen Sprachgebrauch.

▶ Die unübliche Bildung des Initialwortes *KZ* ist wohl in Anlehnung an das schon eingeführte Z für *Zuchthaus* entstanden.[144] „Besonders schrecklich, so pflegen unsere ausgerückten Freunde in ihrer Sorge um das deutsche Seelenheil von jenseits der Grenzen gern zu schreiben, ist es um die Pressefreiheit in Deutschland bestellt. Das Denken ist sozusagen überhaupt verboten. […], und in allen Punkten gibt es nur eine amtlich genehmigte Meinung. Wer die nicht hat, kommt ins K. Z.! Aus. —"[145] (1936) Runderlaß des Reichsführers SS und Chefs der Deutschen Polizei vom 3. 9. 1940: „Bei Geschlechtsverkehr zwischen deutschen Männern und weiblichen Arbeitskräften polnischen Volkstums ist keine Sonderbehandlung zu beantragen. Die Polin wird höchstens in Schutzhaft genommen und allenfalls einer anderen Arbeitsstätte zugewiesen. Nur wenn die Polin deutsche Jugendliche verführt, wird sie in ein Frauen-KZ überwiesen. Auch der deutsche Mann kommt grundsätzlich für drei Monate in ein KZ."[146] Bericht des Befehlshabers der Ordnungspolizei vom 27. 2. 1944: „Messerschmitt hat nach Angaben des Betriebsschutzleiters 30 Tote, dazu kommen 250 KZ-Gefangene, 18 Verletzte."[147]
S. auch ↑ *KL.*

---

[143] Ein abschreckendes Gegenstück. In: Westdeutscher Beobachter, 28. 7. 1937. Zit. Wulf, J.: Die bildenden Künste im Dritten Reich, 1963, 319.
[144] So zuerst G. Kandler: Rundblick. In: Sprachforum, H. 2, 1956, 146.
[145] Glossen und Gedanken. „Individuelle" Pressehaltung. In: Der Deutsche Student, 4/April 1936, 176.
[146] Wulf, J: Aus dem Lexikon der Mörder, 1963, 50 f.
[147] In: Bayern in der NS-Zeit, 1977, 317.

L

Lagerdienst

Abschnitt des juristischen Vorbereitungsdienstes, der im ↑ *Gemeinschaftslager Hanns Kerrl* abzuleisten war.

> „Die Vorschrift, daß der Referendar nach Abgabe der Hausarbeit den Vorbereitungsdienst bis zur mündlichen Prüfung fortzusetzen hat [...], ermöglicht es, nunmehr das Gemeinschaftsleben der Referendare aus der Zeit zwischen der Abgabe der Hausarbeit und der mündlichen Prüfung vor den letzten Ausbildungsabschnitt zu legen. Die Referendare betätigen sich in stetig zunehmenden Maße bei der SA, SS und in sportlichen Lehrgängen. Der Lagerdienst kann und soll daher in Zukunft mehr als bisher außer Gemeinschaftserziehung und Kameradschaftspflege den aus möglichst allen deutschen Gauen zusammen kommenden Referendaren geistige Anregung und Schulung in Vorträgen, Schulungskursen und freier Gruppenarbeit der Referendare bieten. Insofern soll der Lagerdienst das seine dazu beitragen, eine ernste Beschäftigung der künftigen Rechtswahrer mit den großen unser Volk bewegenden und für unser Volk bedeutungsvollen Fragen über das rein sachliche Arbeiten hinaus zu sichern und den künftigen Rechtswahrern die Beeinflussung ihrer Berufsarbeit durch die Grundfragen des Volkslebens zum Bewußtsein zu bringen."[1]

„Die Zahl der Referendare, die vor ihrem Dienst im Gemeinschaftslager Hanns Kerrl der Arbeits- und Wehrpflicht genügt haben, ist heute im ständigen Wachsen begriffen. Das erfordert eine Neuordnung des Lagerdienstes. Daher bestimme ich:
A. Zweck des Lagerdienstes. Das Gemeinschaftslager Hanns Kerrl faßt die Referendare aus allen deutschen Gauen zu enger Kameradschaft zusammen. Die Referendare werden in ernster gemeinsamer Arbeit geschult, die weltanschauliche Grundlage ihres Wissens zu vertiefen, ihr fachliches Können zu fördern und sich eine verantwortungsvolle Auffassung von den Aufgaben ihres Berufes zu bilden. [...]
B. Der Lagerdienst. I. Die fachliche Arbeit. 1. die Referendare werden im Lager mit den Gesetzen und ihrer Anwendung vertraut gemacht, die sie während ihrer übrigen Ausbildung näher kennenzulernen nicht immer ausreichend Gelegenheit haben. Dies sind insbesondere a) Rasse- und Erbgesundheitsrecht, b) das Bauernrecht. c) das Arbeitsrecht. [...]"[2]

---

[1] VO über den weiteren Ausbau d. Gemeinschaftslagers Hanns Kerrl v. 9. 3. 1935. Die neue Justizausbildungsordnung d. Reiches. Nachtrag, 1935, 12 f.
[2] Ausführungsverordnung d. Reichsjustizministers v. 21. 10. 1937. In: Deutsche Justiz, 99/22. 10. 1937, 1636.

Landdienst

a) Landdienst der *Deutschen Studentenschaft*: seit 1934 unentgeltliche, freiwillige Arbeit der Studenten auf dem Land, besonders auf Bauernhöfen im Osten;[3] b) Landdienst der ↑ *HJ*: entlohnte Landarbeit schulentlassener Jugendlicher, durch die dem Mangel an landwirtschaftlichen Arbeitskräften abgeholfen und für die Arbeit in der Landwirtschaft geworben werden sollte.[4]

▶ Der Ausdruck *Landdienst* in der Bedeutung ‚Dienst zu Lande' im Gegensatz zum *Seedienst* ist in ‚Byrons Don Juan' von Goethe (1821), der Übertragung der ersten Strophen von Byrons Gedicht ‚Don Juan' (1819), als Lehnübersetzung des engl. *land-service* belegt.[5]

▶ Die nationalsozialistische Bezeichnung *Landdienst* für verschiedene Formen vorübergehender Arbeit in der Landwirtschaft weist als Bestimmungswort *Land* in der Bedeutung ‚landwirtschaftlich geprägte Gegend' im Gegensatz zu *Stadt* auf.
a) „Die Deutsche Studentenschaft teilt mit: Frühjahrseinsatz des Landdienstes der Deutschen Studentenschaft. [...] Für den neuen deutschen Studenten, der mit dieser vollkommen freiwilligen Arbeit seine Ferien dem Bauern und Siedler im biologisch und wirtschaftlich geschwächten ostdeutschen Grenzgebiet zur Verfügung stellt, spricht die Entwicklung der Arbeit. [...] Abschlußlager der Teilnehmer fassen dann die Ergebnisse der Arbeit noch einmal zusammen, und richten die Gruppenarbeit an den Hochschulen für das kommende Semester aus. Der Wert des Landdienstes zeigt sich bestens darin, daß Organisationen wie die HJ und der NSDStB [Nationalsozialistischer Deutscher Studentenbund] im letzten Jahr den Gedanken des praktischen Einsatzes für den Aufbau ebenfalls aufgegriffen haben."[6] „Im Rahmen der studentischen Selbstverwaltung und Selbstführung, die geleitet ist von dem Grundsatz der Selbstverantwortung, soll der Student erzogen werden. Hier erfährt er die politische Erziehung für die ihm besonders übertragenen Aufgaben. In Vorträgen und Diskussionen schärft er seinen Geist und wissenschaftliche Fähigkeiten. In der Kameradschaft leistet der Student seine Leibesübungen als selbstverständliche Pflicht. Hier bereitet er sich vor auf die Wettkämpfe mit anderen Hochschulen des In- und Auslandes. Im Landdienst erlebt er den deutschen Bauern an der Grenze, im Fabrikdienst ersetzt er 4 Wochen einen deutschen Arbeiter [...]: hier erlebt der Student keinen theoretischen, sondern praktischen Sozialismus."[7] „Die Studenten selbst, die im Landdienst waren, beurteilten diese Einrichtung positiv und wirken auch propagandistisch für sie."[8]

---

[3] Gebucht: Duden, 12. Aufl. 1941, Meyers Lexikon 1936 ff. Getilgt: Duden, 13. Aufl. 1947.
[4] Gebucht: Duden, 12. Aufl. 1941, Meyers Lexikon 1936 ff., Paechter. Getilgt: Duden, 13. Aufl. 1947.
[5] Goethes Werke, Sophienausgabe, I, Bd. 3, 1890, 198. Hinweis DWB, Bd. 6, 1885, 100.
[6] In: Der Deutsche Student, 4/April 1936, 189.
[7] Scheel, G. A.: Tradition und Zukunft des deutschen Studententums, 1937, 15.
[8] MADR, Jahreslagebericht 1938 des SHA, Bd. 2, 142.

b) „Den Weg des alten Artamanengedankens geht heute unter der tatkräftigen Führung des Reichsjugendführers Baldur von Schirach die HJ. mit ihrem Landdienst. Hier hat sich wieder eine Jugend zusammengefunden, der es aus ihrem Idealismus heraus eine Aufgabe ist, an der Überwindung der Landflucht mitzuarbeiten. [...] Ich richte an dieser Stelle an die Bauernführer den Appell, diesen Bestrebungen der HJ. mit dem größten Verständnis und dem größten Wohlwollen entgegenzukommen. [...] Sorgt dafür, daß das Bauerntum draußen den Idealismus dieser Jugend begreifen lernt und schreitet rücksichtslos gegen diejenigen ein, welche in dieser Jugend nur bequeme und billige Arbeitskräfte erblicken wollen. [...] Wir bilden uns nicht ein, daß alle, die im Landdienst der HJ. tätig sein werden, für das Landleben auch gewonnen sind. Die harte Wirklichkeit der ländlichen Arbeit ist nicht jedermanns Sache. Das ist auch gut so, denn dann bleiben wirklich nur die Harten und die Brauchbaren in der Landarbeit zurück. Man möge aber bedenken, wenn von zehn Landdienstmädels nur zwei sich entschließen, auf dem Lande zu bleiben, und nur eine wieder in einen Hof hineinheiratet, dann sind das bei hundert Landdienstmädels bereits zwanzig auf das Land zurückgeführte weibliche Arbeitskräfte und zehn sichere Ehen."[9] „Aus der Arbeit der Hitler-Jugend sei u. a. auch der Landdienst hervorgehoben, der auch dem Lande mithalf, das tägliche Brot des deutschen Volkes zu sichern, und damit gleichzeitig städtische Jugend wieder der Landarbeit näher brachte."[10] „Die Leitung der Landdienstgruppen liegt in der Hand sachlich vorgebildeter JH.-Führer, die Arbeit wird nach dem ortsüblichen Landarbeitertarif entlohnt und durch einen gemeinschaftlichen Arbeitsvertrag geregelt. Die im Landdienst verbrachte Zeit, verbunden mit dem Besuch der ländlichen Pflichtberufsschule, wird auf die landwirtschaftliche Facharbeiterlehre angerechnet und eröffnet weitere Arbeitsmöglichkeiten für landwirtschaftliche Berufe; bei längerer Bewährung, besonders als Gruppenführer, ist Familiengründung und späterer Einsatz als Heimstättensiedler möglich."[11] „Von der Frage des Arbeitseinsatzes aus gesehen dient der Landdienst der HJ. naturgemäß nicht im entscheidenden Maße dazu, den Bedarf an landwirtschaftlichen Arbeitskräften nennenswert zu beeinflussen. Mit Abschluß des Monats März ist das Landdienstjahr 1938/39 beendet gewesen. Es hat sich gezeigt, daß seine Einrichtung von den Bauern noch immer nicht mit dem erforderlichen Verständnis angesehen wird, besonders in den Fällen, in denen dem landwirtschaftlichen Haushaltsjahr wegen seiner geringeren Entlohnung größeres Interesse geschenkt wird."[12]

Landdiensteinsatz — „Der Landdiensteinsatz der deutschen Studenten und Studentinnen beim Grenzbauern wird augenblicklich mit über 700 Teilnehmern durchgeführt. Es ist dies der fünfte Ferieneinsatz von Studenten bei einer volkspolitisch wichtigen Arbeit, die von der Dt. Studentenschaft durchgeführt wird."[13] „Ein gro-

---

[9] Darré, R. W.: Rede auf dem 6. Reichsbauerntag in Goslar, 27. 11. 1938. In: Ders.: Um Blut und Boden, 3. Aufl. 1941, 575 f.
[10] Rühle, G.: Das Dritte Reich, Bd. 1937, 129.
[11] Meyers Lexikon, Bd. 7, 1939, 183.
[12] MADR, Vierteljahreslagebericht 1939 des SHA, Bd. 2, 320.
[13] Der Deutsche Student, 4/April 1936, 189.

ßer Prozentsatz der einzelnen Kameradschaften hatte sich zum Landdiensteinsatz gemeldet, die Einberufungen erfolgten aber teilweise so spät ohne genaue Angabe des Einsatzgebietes, daß ein Einsatz kaum mehr möglich war."[14] „Aus dem Hörsaal zur Erntearbeit. Wir hoffen, daß vielleicht [...] so mancher Student in die Gegend seines Landdiensteinsatzes zurückkehrt."[15]

Landhelfer

Durch die Reichsanstalt für Arbeitsvermittlung und Arbeitslosenversicherung für mindestens sechs Monate in Landarbeit eingewiesener arbeitsloser jugendlicher Arbeiter.[16]

▶ „Zur weiteren Behebung der Arbeitslosigkeit wurden dem Bezirke seitens der Arbeitsämter Augsburg und München aufgetragen, nicht weniger als 275 Landhelfer im Bezirke unterzubringen."[17] „Bis Ende Juni haben sich 15 000 Jugendliche freiwillig als Landhelfer gemeldet und Berlin verlassen."[18] „Jugendliche, die mindestens sechs Monate als Landhelfer bei einem Bauern gearbeitet haben, erhalten in Zukunft als Nachweis ihrer Tätigkeit und zugleich als Anerkennung einen Landhelferbrief."[19]

Landhilfe

Durch Erlaß vom 3. 3. 1933 eingeführte vorübergehende Beschäftigung arbeitsloser Jugendlicher in der Landwirtschaft.[20]

▶ „Neben der Verminderung der Arbeitslosigkeit unter den Jugendlichen verfolgt die sog. Landhilfe den Zweck, jugendliche Arbeitskräfte aus den Industriegegenden vorübergehend als zusätzliche Arbeitskräfte in die Landwirtschaft einzugliedern ..., gleichzeitig aber auch dem mittleren und kleinen Bauern billige Arbeitskräfte zuzuführen. Die Landhilfe wurde am 3. März 1933 eingeführt. Sie hat sich innerhalb kurzer Zeit sehr stark ausgedehnt. Von Juli 1933 bis März 1934 waren durchschnittlich 159 000 Landhelfer (davon 123 000 männliche) beschäftigt. Für das Rechnungsjahr 1934/35 (April bis März) ist das Gesamtkontingent für Landhelfer auf 160 000 festgesetzt worden."[21] „Die Meldung zur Landhilfe ist grundsätzlich freiwillig."[22] „Zum Teil ist dies bedingt durch den Widerstand der Jugendlichen gegen den Ein-

---

14 MADR, Jahreslagebericht 1938 des SHA, Bd. 2, 142.
15 Das Reich, 11. 8. 1940, 10.
16 Gebucht: Meyers Lexikon 1936 ff., Paechter, Volks-Brockhaus 1940.
17 Halbmonatsbericht des Bezirksamtes Aichach, 14. 11. 1933. In: Bayern in der NS-Zeit, 1977, 343.
18 VB, 7. 7. 1934. Zit. Blick in die Zeit, 2/ Nr. 28, 14. 7. 1934, 23.
19 Rheinisch-Westfälische Ztg. Zit. Blick in die Zeit, 2/28. 7. 1934, 8.
20 Gebucht: Duden, 12. Aufl. 1941. Getilgt: Duden, 13. Aufl. 1947.
21 Vierteljahresh. z. Konjunkturforschung 3/1934, 5. 11. 1934. Zit. Blick in die Zeit, 3/Nr. 2, 12. 1. 1935, 6.
22 Meyers Lexikon, Bd. 7, 1939, 195.

tritt in die Landhilfe und den Arbeitsdienst wie auch gegen die Teilnahme an amtlichen Schulungsmaßnahmen [...]."23 „Die grundsätzlich ablehnende Haltung der katholischen Geistlichkeit gegenüber dem nationalsozialistischen Staat hat sich in keiner Weise geändert. So mußte gegen den Pfarrer Wenning [...] ein Redeverbot erlassen werden, weil er durch seine Ausführungen über die Landhilfe die ordnungsmäßige Durchführung dieser staatlichen Einrichtung gefährdete."24

Landjahr

Durch Gesetz vom 29. 3. 1934 eingeführter neunmonatiger Dienst der schulentlassenen Stadtjugend auf dem Land.25

> „In unterrichteten Kreisen wird mitgeteilt, daß bereits Vorbereitungen getroffen werden, um 1934 für die Volksschule als neuntes Schuljahr das sogenannte ‚Landjahr' einzuführen. Im Sinne des nationalsozialistischen Grundsatzes der Verbindung von Blut und Boden solle die deutsche Jugend in diesem neunten Schuljahr auf das Land gebracht werden, wo sie in enger Verbundenheit zu Heimat, Landschaft und Boden körperlich und geistig weiter ertüchtigt werden kann."26 „Das für 1934 vorgesehene Landjahr wird zunächst als Probejahr durchgeführt. Nur ein kleiner Teil der Ostern zu entlassenen [sic] Großstadtjugend ist dafür vorgesehen, und zwar die Jugend aus politisch und sozial gefährdeten Grenz- und Industriegebieten, aber auch hier nur eine rassische, charakterliche und geistige Auslese. [...] Ziel der neunmonatigen Erziehung ist eine feste Verbindung der Jugend mit dem Lande und seiner Arbeit und eine gründliche nationalpolitische Schulung."27 „Am heutigen Dienstag um 22 Uhr 30 gibt der Deutschlandsender mit Übertragung auf allen deutschen Sendern einen Hörbericht ‚Was ist das Landjahr?'"28 „Das in diesem Jahr in Preußen probeweise durchgeführte Landjahr hat bereits jetzt zu überraschenden Ergebnissen geführt. Es wurden 22 000 Landjahrpflichtige eingezogen, auf 30 Landjahrpflichtige kamen zwei Erzieher. In 15 Schulungslagern wurden von 4000 Bewerbern für Landjahrführerposten 1400 als befähigt befunden. Reichsminister Rust plant, das Landjahr für die 14- und 15jährigen Schulentlassenen auf das ganze Reich auszudehnen."29 „Eine Entlastung des Arbeitsmarktes bedeutet das Landjahr insofern, als dadurch ein großer Teil der Schulentlassenen nicht sofort ins Erwerbsleben eintritt und für ein Jahr von dem Andrang zu den Lehrstellen ferngehalten wird."30

---

[23] Situationsbericht des Arbeitsamtes Aschaffenburg für Mai 1934. In: Bayern in der NS-Zeit, 1977, 221.
[24] Lagebericht f. d. Monat Februar 1935 d. Staatspolizeistelle f. d. Reg.bez. Aachen v. 9. 3. 1935. In: Vollmer, B.: Volksopposition, 1957, 175.
[25] Gebucht: Duden, 12. Aufl. 1941, Meyers Lexikon 1936 ff., Volks-Brockhaus 1940. Getilgt: Duden, 13. Aufl. 1947.
[26] VB, 25. 7. 1933. Zit. Blick in die Zeit, 1/Nr. 8, 1933, 12.
[27] VB. Zit. Blick in die Zeit, 2/Nr. 2, 13. 1. 1934, 15.
[28] Slg. Brammer, ZSg. 101/4 Nr. 744, 18. 9. 1934.
[29] National-Ztg., 15. 9. 1934. Zit. Blick in die Zeit, 2/Nr. 38, 22. 9. 1934, 15.
[30] Vierteljahresh. z. Konjunkturforschung, 3/1934, 5. 11. 1934. Zit. Blick in die Zeit, 3/Nr. 2, 2. 1. 1935, 7.

„Ganz in der Linie des Kampfes der Geistlichkeit gegen die Staatsjugend liegt die Stimmungsmache gegen das Landjahr, die nach wie vor weiter betrieben wird."[31] „Das Landjahr, das sich mit Erfolg durchgesetzt und in der Öffentlichkeit Verständnis und Förderung erfahren hat, ist auf die eigentliche Frontarbeit gestellt geblieben und hat die Unterstützung des Reichserziehungsministeriums nicht gefunden. Dies ist besonders in Parteikreisen auch vom soziologischen Standpunkt her mit Bedauern festgestellt worden. Während an allen Stellen des Landjahres durch einen frischen Einsatz der dort tätigen Erzieherschaft ganze Arbeit geleistet wurde, ist durch die Maßnahmen des REM [Reichserziehungsministerium] zu stark die Tendenz hervorgetreten, das Landjahr allmählich abzubauen."[32] „Nach Meldungen aus verschiedenen Teilen des Reiches herrscht in vielen Kreisen namentlich der Landbevölkerung noch immer Unklarheit über die genaue Abgrenzung von Landjahr, Landdienst, Pflichtjahr, Haushaltungsjahr, Reichsarbeitsdienst usw."[33]

Landwirt, s. ↑ Bauer.

Langemarckstudium

Staatlich geförderter zweiter Bildungsweg für Nichtabiturienten, bestehend aus der Studienvorbereitung in Gemeinschaftslagern und dem anschließenden Fachstudium.[34]

▶ Die Erinnerung an die jungen, noch nicht voll ausgebildeten Kriegsfreiwilligen, die im Ersten Weltkrieg in der Schlacht um Ypern bei dem flandrischen Dorf Langemarck ungewöhnlich hohe Verluste erlitten, wurde von der *Deutschen Studentenschaft* im ↑ *Dritten Reich* als identitätsstiftender Mythos genutzt. Am sogenannten *Langemarck-Tag* fanden *Langemarck-Feiern* statt, für deren Ausrichtung ein Verein *Langemarck-Spende* zunächst bei der Deutschen Studentenschaft, dann bei der Hitler-Jugend bestand.[35] Es war daher naheliegend, daß der zweite Bildungsweg für Nichtabiturienten als Einrichtung der *Reichsstudentenführung* nach Langemarck benannt wurde. „Dementsprechend war der Zugang zur Universität gering. Es zeigte sich, daß einmal die Wehrmacht eine stärkere Anziehungskraft hat, zum anderen die finanziellen Verhältnisse der Eltern bestimmend waren für die Wahl nichtakademischer Berufe der Abiturienten. Die Reichsstudentenführung hat hier durch eine weitere Förderung des Langemarckstudiums mit – soweit erkennbar – besten Erfolgen der Fehlentwicklung Einhalt zu bieten versucht."[36] „Nach Meldungen aus den verschiedensten Reichsteilen findet das Langemarckstudium insbesondere auf-

---

[31] Lagebericht f. d. Monat Mai d. Staatspolizeistelle f. d. Reg.bezirk Aachen v. 7. 6. 1935. In: Vollmer, B.: Volksopposition, 1957, 221.
[32] MADR, Jahreslagebericht 1938 d. SHA, Bd. 2, 136.
[33] MADR, (Nr. 88), 16. 5. 1940, Bd. 4, 1144.
[34] Gebucht: Duden, 12. Aufl. 1941, Meyers Lexikon 1936 ff., Volks-Brockhaus 1940. Getilgt: Duden, 13. Aufl. 1947.
[35] Der Deutsche Student, 1/Okt. 1933, Mitteilungen und Nachrichten, 58 u. ebd., 4/Febr. 1936, 74.
[36] MADR, Jahreslagebericht 1938 d. SHA, Bd. 2, 143.

grund der Presseveröffentlichungen und der Werbearbeit in der Bevölkerung, in Partei- und Wirtschaftskreisen verstärkte Beachtung. Als besonders positiv wird anerkannt, daß in Verwirklichung der nationalsozialistischen Grundsätze der Auslese und der Lern- und Studierfreiheit junge Männer, die bereits eine abgeschlossene praktische Berufsausbildung, z. B. in einem handwerklichen Beruf, gefunden haben, über die 1½ jähr. Ausbildung im Langemarckstudium zum Hochschulstudium vorbereitet werden und dadurch im Sektor ihrer Berufstätigkeit sich die Hochschulausbildung in dieser Sparte durch persönliche Leistung und Tüchtigkeit aneignen. Es bedeute einen neuen produktiven Weg der Nachwuchsförderung für die akademischen Berufe, wenn besonders begabte Volksgenossen, die beispielsweise eine Auslese unter Maschinenschlossern zu ihrem Handwerk darstellen, die Möglichkeit bekommen, Diplom-Ingenieure im Maschinenfach zu werden, oder wenn besonders tüchtige Rechtsanwalts- und Notariatsgehilfen sich zu Juristen ausbilden können."[37] Goebbels benutzt 1943 auf einer Tagung der Reichsstudentenführung in Heidelberg den Namen des zweiten Bildungsweges dazu, die Studenten an ihre Pflichten im Krieg zu erinnern: „Es liegt eine tiefe Symbolik in dem Umstand, daß der Name des flandrischen Dorfes, bei dem im November 1914 deutsche Studenten mit dem Deutschlandlied auf den Lippen in den feindlichen Kugelregen hineinstürmten und damit bewiesen, daß es noch etwas Höheres gebe als die Bildung, nämlich den Mut, – daß dieser Name die Überschrift eines Werkes wurde, das sich nichts anderes zum Ziel setzt, als dem Volke den Weg zu seinen Bildungsstätten zu eröffnen."[38] „Muß ich noch Worte verschwenden [...], um der akademischen Jugend angesichts dieser Aufgabenstellungen ihre Pflicht vor Augen zu führen? [...] Hier entwickelt sich das neue Bildungsideal unserer Zeit: hart, spartanisch, fernab jeder falschen und süßlichen Romantik und nur noch hingewandt auf die große Zielsetzung der Wiedergutmachung unserer geschichtlichen Sünden und der Aufrichtung eines Großreiches der deutschen Nation, frei von allen Fesseln und nur dem Leben und der Zukunft des eigenen Volkes geweiht."[39]

Lebensfeier

Sammelbezeichnung für „Hochzeits-, Geburts- und Totenfeiern" der NSDAP.

▶ „Es ist auffallend, wie stark sich heute weite Kreise der Bevölkerung mit religiösen Fragen beschäftigen. Nach allgemeiner Auffassung brauche man, um der fortschreitenden inneren, seelischen Aufspaltung des Einzelnen entgegenzuwirken, nichts als eine das deutsche Wesen befriedigende Gottsicherheit, eine Gottgewißheit, die dem Leben einen tieferen Sinn zu geben vermöge. Dann wäre es möglich, die Mensch-Gott-Beziehung, statt wie bisher nur die reinen Feierelemente, in den Mittelpunkt einer Lebensfeier zu stellen und den Feiern der Kirche dadurch Gleichwertiges entge-

---

[37] MADR, (Nr. 169), 10. 3. 1941, Bd. 6, 2093 f.
[38] Goebbels, Reden, hg. H. Heiber, Bd. 2, 1975, 245.
[39] Ebd., 254.

genzustellen."⁴⁰ „Wie die Meldungen aus dem ganzen Reichsgebiet zeigen, haben sich im Verlaufe des Krieges die konfessionellen Feiern und die Gestaltung der Lebensfeiern der Partei durchaus verschieden entwickelt. Während sich die kirchlichen Feiern eines außerordentlichen Zulaufs erfreuen, hat die auch im Frieden noch verhältnismäßig geringe Zahl nationalsozialistischer Hochzeitsfeiern, Geburts- und Totenfeiern einen weiteren Rückgang zu verzeichnen. [...] Auch im Gau Kurhessen, der mit durchschnittlich 100 Feiern im Monat an der Spitze steht, bildet die nationalsozialistische Lebensfeier nur einen Bruchteil der großen Zahl der kirchlichen Feiern. Die Mehrzahl der Feiern beschränke sich auf den persönlichen Bekanntenkreis der Schulungsleiter oder sonstiger führender politischer Leiter."⁴¹ „Die Notwendigkeit einer Weiterarbeit auf dem Gebiet der Lebensfeiern als einer wesentlichen Möglichkeit der weltanschaulichen Führung – wie aus den Meldungen hervorgeht – werde von den verantwortlichen Parteigenossen zumeist nicht verkannt. Die meisten Ortsgruppen stünden aber dem Problem der Lebensfeiergestaltung als einer völlig neuen Aufgabe gegenüber, zu deren Bewältigung weder Kräfte noch entsprechende Erfahrung, noch Aufnahmebereitschaft bei der Bevölkerung vorausgesetzt werden könne."⁴² „Zur Gestaltung der Lebensfeiern (Geburts-, Hochzeits- und Totenfeiern) der Partei. [...] Die vorliegenden Berichte über das zahlenmäßige Verhältnis zwischen nationalsozialistischen und christlichen Lebensfeiern zeigen vollständig eindeutig die heute noch unbeschränkte Alleinherrschaft der christlichen Kirche. Die nationalsozialistischen Lebensfeiern betragen in den meisten Fällen noch nicht einmal 1% der Gesamtheit der Lebensfeiern."⁴³ „Der Stadtpfarrer Kelber von Treuchtlingen, einer der gemeinsten und aktivsten weltanschaulichen Gegner, hat sich nun selbst erledigt. Er hat in einem überheblichen Schriftsatz dagegen Verwahrung eingelegt, daß christliche Kinder, die dem BDM angehören, zu ‚heidnischen' Lebensfeiern usw. herangezogen werden. Er hat im Namen des Kirchenvorstandes gegen diese Gewissensvergewaltigung Protest eingelegt [...]. Die ganzen Akten in dieser Sache wurden nun über den Gauleiter der Gestapo zugeleitet."⁴⁴ „Die Arbeit auf dem Gebiet der Lebensfeiern muß sehr sorgfältig und behutsam vorwärts getrieben werden, zumal die Gestaltungskräfte auf dem Lande meistens fehlen. Mit Gewalt und einer Überschwemmung wird hier nichts erreicht."⁴⁵

Lebensraum

NS-Schlagwort zur Legitimation einer rassisch begründeten gewaltsamen Expansion des Deutschen Reichs nach Osten.⁴⁶

> Goethe verwendet den Ausdruck *Lebensraum* in den ‚Wahlverwandtschaften' (1809) in der Bedeutung ‚(Zeit-) Raum, Spanne des Lebens': „In einem solchen

---

[40] MADR, (Nr. 335), 16. 11. 1942, Bd. 12, 4477.
[41] MADR, 9. 8. 1943, Bd. 14, 5583 f.
[42] MADR, 9. 8. 1943, Bd. 14, 5585 f.
[43] MADR, 9. 12. 1943, Bd. 15, 6114.
[44] Weltanschaul. Bericht d. Kreisschulungsamtes Weißenburg, 29. 6. 1944. In: Bayern in der NS-Zeit, 1977, 588.
[45] Ebd., 589.
[46] Gebucht: Duden, 10. Aufl. 1929, 11. Aufl. 1934, 12. Aufl. 1941; Paechter, Appendix IV.

Gedränge treten zuletzt alte Gewohnheiten, alte Neigungen wieder hervor, um die Zeit zu tödten und den Lebensraum auszufüllen."⁴⁷ Gegen Ende des 19. Jahrhunderts gewinnt die Zusammensetzung *Lebensraum* die neue Bedeutung. ‚Raum für das Leben'. Friedrich Ratzel (1844–1904), Professor für Geographie und Mitbegründer des weithin annexionistischen Alldeutschen Verbandes, verwendet den Ausdruck, um seine These zu formulieren, Staaten seien Organismen, die in schicksalhafter Wechselwirkung mit ihrem Volk und dem Boden oder *Lebensraum* existieren und wie die Einzelmenschen in stetem „Kampf ums Dasein" stehen. In seinem Werk ‚Politische Geographie oder die Geographie der Staaten, des Verkehrs und des Krieges' gebraucht Ratzel 1897 noch Ausdrücke wie *Land*, *Boden* u. ä.: „Das Volk wächst indem es seine Zahl vermehrt, das Land indem es seinen Boden vergrößert und da das wachsende Volk für seine Zunahme neuen Boden nötig hat, so wächst das Volk über das Land hinaus. Zunächst macht es im Inneren sich unter dem Staat Boden dienstbar, der bisher unbesetzt gewesen war: Innere Kolonisation. Genügt dieser nicht mehr, so treibt das Wachstum nach außen, wobei alle Formen räumlichen Wachstums durch die Erweiterung des Horizontes, den Handel und Verkehr, die religiöse und nationale Ausbreitung endlich notwendig zum Landerwerb führen."⁴⁸ Erst 1901 gibt Ratzel einem Aufsatz, in dem er „am Beispiel von Pflanzen und Tieren schildert, wie die Erhaltung des Lebens durch den Kampf um den Raum entschieden wird"⁴⁹, den Titel ‚Der Lebensraum'⁵⁰. In der auf Walter Riehl zurückgehenden Einleitung des Iglauer Programms der 1903 gegründeten ‚Deutschen Arbeiterpartei in Österreich', seit 1918 ‚Deutsche Nationalsozialistische Arbeiterpartei' (DNSAP), heißt es 1913: „Die Arbeiterschaft hat ein ganz besonderes Interesse an der Machtstellung, an der Erhaltung und Erweiterung des Lebensraumes ihres Volkes."⁵¹ Nach dem Ersten Weltkrieg bediente sich vor allem der ehemalige General Karl Haushofer (1869–1946), der seit Kriegsende Professor in München war, des Ausdrucks *Lebensraum*, um die geforderte Revision der Grenzen von Versailles und die Expansion des Deutschen Reichs nach Osten – anders als Ratzel – vor allem bevölkerungspolitisch und militärstrategisch zu legitimieren.⁵² Am 28. Juni 1924 sprach Haushofer im Rahmen einer Veranstaltung des „Deutschen Kampfbundes gegen die Kriegsschuldlüge" im Zirkus Krone über „Lebensraum und Schuld-

---

47 Goethes Werke, Sophienausgabe, I, Bd. 20, 1892, 195. Vgl. Paul 1992, 517, s. v. leben.
48 Ebd., 2. Aufl. 1903 (zuerst 1897), 310 f. In dieser 2. Auflage kommt *Lebensraum* nicht, wie K. Lange (Der Terminus „Lebensraum" in Hitlers „Mein Kampf". In: VJZG 13/1965, 429) irrtümlich angibt, zum erstenmal vor. Der Ausdruck wurde erst in der vom Herausgeber E. Oberhummer durchgesehenen und ergänzten 3. Auflage von 1923 eingefügt.
49 Kruck, A.: Geschichte des alldeutschen Verbandes, 1954, 223, Anm. 1. Kruck gibt an dieser Stelle auch als erster den Hinweis auf *Lebensraum* bei Ratzel.
50 Der Lebensraum. Eine biographische Studie. In: Festgaben für Albert Schäffle, Tübingen 1901.
51 Zit. Whiteside, Andrew G.: Nationaler Sozialismus in Österreich vor 1918. In: VJZG 9/1961, 345. S. auch ↑ *Nationalsozialismus*.
52 Vgl. Bracher, K. D. in: Bracher/Sauer/Schulz: Die nationalsozialistische Machtergreifung, 2. Aufl. 1962, 226.

lüge".⁵³ Er rief seinen Zuhörern zu: „Wo steht geschrieben, daß von allen großen Völkern der Erde allein das unsere geprellt und verstümmelt sein soll in seinem Lebensraum und daß nur wir nicht das Recht auf freies Atmen haben sollen? [...] Unter brausendem Beifall mahnte er zum Schluß: Sie haben kein Recht, Kinder in die Welt zu setzen, kein Recht, in glühender Vaterlandsliebe aufbauenden Gedanken an künftige Leistungen Raum zu geben, wenn sie nicht entschlossen sind, diesen Kindern, dieser Zukunftsarbeit den Lebensraum zu erhalten und diesen Lebensraum wieder zu erfechten."⁵⁴

▸ Hitler konnte Haushofers, an Ratzel anknüpfende, geopolitische These von der „Raumnot", dem Mißverhältnis zwischen Volkszahl und dem zur Verfügung stehenden *Lebensraum* des deutschen Volkes, und ihrer Abhilfe durch Expansion nach Osten, während seiner Haft in der Festung Landsberg kennenlernen. Haushofer besuchte dort seinen Hörer und guten Freund Rudolf Heß und brachte ihm und Hitler, wie er 1940 im Vorwort zu einer Auswahl von Ratzels Werken mitteilt, auch ein Exemplar von Ratzels ‚Politischer Geographie' mit.⁵⁵ Vermutlich handelte es sich um die 1923 erschienene, von dem Herausgeber Oberhummer terminologisch auf den Stand der späteren Werke Ratzels gebrachte Ausgabe, die nun auch den von Ratzel geprägten Terminus *Lebensraum* enthielt. Allerdings könnte Hitler der Ausdruck *Lebensraum* schon aus der Tradition der DNSAP und der Alldeutschen geläufig gewesen sein. Er verwendet ihn in ‚Mein Kampf' nicht häufig, aber konzentriert in den Passagen, die sich mit seinem außenpolitischen Grundthema, dem Wechselverhältnis von *Volk* oder *Rasse* und *Raum*, befassen.⁵⁶ Geburtenbeschränkung, den Erwerb von Kolonien, exportorientierte Wirtschaftspolitik weist Hitler als Mittel zur Lösung des Raumproblems zurück.⁵⁷ Auch die Raumbeschaffung durch „innere Kolonisation" lehnt er ab: „Wenn ein Volk sich auf innere Kolonisation beschränkt, da andere Rassen sich auf immer größeren Bodenflächen dieser Erde festklammern, wird es zur Selbstbeschränkung schon zu einer Zeit zu greifen gezwungen sein, da die übrigen Völker sich noch dauernd fortvermehren. Einmal tritt aber dieser Fall ein, und zwar um so früher, je kleiner der zur Verfügung stehende Lebensraum eines Volkes ist. Da im allgemeinen nur zu häufig die besten Nationen oder noch richtiger die einzigen wahrhaften Kulturrassen, die Träger alles menschlichen Fortschritts, sich in ihrer pazifistischen Verblendung entschließen, auf neuen Bodenerwerb Verzicht zu leisten, um sich mit ‚innerer Kolonisation' zu begnügen, minderwertige Nationen aber ungeheure Lebensflächen auf dieser Welt sich

---

[53] Nach: Jacobsen, H.-A.: Karl Haushofer, Bd. 1, 1979, 245.
[54] Zit. Jacobsen, H.-A.: ebd., 245 f.
[55] Ratzel, Erdenmacht und Völkerschicksal. Eine Auswahl aus seinen Werken, Stuttgart 1940, XXVI. Vgl. Bracher/Sauer/Schulz: Die nationalsozialistische Machtergreifung, 2. durchges. Aufl. 1962, 227, Anm. 23.
[56] Anders als K. Lange (Der Terminus „Lebensraum" in Hitlers „Mein Kampf". VJZG 13/1965, 926.) angibt, der von zwei Verwendungen spricht, kommt *Lebensraum* in ‚M. K.' doch häufiger vor, z. B. in Bd. 1: 148, 164, 165, 316, 333 (2 x), 334; in Bd. 2: 732, 740 (2 x), 741.
[57] „Die vier Wege deutscher Politik", Mein Kampf, 144 ff.

zu sichern verstehen, würde dies zu folgendem Endergebnis führen: […] Die Welt würde damit eines Tages in den Besitz der kulturell minderwertigeren, jedoch tatkräftigeren Menschen kommen." (S. 148) Weiter unten begründet Hitler diese Einschätzung durch sein sozialdarwinistisches Kredo: „Daß aber diese Welt dereinst noch schwersten Kämpfen um das Dasein der Menschheit ausgesetzt sein wird, kann niemand bezweifeln. Am Ende siegt nur die Sucht der Selbsterhaltung. Unter ihr schmilzt die sogenannte Humanität als Ausdruck einer Mischung von Dummheit, Feigheit und eingebildetem Besserwissen, wie Schnee in der Märzensonne. Im ewigen Kampfe ist die Menschheit groß geworden – im ewigen Frieden geht sie zugrunde." (S. 148 f.) Hitlers Lösung lautet: „Wenn die nationalsozialistische Bewegung wirklich die Weihe einer großen Mission für unser Volk vor der Geschichte erhalten will, muß sie, durchdrungen von der Erkenntnis und erfüllt vom Schmerz über seine wirkliche Lage auf dieser Erde, kühn und zielbewußt den Kampf aufnehmen gegen die Ziellosigkeit und Unfähigkeit, die bisher unser deutsches Volk auf seinen außenpolitischen Wegen leiteten. Sie muß dann, ohne Rücksicht auf ‚Traditionen' und Vorurteile, den Mut finden, unser Volk und seine Kraft zu sammeln zum Vormarsch auf jener Straße, die aus der heutigen Beengtheit des Lebensraumes dieses Volk hinausführt zu neuem Grund und Boden und damit auch für immer von der Gefahr befreit, auf dieser Erde zu vergehen oder als Sklavenvolk die Dienste anderer besorgen zu müssen." (S. 731 f.) In ‚Hitlers Zweitem Buch', das Hitler 1928 diktierte, das aber unveröffentlicht blieb und erst 1961 publiziert wurde, wird das Thema der deutschen „Raumnot" wieder aufgegriffen. Im Kontext der nun mit unverhüllter Schärfe vorgetragenen imperialistischen Forderungen nach *Lebensraum* im Osten verbindet sich mit dem Ausdruck *Lebensraum* als neue Komponente der aggressive Raum- und Herrschaftsanspruch gegenüber den angeblich ↑ *rassisch* unterlegenen Völkern im Osten des Deutschen Reiches. „Die Vermehrung der Zahl könnte nur wettgemacht werden durch eine Vermehrung, also Vergrößerung des Lebensraumes."[58] „Und doch ist die Regelung des Verhältnisses zwischen Volkszahl und Bodenfläche von unerhörtester Bedeutung für die Existenz eines Volkes. Ja, man kann füglich sagen, daß der ganze Lebenskampf eines Volkes in Wahrheit überhaupt nur darin besteht, für die steigende Volkszahl den notwendigen Grund und Boden als allgemeine Ernährungsvoraussetzung zu sichern. Denn indem die Volkszahl dauernd wächst, der Grund und Boden aber an sich gleich bleibt, müssen allmählich Spannungen eintreten […]."[59] „Es gibt nun im Völkerleben einige Wege, das Mißverhältnis zwischen Volkszahl und Grundfläche zu korrigieren. Der natürlichste ist der einer Anpassung des Bodens von Zeit zu Zeit an die gewachsene Volkszahl. Dies erfordert Kampfentschlossenheit und Bluteinsatz. Allein dieser Bluteinsatz ist auch der einzige, der vor einem Volke gerechtfertigt werden kann. Denn indem aus ihm für die weitere Vermehrung des Volkes der nötige Raum gewonnen wird, findet von selbst ein vielfacher Ersatz des auf dem Schlachtfeld eingesetzten

---

[58] Hitlers Zweites Buch. Ein Dokument aus dem Jahr 1928. Eingel. u. komm. v. G. L. Weinberg, 1961, 54.
[59] Ebd.

Menschentums statt. Aus der Not des Krieges erwächst dann das Brot des Friedens. Das Schwert war der Wegbereiter des Pfluges [...]"[60] „Politik ist die Durchführung des Lebenskampfes eines Volkes um sein irdisches Dasein. Außenpolitik ist die Kunst, einem Volke den jeweils notwendigen Lebensraum in Größe und Güte zu sichern. Innenpolitik ist die Kunst, einem Volke den dafür notwendigen Machteinsatz in Form seines Rassenwertes und seiner Zahl zu erhalten."[61] Als Ziel der Außenpolitik, das „ebenso höchsten nationalen wie völkischen Anforderungen" entspreche, nennt Hitler: „Deutschland entschließt sich, zu einer klaren weltanschaulichen Raumpolitik überzugehen. Es wendet sich damit von allen weltindustriellen und welthandelspolitischen Versuchen ab und konzentriert statt dessen alle seine Kräfte, um unserem Volk durch die Zuweisung eines genügenden Lebensraumes für die nächsten 100 Jahre auch einen Lebensweg vorzuzeichnen. Da dieser Raum nur im Osten liegen kann, tritt auch die Verpflichtung zu einer Seemacht in den Hintergrund. Deutschland versucht erneut, auf dem Wege der Bildung einer ausschlaggebenden Macht zu Lande seine Interessen zu verfechten."[62] Im Januar 1929 erscheint im ‚Völkischen Beobachter' ein Artikel „Der Kampf um den deutschen Lebensraum. [...] In diesem entsetzlichen Trübsal von Unvernunft und politischer Schiebung hat sich eine Million Deutsche gemeldet, die den notwendigen Lebensraum für das Deutschtum in Mitteleuropa fordern. Es sind dies die Nationalsozialisten unter der Führung Adolf Hitlers. [...] Deutschland braucht 1 320 000 Quadratkilometer Lebensraum. [...] In welcher Richtung dieses große dritte Deutschland Boden suchen muß, ist genau nach denselben Regeln zu lösen, als der Ausgleich eines Überdruckes in einem kleinen Kinderballon. [...] Erst dehnt sich der Ballon immer weiter aus, bis er in die Richtung platzt, aus der ihm der geringste Widerstand entgegengesetzt wird. Dieser geringste Widerstand ist derzeit für uns in östlicher Richtung gelegen. Polen ist ein Land, das von einem Volk beherrscht wird, das eigentlich schon wiederholt seine unbedingte Unfähigkeit zur Staatenerhaltung erwiesen hat. Geistig arm, ohne Mittelstand, ohne Intelligenz, hochstaplerisch veranlagt, schmutzig, ja indolent, hat dieses Volk kein Recht dort zu wohnen, wohin Deutsche gehören. Mit denselben Mitteln, mit denen sie heute unser Volk quälen, gehören sie weit nach Osten wieder dorthin zurück gedrängt, woher ihre Vorfahren gekommen sind. Sie können aber auf ihrem Marsche nach Osten, in bisher gewohnter Weise weiter Wuttki (Branntwein) saufen und in der russischen Kälte erfrieren. Jedenfalls ist ihr Verschwinden von ihrer heutigen Wohnstätte notwendig, wollen wir nicht verschwinden. [...] Eine zweite Pestbeule, die den Deutschen den Boden wegnimmt, sind die Tschechen."[63] Am 23. 5. 1939, wenige Monate vor dem Beginn des Zweiten Weltkriegs, spricht Hitler zu seinem Stab. Er sagt: „Es handelt sich für uns um Arrondierung des Lebensraumes im Osten und Sicherstellung der Ernährung... Neben der Fruchtbarkeit wird die deutsche, gründliche Bewirtschaftung die Über-

---

[60] Ebd..
[61] Ebd., 62.
[62] Ebd., 163.
[63] v. Morari, F., Graz. In: VB, Bayernausgabe, 19. 1. 1929.

schüsse um ein mehrfaches steigern... Es entfällt also die Frage, Polen zu schonen und bleibt der Entschluß: bei erster passender Gelegenheit Polen anzugreifen. [...]"[64] Am 26. 11. 1941 hielt Ribbentrop in Berlin eine Rede über den „Freiheitskampf Europas": „Freilich war dies nur der äußere Anlaß für Englands Kriegserklärung an Deutschland vom 3. September 1939. In Wahrheit gönnten die Machthaber des damals noch die Welt beherrschenden England [...] Deutschland nicht den Platz, der einem großen Volke in Europa zukam, oder der ihm etwa gar ein sorgenfreies Leben gewährleistet hätte. Man fragt sich, warum? Die Antwort kann nur lauten: Aus reiner Machtanmaßung Britanniens, das mit 45 Millionen Engländern selbst ein Drittel der Erde beherrscht, dagegen dem deutschen Volke von mehr als 80 Millionen nicht den von ihm benötigten, selbst bescheidenen Lebensraum gönnte und aus Sorge seiner Regierenden vor deutscher Tüchtigkeit und vor dem sozialen Beispiel eines wieder erstarkten Deutschland."[65] Noch in seinen letzten Monologen, in seinem ‚Politischen Testament', kommt Hitler auf sein Grundthema zurück: „Unsererseits hoffen wir für Deutschland, daß es uns gelingt, ihm eines Tages die wirtschaftliche Unabhängigkeit zu sichern in dem seiner Bevölkerungszahl angemessenen Lebensraum. Ein großes Volk braucht ausreichenden Lebensraum. (24. 2. 1945)"[66]

≫ Im heutigen Sprachgebrauch bezeichnet *Lebensraum* a) als biologischer Fachterminus, der durch die öffentliche Diskussion ökologischer Fragen auch in die Allgemeinsprache übergegangen ist, ein ‚Biotop', den ‚Raum innerhalb eines Ökosystems, in dem eine Lebensgemeinschaft oder eine bestimmte Organismenart existieren kann'; b) speziell auf Personen bezogen: den Raum, das Umfeld, in dem sich ein Menschenleben abspielt. „Jede Person hat das Recht auf Auskunft über die Daten, welche die natürliche Umwelt in ihrem Lebensraum betreffen..."[67] In der Werbung kommt der Ausdruck sprachspielerisch vor: „Lebensraum nach Ihrem ganz persönlichen Geschmack. Die interlübke Wohn-Architektur. Faszination der Möglichkeiten."[68] „‚Die Küche als Lebensraum'. Der Bestseller von bulthaup."[69]

lebensunwertes Leben

Das Leben der chronisch Geisteskranken und Behinderten.

> Der Ausdruck *lebensunwertes Leben* geht auf den Titel der 1920 erschienenen Schrift des Strafrechtlers Karl Binding und des Psychiaters Alfred Hoche zurück: ‚Die Freigabe der Vernichtung lebensunwerten Lebens. Ihr Maß und ihre Form', in der die Verfasser eine Revision des geltenden Rechts forderten, nach dem die Tötung

---

[64] Dok. L−79. In: Der Nürnberger Prozeß, Bd. 2, 158.
[65] Deutsche Informationsstelle, Berlin 1941, 5.
[66] Hitlers politisches Testament, 1981, 104.
[67] Entwurf der FDP für eine Neufassung der nordrheinwestfälischen Verfassung. Zit. Frankfurter Allgem. Ztg., 24. 2. 1995.
[68] Werbeanzeige. In: Frankfurter Allgem. Ztg.-Magazin, 15. 5. 1992, 23.
[69] Anzeige. In: Frankfurter Allgem. Ztg., 1. 4. 1995, 31.

auf Verlangen, die Euthanasie und die Tötung unheilbar Geisteskranker strafbar ist. Die Bildung der Wendung *lebensunwertes Leben* war vorbereitet durch die sozialdarwinistische Taxierung der Menschen nach ihrem biologischen und sozialen Nutzwert für die Gesamtheit, für die die Ausdrücke ↑ *Minderwertige* und *Höherwertige* bereits zur Verfügung standen. Der Jurist Binding charakterisiert sich als einen, „der sich gewöhnt hat, den Wert des einzelnen Lebens für den Lebensträger und für die Gesamtheit auszuschätzen" und stellt die Frage: „Gibt es Menschenleben, die so stark die Eigenschaft des Rechtsgutes eingebüßt haben, daß ihre Fortdauer für die Lebensträger wie für die Gesellschaft dauernd allen Wert verloren hat?" Für die Gruppe der unheilbar Geisteskranken kommt Binding zu dem Ergebnis: „Ihr Leben ist absolut zwecklos, aber sie empfinden es nicht als unerträglich. Für ihre Angehörigen wie für die Gesellschaft bilden sie eine furchtbar schwere Belastung. Ihr Tod reißt nicht die geringste Lücke – außer vielleicht im Gefühl der Mutter oder der treuen Pflegerin. Da sie großer Pflege bedürfen, geben sie Anlaß, daß ein Menschenberuf entsteht, der darin aufgeht, absolut lebensunwertes Leben für Jahre und Jahrzehnte zu fristen."[70] „In Zeiten höherer Sittlichkeit – der unseren ist aller Heroismus verloren gegangen – würde man diese armen Menschen wohl amtlich von sich selbst erlösen."[71] Den möglichen Einwand, es könne „eine Tötung auf Grund irrtümlicher amtlicher Freigabe" vorkommen, weist er in dem „Bewußtsein der Bedeutungslosigkeit der Einzelexistenz, gemessen an den Interessen des Ganzen" – wie es sein Mitautor Hoche in seinen ‚Ärztlichen Bemerkungen' formuliert[72] – zurück: „Nimmt man aber auch den Irrtum einmal als bewiesen an, so zählt die Menschheit jetzt ein Leben weniger. Dies Leben hätte vielleicht nach glücklicher Überwindung der Katastrophe noch sehr kostbar werden können: meist aber wird es kaum über den mittleren Wert besessen haben. Für die Angehörigen wiegt natürlich der Verlust sehr schwer. Aber die Menschheit verliert infolge Irrtums so viele Angehörige, daß einer mehr oder weniger wirklich kaum in die Waagschale fällt."[73] Der Arzt Hoche macht in seinem Beitrag darauf aufmerksam, „welches ungeheure Kapital in Form von Nahrungsmitteln, Kleidung und Heizung, dem Nationalvermögen für einen unproduktiven Zweck entzogen wird."[74] Er spricht von „leeren Menschenhülsen", „Ballastexistenzen", „Schwächlingen aller Sorten", „minderwertigen Elementen", „Defektmenschen"[75], von der „Freigabe der Vernichtung völlig wertloser geistiger Toter"[76] und kommt zu dem Schluß: „Von dem Standpunkte einer höheren staatlichen Sittlichkeit aus gesehen kann nicht wohl bezweifelt werden, daß in dem Streben nach unbedingter Erhaltung lebensunwerter Leben Übertreibungen geübt worden sind. Wir haben es, von fremden Gesichtspunkten aus, verlernt, in dieser Beziehung den staatlichen Organismus im selben Sinne wie ein Ganzes mit

---

[70] Ebd., 31 f.
[71] Ebd. 32
[72] Ebd. 59.
[73] Ebd. 40.
[74] Ebd. 54
[75] Ebd. 55.
[76] Ebd. 55 f.

eigenen Gesetzen und Rechten zu betrachten, wie ihn etwa ein in sich geschlossener menschlicher Organismus darstellt, der, wie wir Ärzte wissen, im Interesse der Wohlfahrt des Ganzen auch einzelne wertlos gewordene oder schädliche Teile oder Teilchen preisgibt oder abstößt."[77] Hoche rechnet „noch für weite Zeitstrecken" mit einem „lebhaften, vorwiegend gefühlsmäßig vermittelten Widerstand" gegen die vorgeschlagene „Vernichtung völlig wertloser geistig Toter"[78], betont aber einige Seiten weiter: „ [...] es liegt dem Mitleid mit den lebensunwerten Leben der unausrottbare Denkfehler oder besser Denkmangel zugrunde, vermöge dessen die Mehrzahl der Menschen in fremde lebende Gebilde hinein ihr eigenes Denken und Fühlen projiziert."[79] In der Diskussion der radikalen Vorschläge Bindings und Hoches in den zwanziger Jahren bildete sich der Ausdruck *lebensunwertes Leben* erst allmählich zur festen Wendung aus. Es gibt auch Varianten wie *unwertes Leben, lebensunwerte Menschen*: 1925 legte der Zwickauer Bezirksarzt G. Boeters dem Reichstag einen „Entwurf zu einem Gesetz über die Verhütung unwerten Lebens durch operative Maßnahmen" vor[80], der „die Unfruchtbarmachung Geisteskranker, Schwachsinniger und Verbrecher aus Anlage" zum Inhalt hatte.[81] 1930 heißt es im Geleitwort der Zeitschrift ‚Eugenik, Erblehre, Erbpflege': „Ein erdrückender und ständig wachsender Ballast von untauglichen, lebensunwerten Menschen wird unterhalten und in Anstalten verpflegt — auf Kosten der Gesunden, von denen Hunderttausende ohne eigene Wohnung sind und Millionen ohne Arbeit darben. Mahnt die Not unserer Zeit nicht laut genug, ‚Planwirtschaft', d. h. Eugenik auch in der Gesundheitspolitik zu treiben.?"[82] 1933 ist die Formel so gefestigt, daß auch Gegner sie verwenden, wenn sie ihre Ablehnung ausdrücken wollen: „Euthanasie und Vernichtung lebensunwerten Lebens lehnen wir mit Recht ab."[83]

▸ 1940 wurde auf Hitlers Befehl, ohne die von Binding empfohlene gesetzliche Grundlage, im gesamten Deutschen Reich systematisch die Ermordung geisteskranker und schwer behinderter Erwachsener und Kinder in Gang gesetzt. Während die eugenischen Maßnahmen wie Zwangssterilisationen, Heiratsverbote offen propagiert und durchgesetzt wurden, sollten die ↑*Euthanasie* und der Holocaust strikt geheimgehalten werden. Bezeichnungen wie *Euthanasie* und *Vernichtung lebensunwerten Lebens* blieben daher dem internen Gebrauch vorbehalten. Daß sie dennoch in der Öffentlichkeit geläufig waren, zeigt das Beispiel des mutigen Freiburger Pathologieprofessors Franz Büchner, der am 18. 11. 1941 in einem öffentlichen Vortrag vor Universität, Bevölkerung und Parteivertretern auf die Sache mit der Bezeichnung *Vernichtung lebensunwerten Lebens* Bezug nehmen konnte. In seinen Ausführungen berief er sich auf den hippokratischen Eid: „Die erste dieser beiden

---

[77] Ebd. 56.
[78] Ebd. 56.
[79] Ebd. 59.
[80] Weingart, P.: Rasse, Blut und Gene, 1992, 291.
[81] Zeitschrift für Sexualwissenschaft, Bd. 12, 30. Nach: Gütt/Rüdin/Ruttke: Zur Verhütung erbkranken Nachwuchses, 1934, „Schrifttumsverzeichnis" 261.
[82] Zit. Weingart, P.: Rasse, Blut und Gene, 1992, 253.
[83] Zit. Weingart, P.: Rasse, Blut und Gene, 1992, 524.

Satzungen [des hippokratischen Eides] klärt das Verhalten des Arztes gegenüber der Frage der Vernichtung sogenannten lebensunwerten Lebens. [...]" Gegen die von ihm zitierte These Hoches: „Von dem Augenblick an, in dem z. B. die Tötung Unheilbarer oder die Beseitigung geistig Toter nicht nur als nicht strafbar, sondern als ein für die allgemeine Wohlfahrt wünschenswertes Ziel erkannt und allgemein anerkannt wäre, würden in der ärztlichen Sittenlehre jedenfalls keine ausschließenden Gegenstände zu finden sein" [Hoche, S. 49 f.], machte er geltend: „Dieser ... Auffassung steht im hippokratischen Eide in eindeutiger Klarheit der Satz gegenüber: ‚Ich werde niemand ein tödlich wirkendes Gift verabreichen, auch auf Verlangen nicht. Ich werde auch keinen solchen verwerflichen Rat erteilen.' Der einzige Herr, dem der Arzt zu dienen hat, ist das Leben. Der Tod ist, ärztlich gesehen, der große Gegenspieler des Lebens wie des Arztes. Würde man aber dem Arzte zumuten, die Tötung unheilbar Erkrankter anzuregen und durchzuführen, so hieße das, ihn zu einem Pakt mit dem Tode zu zwingen. Paktiert er aber mit dem Tode, so hört er auf, Arzt zu sein."[84] In einer ‚Meldung aus dem Reich' vom 15. 1. 1942 wird berichtet: „Der Film ‚Ich klage an' zeigt eine doppelte Problematik auf. Als Hauptthema wird das Problem der Tötung auf Verlangen im Falle einer unheilbaren Erkrankung zur Diskussion gestellt. In der Nebenhandlung findet die Frage der Beseitigung lebensunwerten Lebens ihre Darstellung. In den hier aus allen Teilen des Reiches vorliegenden Meldungen zeigt sich, daß der größte Teil der deutschen Bevölkerung grundsätzlich, wenn auch mit Vorbehalten zustimmt, daß man schwerleidenden Menschen, für die es keine Heilung mehr gibt, auf einem durch Gesetz vorgezeichneten Wege einem raschen Tode zuführen möge."[85]

Lebenswendefeier

Von der NSDAP veranstaltete öffentliche Schulentlassungsfeier.

> „In mehreren Gauen war es nach der Machtübernahme Sitte geworden, die Entlassungen aus der Volksschule durch öffentliche Feiern der Partei, die sogenannten ‚Lebenswendefeiern' oder ‚Jugendweihen', unter Beteiligung von Schule, HJ, Eltern und Behörden zu begehen. Diese Feiern hatten sich vielerorts gut eingeführt und in zahlreichen Fällen die Bedeutung der Konfirmation stark zurückgedrängt. Namentlich bedeuteten die ‚Lebenswendefeiern' für viele Parteigenossen und gottgläubige Eltern und Schüler einen Ausgleich für die von ihnen abgelehnten kirchlichen Feiern. Durch die staatliche Regelung der Entlaßfeiern an Volksschulen und die Einführung der HJ-Verpflichtungsfeiern wurden die ‚Lebenswendefeiern' eingeschränkt. Trotzdem wurde auch in diesem Jahr von zahlreichen Parteigenossen, besonders von Eltern der Entlaßschüler, die Abhaltung solcher ‚Lebenswendefeiern' gewünscht und in manchen Gauen auch gestattet. [...] Diese ‚Lebenswendefeiern' für Jugendliche, die auf Konfirmation verzichteten, waren meist gut vorbereitet, zahlreich besucht

---

[84] Zit. Deutsches Ärzteblatt, 91/23. 9. 1994, A−2450 und ergänzend: H. M. Koelbing: Hippokratische Ethik − Dauer im Wandel. In: Neue Zürcher Ztg., 22. 1. 1996, 21.
[85] MADR, (Nr. 251), 15. 1. 1942, Bd. 9, 3175.

und hinterließen bei Erwachsenen und Jugend tiefen Eindruck."[86] „Neben diesen ‚Lebenswendefeiern' der Partei wurden mancherorts von völkisch-religiösen Gruppen ähnliche ‚Lebenswendefeiern' und ‚Jugendweihen' veranstaltet, die ebenfalls meist gut ausgestaltet und besucht waren. Dabei wurde in Mecklenburg und Sachsen die Beobachtung gemacht, daß frühere Marxisten in Anlehnung an die freireligiösen ‚Jugendweihen' derartige Feiern anstrebten."[87]

Leistung

Rassisch definiertes NS-Schlagwort, dessen zahlreiche Komposita überwiegend die Maßnahmen zur Produktionssteigerung im Rahmen des Vierjahresplans bezeichnen.[88]

▶ „Es ist ein Grundgesetz des Lebens, daß der Mann sich durch Leistung, die seiner angeborenen Art entspricht, ausweise, um vor seiner Art bestehen zu können. Das Artgesetz des Mannes im Lebenskampfe heißt Leistung: und zwar nicht Leistung schlechthin, sondern Leistung für sein Blut und für sein Volk. Beim Manne wirkt es immer lächerlich, wenn er sich auf Vorfahren beruft, ohne sich gleichzeitig dieser Vorfahren durch eigene Leistungen gleichwertig zu zeigen. Vorfahren sind immer nur ein Ausweis auf Leistungen, niemals ein Beweis für Leistungen. Erst die artgemäße Leistung beweist den Mann."[89] „Des Weibes Leistung für ihr Volk und ihre Art sind ihre Kinder."[90]

Leistungsabzeichen

a) *HJ-Leistungsabzeichen* verschiedener Stufen als Auszeichnung für sportliche Erfolge und gutes Schulungswissen der HJ-Angehörigen. b) Vom Reichsleiter der ↑ *DAF* R. Ley (nach dem Muster der Leistungsabzeichen im Sport) gestiftete Auszeichnungen für Betriebe, die erfolgreich am ↑ *Leistungskampf der Betriebe* teilgenommen hatten.[91]

▶ a) „Das Leistungsabzeichen des Deutschen Jungvolks. Das Leistungsabzeichen ist eine hohe Auszeichnung des Reichsjugendführers. Es wird für vielseitige Leistungen im Deutschen Jungvolk verliehen. [...] Die Bedingungen für das Leistungsabzeichen sind: **1. Schulung.** 1. Leben des Führers. 2. Deutschtum im Ausland. 3. Abgetretene Gebiete. 4. Feiertage des Deutschen Volkes. 5. Fünf Fahnensprüche. 6. Sechs HJ.-Lieder [...]. **2. Leibesübungen.** [...]"[92] b) „Zum Nationalfeiertag schuf der Reichsorganisationsleiter Pg. Dr. Ley in diesem Geiste den ‚Leistungskampf der deutschen Betriebe' und stiftete vier Leistungsabzeichen für 1. Vorbildliche Berufserziehung

---
[86] MADR, (Nr. 182), 28. 4. 1941, Bd. 7, 2243 f.
[87] Ebd., 2244.
[88] Gebucht: Paechter.
[89] Darré, R. W.: Neuordnung unseres Denkens, 1940, 47 f.
[90] Ebd., 48.
[91] Gebucht: Meyers Lexikon, 1936 ff., Paechter.
[92] Pimpf im Dienst. Ein Handbuch für das Deutsche Jungvolk in der HJ., 1938, 18.

(bereits seit 1. Mai 1936); 2. vorbildliche Sorge um die Volksgesundheit; 3. vorbildliche Heimstätten und Wohnungen; 4. vorbildliche Förderung von ‚Kraft durch Freude'. Selbstverständlich ist, daß diese Leistungsabzeichen nur verliehen werden, wenn die Betriebsgemeinschaft vorbildlich ist. Die Verleihung erfolgt auf Antrag des gebietlich zuständigen Gauobmannns der Deutschen Arbeitsfront nach Befürwortung durch die zuständige Reichsbetriebsgemeinschaft und das zuständige Fachamt der Deutschen Arbeitsfront. Diese Leistungsabzeichen sind schon ein Ausdruck nationalsozialistischer Haltung der Betriebsführung."[93]

Leistungsbuch

a) Ausweis der *HJ*-Angehörigen über ihre Betätigung in der *HJ* (ähnlich in den sonstigen Parteiorganisationen). b) Nachweis über die Ableistung eines sechswöchigen Hilfsdienstes zur Entlastung von Frauen in großen Haushalten oder im Beruf.[94]

▶ a) „Das Leistungsbuch. Für jeden Pimpfen ist das Leistungsbuch der Ausweis über seine Betätigung im Deutschen Jungvolk. Es begleitet ihn von seinem Eintritt in das Deutsche Jungvolk bis zum Übertritt von der Hitler-Jugend in den Arbeitsdienst, die Wehrmacht, die SA., SS. usw. In dem Leistungsbuch wird alles, was für die geistige und körperliche Erziehung des jungen Nationalsozialisten von Bedeutung ist, verzeichnet. In der weltanschaulichen Schulung wird der Pimpf in seiner Haltung als Nationalsozialist beurteilt. Die körperlichen Fähigkeiten jedes deutschen Jungen werden durch mehrere Prüfungen festgestellt. [...] Neben diesen geistigen und körperlichen Prüfungen wird die Teilnahme an Führerlehrgängen, Zeltlagern und Sonderlehrgängen des Deutschen Jungvolks sowie besondere sportliche Leistungen im Leistungsbuch verzeichnet. Durch diese Aufzeichnungen erhält jeder Junge einen Überblick über seine gesamte Leistungsfähigkeit und zugleich einen Ansporn, vorhandene Schwächen auszugleichen. [...]"[95] b) Das *Leistungsbuch des Deutschen Frauenwerks*: „Für Haustöchter, Studentinnen und Fachschülerinnen ist Voraussetzung für den Erwerb des ‚Leistungsbuches des Deutschen Frauenwerks' die Ableistung eines 6wöchigen Hilfsdienstes in einem kinderreichen Haushalt zur Entlastung der Hausfrau, im Rahmen des Hilfswerkes ‚Mutter und Kind' der NSV. bei Urlaubsverschickung von Müttern oder als Fabrikdienst zur Entlastung und Urlaubsverschickung von Arbeiterinnen-Müttern."[96]

Leistungsertüchtigung

Sammelbezeichnung für alle Maßnahmen zur Produktivitätssteigerung eines Betriebes.

▶ „Zusammenfassende Bezeichnung für alle Maßnahmen, die dem Zweck dienen, den Leistungswillen und die Leistungsfähigkeit der schaffenden deutschen Men-

---
[93] Rühle, G.: Das Dritte Reich, Bd. 1937, 145.
[94] Gebucht: Paechter.
[95] Pimpf im Dienst. Ein Handbuch für das Deutsche Jungvolk in der HJ., 1938, 16.
[96] Meyers Lexikon, Bd. 4, 1938, 633 f., s. v. Frauenwerk, Deutsches.

schen bestmöglichst anzusetzen und eine Ertüchtigung von innen her zu bewirken. Aufgaben der Leistungsertüchtigung sind vor allem: Bestgestaltung der Berufslenkung und Arbeitszuteilung, ständige Höherentwicklung der Gemeinschaftsarbeit, lebendige Menschenführung, Bestgestaltung der technischen Ausrüstung, lebendige Durchgestaltung der Betriebsorganisation, Arbeit an der Kraft des einzelnen Arbeitskameraden, um die Erbanlagen zu entwickeln und Schäden zu unterbinden."[97]

Leistungsgemeinschaft

Bezeichnung für die ↑ *Deutsche* Arbeitsfront und allgemein die Gemeinschaft der ↑ *Arbeiter der Stirn und der Faust* in der deutschen ↑ *Volksgemeinschaft*.

▶ „In der Verordnung des Führers vom 24. 10. 1934, mit der er Weg und Ziel der DAF. festlegte, heißt es unter anderem, daß sie für die Berufsschulung Sorge zu tragen hat, um die Leistungsgemeinschaft aller Deutschen erzielen zu können."[98]
„In Deutschland marschiert die Leistungsgemeinschaft und bringt immer herrlichere Früchte hervor. Betriebsführer und Betriebsobmänner, die Mitglieder der Vertrauensräte und die ganze Gefolgschaft, sie alle marschieren im gleichen Gedanken als Soldaten des Leistungskampfes für ein schönes und stolzes Deutschland und für ein zufriedenes, glückliches deutsches Arbeitertum."[99] „An die Stelle des Klassenkampfes trat die Volksgemeinschaft. In der Deutschen Arbeitsfront findet diese Volksgemeinschaft ihren sichtbaren Ausdruck durch den Zusammenschluß schaffender Deutscher der Stirn und der Faust. Das Ziel der Deutschen Arbeitsfront ist die Bildung einer wirklichen Volks- und Leistungsgemeinschaft aller schaffenden Deutschen. Die Deutsche Arbeitsfront hat dafür zu sorgen, daß jeder einzelne seinen Platz im wirtschaftlichen Leben der Nation in der geistigen und körperlichen Verfassung einnehmen kann, die ihn zur höchsten Leistung befähigt und damit den größten Nutzen für die Volksgemeinschaft gewährleistet."[100]

Leistungsgrundsatz

Gleichbedeutend mit ↑ *Leistungsprinzip*.[101]

▶ „Leistungsgrundsatz, der besonders beim Nationalsozialismus vertretene Grundsatz, daß nicht Herkommen, Vermögen oder Vorbildung, sondern die Leistung im Dienste der Volksgemeinschaft entscheidend ist für den Wert des einzelnen und seine Stellung innerhalb der Gemeinschaft."[102]

---

[97] Meyers Lexikon, Bd. 7, 1939, 425, s. v.
[98] Die Deutsche Arbeitsfront hält Rückschau. Jahresbericht 1936 d. DAF, Gauwaltung Düsseldorf, o. O., o. J. (1938), 13.
[99] Jahres- und Leistungsbericht d. Gauwaltung Düsseldorf, o. J. (1938), 19.
[100] Organisationsbuch der NSDAP. 1943, 188.
[101] Gebucht: Paechter.
[102] Volks-Brockhaus 1940, 399.

Leistungskampf

Wettbewerb der Betriebe um die Verleihung der Bezeichnung ↑ *Nationalsozialistischer Musterbetrieb*.

▶ „[R. Ley:] Auf Grund der Verfügung des Führers vom 29. August 1936 betr. Auszeichnung ‚Nationalsozialistischer Musterbetrieb' bestimme ich daher: Die Bewerbung um den Vorschlag zum ‚Nationalsozialistischen Musterbetrieb' wird durchgeführt als ‚Leistungskampf der deutschen Betriebe'. Die Teilnahme an diesem Betriebswettkampf ist für die NSDAP. und die in ihrem Auftrag handelnde Deutsche Arbeitsfront ein Gradmesser dafür, wieweit sich jeder deutsche Betrieb aus innerer Verpflichtung gegenüber Führer und Volk in die vorderste Front des Nationalsozialismus stellt und die Ziele des Führers an seinem Platz und unter Ausnutzung seiner Möglichkeiten zu seinen Zielen macht. Die Bewerbung eines Betriebes um die Auszeichnung wird durch einen Antrag des Betriebsführers beim gebietlich zuständigen Gauobmann der Deutschen Arbeitsfront eingeleitet. [...] Dem Antrag ist eine eingehende Begründung beizufügen, die darlegt, inwieweit in dem Betrieb der Gedanke der nationalsozialistischen Betriebsgemeinschaft verwirklicht ist und auf Grund welcher Leistungen und Tatsachen (Leistungsabzeichen) der Betrieb würdig erscheint der Auszeichnung als ‚Nationalsozialistischer Musterbetrieb'."[103] „Nachdem der Leistungskampf für R[üstungs]Betriebe verboten worden ist, hat die DAF auf diese Betriebe Druck auszuüben versucht, um die Beteiligung am Leistungskampf zu erzwingen. Dieses Drängen wird vielfach als störend und als Überspitzung der sozialen Maßnahmen empfunden, zumal in einer Zeit, in der wehrwirtschaftliche Vorbereitungen wichtiger wären."[104]

„3845 Betriebe im Leistungskampf. Dem Büro für Arbeitsausschüsse untersteht zugleich auch die Führung des Leistungskampfes der deutschen Betriebe, für den selbstverständlich der Gauobmann die Verantwortung trägt. [...] Der Leistungskampf wird als seine Auswirkung eine vollkommene Revolutionierung der deutschen Arbeitspolitik im Gefolge haben. Er soll uns zeigen, wie weit die nationalsozialistischen Forderungen von der Wirtschaft erfüllt worden sind. Es soll zum Ausdruck kommen, daß die Betriebsgemeinschaften wissen, daß unser Sozialismus kein Lippenbekenntnis ist, sondern durch die Tat unter Beweis gestellt werden muß."[105] Der Leistungskampf stellt außerdem einen Prüfstein der Härte der Betriebsgemeinschaft und der Kameradschaft dar. Es sollen festgestellt werden das soziale Verständnis, der Geist und die Güte der sozialen Einrichtungen sowie der Widerhall, den die nationalsozialistische Weltanschauung in den Herzen der Betriebsgemeinschaft gefunden hat."[106]

---

[103] In: Rühle, G.: Das Dritte Reich, Bd. 1937, 146.
[104] Monatsbericht d. Wehrwirtschafts-Inspektion XIII, Nürnberg, 17. 9. 1937. In: Bayern in der NS-Zeit, 1977, 268.
[105] Jahres- u. Leistungsbericht d. Gauwaltung Düsseldorf, o. J. (1938), 18.
[106] Ebd., 19.

Leistungsmensch

Der ↑ *nordische Mensch*, einer der von L. F. Clauß definierten ↑ *Rassetypen*.[107]

▶ „L. F. Clauß: Wir nennen den in diesem Abschnitt dargestellten rassischen Stiltypus den Leistungsmenschen."[108] „Rassenseelenkundlich lassen sich die das Germanentum bildenden Elemente am treffendsten mit den von L. F. Clauß geprägten Worten bezeichnen. Clauß bezeichnet den nordischen Menschen als ‚Leistungsmenschen', den fälischen Typ kennzeichnet er als ‚Verharrungsmenschen'"[109] „Es ist also kein Zufall, daß der Rassenseelenforscher Clauß bei der Definition der rassenseelischen Eigentümlichkeiten dahin kommt, den nordischen Menschen als ‚Leistungsmenschen' zu bezeichnen, wobei er nicht von dem Begriff der Leistung als einem Grundmaßstab ausging, um die Erfüllung dieses Begriffes bei einer ganz bestimmten Rasse zu finden, sondern er ging vom Menschen nordischer Art aus und faßte dessen Umweltverhalten in dem Begriff Leistung zusammen."[110]

Leistungsprinzip

Von den Nationalsozialisten reklamierter Grundsatz, bei der Stellenbesetzung nicht die Herkunft, sondern allein die fachliche Qualifikation und die ↑ *charakterliche* Bewährung, d. h. die nationalsozialistische Gesinnung, zu berücksichtigen.

▶ „Leistungsprinzip, einer der obersten praktischen Grundsätze des Nationalsozialismus, wonach für den Platz, den der Volksgenosse oder die Volksgenossin in der Volksgemeinschaft einnehmen darf oder an dem sie eingesetzt werden, allein die Höhe der von fachlicher Eignung und charakterlicher Bewährung bestimmten Leistungen maßgeblich ist. — Im Gegensatz zum Marxismus und zum Kapitalismus erachtet der Nationalsozialismus in der Volksordnung alle gleich. Die Standesunterschiede sind beseitigt, Leistungsunterschiede aber gab es immer und wird es immer geben, da sie Ausdruck eines natürlichen Lebensgesetzes sind. Nur der Fähige und Lebenskräftige wird sich durchsetzen, wobei es jedem überlassen bleibt, fehlende natürliche Gaben nach Möglichkeit durch den Willen zur Leistung zu ersetzen. Das Leistungsprinzip führt zur sozialistischen Gerechtigkeit; es verhindert, daß Unfähigkeit gut und Tüchtigkeit schlecht entlohnt wird."[111]

Leistungsprüfung

Prüfung der beruflichen Leistung, sowie der „körperlichen und weltanschaulichen Tüchtigkeit" ‚aller schaffenden Deutschen" im ↑ *Reichsberufswettkampf*.

---

[107] Gebucht: Paechter.
[108] Rasse und Seele, 6. Aufl. 1936, 29. (Zuerst 1926).
[109] W. Meyer: Rassische Grundlagen d. Germanentums, Der Deutsche Student, 4/Febr. 1936, 61.
[110] Best, W.: Kultur oder Bildung, 1939, 15.
[111] Meyers Lexikon, Bd. 7, 1939, 427.

› Der Ausdruck *Leistungsprüfung* wurde von R. W. Darré aus der die Tierzucht betreffenden landwirtschaftlichen Fachsprache auf menschliche Verhältnisse übertragen. „Man unterwirft jedes für die Zucht in Frage kommende Tier einer Leistungsprüfung."[112] „Die Frage, wer für den neuen Adel auf den Hegehöfen herangezogen werden soll [...] sei immerhin kurz besprochen [...]. Denn eine bessere ‚Leistungsprüfung' als das seelische Verhalten eines Deutschen in Deutschlands größter Notzeit finden wir so bald nicht wieder. Erhalten wir uns dieses Blut, dann erhalten wir unter allen Umständen einen brauchbaren Stamm an Blutlinien, der auch in zukünftigen Notzeiten dem deutschen Volke Führer stellen dürfte, die ihrer Aufgabe gewachsen sein werden."[113] In der 7. Auflage von ‚Meyers Lexikon' fand sich 1927 als einziger Eintrag unter dem Stichwort *Leistungsprüfung*: ‚zahlenmäßige Feststellung der Leistungsfähigkeit bei landwirtschaftlichen Nutztieren zum Zweck der Zuchtwahl'.[114] In der 8. Auflage lautet 1939 der Eintrag: „Leistungsprüfungen, 1) Reichsberufswettkampf. 2) Im Sport. 3) In der Tierzucht [...]."[115]

liquidieren

Erschießen, beseitigen, hinrichten.[116]

› Der ursprünglich kaufmännische Ausdruck *liquidieren* ‚Geschäft auflösen, zu Geld machen' wurde im 17. Jahrhundert entlehnt aus gleichbedeutend spätlat./ital. *liquidare*, zu lat. *liquidus* ‚flüssig'. Ein Geschäft wird aufgelöst, indem es in ‚flüssige Mittel' verwandelt wird. Die Bedeutung ‚beseitigen, hinrichten' ist aus ‚auflösen' spezialisiert.[117]

› Die Nationalsozialisten verwendeten *liquidieren* in der Bedeutung ‚töten, beseitigen'. In der Vernehmung des Amtschefs III des Reichssicherheitshauptamtes Ohlendorf vor dem Nürnberger Gerichtshof sagte Ohlendorf aus: „Es war die Weisung erteilt, daß in dem Arbeitsraum der Einsatzgruppen im russischen Territorium die Juden zu liquidieren seien, ebenso wie die politischen Kommissare der Sowjets." Auf die Frage des vernehmenden Obersts Amen: „Wenn Sie das Wort ‚liquidieren' verwenden, meinen Sie töten?" antwortete Ohlendorf: „Damit meine ich ‚töten'."[118] Die 12. Auflage des Rechtschreibdudens bringt 1941 unter dem Stichwort *liquidieren* zum erstenmal den zusätzlichen Eintrag ‚beseitigen'.[119] Daß der Ausdruck häufig in dieser Verwendung vorgekommen sein muß, bestätigen Presseanweisungen, die den Gebrauch untersagen. „Wenn von standrechtlichen Erschießungen die Rede ist, soll auch dieser Ausdruck angewendet werden. Naßforsche Ausdrücke, wie ‚liquidieren' oder ‚in Sonderbehandlung nehmen', wie sie in PK- und sonstigen Berich-

---

[112] Darré, R. W.: Neuadel aus Blut und Boden, 1934 (zuerst 1930), 179.
[113] Ebd., 59 f.
[114] Meyers Lexikon, 7. Aufl., Bd. 7, 1927, 814.
[115] Meyers Lexikon, 8. Aufl., Bd. 7, 1939, 427.
[116] Gebucht: Duden, 12. Aufl. 1941. (Nicht in: Volks-Brockhaus 1940.)
[117] Vgl. Kluge 1989, 444 f.
[118] In: Der Nürnberger Prozeß, Bd. 4, 350.
[119] Duden, 12. Aufl. 1941, 343 f., s. v. Liquefaktion.

ten aufgetaucht sind, sind höchst unangebracht."[120] „Wenn über erfolgte Erschießungen berichtet wird, soll der sachlich zutreffende Ausdruck ‚standrechtlich erschossen' gebraucht werden."[121] Die Anweisungen blieben jedoch weitgehend erfolglos. Insbesondere im Sprachgebrauch der SS und der „Geheimen Reichssachen" blieb *liquidieren* üblich. „Daß man die Polenfrage nicht in dem Sinne lösen kann, daß man die Polen, wie die Juden liquidiert, dürfte auf der Hand liegen. Eine derartige Lösung der Polenfrage würde das deutsche Volk bis in die ferne Zukunft belasten und uns überall die Sympathien nehmen, zumal auch die anderen Nachbarvölker damit rechnen müßten."[122] „Der Nuntius hat anläßlich seiner Vorsprache am 29. Mai d. Js. bei dem Herrn Staatssekretär erwähnt, daß im November v. Js. in Lemberg 17 Professoren verhaftet worden seien. Meine privatdienstliche Anfrage bei Herrn Gesandten von Wühlisch hat ergeben, daß nach der Herrn Gesandten von Wühlisch von den zuständigen Behörden streng geheim gemachten mündlichen Mitteilung, die in Lemberg seinerzeit verhafteten 17 Professoren sämtlich liquidiert worden seien."[123] „Es ist noch zu melden, daß immer wieder Teile der eingesetzten Verbände, seit gestern auch von außerhalb des Ghettos, also aus dem arischen Teil, beschossen werden. Sofort eindringenden Stoßtrupps gelang es, in einem Falle 25 poln. Banditen, Kommunisten zu fassen, die sofort liquidiert wurden."[124]

Luftschutz

Sammelbezeichnung für alle Maßnahmen zum Schutz gegen Luftangriffe[125], mit zahlreichen Komposita.

> W. Schulze, der Herausgeber und Bearbeiter der 11. Auflage von Wustmanns ‚Sprachdummheiten' (1943) zählt *Luftschutz* „zu den trefflichen Neubildungen". W. Linden nennt in seinem Beitrag zur ‚Deutschen Wortgeschichte' ‚Aufstieg des Volkes' den Zeitpunkt der Bildung des Ausdrucks: „Dazu, bereits seit dem März 1933 (Gründung des Reichsluftschutzbundes) der *Luftschutz, Luftschutzpflicht, Luftschutzgesetz,* Luftschutzwart, Lufschutzraum (Kürzel: *Schutzraum, Splitterschutzraum), Schutzgraben, Werkluftschutz.*"[126] Im ‚Volks-Brockhaus' wird 1940 zwischen „militärischem Luftschutz", der „vor allem Aufgabe der Luftwaffe" ist, und dem „zivilen Luftschutz" unterschieden. „Nach dem **Luftschutz-Gesetz** vom

---

[120] Br 22/141, 15. 11. 1941 (Anw. Nr. 642); ähnlich: Sä 35/43, 15. 11. 1941. Zit. Glunk, ZDS 23/1967, 83.
[121] ZD 5738, 21. 11. 1941. Zit. Glunk ebd.
[122] Dok. Nr. 2 (NG−2325), 27. 4. 1942. Zit. Wetzel, E.: Der Generalplan Ost, VJZG 6/1958, 308.
[123] Geheime Reichssache. Durchschlag. RLLR Picot, 13. 6. 1942. Zit. Brenner, H.: Die Kunstpolitik d. Nationalsozialismus, 1963, 216.
[124] SS- und Polizeiführer Stroop: Bericht über die Vernichtung d. Warschauer Ghettos, 22. 4. 1943. In: Die Wandlung, 2/1947, 544.
[125] Gebucht: Duden, 11. Aufl. 1934, 12. Aufl. 1941; Knaur 1934, Meyers Lexikon 1936 ff., Trübners DWB, Volks-Brockhaus 1940.
[126] Maurer/Stroh (Hg.): Deutsche Wortgeschichte, Bd. 2, 1943, 399 f.

26. 6. 1935 besteht eine allgemeine **Luftschutz-Pflicht** für alle Deutschen. [...] Der zivile Luftschutz gliedert sich folgendermaßen: 1) Sicherheits- und Hilfsdienst [...]; 2) Werkluftschutz: Luftschutz der Betriebe; 3) Selbstschutz: Er wird vom **Reichsluftschutzbund** durchgeführt. In jedem Haus ist ein Luftschutzwart für die Vorbereitung des Luftschutzes (Entrümpelung, Verdunkelung, Schutzräume, Löschdienst) verantwortlich. Ihm stehen Selbstschutzkräfte (Hausfeuerwehr, Laienhelfer, Melder) zur Seite. Nach und nach sollen alle Volksgenossen im Selbstschutz ausgebildet werden."[127] Die Ausbildung der „Volksgenossen" „für den Selbstschutz im Luftschutz" wurde, je nach Initiative der Unterabteilungen des ↑ *Reichsluftschutzbundes*, zugleich für die *nationalsozialistische* ↑ *Propaganda* genutzt. So führte die Landesgruppe VI a „Rheinland" einen *Luftschutz-Donnerstag* ein: „Der Luftschutz-Donnerstag soll seinen Einzug in das Gebiet der Landesgruppe Rheinland halten und soll den Beweis erbringen, daß unsere Bevölkerung an Rhein und Ruhr sich zum Sozialismus der Tat bekennt und als getreue Gefolgschaft unseres Führers sich bereitmacht für den Selbstschutz im Luftschutz. An jedem einzelnen Amtsträger liegt es nun, diesen Luftschutz-Donnerstag zu einem Volksbegriff in nationalsozialistischer Auffassung zu machen. [...]"[128]

---

[127] Ebd., 418.
[128] Anordnungen z. Durchführung d. Luftschutz-Donnerstags der Reichsluftschutzbund-Landesgruppe VI a „Rheinland", Düsseldorf, 1. 1. 1938, 5.

M

Machtergreifung

Bezeichnung für Hitlers Ernennung zum Reichskanzler am 30. 1. 1933 und die nachfolgenden Maßnahmen zur Etablierung der Alleinherrschaft der NSDAP.[1]

▶ Der Ausdruck *Machtergreifung*, den die Münchener Polizei schon 1923 im Zusammenhang mit dem gescheiterten Hitler-Putsch verwendete,[2] wird unmittelbar vor und nach dem Machtantritt Hitlers in der konkreten Bedeutung ‚Zugriff auf die Macht' verwendet, und zwar sowohl von Beobachtern der Nationalsozialisten wie von den Nationalsozialisten selbst. Wilhelm Stapel, einer der Herausgeber der Zeitschrift ‚Deutsches Volkstum' schreibt in der Nummer vom 15. Juni 1932: „Beide Lösungen setzen voraus, daß der Nationalsozialismus eine Partei sei wie die andern Parteien auch, nur noch etwas rechter. Hier ist vielleicht der Irrtum. In der nationalsozialistischen Partei sind freilich auch Kräfte, die sich genug täten, wenn sie sich im legalen Rahmen betätigen könnten. Aber es steckt im Nationalsozialismus ursprünglich noch etwas andres: der Machtwille. Diesem Machtwillen ist Parlament, Partei, Legalität, Verhandlung mit der Regierung nichts anderes als Mittel zum Zweck der Machtergreifung. Dieser Nationalsozialismus steht nicht als ‚Rechtspartei' ‚ganz rechts', sondern er steht außerhalb des Parteigetriebes und benutzt das Getriebe."[3] In seiner ‚historischen Darstellung in Tagebuchblättern' ‚Vom Kaiserhof zu Reichskanzlei' beschreibt Goebbels unter dem Datum vom 8. 8. 1932 die Situation der Partei kurz vor dem Erfolg ihres pseudolegalen Weges zur Macht: „Anruf von Berlin. Dort rumort es. Vor allem auch in der eigenen Partei und SA. Ein Berichterstatter kommt herunter, um nähere Nachrichten zu bringen. Die ganze Partei hat sich bereits auf die Macht eingestellt. Die SA. verläßt ihre Arbeitsplätze, um sich bereitzumachen. Die politischen Amtswalter richten sich auf die große Stunde ein. Wenn es gut geht, dann ist alles in Ordnung. Geht es aber schlecht, dann gibt es einen furchtbaren Rückschlag. Wir überlegen mit dem Führer bis zum heranbrechenden Morgen. Die Probleme der Machtergreifung werden eingehend durchgesprochen. Wir müssen jetzt klug sein wie die Schlangen. Einmal kann man alles auf

---

[1] Gebucht: Duden, 11. Aufl. 1934, 12. Aufl. 1941. Getilgt: Duden, 13. Aufl. 1947.

[2] In einem Zuleitungsvermerk der Polizeidirektion München v. 13. 12. 1923 heißt es, bezugnehmend auf eine nationalsozialistische Flugschrift „Was von Kahr gefordert werden muß": „Der anliegende Entwurf fand sich unter den anläßlich der Auflösung der N. S. D. A. P. [...] beschlagnahmten Papieren. Aus demselben geht hervor, daß man tatsächlich in Kreisen des Kampfbundes mit der Machtergreifung rechnete [...]." Dok. 13 in: Deuerlein, E.: Der Hitler-Putsch. Bayerische Dokumente z. 8./9. November 1923, 1962, 185.

[3] Deutsches Volkstum, 14/15. 6. 1932, 506.

eine Karte setzen, aber diese Karte darf nicht leichtsinnig ausgespielt werden."[4] „Man kann verschiedener Meinung sein: wenn auch der Hitlerputsch ein Unglück gewesen ist, — jedenfalls aber ist er ein Versuch der Machtergreifung gewesen."[5] „Die Zeiten der äußeren und inneren Kämpfe der NSDAP. um die Machtergreifung gehören der Geschichte an."[6] Schon sehr bald bezeichnet *Machtergreifung* abgeblaßt die *Zeitwende* der NS-Geschichte in eingeschliffenen Zeitangaben wie „vor der Machtergreifung", „nach der Machtergreifung", „seit der Machtergreifung". (Mindestens ebenso gebräuchlich ist der Ausdruck ↑ *Machtübernahme*.) „Der Bezirksamtsvorstand in Kötzting berichtet: ‚Die Arbeiterschaft ist zwar im allgemeinen ruhig, doch macht sich in Neukirchen unter dem Deckmantel der NSBO ein gewisses Machtgefühl bemerkbar. Man will die Einstellung der Arbeiter beim Notstandsbau selbst diktieren, wobei auffällt, daß gerade die Kreise dirigieren, die bei der Machtergreifung durch die Partei als Kommunisten in Schutzhaft saßen. […]'"[7] „In den großen Städten Deutschlands und in Wien wurden solche Pflegstätten des Nationalsozialismus geschaffen. Unter der Bezeichnung ‚Braunes Haus' bilden sie den Mittelpunkt des örtlichen Parteilebens. Nach der Machtergreifung sind sie darüber hinaus als Sitz der Parteibehörde für das gesamte Leben der Nation von bestimmendem Einfluß."[8] „Der Kampf ging vor der Machtergreifung sowohl gegen die reaktionären Gruppen auf dem Lande selber wie gegen das spekulative Händlertum und seinen Kern, das jüdische Bank- und Börsenwesen."[9] „Erst ein halbes Jahr nach der Machtergreifung durch den Führer schlug die Stunde für die Neugestaltung des Bauerntums."[10] „Die Aufgaben der Partei sind nicht, wie mancher Außenstehende früher glaubte prophezeien zu können, kleiner geworden nach der Machtergreifung; sie sind größer geworden."[11] „Trotzdem spricht man volkstümlich im In- und Auslande bis heute von der Zeit seit der Machtergreifung (30. Jan. 1933) nur vom ‚Dritten Reich'."[12]

Machtübernahme

Bezeichnung für die Ernennung Hitlers zum Reichskanzler am 30. 1. 1933.[13]

▶ M. Pechau hält 1937 in seinem Aufsatz ‚Nationalsozialismus und deutsche Sprache' in den ‚Nationalsozialistischen Monatsheften' fest: *„Machtübernahme*, das

---

[4] Ebd., 25. Auflage, 1939 (zuerst 1934), 140.
[5] Goebbels: Der Nationalsozialismus führt Diskussionsreden, 19. 11. 1932. In: Signale der neuen Zeit, 1934, 93.
[6] Aufruf an alle! Der Schulungsbrief, 1/Mai 1934, 19.
[7] Halbmonatsbericht d. Reg.präsidenten v. Niederbayern u. Oberbayern, 5. 4. 1934. In: Bayern in der NS-Zeit, 1977, 220.
[8] Wagner, H.: Taschenbuch d. neuen Staates, 2. Aufl. 1934, 33.
[9] v. Leers, J.: Odal, 2. Aufl. 1936.
[10] Ebd., 704.
[11] Heß, R.: Rede am 18. 4. 1937. In: Rühle, G.: Das Dritte Reich, Bd. 1937, 108.
[12] Büchmann (W. Rust): Geflügelte Worte, 1943, 405.
[13] Gebucht: Duden, 11. Aufl. 1934, 12. Aufl. 1941. Getilgt: Duden, 13. Aufl. 1947.

Wort ist ein fester Begriff geworden."[14] In seiner 1935 publizierten Dissertation mit dem gleichen Titel erwähnt er den Ausdruck, noch nicht. In Wagners ‚Taschenbuch des neuen Staates' von 1934 wird *Machtübernahme* präzisiert: „Nach der Machtübernahme durch den Nationalsozialismus [...] floh ein großer Teil der politischen Gegner und mit ihnen der Schwarm jüdischer Drahtzieher, der dem korrupten Regime der Novembermänner das Gepräge gegeben hatte."[15] In der 8. Auflage von ‚Meyers Lexikon' wird 1936 noch ein bestimmender Hinweis für nötig gehalten: „Nach der Machtübernahme (1933) erprobte sich der neue deutsche Stil in gewaltigen Bauten."[16] Spätestens ab 1937 ist die absolute Verwendung des Ausdrucks üblich: „Denn der Führer hat dem bald nach der Machtübernahme neugegründeten Ministerium den Auftrag erteilt, ‚alle Aufgaben der geistigen Einwirkung auf die Nation zusammenzufassen.'"[17] „Während der Marxismus in allen Abarten in phrasenhafter Weise von den Menschenrechten sprach [...], ging der Nationalsozialismus sofort nach der Machtübernahme an die Arbeit, um die sozialen Fragen zu lösen."[18] „Mit anderen Worten: Wir haben wirklich eine geschlossene Welt an Gegnern gegen uns gehabt, und es ist selbstverständlich, daß im Augenblick der Machtübernahme sich das nur steigerte."[19] „Als politische Redner werden zur Zeit nur Parteigenossen bestätigt, die bereits vor der Machtübernahme Mitglied der NSDAP waren."[20] „Das Hakenkreuzdenkmal wurde kurz nach der Machtübernahme als Symbol deutscher Einigkeit [...] in Au bei Bad Aibling errichtet."[21] Hitler spricht in seinen letzten Monologen, in seinem sogenannten ‚Politischen Testament', nur von *Machtübernahme* (nicht *Machtergreifung*): „Die Kriegshetze datiert schon seit dem Januar 1933, dem Tage der Machtübernahme."[22] (21. 2. 1945) „Ein unglücklicher geschichtlicher Zufall hat es gefügt, daß die Machtübernahme mit dem Zeitpunkt zusammentraf, in dem der Auserwählte des Weltjudentums, Roosevelt, das Steuer im Weißen Haus übernahm."[23] (24. 2. 1945)

Mädel

Mitglied des *Bundes Deutscher Mädel (BDM)*.[24]

> *Mädel*, Pluralform *Mädels* oder *Mädel*[25], 1691 bei Stieler belegt[26], wie *Mädchen* eine Verkleinerungsform von *Magd*, wird im 17. Jahrhundert häufig von süddeut-

---

[14] NS-Monatshefte, 8/Dez. 1937, 1068.
[15] Ebd., 2. Aufl., 1934, 98.
[16] Meyers Lexikon, 8. Aufl., Bd. 2, 1937, 1170, s. v. Deutsche Kultur.
[17] Handbuch d. Reichskulturkammer, 1937, 18.
[18] Jahres- und Leistungsbericht d. Gauwaltung Düsseldorf, o. J. (1938), 19.
[19] Hitler, 30. 1. 1942. In: Domarus, Bd. 2, 1828.
[20] Organisationsbuch der NSDAP. 1943, 299.
[21] Monatsbericht d. Gendarmerie-Station Au, 11. 9. 1944. In: Bayern in der NS-Zeit, 1977, 674.
[22] Hitlers politisches Testament, 1981, 98.
[23] Ebd., 103.
[24] Gebucht: Duden, 10. Aufl. 1930, 11. Aufl. 1934, 12. Aufl. 1941; Trübners DWB.
[25] GWB Duden 1994.
[26] Vgl. Paul 1992, 549, s. v. Mädchen.

schen Schriftstellern gebraucht, breitet sich im 18. Jahrhundert regional auch im Norddeutschen aus[27] und wird als die im Vergleich zu *Mädchen* ungezwungenere Form[28] von der Jugendbewegung aufgegriffen. „Schon vor Wöbbelin war von der Bundesleitung der Vorschlag gemacht, einen eigenen Mädeltag bei Lüneburg zu veranstalten. Da weder Bundesleitung noch die Gruppen Ernst und Interesse an der Sache hatten, wurde nichts daraus, und der Plan fiel ins Wasser. Für den Jungentag in Wöbbelin wurde vorbereitet, alle Welt redete nur vom kommenden Bundestage am Grabe Körners, und man vergaß ganz, daß mit uns Mädel nicht gerechnet wurde. [...] Vor allen Dingen ist es nötig, daß wir uns darüber klarwerden, was wir mit einer eigenen Tagung wollen. Ist sie erforderlich und wird sie uns fördern? Eine Zusammenkunft aller Mädel, fein, mit Heil und Hurra begrüßt! Aber um zusammenzukommen, brauchen wir doch keinen eigenen Bundestag."[29] (1914) „Heil Euch Mädeln! Ihr wollt nun wissen, wie es auf dem Mädelthing zuging. Ja, da gab es zunächst wenig Erfreuliches. Die Trennung war allen mächtig in die Glieder gefahren. Weil wir Gauleiterinnen nun schon einige Tage früher damit fertig geworden waren und infolgedessen auf der Bundestagung ein Junge behauptete, die älteren Mädel seien ja begeistert für den Mädelbund, betrachteten uns im Anfang die jüngeren Mädel sämtlich als Frauenrechtlerinnen, denen die Emanzipation über alles geht. [...] Eins aber muß uns mit allen Bundesschwestern verbinden, fester als alle Organisation: wir wollen alle dem einen großen Ziel nachstreben, wieder echte, wahre deutsche Mädchen zu werden, an unserem Teil dazu beitragen, dem Verfall unseres Volkes, aller Unkultur und Überkultur entgegenzuarbeiten."[30] (1920)

> Mit der Gründung des ↑ *Bundes Deutscher Mädel in der Hitlerjugend* im Jahr 1930 wird *Mädel* zur amtlichen Bezeichnung für die Mitglieder dieser Organisation.[31] Die Namen der Organisationseinheiten des *BDM* sind Weiterbildungen zu *Mädel*: „1. Die Mädelschaft (etwa zehn Mädel), 2. die Mädelschar (etwa drei bis vier Mädelschaften), 3. die Mädelgruppe (etwa vier Mädelscharen), 4. der Mädelring (etwa drei bis fünf Mädelgruppen). Etwa vier bis acht Mädelringe werden im Bann zusammengefaßt."[32] „Das BDM-Werk „Glaube und Schönheit" wurde vom Reichsjugendführer geschaffen zur Erfassung und Erziehung der deutschen Mädel im Alter von 17 bis 21 Jahren."[33] Das Erziehungsziel des BDM-Werks ↑ *Glaube und Schönheit* ist *das schöne Mädel*. „Die Bildung zum schönen Mädel, zu der ihm eigenen natürlichen Anmut, wird durch die Arbeitsgemeinschaften für Leibesübungen und Gymnastik und durch planmäßige Körperpflege gefördert. Auf diese Weise wird das schöne Mädel zum bestimmenden Typ unserer Zeit erzogen."[34]

---

[27] Vgl. DWB, Bd. 6, 1885, 1426, s. v.
[28] Trübners DWB, Bd. 4, 1943, 527, s. v. Mädchen.
[29] Bundesmitteilungen des „Alt-Wandervogel", H. 2, 17. 2. 1914. In: Kindt, W. (Hg.): Die deutsche Jugendbewegung. Die Wandervogelzeit, 1968, 139 u. 140.
[30] Bundesmitteilungen, Rundbriefe d. Bundesleitung an die Gaue u. Gruppen, Mai 1920. In: Kindt, W. (Hg.): Die deutsche Jugendbewegung. Die bündische Zeit, 1974, 48.
[31] Vgl. Trübners DWB, Bd. 4, 1943, 527.
[32] Organisationsbuch der NSDAP. 1943, 442.
[33] Ebd., 443a.
[34] Meyers Lexikon, Bd. 6, 1939, 615.

Maid

Kurzform für *Arbeitsmaid*, Bezeichnung für die Angehörige des ↑ *Reichsarbeitsdienstes für die weibliche Jugend*.[35]

> *Maid*, Pluralform *Maiden*, mhd. *meit*, durch Zusammenziehung aus gleichbedeutend mhd. *maget* ‚Magd' entstanden[36], wurde bis ins 16. Jahrhundert in der Bedeutung a) ‚Jungfrau', b) ‚Dienerin' verwendet, verschwand dann aus dem Sprachgebrauch und wurde Mitte des 18. Jahrhunderts literarisch neubelebt. „In einer bestimmten Richtung aber erhält Maid einen ganz neuen Inhalt. 1897 gründet Ida von Kortzfleisch in Nieder-Ofleiden die erste ländliche Frauenschule […]. Die Schülerinnen werden Maiden genannt, wobei die Buchstaben des Wortes Maid die Eigenschaften Mut, Aufopferung, Idealismus und Demut kennzeichnen sollen. […] Der Gedanke einer weiblichen Dienstpflicht, den Ida von Kortzfleisch ausgesprochen hatte, wird im freiwilligen und später im Reichsarbeitsdienst für die weibliche Jugend aufgenommen und vollendet."[37]

> Für die Mitglieder des *Reichsarbeitsdienstes für die weibliche Jugend* wird die Bezeichnung *Arbeitsmaid* eingeführt, für die häufig die Kurzform *Maid* verwendet wird. „Zum fünften Male kann ich euch, Männer des Reichsarbeitsdienstes, hier begrüßen. Zum zweiten Male euch Maiden!"[38] „Als des Reiches Führer und Kanzler bin ich glücklich über den Anblick, der sich mir bietet, glücklich über den Geist, der euch beseelt, und glücklich über mein Volk, das solche Männer und Maiden besitzt! Heil euch!"[39] „Maiden helfen im Westen."[40] „Heim und Leben der Maiden."[41] „Eine ausgesprochene Mißstimmung herrscht gegenüber dem weiblichen RAD. […] Man steht allgemein auf dem Standpunkt, daß die Maiden keine wirkliche Hilfe bedeuteten, zumal sie auch meist über keinerlei Vorkenntnisse verfügen oder wenigstens kein Interesse an der Arbeit hätten, die sie ja doch nur vorübergehend ausführten, wie sie wüßten."[42] „Die Maiden arbeiten täglich 7 Stunden auf dem Bauernhof, wo sie gemeinsam mit der Bäuerin alle Arbeiten im Haus, auf dem Feld, im Garten und im Stall verrichten."[43] „In den gemeinsam verlebten Feierabenden lernen die Maiden vieles wieder, was völlig verlorengegangen war. Sie lernen wieder deutsche Lieder singen, sie lernen Geschichten und Märchen erzählen und sie lernen wieder Spielen in Stegreif- und Kasperlespielen."[44] „Die Gradbezeichnungen Maidenunterführerin, Maidenoberführerin, Maidenhauptführerin bilden sich mit dem weiteren Ausbau [des Arbeitsdienstes] heraus. So wird ein fast ausgestorbenes

---

[35] Gebucht: Meyers Lexikon 1936 ff.
[36] Vgl. Paul 1992, 549.
[37] Trübners DWB, Bd. 4, 1943, 536, s. v.
[38] Hitler: An die Arbeitsmänner. Reden des Führers am Parteitag Großdeutschland 1938, 46.
[39] Ebd., 47.
[40] Das Reich, 4. 8. 1940, 27.
[41] Das Reich, 8. 9. 1940, 28.
[42] Bericht d. SD-Außenstelle Kitzingen, 7. 3. 1941. In: Bayern in der NS-Zeit, 1977, 614 f.
[43] Organisationsbuch der NSDAP. 1943, 469b.
[44] Ebd.

Wort mit frischestem Leben neuer Zeit erfüllt und wieder allgemein volkstümlich."[45]

≫ Heute ist der Ausdruck *Maid* veraltet und wird nur noch gelegentlich spöttisch verwendet.[46]

marschieren

Nationalsozialistisches Modewort: a) konkret (von NS-Organisationen und Militär): sich im Gleichschritt in Kolonnen, Umzügen, Aufmärschen, Vorbeimärschen fortbewegen.; b) metaphorisch: 1. sich unaufhaltsam Bahn brechen, 2. ↑ *weltanschaulich ausgerichtet* sein, 3. die Zukunft gestalten.

> *marschieren*, aus frz. *marcher* steht seit Anfang des 17. Jahrhunderts für das ältere *gleichschreiten*, zunächst von Fußtruppen, dann von allen Truppengattungen, gleichgültig ob beritten, motorisiert.[47] Auch die metaphorische Verwendung des Ausdrucks scheint von Frankreich auszugehen. Unmittelbares Vorbild für solche Formulierungen wie „Die Sozialisierung marschiert" auf einem SPD-Plakat von 1919 – an dem Walther Rathenau in einem offenen Brief Anstoß nahm: „So unehrlich […] ist das Plakat" –[48] könnte das geflügelt gewordene Wort Emile Zolas in seinem im Januar 1898 verfaßten Manifest „J'accuse" sein: „La vérité est en marche".[49] ‚Trübners Deutsches Wörterbuch' konstatiert 1943: „Heute gewinnt die Bedeutung ‚Vorwärtskommen, an Bedeutung zunehmen' zusehends an Verbreitung, besonders im Zeitungsdeutsch. […] Hier könnte Einfluß des frz. *ça marche* vorliegen."[50]

> a) Die Häufigkeit und die propagandistische Nutzung der Aufmärsche, Vorbeimärsche, des Marschierens überhaupt der paramilitärisch gekleideten und auftretenden NS-Organisationen, die das NS-Regime mit anderen Diktaturen teilt, führte naturgemäß zu einem inflationären Gebrauch des Ausdrucks *marschieren* im ↑ *Dritten Reich*. „Der Reichsparteitag der NSDAP in Nürnberg am 19. und 20. August [1927]. […] Über 30 000 Braunhemden aus allen Teilen des Reichs marschieren am Führer vorbei."[51] 1929 entsteht das später zur zweiten Nationalhymne gemachte ↑ *Horst-Wessel-Lied*: „Die Fahne hoch! Die Reihen fest geschlossen!/ SA marschiert mit ruhig festem Schritt. Kam'raden, die Rotfront und Reaktion erschossen, marschiern im Geist in unsern Reihen mit."[52] Unter dem Datum vom 11. 3. 1933 schreibt Goebbels in seiner ‚historischen Darstellung in Tagebuchblättern': „Im

---

[45] Trübners DWB, Bd. 4, 1943, 536.
[46] GWB Duden, Bd. 5, 1994, 2180.
[47] DFWB., Bd. 2, 77 f.
[48] Offener Brief v. 12. 4. 1919 an den Reichswirtschaftsminister Wissell (SPD). Zit. Kessler, H. Graf: Walther Rathenau, 2. Aufl. 1962 (zuerst 1928), 276.
[49] Büchmann: Geflügelte Worte, 32. Aufl. 1972, 430.
[50] Ebd., Bd. 4, 1943, 562, s. v.
[51] v. Leers, J.: 14 Jahre Judenrepublik, Bd. 2, 2. Aufl. 1933, 82.
[52] Zit. Wagner, H.: Taschenwörterbuch des neuen Staates, 2. Aufl. 1934, 291.

Lustgarten sind 150 000 Arbeiter aufmarschiert. Es ist ein berauschendes Gefühl, vor diesen unübersehbaren Menschenmassen zu reden."[53] Sowohl konkret wie metaphorisch erscheint *marschieren* in Hitlers Rede an die Jugend auf dem Reichsparteitag 1934: „Und ich weiß, das kann nicht anders sein; denn ihr seid Fleisch von unserem Fleisch und Blut von unserem Blut, und in euren Gehirnen brennt derselbe Geist, der uns beherrscht. Ihr könnt nicht anders sein als mit uns verbunden, und wenn die großen Kolonnen unserer Bewegung heute singend durch Deutschland marschieren, dann weiß ich, ihr schließt euch den Kolonnen an, und wir wissen alle: Vor uns liegt Deutschland, in uns marschiert Deutschland, und hinter uns kommt Deutschland!"[54]

b) 1. *marschieren* ‚sich unaufhaltsam Bahn brechen': „Schon können die Säle Münchens die Besucher kaum mehr fassen. Mehr und mehr bricht sich die Erkenntnis Bahn: Die N. S. D A. P. marschiert."[55] „In Deutschland marschiert die Leistungsgemeinschaft und bringt immer herrlichere Früchte hervor."[56] „Das neue Europa marschiert. Unbeirrbar – unaufhaltsam! Ob Herr Churchill und Herr Roosevelt und deren jüdische Hintermänner dies wollen oder nicht."[57] 2. *marschieren* ‚weltanschaulich ausgerichtet sein': „Und trifft diese Dreiheit im Menschen zusammen, das organisatorische Talent [...] [und] die Fähigkeit [...], Menschen [...] in einer Front marschieren zu lassen, dann ist das Format des genialen Staatsmannes vollendet."[58] „Der neue Chef des Stabes der S. A., Lutze, hat folgenden Aufruf erlassen: [...] So wollen wir, die wir Nationalsozialisten sind, gemeinsam marschieren, und ich bin überzeugt, dann kann es nur einen [sic] Marsch zur Freiheit werden."[59] 3. *marschieren* ‚die Zukunft gestalten': „Wir wollen in die Geschichte der deutschen Nation einmal einmarschieren als die Sturmtruppe der nationalen Erhebung. Heute haben wir die Macht erobert [...].Da ist es unsere höchste Pflicht derer zu gedenken, deren Opfer wir diese Macht verdanken [...] Wir marschieren mit ihnen hinein in eine große Zukunft."[60] „In einer Zeit, wo es mehr denn je nötig ist, den entscheidenden Wesensinhalt dieses Zieles sicher und klar zu erkennen, wo es gilt, die sittliche Tragkraft der nationalsozialistischen Staatsidee unter Beweis zu stellen, erscheint es mir von Belang, daß gerade die akademische Jugend straff ausgerichtet und bewußt in der Haltung in die deutsche Zukunft marschiert."[61] „Wir stehen in der Kraft des Morgens. Um uns ist es kühler geworden, aber auch heller, und mit klaren Zielen marschieren wir in die nationalsozialistische Zukunft."[62]

---

[53] Vom Kaiserhof zur Reichskanzlei, 25. Aufl. 1939 (zuerst 1934), 279.
[54] In: Adolf Hitler an seine Jugend, 1937, o. S.
[55] Espe, W. M.: Das Buch der N. S. D A. P., 1933, 52.
[56] Jahres- und Leistungsbericht d. Gauwaltung Düsseldorf, o. J. (1938), 19.
[57] Rede d. Reichsministers d. Äußeren v. Ribbentrop am 26. 11. 1947. Deutsche Informationsstelle, 1941, 28.
[58] Goebbels: Signale der neuen Zeit, Leitwort d. Verlages, 7.
[59] Basler Nachrichten, 2. 7. 1934, 1. Beilage zu Nr. 176.
[60] Hitler, Rede am 10. 4. 1933 in Berlin. Zit. Arbeitsdienst-Liederbuch, o. J. (1934), 72.
[61] Der Deutsche Student, 1/Dez. 1933, 31.
[62] Härtle, H.: Nietzsche und der Nationalsozialismus, 1937, 164.

Märzgefallene

Abwertend: die nach den Reichstagswahlen am 5. März 1933 in die NSDAP eingetretenen Opportunisten.

> *Märzgefallene* war die Bezeichnung für die Opfer der Märzrevolution 1848, die im Berliner Straßenkampf gegen die preußischen Truppen ums Leben gekommen waren. Karl Kraus bezieht den Ausdruck 1902 spöttisch abwertend auf die „Journaille" seiner Zeit, der er Doppelmoral vorwirft. Sie verkünde lauthals die demokratische Revolution, pflege aber engste Beziehungen zu den Vertretern der mit Worten bekämpften „Institutionen", „Kasten", „Classen". In Anspielung auf die Wendung *gefallenes Mädchen* nennt er die „Journaille" eine „märzgefallene Dame", eine Dame also, die durch ihr leichtfertiges Verhältnis zur Märzrevolution ihre Unschuld verloren habe. „Die Journaille fühlt demokratisch. Aber nur im Allgemeinen. Sie bekämpft die Monarchie als ‚Institution', sie hasst den Adel als ‚Kaste', sie steckt an Festtagen die zerschlissenen Ideale der Gleichheit aus. Aber diese märzgefallene Dame pflegt ihre Grundsätze nicht zu persönlichen Antipathien zu missbrauchen und bei aller programmäßigen Abneigung gegen die Classe hat sie sich noch stets zärtlicher Beziehungen zu deren Angehörigen überführen lassen."[63]

> „Nach der Machtübernahme durch den Nationalsozialismus strömten wieder einmal die Massen der gesinnungslosen Elemente in ein neues Lager, zu der bisher ängstlich gemiedenen nationalsozialistischen Partei. Diesen drücken die alten Kämpfer der Bewegung ihre Verachtung aus mit dem Namen ‚Märzgefallene'. Man wendet auch dieses Wort hauptsächlich gegen bürgerliche Elemente an, da der Nationalsozialismus den Arbeiter der Faust als weniger gesinnungslos ansieht, als den ängstlichen nach Verdienst jagenden Bürger. Interessant, wie der Sinn dieses alten Wortes für die in der Märzrevolution Gefallenen nach der Übernahme der Macht durch den Nationalsozialismus entscheidend umgewandelt wurde."[64]

Menschenmaterial

Die dem ↑ *Führer* und der Partei für die Verwirklichung ihrer Ziele zur Verfügung stehenden Menschen.[65]

> In der Geschichte des Ausdrucks *Menschenmaterial* lassen sich vier Verwendungsschwerpunkte unterscheiden: *Menschenmaterial* a) als Terminus der materialistischen Nationalökonomie in Karl Marx' ‚Kapital'; b) als Bezeichnung für den „materiellen Faktor" Soldaten im Krieg; c) als Bezeichnung für das Volk, mit dem der Staatsmann den Staat errichtet; d) als Terminus der Rassenhygiene.

a) Der Ausdruck *Menschenmaterial* ist möglicherweise um die Mitte des 19. Jahrhunderts in der Nationalökonomie entstanden. Die bisher frühesten Belege finden sich 1867 in Karl Marx' (1818–1883) ökonomischem Hauptwerk ‚Das Kapital':

---

[63] Die Fackel, 4/Nr. 105, Ende Mai 1902, 1.
[64] Pechau, M.: Nationalsozialismus und deutsche Sprache, Diss. 1935, 63 f.
[65] Vgl. zum Folgenden: Mehring, M.: Menschenmaterial. ZDW 16/1960, 129–143.

„Den Ausgangspunkt der großen Industrie bildet, wie gezeigt, die Revolution des Arbeitsmittels, und das umgewälzte Arbeitsmittel erhält seine meistentwickelte Gestalt im gegliederten Maschinensystem der Fabrik. Bevor wir zusehn, wie diesem objektiven Organismus Menschenmaterial einverleibt wird, betrachten wir einige allgemeine Rückwirkungen jener Revolution auf den Arbeiter selbst."[66] „Die Massen der Arbeitsstoffe, Rohstoffe, Halbfabrikate usw. liefert die große Industrie, die Masse des wohlfeilen Menschenmaterials [...] besteht aus den durch die große Industrie und Agrikultur ‚Freigesetzten'."[67] „Die Akkumulation ist Eroberung der Welt des gesellschaftlichen Reichtums. Sie dehnt mit der Masse des exploitierten Menschenmaterials zugleich die direkte und indirekte Herrschaft des Kapitalisten aus."[68] Hier bezeichnet *Menschenmaterial* die „willenlose" (S. 425, Anm. 144), „wohlfeile" (S. 495), „exploitierte" (S. 619), „exploitable" (S. 661, 690) Masse der Arbeiter, insbesondere der arbeitenden Kinder, Frauen und Wanderarbeiter in der Zeit der Frühindustrialisierung, die wie der zu verarbeitende Rohstoff in den kapitalistischen Produktionsprozeß eingeführt, verwertet und schließlich verbraucht wird. Diese Marxsche Verwendung von *Menschenmaterial* fand weder im Sozialismus noch in der Ökonomie des 19. Jahrhunderts Nachfolger.[69]

b) Friedrich Engels (1820—1895) spricht etwa zur gleichen Zeit im ‚Anti-Dühring' 1878 von den beiden „materiellen Faktoren" „Waffenmaterial und *Menschenmaterial*", die über die „Kampfweise", und damit über Sieg und Niederlage entscheiden.. „Und diese ganze, von Friedrich II. aufs höchste entwickelte Kampfweise war das unvermeidliche Ergebnis zweier zusammenwirkender materieller Faktoren: des Menschenmaterials der damaligen stramm exerzierenden, aber ganz unzuverlässigen, nur mit dem Stock zusammengehaltenen, teilweise aus feindlichen Kriegsgefangenen gepreßten, fürstlichen Werbeheere, und zweitens des Waffenmaterials [...]. Diese Kampfweise hielt vor, solange beide Gegner in Beziehung auf Menschenmaterial und Bewaffnung auf demselben Stand blieben, und es daher jedem von ihnen paßte, sich an die vorgeschriebene Regel zu binden."[70] Mit diesem Beleg wird die Tradition faßbar, den Gegenstand militärischer Strategien, das Heer, die Soldaten, als *Menschenmaterial* zu bezeichnen, die dann im Ersten Weltkrieg die Kriegsberichterstattung über die verlustreichen Materialschlachten prägte: „Nach den schweren Niederlagen der Russen und nach dem gewaltigen Verlust an Menschen- und Kriegsmaterial."[71] „Im Waldgebirge setzte dagegen der Feind auch am 8. April seine wütenden Frontalangriffe fort, die, ohne Rücksicht auf Deckung und unter schonungsloser Ausnutzung von Menschenmaterial durchgeführt, furchtbare Verluste zur Folge haben mußten."[72]

---

[66] Ebd. Hg. Inst. f. Marxismus-Leninismus beim ZK der SED, Separatausgabe, Bd. 1, 1968, 416.
[67] Ebd., 495.
[68] Ebd., 619.
[69] Mehring, M.: Menschenmaterial, ZDW 16/1960, 132.
[70] Herrn Eugen Dührings Umwälzung der Wissenschaft (Anti-Dühring), Berlin 1952, 208. Zit. Mehring, ebd., 137.
[71] Deutsche Kriegszeitung 1915, Nr. 9. Zit. Mehring, ebd., 137.
[72] Ebd., Nr. 16.

c) Adam Müller (1779—1829) gebraucht zwar in seinen der romantischen Staats- und Gesellschaftslehre verpflichteten Vorlesungen über die ‚Elemente der Staatskunst' 1809 noch nicht den Ausdruck *Menschenmaterial*, nennt aber das Volk das Material, mit dem der Staatsmann den Staat „producirt". „Wir wollen uns jetzt den Staatsmann in ökonomischer Gestalt denken. Seine Aufgabe ist, den Staat zu produciren. Sein Material ist ein, aus mehr oder minder eigennützigen Individuen bestehendes Volk, sein Handwerkszeug sind Gesetze, Polizei, Beamte aller Art, ja vor allem das Bedürfniß dieses Volkes nach dem gesellschaftlichen Verein, und nach Frieden. Der Staat besteht weder aus diesem Handwerkszeug allein (wie die gemeinen Praktiker glauben), noch in dem Material allein, in dem Volke [...]."[73] Theodor Herzl (1860—1904), der Begründer des politischen Zionismus, der in seinem 1896 veröffentlichten Manifest ‚Der Judenstaat' den ‚Versuch einer modernen Lösung der Judenfrage' vorlegt, spricht auch über die wenig erfolgreichen bisherigen „Kolonisierungsversuche" und fährt fort: „Schlimmer ist, daß die ungenügenden Ergebnisse bei den Juden selbst Zweifel an der Brauchbarkeit des jüdischen Menschenmaterials hervorriefen."[74] In dem Kapitel ‚Wirkung des Antisemitismus' heißt es: „Ja, wir haben die Kraft, einen Staat, und zwar einen Musterstaat zu bilden. Wir haben alle menschlichen und sachlichen Mittel, die dazu nötig sind. Es wäre hier eigentlich schon der Platz, von unserem ‚Menschenmaterial' zu sprechen, wie der etwas rohe Ausdruck lautet."[75] Sein vorletztes Kapitel überschreibt Herzl „Unser Menschenmaterial"[76]. In seinem Aufsatz ‚Dr. Guedemanns «National-Judentum»' stellt Herzl 1897 fest: „Schon die bisherigen Versuche haben gezeigt, daß der Boden in Palästina gut und das ‚Menschenmaterial' vortrefflich ist."[77] Herzl folgt offenbar dem zu seiner Zeit geltenden Sprachgebrauch, wenn er im Rahmen seines Staatsentwurfs den Ausdruck *Menschenmaterial* gebraucht, doch nennt er ihn „etwas roh" und setzt ihn, wohl zur Kundgabe eines gewissen Vorbehalts, (nicht regelmäßig) in Anführungszeichen.

d) Eine wichtige Rolle spielt der Ausdruck *Menschenmaterial* in der Rassenhygiene um die Jahrhundertwende. Der Mensch wird unter diesem Terminus als Rasseelement definiert, auf seine biologische Qualität geprüft, als minderwertiges oder edles Material kategorisiert, die Frage seiner biologischen Verbesserung diskutiert. Der Sozialdarwinist Alexander Tille schreibt 1893: „Diejenigen, denen Gesundheit und Begabung zukommt, sind das wertvollste Material für die Rasse. Ein vernünftiges Gemeinwesen muß ihnen auch das beste Auskommen sichern und sie in den Stand setzen, eine zahlreiche Nachkommenschaft groß zu ziehen."[78] Und 1895: Eine neue Varietät der menschlichen Rasse durch Auslese hervorzubringen, ist ihm ausge-

---

[73] Die Elemente der Staatskunst. Öffentliche Vorlesungen [...], 4. Bch., 20. Vorles. (= Die Herdflamme, Slg. d. gesellschaftswiss. Grundwerke aller Zeiten u. Völker, 1. Bd., 1. Halbbd., Wien, Leipzig 1922, 391.
[74] Zionistische Schriften, hg. Kellner, L., 1908, 53.
[75] Ebd., 64.
[76] Ebd., 108.
[77] Ebd., 178.
[78] Volksdienst, von einem Sozialaristokraten, 1893, 88.

schlossen. Von heute an haben wir mit einem sichtlich niedergehenden Menschenmaterial zu rechnen."[79] H. St. Chamberlain, 1899: „Der Kampf an dem ein von Hause aus schwaches Menschenmaterial zu Grunde geht, stählt das starke; ausserdem stärkt der Kampf ums Leben dieses Starke durch Ausscheidung der schwächeren Elemente. Die Kindheit grosser Rassen sehen wir stets vom Kriege umtobt, selbst die der metaphysischen Inder."[80] W. Hentschel, 1901: „Diese Aufgabe ist um so schwieriger, als wir nicht daran denken können, ein solches Ziel zu erreichen, wenn wir nicht gleichzeitig an das historisch Gewordene anknüpfen, was schon daraus folgt, daß uns nur dieses in seiner Art und Unart ausgeprägte Menschen-Material zur Verfügung steht, und weil uns andererseits nur die höchste Steigerung des historisch geschulten Intellektes überhaupt die neue Aufgabe der bewußten Züchtung des historischen Menschengeschlechts vermitteln kann."[81]

▶ Im Nationalsozialismus bezeichnet der Ausdruck *Menschenmaterial* die Masse mit ihren ↑ *rassisch* bedingten Stärken und Schwächen, die ↑ *erfaßt*, propagandistisch bearbeitet, planmäßig↑ *eingesetzt* werden muß, damit sie bereit und fähig wird, die Ziele der Nationalsozialisten in die Tat umzusetzen. „Die Nationalsozialistische Deutsche Arbeiterpartei übernimmt aus dem Grundgedankengang einer allgemeinen völkischen Weltvorstellung die wesentlichen Grundzüge, bildet aus denselben, unter Berücksichtigung der praktischen Wirklichkeit, der Zeit und des vorhandenen Menschenmaterials sowie seiner Schwächen, ein politisches Glaubensbekenntnis, das nun seinerseits in der so ermöglichten straffen organisatorischen Erfassung großer Menschenmassen die Voraussetzung für die siegreiche Durchfechtung dieser Weltanschauung selber schafft."[82] „Wenn wir also, um eine Weltanschauung zum Sieg zu führen, sie zu einer Kampfbewegung umzustellen haben, so muß logischerweise das Programm der Bewegung auf das Menschenmaterial Rücksicht nehmen, das ihr zur Verfügung steht."[83] „Die Propaganda mußte der Organisation weit voraneilen und dieser erst das zu bearbeitende Menschenmaterial gewinnen."[84] „Es kann also im allgemeinen gesagt werden, daß die Beschränkung der Volkzahl durch Not und menschliche Beihilfen wohl eine annähernde Anpassung an den ungenügenden Lebensraum durchführt, allein den Wert des vorhandenen Menschenmaterials immer mehr senkt, ja am Ende verkommen läßt."[85] „Am Anfang steht die Erkenntnis, sie bedient sich des Mittels der Propaganda, um das Menschenmaterial zu finden, das nun die Erkenntnis ummünzen soll in Politik."[86] „Jede Minute werden wir vor neues Menschenmaterial gestellt, das das Schicksal uns zur Erziehung und zur Durchknetung in weltanschaulichem Sinne überantwortet."[87] „Ferner geht uns durch die Aus-

---

[79] Von Darwin bis Nietzsche, 1895, 121.
[80] Die Grundlagen des neunzehnten Jahrhunderts, 1. Hälfte, 1899, 277 f.
[81] Varuna, 1901, Bd. 2, 379.
[82] Hitler: Mein Kampf, 424.
[83] Hitler: Mein Kampf, 510.
[84] Hitler: Mein Kampf, 649; s. auch: 451, 481, 509, 529, 650, 651.
[85] Hitlers Zweites Buch, 1961 (1928), 57.
[86] Goebbels: Erkenntnis u. Propaganda, Rede v. 1. 9. 1928. In: Signale d. neuen Zeit, 40.
[87] Goebbels: Rede auf d. Berliner Gautag, 17. 1. 1936. In: Dokumente d. deutschen Politik, Bd. 4, 1937, 9.

wanderung gesunder, begabter und unternehmungslustiger Personen wertvolles Menschenmaterial verloren, während andererseits durch die Zuwanderung Untauglicher und Minderwertiger der Erbschatz unseres Volkes in seiner Güte stark beeinträchtigt wird."[88] Im Krieg, 1942, ergehen mehrere Presseanweisungen, in denen die Vermeidung des Ausdrucks *Menschenmaterial* gefordert wird. „So wie wir den Ausdruck ‚Rohstoff Mensch' nicht mehr verwenden, wollen wir auch das Wort ‚Menschenmaterial' vermeiden, da es unseren Sprachgepflogenheiten nicht mehr entspricht."[89] „Vor einiger Zeit wurde bereits daraufhin gewiesen, daß die Verwendung des Begriffes ‚Rohstoff Mensch' unerwünscht ist. Das gleiche gilt auch für den Begriff ‚Menschenmaterial'. Die begriffliche Verbindung von Menschenmaterial ist ein Ausfluß liberalistisch-marxistischen Denkens. Diese Wortzusammensetzung ist also aus politischen, aber auch aus sprachlichen Gründen abzulehnen. Durch das Fortlassen des Wortteiles ‚Material' – kann im übrigen dasselbe gesagt werden, was im allgemeinen gewohnheitsmäßig mit der Wortzusammensetzung ausgedrückt werden soll."[90] „Es wird nochmals darauf hingewiesen, daß Ausdrücke wie ‚Rohstoffmensch' [sic] und ‚Menschenmaterial' unter keinen Umständen gebraucht werden sollen."[91] Tatsächlich wird der Ausdruck in den *Wehrmachtberichten* des Zweiten Weltkriegs gemieden.[92] Hitler änderte jedoch seinen Sprachgebrauch nicht. Wenige Wochen vor Kriegsende diktierte er im Bunker der Reichskanzlei sein ‚politisches Testament'. Unter den Gründen, die er für sein Scheitern verantwortlich macht, nennt er auch diesen: „Es ist mir keine Zeit geblieben, die Menschen für meine Politik heranzubilden. Ich hätte zwanzig Jahre dazu gebraucht, eine neue nationalsozialistische Auslese heranreifen zu lassen, eine Auslese junger, von Kindesbeinen an in unsere Lehre hineingewachsener Menschen."[93] Und weiter unten: „In Ermangelung der Elite, wie sie uns vorschwebte, mußten wir uns mit dem vorhandenen Menschenmaterial begnügen. Das Ergebnis sieht danach aus! Dadurch, daß die geistige Konzeption mit der praktischen möglichen Verwirklichung nicht übereinstimmte, wurde aus der Kriegspolitik eines revolutionären Staates, wie das Dritte Reich, notwendigerweise eine Politik reaktionärer Spießbürger."[94] (14. 2. 1945)

Miesmacher
Kritiker „an der Aufbauarbeit des Nationalsozialismus".[95]

▶ Durch Maßnahmen und Kampagnen gegen Kritiker am Nationalsozialismus ging der umgangssprachliche Ausdruck *Miesmacher* (um 1900 in der Soldatensprache belegt[96]) auch in die Sprache von Erlassen und öffentlichen Verlautbarungen ein.

---

[88] Graf, J.: Vererbungslehre, Rassenkunde und Erbgesundheitspflege, 6. Aufl. 1939, 321.
[89] Pr Bln 11. 6. 1942 (Nr. 9); ebenso: VI 14. 7. 1942 (Nr. 9). Zit. Glunk, ZDS 26/1970, 94.
[90] Ob 35/33, 10. 7. 1942. Zit. Glunk ebd.
[91] KI 17. 7. 1942 (Nr. 5). Zit. Glunk ebd.
[92] s. Mehring: Menschenmaterial, ZDW 16/1960, 138.
[93] Hitlers politisches Testament, 1981, 72.
[94] Ebd. 73.
[95] Gebucht: Duden, 10. Aufl. 1929, 11. Aufl. 1934, 12. Aufl. 1941; Volks-Brockhaus 1940.
[96] Paul 1992, 572, s. v. mies.

„Ministerpräsident Göring hat an die nachgeordneten Behörden seines Amtsbereichs folgenden Runderlaß gerichtet: ‚Es ist in letzter Zeit verschiedentlich beobachtet worden, daß Beamte, Angestellte und Arbeiter in der Unterhaltung mit anderen Personen Äußerungen bekunden, die geeignet sind, Unzufriedenheit über die von der Nationalen Regierung getroffenen Maßnahmen zu erzeugen und Mißtrauen zu säen. Es handelt sich um Personen, die man mit dem Ausdruck «Miesmacher» treffend bezeichnen kann. Ich bitte sämtliche Beamten, Angestellten und Arbeiter darauf hinzuweisen, daß künftig in solchen Methoden eine Fortsetzung der marxistischen Hetze erblickt und Miesmacher daher als verkappte Marxisten angesehen werden, die sich auf diese Weise noch immer im marxistischen Sinne betätigen.'"[97] „Der Polizeipräsident in Wuppertal erläßt folgende öffentliche Warnung: „In der letzten Zeit kursieren in Wuppertal derartig viele und unsinnige Gerüchte über führende Persönlichkeiten der NSDAP. und der SA., daß ich mich gezwungen sehe, sämtliche Bevölkerungskreise vor der Weiterverbreitung dieser Gerüchte eindringlich zu warnen. Ich habe meine sämtlichen Dienststellen angewiesen, Gerüchteverbreiter sofort festzunehmen. Gegen diese Leute werde ich Strafantrag auf Grund des Gesetzes gegen das Miesmachertum einleiten. Weiter werde ich heute alle Personen, die bei der Verbreitung von unwahren Gerüchten ertappt werden, dem Konzentrationslager zuführen."[98] „In seiner Rede vom 1. Mai 1934 auf dem Tempelhofer Feld zu Berlin wandte sich Adolf Hitler in besonders scharfer Weise gegen die unberufenen Kritiker an der Aufbauarbeit des Nationalsozialismus, wobei er u. a. sagte: ‚Nur der ist zur Kritik berechtigt, der eine Aufgabe besser lösen kann'. − Im Anschluß daran verkündete Dr. Goebbels in seiner Eigenschaft als Reichspropagandaleiter der NSDAP. am 2. Mai 1934 eine Versammlungs-Propagandaaktion, ‚die sich insbesondere gegen die Miesmacher und Kritikaster, gegen die Gerüchtemacher und Nichtskönner, gegen die Saboteure und Hetzer' richten sollte."[99] „Gegen eine Miesmacherin, die in einem kleinen Landort unweit von Mainz die Nachricht verbreitete: ‚Es wird niemals besser werden', wurde folgende Strafe verhängt: Sie muß sich drei Wochen lang täglich auf der Bürgermeisterei melden und folgenden Ausspruch tun: ‚Es ist schon besser geworden und wird noch besser werden'. Dieses Mittel dürfte seine Wirkung nicht verfehlen."[100] „Im übrigen ist über vermehrtes Auftreten von Staatsgegnern, Saboteuren, Miesmachern usw. nichts bekannt."[101]

minderrassig

rassenideologisches Kontrastwort zu *hochrassig*, zur Kategorisierung der Menschen nach ihren angeblich ↑ *rassisch* begründeten Qualitäten.

> Der Gebrauch des auf Menschen bezogenen Ausdrucks *minderrassig* war offenbar zuerst in den obskuren völkischen Zirkeln nach der Jahrhundertwende verbreitet,

---

[97] VB, 28. 6. 1933. Zit. Blick in die Zeit, 1/Nr. 4, 7. 7. 1933, 8.
[98] Frankfurter Ztg., 27. 10. 1933. Zit. Blick in die Zeit, 1/Nr. 21, 4. 11. 1933, 9.
[99] Büchmann (W. Rust), 1943, 412.
[100] Frankfurter General-Anzeiger, 15. 5. 1934. Zit. Blick in die Zeit, 2/Nr. 22, 2. 6. 1934, 8.
[101] Monatsbericht d. Reg.präsidenten v. Schwaben, 8. 6. 1942, 307. In: Bayern in der NS-Zeit, 1977, 307.

die sich die pseudowissenschaftlichen Theorien des 19. Jahrhunderts über die Ungleichheit der *Menschenrassen* zu eigen gemacht hatten. „Es kommen – trotz aller Sexualgesetze sowohl im Altertum als auch in der Gegenwart – eben oft genug Geburtsirrungen vor, und zwar bewußt durch Mesalliancen mit minderrassigen Müttern, als auch unbewußt durch Eheirrungen hochrassiger Mütter mit minderrassigen Günstlingen, wodurch das reine Arierblut getrübt, eigentlich verfälscht wurde [...]."[102] Ein Zeitgenosse referiert die Lehren dieser Völkischen: „Anderseit ist jeder Blondling von edelm Körperbau und edelm Gesichtsschnitt als Adeliger zu betrachten, von wie geringer Herkunft er auch sein mag, aber nur als persönlicher Adeliger, da er in seinem Sperma das Blut minderrassiger Vorfahren vererben kann, die kaum jemals bei einem Manne bürgerlichen Standes fehlen."[103] „Wir haben so gut wie alle neben hochrassigen auch minderrassige Vorfahren hinter uns und fühlen es nur zu gut: Zwei Seelen wohnen, ach, in unserer Brust."[104]

▶ F. G. Kneisel zählt *minderrassisch* [sic] zu der „Flut neuer Wortbildungen", die sich „aus der Welt der Rasselehren in den [NS-]Wortschatz ergossen."[105] Die Nationalsozialisten verwendeten den Ausdruck in gleicher Bedeutung wie die Völkischen: „Wie erinnerlich, hatte kürzlich das thüringische Volksbildungsministerium die Entfernung der in den sechs modernen Sälen des Weimarer Schloß-Museums als Leihgaben hängenden modernen Gemälde sowie einer Plastik aus der gleichen Zeit angeordnet. [...] Minister Frick vertritt die Anschauung, daß die ausgeschalteten Künstler in ihrer Kunst ‚nichts gemeinsam hätten mit nordisch-deutschem Wesen, sondern sich darauf beschränken, das ostische oder sonstige minderrassige Untermenschentum darzustellen.'"[106] „Dr. Joh. von Leers stellte in einer Vortragsreihe u. a. fest [...]: Auch aus außenpolitischen Gründen sei es wünschenswert, scharfe Unterscheidungen zu machen zwischen Minderrassigen und Andersrassigen, wobei unter Minderrassigen in erster Linie das Negertum mit allen seinen Abarten zu verstehen sei."[107] „Diejenigen Kreise, die die alte Körperfreiheit unserer Vorfahren ins Gegenteil zu kehren wußten, haben sehr wohl gewußt, warum sie dieses taten. Denn diese Leute wußten ganz genau, daß man hochrassige und edle Menschen niemals durch minderrassiges Menschentum wird regieren können, wenn man dieses minderrassige Menschentum so vor die Geführten stellt, wie sie der liebe Gott in ihrer Häßlichkeit geschaffen hat."[108] „Wer sein Blut mit Minderrassigen mischt, wird zum Verbrecher an seinem Volk."[109] „Und das ist nur ein Ausschnitt aus der

---

[102] List, G.: Die Bilderschrift der Ariogermanen, 1910, 11.
[103] Hauser, O.: Rasse und Rassefragen in Deutschland, 1915, 88.
[104] Ebd., 90.
[105] Die Entwicklung des dt. Wortschatzes nach dem Weltkriege. In: Neophilologus, 25/ 1940, 32.
[106] Rostocker Anzeiger, 29. 11. 1930. In: Piper, E.: Nationalsozialistische Kunstpolitik, 1987, 35.
[107] Berliner Tageblatt. Zit. Blick in die Zeit, 1/Nr. 20, 28. 10. 1933, 11.
[108] Darré, R. W.: Die Frau im Reichsnährstand, 1. 3. 1934. In: Ders., Um Blut und Boden, 3. Aufl. 1941, 155.
[109] Dr. Ruttke, in: Köhn-Behrens, Ch.: Was ist Rasse?, 1934. Zit. Saller, K.: Die Rassenlehre des NS, 1961, 135.

völligen Durchmischung der verschiedensten Völker und Rassen, die das römische Reich darstellte. [...] Ihnen mußte die Lehre des Paulus, daß die Menschen alle aus einem Blut geschaffen seien, die uralte Pöbellehre der Minderrassigen, aus dem Herzen gesprochen sein [...]"[110] „Aller Aberglaube der Minderrassigen überwucherte die vernünftige, dichterisch hochstehende Erkenntnis des Weltzusammenhanges, wie sie im Edelbauerntum Germaniens gepflegt war."[111]

minderwertig (Minderwertiger, Minderwertigkeit)

Terminus der Rassenhygiene, auf Menschen bezogen, die in Bezug auf ihre rein genetisch definierte körperliche und geistige Gesundheit, Leistung und Moral nicht den Anforderungen der nationalsozialistischen Volksgemeinschaft entsprechen und daher von der Fortpflanzung ausgeschlossen werden sollen.

> Der 1885 bei Sanders[112] belegte Ausdruck *minderwertig* erscheint schon 1901 auf Menschen bezogen, in der festen Wendung *geistig minderwertig*, im Simplicissimus. Im Text unter einer Karikatur heißt es: „Während es eine durch 1000jährige Erfahrung geschichtlich feststehende Thatsache ist, daß die Söhne genial veranlagter Menschen stets geistig minderwertig sind, so bietet uns doch die Wissenschaft an Hand objektiver Forschung eine die Regel bestätigende Ausnahme in der Richtung, daß in unserm erhabenen Herrscherhause das Genie sich gewohnheitsmäßig auf den jeweiligen Thronfolger vererbt."[113] „Einerseits stehen soziale Leistungen und Einkommen vielfach in einem schreienden Mißverhältnis und ebenso das Ansehen, das großenteils eine Folge des Besitzes ist, weil dieser Macht verleiht; andererseits wird der generativ Tüchtige auf keine Weise ermutigt, viele Kinder aufzuziehen; denn wirtschaftlich steht eine empfindliche Strafe darauf, da sein Anteil am Nationaleinkommen nicht um so größer wird, je mehr Kinder er hat. Das trifft allerdings auch beim generativ Minderwertigen zu [...]."[114] (1903) „[...] wäre es denn auch nur wünschenswert, dem minderwertigen Kriminellen ‚das ordnungsgemäße Hineinwachsen in das soziale Leben', wozu doch wohl die regelrechte Fortpflanzung gehört, zu erleichtern?"[115] (1904) „Denn darüber hege ich keinen Zweifel, daß die auch vom Aufruf zugestandene durchschnittliche Minderwertigkeit der unehelichen Erwachsenen sich nicht einzig und allein durch die schlechte Umwelt erklären läßt, sondern zu einem guten Teil auch der durchschnittlichen Minderwertigkeit der unehelichen Eltern zur Last gelegt werden muß."[116] (1905) „Was kosten die minder-

---

[110] v. Leers, J.: Odal, 7. Aufl. 1936, 133.
[111] Ebd. 198.
[112] Noch nicht gebucht in: Sanders, Bd. 2, 1863.
[113] Ebd., 6/1901, 133.
[114] Schallmayer, W.: Vererbung und Auslese, 1903, 324.
[115] Rüdin, E.: Rezension von: Aschaffenburg, G.: Das Verbrechen u. s. Bekämpfung. In: Archiv, 1/1904, 152.
[116] Ploetz, A. In: Archiv, 2/1905, 166.

wertigen Elemente dem Staat und der Gesellschaft?"[117] (1913) „Solange der Staat ungeheure Summen ausgeben muß, um lebensuntüchtige Individuen mühsam am Leben zu erhalten, solange er Millionen für geistig Minderwertige auswerfen, gewaltige Kranken- und Irrenhäuser unterhalten muß, bleibt für die körperlich und geistig Gesunden immer nur ein Bruchteil jener Summen übrig, die zur Verfügung ständen, müßte nicht eine so gewaltige Zahl von Opfern mangelhafter Fürsorge für die Gesunderhaltung verpflegt werden."[118] (1921) „Die deutsche Gesellschaft für Rassenhygiene hat daher schon in ihren Leitsätzen von 1914 mit Recht eine ‚gesetzliche Regelung des Vorgehens in solchen Fällen, wo Unterbrechung der Schwangerschaft oder Unfruchtbarmachung ärztlich geboten erscheint', gefordert. [...] Auch bei uns wäre es meines Erachtens an der Zeit, praktisch an die Sterilisierung Minderwertiger heranzugehen, was, wie gesagt, weder dem Wortlaute noch dem Geiste unserer Gesetzgebung widersprechen würde."[119] (1923)

> Im NS-Staat steht der Ausdruck *minderwertig* im Kontext des ‚Gesetzes zur Verhütung erbkranken Nachwuchses' vom 14. 6. 1933, des ‚Gesetzes gegen gefährliche Gewohnheitsverbrecher' vom 24. 11. 1933, des ‚Ehegesundheitsgesetzes' vom 18. 10. 1935, der „Ausmerze der Asozialen", und in letzter Konsequenz der „Vernichtung lebensunwerten Lebens". In den Gesetzesformulierungen selbst kommt der Ausdruck nicht vor. Allgemeinsprachlich hat er seinen Platz in der Rechtfertigungsrhetorik, pseudowissenschaftlich dient er zur Klassifizierung der betroffenen Menschengruppen. „[Platon] hat dabei ganz klar erkannt, daß jede Hemmung dessen, was man heute als natürliche Auslese bezeichnet, das Volksganze schädigt: so jede verhätschelnde Aufzucht von Minderwertigen, jede übertriebene Schonung und Pflege von Schwachen."[120] „Wir sehen ja am besten an den Tieren, welche Abweichungen unter den verschiedenen Tierrassen vorhanden sind. So wie nicht Hund gleich Hund ist und hier ein Unterschied zwischen hochwertigen und minderwertigen nicht bestritten werden kann, so ist es auch unter den Menschen."[121] „Bei der überaus starken Belastung unseres Volkes mit Steuern, Sozialabgaben und Zinsen dürfen wir uns der Erkenntnis nicht verschließen, daß der Staat an einen Umbau der gesamten Gesetzgebung und eine Verminderung der Lasten für Minderwertige und Asoziale heranzugehen haben wird. Wie sehr die Ausgaben für Minderwertige, Asoziale, Kranke, Schwachsinnige, Geisteskranke, Krüppel und Verbrecher heute das Maß dessen überschreiten, was wir unserer schwer um ihre Existenz ringenden Bevölkerung zumuten dürften, ersehen wir aus den Kosten, die heute vom Reich, von den Ländern und den Kommunen aufgebracht werden müssen. Dafür einige Beispiele: Es kostet der Geisteskranke etwa 4 RM den Tag, während der ungelernte

---

[117] Kaup, I.: In: Archiv, 10/1913, 723–748.
[118] Abderhalden, E.: Das Recht auf Gesundheit, 1921. Zit. Klee, E.: Euthanasie im NS-Staat, 1983, 29.
[119] Lenz, F.: Menschliche Auslese und Rassenhygiene. In: Bauer/Fischer/Lenz: Menschliche Erblichkeitslehre, 2. Aufl., 1923, Bd. 2, 183.
[120] Günther, H. F. K.: Platon als Hüter des Lebens, 2. Aufl. 1935 (zuerst 1928), 41.
[121] Rosten, C.: Das ABC des Nationalsozialismus, 2. Aufl. 1933, 83.

Arbeiter nur etwa 2,50 RM, der Angestellte 3,60 RM, der untere Beamte etwa 4 RM den Tag zur Verfügung haben."[122] „Ein gesunder erwerbsloser Volksgenosse erhält für sich, seine Frau und vier Kinder – also sechs Personen – an Wohlfahrtsunterstützung wöchentlich 19,50 RM. Ein geistig minderwertiger Erwachsener, der in geschlossener Pflege untergebracht ist – also eine Person – erfordert an Anstaltspflegekosten wöchentlich 28 RM. Ein geistig minderwertiger Jugendlicher in Fürsorgeerziehung – also eine noch nicht voll erwachsene Person – verursacht an Kosten der Fürsorgeerziehung wöchentlich 42 RM. Und da gibt es christliche Geistliche, die das Sterilisierungsgesetz ablehnen."[123] Im Schulbuch heißt es: „Die höchsten sittlichen Werte liegen für uns nicht wie für den Liberalismus im Einzelwesen begründet, wir werten vielmehr allein die Leistung des Einzelwesens für das Volksganze. Für uns ist darum keineswegs wie für den Liberalismus Mensch gleich Mensch, sondern Glied seiner Sippe, Tropfen im ewigen Erbstrom seines Volkes. Wir besitzen darum wohl das Recht, wertvolle und minderwertige Erbträger voneinander zu scheiden. Als minderwertig im Sinne der Rassenpflege ist derjenige anzusehen, dessen Erbmasse Mängel aufweist, die die gesamte Leistungs- und Widerstandsfähigkeit des Anlagenträgers oder seiner Nachkommen beeinträchtigen. Vollwertig ist derjenige, dessen Erbmasse frei von solchen Fehlern ist, hochwertig derjenige, dessen Erbanlagen eine überdurchschnittliche Leistungsfähigkeit für ihn und seine Nachkommen verbürgen."[124] „Wer körperlich und geistig nicht gesund ist, darf sein Leid nicht im Körper seines Kindes verewigen' (Adolf Hitler). Wer es dennoch tut, versündigt sich bewußt gegen die lebensgesetzliche Ordnung seines Volkes. Das Volk hat darum das Recht und die sittliche Pflicht, Maßnahmen zu ergreifen, um die Träger minderwertiger Erbanlagen auszumerzen."[125]

Mischehe

„Ehe zwischen Ariern und Nichtariern".[126]

> In Grimms ,Deutschem Wörterbuch' lautet 1885 der Eintrag unter dem Lemma *Mischehe*: „ehe, welche zwei personen verschiedener confession, nationalität oder rasse eingehen".[127] Ein Beispiel für eine frühe Verwendung des Ausdrucks *Mischehe* zur Bezeichnung von Ehen „der jüdischen Rasse" „mit indogermanischen Stämmen" findet sich bei Moses Hess. „Für die Unverwüstlichkeit der jüdischen Rasse in Mischehen mit indogermanischen Stämmen kann ich Ihnen aus eigener Anschauung ein Beispiel zitieren."[128]

---

[122] Hans Frick. Berliner Börsen-Ztg., 6. 7. 1933. Zit. Blick in die Zeit, 1/Nr. 8, 4. 8. 1933, 3.
[123] Was jeder Deutsche wissen muß. In: Der Schulungsbrief, 1/Mai 1934, 16.
[124] Meyer-Zimmermann, Lebenskunde Bd. 4, o. J., 387 f.
[125] Ebd., 388.
[126] Gebucht: Duden, 11. Aufl. 1934, 12. Aufl. 1941; Meyers Lexikon 1936 ff., Paechter, Trübners DWB, Volks-Brockhaus 1940.
[127] DWB, Bd. 6, 1885, 2248.
[128] Hess, Moses: Rom und Jerusalem, 1862. In: Ders.: Ausgew. Schriften, o. J. 236.

▶ Im Nationalsozialismus findet eine Bedeutungsverengung des Ausdrucks *Mischehe* statt, die durch Presseanweisungen und Erlasse fixiert wird. In Wagners ‚Taschenwörterbuch des neuen Staats' wird 1934 definiert: „Mischehen sind Ehen zwischen Angehörigen verschiedener Rassen. Das Rassenprinzip des Nationalsozialismus fordert von jedem Staatsbürger die Pflege der Rasse und die Reinerhaltung des Blutes. Demzufolge sind Ehen zwischen Verschiedenrassigen nicht nationalsozialistisch. Bis auf die Bestimmungen zur Wiederherstellung des Berufsbeamtentums hat die Gesetzgebung Mischehen bisher nicht verboten, doch sind sie aus der Haltung des Volkes heraus unmöglich geworden."[129] Auf die Verkündung der ↑ *Nürnberger Gesetze* am 15. 9. 1935 folgten Presseanweisungen, die den Gebrauch des Ausdrucks *Mischehe* regelten. „Als absolut bindende Verpflichtung wird noch einmal festgestellt, dass der Begriff ‚Mischehe' nur verwandt werden darf für Ehen zwischen Ariern und Nichtariern, dass dagegen dieser Begriff bei Ehen zwischen verschiedenen Konfessionen oder Nationalitäten nicht Verwendung finden darf, sondern mit anderen Worten umschrieben werden muss."[130] „Nach dem ‚Bonifatiusboten' (Fulda) vom 29. 12. 1935 hat der Bischof von Berlin angeordnet, daß es im innerkirchlichen Verkehr beim Sprachgebrauch des kanonischen Rechts Mischehe bleibe. Diese Anordnung über die Aufrechterhaltung des konfessionellen Begriffes ‚Mischehe' bedeutet eine Mißachtung der staatlichen Begriffsbestimmung und trägt nur zur Verwirrung und weiterer Unklarheit bei."[131] Die Ersatzausdrücke zur Bezeichnung der Sache, die vorher – wegen des viel häufigeren Vorkommens – durchweg *Mischehe* genannt wurde, wurden amtlich vorgeschrieben: „Ein Erlaß des Reichsinnenministers, des Reichsministers für kirchliche Angelegenheiten und des Stellvertreters des Führers bestimmt, daß für Ehen zwischen Anhängern verschiedener religiöser Bekenntnisse die Bezeichnung ‚glaubensverschiedene Ehen' anzuwenden ist. Erforderlichenfalls ist zu unterscheiden zwischen a) ‚konfessionsverschiedenen Ehen'. d. h. Ehen zwischen Personen, die sich zu verschiedenen christlichen Konfessionen bekennen, und b) ‚religionsverschiedenen Ehen', d. h. Ehen zwischen Personen, deren religiöses Bekenntnis sonst verschieden ist oder von denen die eine glaubenslos ist. Bekanntlich ist durch Runderlaß des Reichsministers vom 26. 4. 35 die Bezeichnung ‚Mischehe' für glaubensverschiedene Ehen im behördlichen Verkehr untersagt."[132] 1938 wird in den NS-Monatsheften der Hinweis gegeben: „Bekanntlich hat der Nationalsozialismus absichtlich die Begriffe ‚Mischling ersten Grades', ‚Mischling zweiten Grades', ‚Mischehe' eingeführt; gerade deshalb, weil der politische Katholizismus auch heute noch unter Mischehe nur eine konfessionell gemischte Ehe versteht, ist es dringend erforderlich, daß vom Nationalsozialismus der Begriff ‚Mischehe' nur im Sinne einer Rassenmischehe verwendet wird und das Wort ‚Rassenmischehe' nicht gebraucht wird."[133] Der Erfolg der Sprachlenkung des offi-

---

[129] Ebd., 2. Aufl. 1934, 157.
[130] ZSg. 101/6/226/ Nr. 1976. 19. 12. 1935. In: Toepser-Ziegert, Bd. 3/II, 887. Unter der Sigle BR 6/226, 19. 12. 1935 (Anw. Nr. 1976) auch zit. Glunk, ZDS 23/1967, 88.
[131] NS-Monatshefte, 7/1936, 174.
[132] In: NS-Monatshefte, 8/1937, 731.
[133] Ebd., 9/März 1938, 268.

ziellen Sprachgebrauchs ist an den Wörterbüchern abzulesen. Der Rechtschreibduden bringt 1930 *Mischehe* ohne eine Erklärung, 1934 wird erläutert ‚Ehe zwischen Personen verschiedener Bekenntnisse oder verschiedener Rassen; 1941 lautet der Eintrag: ‚Ehe zwischen Angehörigen verschiedener Rassen, früher verschiedener Bekenntnisse'. Der Volks-Brockhaus erklärt 1940 unter dem Stichwort *Mischehe*: ‚Ehe zwischen Angehörigen verschiedener Rassen. […] Die Ehe zwischen Angehörigen verschiedener Religionsbekenntnisse wird als glaubensverschiedene Ehe bezeichnet'. ‚Trübners Deutsches Wörterbuch' hat 1943 unter *mischen* den Eintrag: „Bei einer gemischten Ehe gehören die Gatten verschiedenen Bekenntnissen an. Ehen zwischen Angehörigen verschiedener Rassen heißen Mischehen, deren Nachkommen Mischlinge."[134]

Musterbetrieb, s. ↑ NS-Musterbetrieb.

Mutterehrenkreuz

Abkürzend für: ↑ *Ehrenkreuz der deutschen Mutter*, ordensähnliche Auszeichnung für Mütter mit vier und mehr Kindern.

> „Nach den zur Verleihung des Mutterehrenkreuzes vorliegenden Berichten ist die propagandistische Wirkung des Muterehrenkreuzes in bevölkerungspolitischer Hinsicht weniger in einer Steigerung der Geburtenziffer als vielmehr in der Herausstellung der Bedeutung und des Wertes der kinderreichen Familie zu sehen."[135] „Es sei auf jeden Fall dringend notwendig, daß klare Richtlinien für die Verleihung des Mutterehrenkreuzes an Mütter mit unehelichen Kindern herausgebracht würden. Dabei müsse an dem Grundgesetz festgehalten werden, daß Mütter, die dem deutschen Volke wertvolle Kinder geschenkt hätten, durch die Verleihung ausgezeichnet würden. Dabei spiele weniger eine Rolle, ob ein solches Kind unehelich oder ehelich geboren sei, größere Bedeutung müßte auf den Erbwert der Eltern, bzw. Sippe gelegt werden."[136]

---

[134] Ebd., Bd. 4, 1943, 636.
[135] MADR, (Nr. 380), 3. 5. 1942, Bd. 13, 5207.
[136] MADR, (Nr. 380), 3. 5. 1943, Bd. 13, 5209.

N

Nahrungsfreiheit

Sicherung der Ernährung aus der Produktion der deutschen Volkswirtschaft.[1]

> Die Sicherung der *Nahrungsfreiheit* sollte im NS-Staat der Beitrag der Landwirtschaft zur Vorbereitung des Krieges sein. „Dieses Schlagwort umfaßte zum einen die möglichst weitgehende Sicherung der Ernährung aus eigener Produktion, zum anderen die Versorgung der Bevölkerung mit Lebensmitteln zu niedrigen und stabilen Preisen, in der Absicht, das allgemeine Preis- und Lohnniveau sowie die darauf beruhende Rüstungsfinanzierung nicht zu gefährden."[2] „Es zeigt sich auch hier wieder, daß der Arbeiter und Bauer nicht nur die treuesten Gefolgsmänner unseres Führers und Volkskanzlers Adolf Hitler sind, sondern auch vereint im Kampfe gegen die Arbeitslosigkeit den Sieg davontragen werden. Es bedarf heute keines Bindegliedes mehr zwischen Stadt und Land [...], denn ein Glaube eint sie, der Glaube an den Nationalsozialismus, ein Wille beherrscht sie, der Wille sich gegenseitig zu helfen! Wie der Bauer die Ernährung des Städters, die Nahrungsfreiheit für das deutsche Volk sicherstellt, so sorgt er gleichzeitig als wichtigster Abnehmer vieler Industriezweige für die Erhaltung und Mehrung der Arbeitsplätze."[3] „Der 1. [Abschnitt des nationalsozialistischen Agrarprogramms] behandelt in grundsätzlichen Ausführungen die Bedeutung des Landvolks und der Landwirtschaft für das deutsche Volk als Bürge der Nahrungsfreiheit, Träger volklicher Erbgesundheit, Jungbrunnen des Volkes und Rückgrat der Wehrmacht."[4] „Die heroische Größe unseres Kampfes um Nahrungsfreiheit und Rohstofffreiheit läßt A. Zischke in seinem Buche ‚Wissenschaft bricht Monopole‘ [...] erkennen."[5] „Um das seit Beginn der Erzeugungsschlacht und des Vierjahresplanes Erreichte voll würdigen zu können, ist es notwendig, die Bedingungen zu kennzeichnen, unter denen der Kampf um die Nahrungsfreiheit von dem deutschen Landvolk in den letzten Jahren geführt werden mußte."[6] „Gerade auf dem Ernährungssektor wird eine planmäßige Produktionssteigerung und eine Umstellung der Produktion auf den lebensnotwendigen Bedarf

---

[1] Gebucht: Duden, 12. Aufl. 1941, Meyers Lexikon 1936 ff., Paechter. Getilgt: Duden, 13. Aufl. 1947.

[2] Blaich, F.: Wirtschaft und Rüstung in Deutschland 1933–1939. In: Bracher/Funke/Jacobsen (Hg.): Nationalsozialistische Diktatur, 1983, 304.

[3] Darré, R. W.: Unsere „Grüne Woche". In: VB, Sonderbeilage „Blut und Boden, 28. 1. 1934.

[4] Meyers Lexikon, Bd. 1, 1936, 150, s. v. Agrarprogramm.

[5] NS-Monatshefte, 9/Dez. 1938, 1131.

[6] Darré, R. W.: Die ernährungspolitische Lage, Januar 1939. In: Ders.: Um Blut und Boden, 1941, 503.

die Nahrungsfreiheit noch weiter sicherstellen, als dies schon jetzt in Großdeutschland geschehen ist."[7] „Belgien, Holland und Norwegen, aber auch Frankreich und Zentralpolen hatten in Friedenszeiten stets einen Teil ihrer Nahrungsmitteleinfuhren in Übersee gedeckt. Ihre heimische Produktion war nicht darauf ausgerichtet, den Nahrungsmittelbedarf des Volkes voll zu decken. Es hat dort weitgehend an den großen systematischen Anstrengungen gefehlt, wie sie Deutschland nach den Erfahrungen des Weltkrieges gemacht hat, um seine volle Nahrungsfreiheit zu erringen."[8]
„Minderwertiges Führertum ist der Tod der Rasse, das Ende der Nahrungsfreiheit. Der Kampf ist daher das natürliche Auslesegesetz des stärksten Führertums."[9]

Napola, s. ↑ Nationalpolitische Erziehungsanstalten.

nationale Arbeit, s. ↑ Tag der nationalen Arbeit.

nationale Erhebung

a) Der Hitlerputsch 1923 in München;[10] b) der Zeitabschnitt von Hitlers Machtantritt am 30. 1. 1933 bis zum *Tag von Potsdam* am 21. 3. 1933.[11]

> In Anlehnung an die *deutsche* oder *nationale Erhebung* der Befreiungskriege 1813−1815 hatte Hitler in ‚Mein Kampf' die patriotische Begeisterung der Deutschen im August 1914 eine *nationale Erhebung* genannt. „Ein Freiheitskampf war angebrochen, wie die Erde noch keinen gewaltigeren bisher gesehen; denn sowie das Verhängnis seinen Lauf auch nur begonnen hatte, dämmerte auch schon den breitesten Massen die Überzeugung auf, daß es sich dieses Mal nicht um Serbiens oder auch Österreichs Schicksal handelte, sondern um Sein oder Nichtsein der deutschen Nation. Zum letzten Male auf viele Jahre war das Volk hellseherisch über seine eigene Zukunft geworden. So kam auch gleich zu Beginn des ungeheuren Ringens in den Rausch einer überschwenglichen Begeisterung der nötige ernste Unterton; denn diese Erkenntnis allein ließ die nationale Erhebung mehr werden als ein bloßes Strohfeuer." (S.. 177) Die Verwendung des Ausdrucks *nationale Erhebung* für den Hitlerputsch 1923 und Hitlers Machtantritt 1933 sollte die nationalsozialistischen Daten mit den historischen Daten verknüpfen und da, wo es allein um die Macht ging, Taten zur Rettung Deutschlands vortäuschen, die von der patriotischen Begeisterung des Volkes getragen würden.

a) „Die Nationale Erhebung vom 9. November 1923 durch Hitler-Ludendorff in München, die mit dem Blutbad vor der Feldherrnhalle endete, wurde von der Berli-

---

[7] Rede d. Reichswirtschaftsministers u. Reichsbankpräsidenten Funk: Über die wirtschaftliche Neuordnung Europas, 17. 7. 1940. In: Um d. Neugestaltung d. europäischen Wirtschaft, hg. Deutsche Informationsstelle, 15.
[8] Schadewaldt, H.: Hungerblockade über Kontinentaleuropa. Deutsche Informationsstelle, 1941, 41 f.
[9] Generalarbeitsführer W. Decker: Kampf. In: Bausteine zum Dritten Reich, o. J., 152.
[10] Gebucht: Knaur 1934.
[11] Gebucht: Knaur 1934, Paechter, Volks-Brockhaus 1940.

ner Presse durch Extrablätter und sensationelle Berichte der Bevölkerung bekanntgemacht."[12] „Im Jahre 1924 wurde er [W. Frick] wegen der Beteiligung an der nationalen Erhebung vom November 1923 zu 1¼ Jahren Festung verurteilt."[13] „Unter Nationaler Erhebung versteht man den Versuch Adolf Hitlers am 8. und 9. November 1923 in München, eine Änderung der politischen Verhältnisse in Deutschland durch Staatsstreich herbeizuführen. [...] 16 tapfere Hitler-Kämpfer fielen. [...] 10 Jahre später zog Adolf Hitler als Sieger dieselbe Straße zur Feldherrnhalle, um mit seinen Getreuen die Toten von 1923 zu ehren. Eine Ehrenhalle im Braunen Haus und ein Mahnmal sind die äußeren Zeichen der Ehrung der Gefallenen."[14]
b) „Auf Grund des Artikels 48 Abs. 2 der Reichsverfassung wird folgendes verordnet: § 1 Für Straftaten, die im Kampfe für die nationale Erhebung des Deutschen Volkes, zu ihrer Vorbereitung oder im Kampfe für die deutsche Scholle begangen sind, wird Straffreiheit gewährt."[15] „Besonders empfinden wir die verständnisvolle Herzlichkeit, mit der in Italien die nationale Erhebung in Deutschland begrüßt worden ist."[16] Es ist verboten, die Symbole der deutschen Geschichte, des deutschen Staates und der nationalen Erhebung in Deutschland öffentlich in einer Weise zu verwenden, die geeignet ist, das Empfinden von der Würde dieser Symbole zu verletzen."[17] „Über die nach der nationalen Erhebung gegründete Sängerrunde wurde festgestellt, daß die Mitgliedschaft stark von früheren marxistischen Elementen durchsetzt ist."[18] „Es scheint doch so zu sein, daß unmittelbar nach der nationalen Erhebung die Schulkinder vor lauter Schulferien, Staatsjugendtagen, freien Ganz- und Halbtagen, beschränkten Stundenzahlen, sportlichen Veranstaltungen, Wanderungen, Beurlaubungen, Durchführung von Sammlungen usw. gar nicht mehr dazu gekommen sind, in erster Linie einmal richtig Schreiben und Rechnen usw. zu lernen."[19]

nationale Revolution

Gleichbedeutend mit ↑ *nationale Erhebung*: a) Der Hitlerputsch 1923; b) Hitlers Machtantritt 1933.[20]

> a) „Donnerstag, den 14. April 1921, spricht im Münchner-Kindl-Keller in großer öffentlicher Massenversammlung Herr Abgeordneter Rudolf Jung, Mitglied der Pra-

---

12 Espe, W. M.: Das Buch der N. S. D. A. P., 1933, Legende zu Bild 50.
13 Rosten, C.: Das ABC des Nationalsozialismus, 2. Aufl. 1933, 231.
14 Wagner, H.: Taschenwörterbuch d. neuen Staates, 2. Aufl., 1934, 159.
15 Verordnung d. Reichspräsidenten über die Gewährung von Straffreiheit v. 21. 3. 1933. RGBl. 1, 1933, 134.
16 Hitler, Begründung d. Ermächtigungsgesetzes v. 23. 3. 1933. In: Adolf Hitler spricht. 1934, 82.
17 Gesetz z. Schutze der nationalen Symbole v. 19. 5. 1933. RGBl. 1, 1933, 285.
18 Monatsbericht der Polizeidirektion München, 8. 2. 1935. In: Bayern in der NS-Zeit, 1977, 234.
19 Bericht des Landrats, Bezirk Ebermannstadt, 30. 9. 1942. In: Bayern in der NS-Zeit, 1977, 161.
20 Gebucht: Knaur 1934.

ger Völkerversammlung und 2. Vorsitzender der deutschen nationalsozialistischen Partei in der Tschechoslowakei, über: ‚Der nationale Sozialismus als nationale Revolution'."[21] „Ein junger Hauptmann, vom Sturmtrupp Hitlers, Fliegeroffizier Göring springt auf das Podium: Heute beginnt die nationale Revolution! Sie richtet sich in keiner Form gegen den von uns allen verehrten Herrn v. Kahr, sie richtet sich auch nicht gegen die Polizei, die jetzt aus den Kasernen mit unseren Fahnen in die Stadt marschiert. Die Revolution richtet sich ausschließlich gegen die Berliner Judenregierung."[22] „Am 8. November abends [1923] bei einer Rede Kahrs erscheint Adolf Hitler im ‚Bürgerbräukeller' und proklamiert die nationale Revolution gegen die Berliner Judenregierung."[23]

b) Hitler hatte den Beginn des Ersten Weltkrieges in ‚Mein Kampf' ↑ *nationale Erhebung* genannt. Ähnlich wurde auch in der Jugendbewegung formuliert. Da heißt der ‚Ausmarsch von August 1914' ‚die große nationale Revolution', die ‚Voraussetzung für eine neue Gestaltung der Wirklichkeit'. „Denn dieses elementare Ereignis durchschlug die Leidens- und Tatenscheu des Bürgertums, wie Standesdünkel und Klassenvorurteile aller Schichten. Daß wir diesen Sinn damals noch nicht begriffen haben, war eine der Ursachen unserer Niederlage. Heute ist die Erkenntnis gereift."[24] Der nationalsozialistische Jurist und Reichstagsabgeordnete Hans Frank berief sich im Geschäftsordnungsausschuß während der Vorbereitung des Ermächtigungsgesetzes auf die *nationale Revolution*, die stattgefunden habe: „Ich erkläre hiermit, daß die gelungene nationale Revolution für uns die neue Rechtsgrundlage für das kommende Recht abgibt und daß wir hier entscheiden, was künftig in Deutschland als Recht zu gelten hat."[25] Goebbels sagt am 25. 3. 1933: „Wenn ich aber sage: Auch der Rundfunk hat eine Tendenz, — dann will ich damit zum Ausdruck bringen: Der Rundfunk hat sich der Zielsetzung, die sich die Regierung der nationalen Revolution gestellt hat, ein- und unterzuordnen! Die Weisungen dazu gibt die Regierung!"[26] W. Tausk notiert am 3. 4. 1933 in sein Tagebuch: „Und wieder hört man von sogenannten gebildeten Nazis: ‚Der Boykott [der jüdischen Geschäfte] war notwendig zur Bekämpfung des Kommunismus [...].' Ferner behaupten diese Leute: ‚Wir haben jetzt eine nationale Revolution gehabt, und da sind derartige «Härten» nicht zu vermeiden.'"[27] „Das Ermächtigungsgesetz gab der Regierung das Recht, ohne Inanspruchnahme des Reichstages, des Reichsrates und des Reichspräsidenten Gesetze, auch solche mit verfassungsändernder Wirkung, zu beschließen. Das Ermächtigungsgesetz hat für vier Jahre Gültigkeit. Damit hatte Hitler eine

---

21 Plakatanhang in: Hitler, Mein Kampf, 3. Aufl. 1928, Bd. 1, o. S.
22 Espe, W. M.: Das Buch der N. S. D A. P., 1933, 176.
23 v. Leers, J.: 14 Jahre Judenrepublik, Bd. 2, 1933, 40.
24 Günther, G.: Der fahrende Gesell, H. 3/1927. In: Kindt, W. (Hg.): Die deutsche Jugendbewegung 1920–1930. Die bündische Zeit. 1974, 807.
25 Reichsanzeiger, Nr. 70 vom 23. März 1933, 3. Zit. Bracher/Sauer/Schulz: Die nationalsozialistische Machtergreifung, 2. durchges. Aufl. 1962, 418, Anm. 172.
26 Goebbels: Die zukünftige Gestaltung des Rundfunks, 25. 3. 1933. In: Goebbels, Reden 1932–1945, hg. H. Heiber, Bd. 1, 1971, 89.
27 Tausk, W.: Breslauer Tagebuch, 1988, 60.

unbegrenzte, diktatorische Vollmacht für den Wiederaufbau Deutschlands erhalten. Der Kampf um die Macht war beendet; die erste Phase der Revolution abgeschlossen. In der zweiten Phase hob sich der Ablauf des historischen Geschehens über Potsdam hinaus und mündete in rein nationalsozialistische Bahnen ein. Die nationale Revolution wandelte sich zur nationalsozialistischen Revolution."[28]
S. auch ↑ *nationalsozialistische Revolution*.

nationale Solidarität, s. ↑ **Tag der nationalen Solidarität**.

Nationalpolitische Erziehungsanstalten (NPEA, Napola)

1933 gegründete Internats-Oberschulen, in denen eine nationalsozialistische Elite auf der Grundlage nationalsozialistischer Erziehungsprinzipien herangezogen werden sollte.[29]

> *Nationalpolitische Erziehungsanstalten* (amtliche Abkürzung *NPEA*, gebräuchliches Kurzwort *Napola*[30]) war die Bezeichnung für die am 20. 4. 1933 vom Reichs- und Preußischen Minister für Erziehung, Wissenschaft und Volksbildung W. Rust gegründeten „Gemeinschaftserziehungsstätten, in denen die Erziehung deutscher Jungen und Mädel[31] im nationalsozialistischen Reichsbewußtsein zur Gesamtpersönlichkeit erstrebt wird auf Grund eines vielseitigen Planes, der z. B. von den Jungmannen neben gründlicher geistiger und körperlicher Ausbildung Reiten, Fechten, Boxen, Kraftfahren, Geländeübungen, kunsthandwerkliche Tätigkeit, In- und Auslandsfahrten, Dienst beim Bauern und in der Industrie, selbständige Führungsleistungen, Einfügung in Lebensgemeinschaften u. a. verlangt."[32] „Aus Anlaß der Einweihung der nationalpolitischen Erziehungsanstalt Plön überreichte der preußische Kultusminister Rust dem Leiter der Anstalt, die in Zukunft den Namen ‚Ernst Röhm' tragen soll, als Taufgeschenk einen Fonds zum Bau eines Segelflugzeuges. Stabschef Röhm dankte mit warmen Worten für die ihm zuteil gewordene Ehrung."[33] „Reichsminister Rust sprach auf dem Herbsttreffen der Nationalpolitischen Erziehungsanstalten: ‚Die Idee der Deutschen Revolution ist zum Bildungsziel der Nationalpolitischen Erziehungsanstalten geworden. An die Stelle des gebildeten humanistischen Privatmannes oder des nur rational denkenden, aufgeklärten Wissenschaftlers tritt die Bildungsidee der «nationalsozialistischen Haltung», die über Verstandesbildung und über Einzelbildung hinaus den ganzen Menschen und diesen als Glied des Volkstums ergreift. Der klassische Dreiklang der gymnastischen, musischen und politischen Erziehung schließt in sich die klassische Frage, ob Tugend

---

[28] Hohmann, W.: 1914–1934. Zwanzig Jahre deutscher Geschichte. 2. Aufl. 1935, 82.
[29] Gebucht: Duden, 12. Aufl. 1941, Meyers Lexikon 1936 ff., Volks-Brockhaus 1940. Getilgt: Duden, 13. Aufl. 1947.
[30] Gebucht: Duden, 12. Aufl. 1941.
[31] Es gab nur eine NPEA für Mädchen in Hubertendorf in Österreich.
[32] Meyers Lexikon, Bd. 8, 1940, 114, s. v.
[33] Deutsche Zeitung, 29. 10. 1933. Zit. Blick in die Zeit, 1/Nr. 21, 4. 11. 1933, 9.

lehrbar ist. Die Nationalpolitische Erziehungsanstalt ist ein Versuch der positiven Beantwortung dieser Frage.'"[34] „Die Nationalpolitischen Erziehungsanstalten, die nach den Adolf-Hitler-Schulen weitgehend als ‚Programmanstalten' angesehen werden, haben im Laufe der Jahre in ihrer Arbeit feste Formen angenommen und sind damit aus dem Stadium der Versuche herausgetreten. Das Schwergewicht liegt in der Hand des erwachsenen Erziehers, der die Jugendführung ausübt. In Stoffauswahl und Methode unterliegen auch die NPEA den Richtlinien des REM [Reichserziehungsministers] (1938) für das gesamte höhere Schulwesen, die sich wiederum die praktischen Erfahrungen der NPEA aus den Jahren 33/37 auf dem Gebiete der deutschen Oberschule zunutze gemacht haben. Die NPEA sind damit von ihrer revolutionären Stellung zurückgetreten und heute als gut ausgerichtete Internatsschulen zu werten."[35] „Nicht betroffen von dem Leistungsniedergang sind nach den hier vorliegenden Berichten die Nationalpolitischen Erziehungsanstalten, was begründet ist durch das in ihnen zur Durchführung kommende Ausleseverfahren. Demgemäß wurden die Prüfungen als gut bezeichnet. Dem Charakter der NPEA entsprechend haben sich die Jungmannen zum weitaus größten Teil für den Offiziersberuf entschieden. Gegenüber dem vorwaltenden Einfluß der SS und der Absicht Generalfeldmarschalls Göring, einige NPEA als Kadettenanstalten zu benutzen, dürfte von geringerer Bedeutung ein Versuch der HJ sein, innerhalb der NPEA Fuß zu fassen."[36]

Nationalpreis

1933 gestifteter *Nationalpreis für Buch und Film* (gebräuchlich auch: *Film und Buch*) zur Auszeichnung der linientreuesten Arbeiten „aus nationalsozialistischem Geist".[37]

> „Das Reichsministerium für Volksaufklärung und Propaganda hat beschlossen, einen jährlich zu verteilenden Nationalpreis für dasjenige Buch- und Filmwerk auszusetzen, in dem nach dem Urteil Berufener das aufrüttelnde Erlebnis unserer Tage den geistig und künstlerisch reifsten Ausdruck gefunden hat."[38] „Diese Festsitzung der Reichskulturkammer erhielt ihr besonderes Gepräge durch die Tatsache, daß in Gegenwart des Führers wiederum die Nationalpreise für Film und Buch zur Verteilung kamen. Pg. Dr. Goebbels teilte mit, daß der Nationale Filmpreis 1935/36 dem Regisseur Froelich zuerkannt [...] und der Nationale Buchpreis 1935/36 dem Dichter Gerhard Schumann zugesprochen wurde: ‚Der nationale Buchpreis 1935/36 wurde dem Mitglied des Reichskultursenats, SA.-Obersturmbannführer Gerhard Schumann aus Stuttgart für seinen Gedichtband «Wir aber sind das Korn» zuer-

---

[34] Berliner Börsen-Ztg., 25. 9. 1934. Zit. Blick in die Zeit, 2/Nr. 40, 6. 10. 1934, 14.
[35] MADR, Jahreslagebericht 1938 des SHA, Bd. 2, 134.
[36] MADR, Vierteljahreslagebericht 1939 des SHA, Bd. 2, 283.
[37] Gebucht: Duden, 12. Aufl. 1941. Getilgt: Duden, 13. Aufl. 1947.
[38] Volksparole. Amtl. nationalsozialistische Tageszeitung, Düsseldorf, 1. Wonnemond/Mai 1933.

kannt. Wiederum und zum drittenmal konnten wir damit unter Zustimmung aller zur Preisverteilung herangezogenen Gutachter einen Vertreter der kämpfenden nationalsozialistischen Bewegung auszeichnen. Gerhard Schumann ist schon viele Jahre vor der Machtübernahme in der SA. mitmarschiert. Sein ganzes dichterisches Schaffen ist aus dem Geiste des Nationalsozialismus geboren. [...]"[39] „Dr. Goebbels verkündete die Verleihung der Nationalpreise 1936/37 für Film und Buch. Der Filmpreis wurde dem Staatsschauspieler Emil Jannings für seinen Film ‚Der Herrscher' zuerkannt, der Buchpreis dem SS-Sturmführer Friedrich Bethge für sein Schauspiel ‚Marsch der Veteranen'."[40]

Nationalsozialismus, (Nationalsozialist, nationalsozialistisch, Nationalsozialistische Deutsche Arbeiterpartei — NSDAP)

Bezeichnung für die Ideologie der Partei Adolf Hitlers in der Zeit ihres Aufstiegs von 1919 bis 1933 und ihrer Herrschaft von 1933 bis 1945, sowie für die Partei und das nationalsozialistische Herrschaftssystem selbst.[41]

> Das Wort *Nationalsozialismus* ist eine Neubildung aus der zweiten Hälfte des 19. Jahrhunderts. Die Diskussion um die Verbindung von Nationalismus und Sozialismus, den beiden bestimmenden Ideen des 19. Jahrhunderts, begann schon bald nach der Jahrhundertmitte. Der Frühsozialist Moses Heß (1812—1872), ein Vorläufer des modernen Zionismus, war in seinem Buch ‚Rom und Jerusalem' (1862) — im Gegensatz zum klassischen Marxismus — zur Idee einer jüdischen Nation zurückgekehrt und forderte in einer „Synthese zwischen dem nationalen, sozialen, universalen und sozialistischen Denken"[42] eine Wiedergeburt der Nation in Palästina auf der Grundlage des Sozialismus, der für ihn identisch war mit den mosaischen Gesetzen.[43] In diesem Zusammenhang soll er nach Ausweis des Glossars ‚Nazi-Deutsch' (1944) von Heinz Paechter um 1860 den Ausdruck *Nationalsozialismus* gebraucht haben. Dafür fehlt jedoch bisher ein Beleg.[44] Auch Theodor Herzl (1860—1904), der Begründer des politischen Zionismus, versteht die *Lösung der Judenfrage* als nationale und soziale Aufgabe: „Hirsch fragte, ob ich die Fahne von Chovevei Zion annehme. Ich antwortete mit meiner national-sozialen Fahne: weißes Feld, sieben Sterne."[45] (1895) Der ehemalige Gestapochef Diels zeugt von der intensiven Auseinandersetzung der Nationalsozialisten mit dem Zionismus, wenn er in seinen Erinnerungen der Annahme Ausdruck gibt: „Die Vorstellung, daß Sozialis-

---

[39] Rühle, G.: Das Dritte Reich, Bd. 1936, 322 f.
[40] Rühle, G.: Das Dritte Reich, Bd. 1937, 78.
[41] Gebucht: Duden, 10. Aufl. 1929, 11. Aufl. 1934, 12. Aufl. 1941. Getilgt: Duden, 13. Aufl. 1947.
[42] Na' am Shlomo: Moses Heß zwischen Messianismus und Emanzipation. In: Jahrb. d. Inst. f. Dt. Geschichte. Beih. 2, Hg. W. Grab, Tel Aviv 1977, 45.
[43] Rom und Jerusalem. In: Moses Heß. Ausgew. Schriften. Hg. H. Lademacher, Wiesbaden o. J., 289.
[44] Paechter, App. IV, 120.
[45] Tagebücher (1895—1904), Bd. 1, Berlin 1922, 325.

mus und Nationalismus zusammengehören und im Grunde die zwei Seiten der gleichen Medaille darstellen, entspringt einer der wichtigsten Konzeptionen der sozialistischen Bewegung innerhalb des Zionismus."[46] (1950)
Der Tendenz, dem Nationalstaat im Sozialismus einen bedeutenden Eigenwert zuzugestehen, wie Ferdinand Lassalle (1825–1864), der Gründer des Allgemeinen Deutschen Arbeitervereins, es tat[47], traten die Führer der Arbeiterbewegung mit größter Schärfe entgegen: „Liebe Genossen! Wiederholt haben wir es gesagt und wir wiederholen es abermals: die Arbeiterfrage ist, weil mit den ökonomischen Verhältnissen der ganzen Welt im Zusammenhange stehend, keine lokale und nationale, sondern eine internationale – die sozialdemokratische – und dies heißt die Menschheitsfrage."[48] (1866) „Sozialismus bedeutet daher immer und überall nur menschheitlicher Demokratismus und ist nationaler Sozialismus ein Begriff des Widersinnes, wie Sozialismus ohne vollendeten Demokratismus ausgeführt, nur eine vollständige Monstruosität (Ungeheuerlichkeit) sein könnte."[49] (1866) Der bisher erste Beleg der Wortverbindung *Nationalsozialismus* ist kritisch gegen die Lassalleaner gewendet. Der Radikale Eugen Dühring (1833–1921) gebraucht den Ausdruck in seinem Werk ‚Kritische Geschichte der Nationalökonomie und des Socialismus' offenbar als spontane Prägung: „Theils sein eignes [F. Lassalles] Eingehen in die Richtung der nationalen Einheitspolitik, die eine aus halbfeudaler Romantik und modern militairischem Imperialismus gezeugte Zwitterlösung finden sollte, theils die späteren Thatsachen selbst haben es mit sich gebracht, dass der Allgemeine Deutsche Arbeiterverein Lassalles in die Phase einer Art Nationalsocialismus eintreten konnte. Hierdurch ist der Gegensatz gegen den Internationalismus ziemlich scharf ausgeprägt worden und man kann Lassalle von der intellektuellen Urheberschaft dieser auf die Dauer für allen echten Socialismus unhaltbaren Position nicht freisprechen."[50] (1875, zuerst 1871) Zehn Jahre später entpuppt sich Dühring in seiner Schrift ‚Die Judenfrage als Racen-, Sitten- und Culturfrage' als radikaler rassistischer Judenhasser. Er gebraucht nun – im krassen Gegensatz zu seiner früheren Wertung – das Adjektiv *national-sozial* zur Beschreibung seines eigenen Gesellschaftsmodells einer sozial gerechten völkischen Gemeinschaft, aus der die ‚eingenisteten' Juden auszuschließen seien.[51] „An erster Stelle muss nun auch den Juden gegenüber der allgemeine Grundsatz zur Geltung kommen, dass jede gesellschaftliche oder nationalsociale Gruppe ihr specielles Recht in sich selbst hat und daher nicht genöthigt werden kann, mit ihrem politischen Bande Alles zu umschlingen, was Lust hat, sich zwischen ihren Elementen einzunisten."[52] (1881)

---

[46] Diels, R.: Lucifer ante portas, Stuttgart 1950, 44 f.
[47] Koselleck, R.: Volk, Nation, Nationalismus, Masse. In: GG, Bd. 7, 1992, 365.
[48] Noch ein ernstes Wort an die Arbeiter. In: Der Vorbote, 1 /Genf 1866, Nr. 1. Ndr. Berlin 1963, 14.
[49] Ebd., 15. Vgl. W. Schieder: Sozialismus. In: GG, Bd. 5, 994.
[50] 2. theilw. umgearb. Aufl., Berlin 1875 (zuerst 1871), 533.
[51] Vgl. Cobet, 1973, 53.
[52] 2. verb. Aufl. 1881, 106.

1884 bezeichnet ein nationalliberaler Amtsrichter, Karl Theodor Reinhold, der „Bismarck als Reformator des deutschen Geistes verehrt"[53], die von ihm für notwendig gehaltene „staatliche Thätigkeit bei der Lösung der sozialen Frage" als *National-Sozialismus*: „Die Vertheilung auf viele Schultern, die Solidarität der Opfer und der Hülfe, die straffe Organisation der kärglich zugemessenen Hülfsmittel – das ist der spezifische Staatsgedanke, welcher unser in materieller Dürftigkeit und staatlich-ethnographischer Zerrissenheit kraftloses Volk allein retten kann.[...] Die staatliche Thätigkeit bei der Lösung der sozialen Frage, so begrenzt sie auch nur sein kann, ist daher ein National-Sozialismus, welcher den positiven Ordnungen der alten Gesellschaft neue Grundlagen hinzufügt, keineswegs aber umstürzende Ideen verfolgt [...]. Wie daher der tiefer blickende Patriot der Verstaatlichung der Eisenbahnen, so schmerzlich ihm die Verdrängung der freien und großartigen Wirthschaftsentwicklung sein mochte, von der hohen Warte des staatlichen Lebensprozesses freudig zugestimmt hat, so muß er auch wünschen, daß jener National-Sozialismus die besonders schwachen Elemente unseres Volkslebens zu fester Angliederung an das Gemeinwesen bringt und diese, soweit es gegenüber den nationalökonomischen Gesetzen möglich ist, selbst mit Opfern der Gesammtheit zu erreichen suche."[54] (1884)

1887 erscheint im ‚Deutschen Adelsblatt' ein Beitrag mit dem Titel „Fürst Bismarck der erste Nationalsozialist".[55] In ihm nennt der Verfasser „den Nationalsozialismus" – in einer Zeit des „Anarchismus", in der „alle Parteien ohne Ausnahme" „völlig abwirthschafteten" – den „Einen vernünftigen Parteibegriff". „Der Staat ist ihm [Bismarck] nicht nach dem heutigen Parteiwesen eine Summe von Einzelwillen, sondern der Gesammtwillen als Ausdruck des Nationalgeistes. Deshalb kennt er aber, wie nur Einen Gott, auch für die Gegenwart nur Einen vernünftigen Parteibegriff, nämlich, so könnte man sagen, den Nationalsozialismus mit dem Einen Programm des christlichen Gebots der Gerechtigkeit und der Liebe. Den ersten Repräsentanten solcher Einheits-Nationalpartei hat man im Fürsten Bismarck zu erkennen. In ihm verkörperte sich für den allgemeinen Staatszweck das dem 5. Jahrhundert sich nähernde national-soziale Erziehungswerk der Hohenzollern [...]. Wo aber sind die der Väter würdigen Söhne mit Verständniß für solches Programm eines Nationalsozialismus nach der Idee Marlo's?[56] Noch sind die Worte „National" und „Sozial" der großen Masse nur leere Phrase; zur lebensvollen Idee vermögen sie sich erst durch das Opfer für den Nächsten zu erheben [...]. Wie lange will man noch mit dem Zöllnerbekenntniß verziehen, daß alle Parteien ohne Ausnahme [...] völlig

---

53 Reinhold, K. Th.: Bismarck als Reformator des deutschen Geistes, 1885.
54 Ders.: Das Deutsche Volksthum und seine nationale Zukunft, 1884, 465 f. Hinweis bei W. Emmerich: Zur Kritik der Volkstumsideologie, 1971, 74.
55 Dies ist der früheste bisher nachgewiesene Beleg für den Gebrauch des Wortes *Nationalsozialist*.
56 Karl Marlo, d. i. Karl Georg Winkelblech (1810–1865), Nationalökonom, der eine sozialistische Wirtschaftsordnung auf der Grundlage des Zunftsystems erstrebte: Untersuchungen über die Organisation der Arbeit oder das System der Weltökonomie, 3 Bde., Kassel 1850–1858.

abwirthschafteten, und daß gegenüber dem Anarchismus nur Ein Parteiprogramm überhaupt noch Sinn hat, nämlich das des Nationalsozialismus gemäß dem Programm seines ersten, für den praktischen Verwirklichungszweck zielbewußten Repräsentanten, des Fürsten Bismarck."[57]
1896 gründeten die evangelischen Pfarrer Friedrich Naumann und Paul Göhre in Abspaltung von der christlich-sozialen Partei Stöckers den ‚National-sozialen Verein', noch im gleichen Jahr umbenannt in ‚Nationalsoziale Partei' mit dem Ziel der Versöhnung der Arbeiterschaft mit dem kaiserlich-nationalen Deutschland. „Das Kaisertum und die Masse gehören zusammen, das Kaisertum muß sozial, die Masse muß national werden."[58] Organ der *nationalsozialen Bewegung*[59] war neben der Monatsschrift ‚Die Hilfe', die seit dem 1. 10. 1896 in Berlin erscheinende Tageszeitung ‚Die Zeit' mit dem Untertitel: ‚Organ für nationalen Sozialismus auf christlicher Grundlage'.[60] Naumanns Ziel ist es zu beweisen, „daß man Nationalismus und Sozialismus als politische Einheit verschmelzen kann, indem man beiden voll gerecht wird."[61] „Ich dagegen finde das absolut Neue in unserer Partei, das uns allein eine Existenzberechtigung verleiht, darin, daß wir gegenüber der Überschätzung des Sozialen bei der Sozialdemokratie und des Nationalen bei den bürgerlichen Parteien die Gleichwertigkeit beider Begriffe in die Praxis umzusetzen versuchen."[62] In der Gründungsphase von Verein und Partei wird oft auch von einer *national-sozialistischen* Organisation gesprochen, doch setzt sich die Bezeichung *nationalsozial* durch. „Es ist klar, daß die Frage, ob die Gründung einer national-sozialistischen Organisation notwendig ist, in bejahendem Sinne nur beantwortet werden kann, wenn festgestellt wird, daß keine von den aus der sozialen Bewegung hervorgegangenen politischen Gruppierungen den geschichtlichen Aufgaben des Sozialismus und den Anforderungen der politischen Weltlage entspricht."[63] Die Bezeichnung für die „Idee der Partei" ist in der Regel *Nationaler Sozialismus*, gelegentlich aber auch *Nationalsozialismus*. „Große Industrielle über den Nationalsozialismus. Während wir hier im Kreise Jena-Neustadt gewohnt sind, daß die sich ‚staatserhaltend' nennende, aber in Wirklichkeit, wenn auch unbewußt, staatszerstörend wirkende Presse den Nationalsozialismus und Pfarrer Naumann bekämpft durch Unterschiebungen, Verdrehungen und Entstellungen einzelner Äußerungen von national-sozialer Seite, wie durch sorgfältige Vermeidung jeder sachlichen Widerlegung irgend einer grundsätzlichen Idee des Nationalsozialismus, finden wir in der konservativen Presse Süddeutschlands eine sachlichere Kritik."[64] (1898) Während Herders Konversationslexikon 1906 unter dem Stichwort *Nationalsoziale* vermerkt: „[...] stehen auf nationa-

---

57 Deutsches Adelsblatt, 5/1887, Nr. 24, 450 f..
58 Naumann, F.: Deutschland! Die Hilfe, 3/Nr. 27, 4. 7. 1897, 2.
59 Wenck, M.: Die Geschichte der Nationalsozialen, 1905, 69.
60 Anzeige in: Die Hilfe, 2/Nr. 37,13. 9. 1896, 7.
61 Naumann, F.: Demokratie und Kaisertum, 2. Aufl. Berlin 1900, 229.
62 Die Hilfe, 4/Nr. 34, 21. 8. 1898, 5.
63 Oberwinden, H.: Die national-sozialistische Vereinigung. Die Hilfe, 2/Nr. 44, 1. 11. 1896, 1.
64 Die Hilfe, 4/Nr. 10, 6. 3. 1898, 3.

lem (und christlichem) Boden, vertreten aber sozialistische, z. T. sogar marxistische Anschauungen [...]"[65], distanzieren sich die Nationalsozialen deutlich vom marxistischen Sozialismus: „Nicht ganz klar erscheint es manchem Beurteiler, ob wir uns mit Recht Sozialisten nennen. Das Wort Sozialismus wird in verschiedenem Sinn gebraucht: utopisch als der Himmel auf Erden, materialistisch als Vergesellschaftung aller Produktionsmittel, praktisch als die vorhandene Emporbewegung der arbeitenden Menge. Nur im letzteren Sinne nehmen wir es auf [...]."[66] (1897) Otto Ladendorf führt *nationalsozial* in seinem ‚Historischen Schlagwörterbuch' auf und konstatiert: „Das Stichwort wurde durch eine rührige Propaganda in weite Kreise getragen."[67] (1906) Der Bearbeiter von Büchmanns ‚Geflügelten Worten' Werner Rust (1943) nimmt an, daß für die Wortprägung *nationalsozialistisch* im Namen *der Deutschen Nationalsozialistischen Arbeiterpartei* Österreichs „zweifellos auch Friedrich Naumanns ‚Nationalsozialer Verein' Pate stand."[68]

Der Nationalsozialist Manfred Pechau führt in seiner Dissertation ‚Nationalsozialismus und deutsche Sprache' die Prägung des Ausdrucks *Nationalsozialismus* auf den Schweden Rudolf Kjellèn (1864—1922) zurück.[69] Kjellèn, ein führendes jungkonservatives Mitglied des schwedischen Reichstags, wehrt sich in seinem Nachwort zu einer 1910 erschienenen Artikelfolge gegen Angriffe der Liberalen, denen er die Existenzberechtigung abgesprochen hatte. Er bejaht den Sozialismus als Idee, nicht aber als klassengebundene sozialistische Partei. „Sozialismus als Partei schränkt diese Idee auf die Arbeiterklasse ein. Daher seine Gefährlichkeit für die Gesellschaft. Weite die Idee auf das ganze Volk aus, stell dir einen Nationalsozialismus anstelle eines Klassensozialismus vor — und die Gefahr für die Gesellschaft wird eine herrliche Stärke der Gesellschaft."[70] (1910) Bei Kjellèn wirkt — wie bei Dühring 1871 — der Gebrauch von *Nationalsozialismus* wie eine von Vorgängern unabhängige, spontane Prägung, ein Hinweis darauf, daß um die Jahrhundertwende eine solche Wortbildung offensichtlich in der Luft lag.

Die erste Partei, die sich *nationalsozialistisch* nannte, war die 1898 gegründete ‚Tschechische Nationalsozialistische Partei' (Ceska Strana Narodni Socialni). Angesichts der Nationalitätenkonflikte und des Konkurrenzdrucks zugewanderter Arbeiter in Böhmen forderte sie nationale, nicht internationale Solidarität und demokratische Erneuerung als Voraussetzungen des Sozialismus und trennte sich vom Kurs der Sozialdemokratie. Ihr Programm war antimarxistisch und antikapitalistisch.[71]

---

[65] 3. Aufl., Freiburg 1902—1907, Bd. 6, 419 f.
[66] Die Hilfe, 3/Nr. 40, 3. 10. 1897, 1.
[67] Ladendorf, 1906, 214.
[68] Büchmann (W. Rust), 1943, 406.
[69] Diss. Greifswald 1935, 13.
[70] Übersetzt aus d. Schwed.: „Socialismen som parti inskränker denner idé till arbetareklassen. Där af dess samhällsvåda. Vidga ut idén öfver hela folket — tänk en nationalsocialism i stället för klassocialism — och det samhällsvådliga blir en härlig samhällsstyrka!" Efterskrift [zu einer Artikelfolge: ‚partier och idéer']. In: Politiska Essayer 2: 22, 1910. Zit. Ordbok över Svenska Spraket, utgiv. av Svenska Akademien 18, Lund 1949, Sp. N 132.
[71] Whiteside, A. G.: Nationaler Sozialismus in Österreich vor 1918. In: VJZG 9/1961, 333 u. 335.

Auf gleicher Linie lag die 1903 gegründete ‚Deutsche Arbeiterpartei' in Österreich, die aber durch den Einfluß Rudolf Jungs und des ehemaligen Sozialdemokraten Walter Riehl zunehmend nationalistisch und antisemitisch wurde. Schon 1900 hatte der nationalsozialistische Arbeiter- und Gewerkschaftsführer in Böhmen, Matthäus Joksch, die antisemitischen Schriften von Eugen Dühring empfohlen.[72] Walter Riehl schreibt 1908 rückblickend: „Die deutschnationale Arbeiterbewegung in Österreich entwickelte sich nach 1908 nicht nur im Gegensatz zur Sozialdemokratie antisemitisch und national, sondern auch im Gegensatz zum Bürgertum, dem sein Profit höher stand als die Erhaltung deutscher Menschen. Der Parteitag von Iglau im Jahre 1913 schuf ein antisemitisches nationales, sozialistisches Programm. Sehr viel deutsche Intelligenz schloß sich der neuen Bewegung an und baute ein Gebäude nationalsozialistischer Lehren."[73] (1920) Rudolf Jung erläutert: „National bedeutete im alten Österreich nie etwas anderes als völkisch und judengegnerisch." Sozialistisch nannte sich „die Partei, weil sonst die durch die marxistische Schule gegangenen Massen unsere Bestrebungen nie recht verstanden hätten."[74] Nachdem sich der Ausdruck *Nationalsozialisten* weithin durchgesetzt hatte — schon 1913 debattierte die Partei, ob sie sich *nationalsozialistisch* nennen sollte —[75] beschließt die Partei im Mai 1918, auch formell den Namen *Deutsche Nationalsozialistische Arbeiterpartei* (*DNSAP*) anzunehmen.[76]

Unabhängig von den Österreichern gründeten der Eisenbahnschlosser Anton Drexler und der Journalist Karl Harrer am 5. 1. 1919 in München die ‚Deutsche Arbeiterpartei'. Ihr trat im September 1919 Adolf Hitler bei. Über die Umbenennung der ‚Deutschen Arbeiterpartei' in *Nationalsozialistische Deutsche Arbeiterpartei* (*NSDAP*) berichtet Konrad Heiden: „Nachdem die Partei an die Öffentlichkeit getreten ist, beginnt ein Streit um ihren Namen. Hitler möchte sie ‚Sozialrevolutionäre Partei' nennen; er denkt an die russischen Sozialrevolutionäre, die Sozialisten, jedoch Antimarxisten und Antibolschewisten waren. Aber ‚revolutionär' paßt Dietrich Eckart nicht. Da erscheinen in München Emissäre einer alten antisemitischen Partei aus Österreich. Es sind der Ingenieur Rudolf Jung aus Prag [...] und Dr. Schillings aus Wien. Sie laden die Münchener ein, sich mit der österreichischen und der tschechoslowakischen Gruppe zusammenzuschließen, denn man wolle doch dasselbe. Beweis das Münchener Programm [...]. Der Bund kommt in loser Form zustande und die deutsche Arbeiterpartei in München nimmt den Namen der österreichischen Bruderparteien in ihren auf. Sie heißt seit April 1920: Nationalsozialistische Deutsche Arbeiterpartei."[77]

▸ Hitler definiert in zahlreichen Reden zu Beginn der zwanziger Jahre die Eckpunkte für den Gebrauch des Ausdrucks *Nationalsozialismus*, wie er in der NS-Zeit

---

[72] Ciller, A.: Vorläufer des Nationalsozialismus, 1932, 28 f. Zit. Whiteside, ebd., 347.
[73] Riehl, W.: Die deutsche nationalsozialistische Partei in Österreich und der Tschechoslowakei. In: VB, Jg. 34/1920, Nr. 33, 3.
[74] Jung, R.: Nationaler Sozialismus, 2. Aufl. 1922, 186.
[75] Heiden, K.: Hitler, Bd. 1, 1936, 44 f.
[76] Whiteside, ebd., 348.
[77] Heiden, ebd., Bd. 1, 141 f.

zum Ritual wurde, indem er in unermüdlicher Wiederholung die Begriffe *national* und *sozial* für identisch erklärt. In Hitlers Umwertung beider Ausdrücke heißt *sozial* oder *sozialistisch* ebenso wie *national* bedingungslose Einordnung in die ↑ *Volksgemeinschaft* und ↑ *fanatischer Kampf* gegen alles „Deutschfeindliche", insbesondere gegen die Juden. Nicht wirtschaftliche Gleichstellung wird in Aussicht gestellt, sondern Gleichheit in der Verpflichtung für „die Wohlfahrt der Volksgemeinschaft": „Erstens: ‚national' und ‚sozial' sind zwei identische Begriffe. Den Juden erst ist es gelungen, durch die Umfälschung des sozialen Gedankens zum Marxismus diesen sozialen Gedanken nicht nur dem nationalen zu entfremden [...], sondern sie als stärkste Gegensätze hinzustellen. Wir haben bei Gründung unserer Bewegung uns entschlossen, sie [...] als ‚Nationalsozialistische' zu taufen [...]."[78] (1922) „Ein Staatswesen kann nur aufgebaut sein auf einer sozialen Grundlage, und zweitens, Todfeind jeden wahren sozialen Gedankens ist der internationale Jude. Jeder wahrhaft nationale Gedanke ist letzten Endes sozial, d. h.: Wer bereit ist, für sein Volk so vollständig einzutreten, daß er wirklich kein höheres Ideal kennt, als nur das Wohlergehen dieses seines Volkes, wer unser großes Lied ‚Deutschland, Deutschland über alles' so erfaßt hat, daß nichts auf der Welt ihm höher steht als dieses Deutschland, Volk und Land, Land und Volk, der ist ein Sozialist."[79] „Die alten Gewalten und die alten Staatsauffassungen brechen rettungslos zusammen und hervor tritt ein neues Gebilde, der Nationalsozialismus. Die Zukunft des deutschen Volkes. Drei Dinge sind es, auf denen das kommende Deutschland ruhen muß. 1. Der soziale Gedanke. Dieser Gedanke muß die Idee der Pflicht zur Voraussetzung haben [...]. 2. Der nationale Gedanke. Dieser ist für uns Deutsche identisch mit dem sozialistischen. Je fanatischer national wir sind, umso mehr muß uns die Wohlfahrt der Volksgemeinschaft am Herzen liegen, d. h. um so fanatischer sozialistisch werden wir sein. 3. Der antisemitische Gedanke. Er bekundet die rassische Ablehnung des grundsätzlich Deutschfeindlichen. Nationalismus ist vor allen Dingen auch ein Vorbeugungsmittel gegen Krankheitskeime, und der antisemitische Gedanke ist die notwendige Abwehr gegen eine Pest, welche die Welt heute ergriffen hat. Durch das Judentum ist sowohl der nationale wie der sozialistische Gedanke verfälscht und vergiftet worden."[80] In einem der kleinen Lexika, die 1933 von Nationalsozialisten herausgebracht wurden, um die nationalsozialistische Ideologie und die Namen der NS-Organisationen und ihrer Funktionäre zu erläutern und zu verbreiten, heißt es: „Warum nennen wir uns Nationalsozialisten? Unsere Gegner versuchen, diesen Begriff als Irrsinn zu bezeichnen, indem sie behaupten, daß die eine Hälfte des Wortes der Gegensatz des anderen sei. Hören wir, was Adolf Hitler sagt: Ihr könnt nicht wahre Nationalisten sein, ohne Sozialisten zu sein, ihr andern könnt nicht wahre Sozialisten sein, ohne Nationalisten zu sein. Nationalist sein, heißt sein eigenes Volk mehr lieben, als alle übrigen Völker und sorgen, daß es sich ihnen gegenüber zu

---

[78] „Die Hetzer der Wahrheit", Rede v. 12. 4. 1922, Sonderdruck d. VB, Inst. f. Zeitgesch., Archiv, 68/51, Bl. 2, 1.
[79] Hitler: „Freistaat oder Sklaventum", Rede v. 28. 7. 1922 in München. In: E. Jäckel/ A. Kuhn (Hg.): Hitler. Sämtliche Aufzeichnungen 1905–1924, 1980, 665.
[80] Hitler, Rede v. 29. 1. 1923. In: E. Jäckel/A. Kuhn (Hg.), ebd., 822.

behaupten vermag. Damit sich dieses Volk aber der übrigen Welt gegenüber zu behaupten vermag, muß ich wünschen und sorgen, daß jedes Glied gesund ist und es jedem einzelnen und damit der Gesamtheit so gut wie möglich geht. Damit aber bin ich schon Sozialist [...]."[81] Die Erweiterung des Anwendungsbereichs von *Nationalsozialismus* wird erkennbar in Hitlers Rede auf dem „Kongreß des Sieges" am 2. 9. 1933 vor der NSDAP: „Der Nationalsozialismus ist eine Weltanschauung. Indem er die ihrer innersten Veranlagung nach zu dieser Weltanschauung gehörenden Menschen erfaßt und in eine organische Gemeinschaft bringt, wird er zur Partei derjenigen, die eigentlich ihrem Wesen nach einer bestimmten Rasse zuzusprechen sind."[82] In der Folge steht *Nationalsozialismus* auch für die *nationalsozialistische Bewegung* und ihre Herrschaft selbst: „Der Nationalsozialismus war an der Macht".[83] „Der 12. November hat bewiesen, daß der Nationalsozialismus nicht äußerlich die Macht in Deutschland übernommen hat und nun mit Terror und Gewalt als Despot Deutschland knebelt und knechtet, sondern daß dieses Regiment, als einzigstes auf der Welt, von der Liebe und Treue und Hingabe des gesamten Volkes getragen wird."[84]

≫ Seit 1945 ist der Ausdruck *Nationalsozialismus* durch die ungeheuren Verbrechen, die im Namen des Nationalsozialismus begangen wurden, in so hohem Maße diskreditiert, daß er weder für politische Konzepte noch für Organisationen oder Parteien wieder Verwendung gefunden hat.

Nationalsozialistisch vor Organisationsnamen, s. auch ↑ NS-...

Nationalsozialistische Betriebszellen-Organisation, s. ↑ NSBO.

Nationalsozialistische Deutsche Arbeiterpartei (NSDAP), s. ↑ Nationalsozialismus.

Nationalsozialistisches Kraftfahr-Korps, s. ↑ NSKK.

Nationalsozialistischer Rechtswahrerbund, s. ↑ NS-Rechtswahrerbund (NSRB).

Nationalsozialistische Revolution

Positives Kontrastwort zu *bolschewistische Revolution*. a) Wie ↑ *nationale Erhebung*, ↑ *nationale Revolution* Bezeichnung für den Machtantritt Hitlers am 30. 1. 1933. b) Speziell: die Bezeichnung für die Zeit der nationalsozialistischen Machteroberung durch ↑ *Gleichschaltung* der Länder, Kommunen und Wirtschaftsverbände und die Beseitigung der demokratischen Par-

---

[81] Rosten, C.: Das ABC des Nationalsozialismus, 2. Aufl., 1933, 90.
[82] Zit. Das Ehrenbuch der Arbeit, 1934, 177.
[83] Ebd., 52.
[84] Robert Ley, Rede: Die Deutsche Arbeitsfront, ihr Werden und ihre Aufgaben. Zit. Das Ehrenbuch der Arbeit, 12.

teien — vom 5. 3. 1933, dem Termin der Reichstagswahlen, bis zum 6. 7. 1933, dem Tag, an dem Hitler die Revolution für beendet erklärte.[85]
▶ V. Klemperer vermerkt für den 9. 7. 1933 in seinem ‚Notizbuch eines Philologen' ‚LTI': „Vor ein paar Wochen ist Hugenberg zurückgetreten, und seine deutschnationale Partei hat ‚sich selbst aufgelöst'. Seitdem beobachte ich, daß an die Stelle der ‚nationalen Erhebung' die ‚nationalsozialistische Revolution' gerückt ist [...]."[86] Hitler resümiert zu Beginn des Jahres 1934: „Wenn wir rückblickend das Jahr 1933 das Jahr der nationalsozialistischen Revolution nennen, dann wird dereinst eine objektive Beurteilung seiner Ereignisse und Vorgänge diese Bezeichnung als gerechtfertigt in die Geschichte unseres Volkes übernehmen... In knappen zwölf Monaten wurde eine Welt von Auffassungen und Einrichtungen beseitigt und ausgelöscht aus unserem deutschen Volk."[87] Robert Ley 1934: „Hierin liegt das Geheimnis der nationalsozialistischen Revolution, daß ihr Führer, Adolf Hitler, jenen schicksalhaften Gedanken des wahren Sozialismus und der einzigen Gemeinschaft, geboren aus Kameradschaft und Treue, aus den Schützengräben des Weltkrieges hinüberrettete in die Politik und sie dem Werden unseres Volkes nutzbar machte."[88] „Es ist hier nicht die Aufgabe, auf all die Einzelheiten und großen Erfolge der nationalsozialistischen Revolution im vergangenen Jahre hinzuweisen, jedoch das größte von allem, besonders aber für die Außenstehenden, ist das Wunder des Wachsens und Werdens der Einheit der deutschen Nation. Der 12. November hat bewiesen, daß der Nationalsozialismus nicht äußerlich die Macht in Deutschland übernommen hat und nun mit Terror und Gewalt als Despot Deutschland knebelt und knechtet, sondern daß dieses Regiment, als einzigstes auf der Welt, von der Liebe und Treue und Hingabe des gesamten Volkes getragen wird. Welcher Staatsmann kann sich, wie Adolf Hitler, rühmen, 95 Prozent der Nation hinter sich und seiner Politik zu haben. Hitlers Regiment ist Volksherrschaft im edelsten und erhabensten Sinne."[89] Nach dem Vorbild der französischen Revolution gibt es — rhetorisch — eine revolutionäre Zeitrechnung: „Es geht darum, daß ein Blatt [‚Germania'] mit 8000 Auflage im dritten Jahr der nationalsozialistischen Revolution noch nicht begriffen hat, daß es nicht die Aufgabe einer Tageszeitung ist, Sprachrohr eines Volksteils zu sein, sondern Prediger der Gemeinschaft; daß nicht konfessionelle Gesichtspunkte bei der Betrachtung und Beurteilung politischer Maßnahmen mitspielen dürfen."[90] Die Gauwaltung Düsseldorf der ↑DAF datiert ihren Jahresbericht 1936: „Düsseldorf, im Januar des Jahres IV der nationalsozialistischen Revolution". Und vorausblickend heißt es: „Es wird und muß noch schöner werden! Das geloben wir an der Schwelle des Jahres V der nationalsozialistischen Revolution stehend, der Partei und unserem Arbeitertum."[91] „Der vierte Jahrestag der nationalsozialistischen Revolution, der

---

[85] Gebucht: Knaur 1934, Paechter, Volks-Brockhaus 1940.
[86] Ebd., 14. Aufl. 1996, 37.
[87] Nachtausgabe, 30. 1. 1934. Zit. Blick in die Zeit, 2/Nr. 6, 10. 2. 1934, 1.
[88] In: Das Ehrenbuch der Arbeit, 1934, 9 f.
[89] R. Ley, in: Das Ehrenbuch der Arbeit, 1934, 12.
[90] In: Deutscher Glaube, 2/Ostermond 1935, 180.
[91] Die Deutsche Arbeitsfront hält Rückschau. Ebd., o. J. (1937), 3 und 24.

30. Januar 1937, erhielt sein besonderes Gepräge durch eine Sitzung des Deutschen Reichstags."[92] In einer Reichstagsrede am 20. 2. 1938 macht Hitler deutlich, wie er *nationalsozialistische Revolution* versteht: „Der Nationalsozialismus ... besitzt ganz Deutschland seit dem Tag, an dem ich als Reichskanzler vor fünf Jahren das Haus am Wilhelmsplatz verließ, und zwar restlos und ausschließlich. Es gibt keine Institution in diesem Staat, die nicht nationalsozialistisch ist. Vor allem aber hat die nationalsozialistische Partei in diesen fünf Jahren nicht nur die Nation nationalsozialistisch gemacht, sondern sich auch selbst jene vollendete Organisation gegeben, die für alle Zukunft die Selbst- und Forterhaltung gewährleistet. Die größte Sicherung dieser nationalsozialistischen Revolution liegt führungsmäßig nach innen und außen in der restlosen Erfassung des Reiches und all seiner Einrichtungen und Institutionen durch die nationalsozialistische Partei."[93] Am 30. 1. 1944 stellt Hitler die nationalsozialistische Revolution der bolschewistischen Revolution gegenüber: „Ohne den 30. Januar 1933 und ohne die nationalsozialistische Revolution, ohne ihre gewaltige innere Reinigungs- und Aufbauarbeit gäbe es heute keinen Faktor in Europa, der dem bolschewistischen Koloß entgegenzutreten in der Lage wäre. Denn das damalige Deutschland war selbst so krank, durch die zunehmende jüdische Infektion so geschwächt, daß es kaum daran denken konnte, der bolschewistischen Gefahr im eigenen Innern Herr zu werden, geschweige denn sich ihrer auch nach außen hin zu erwehren. Der genau so wie in den andern Ländern vom Judentum herbeigeführte wirtschaftliche Ruin, die Arbeitslosmachung von zahlreichen Millionen deutscher Menschen, die Vernichtung des Bauerntums, die Zerstörung von Gewerbe und Industrie, galten nur der planmäßigen Vorbereitung des inneren Zusammenbruchs. Dieser wurde unterstützt durch die Aufrechterhaltung eines sinnlos gewordenen Klassenstaates, der nur dazu dienen konnte, die Vernunft der breiten Masse in Haß zu verwandeln, um sie so als willfähriges Instrument der bolschewistischen Revolution verwenden zu können. [...] Aber selbst wenn dieser Prozeß der bolschewistischen Revolte im Innern Deutschlands nicht zum vollen Erfolg geführt hätte, so wäre doch der Staat in seiner demokratischen Weimarer Verfassung den großen weltpolitischen Aufgaben der Gegenwart gegenüber nur eine lächerliche hilflose Erscheinung gewesen."[94]

Nationalsozialistische Volkswohlfahrt, s. ↑ NSV.

Neuordnung Europas

Wie ↑ *europäische Neuordnung*. Verhüllende Bezeichnung für das nationalsozialistische Kriegsziel: ein *neues Europa* mit neuen − nach nationalsozialistischen Wirtschaftsinteressen gezogenen − Grenzen und gestufter Abhängigkeit der unfreien Satelliten unter der Oberherrschaft des Deutschen Reiches.[95]

---

[92] Rühle, G.: Das Dritte Reich, Bd. 1937, 18.
[93] Dok. PS−2715 (US−331). In: Der Nürnberger Prozeß, Bd. 2, 244.
[94] In: Domarus, 2/2, 2084.
[95] Gebucht: Paechter.

▶ „In diesem Zusammenhang gesehen ist die bevorstehende zollpolitische Neuordnung im Protektorat ein sehr wichtiger Schritt auf dem Wege der wirtschaftspolitischen Neuordnung Europas."[96] „Das Jahr 1941 wird, dessen bin ich überzeugt, das geschichtliche Jahr einer großen Neuordnung Europas sein! Das Programm kann kein anderes sein als die Erschließung der Welt für alle, Brechung der Vorrechte einzelner, Brechung der Tyrannei gewisser Völker und ihrer finanziellen Machthaber."[97] In einer Presseanweisung heißt es: „In der Ley-Rede in Leipzig kam der Satz vor: ‚Recht ist allein, was der Nation nutzt. Ein anderes Recht gibt es nicht.' In einem Augenblick, wo wir uns um die Neuordnung Europas im Sinne einer höheren Gerechtigkeit bemühen, sind derartige Wendungen gefährlich und müssen unterbleiben. Alle deutschen Schriftleiter werden vom Reichspressechef auf ihre nationale Verantwortlichkeit bei der Wiedergabe außenpolitischer Redewendungen erinnert. Auch wenn solche Dinge in DNB-Meldungen, Redewiedergaben usw. stehen, müssen sie ausgemerzt werden. Jeder deutsche Schriftleiter ist dem Reichspressechef für diese Sorgfalt verantwortlich. Es kann also in Zukunft in Reden herumgestrichen werden."[98] Am 19. 7. 1942 erteilte Himmler aus Lublin folgenden Befehl: „Ich ordne an, daß die Umsiedlung der gesamten jüdischen Bevölkerung des Generalgouvernements bis 31. Dezember 1942 durchgeführt und beendet ist. Mit dem 31. Dezember 1942 dürfen sich keinerlei Personen jüdischer Herkunft mehr im Generalgouvernement aufhalten. [...] Diese Maßnahmen sind zu der im Sinne der Neuordnung Europas notwendigen ethnischen Scheidung von Rassen und Völkern, sowie im Interesse der Sicherheit und Sauberkeit des deutschen Reiches und seiner Interessengebiete erforderlich. Jede Durchbrechung dieser Regelung bedeutet eine Gefahr für die Ruhe und Ordnung des deutschen Gesamtinteressengebietes, einen Ansatzpunkt für die Widerstandsbewegung und einen moralischen und physischen Seuchenherd. Aus diesem Grund ist die totale Bereinigung notwendig und daher durchzuführen. [...]"[99] In einem Erlaß vom 15. 2. 1943 forderte Goebbels Zurückhaltung in der öffentlichen Erörterung von Plänen, die die sogenannte *Neuordnung Europas* betreffen: „Ebenso unangebracht ist eine Darstellung der künftigen Neuordnung Europas, aus der die Angehörigen fremder Völker den Eindruck gewinnen könnten, als ob die deutsche Führung sie in einem dauernden Unterwerfungsverhältnis zu halten beabsichtige. Äusserungen, dass Deutschland im Osten Kolonien errichten und Kolonialpolitik betreiben werde, das Land und seine Bewohner als Ausbeutungsobjekt betrachte, sind völlig verfehlt. Sie würden der Sowjetpropaganda nur eine willkommene Gelegenheit zu der Behauptung bieten, daß Deutschland die Völker des Ostens auf eine Stufe mit den Negern stelle. Das würde bei der Bevölkerung wie bei den Sowjettruppen nur den Widerstandswillen gegen die deutsche Wehrmacht und das Deutsche Reich zur Folge haben."[100]

---

[96] Das Reich, 29. 9. 1940, 11.
[97] Hitler, Rede am 30. 1. 1941. Zit. Domarus: Hitler, Bd. 2/2, 1663.
[98] Sammlung Brammer, Bundesarchiv Koblenz.. ZSG 101/19, 6. 3. 1941.
[99] Zit. Krausnick, H.: Judenverfolgung. In: Anatomie des SS-Staates, 6. Aufl. 1994, 658.
[100] Wollt Ihr den totalen Krieg? Hg. W. A. Boelcke, 1967, 338.

Nichtarier

Jude oder ↑ *Fremdrassiger*, der nicht der ↑ *nordisch-germanischen*↑ *Rasse* angehört (z. B. „Abkömmling der farbigen Rheinlandbesatzung"[101]).[102]

> Der Ausdruck *Nichtarier* erhält im NS-Staat seine Bedeutung durch die antisemitischen Rassengesetze und Verordnungen, in denen er erstmals als Terminus der Rechtssprache erscheint. „Gesetz gegen die Überfüllung deutscher Schulen und Hochschulen vom 25. 4. 1933. [...] § 4 Bei den Neuaufnahmen ist darauf zu achten, daß die Zahl der Reichsdeutschen, die im Sinne des Gesetzes zur Wiederherstellung des Berufsbeamtentums vom 7. April 1933 [...] nicht arischer Abstammung sind, unter der Gesamtheit der Besucher jeder Schule und jeder Fakultät den Anteil der Nichtarier in der reichsdeutschen Bevölkerung nicht übersteigt."[103] „Verordnung über die Zulassung von Nichtariern zum aktiven Wehrdienst vom 25. 7. 1935. [...] § 2 (1) Personen, deren beide Eltern jüdischen Blutes sind, oder die drei jüdische Großelternteile haben, werden zum aktiven Wehrdienst nicht herangezogen; [...] (2) Ausnahmen [...] können für Nichtarier zugelassen werden, die nicht mehr als zwei voll nichtarische, insbesondere jüdische Großelternteile haben."[104] „Die Handwerkskammer von Oberbayern hat eine Bekanntmachung erlassen, nach der sie es ablehnt, Lehrverträge mit Nichtariern und, ab Frühjahr 1936, Lehrverträge von nicht der HJ bzw. dem BDM angehörenden Lehrlingen bzw. Lehrmädchen zu genehmigen.".[105] Mit der Einführung der Ausdrücke *Deutschblütiger* für ↑ *Arier* und ↑ *Artfremder* für *Nichtarier* in den antisemitischen ↑ *Nürnberger Gesetzen* vom 15. 9. 1935 verliert *Nichtarier* seine Funktion in Gesetzen, Verordnungen, Bekanntmachungen, Veröffentlichungen.

nichtarisch

jüdisch oder sonst nicht zur ↑ *nordisch-germanischen* ↑ *Rasse* gehörig.[106]

> Der Ausdruck *nichtarisch* entstand durch die Verwendung der verneinten Formel ↑ *arischer Abstammung* in dem ‚Gesetz zur Wiederherstellung des Berufsbeamtentums' vom 7. 4. 1933 und den ergänzenden Gesetzen. „[...] § 3 (1) Beamte, die nicht arischer Abstammung sind, sind in den Ruhestand (§§ 8 ff.) zu versetzen; soweit es sich um Ehrenbeamte handelt, sind sie aus dem Amtsverhältnis zu entlassen. [...]"[107] „Gesetz über die Zulassung zur Rechtsanwaltschaft vom 7. 4. 1933. §1 Die

---

[101] Biologie f. höhere Schulen, Bd. 3, 2. Aufl. 1943, 154.
[102] Gebucht: Duden, 11. Aufl. 1934, 12. Aufl. 1941; Knaur 1934, Paechter. Getilgt: Duden, 13. Aufl. 1947.
[103] RGBl. 1, 1933, 225.
[104] RGBl. 1, 1935, 1048.
[105] Monatsbericht des Reg.präsidenten v. Oberbayern, 9. 10. 1935. In: Bayern in der NS-Zeit, 1977, 455.
[106] Gebucht: Duden, 11. Aufl. 1934, 12. Aufl. 1941; Knaur 1934, Paechter. Getilgt: Duden, 13. Aufl. 1947.
[107] Ebd., RGBl. 1, 1933, 175.

Zulassung von Rechtsanwälten, die im Sinne des Gesetzes zur Wiederherstellung des Berufsbeamtentums vom 7. April 1933 [...] nicht arischer Abstammung sind, kann bis zum 30. September 1933 zurückgenommen werden."[108] „In den Schulen wurden jetzt die ‚nichtarischen', also jüdischen Kinder durch einige Lehrer von den andern getrennt, für sich gesetzt! Auch in den Klassen, wo überwiegend ‚nichtarische' und ganz wenige ‚arische' Kinder waren. Zum Teil haben das die Kinder, die arischen, selbst verlangt! Sie wurden von offenen Pöbeleien der Lehrer unterstützt, die zum Beispiel in der Augustaschule, Breslau, die jüdischen Kinder im Geschichtsunterricht nicht mit drannehmen, ‚weil sie ja doch keine deutsche Geschichte verstünden, die sie auch nichts anginge'." (Tagebucheintrag vom 5. 5. 1933)[109] „Als nicht arisch gilt, wer von nicht arischen, insbesondere jüdischen Eltern oder Großeltern abstammt. Es genügt, wenn ein Elternteil oder ein Großelternteil nicht arisch ist. Dies ist insbesondere dann anzunehmen, wenn ein Elternteil oder ein Großelternteil der jüdischen Religion angehört hat."[110] (8. 8. 1933) „Das preußische Kultusministerium hat verfügt, daß nichtarische ‚Nichtschüler' — die sich selbst zur Reifeprüfung vorbereitet haben — zur Reifeprüfung nicht mehr zuzulassen sind."[111] „In der Stadt Weiden entstanden dadurch Schwierigkeiten, daß ein getaufter Jude auf dem gemeindlichen Friedhof beerdigt wurde. Da die israelische Kultusgemeinde sich weigert, getaufte Juden zu beerdigen, wurde ein stadteigenes Grundstück dem Friedhof zugeschlagen. Auf diesem Teil des Friedhofs sollen nunmehr die nichtarischen Personen, die nach dem Gesetz als Juden gelten, beerdigt werden."[112] „Nach § 25 des Deutschen Beamtengesetzes darf ein Beamter eine Ehe nur mit einer Person deutschen oder artverwandten Blutes eingehen. Das Vorliegen dieser Voraussetzungen hat der Beamte seiner vorgesetzten Dienstbehörde in jedem Fall nachzuweisen. Diese Maßnahme erwies sich nach 1933 als notwendig, um die Beamtenschaft von nichtarischen oder sonstigen jüdischen Mischlingen zu säubern. Inzwischen ist nun die Nachprüfung der arischen Abstammung der Beamten beendet."[113]

nordische Rasse

Name einer angeblichen ↑ Rasse von hochgewachsenen, blonden Menschen mit höchster kulturschöpferischer Begabung, die alle indogermanischen Sprachen und Kulturen hervorgebracht, ihre Urheimat in Mitteldeutschland (Mitteleuropa) gehabt und mit einem Anteil von „über 50 Prozent am deutschen Volkskörper" deutsches Wesen und deutsche Kultur geprägt haben soll.[114]

---

[108] RGBl. 1, 1933, 188.
[109] Tausk, W.: Breslauer Tagebuch 1933—1940, 1988, 72.
[110] Richtlinien zu § 1a Abs. 3 d. Reichsbeamtengesetzes [...] v. 30. 6. 1933. RGBl. 1, 1933, 575.
[111] Dt. Allg. Zeitung. Zit. Blick in die Zeit, 1/Nr. 14, 15. 9. 1933, 10.
[112] Monatsbericht d. Reg.präsidenten v. Niederbayern u. der Oberpfalz, 7. 7. 1936, 462.
[113] MADR, (Nr. 305), 3. 8. 1942, 4037.
[114] Gebucht: Duden, 12. Aufl. 1941, Knaur 1934, Meyers Lexikon 1936 ff., Paechter, Volks-Brockhaus 1940.

> ‚Trübners Deutsches Wörterbuch' gibt unter dem Stichwort *nordisch* an, Herder habe 1785 die (zwar „weitherzige") Anwendung des Wortes *nordisch* auf die Rasse begründet[115], doch verfehlt diese Aussage Herders Sprachgebrauch. Das von Trübner angezogene Zitat aus den ‚Ideen zur Philosophie der Geschichte der Menschheit': — „Je nördlicher herauf oder je weiter in die kalmuckischen Steppen hinein, desto mehr platten oder vermindern sich die Gesichtszüge auf nordische oder kalmuckische Weise." — steht in dem Kapitel: „Organisation der Völker in der Nähe des Nordpols".[116] Mit den Wendungen „auf nordische Weise", „nordische Bildung" oder „nördliche Bildung" [des Körpers][117] charakterisiert Herder das Äußere der verschiedensten Völkerschaften des Nordens (Eskimos, Lappen, Samojeden, Tungusen u. a.), im Gegensatz zu denen der Mitte oder des Südens, nicht aber eines umschriebenen „germanischen Nordens". Herder lehnte nicht nur das aus der Tierzüchtersprache übernommene „unedle Wort"[118], sondern auch die bezeichnete Sache „Race" ab, die „Abtheilungen", „die ursprünglich nach Gegenden oder gar nach Farben gemacht waren". „Denn jedes Volk ist Volk: es hat seine Nationalbildung, wie seine Sprache."[119] H. F. K. Günther hält die Bezeichnung *nordische Rasse*, die er übernahm und popularisierte, für eine Verdeutschung des Ausdrucks *race nordique*, den J. Deniker (1850—1918) in seinem Werk ‚Les races et les peuples de la terre' (1900) vorgeschlagen habe.[120] Doch geht Deniker seinerseits auf den von der Sprachwissenschaft zur Vorgeschichte gekommenen Karl Penka (1847—1912) zurück. Penka vertrat die These vom nordwesteuropäischen Ursprung der „arischen Rasse", die für ihn deshalb eine „nordische Rasse" war. In seinem 1883 erschienenen Hauptwerk ‚Origines ariacae' schreibt er: „Die Anthropologie allein ist im Stande, für alle die hier berührten Vorgänge auf dem Gebiete des sozialpolitischen Lebens die richtige Erklärung zu geben; sie liegt in dem numerischen Rückgange des arisch-germanischen Rassenelementes innerhalb der hier zunächst in Betracht kommenden Völker, gewissermaßen in ihrer physischen Entarisierung ... Daß aber dieser Rückgang stattgefunden hat, hat seine Ursache in dem Umstande, daß die arische Rasse, wie ich nachweisen werde, eine eminent nordische Rasse ist, die sich für die Dauer in südlicheren Ländern nicht erhält, sondern früher oder später den Einwirkungen des wärmeren Klimas erliegt, wenn nicht durch stets erneute Zufuhr aus der alten Heimat die eintretenden Lücken ergänzt werden."[121]

> Durch H. F. K. Günther wurde der Ausdruck *nordische Rasse* zu einem verbreiteten Rassen-Eigennamen. „Die nordische Rasse — hochgewachsen, langschädlig,

---

[115] Dem folgt Paul 1992, 618, s. v. Nord: „Auf die Rasse bezogen erscheint *nordisch* zuerst bei Herder."
[116] Ebd., 2. Theil (1785), 6. Buch. Sämmtliche Werke, hg. B. Suphan, Bd. 13, 1887, 214.
[117] Ebd., 213.
[118] Ebd., 1. Theil (1784), 4. Buch. Ebd., 151.
[119] Ebd., 1. Theil, 7. Buch. Ebd., 257 f.
[120] Günther, H. F. K.: Der nordische Gedanke unter den Deutschen, 2. überarb. Aufl. 1927 (zuerst 1925), 42.
[121] Ebd., VII. Zit. Riedel, K.: Wer hat den Ausdruck „Nordische Rasse" geprägt? In: Volk und Rasse, 12/ 1937, 73.

schmalgesichtig mit ausgesprochenem Kinn; schmale Nase mit hoher Nasenwurzel; weiches, helles Haar; zurückliegende helle Augen; rosigweiße Hautfarbe – heißt bei Deniker (der ihr als erster die Bezeichnung nordisch gegeben hat) race nordique, bei Ripley teutonic race; sie ist der homo europaeus des Linné und wird wissenschaftlich noch oft als homo europaeus angeführt [...]."[122] „Darüber, welcher Mensch im naturwissenschaftlichen Sinne der Träger des Deutschtums in der Geschichte gewesen ist, herrscht eigentlich heute vollste Klarheit. [...] Es hat sich eben gezeigt, daß alles, was wir deutsch nennen, ausschließlich und allein von dem germanischen Menschen geschaffen wurde, den man heute den Menschen Nordischer Rasse nennt, und daß das Germanentum in jedem Falle der Grundstoff der deutschen Kultur und Geschichte gewesen ist. Aber über dieses hinaus hat sich gezeigt [...], daß auch die ganze indogermanische Kultur und Gesittung [...] immer wieder den gleichen Menschen, die gleiche Rasse zur Voraussetzung gehabt hat, und daß alle diese Gesittungen regelmäßig zusammenbrachen, wenn dieses Menschentum aus ihnen schwand. Für die Gemeinsamkeit der Rasse in allen diesen zeitlich und räumlich ganz verschiedenen Kulturen und Staatsschöpfungen mußte ein einheitlicher naturwissenschaftlicher Begriff gefunden werden. Da die Herkunft dieser Rasse aus dem nordwestlichen Europa erwiesen werden konnte, so einigte man sich dahin, dieser Menschenart den naturwissenschaftlichen Namen der Nordischen Rasse zu geben und spricht dementsprechend auch vom Nordischen Menschen."[123] „Es kann für uns Deutsche in dieser Beziehung wirklich nur eine Zielsetzung geben und diese lautet: Es ist mit allen nur möglichen Mitteln dahin zu streben, daß das schöpferische Blut in unserem Volkskörper, das Blut der Menschen Nordischer Rasse, erhalten und vermehrt wird, denn davon hängt Erhaltung und Entwicklung unseres Deutschtums ab."[124] „Kein Volk Europas ist rassisch einheitlich, auch Deutschland nicht. Wir nehmen nach neuesten Forschungen fünf Rassen an, die merklich verschiedene Typen aufweisen. Nun steht aber außer Frage, daß echte Kulturfrucht tragend für Europa in allererster Linie die nordische Rasse gewesen ist. Aus ihrem Blut sind die großen Helden, Künstler, Staatengründer erwachsen, sie bauten die festen Burgen und heiligen Kathedralen, nordisches Blut schuf jene Tonwerke, die wir als unsere größten Offenbarungen verehren. Nordisches Blut gestaltete vor allem anderen auch deutsches Leben."[125] „Die nordische Rasse ist also der Hauptträger der hohen Begabung unseres Volkes. Weitere Erhebungen ergaben, daß auch innerhalb der einzelnen Berufsstände der nordische Mensch führend ist. Seine Führereigenschaften befähigen den nordischen Menschen, auch ein hervorragender militärischer Führer zu sein."[126] „Von gleicher, wenn nicht größerer Wichtigkeit aber ist die Erkenntnis der geistigen Veranlagung der nordischen Rasse, ihrer Lebenswerte und ihrer Verhaltensweise in allen großen und kleinen Fragen des Lebens. Aber eine absolut allgeistige Verkörperung hat der Nordische Gedanke – in seiner

---

[122] Günther, H. F. K.: Rassenkunde des deutschen Volkes, 8. Aufl. 1926 (zuerst 1922), 23.
[123] Darré, R. W.: Neuadel aus Blut und Boden, 1930, 188.
[124] Ebd., 190.
[125] Rosenberg, A.: Der Mythus des 20. Jahrhunderts, 576.
[126] Graf, J.: Vererbungslehre, Rassenkunde und Erbgesundheitslehre, 1939, 244.

Unbedingtheit und Tiefe nur den Deutschen verständlich — wohl niemals in der Geschichte gefunden, soweit wir sie zurückverfolgen können. Wir sprechen daher am richtigsten von der Nordischen Bewegung und dem Nordischen Ideal. Es geht hier um das Wort ‚Nordisch', das in der weltanschaulichen Auseinandersetzung der Gegenwart zu einer so gewaltigen Begriffserweiterung und -vertiefung gelangt ist."[127]

November

Bezeichnet in Zusammensetzungen abwertend: die Novemberrevolution von 1918; den Weimarer parlamentarischen Verfassungsstaat; die Politiker, die den Versailler Vertrag annahmen; die demokratischen Politiker und Parteien überhaupt.[128]

> M. Pechau führt in seiner 1935 publizierten Dissertation ‚Nationalsozialismus und deutsche Sprache' die Zusammensetzungen mit *November* in seinem Kapitel ‚Kampfsprachformen' auf. „Wie schon angedeutet, richtet sich die Schärfe des Kampfes auf den 1918 gegründeten Staat, der mit einer wahren Auslese von Spott- und Schimpftiteln belegt wird. Für gewöhnlich gab man dieser Republik den Namen des Monats ihrer Entstehung und sprach von ‚Novemberrepublik' oder von einem ‚Novemberdeutschland'[129] nach dem Vorbilde der Revolutionsbenennungen, die ihren Namen nach dem Monat ihrer Durchführung erhalten haben. Bekanntlich spricht man schon immer von März- und Julirevolutionen. Man hat nun in den Kampfjahren alle möglichen und erdenklichen Wortbildungen auf ‚November' erzwungen. Es entstanden Formen wie ‚Novemberstaat', ‚novemberrepublikanische Regierung', ‚Novemberrepublikaner', ‚Novemberleute', ‚Novemberlump'[130] und ‚Novemberverbrecher'[131], aus der Erkenntnis der Tatsache heraus, daß uns diese Revolution das Versailler Diktat eintrug. [...] Der Gedanke der Charakterisierung der Revolution nach dem Monat ihrer Durchführung stammt natürlich nicht von den Nationalsozialisten. Die Revolutionäre sprechen selbst in den ersten Reden von der Befreiungstat vom November 1918, und das Wort ‚Novemberrevolution' findet schon vor dem Einfluß des Nationalsozialismus auf Volk und Sprache Anwendung. Wohl aber werden die Wortbildungen mit ‚November' durch den Nationalsozialismus in stärkeren Umlauf gebracht. Quellen sind nur von den Bildungen angegeben, die als Neuformulierungen dem Nationalsozialismus zuzuschreiben sind."[132] In seinem gleichnamigen, 1937 in den ‚NS-Monatsheften' veröffentlichten Aufsatz erwähnt Pechau unter den „Kampfsprachformen" nur noch die drei Hitler zugeschrie-

---

[127] Pertz, S.: Das Wort „Nordisch", 1939. Zit. Wulf, J.: Die bildenden Künste im Dritten Reich, 1963, 158.
[128] Gebucht: Paechter.
[129] Goebbels: Der Nazi-Sozi, 3. Aufl. 1931, 5.
[130] Hitler: Mein Kampf, 481.
[131] Adolf Hitlers Reden, München 1925. Rede v. 18. 9. 1922 „Die Teurung als Folge der Börsenrevolution", 48.
[132] Ebd., 24.

benen Ausdrücke: *Novemberverbrecher, Novemberlumpen* und *Novemberpropheten*. Die mit *November* gebildeten Schimpfwörter gehörten zum Vokabular der antiparlamentarischen Hetzkampagnen der gesamten radikalen Rechten. Bei den Nationalsozialisten spielten sie über das Jahr 1933 hinaus eine Rolle in den Parteierzählungen über den siegreichen Kampf der NSDAP.

Novemberrepublik

Die Weimarer Republik.

▶ „Nichts fällt, was nicht zum Fallen reif ist. Indem einst das alte Deutschland fiel, bewies es genau so seine innere Schwäche, wie die Novemberrepublik sie nunmehr für jedermann auch bewiesen hat."[133] „Wer hätte sie nicht bis zum Ekel genossen, diese Repräsentanten der mauschelnden Novemberrepublik, die ihre dunklen Geschäfte betreibend, in den Regierungsgebäuden ein- und ausgingen, um dem Volk die mehr oder minder gefüllten Taschen zu leeren!"[134] „Am 30. Januar, dem Tage an dem Adolf Hitler Reichskanzler wurde, brach die Novemberrepublik zusammen. Des Dritten Reiches Geburtsstunde schlug."[135]

Novemberrevolte

Die Novemberrevolution 1918.[136]

▶ „Dr. Oskar Cohn, der Finanzier der Novemberrevolte."[137] „Verderblich im schlimmsten Maße aber mußte es werden, als entsprechend den Parolen der Novemberrevolte von 1918, im allgemeinen politischen, völkischen und kulturellen Chaos dieser Zeit, die Filmzensur überhaupt aufgehoben wurde."[138] „Abgesehen von den Gewalttaten der Novemberrevolte des Jahres 1918, die ebenfalls unter dem Einfluß jüdischer Drahtzieher von einer durch den Krieg verwilderten Soldateska ausgeführt wurden, zeigt sich der Deutsche stets besonnen, großmütig und gerecht."[139]

Novemberverbrecher

Die „Umstürzler" von 1918; auch: die Repräsentanten der Weimarer Republik, die für die Annahme des Versailler Vertrags verantwortlich gemacht wurden.[140]

---

[133] Hitler. Proklamation auf dem Parteitag in Nürnberg am 3. 9. 1933. In: Führerworte, Bd. 1, o. J. (1935), 41.
[134] Espe, W. M.: Das Buch der N. S. D A. P., 1933, 245.
[135] Berliner Illustrierte Zeitung, Sonderheft z. 700 Jahr Feier d. Reichshauptstadt, Berlin 1937, 83.
[136] Gebucht: Meyers Lexikon 1936 ff., Volks-Brockhaus 1940.
[137] v. Leers, J.: 14 Jahre Judenrepublik, Bd. 2, 1933, 48.
[138] Schrade, H.-E.: Grundsätze nationalsozialistischer Filmzensur. In: NS-Monatshefte, 4/März 1936, 129.
[139] Biologie f. höhere Schulen, Bd. 3, 2. Aufl. 1943, 120.
[140] Gebucht: Duden, 12. Aufl. 1941 („Anstifter der Revolte im November 1918"). Getilgt: Duden, 13. Aufl. 1947.

> „In einem Leitartikel des Völkischen Beobachter vom 27. März 1923 erklärt Hitler ausdrücklich, daß der Ausdruck Novemberverbrecher von ihm geprägt worden sei. Er sagt da: ‚Es ist erklärlich, daß den Herrschaften das von mir geprägte Wort «Novemberverbrecher» unangenehm ist.'"[141] M. Pechau nennt als frühesten Fundort Hitlers Rede „Die Teuerung als Folge der Börsenrevolution" vom 18. 9. 1922.[142] Ein Plakat ruft zu einer Versammlung auf: „Donnerstag, den 11. Januar 1923 [...] mit der Parole ‚Nieder mit den Novemberverbrechern'. Es wird sprechen unser Führer, Parteigenosse Adolf Hitler."[143] „Hitler begann. Der ganze Haß gegen die Novemberverbrecher durchpulste sein Blut."[144] „Ein einziger Schrei war das Echo, das Hitlers Worte auslöste. ‚Nieder mit den Novemberverbrechern...' gellte es von allen Seiten."[145] „Das sollte am 8. November 1923 geschehen. Am 5. Jahrestage des marxistischen Novemberverbrechens sollte dieser schändlichste Abschnitt der deutschen Geschichte durch eine Tat beendet werden." „Hitler hielt nunmehr im Saale eine zündende Ansprache. Er erklärte die Regierung der Novemberverbrecher in Berlin für abgesetzt und teilte der Versammlung seine nächsten Pläne mit."[146]

NPEA, s. ↑ Nationalpolitische Erziehungsanstalt.

NS-Bibliographie (NSB)

Parteiamtliches, seit 1936 monatlich herausgegebenes Verzeichnis der neu erschienenen NS-Literatur, bearbeitet von der *Parteiamtlichen Prüfungskommission zum Schutze des NS-Schrifttums* (PPK).[147]

> „Dieses monatliche erscheinende Heft ist die zentrale Zusammenfassung alles Schrifttums, das zur Ausgestaltung und Vertiefung der nationalsozialistischen Weltanschauung beiträgt und das politische Leben des Volkes in der Gegenwart schildert und formt. Erfaßt werden [...] alle Schrifttumsbereiche wie Buch, Zeitschrift, Tageszeitungen und Rede. Dem NSB.-Arbeitskreis gehören alle Schrifttumsstellen der Partei und ihrer Gliederungen und des Reiches an."[148] „Diese erste dieser beiden Verfügungen wurde am 6. Januar [1936] vom Stellvertreter des Führers, Pg. Rudolf Heß, erlassen, um das Parteilektorat straffer zusammenzufassen und eine Auswertung seiner Prüfungsarbeit durch eine NS-Bibliographie zu veranlassen. Die Verfügung lautet: ‚Im Zuge des Ausbaues der Arbeit der Parteiamtlichen Prüfungskommission zum Schutze des nationalsozialistischen Schrifttums ordne ich an: Die Parteiamt-

---

[141] Büchmann (W. Rust), 1943, 408.
[142] In: Adolf Hitlers Reden, München 1925, 48. Zit. Pechau, M.: Nationalsozialismus und deutsche Sprache, 1935, 24.
[143] Hitler, Mein Kampf, Bd. 1, 3. Aufl. 1928, Plakatanhang, o. S.
[144] Espe, W. M.: Das Buch der N. S. D A. P., 1933, 25.
[145] Ebd., 51.
[146] Bouhler, Ph.: Kampf um Deutschland, 1942, 65 u. 66.
[147] Meyers Lexikon 1936 ff., Volks-Brockhaus 1940.
[148] Meyers Lexikon, Bd. 8, 1940, 911, s. v. Parteiamtl. Prüfungskommission z. Schutze d. NS-Schrifttums.

liche Prüfungskommission kann innerhalb ihres Arbeitsgebietes, das ist die Prüfung des nationalsozialistischen Schrifttums, die Herstellung der NS.-Bibliographie und die Aufstellung des für ihre Arbeiten notwendigen parteiamtlichen Lektorats, Parteidienststellen oder einzelne Parteigenossen mit bestimmten Aufgaben betrauen. Die Ausführung dieser Aufträge gilt als wichtiger Parteidienst und ist dementsprechend in allen Fällen schnell und sorgfältig zu erledigen. [...]"[149] „Und der Vorsitzende der Parteiamtlichen Prüfungskommission zum Schutze des NS-Schrifttums, Pg. Bouhler, erließ am 30. April [1936] folgende Verfügung: ‚Ich sehe mich veranlaßt, im Zusammenhang mit dem nunmehrigen Erscheinen der NS-Bibliographie, die in monatlichen Folgen allen Dienststellen der Partei und der Öffentlichkeit zugänglich gemacht wird, und mit Rücksicht auf die Einheitlichkeit der Arbeiten der Zusammenfassung, Sichtung und Ordnung des nationalsozialistischen Schrifttums folgendes anzuordnen: Einzelzusammenstellungen über nationalsozialistisches Schrifttum von Personen und Dienststellen der Partei außerhalb des Rahmens der Nationalsozialistischen Bibliographie sind nicht mehr gestattet. [...] Soweit Ausnahmen von dieser Regelung notwendig sind, werden sie durch mich persönlich entschieden. Alle Verzeichnisse über nationalsozialistisches Schrifttum erscheinen ausschließlich im Parteiverlag."[150]

NSBO (Nationalsozialistische Betriebszellen-Organisation)

1931 gegründeter Zusammenschluß der Nationalsozialisten in den Betrieben, mit der Aufgabe, „den Marxismus in den Betrieben zu vernichten."[151]
▶ „Die NSBO. wurde 1931 gegründet. [...] Die NSBO hatte bei ihrer Gründung die Aufgabe zugewiesen erhalten, den Marxismus in den Betrieben zu vernichten; es wurde daher auch der Ausdruck ‚SA. der Betriebe' geprägt. Nach Übernahme der Macht durch den Führer erhielt die NSBO. am 2. Mai 1933 den Auftrag, die Freien und anschließend daran die Christlichen Gewerkschaften zu übernehmen. Diese Aufgabe wurde auf Grund der Anordnung des Aktionskomitees zum Schutz der Deutschen Arbeit [...] gelöst."[152] „Die Geschichte des Freiheitskampfes der deutschen Arbeit, des Ringens um den deutschen Arbeiter ist im Wesentlichen und Grundsätzlichen die Geschichte der NSBO. Gerade die ungezählten unbekannten NSBO.-Männer in den Betrieben haben in vorderster Front alles dafür eingesetzt, die werktätig Schaffenden für die Idee des Nationalsozialismus zu gewinnen."[153] Der Leiter der Pressestelle der *NSBO*, H. Biallas beschreibt die Funktion der *NSBO* bis zu ihrer Entmachtung durch die Integration in die ↑ *DAF*.: „Sie standen auf in Werkstätten, Fabriken und Kontoren. Sie gingen als SA.-Männer auf die Straße und kämpften hier um die Herrschaft, oder sie wurden zur SA. der Betriebe – aus einem

---

149 Rühle, G.: Das Dritte Reich, Bd. 1936, 336.
150 Rühle, G.: Das Dritte Reich, Bd. 1936, 337.
151 Gebucht: Duden, 11. Aufl. 1934, 12. Aufl. 1941; Meyers Lexikon 1936 ff., Paechter, Volks-Brockhaus 1940. Getilgt: Duden, 13. Aufl. 1947.
152 Wagner, H.: Taschenwörterbuch d. neuen Staates, 2. Aufl. 1934, 163.
153 Das Ehrenbuch der Arbeit, 1934, 77.

wurden mehr, wurden Tausende, Hunderttausende! Ihr Gegner war der vereinigte Marxismus – und seine Waffen waren: Terror, Hetze und Verleumdung, Arbeitslosigkeit, Hunger und Not! Zwei Dinge sind es, die den Nationalsozialismus groß gemacht haben und ihn siegen ließen, denn sie gaben ihm die Überlegenheit über jede [sic] Gegner: Des Führers herrliche Persönlichkeit und der unbekannte Soldat des dritten Reiches. [...] Am schwersten war aber neben dem Kampf der SA. das Ringen des nationalsozialistischen Betriebspioniers, des NSBO.-Mannes um die Seele seiner Arbeitsbrüder. [...] Aus Opfern und Leiden all der unbekannten Kämpfer entstand die nationalsozialistische Betriebszellenorganisation und wurde zur scharfen Waffe in der Hand des Führers. [...] Immer mehr wurde die Spezialmasse der NSDAP. durch Schulung und straffe Organisation geschärft, bis aus ihr das Schwert wurde, das am 2. Mai die gordischen Knoten der zersplitterten und unfähigen Gewerkschaften zerschlug."[154] Der Reichsleiter der *NSBO*, W. Schuhmann, formulierte in einer Rede auf der *NSBO*-Tagung aus Anlaß des ↑ *Reichsparteitages* in Nürnberg 1933: „Die NSBO war die Spezialtruppe zur Eroberung der Betriebe für den Nationalsozialismus." „Es muß und wird der NSBO gelingen, den deutschen Arbeitsmenschen herauszureißen aus der marxistischen Ideologie und aus ihm statt eines internationalen Proleten einen auf sein Volk und Land stolzen deutschen Arbeiter zu machen."[155] „Januar 1935 wurde die NSBO. in die Deutsche Arbeitsfront übergeführt (Hauptamt NSBO.)."[156] „Die NSBO. war in der Kampfzeit der Stoßtrupp der NSDAP. in den Betrieben; ihre Aufgaben sind an die DAF. übergegangen."[157]

NSDAP (Nationalsozialistische Deutsche Arbeiterpartei), s. ↑ Nationalsozialismus.

NSDStB (NSD-Studentenbund, Nationalsozialistischer Deutscher Studentenbund)

1926 gegründete ↑ *Gliederung der NSDAP* mit der Aufgabe „der weltanschaulichen und politischen Erziehung der deutschen Studenten".[158]

▶ „Bedingung zur Aufnahme in den NSD-Studentenbund ist die Zugehörigkeit zur Deutschen Studentenschaft und die Erfüllung von Voraussetzungen, wie sie in gleicher Form für die Aufnahme in die NSDAP. gefordert werden. Nach spätestens dreisemestriger Bewährung in den studentischen Kameradschaften oder nach Bewährung in der Partei bzw. einer ihrer Gliederungen kann jeder deutsche Student in den NSD-Studentenbund nach Maßgabe der bei dieser Gliederung bestehenden

---

[154] Zit. Ebd., 78 f.
[155] Zit. Ebd., 80 u. 84.
[156] Meyers Lexikon, Bd. 8, 1940, 120, s. v.
[157] Volks-Brockhaus 1940, 487, s. v.
[158] Gebucht: Duden, 12. Aufl. 1941, Meyers Lexikon 1936 ff., Paechter, Volks-Brockhaus 1940 (oben zitiert). Getilgt: Duden, 13. Aufl. 1947.

Bestimmungen **berufen** werden. [...] Der NSD-Studentenbund ist allein für die gesamte politisch-weltanschauliche Erziehung der deutschen Studenten zuständig."[159] Der Nationalsozialistische Deutsche Studentenbund ist die Gliederung der Nationalsozialistischen Deutschen Arbeiterpartei an den deutschen Hoch- und Fachschulen und als solche eine nationalsozialistische Erziehungsgemeinschaft mit der Aufgabe der Schaffung und Erziehung einer fachlich hochstehenden und weltanschaulich zuverlässigen zukünftigen geistigen Führerschicht für Volk und Staat."[160]

NS-Frauenschaft

↑ *Gliederung der NSDAP* mit der Aufgabe „der weltanschaulichen, politischen und kulturellen Erziehung der deutschen Frauen im Sinne der nationalsozialistischen Weltanschauung".[161]

▶ „Die NS-Frauenschaft erstrebt den Zusammenschluß aller nationalsozialistischen deutschen Frauen zur Herbeiführung einer deutschen Volksgemeinschaft, die Erziehung und Heranbildung einer nationalsozialistischen Jugend, die Pflege der deutschen Volksseele und den Erhalt deutschen Geistes- und Kulturgutes. [...] In den Kampfjahren hatte die Frauenschaft in erster Linie die Aufgabe, den Kampf der Bewegung zu unterstützen: Versorgung der SA (Unterhaltung von Küchen), Unterstützung bedürftiger Parteigenossen usw. Weitere Aufgaben der Frauenschaft: Erziehung der Frau zur deutschen Mutter und zur wirklichen Kameradin ihrer Männer. [...]"[162] „Wir alle müssen, ganz gleich wo wir nun stehen, ob im Arbeitsdienst, in der NS.-Frauenschaft, in der Arbeitsfront oder im Frauenwerk, Menschen formen, die bereit sind für Deutschland."[163]

NS-Gemeinschaft „Kraft durch Freude" (KDF)

1934 innerhalb der ↑ *DAF* gegründete Organisation, die für ↑ *Freizeitgestaltung*, ↑ *Feierabendgestaltung*, Erholung (*KdF Reisen*, Sport), Kultur und zweckmäßige Einrichtung der Arbeitsräume zuständig war.[164]

▶ „Der zum geflügelten Wort gewordene, vom Führer selbst für die Erholung des deutschen Arbeiters geprägte Name der NS-Gemeinschaft **Kraft durch Freude** wurde der Öffentlichkeit zuerst bekanntgegeben in einer Anordnung des Führers

---

[159] Organisationsbuch der NSDAP. 1943, 262.
[160] Scheel, G. A.: Die Reichsstudentenführung. Arbeit u. Organisation d. deutschen Studententums 1938, 9.
[161] Gebucht: Duden, 12. Aufl. 1941, Meyers Lexikon 1936 ff., Paechter, Volks-Brockhaus 1940 (oben zitiert). Getilgt: Duden, 13. Aufl. 1947.
[162] Wagner, H.: Taschenwörterbuch des neuen Staates, 2. Aufl. 1934, 164 f
[163] Scholtz-Klink, G.: Weg u. Aufgabe d. nationalsozialistischen Frauenbewegung, NS-Frauenbuch, 1934, 23.
[164] Gebucht: Duden, 12. Aufl. 1941, Meyers Lexikon 1936 ff., Paechter, Volks-Brockhaus 1940. Getilgt: Duden, 13. Aufl. 1947.

der Deutschen Arbeitsfront Dr. Robert Ley (geb. 1890) vom 2. Dezember 1933."[165] „Als letztes großes Ziel wird — so hoffen wir — aus der Freizeitbewegung die neue Gesellschaft des nationalsozialistischen Staates geboren werden. Und deshalb soll dieses große, gewaltige Werk, im Hinblick auf das herrliche Ziel auch schon im Namen unser Wollen zum Ausdruck bringen. Nicht ‚Freizeit', nicht ‚Feierabend', nicht ‚Nach der Arbeit' — unser Werk heißt: Nationalsozialistische Gemeinschaft ‚Kraft durch Freude'."[166] „‚Sorgen Sie mir dafür, daß das Volk seine Nerven behält, denn nur mit einem nervenstarken Volk kann man Politik machen!' so lautete der Auftrag des Führers an den Reichsorganisationsleiter der NSDAP. und Leiter der Deutschen Arbeitsfront, Dr. Robert Ley, seinen größten ‚Idealisten', wie er ihn einmal nannte. Dieser Auftrag führte zu der am 27. November 1933 in einer feierlichen Kundgebung erfolgten Gründung der NS-Gemeinschaft ‚Kraft durch Freude'."[167] „Die Arbeit und Zielsetzung der NS-Gemeinschaft ‚Kraft durch Freude' wird deshalb auch nur dann in vollem Umfange verstanden und gewürdigt werden können, wenn man sie nicht allein betrachtet, sondern sich immer wieder verdeutlicht, daß sie ein unablösbarer Bestandteil der Gesamtpolitik des neuen Staates ist."[168] „Die nationalsozialistische Gemeinschaft ‚Kraft durch die Freude' hat die Aufgabe, die schaffenden deutschen Volksgenossen aller Stände und Berufe zusammenzufassen, um das deutsche Arbeitsleben einheitlich nationalsozialistisch zu gestalten. Die früher bestandenen Gegensätze in der Bewertung der Arbeiter, bedingt durch die gegensätzliche und unterschiedliche Bewertung der Arbeit, werden überwunden durch das Erlebnis der menschlichen Werte, die in der Arbeit und im Schaffen selbst begründet sind. Die NS.-Gemeinschaft ‚Kraft durch Freude' hat daher die besondere geschichtliche Aufgabe, die bisherige ausschließlich materielle Bewertung des technisch-mechanischen Arbeitslebens aufzuheben, indem sie die ideellen Werte dieser Arbeit und darüber hinaus des gesamten Schaffens ermittelt und sichtbar macht. Die von der NS.-Gemeinschaft ‚Kraft durch Freude' organisierte Freizeitbewegung ist daher stets darauf bedacht, die Feierabendgestaltung in engster Beziehung zum Arbeitsleben durchzuführen."[169]
S. auch ↑ KDF.

NS-Kampfspiele

Von der ↑ SA im Rahmen der ↑ Reichsparteitage ausgerichtete sportliche Wettkämpfe.[170]

▶ „Im Rahmen der Darstellung des Parteitags der Ehre sei noch die Schaffung der Nationalsozialistischen Kampfspiele erwähnt, über die Adolf Hitler am 1. Dezember [1936] folgende Verordnung erließ: 1. Im Verfolg meiner Proklamation beim Reichs-

---

[165] Büchmann (W. Rust): Geflügelte Worte, 1943, 413
[166] Dr. Ley in: VB, 28. 11. 33. Zit. Blick in die Zeit, 1/Nr. 25, 2. 12. 33, 12.
[167] v. Hübbenet, A.: Die NS-Gemeinschaft „Kraft durch Freude", 1939, 9.
[168] Ebd., 11.
[169] Organisationsbuch der NSDAP. 1943, 210.
[170] Gebucht: Meyers Lexikon 1936 ff., Volks-Brockhaus 1940.

parteitag der Ehre schaffe ich hiermit für die künftigen Reichsparteitage die Nationalsozialistischen Kampfspiele. 2. Träger dieser Kampfspiele in Vorbereitung und Durchführung ist die SA. 3. Die erforderlichen Ausführungsbestimmungen erlasse ich nach den Vorschlägen des Stabschefs der SA. Der Reichssportführer wird als Sportreferent der Obersten SA.-Führung zur Mitarbeit bestimmt. Der Stabschef unterrichtet mich fortlaufend von den geplanten Maßnahmen."[171] „Austragungsstätte der zukünftigen NS.-Kampfspiele wird das in Bau befindliche neue Stadion im Reichsparteitagsgelände sein, das mit 400 000 Plätzen das größte Stadion der Welt sein wird."[172]

NSKK

Nationalsozialistisches Kraftfahr-Korps. 1931 gegründete ↑ *Gliederung der NSDAP*, Zusammenfassung aller nationalsozialistischen Kraftfahrer.[173]

▶ „Am 1. April 1930 verfügte der Führer die Aufstellung des ‚Nationalsozialistischen Automobil-Korps', dem er selbst als Erster beitrat. ‚Das Nationalsozialistische Automobil-Korps (NSAK.) ist eine Vereinigung von Mitgliedern und Freunden der nationalsozialistischen Freiheitsbewegung, die sich verpflichten, freiwillig Dienst für die nationalsozialistische Bewegung, insbesondere für deren SA., zu tun. [...]'" „Mitte Dezember 1930 ernannte der Führer seinen alten Mitkämpfer, Major a. D. Adolf Hühnlein [...] zum Chef des Kraftfahrwesens des NSAK. [...] Er erkannte sehr bald, daß das NSAK., welches am 20. April 1931 in ‚Nationalsozialistisches Kraftfahr-Korps' umbenannt wurde, seiner Aufgabe, ein Machtmittel der politischen Propaganda zu sein, nur dann in vollem Umfange nachkommen konnte, wenn ihm bei der Ausübung der reinen Transporttätigkeit motorisierte Einheiten für einen aktiven kämpferischen Einsatz im Geiste der SA. zur Seite standen. Er sah daher in dem nunmehrigen NSKK. in erster Linie ein Sammelbecken für alle nationalsozialistischen Kraftfahrer, die ihre Fahrzeuge freiwillig in den Dienst der politischen Propaganda stellten und aus denen heraus die aktiven Kräfte zur Aufstellung von Motorstürmen und Staffeln zu gewinnen waren. So wurde Hühnlein zum Schöpfer und Organisator der Motor-SA., die am 15. Mai 1931 als gliederungsmäßiger Bestandteil der SA. und SS. ins Leben gerufen wurde."[174] „Mit seinem Verkehrshilfsdienst ist das NSKK. jedem Volksgenossen ein Freund und Helfer in der Not. Der Dienst an der Volksgemeinschaft – sei es bei der Winterhilfe, der Erntehilfe, bei Katastrophen – findet das Korps in selbstlosem Einsatz stets mit in vorderster Front. Groß und mannigfaltig sind seine Aufgabengebiete. Für ein jedes setzt es sich mit gleicher freudiger Hingabe und Pflichttreue ein. Sein schönstes, sein stolzestes aber, jenes, dem die ganze Leidenschaft und Schwerkraft seiner Arbeit gehört, ist und bleibt die motorische Wehrertüchtigung der deutschen Jugend."[175]

---

[171] Rühle, G.: Das Dritte Reich, Bd. 1936, 239.
[172] Meyers Lexikon, Bd. 8, 1940, 148.
[173] Gebucht: Duden, 12. Aufl. 1941, Meyers Lexikon 1936 ff., Paechter, Volks-Brockhaus 1940. Getilgt: Duden, 13. Aufl. 1947.
[174] Krenzlin, H.-H.: Das NSKK., 1939, 8. u. 10.
[175] Ebd., 25.

NS-Kulturgemeinde

1934 aus dem ‚Reichsverband Deutsche Bühne' und dem 1929 gegründeten ‚Kampfverband für Deutsche Kultur' zusammengeschlossene Organisation der NSDAP, die 1937 in der ↑ NS-*Gemeinschaft „Kraft durch Freude"* aufging.[176]

▷ „Die Geheime Staatspolizei hat auf Ersuchen der Amtsleitung der Nationalsozialistischen Kulturgemeinde [...] in der von der Firma Max Perl, Berlin [...] veranstalteten Auktion moderner Gemälde, Handzeichnungen und Graphiken eine große Anzahl typisch kunstbolschewistischer Darstellungen pornographischen Charakters beschlagnahmt und sichergestellt. Es handelt sich um insgesamt 63 Arbeiten zum Großteil prominenter Künstler des vergangenen Systems."[177] „Die große, das ganze Volk in allen seinen Schichten kulturell erfassende Gemeinschaft, die NS.-Kulturgemeinde, hatte eine klare Aufwärtsentwicklung erfahren. Einen Rechenschaftsbericht über diese Aufbauarbeit gab der Reichsamtsleiter Pg. Dr. Stang beim Generalappell des Ortsverbandes Groß-Berlin (4. März [1936]) in der Deutschlandhalle vor 16 000 Volksgenossen [...]: ‚Der Aufbau der NS.-Kulturgemeinde beruht auf drei organisatorischen Grundprinzipien: auf der Einzelmitgliedschaft, der Freiwilligkeit und der regelmäßigen Teilnahme am kulturellen Leben. Während die NS.-Kulturgemeinde im Frühjahr 1933 einen Bestand von 6000 Mitgliedern in der 4-Millionenstadt Berlin zählte, stiegen die Mitgliederzahlen 1934 auf 16 652, 1935 auf 33 942 und jetzt auf 70 000. Auf Grund dieser ständig wachsenden Mitgliederzahl konnte ein Veranstaltungsprogramm durchgeführt werden, das sowohl durch die Zahl als auch durch die Qualität des Gebotenen den gewaltigen Aufschwung des kulturellen Lebens bewies.[...]'"[178] „Am 20. Juni [1937] meldete der ‚Völkische Beobachter': Auf Grund des kürzlich veröffentlichten Abkommens der Reichsleiter Alfred Rosenberg und Dr. Robert Ley über die Zusammenarbeit auf dem Gebiet der Kulturorganisation wurden die NS-Kulturgemeinde und die Ämter ‚Feierabend' und ‚Deutsches Volksbildungswerk' im Rahmen der NS.-Gemeinschaft ‚Kraft durch Freude' zusammengeschlossen. – womit eine weitere Vereinheitlichung und Konzentrierung der kulturellen Kräfte erreicht war. –"[179]

NS-Musterbetrieb

Auszeichnung für Betriebe „mit vorbildlich nationalsozialistischer Haltung und Gestaltung".[180]

▷ „Der Vorabend des Nationalfeiertages brachte noch ein weiteres Ereignis von weittragender sozialer Bedeutung: In einer feierlichen Sitzung der Reichsarbeitskam-

---

[176] Gebucht: Meyers Lexikon 1936 ff.
[177] Angriff, 6. 3. 1935. Zit. Blick in die Zeit, 3/Nr. 11, 15. 3. 1935, 15.
[178] Rühle, G.: Das Dritte Reich, Bd. 1936, 325.
[179] Rühle, G.: Das Dritte Reich, Bd. 1937, 86 f.
[180] Gebucht: Duden, 12. Aufl. 1941, Meyers Lexikon 1936 ff., Volks-Brockhaus 1940 (oben zitiert). Getilgt: Duden, 13. Aufl. 1947.

mer nahm Adolf Hitler die Auszeichnung von 30 Betrieben als ‚nationalsozialistische Musterbetriebe' vor und übergab nach einer Ansprache den Betriebsführern und Zellenobmännern dieser Betriebe die DAF.-Fahnen mit dem goldenen Rad. Über die Gesichtspunkte, nach denen beurteilt wird, ob ein Betrieb ‚musterhaft' ist, berichtete die NSK. (Folge 78): ... Die Leistung eines Betriebes ist immer das Spiegelbild lebendiger Betriebsgemeinschaft. Die Einzelleistung im Betrieb ist also nicht das Entscheidende, vielmehr beruht der Schwerpunkt auf dem gemeinsamen Wirken der Gesamtheit aller im Betrieb Schaffenden. Politisch gesehen sind also die Grundsätze maßgebend, die die Partei von jedem Volksgenossen zu verlangen hat. [...]"[181] „Zum Nationalfeiertag schuf der Reichsorganisationsleiter Pg. Dr. Ley in diesem Geiste den ‚Leistungskampf der deutschen Betriebe' [...] Nach dem Willen des Führers werden daher Betriebe, die zur Betriebs- und Leistungsgemeinschaft, das heißt zu einer Zelle der Volksgemeinschaft zusammengewachsen sind, in der Betriebsführer und Gefolgschaft als Soldaten der Arbeit, als Arbeitsbeauftragte des deutschen Volkes in einer Front stehen und Gesamtleistungen vollbringen, die imstande sind, dem deutschen Volke bei seinem Kampf um Leben und Raum zu helfen, durch die Auszeichnung als ‚Nationalsozialistischer Musterbetrieb' geehrt. Die Leistung eines Musterbetriebes muß der deutschen Arbeitspolitik Anregungen und Anreiz geben, dem Beispiel eines derart ausgezeichneten Betriebes im neuen Arbeitsjahr zu folgen, seine Erfahrungen und Vorarbeiten sich zunutze zu machen. Ein Musterbetrieb muß Vorbild und Schrittmacher für andere Betriebe sein und ein zuverlässiges praktisches Instrument der Deutschen Arbeitsfront und damit der politischen Führung der NSDAP. Auf Grund der Verfügung des Führers vom 29. August 1936 betr. Auszeichnung ‚Nationalsozialistischer Musterbetrieb' bestimme ich daher: Die Bewerbung um den Vorschlag zum ‚Nationalsozialistischen Musterbetrieb' wird durchgeführt als ‚Leistungskampf der deutschen Betriebe'. [...]"[182] „Die Erlangung des Leistungsabzeichens für vorbildliche Berufserziehung, für vorbildliche Sorge um die Volksgesundheit, für vorbildliche Heimstätten und Wohnungen, für vorbildliche Förderung von ‚Kraft durch Freude' und schließlich, als höchste Auszeichnung, die Verleihung des Titel ‚Nationalsozialistischer Musterbetrieb' durch den Führer, wurden für die Betriebe zum Ansporn für gesteigerte Leistungen auf allen Gebieten der Gefolgschaftsbetreuung."[183]

NS-Rechtswahrerbund (NSRB)

Der NSDAP ↑ *angeschlossener Verband*, bis 1936 *NS-Juristenbund*.[184]

▶ „Die Mitglieder des NS.-Rechtswahrerbundes sind die Angehörigen aller mit dem Recht verwurzelten Berufe. Im NS-Rechtswahrerbund sind die deutschen Rechtswahrer in acht Fachgruppen zusammengefaßt: 1. Richter und Staatsanwälte, 2.

---

[181] Rühle, G.: Das Dritte Reich, Bd. 1937, 143.
[182] Rühle, G.: Das Dritte Reich, Bd. 1937, 145 f.
[183] v. Hübbenet, A.: „Kraft durch Freude", 1939, 56.
[184] Gebucht: Duden, 12. Aufl. 1941, Meyers Lexikon 1936 ff., Volks-Brockhaus 1940. Getilgt: Duden, 13. Aufl. 1947.

Rechtsanwälte. 3. Notare, 4. Rechtspfleger. 5. Hochschullehrer (jur.), 6. Rechtswahrer der Verwaltung, 7. Wirtschaftsrechtswahrer, 8. Junge Rechtswahrer. [...] Der NS.-Rechtswahrerbund ist für die Durchführung der politisch-weltanschaulichen Ausrichtung aller Rechtswahrer im Sinne des Nationalsozialismus verantwortlich. Er kämpft um die Verwirklichung des nationalsozialistischen Programms auf dem Gesamtgebiet des deutschen Rechts, insbesondere um die Wiedererweckung und Neugestaltung des deutschen Rechts als Mittel zur Sicherung des nationalsozialistischen Staates, Kultur- und Wirtschaftslebens. Er hat also eine doppelte Aufgabe: Menschenführung und rechtspolitische Betreuung."[185] „Fast das ganze Jahr hindurch hat der NSRB seine ihm gestellte Aufgabe, alleiniger Träger der weltanschaulichen Schulung aller Rechtswahrer zu sein, nur unvollkommen erfüllt."[186]

NS-Schwestern, NS-Schwesternschaft

Schwestern der ↑ NSV, zusammengeschlossen in der 1934 gegründeten NS-Schwesternschaft.[187]

> „Die NS-Volkswohlfahrt wurde am 5. 1. 1934 mit der Bildung einer nationalsozialistischen Schwesternorganisation beauftragt. Diese wurde mit dem 1. 6. 1934 als ‚NS-Schwesternschaft' bestätigt. Die organisatorischen, politischen und finanziellen Belange der NS-Schwesternschaft werden vom Hauptamt für Volkswohlfahrt wahrgenommen. Für Ausbildung und Schulung der Schwestern ist der Reichsgesundheitsführer in seiner Eigenschaft als Leiter des Hauptamtes für Volksgesundheit verantwortlich. Die NS-Schwesternschaft ist eine Kampftruppe der nationalsozialistischen Bewegung zur Sicherstellung der Gesundheitsführung des Volkes. Ihr Arbeitsfeld ist die Gemeindepflege. [...] Die NS-Schwesternschaft ist nach den Grundsätzen eines nationalsozialistischen Mutterhauses aufgebaut. Das Reichsmutterhaus befindet sich in Dresden. [...]"[188] „Neben der NS.-Schwesternschaft steht unter Führung des Hauptamtes für Volkswohlfahrt der Reichsbund der freien Schwestern und Pflegerinnen e. V."[189] „Die ‚Freie NS-Schwesternschaft' ist besonders in der Krankenpflege tätig."[190] „Die Werbung für NS-Schwestern-Nachwuchs auf dem Lande ist natürlich ebenso schwer. Die Angst, die Mädchen könnten ihren, vielleicht nur mit viel Mühe anerzogenen katholischen Glauben verlieren, ist vorherrschend. Hier tritt die jahrhundertelange Verdummung des Landvolks durch die Pfaffen ganz besonders in Erscheinung. Es ist deshalb kein Wunder, wenn ein kolossaler Mangel an NS-Schwestern zu verzeichnen ist."[191] „Zu gleicher Zeit führte die katholische Kirche einen heftigen Kampf gegen die in immer größerem Ausmaß in Krankenhäusern, Wöchne-

---

[185] Organisationsbuch der NSDAP. 1943, 321.
[186] MADR, Jahreslagebericht des SHA 1938, Bd. 2, 122.
[187] Gebucht: Meyers Lexikon 1936 ff., Volks-Brockhaus 1940.
[188] Organisationsbuch der NSDAP. 1943, 282b f.
[189] Meyers Lexikon, Bd. 8, 1940, 156.
[190] Volks-Brockhaus 1940, 487.
[191] Bericht d. SD-Außenstelle Bad Kissingen, 24. 2. 1941. In: Bayern in der NS-Zeit, 1977, 612.

rinnenheimen und Krankenhäusern eingesetzten NS-Schwestern. Durch Ausstreuen von Gerüchten und Verleumdungen aller Art versucht sie, das Ansehen der braunen Schwestern bei der Bevölkerung herabzusetzen. [...]"[192]

NSV (Nationalsozialistische Volkswohlfahrt)

1932 gegründeter ↑ *angeschlossener Verband der NSDAP*, „zuständig für alle Fragen der nationalsozialistischen Volkswohlfahrtspflege und Fürsorge".[193]

> „Laut Verfügung des Führers vom 3. Mai 1933 wird die NS.-Volkswohlfahrt e. V. als Organisation innerhalb der Partei für das Reich anerkannt. Sie ist zuständig für alle Fragen der Volkswohlfahrt und Fürsorge und hat ihren Sitz in Berlin'. Nach § 3 der Verordnung zur Durchführung des Gesetzes zur Sicherung der Einheit von Partei und Staat vom 29. 3. 1935 ist die NS-Volkswohlfahrt e. V. ein der NSDAP. angeschlossener Verband."[194] „Die NSV. stellt in Verwirklichung des sozialen Tatwillens der NSDAP. zum erstenmal in der Geschichte eine Zusammenfassung der gesamten Hilfs- und Opferkraft der Nation im Dienste einer Wohlfahrtspflege dar, deren Handeln nicht so sehr vom Notstand des einzelnen, als vielmehr von der Rücksicht auf das Gesamtwohl des Volkes bestimmt ist. Ihr Eingreifen gegenüber dem einzelnen Notstand bzw. dem einzelnen Hilfsbedürftigen dient dem Ziel, einen möglichst hohen Leistungsstand des deutschen Volkes zu erreichen und festzuhalten."[195] „Die NSV. baut auf dem Opferwillen der Gemeinschaft auf. Ihre Maßnahmen zielen auf die Erhaltung und Förderung der rassisch und charakterlich wertvollen Kräfte des Volkes. Ihre Hauptarbeit gilt den bedürftigen, erbgesunden Familien (Hilfswerk Mutter und Kind). Weitere Aufgaben sind die Gesundheitsfürsorge für Erwachsene (,Hitler-Freiplatz-Spende'), die Betreuung hilfsbedürftiger und gefährdeter Jugend, Siedlungshilfe usw. Insbesondere liegt ferner das Winterhilfswerk in den Händen der NSV. Im Rahmen des 2. Vierjahresplans hat die NSV. schließlich das Ernährungshilfswerk durchzuführen (Erfassung der Nahrungsmittelabfälle für vermehrte Schweinemast). Sie ist die größte Wohlfahrtsorganisation der Welt."[196]

Nürnberger Gesetze

Bezeichnung für die auf dem Nürnberger Parteitag 1935 verkündeten judenfeindlichen Gesetze: das sogenannte ↑ *Blutschutzgesetz* und das *Reichsbürgergesetz*.[197]

> „Der Reichsparteitag ist allen Beteiligten wiederum zum großen Erlebnis geworden und hat höchste Bedeutung durch die Tagung des Reichstags und den Erlaß der

---

[192] MADR, (Nr. 229), 16. 10. 1941, Bd. 8, 2876f.
[193] Gebucht: Duden, 12. Aufl. 1941, Knaur 1934, Meyers Lexikon 1936ff., Volks-Brockhaus 1940 (oben zitiert).
[194] Organisationsbuch der NSDAP. 1943, 274.
[195] Meyers Lexikon, Bd. 8, 1940, 155.
[196] Volks-Brockhaus 1940, 487.
[197] Gebucht: Meyers Lexikon 1936ff., Paechter, Volks-Brockhaus 1940.

‚Nürnberger Gesetze' erlangt. Diese Gesetze, die eine Bestätigung der langjährigen Arbeit des unermüdlichen und unerbittlichen Vorkämpfers in der Judenfrage, unseres Gauleiters Julius Streicher, bedeuten, haben im besonderen im Gau Franken helle Begeisterung ausgelöst. [...] Bei der Nürnberger Stadtverwaltung laufen auch jetzt noch nahezu täglich Schreiben von Partei und Volksgenossen aus dem ganzen Reich ein, in denen die Begeisterung über den Verlauf des Reichsparteitages und über den Erlaß der Nürnberger Gesetze zum Ausdruck kommt."[198] „In der sachlichen Arbeit hat das Jahr 1938 in erster Linie durch Einführung der nationalsozialistischen Grundgesetze, insbesondere der Nürnberger Gesetze und des Erbhofrechts, in den neu hinzugekommenen Gebieten die wichtigsten Grundlagen für die Ausübung einer nationalsozialistischen Rechtspflege geschaffen."[199] „Gewiß, seit den ‚Nürnberger Gesetzen' haben wir auch auf dem Gebiet des Blutes einen Schritt vorwärts getan, indem wir nunmehr unserem Blute gefährliches Blut, das Blut des jüdischen Volkes, unserem Volke fernzuhalten versuchen. Das ist zweifellos schon ein gewaltiger Schritt vorwärts auf diesem Neuland der Blutsfragen und eine außerordentliche revolutionäre Tat in unsere Zeit hinein. Aber die Nürnberger Gesetze sind doch erst eine verhindernde Maßnahme und sind noch keine aufbauende Maßnahme im Sinne einer Vermehrung des guten Blutes deutscher Art."[200] „Der völkisch-rassische Gedanke hat sich seit 1933 fortschreitend in einer Fülle von Einzelmaßnahmen durchgesetzt. Abwehrend trat er vor allem in der Ausschaltung des Judentums aus dem Volkskörper hervor, angefangen mit den Bestimmungen des Jahres 1933, die die Ausscheidung der jüdischen Beamten bewirkten, über die Nürnberger Gesetze von 1935, die die Mischehen von Deutschen und Juden verboten und die politischen Rechte auf die ‚Reichsbürger' beschränkten, bis hin zu den späteren Maßnahmen, die die Ausmerzung der Juden aus dem Wirtschaftsleben vollzogen."[201]

---

[198] Tätigkeitsbericht d. Gauamts f. Kommunalpolitik, Gau Franken, 10. 10. 1935. In: Bayern in der NS-Zeit, 1977, 456.
[199] MADR, Jahreslagebericht 1938 d. SHA, Bd. 2, 124.
[200] Darré, R. W.: Neuordnung unseres Denkens, 1940, 15 f.
[201] Prof. E. R. Huber: Aufbau und Ausbau der deutschen Reichsverfassung. In: Das Reich, 13. 10. 1940.

O

Objektivität

Abwertend: Bezeichnung für die als schwächlich geltende, mit ↑ *Intellektualismus und Liberalismus* identifizierte Haltung, die Vorurteilslosigkeit anstrebt, anstatt sich allein am Interesse der ↑ *Volksgemeinschaft* zu orientieren.

▶ Hitler: „Man erziehe das deutsche Volk schon von Jugend an mit jener ausschließlichen Anerkennung des eigenen Volkstums und verpeste nicht schon die Kinderherzen mit dem Fluche unserer ‚Objektivität'."[1] „Sowie die schwankende Masse sich im Kampfe gegen zu viele Feinde sieht, wird sich sofort die Objektivität einstellen und die Frage aufwerfen, ob wirklich alle anderen unrecht haben und nur das eigene Volk oder die eigene Bewegung allein sich im Rechte befinde. Damit aber kommt auch schon die erste Lähmung der eigenen Kraft."[2] „Und noch dazu bei einem Volke, das ohnehin so sehr am Objektivitätsfimmel leidet wie das deutsche."[3] „Wer die breite Masse gewinnen will, muß den Schlüssel kennen, der das Tor zu ihren Herzen öffnet. Er heißt nicht Objektivität, also Schwäche, sondern Wille und Kraft."[4] In seinem Buch ‚Propaganda und nationale Macht' schreibt der Reichshauptstellenleiter Rundfunk der Reichspropagandaleitung E. Hadamovsky: „‚Sachlichkeit' ist eine Gefahr für jeden schwachen Charakter, weil er in Versuchung gerät, sie für wichtiger als das Leben zu halten. [...] Das Ideal der deutschen Presse heißt ‚Sachlichkeit' oder, das klingt noch besser, ‚Objektivität'. [...] Es gibt nur ein Objekt, das großen Einsatzes der Presse würdig ist: die Nation. Und nur eine berechtigte Objektivität, die der Sache der Nation dienende."[5] Was Hadamovsky von der Presse fordert, fordert der ↑ *Reichsrechtsführer* Frank von der Justiz: „In den Vordergrund zu treten haben [wird] der Umbau der Erziehung des jungen Menschen zum Recht überhaupt, zum Bewußtsein der Erkenntnis, daß das Recht kein letztes Ziel sein kann, sondern immer nur Mittel zum Zweck. Eine richterliche Objektivität, die identisch ist mit der Verkennung dieses Zweckes, ist ein Mißbrauch des Richtertums. Der deutsche Staat wird in Zukunft Anspruch darauf erheben können, daß seine und des Volkes Interessen auch die Basis der richterlichen Objektivität sind."[6] „Am 17. August [1934] wurde in den Berliner Ausstellungshallen die 11.

---

[1] Mein Kampf, 124.
[2] Ebd., 129.
[3] Ebd., 201.
[4] Ebd., 371.
[5] Ebd., 1933, 95.
[6] Rede v. 12. 5. 1933. Zit. Haensel/Strahl: Politisches ABC des neuen Reiches, 1933, 57.

Funkausstellung eröffnet. Reichsminister Dr. Goebbels führte in seiner Eröffnungsrede u. a. aus: Ich forderte vor einem Jahr den politischen Rundfunk und gab ihm bewußt und unmißverständlich Richtung und Tendenz. Ich lehnte jenen leeren und tauben Begriff einer schwächlichen Objektivität ab, die sich an den Dingen der Nation und der Volksgemeinschaft mit der selben Kälte und inneren Uninteressiertheit versuchen möchte, wie an irgendeiner Frage der Wissenschaft oder fernliegender Historie."[7] „Objektivität ist als Sachlichkeit, Sauberkeit, Klarheit stets notwendig. Lebensgefährdend wird aber Objektivität im Sinne des Intellektualismus und des Liberalismus, um, wirklich oder vorgeblich, der sogenannten ‚absoluten Wahrheit' nachzujagen; [...] Demgegenüber steht die ‚organische Wahrheit', die auf bestimmte Lebenswirklichkeiten und -mächte, auf ein bestimmtes rassisch-völkisches Leben bezogen ist. [...] Es ist jene Gewissenswahrheit, die durch die universalistischen Vertreter zuerst der kirchlichen ‚Wahrheiten', sodann der modernen liberalistisch-abstrakten Objektivität, gerade des jüdischen Intellektualismus, über ein Jahrtausend lang zum Schaden besonders des deutschen Volkes unterdrückt wurde."[8]

Odal

↑ *Erbhof.*[9]

> „Das Wort nimmt, wie schwed. reichssprachl. *odal* neben mundartl. *oel, ol(e),* nach Form und Bedeutung anord. *oðal* auf. [...] Im Deutschen und Friesischen ist der Ausdruck selten bezeugt, häufig dagegen in England und im Norden. Das Wort gehört zu *Adel* ‚Geschlecht' und bedeutet ursprünglich ‚Besitz eines Geschlechts'. [...] Anord. *oðal* bedeutet neben ‚Heimat, Eigentum. Grundbesitz' vor allem ‚Stammgut. Erbgut'. In diesem bestimmten Sinn ist *Odal, Odel* zunächst in die wissenschaftliche Fachsprache[10] eingegangen."[11]

> Verbreitet wurde der Ausdruck *Odal* durch das nationalsozialistische Erbhofrecht. 1933 kommentiert der Propagandist der Darréschen Erbhofpolitik v. Leers das am 29. 9. dieses Jahres verabschiedete Reichserbhofgesetz: „Hier ist ein zukunftsweisendes Gesetz geschaffen worden, das zum ersten Male nach den Zeiten der Auflösung wieder anknüpft an das uralte ‚Odal', das unverkäufliche Lehen des urnordischen Bauern [...]."[12] R. W. Darré nannte am 1. April 1934 die seit 1932 von ihm herausgegebene Zeitschrift ‚Deutsche Agrarpolitik' in ‚Odal' um. Mit diesem Rückgriff auf ein faktisch ausgestorbenes Wort wollte Darré seine rückwärtsgewandte Agrarpolitik als Fortsetzung einer nur unterbrochenen, angeblich nordisch-

---

[7] Angriff, 17. 8. 1934. Zit. Blick in die Zeit, 2/Nr. 34, 25. 8. 1934, 15.
[8] Meyers Lexikon, Bd. 8, 1940, 547.
[9] Gebucht: Duden, 12. Aufl. 1941, Meyers Lexikon 1936 ff., Paechter, Trübners DWB, Volks-Brockhaus 1940.
[10] Behaghel, O.: Odal. In: Sitz.-Ber. d. Bayer. Akad., Phil.-hist. Abt. 1935, H. 5. Zit Trübners DWB, s. v.
[11] Trübners DWB, Bd. 5, 1954, 13. s. v.
[12] 14 Jahre Judenrepublik, Bd. 2, 2. Aufl. 1933, 114.

germanischen, Tradition legitimieren.[13] In der ersten umbenannten Nummer seiner Zeitschrift interpretiert Darré den neuen Namen *Odal*: „Nach germanischer Vorstellung war nun dieses ‚Eigen' der Sippe, dieses ‚Od', der Erbhof, ein Geschenk oder Lehen des ‚Alls', d. h. Gottes und der Sonne, als Ursprung und Quelle alles Lebensdaseins auf der Welt und des menschlichen Daseins im besonderen, an die Sippe. Damit hängt wiederum zusammen, daß das Sippeneigentum = Allod genannt wurde oder in seiner Umstellung ‚Odal'."[14] „Im Odal des Bauern vermählt sich das Volk, das Blut, mit der Erde, dem Boden. Umgekehrt dürfen wir sagen, daß sich auf der Grundlage weltanschaulicher und tatsächlicher Begriffe vom Odal der Staat unseres Dritten Reiches aufbaut zu sinnvoller Ordnung blutbezüglicher und blutbedingter Vielgestaltigkeit des Volkskörpers, und von hier wieder wechselseitig bedingt vom Boden und das heißt zur Landschaft unserer deutschen Heimat."[15] Im ‚Schulungsbrief' wird gemeinverständlicher formuliert: „Die germanische Bodenverfassung — es ist die sogenannte Odal- oder Allodverfassung — steht als Ursprung und Ausgangspunkt der germanischen Rechtsauffassung vor uns. Sie ist so unmittelbar der Ausdruck germanischer Geisteshaltung, daß der Reichsbauernführer den Begriff des ‚Odal' als den ‚Schlüssel zum Verständnis germanischer Weltanschauung' bezeichnet hat.. Das ‚Odal' oder ‚Allod' (vertauschte Silben!) selbst steht wiederum im Mittelpunkt der Allod-Verfassung: es bezeichnet den Sippenhof, d. h. ein Bauerngut, das auf der einen Seite unantastbar und unveräußerlich, auf der anderen Seite bebauungspflichtig und vererbungspflichtig in der Sippe war."[16] 1935 erschien v. Leers Propagandaschrift: ‚Odal — das Lebensgesetz eines ewigen Deutschland'. „Es ist die bewußte Ausbildung des schon in der Nordischen Rasse vorgebildeten und bei den Völkern des indogermanischen Sprachstammes immer wieder auftauchenden bäuerlichen Rechtes, das Odalsrecht, durch dessen Segnungen unsere Vorfahren viele Jahrhunderte hindurch glücklich, machtvoll und wohlhabend geworden sind. Niemand hat besser und einleuchtender die Grundlagen dieses Odalrechtes entwickelt als R. Walther Darré. [...] Drei Grundlagen besitzt dieses Recht. Heiligkeit des Bodens, Heiligkeit des Blutes, Wehrhaftigkeit."[17] Trotz aller publizistischen Bemühungen gelang es jedoch kaum, den Ausdruck in der Allgemeinsprache oder auch nur in der Fachsprache der Landwirtschaft durchzusetzen. W. Linden hält in der ‚Deutschen Wortgeschichte' 1943 fest: „Das altgermanische Wort Odal für das Stammgut ist in seiner Erneuerung durch Darré auf einen schmalen Bezirk beschränkt geblieben."[18] Bezeichnend ist, daß die von Darré gegründete Zeitschrift nach Darrés Sturz (1942) von seinem Nachfolger H. Backe 1943 wieder in ‚Deutsche Agrarpolitik' umbenannt wurde.[19]

---

13 Vgl. Ideengeschichte d. Agrarwirtsch. u. Agrarpolitik, Bd. 2, hg. H. Haushofer, 1958, 211 f.
14 Unser Weg. Odal, 2/1933/34, H. 10. In: Darré, R. W.: Um Blut und Boden, 1941, 93.
15 Ebd., 103 f.
16 Der Schulungsbrief, 1/Nov. 1934, 8.
17 v. Leers, J.: Odal, 2. Aufl. 1936 (zuerst 1935), 50.
18 Aufstieg des Volkes. In. Maurer/Stroh: Deutsche Wortgeschichte, Bd. 2, 1943, 410.
19 Vg. Ideengeschichte d. Agrarwirtsch. u. Agrarpolitik, Bd. 2, hg. H. Haushofer, Bd. 2, 1958, 212.

Orden

Bezeichnung a) für die NSDAP als „eine durch die Grundsätze des Führertums und der Kameradschaft in Glauben und Gehorsam eng zusammengeschlossene Gemeinschaft"; b) speziell: für die SS als *Orden guten Blutes*.[20]

▶ a) Der Ausdruck *Orden* für die NSDAP als führende Elite im NS-Staat ist von Rosenberg in den NS-Sprachgebrauch eingeführt worden. Rosenberg entwickelt im ‚Mythos des 20. Jahrhunderts' seine Vorstellung eines „ein kommendes Deutschland formenden Männerbundes – nennen wir ihn den Deutschen Orden […]". (S. 520) „Um inmitten des heutigen chaotischen Durcheinanders die Seelen emporzureißen, dazu bedarf es Predigten der Luther-Naturen, die hypnotisieren und Schriftsteller, welche die Herzen bewußt ummagnetisieren." Doch nach dem Sieg müssen „Moltkesche Grundsätze" auf die Politik übertragen werden: „Ein Glaube, ein Mythus ist nur dann echt, wenn er den ganzen Menschen erfaßt hat; und mag der politische Führer an dem Umkreis seines Heeres seine Gefolgschaft nicht im einzelnen prüfen können, im Zentrum des Ordens muß absolute Gradlinigkeit durchgeführt werden. Hier haben zum Besten der Zukunft alle politischen, taktischen, propagandistischen Erwägungen zurückzutreten. Der Fritzische Ehrbegriff, Moltkes Zuchtmethode und Bismarckscher heiliger Wille, das sind drei Kräfte, die in verschiedenen Persönlichkeiten in verschiedener Mischung verkörpert alle nur einem dienen: der Ehre der deutschen Nation." (S. 521) „Aufgabe dieses neuen Staatsgründers ist, einen Männerbund, sagen wir einen Deutschen Orden zu gestalten, der sich aus Persönlichkeiten zusammensetzt, die führend an der Erneuerung des deutschen Volkes teilgenommen haben." (S. 546) In seinem Buch ‚Gestaltung der Idee'[21] wendet Rosenberg den *Ordensgedanken* auf die konkrete Situation des ↑ *Dritten Reichs* an. ‚Meyers Lexikon' resümiert unter dem Stichwort *Orden* den Inhalt: „Die nationalsozialistische Bewegung ist der Orden, der sich als Kern im Volke herausgebildet hat, indem sie in die besonderen Aufgaben einer solchen Staatsführung hineinwuchs. Die Mitglieder des Ordens der Bewegung wachsen von Jugend an in die Gedanken einer organischen Politik hinein, erproben sich in der Form der politischen Partei, um dann gemeinsam in Autorität und Volksnähe politisch mitzugestalten. Die zentrale Aufgabe des Ordens liegt darin, den Typ des nationalsozialistischen Ordensstaates so eindeutig herauszubilden, zu entwickeln, zu leben und weiterzutragen, daß er selbstverständliche Lebensform bleibt, auch wenn einmal ein Führer nicht größten Formates sein sollte. Das ganze Erziehungs- und Schulungswesen der NSDAP, besonders in den Ordensburgen, zielt auf diese typenbildende Kraft des Ordensgedankens hin."[22] Im ‚Organisationsbuch der NSDAP' heißt es entsprechend: „Die Partei ist vom Führer geschaffen worden aus der Erkenntnis heraus, daß, wenn unser Volk leben und einer neuen Blühzeit entgegengehen soll, es geführt werden muß nach einer Weltanschauung, die unserer Art entspricht. Sie muß als Träger Menschen haben, die sich über den Durchschnitt erheben, d. h. Menschen, die durch Selbst-

---

[20] Gebucht: Meyers Lexikon 1936 ff., Paechter, Volks-Brockhaus 1940 (oben zitiert).
[21] 2. Aufl. 1936.
[22] Meyers Lexikon, Bd. 8, 1940, 661 f.

zucht und Disziplin, Leistung und größere Einsicht die andern übertreffen. Die Partei wird infolgedessen immer eine Minderheit sein müssen, ein Orden der nationalsozialistischen Weltanschauung, der das Führertum unseres Volkes umfaßt."[23] „Die Partei wird dann ein Orden sein, in dem eine Führer- und Kämpferauslese stattfindet. Von diesen Kämpfern wird die Weltanschauung ins Volk getragen."[24]
b) Als „eine gleichartige, festgefügte und weltanschaulich zusammen verschworene Kampftruppe", „deren Kämpfer aus bestem arischen Menschentum ausgesucht werden"[25], nennt sich die ↑ SS einen *Orden guten Blutes*. „So sind wir angetreten und marschieren nach unabänderlichen Gesetzen als ein soldatischer, nationalsozialistischer Orden nordisch bestimmter Männer und als eine geschworene Gemeinschaft ihrer Sippen, den Weg in eine ferne Zukunft."[26] „Das Gesamtziel ist für mich seit den elf Jahren, seit ich Reichsführer-SS bin, immer unverrückbar dasselbe gewesen: Einen Orden guten Blutes zu schaffen, der Deutschland dienen kann, der unverrückbar und ohne sich zu schonen sich einsetzen kann. [...] Einen Orden zu schaffen, der diesen Gedanken des nordischen Blutes so verbreitet, daß wir alles nordische Blut in der Welt an uns heranziehen, unseren Gegnern das Blut wegnehmen, es uns einfügen, damit niemals mehr, jetzt in der ganzen großen Politik gesehen, in großen Mengen und in nennenswertem Umfang nordisches Blut, germanisches Blut, gegen uns kämpft."[27] „Es muß so sein, und es muß so werden, daß auch unter dem zehnten Reichsführer-SS dieser Orden der SS mit allen seinen Sparten – Gesamtgrundlage, Allgemeine SS, Waffen-SS, Ordnungspolizei, Sicherheitspolizei, die ganze Wirtschaftsverwaltung, Schulung, weltanschauliche Erziehung, die ganze Sippenfrage – ein Block, ein Körper, ein Orden ist."[28]

Ordensburg

↑ *Schulungsburg der NSDAP* zur „wissenschaftlich-weltanschaulichen Schulung und körperlich-charakterlichen Erziehung" des Führernachwuchses der Partei.[29]

> Aus einem Bericht R. Leys im ‚Westdeutschen Beobachter' vom 25. 4. 1936 über die Einweihung der drei Ordensburgen am 24. 4. 1936 geht hervor, daß der Anstoß zum Bau der Ordensburgen von einem Gespräch Hitlers mit Ley ausging, das während der Besichtigung der Gewerkschaftsschule in Bernau bei Berlin im Juli 1933

---

23 Organisationsbuch der NSDAP. 1943, 86.
24 Ebd., 487.
25 Organisationsbuch der NSDAP. 1943, 417.
26 Himmler, Rede auf d. Reichsbauerntag, Goslar, 12. 11. 1935. In: Dokumente d. dt. Politik, Bd. 3, 1937, 49.
27 Himmler, Rede an die Offiziere d. Leibstandarte SS „Adolf Hitler" am „Tage v. Metz" (7. 9. 1940). Dok. PS–1918 (US–304). In: Der Nürnberger Prozeß, Bd. 5, 202.
28 Himmler, Rede am 4. 10. 1943 in Posen. Dok. PS 1919 (US–170). In: Der Nürnberger Prozeß, Bd. 4, 198.
29 Gebucht: Duden, 12. Aufl. 1941, Paechter, Volks-Brockhaus 1940 (oben zitiert). Getilgt: Duden, 13. Aufl. 1947.

geführt wurde. Die Bezeichnung *Ordensburg* für die geplanten Erziehungsstätten war damals und auch nach Beginn der Neubauten offenbar noch nicht geprägt worden.[30] „Heute, im Jahre 1936, ist die Partei zum Träger des politischen Willens der Nation geworden. Neue und gewaltige Aufgaben sind ihr gestellt – und vor allem eine für die Gestaltung der Zukunft ausschlaggebende Aufgabe: die politische Führungsauslese im Volk! [...] Denn die NSDAP. als organisch gewachsene Volksführung will auch den Führernachwuchs einer natürlichen Auslese unterwerfen, die auf die deutschen Charakterwerte und die Erkenntnisse über Menschenführung abgestellt ist. [...] So entstand der Gedanke der Ordensburg, denn wie die Führerschaft der Bewegung mehr und mehr zum Orden zusammenwächst, soll ihr Nachwuchs Läuterung und Prüfung auf den Burgen dieses Ordens erfahren. [...] So entstanden zunächst drei Ordensburgen – Vogelsang in der Eifel, Crössinsee in Pommern, Sonthofen im Allgäu."[31] „Am 24. April konnte Pg. Dr. Ley die Ordensburgen Vogelsang, Crössinsee und Sonthofen dem Führer übergeben. Bei dem feierlichen Akt, der in der Burg Crössinsee stattfand, schloß Pg. Ley seine kurze Ansprache mit den Worten: ‚Ein Gelöbnis lege ich gleichzeitig ab: Ich hoffe und wünsche und will alles, was an mir liegt, tun, daß in diesen Burgen Männer erzogen werden, die Ihr großes Erbe würdig und treu verwalten. Und ein weiteres Gelöbnis gebe ich Ihnen, mein Führer. Diese Männer, die hier hinausgehen, werden gehorchen gelernt haben, werden treu und Kameraden für das ganze Leben sein.' Der Führer Adolf Hitler übergab die Burgen ihrer großen Bestimmung. Die Auserwählten des ersten Jahrgangs konnten die Schwelle der Ordensburgen überschreiten – mit dem letzten Erziehungsziel: ‚daß sie diesem Orden auf Gedeih und Verderb verfallen sind und ihm unbedingt gehorchen müssen.'"[32] „Es sind Ordensburgen gegründet worden. Auf diesen Ordensburgen werden wertvolle Parteigenossen aus allen Gauen als Führernachwuchs drei Jahre geschult. Diese Parteigenossen müssen 25–30 Jahre alt sein und rassisch, körperlich und geistig eine Auslese darstellen."[33]

organisch

Kontrastwort zu: *künstlich, mechanisch, rational, abstrakt, individualistisch.* a) belebt, natürlich werdend und wachsend – metaphorisch bezogen auf die nationalsozialistische ↑*Weltanschauung*, die Partei, ihre ↑*Gliederungen*, ihre *Organisation;* b) zu einem Organismus gehörig, in einem Organismus nach biologischen Gesetzen planmäßig zusammenwirkend – metaphorisch bezogen auf die Glieder des ↑*Volkskörpers.* c) Positiv wertendes Modewort[34] in vieldeutiger Verwendung für alles, was mit ↑*nationalsozialistisch* identifiziert wird.[35]

---

[30] s. Schultz, H.: Die NS-Ordensburgen. In: VJZG 15/1967, 272.
[31] Rühle, G.: Das Dritte Reich, Bd. 1936, 19.
[32] Rühle, G.: Das Dritte Reich, Bd. 1936, 22.
[33] Organisationsbuch der NSDAP. 1943, 78.
[34] s. Meyers Lexikon, Bd. 8, 1940, 678, s. v.: „unklare und vieldeutige Anwendungen des oft als Modewort gebrauchten Ausdrucks".
[35] Gebucht: Meyers Lexikon 1936 ff., Paechter.

> a) Der für die Entwicklung der ↑ *Rassenhygiene* richtunggebende Erbforscher und Rassenhygieniker F. Lenz fordert 1921 eine an der Rasse orientierte *organische Weltanschauung*: „Das Gedeihen der Rasse muß das Ziel einer organischen Weltanschauung sein, welche die individualistische zu überwinden berufen ist."[36] Lenz gibt damit ein Stichwort, das Rosenberg in seinem ‚Mythus des 20. Jahrhunderts' aufgreift. „Hier tritt die organische völkische Weltanschauung in ihr Recht, wie sie von jeher sich Bahn gebrochen hatte, wenn mechanistischer Individualismus und schematischer Universalismus die Welt in Ketten legen wollten."[37] Rosenberg spricht von der „Idee einer ganz anderen Wahrheit", die er „organische Wahrheit" nennen will. (S. 683) Den Maßstab dieser „organischen Wahrheit" gibt Rosenberg mit einem biologisch-rassisch uminterpretierten Spruch von Goethe: „Was fruchtbar ist, allein ist wahr". (S. 685) „Damit ist jedoch eine ganz andere Auffassung von der ‚Wahrheit' angedeutet: daß für uns Wahrheit kein logisches Richtig und Falsch bedeutet, sondern daß eine organische Antwort gefordert wird auf die Frage: fruchtbar oder unfruchtbar, eigengesetzlich oder unfrei?" (S. 690) „Das ist der andere – ‚wahrere' – Strom des echt wuchshaften (organischen) Wahrheitssuchens entgegen dem scholastisch-logisch-mechanischen Ringen nach ‚absoluter Erkenntnis'. Aus dem Erleben des ‚Mittelpunkts der Glückseligkeit' die vollste Selbstentfaltung, und das heißt in der Sprache dieses Buches: aus dem erlebten Mythus der nordischen Rassenseele heraus in Liebe der Volksehre dienen." (S. 691 f.) „Das Symbol der organischen germanischen Wahrheit ist heute bereits unumstritten das schwarze Hakenkreuz." (S. 689) „Mit dieser Einsicht entzieht sich die organische Philosophie unserer Zeit der Tyrannei der Verstandesschemen, jener rein schematischen geistigen Hülsenanfertigung, in die man wiederum die Seele der Rassen und Völker einkapseln zu können glaubte." (S. 697) „Fortgeräumt ist der ganze blutlose, intellektualistische Schutthaufen rein schematischer Systeme, die uns wie spanische Stiefel angelegt waren." (S. 698) Durch ↑ *Schulungsmaßnahmen* aller Art, durch Propagandisten wie J. v. Leers wurden Rosenbergs Formulierungen aufgegriffen und paraphrasiert. Die Folge war der inflationäre Gebrauch des – ohnehin durch die Entwicklung der Naturwissenschaften, den Biologismus, den Vitalismus, die Lebensphilosophie verbreiteten – Ausdrucks im ↑ *Dritten Reich*. „Im Gegensatz hierzu stand der Nationalsozialismus. Wurzelnd in der Seele des Volkes, geboren aus unserem Blut, geworden und gewachsen von Zelle zu Zelle, ist seine Idee schlechthin eine organische. Adolf Hitler züchtete sie groß in sich, streute sie, vorbereitend den Boden zu großer Saat, immer wieder aus und erntete tausendfach, millionenfach. Was er dachte, was er herauskristallisierte in seinen Reden, es war zuvörderst ein Appell an das Gefühl, an Blut und Charakter des deutschen Volkes."[38] „Wenn wir ein von Blut und Boden losgelöstes, abstraktes Rechtssystem in unseren Tagen überwinden und die organische Einheit von Volk, Blut und Boden mit seinem Recht

---

[36] Menschliche Auslese und Rassenhygiene. In: Bauer/Fischer/Lenz: Menschliche Erblichkeitslehre, Bd. 2, 2. Aufl. 1923 (zuerst 1921), 332.
[37] Ebd., 694.
[38] Der Weg zur Schulung. In: Der Schulungsbrief, 1/Mai 1934, 20.

wiederherstellen — seien wir gerecht genug anzuerkennen, daß die Männer des Aufklärungszeitalters überhaupt erst den Begriff eines von der Theologie losgelösten Rechtes geschaffen haben."³⁹

b) „Was ist dem nationalsozialistischen Arbeiter der deutsche Staat? Der Staat ist dem nationalsozialistischen Arbeiter die organische Gemeinschaft aller schaffenden deutschen Volksgenossen zur Hebung und Mehrung des deutschen Gedankens, deutscher Macht, deutschen Ansehens, deutscher Kultur, Sitte, Sprache und Wirtschaft. Wie heben und mehren wir deutsches Volkstum, deutsche Kultur und Sitte? Dadurch, daß wir alles Fremdblütige und Fremdländische aus dem deutschen Volkskörper ausscheiden und das deutsche Volk wieder zu den ursprünglichen Quellen deutscher Rasse, deutschen Geistes und deutscher Kultur zurückführen."⁴⁰ „Der Begriff ‚Volksgemeinschaft' als Blut- und Schicksalsgemeinschaft steht im Mittelpunkt der deutschvölkischen Weltanschauung. Aus der Tatsache der organischen Verbundenheit von Einzelmensch und Volk erwächst eine vollständig neue Sittlichkeit. Losgelöst von der Ganzheit des Volkes verliert die Einzelperson den Sinn ihres Daseins, denn das menschliche Einzelleben ist nach dem göttlichen Schöpferwillen an die überpersönliche Lebenseinheit seines Volkes gebunden. Das Dasein des einzelnen ist nur durch das Bestehen der Gemeinschaft möglich. Im Gegensatz zu diesem organischen Denken stellt der Individualismus die Einzelperson in den Mittelpunkt seiner Weltanschauung und Sittlichkeit."⁴¹ „Denn die Menschheit baut sich nicht aus Einzelmenschen, sondern aus einzelnen Rassenvölkern auf, und wir Einzelmenschen sind Glieder unserer Rasse, unseres Volkes als derjenigen Lebenseinheit, die uns als nächste übergeordnet ist."⁴² „Wer sich zum organischen Denken durchgerungen hat, stellt die Ganzheit ‚Volk' über sein Ich und über seine Familie."⁴³

c) „Nein, mit der Beseitigung und allmählichen Lösung des Arbeitslosenproblems haben wir schrittweise auch eine organische Sanierung des deutschen Bauernstandes vorgenommen."⁴⁴ „Und nun müssen die Gedanken der inneren Reinhaltung, der ‚Vernordung' unseres Wesens hineinwachsen in das Volk und als Selbstverständlichkeit, so wie es der Natur entspricht, Geltung und Wirksamkeit erlangen. So wird ganz organisch einer weiteren ‚Entnordung' Einhalt geboten."⁴⁵ „Wie alles im nationalsozialistischen großdeutschen Reich ist auch das Amt des Reichspressechefs organisch aus der Entwicklung herausgewachsen."⁴⁶ „Die Ausrichtung aller kontinentaleuropäischen Länder auf die totalitären Achsenmächte schreitet in einem unaufhaltsamen organischen Entwicklungsprozeß fort."⁴⁷

---

39 v. Leers, J.: Odal, 2. Aufl. 1936, 590.
40 Goebbels: Das kleine abc des Nationalsozialisten, o. J. (1927), 5.
41 Graf, J.: Vererbungslehre, Rassenkunde und Erbgesundheitspflege, 6. Aufl. 1939, 269.
42 Ebd.
43 Ebd., 272.
44 Goebbels: Deutschlands Kampf um Friede u. Gleichberechtigung, 20. 10. 1933. In: Ders.: Signale d. neuen Zeit, 1934, 258.
45 Pechau, M.: Nationalsozialismus und deutsche Sprache, 1935, 72 f.
46 Das Reich, 3. 8. 1941, 4
47 Schadewaldt, H.: Hungerblockade über Kontinentaleuropa. Dt. Informationsstelle, 1941, 48.

Ostarbeiter

Durch die ‚Verordnung über die Einsatzbedingungen der Ostarbeiter' vom 30. 6. 1942 definierte Gruppe von Zwangsarbeitern, die aus den besetzten Gebieten der UDSSR zunächst angeworben, später deportiert wurden.

> Nur die ersten Gruppen der *Ostarbeiter* wurden regulär für den ↑ *Arbeitseinsatz* in Deutschland angeworben. Die Mehrzahl der rund vier Millionen *Ostarbeiter* wurde unter Drohungen und Anwendung von Gewalt nach Deutschland verschleppt, wo sie, als ↑ *rassisch minderwertige* ↑ *Untermenschen* verachtet, auf Hungerrationen gesetzt, in überfüllten Barackenlagern gefangen gehalten, für verbotene Kontakte mit Deutschen, insbesondere sexuelle Beziehungen, mit drakonischen Strafen bis zur öffentlichen Exekution bedroht, Schwerarbeit in der Rüstungsindustrie leisten mußten. Nur *Ostarbeiter* auf Bauernhöfen und Frauen in Haushalten hatten u. U. die Chance einer besseren Behandlung.[48] „Verordnung über die Einsatzbedingungen der Ostarbeiter vom 30. 6. 1942. [...] Begriff des Ostarbeiters. §1 Ostarbeiter sind diejenigen Arbeitskräfte nichtdeutscher Volkszugehörigkeit, die im Reichskommissariat Ukraine, im Generalkommissariat Weißruthenien oder in Gebieten, die östlich an diese Gebiete und an die früheren Freistaaten Lettland und Estland angrenzen, erfaßt und nach der Besetzung durch die deutsche Wehrmacht in das Deutsche Reich einschließlich des Protektorats Böhmen und Mähren gebracht und hier eingesetzt werden. [...] Beschäftigungsbedingungen. [...] § 2 Allgemeine Bedingungen. Die im Reich eingesetzten Ostarbeiter stehen in einem Beschäftigungsverhältnis eigener Art. Die deutschen arbeitsrechtlichen und arbeitsschutzrechtlichen Vorschriften finden auf sie nur insoweit Anwendung als dies besonders bestimmt wird. [...]"[49] „Darüber hinaus habe sich besonders der deutsche Arbeiter vielfach von der Arbeitsleistung eines Teils der Ostarbeiter beeindrucken lassen, deren Willigkeit und Geschicklichkeit hervorgehoben werden."[50] „Aus kriegswichtigen, hier nicht näher zu erörternden Gründen hat der Reichsführer-SS und Chef der Deutschen Polizei am 14. Dezember 1942 befohlen, daß bis Ende Januar 1943 mindestens 35 000 arbeitsfähige Häftlinge in die Konzentrationslager einzuweisen sind. Um diese Zahl zu erreichen, ist folgendes erforderlich: 1. Ab sofort (zunächst bis zum 1. November 1943) werden Ostarbeiter oder solche fremdvölkische Arbeiter, welche flüchtig gegangen oder vertragsbrüchig geworden sind und nicht den verbündeten, befreundeten oder den neutralen Staaten angehören [...] auf schnellstem Wege den nächstgelegenen Konzentrationslagern eingeliefert."[51] „Bürgermeister und Ortsgruppenleiter Schüller in Wohnsgehaig, in dessen Gemeinde acht Weißrussen und drei Ostarbeiter beschäftigt sind, gab an, daß die Bauern und Landwirte mit ihren Arbeitskräften sehr zufrieden sind. Er stellt sich auf den Standpunkt,

---

[48] Herbert, U.: Fremdarbeiter. Politik und Praxis des „Auslands-Einsatzes" in der Kriegswirtschaft des Dritten Reiches, Berlin/Bonn, 1985.
[49] RGBl. 1, 1942, 419.
[50] MADR, (Nr. 334), 12. 11. 1942, Bd. 12, 4459.
[51] Dok. RF-346 v. 17. 12. 1942. In: Der Nürnberger Prozeß, Bd. 6, 366.

wenn schon den französischen Kriegsgefangenen zugebilligt wird, daß sie sich in der Freizeit 5 km im Umkreis des Lagers frei bewegen dürfen, dies auch den Weißrussen zugebilligt werden sollte. [...]"[52] (Bezeichnend für die selbstverständliche Schlechterstellung der angeblich *rassisch minderwertigen Ostarbeiter* ist es, daß selbst dieser denunzierte Bürgermeister nur für die Weißrussen bessere Lebensbedingungen fordert.) „F. Sauckel: Verordnung über die Behandlung von Hausarbeitern aus dem Osten. Ein Anspruch auf Freizeit besteht nicht. Hauswirtschaftliche Ostarbeiterinnen dürfen sich grundsätzlich außerhalb des Haushalts nur bewegen, um Angelegenheiten der Haushaltungen zu erledigen. Jedoch kann ihnen bei Bewährung einmal wöchentlich die Gelegenheit gegeben werden, sich drei Stunden ohne Beschäftigung außerhalb des Haushalts aufzuhalten. Dieser Ausgang muß bei Einbruch der Dunkelheit, spätestens aber um 20 Uhr beendet sein. Der Besuch von Gaststätten, Lichtspiel- oder sonstigen Theatern und ähnlichen für Deutsche oder ausländische Arbeiter vorgesehene Einrichtungen ist verboten. Desgleichen ist der Kirchenbesuch untersagt."[53] „Für den Einsatz hauswirtschaftlicher Ostarbeiterinnen spreche weiter, daß auch diejenigen kinderreichen Haushalte sich eine Arbeitskraft halten könnten, deren finanzielle Lage bisher die Einstellung einer Hausgehilfin nicht zugelassen haben. Es komme hinzu, daß den Ostarbeiterinnen kein Urlaub gewährt zu werden brauche, sondern bei Bewährung wöchentlich nur 3 Stunden Freizeit. Den Ostarbeiterinnen könne auch jede Arbeit aufgebürdet werden, selbst wenn sie noch so schmutzig und schwer sei." „Schwierigkeiten seien ferner bei gemeinsamer Benutzung des Luftschutzkellers aufgetaucht. So hätten Mitbewohner eines Hauses gegen die Mitbenutzung des Luftschutzraumes durch hauswirtschaftliche Ostarbeiterinnen Einspruch erhoben.."[54] „Falsches Mitgefühl. Brotmarkenbettelei der Ostarbeiter. [...] Die Brotmarkenbettelei hat schon derart um sich gegriffen, daß kräftige Abwehrmaßnahmen gefordert werden müssen. Abhilfe ist jedoch nur möglich, wenn die gesamte Bevölkerung mithilft und unnachsichtlich jeden anzeigt, der Ostarbeitern Brotmarken und Brot zuschiebt. [...] Schuld trägt in erster Linie die unangebrachte Gefühlsduselei derjenigen Volksgenossen, die das Brotbetteln so leicht gemacht haben.[...]"[55] „Am 19. August 1944 mußte ich feststellen, daß Sie Brotmarken an Ostarbeiter abgeben wollten. Es muß Ihnen bekannt sein, daß dieses eines deutschen Menschen unwürdig ist. Ich sehe in diesem Falle noch einmal von einer Anzeige ab, aber ich verwarne Sie. Im Wiederholungsfalle werde ich ohne Rücksicht das unternehmen, was für derartige Dinge in der heutigen Zeit unbedingt erforderlich ist."[56]

---

[52] Monatsbericht d. Gendarmerie-Station Weischenfeld, 25. 4. 1943. In: Bayern in der NS-Zeit, 1977, 171.
[53] Dok. PS−3044(6), (US−206). In: Der Nürnberger Prozeß, Bd. 3, 505.
[54] MADR, (Nr. 249), 11. 1. 1943, Bd. 12, 4663 u. 4464.
[55] Kleines Plakat (Stempel: Nationalsoz. Arbeiter-Partei Kreis- Gauhauptstadt Düsseldorf), o. J. (In: Konvolut Kl. Schriften u. Flugblätter, UB Düsseldorf, Signatur: St. W. 2896).
[56] Schreiben eines Ortsgruppenleiters v. 21. 8. 1944. In: Der Name der Freiheit 1288−1988. Handbuch z. Ausstellung d. Köln. Stadtmuseums v. 29. 1−1. 5. 1988, Köln 1988, 657.

ostbaltische Rasse
Bezeichnung für eine der angeblichen fünf Rassen, die in Deutschland vorkommen sollen.[57]

▷ Wie H. F. K. Günther in seiner für die nationalsozialistische Rassentheorie richtunggebenden ‚Rassenkunde des deutschen Volkes' erwähnt, hat er „die bisher ungebräuchliche Bezeichnung ostbaltische Rasse" „(von Nordenstreng) übernommen".[58] Günthers Beschreibung der *ostbaltischen Rasse*: „Die ostbaltische Rasse – kurzgewachsen, kurzschädlig, breitgesichtig mit unausgesprochenem Kinn und breitem massigem Unterkiefer, ziemlich breite, eingebogene Nase mit flacher Nasenwurzel; hartes helles Haar, leicht schief gestellt erscheinende, nach vorn liegende helle Augen, helle Haut."[59] „Die Kennzeichnung der Geistigkeit des ostbaltischen Menschen faßt Dieter Gerhart folgendermaßen zusammen: ‚Die ostbaltische Rasse erscheint seelisch zunächst schwerfällig, verschlossen und mißtrauisch. Anspruchslos und arbeitsam lebt sie ruhig dahin, dem Staate gegenüber geduldiger Untertan, der aber fester Führung bedarf. Hinter der ruhigen Außenseite verbirgt sich aber ein unzufriedener ruheloser Geist von starker Einbildungskraft, aber geringer Willensstärke. Diese Eigenschaften zusammen mit einer Neigung zu Roheit und Verschlagenheit machen die ostbaltischen Menschen zu einem leichtentflammbaren Anhänger einer Bewegung wie sie der Bolschewismus ist.'"[60] Im Schulbuch ist, im Gegensatz zu dieser negativen Charakterisierung der *ostbaltischen Rasse*, das Bestreben erkennbar, im Interesse einer harmonischen ↑ *Volksgemeinschaft* in allen Elementen der deutschen Rassenmischung auch positive Züge zu entdecken, wenn auch die „Schöpferkraft" stets dem ↑ *nordischen Rassenanteil* zugesprochen wird: „Hervorragende Männer, die neben nordischen Zügen in ihrem körperlichen Erscheinungsbild deutlich ostbaltische Merkmale besaßen, waren unter anderem Schopenhauer, ein großer Philosoph, sowie der Mundartdichter Fritz Reuter. An diesen wenigen Beispielen sehen wir schon, daß viele hervorragende Deutsche Erbgut verschiedener Rassen in sich trugen, wobei aber die ungeheure Schöpferkraft zweifellos auf nordischer Grundlage beruhte."[61]

▷ *Ostbaltische Rasse* wird seit der 12. Auflage 1941 bis heute im Rechtschreibduden geführt.

ostische Rasse
Bezeichnung für eine der angeblichen fünf Rassen, die in Deutschland vorkommen sollen.[62]

▷ H. F. K. Günther prägt den Namen *ostische Rasse* nach dem Muster der schon eingeführten Bezeichnung ↑ *nordische Rasse*. „Die Bezeichnung ‚ostisch' habe ich

---
[57] Gebucht: Duden, 12. Aufl. 1941, Knaur 1934, Meyers Lexikon 1936 ff.
[58] Ebd., 8. Aufl. 1926 (zuerst 1922), 23.
[59] Ebd., 25.
[60] Rosten, C.: Das ABC des Nationalsozialismus, 2. Aufl. 1933, 193 f.
[61] Biologie für höhere Schulen, hg. J. Graf, Bd. 3, 2. verb. Aufl. 1943, 122.
[62] Gebucht : Duden, 10. Aufl. 1930, 11. Aufl. 1934, 12. Aufl. 1941; Knaur 1934, Meyers Lexikon 1936 ff. (s. v. Rasse), Paechter, Volks-Brockhaus 1940.

für die bezeichnete Rasse gewählt, weil sie zwar einen Hinweis auf einen asiatischen Zusammenhang enthält, aber auch nur einen Hinweis und noch keine solche Aussage, wie sie die Bezeichnung mongolid darstellt. Die Bezeichnung ‚alpin' führt nach meiner Erfahrung immer wieder zu Mißverständnissen: immer wieder sucht man ostrassische Menschen nur in den Alpen, die zudem größtenteils ein dinarisch-ostisches Mischgebiet sind, und vermutet schließlich sogar Umwelteinflüsse, welche die Rasse geschaffen hätten; immer wieder verwirrt den Betrachter das Auftreten ‚alpiner' Menschen in Holland, Dänemark und Norwegen. [...] Die ostische Rasse darf nicht mit Denikers ‚osteuropäischer Rasse' oder ‚Ostrasse' (race orientale) verwechselt werden."[63] Günther wehrt sich gegen Kritik an seiner Neuprägung: „Sprachlich ist gegen die Wortbildung ‚ostisch' ebensowenig einzuwenden, wie gegen ‚nordisch'. ‚Ostisch' klingt nur ungewohnt, ist aber nicht, wie man mir vorgeworfen hat, falsch gebildet. Absichtlich vermeide ich ja ‚östlich' und (im Falle der ‚mediterranen' Rasse) ‚westlich', weil die Benennungen nur einen gewissen Herkunftshinweis enthalten sollen, während ‚östlich' und ‚westlich' immer störend wirken müssen, sobald einmal vom Vorkommen ‚ostischer' Rasse in Westeuropa oder ‚westischer' Rasse in Osteuropa die Rede sein muß."[64] Günthers Beschreibung der *ostischen Rasse*: „Die ostische Rasse — kurzgewachsen, kurzschädlig, breitgesichtig mit unausgesprochenem Kinn; kurze, stumpfe Nase mit flacher Nasenwurzel; hartes, braunes oder schwarzes Haar; nach vorn liegende, braune Augen; gelblichbräunliche Haut [...]"[65] „Im entgegengesetzten Sinn wirkt ostische Seelenhaltung, denn das ostische Wesen ist vor allem durch eine große Friedensliebe und warmes Gemütsleben ausgezeichnet. Aufsuchen gemütlicher Geselligkeit und die Pflege des Gemeinschaftslebens sind ausgesprochen ostische Züge. [...] Außerdem sind Fleiß und die Beharrlichkeit dieser Rasse von großer Bedeutung für unser Volksleben, ebenso ihre hohe musikalische Begabung."[66]

▷ *Ostische Rasse* wird seit der 10. Auflage 1929 bis heute im Rechtschreibduden geführt.

Ostmark

Bis zum Verbot im Jahre 1942 die Bezeichnung für das 1938 dem Deutschen Reich einverleibte Österreich.[67]

▷ Der Name *Ostmark* ist offenbar eine historisierender Ausdruck neuerer Zeit. Als Bezeichnung für die von Karl d. Gr. nach dem Sieg über die Awaren errichtete Grenzmark an der Donau, auf die *Ostmark* in den Lexika der NS-Zeit bezogen wird, ist der Ausdruck nicht überliefert. Auch als Name für die babenbergische

---

[63] Günther, H. F. K.: Rassenkunde des deutschen Volkes, 8. Aufl. 1926 (zuerst 1922), 24.
[64] Ebd., 24, Anm. 1.
[65] Ebd., 24.
[66] Biologie für höhere Schulen, hg. J. Graf, Bd. 3, 2. verb. Aufl. 1943, 122.
[67] Gebucht: Duden, 12. Aufl. 1941, Meyers Lexikon 1936 ff., Paechter. Getilgt: Duden, 13. Aufl. 1947.

Mark, die in Urkunden Ottos III. 996 und 998 erstmals *Ostarrichi* genannt wird, ist der deutsche Ausdruck *Ostmark* in mittelalterlichen Quellen nicht belegt.[68] *Deutsche Ostmark, Preußische Ostmark, Ostmark* wurden auch (bis 1938)[69] die preußischen Ostprovinzen Schlesien, Posen, Ost- und Westpreußen genannt.[70] Auf sie bezogen sich Ausdrücke wie *Ostmarkenpolitik* im Kaiserreich und der Name des 1894 von den Hakatisten gegründeten ‚Vereins zur Förderung des Deutschtums in den Ostmarken', der 1899 in ‚Deutscher Ostmarkenverein' umbenannt wurde.

> Um die Beseitigung der staatlichen Selbständigkeit zu betonen, wurde Österreich nach der Einverleibung in das Deutsche Reich bevorzugt *Ostmark* genannt. So lautet z. B. der Eintrag unter dem Stichwort *Österreich* in der 12. Auflage des Rechtschreibdudens von 1941: „deutsches Land, jetzt meist: Ostmark". (Die ab 1940 einsetzenden Anweisungen, den „nicht mehr verwertbaren" „Zwischenbegriff" *Ostmark* zu vermeiden, konnten nicht mehr berücksichtigt werden.) In einer Presseanweisung vom 27. 8. 1938 wird an die Journalisten weitergegeben: „Er habe den Auftrag zu bitten, bei der Verwendung dieser Rede [von W. Darré], sofern das Wort Österreich mit Bezug auf das Österreich nach dem Anschluß gebraucht ist, durch ‚Ostmark' zu ersetzen."[71] Daß es auch Anordnungen gegeben haben muß, den Namen *Österreich* nicht mehr zu verwenden, geht aus einer ‚Meldung aus dem Reich' hervor, in der es in anderem Zusammenhang heißt: „Teilweise wird angenommen, daß die Anweisung der Landesbauernschaft auf einer mißverstandenen Anordnung beruht, die besagte, daß das Wort ‚Österreich' in Zukunft nicht mehr gebraucht werden soll."[72] In dem ‚Gesetz über die Wiedervereinigung Österreichs mit dem Deutschen Reich' vom 13. 3. 1938 wird durchgängig der Name *Österreich* verwendet: „Artikel I: Österreich ist ein Land des Deutschen Reiches. Artikel II: Sonntag, den 10. April 1938 findet eine freie und geheime Volksabstimmung der über zwanzig Jahre alten deutschen Männer und Frauen Österreichs über die Wiedervereinigung mit dem Deutschen Reich statt."[73] Ab Anfang Mai 1939 wird auch in den im Reichsgesetzblatt veröffentlichten Verordnungen und Gesetzen die Bezeichnung *Ostmark* verwendet. Der Kommentar ‚Neues Staatsrecht II. Die Errichtung des Großdeutschen Reiches' von Stuckart/Schiedermair formuliert: „Die Ostmark ist ein Glied des nationalsozialistischen Führerstaats geworden, d. h. für die Ostmark gilt die politische und staatsrechtliche Grundordnung, die das Wesen des nationalsozialistischen Führerstaats bestimmt. Das bedeutet insbesondere: 1. Die Verfassungsgesetze und Verfassungsgrundsätze, die für die Stellung des Führers im Altreich maßgebend sind, erstrecken sich ohne weiteres auf die Ostmark. [...] 2. Die politi-

---

[68] Vgl. Zöllner, E.: Geschichte Österreichs. Von den Anfängen bis zur Gegenwart, 8. Aufl. Wien, München 1990 (zuerst 1961), 54 und 63, Anm. 1.
[69] s. Duden, 11. Aufl. 1934: „Ostmark (die dt. Grenzgebiete im Osten)"; Duden, 12. Aufl. 1941: „Ostmarken (früher Bezeichnung für die Grenzgebiete in Ostdeutschland)".
[70] s. z. B.: Der große Herder, 4. Aufl., Bd. 9, 1934, 65.
[71] Tr 9/140, 27. 8. 1938. Zit. Glunk, ZDS 26/1970, 97.
[72] MADR, (Nr. 148), 9. 12. 1940, Bd. 6, 1856.
[73] RGBl. 1, 1938, 237.

sche Willensbildung wird ausschließlich durch die NSDAP. bestimmt. Die NSDAP. ist die einzige politische Organisation in der Ostmark. [...]"[74]
Hitler hatte zunächst in seiner Wiener Rede am 15. März 1938 die charakterisierenden Wendungen *alte Ostmark* und *älteste Ostmark* gebraucht, ohne *Ostmark* als Namen zu verwenden: „Am 15. März warteten über eine Million Volksgenossen auf dem Heldenplatz, um den Führer in Wien zu begrüßen. Und Adolf Hitler sprach zu ihnen: [...] Die älteste Ostmark des deutschen Volkes soll von jetzt ab damit das jüngste Bollwerk der deutschen Nation und damit des Deutschen Reiches sein. [...] Und ich weiß: die alte Ostmark des Deutschen Reiches wird ihrer neuen Aufgabe genau so gerecht werden, wie sie die alte einst gelöst und gemeistert hat."[75] 1941 spricht K. Krause, der in seinem Aufsatz ‚Deutscher Sprachzuwachs der letzten Jahrzehnte' Austriazismen in der deutschen Allgemeinsprache feststellt, ganz selbstverständlich von den ‚Männern der Ostmark (des früheren Österreich)' neben Hitler in Berlin, deren Einfluß auf die Sprache er registriert.[76] Die Umbenennung Österreichs hat eine Spezialisierung des Ausdrucks *Ostmark* im Gefolge. Er wird ausschließlich auf Österreich bezogen. Das Stich- und Schlagwortverzeichnis des ‚Deutschen Bücherverzeichnisses' 1936–1940 unterscheidet „Ostmark (Begriff vor 1938) s. Ostland" und „Ostmark vergl. Österreich".[77] Im ersten Band des ‚Jahrbuchs der deutschen Sprache' von 1941 schreibt S. Müller nicht ohne Wehmut: „Jetzt heißt dieses Gebiet [Österreich] Ostmark... Schwer wird es ihm [einem Bewohner der alten Ostmark], auf den alten Namen zu verzichten, ist er doch erfüllt vom Ruhm des deutschen Ritterordens! Aber er weiß sich um des großen Ganzen willen zu fügen ... dann schickt er sich auch aus Überzeugung in das Neue. Mit dem Namen Ostmark ist die alte Benennung für Österreich wiederhergestellt."[78] Am 14. 4. 1939 wurde das sogenannte ‚Ostmarkgesetz' erlassen. Der Kommentar von Stuckart/Schiedermair gibt den Inhalt wieder und erläutert: „Aus dem Gebiet der Ostmark wurden die Reichsgaue Wien, Kärnten, Niederdonau, Oberdonau, Salzburg, Steiermark und Tirol mit Vorarlberg gebildet. [...] Die Reichsgaue, die an die Stelle der österreichischen Länder getreten sind, stehen unmittelbar unter den obersten Reichsbehörden. Die Folgerungen hieraus sind: [...] Die Bezeichnung Ostmark ist künftig lediglich der Name für ein landschaftliches Gebiet Deutschlands. Staatsrechtliche Bedeutung kommt dieser Bezeichnung nur noch bei der Rechtseinführung zu, die auch nach Erlaß des Ostmarkgesetzes einheitlich für alle Reichsgaue der Ostmark fortgesetzt wird."[79] Die Abschaffung der Einheit Österreichs zugunsten von Reichsgauen sollte sich auch in der Benennung des Gebiets niederschlagen. Einen ersten Hinweis auf diese Tendenz gibt eine ‚Meldung aus dem Reich' vom 9. 12. 1940: „Von einem Amt einer Landesbauernschaft in der Ostmark wurde an die Amtsträger des Reichsnährstandes im dortigen Bezirk in letzter Zeit eine Verfü-

---

[74] Ebd., 15. durchges. u. erg. Aufl. 1941, 18.
[75] Rühle, G.: Das Dritte Reich, Bd. 1938, 68 u. 70.
[76] In: Zeitschrift f. Deutschkunde, 55/1941, 178.
[77] Bd. 22, 1936–1940, 1066.
[78] Neue und alte Begriffe. In: Ebd., Bd. 1, Leipzig 1941, 72 f. Zit. Glunk, ZDS 23/1967, 93.
[79] Neues Staatsrecht II., 15. durchges. u. erg. Aufl. 1941, 32.

gung herausgegeben, in der es u. a. heißt: ‚Laut einer Anweisung von Berlin hat bei allen Veröffentlichungen in unserem Sektor sowie überhaupt im gesamten Sprachgebrauch das Wort *Ostmark* zu verschwinden. Hierfür ist jeweils der Name der Landesbauernschaft einzusetzen.' Die Anweisung, daß das Wort ‚Ostmark' bei Presseveröffentlichungen zu verschwinden habe, wurde von denjenigen Ostmärkern, denen bis jetzt die Anweisung zur Kenntnis gelangt, mit großer Entrüstung aufgenommen. Es wird nach der Meldung befürchtet, daß bei Bekanntwerden dieser Verfügung in der Bevölkerung größere Mißstimmung entstehen werde, da ja der Führer selbst in seinen Reden immer wieder das Wort ‚Ostmark' gebraucht und der Begriff Ostmark so wenig verschwinden könne wie der Begriff Preußen."[80] Die Tendenz der Zurückdrängung des Namens *Ostmark* wird durch eine Serie von Presseanweisungen unterstützt. Am Ende steht ein ausdrückliches Verwendungsverbot. „Die Gaue der Ostmark, die bisher hinter der Allgemeinbezeichnung ‚Ostmark' mit ihrer Bezeichnung zurückzutreten pflegten, sind in Zukunft stärker mit ihren Namen herauszustellen, wobei der Sammelbegriff ‚Ostmark' zurücktreten kann."[81] (27. 12. 1940) „[...] Der Begriff ‚Ostmark' trat seinerzeit an die Stelle des belasteten Begriffs ‚Österreich'. Er war als Zwischenbegriff gedacht, der nunmehr langsam in den Hintergrund treten muß. Auf die Dauer ist der Gesamtbegriff ‚Ostmark' nicht weiter verwertbar, statt dessen sind die Gaue stärker herauszustellen, da sie Teile des Reiches sind, genau wie jeder andere Gau des Gesamtreiches."[82] „Die Bezeichnung ‚Ostmark' soll in der Presse n i c h t m e h r erscheinen."[83] (5. 4. 1941) „Der Sammelbegriff ‚Ostmark' darf nicht mehr verwendet werden."[84] (22. 1. 1942) In der 7. Auflage des ‚Organisationsbuchs der NSDAP.' von 1943 ist entsprechend von der „ehemaligen Ostmark" die Rede: „NSKK.-Führer und -Männer der ehemaligen Ostmark, welche vor dem 31. Dezember 1937 der NSDAP. oder einer ihrer Gliederungen [...] angehört haben, sind berechtigt, am rechten Oberarm den Armwinkel für alte Kämpfer zu tragen."[85]

---

[80] MADR, (Nr. 148), 9. 12. 1940, Bd. 6, 1856.
[81] Ob 17/85, 27. 12. 1940. Wie alle folgenden Presseanweisungen zit. Glunk, ZDS 23/1967, 92.
[82] VI 1/41 (Anw. Nr. 9).
[83] KI 5. 4. 1941.
[84] Br. 23/33, 22. 1. 1942.
[85] Ebd., 7. Aufl. 1943, 411.

P

Parasit

Schmähwort gegen die Juden.[1]

> Der Ausdruck *Parasit* wurde im 15. Jh. entlehnt aus gleichbedeutend lat. *parasitus* (auch: ‚Tischgenosse'), dieses aus gleichbedeutend griech. *parásitos* (wörtlich: ‚mit einem anderen essend') zu griech. sitos ‚Speise'. Die wertfreie Bedeutung ‚Tischgenosse' erhielt die pejorative Komponente durch solche Tischgenossen, die sich als Schmeichler oder Possenreißer eine freie Mahlzeit zu verschaffen suchten.[2] Derartige Parasiten waren stehende Figuren der griechischen und römischen Komödie. Für das 18. Jahrhundert ist *Parasit* im Englischen als botanischer Fachausdruck belegt zur Bezeichnung von Pflanzen, die z. B. wie die Mistel, auf Bäumen leben und sich von ihnen ernähren.[3] Das ‚Deutsche Wörterbuch' weist eine solche Verwendung erst für die Mitte des 19. Jahrhunderts nach, doch gebraucht Herder (1744–1803) bereits 1787 und 1791 (als erster?) „parasitische Pflanze" metaphorisch für die Juden. „Das Volk Gottes, dem einst der Himmel selbst sein Vaterland schenkte, ist Jahrtausende her, ja fast seit seiner Entstehung eine parasitische Pflanze auf den Stämmen anderer Nationen; Ein Geschlecht schlauer Unterhändler beinahe auf der ganzen Erde, das trotz aller Unterdrückung nirgends sich nach eigener Ehre und Wohnung, nirgends nach einem Vaterlande sehnt."[4] „Die Juden betrachten wir hier nur als die parasitische Pflanze, die sich beinahe allen europäischen Nationen angehängt und mehr oder minder von ihrem Saft an sich gezogen hat.[...] Grausam ging man mit ihnen um und erpreßte tyrannisch, was sie durch Geiz und Betrug, oder durch Fleiß, Klugheit und Ordnung erworben hatten. Indessen waren sie der damaligen Zeit und sind sie jetzt noch manchen Ländern unentbehrlich; wie denn auch nicht zu leugnen ist, daß durch sie die hebräische Literatur erhalten, ja in dunkeln Zeiten die von den Arabern erlangte Wissenschaft, Arzneikunde und Weltweisheit, auch durch sie fortgepflanzt und sonst manches Gute geschafft worden. Es wird eine Zeit kommen, da man in Europa nicht mehr fragen wird, wer Jude oder Christ sei; denn auch der Jude wird nach europäischen Gesetzen leben und zum Besten des Staates beitragen. Nur eine barbarische Verfassung hat ihn daran hindern oder

---

[1] Vgl. zum Folgenden: Bein, A.: „Der jüdische Parasit". Bemerkungen zur Semantik der Judenfrage. In: VJZG 13/ 1965, 121–149.

[2] Nach Kluge 1989, 527, s . v.

[3] Oxford Dict.: „1727–1741, Chambers Cycl. Parasites ... : in botany a kind of diminutive plants, growing on trees, and so called from their manner of living and feeding which is altogether on others [...]." Zit. Bein: „Der jüdische Parasit", 125.

[4] Herder, J. G.: Ideen zur Philosophie der Geschichte der Menschheit, 3. Theil (1787), Buch 12, Kap. 3. Sämmtliche Werke, Hg. B. Suphan, Bd. 14, Berlin 1909, 67.

seine Fähigkeit schädlich machen mögen."[5] Seit Mitte des 19. Jahrhunderts ist *Parasit* ein allgemeiner biologischer Fachterminus, der auch auf Tiere bezogen wird, die ihre Nahrung einem anderen Organismus entnehmen.[6] Er wird sowohl von europäischen Sozialisten wie von Rassenantisemiten auf Juden übertragen, wobei sich das antikapitalistische und das rassenantisemitische Motiv vielfach vermischen. Der Frühsozialist P. J. Proudhon (1809−1865) schreibt 1858 die Zerstreuung der Juden einem ihnen angeborenen „unerkannten und wucherischen Parasitismus" zu.[7] Die durch die französische Revolution gewonnenen Freiheiten seien wirkungslos geblieben: „Le Juif est resté Juif, race parasite, enemie de travail [...]."[8] Der Anarchist Bakunin (1814−1876), der Gegner des Kapitalismus und des Marxismus war, nannte 1871 die Juden „eine ausbeuterische Sekte, ein Blutegelvolk, einen einzig fressenden Parasiten".[9] Bei den Antisemiten war gegen Ende des 19. Jahrhunderts der Gebrauch des Ausdrucks *Parasit* zur Diffamierung der Juden unter dem Deckmantel scheinbar wissenschaftlicher Charakterisierung üblich. „Wir können nicht umhin, auf diesen Umstand aufmerksam zu machen, um damit zu konstatieren, daß die Juden größtenteils unproduktive Parasiten sind [...]."[10] „Der Jude ist demnach an seinem eigensten Platz, wo er der Parasit einer bereits vorhandenen oder sich ankündigenden Korruption zu werden vermag. Wo er sich im Fleische der Völker nach seiner Art am behaglichsten fühlt, da sehe man wohl zu, ob es noch gesund ist."[11] „Bisher sind dieselben [edle Männer] allerdings durch das Judentum gegen einander gehetzt worden, aber wenn Deutschland an die rasche Beseitigung dieser beutegierigen Parasiten geht, werden sich die Männer aller Richtungen wieder zusammenfinden."[12] A. Bein macht darauf aufmerksam, daß hier „das Bild vom Parasiten, zunächst mehr als Vergleich gebraucht, immer stärker mit der naturhaften Wirklichkeit identifiziert wird."[13]

> In Hitlers Sprachgebrauch ist der Prozeß der „Naturalisierung" (A. Bein) des Ausdrucks *Parasit* abgeschlossen, d. h. die Juden werden von Hitler mit biologischen Schadorganismen identifiziert, die beseitigt werden müssen, um das Überleben des „Wirts" zu sichern. „Bei dem Juden hingegen ist diese Einstellung [zur Arbeit] überhaupt nicht vorhanden; er war deshalb auch nie Nomade, sondern immer nur Parasit im Körper anderer Völker. Daß er dabei manchmal seinen bisherigen Lebensraum verließ, hängt nicht mit seiner Absicht zusammen, sondern ist das Ergebnis des Hinauswurfes, den er von Zeit zu Zeit durch die mißbrauchten Gastvölker

---

[5] Herder, ebd., 4. Theil (1791), Buch 16, Kap. 5. Sämmtliche Werke, Hg. Suphan, Bd. 14, Berlin 1909, 283.
[6] DFWB, Bd. 2, 1942, 339, s. v.
[7] Bein, A.: „Der jüdische Parasit", 128.
[8] Zit. Bein, A., ebd., 129.
[9] Zit. Bein, A., ebd., 129.
[10] Bey, O.: Die Eroberung der Welt durch die Juden. Versuch nach Geschichte und Gegenwart, Wiesbaden 1875, 27. Zit. Cobet, 1973, 218.
[11] Dühring, E.: Die Judenfrage als Racen-, Sitten- und Culturfrage, 1881, 8.
[12] Ahlwardt, H.: Der Verzweiflungskampf des arischen Volkes mit dem Judentum, Berlin 1890, 247. Zit. Cobet, 1973, 218.
[13] Bein, A.: „Der jüdische Parasit", 129.

erfährt. Sein Sich-Weiterverbreiten aber ist eine typische Erscheinung für alle Parasiten; er sucht immer neuen Nährboden für seine Rasse."[14] „Er ist und bleibt der typische Parasit, ein Schmarotzer, der wie ein schädlicher Bazillus sich immer mehr ausbreitet, sowie nur ein günstiger Nährboden dazu einlädt. Die Wirkung seines Daseins aber gleicht ebenfalls der von Schmarotzern: wo er auftritt, stirbt das Wirtsvolk nach kürzerer oder längerer Zeit ab."[15] „Im Leben des Juden als Parasit im Körper anderer Nationen und Staaten liegt eine Eigenart begründet, die Schopenhauer einst zu dem erwähnten Ausspruch veranlaßte, der Jude sei der ‚große Meister im Lügen'. Das Dasein treibt den Juden zur Lüge, und zwar zur immerwährenden Lüge, wie es den Nordländer zur warmen Kleidung zwingt."[16] Rosenberg stützt sich im ‚Mythus' auf den „streng wissenschaftlichen Nachweis über die wirkenden Lebensgesetze beim jüdischen Parasiten" (S. 462), den er in der Schrift ‚Sozialparasitismus im Völkerleben' (1927) von A. Schickedanz gefunden habe, und erweitert das angeblich wissenschaftlich definierte Bild der Juden um mythisch dämonische Züge: „Wenn irgendwo die Kraft eines nordischen Geistesfluges zu erlahmen beginnt, so saugt sich das erdenschwere Wesen Ahasvers an die erlahmenden Muskeln; wo irgendeine Wunde aufgerissen wird am Körper einer Nation, stets frißt sich der jüdische Dämon in die kranke Stelle ein und nutzt als Schmarotzer die schwachen Stunden der Großen dieser Welt. Nicht als Held sich Herrschaft erkämpfen ist sein Sinnen, sondern sich die Welt ‚zinsbar' zu machen, leitet den traumhaft starken Parasiten. Nicht streiten, sondern erschleichen; nicht Werten dienen, sondern Ent-Wertung ausnutzen, lautet sein Gesetz, nach dem er angetreten und dem er nie entgehen kann – solange er besteht." (S. 460) „Es entspricht dieser schmarotzerhaften Umwertung des schöpferischen Lebens, daß auch der Parasit seinen ‚Mythus' hat; im Falle des Judentums wie die Kaiser-Illusionen eines Wahnsinnigen, den Mythus der Auserwähltheit." (S. 462) Goebbels faßt 1937 in seiner Rede „Die Wahrheit über Spanien" die Stereotypen über die Juden in einem Satz zusammen: „Sehet, das ist der Feind der Welt, der Vernichter der Kulturen, der Parasit unter den Völkern, der Sohn des Chaos, die Inkarnation des Bösen, das Ferment der Dekomposition, der plastische Dämon des Verfalles der Menschheit!"[17] Im Schulungsmaterial für die verschiedensten Adressaten gehört das Schlagwort vom *jüdischen Parasiten*, dem der Gedanke der notwendigen Vernichtung assoziiert werden soll, zum festen Inventar. „Als besonders verwerflich erwies sich in Europa der zersetzende Einfluß der Rassenvermischung mit den Juden. Diese Parasiten der Menschheit haben es wohl verstanden, bis zum heutigen Tage eine Vollvermischung mit ihren Wirtsvölkern zu vermeiden."[18] „Ein gutes Beispiel für eine derartige Auseinandersetzung bietet der menschliche Körper. Er stellt einen hochentwickelten Zellenstaat dar, der parasitär, z. B. durch Bakterien unterwandert wird, die selber nicht in der Lage sind, einen

---

[14] Mein Kampf, 334.
[15] Ebd.
[16] Ebd., 334 f.
[17] Zit. Schäfer, R.: Zur Geschichte des Wortes „zersetzen". In: ZDW 18/1962, 66.
[18] SS-Hauptamt (Hg.); Lehrplan für die weltanschauliche Erziehung in der SS und Polizei, o. O., o. J. Zit. Hofer, W. (Hg.): Der Nationalsozialismus, 281.

Staat zu bilden. Sie können in einem Körper wohnen, sie können sich dort vermehren, an bestimmten Stellen festsetzen. Sie sondern dort ihre Gifte ab und führen damit zu Reaktionen des Körpers, die mit inneren Vorgängen im Völkerleben, die aus ähnlichen Gründen stattfinden, sehr gut verglichen werden können. Ein so befallener Körper muß die eingedrungenen Parasiten überwinden oder er wird von ihnen überwunden. Hat er sie überwunden, so muß er ein Interesse daran haben, auch seine Umgebung vor ihnen zu schützen, um eine Infektion für die Zukunft zu verhindern. Bei derartigen Auseinandersetzungen und Vorgängen können humanitäre Grundsätze überhaupt nicht herangezogen werden, ebensowenig wie bei einer Desinfektion eines Körpers oder eines verseuchten Raumes. Es muß hier ein völlig neues Denken Platz greifen. Nur ein solches Denken kann wirklich zu der letzten Entscheidung führen, die in unserer Zeit fallen muß, um die große schöpferische Rasse in ihrem Bestand und in ihrer großen Aufgabe in der Welt zu sichern."[19]

parasitär

schmarotzerhaft, speziell auf Juden bezogen.

▷ Das Adjektiv *parasitär* scheint im Deutschen etwa um die Jahrhundertwende aufgekommen und weitgehend an die Stelle des älteren *parasitisch* getreten zu sein. Es wurde in Anlehnung an das 1855 als medizinischer Fachterminus belegte frz. *parasitaire*[20] zu *Parasit* gebildet und wohl von Anfang an auch metaphorisch verwendet. Karl Kraus bezeichnet 1902 in seinem Aufsatz ‚Die Journaille' in der ‚Fakkel' Wiener Zeitungen als „die parasitären Zerstörer des Geisteslebens".[21]
▷ Zu seiner eigentlichen Bedeutung als diffamierendes, überwiegend auf die Juden bezogenes Schlagwort kommt *parasitär* in der NS-Zeit. Der als biologischer Fachterminus präsentierte Ausdruck *parasitär* soll die angebliche Existenzform der Juden scheinbar wissenschaftlich exakt definieren und die aus der Diagnose abzuleitende Forderung nach der Beseitigung der Juden schlüssig legitimieren. Rosenberg schreibt im ‚Mythus': „Dieser Begriff [Schmarotzertum] soll hierbei zunächst gar nicht als sittliche Wertung, sondern als Kennzeichnung einer lebensgesetzlichen (biologischen) Tatsache aufgefaßt werden, genau so, wie wir im Pflanzen- und Tierleben von parasitären Erscheinungen sprechen. Wenn der Sackkrebs sich durch den After des Taschenkrebses einbohrt, nach und nach in ihn hineinwächst, ihm die letzte Lebenskraft aussaugt, so ist das der gleiche Vorgang, als wenn der Jude durch offene Volkswunden in die Gesellschaft eindringt, von ihrer Rassen- und Schöpferkraft zehrt – bis zu ihrem Untergang." (S. 461) Goebbels: „Die Juden sind ein artfremdes, streng abgeschlossenes Volk mit ausgesprochen parasitären Eigenschaften, eine völlig fremde Rasse."[22] „Die Juden sind eine parasitäre Rasse, die sich wie ein

---

[19] Schulungsgrundlagen für die Reichsthemen der NSDAP für das Jahr 1941/42. Hg. Der Beauftragte des Führers für die Überwachung der gesamten geistigen und weltanschaulichen Schulung und Erziehung der NSDAP, 45 und 46. Zit. Poliakov/Wulf: Das Dritte Reich und die Juden, 1989, 208.
[20] Dictionnaire de médecine de Nysten-Littré, 1855. Zit. Le petit Robert, Paris 1970, 1230.
[21] Die Fackel, 3/Ende März 1902, 1.
[22] Rede vor der Presse am 6. 4. 1933. In: Signale der neuen Zeit, 1934, 130.

faulender Schimmel auf die Kulturen gesunder, aber instinktarmer Völker legt."[23]
Im Schulungsmaterial aus dem Amt Rosenberg: „Zur Betrachtung von solchen rassischen Auseinandersetzungen sind die bisherigen Methoden der Geschichtsforschung nicht mehr ausreichend. Es ergeben sich hier andere Perspektiven, die einem naturkundlichen Denken entnommen sind. Genau so wie in der Natur, in der Tier- und auch Pflanzenwelt das schaffende und das parasitäre Prinzip vertreten ist, genau so gilt dies auch für das Völkerleben. Diese Prinzipien, das schaffende und das parasitäre, sind eben von vornherein in allen Teilen der Schöpfung gültig gewesen."[24]

▷ Der Ausdruck *parasitär* wird auch heute bildungssprachlich abwertend in der übertragenen Bedeutung ‚wie Parasiten auf Kosten anderer existierend‘ verwendet: „Kapitalistische Gesellschaften … zehren vom Traditionsbestand parasitär."[25]

Parole der Woche

Amtliche Wandzeitung der NSDAP.

▷ „Die parteiamtliche Wandzeitung der NSDAP, ‚Die Parole der Woche‘ bringt die von der Reichspropagandaleitung herausgegebenen Parolen, die sich auf das jeweilige wichtigste politische Geschehen beziehen. Ich halte es für notwendig, diese Wandzeitungen in regelmäßiger Folge an allen Anschlagtafeln sowie in den für das Publikum bestimmten Wartezimmern auszuhängen und ersuche, je ein Exemplar für jede Landesleitung für diesen Zweck bei dem Zentralverlag der NSDAP […] zum Preise von RM 0,80 pro Monat zu bestellen."[26] „In verschiedenen Meldungen wird mitgeteilt, daß die Wandzeitung der NSDAP ‚Parole der Woche‘ von der Bevölkerung mit großem Interesse gelesen werde und vor allem auf jene Schichten wirke, die nicht täglich und regelmäßig zur Zeitungslektüre kommen. Verschiedentlich wurde von Parteikreisen angeregt, von diesen Wandzeitungen noch mehr als bisher Gebrauch zu machen."[27]

Parteiamtliche Prüfungskommission zum Schutze des NS.-Schrifttums (PPK)

1934 gegründete Dienststelle zur Überwachung der Linientreue nationalsozialistischer Veröffentlichungen.[28]

---

[23] Goebbels, Das Reich, 16. 11. 1941, 2.
[24] Schulungsgrundlagen f. die Reichsthemen d. NSDAP für das Jahr 1941/42. Hg.: Der Beauftragte des Führers f. die Überwachung der ges. geistigen u. weltanschaul. Schulung u. Erziehung d. NSDAP, 45. In: Poliakov/Wulf: Das Dritte Reich und die Juden, 1989, 108.
[25] Habermas, J.: Legitimationsprobleme im Spätkapitalismus, Frankfurt/M., ed. suhrkamp, 1973, 107. Zit. GWB Duden, Bd. 5, 1994, 2487.
[26] Der Präsident d. Reichskammer d. bildenden Künste an die Landesleiter d. Reichskammer d. bildenden Künste, 11. 10. 1937. Zit. Wulf, J.: Die bildenden Künste im Dritten Reich, 1963, 110.
[27] MADR, (Nr. 68), 20. 3. 1940, Bd. 4, 912.
[28] Gebucht: Duden, 12. Aufl. 1941 (*parteiamtlich*), Meyers Lexikon 1936 ff., Volks-Brockhaus 1940. Getilgt: Duden, 13. Aufl. 1947 (*parteiamtlich*).

▶ „Es ist die Aufgabe der Prüfungskommission, das nationalsozialistische Schrifttum vor Mißbrauch, Verfälschung und dem Versuch der Zersetzung zu schützen. Sie verhindert damit, daß sich Bestrebungen in das nationalsozialistische Schrifttum einschleichen, die mit ihm nicht zu vereinbaren sind. Im besonderen ist es Aufgabe der Parteiamtlichen Prüfungskommission festzustellen, ob eine Schrift zum nationalsozialistischen Schrifttum gerechnet werden kann oder nicht. In dieser Arbeit faßt sie die Schrifttumsarbeit aller Dienststellen der Bewegung, ihrer Gliederungen und der ihr angeschlossenen Verbände, die für deren Aufgaben notwendig sind, zusammen. Diese Zusammenfassung geschieht unter Berücksichtigung der vollen politischen Verantwortung, die die vom Führer mit der Gestaltung eines politischen Aufgabenbereiches betrauten Parteigenossen haben."[29] „Wichtigste Aufgabe ist also der Schutz des nationalsozialistischen Schrifttums, in deren Erfüllung die PPK. eine lebendige Verbindung zwischen der Bewegung und allen am deutschen Schrifttum Schaffenden hergestellt hat. Die Gemeinschaftsarbeit der NSDAP. kommt darin zum Ausdruck, daß alle an der Betreuung des deutschen Schrifttums beteiligten Stellen der Partei durch ihre Zugehörigkeit zum Lektorat der PPK. maßgebend an deren Arbeiten beteiligt sind. [...] Vorsitzender der PPK. ist Reichsleiter Philipp Bouhler [...] Aus der folgerichtigen Auswertung und Fortsetzung der Arbeiten der PPK. entsteht die Nationalsozialistische Bibliographie (Abk. NSB), die der PPK. angeschlossen ist und eine Gemeinschaftsarbeit der NSDAP. darstellt. Dieses monatlich erscheinende Heft ist die zentrale Zusammenfassung des Schrifttums, das zur Ausgestaltung und Vertiefung der nationalsozialistischen Weltanschauung beiträgt und das politische Leben des Volkes in der Gegenwart schildert und formt."[30]

Parteitag, s.↑ Reichsparteitag.

Pflichtjahr (Pflichtjahrmädchen, -mädel)

1938 eingeführte einjährige Arbeitsverpflichtung in Haus- und Landwirtschaft für die weibliche Jugend.[31]
▶ Der Ausdruck (*weibliches*) *Pflichtjahr* bezeichnet den „Einsatz der weiblichen Jugend in Land- und Hauswirtschaft, aus Gründen der Berufslenkung und um den Fehlbedarf an Arbeitskräften zu decken, verordnet durch den Beauftragten für den Vierjahresplan durch Anordnung vom 15. 2. 1938 [...]."[32] „Die Einführung des weiblichen Pflichtjahres dagegen wurde vor allem in den betroffenen Kreisen vielfach als unangenehm empfunden und als eine Beschränkung der persönlichen Freiheit aufgefaßt. In kinderreichen Familien dagegen wird die zur Verfügungstellung einer zusätzlichen billigeren Arbeitskraft begrüßt, wenn auch die Leistungen dieser ‚Haushaltslehrlinge' nicht überschätzt werden."[33] „Eine gewisse Spannung hat die

---

[29] Organisationsbuch der NSDAP. 1943, 337.
[30] Meyers Lexikon, Bd. 8, 1940, 911.
[31] Gebucht: Duden, 12. Aufl. 1941, Meyers Lexikon 1936 ff. Getilgt: Duden, 13. Aufl. 1947.
[32] Meyers Lexikon, Bd. 8, 1940, 1113.
[33] MADR, Jahreslagebericht 1938 des SHA, Bd. 2, 146.

Ausdehnung des weiblichen Pflichtjahres auf alle Berufsgruppen im Gefolge. Hierzu ist aber zu bemerken, daß man sich vom Pflichtjahr eine wesentliche Entlastung der Bauersfrau verspricht. Nun zeigen sich heute schon die wesentlichen Schwierigkeiten eines Ausgleiches zwischen den Bedarfs- und Überschußgebieten. In industriellen Bezirken, insbesondere in den Städten sind in der Regel weit mehr Pflichtjahrmädchen vorhanden als Pflichtjahrstellen, während in den ländlichen Bezirken die Verhältnisse umgekehrt liegen, und es ergibt sich somit zwingend das Verlangen nach einem Ausgleich. Diesem aber steht die Abneigung der Eltern entgegen, ihre Mädchen in ganz fremde unbekannte Verhältnisse zu geben. [...] Diese Weigerung ist zum Teil verständlich, da viele Mädchen, die als Landhelferinnen eingesetzt wurden, schweren sittlichen Gefahren und Schäden ausgesetzt waren."[34] „Das Pflichtjahr wurde seinerzeit als ‚Ehrendienst des deutschen Mädels' eingeführt. Die Bedeutung wurde sowohl vom hauswirtschaftlichen wie vom gesamtwirtschaftlichen Standpunkt aus hervorgehoben und immer wieder betont: ‚Die hauswirtschaftliche Ausbildung stellt die Grundlage aller Frauenberufe dar.' ‚Die Erlernung des Haushaltes ist das wichtigste für das Mädel.' ‚Alle Mädel sollen einmal tüchtige Hausfauen und Mütter werden.' ‚Die Kinder können nur gesund und ordentlich erzogen werden, wenn die Mutter eine tüchtige Hausfrau ist.' ‚Die Hausfrau kann nur tüchtig sein und richtig wirtschaften, wenn sie die Hauswirtschaft ordentlich erlernt hat.' Daneben wurde selbstverständlich auch auf die Bedeutung des Pflchtjahres für den Arbeitseinsatz hingewiesen."[35] „Der Bäuerin des Anwesens Hs. Nr. 9 mit 64 Jahren stehen zur Bewirtschaftung einer landwirtschaftlichen Nutzfläche von 8,40 ha mit 5 Kühen, 3 Jungrindern und 6 Schweinen lediglich ihre 21jährige Tochter und ein 14jähriges Pflichtjahrmädel zur Seite. Ihre 5 Söhne sind bei der Wehrmacht."[36]

Pg.

Abkürzung von *Parteigenosse* (‚eingeschriebenes Mitglied der NSDAP').[37]

> Die Abkürzung *Pg.* war schon in der frühen NSDAP zu Beginn der zwanziger Jahre gebräuchlich. Sie erscheint häufig wie ein Titel in Verbindung mit dem Familiennamen des Redners z. B. auf Plakaten, mit denen für Veranstaltungen der NSDAP geworben wird, so am 2. 2. 1922: „Pg. Adolf Hitler", ab 30. 11. 1922 „unser Führer Pg. Adolf Hitler".[38] *Pg.* wird ebenso bei einfachen Parteigenossen wie bei hohen Funktionären als Namenszusatz verwendet, bei Funktionären häufig in Verbindung mit der Amtsbezeichnng: „Wer Pg. Kube als Mensch schätzen und verehren gelernt hat, anerkennt besonders an ihm seinen unbeugsamen Gerechtigkeitssinn und sein

---

[34] MADR, Vierteljahreslagebericht 1939 des SHA, Bd. 2, 318.
[35] MADR, (Nr. 120), 2. 9. 1940, Bd. 5, 1533.
[36] Monatsbericht d. Landrats, Bez. Ebermannstadt, 31. 1. 1942. In: Bayern in der NS-Zeit, 1977, 154.
[37] Gebucht: Duden, 12. Aufl. 1941, Meyers Lexikon 1936 ff., Volks-Brockhaus 1940. Getilgt: Duden, 13. Aufl. 1947.
[38] Plakatanhang in: Hitler, Mein Kampf, Bd. 1, 3. Aufl. 1928, o. S.

starkes soziales Empfinden."³⁹ „Schluß mit der Gewerkschaftsbonzokratie. Der Ausschuß zum Schutz der deutschen Arbeit unter Führung von Pg. Dr. Ley läßt im ganzen Reich die Gewerkschaftshäuser von ‚Funktionären' säubern."⁴⁰ „Zur Pflege der nationalsozialistischen Tradition wurde auch das ‚Ehrenbuch der Alten Garde' geschaffen, und am 9. November wurde die hierüber durch den Stellvertreter des Führers, Pg. Heß [...] erlassene Verordnung veröffentlicht."⁴¹ „Die evangelische Kirche übt einen ungeheuren Einfluß auf unsere Landbevölkerung aus. An der Beerdigung der Ehefrau des verstorbenen Pg. Schmidt von Nordenberg hat sich nur eine einzige Frau beteiligt. Der Grund war das Parteibegräbnis."⁴² Gebräuchlich ist *Pg.* in Briefanreden: „Sehr verehrter Herr Reichsminister Pg. Dr. Goebbels!"⁴³ *Pg.* steht schließlich auch selbständig als Abkürzung für ‚Parteigenosse': „Es ist daher schon fast kein besonderes Merkmal mehr, daß der Deutsche Gruß ‚Heil Hitler' immer mehr aus dem öffentlichen Leben verschwindet und fast nur mehr bei Pg. und Beamten Anwendung findet."⁴⁴

Pimpf

Mitglied des ↑ *Deutschen Jungvolks (DJ).*⁴⁵

> *Pimpf,* ‚Halbwüchsiger' ist ursprünglich ein ugs. Schimpfwort, eigentlich ‚kleiner Furz', im Gegensatz zu *Pumpf, Pumps.* Diese ursprüngliche Bedeutung ist bezeugt seit dem 19. Jahrhundert, die übertragene wenig später. „1920 ist die Ausgangsbedeutung nicht mehr bekannt, das Wort kann daher in der Jugendbewegung mit nur noch wenig verächtlichem Beiklang verwendet werden."⁴⁶ „In demselben Sinn [wie ein anderer Neckname *Börg*] tritt bei den Nerothern etwa 1920 Pimpf auf, spätestens 1926 bilden in der Darmstädter Gruppe der Nerother Wandervögel die Pimpfen (so!) schon einen von den Älteren deutlich abgetrennten Stand der Zehn- bis Vierzehnjährigen mit eigenen Pimpfenabenden im Nest und eigenen Gemeinschaftsleistungen wie Schattenspielen, Lesen usw."⁴⁷

> Im ↑ *Dritten Reich* wird *Pimpf* zur offiziellen Bezeichnung für die Mitglieder des ↑ *Deutschen Jungvolks in der Hitlerjugend.* „Die Dienstpflicht in der Hitler-Jugend ist ein Ehrendienst am deutschen Volke, zu dem jeder Jugendliche vom vollendeten

---

39 Rosten, C.: Das ABC des Nationalsozialismus, 2. Aufl. 1933, 239.
40 Der Schulungsbrief, 1/Mai 1934, 2.
41 Rühle, G.: Das Dritte Reich, Bd. 1936, 240.
42 Weltanschaul. Bericht d. Kreisschulungsamts Rothenburg o. d. T., 20. 4. 1944. In: Bayern in der NS-Zeit, 1977, 587.
43 Die Fachgruppe Bildende Kunst an Goebbels, 7. 11. 1933. In: Wulf, J.: Die Bildenden Künste im Dritten Reich, 1963, 27.
44 Lagebericht f. d. Monat August 1935 d. Staatspolizeistelle f. d. Reg.bez. Aachen, 5. 9. 1935. In: Vollmer, B.: Volksopposition im Polizeistaat 1957, 179.
45 Gebucht: Duden, 11. Aufl. 1934, 12. Aufl. 1941; Meyers Lexikon 1936 ff., Paechter, Volks-Brockhaus 1940. Getilgt: Duden, 13. Aufl. 1947.
46 Sinngemäß und zitiert: Kluge 1989, 547, s. v.
47 Götze, A.: Pimpf. In: Muttersprache, 50/1935, 7.

10. bis zum 18. Lebensjahr von dem gesetzlichen Vertreter bei dem zuständigen HJ-Führer zur Aufnahme in die Hitler-Jugend bis zum 15. März des Kalenderjahres angemeldet werden muß. [...] Die Aufnahme des Jahrganges der Zehnjährigen erfolgt am Geburtstag des Führers, am 20. April eines jeden Jahres. Die Pimpfe und die Jungmädel haben eine Probezeit, während der sie verschiedene sportliche und weltanschauliche Prüfungen, die sogenannte Pimpfenprobe und die Jungmädelprobe, durchmachen. Nach bestandener Prüfung werden sie endgültig in die Gemeinschaft der deutschen Jugend aufgenommen."[48] „Befehl des Stammführers Düren: Der am 15. 7. 1934 stattfindende Landmarsch-Sonntag ist unter allen Umständen durchzuführen auf Befehl des Gebietsjugendführers. Jeder Pimpf muß an dem Landmarsch teilnehmen. Es gibt keine Entschuldigung, auch entschuldigt eine Teilnahme an dem Tag des Deutschen Volkstums nicht, sondern wird mit dem Ausschluß aus dem Deutschen Jungvolk bestraft."[49] „Mein lieber Pimpf! Mit diesem Buch [,Pimpf im Dienst'] erhältst Du eine Verpflichtung. Es umfasst alles, was zu Deiner körperlichen Ertüchtigung gehört. Lass nicht Papier bleiben, was auf diesen Seiten steht, sondern setz es um in Leistung. [...] Heil Hitler. Dein Baldur von Schirach."[50] „Immer, wenn er [der Führer] zu uns sprach [...] immer sprach er davon, wie deutsche Jungen sein sollen und wie sie werden müssen, welch großes Vertrauen er in seine Jugend, in uns, setzt. Er zeichnete uns das Bild des deutschen Jungen der Zukunft: flink wie ein Windhund, zäh wie Leder und hart wie Kruppstahl. [...] Starke, frohe und stolze Jungen sollen durch unsere Leibesübungen heranwachsen; jeder Pimpf soll seine Fähigkeiten und sein Können entwickeln, damit er weiß, daß er als vollwertiger Kamerad unter Kameraden steht."[51] „Für jeden Pimpfen ist das Leistungsbuch der Ausweis über seine Betätigung im Deutschen Jungvolk. Es begleitet ihn von seinem Eintritt in das Deutsche Jungvolk bis zum Übertritt von der Hitler-Jugend in den Arbeitsdienst, die Wehrmacht, SA, SS usw. In dem Leistungsbuch wird alles, was für die geistige und körperliche Erziehung des jungen Nationalsozialisten von Bedeutung ist, verzeichnet. In der weltanschaulichen Schulung wird der Pimpf in seiner Haltung als Nationalsozialist beurteilt. [...]"[52]

Pimpfenprobe

Sportliche und ↑*weltanschauliche* Prüfung während der Probezeit im ↑*Deutschen Jungvolk*.[53]

▶ „Die Pimpfenprobe. Bedingungen [nach zwei Altersstufen differenziert:] 60-m-Lauf [...], Weitsprung [...], Schlagballweitwerfen [...]. Tornisterpacken, Teilnahme an einer 1½tägigen Fahrt. Kenntnis der Schwertworte des Deutschen Jungvolks,

---

[48] Organisationsbuch der NSDAP. 1943, 438.
[49] In: Vollmer, B.: Volksopposition im Polizeistaat, 1957, 66.
[50] Pimpf im Dienst, 1938, Geleitwort, o. S.
[51] Pimpf im Dienst, 1938, 9 f.
[52] Pimpf im Dienst, 1938, 16.
[53] Gebucht: Duden, 12. Aufl. 1941. Getilgt: Duden, 13. Aufl. 1947.

Kenntnis des Horst-Wessel-Liedes und des HJ-Fahnenliedes."[54] „Pimpfenprobe. Sofort nach dem Eintritt in das Deutsche Jungvolk beginnt der Pimpf sich für die Probe vorzubereiten. Nicht erfüllte Übungen können im einzelnen wiederholt werden. Vom Horst-Wessel- und HJ.-Fahnenlied ist lediglich der Text, nicht das Vorsingen erforderlich. Eine bestimmte Reihenfolge der Prüfung braucht nicht eingehalten zu werden. Nach Prüfung der Eintragungen spricht der Gebietsführer das Recht zum Tragen des Fahrtenmessers aus und bestätigt dies durch seine Unterschrift. [...] Der Pimpfenprobe muß sich jeder Junge unterziehen; er hat sie innerhalb der ersten 6 Monate zu erfüllen.[55]

PL, s. ↑ Politischer Leiter.

Plutokratie

Nach 1939 Schlagwort zur Diffamierung der westlichen Demokratien, insbesondere Großbritanniens und der Vereinigten Staaten.[56]

> Der wohl aus dem frz. *plutocratie* ‚Geldherrschaft' entlehnte[57] Ausdruck *Plutokratie* mit gleicher Bedeutung ist Mitte des 19. Jahrhunderts im Deutschen belegt. Büchmann (W. Rust) weist in der Auflage von 1943 darauf hin, daß *Plutokratie* bereits in F. C. Schlossers ‚Geschichte des 18. Jahrhunderts' (erschienen 1836/48) Verwendung gefunden hat.[58] Der Nationalökonom Karl Marlo (d. i. K. G. Winkelblech) beschreibt 1850 die *Plutokratie* ohne Wertung als eine der vielen Arten der Polykratie. „Wir unterscheiden vier verschiedene Herrschaftsformen, gewöhnlich Staatsformen genannt, nämlich die Mono-, Poly-, Pan- und Synkratie. [...] In der Polykratie wird die Herrschaft [...] von mehreren Personen ausgeübt. Die Mitglieder des polykratischen Staates zerfallen demnach in 2 Stände: einen herrschenden und einen beherrschten."[59] „Es liegt in der Natur der Sache, daß sich eben so viele Arten der Polykratie unterscheiden lassen, als es herrschende Stände gibt, worunter jedoch die Aristokratie, in welcher der Erbadel, so wie die Plutokratie, in welcher der Geldadel als herrschender Stand auftritt, jedenfalls die wichtigsten und bekanntesten sind."[60] Bereits im Ersten Weltkrieg wird *Plutokratie* als Kampfwort gebraucht: „Insonderheit des inneren Ziels des Kampfes muß gedacht werden. Kein einziger der ihrer Demokratien sich brüstenden Staaten, die in Wirklichkeit Hörige

---

[54] Pimpf im Dienst, 1938, 17.
[55] Ebd.
[56] Gebucht: (mit Angabe der spezifischen Verwendung:) Meyers Lexikon 1936 ff., Paechter.
[57] DFWB, Bd. 2, 1942, 567.
[58] Ebd., 414, s. v. Büchmann nennt als Belegstelle: ebd., 5. Aufl. 1852, Bd. 1, 22 und Bd. 2, 171.
[59] Untersuchungen über die Organisation der Arbeit oder System der Weltökonomie, Bd. 1.1, 1850, 260 f.
[60] Ebd., 263.

der Plutokratie und Verbündete der Autokratie sind, hat seither den Nachweis erbracht, daß er ein Erlöser zur Demokratie sein kann."[61]

▶ Über den Gebrauch von *Plutokratie* in der NS-Zeit stellt das Fremdwörterbuch Schulz/Basler 1942 fest: „In neuester Zeit ist die Gruppe [*Plutokrat, Plutokratie, plutokratisch*] durch Rede, Rundfunk und Zeitung allgemein bekannt und durch den Krieg 1939 zum Schlagwort erhoben."[62] Im Büchmann (1943) steht: „Die Bezeichnungen **Plutokratie** und **Plutokrat**, mit denen das deutsche Volk das wahre Gesicht der herrschenden englischen Gesellschaftsschicht treffend kennzeichnet und die seit Beginn des propagandistischen Abwehrkampfes gegen die britische Kriegstreiberei, insbesondere seit Beginn des Krieges jedem Deutschen zum geflügelten Begriff geworden sind, entstammen der griechischen Sprache [...]."[63] Goebbels eröffnet 1939 die Propagandakampagne mit der Sondernummer des ‚Illustrierten Beobachters' ‚Englands Schuld'. In seinem Artikel ‚Die englische Plutokratie' beschwört er den Antagonismus: „englische Plutokratie" und „deutscher Sozialismus". „Es ist ein großer Irrtum, anzunehmen, daß Englands Plutokraten gegen ihren Willen oder doch gegen ihre Absicht in diesen Krieg hineingeschlittert seien. Das Gegenteil ist wahr. [...] Die englische Plutokratie kannte kein anderes Ziel als das, in der entscheidenden Stunde den Krieg gegen Deutschland vom Zaune zu brechen, und zwar seitdem sie einzusehen begann, daß das Reich im Begriff stand, wieder eine Weltmacht zu werden. Die westeuropäische Demokratie, die in Wirklichkeit nur eine westeuropäische, sich über die ganze Welt erstreckende Plutokratie ist, hat also dem deutschen Sozialismus den Krieg erklärt, weil sie im deutschen Sozialismus eine Gefährdung ihrer kapitalistischen Interessen sieht."[64] Am 24. 1. 1940 fordert Goebbels in einer seiner geheimen Konferenzen: „[...] desgleichen ist der Begriff ‚Plutokratie' zu erklären und es sind Beispiele aus der englischen Geschichte, was darunter zu verstehen ist, zu nennen. Die ‚Parole der Woche' soll dies ebenfalls tun."[65] In diesem Kontext behandelt Heft 84 der ‚Schriften für Politik und Auslandskunde' 1940 das Thema: ‚Begriff und Wesen der Plutokratie': „Vielmehr soll systematisch und geschichtlich untersucht werden, was eigentlich der Kampfbegriff der Gegenwart ‚Plutokratie' bedeutet. Es soll nachgewiesen werden, daß dieser Kampfbegriff keineswegs ein billiges propagandistisches Schlagwort, sondern eine prägnante Beschreibung einer oft umschriebenen geschichtlichen Tatsache darstellt. [...] Gerade durch die nüchterne Vorsicht wird sich nachweisen lassen, daß mit dem Wort ‚Plutokratie' ein gesellschaftlicher Zustand eines bestimmten Landes so schlagsicher und geschichtstreu bezeichnet wird, wie nur je ein sozialrevolutionäres Volk seinen geschichtlichen Widersacher hat benennen können."[66] Daß die Popularisierung des Ausdrucks gelungen ist, beweist seine Verwendung in einem Flugblatt

---

[61] Deißmann, A.: Inneres Aufgebot. Deutsche Worte im Weltkrieg, 2. Aufl. 1915, 20.
[62] DFWB, Bd. 2, 1942, 567 f.
[63] Büchmann (W. Rust), 1943, 414.
[64] Goebbels, ebd. o. J. (1939), 14.
[65] Wollt Ihr den totalen Krieg? Die geheimen Goebbels-Konferenzen. Hg. W. A. Boelcke, 1967, 35.
[66] Pfeffer, K. H.: ebd., 1940, 5.

der NSDAP, das sich an die Bewohner von Düsseldorf wendet: „Falsches Mitgefühl. Brotmarkenbettelei der Ostarbeiter. [...] Die unglaubliche Höhe dieser Phantasiepreise erklärt sich dadurch, weil wir den Ostarbeitern neben der angemessenen Unterkunft und Verpflegung auch noch derart viel Bargeld geben, daß sie erhebliche Ersparnisse sammeln können. Wenn wir nicht Nationalsozialisten, sondern Plutokraten wären, so hätten wir ihnen diese Ersparnisse schon längst mit irgendwelchen Mätzchen abgeknöpft."[67] Vor allem Goebbels gebraucht *Plutokratie* in seinen Leitartikeln im ‚Reich': „Wir schalten das englische Volk dabei vollkommen aus, denn das hat in England im Zeichen der Demokratie, die bekanntlich nur eine Funktion der Plutokratie ist, nur sehr wenig zu melden."[68] „Man könnte das englische Regierungssystem eine als Demokratie getarnte Plutokratie nennen."[69] Noch wenige Monate vor Kriegsende bearbeitet Goebbels sein Propagandathema: „Die Plutokratien stehen den Sowjets nicht nach in ihren blutrünstigen Haß- und Racheplänen gegen das Reich und gegen das deutsche Volk."[70]

Politischer Leiter

Funktionär der ↑ *NSDAP*.[71]

> Der Ausdruck *Politischer Leiter* bezeichnet den „Amtsträger der NSDAP. (Hoheitsträger: Block-, Zellen-, Stützpunkt-, Ortsgruppen-, Kreis-, Gau-, Reichsleiter, ferner deren Stäbe). Sie bilden zusammen mit den Führern in der SS., SA. und im NSKK. das Führerkorps der Partei; von ihnen sind die Amtswalter zu unterscheiden."[72] „Der Politische Leiter. Grundlage der Organisation der Partei ist der Führergedanke. Die Allgemeinheit kann sich nicht selbst regieren, weder mittel- noch unmittelbar. Führer soll sein, wer am besten dazu geeignet ist. Der wird auch vom Vertrauen des Volkes getragen. Alle Politischen Leiter gelten als vom Führer ernannt und sind ihm verantwortlich, sie genießen nach unten volle Autorität."[73] „Aus alledem ergibt sich der Typ des Politischen Leiters. Der Politische Leiter ist kein Beamter, sondern immer der politische Beauftragte des Führers. Er muß klar sehen und denken. Er muß in Krisenzeiten des Volkes der feste Pol sein und unbedingt gehorchen. Mit dem Politischen Leiter bauen wir die politische Führung im Staate auf. Der Politische Leiter muß Prediger und Soldat zugleich sein. [...] Der Typ des Politischen Leiters ist nicht charakterisiert durch das Amt, das er ausübt: Es gibt keinen Politischen Leiter der NSBO. usw., sondern es gibt nur den Politischen Leiter der NSDAP."[74] „Der Politische Leiter fühlt sich unlöslich mit dem Gedankengut

---

[67] Düsseldorf o. J. (UB Düsseldorf, Kapsel: Kl. Schriften u. Flugblätter, St. W 2895).
[68] 22. 12. 1940, 1.
[69] 5. 1. 1941, 1.
[70] Goebbels, Reden, hg. H. Heiber, Bd. 2, 1972, 483.
[71] Gebucht: Duden, 12. Aufl. 1941, Meyers Lexikon 1936 ff., Paechter, Volks-Brockhaus 1940. Getilgt: Duden, 13. Aufl. 1947.
[72] Der Volks-Brockhaus 1940, 535, s. v.
[73] Organisationsbuch der NSDAP. 1943, 14.
[74] Ebd., 15.

und der Organisation der NSDAP. verbunden. Der Eid [den er Hitler und seinen Vorgesetzten leistet] erlischt nur durch den Tod des Vereidigten oder bei Ausstoßung aus der nationalsozialistischen Gemeinschaft."[75] „Ernennungen von Politischen Leitern. 1. Der Führer vollzieht die Ernennungen folgender Politischer Leiter: a) Reichsleiter und alle Politischen Leiter einschließlich Frauenschaftsleiterinnen in der Reichsleitung. b) Gauleiter bis einschl. Leiter eines Amtes der Gauleitung sowie die Gaufrauenschaftsleiterinnen. c) Kreisleiter. Der Gauleiter ernennt: a) die Politischen Leiter und die Frauenschaftsleiterinnen der Gauleitung [...]. b) Die Politischen Leiter und die Frauenschaftsleiterinnen in der Kreisleitung. c) die Ortsgruppenleiter. 3. Der Kreisleiter ernennt: die Politischen Leiter und die Frauenschaftsleiterinnen der Ortsgruppen einschließlich der Block-, Zellenleiter und Blockhelfer sowie die Politischen Leiter in den Betrieben [...]. Sämtliche Politischen Leiter und die Frauenschaftsleiterinnen erhalten einen Ausweis."[76] „Der Appell der Politischen Leiter unter dem Lichtstrom [sic] [auf dem Parteitag in Nürnberg] stand unter dem Zeichen der tiefsten inneren Verbundenheit des Führers mit dieser seiner Garde. ‚Ihr seid die Glaubensträger der Bewegung und des Großdeutschen Reiches!'"[77] „Aus dieser Atmosphäre heraus entspringt auch die Ungehaltenheit darüber, daß der größte Teil der politischen Leiter der NSDAP als unabkömmlich von der Wehrmacht nicht beansprucht wird, obwohl nach Meinung dieser Nörgler die ‚alten Kämpfer' jetzt eigentlich erst recht eine Gelegenheit zum Kämpfen hätten."[78] „Wie von Polizeibeamten erzählt wird, die beim Luftangriff in Nürnberg eingesetzt waren, haben es die politischen Leiter ganz besonders schwer, nach Luftangriffen ihre Aufgabe zu erfüllen. Die Uniform der politischen Leiter soll wie ein rotes Tuch auf den Stier wirken."[79]

politischer Soldat

Der Typus des neuen deutschen Menschen.

> Mit dem Ausdruck *politischer Soldat* wird das Ziel *nationalpolitischer Erziehung* in den nationalsozialistischen Bildungsstätten, in den „nationalsozialistischen Männerbünden", insbesondere der *SA*, wie überhaupt das Ideal des *neuen nationalsozialistischen Menschen* bezeichnet. „Die liberale Arbeitsteilung, durchgeführt bis zur Zerstörung des Menschen, bis zu seiner Zerlegung in Werkzeuge für einzelne spezielle Funktionen, muß überwunden werden durch die Ganzheitsidee des Nationalsozialismus, durch den Typ des politischen Soldaten, der fähig und bereit ist zu jedem Einsatz an jeder Stelle, weil er in dem Bildungsgesetz des Nationalsozialismus einen inneren Mittelpunkt und Schwerpunkt besitzt, von dem aus er einheitlich und sicher

---

[75] Ebd., 16.
[76] Ebd., 19.
[77] NS-Monatshefte, 9/Okt. 1938, 920.
[78] Monatsbericht d. Bezirksamts Ebermannstadt, 30. 9. 1939. In: Bayern in der NS-Zeit, 1977, 134.
[79] Bericht d. SD-Außenstelle Würzburg, 24. 8. 1943. In: Bayern in der NS-Zeit, 1977, 647.

zu jeder Einzelaufgabe Stellung nehmen kann."[80] „Nicht der um seine Rechte und Pflichten wissende ‚Staatsbürger', sondern, wie die politische Pädagogik unserer Tage sagt, der ‚politische Soldat', d. h. der künftige Kämpfer für die Idee des Reiches ist das Ziel unserer gesamten nationalpolitischen Erziehung […]."[81] „Der Nationalsozialismus ist berufen, das deutsche Volk zu einigen und die Erfüllung der ihm vom Schicksal zugewiesenen Sendung zu ermöglichen. Die SA. hat die Männer dieses Volkes so zu erziehen, daß sie als politische Soldaten ihre Pflicht erkennen und als der Teil des Volkes, der in Kampf und Arbeit in vorderster Front steht, auch erfüllen."[82] „Dann wird auch vor dem letzten deutschen Dorf die Tafel stehen: ‚Juden sind hier unerwünscht', und dann wird aber endlich auch kein deutscher Volksgenosse mehr die Schwelle eines jüdischen Geschäftes betreten. Dieses Ziel zu erreichen ist mit eine Aufgabe des SA-Mannes als dem politischen Soldaten des Führers. Neben seinem Wort und seiner Aufklärung stehe das Vorbild."[83] „Demgegenüber haben die Kampfgemeinschaften der nationalsozialistischen Männerbünde, unabhängig von aller methodischen Erziehung, in Schule und Unterricht den deutschen Glauben zur Grundlage ihrer Gemeinschaftserziehung. In ihrem Gemeinschaftserlebnis sind die Gläubigkeit des Lebens und die Irrationalität des Musischen lebendig. Die Mannschaft als Erziehungsgemeinschaft ist in diesen Männerbünden wieder zur Geltung gekommen, der Typus des politischen Soldaten ist neu erwacht."[84] „Die Partei und die DAF wollen beraten, ausgleichen und erziehen. Wir wollen durch die Kraft unserer Weltanschauung die Stellungen erstürmen. Wir wollen predigen und als politische Soldaten des Führers marschieren, um die anderen mitzuziehen, damit sie sich dem Willen der Partei unterordnen."[85] Der politische Soldat Adolf Hitlers fragt nicht nach äußerer Anerkennung und klingendem Lohn. Ein heiliges inneres Muß bestimmt das Gesetz seines Handelns. In der Freiwilligkeit und Selbstlosigkeit seines Einsatzes, in jedem Opfer sieht er nur eine selbstverständliche, über das eigene Tagewerk hinaus freudig übernommene Pflicht. Seine Arbeit ist Dienst an Deutschland, und ihr Erfolg sein Stolz und Lohn."[86]

politisch unzuverlässig, politische Unzuverlässigkeit

Zunächst im Rahmen der politischen Säuberung (nach § 4 des ‚Gesetzes zur Wiederherstellung des Berufsbeamtentums" vom 7. 4. 1933) auf Beamte bezogene Formel, bald verallgemeinert auf jeden politisch Verdächtigen.

▶ Nach § 4 des ‚Gesetzes zur Wiederherstellung des Berufsbeamtentums' vom 7. 4. 1933 konnten „Beamte, die nach ihrer bisherigen politischen Betätigung nicht

---

[80] Haupt, J.: Politischer Semesteranfang. In: Der Deutsche Student, 1/ Okt. 1933, 1.
[81] Giese, G.: Deutsche Zukunft, 14. 10. 1934. Zit. Blick in die Zeit, 2/Nr. 42, 20. 10. 1934.
[82] SA-Gruppenführer Böhmker. In: Das Ehrenbuch der SA v. K. W. H. Koch, 1934, Geleitwort, o. S.
[83] „Juden sind hier unerwünscht". In: Der SA-Mann, 1. 6. 1935, 1. Dok. PS−3050 (US−444). In: Der Nürnberger Prozeß, Bd. 4, 164.
[84] Oechsle, R.: Gemeinschaft u. Persönlichkeit in der Erziehung. In: Der Deutsche Student, 4/Okt. 1936, 445.
[85] Jahres- und Leistungsbericht d. Gauwaltung Düsseldorf, o. J. (1938), 6.
[86] Krenzlein, H.-H.: Das NSKK, 1939, 37.

die Gewähr dafür bieten, daß sie jederzeit rückhaltlos für den nationalen Staat eintreten, [...] aus dem Dienst entlassen werden. [...]"[87] Die Wendung *politisch unzuverlässig* oder *politische Unzuverlässigkeit* kommt im Gesetzestext nicht vor, scheint aber bald nach Erlaß des Gesetzes im Zusammenhang mit den politischen Säuberungen des Jahres 1933 fest geworden zu sein. „Dazu gibt der § 4 des Gesetzes zur Wiederherstellung des Berufsbeamtengesetzes [sic] die Möglichkeit, Beamte wegen politischer Unzuverlässigkeit zu entlassen, die aus dem Weimarer Regime übernommen sind und etwa ihre feindliche Gesinnung gegen den neuen nationalsozialistischen Staat zeigen."[88] V. Klemperer notiert in seiner ‚LTI' unter dem Datum vom 10. 10. 1933: „Kollege Wilbrandt kam zu uns. Ob wir einen staatsgefährlichen Gast aufnehmen wollen? Er ist plötzlich entlassen worden. Die Würgeformel heißt ‚politisch unzuverlässig'."[89] „In der hamburgischen Verwaltung sind seit dem Inkrafttreten des Berufsbeamtengesetzes als Parteibuchbeamten im engsten Sinne 19 Beamte entlassen worden, auf Grund des § 4 als politisch unzuverlässig 165 Beamte."[90] „Aus der Breslauer Stadtverwaltung sind insgesamt 750 Beamte, Angestellte und Arbeiter wegen politischer Unzuverlässigkeit entlassen worden."[91] „Durch den Regierungspräsidenten wurde dem Pfarrer Nagel in Hürtgen, Kreis Düren, mit sofortiger Wirkung die Genehmigung zur Erteilung des Religionsunterrichtes wegen politischer Unzuverlässigkeit entzogen. Dieser Geistliche weigert sich auch heute noch, trotz eindeutiger Erlasse und wiederholter Anweisung des Bischofs von Aachen, in der Schule vor und nach der Erteilung des Unterrichts den Deutschen Gruß anzuwenden."[92] „Staatsfeindliche Bestrebungen sind nur vereinzelt, und zwar besonders bei den politisch unzuverlässigen Arbeitern der Reichsautobahn, der Flugplatzbauten und anderer größerer Betriebe festzustellen."[93] „Die Ausschaltung politisch unzuverlässiger Elemente aus dem Buchverlag, der dem weltanschaulichen Gegner noch in weitem Umfange als Kampfbasis verblieben war, hält an."[94] „Der Richtermangel wirkt sich so aus, daß die Ausschaltung weltanschaulich bedenklicher Richter auf immer größere Schwierigkeiten stößt. Der Personalmangel hat bereits dazu geführt, daß eine Verlängerung des Dienstalters möglich ist und auch Beamte, die wegen § 4 (politische Unzuverlässigkeit) des Berufsbeamtengesetzes entlassen waren, verschiedentlich wieder eingestellt wurden."[95]
„Es wurde eine Bereinigung des österreichischen Beamtenkörpers durchgeführt. Der Beamtenkörper war mit politisch unzuverlässigen und mit fremdrassigen Beamten durchsetzt worden. [...] Politisch unzuverlässige Beamte wurden in den Ruhestand

---

[87] RGBl. 1, 1933, 175.
[88] v. Leers, J.: 14 Jahre Judenrepublik, Bd. 2, 2. Aufl., 1933, 111.
[89] LTI, 14. Aufl. 1996, 40.
[90] Berliner Tageblatt. Zit. Blick in die Zeit, 2/Nr. 14, 7. 4. 1934, 9.
[91] Nachtausgabe, Berlin. Zit. Blick in die Zeit, 2/Nr. 27, 7. 7. 1934, 8.
[92] Lagebericht f. d. Monat Oktober 1935 d. Staatspolizeistelle f. d. Reg.bez. Aachen v. 7. 11. 1935. In: Vollmer, B.: Volksopposition im Polizeistaat, 1957, 308.
[93] Monatsbericht d. Reg.präs. v. Oberbayern, 11. 12. 1936. In: Bayern in der NS-Zeit, 1977, 260.
[94] MADR, Jahreslagebericht 1938 d. SHA, Bd. 2, 156.
[95] MADR, Vierteljahreslagebericht 1939 d. SHA, Bd. 2, 279.

versetzt. Davon wurden vor allem Beamte betroffen, die gegen die nationalsozialistische Bewegung und ihre Anhänger gehässig aufgetreten oder ihre dienstliche Stellung dazu mißbraucht haben, um völkisch gesinnte Volksgenossen zu verfolgen, zurückzusetzen oder sonst zu schädigen."[96]

Propaganda

Bezeichnung für alle Maßnahmen des Nationalsozialismus zur einheitlichen ↑ *Ausrichtung* des Volkes in allen politischen Fragen.[97]

\> Für die 1622 von Papst Gregor XV. in Rom gegründete kirchliche Institution (*Sancta*) *Congregatio de Propaganda Fide* ‚(Heilige) Gesellschaft zur Verbreitung des Glaubens' wurde bald auch die Kurzform des Namens *Propaganda* gebräuchlich. Noch Goethe verwendet den Ausdruck in diesem Sinn. Er schreibt am 13. 1. 1787 aus Rom: „Am Dreikönigstage [...] waren wir in der Propaganda."[98] Da der Propaganda-Kongregation die gesamte missionarische Tätigkeit der katholischen Kirche einschließlich der Ausbildung künftiger Missionare unterstellt war und sich die Mission (bis etwa 1830) nicht nur auf nichtchristliche, sondern auch auf nichtkatholische Gebiete erstreckte, geriet sie in der Aufklärung bei Gegnern der römisch-katholischen Kirche in den Verdacht, durch zentral gesteuerte geheime Unterwanderung Proselyten machen zu wollen. Die daraus folgende polemische Akzentuierung des Ausdrucks *Propaganda* und die Assoziation mit Verschwörungsvorstellungen schuf die Voraussetzung für die Säkularisierung und Politisierung des Ausdrucks in der französischen Revolution. „Daß der Begriff ‚Propaganda' im Zuge der Französischen Revolution eine politische Bedeutung erhielt, hatte seine Ursache in der Absicht von SIEYÈS und anderer Revolutionäre, *de propager les principes de la vraie liberté*[99]. In letzter Konsequenz war das ein bisher in der Politik unbekanntes ideologisches Expansionsprogramm. Die Revolutionäre selbst sahen sich in der Rolle von ‚missionaires' und ‚apôtres' für ein neues politisches ‚crédo' [...]."[100] Da „die Revolutionäre ihr ideologisches Aktionsprogramm selbst in Analogie zu dem der christlichen Kirchen setzten", faßten die Revolutionsgegner den Verdacht, daß „eine im Geheimen wirkende Organisation" aufgebaut werden sollte, „die das nicht revolutionierte Europa bedrohte. Diese vermeintliche Organisation wurde in Analogie zu der christlichen Kirche als politische Bekehrungsanstalt angesehen und gleich dieser als ‚Propaganda' bezeichnet."[101] Schubart schrieb 1790 in seiner Zeitung ‚Vaterlandschronik': „Ein allgemeiner Verschwörungsplan soll, von Adramelech und Moloch in der Hölle geschmiedet, dem Klub der Propaganda zu Paris

---

[96] Stuckart/Schiedermair: Neues Staatsrecht II, 1941, 27 f.
[97] Gebucht: Duden, 11. Aufl. 1934, 12. Aufl. 1941; Knaur 1934, Meyers Lexikon 1936 ff., Volks-Brockhaus 1940. – Vgl. zum Folgenden: Schieder, W./Dipper, C.: Propaganda. In: GG, Bd. 5, 1984, 69–112.
[98] Ital. Reise, Rom, den 13. 1. 1787. Goethes Werke, Sophienausgabe, I, Bd. 30, Weimar 1903, 251.
[99] (Mai 1790), zit. J. W. Zinkeisen: Der Jakobiner-Klub. Ein Beitrag zur Geschichte der Parteien und der politischen Sitten im Revolutions-Zeitalter, Bd. 1, Berlin 1852, 305.
[100] Schieder, W./Dipper, C.: Propaganda. In: GG, Bd. 5, 1984, 77.
[101] Ebd.

mitgetheilt worden seyn und sich nun durch ganz Europa verbreiten. Freiheit und Gleichheit sollen die Haupträder dieses infernalischen Maschinenwerks seyn ... Hundertmal schrieb man mir schon dies aus Deutschland und aus Frankreich. [...][102] Etwa bis zur Mitte des 19. Jahrhunderts sind „zwei Voraussetzungen für den Gebrauch des Wortes maßgebend: a) es muß von einer Gesellschaft, wenigstens wohl von einer deutlich erkennbaren Gruppe von Personen die Rede sein; b) es muß eine fortschrittliche Ideologie im weitesten Sinne vertreten werden."[103] Zwischen 1840 und 1850 wird ein deutlicher Wandel in der Verwendung des Ausdrucks erstmals erkennbar. *Propaganda* bezeichnet (wenn man von der römischen Propaganda-Kongregation absieht) nicht mehr eine Institution, Gruppierung, Zentrale, die die Verbreitung von Ideen steuert, sondern die Aktion der Verbreitung selbst. Die neue Bedeutung wird dokumentiert durch die Wendung *Propaganda machen*, die jetzt auftritt. Ein früher deutscher Beleg findet sich 1842 bei Wilhelm Weitling, der neben „Brüderlichkeit" und „Socialer Bildung" auch „Propaganda" zum Vereinszweck seines ‚Kommunistischen Bildungsvereins' in der Schweiz rechnete. Wer in den Verein eintreten wollte, mußte sich einem „Examen der Propaganda" unterziehen und Auskunft geben, „ob er die verflossene Woche Propaganda gemacht habe und welche".[104] Marx lehnte Weitlings konspirative *Propaganda* ab, die nach seiner Ansicht dem geschichtlichen Prozeß revolutionärer Veränderung nicht entsprach. „Keine mündliche Propaganda, keine Konstituierung von geheimer Propaganda, überhaupt das Wort Propaganda auch in Zukunft nicht mehr gebrauchen."[105] Das änderte sich, nachdem in den Debatten der Frankfurter Nationalversammlung 1848/49 zuerst bei den Linken, später allgemein, die Frage der *Propaganda*, der Werbung für politische Ideen über die eigene Partei, den eigenen Staat hinaus, positiv beantwortet worden war. A. Ruge erklärte am 27. 7. 1848 in der Paulskirche: „Die Intervention der Gewalt und Tyrannei ist überall das schmachvolle Unrecht, die Propaganda der Freiheit und des Humanismus dagegen ist das welthistorische Recht der Völker und ihres Geistes."[106] Auch Karl Marx spricht nun von „Propaganda der Zivilisation", die das „revolutionäre Deutschland" gegen Rußland machen solle, um „sich nach innen frei zu machen, indem es nach außen befreit".[107] Aber auch der nationalkonservative L. C. Aegidi gebrauchte den Ausdruck *Propaganda* mit positiver Wertung im Titel seiner anonymen Schrift ‚Zur Propaganda der national-konstitutionellen Partei', in der er zur „Propaganda für die national-konstitutionelle Reform, die

---

[102] Ch. F. D. Schubart: Ein allgemeiner Verschwörungsplan. In: Vaterlandschronik, Okt. 1790. Gesammelte Schriften und Schicksale, Bd. 8, Stuttgart 1840, 249 f. Hinweis: W. Dieckmann, Propaganda. In: ZDS 21/1965, 107
[103] Dieckmann, W.: Propaganda, ZDS 21/1965, 111.
[104] Bluntschli, J. C.: Die Kommunisten in der Schweiz nach den bei Weitling vorgefundenen Papieren, Zürich 1843, 40. Zit. Schieder/Dipper: Propaganda, ebd., 90.
[105] Weitling an Heß, 31. 3. 1846, abgedr. Bund der Kommunisten, Bd. 1, 307. Zit. ebd., 91.
[106] Stenographische Berichte d. Dt. Nationalversammlung, Bd. 2, 1184. Zit. Schieder/Dipper: Propaganda, GG, Bd. 5, 1984, 93.
[107] Marx: Die auswärtige deutsche Politik und die letzten Ereignisse zu Prag (12. 7. 1848), MEW Bd. 5, 202. Zit Schieder/Dipper, ebd. 93.

hohe Propaganda der deutschen Staatsreformation" auffordert.[108] Dennoch bleibt die Verwendung von *Propaganda* mit positiver Wertung ein Kennzeichen der radikalen Linken, umsomehr als der Ausdruck nach 1848 zu einem Schlagwort der Anarchisten wurde. 1869 prägten Sergej Netschajew und Michail Bakunin die Formel *Propaganda der Tat*, die sich eindeutig auf terroristische Aktionen bezog und den Ausdruck *Propaganda* wieder mit der Vorstellung revolutionärer Subversion verband.[109] Die Sozialdemokratie ging daher überwiegend zurückhaltend mit dem Ausdruck um und bevorzugte bis 1918 zur Bezeichnung der Parteiwerbung den Ausdruck *Agitation*. (Im Leninismus und Kommunismus nahm der Wortgebrauch eine eigene Entwicklung, die hier nicht berücksichtigt werden soll.) In der zweiten Hälfte des 19. Jahrhunderts bildet sich eine neue Verwendungsweise von *Propaganda* heraus, die 1907 in der 6. Auflage von ‚Meyers Lexikon' registriert wird: „Der Ausdruck Propaganda ist neuerdings auch in die Geschäftssprache übergegangen und bedeutet hier die Gesamtheit der zur Verbreitung von Erzeugnissen (Waren, Schriften) erforderlichen Mittel (Anzeigen, Reklame etc.)."[110] War *Propaganda* schon als Bezeichnung für die Produktwerbung zu einem häufig gebrauchten Wort geworden, so machte es der Erste Weltkrieg zu einem omnipräsenten „Schlagwort der psychologischen Kriegführung" (Schieder/Dipper). In seinen 1919 erschienenen ‚Kriegserinnerungen' schuldigt Ludendorff die nach seiner Ansicht verfehlte deutsche *Kriegspropaganda* als Ursache des verlorenen Krieges an: „Das Heer fand keinen Bundesgenossen in einer starken von der Heimat ausgehenden Propaganda. Deutschland versagte im Kampf gegen die Psyche der feindlichen Völker, während sein Heer auf den Schlachtfeldern siegreich war."[111] Diese These wurde damals weithin akzeptiert. Auch Hitler übernahm sie. Er widmet der *Kriegspropaganda* in ‚Mein Kampf' ein eigenes Kapitel.

> Hitler führt in ‚Mein Kampf' seine Propagandamaximen, die in der Sache und für den Sprachgebrauch des Nationalsozialismus maßgeblich wurden, auf seine Auseinandersetzung mit dem Beispiel der „sozialistisch-marxistischen Organisationen" und vor allem die Erfahrungen mit der Kriegspropaganda des Ersten Weltkriegs zurück.[112] „Bei meinem aufmerksamen Verfolgen aller politischen Vorgänge hatte mich schon immer die Tätigkeit der Propaganda außerordentlich interessiert. Ich sah in ihr ein Instrument, das gerade die sozialistisch-marxistischen Organisationen mit meisterhafter Geschicklichkeit beherrschen und zur Anwendung zu bringen verstanden. Ich lernte dabei schon frühzeitig verstehen, daß die richtige Verwendung der Propaganda eine wirkliche Kunst darstellt, die den bürgerlichen Parteien fast so

---

108 Ebd. Von einem freimütigen Widersacher der Revolution, Berlin 1849, 56. Zit. Schieder/Dipper, ebd., 94.
109 Vgl. Schieder/Dipper: Propaganda, ebd., 94 ff.
110 Bd. 16, 1907, 382, s. v.
111 Ludendorff, E.: Meine Kriegserinnerungen 1914–1918, Berlin 1919, 301. Zit. Schieder/Dipper: Propaganda, ebd., 104.
112 Schieder/Dipper nennen als unmittelbare Anregung (ohne nähere Hinweise): Schönemann, F.: Die Kunst der Massenbeeinflussung in den Vereinigten Staaten von Amerika, Stuttgart 1924.

gut als unbekannt war und blieb." (S. 193) Die entscheidenden Schlußfolgerungen zieht Hitler jedoch aus dem Erlebnis der Kriegspropaganda. „Allein, gerade das so vollständige Versagen der gesamten Aufklärung auf deutscher Seite, das besonders jedem Soldaten grell in die Augen springen mußte, wurde bei mir der Anlaß, mich nun noch viel eindringlicher mit der Propaganda-Frage zu beschäftigen. Zeit zum Denken war dabei oft mehr als genug vorhanden, den praktischen Unterricht aber erteilte uns der Feind, leider nur zu gut. Denn was bei uns hier versäumt ward, holte der Gegner mit unerhörter Geschicklichkeit und wahrhaft genialer Berechnung ein. An dieser feindlichen Kriegspropaganda habe ich unendlich viel gelernt." (S. 103 f.) „Das Zeichen für die glänzende Kenntnis der Primitivität der Empfindung der breiten Masse lag in der diesem Zustande angepaßten Greuelpropaganda, die in ebenso rücksichtsloser wie genialer Art die Vorbedingungen für das moralische Standhalten an der Front sicherte, selbst bei größten tatsächlichen Niederlagen, sowie weiter in der ebenso schlagenden Festnagelung des deutschen Feindes als des allein schuldigen Teils am Ausbruch des Krieges: eine Lüge, die nur durch die unbedingte, freche, einseitige Sturheit, mit der sie vorgetragen wurde, der gefühlsmäßigen, immer extremen Einstellung des großen Volkes Rechnung trug und deshalb auch geglaubt wurde. Wie sehr diese Art von Propaganda wirksam war, zeigte am schlagendsten die Tatsache, daß sie nach vier Jahren nicht nur den Gegner noch streng an der Stange zu halten vermochte, sondern sogar unser eigenes Volk anzufressen begann. Daß unserer Propaganda dieser Erfolg nicht beschieden war, durfte einen wirklich nicht wundern. [...] Zu hoffen, daß es mit diesem faden Pazifistenspülwasser gelingen könnte, Menschen zum Sterben zu berauschen, brachten nur unsere geistfreien ‚Staatsmänner' fertig. So war dies elende Produkt zwecklos, ja sogar schädlich." (S. 201 f.) Hitlers Maximen für die „richtige Propaganda" lauten: „[Die Propaganda] ist ein Mittel und muß demgemäß beurteilt werden vom Gesichtspunkte des Zweckes aus." (S. 194) „Wenn aber Völker um ihre Existenz auf diesem Planeten kämpfen, mithin die Schicksalsfrage von Sein oder Nichtsein an sie herantritt, fallen alle Erwägungen von Humanität oder Ästhetik in ein Nichts zusammen." (S. 195) „Die Aufgabe der Propaganda ist z. B. nicht ein Abwägen der verschiedenen Rechte, sondern das ausschließliche Betonen des einen eben durch sie zu vertretenden. Sie hat nicht objektiv auch die Wahrheit, soweit sie den anderen günstig ist, zu erforschen, um sie dann der Masse in doktrinärer Aufrichtigkeit vorzusetzen, sondern ununterbrochen der eigenen zu dienen." (S. 200) „Die Propaganda hat volkstümlich zu sein und ihr geistiges Niveau einzustellen nach der Aufnahmefähigkeit des Beschränktesten unter denen, an die sie sich zu richten gedenkt. Damit wird ihre rein geistige Höhe um so tiefer zu stellen sein, je größer die zu erfassende Masse der Menschen sein soll." (S. 197) „Je bescheidener dann ihr wissenschaftlicher Ballast ist, und je mehr sie ausschließlich auf das Fühlen der Masse Rücksicht nimmt, um so durchschlagender der Erfolg. Dieser ist der beste Beweis für die Richtigkeit einer Propaganda." (S. 198) „Die Aufnahmefähigkeit der großen Masse ist nur sehr beschränkt, das Verständnis klein, dafür jedoch die Vergeßlichkeit groß. Aus diesen Tatsachen heraus hat sich jede wirkungsvolle Propaganda auf nur sehr wenige Punkte zu beschränken und diese schlagwortartig solange zu verwerten, bis auch bestimmt der Letzte unter einem solchen Worte das Gewollte sich vorzustellen vermag." (S. 198)

Goebbels war der unermüdliche Verbreiter und zugleich der virtuose Anwender der Hitlerschen Propagandamaximen. Für Goebbels wird am 13. 3. 1933 das *Reichsministerium für Volksaufklärung und Propaganda* errichtet. „Für den Zweck der Aufklärung und Propaganda unter der Bevölkerung über die Politik der Reichsregierung und den nationalen Wiederaufbau des deutschen Vaterlandes [...]. Der Leiter dieser Behörde führt die Bezeichnung ‚Reichsminister für Volksaufklärung und Propaganda'"[113] Von diesem Tag an arbeitet Goebbels an der Aufwertung der traditionell negativ bewerteten *Propaganda*. „Das ist ja das Geheimnis der Propaganda. Ich verwahre mich dagegen, daß die Propaganda etwas Minderwertiges sei, denn wir säßen heute nicht in den Ministersesseln, wenn wir nicht die großen Künstler der Propaganda gewesen wären. Und wir hätten den Krieg nicht verloren, wenn wir die Kunst der Propaganda besser verstanden hätten. Das ist das Geheimnis der Propaganda: den, den die Propaganda fassen will, ganz mit den Ideen der Propaganda zu durchtränken, ohne daß er überhaupt merkt, daß er durchtränkt wird."[114] „Es ist uns vielfach der Vorwurf gemacht worden, daß wir die deutsche Kunst zu einer bloßen Propaganda-Angelegenheit herabwürdigten. Herabwürdigten, wieso? Ist die Propaganda eine Sache, zu der man etwas anderes herabwürdigen könnte? Ist die Propaganda, wie wir sie verstehen, nicht auch eine Art von Kunst? Und hat diese Art von Kunst nicht etwa dem deutschen Volk in den vergangenen fünfzehn Jahren sehr große Dienste getan? Ist die nationalsozialistische Bewegung vielleicht mehr durch Ideologen als durch Propagandisten an die Macht gekommen? [...] Was wäre diese Bewegung ohne Propaganda gewesen?"[115]
Schon 1933 war es der Wirtschaft gesetzlich verboten worden, den Ausdruck *Propaganda* weiterhin gleichbedeutend mit *Reklame* für die Wirtschaftswerbung zu verwenden.[116] Dieser Verordnung wurde 1937 durch ein Verbot des ‚Werberates der deutschen Wirtschaft' nachdrücklich Geltung verschafft: „Zur Kennzeichnung ihrer Waren bedienen sich verschiedene Firmen Warenbezeichnungen, die das Wort ‚Propaganda' enthalten, z. B. ‚Propaganda-Kaffee', ‚Propaganda-Mischung' usw. Die Verwendung des Wortes ‚Propaganda' als Bestandteil einer Warenbezeichnung kann, auch nach Auffassung des Reichsministers für Volksaufklärung und Propaganda und der Reichspropagandaleitung der NSDAP., nicht gestattet werden, da der Begriff ‚Propaganda' der politischen Betätigung vorbehalten bleiben soll. Der Politiker, der Ideen durchsetzen oder Maßnahmen vorbereiten oder begründen will, treibt Propaganda, der Kaufmann, der Waren (oder Leistungen) absetzen will, treibt Werbung. [...]"[117] Der Erfolg des Verbots wird 1940 in ‚Meyers Lexikon' bestätigt: „Für die früher häufige Bezeichnung Propaganda für wirtschaftliche Privatzwecke ist heute die Bezeichnung Werbung üblich."[118] Die 12. Auflage des Rechtschreibdu-

---

[113] RGBl. 1, 1933, 104.
[114] Goebbels, Rede v. 25. 3. 1933. In: Goebbels Reden, hg. H. Heiber, Bd. 1, 1971, 95.
[115] Goebbels, Theater-Tageblatt, 19. 6. 1935. Zit. Blick in die Zeit, 3/Nr. 27, 5. 7. 1935, 15.
[116] Zweite Verordnung zur Durchführung des Gesetzes über Wirtschaftswerbung v. 27. 10. 1933. RGBl. 1, 1933, 791.
[117] Verwendung des Wortes „Propaganda". In: Wirtschaftswerbung, Mitteilungsbl. des Werberates der dt. Wirtschaft, 4/1937, 42. Zit. Glunk, ZDS 23/1967, 101.
[118] Meyers Lexikon, Bd. 8, 1940, 1508.

dens von 1941 bringt diesen gleichen Satz in einer Fußnote zu dem Stichwort *Propaganda*.[119] Weniger erfolgreich sind die Versuche, durch Presseanweisungen dem Ausdruck *Propaganda* eine ausschließlich positive Wertung zuzuweisen und *Agitation, Hetze, Lügenkampagne* als negative Kontrastwörter zu *Popaganda* festzulegen. „Es wird gebeten, das Wort ‚Propaganda' nicht mißbräuchlich zu verwenden. Propaganda ist im Sinne des neuen Staates gewissermaßen ein gesetzlich geschützter Begriff geworden und soll nicht für abfällige Dinge Verwendung finden. Es gibt also keine ‚Greuelpropaganda', keine ‚bolschewistische Propaganda', sondern nur eine Greuelhetze, Greuelagitation, Greuelkampagne usw. Kurzum — Propaganda nur dann, wenn für uns, Hetze, wenn gegen uns."[120] 1942 muß wiederholt werden: „Keine mißbräuchliche Verwendung des Begriffs ‚Propaganda'. Verschiedene Veröffentlichungen der letzten Zeit machen es notwendig, darauf hinzuweisen, daß der Begriff ‚Propaganda' nur im positiven Sinne und nur für die von Deutschland gebrauchte Propaganda benutzt werden kann. Es ist unmöglich, daß immer wieder Begriffe wie ‚Propagandalügen', ‚Propagandadreh' usw. gebraucht werden und damit unser Begriff ‚Propaganda' abgewertet wird. Es empfiehlt sich, für feindliche Versuche, eine Beeinflussung der öffentlichen Meinung herbeizuführen, Begriffe wie ‚Agitation', ‚Hetze' usw. zu verwenden. Es ist wichtig, daß die Schriftleitungen die ihnen zugehenden Manuskripte daraufhin genau überprüfen..."[121] Eine Anweisung von 1943 bestätigt indirekt, daß die gewünschte Umwertung noch immer nicht einheitlich durchgesetzt werden konnte. „... So darf für die Lügenhetze unserer jüdisch-bolschewistisch-plutokratischen Gegner auf keinen Fall der Begriff ‚Propaganda' angewendet werden, wie es noch immer in einigen Zeitschriften geschieht. Wir haben für die Hetze der Gegner den eindeutigen Begriff der ‚Agitation', in dem alles enthalten ist, was die Gegner auszeichnet: Lüge, Hetze, Haß- und Vernichtungswillen."[122] Schon 1941 stellt ein eigentlich gutwilliger Beobachter fest: „Das Wort Propaganda erweckt im allgemeinen wenig angenehme Gefühle. Die Vorstellungen, die sich mit ihm verbinden, sind Oberflächlichkeit, Verächtlichkeit, Lüge, Betrug, Übertölpelung usw."[123] Die negativen Erfahrungen mit der nationalsozialistischen Propaganda wirkten als Verstärkung der traditionell negativen Wertung des Ausdrucks *Propaganda*, die auch durch Sprachlenkung nicht entscheidend beeinflußt werden konnte.

≫ Für den heutigen Sprachgebrauch ist eine negative Akzentuierung des Ausdrucks *Propaganda* charakteristisch. „Das ist [doch] alles nur Propaganda. ‚Das sind nur inhaltslose Phrasen'.[124]

---

[119] Ebd., 456.
[120] Br. 10/61, 28. 7. 1937 (Anw. NR. 960). Zit. Glunk, ZDS 23/1967, 100.
[121] ZD 6752, 8. 5. 1942. Zit. ebd.
[122] ZD 8847, 21. 5. 1943. Zit. ebd.
[123] Baumann, G.: Grundlagen und Praxis der internationalen Propaganda, Essen 1911, 10. Zit. ebd., 104.
[124] Vgl. GWB Duden, Bd. 6, 1994, 2637.

R

RAD, s. ↑ Reichsarbeitsdienst.

Rasse[1]

Zentrales Schlüsselwort des Nationalsozialismus; steht für „den Grundpfeiler nationalsozialistischer Weltanschauung"[2], die Ideologie der Höchstwertigkeit der ↑ *Arier*, des ↑ *Untermenschentums* der Juden und für „die Rassenhygiene mit ihrem nordischen Zuchtziel"[3].

> *Rasse* wurde aus frz. *race*, ital. *razza* entlehnt; diese entweder aus arab. *ra's* ‚Kopf, Ursprung' oder lat. *ratio* in der Bedeutung ‚Kategorie, Art, Sorte'.[4] Im Französischen ist der Ausdruck vereinzelt im 13., häufiger aber erst im 16. Jahrhundert belegt. Er bezeichnet zunächst die Zugehörigkeit zu einem „edlen Geschlecht" mit langer Ahnenreihe, in dem sich hervorragende Eigenschaften vererben. *Race* kann dann soviel wie ‚Generation' heißen oder den ganzen Adelsstand bezeichnen.[5] *Race*, *razza* wird ferner in der allgemeinen Bedeutung ‚Menschengruppe, Menschenschlag mit bestimmten gemeinsamen Eigenschaften und Verhaltensweisen', oft auch verächtlich ‚Sippschaft', verwendet.[6] In dieser Bedeutung kommt der Ausdruck gelegentlich auch im Deutschen vor, er bleibt aber isoliert. „eure Razza stirbt ... nicht aus". (Riederer, 1581)[7] Eine spezifische, eingeschränktere Verwendung findet *race* zur gleichen Zeit bei den Tierzüchtern, die ihn, insbesondere in der Pferdezucht, auf solche Haustiere beziehen, die gemeinsame Merkmale und Vorzüge aufweisen, die sie zur Zucht geeignet machen.[8] In der spanischen Reconquista wird das spanische Äquivalent für *Rasse* erstmals auf Juden bezogen, die nach dem Zwangsbekehrungsedikt von 1492 verdächtigt wurden, als Neuchristen heimlich zu „judaisieren". „Das ist ein Mann, den man verdächtigt, von jüdischer Rasse zu sein, c'est un homme que l'on soupçonne d'estre de race Juifve", heißt es entsprechend 1568 bei

---

[1] Vgl. z. Geschichte des Ausdrucks vor dem Nationalsozialismus, die hier stark verkürzt dargestellt wird, die ausführliche Begriffsgeschichte von W. Conze (Kap. I–II.2: A. Sommer): Rasse. In: GG, Bd. 5, 1984, 135–178.
[2] Volks-Brockhaus 1940, 555, s. v. Rasse.
[3] Saller, K.: Die Rassenlehre des Nationalsozialismus, 1961, 33.
[4] Vgl. Paul 1992, 678, s. v.
[5] Vgl. GG, Bd. 5, 1984 ‚Rasse', II. 1..A. Sommer: Vorwissenschaftlicher Begriff (16.–18. Jh.), 137 f.
[6] DFWB, Bd. 3, 1972, 150, s. v.
[7] Zit. DFWB, ebd., 151.
[8] Vgl. GG, ebd., 139.

einem französischen Autor.⁹ In Frankreich kämpfte seit der Mitte des 16. Jahrhunderts die „noblesse d'épé", der alte Geburtsadel, gegen das Eindringen der „noblesse de robe", des aufsteigenden Amtsadels, in den eigenen Stand. Dabei berief er sich auf seine *race*, seine Abstammung.¹⁰ Ein Jahrhundert später, 1684, schlug der Arzt und Forschungsreisende François Bernier im ‚Journal de Sçavans' neben *espèce* den Ausdruck *race* als Bezeichnung für die vier oder fünf Großgruppen vor, in die er die Erdbevölkerung hauptsächlich nach somatischen Kriterien wie Bildung der Körper, Lippen, Haare, Zähne einteilen wollte.¹¹ Wiederum ein Jahrhundert später wird aus dem Züchterausdruck *race* ein Fachterminus der biologisch-naturgeschichtlichen Systematik in der Bedeutung ‚botanische oder zoologische Spielart, Varietät; Spezies innerhalb einer Gattung, Art, eines Stammes, die bei Kreuzung mit ihresgleichen konstante, definierte Merkmale des äußeren Erscheinungsbildes vererbt und dem gleichen Verbreitungsgebiet angehört.'¹² So wird im Deutschen der Ausdruck 1766 von Herder (1744—1803) gebraucht: „So wie man also Geschlechter und Racen von edlen und zugleich schönen Thieren ziehet, erhält, fortpflanzet, insonderheit dadurch, daß man sie für der Vermischung bewahret, so könnte ja auch das schöne und edle Geblüt unter den Menschengeschlechtern sich erhalten und gemeinschaftlich fortpflanzen."¹³ Der französische Naturforscher Buffon (1707—1788), der Verfasser der ‚Histoire naturelle générale et particuliere' (1749 ff.), wendet den klassifikatorischen Gliederungsterminus der Botanik und Zoologie auch auf die Menschen an, die er, wie sein Zeitgenosse Linné (1707—1778)¹⁴, dem Tierreich zuordnet. Die nach Buffons Auffassung durch Einwirkungen des Klimas, der Nahrung, der Lebensweise entstandenen Untergliederungen des eine Art (espèce) bildenden Menschengeschlechts bezeichnet er als *races* (oder *variétés*). Von diesen nennt er die weiße, europäische Rasse die schönste und beste.¹⁵

Kant (1724—1804) hielt seit 1757 in Königsberg Vorlesungen über ‚Physische Geographie', in die er, unter dem Einfluß Buffons, immer stärker auch die Anthropologie einbezog. 1775 veröffentlichte er einen Aufsatz mit dem Titel ‚Von den verschiedenen Racen der Menschen'. Hier erscheint der Ausdruck *Race*, in der Schreibung noch als entlehntes Wort gekennzeichnet, zum erstenmal als (ungeklärter) anthropologischer Terminus im Deutschen. Kant nennt die Varietäten der Naturgattung

---

[9] Dictionnaire Acad. franç., t. 2, 364, s. v. race. Jean Talpin: La police chrestienne, Paris, 1568. Zit. GG, Bd. 5, 1984 ‚Rasse', II. 1: A. Sommer, 140.
[10] Vgl. GG, ebd., 140 f.
[11] Vgl. GG, ebd., 142.
[12] DFWB, Bd. 3, 150, s. v.
[13] Herder, J. G.: Ist die Schönheit des Körpers ein Bote der Schönheit der Seele? Gelehrte Beiträge zu den Rigischen Anzeigen aufs Jahr 1766. In: Sämmtliche Werke, hg. B. Suphan, Bd. 1, 1877, 45.
[14] 1766, in der 12. Auflage seines 1735 zuerst erschienenen Werks ‚Systema naturae'. (Meyers Enzykl. Lexikon, 9. Aufl., Bd. 15, 127, s. v. Linné).
[15] Nous trouverons ... les hommes les plus beaux, les plus blancs et les mieux faits de toute la terre. (Variétés dans l'espèce humaine, Histoire naturelle, t. 3, 1749, 433). Zit. GG, ebd. 147.

Mensch, die sich im Laufe langer Zeiträume herausgebildet hätten, *Abartungen* oder *Racen*. „Unter den Abartungen, d. i. den erblichen Verschiedenheiten der Thiere, die zu einem einzigen Stamme gehören, heißen diejenigen, welche sich sowohl bei allen Verpflanzungen (Versetzungen in andere Landstriche) in langen Zeugungen unter sich beständig erhalten, als auch in der Vermischung mit andern Abartungen desselbigen Stammes jederzeit halbschlächtige Junge zeugen, Racen. [...] Auf diese Weise sind Neger und Weiße zwar nicht verschiedene Arten von Menschen; (denn sie gehören vermutlich zu einem Stamme), aber doch zwei verschiedene Racen: weil jede derselben sich in allen Landstrichen perpetuiert, und beide mit einander nothwendig halbschlächtige Kinder oder Blendlinge (Mulatten) erzeugen."[16] Kant unterscheidet vier Abarten oder *Racen*: die Weißen, die Neger, die hunnische (mungalische oder kalmuckische), die hinduische oder hindustanische *Race*. Wie Buffon betont er die Überlegenheit der *weißen Race*: „Die Menschheit ist in ihrer größten Vollkommenheit in der Race der Weißen."[17] Der Göttinger Medizinprofessor J. F. Blumenbach (1752–1840), der die Schädelmessung als klassifizierendes Verfahren in die Rassen-Anthropologie einführte, bezog sich in seiner Terminologie auf Kant. Er gab aber den „fünf festgesetzten Hauptvarietäten im Menschengeschlecht" in seiner Schrift ‚De generis humani varietate nativa liber' (1776), die 1798 unter dem Titel ‚Über die Verschiedenheiten im Menschengeschlechte' deutsch erschien, von Kant abweichende Namen. Er nennt sie die kaukasische, mongolische, äthiopische, amerikanische und malayische *Race* und erläutert: „Diese Race erhielt ihren Namen von dem Berge Kaukasus, weil die ihm benachbarten Länder, und zwar vorzüglich der Strich nach Süden, von dem schönsten Menschenstamme, dem georgischen bewohnt sind; und weil alle physiologischen Gründe darin zusammenkommen, daß man das Vaterland der ersten Menschen nirgends anderswo suchen könne als hier. Denn erstlich hat dieser Stamm, wie wir gesehen haben, die schönste Schädelform [...]. Dann ist dieser Stamm von weißer Farbe, welche wir ebenfalls für die ursprüngliche, ächte Farbe des Menschengeschlechts halten können [...]."[18] Herder lehnte die Übertragung des „unedlen Wortes"[19] *Race* auf Menschen ab. „Endlich wünschte ich auch die Unterscheidungen, die man aus rühmlichem Eifer für die überschauende Wissenschaft, dem Menschengeschlecht zwischengeschoben hat, nicht über die Grenzen erweitert. So haben einige z. B. vier oder fünf Abtheilungen desselben, die ursprünglich nach Gegenden oder gar nach Farben gemacht waren, Racen zu nennen gewaget; ich sehe keine Ursache dieser Benennung. Race leitet auf eine Verschiedenheit der Abstammung, die hier entweder gar nicht stattfindet, oder in jedem dieser Weltstriche unter jeder dieser Farben die verschiedensten Racen

---

[16] Kant, Immanuel: Von den verschiedenen Racen der Menschen, 1775. Kant's gesammelte Schriften, hg. Königl. Preuß. Akademie d. Wiss., Bd. 2, Berlin 1905, 430.
[17] Physische Geographie, Bd. 2, 2. Theil, 1. Abschn.: Vom Menschen, § 4. In: Kant's gesammelte Schriften, Bd. 9, 317.
[18] Zit. GG, ebd., 149f.
[19] Ideen zur Philosophie der Geschichte der Menschheit, 1. Theil (1784), 4. Buch. Sämmtl. Werke, hg. B. Suphan, Bd. 13, 1887, 151.

begreift. Denn jedes Volk ist Volk: es hat seine Nationalbildung, wie seine Sprache."[20]

War von Bernier bis Blumenbach der Terminus *Rasse* vor allem für klassifikatorische Zwecke im Rahmen der „Naturgeschichte" verwendet worden, so verband der Göttinger Kulturhistoriker Chr. Meiners (1747–1810) *Rasse* erstmals ausdrücklich mit *Nation* und *Volk* und erklärt mit ihm in seinem ‚Grundriß der Geschichte der Menschheit' (1785) historische Prozesse. Er zieht auch Termini der Sprachwissenschaft für Sprachgruppen wie *Kelten* und *Slawen* zur Benennung der *Racen* heran und formuliert: „[...] daß das gegenwärtige Menschengeschlecht aus zween Hauptstämmen bestehe, dem tatarischen oder kaukasischen, und dem mongolischen Stamm: daß der letztere nicht nur viel schwächer von Körper und Geist, sondern auch viel übel gearteter und tugendleerer, als der kaukasische sei: daß endlich der kaukasische Stamm wiederum in zwo Racen zerfalle, in die keltische und slawische, unter welchen wiederum die erstere am reichsten an Geistesgaben und Tugenden sei."[21] Für Meiners ist unbezweifelbar, daß den europäischen Nationen aufgrund der für ihn evidenten Überlegenheit ihrer *Race* die Führungsrolle zustehe.

1853 bis 1855 erschien in Paris das vierbändige Werk ‚Essai sur l'inégalité des races humaines' des Diplomaten Graf Gobineau (1810–1882), das in Deutschland erst in der deutschen Übersetzung von L. Schemann ‚Versuch über die Ungleichheit der Menschenrassen' (1898–1901) seine starke Wirkung entfaltete. Gobineau gehörte, wie auch Schemann, dem Kreis um den extrem antisemitischen und rassistischen Richard Wagner an und wurde von ihm gefördert.[22] Er definiert *race* als den entscheidenden, mit der Unausweichlichkeit eines Naturgesetzes wirksamen, Faktor der Menschheitsgeschichte. Die drei von ihm angenommenen Rassen, für die Ungleichheit, d. h. Ungleichwertigkeit, konstitutiv sei: die weiße, die gelbe, die schwarze, beschreibt Gobineau als in ihren körperlichen und psychischen Merkmalen einheitliche Gruppen von „ursprünglich reinem Blut", die jedoch im geschichtlichen Prozeß degenerieren durch immer weiter gehende Vermischungen, bis zu ihrem, durch das Naturgesetz der *race* bestimmten, unausweichlichen Untergang.[23] Allein die vermeintlich noch einigermaßen unvermischte *race blanche*, deren Kern er mit dem aus der Sprachwissenschaft übernommenen Namen ↑ *Arier* bezeichnet, hält Gobineau für kulturtragend und geschichtsträchtig: „L'histoire n'existe que chez les nations blanches."[24] Doch auch die *Arier* sieht Gobineau von Degeneration bedroht, weil sie im Kampf mit den „niederen Rassen" unterliegen müßten.

Charles Darwin (1809–1888) übernimmt in seinem 1859 erschienenen Hauptwerk ‚On the Origin of Species by Means of Natural Selection or the Preservation of

---

[20] Ebd., 1. Theil (1784), 7. Buch. Ebd., Bd. 13, 1887, 257 f.
[21] Grundriß der Geschichte der Menschheit, Lemgo 1785, 20 f. Zit. GG, ebd. 151.
[22] Mosse, G. L.: Ein Volk, ein Reich, ein Führer. Die völkischen Ursprünge des Nationalsozialismus, 1979, 102–104.
[23] Vgl. GG, ebd., 161 f. und Bein, A.: Der moderne Antisemitismus u. seine Bedeutung f. die Judenfrage. In: VJZG 6/1958, 342.
[24] „Geschichte gibt es nur bei den weißen Nationen." Essai sur l'inégalité des races humaines, T. 2, Paris 1853, 349. Zit. GG, ebd., 162.

Favoured Races in the Struggle for Life' neben *species* auch den Ausdruck *race*. Durch seine Lehre von der (in langen erdgeschichtlichen Zeiträumen ablaufenden) Evolution als Folge natürlicher Selektion im „Kampf ums Dasein", in dem nur die Tüchtigsten und Angepaßtesten überleben, wird der Ausdruck *Rasse* dynamisch und fortschrittsoptimistisch akzentuiert. Schon in der unmittelbaren Rezeption kommt es, vorbereitet durch Gobineaus Deutung der Geschichte als *Rassengeschichte*, zur Übertragung der Evolutionstheorie auf die menschliche Geschichte und Gesellschaft. Der Fortschritt der Menschheit wird durch den „Kampf ums Dasein" und die „natürliche Züchtung", also durch die Rasse-Veredelung, als naturgesetzlich gesichert angesehen.[25] Aus dieser Sicht entwickelten sich ↑ *Rassenhygiene* und ↑ *Eugenik*.

Der einflußreichste Propagandist der Rassentheorie war der ebenfalls zum Wagner-Kreis gehörende Schwiegersohn Wagners Houston Stewart Chamberlain (1855– 1927). In seinem 1899 veröffentlichten, scheingelehrten Werk mit kulturphilosophischem Anspruch ‚Grundlagen des 19. Jahrhunderts', das 1940 in der 26. Auflage erschien, will er eine Gesamtschau der geschichtlichen Entwicklung aller Kulturen geben. Dabei übernimmt er von Wagner den Rassenmystizismus, von Gobineau die Betonung der Ungleichheit der Rassen und von Darwin das Modell der Rassenzüchtung in der Tierzucht. „Unmittelbar überzeugend wie nichts anderes ist der Besitz von ‚Rasse' im eigenen Bewusstsein. Wer einer ausgesprochenen, reinen Rasse angehört, empfindet es täglich. [...] Rasse hebt eben einen Menschen über sich selbst hinaus, sie verleiht ihm ausserordentliche, fast möchte ich sagen übernatürliche Fähigkeiten, so sehr zeichnen sie ihn vor dem aus einem chaotischen Mischmasch von allerhand Völkern hervorgegangenen Individuum aus [...]. Man kennt Goethe's Behauptung: Einzig das Überschwängliche mache die Grösse; das ist es, was eine aus vorzüglichem Material gezüchtete Rasse den Individuen verleiht: ein Überschwängliches."[26] „[...] ich folge dem grossen englischen Naturforscher [Darwin] in den Pferdestall und auf den Hühnerhof und zum Kunstgärtner und sage: dass es hier etwas giebt, was dem Wort ‚Rasse' Inhalt verleiht, ist unstreitig und jedem Menschen offenbar."[27] „In Wahrheit sind die Menschenrassen, trotz des breiten, gemeinsamen Untergrundes, von einander in Bezug auf Charakter, auf Anlagen, und vor Allem in Bezug auf den Grad der einzelnen Befähigungen so verschieden wie Windhund, Bulldogge, Pudel und Neufundländer. Die Ungleichheit ist ein Zustand, auf den die Natur überall hinarbeitet [...]."[28] In einer – distanzierten – zeitgenössischen Rezension des sonst weithin mit Faszination aufgenommenen Werks wird resumiert: „Rasse ist nach Chamberlain das vollendete Produkt einer in Wahl und Zeit streng beschränkten Mischung bestimmter, unter sich innerlich verwandter reiner Stämme. So sind die Rassen der Deutschen, der Engländer, der Juden u. s. w. entstanden. Dagegen entspringen aus der Vermischung innerlich we-

---

[25] So von Erich Haeckel in einem 1863 gehaltenen Vortrag ‚Über die Entwicklungstheorie Darwins', s. GG, ebd., 165.
[26] Chamberlain, H. St.: ebd., 1. Hälfte, 1899, 271 f
[27] Ebd., Vorwort z. 4. Aufl., 1. Hälfte, 1903, XXXVIII.
[28] Ebd., 1. Hälfte, 1899, 265 f.

nig verwandter oder disparater Stämme nicht Rassen, sondern unbrauchbare Mestizenvölker; zu ihnen rechnet der Verfasser nicht nur etwa die heutigen Südamerikaner, sondern u. a. auch die Romanen. Die Rasse ist die Wurzel aller geistigen und materiellen Blüte der Völker. Die einzige wirklich leistungsfähige Rasse der Gegenwart sind nach Chamberlain die Germanen. [...] Die Germanen sind auch die einzige Zukunftsrasse; von ihnen muss daher allmählich die ganze Welt erobert und alle übrigen Rassen, als zur Kultur unfähig, müssen von ihnen ausgetilgt werden."[29] Spätestens seit der Mitte des 19. Jahrhunderts war *Rasse* in (unklarer) anthropologischer Verwendung, fast durchweg mit der selbstverständlichen Konnotation der Ungleichwertigkeit, in der Gemeinsprache verankert. Die Vorstellungen und Wertungen, die mit dem Ausdruck verbunden wurden, waren allerdings konträr. Schon 1841 sprach der ‚Telegraph für Deutschland' vom „Vorurteil der Rasse".[30] Der Nationalökonom Karl Marlo (d. i. K. G. Winkelblech), der eine sozialistische Wirtschaftsordnung auf der Grundlage des Zunftsystems anstrebte, schrieb 1858: „Es unterliegt wohl keinem Zweifel, dass die Kulturfähigkeit der verschiedenen Menschenracen Nichts weniger als gleich und die der kaukasischen Race am grössten ist; doch sind die hieraus entspringenden Unterschiede keineswegs von der Art, dass sie die volle rechtliche Gleichstellung der niederen Racen mit der kaukasischen unmöglich machen."[31] „Erwägt man, dass die letztern [die niedern Racen] ihrer geringen Fähigkeiten wegen, sich niemals zu dem der kaukasischen Race möglichen Maass von Lebensgenüssen zu erheben vermögen und dass sie das grösste ihnen zugängliche Maass derselben nur unter der Leitung der kaukasischen Race erlangen können, erwägt man ferner, dass sie durch fortgesetzte Vermischung mit jener in der vierten, höchstens fünften Generation den Kaukasiern ganz oder nahe gleichkommende Menschen erzeugen; [...] dass nur durch die Veredelung der niedern Racen vollbegabte Menschen entstehen, welche die Feldarbeit in den tropischen Ländern ertragen, und deshalb die Veredelung der Bewohner der heissen Zone das einzige Mittel zur allgemeinen Verbreitung der höchsten Kultur abgibt: so kann man keinen Zweifel darüber hegen, dass die gänzliche Aufhebung der Racenverschiedenheit das letzte Ziel sein muss, welches die Kolonialpolitik sich zu stecken hat."[32] Moses Heß (1812–1875), der Vorläufer des Zionismus, setzt voraus, daß die moderne Gesellschaft aus dem kulturhistorischen Vermittlungsprozeß zwischen den „naturwüchsige[n] Rassengegensätze[n] der welthistorischen Kulturvölker", der Indogermanen und der Semiten, hervorgegangen sei.[33] „Arier und Semiten sind zwei sich ergänzende, das geschichtliche Leben bedingende, gleichwertige Faktoren des sozialen Lebens." Den größten Fortschritt sieht Heß bei den am stärksten vermisch-

---

[29] Prof. Dr. K. Krumbacher, München. Deutsche Literaturzeitung v. 6. 1. 1901. In: Die Grundlagen d. 19. Jh. v. H. St. Chamberlain. Kritische Urteile, 1901, 67 f.
[30] Zit. Nipperdey/Rürup: Antisemitismus, GG, Bd. 1, 1972, 133, Anm. 1.
[31] Untersuchungen über die Organisation der Arbeit oder System der Weltökonomie, Bd. 3, 1858, 261.
[32] Ebd., 265.
[33] Rom und Jerusalem. Epilog, 1. Abschn. (1862). In: Ders.: Ausgewählte Schriften, ausgew. u. eingel. Lademacher, H., o. J., 296.

ten Völkern: „Die moderne Welt hat ihre anthropologische Grundlage in der Kreuzung der Rassen, welche mit der Völkerwanderung begonnen hatte. Die modernsten, revolutionärsten Völker oder vielmehr Gesellschaften, die französische und die nordamerikanische, sind die am meisten gekreuzten [...]."[34] Schon 1862 deutet Moses Heß den Haß gegen die Juden als einen rassisch begründeten Haß: „Der deutsche Jude ist wegen des ihn von allen Seiten umgebenden Judenhasses stets geneigt, alles Jüdische von sich abzustreifen und seine Rasse zu verleugnen. Keine Reform des jüdischen Kultus ist dem gebildeten deutschen Juden radikal genug. Selbst die Taufe erlöst ihn nicht von dem Alpdruck des deutschen Judenhasses. Die Deutschen hassen weniger die Religion des Juden als ihre Rasse, weniger ihren eigentümlichen Glauben als ihre eigentümlichen Nasen."[35] Mit der Rezeption des oft willkürlich interpretierten Darwin wird der Judenfeindschaft, noch vor dem Aufkommen des Schlagworts ↑ *Antisemitismus*, eine pseudowissenschaftliche Grundlage gegeben. „Die Juden gehören der semitischen Rasse an, und sind mit der indogermanischen unvermischbar, da sich die Rassen der Menschen wie die Geschlechter der Tiere zu einander verhalten, daher denn alle Versuche, die Juden zu absorbieren und amalgieren fehlschlagen."[36] (1875)

Ladendorf führt *Rasse* in seinem ‚Historischen Schlagwörterbuch' (1906) auf und bemerkt: „Überhaupt verschwindet das Stichwort Rasse in der zweiten Hälfte des 19. Jahrhunderts nicht mehr aus der öffentlichen Diskussion und geht zahlreiche schlagende Verbindungen ein."[37] Über die Situation nach der Jahrhundertwende zitiert er aus der Zeitschrift ‚Die Zukunft': „Die Karriere des Wortes ‚Rasse' führt heute bis zu Kanzel und Katheder hinauf. Wir müssen uns mit diesem Wechselbalg von Ausdruck ernstlich beschäftigen, denn wir haben zu unseren leidigen politischen, nationalen, religiösen und sozialen Fragen in jüngster Zeit noch eine künstlich herausgeputzte und mit dem Flittergold einer Talmigelehrsamkeit herausstaffierte ‚Rassenfrage'."[38] „Talmigelehrsamkeit" kennzeichnet vor allem den unscharfen, widersprüchlichen und uneinheitlichen Gebrauch des Ausdrucks *Rasse* in den zahlreichen völkischen Gesellschaften, Bünden und Splittergruppen, bei denen sich Vorstellungen von „Rein- und Hochzucht" und ein sich immer stärker ausprägender Antisemitismus mit dem Ausdruck verbanden und in politischen Programmen niederschlugen wie dem der obskuren Guido-von-List-Gesellschaft: „Alle diese hier nur flüchtig entworfenen Grundbestimmungen [...] haben lediglich die bewußte Absicht: 1. Die ario-germanische Rasse, vornehmlich in ihrem deutschen Ast, vor weiterem Rückgang zu bewahren, ihren heute noch erhaltenen Besitzstand an gänzlich oder fast reinrassigen Angehörigen als Pflanzbestand für zielbewußte Rein- und

---

[34] Heß an Fr. H. Semmig, 3. 5. 1859. In: Moses Heß. Briefwechsel. Hg. E. Silberner unter Mitw. v. W. Blumenberg, 1959, 368.
[35] Rom und Jerusalem, Ebd., 235.
[36] Beta, O.: Darwin, Deutschland und die Juden oder der Juda-Jesuitismus, Berlin 1875. Zit. Cobet, 1973, 83.
[37] Ebd., 258.
[38] Stein, L.: Die Rasse. In: Die Zukunft, hg. Maximilian Harden, Bd. 50 [nicht 49, wie Ladendorf angibt], 14. 1. 1905, 87. Hinweis: Ladendorf ebd., 258 f.

Hochzucht zu erhalten und zu vermehren. 2. Durch strenge Ehegesetze jede weitere Bastardierung hintan zu halten und Mischehen oder außereheliche Vermischung mit minderwertigen Rassen durch strengst gehandhabte Gesetze zu verhindern. [...] 4. Nur Angehörige der ario-germanischen Herrenmenschheit genießen bürgerliche Freiheit und bürgerliches deutsches Recht, Angehörige der minderwertigen Mischrassen unterstehen dem Fremdengesetz und sind von allen bürgerlichen Herren-Rechten ausgeschlossen. [...]"[39] Die Rassenhygieniker und Sozialdarwinisten im Umkreis des 1904 gegründeten ‚Archivs für Rassen- und Gesellschafts-Biologie einschließlich Rassen- und Gesellschaftshygiene‘, die sich als Protagonisten einer neuen Wissenschaft verstanden, berührten sich oder sympathisierten mit manchen völkischen Anschauungen und Forderungen, so daß es zu einem ständigen „Überqueren der Grenze zwischen Wissenschaft und Ideologie" und einem Schwanken zwischen verschiedenen Definitionen des Terminus *Rasse* kam.[40]

› Hitler formuliert seine Vorstellungen von der Bedeutung der *Rasse* in ‚Mein Kampf‘: „Was nicht gute Rasse ist auf dieser Welt, ist Spreu." (S. 324) „Unsere heutige landläufige politische Weltauffassung beruht im allgemeinen auf der Vorstellung, daß dem Staate zwar an sich schöpferische, kulturbildende Kraft zuzusprechen sei, daß er aber mit rassischen Voraussetzungen nichts zu tun habe [...]." (S. 419) „Demgegenüber erkennt die völkische Weltanschauung die Bedeutung der Menschheit in deren rassischen Urelementen. Sie sieht im Staat prinzipiell nur ein Mittel zum Zweck und faßt als seinen Zweck die Erhaltung des rassischen Daseins der Menschen auf. Sie glaubt somit keineswegs an eine Gleichheit der Rassen, sondern erkennt mit ihrer Verschiedenheit auch ihren höheren oder minderen Wert und fühlt sich durch diese Erkenntnis verpflichtet, gemäß dem ewigen Wollen, das dieses Universum beherrscht, den Sieg des Besseren, Stärkeren zu fördern, die Unterordnung des Schlechteren und Schwächeren zu verlangen. Sie huldigt damit prinzipiell dem aristokratischen Grundgedanken der Natur und glaubt an die Geltung dieses Gesetzes bis herab zum letzten Einzelmenschen. Sie sieht nicht nur den verschiedenen Wert der Rassen, sondern auch den verschiedenen Wert der Einzelmenschen. [...] Allein sie kann auch einer ethischen Idee das Existenzrecht nicht zubilligen, sofern diese Idee eine Gefahr für das rassische Leben der Träger einer höheren Ethik darstellt; denn in einer verbastardierten und vernegerten Welt wären auch alle Begriffe des menschlich Schönen und Erhabenen sowie alle Vorstellungen einer idealisierten Zukunft unseres Menschentums für immer verloren. Menschliche Kultur und Zivilisation sind auf diesem Erdball unzertrennlich gebunden an das Vorhandensein des Ariers." (S. 420 f.) Hitler schließt hier bruchlos an den völkischen, sozialdarwinistischen und antisemitischen Sprachgebrauch an, doch gewinnt der Ausdruck *Rasse* bei ihm und im Nationalsozialismus seine besondere, nationalsozialistische, Qualität im Kontext einer rücksichtslosen Entschlossenheit, das auf dem angeblichen anthropologischen Grundgesetz der *Rasse* basierende ↑ *rassenpolitische* Programm in die Tat umzusetzen, bis hin zu den mörderischen Konsequenzen, die den Ausdruck

---
[39] List, Guido: Die Armanenschaft der Ario-Germanen, 2. Teil, 1911, 86.
[40] s. Weingart, P.: Rasse, Blut und Gene, 1992, 97 ff.

Rasse zum Inbegriff nationalsozialistischer Verbrechen machten. Der ↑ *Reichsrechtsführer* Hans Frank verkündete am 20. 3. 1934, knapp ein Jahr nach der Einführung des ↑ *Arierparagraphen* für die Beamten, in einer Rundfunkansprache: „Der zweite Fundamentalrechtssatz des Hitler-Reiches ist die Rassegesetzgebung. Der Begriff der Rasse wurde von den Nationalsozialisten überhaupt zum erstenmal zum Rechtsbegriff in der Gesamtrechtsgeschichte der Menschheit erhoben. Die deutsche rassisch, völkisch geeinte Nation wird künftig rechtlich geschützt sein gegen eine weitere Entwertung ihres völkischen Rassekerns."[41] Der Leiter des Rassenpolitischen Amtes der NSDAP, W. Groß, erläutert 1936 die Rolle des „Rassengedanken im neuen Geschichtsbild": „Im Mittelpunkt dieser Auseinandersetzungen stehen die Fragen, die mit dem Worte ‚Rasse' zusammenhängen. Vor wenigen Jahren glaubte man noch, [...] der neuen Bewegung revolutionärer Art [...] alle möglichen anderen Ziele, Tendenzen und Inhalte unterstellen zu können. Das war die Zeit, da das Rätselraten um das Wesen des Nationalsozialismus und seiner angeblichen Weltanschauung in den Blättern unserer Gegner gar nicht aufhören wollte. Mal versuchte man, die Sache von der militärischen Seite her anzufassen und zu sagen: das ist die militärische Reaktion. Dann versuchte man wieder, die Dinge von der wirtschaftlichen Seite her anzusehen und empfand je nachdem einen getarnten Kapitalismus oder einen getarnten Kommunismus. Aber selten nur war man damals sich bereits völlig darüber im klaren, daß in Wahrheit [...] das Wesen dieser Bewegung in ihrer rassischen Denkweise bestand, daß von dort her ihre Forderungen auf Umwertung und Umwandlung unserer Vorstellungen erhoben wurden, daß die nationalsozialistische Bewegung revolutionär ist, weil sie und solange sie eine rassische Bewegung ist, d. h. solange sie an die Stelle einer Anzahl von verstaubten und nur konstruierten Werten als letzten, ernsten und geschichtsbildenden Wert der Völker die Kräfte rassischer Art setzt."[42] Am 14. 1. 1937 ergehen Presseanweisungen, durch die der Ausdruck *Rasse* als Schlüsselwort des Nationalsozialismus unter besonderen Schutz gestellt wird: „Die Anzeigenabteilungen werden vom Propagandaministerium darauf aufmerksam gemacht, daß der Begriff ‚Rasse' bei Anzeigen nicht verwendet werden darf. Es ist unzulässig, mit dem Stichwort ‚Rasse' Propaganda für einen modernen Hut oder für einen bestimmten Motor der Autoindustrie zu machen."[43] Am 30. 1. 1937, dem vierten Jahrestag der ↑ *nationalsozialistischen Revolution*, erklärt Hitler im Reichstag: „Wir Menschen haben nicht darüber zu rechten, warum die Vorsehung die Rassen schuf, sondern nur zu erkennen, daß sie den bestraft, der ihre Schöpfung mißachtet. ... So wie die Erkenntnis des Umlaufs der Erde um die Sonne zu einer umwälzenden Neugestaltung des allgemeinen Weltbildes führte, so wird sich aus der Blut- und Rassenlehre der nationalsozialistischen Bewegung eine Umwälzung der Erkenntnisse und damit des Bildes der Geschichte der menschlichen Vergangenheit und ihrer Zukunft ergeben…"[44] 1939 erscheint der Kommentar von

---

[41] Dok. PS−536. In: Der Nürnberger Prozeß, Bd. 5, 85.
[42] Der Rassengedanke im neuen Geschichtsbild, 1936, 7.
[43] Br 9/31, 14. 1. 1937. Zit. Glunk, ZDS 26/1970, 181.
[44] Rühle, G.: Das Dritte Reich, Bd. 1937, 19.

Stuckart und Schiedermair zur Rassengesetzgebung ‚Rassen- und Erbpflege in der Gesetzgebung des Reiches', in dem die Rassengesetze auf den Feldern „Anforderungen an die Reinheit des Blutes", „Die Verhütung der Rassenmischung", „Die Ausschaltung der Juden aus der deutschen Wirtschaft", „Verhinderung der Fortpflanzung erblich Minderwertiger", „Wahrung der Ehegesundheit" von der Grundlage der nationalsozialistischen Rassenlehre ausgehend detailliert erläutert werden. „Der Nationalsozialismus stellt die Rasse in den Mittelpunkt des Volks- und Staatslebens, weil allein eine folgerichtige und zielbewußte Rassenpolitik die letzte Gewähr für eine gesicherte Zukunft des deutschen Volkes bietet."[45] Unter der Überschrift „Rasse und Gesetzgebung" führen die Verfasser aus: „Das liberalistische Zeitalter kannte keine Rassenfrage. Es war dem verhängnisvollen Irrtum von der Gleichheit alles dessen, was Menschenantlitz trägt, verfallen. Infolgedessen gab es für die damalige Staatsführung die Rassenfrage als staatspolitische Aufgabe nicht. Die Gesetzgebung der liberalistischen Zeit hat sich daher mit der Rassenfrage nicht befaßt. Der Nationalsozialismus stellt dagegen die Rassenfrage in den Mittelpunkt seiner Weltanschauung."[46] Die über die gesetzlich geregelten Ausgrenzungs- und Entrechtungsmaßnahmen hinausdrängenden tödlichen *Aktionen*: ↑ *Euthanasie* und ↑ *Endlösung der Judenfrage* wurden ebenfalls durch die Beziehung auf die „Rassengesetze" legitimiert, doch geschah dies, wie die Sache selbst, nicht öffentlich. In seinen Monologen im Führerhauptquartier äußerte Hitler am 21. 10. 1941: „... Heute hatte der Jude geglaubt, das Experiment von damals wiederholen zu können: damals wie heute Zerstörung der Rassengesetze als Volksgrundlage. [...] Wenn wir diese Pest ausrotten, so vollbringen wir eine Tat für die Menschheit, von deren Bedeutung sich unsere Männer draußen noch gar keine Vorstellung machen können..."[47] Noch am 2. April 1945 will Hitler in seinem ‚Politischen Testament' dem deutschen Volk als „Moralgesetz" und „Richtlinie" empfehlen: „Das mit Füßen getretene deutsche Volk sollte sich in seiner nationalen Ohnmacht stets bemühen, die Gesetze der Rassenlehre hochzuhalten, die wir ihm gaben. In einer moralisch mehr und mehr durch das jüdische Gift verseuchten Welt muß ein gegen dieses Gift immunes Volk schließlich und endlich die Oberhand gewinnen. So gesehen wird man dem Nationalsozialismus ewig dafür dankbar sein, daß ich die Juden aus Deutschland und Mitteleuropa ausgerottet habe."[48]

≫ 1950 wandte sich unter dem Eindruck der ungeheuren, im Namen des Rassismus begangenen Verbrechen eine UNESCO-Erklärung gegen die Verwendung des Ausdrucks *Rasse* für Menschen: „Die schweren Irrtümer, die der Gebrauch des Wortes

---

[45] Ebd., 3. erw. Aufl. 1942, 5.
[46] Ebd., 9.
[47] Monologe im Führerhauptquartier 1941–1944. Die Aufzeichnungen H. Heims. Hg. W. Jochmann, Hamburg 1980, 99. Zit. P. Longerich (Hg.): Die Ermordung der europäischen Juden, 1989, 76.
[48] Hitlers politisches Testament. Die Bormann Diktate v. Februar und April 1945, 1981, 121 f.

,Rasse' in der Umgangssprache mit sich bringt, lassen es wünschenswert erscheinen, daß man auf diesen Terminus, auf die Menschengattung angewandt, völlig verzichte und dafür den Ausdruck ‚ethnische (volksmäßige) Gruppen' annehme."[49]

Rasseamt (Rassenamt)

Bis zur Aufgabenbeschränkung des ↑ *Rasse- und Siedlungshauptamtes* der ↑ *SS* Anfang 1940 Name für das Amt II im *Rasse- und Siedlungshauptamt*.[50]

> „Rassenamt: Dieses Amt hat die Aufgabe, zu beweisen und auszuwerten, daß das Blut allein Geschichte, Gesittung, Recht und Wirtschaft bestimmt."[51] „Die Reichsführung der SS hat die Burg Schwalenberg auf die Dauer von 99 Jahren gepachtet, um das Rasseamt der SS nach dort zu verlegen und in der angegliederten Reichsrasseschule laufende Schulungskurse zur Rasseforschung einzurichten."[52] „Weiter wacht das Rasse- und Siedlungshauptamt im Rassenamt über die Einheitlichkeit der rassischen Annahmeuntersuchungen und über die Schulung der für diese Annahmeuntersuchungen eingesetzten Referenten bei den SS-Einheiten."[53] „Jeder SS-Mann, der zu heiraten beabsichtigt, hat hierzu die Heiratsgenehmigung des Reichsführers SS einzuholen. [...] Die sachgemäße Bearbeitung der Heiratsgesuche ist Aufgabe des ‚Rasseamtes' der SS."[54]

rassebewußt (rassenbewußt)

Des Wertes der eigenen Rasse bewußt.[55]

> Das Adjektiv *rassebewußt*, bzw. *rassenbewußt*, vielleicht eine Rückbildung zu dem früher belegten ↑ *Rasse(n)bewußtsein*, erscheint 1906 in substantivierter Form in der 1904 gegründeten Zeitschrift ‚Archiv für Rassen- und Gesellschaftsbiologie': „Zwar trifft der Niedergang alle Kulturmächte ungefähr gleichmäßig, so daß die nur für den nächsten Tag wirkende Politik unserer Tage ja über die Erhaltung des ‚status quo' beruhigt sein kann. Die Wissenschaft aber wird sich so wenig bei diesem Trost beruhigen können, wie das Gefühl des Rassenbewußten."[56] O. Hauser bezieht *rassebewußt* 1915 auf die Zielsetzung eines völkischen Erziehungsprojekts: „Mit einem anderen Plan tritt Ferdinand Büttner in seinem Buch ‚Ich und meine fünf Jungen' auf, das sich überhaupt vielfach mit dem hier ausgesprochenen Gedan-

---

[49] Zit. Lerch, E.: Der Rassenwahn. In: Der Monat, 3/1950, 170.
[50] Gebucht: Paechter.
[51] Organisationsbuch der NSDAP., 4. Aufl. 1937, 421.
[52] Frankfurter Zeitung, 18. 7. 1933. Zit. Blick in die Zeit, 1/Nr. 7, 28. 7. 1933, 14.
[53] d'Alquen, G.: Die SS, 1939, 24.
[54] Ebd., 10.
[55] Gebucht: *rassebewußt*: Duden, 10. Aufl. 1929, 11. Aufl. 1934; *rassenbewußt*: Duden, 10. Aufl. 1929, 11. Aufl. 1934, 12. Aufl. 1941. Getilgt: Duden, 13. Aufl. 1947.
[56] Claaßen, W.: Die Frage der Entartung der Volksmassen auf Grund der verschiedenen, durch die Statistik dargebotenen Maßstäbe der Vitalität. In: Archiv, 3/1906, 860

ken berührt; er will bei den Bemittelten beginnen und Knaben von nordischer Rasse zu einer rassebewußten Phalanx von Edelmenschen erzogen wissen."[57]

> Hitler verwendet den Ausdruck in ‚Mein Kampf' in ähnlichem Kontext: „Der junge Staatsangehörige deutscher Nationalität ist verpflichtet, die jedem Deutschen vorgeschriebene Schulbildung durchzumachen. Er unterwirft sich damit der Erziehung zum rasse- und nationalbewußten Volkgenossen." (S. 490) In einem Aufsatz über die ‚Geschichte der Bewegung' heißt es im ‚Schulungsbrief': „Besonderen Argwohn erregt die Thule-Gesellschaft, die von rassebewußten Deutschen geleitet wird."[58] In einem Aufruf der Deutschgläubigen werden in der Zeitschrift ‚Deutscher Glaube' Studenten mit „Ariernachweis" und „ärztlichem Erbgesundheitszeugnis (Sippschaftstafel)" für eine „Nationalsozialistische Arbeitskameradschaft für rassenbewußte Wissenschaft in Jena" geworben.[59] 1939 will das ‚Mitteilungsblatt der RKdbK' [Reichskammer der bildenden Künste] an der „Nationalsozialistischen Baukunst" die vollzogene „weltanschauliche Wende" ablesen: „Die Bauten des Führers sind die Zeugen der weltanschaulichen Wende unserer Zeit. Sie sind gebauter Nationalsozialismus. Seit den frühen deutschen Domen entstehen zum erstenmal wieder Gemeinschaftsbauten, die völlig von jeder Zweckbestimmung des Alltags losgelöst sind, Selbstdarstellung der ureigensten Naturkräfte eines erwachten, rassebewußten Volkes, Stein gewordene Verkörperung eines Glaubens.[…]"[60]

Rassebewußtsein (Rassenbewußtsein)

Wissen um die Eigenart und den Wert der eigenen Rasse als Voraussetzung für die Abwehr ↑ *Fremdrassiger*, insbesondere der Juden.[61]

> Eugen Dühring prägte den Ausdruck *Rassenbewußtsein* 1881 offenbar nach dem Muster von *Nationalbewußtsein*, im Kontrast zu dem 1865 bei Engels belegten[62] Ausdruck *Klassenbewußtsein*. „Selbst die höhern Geburtsstände, die doch sonst wissen wollen, was Abstammung und Blut zu bedeuten haben, sind jener Verdunkelung des Racen- und Nationalbewusstseins anheimgefallen und haben sich gewöhnt, ihre angestammte Abneigung gegen die Juden in die Gestalt des Protestes gegen eine religiöse Species zu kleiden."[63] „Der Classenhass, der sich gegen Alles, nur nicht gegen die Judenbourgeois richten sollte, wurde cultiviert, damit die Juden ihn ausbeuten und in der gespaltenen Geselllschaft um so leichter zur Herrschaft gelangen könnten. Nun aber fährt das Racenbewusstsein der Völker aus dem bisherigen Schlafe auf und zeigt den Juden und verjudeten Socialdemokraten, dass es noch einen andern grössern Gegensatz giebt, als den von Arbeiter und Bourgeois."[64]

---

57 Hauser, O.: Rasse und Rassefragen in Deutschland, 1915, 134.
58 Ebd., 1/Mai 1934, 28.
59 Ebd., Monatsschrift der Deutschen Glaubensbewegung, 2/1935, 142.
60 Ebd., 1. 9. 1939. Zit. Wulf, J.: Die bildenden Künste im Dritten Reich, 1963, 228.
61 Gebucht: Duden, 12. Aufl. 1941. Getilgt: Duden, 13. Aufl. 1947.
62 Paul 1992, 461, s. v. Klasse.
63 Die Judenfrage als Racen-, Sitten- und Culturfrage, 2. verb. Aufl. 1881, 2.
64 Ebd., 83.

Rassenbewußtsein konnte auch gleichbedeutend mit *Nationalbewußtsein* verwendet werden: „Überall regen sich die Völker. Selbst kleinere Nationen schließen sich im Rassenbewußtein zusammen, durchweg in feindlicher Gesinnung gegen das deutsche Element, das aus seinen alten und neuen Kultursitzen im östlichen Europa immer mehr verdrängt wird."[65] (1884) „Lebhaftestes Rassenbewusstsein und allerengste Stadtorganisation waren die notwendige Atmosphäre für die unvergänglichen Grossthaten des Hellenentums [...]."[66] (1899) 1913, als *Rasse* zu den häufig gebrauchten Modewörtern gehörte, kennzeichnete, nach Auffassung eines Wandervogelführers, *Rassenbewußtsein* den „Durchschnittsdeutschen". „Und dann noch eins: Kann jeder einzelne von uns, die wir deutscher denken und gesinnt sind als der Durchschnittsdeutsche mit seinem ‚Rassen'-Bewußtsein, einwandfrei nachweisen: in meinen Adern ist nicht ein einziges Tröpfchen jüdischen Blutes? Ich bezweifle es. Und es hängt auch rein gar nichts davon ab."[67] Die Völkischen fordern 1914 „die körperlich sittliche Wiedergeburt des deutschen Volkes auf Grund eines gesunden Rassebewußtseins."[68] 1920 kündigt der ‚Völkische Beobachter' an: „Dann wird das gesunde Rassenbewußtsein mit elementarer Gewalt zum Durchbruch kommen."[69]

> Im Nationalsozialismus bezeichnet *Rassebewußtsein* die beim ↑ *Volksgenossen* zu schaffende – von den ↑ *internationalen Mächten* Marxismus, Bolschewismus und Katholizismus untergrabene – Bewußtseinslage, die durch ↑ *Schulung* hergestellt und erhalten werden muß. „Aus diesem Gefühl erwächst das Vertrauen zum Führer, die Fähigkeit, ihm folgen zu können. ‚Er braucht nicht die Hirne, aber er muß die Herzen seiner Gefolgschaft haben.' Um sie freizulegen, in ihnen Widerhall zu finden, schlägt der Verfasser die reine Glocke des Rassebewußtseins an."[70] „Hier wird an einer größeren Zahl von Werken sichtbar gemacht, daß sich die entartete Kunst vielfach auch in den Dienst jenes Teils der marxistischen und bolschewistischen Ideologie gestellt hat, deren Ziel lautet: Planmäßige Abtötung der letzten Reste jedes Rassebewußtseins."[71] „Diese Erhebungen führten zu erschreckenden Feststellungen. Sie zeigten, daß noch ein großer Prozentsatz der Bauern mit Juden Geschäfte betreibt. [...] Die tiefere Ursache liegt jedoch in der Einstellung der Bauern, die jegliches Rassebewußtsein vermissen läßt. Die Erhebungen [...] zeigen jetzt schon, daß gerade in den Gegenden, wo nach wie vor der politische Katholizismus seine Herrschaft ausübt, die Bauern von den Lehren des streitbaren politischen Katholizismus so infiziert sind, daß sie gegen jede Erörterung des Rasseproblems taub sind."[72]

---

65 Reinhold, K. Th.: Das Deutsche Volksthum und seine nationale Zukunft, 1884, 49.
66 Chamberlain, H. St.: Die Grundlagen des neunzehnten Jahrhunderts, 2. Hälfte, 1899, 667.
67 Wilker, K., Wandervogelführerzeitung, H. 3, Juli 1913. In: W. Kindt (Hg.): Die Wandervogelzeit, 1968, 254.
68 Ungewitter, R.: Was wir wollen. In: Aufsteigendes Leben, 4/1914, 1. Zit. Weißmann K.: Schwarze Fahnen, Runenzeichen, 1991, 31.
69 VB, 5. 9. 1920, 3.
70 Der Schulungsbrief, 1/3. Folge, 1934, 24.
71 Entartete Kunst. Ausstellungsführer, hg. F. Kaiser, 1937, 16.
72 Monatsbericht d. Staatspolizeileitstelle München, 1. 8. 1937. In: Bayern in der NS-Zeit, 466 f.

„Das Erwachen des Rassebewußtseins hat die Liebe des deutschen Menschen zu seinem Volk vertieft und neu fundamentiert. Wenn wir unser deutsches Blut von fremdrassigem Blut reinhalten, und wenn wir insbesondere den uns wesensfremden jüdischen Einfluß aus allen deutschen Lebensgebieten verbannen, so steht als letztes Motiv hinter alledem auch nichts anderes als die Liebe zur deutschen Heimat und zum deutschen Volk."[73] „Während vor Inkrafttreten der Kennzeichnungsverordnung jeder Volksgenosse selbst darauf acht gegeben habe, nicht in Berührung oder Verkehr mit Juden zu kommen, und aufgrund des durch die jahrelange nationalsozialistische Schulung geweckten Rassebewußtseins sowie einer in diesem Zusammenhang gewonnenen Urteilsfähigkeit im allgemeinen eine erfolgreiche Abwehrstellung gegen das Judentum bezogen habe, habe nunmehr durch die Kenntlichmachung der Juden kraft Gesetzes der Staat selbst diesen Schutz des Volksgenossen erhöhen wollen. Da jetzt jeder darauf achte, ob jemand durch den gelben Stern gekennzeichnet und damit Jude ist, entgehe ihm umso eher der nicht gekennzeichnete Jude."[74] Die Geschichte zeigt, „wie von dem Augenblick an, wo ein Volk sein Rassebewußtsein und seine Rassenreinheit verliert, sein geistiger, sittlicher und sittentümlicher (kultureller) Niedergang beginnt."[75]

rassefeindlich (rassenfeindlich)

Gegen das Ziel der ↑ *Höherzüchtung* oder ↑ *Aufartung* der Rasse gerichtet.

▶ „Denn so wie die Dinge nun einmal liegen, bleibt uns, wie Ploetz […] betont, nichts anderes übrig, als die Wahl zwischen einem rassefeindlichen Präventivverkehr, wie er jetzt geübt wird und unaufhaltsam immer mehr in Schwang kommt, und einem rassefreundlichen Präventivverkehr (zum Zwecke generativer Individual- und Keimauslese) wie er, ohne große Opfer selbst von Egoisten zu verlangen, von einer zielbewußten Wissenschaft und Praxis angestrebt werden könnte."[76] (1904) „Die pessimistischen Voraussagen einiger Franzosen, deutsche Größe werde durch die nivellierenden, rassefeindlichen Bestrebungen des Sozialismus und durch ein Überwuchern der einschläfernden bureaukratisch-staatlichen Maschinerie über die private Initiative binnen kurzem zu Fall kommen, teilt Verf. durchaus nicht."[77] (1906) „Folglich kann eine vernünftige Rassenhygiene nicht kulturfeindlich und wahre Kultur nicht rassenfeindlich sein."[78] (1923)

▶ „Während die Gewerkschaften den Streik nach einem Abkommen ihrer jüdischen sozialdemokratischen Führung und des jüdischen Arbeitgebersyndikus Oppenheimer abblasen, steht die nationalsozialistische Arbeiterorganisation, die Betriebszel-

---

[73] Müller, L.: Der deutsche Volkssoldat, 1940, 56 f.
[74] MADR, (Nr. 256), 2. 2. 1942, Bd. 9, 3247.
[75] Graf, J.: Vererbungslehre, Rassenkunde und Erbgesundheitspflege, 1939, 266.
[76] Rüdin, E.: Rezension v. Schallmayer, W.: Vererbung und Auslese im Lebenslauf der Völker (1903). In: Archiv, 1/1904, 934.
[77] Rüdin, E.: Rezension v. Kuhlenbeck, I.: Das Evangelium der Rasse (1905). In: Ebd., 3/1906, 440.
[78] Baur/Fischer/Lenz: Menschliche Erblichkeitslehre, 2. Aufl. 1923, 155.

len, fest im Streik gegen den rassefeindlichen Kapitalismus."⁷⁹ „Energisch weigerte sich der Nationalsozialismus [...] an einer kapitalistischen Restauration irgendeiner Art mitzuwirken. Er blieb dem Volke treu, denn er hatte im Kapitalismus ein rassefeindliches Prinzip als solches erkannt, das sich nur in der äußeren Form vom Marxismus unterscheidet."⁸⁰ „Und die Verpflichtung, die dem deutschen Menschen auferlegt wird, führt ihn zum Rassestolz und schließlich zur Erkenntnis und Ablehnung auch der geringsten rassefeindlichen Einflüsse. Jede Überlieferung wird dereinst ihren rassischen Wert beweisen müssen; ist sie rasseuntreu, wird sie, als zu leicht befunden, fallen. Denn über jeder Treue steht das Recht des Bluterbes, und das lebendige Recht des Bluterbes ist das ungeschriebene Gesetz des Volkes."⁸¹

rassefremd (rassenfremd), Rassefremder (Rassenfremder), Rassefremdheit

Nicht mit der eigenen Rasse verträglich, jüdisch.

▷ „Zu wirtschaftlicher Macht gekommen, griffen diese volks- und rassenfremden Gäste auf deutschem Boden auf alle Gebiete des nationalen Lebens über – an sich ein tragikomischer Widerspruch in sich selbst – aber infolge des Geschehenlassens eine historische Tatsache. Publizistik, Theaterwesen, Journalistik wurden erobert, die Advokatur, die Hochschulprofessuren, die ärztliche Laufbahn wurden ein besonderes Feld jüdischer Betätigung und jüdischen Einflusses."⁸² (1912) „Durch die Aufnahme von immer rassefremderen Massen bildete sich dann eine eigentümliche Wesensart heraus, die gewissermaßen die Brücke zum Chinesentum ist, eine starre Unduldsamkeit, die sich darin begründet, daß man durch eben jene neuen Rasseelemente die Beweglichkeit und Anpaßfähigkeit verlor."⁸³ (1915) „Man erkennt in Thersites sofort den Rassefremden, den levantinischen Mediterranen, der dem nordischen Menschen auf die Nerven geht."⁸⁴ (1917)

▷ „Der Sowjetjude und seine rasseeigenen und rassenfremden Helfershelfer geben kein Pardon."⁸⁵ „Um der Gefahr einer Rasseverschlechterung zu entgehen, wie sie etwa die 600 Negerbastarde aus der Besatzungszeit bedeuten, wird die sofortige Sterilisierung aller Farbigen und Negerbastarde innerhalb des Deutschen Reiches verlangt, denn noch ermängle dem Deutschen das Stilgefühl, das ihm die Zeugung von Kindern mit rassefremden Elementen verbiete."⁸⁶ „In die Trostlosigkeit unserer Baugesinnung brachte der 9. November 1918 eine gewisse Großzügigkeit. Die Trost-

---

[79] v. Leers, J.: 14 Jahre Judenrepublik, Bd. 2, 2. Aufl. 1933, 94.
[80] Ebd., 98.
[81] Bausteine zum Dritten Reich. Lehr- und Lesebuch d. Reichsarbeitsdienstes, hg. H. Kretzschmann, 5. Aufl. o. J., 169.
[82] Frymann, Daniel (d. i. Heinrich Claß): Wenn ich der Kaiser wär', 2. Aufl. 1912, 32.
[83] Hauser, O.: Rasse und Rassefragen, 1915, 114f.
[84] Hauser, O.: Genie und Rasse, 1917. Zit. Günther, H. F. K.: Rassenkunde des deutschen Volkes, 1922, 260.
[85] VB, 30. 1. 1921, 1.
[86] Deutsche Zeitung. Zit. Blick in die Welt, 2/Nr. 8, 24. 2. 1934, 15.

losigkeit wurde nämlich zum Gesetz, die Gedankenarmut zur Tugend erhoben, und ihre unfähigen Erzeuger ließen sich als die großen Künstler der ‚neuen Sachlichkeit' feiern. Wir erlebten damit den Einbruch rassefremder Eroberer in die widerstandslos gewordene deutsche Kultur. Das hundertprozentig bolschewistische ‚Bauhaus' übernahm die Führung."[87] „Der urwüchsige Haß des deutschen Arbeiters gegen die kapitalistische Lebensordnung, die er dunkel als rassefremd und rassefeindlich empfindet, die ihn praktisch von jedem Besitz ausschließt und jahrzehntelang seine Kinder in dumpfen Mietskasernen verkommen ließ, wurde vom Marxismus als Rammbock gegen die Einheit der Nation im jüdischen Interesse benutzt."[88] „Das nordamerikanische Rassenproblem ist also durchaus unzureichend gelöst, da der gefährlichste Feind des amerikanischen Volkes, der Jude, rechtlich nicht als andersrassisch und rassenfremd erkannt ist."[89] „Die notwendige Trennung mußte daher zunächst im Wege einer rechtlichen Trennung verwirklicht werden. Für die Ausscheidung Artfremder aus dem deutschen Volkskörper ist das in der Weise geschehen, daß für die Erlangung wichtiger Rechte, für den Erwerb von Mitgliedschaften und für die Ausübung zahlreicher Berufe Anforderungen an die Reinheit des Blutes aufgestellt worden sind. Nur wer diese Anforderungen erfüllt, kann die Rechte und Mitgliedschaften erwerben oder den Beruf ausüben. Damit sind die Rassefremden von jedem Einfluß auf die Lebensgestaltung des deutschen Volkes ausgeschaltet."[90] „Infolge dieser tiefgehenden Rassefremdheit führte die blutmäßige Vermischung mit dem Judentum nicht nur zu einer Zersetzung des deutschen Blutes, sondern auch zu einer Zerreißung der deutschen Seele."[91]

rassegebunden (rassengebunden)

Von der Rasse geprägt.

> „Demgegenüber erklärt die neugeborene Weltanschauung unserer Zeit: die rassengebundene Volksseele ist das Maß aller unserer Gedanken, Willenssehnsucht und Handlungen, der letzte Maßstab unserer Werte."[92] „Unserer Anschauung, daß alle Wissenschaft abhängig ist von dem geschichtlichen Ort und der Zeit ihrer Entstehung und von der weltanschaulichen Haltung ihrer Schöpfer, daß sie rassegebunden und blutmäßig bedingt ist, setzt man von hier aus Schlagworte, wie das der Internationalität, der allgemeinen Gültigkeit und Richtigkeit der Objektivität und einer falsch verstandenen Freiheit der Wissenschaft entgegen."[93] „Auch für eine rassengebundene Sittlichkeit kann nur das Volk alleiniger und oberster Wertmaßstab sein.

---

[87] Högg, E.: Die Baukunst – gestern – heute – morgen, 1934. Zit. Wulf, J.: Die bildenden Künste im Dritten Reich, 1963, 225.
[88] v. Leers, J.: Odal, 2. Aufl. 1936, 662.
[89] Meyers Lexikon, Bd. 9, 1941, 58, s. v. Rasse.
[90] Stuckart/Schiedermair: Rassen- und Erbpflege in der Gesetzgebung, 3. erw. Aufl. 1942, 10.
[91] Ebd., 13.
[92] Rosenberg, Mythus, 697.
[93] Kubach, F.: Ph. Lenard: „Deutsche Physik". In: Der Deutsche Student, 4/Aug. 1936, 378.

Sittlich ist alles das, was der Arterhaltung des Volkes und der Darstellung und Verwirklichung seiner höchsten Charakterwerte dient; und unsittlich ist alles das, was dieser Arterhaltung und Verwirklichung entgegensteht."[94] „Die rassegebundene deutsche Rechtsanschauung entnimmt die letzten Werte aus der rassenseelischen Haltung der nordisch-fälischen Rasse, die das deutsche Volk prägt. Daher lehnt der Nationalsozialismus das beziehungslose katholische sog. Naturrecht ebenso ab wie alle anderen nur im Denken verwurzelten Rechtsanschauungen."[95]

Rassegedanke (Rassengedanke)

Bezeichnung für die Vorstellung von der biologisch determinierten vitalen und kulturellen Höchstwertigkeit der unvermischten ↑ *arischen*, bzw. ↑ *nordisch-germanischen Rasse* und für das Programm zur Wiederherstellung dieses Zustandes im deutschen Volk.[96]

> „Gobineau hat dann um die Mitte des vorigen Jahrhunderts den germanischen Rassegedanken eingehend entwickelt und bis in seine letzten Folgerungen zielbewußt durchgeführt."[97] (1905) „Zu eigentlich europäischer Verbreitung brachte aber den neuen Gedanken erst das Werk des ehemaligen Engländers, jetzigen Deutschen H. St. Chamberlain ‚Die Grundlagen des 19. Jahrhunderts' (1899). War das Werk auch nicht eigentlich wissenschaftlich, irrte es auch vielfach, stand es auch in einem gewissen, für den Fortgang der Rasseforschung sicherlich schädlichen Mißverhältnis zur wissenschaftlichen Menschenkunde, deren Verfahren er sich nicht anschließen wollte, so hat es doch und vielleicht gerade auch durch den heftigen Widerspruch und die laute Begeisterung, die es erweckt hat, zum erstenmal den Rassegedanken so zum Bewußtsein weitester Kreise gebracht, daß mit seinem Erscheinen die anthropologische Geschichtsbetrachtung als eine Angelegenheit weitester Forschungskreise eigentlich befestigt wurde."[98] (1922)

> „Der Grundpfeiler des Nationalsozialismus ist der Rassegedanke. Das heißt: maßgebend für die Erscheinung des Menschen in körperlicher wie geistig-seelischer Beziehung ist in allererster Linie die erbmäßige Anlage, ist das Erbe des Blutes."[99] „Der Rassegedanke wird sich niemals durch noch so weise und leider ja auch dringend notwendige Verordnungen durchsetzen, genau wie auch die Gesundung des Kranken weniger vom Heilmittel, das freilich nicht zu entbehren ist, als von dem Willen des Kranken, gesund zu werden, abhängt. Das deutsche Volk muß seinen rassischen Willen wiedergewinnen und es wird dann leicht sein, es durch Anweisungen auf den richtigen Wegen zu lenken, auf denen die beste Förderung mög-

---

[94] Ziegler, M.: Weltanschauung und Staatstreue. In: NS-Monatshefte, 9/1938, 755.
[95] Meyers Lexikon, Bd. 9, 1942, 58 s. v. Rasse.
[96] Gebucht: Duden, 12. Aufl. 1941. Getilgt: Duden, 13. Aufl. 1947.
[97] Röse, C.: Beiträge zur europäischen Rassenkunde u. die Beziehungen zw. Rasse u. Zahnverderbnis. In: Archiv, 2/1905, 739.
[98] Günther, H. F. K.: Rassenkunde des deutschen Volkes, 1922, 16.
[99] Boehm, H.: Erbkunde und Rasse. In: Der Schulungsbrief, 1/1934, 3. Folge, 6.

lich ist."[100] „Der besondere Kampf der katholischen Kirche gilt gerade auch wieder in neuerer Zeit dem Rassegedanken."[101] „Der Rassegedanke der NSDAP. hat zwei klare Erkenntnisse und damit auch Ziele: einmal die Ablehnung des jüdischen und diesem im Wert gleichwertigen oder gar minderwertigen sogenannten ‚farbigen' Blutes für unser Volk, und zum anderen die grundsätzliche Bejahung des germanischen Blutes als Anfang, Grundlage und Zukunft alles dessen, was wir deutsch nennen. Von diesen beiden Erkenntnissen kommen wir zu innerstaatlichen Erwägungen und Maßnahmen unserer Staatsführung, welche nur die gedanklichen Folgerungen aus beiden Erkenntnissen darstellen."[102] „Der Rassegedanke erstrebt die Volksgesundheit, Rasseneinheit und Artewigkeit des deutschen Volkes. Besser als Worte vermag bildende Kunst ihn zu verbreiten und einzuprägen. Der Rassegedanke erstrebt die Reinigung des deutschen Blutes. Um der Blutreinheit willen schließt er Mischlinge mit jüdischem, negerischem und sonstigem außereuropäischen oder farbigem Blutanteil aus von der Kreuzung mit deutschem Blut. Um der Blutreinheit willen strebt er ferner danach, die Erbkrankheiten einzudämmen und zurückzudrängen, d. h. die Träger an der Fortpflanzung zu hindern. Es widerspricht mithin dem Rassegedanken jede sogenannte ‚Kunst', welche das Entartete als wesentlich herausstellt, dadurch Instinkt und Geschmack zum Schaden der Art-Ordnung abstumpft und verdreht. Der Rassegedanke erstrebt die Gesundheit und Sicherheit des deutschen Volksbestandes. [...] Der Rassegedanke erstrebt, aus dem gesunden Volksbestand durch die Auslese der Erblich-Trefflichen in freiwilliger Rassezucht den deutschen Adel neu zu schaffen. [...] Der Rassegedanke verlangt nicht allein die leibliche, sondern auch die seelische Volksgesundung. [...]"[103] „Ein Versuch gegnerischer Kräfte, den nationalsozialistischen Rassegedanken wissenschaftlich zu erledigen, wurde auf dem internationalen Kongreß für Anthropologie von ausländischen Wissenschaftlern unternommen."[104]

Rassegefühl (Rassengefühl)

Bewußtsein für den Wert der eigenen Rasse.

> „Wir werden dem Verf. beistimmen, wenn er an anderer Stelle andeutet, daß nur die deutsche Frau ein sittlich berechtigtes Rassegefühl in die deutschen Kolonien bringen könne."[105] (1906) „Die in diesem Buche vereinigten Aufsätze sind alle durchaus praktischer Natur und bezwecken weiter nichts, als auf die Wichtigkeit

---

[100] Gercke, A.: Die Rasse im Schrifttum, 2. Aufl. 1934, 8.
[101] Lagebericht f. d. Monat April 1935 d. Staatspolizeistelle f. d. Reg.bez. Aachen v. 8. 5. 1935. In: Vollmer, B.: Volksopposition im Polizeistaat, 1957, 205.
[102] Darré, R. W.: Wir und die Leibesübungen, 1. 7. 1935. In: Ders.: Um Blut und Boden, 1941, 113 f.
[103] Willrich, W.: Säuberung des Kunsttempels, 1937. Zit. Wulf, J.: Die bildenden Künste im Dritten Reich, 1963, 263 f.
[104] MADR, Jahreslagebericht 1938 d. SHA, Bd. 2, 106.
[105] Kaiser, A.: Krit. Bespr. v.: Deutsche Kolonialreform, verf. v. einem Auslandsdeutschen (1905). In: Archiv, 3/1906, 612.

der Rassenprobleme [...] hinzuweisen und das Rassegefühl neu zu erwecken."[106] (1920)

> „Die gesamte Bildungs- und Erziehungsarbeit des völkischen Staates muß ihre Krönung darin finden, daß sie den Rassesinn und das Rassegefühl instinkt- und verstandesmäßig in Herz und Gehirn der ihr anvertrauten Jugend hineinbrennt."[107]
„Niemand, der heute mit diesen Dingen sich befaßt, denkt an eine Wiederbelebung der germanischen Religion auf dem Stande, den sie vor der Christianisierung hatte. Aber für manchen, der Stolz und Rassegefühl im Leibe hat, ist der Weg schwer geworden über Brandschutt, Gräber und Scheiterhaufen zu einem Glauben, der seiner Art innerlich fern und fremd ist."[108] „Wir haben uns in den letzten vierzehn Jahren durch undeutsche und artfremde Elemente eine Kunstrichtung aufzwingen lassen, die zu grotesken Verfallserscheinungen geführt hat. Die krankhaften und verkrampften Gestalten angeblicher ‚deutscher Künstler' sollten vielleicht eine Art Idealbild für die rassisch minderwertige und moralisch zersetzte Oberschicht bedeuten, die sich größtenteils aus Juden, Freimaurern, Marxisten und Liberalisten zusammensetzte, und die sich weiter in dieser Zeit ungemein anmaßend um die Förderung einer sogenannten modernen deutschen Kunst gekümmert hat. [...] Anregungen holte man sich von Niggern und Südseeinsulanern (Schmidt-Rottluff, Nolde, Gauguin) oder von artfremden slawischen oder slawisch fühlenden Menschen (Barlach, Käthe Kollwitz), weil den meisten modernen Künstlern der Wert des Rassegefühls vollständig fehlte."[109] „[...] wenn ferner infolge der Rassenschändung Frankreichs heute am deutschen Rhein 500–600 Negermischlinge leben, die nunmehr ins fortpflanzungsfähige Alter kommen, so sehen wir eine Gefahr heraufziehen, die nicht zu unterschätzen ist und die eines Tages ebenso wie die jüdische Gefahr zur Schicksalsfrage der Völker von Westeuropa und Nordamerika werden wird. Vorerst aber gibt es für uns nur ein Mittel, der schwarzen Gefahr entgegenzutreten: Ausschließung dieser Mischlinge aus unserer völkischen Fortpflanzungsgemeinschaft, und zwar dadurch, daß wir vor allem in unserer Jugend ein gesundes Rassengefühl wecken und pflegen, als sicherste Gewähr für die Erhaltung der Reinheit unseres Blutes."[110]

Rassegenosse

Angehöriger der gleichen ↑ Rasse, in der Anwendung auf Juden pejorisiert, zuletzt fast ausschließlich auf Juden bezogen.

> „Schließlich verdient doch auch noch hervorgehoben zu werden, daß den Japaner gerade von anderen Rassegenossen (Chinesen usw.) der kriegerische Geist und lei-

---

[106] VB, 13. 4. 1920, 2.
[107] Hitler, Mein Kampf, 475.
[108] v. Leers, J.: Der Kardinal und die Germanen, 1934, 43.
[109] Hansen, W., Hamburger Grundeigentümer-Zeitung, 3. 2. 1935. In: Piper, E.: Ernst Barlach u. die „entartete Kunst", 1987, Dok. 88, 121.
[110] Graf, J.: Vererbungslehre, Rassenkunde und Erbgesundheitspflege, 6. Aufl. 1939, 268.

denschaftliche Patriotismus, der fröhliche Leichtsinn und die Geringschätzung des Geldes, die Freude am neuen, der Humor, der seine ganze Kunst durchdringt, sein im ganzen gutmütiges und hilfsbereites Wesen, die Regsamkeit und Betriebsamkeit in origineller und zum Teil auch vorteilhafter Weise unterscheidet."[111] (1904) „Über die Haarfarbe jener westlichen Reihengräbervölker, deren Schädelform man zu der germanisch-nordeuropäischen Rasse in Beziehung bringt, sind meines Wissens noch keine entsprechenden Untersuchungen durchgeführt worden, allein man wird mit einer an Gewißheit grenzenden Wahrscheinlichkeit annehmen dürfen, daß auch die Träger dieser Schädel, gleich ihren durch Kreuzung jedenfalls nicht vollständig veränderten östlichen Rassegenossen und Zeitgenossen, dunkles Haargewand hatten [...]."[112] (1904) „Die Zionisten bestätigen durchaus, was die auf dem Standpunkt der Rasse stehenden Gegner der Juden längst behaupten, und wenn sie auch im Verhältnis zur Gesamtheit ihrer Rassegenossen eine kleine Schar sind – die Wahrheit, die sie verkünden, kann nicht mehr mundtot gemacht werden."[113] (1912)

> Hitler: „Wenn wir als erste Aufgabe des Staates im Dienste und zum Wohle seines Volkstums die Erhaltung, Pflege und Entwicklung der besten rassischen Elemente erkennen, so ist es natürlich, daß sich diese Sorgfalt nicht nur bis zur Geburt des jeweiligen kleinen jungen Volks- und Rassegenossen zu erstrecken hat, sondern daß sie aus dem jungen Sprößling auch ein wertvolles Glied für eine spätere Weitervermehrung erziehen muß."[114] „Es ist daher auch kein Zufall, daß just Max Reinhardt-Goldmann es war, der durch seine raffinierten Inszenierungen der dem Griechischen entnommenen Dramen Hofmannsthals den Dichter erst ‚popularisierte', und daß diese beiden den Salzburger Festspielrummel ins Leben riefen. Der jüdische Spielleiter brauchte zur Entfaltung seiner in Überladung schwelgenden Regiekunst einen Dichter, der ihm dazu das Material lieferte, und er fand diesen in seinem Rassegenossen Hugo von Hofmannsthal."[115] „Der rassische Bestandteil ist eine Gesamtheit von körperlichen und seelischen Merkmalen, die ein Mensch mehr oder weniger mit allen seinen Rassengenossen gemeinsam hat. [...] Allen Rassegenossen ist ein Grundgefüge von Eigenschaften gemeinsam."[116] „Kein deutscher Mann und kein deutsches Geschäft soll in solchen Zeitungen [die den Juden-Boykott nicht unterstützen] noch Annoncen aufgeben. Sie müssen der öffentlichen Verachtung verfallen, geschrieben für die jüdischen Rassegenossen, aber nicht für das deutsche Volk."[117] „Als Hitler nach München kam, herrschten die gleichen bolschewistischen Zustände. Ein jüdischer Kaffeehausliterat Kurt Eisner-Kosmanowsky, der sich während des Krieges in Berliner Nachtlokalen herumgetrieben hatte, regierte als Ministerpräsident. Seine landfremden Rassegenossen Toller, Mühsam, Landauer, Levien,

---

[111] Rüdin, E.: Rezension v. Bälz, E.: Zur Psychologie der Japaner. In: Archiv, 1/1904, 150.
[112] Weinberg, R.: Rezension v. Wilser, L.: Die Germanen, 1904. In: Archiv, 1/1904, 775.
[113] Frymann, D. (d. i. Heinrich Claß): Wenn ich der Kaiser wär', 2. Aufl. 1912, 78.
[114] Mein Kampf, 451.
[115] VB, 18. 7. 1929, 2
[116] VB, Die Rasse entscheidet das Schicksal der Völker, 1. 5. 1930, Beiblatt.
[117] VB, 19. 3. 1933, 1.

Leviné-Nissen, Ret Marut und Axelrodt hatten einen ‚Aktionsausschuß zum Schutze des Landtags' gebildet. Alles zielte dahin, Bayern nach russischem Muster in die Hand zu bekommen."[118] „Allen nach Madagaskar deportierten Juden wird dagegen vom Zeitpunkt der Deportation ab von den einzelnen europäischen Ländern die Staatsangehörigkeit dieser Länder aberkannt. Sie werden dafür Angehörige des Mandats Madagaskar. Diese Regelung vermeidet, daß die Juden etwa in Palästina einen eigenen Vatikanstaat gründen und damit den symbolischen Wert, den Jerusalem für den christlichen und mohammedanischen Teil der Welt hat, für ihre Ziele einspannen können. Außerdem bleiben die Juden als Faustpfand in deutscher Hand für ein künftiges Wohlverhalten ihrer Rassegenossen in Amerika."[119] „Der Reichsführer-SS und Chef der Deutschen Polizei hat angeordnet, daß die im vorstehend genannten Bericht näher bezeichneten Juden Szemerke Goldberg, Taalemka Eliacz, Mendel Lewin, David Bryszkowski und David Zammiadyn im Ghetto Neuhof in Gegenwart ihrer Rassegenossen aufzuhängen sind. Ich bitte um Vollzugsmeldung. Eichmann. SS-Obersturmbannführer."[120]

Rasseinstinkt (Rasseninstinkt)

Instinktives Gefühl für die Besonderheit der eigenen Rasse.[121]

> „Zu den totgeglaubten Völkern, welche im Bewußtsein ihrer geschichtlichen Aufgabe ihre Nationalitätsrechte geltend machen dürfen, gehört unstreitig auch das jüdische Volk, das nicht umsonst zwei Jahrtausende hindurch den Stürmen der Weltgeschichte getrotzt, und wohin auch die Flut der Ereignisse es getragen, von allen Enden der Welt aus den Blick stets nach Jerusalem gerichtet hat und noch richtet. – Mit dem sicheren Rasseninstinkte seines kulturhistorischen Berufs, Welt und Menschen zu einigen und zu verbrüdern im Namen ihres ewigen Schöpfers, des All-Einen, hat dieses Volk sich in seiner Religion seine Nationalität konserviert und beide untrennbar verbunden im unveräußerlichen Lande der Väter. –"[122] (1862) „Von einem reinen Rasseninstinkte der Deutschen fanden wir uns genötigt abzusehen."[123] (1881) „Daneben wird das gemeinsame Juden-Geschäft noch erleichtert durch den Rassen-Instinkt ..., und wo nur immer den Juden der jüdische Haus-Gestank nachbarlich entgegenströmt, ... da ist sofort das Geschäfts-Verständnis erreicht zwischen Ephraim und Manasse, wie Klaus und Michael am besten zu scheren seien."[124] (1888) H. St. Chamberlain behandelt in einem Abschnitt seines Kapi-

---

118 Espe, W. M.: Das Buch der N. S. D A. P., 1933, 9.
119 Aufzeichnungen d. Legationssekretärs im AA Rademacher über d. „Madagaskar-Plan", 3. 7. 1940. In: P. Longerich (Hg.): Die Ermordung der europäischen Juden, 1989, Dok. 9, 59.
120 Fernschreiben „An die Stapo Zichenau-Schröttersburg – Geheim –", 6. 5. 1942. Zit. Wulf, J.: Aus dem Lexikon der Mörder, 1963, 7.
121 Gebucht: Duden, 12. Aufl. 1941. Getilgt: Duden, 13. Aufl. 1947.
122 Hess, M.: Rom und Jerusalem, Vorwort. Ausgew. Schriften, ausgew. u. eingel. H. Lademacher, o. J., 223.
123 Richard Wagner. Zit. Cobet, 1973, 187.
124 Antisemitische Correspondenz, hg. Th. Fritsch., 1. 12. 1888, 10. Zit. Cobet, 1973, 187.

tels ‚Religion' in den ‚Grundlagen des neunzehnten Jahrhunderts' „religiöse Rasseninstinkte."[125] (1899)

> Hitler: „Ein solcher Vorgang [der rassischen Regeneration] kann von selbst eintreten bei Lebewesen mit starkem Rasseinstinkt, die nur durch besondere Umstände oder irgendeinen besonderen Zwang aus der Bahn der normalen rassereinen Vermehrung geworfen wurden."[126] „Bis dann im Laufe der Zeit bei Millionen und aber Millionen der Rasseinstinkt erwachte und auch sie sich aus dem rein Gefühlsmäßigen zur nationalsozialistischen Idee bekannten. In ihnen nun gilt es, die Sicherheit des Fühlens mit der Klarheit des Wissens zu vereinen."[127] „Und noch ein Weiteres: Was sind das eigentlich für Menschen in rassischer Beziehung, die Barlach darstellt, darstellen muß aus eigener Art und eigenem Blut heraus? Sind das Menschen von unserer Art? Die Antwort ist eindeutig. Denn wir sind schon zu feinfühlig geworden, als daß uns diese Frage nicht sofort erwächst, feinfühlig in unserm Rasseninstinkt."[128] „Wer die Frage nach der Bedeutung der Rassenmischung beantworten will, muß nicht nur das Wesen der wichtigsten Menschenrassen kennen, sondern er muß vor allem auch ein gründliches erbkundliches Wissen haben. Außer einem gesunden Rasseinstinkt ist das Erkennen der großen gesetzmäßigen Zusammenhänge der lebendigen Natur die unbedingte Voraussetzung dafür, in der Rassenfrage eine richtige und klare Entscheidung zu treffen."[129] „Die Gründe für dieses Absinken des biologischen Niveaus des deutschen Volkes, insbesondere für seine starke Entnordung, waren mannigfaltiger Natur. In hervorragendem Maße hatten mitgewirkt: Die Abtötung des natürlichen Rasseninstinktes durch liberale und marxistische Gleichheitsideen und die dadurch begünstigte Rassenkreuzung, insbesondere mit Juden. [...]"[130]

Rassekern (Rassenkern)

Der reinrassige Anteil in einem ↑ *rassisch gemischten* Volk.

> „Sorglosigkeit in den Dingen des Blutes hat bisher den Untergang jeder nordischen Schicht der indogermanischen Völker bedingt; jetzt hat die Sorglosigkeit den Rassenkern, den Urheimatbezirk der Rasse, schon so gefährdet, daß nur entschlossener Abwehrwille noch helfen kann. Nur das zu weckende und dann immer mehr zu schärfende Artbewußtsein, nur höchste Aufmerksamkeit auf Artfragen, vermag noch zu helfen."[131] „Sie [die Erstarrung] kann bei einem Volke nur eintreten, wenn der ursprünglich schöpferische Rassekern verlorengeht."[132] „Die deutsche rassisch,

---

[125] Ebd., 2. Hälfte, 625.
[126] Mein Kampf, 443.
[127] Der Weg zur Schulung. In: Der Schulungsbrief, 1/Mai 1934, 20.
[128] Schweriner Zeitung, Jan. 1934. In: Piper, E.: Ernst Barlach und d. „entartete Kunst", 1987, Dok. 62, 100.
[129] Graf, J.: Vererbungslehre, Rassenkunde und Erbgesundheitslehre, 6. Aufl. 1939, 264.
[130] Stuckart/Schiedermair: Rassen- und Erbpflege, 3. erw. Aufl. 1942, 7.
[131] Günther, H.: Rassenkunde des deutschen Volkes, 1922, 361 f.
[132] Hitler, Mein Kampf, 319.

völkisch geeinte Nation wird künftig rechtlich geschützt sein gegen eine weitere Entwertung ihres völkischen Rassenkerns."[133] „Der Führer führte sodann aus: Das Ziel der deutschen Politik sei die Sicherung und Erhaltung der Volksmasse und deren Vermehrung. Somit handle es sich um das Problem des Raumes. Die deutsche Volksmasse verfüge über 85 Millionen Menschen, die nach der Anzahl der Menschen und der Geschlossenheit des Siedlungsraumes in Europa einen in sich so fest geschlossenen Rassekern darstelle, wie es in keinem anderen Land wieder anzutreffen sei und wie er andererseits das Anrecht auf größeren Lebensraum mehr als bei anderen Völkern in sich schlösse."[134]

rasselos (rassenlos)

Abwertend: nicht reinrassig, ohne ↑ *Rassenbewußtsein*.

> *rasselos* ist 1867 als Fachterminus der biologischen Anthropologie belegt: „Da wir nun, wie hieraus mit Nothwendigkeit folgt, bedenken müssen, daß wir Formen in der belebten Natur begegnen werden, welche noch keine wirklichen Arten sind, andererseits solchen, welche in Folge wenig bestimmend wirkender Einflüsse feste Charaktere kaum besitzen, sondern art- und racenlose Mengen bilden, so können wir auch jedesmal, wenn ein begründeter Zweifel an der Stellung als Art oder bloß als Race erhoben wird, mit beinahe gleichem Rechte eine doppelte Entscheidung geben [...]"[135] Spätestens um die Jahrhundertwende ist der Ausdruck als abwertendes Kontrastwort zu ↑ *rasserein* eingeführt. Bei H. St. Chamberlain heißt es: „Es ist unwahr, dass der germanische Barbar die sogenannte ‚Nacht des Mittelalters' heraufbeschwor; diese Nacht folgt vielmehr auf den intellektuellen und moralischen Bankrott des durch das untergehende römische Imperium grossgezogenen rassenlosen Menschenchaos; ohne den Germanen hätte sich ewige Nacht über die Welt gesenkt [...]."[136] (1899) In der Rezension der ‚Grundlagen des neunzehnten Jahrhunderts' in der ‚Neuen Zürcher Zeitung' wird Chamberlains Formulierung in verkürzter Form aufgegriffen, wie sie, vor allem bei den Völkischen, zum Topos wurde: „Die beiden äussern Feinde, die gegen die Entstehung dieser neuen Welt den heftigsten Kampf führten, waren das Judentum und das rassenlose Chaos des untergehenden römischen Reiches, als dessen geistiger Vertreter Lucian gelten kann, während für die spätere Zeit Ignatius Loyola seine Stelle einnimmt."[137] (1900) Die ‚Bayreuther Blätter' schreiben: „Wie fasst Chamberlain nun den Begriff ‚Germanen'? Er

---

133 Frank, H.: Rundfunkansprache, 20. 3. 1934. Dok. PS−2536. In: Der Nürnberger Prozeß, Bd. 5, 85.
134 Hoßbach-Protokoll, 10. 11. 1937. Dok. PS−386 (U−25). In: Der Nürnberger Prozeß, Bd. 2, 297.
135 Neues Konversations-Lexikon, ein Wörterbuch d. allg. Wissens. Unter d. Redaktion v. H. Krause hg. v. H. J. Meyer, 2. gänzl. umgearb. Aufl., Bd. 11, Hildburghausen 1867, 424, s. v. Mensch.
136 Ebd., Die Grundlagen d. neunzehnten Jahrhunderts, 1. Hälfte, 1899, Allg. Einleitung, 9.
137 NZZ, 1900, Nr. 47. In: Die Grundlagen d. neunzehnten Jahrhunderts v. H. St. Chamberlain. Kritische Urteile, 1901, 44.

versteht darunter die Nordeuropäer, Germanen, Kelten, Slaven, d. h. die rassereinen Völker, die sich von den Römern, Griechen und dem entarteten rasselosen Völkerchaos des römischen Kaiserreiches merklich unterscheiden und unter sich wiederum artverwandt sind."[138] „Die Rassenkreuzung würde noch viel stärker ausgeprägt sein, wenn nicht der konservative Instinkt der ländlichen Bevölkerung dieser Vermehrung des rasselosen Völkerbreies unbewußt immer wieder entgegengearbeitet hätte."[139] (1905) „Das rasselose Chaos des römischen Imperiums hatte wieder einmal die Oberhand gewonnen und die germanische Rasse vergewaltigt."[140] (1908) „Das war eben jenes rassenlose Chaos, die Brutstätte des römisch-hierarchischen Imperiums der nachcäsarischen Zeit, welches seinen verderblichen Einfluß auf Germanien ausdehnte."[141]

› „Das Christentum trat in die Weltgeschichte ein, getragen von einer großen Persönlichkeit, jedoch als rasselose Massenbewegung zunächst nur gefühlsmäßig (emotionell) getrieben und staatsauflösend."[142] „Heute entsteht nach dem Chaos des Weltkrieges und des Gedankens der Weltrevolution die Idee eines rasselosen Pan-Europas."[143] „Nicht mit der Abrüstung der Heere und Flotten hat eine ‚Weltbefriedung' einzusetzen, sondern mit der vollständigen Vernichtung der ehrlosen Demokratie, des rasselosen Staatsgedankens des 19. Jahrhunderts [...]."[144] „Der Sieg im Teutoburger Wald und seine politischen Folgen erhielten das Kernland der nordisch-fälischen Rasse frei von der Vermischung mit dem rasselos gewordenen Römertum, frei von der Herrschaft des Weltreiches."[145]

rassemäßig (rassenmäßig)

Im Hinblick auf die Rasse.

› Vor der Bildung von ↑ *rassisch* war *rassemäßig* bzw. *rassenmäßig* das gebräuchliche Adjektiv zu *Rasse*. Es wurde wie *Rasse* ebenso in der Fachsprache der biologischen Anthropologie wie in der politisch-ideologischen Rassenlehre wie als unscharfes Modewort in der Allgemeinsprache verwendet. Auch nach dem Aufkommen von *rassisch* blieb *rasse(n)mäßig* (seltener) in Gebrauch. „Das Volk ist wirklich ein anderes in seiner ersten Jugend und in seinem reiferen Alter. Aber da es hinwieder aus Einzelmenschen besteht, in denen alle Lebensalter nicht bloß rassemäßig sondern ebenso und mehr noch individuell dargestellt sind, und auf ein junges Volk alte Individuen, auf ein altes jugendliche Individuen einwirken können, so tritt zu der

---

[138] Prof. W. Golther, Rostock, ebd., Jg. 1900. In: Ebd., 51.
[139] Röse, C.: Beiträge zur europäischen Rassenkunde und die Beziehungen zw. Rasse u. Zahnverderbnis. In: Archiv, 2/1905, 609.
[140] List, G.: Die Rita der Ario-Germanen, 3. unveränd. Aufl., 1920 (zuerst 1908), 97.
[141] Ebd. 145.
[142] Rosenberg, Mythus, 491.
[143] Ebd. 639.
[144] Ebd., 671.
[145] Volk und Führer. Deutsche Geschichte für Schulen, Klasse 6, 3. Aufl. 1941, 158.

ersten naturnothwendigen Seite der Volksentwicklung eine zweite [...]."[146] „Der Alldeutsche Verband erstrebt Belebung der deutschnationalen Gesinnung, insbesondere Werbung und Pflege des Bewußtseins der rassenmäßigen und kulturellen Zusammengehörigkeit aller deutschen Volksteile. [...]"[147] „Als Klasse genommen erreichen die übermäßigen Trinker die volle relative Fortpflanzung, den rassenmäßigen Ersatz, nie mehr, die volle absolute, den Elternersatz, oft nicht mehr. Hier liegt also auch ein teilweises oder gänzliches Unterliegen im Kampf ums Dasein, eine Ausmerzung vor."[148] „Zwiefach ist die Gefahr des städtischen und industriellen Lebens: die Geburtenzahl sinkt, und was geboren wird, ist zum Teil rassenmäßig minderwertig [...]."[149] „Die orientalische Rasse dürfte der mediterranen sehr nahestehen, beides Zweige aus einer Wurzel. Haar und Augenfarbe sind schwarzbraun, dagegen scheint die Haut besonders hell geblieben oder geworden zu sein. Das war also der rassenmäßige Typus der einwandernden ursprünglichen Semiten."[150]

> Hitler: „Der Staat ist ein Mittel zum Zweck. Sein Zweck liegt in der Erhaltung und Förderung einer Gemeinschaft physisch und seelisch gleichartiger Lebewesen. Diese Erhaltung selber umfaßt erstlich den rassenmäßigen Bestand und gestattet dadurch die freie Entwicklung aller in dieser Rasse schlummernden Kräfte."[151] „Auf der Jahrestagung des Verbandes Deutscher Volksbibliothekare wurde als Arbeitsziel der Volksbüchereien gefordert: [...] Die Auswahl der Bücher habe nicht nur nach moralischen, sondern auch nach rassenmäßigen Gesichtspunkten zu erfolgen, der Vorrang gebühre dem heroischen Buch."[152] „Daß die wichtigsten Eigenschaften des Menschen rassenmäßig von den Ahnen vererbt sind, hat erst die Neuzeit wissenschaftlich erkannt, geahnt hat man es schon früher, und als Träger des guten und bösen Erbgutes betrachtet man das Blut."[153] „Der Dienst in der Wehrmacht ist Ehrendienst (§ 1 1 WehrG.). Aus dieser Auffassung mußte die Folgerung gezogen werden, daß grundsätzlich nur derjenige, der rassenmäßig dem deutschen Volkes angehört, an diesem Ehrendienst teilnehmen kann."[154] „[...] 6) Ehen zwischen Mischlingen 1. Grades und Mischlingen 2. Grades. Beide Eheteile werden ohne Rücksicht darauf, ob Kinder vorhanden sind oder nicht, evakuiert bzw. einem Altersghetto überstellt, da etwaige Kinder rassenmäßig in der Regel einen stärkeren jüdischen Bluteinschlag aufweisen, als die jüdischen Mischlinge 2. Grades."[155]

---

[146] Bluntschli, J. C.: Geschichte des Allgemeinen Statsrechts und der Politik, München 1864, 571.
[147] Satzung d. Alldeutschen Verbandes. In: Kruck, A.: Geschichte des Alldeutschen Verbandes 1890–1939, 1954, 10.
[148] Ploetz, A.: Zur Bedeutung des Alkohols f. Leben u. Entwicklung der Rasse. In: Archiv, 1/1904, 242.
[149] Frymann, D. (d. i. Heinrich Claß): Wenn ich der Kaiser wär', 2. Aufl. 1912, 23.
[150] Baur/Fischer/Lenz: Menschliche Erblichkeitslehre, 2. Aufl. 1923, Bd. 1, E. Fischer: Die Rassenunterschiede der Menschen, 114.
[151] Mein Kampf, 433.
[152] Kölnische Zeitung. Zit. Blick in die Zeit, 1/23. 9. 1933, 14.
[153] Darré, R. W.: Neuordnung unseres Denkens, 1940, 11.
[154] Stuckart/Schiedermair: Rassen- und Erbpflege, 3. erw. Aufl., 1942, 25.
[155] Niederschrift über die „Wannsee-Konferenz", 20. 1. 1942. In: Longerich, P.(Hg.): Die Ermordung der europäischen Juden, 1989, Dok. 18, 90.

Rassenchaos

Rassenvermischung.

> „Der Kampf des nordischen Menschen gegen römischen Unitarismus ist eine derartige zweitausend Jahre alte Tatsache, die immer zugleich auch eine ‚zeitweilige Bedingung' gewesen ist. Deshalb behält ein Werturteil in bezug auf die heutige Zeit seine tief begründete Berechtigung auch bei der Beurteilung der ringenden gleichartigen Kräfte der Rassen und des Rassenchaos der Vergangenheit."[156] „Allen ohne Unterschied heute eine äußere ‚Freiheit' zuzusprechen, bedeutet sich dem Rassenchaos ausliefern."[157] „Die verhängnisvolle Rolle, die die Juden hierbei gespielt haben, wird uns heute von Tag zu Tag klarer. Sie sind wesentlich mitschuldig an dem Rassenchaos des niedergehenden römischen Weltreiches gewesen, aus dem uns ein großer Teil der Lebensformen zugeflossen ist, die das Leben des Abendlandes seit fast 2000 Jahren vergiftet haben."[158] „Tafel 11: Zwei Ausschnitte aus dem Rassenchaos der Sowjetunion."[159]

Rassencharakter

Die Eigenart einer ↑ *Rasse*.

> Im 19. Jahrhundert bis in das 20. Jahrhundert hinein kann der Ausdruck *Rassencharakter* einzelne Hauptkennzeichen einer *Rasse* bezeichnen und wird dann in der Pluralform verwendet, oder er dient als Sammelbezeichnung für die wesentlichen Eigenschaften einer *Rasse*. „Immer müssen die Verschiedenheiten und Gepräge, welche die Menschen unter einander in Arten oder Spielarten sondern, in gewissen Gruppen und bleibend vorkommen, so daß sie sich bis in alle Zeiten hinauf als einem bestimmten Volksstamme eigenthümlich verfolgen lassen, wenn sie als wesentliche oder Racen-Charaktere eines Volkes gelten sollen."[160] (1864) „Auf den Racencharakter der Juden einzugehen, war ich schon seit vielen Jahren bei der Darstellung und Geschichtsschreibung verschiedener Wissenschaften genöthigt gewesen."[161] „Ich besorgte, dass die Erneuerung politischer Unterschiede principiell schaden oder gar durch Anknüpfung an religiöse Merkmale eine wirkliche Rückläufigkeit werden könnte, unter welcher die ganze Gesellschaft in anderen Richtungen mitleiden möchte. Diese Besorgnis ist nun aber geschwunden, seit ich gefunden habe, dass sich der Racencharakter sehr wohl zu einer Specialgesetzgebung eignet, ja Angesichts der colossalen Uebel zu einem gesetzgeberischen Gesammt-Kampf mit lauter Ausnahmegesetzen herausfordert."[162] (1881) „Dem Näherrücken des Magne-

---

[156] Rosenberg, Mythus, 107.
[157] Ebd., 111.
[158] Benze, R.: Nationalpolitische Erziehung im Dritten Reich, 1936, 10.
[159] Biologie f. höhere Schulen, hg. J. Graf, Bd. 3, 2. Aufl. 1943.
[160] Staats- und Gesellschafts-Lexikon, hg. H. Wagener, Bd. 16, Berlin 1864, 558, s. v. Rasse.
[161] Dühring, E.: Die Judenfrage als Racen-, Sitten- und Culturfrage, 2. verb. Aufl. 1881, Vorrede, III.
[162] Ebd., 152.

ten gleicht der durch reine Zucht immer fester sich ausbrechende Rassencharakter."[163] (1899) „Gerade die Völkerkunde aber lehrt uns nach allen Seiten, wie der Mensch abhängig ist von seiner Umgebung, wie selbst sein im gewissen Sinne unveränderlicher Rassencharakter durch entsprechende äußere Einflüsse (Kreuzung, Klima, Nahrung, soziale Gegensätze) beeinflußt werden kann."[164] (1904) „Auch gewisse physiologische Rassencharaktere sind von Bedeutung, wie das zeitliche Auftreten der Pubertät, die Dauer des Säugens der Kinder, die mittlere Lebensdauer."[165]

▶ Im Nationalsozialismus kommt *Rassencharakter*, als Sammelbezeichnung, überwiegend in anspruchsvollen Kontexten vor. „Wir sahen gerade, wie im Gegensatz zu allen semitoiden Völkern die Haltung der Seele, des Willens, der Vernunft seitens der nordischen Völker dem Universum gegenüber eine wesentlich ähnliche war. Hier haben wir es also nicht mit einem abstrakten Urmenschen zu tun, dem man eine absolute ‚Weltsicherheit' zuzuschreiben berechtigt ist, sondern mit einem klar geprägten Rassencharakter."[166] „Dieser Rassecharakter hat sich jeweils nur in der Form der griechischen Plastizität ausgedrückt."[167]

Rassenempfinden (Rasseempfinden)

Gefühlshafte, angeblich von der ↑ *Rasse* geprägte, daher nie fehlgehende Einschätzung von Ereignissen oder Sachverhalten.

▶ „Den Beweis im umgekehrten Sinne liefert die sozialdemokratische Propaganda: es ist erstaunlich, wie man das ursprünglich gesunde Rassenempfinden eines jungen Deutschen niederzudrücken versteht und diesem dafür den erotischen Trieb zum Farbigen aller Schattierungen suggeriert, dem er dann hemmungslos folgt."[168] „Im 19. Jahrhundert hat das emanzipierte, durch Spaltung der Wirtsvölker die Weltherrschaft anstrebende Judentum den liberalistischen Zeitgeist geschickt auszunutzen verstanden, indem es den auf gegensätzlicher Rasseneigenart beruhenden Unterschied zwischen Deutschtum und Judentum planmäßig und zielbewußt nach und nach vom rassisch-völkischen Gebiet auf die religiöse Ebene verlagerte. Die Folge war, daß das natürliche Rasseempfinden der unter jüdisch-liberalem oder jüdisch-marxistischem Einfluß stehenden deutschen Menschen immer mehr abgetötet und das Judentum mehr und mehr nur als eine Religionsgemeinschaft empfunden wurde."[169] „Der Nationalsozialismus ist den völkischen Entartungserscheinungen […] zunächst durch erzieherische Arbeit entgegengetreten. […] Trotzdem muß dort,

---

[163] Chamberlain, H. St.: Die Grundlagen d. neunzehnten Jahrhunderts, 1. Hälfte, 1899, 312.
[164] Achelis, Th.: Die Ethik in ihrem Verhältnis zur Deszendenztheorie. In: Archiv, 1/1904, 427.
[165] Meyers Großes Konversations Lexikon, 6. gänzl. neubearb. u. verm. Aufl., Bd. 13, 1906, 612.
[166] Rosenberg, Mythos, 138.
[167] Baeumler, A.: Buschors Plastik der Griechen. In: NS-Monatshefte, 7/1936, 449.
[168] Darré, R. W.: Das Zuchtziel des deutschen Volkes, 1. 7. 1931. In: Ders.: Um Blut und Boden, 1941, 37.
[169] Stuckart/Schiedermair: Rassen- und Erbpflege, 3. erw. Aufl. 1942, 11 f.

wo natürliches Rasseempfinden und völkisches Verantwortungsbewußtsein trotz Aufklärung und Beratung nicht stark genug sind, um eine volksschädliche Rassenmischung zu verhindern, die Gesetzgebung eingreifen [...]."[170]

Rassenforschung (Rasseforschung)

Erforschung der *Rasseneigenschaften*, der *Rassenunterschiede* und der daraus zu ziehenden Konsequenzen.[171]

> „Wenn Gerechtigkeit ihren besten Ausdruck in dem suum cuique findet, so sehe ich nicht ein, warum eine wissenschaftliche Rassenforschung nicht jeder Rasse ihre Gerechtigkeit widerfahren lassen könnte. Die wissenschaftliche Erkenntnis wahrer Rassenunterschiede nun wird eher dazu führen, den auf unbewußt kollidierenden Rasseninstinkten beruhenden Rassenhaß und Rassenkampf zu mildern als ihn zu verschärfen."[172] „Rassenforschung bewegt sich zunächst auf naturwissenschaftlichem, dann auf geschichtswissenschaftlichem Feld."[173]

> „Die oberste Reichsleitung der Partei unterhält ein Amt für Rasseforschung unter Leitung von Dr. Achim Gercke, der gleichzeitig als Sachverständiger für Rasseforschung dem Reichsministerium des Innern zugeordnet ist. [...] Das von ihm geleitete Amt hat die Aufgabe, Feststellungen von Abstammungen vorzunehmen und Gutachten auf Grund von Anträgen auszustellen."[174] „Der Begriff ‚deutschblütig' ist – ebenso wie die Bezeichnung ‚artverwandt' – durch die Nürnberger Gesetze eingeführt worden, aber gesetzlich nicht näher umschrieben. An Hand der Rassenforschung ergeben sich folgende Richtlinien: 1. Deutschen Blutes (deutscher Staatsangehöriger) ist, wer zum deutschen Volkstum gehört, das sich aus der nordischen, fälischen, westischen, dinarischen, ostischen und ostbaltischen Rasse und den Mischungen dieser Rassen zusammensetzt."[175]

Rassenfrage

Die Gesamtheit der Probleme, die die Nationalsozialisten im Zusammenleben mit den Juden sahen.[176]

> „Die allgemeine Entwicklungsgeschichte des sozialen Lebens und ihre Resultate, die heutigen Nationalitätsbestrebungen werden sodann in Betracht gezogen, um die noch keineswegs beendigte geschichtliche Aufgabe des Judentums zu beleuchten, um anzudeuten, wie die gegenwärtige Weltlage der Gründung von jüdischen Kolonien von Suez und an den Ufern des Jordans in einer nicht mehr fernen Zeit Vorschub leisten dürfte, um endlich den noch wenig beachteten Umstand hervorzuheben, daß hinter den Nationalitäts- und Freiheitsfragen, welche heute die Welt bewe-

---

[170] Ebd., 49.
[171] Gebucht: Duden, 12. Aufl. 1941.
[172] Kuhlenbeck, L.: Zur Kritik des Rassenproblems. In: Archiv, 2/1905, 565.
[173] Günther, H. F. K.: Der nordische Gedanke unter den Deutschen, 2. Aufl. 1927, 27.
[174] Wagner, H.: Taschenwörterbuch d. neuen Staates, 2. Aufl. 1934, 159.
[175] Stuckart/Schiedermair: Rassen- und Erbpflege, 2. erw. Aufl. 1942, 18.
[176] Gebucht: Duden, 12. Aufl. 1941. Getilgt: Duden, 13. Aufl. 1947.

gen, sich eine noch weit tiefere, durch keine allgemeinen philanthropischen Redensarten zu beseitigende Rassenfrage birgt, die, so alt wie die Geschichte, erst gelöst sein muß, bevor an eine definitive [sic] Lösung der politisch-sozialen Probleme weitergearbeitet werden kann."[177] (1862) „Da nun aber mit der fortschreitenden Geschichte und gründlichen Aufklärung der Völker alle Racen- und Nationalitätsfragen immer mehr in den Vordergrund treten, so habe ich mich entschlossen [...] die Judenfrage den allgemeinen sowie den politischen und socialen Wissenschaften als einen Bestandtheil einzureihen."[178] (1881) „[...] denn die mir gestellte Aufgabe, die Rassenfrage vom ethischen Standpunkte zu besprechen, scheint einen unlösbaren Widerspruch in sich zu schließen. Die Rassenfrage ist für die Gesellschaft ein Kampfbegriff, das ethische Empfinden aber sucht alle sozialen Gegensätze aufzuheben; es scheint sich daher um inkommensurable Größen des sozialen Lebens zu handeln."[179] (1904) „Die Leitung des Deutschen Wandervogels, Gau Groß-Berlin E. V. weist mit aller Entschiedenheit den von antisemitischer Seite gemachten Versuch zurück, die im Wandervogel vereinigte Jugend unter dem Deckmantel der Rassenfrage untereinander zu verhetzen."[180] (1913)

> Hitler: „Die Weltanschauung unserer Partei ist reinster Nationalismus, getragen vom Sozialismus und Erkenntnis der Rassenfrage."[181] (1923) „Ohne Bejahung der Rassenfrage läßt sich kein Staat auf volksbewußter Grundlage aufbauen [...]."[182] „Der nationalsozialistische Staat hat auf allen Lebensgebieten des deutschen Volkes grundlegende Veränderungen gebracht. Er hat damit auch den deutschen Lehrer vor neue Aufgaben gestellt. Der nationalsozialistische Staat verlangt von seinen Lehrern die Unterrichtung der deutschen Kinder in der Rassenfrage. Die Rassenfrage aber ist für das deutsche Volk die Judenfrage."[183]

Rassenhaß

Wie *Rassenkampf* als „Erfindung der Gegner des Rassegedankens" von den Nationalsozialisten gemiedener, durch Presseanweisung verbotener Ausdruck.[184]

> „Ein Rassenhaß der Indogermanen gegen die Semiten ist nicht vorhanden in solcher Weise, daß aus demselben eine Antipathie zu erklären wäre, wie sie z. B. die

---

[177] Hess, Moses: Rom und Jerusalem, 1862. In: Ders.: Ausgew. Schriften, hg. H. Lademacher, o. J., 225.
[178] Dühring, E.: Die Judenfrage als Racen-, Sitten- und Culturfrage, 2. verb. Aufl. 1881, Vorrede, III.
[179] Ratzenhofer, G.: Die Rassenfrage vom ethischen Standpunkte. In: Archiv, 1/1904, 736.
[180] Erklärung des DWV [Deutscher Wandervogel]. In: Der Fahrende Schüler, H. 12, 1913. Zit. W. Kindt (Hg.): Die Wandervogelzeit, 1968, 371.
[181] Dok. 217. Bericht über eine Tagung der NSDAP in Nürnberg am 14. 10. 1923. In: Deuerlein, E. (Hg.): Der Hitler-Putsch, 1962, 217.
[182] Darré, R. W. : Blut und Boden als Lebensgrundlagen der nordischen Rasse, 22. 6. 1930. In: Ders.: Um Blut und Boden, 3. Aufl., 1941, 26.
[183] Streicher, J.: Geleitwort zu: Die Judenfrage im Unterricht, von Stadtchulrat F. Fink, 1937, o. S.
[184] Gebucht: Duden, 9. Aufl. 1915, 10. Aufl. 1929, 11. Aufl. 1934, 12. Aufl. 1941.

Tiroler gegen die Juden heute noch haben."¹⁸⁵ (1862) „Einerseits ist der Kampf in erster Linie gar nicht erst durch die Lebensbedingungen erzeugt, sondern gründet sich auf Wesensunterschiede, wie z. B. im Racen- und Nationalhass. Andererseits geht das Dasein des Menschen und noch weniger der Thiere gar nicht in lauter Kampf auf [...]."¹⁸⁶ (1866) „[...] mich beseelt nicht der entfernteste ‚Judenhass' und eben so wenig ein confessioneller Hass gegen die Juden. Nicht einmal ein ‚Nationalhass' oder ‚Racenhass'. Kein Volk kann für seine Spezialitäten."¹⁸⁷ (1879) „Wie die Juden sich einen auserwählten Stammesdünkel, sowie einen Racen- und Religionshass gegen das übrige Menschengeschlecht ausgebildet haben und im Cultus des Hasses, zu allem Positiven ohnmächtig, eine Befriedigung suchen, so sollten auch Arbeiter und Bourgeois ihrem Vorbilde folgen."¹⁸⁸ (1881) „In Wirklichkeit ist aber eine grundsätzliche und zwar vornehmlich judenseitige Aussaat von Classenhaß erfolgt, insbesondere in Gestalt der Capitaldemagogie. Diese Aussaat von Classenhaß hat nun zu einer doppelten Ernte geführt, erstens dem Verhetzungstriumph, dann aber auch dem Racenhaß, der mit der Erkenntniß des Uebels sich ganz natürlich und berechtigt einstellt."¹⁸⁹

> „Hier spricht geradezu fanatischer Rassenhaß des Juden gegen das deutsche Volk."¹⁹⁰ „Die instinktive Zurückhaltung oder Abneigung zwischen rassisch meist stärker verschiedenen Menschen oder Völkern kann sich zu schweren Gegensätzlichkeiten, zum Rassenhaß steigern. Die Gründe hierzu liegen im körperlichen (physiologischen) oder im geistig-seelischen, erbbedingten Anderssein. Rassenhaß kann ausgelöst werden durch imperialistische und liberalistisch-kapitalistische Unterdrückung und Ausbeutung rassisch anderer Völker. Darüber hinaus können sogar die die natürlichen Unterschiede leugnenden Gleichheitsideologien wegen ihrer rassisch bedingten Unvereinbarkeit mit der Wirklichkeit Rassenhaß aus völkisch-ethischen, kulturellen. weltanschaulichen und religiösen sowie politischen oder wirtschaftlichen Gründen entstehen lassen. [...] Der Nationalsozialismus lehrt die selbstverständliche, jeden Rassenhaß überwiegende Achtung vor dem erbbedingten natürlichen Anderssein der Völker. Er lehnt damit jede imperialistische und kapitalistische Ausbeutung und deren Theorien sowie jede Gleichheitsideologie als Wurzeln zum Rassenhaß ab."¹⁹¹ Presseanweisung: „Unter ‚Vermeiden': Die Ausdrücke Rassenkampf, Rassenkrieg, Rassenhaß, da sie Erfindungen der Gegner des Rassegedankens und dem Wortschatz positiver Behandlung des Rassegedankens fremd sind."¹⁹²

---

185 F. Giebe, Redakteur d. ‚Niederrhein. Volksztg.' in Düsseldorf, an Moses Heß, 15. 7. 1862. In: M. Heß, Briefwechsel, hg. E. Silberner u. Mitw. v. W. Blumenberg, 1959, 392.
186 Dühring, E.: Kritische Grundlegung der Volkwirthschaftslehre, 1866, 191.
187 Marr, W.: Der Sieg des Judenthums über das Germanenthum, 1879, 40..
188 Dühring, E.: Die Judenfrage als Racen-, Sitten- und Culturfrage, 2. verb. Aufl. 1881, 83.
189 Dühring, E.: Classenmord. Sociale Rettung, 11 f. In: Prof. Dr. Doll (Hg.): Dühringwahrheiten, 1908, 67.
190 v. Leers, J.: 14 Jahre Judenrepublik, Bd. 2, 1933, 47.
191 Meyers Lexikon, Bd. 9, 1942, 76, s. v.
192 Deutscher Wochendienst A 98, 31. 3. 1944, S. (11). Zit. Glunk, ZDS 26/1970, 181.

Rassenhygiene

Maßnahmen zur optimalen Erhaltung und Verbesserung der „rassischen Eigenart und Erbgesundheit eines Volkes".[193]

> Der Ausdruck *Rassenhygiene* wurde 1895 von Alfred Ploetz als Bezeichnung für die „Wissenschaft von der optimalen Erhaltung und Entwicklung der Rasse"[194] geprägt. Er veröffentlichte 1895 das erste deutsche Werk über dieses Thema und gab ihm den Titel ‚Grundlinien einer Rassenhygiene'. „Hier war das Wort [Rasse] nicht im Sinne einer systematischen Varietät gebraucht, sondern im Sinne einer alle Individuen zusammenfassenden lebenden Gesamtheit, deren Erhaltung und Entwicklung ins Auge gefaßt war. Um denselben Sinn handelte es sich, als ich vor 10 Jahren die Worte Rassenhygiene, Lebensprozeß der Rasse (Rassenprozeß) usw. bildete in dem Bewußtsein, daß es über die Lebensinteressen des Individuums hinaus noch einheitliche Lebensinteressen einer organischen Zusammenfassung von Individuen als solcher gäbe, einer Zusammenfassung, die ich gemäß dem englischen Gebrauch Rasse nannte."[195] „Aus einer wohlverstandenen und gründlich erforschten Rassenhygiene (wir sind noch weit davon entfernt) fließen deshalb die höchsten außer-individuellen Normen für alles menschliche Handeln. Alle Bedingungen, unter denen das Individuum erzeugt, ernährt, aufgezogen wird, unter denen es arbeitet, ruht und seine Muße genießt, unter denen es kulturell, wirtschaftlich und politisch steht, beeinflussen seine Konstitution und seine Leistungen. Aus diesen aber setzen sich die Konstitution und die Leistungen der Rasse zusammen. Deshalb könnte man denken, es wäre für das Wohl der Rasse am besten, wenn alle Einzelnen unter den besten individualhygienischen Bedingungen lebten. Das ist aber nicht ohne weiteres der Fall. Denn da die Individualhygiene die untrennbar mit ihr verbundene wesentliche Wirkung hat, daß sich ihre Schutzwirkungen auf die Schutzbedürftigsten, d. h. die Schwachen, mehr und stärker erstrecken als auf die Starken [...], und da unter diesen Schwachen viele durch ihre mangelhaften Anlagen dauernd schwach sind und ihrerseits wieder zu erzeugen die Tendenz haben, so liegt in einem gleichmäßig auf alle einzelnen ausgedehnten individualhygienischen Schutz, also in einem gemilderten biologischen Kampf ums Dasein, die Tendenz, die Qualität des Nachwuchses herabzusetzen."[196] „Als Alfred Ploetz i. J. 1905 die Internationale Gesellschaft für Rassenhygiene ins Leben rief, da wollte er nicht einen Verein gründen, dessen Tätigkeit sich in der Aufstellung und Änderung von Satzungen, Vorstandswahlen, Einzahlen von Beiträgen und ähnlichen Dingen erschöpfen würde. Ihm stand vielmehr das Ziel vor Augen ‚über die bisherigen Organisationen der Menschen hinweg, der Rasse ein geistiges Zentrum, ein Bewußtsein, ein Gewissen und ein Willensorgan zu

---

[193] Gebucht: Duden, 11. Aufl. 1934, 12. Aufl. 1941; Knaur 1934, Meyers Lexikon 1936ff., Volks-Brockhaus 1940 (oben zitiert). Nicht mehr in: Duden, 20. Aufl. 1991.
[194] Ploetz, A.: Zur Abgrenzung und Einteilung des Begriffs Rassenhygiene. In: Archiv, 3/1906, 864.
[195] Ploetz, A..: Die Begriffe Rasse u. Gesellschaft u. die davon abgeleiteten Disziplinen. In: Archiv, 1/1904, 10.
[196] Ebd., 15.

schaffen.'"197 „Die Rassenhygiene untersucht die Auslesevorgänge, die innerhalb jedes Volkes stattfinden, Vorgänge, die zur Ertüchtigung oder zur Entartung führen können, und möchte dann die Wege weisen, die zu einer möglichst günstigen Beeinflussung der erblichen Beschaffenheit eines Volkes führen müssen."198

> „Es kostet der Geisteskranke etwa 4 RM. den Tag, der Verbrecher 3,50 RM., der Krüppel und Taubstumme 5–6 RM. den Tag, während der ungelernte Arbeiter nur etwa 2,51 RM., der Angestellte 3,60 RM., der untere Beamte etwa 4 RM. den Tag zur Verfügung haben. Das sind Folgen einer übertriebenen Fürsorge für das Einzelindividuum, die den Arbeitswillen der Gesunden ertöten und das Volk zu Rentenempfängern erziehen muß. Andererseits belasten sie die wertvollen Familien derart, daß Abtreibung und Geburtenverhütung die Folge davon sind. Was wir bisher ausgebaut haben, ist also eine übertriebene Personenhygiene und Fürsorge für das Einzelindividuum ohne Rücksicht auf die Erkenntnisse der Vererbungslehre, der Lebensauslese und der Rassenhygiene. Diese Art moderner ‚Humanität' und sozialer Fürsorge für das kranke, schwache und minderwertige Individuum muß sich für das Volk im großen gesehen als größte Grausamkeit auswirken und schließlich zu seinem Untergang führen."199 „Der Nationalsozialismus sieht in der Rassenhygiene eine grundlegende Aufgabe des völkischen Staats und hat vor allem in dem ‚Gesetz zur Verhütung erbkranken Nachwuchses' vom 14. 7. 1933, in dem ‚Gesetz zum Schutz des deutschen Blutes und der deutschen Ehre' vom 15. September 1935 die grundlegende Gesetzgebung für seine Rassenhygiene geschaffen."200

Rassenkunde

„Wissenschaft von den Rassen der Menschheit, ihren Eigenschaften und ihrer Geschichte."201

> *Rassenkunde* kam als Verdeutschung für *Anthropologie* um die Jahrhundertwende auf. H. St. Chamberlain verwendet den Ausdruck 1903 in der Vorrede zur vierten Auflage der ‚Grundlagen des neunzehnten Jahrhunderts': „Doch glaube ich, dass eine möglichst weit verbreitete Rassenkunde für die Erhaltung und Ausbildung der vorwiegend germanischen Staaten von grosser Tragweite werden könnte."202 In den Beiträgen zu der 1904 gegründeten Zeitschrift ‚Archiv für Rassen- und Gesellschaftsbiologie' ist der Ausdruck bereits geläufig. „Die wissenschaftliche Darstellung des blonden langköpfigen Typus als einer Rasse, die mit ihren Varietäten und Mischformen [...] Großes in der Weltgeschichte geleistet hat, ist doch gewiß etwas,

---

[197] Baur/Fischer/Lenz: Menschliche Erblichkeitslehre, 2. Aufl. 1923, 322 f.
[198] Günther, H.: Rassenkunde des deutschen Volkes, 1922, 17.
[199] W. Frick, Reichsminister d. Innern, auf d. 1. Sitzung d. Sachverständigenbeirats f. Bevölkerungs- und Rassenpolitik, 28. 6. 1933. Zit. Graf, J.: Vererbungslehre, Rassenkunde und Erbgesundheitspflege, 1939, 319.
[200] Philos. WB, 1943, 475.
[201] Gebucht: Duden, 10. Aufl. 1929, 11. Aufl. 1934, 12. Aufl. 1941; Meyers Lexikon 1936 ff., Volks-Brockhaus 1940 (oben zitiert). Getilgt: Duden, 13. Aufl. 1947.
[202] Ebd., 1. Hälfte, XLV f.

worauf die historische Anthropologie mit Fug und Recht stolz sein kann. Es ist ein Fortschritt und Gewinn von weittragender Bedeutung, der im Zusammenhange mit dem übrigen Gebäude der Rassenkunde früher oder später ein tiefes Verständnis geschichtlicher Vorgänge wird ausbauen helfen."[203] (1904) C. Röse liefert 1905 ‚Beiträge zur europäischen Rassenkunde'[204]

> 1922 veröffentlichte H. F. K. Günther seine für den Nationalsozialismus maßgebliche ‚Rassenkunde des deutschen Volkes', über deren Bedeutung für das ↑ Dritte Reich die Zeitschrift ‚Volk und Rasse' 1940 schreibt: „1922 erschien […] das berühmte Buch von Professor H. F. K. Günther ‚Rassenkunde des deutschen Volkes', von dem der Siegeszug des Rassegedankens in Deutschland seinen Ausgang nahm."[205] Hitler hatte in ‚Mein Kampf', ohne den Ausdruck zu verwenden, die Behandlung des Rassethemas in der Schule gefordert: „Die gesamte Bildungs- und Erziehungsarbeit des völkischen Staates muß ihre Krönung darin finden, daß sie den Rassesinn und das Rassegefühl instinkt- und verstandesmäßig in Herz und Gehirn der ihr anvertrauten Jugend hineinbrennt. Es soll kein Knabe und kein Mädchen die Schule verlassen, ohne zur letzten Erkenntnis über die Notwendigkeit und das Wesen der Blutreinheit geführt worden zu sein." (S. 475 f.) Am 13. 9. 1933 wurde durch Erlaß des Preußischen Kultusministeriums, der 1935 auf das Reich ausgedehnt wurde, das neue Fachgebiet in den Schulen eingeführt.[206] „Der preußische Kultusminister hat angeordnet, daß in den Abschlußklassen sämtlicher Schulen unverzüglich Vererbungslehre, Rassenkunde, Familienkunde und Bevölkerungspolitik zum Pflicht- und Prüfungsfach erhoben werden, notfalls auf Kosten der Mathematik und der Fremdsprachen."[207] „Vor dem Nationalsozialistischen Deutschen Studentenbund führte Reichsleiter Alfred Rosenberg am 8. November in einer großen Rede über die Freiheit der Wissenschaft unter anderem folgendes aus: […] Die Rassenkunde von heute ist ein revolutionärer Ausbruch, der nur zu vergleichen ist mit dem Kampf jener, die vor einem halben Jahrtausend eine neue Freiheit des Geistes beanspruchten. Diese neue Freiheit ist immer artverbunden."[208] „Der Nationalsozialismus ist angewandte Rassenkunde."[209] „Eine neue Aufgabe des Biologie-Unterrichts in der Schule sieht er in der Beschäftigung mit der Familien- und Rassenkunde. Das Kind soll bereits in den ersten Schuljahren Anregungen zum Befassen mit familienkundlichen Dingen und Fragen bekommen."[210] „Die Lehre von der Gleichheit der Menschen und damit der Völker und Rassen ist durch den Nationalsozialismus überwunden und hat im deutschen Volk keine Geltung mehr. Wir be-

---

[203] Weinberg, R.: Rezension v.: Wilser, L.: Die Germanen. Beiträge zur Völkerkunde, Leipzig 1904. In: Archiv, 1/1904, 780.
[204] Archiv, 2/1905, 689 ff.
[205] Ebd., 15/1940, 137.
[206] Eilers, R.: Die nationalsozialistische Schulpolitik, 1963, 15.
[207] Vossische Zeitung. Zit. Blick in die Zeit, 15/Nr. 15, 23. 11. 1933, 14.
[208] Deutsches Philologenblatt, 42/14. 11. 1934, 502.
[209] Darré, R. W.: Wir u. die Leibesübungen, Odal, 3/1934/35, H. 10. In: Ders.: Um Blut u. Boden, 1941, 114.
[210] Der Deutsche Student, 4/1936, 40.

kennen uns zu unserem Blut und zur rassischen Verschiedenheit der Völker. Das bedeutet einen tiefgreifenden inneren Umbruch des Denkens. Eine Grundlage aller Betrachtung ist daher für die Zukunft die Rassenkunde mit ihren Grundsätzen und Folgerungen."[211] „In der Berichtszeit wurde die neue Studienordnung der Mediziner bekannt, die im kommenden Semester bereits in Kraft tritt. Neu aufgenommen in den Studienplänen sind Vorlesungen über Naturheilkunde, Rassenkunde, Bevölkerungspolitik und Gewerbehygiene."[212]

Rassenmischung

Als schädlich geltende Vermischung „blutsfremder Rassen", die zu ↑ *Rassenchaos* und ↑ *Entartung* führen sollte.

> „Wie unzulänglich überhaupt der Religionsstandpunkt den Juden gegenüber wird, zeigt die Ehe. Nicht die Religionsmischung, sondern die Rassenmischung ist hier der überwiegende Nachteil."[213] (1881) „Gerade die Rassenmischung von Romanen und Germanen, die ja im frühen Mittelalter eine sehr intensive war und jetzt wieder eine beträchtliche zu werden verspricht, ist eine für beide Teile scheinbar sehr günstige. Eine gute Rassenmischung ist auch die der Slawen und der Deutschen, freilich mehr zugunsten der ersteren. Dagegen ist jene von Ariern mit ganz blutsfremden Rassen, wie wir schon ausführten, durchaus von Übel und schon die Natur hat ihnen mit gutem Grunde einen gegenseitigen Haß eingeimpft, der sie von Vermischung möglichst fernhält."[214] (1906) „Ob die Rassenmischung innerhalb europäischer Rassen dem einzelnen mischrassigen Menschen etwa zuträglich oder abträglich sei, darüber liegen noch keinerlei Forschungen vor."[215] (1922)

> „Der nordische Mensch, mit seiner heldischen Aufopferungsfähigkeit, seinem mutigen Willen, seiner Gradheit und Treue, seinem Stolz und seinem Selbstbewußtsein, hat sich jederzeit willig und freudig in den Dienst der Volksgemeinschaft gestellt und sogar Gut und Leben nicht geschont, wenn das Schicksal seines Volkes es forderte. Jeder fremdrassige Einfluß, jede Rassenmischung bringt aber diese heroische Lebens- und Geisteshaltung der nordischen Herrenmenschen in die Gefahr, zerstört zu werden."[216] „Mischlinge sind zwiespältig in ihrer Seele, unschlüssig und schwankend in Wollen und Handeln, fragwürdig (problematisch) in ihrem ganzen Wesen, weil durch die Rassenmischung Wesenszüge miteinander vereinigt werden, die nicht aufeinander abgestimmt sind, so daß in der Seele des Mischlings oft die größten Kämpfe ausgefochten werden. Das Sichnichtverstehen unter Ehegatten, wie überhaupt unter Familienangehörigen hat häufig seine wahre Ursache in einer starken

---

[211] Der Deutsche Student, 4/1936, 133.
[212] MADR, Vierteljahreslagebericht 1939 des SHA, Bd. 2, 271.
[213] Dühring, E.: Die Judenfrage als Racen-, Sitten- und Culturfrage, 1881, 143. Zit. Cobet, 1973, 90.
[214] Näcke, P.: Zur angebl. Entartung der romanischen Völker. In: Archiv, 3/1906, 385..
[215] Günther, H.: Rassenkunde des deutschen Volkes, 1922, 215.
[216] Bausteine zum Dritten Reich, 5. Aufl. o. J., 169.

rassisch bedingten Gegensätzlichkeit."[217] „Nicht zu vergessen sind die Gefahren der Rassenmischung, die in gesundheitlicher Hinsicht drohen. Obwohl auf diesem Gebiete noch wenig Untersuchungsergebnisse vorliegen, deutet eine Reihe von Beobachtungen darauf hin, daß insbesondere das innere Drüsensystem, das für das gesundheitliche Wohlbefinden von größter Bedeutung ist, durch die Rassenvermischung sehr nachteilig beeinflußt werden kann."[218] „Zu den Trägern artfremden Blutes gehören die Angehörigen derjenigen Völker, die von Rassen oder Rassenmischungen abstammen, die mit den im deutschen Volk vertretenen Rassen nicht verwandt sind. In Europa haben artfremdes Blut im wesentlichen nur die Juden und die Zigeuner."[219] „Der Nationalsozialismus ist den völkischen Entartungserscheinungen, die sich vor dem Jahre 1933 zeigten und die das rassische Absinken des deutschen Volkes erkennen ließen, zunächst durch seine erzieherische Arbeit entgegengetreten. [...] Trotzdem muß dort, wo natürliches Rasseempfinden und völkisches Verantwortungsbewußtsein trotz Aufklärung und Beratung nicht stark genug sind, um eine volksschädliche Rassenmischung zu verhindern, die Gesetzgebung eingreifen. [...] In Erkenntnis dieser Tatsache wurde das Gesetz zum Schutze des deutschen Blutes und der deutschen Ehre (Blutschutzgesetz) erlassen, das dritte der Nürnberger Gesetze vom 15. IX. 1935."[220]

Rassenpflege

Verdeutschung für ↑ *Rassenhygiene*.[221]

> 1934 führt E. Jeske in seinem ‚Wörterbuch zur Erblehre und Erbpflege' *Rassenpflege* unter den deutschen Ausdrücken auf, die „von Professor Eugen Fischer" „zum allgemeinen Gebrauch in der Erblehre" vorgeschlagen wurden.[222] Der Titel einer 1913 vom Deutschbund herausgegebenen Schrift ‚Rassenlehre und Rassenpflege' läßt annehmen, daß der Ausdruck in völkischen Kreisen bereits gebräuchlich war.[223] Die Aufgaben der *Rassenpflege* stellt Professor R. Staemmler, „der bekannte und bewährte fachwissenschaftliche Vorkämpfer für zielbewußte Rassenpflege"[224], 1933 unter dem Titel ‚Rassenpflege im völkischen Staat' dar: „Ich glaube, im vorhergehenden die wichtigsten Grundzüge der Rassenpflege dargestellt zu haben. Sie lassen sich immer wieder auf einige Ziele vereinigen: Förderung alles dessen, was wir im Volk für tüchtig halten. Befreiung der Erbmasse des Volkes von den Minderwertigen, die nur ein Hindernis für das gesamte Volk sind. Reinhaltung unserer Rasse, Zurückdrängung des Fremdrassigen, das einen unheilvollen Einfluß auf den

---

[217] Graf, J.: Vererbungslehre, Rassenkunde und Erbgesundheitspflege, 6. Aufl. 1939, 267.
[218] Ebd.
[219] Stuckart/Schiedermair: Rassen- und Erbpflege in der Gesetzgebung des Reiches, 3. erw. Aufl., 1942, 18.
[220] Ebd., 49.
[221] Gebucht: Knaur 1934, Meyers Lexikon 1936 ff., Volks-Brockhaus 1940.
[222] Ebd., Liste der vorgeschlagenen Ausdrücke, o. S.
[223] Gerstenhauer, M. R.: Rassenlehre und Rassenpflege, Leipzig 1913.
[224] Verlagsanzeige in: Gottschald, M.: Deutsche Namenkunde, Berlin, 2. Aufl. 1942.

seelischen Aufbau des Volkes ausübt. Die Forderungen, die wir gestellt haben, sind in vieler Beziehung hart. Vergessen wir aber nicht, daß es um Sein oder Nichtsein des Volkes geht, und daß zu seiner Erhaltung jedes zweckdienliche Mittel berechtigt ist."[225] „Volk in Gefahr! Dieser Warnruf findet heute im weiten deutschen Vaterlande lebendigen Widerhall, und der nationalsozialistische Staat rüstet das Volk zum Kampf gegen die Feinde seines Lebens. Das Gesetz zum Schutze des deutschen Blutes und der deutschen Ehre, das einen scharfen Trennungsstrich zwischen dem deutschen Volke und den Juden zieht, das Erbhofgesetz, die Unfruchtbarmachung Minderwertiger, die Erleichterung der Eheschließung, die Verbesserung der Steuergesetze beweisen dies und geben dem Volke die Gewißheit, daß sein Schicksalsweg aufwärts führt. Jeder Deutsche muß von der Notwendigkeit der Rassenpflege überzeugt werden und vom Wert und Wesen nordischer Rasse unterrichtet sein."[226] „Bei zahlreichen Naturvölkern und auch noch bei verhältnismäßig hochkultivierten Völkern, wie den Germanen, wurde durch einfache Ausmerze kranker Erbträger der Volkskörper vor dem Absinken des Erbwertes bewahrt. Doch muten uns nach heutigem sittlichen Empfinden solche Maßnahmen als grausam an. Wir weisen darum die Wiederherstellung der natürlichen Auslese auf diesem Wege mit Recht ab. Kranke, Krüppel, Schwache und Gebrechliche sind an ihrem Leiden schuldlos und bedürfen darum unserer Pflege. Ein modernes Kulturvolk wie das deutsche mußte darum andere Wege suchen, um die natürliche Auslese, die allein ein Volk kulturfähig erhält, wieder in ihre Rechte einzusetzen, zumal die Geschichte lehrt, daß die gekennzeichnete urtümliche Rassenpflege letzten Endes die ihr huldigenden Kulturvölker doch nicht vor Entartungserscheinungen bewahrt hat."[227] „Auf dem Gebiet der Rassenpflege im engeren Sinne erschien die Lösung zweier Probleme vordringlich: a) Die Ausscheidung Artfremder aus dem deutschen Volkskörper. [...] b) Die Verhinderung weiterer Rassenmischung. Die Verhinderung der Rassenmischung ist durch Aufstellung von entsprechenden mit Strafandrohung versehenen Verboten sichergestellt."[228]

Rassenpolitik (Rassepolitik)

Die staatlichen Maßnahmen zur ↑ *Volksaufartung*.[229]

▶ „Wilhelm Frick: Bevölkerungs- und Rassenpolitik. Ansprache des Reichsministers des Innern, Dr. Frick auf der ersten Sitzung des Sachverständigenbeirats für *Bevölkerungs- und Rassenpolitik* 1933."[230] „Obwohl die Auswanderungsbewegung sich

---

[225] München 1933, 137. Zit. Poliakov/Wulf: Das Dritte Reich und seine Diener, 1989, 19.
[226] Bausteine zum Dritten Reich. Lehr- u. Lesebuch d. Reichsarbeitsdienstes, o. J., 167.
[227] Meyer-Zimmermann, Lebenskunde, Lehrbuch d. Biologie f. Höhere Schulen, Bd. 4, o. J., 365.
[228] Stuckart/Schiedermair: Rassen- und Erbpflege in der Gesetzgebung des Reiches, 3. erw. Aufl., 1942, 9.
[229] Gebucht: Duden, 12. Aufl. 1941. Getilgt: Duden, 13. Aufl. 1947.
[230] In: Friedrich Manns Pädagog. Magazin, H. 1378, Langensalza 1933. Zit. Gercke, A.: Die Rasse im Schrifttum, 2. Aufl. 1934, 65.

nicht gesteigert hat, kann doch immer wieder festgestellt werden, daß viele Juden auch bereit sind, diese letzte Folgerung, nämlich die Auswanderung, aus der Rassepolitik des nationalsozialistischen Staates zu ziehen."[231] „Rassenpolitik — bewußte lebensgesetzliche Neugestaltung des deutschen Volkes. [...] Es ist Aufgabe der Rassenpolitik, die für den Menschen wie für jedes andere Geschöpf geltenden Lebensgesetze wieder zur Geltung zu bringen, nachdem auch unser Volk ähnlich wie alle heutigen Kulturvölker Zeichen der beginnenden Entartung aufwies. Das ewige Leben unseres Volkes wird gesichert sein, wenn die Lebensgesetze von Auslese und Fruchtbarkeit, Artreinheit und Vererbung wieder rückhaltlos befolgt werden. Deshalb gliedert sich die rassenpolitische Arbeit in drei große Aufgabenbereiche: a) Förderung der Fruchtbarkeit der wertvollen Erbstämme; b) Minderung der Fruchtbarkeit der wertlosen Erbstämme; c) Verhinderung der Mischung mit fremden Rassen. Zur Lösung dieser Aufgaben bedurfte es einer gründlichen rassenpolitischen Aufklärung und Schulung des deutschen Volkes, einer starken Einflußnahme auf die gesetzgeberischen und sozialen Maßnahmen und schließlich einer ständigen Zusammenarbeit mit der Wissenschaft."[232]

rassenpolitisch (rassepolitisch)

Die Rassenpolitik betreffend.[233]

> „Max Engelmann: ,Das Germanentum und sein Verfall. Eine rassenpolitische Studie'. (1905)"
> Hitler: „Nun war das Bündnis mit Österreich auch rassepolitisch einfach verderblich."[234] „Walter Groß: Rassenpolitische Erziehung (1934)" „Die Behandlung der Judenfrage hat in meinem Bezirk ebenfalls den größten Unwillen hervorgerufen, da bei ihrer Mentalität die katholische Bevölkerung zunächst den Juden als Menschen wertet und erst in zweiter Linie daran denkt, die Angelegenheit vom rassenpolitischen Standpunkt aus zu beurteilen."[235] „Die Bevölkerung, welche allmählich rassepolitisches Verständnis zeigt, erkennt diese Säuberungsaktion vollkommen an."[236] „Die bevölkerungspolitische Lage des deutschen Volkes fordert die Erfassung aller Schichten. Sie wird verwirklicht durch die rassenpolitische Erziehung unseres Volkes. Diesen Erziehungsaufgaben treten erhebliche Schwierigkeiten entgegen, vor allem in den handarbeitenden Schichten. [...] Der Rassenpolitiker ist deshalb gezwungen, erzieherisch auf alle die Teile des Volkes zu wirken, die, gleichgültig welcher Berufsschichtung sie angehören, tüchtige Erbträger sind [...] Wir stehen damit

---

[231] Monatsbericht d. Bayerischen Politischen Polizei, 1. 5. 1936. In: Bayern in der NS-Zeit, 1977, 761.
[232] Meyer-Zimmermann, Lebenskunde, Bd. 4, o. J., 364 u. 365 f.
[233] Gebucht: Duden, 12. Aufl. 1941. Getilgt: Duden, 13. Aufl 1947.
[234] Mein Kampf, 160.
[235] Lagebericht f. den Monat August 1935 d. Staatspolizeistelle f. den Reg.bez. Aachen, 5. 9. 1935. In: Vollmer, B.: Volksopposition im Polizeistaat, 1957, 277.
[236] Monatsbericht d. Bayerischen Politischen Polizei, 1. 5. 1936. In: Bayern in der NS-Zeit, 1977, 460.

vor der Aufgabe, alle die zur rassenpolitischen Tat zu erziehen, denen die wissenschaftliche Durchbildung und Überschau fehlen, sich eine persönliche und sippenmäßig bezogene rassenpolitische Erfahrung zu verschaffen."[237].

Rassenpolitisches Amt der NSDAP (RPA)

Name einer amtlichen Einrichtung der NSDAP mit der Aufgabe der Schulung und Aufklärung der Bevölkerung in ↑ *rassenpolitischen* Fragen.[238]

> Das *Rassenpolitische Amt* wurde auf Vorschlag seines nachmaligen Leiters, Dr. W. Groß, vom *Stellvertreter des Führers* am 1. 5. 1934 gegründet. „Die Gesamtaufgaben und Zuständigkeiten des Rassenpolitischen Amtes der NSDAP. ergeben sich aus dem Auftrag, der dem Leiter des Amtes mit Verfügung vom 17. November 1933 wie folgt übertragen worden ist: 1. Aufgabe des Rassenpolitischen Amtes der NSDAP. ist die Vereinheitlichung und Überwachung der gesamten Schulungs- und Propagandaarbeit auf dem Gebiete der Bevölkerungs- und Rassenpolitik. 2. Das Rassenpolitische Amt ist allein befugt, über Fragen der Rassen- und der Bevölkerungspolitik Maßnahmen der Schulung und Propaganda zu treffen sowie Presseverlautbarungen vorzunehmen. Verlautbarungen auf rassen- bzw. bevölkerungspolitischem Gebiet bedürfen demnach in jedem Falle der Genehmigung durch das Rassenpolitische Amt der NSDAP. 3. Das Rassenpolitische Amt der NSDAP. bearbeitet seitens der NSDAP. – in Zusammenarbeit mit den zuständigen Behörden – alle Maßnahmen, die das Gebiet der Bevölkerungs- und Rassenpolitik betreffen. Das Rassenpolitische Amt in der Reichsleitung der NSDAP. ist dementsprechend laufend an den gesetzgeberischen Maßnahmen des Staates auf diesem Gebiete beteiligt."[239] „Der Leiter des Rassenpolitischen Amtes, Dr. Groß, hat jüngst einen Aufsatz im ‚Frankfurter Volksblatt' veröffentlicht, in dem es heißt: ‚Wir stellen uns hier auf den ganz harten und unabdingbaren Standpunkt, das heißt: an dem völkischen Grundgedanken der nationalsozialistischen Bewegung, am rassischen Grundgedanken wird nichts abgehandelt und nicht gerüttelt!'"[240] „Allgemein begrüßt wurde es, daß, als ein Zeichen positiver rassenpolitischer Arbeit, in diesem Jahre auf dem Reichsparteitag zum ersten Mal das Rassenpolitische Amt mit einer Sondertagung hervortrat […]"[241] „Die Rassenpolitischen Ämter der Ostmark haben das erste Stadium ihres Aufbaues nun überwunden, und die beginnende planmäßige Schulungs- und Aufklärungstätigkeit zeitigt gute Auswirkungen."[242]

---

[237] Eydt, A.: Rassenpolitische Erziehung des Handarbeiters durch Sippenpflege. In: Volk und Rasse, 12/1937, 200.
[238] Gebucht: Duden, 12. Aufl. 1941, Meyers Lexikon 1936 ff., Volks-Brockhaus 1940. Getilgt: Duden, 13. Aufl. 1947.
[239] Organisationsbuch der NSDAP., 7. Aufl. 1943, 330.
[240] Deutscher Glaube, 2/1935, 178.
[241] MADR, Jahreslagebericht 1938 d. SHA, Bd. 2, 107.
[242] MADR, Vierteljahreslagebericht 1939 d. SHA, Bd. 2, 269.

rassenrein (rasserein)

Ohne Beimischung *fremden Blutes*.[243]

> „Man sehe doch, mit welcher Meisterschaft sie [die Juden] die Gesetze des Blutes zur Ausbreitung ihrer Herrschaft benutzen: der Hauptstock bleibt fleckenlos, kein Tropfen fremden Blutes dringt hinein; [...] inzwischen werden aber Tausende von Seitenzweiglein abgeschnitten und zur Infizierung der Indoeuropäer mit jüdischem Blute benutzt! Ginge das ein paar Jahrhunderte so fort, es gäbe dann in Europa nur noch ein einziges rassenreines Volk, das der Juden, alles Übrige wäre eine Horde pseudohebräischer Mestizen, und zwar ein unzweifelhaft physisch, geistig und moralisch degeneriertes Volk."[244] (1899) „So rasserein, wie die germanische Herrenrasse zur Zeit des Tacitus war, sind heutzutage nicht einmal mehr die regierenden Fürstenfamilien."[245] (1906) „Rassenreine Völker sind vielleicht nur die Eskimos und waren die heute ausgestorbenen Tasmanier."[246]

> Hitler: „Juden waren es und sind es, die den Neger an den Rhein bringen, immer mit dem gleichen Hintergedanken und klaren Ziele, durch die dadurch zwangsläufig eintretende Bastardierung die ihnen verhaßte weiße Rasse zu zerstören, von ihrer kulturellen und politischen Höhe zu stürzen und selber zu ihren Herren aufzusteigen. Denn ein rassereines Volk, das sich seines Blutes bewußt ist, wird vom Juden niemals unterjocht werden können. Er wird auf dieser Welt ewig nur der Herr von Bastarden sein."[247]

Rassenreinheit (Rassereinheit)

Der Urzustand der Rassen, das Ziel der Rassenhygiene.[248]

> „Der Begriff der physischen Rasseneinheit und -reinheit, welcher den Kern des Judentums ausmacht, bedeutet die Anerkennung einer grundlegenden physiologischen Tatsache des Lebens."[249] (1899) Die Heimat der Zero, Xand, ist ein einsames Bergtal der Schweiz von 700–800 Einwohnern, das bis in neuere Zeit eine Oase im vollen Sinne des Wortes durch geographische, sprachliche, religiöse und politische Schranken von der Umgebung stark abgeschlossen war, also ein Ort, wo sich Rasseneigentümlichkeiten und Rassenreinheit sehr gut entwickeln konnten."[250] (1905) „Strenge gefaßt, hat nur der ein Recht, sich adelig zu nennen, der den nordischen Typus in möglichster Reinheit verkörpert und von Vorfahren ebensolcher Rassereinheit abstammt."[251] (1915)

---

[243] Gebucht: Duden, 12. Aufl. 1941.
[244] Chamberlain, H. St.: Die Grundlagen d. neunzehnten Jahrhunderts, 1. Hälfte, 1899, 324.
[245] Röse, C.: Beiträge z. europäischen Rassenkunde. In: Archiv, 3/1906, 106.
[246] Günther, H.: Rassenkunde des deutschen Volkes, 1922, 13.
[247] Mein Kampf, 357.
[248] Gebucht: Duden, 12. Aufl. 1941.
[249] Chamberlain, H. St.: Die Grundlagen d. 19. Jahrhunderts, 1. Hälfte, 1899, 258.
[250] Jörger, J.: Die Familie Zero. In: Archiv, 2/1905, 495.
[251] Hauser, O.: Rasse und Rassefragen, 1915, 88.

▶ Hitler: „Die Folge dieses in der Natur allgemein gültigen Triebes zur Rassenreinheit ist nicht nur die scharfe Abgrenzung der einzelnen Rassen nach außen, sondern auch ihre gleichmäßige Wesensart in sich selber."[252] „Rassenreinheit verpflichtet, und es muß wieder Sitte werden, daß sie verbunden mit Erbgesundheit als höchstes Gut angesehen wird und daß erbgesunde und rassenreine Mädchen wieder als Ehepartnerinnen gesucht werden, auch wenn sie irdische Güter nicht ihr eigen nennen."[253] „Zwar besteht der größte Teil der europäischen Bevölkerung aus Rassenmischlingen. Trotzdem aber können wir in bestimmten Ländergebieten einen sehr hohen Grad von Rassenreinheit bei den Bewohnern feststellen und das Urbild der Rasse noch deutlich erkennen."[254] „Wenn jedoch eingewendet wird, daß gerade die inneren Seelenspannungen des Mischlings häufig die Quelle großer Kulturleistungen seien, so läßt sich sagen [...]. Daß dies nicht der Fall ist, beweist die Geschichte, die uns zeigt, wie von dem Augenblick an, wo ein Volk sein Rassebewußtsein und seine Rassenreinheit verliert, sein geistiger, sittlicher und sittentümlicher (kultureller) Niedergang beginnt."[255] „Leitsätze zur Erhaltung und Pflege des Erbgutes. [...] 11. Vermeide auch die blutsmäßige Verbindung mit einem Menschen fremder Rassen. Denn mit der Rassenreinheit schwinden in dem mischrassigen Nachkommen auch Gesundheit und Schönheit sowie der Gleichklang der Seele."[256]

Rassenschande

Juristisch definiert[257]: Verstoß gegen das ‚Blutschutzgesetz' vom 15. 9. 1935: „(Rasseverrat), außerehelicher Geschlechtsverkehr zwischen Juden und Staatsangehörigen deutschen oder artverwandten Blutes." Im allgemeinen Sprachgebrauch: „jeder Geschlechtsverkehr mit Artfremden und Farbigen".[258]

▶ H. F. K. Günther: „Hier wäre auch die ‚Schwarze Schmach' zu nennen, die Notzuchtfälle, die heute im besetzten Gebiet des deutschen Westens von afrikanischen Soldaten Frankreichs ausgeübt werden, die ‚Schwarze Schmach', die von den Franzosen als eine Verseuchung des deutschen Bluts mit Geschlechtskrankheiten und mit dem Blut der dunklen Rassenmischungen Afrikas und Asiens gerne gesehen wird. [...] Die Wirkungen der ‚Schwarzen Schmach' werden zudem verstärkt durch eine im besetzten Gebiet nicht fehlende deutsche Rassenschande."[259] „Das jüngere Geschlecht, vielfach schon geschult durch Rassenkunde und Erblichkeitsforschung, fängt an zu begreifen, wie klar und wie unbewußt richtig der Standpunkt solcher

---

[252] Mein Kampf, 312.
[253] Gütt, A.: Frau und Volksgesundheit. In: N. S. Frauenbuch, 1934, 133.
[254] Graf, J.: Vererbungslehre, Rassenkunde und Erbgesundheitspflege, 6. Aufl. 1939, 226.
[255] Ebd., 266.
[256] Biologie f. höhere Schulen, Bd. 3, 2. Aufl. 1943, 173 f.
[257] Jedoch nicht im Gesetzestext verwendet.
[258] Gebucht: Duden, 12. Aufl. 1941, Meyers Lexikon 1936 ff. (oben zitiert), Paechter, Volks-Brockhaus 1940. Getilgt: Duden, 13. Aufl. 1947.
[259] Rassenkunde des deutschen Volkes, 121.

jüdischen und nichtjüdischen Eltern ist, die in der Mischehe etwas wie eine Rassenschande sehen."[260] (1922) Hitler: „Ein völkischer Staat wird damit in erster Linie die Ehe aus dem Niveau einer dauernden Rassenschande herauszuheben haben, um ihr die Weihe jener Institution zu geben, die berufen ist, Ebenbilder des Herrn zu zeugen und nicht Mißgeburten zwischen Mensch und Affe."[261] „Was Frankreich, angespornt durch eigene Rachsucht, planmäßig geführt durch den Juden, heute in Europa betreibt, ist eine Sünde wider den Bestand der weißen Menschheit und wird auf dieses Volk dereinst alle Rachegeister eines Geschlechts hetzen, das in der Rassenschande die Erbsünde der Menschheit erkannt hat."[262] (1927) Rosenberg: „Die Geschichte des Frankenreiches ist heute abgeschlossen. Gleich ob klerikaler Machtwille oder stupide Freigeisterei sich in der Regierung abwechseln: in jedem Fall wird der große Zug des Schöpferischen fehlen. Frankreich wird deshalb getragen sein von einer instinktiven Rassenangst als Folge der Rassenschande, die jeden höchstens äußerlich siegreichen Zerkreuzten nie verläßt. Deshalb die noch heute herrschende Furcht vor dem dank der Hilfe des ganzen Erdballs niedergeworfenen Deutschland."[263] (1930) ‚Führerwort': „Aus welchem Geist und Blut der Marxismus geboren ist, beweist allein schon sein Schöpfer, jener Karl Mardochai alias Marx, der schon als junger, verlumpter Student ein deutsches Mädchen aus adligem Haus in seinen Bann zwang, sie zu seiner Frau machte und damit in den Augen jedes rassisch sauber empfindenden Menschen das schlimmste Verbrechen beging, das auf Erden denkbar ist: die Zerstörung der Rasse, die Rassenschande. ... Weil dieser Jude sich versündigte, wollte er die ganze Welt, die ganze Menschheit in den Strudel seines Verbrechens ziehen."[264] Deutsche Allgemeine Zeitung, 16. 8. 1934: „[...] daß deutsche Frauen, die sich einem Juden hingegeben hatten, mit der Tafel ‚Rassenschande' durch die Straßen geführt wurden. Es ist viel zu selten vorgekommen."[265] J. Streicher: „Höchster Zweck und höchste Aufgabe des Staates ist es also, das Volk, das Blut, die Rasse zu erhalten. Wenn dies aber die höchste Aufgabe ist, dann muß den Verbrecher gegen dieses Gesetz die höchste Strafe treffen. Der ‚Stürmer' ist deshalb der Auffassung, daß es für das Verbrechen der Rassenschande nur zwei Strafen geben kann, erstens lebenslängliches Zuchthaus für jeden Versuch der Rassenschande, zweitens die Todesstrafe für das vollendete Verbrechen."[266] Goebbels, 30. 5. 1940: „Durch Erinnerungen an die Rhein- und Ruhr-Besetzung soll der Hass gegen Frankreich neu entflammt werden; es soll gezeigt werden, wie die sich entvölkernde Nation Deutschland durch überseeische, gelbe, schwarze und braune Völker niederzuwerfen sucht, und eine wie große Kultur- und Rassenschande es war, daß

---

[260] Ebd., 432.
[261] Mein Kampf, Bd. 1, 444 f.
[262] Ebd., 705.
[263] Mythus, 104.
[264] Schley, A. (Hg.): Führerworte, Bd. 1, 1934, 49.
[265] Zit. DFWB, Bd. 3, 1972, 153, s. v. Rasse.
[266] Leitartikel d. Sondernummer d. Stürmer, Jan. 1938. Dok. US−260. In: Der Nürnberger Prozeß, Bd. 5, 119 f.

man sich nicht gescheut hat, Neger an den Rhein zu holen."[267] ‚Meldung aus dem Reich', 2. 2. 1942: „Nach einigen Meldungen habe die Nichtkennzeichnung bestimmter Juden bei einer Anzahl von Volksgenossen sogar zu der Folgerung geführt, daß ein Verkehr mit solchen Juden gestattet sei. In nicht wenigen Fällen habe man diese Juden den Ariern gleichgesetzt aus dem Rückschluß heraus, daß Juden ja gekennzeichnet seien. Auch sei es böswilligen Deutschblütigen nunmehr leicht gemacht, ungestört mit Juden zu verkehren. Schließlich müsse noch auf die große Gefahr der erhöhten Rassenschande hingewiesen werden. In Kreisen besonders der Parteigenossenschaft seien die Ausnahmebestimmungen deshalb häufig auch ‚Privilegierung der Rassenschande' genannt worden."[268]

Rasseschänder — „Der Jude als Rasseschänder. Eine Anklage gegen Juda und eine Mahnung an die deutschen Frauen und Mädchen."[269] (1934) „Im Laufe des Monats August wurden sechs jüdische Rasseschänder in das Konzentrationslager Dachau eingewiesen."[270]

rasseschänderisch — „Im Monat September 1935 mußten ebenfalls 32 Personen polizeilich gesichert werden, da ihnen aus Kreisen der Bevölkerung rasseschänderisches Treiben vorgeworfen wurde und in vielen Fällen Gefahr für die persönliche Sicherheit der Betroffenen bestand. Auffallend ist es, daß seit dem Erlaß des Gesetzes vom 15. 9. 1935 zum Schutze des deutschen Blutes und der deutschen Ehre sich ein rascher Umschwung in dieser Angelegenheit zeigte."[271]

Rassenschändung — „Ein nichtarischer kaufmännischer Angestellter R. und eine 20jährige deutsche christliche Verkäuferin wurden durch die SA der Polizei übergeben. Die SA hatte festgestellt, daß die beiden ein Liebesverhältnis unterhielten. [...] Die Polizei weist alle, die es angeht, eindringlich darauf hin, daß gegen eine solche Rassenschändung in Zukunft, auch solange das geplante Gesetz noch nicht besteht, aufs schärfste eingeschritten wird. Dem fremdrassigen wie dem deutschen Teil, der seine deutsche Rassenehre so schamlos preisgeben kann, droht Konzentrationslager oder Schutzhaft in einer Fürsorgeerziehungsanstalt."[272]

Rassenseele

Vage Bezeichnung für eine den Rassen zugesprochene Psyche, etwas Überindividuelles, das durch Vererbung auf den einzelnen übergehen, ihn prägen und in ihm Ausdruck finden soll.[273]

> Der Ausdruck *Rassenseele* war um die Jahrhundertwende offenbar schon geläufig, denn bereits 1903 polemisiert W. Schallmayer gegen den spekulativen Terminus:

---

[267] Wollt Ihr den totalen Krieg? Die geheimen Goebbels-Konferenzen, hg. Boelcke, 1967, 59.
[268] MADR, (Nr. 256), Bd. 9, 3248.
[269] Zit. Gercke, A.: Die Rasse im Schrifttum, 2. Aufl. 1934, 29.
[270] Lagebericht d. Polizeidirektion München, 3. 10. 1935. In: Bayern in der NS-Zeit, 1977, 455.
[271] Ebd.
[272] Altonaer Nachrichten, 7. 11. 1933. Zit. Blick in die Zeit, 1/Nr. 24, 25. 11. 1933, 9.
[273] Gebucht: Duden, 12. Aufl. 1941. Getilgt: Duden, 13. Aufl. 1947.

„Rassenseele oder gar Volksseele, das sind Sammeldinge von so komplizierter Zusammensetzung, daß unser Begriffsvermögen ihnen kaum noch gewachsen sein dürfte. Willkür und Phantasie haben an derlei Begriffsbildungen offenbar mehr Anteil als wissenschaftliche Forschung."[274]

> Popularisiert und dem Nationalsozialismus vermittelt wurde der Ausdruck *Rassenseele* durch H. F. K. Günther und vor allem L. F. Clauß, dessen Schriften ‚Die nordische Seele' (1923) und ‚Rasse und Seele' (1926) ihm 1936 einen Ruf für *Rassenseelenkunde* an der Universität Berlin eintrugen.[275] „Heute läßt sich erkennen, daß die Jugendbewegung [...] vor allem eine Äußerung der nordischen Rassenseele war."[276] „Die vornehmste Aufgabe einer Rassenseelenforschung muß darin liegen, den obersten, alles bestimmenden Wert in der inneren Wertordnung jeder Rasse zu finden."[277] Rosenberg bezeichnet mit *Rassenseele* den mythischen Untergrund seiner Rassentheorie: „die Rasse von innen gesehen", das „Dasein der Rasse", aus dem das „Sosein" hervorgeht. „Die rassische Geschichtsbetrachtung ist eine Erkenntnis, die bald selbstverständlich sein wird. [...] Aber die Werte der Rassenseele, die als treibende Mächte hinter dem neuen Weltbild stehen, sind noch nicht lebendiges Bewußtsein geworden. Seele aber bedeutet Rasse von innen gesehen. Und umgekehrt ist Rasse die Außenseite einer Seele. Die Rassenseele zum Leben zu erwecken, heißt ihren Höchstwert erkennen und unter seiner Herrschaft den anderen ihre organische Stellung zuweisen: in Staat, Kunst und Religion."[278] „Heute endlich beginnt ein grundsätzliches Erwachen aus der Gewalthypnose: nicht von einem Zwangsglaubenssatz, dazu noch jüdisch-römischer-afrikanischer Herkunft, treten wir an das Leben heran, sondern vom Dasein aus wollen wir das Sosein, wie einst Meister Eckehart es erstrebte, bestimmen. Dieses Dasein aber ist die rassengebundene Seele mit ihrem Höchstwert der Ehre und der Seelenfreiheit, der die architektonische Gliederung der anderen Werte bestimmt. Diese Rassenseele lebt und entfaltet sich in einer Natur, die gewisse Eigenschaften weckt und andere zurückdämmt. Diese Kräfte von Rasse, Seele und Natur sind die ewigen Voraussetzungen, das Dasein, das Leben, aus welchem erst Gesittung, Glaubensart, Kunst usw. sich als Sosein ergeben. Das ist die letzte, innere Umkehr, der neu erwachende Mythus unseres Lebens."[279] Der Ausdruck *Rassenseele* wird von Rosenberg zum Stichwort gemacht, mit dem sich tiefsinnig-unverständliche Begründungszusammenhänge für nationalsozialistisches Handeln aufrufen ließen. Vor dem Nationalsozialistischen Studentenbund bekräftigt Rosenberg 1934: „Die Entdeckung der Rassenseele stellt eine Revolution dar, wie die Entdeckung des Kopernikus vor vier Jahrhunderten."[280] Ein Lagebericht für den Monat April 1935 der Staatspolizeistelle für den Regierungsbe-

---

[274] Vererbung und Auslese im Lebenslauf der Völker, 1903, 80.
[275] Meyers Lexikon, Bd. 2, 1937, 612, s. v. Clauß.
[276] Günther, H. F. K.: Der nordische Gedanke unter den Deutschen, 1925, 18.
[277] Clauß, L. F.: Rasse und Seele, 6. Aufl. 1936, 29.
[278] Mythus, Einleitung, 2.
[279] Ebd., 251.
[280] In: Deutsches Philologen-Blatt, 42/Nr. 46, 14. 11. 1934, 502.

zirk Aachen hat den Ausdruck *Rassenseele* zum Thema: „Sie [die katholische Kirche] behauptet, daß das Wort ‚die ewige Rassenseele', die als Ersatz für die vom Christentum gelehrte unsterbliche Seele angepriesen werde, einen Mißbrauch des Wortes ‚Seele' bedeute. Sie verkündet, daß die sogenannte ewige Rassenseele in Wirklichkeit ein Nichts, ein Phantasiegebilde sei, dem man götzendienerisch Recht und Freiheit, ja Leib und Leben opfern sollte."[281] 1937 befaßt sich ein Aufsatz in den ‚NS-Monatsheften' mit dem „Begriff Rassenseele": „Das Brudergefühl der Volksgenossen untereinander schlug als göttliche Flamme hervor, als Flamme der Rassenseele. Rassenseele, die es vorher nicht gab, war durch unseren Willen zu völkischer Einheit Wirklichkeit in uns geworden. Wir nennen diesen unbändigen Willen Nationalsozialismus. Dies ist der Erwecker der Rassenseele. Läßt sich der Begriff der Rassenseele so gebrauchen? In seiner nächsten Bedeutung nicht. Da hat er keinen metaphysischen, sondern nur einen sehr nüchtern beschreibenden Sinn. Man meint damit einfach jeden blutgebundenen Stil. [...]"[282] Der Ausdruck *jüdische Rassenseele* steht für ↑ Entartung, der Ausdruck *nordische Rassenseele* für ein Idealbild. „In einer anderen Abteilung [der Ausstellung ‚Entartete Kunst'] offenbart sich die jüdische Rassenseele unverkennbar in typischen Beispielen wie die Versuche, den Neger in Deutschland zum Rassenideal einer entarteten Kunst zu stempeln, oder die deutsche Mutter als Dirne oder Urweib darzustellen."[283] „Die nordische Rasse muß uns also allezeit Idealbild sein, d. h. wir müssen einen Staat schaffen und ein Reich gründen, die in ihren Gesetzen das zum Ausdruck bringen, was uns allen wesenseigen ist: die nordische Rassenseele. Wir müssen eine Umwelt schaffen, in welcher Nordisches artgemäß leben und gedeihen kann, mit anderen Worten: wir müssen das Bauerntum pflegen, Siedlerstellen schaffen, das Heldentum ehren, die Leistung schätzen, ein deutsches Recht begründen und vor allem eine Weltanschauung lehren, wie sie nordischer Seelenhaltung entspricht."[284]

Rassenunterschied

Im Nationalsozialismus überwiegend mit Rassenungleichwertigkeit gleichgesetzt.

> Moses Hess an Alexander Herzen: „Liegt in unserer Revolution der Keim einer neuen Welt, bergen unsre antagonistischen Produktions- und Eigentumsverhältnisse die Bedingungen zu jenen harmonischen Verhältnissen in ihrem Schoße, welche allen Klassen- und Rassenunterschied aufheben – dann, lieber Freund, werden uns diese Bedingungen nicht von den Slawen, wie sie meinen, durch ihre Kommunaleinrichtungen zugeführt."[285] (1850) „[Der Schwede Anders Retzius] war es, der durch eine bahnbrechende Abhandlung im Jahre 1842 zuerst die These von den Rassenun-

---

[281] v. 8. 5. 1935. In: Vollmer, B.: Volksopposition im Polizeistaat, 1957, 205.
[282] Schwarz, H.: Wille und Rassenseele. In: NS-Monatshefte, 8/1937, 581.
[283] Ein abschreckendes Gegenstück, Westdeutscher Beobachter, 28. 9. 1937. Zit. Wulf, J.: Die bildenden Künste im Dritten Reich, 1963, 319.
[284] Graf, J.: Vererbungslehre, Rassenkunde und Erbgesundheitslehre, 1939, 272.
[285] Hess, M.: Ausgew. Schriften, o. J., 396.

terschieden aufstellte und die Lehre von der Dolichocephalie (Langköpfigkeit) und der Brachycephalie (Kurzköpfigkeit) begründete. Anders Retzius zeigte ferner, daß die europäischen Völker Mischungen aus verschiedenen Rassentypen in verschiedene Proportionen darstellen; er versuchte, die Elemente zu unterscheiden und die jeweilig vorherrschenden zu eruieren."[286] (1906)

› „Es liegt auf der Hand, daß dem, der aus weltanschaulicher Einstellung heraus erblich bedingte Unterschiede, Rassenunterschiede, leugnet, die Lehre Lamarcks außerordentlich willkommen sein muß; und es ist leicht verständlich, daß die Marxisten und deren jüdische Führer begeisterte Anhänger des Lamarckismus waren."[287] „Politisch sind die seelischen Rassenunterschiede sogar von ungleich größerer Bedeutung als die körperlichen. Die seelischen Unterschiede der Menschenrassen sind keinesfalls Folgen von verschiedener Übung und Erziehung oder sonstigen äußeren Einflüssen. Es ist keine Wirkung der Umwelt, daß bestimmte Sippen immer wieder Verbrecher, Schwachsinnige, Asoziale, Erbkranke hervorbringen; diese Tatsache ist vielmehr erblich begründet. Ebenso ist es nicht umweltbedingt, daß Kultur, Kunst, Wissenschaft, Technik usw. von den verschiedenen Rassen in ganz verschiedener Leistungshöhe hervorgebracht werden. Vielmehr sind auch diese Unterschiede durch eine verschiedene Verteilung der erblichen Grundlagen bestimmt."[288]

Rassenverrat (Rasseverrat)

Geschlechtsverkehr mit ↑*Fremdrassigen*, gleichbedeutend mit ↑*Rassenschande*.[289]

› Der Vorsitzende des Alldeutschen Verbandes Heinrich Claß verwendet 1912 in seiner unter dem Pseudonym Daniel Frymann herausgegebenen Schrift ‚Wenn ich der Kaiser wär' den Ausdruck *Rassenverrat* in der Bedeutung ‚Verrat der Rasseninteressen': „Betrachtet man die Haltung des Zentrums dort und im Reichstage in den ausgesprochen nationalen Fragen, so zeigt sich in bedauerlicher Klarheit, daß es für nationale Politik entweder kein Gefühl hat oder daß es sie aus Rücksicht auf kirchliche Interessen nicht treiben will. In der Ostmarkenfrage geht es mit den deutschfeindlichen Polen durch dick und dünn, desgleichen in Elsaß-Lothringen mit den Nationalisten und sonstigen Welschgesinnten; es wahrt die Interessen der Dänen und Welfen, und nimmt sich in kolonialen Fragen bis zum Rassenverrat der Farbigen an [...]."[290]

› Am 13. März 1930 brachte die nationalsozialistische Reichstagsfraktion den Entwurf eines Gesetzes zum Schutze der Nation ein: „Wer es unternimmt, die natürliche Fruchtbarkeit des deutschen Volkes zum Schaden der Nation künstlich zu hemmen,

---

[286] Michaelis, C.: Krit. Bespr. von Gustav Retzius' Arbeiten zur Rassenanatomie. In: Archiv, 3/1906, 304.
[287] Boehm, H.: Erbkunde und Rasse. In: Der Schulungsbrief, 1/Mai 1934, 11.
[288] Meyer-Zimmermann: Lebenskunde, Bd. 4, o. J., 332.
[289] Gebucht: Duden, 12. Aufl. 1941. Getilgt: Duden, 13. Aufl. 1947.
[290] Frymann, D., ebd., 2. Aufl. 1912, 196.

oder in Wort, Schrift, Druck, Bild oder in anderer Weise solche Bestrebungen fördert, oder wer durch Vermischung mit Angehörigen der jüdischen Blutsgemeinschaft oder farbiger Rassen zur Rassenverschlechterung und Zersetzung des deutschen Volkes beiträgt oder beizutragen droht, wird wegen Rassenverrats mit Zuchthaus bestraft."[291] 1933 gab der preußische Justizminister Hans Kerrl eine Denkschrift ‚Nationalsozialistisches Strafrecht' heraus. Im ersten Hauptteil „Schutz der Volksgemeinschaft" folgte auf den „Schutz der Staatsordnung" der „Schutz von Rasse und Volkstum". Unter Strafe gestellt werden sollte u. a. der „Angriff auf die Rasse", der *Rasseverrat*: „Als Rasseverrat ist unter Strafe zu stellen jede geschlechtliche Vermischung zwischen einem Deutschen und einem Fremdrassigen, und zwar strafbar an beiden Teilen [...]"[292] „Wer es unternimmt, durch Vermischung eines Deutschen mit einem Angehörigen fremder Blutsgemeinschaften oder Rassen, deren Fernhaltung von der deutschen Blutsgemeinschaft durch Gesetz angeordnet ist, zur rassischen Verschlechterung und Zersetzung des deutschen Volkes beizutragen, macht sich des Rasseverrats schuldig."[293] 1935 fragt ‚Das Schwarze Korps': „Kommt das Strafgesetz gegen Rasseverrat?"[294] In der achten Auflage von ‚Meyers Lexikon' wird 1942 hinter dem Stichwort ↑ *Rassenschande* in Klammern *Rasseverrat* angegeben.

Rassenzucht (Rassezucht)

Gleichbedeutend mit ↑ *Rassenhygiene,* ↑ *Rassenpflege.*

▷ „Nicht nur von jüdischer Seite wurde gelegentlich hervorgehoben, daß die Juden durch ihre Rassezucht geradezu ein adeliges Volk seien. Das wäre gewiß richtig, wenn zur Zeit, als diese Rassezucht für alle Zukunft festgesetzt wurde — es geschah unter Esra und Nehemia —, die Juden noch ein adliges (nordisches) Volk gewesen wären. Sie waren das aber nicht."[295] (1915)

▷ Rosenberg: „Nordische Gesinnung und nordische Rassenzucht, so heißt auch heute die Losung gegenüber dem syrischen Morgenlande, das in der Gestalt des Judentums und in vielen Formen des rasselosen Universalismus sich in Europa eingenistet hat."[296] „Wir wollen Rassenpflege, Rassenzucht treiben. Wer Zucht treiben will, muß ein Zuchtziel haben. [...] Wir wollen Rassenzucht treiben. Rassenzucht erfordert Auslese, eine Beurteilung von gut und schlecht, von hochwertig und minderwertig, von dem, was wir erstreben und dem, was wir ablehnen. Wir müssen ein Zuchtziel haben, nach dem wir uns richten, das uns sagt, wohin sich der Blick zu richten hat. Dieses Zuchtziel ist der nordische Mensch."[297] „Trotz seines ge-

---

[291] Zit. Volk und Rasse, 12/1937, 344.
[292] Ebd., 47.
[293] Ebd., 48.
[294] 10. 4. 1935, 10.
[295] Hauser, O.: Rasse und Rassefragen, 91.
[296] Mythus, 33.
[297] Staemmler, H.: Die Frauen und die Rassenpflege. In: N. S. Frauenbuch, 1934, 126.

schichtlichen Inhalts wurzelt das Werk in den Fragen, die in der Gegenwart unser Volk bewegen, insbesondere der Rassenzucht, der artgemäßen Frömmigkeit und der germanisch bestimmten Rechtsauffassung."[298]

Rassenzüchtung – „[...] doch ein so nüchtern präziser Naturforscher wie Francis Galton, der Schwager Darwin's, hat am 29. Oktober 1901 in einer Versammlung durchaus nüchterner und praktischer Männer, nämlich in dem anthropologischen Institut in London, einen Vortrag ‚Über die Möglichkeit, die menschliche Rasse zu verbessern' gehalten, in welchem er die gesetzliche Förderung der Rasseninteressen vorschlug und als Beispiele praktischer Rassenzüchtung auf die Indoarier und die Juden hinwies."[299] (1903)

Rasse- und Siedlungshauptamt (RuS, RuSHA)

Name einer 1931 (zunächst als *Rasse- und Siedlungsamt*) vom ↑ *Reichsführer SS* Himmler gegründeten Dienststelle für „rassische Auslese des SS-Nachwuchses" und „Seßhaftmachung wertvoller SS-Familien in Verbindung mit Neuschaffung deutschen Bauerntums und der Heimstättensiedlung".[300]

▶ „Das Rasse- und Siedlungshauptamt verschafft der Schutzstaffel als einer nach nordisch-rassischen Gesichtspunkten ausgelesenen Sippengemeinschaft das Rüstzeug, das sie befähigt, in artgemäßer Lebensführung den Gedanken von Blut und Boden bei sich als Vorbild für das ganze deutsche Volk zu verwirklichen."[301] „Nach dem Sicherheitshauptamt steht als nächste Säule der Reichsführung SS das Rasse- und Siedlungshauptamt. In diesem Rasse- und Siedlungshauptamt werden im Sippenamt die Heiratsgesuche der SS-Männer bearbeitet."[302] Anfang 1940 verlor das *Rasse- und Siedlungshauptamt* den praktischen Teil seiner Zuständigkeit für das Siedlungswesen an die 1939 zu Umsiedlung Volksdeutscher aus dem Ausland gegründete Dienststelle *Reichskommissar für die Festigung deutschen Volkstums* (RFFS) und die seit 1937 bestehende, 1940 dem *RKF* unterstellte ↑ *Volksdeutsche Mittelstelle*.[303] In der 7. Auflage des ‚Organisationsbuchs der NSDAP.' von 1943 erscheint daher das *Rasse- und Siedlungshauptamt* nur noch als ein Hauptamt unter anderen. „Das Rasse- und Siedlungshauptamt SS bearbeitet in seinen Ämtern die rassische Auslese des SS-Nachwuchses, lenkt die Gattenwahl der SS-Männer und fördert die Bildung erbbiologisch wertvoller kinderreicher Familien. Geeigneten und siedlungswilligen SS-Männern wird der Weg zum eigenen Hof ermöglicht."[304]

---

[298] Niederdeutsche Welt, über: H. F. K. Günther: Herkunft und Rassengeschichte der Germanen. Zit. Verlagsanzeige in: Günther, H. F. K.: Führeradel durch Sippenpflege, München 1936, o. S.
[299] Chamberlain, H. St.: Die Grundlagen des 19. Jahrhunderts, Vorwort zur 4. Aufl. 1903, XLVI.
[300] Gebucht: Duden, 12. Aufl. 1941, Paechter. Zitate: Organisationsbuch der NSDAP., 7. Aufl. 1943, 420 u. 4. Aufl. 1934, 422. Getilgt: Duden, 13. Aufl. 1947.
[301] Organisationsbuch der NSDAP, 4. Aufl. 1934, 421.
[302] d'Alquen, G.: Die SS, 1939, 23.
[303] Meyers Enzykl. Lexikon, 9. Aufl., Bd. 19, 1980, 587, s. v.
[304] Ebd., 420.

Rassetum (Rassentum)

(Sinn für) das Wesen der Rasse.

> „Nicht also aus Rassentum zur Rassenlosigkeit ist der normale, gesunde Entwicklungsgang der Menschheit, sondern im Gegenteil, aus der Rassenlosigkeit zur immer schärferen Ausprägung der Rasse."[305] (1899)

> „Die unter dem deutschen Volk lebenden Teile des jüdischen Volkes, das sich der Notwendigkeit rassischer Wiedergeburt schon vielfach bewußt geworden ist und zum Teil vorbildlich an seinem Rassentum arbeitet, die Juden in Deutschland sollen als fremdstämmiges Volk im Anhang getrennt behandelt werden."[306] „Die Freiheiten aber des 19. Jahrhunderts scheinen doch in mancher Hinsicht das Rassentum des jüdischen Volkes angegriffen zu haben."[307] „Nicht mit irgendwelchen Einzelmaßnahmen […], sondern nur auf einer ganz neuen oder besser auf der alten, aus unserem Nordischen Rassetum entspringenden Weltanschauung war dem deutschen Volk und mit ihm dem deutschen Bauerntum zu helfen."[308] F. G. Kneisel stellt 1940 fest: „Zugleich hat sich eine Flut neuer Wortbildungen aus der Welt der Rassenlehren in den Wortschatz ergossen, so Rassetum (Wesen einer Rasse) […]."[309]

rassisch

In Bezug auf die Rasse.[310]

> Das Adjektiv *rassisch* ist eine verhältnismäßig junge Bildung. Bis in die zwanziger Jahre herrschen in dem Kontext, in dem später regelmäßig *rassisch* erscheint, die Adjektive *rassig, rasslich (raßlich), rassenhaft,* ↑*rassenmäßig* vor. Karl Kraus schreibt 1899 in der ‚Fackel': „Gewiss haben rassliche Unterschiede mitgewirkt, die Juden zu isolieren."[311] F. Ratzel spricht von den „klimatisch und rassenhaft bedingten Gegensätze[n] zwischen dem Norden und Süden der Vereinigten Staaten von Amerika"[312], E. Rüdin von den „raßlich und kulturell tiefer stehende[n] Eindringlinge[n]" in England.[313] Noch in dem in der NS-Zeit (und z. T. darüber hinaus) als Standardwerk geltenden zweibändigen Kompendium von Baur/Fischer/Lenz ‚Menschliche Erblichkeitslehre' und ‚Menschliche Auslese und Rassenhygiene', das zuerst 1921, in der zweiten Auflage 1923 erschien, kommt *rassisch* nicht vor. Offenbar ist das Adjektiv zuerst in völkischen Kreisen aufgekommen. Der Vorgeschichtsforscher O. Hauser gebraucht den Ausdruck 1915: „Die späten Römer, die rassisch

---

[305] Chamberlain, H. St.: Die Grundlagen des neunzehnten Jahrhunderts, 1. Hälfte, 293.
[306] Günther, H.: Rassenkunde des deutschen Volkes, 1922, 5.
[307] Ebd. 411.
[308] v. Leers, J.: Odal, 2. Aufl. 1936.
[309] Die Entwicklung des deutschen Wortschatzes nach dem Weltkriege. In: Neophilologus, 25/1940, 32.
[310] Gebucht: Duden, 10. Aufl. 1929, 11. Aufl. 1934, 12. Aufl. 1941; Meyers Lexikon 1936 ff., Trübners DWB, Volks-Brockhaus 1940.
[311] Ebd. 1/Nr. 11, Mitte Juli 1899, 2.
[312] Politische Geographie, 2. umgearb. Aufl. 1903, 208.
[313] In: Archiv, 2/1905, 316.

schon längst Bastarde sind, träumen von den Zeiten Sullas und Catos, der blonden Barbaren; der Alexandrinismus geht im Studium Homers und der Klassiker auf. Das sind die letzten Regungen vor dem dauernden Verfall, dem Erlöschen des letzten blonden Einschlags."[314] „Seltsamerweise hatte man dagegen gegen den altadeligen Napoleon Bonaparte Bedenken, als er um Maria Luise, die ihm weder seelisch, noch rassisch ebenbürtige Kaisertochter, warb."[315] Im gleichen Jahr wird in einer Verlagsanzeige eine Rezension der ‚Deutschen Tageszeitung', Berlin, zitiert. Darin heißt es über eine Neuerscheinung von F. Büttner ‚Ich und meine fünf Jungen. Tagebuch eines Erziehers': „Alle völkisch Gesinnten finden sich mehr und mehr zusammen im Kampfe gegen die Minder- und Mischrassigen. Aber so notwendig und unentbehrlich auch solcher Kampf, er bleibt nur ein Angehen gegen das Schlechte; F. Büttner versucht dagegen eine Stärkung des Guten im rassischen Sinne."[316] Der Vorsitzende des Alldeutschen Verbandes Heinrich Claß schreibt 1917: „Also eine Völkerkarte von buntestem Gemisch, angesichts derer die bange Frage auftauchen muß, ob nicht diese gemischte Menge, zu deutschen Staatsbürgern gemacht, uns ewigen Unfrieden in unser Haus hineintragen, viel kostbare Kraft in innerem politischen Hader verzehren, den Charakter des Deutschen Reiches als Nationalstaat mindern, ja schließlich sogar die rassische Grundlage des deutschen Volkes ernstlich bedrohen würde."[317] Der gleiche Autor hatte 1912 noch formuliert: „Eine rassig entartete, sittlich verwüstete und kulturell herabgekommene Bevölkerung"; „in den gesund gebliebenen, rassig noch unverdorbenen Schichten der englischen Gesellschaft."[318] In dem noch nicht von der NSDAP angekauften ‚Völkischen Beobachter' äußert sich ein K. Braßler über das Verhältnis der Juden zum „Rassenprinzip": „Die Juden haben es aber auch meisterhaft verstanden, dieses von ihnen erkannte Rassenprinzip als Rassengeheimnis zu bewahren. [...] Durch die Geheimhaltung des rassischen Prinzips konnten die Juden die aus dieser Erkenntnis fließenden Vorteile in den und über die verschiedenen Nationalitäten für sich allein bewahren. [...] Warum ich mich wohl in diesem Rahmen etwas breiter über die Rassenfrage ausgelassen habe? Weil es dringende Notwendigkeit ist, daß man die Vorgänge des gesamten Völker- und Volkslebens vom rassischen Standpunkt aus betrachtet."[319]

> H. F. K. Günther, der wie ‚Meyers Lexikon' 1938 betont, „der Rassenforschung im Deutschen Reich in ihrer gesamtvölkischen Bedeutung entscheidenden Antrieb"[320] gab, verwendet das Adjektiv *rassisch* geläufig und durchgehend. „Der mischrassige Adlige z. B. ist rassisch einer reinrassig nordischen Bauerntochter nicht ebenbürtig. Wenn Adel wieder einen rassischen Sinn erhalten soll, so ist ihm die Erziehung nordischer Rassenreinheit als erste Aufgabe zugewiesen."[321] (1922) Das gleiche gilt für Hitler: „[Die nationalsozialistische Bewegung] muß sich dabei be-

---

314 Rasse und Rassefragen in Deutschland, 1915, 25.
315 Ebd. 31 f.
316 Verlagsanzeige in: Hauser, O.: Rasse und Rassefragen, 1915, o. S.
317 Zum deutschen Kriegsziel, eine Flugschrift von Heinrich Claß, 11.–20. Tsd. 1917.
318 Frymann, D. (d. i. H. Claß): Wenn ich der Kaiser wär', 2. Aufl. 1912, 104 u. 187.
319 Ebd., 5. 9. 1920, 3.
320 Ebd., Bd. 5, 595, s. v. Günther.
321 Rassenkunde des deutschen Volkes, 1922, 285; und passim.

wußt bleiben, daß wir als Wahrer höchsten Menschentums auf dieser Erde auch an eine höchste Verpflichtung gebunden sind, und sie wird um so mehr dieser Verpflichtung zu genügen vermögen, je mehr sie dafür sorgt, daß das deutsche Volk rassisch zur Besinnung gelangt und sich außer der Zucht von Hunden, Pferden und Katzen auch des eigenen Blutes erbarmt."[322] (1927) Im ↑ *Dritten Reich* gehört *rassisch* wie *Rasse* zum Standardvokabular. Die ‚Coburger Zeitung' vom 28. 5. 1933: „Im Konzentrationslager [Dachau]. [...] Im Ernst gesagt: Was man hier an Menschenmaterial sieht, dem steht zum allergrößten Teile schon deutlich lesbar im Gesicht geschrieben, worum es in Dachau sitzt: 80 bis 90 Prozent dieser 2000 Sträflinge – dieser erschütternde Eindruck muß bei jedem in rassischen Dingen klar sehenden Besucher unabweisbar entstehen – sind verbastardierte Promenadenmischungen mit jüdischem, negerischem. mongolischem oder – der Teufel mag es wissen – sonst welchem Bluteinschlag."[323] „Unser rassisches Selbstbewußtsein hat ohne Zweifel durch die modernen Forschungsergebnisse, wonach die Grundlagen der europäischen Kultur nicht aus dem Süden oder gar aus Asien stammen, sondern sich in Nord- und Mitteldeutschland entwickelt haben, einen gewaltigen Auftrieb erhalten."[324] Vorschläge zur Vorbereitung der Germanisierung (↑ *Umvolkung*) im Protektorat Böhmen und Mähren vom 30. November 1940: „Rassisch wertvoll ist dabei derjenige Protektoratsbewohner, bei dem oder in dessen Sippe slawische Rassenmerkmale nicht vorherrschen. [...]"[325] Himmler, vor der SS und der Polizei, 1943: „Darüber hinaus wäre es für jeden einzelnen [...] unerhört instruktiv, so ein Konzentrationslager einmal anzusehen. Wenn Sie das gesehen haben, sind Sie davon überzeugt: Von denen sitzt keiner zu Unrecht; es ist der Abhub von Verbrechertum, von Mißratenen. Es gibt keine lebendigere Demonstration für die Erb- und Rassegesetze, also für die Dinge, die Dr. Gütt Ihnen vorgetragen hat, als so ein Konzentrationslager. Da sind Leute mit Wasserköpfen, Schielende, Verwachsene, Halbjuden, eine Unmenge rassisch minderwertigen Zeugs! [...]"[326]

Raum, s. ↑ Lebensraum.

RBG, s. ↑ Reichsbetriebsgemeinschaft.

Rechtswahrer

Nationalsozialistisches Ersatzwort für ‚Jurist'.[327]

\> Der Ausdruck *Rechtswahrer* wurde schon von dem völkischen Sektierer Guido List in seiner Schrift ‚Die Armanenschaft der Ariogermanen' 1911 neben *Volkswah-*

---

[322] Mein Kampf, 732.
[323] NSDAP-Landtagsabgeordneter H. Dietrich. Zit. Blick in die Zeit, 1/Nr. 2, 28. 7. 1933, 6.
[324] Der Deutsche Student, 4/Aug. 1936, 369.
[325] Zit. Saller, K.: Die Rassenlehre des Nationalsozialismus in Wissenschaft und Propaganda, 1951, 59.
[326] Dok. PS−1992 (a) (US−439). In: Der Nürnberger Prozeß, Bd. 4, 211.
[327] Gebucht: Duden, 12. Aufl. 1941, Meyers Lexikon 1936 ff., Paechter, Volks-Brockhaus 1940. Getilgt: Duden, 13. Aufl. 1947.

rer, Sippenwahrer, Wehrmachtswahrer, Schatzwahrer usw. als Amtstitel vorgeschlagen. In den Amtsbereich des *Rechtswahrers* sollten „Bürgerliches Recht, Strafgericht, Schiedsgerichte, Beratungsämter, Rechtsschutz" fallen.[328]

> „Der Mai des Jahres 1936 brachte wieder einen ‚Deutschen Juristentag' in Leipzig. Die Bedeutung dieser ‚Reichstagung des Bundes Nationalsozialistischer Deutscher Juristen' (BNSDJ.) (17. bis 20. Mai) fand ihre besondere Unterstreichung durch die Tatsache der hier durch den Reichsjuristenführer Pg. Dr. Frank verkündeten Umbenennung des BNSDJ. in ‚Nationalsozialistischer Rechtswahrerbund' (NSRB.), sowie des Wortes ‚Reichsjuristenführer' in ‚Reichsrechtsführer'. An die Stelle des ‚Juristen' alter Prägung tritt so der Rechtswahrer seines Volkes!"[329] In einer Presseanweisung vom 21. 8. 1936 heißt es: „Herr Duprel machte darauf aufmerksam, daß mit dem Deutschen Juristentag 1936 der Begriff ‚Jurist' dem besseren Begriff des ‚Rechtswahrer' gewichen sei. Die deutsche Presse müsse deshalb – informatorisch – ihre Initiative auf die Propagierung des Begriffs des Rechtswahrers abstellen. Hierbei müsse den Volksgenossen klargemacht werden, daß es sich nicht nur um eine Namens- oder Formänderung handelt, sondern um eine Strukturänderung. Es vollziehe sich der Übergang vom Juristen zum Rechtswahrer. Rechtswahrer kann aber nur sein, wer deutschen Blutes und nichtjüdischer Rasse sei... Den Juristen gebe es allerdings noch dann, wenn er international auftrete. Hier könne eine feine und gründliche Unterscheidung zwischen dem Rechtswahrer und Juristen gefunden werden."[330] 1937 stellt G. Rühle fest: „Dieser vom NSRB. geschaffene und in den Vordergrund gestellte Begriff des ‚Rechtswahrers' hat sich im Laufe der Zeit tatsächlich im öffentlichen Leben durchgesetzt; er ist zum Ausdruck eines neuen Berufsinhalts und eines Erziehungsziels geworden und übt damit eine läuternde Wirkung auf die Rechtspflege und die in ihr tätigen Rechtswahrer aus."[331] Der Jahreslagebericht 1938 des Sicherheitshauptamtes meldet über die Juristen : „Die Strafrechtsreform hingegen konnte in der Berichtszeit noch nicht zum Abschluß gebracht werden. Auch an der weltanschaulichen Ausrichtung der Rechtswahrer waren nur geringe Erfolge zu verzeichnen und demgemäß ließ auch die Rechtsprechung vielfach noch nationalsozialistisches Rechtsdenken vermissen. Die politische Haltung der Rechtswahrer konnte jedoch im großen und ganzen als gutwillig bezeichnet werden."[332] 1941 verzeichnet K. Krause *Rechtswahrer* als ‚Sprachzuwachs'[333], 1943 verwendet W. Schulze den Ausdruck im ‚Wustmann' in unpolitischem Zusammenhang: „Erheblich. Altes Kanzleiwort, das man schon für tot und begraben gehalten hatte, das aber seit einiger Zeit wieder hervorgesucht und nun [...] zum Liebling aller Rechtswahrer, Beamten und Zeitungsleute geworden ist [...]."[334]

---

[328] Ebd., 2. Teil, 90.
[329] Rühle, G.: Das Dritte Reich, Bd. 1936, 136.
[330] Tr 2/120, 21. 8. 1936. Zit. Glunk, ZDS 22/1966, 151.
[331] Rühle, G.: Das Dritte Reich, Bd. 1936, 136.
[332] MADR, Bd. 2, 119.
[333] Deutscher Sprachzuwachs der letzten Jahrzehnte. In: Zeitschr. f. Deutschkunde 55/1941, 12.
[334] Sprachdummheiten, 11. Aufl. 1943, 304 f.

Reichsarbeitsdienst (Arbeitsdienst, RAD)

Name der am 26. 6. 1935 durch das ‚Reichsarbeitsdienstgesetz' eingerichteten, militärisch gegliederten, staatlichen Organisation zur Ableistung eines verpflichtenden halbjährigen (*Reichs*)*arbeitsdienstes*.[335]

> „Reichsarbeitsdienstgesetz vom 26. 6. 1935: Der Reichsarbeitsdienst. § 1 (1) Der Reichsarbeitsdienst ist Ehrendienst am Deutschen Volke. (2) Alle jungen Deutschen beiderlei Geschlechts sind verpflichtet, ihrem Volk im Reichsarbeitsdienst zu dienen. (3) Der Reichsarbeitsdienst soll die deutsche Jugend im Geiste des Nationalsozialismus zur Volksgemeinschaft und zur wahren Arbeitsauffassung, vor allem zur gebührenden Achtung der Handarbeit erziehen. (4) Der Reichsarbeitsdienst ist zur Durchführung gemeinnütziger Arbeiten bestimmt. [...]"[336] Die Vorgeschichte des *Reichsarbeitsdienstes* referiert ‚Meyers Lexikon' 1936 ff. (mit charakteristischer nationalsozialistischer Wertung, doch in den Daten weitgehend zutreffend): „Im Deutschen Reich bestand eine Art Arbeitsdienst während des Weltkriegs in Form des Vaterländischen Hilfsdienstes. Nach dem Weltkriege wurde der Gedanke des Arbeitsdienstes aus den verschiedensten Gründen gefördert. [...] Gegen die Einführung des Arbeitsdienstes kämpften Pazifisten, Marxisten und Vertreter der liberalen Wirtschaftsordnung, weil sie Gegner der Wehrhaftmachung, jeder nationalen Erziehung und jeder wirtschaftlichen Neugestaltung waren. So konnte der Arbeitsdienstgedanke zunächst nur von einzelnen Bünden getragen werden. An der Spitze steht dabei der aus der Wandervogelbewegung hervorgegangene, 1924 gegründete Bund Artam, der junge Menschen (Artamanen) zu landwirtschaftlicher Arbeit [...] erziehen und zur Siedlung im deutschen Osten fähig machen wollte, weiterhin die nach Auflösung der Freikorps aufs Land gehenden Arbeitsabteilungen alter Soldaten. Daneben traten Arbeitslager der bündischen Jugend, der Studentenschaft und einzelner Persönlichkeiten. Seit 1930, nach dem Ausbruch der Wirtschaftskrise, wurde der Arbeitsdienst als Mittel zur Entlastung des Arbeitsmarktes immer stärker gefordert."[337] „Die VO. vom 5. 6. 1931 machte es der Reichsanstalt für Arbeitsvermittlung und Arbeitslosenversicherung zur Pflicht, den freiwilligen Arbeitsdienst zu fördern. Durch VO. vom 16. 6. 1932 und Ausf-VO. vom 2. 8. 1932 wurde er allgemein eingeführt. [...] Die NSDAP. erhob bereits 1928 diesen grundlegenden neuen Gedanken der Arbeitsdienstpflicht als Erziehungsfaktor zum Programmpunkt. Die Richtlinien wurden 1930 vom damaligen Organisationsleiter II Oberst a. D. Hierl festgelegt. Getarnte nationalsozialistische Organisationen in den einzelnen Gauen, meist unter dem Namen ‚Verein für Umschulung', und die Lager der nationalsozialistisch geführten deutschen Studentenschaft dienten seit 1931 dazu, Erfahrungen zu sammeln und Führer vorzubilden. Im nationalsozialistisch regierten Anhalt wurde dann bereits 1932 der erste staatliche nationalsozialistische Freiwillige Arbeitsdienst

---

[335] Gebucht: Duden, 12. Aufl. 1941, Meyers Lexikon 1936 ff., Paechter, Volks-Brockhaus 1940. Getilgt: Duden, 13. Aufl. 1947.
[336] RGBl. 1, 1935, 769.
[337] Meyers Lexikon, Bd. 1, 1936, 507

durchgeführt. Die deutsche Studentenschaft als Vorkämpferin des Arbeitsdienstes verwirklichte bereits 1933 für die Hochschuljugend die Arbeitsdienstpflicht."[338] „[Reichsarbeitsführer, Reichsleiter Hierl] stellte am Schluß folgende Grundsätze auf: 1. Unser Reichsarbeitsdienst ist eine rein nationalsozialistische Schöpfung. Gedanken über den Arbeitsdienst hat es schon früher gegeben. Eine Gestaltung der Arbeitsdienstidee im nationalsozialistischen Sinn und Geist gab es vorher noch nicht. 2. Der Reichsarbeitsdienst ist [...] ein Erziehungswerk besonderer und einziger Art. Seine Aufgabe ist es, durch die Arbeit am deutschen Boden und die Erziehung in der Lagergemeinschaft unsere nationalsozialistische Auffassung von der Volksgemeinschaft und von der Arbeit immer von neuem durch die nachwachsende Jugend in das ganze Volk hineinzutragen. Der Reichsarbeitsdienst ist demnach die Schule der sozialen und arbeitsethischen Erziehung des Volkes. Das ist seine arteigene Bestimmung, auf die alles im Aufbau und im Leben des Reichsarbeitsdienstes hinzielen muß. [...] Der Reichsarbeitsdienst ist staatsrechtlich zwar keine Gliederung der Partei, sondern eine Einrichtung des Staates. Aus der Partei entsprungen und von ihrem Geist erfüllt, ist aber der Reichsarbeitsdienst untrennbar mit der Partei verbunden. [...]"[339] „Der Reichsarbeitsdienst ist zutiefst Ausdruck der nationalsozialistischen Sehnsucht nach wahrer Gemeinschaft eines ganzen Volkes, ist die Verkörperung des nationalsozialistischen Wissens zur aufbauenden Arbeit und ist der lebendige Ausdruck nationalsozialistischer Tugenden: des Gehorsams und der inneren Zucht."[340] „Die Arbeit im Reichsarbeitsdienst gilt ausschließlich der Sicherung und Erhaltung und der Mehrung der Erträgnisse des Bodens und damit der Stärkung des Bauerntums. Wenn es bislang vor der Wiedergewinnung des deutschen Ostens darum ging, jeden Quadratmeter deutschen Bodens der Ernährung des deutschen Volkes nutzbar zu machen, durch die Regelung der Wasserwirtschaft den Ertragswert deutschen Bauernlandes zu heben, Moor und Ödland urbar zu machen und so die Voraussetzungen für die Erzeugungsschlacht des Bauerntums zu schaffen, so wird für die Zukunft zu diesen Aufgaben insbesondere die Notwendigkeit zur Hebung des Lebensstandards des deutschen Bauern treten. Hier entsteht, insbesondere in den neu gewonnenen Ostgebieten, für den Reichsarbeitsdienst die gewaltigste Aufgabe, die ihm bislang gestellt wurde."[341]

Reichsautobahnen

a) Name eines Zweigunternehmens der Deutschen Reichsbahn, dem das ausschließliche Recht zum Bau und zur Unterhaltung des Autobahnnetzes übertragen wurde; b) Bezeichnung für ein „weitmaschiges Netz neuzeitlicher Autostraßen, ausschließlich dem Kraftwagenverkehr vorbehalten, vom Führer 1933 angeregt (,Straßen Adolf Hitlers')".[342]

---

[338] Ebd., 509.
[339] Rede am 9. 9. 1938 vor dem Nürnberger Parteikongreß. In: Rühle, G.: Das Dritte Reich, Bd. 1938, 303 f.
[340] Zypriss, G.: Die Arbeitsdienstpflicht für die weibliche Jugend, 1938., 5.
[341] Organisationsbuch der NSDAP. 1943, 469a.
[342] Gebucht: Duden, 11. Aufl. 1934, 12. Aufl. 1941; Knaur 1934, Meyers Lexikon 1936 ff., Volks-Brockhaus 1940 (oben zitiert).

➤ a) „Die Deutsche Reichsbahn-Gesellschaft wird ermächtigt, zum Bau und Betrieb eines Netzes von Kraftfahrbahnen ein Zweigunternehmen zu errichten, welches den Namen ‚Reichsautobahnen' trägt."[343]
b) „Im Interesse der Arbeitsbeschaffung begann die Reichsbahngesellschaft im Juni 1933 ein ganz großzügiges Unternehmen, den Bau der Reichsautobahnen. Es soll in sechs Jahren große Autostraßen in der Länge von 6000 km durch ganz Deutschland schaffen und 500 000 Menschen an die Arbeit bringen. Der Führer selbst hat diesen Autostraßenbau in einem feierlichen Akt eröffnet und damit die Offensive gegen die Arbeitslosigkeit ergriffen."[344] „Das größte Arbeitsbeschaffungsobjekt aller Zeiten — die Reichsautobahnen!"[345] „Mit der Eroberung der Macht beginnt die unaufhaltsame Vorwärtsentwicklung der Motorisierung Deutschlands. Der Führer selbst ist ihr großer Förderer. Die Kraftfahrzeug-Industrie wird zu Schlüsselstellung für die Ankurbelung der gesamten Wirtschaft. An die Stelle des Niedergangs tritt der Aufbau. Das gigantische Projekt der Reichsautobahnen — der Straßen Adolf Hitlers — wird zur Wirklichkeit."[346]

Reichsautozug „Deutschland"

Dem Stabsleiter des Reichspropagandaleiters Goebbels direkt unterstellter technischer Zug zur Unterstützung aller wichtigeren Propagandaaktivitäten der Partei.[347]

➤ „Der Reichsautozug Deutschland hat die Bestimmung, alle bedeutungsvollen Kundgebungen der Partei, ihrer Gliederungen und angeschlossenen Verbände mit den nötigen modernen technischen Hilfsmitteln zu versorgen. Darüber hinaus wird der ‚Reichsautozug Deutschland' auch solche Kundgebungen betreuen, welche außerhalb der Partei von staatspolitischer Bedeutung sind."[348]

Reichsbauerntag

Jährliche Versammlung des „Deutschen Reichsbauernrats" in Goslar.

➤ „Wenn wir uns heute hier in Weimar zum ersten deutschen Reichsbauerntag der deutschen Geschichte versammeln, dann ist dieser Tag es wohl wert, Rückblick auf die hinter uns liegende Zeit zu halten und einen Ausblick in die Zukunft des deutschen Bauerntums zu tun. Zunächst dürfte die Feststellung wichtig sein, daß wohl auf keinem innerpolitischen Gebiet sonst der Zusammenklang von nationalsozialistischer Revolution und deutscher Revolution an sich so ausgesprochen zusammenfällt, wie gerade auf dem Gebiet der Agrarpolitik, insbesondere des deutschen Bau-

---

[343] RGBl. 2, 1933, 509.
[344] Hohmann, W.: 1914–1934, 2. Aufl. 1935, 97 f.
[345] Der Nationalsozialismus in Zahlen. Ergänzungsheft f. den Rechenunterricht, o. J. (1935), 13.
[346] Krenzlein, H.-H.: Das NSKK, 1939, 13.
[347] Vgl. Organisationsbuch der NSDAP., 7. Aufl. 1943, 296.
[348] Organisationsbuch der NSDAP., 3. Aufl. 1937, 296.

erntums. Nirgendwo haben sich die Grundgedanken des Nationalsozialismus Adolf Hitlers so schnell und so total durchzusetzen gewußt, wie in den Reihen des deutschen Landvolkes. Man darf sagen, daß auf dem Gebiet der Agrarpolitik die Totalität des nationalsozialistischen Führungsanspruches restlos in die Wirklichkeit umgesetzt werden konnte."[349] „Seit dem Jahre 1934 ist es bereits Tradition geworden, alljährlich um diese Zeit hier in der Reichsbauernstadt Goslar die Bauernführer des Deutschen Reiches zu versammeln. Dieser Reichsbauerntag dient dazu, die Bauernführer neu auszurichten und sie durch meine Unterführer in die Einzelheiten unserer Pläne und Aufgaben einzuführen. An jedem Reichsbauerntag konnten wir außerdem von unserer Arbeit aufblicken und uns Rechenschaft ablegen über den Erfolg des vergangenen Jahres."[350] „Die Reichsbauerntage zu Goslar sind die jährlich wiederkehrende Garantie dafür, daß die Arbeit aller Bauernführer im Reiche immer wieder auf eine einheitliche Arbeitsausrichtung abgestellt wird."[351]

Reichsberufswettkampf (RBWK)

Jährlich stattfindende Wettkämpfe zur Förderung der Leistungen im Beruf, verbunden mit einer Prüfung der „körperlichen und weltanschaulichen Tüchtigkeit".[352]

> „Reichsberufswettkampf, von der Deutschen Arbeitsfront getragener, alljährlich (erstmals 1934) durchgeführter Berufswettkampf aller schaffenden Deutschen als Ausdruck nationalsozialistischer Leistungsbereitschaft im Beruf. An allen Orten und in allen Berufen nehmen Lehrlinge, Gesellen (Gehilfen) und Meister, aber auch die Angehörigen des Landvolks, die ungelernten Arbeiter, die Beamten und die Studenten der Hoch- und Fachschulen freiwillig am Reichsberufswettkampf teil. Besonders stark ist der Anteil der Jugend, die schon durch die Hitlerjugend den politischen Sinn der Arbeit besonders erfaßt hat. Der Reichsberufswettkampf umfaßt berufspraktische und berufstheoretische Aufgaben, weltanschauliche Fragen und in gewissem Umfange sportliche Leistungen."[353] „Die Werte des deutschen Qualitätsschaffens werden einmal, das ist das Ziel der Jugend, erwachsen aus einem kerngesunden Volk, das seine Zeit und seinen Staat aus innerster Überzeugung bejahen kann. Diesem Ziel wird der Reichsberufswettkampf durch Einschaltung weltanschaulichpolitischer Fragen und Veranstaltung umfangreicher sportlicher Wettbewerbe gerecht. Das Sportkönnen der Berufswettkampfssieger muß sich mindestens auf der Ebene des Leistungsabzeichens der nationalsozialistischen Jugend halten, das von sämtlichen Formationen erworben wird. Erst nach Erfüllung dieser Voraussetzun-

---

[349] Darré, R. W.: Rede auf dem 1. Reichsbauerntag in Weimar, 21. 1. 1934. In: Ders.: Um Blut u. Boden, 374.
[350] Darré, R. W.: Rundfunkrede aus der Stadthalle zu Goslar, 12. 12. 1937. In: Ders.: Um Blut u. Boden, 470.
[351] Darré, R. W.: Rede auf dem 6. Reichsbauerntag in Goslar, 27. 11. 1938. In: Ebd., 550.
[352] Gebucht: Duden, 12. Aufl. 1941, Meyers Lexikon 1936 ff., Volks-Brockhaus 1940 (oben zitiert). Getilgt: Duden, 13. Aufl. 1947.
[353] Meyers Lexikon, Bd. 9, 1942, 201.

gen tritt Jahr für Jahr am 1. Mai, dem Feiertag des deutschen Volkes, in den Reichssiegern des Berufswettkampfes die wirkliche Elite der werktätigen Jugend Deutschlands vor den Führer."[354] „Mit einer Großkundgebung im Berliner Sportpalast, an der alle Hitlerjungen und BDM-Mädel teilnahmen, die sich in der Reichshauptstadt zu diesem Wettkampf der schaffenden Jugend gemeldet hatten, wurde der 4. Reichsberufswettkampf feierlich eröffnet. Obergebietsführer Axmann, der für das Reichsgebiet verantwortliche Leiter des Reichsberufs-Wettkampfes eröffnete den Abend und begrüßte die beiden Redner Reichsjugendführer Baldur v. Schirach und Reichsorganisationsleiter Dr. Ley. Der Reichsjugendführer wies darauf hin, daß sich in diesem Jahr 1,8 Millionen Jungen und Mädel zur Teilnahme an einem Wettstreit gemeldet hätten, den im Jahre 1934 noch viele für überflüssig hielten. Was damals ein Experiment gewesen sei, sei heute stolze Tradition und aus dem Leben des Volkes nicht mehr wegzudenken."[355] „Im Reichsberufswettkampf, dem ‚Olympia der Arbeit' — wie es der Reichsjugendführer einmal sagte — treten jedes Jahr Hunderttausende von Jungen und Mädeln an, um unter Beweis zu stellen, daß sie nicht nur durch die nationalsozialistische Jugendbewegung körperlich, seelisch und geistig mobilisiert und ausgerichtet sind, sondern daß sie gerade wegen dieser Erziehung auch die fähigsten und aktivsten Kräfte im Arbeitsprozeß unseres Volkes sind."[356] „Die Beteiligung der Studenten am Reichsberufswettkampf ist rein zahlenmäßig gegenüber dem Vorjahr angestiegen. Allerdings ist dadurch eine Verbesserung der Leistung nicht immer eingetreten."[357] „Ebenso ist die Teilnahme von Jugendlichen am Reichsberufswettkampf im Verhältnis zum Vorjahr gestiegen, doch wird darüber geklagt, daß das Allgemeinwissen der Teilnehmer, besonders solcher aus ländlichen Gebieten in politischer und weltanschaulicher Hinsicht noch viel zu wünschen übrig läßt."[358]

Reichsbischof

Der oberste Amtsträger der Deutschen Evangelischen Kirche, die 1933 als Körperschaft des öffentlichen Rechts an Stelle des Deutschen Evangelischen Kirchenbundes gebildet worden war.[359]

> „im alten deutschen reich ein bischof, der zugleich reichsstand war."[360]

> „Der Reichsbischof vertritt die Deutsche Evangelische Kirche. Er ist berufen, die Gemeinsamkeit des kirchlichen Lebens in den Landeskirchen sichtbar zum Ausdruck zu bringen, und für die Arbeit der Deutschen Evangelischen Kirche eine ein-

---

[354] Müller, A.: Leistung f. die Gemeinschaft. In: Der Deutsche Student, 4/März 1936, 104.
[355] NS-Monatshefte, 8/1937, 244 f.
[356] Bürkner, T.: Der Bund der Deutschen Mädel in der Hitlerjugend, 1937, 19.
[357] MADR, Jahreslagebericht 1938 d. SHA, Bd. 2, 142.
[358] MADR, Vierteljahreslagebericht 1939 d. SHA, Bd. 2, 285.
[359] Gebucht: Duden, 12. Aufl. 1941, Knaur 1934, Meyers Lexikon 1936 ff., Paechter, Volks-Brockhaus 1940. Getilgt: Duden, 13. Aufl. 1947.
[360] DWB, Bd. 8, 1893, 597.

heitliche Führung zu gewährleisten."³⁶¹ „Auf der ersten deutschen Nationalsynode in Wittenberg, die in der Schloßkirche feierlich eröffnet wurde, wurde Landesbischof Müller einstimmig zum Reichsbischof gewählt. In seiner programmatischen Rede betonte er u. a., die deutsche Evangelische Kirche kenne, ohne Staatskirche zu sein, keine gleichgültige Neutralität dem Staate gegenüber. Das erfordere den Neuaufbau des Pfarrerstandes und ein neues Amtsbewußtsein: nicht ‚geistliche Beamte‘, sondern begeisterte Prediger und Lehrer, die den Dienst in der SA. und im Arbeitslager als Ehrenpflicht ansehen."³⁶² „Der Reichsbischof wird von der Bekenntnisfront und den Deutschen Christen seit einiger Zeit einmütig abgelehnt. Die Bekenntnisfront versteht es jedoch in geschickter Weise, die Dinge so hinzustellen, als ob der Reichsbischof von den Deutschen Christen noch gestützt würde."³⁶³

Reichsbürger

Nach dem ‚Reichsbürgergesetz‘ vom 15. 9. 1935 „der Staatsangehörige deutschen oder artverwandten Blutes" als alleiniger Träger der vollen politischen Rechte im ↑ *Dritten Reich*.³⁶⁴

> „ehemals ein bürger der freien reichsstädte [...]; jetzt ein im besitz aller bürgerlichen rechte befindlicher angehöriger eines reiches, besonders des deutschen."³⁶⁵

> „[...] § 2 (1) Reichsbürger ist nur der Staatsangehörige deutschen oder artverwandten Blutes, der durch sein Verhalten beweist, daß er gewillt und geeignet ist, in Treue dem Deutschen Volk und Reich zu dienen. (2) Das Reichsbürgerrecht wird durch Verleihung des Reichsbürgerbriefes erworben. (3) Der Reichsbürger ist der alleinige Träger der vollen politischen Rechte nach Maßgabe des Gesetzes."³⁶⁶ „Bis zum Erlaß näherer Vorschriften über den Reichsbürgerbrief gelten vorläufig als Reichsbürger die Staatsangehörigen deutschen oder artverwandten Blutes, die am 30. 9. 1935 das Reichstagswahlrecht hatten."³⁶⁷ Der Zeitgenosse Walter Tausk kommentiert das Reichsbürgergesetz am 17. 11. 1935 in seinem geheimen Tagebuch: „Am 15. des Monats kamen die Ausführungsbestimmungen zu den Nürnberger Judengesetzen heraus. Ich selbst bin also ab 15. 11. 1935 auch, rein rassisch gesehen, nach dieser Ideologie der Ausführungsbestimmungen ein ‚Jude‘ [...]. Ich bin auch kein ‚Reichsbürger‘ mehr und kein ‚Volksgenosse‘, aber darum wird man heute von solchen Leuten beneidet! Ich bin nur noch ein ‚Einwohner‘, der an dem Geschehen

---

361 RGBl. 1, 1933, 472: Gesetz über die Verfassung der Deutschen Evangelischen Kirche v. 14. 7. 1933, Anlage: Verfassung d. Deutschen Ev. Kirche, Abschnitt IV, Artikel 6.1.
362 Frankfurter Zeitung. Zit. Blick in die Zeit, 1/Nr. 17, 7. 10. 1933, 14.
363 Lagebericht f. den Monat Dezember 1934 d. Staatspolizeistelle f. d. Reg.bez. Aachen v. 7. 1. 1935. In: Vollmer, B.: Volksopposition im Polizeistaat, 1957, 139.
364 Gebucht: Meyers Lexikon 1936 ff., Paechter, Volks-Brockhaus 1940.
365 DWB, Bd. 8, 1893, 597.
366 Reichsbürgergesetz v. 15. 9. 1935, RGBl. 1, 1935, 1146.
367 Meyers Lexikon, Bd. 9, 1942, 203.

538   Reichsfrauenführerin

in Deutschland in weitem Bogen herumgehen kann, was er gern tut. Aus diesem
Volk wird nichts mehr!. Es hat zwei Hauptsachen verloren: die eigene Würde und
Größe und die Würde innerhalb und gegenüber andern Völkern." [368]

Reichserbhofgesetz, s. ↑ Erbhof.

Reichsfrauenführerin

Die Leiterin der ↑ *NS-Frauenschaft* und des ↑ *NS-Frauenwerk*. [369]

▶ „Die NS-Frauenschaft und das Deutsche Frauenwerk werden geführt von der Reichsfrauenführerin." [370] „Die Führungsaufgabe der nationalsozialistischen Bewegung findet ihren Niederschlag auf allen ihren Arbeitsgebieten, so auch bei der NS-Frauenschaft – wie es in einer Anordnung des Stellvertreters des Führers [...] zum Ausdruck kommt: ‚Die NS-Frauenschaft hat einen Mitgliederstand erreicht, der ihr als Fühererinnenorganisation der deutschen Frauen gestellten Aufgaben vollkommen genügt. Ich bestimme daher, daß die weitere Aufnahme in die NS-Frauenschaft am 1. Februar 1936 gesperrt wird. Die Reichsfrauenführerin ist mir für die Beachtung dieser Anordnung verantwortlich. [...] gez.: R. Heß." [371] „Über die Frauenfragen und den Arbeitsbereich der Reichsfrauenführerin Pgn. Gertrud Scholtz-Klink schrieb die NSK (Folge 114 vom 18. Mai [1936]): ‚... Es ist kennzeichnend für das nationalsozialistische Deutschland, daß die Frauenfragen bei ihrer Neuordnung nicht durch einen ministeriellen Federstrich bestimmt, sondern der aus dem Volke erwachsenen und im Volke verwurzelten Partei anvertraut wurden. Frau Scholtz-Klink, eine alte Nationalsozialistin, vereinigt in ihrer Hand vier Aemter, die sie mit nationalsozialistischer Energie und fraulichem Instinkt leitet: Die Frauenschaft der NSDAP. mit dem Deutschen Frauenwerk, den Reichsmütterdienst, das Frauenamt der Deutschen Arbeitsfront und den Frauenarbeitsdienst. Durch diese organisatorische Vereinigung ist jedes Nebeneinanderarbeiten, jeder Zuständigkeitsstreit von vornherein vermieden. Denn alle vier Aemter dienen einer großen gleichen Aufgabe: die deutsche Frau zur Nationalsozialistin zu erziehen und als solche zu erhalten und die Stellung der deutschen Frau im Gefüge des Gesamtvolkes nach nationalsozialistischen Gesichtspunkten zu vertreten.'" [372] „In der Tagung der NS-Frauenschaft entwickelte die Reichsfrauenführerin Pg. Scholtz-Klink die nationalsozialistische Frauenaufgabe gegenüber dem bolschewistischen Frauenelend. Und unter großer Begeisterung der vielen Tausende deutscher Frauen in der Kongreßhalle sprach Adolf Hitler und sagte u. a.: ‚Ich bin überzeugt, daß die Bewegung von niemand mehr verstanden wird als von der deutschen Frau. Wenn unsere Gegner meinen,

---

[368] Breslauer Tagebuch, hg. R. Kincel, 1988, 131.
[369] Gebucht: Duden, 12. Aufl. 1941, Meyers Lexikon 1936 ff. (Volks-Brockhaus 1940: *Reichsfrauenführung*). Getilgt: Duden, 13. Aufl. 1947.
[370] Organisationsbuch der NSDAP. 1943, 266.
[371] Rühle, G.: Das Dritte Reich, Bd. 1936, 25.
[372] Ebd.

daß wir in Deutschland ein tyrannisches Regiment über die Frau aufrichten, so kann ich demgegenüber nur das eine verraten, daß ich ohne die Beständigkeit und wirklich liebevolle Hingabe der Frau an die Bewegung die Partei nie hätte zum Siege führen können. Und ich weiß, daß auch in schlimmen Zeiten, wenn die Neunmalweisen und die Ueberklugen unsicher werden, die Frauen ganz sicher aus ihrem Herzen heraus zur Bewegung stehen und sich mir für immer verbinden.'"[373] (1936)

Reichsführer SS (RFSS)

Seit der Ernennung durch Hitler im Jahr 1929 Dienstbezeichnung des Führers der SS Heinrich Himmler.[374]

▶ „Der Reichsführer SS übt die Kommandogewalt über die gesamte SS aus. Zur Herausgabe und Durchführung seiner Befehle und Anordnungen für die gesamte SS, die Polizei und ihm sonst übertragene umfangreiche Arbeitsgebiete bedient er sich der ihm unmittelbar unterstellten Hauptämter der Reichsführung SS sowie einiger anderer, ihm unmittelbar unterstellten Dienststellen."[375] Durch Erlaß des ↑ *Führers und Reichskanzlers* vom 17. 6. 1936 wurde das Parteiamt des *Reichsführers SS* mit dem neu eingeführten staatlichen Amt eines Chefs der Deutschen Partei institutionell verbunden[376] und Himmlers Dienstbezeichnung entsprechend angepaßt: „I. Zur einheitlichen Zusammenfassung der polizeilichen Aufgaben im Reich wird ein Chef der Deutschen Polizei im Reichsministerium des Innern eingesetzt, dem zugleich die Leitung und Bearbeitung aller Polizeiangelegenheiten im Geschäftsbereich des Reichs- und Preußischen Ministeriums des Innern übertragen wird. II. (1) Zum Chef der Deutschen Polizei im Reichsministerium des Innern wird der stellvertretende Chef der Geheimen Staatspolizei Preußens, Reichsführer SS Heinrich Himmler, ernannt. [...] (4) Er führt die Dienstbezeichnung: Der Reichsführer SS und Chef der Deutschen Polizei im Reichsministerium des Innern. [...]"[377] „Am Vorabend des Tages der Deutschen Polizei sprach der Reichsführer SS und Chef der Deutschen Polizei, Pg. Himmler, im Rundfunk. [...] Zum Schluß erklärte er: ‚Die deutsche nationalsozialistische Polizei ist nicht wie in früheren Jahrzehnten der Polizeidiener eines absoluten oder konstitutionellen Staates gegen das Volk, sondern aus dem Volke kommend die Polizei für dieses deutsche Volk. Sie wird immer mehr mit der Schutzstaffel zusammenwachsen, sich immer mehr in Führern und Männern aus dieser Schutzstaffel ergänzen, und wird an erster Stelle ein Beispiel des Zusammenwachsens von Partei und Staat sein.'"[378] „Und der Reichsführer SS und Chef der Deutschen Polizei, Pg. Himmler, legte in einer Rede am 5. Mai vor dem Offizierskorps der Ordnungspolizei klar, daß der Nachwuchs der Polizei sich aus der

---

[373] Ebd., 231 f.
[374] Gebucht: Duden, 12. Aufl. 1941. Getilgt: Duden, 13. Aufl. 1947.
[375] Organisationsbuch der NSDAP. 1943, 419.
[376] Vgl.: Buchheim, H.: Die SS – das Herrschaftsinstrument. In: Anatomie des SS-Staates, 6. Aufl. 1994, 49.
[377] RGBl. 1, 1936, 487.
[378] Rühle, G.: Das Dritte Reich, Bd. 1937, 34.

SS rekrutieren wird; er formulierte im übrigen hierbei die klaren Sätze: ‚Die Polizei wird ihre heutigen und ihre zukünftigen Aufgaben nur dann erfüllen, wenn sie der zuverlässigste und am meisten nationalsozialistisch durchdrungene Teil der deutschen Beamtenschaft ist, der auch in den Zeiten schwerster Belastung hart und kompromißlos bleibt.!'"[379] „‚Dritte Verordnung zum Erlaß des Führers und Reichskanzlers über die Verwaltung der sudetendeutschen Gebiete': Der Reichsführer SS und Chef der Deutschen Polizei im Reichsministerium des Innern kann die zur Aufrechterhaltung der Sicherheit und Ordnung notwendigen Verwaltungsmaßnahmen auch außerhalb der sonst hierfür bestimmten gesetzlichen Grenzen treffen."[380]

Reichskulturkammer (RKK)

Name der berufsständischen Körperschaft, die im Zuge der ↑ *Gleichschaltung* als Zwangsorganisation aller in kulturellen Bereichen Tätigen durch das *Reichskulturkammergesetz* vom 22. 9. 1933 geschaffen wurde.[381]

▶ „Das Reichspropagandaministerium beabsichtigt die Schaffung einer ‚Reichskulturkammer'. In ihr werden alle bisher bestehenden kulturell wirkenden Verbände, Presse, Rundfunk, Schrifttum, Theater, Film, Musik, bildende Kunst zusammengefaßt zu einheitlichem Schaffen im Sinne des Nationalsozialismus."[382] „Reichskulturkammergesetz vom 22. 9. 1933. [...] § 5 Die im § 2 bezeichneten Körperschaften werden gemeinsam mit der vorläufigen Filmkammer, die den Namen Reichsfilmkammer erhält, zur Reichskulturkammer vereinigt. Die Reichskulturkammer steht unter Aufsicht des Reichsministers für Volksaufklärung und Propaganda. Sie hat ihren Sitz in Berlin."[383] „Das Reichskabinett verabschiedete das vom Propagandaministerium vorgelegte Reichskulturkammer-Gesetz. Danach werden endgültig errichtet je eine Reichs-Schrifttumskammer, Reichspressekammer, Reichsrundfunkkammer, Reichstheater-Kammer, Reichsmusikkammer und Reichskammer der bildenden Künste. Sie sind sämtlich zu einer Reichskultur-Kammer vereinigt. Auf diese Weise sind die Aufgaben der geistigen Führung der Nation in einer Hand vereinigt."[384] Die Mitgliedschaft in der *Reichsklturkammer* war Voraussetzung für die Berufsausübung in einem *Kulturberuf*. In der amtlichen Begründung des Gesetzes heißt es: „Es ist nicht die Absicht des nationalsozialistischen Staates, eine Kultur von oben schaffen zu wollen. Die Kultur wächst aus dem Volke herauf. [...] Die Aufgabe des Staates ist es, innerhalb der Kultur schädliche Kräfte zu bekämpfen und wertvolle zu fördern, und zwar nach dem Maßstab des Verantwortungsbewußtseins für die nationale Gemeinschaft. In diesem Sinne bleibt das Kulturschaffen persönlich und frei. Wohl aber ist es, um eine Politik der deutschen Kultur zu trei-

---

[379] Ebd.
[380] Ebd., Bd. 1938, 272.
[381] Gebucht: Duden, 12. Aufl. 1941, Knaur 1934, Meyers Lexikon 1936 ff., Paechter, Volks-Brockhaus 1940. Getilgt: Duden, 13. Aufl. 1947.
[382] Germania. Zit. Blick in die Zeit, 1/Nr. 14, 15. 9. 1933, 11.
[383] RGBl. 1, 1933, 661.
[384] Vossische Zeitung. Zit. Blick in die Zeit, 1/Nr. 16, 30. 9. 1933, 14.

ben, notwendig, die Schaffenden auf allen ihren Gebieten unter der Führung des Reichs zu einer einheitlichen Willensgestaltung zusammenzufassen. Das geschieht im Wege des ständischen Aufbaus."[385] „Wenn die Kulturkammer gegründet wurde, so aus dem einzigen Zweck heraus, den bestehenden Organisationsunfug im kulturellen Leben Deutschlands zu beseitigen, weil wir dabei erkennen mußten, daß dieser Organisationsunfug den gesamten kulturschaffenden Menschen allmählich schwersten Schaden zufügen mußte."[386] „Eine Zusammenfassung der Kulturberufe, wie sie das Reichskulturkammer-Gesetz vornimmt, setzt eine völlig neue Auffassung vom Wesen des Staates voraus. Diese neue Anschauung war bei Erlaß des Reichskulturkammer-Gesetzes auch schon niedergelegt; sie hatte ihren ersten Niederschlag in der Gründung des neuen Ministeriums gefunden, dem die Kulturführung anvertraut wurde, nämlich dem Reichsministerium für Volksaufklärung und Propaganda. Zunächst wirkte es in weiten Kreisen überraschend, daß diesem Ministerium auch die Kultur anvertraut wurde. Und doch ist es bei tieferem Eindringen in die Zusammenhänge nicht etwa nur eine zweckmäßige Lösung, sondern geradezu eine zwingende Notwendigkeit. Denn der Führer hat dem bald nach der Machtübernahme neugegründeten Ministerium den Auftrag erteilt, ‚alle Aufgaben der geistigen Einwirkung auf die Nation zusammenzufassen'."[387] „Am 14. April [1938] verfügte der Reichsminister in seiner Eigenschaft als Präsident der Reichskulturkammer Spar- und Vereinfachungsmaßnahmen in der Reichskulturkammer einschließlich sämtlicher Einzelkammern. Die Kammeraufgaben und die Staatsaufgaben wurden nun nach Vollendung der Aufbau- und Beobachtungszeit scharf geschieden. Kammeraufgabe ist danach, den Berufsstand zu vertreten, zu betreuen und zu überwachen und im übrigen nur noch die den Kammern vom Ministerium ausdrücklich übertragenen Sonderaufgaben durchzuführen."[388] „Am 12. November [1938] untersagte Reichsminister Dr. Goebbels in seiner Eigenschaft als Präsident der Reichskulturkammer allen Theaterleitern, Konzert- und Vortragsveranstaltern, Filmtheaterunternehmern, artistischen Unternehmern, Veranstaltern von Tanzvorführungen und Veranstaltern öffentlicher Ausstellungen kultureller Art, Juden den Besuch ihrer Unternehmen zu gestatten."[389]

Reichsluftschutzbund (RLB)

Name eines 1933 gegründeten, dem Reichsluftfahrtminister Göring unterstehenden Verbandes zur Aufklärung der Bevölkerung über die Notwendigkeit des Luftschutzes und zu ihrer Ausbildung im Selbstschutz gegen Luftangriffe.[390]

---

[385] Zit. Haensel/Strahl: Politisches ABC des neuen Reiches, 1933, 68.
[386] Goebbels, Berliner Börsenzeitung, 6. 2. 1934. Zit. Blick in die Zeit, 2/Nr. 2, 17. 2. 1934, 7.
[387] Gast, P.: Die rechtlichen Grundlagen der Reichskulturkammer. In: Handbuch der Reichskulturkammer, 1937, 18.
[388] Zit. Rühle, G.: Das Dritte Reich, Bd. 1938, 338.
[389] Rühle, G.: Das Dritte Reich, Bd. 1938, 401.
[390] Gebucht: Duden, 12. Aufl. 1941, Meyers Lexikon 1936 ff., Volks-Brockhaus 1940. Getilgt: Duden, 13. Aufl. 1947.

▶ „Reichsminister Göring erläßt einen Aufruf für den Luftschutz. Berlin, 29. April. […] Jede deutsche Stadt ist für Bombenflieger erreichbar. Unsere wichtigsten Industrien liegen im nahen Wirkungsbereich fremder Fliegerkampfkräfte. Der Luftschutz ist daher zu einer Lebensfrage für unser Volk geworden. Er verlangt einen jahrelangen zielbewußten Aufbau unter fachmännischer Leitung und straffer Führung. […] Die verständnisvolle Mithilfe der gesamten Bevölkerung ist Voraussetzung für den Erfolg. Diese Mithilfe soll nunmehr, um jede Zersplitterung der Arbeit zu vermeiden, der neugegründete ‚Luftschutzbund e. V.‘ als allein dafür in Frage kommender Verband auf nationaler Grundlage herbeiführen. Er soll das deutsche Volk von der lebenswichtigen Bedeutung des Luftschutzes überzeugen und zur tätigen Mitarbeit gewinnen."[391] Der Zeitgenosse W. Tausk trug am 25. 6. 1933 in sein Tagebuch ein: „Die ‚nationale Revolution‘ hatte uns auch einen freiwilligen Luftschutz beschert, der sehr bald in einen Reichs-Luftschutz-Bund umgewandelt wurde, natürlich mit einer blauen, an der Marine angelehnten Uniform und entsprechenden Abzeichen. Sofort wurde eine streng geschäftsmäßige Reklame und Propaganda gemacht für Gasmasken, gassichere Keller, Wegschaffung von Bodengerümpel, Bereitstellung von Brand- und Gasbekämpfungsmitteln usw. Hier wurde eine reine Geschäftssache aufgezogen: einige Industrien wollten verdienen. Es wurde also im Laufe der letzten Wochen eine wahre Kriegspsychose eingeleitet unter der Devise: ‚Polen plant einen überraschenden Luftangriff auf Breslau‘ (das ihnen im Ernstfall unbeschädigt viel lieber ist!) und: ‚Wir müssen eine Luftwaffe haben und das auf der Abrüstungskonferenz durchdrücken‘."[392] „Der RLB. wird durch ein Präsidium geleitet, an dessen Spitze General Grimme steht. Das Reich ist in 15 Landesgruppen aufgeteilt, die wiederum in Ortsgruppen untergliedert sind. […] Weitere organisatorische Unterteilung: Reviergruppe, Untergruppe, Block und Luftschutzhauswart. Der letztere hat die Aufgabe, die Weisungen des RLB. in seinem Hause zur Durchführung zu bringen."[393] „[Der Luftschutz] soll der Bevölkerung die Mittel und Wege für einen wirksamen Selbstschutz zeigen, ohne sich jedoch in farblosen Theorien zu erschöpfen. Er soll in den breiten Massen die sittlichen Kräfte wecken, die zu selbstloser Arbeit und zu Opfern begeistern. Er soll in erster Linie die moralische Voraussetzung schaffen, ohne die ein Volk nicht fähig ist, einen modernen Luftangriff zu ertragen…"[394]

Reichsnährstand (RNSt.)

Name der nach dem Führerprinzip organisierten ständischen Körperschaft des öffentlichen Rechts, die durch den Zwangszusammenschluß aller im landwirtschaftlichen Sektor Tätigen – Erzeuger, Händler, Verarbeiter – gebildet wurde.[395]

---

[391] In: Volksparole. Amtl. nationalsozialistischen Tageszeitung, Düsseldorf, 1. Wonnemonat/ Mai 1933, 1.
[392] Tausk, W.: Breslauer Tagebuch, 1988, 79 f.
[393] Wagner, H.: Taschenwörterbuch des neuen Staates, 2. Aufl. 1934, 151.
[394] Hermann Göring über die Aufgaben des Luftschutzes, zit. Wagner, H.: Taschenwörterbuch des neuen Staates, 2. Aufl. 1934, 151.
[395] Gebucht: Duden, 11. Aufl. 1934, 12. Aufl. 1941; Knaur 1934, Meyers Lexikon 1936 ff., Paechter, Volks-Brockhaus 1940. Getilgt: Duden, 13. Aufl. 1947.

▶ „Gesetz über den vorläufigen Aufbau des Reichsnährstandes [...] v. 13. 9. 1933. § 1 (1) Der Reichsminister für Ernährung und Landwirtschaft wird ermächtigt, über den Aufbau des Standes der deutschen Landwirtschaft (Reichsnährstand) eine vorläufige Regelung zu treffen."[396] „Die Reichsregierung hat unter dem 13. September ein Gesetz über den vorläufigen Aufbau des Reichsnährstandes beschlossen, wonach der Reichsminister für Ernährung und Landwirtschaft ermächtigt wird, über den Aufbau des Standes der deutschen Landwirtschaft (Reichsnährstand) eine vorläufige Regelung zu treffen. Dabei soll im Sinne dieses Gesetzes die Landwirtschaft auch die Forstwirtschaft, den Gartenbau, Fischerei, Jagd, die landwirtschaftlichen Genossenschaften, den Landhandel (Groß- und Kleinhandel) und die Be- und Verarbeiter landwirtschaftlicher Erzeugnisse umfassen."[397] „Reichsnährstand. [...] Organisation: Führer und gesetzlicher Vertreter des Reichsnährstandes ist der Reichsbauernführer Walter Darré. Die Gliederung erfolgt in Landesbauernschaften, Kreisbauernschaften und Ortsbauernschaften mit ihren Führern, Das Organ ist die ‚NS.-Landpost'."[398] „Es ist auf dem Land vielfach üblich, daß der Handwerker, dessen Geschäftsumsatz sehr gering ist, daneben noch ein kleines Ladengeschäft betreibt, in dem er neben seinen handwerklichen Erzeugnissen auch andere Gegenstände des täglichen Bedarfs feilhält. Außerdem besitzen die ländlichen Handwerker regelmäßig etwas landwirtschaftlichen Grund und einige Stücke Vieh. Alle diese Erwerbszweige zusammen reichen meist gerade aus, um den Lebensbedarf der Familie zu decken. [...] Solche Personen empfinden es als eine Härte, daß sie nun zu drei verschiedenen Organisationen mit Beiträgen veranlagt werden, wobei außer den Innungsbeiträgen auch die Handwerkskammerumlagen neben den Beiträgen zu Einzelhandelsverbänden und Reichsnährstandsumlagen zu zahlen sind."[399] „Von oben nach unten, vom Reichsnährstand über die Landesbauernschaften, Kreisbauernschaften, Ortsbauernschaften wurde diese Organisation netzartig und bis ins kleinste Dorf eingreifend über das Reich gespannt."[400] Der Reichsnährstand hat mit der diesjährigen Goslarer Führertagung wiederum bewiesen, daß er keines seiner Ziele aufgibt. Besonders deutlich wurde das noch, als Generaloberst Hermann Göring als Beauftragter des Führers für den Vierjahresplan den Weg des Reichsnährstandes als den rechten bezeichnete. Es wird auch weiterhin ‚im Reichsnährstand unbeirrt durch die notwendig zu meisternden Aufgaben der Erzeugungsschlacht und der Marktordnung der Gedanke des Blutes gepflegt und die Heiligkeit des Blutes in die Seele des Bauern verankert. Die Mittel und die Wege hierzu mögen diskutabel sein, am Marschrichtungspunkt als solchem aber wird nichts geändert.' (R. W. Darré)"[401] „Wie sah nun der strategische Grundplan aus, nach dem unsere agrarpolitischen Organisationen nach der Machtübernahme angesetzt worden sind?

---

[396] RGBl. 1, 1933, 626.
[397] Deutsche Allg. Zeitung, 5. 9. 1933. Zit. Blick in die Zeit, 1/Nr. 19, 23. 9. 1933, 4.
[398] Wagner, H.: Taschenwörterbuch d. neuen Staates, 2. Aufl. 1934, 216.
[399] Monatsbericht d. Bezirksamtes Ebermannstadt, 3. 6. 1935. In: Bayern in der NS-Zeit, 1977, 83.
[400] v. Leers, J.: Odal, 1936, 704.
[401] Volk und Reich, 12/1937, 40.

Das Ziel stand von vornherein klar und eindeutig vor uns. Es war unverrückbar festgelegt durch den Befehl des Führers: Rettung des Bauerntums, Stabilisierung der Agrarpreise! Um nun die Millionen der bäuerlichen Betriebe in Richtung des vom Führer gesteckten Zieles überhaupt einheitlich führen zu können, bedurfte es zunächst eines Instrumentes. [...] Aus diesem Grunde und nicht aus spielerischer Freude am Organisieren an sich bauten wir in den ersten Monaten nach der Machtübernahme den Reichsnährstand unter gleichzeitiger Zerschlagung von rund 1000 Vorgängerorganisationen auf, ohne dem Gegner irgendwelche Traditionsträger zu hinterlassen. Auch hier haben wir aus der Geschichte gelernt und daher ganz kalt unsere Konsequenzen gezogen. Man hat mir das sehr verübelt, aber ich glaube, daß es weniger darauf ankommt, die Gefühle seiner Zeitgenossen zu hätscheln, als vor dem Forum der Geschichte bestehen zu können. [...]"[402]

Reichsparteitag

Seit 1933 alljährlich stattfindender Parteitag der NSDAP, der mit Massenkundgebungen, Massenaufmärschen, Fahnenweihen, Weihestunden, Treuegelöbnissen, Preisverleihungen, *Kampfspielen* etc. nach festem Ritual als symbolische Selbstdarstellung des ↑ *Dritten Reichs* inszeniert wurde.[403]

> „Der Reichsparteitag ist die Heerschau der nationalsozialistischen Bewegung. Neue Aufgaben und Ziele der Partei werden durch den Führer festgelegt. Politische Leiter, SA. und HJ. geloben, in Gemeinschaft mit den übrigen Parteigenossen, dem Führer Treue und Gefolgschaft."[404] „Der Verlauf des Reichsparteitages hat allgemein einen guten Eindruck gemacht. Wohl wird bemängelt, daß sich die PO-Mitglieder, die durchweg nur über geringe Geldmittel verfügen, zu lange Tage, an denen sie dienstlich nicht in Anspruch genommen waren und in denen ihnen daher ihr Geldmangel besonders fühlbar wurde, in Nürnberg aufhalten mußten."[405] „Gesetz über den ‚Zweckverband Reichsparteitag Nürnberg e. V.' § 1 (1) Zur Errichtung und Unterhaltung sowie zum Betriebe der Anlagen, Gebäude und sonstigen Einrichtungen für den Reichsparteitag in Nürnberg wird ein Zweckverband gebildet. Mitglieder des Zweckverbandes sind die Nationalsozialistische Deutsche Arbeiterpartei, das Deutsche Reich, das Land Bayern und die Stadt Nürnberg. (2) Der Zweckverband führt den Namen ‚Zweckverband Reichsparteitag Nürnberg'."[406] „Der September brachte wieder das große gesamtpolitische Ereignis des Jahres: Den Reichsparteitag der NSDAP. mit dem nationalsozialistischen Rechenschaftsbericht über das vergangene und dem Befehl für das kommende Jahr. Immer deutlicher wurden

---

[402] Darré, R. W.: Die ernährungspolitische Lage. In: Der Vierjahresplan, 3/1939. Abgedr. in: Ders.: Um Blut u. Boden, 1941, 513.
[403] Gebucht: Duden, 12. Aufl. 1941, Meyers Lexikon 1936 ff., Volks-Brockhaus 1940. Getilgt: Duden, 13. Aufl. 1947.
[404] Wagner, H.: Taschenwörterbuch d. neuen Staates, 2. Aufl. 1934, 216.
[405] Lagebericht f. den Monat September 1934 d. Staatspolizeihauptstelle f. den Reg.bez. Aachen v. 6. 10. 1934. In: Vollmer, B.: Volksopposition im Polizeistaat, 1957, 101.
[406] RGBl. 1, 1935, 459.

die Parteitage zu Kristallisationspunkten völkischen Geschehens. Brachte der Parteitag im Jahre 1935 die Nürnberger Gesetze, so erging 1936 der Befehl des Führers zum Vierjahresplan [...]. Rückschau und Ausblick über alle Gebiete des deutschen Lebens, Appell des Volkes und richtunggebende Parole des Führers – das sind die Merkmale der nationalsozialistischen Parteitage geworden."[407] „Dieser Reichsparteitag der NSDAP. im Jahre 1938 stand unter dem Eindruck des weltbewegenden außenpolitischen Geschehens, das in ihm seinen wirkungsvollen Niederschlag fand. [...] Der Parteitag Großdeutschlands in Nürnberg vom 5. bis zum 12. September [...] erlebte einen Auftakt von einzigartiger geschichtlicher Bedeutung: Beim Empfang des Führers stehen im Nürnberger Rathaus in kostbarem Schrein die von Wien nach Nürnberg überführten Reichsinsignien und Reichskleinodien des ersten Reiches! [...]"[408] „Die großen Treffen der NSDAP., seit 1933 dauernd in Nürnberg abgehalten, sind die großen Höhepunkte des nationalen Lebens geworden, auf denen der Führer und seine Beauftragten die Pläne für die politische Arbeit des Jahres geben. [...]. Reichsparteitag des Sieges: 31.8. bis 3. 9. 1933; Reichsparteitag Triumph des Willens: 4.–10. 9. 1934; Reichsparteitag der Freiheit: 10.–16. 9. 1935; Reichsparteitag der Ehre: 8.–14. 9. 1936; Reichsparteitag der Arbeit: 6.–13. 9. 1937; Reichsparteitag Großdeutschlands: 5.–12. 9. 1938."[409] Die Namen der Reichsparteitage wurden von Hitler persönlich geprägt.[410] Der unter dem Titel ‚Parteitag des Friedens' geplante Reichsparteitag 1939 fiel wegen Hitlers Überfall auf Polen aus. Im Krieg fanden keine *Reichsparteitage* mehr statt. 1942 ergeht eine Presseanweisung, die den Ausdruck *Parteitag* für die NSDAP reserviert. „Die Worte ‚Parteitag' und ‚Kongreß' sind nur für die NSDAP; es ist ferner nicht ‚Gauparteitag' zu sagen oder das Wort ‚Parteitag' in anderer Weise mit einem ähnlichen Begriff zu verbinden, sondern in einem solchen Falle heißt es etwa ‚Gautagung der NSDAP'."[411]

Reichssportfeld

Name der für die Olympischen Spiele 1936 in Berlin geschaffenen Sportanlagen.[412]

› Hitler besichtigte am 5. Oktober 1933 das für die Olympischen Spiele vorgesehene Gelände des Deutschen Stadions und der Grunewald-Rennbahn.[413] Mit der Planung der Monumentalbauten, die dort errichtet werden sollten, wurde der Architekt Werner March beauftragt. Er nannte sein Projekt, das am 14. Dezember 1933 im ‚Völkischen Beobachter' veröffentlicht wurde, „Deutsches Reichsstadion mit

---

[407] Rühle, G.: Das Dritte Reich, Bd. 1936, 216.
[408] Rühle, G.: ebd., 206 u. 207.
[409] Meyers Lexikon, Bd. 9, 1942, 229.
[410] s. Domarus: Hitler. Reden u. Proklamationen, Bd. 2, 1965, 523.
[411] Br 42/73–75 (15. 4. und 5. 6. 1942). Zit. Glunk, ZDS 26/1970, 89, s. v. Kongreß.
[412] Gebucht: Duden, 12. Aufl. 1941, Meyers Lexikon 1936 ff., Volks-Brockhaus 1940. Getilgt: Duden, 13. Aufl. 1947. Getilgt: Duden, 13. Aufl. 1947.
[413] Namen der Sportanlagen nach: Meyers Lexikon, Bd. 9, 1942, 240.

Aufmarschgelände, Sportforum und Freilichtbühne". In seinem Protokoll der Ortsbesichtigung am 5. 10. spricht der Präsident des Organisationskomitees Th. Lewald jedoch von Hitlers Weisungen für das „künftige Reichssportfeld".[414] Spätestens 1935 steht der Name für die Sportanlagen fest; denn in der Zeitschrift des ‚Deutschen Sprachvereins' ‚Muttersprache' heißt es 1935 in der Rubrik ‚Mitteilungen' unter der Überschrift „Stadion, Arena und Organisationskomitee": „[...] Vom 1. März d. J. an wird auch der Bahnhof Stadion-Rennbahn Grunewald in Bahnhof ‚Reichssportfeld' umgewandelt, was niemand verwundern wird, der die verständnisvolle Sprachpflege der Deutschen Reichsbahn kennt."[415] Der Deutsche Sprachverein hatte gehofft, daß der Name *Reichssportfeld* als Sammelbezeichnung die von ihm bekämpften „undeutschen" Ausdrücke *Stadion* und *Forum* verdrängen würde. Enttäuscht bekennt er zwei Nummern weiter in der ‚Muttersprache' seinen Irrtum: „Wir haben uns gefreut, daß das ‚Sportforum' und das ‚Stadion' in dem glücklich gewählten ‚Reichssportfeld' aufgehen sollten, aber gedankenarme Leute finden immer wieder Hintertüren, durch sie die Bannware des Fremdworts trotzdem einzuschmuggeln."[416] Im Olympia-Sonderheft der ‚Berliner Illustrierten' werden dann 1936 der neue Name *Reichssportfeld*, das vom Sprachverein bekämpfte Wort *Stadion* und das von ihm nicht ohne Erfolg im Reich propagierte Ersatzwort *Kampfbahn* in einem einzigen Satz verwendet: „Wie ein wuchtiger Bau der Antike ragt das mächtige Olympia-Stadion auf dem Reichssportfeld gen Himmel. Die klassische Linienführung und die erhabene Größe der deutschen Kampfbahn atmen hellenischen Geist."[417] Am 13. 10. 1936 schreibt die Preußische Akademie der Künste an den Minister für Wissenschaft, Erziehung und Volksbildung Rust: „Der Architekt Werner March kann zwar noch nicht auf ein umfangreiches Lebenswerk zurückblicken; die große Leistung, die er mit der Anlage des Reichssportfeldes vollbracht hat, ist aber städtebaulich wie architektonisch so bedeutend, daß er die Auszeichnung der Berufung in die Akademie wohl verdienen würde."[418] Im Sonderheft zur „Siebenhundertjahrfeier der Reichshauptstadt. Heimat Berlin" der ‚Berliner Illustrierten Zeitung' wird 1937 betont: „Das ‚Reichssportfeld' ist seit dem Olympischen Jahr eines der schönsten Schmuckstücke unserer Stadt."[419]

Richterbriefe

Vom Reichsjustizminister herausgegebene vertrauliche Mitteilungen, Briefe genannt, in denen richterliche Entscheidungen besprochen, kritisiert oder gelobt wurden, um die Rechtsprechung im Sinne des Nationalsozialismus zu beeinflussen.

---

[414] Alle Angaben nach Prof. Dr. H. Bernett, Bad Honnef: Leserbrief in: Frankfurter Allgem. Ztg., 27. 12. 1994, 6.
[415] Ebd., 50/H. 3, 1935, 79.
[416] Ebd., 50/H. 5, 1935, 159.
[417] Ebd., 1.
[418] In: Brenner, H.: Ende einer bürgerlichen Kunst-Institution, 1972, Dok. 162, 112.
[419] Ebd., 1937, 47.

> Am 7. 9. 1942 erging ein Rundschreiben des Reichsministers der Justiz an die Justizbehörden: „Betr.: Richterbriefe. [...] Der Richter muß weisungsfrei bleiben, damit er seine Entscheidungen mit eigener innerer Verantwortung tragen kann. Ich kann ihm daher eine bestimmte Rechtsauffassung nicht befehlen, sondern ihn lediglich davon überzeugen, wie ein Richter der Volksgemeinschaft helfen muß, um einen in Unordnung geratenen oder zur Ordnung reifen Lebensvorgang mit Hilfe des Gesetzes zu ordnen oder zu regeln. [...] Die Richterbriefe sind nicht dazu bestimmt, eine neue Kasuistik zu schaffen, die zu einer weiteren Erstarrung der Rechtspflege und zu einer Bevormundung der Richter führen würde. Sie sollen vielmehr nur eine Anschauung davon geben, wie sich die Justizführung nationalsozialistische Rechtsanwendung denkt und auf diese Weise dem Richter die innere Sicherheit und Freiheit geben, die richtige Entscheidung zu finden. Der Inhalt der Briefe ist vertraulich; der Behördenleiter persönlich soll sie verwahren und jedem Richter oder Staatsanwalt gegen Empfangsbescheinigung von ihnen Kenntnis geben. Für die Herausgabe der Richterbriefe bedarf es der Mitarbeit aller Richter und Rechtsanwälte. Ich erwarte, daß mir aus allen Rechtsgebieten zur Bekanntgabe geeignete Entscheidungen vorgelegt werden. [...]"[420] Der erste *Richterbrief* (Nr. 1) erschien am 1. 10. 1942: „Deutsche Richter! Nach alter germanischer Rechtsauffassung war immer der Führer des Volkes sein oberster Richter. Wenn also der Führer einen anderen mit dem Amt eines Richters belehnt, so bedeutet das, daß dieser nicht nur seine richterliche Gewalt vom Führer ableitet und ihm verantwortlich ist, sondern auch daß Führertum und Richtertum wesensverwandt sind. Ein Richter ist demnach auch Träger der völkischen Selbsterhaltung. Er ist der Schützer der Werte eines Volkes und der Vernichter der Unwerte. Er ist der Ordner von Lebensvorgängen, die Krankheiten im Leben des Volkskörpers sind. Ein starkes Richtertum ist für die Erhaltung einer wahren Volksgemeinschaft unerläßlich. [...] Ich habe mich daher zur Herausgabe von Richterbriefen entschlossen, die allen deutschen Richtern und Staatsanwälten zugehen sollen. Die Richterbriefe werden namentlich Entscheidungen enthalten, die mir nach Ergebnis oder Begründung besonders hervorhebenswert erscheinen. An diesen Entscheidungen möchte ich aufzeigen, wie eine bessere Entscheidung hätte gefunden werden können und müssen [...]. Zur Herausgabe dieser Richterbriefe veranlaßt mich aber noch eine andere Erwägung. Die dargelegte Auffassung von der Aufgabenstellung des Richters hat sich zwar bereits heute unter den deutschen Rechtswahrern weitgehend durchgesetzt. Ihre praktischen Auswirkungen auf die Rechtspflege sind aber noch nicht restlos verwirklicht, sie können auch angesichts der bisherigen Erziehung der Rechtswahrer noch nicht völlig verwirklicht sein. Daher will ich mit den Richterbriefen dem Richter helfen, seine hohe Aufgabe im Leben unseres Volkes zu erfüllen. [...]"[421] „Am 7. September 1942 kündigte der Reichsjustizminister die Herausgabe von Richterbriefen an, die der Ausrichtung der Rechtspflege dienen sollten. Inzwischen sind 6 Richterbriefe erschienen, die an Hand von Urteilen deutscher Gerichte aktuelle Fragen insbesondere aus dem Kriegs-

---

[420] Justiz im Dritten Reich. Eine Dokumentation. Hg. I. Staff, 1979, 66 f.
[421] Abgedr. in: Ebd., 67 f.

strafrecht richtunggebend behandeln. [...] Die Ankündigung der Richterbriefe war von den Rechtswahrern, insbesondere von den Richtern, im allgemeinen mit Skepsis und Zurückhaltung aufgenommen worden. [...] Schon nach dem Erscheinen der ersten Briefe sind diese Befürchtungen bei den Richtern und Staatsanwälten völlig geschwunden. Die Aufnahme der Richterbriefe ist ganz allgemein günstig. Sie werden als ein wertvolles und nahezu unentbehrliches Hilfsmittel für die Rechtsfindung im Kriege bezeichnet. [...] Die Notwendigkeit einer Lenkung der Rechtsprechung und einer Unterrichtung der Richterschaft über neue und besonders wichtige politische Fragen wird von der überwiegenden Mehrheit der Rechtswahrer rückhaltlos anerkannt."[422] „Die eigentliche Aufgabe der Richterbriefe ist, die politische Ausrichtung der Rechtspflege in bestimmten Fragen herbeizuführen. [...] Der Stellungnahme des Reichsjustizministers wurde von den Richtern und Staatsanwälten durchweg zugestimmt. Die vertretene Auffassung sei keineswegs extrem, sondern entspreche dem gesunden Volksempfinden und der überwiegenden Meinung der Gerichte."[423] „Die Lenkung der Rechtsprechung durch die Richterbriefe [...] wird allgemein als sehr wirkungsvoll bezeichnet und günstig aufgenommen."[424]

RKK, s. ↑ Reichskulturkammer.

RLB, s.↑ Reichsluftschutzbund.

RNSt., s. ↑ Reichsnährstand.

RSHA, s. ↑ *Reichssicherheitshauptamt* s. v. ↑ Sicherheitsdienst.

Rundfunkverbrechen, Rundfunkverbrecher
Das Hören ausländischer Sender; Person, die ausländische Sender hört.
▸ Der Ausdruck *Rundfunkverbrechen* entstand im Zusammenhang mit der ‚Verordnung über außerordentliche Rundfunkmaßnahmen' vom 1. 9. 1939, die das Hören ausländischer Sender unter Strafe stellte. Er kommt im Text der Verordnung selbst aber nicht vor.[425] Verstöße wurden in der Regel mit Zuchthaus, seltener – in leichten Fällen – mit Gefängnis bestraft. Es ergingen aber auch Todesurteile. Goebbels forderte in einer seiner geheimen Konferenzen am 19. 4. 1940: „Herr Fritzsche soll in regelmäßigen Abständen, etwa alle drei Wochen, neue harte Urteile für Rundfunkverbrecher bekanntgeben lassen, damit durch dauernde Abschreckung eine Wiederzunahme der Auslandshörer abgedrosselt wird."[426] In einer Presseanweisung

---

[422] MADR, (Nr. 382), 13. 5. 1943, Bd. 13, 5245 f.
[423] Ebd., 5247.
[424] MADR, (Nr. 386), 30. 5. 1943, Bd. 13, 5302.
[425] RGBl. 1, 1939, 1683.
[426] Wollt Ihr den totalen Krieg? Die geheimen Goebbels-Konferenzen. Hg. W. A. Boelcke, 1967, 49.

vom 28. Juni 1940 heißt es: „Zu den in der Morgenpresse veröffentlichten Zusammenstellungen über die Lügenpraxis unserer Gegner sollen in der Nachmittagspresse Kommentare erscheinen, die die Richtigkeit unserer Nachrichtengebung und ebenso die Richtigkeit des Verbots des Rundfunk-Abhörens betonen müssen. [...] Die scharfen Urteile gegen Rundfunkverbrecher sollen in diesem Zusammenhang als wohlbegründet erwähnt werden, und es kann gesagt werden, daß bei uns ein Wahrheitsministerium gegen die Lügenministerien in den Feindländern stünde."[427] Am 30. 10. 1940 kommt Goebbels auf seine Forderung vom April zurück: „Der Minister verlangt schwere Strafen für Rundfunkverbrecher, weil in der entscheidenden Phase des Krieges sich jeder Deutsche darüber im klaren sein müsse, daß das Abhören dieser Nachrichten einen ernsten Sabotagefall darstellt."[428] Der SD berichtet in einer ‚Meldung aus dem Reich' vom 2. 10. 1941: „Die Pressenotizen über die Verhängung der Todesstrafe für Rundfunkverbrecher hat, wie aus ersten Meldungen hervorgeht, erheblichen Eindruck gemacht. Obwohl von den Zeitungen die landesverräterische Handelsweise [sic] und die Dummheit herausgestellt worden sei, ausländische Sender zu hören, fehle einem Teil der Volksgenossen noch immer die Einsicht für diese scharfen Urteile."[429] Victor Klemperer notiert am 3. 7. 1942 in sein Tagebuch: „In einem süddeutschen Rüstungsbetriebe waren Hetznachrichten verbreitet. Ein Hauptschuldiger hatte ausländische Sender gehört, ein halbes Dutzend Arbeiter hatte die ‚Lügen' weitergegeben. Der Hauptschuldige ist wegen Hochverrat zum Tode verurteilt und bereits hingerichtet worden, die andern haben Zuchthaus, zehn bis eineinhalb Jahre, bekommen. Nachrichten über Rundfunkverbrechen waren in einer früheren Kriegsphase häufig. Von Zeit zu Zeit wurde eine Auslese von Urteilen mitgeteilt, immer hohe Zuchthausstrafen. Dann war es viele Monate still davon. Das Novum des heutigen Falles besteht a) im Todesfall, b) darin, daß es sich ausdrücklich um einen Rüstungsbetrieb handelt. Man fühlt sich also der Arbeiter nicht mehr sicher, man geht gegen einen bestimmten Stand, und gegen den entscheidenden Stand, vor, man greift zum allerletzten Mittel, der Todesstrafe."[430] Die Anzeigen wegen *Abhörens ausländischer Sender* gingen gewöhnlich auf Denunziationen zurück. „Mitten in diesem Schreiben findet sich auch der Satz: ‚Mein Mann ist Beamter, er sollte am besten wissen, wie man sich, zumal als Pädagoge, im heutigen Staat zu verhalten hat. Er unterläßt es nicht, systematisch die Nachrichten fremder Sender abzuhören...' Diese Angaben führten zur Einleitung eines Strafverfahrens gegen den Mann wegen Rundfunkverbrechens. Auf Grund seines nach anfänglichem Leugnen abgelegten Geständnisses wurde er im Juli 1940 zu 2 Jahren Gefängnis verurteilt, was den Verlust seiner Stellung nach sich zog. [...] Im Anschluß daran erhob die Frau die Ehescheidungsklage."[431] „In der Strafsache gegen den Landwirt Ignatz Kaczmarek [...], Angehöriger der Abteilung 4 der Deutschen Volksliste, polizeilich festgenommen am 19. April 1943, z. Zt. in der Haftanstalt in Beuthen O. S.

---

[427] Ebd., 75.
[428] Ebd., 118.
[429] MADR, (Nr. 225), Bd. 8, 2828.
[430] Tagebücher, Bd. 2, 1942–1945, 153.
[431] Richterbriefe, hg. H. Boberach, 1975, 364.

wegen Vorbereitung zum Hochverrat, Rundfunkverbrechen und Wehrkraftzersetzung hat der 1. Strafsenat des Oberlandesgerichts Kattowitz in Beuthen O. S. in der Sitzung vom 27. Juni 1944 [...] für Recht erkannt: Der Angeklagte wird wegen wehrkraftzersetzender Äußerungen zum Tode verurteilt. Die Ehrenrechte werden ihm auf Lebenszeit aberkannt. Die Kosten des Verfahrens werden dem Angeklagten auferlegt."[432] „Im März 1943 trat er mit dem ihm schon bekannten Viehkaufmann, dem Zeugen Ratka wegen Ankaufs eines Schweines in Verbindung. Bei dieser Gelegenheit erzählte er in dessen Wohnung, daß er ausländische Sender abhöre, auch äußerte er sich dahin, daß Polen wiedererstehen und Deutschland zerschmettert werde. Diese Äußerungen veranlaßten den Zeugen, den Gendarmeriewachtmeister Zurek für den nächsten Tag zu sich zu bestellen, weil der Angeklagte wiederkommen wollte. Der Zeuge Zurek hat bei geöffneter Tür von einem Nebenraum aus auf kürzeste Entfernung die Unterhaltung des Zeugen Ratka mit dem Angeklagten mitgehört. [...]"[433] „In Deggendorf wegen Rundfunkverbrechens und Wehrkraftzersetzung drei Personen zum Tode und zwei zu höheren Zuchthausstrafen verurteilt."[434]

RuS, s. ↑ Rasse- und Siedlungsamt.

RuSHA, s. ↑ Rasse- und Siedlungshauptamt.

---

[432] Justiz im Dritten Reich. Eine Dokumentation, hg. I. Staff, 1979, 170.
[433] Ebd., 171.
[434] Monatsbericht d. Reg.Präsidenten v. Niederbayern, 11. 12. 1944. In: Bayern in der NS-Zeit, 321.

S

SA

Abkürzung von *Sturmabteilung*; die uniformierte und bewaffnete politische Kampftruppe der NSDAP.[1]

▶ Alle Geschichten, die in der NSDAP über die Entstehung des Namens *Sturmabteilung – SA* erzählt wurden, knüpfen an das gleiche Datum an, den 4. 11. 1921. „3. 8. 1921 – Gründung der SA als eine Schutz- und Propagandatruppe der NSDAP, Marineleutnant a. D. Hans Ulrich Klintzsch, Mitglied der am 1. 3. 1919 gegründeten ‚Brigade Ehrhardt‘, von Ehrhardt Hitler als Organisator zur Verfügung gestellt, erläßt in Hitlers Auftrag einen Aufruf zum Eintritt in die neugegründete ‚Turn- und Sportabteilung‘ der NSDAP, seit spätestens 17. September als ‚Sturmabteilung‘ (abgekürzt SA) bezeichnet. Einziges Kennzeichen der SA ist die Hakenkreuzarmbinde. 4. 11. 1921 – Feuertaufe der SA. Bei der Saalschlacht im Hofbräuhaus in München anläßlich einer Hitlerversammlung behaupteten sich 46 Mitglieder der ‚Turn- und Sportabteilung‘ gegenüber 800 Marxisten. [...] Hitler legte der SA daraufhin die bereits vorher gebrauchte Bezeichnung ‚Sturmabteilung (SA)‘ als Ehrennamen bei."[2] Im ‚Ehrenbuch der SA‘ wird erzählt: „Auf dem Nachhauseweg von dieser denkwürdigen Versammlung am 4. November 1921 geschah es, daß irgend jemand, ohne daß man heute feststellen kann, wer es war, das Wort Sturm-Abteilung als Bezeichnung für den Saalschutz der Ordnertruppe prägte, die sich in so unwiderstehlicher Tapferkeit und Aufopferung geschlagen hatte."[3] „Die SA war entstanden. Der Führer hatte ihre Bezeichnung Sturmabteilung wenige Tage nach dem Kampf im Hofbräuhaus anerkannt."[4] „In dieser Nacht wurde aus Kampf, Sieg und Blut die S. A. geboren! Die ‚Sturmabteilung‘ Adolf Hitlers. Auf blinde Disziplin gegründet und dem Führer bis in den Tod ergeben, sollte sie heranwachsen zu jener braunen Armee, die Deutschland wieder von Lug und Pest befreite."[5] „Über Sinn und Zweck der SA. (Sturm-Abteilung) sagt Adolf Hitler: ‚Die SA. ist ein Instrument zur Vertretung und Stärkung des Weltanschauungskampfes der Bewegung. Sie ist weder ein Wehrverband noch eine Geheimorganisation. Sie ist die Garde der nationalsozialistischen Idee.' In tausenden Saalschlachten erprobt, im Straßenkampf unter dem blutigen Terror der Gegner jahrelang bewährt, steht die S. A. als unerschüt-

---

[1] Gebucht: Duden, 11. Aufl. 1934, 12. Aufl. 1941; Knaur 1934, Meyers Lexikon 1936ff., Paechter, Volks-Brockhaus 1940. Getilgt: Duden, 13. Aufl. 1947.
[2] Volz, H.: Daten der Geschichte der NSDAP, 6. Aufl. 1936, 119.
[3] Ebd., 1934, 17.
[4] Das Ehrenbuch der SA, 1934, 18.
[5] Espe, W. M.: Das Buch der N. S. D A. P., 1933, 76.

terliche Kampftruppe im Ringen um das Dritte Reich mit in erster Linie. Im Anfang eine kleine entschlossene Schar, wuchs sie mit den Jahren zu einem gewaltigen ‚braunen Heer'"6 „Jeder Deutsche kennt Hitlers SA. Im Volksmund heißen die braunen Jungen einfach ‚die Hitlers'. In der Partei gibt es nur die Abkürzung. Der Führer selbst beantwortet die Frage: ‚Was heißt nun SA?' mit drei Definitionen: ‚Saalschutzabteilung – Sportabteilung – Sturmabteilung' – und sagt ‚es ist ein Begriff für sich'. Hinter dieser Erklärung verbirgt sich das Gefühl des Nichterklärbaren. SA ist ein Mythos, kann nur nachgefühlt und erlebt werden, ist nicht mit ein paar gewöhnlichen Worten zu benennen. In diesem Begriff siedet das Erlebnis einer Generation. Der knappe, harte Rhythmus dieses Wortes ist für Millionen etwas Heiliges geworden."[7] Nach der Ermordung Röhms und der blutigen Niederschlagung des sogenannten Röhm-Putsches wurde die Erinnerung an die *Kampfzeit* zur ritualisierten Gründungsgeschichte. Der Sieg wird nicht mehr der revolutionären Gewalt, sondern der ‚geistigen Stärke schlichter SA-Männer' zugeschrieben. „Die SA als revolutionäres Kampfmittel des Führers hat das erreicht, was in langen Jahrhunderten deutscher Geschichte niemals erreicht wurde. Der vorwärtsstürmende Schwung der SA, ihre Opferbereitschaft und Hingabe, ihr Gehorsam und ihre Disziplin, ihre Kameradschaft und ihre Treue waren das Werkzeug zum stolzen Bau des deutschen Volkes."[8] „Die waffenlose Faust der SA, getrieben vom hinreißenden Geist des Führers führte zum Sieg über die Meute von Gegnern, die sich von allen Seiten auf die Bewegung stürzten. Letzten Endes war es immer der geistige Gehalt der SA, der über die Schalheit marxistischer Lehren, über das zersetzende Gift der Demokraten, über das gefräßige Spießertum der Bürger, über die enge Profitgier der Reaktion und über die gesamten Machtmittel des sterbenden Staates triumphierte. Er war es, der die wenigen Arme der ersten SA-Männer zu stählernen Hämmern machte und der aus den wenigen Armen schließlich die emporgereckten Hände eines ganzen Volkes werden ließ. Die geistige Stärke schlichter SA-Männer aus dem Volke befähigte sie, den harten und langen Weg zur Freiheit ihres Volkes in revolutionärem Schwung zu finden und bis zum leuchtenden Ende zu gehen."[9] Nach ihrer Entmachtung verblieb der *SA* die Aufgabe der ↑ *körperlichen Ertüchtigung* und der ↑ *Wehrerziehung* ihrer Mitglieder vor und nach der Ableistung des Wehrdienstes. „Während die Politische Organisation der NSDAP. die praktische politische Führung durchzuführen hat, ist die SA. Ausbildungs- und Erziehungsinstrument der Partei zur weltanschaulich-soldatischen Haltung. Nach den Weisungen des Führers vom Reichsparteitag der Freiheit ist die SA. als das freiwillige politische Soldatentum der Garant der nationalsozialistischen Bewegung, der nationalsozialistischen Revolution und des deutschen Volkes Erhebung. In der SA. wird demzufolge der junge Deutsche in erster Linie weltanschaulich und charakterlich gefestigt und zum Träger des nationalsozialistischen Wehrwillens ausgebildet. Ebenso be-

---

[6] Espe, W. M.: ebd., Anhang, 9.
[7] Hadamovsky, E.: Propaganda und nationale Macht, 1933, 13.
[8] Das Ehrenbuch der SA, 1934, 310.
[9] Ebd., 314.

deutsam ist eine entsprechende Erziehungs- und Ausbildungsarbeit, welche die SA. innerhalb der Jahrgänge zu leisten hat, die ihrer Wehrpflicht genügt haben.[...]"[10] „Die Ergänzung der SA. erfolgt aus der HJ. und, soweit der Bedarf aus der HJ. nicht gestellt werden kann, durch Aufnahme sonstiger deutschblütiger Freiwilliger, die folgende Bedingungen erfüllen: Das 18. Lebensjahr muß vollendet sein, charakterlich einwandfrei und willens, sich für die Idee des Führers und die Aufgaben der SA. aus Idealismus und Selbstlosigkeit bis zum Letzten einzusetzen. Nachweis arischer Abstammung. (Nach den Bestimmungen der NSDAP.) Würdig zur Aufnahme in die NSDAP. Nachweis der deutschen Reichsangehörigkeit. Körperlich geeignet für alle Anforderungen des SA.-Dienstes (Märsche, Leibesübungen, Einsatz im Katastrophendienst usw.).[...] Sind die Aufnahmebedingungen erfüllt, so erfolgt die Aufnahme in die SA. als SA-Anwärter durch den Sturmführer."[11]

SA-Mann

Mitglied der ↑ SA.[12]

> „Der SA-Mann ist der treueste Sohn seines Volkes. Er fragte nicht nach Gewinn, Lohn oder äußerlichen Ehren, als er auf die Straße ging. Ihn trieb der Ruf seines Blutes. Dem Führer bis in den Tod ergeben, folgte er der Fahne des Hakenkreuzes. Unter ihr sank er blutüberströmt zusammen, für seine Idee opferte er Leben und Gesundheit, Beruf und Familienglück. Seinen letzten Groschen gab er für seine Ausrüstung für die Partei. [...]"[13] „Das neue Deutschland wäre nicht ohne den SA-Mann. Und das neue Deutschland würde nicht von Bestand sein, wollte jetzt der SA-Mann in dem Gefühl erfüllter Pflicht still und selbstlos und bescheiden beiseite treten, oder würde der neue Staat ihn gar wie den Mohren, der seine Schuldigkeit getan hat, heimschicken. Im Gegenteil steht nach dem Willen des Führers der SA-Mann als Garant der nationalsozialistischen Revolution vor den Toren der Macht und wird da stehen bleiben für alle Zeiten. Denn noch harren gewaltige Aufgaben ihrer Erfüllung, die ohne das Vorhandensein und die tätige Mitarbeit der SA nicht denkbar wäre."[14] „Dann wird auch vor dem letzten Dorf die Tafel stehen: ‚Juden sind hier unerwünscht', dann wird aber endlich auch kein deutscher Volksgenosse mehr die Schwelle eines jüdischen Geschäfts betreten. Dieses Ziel zu erreichen ist mit eine Aufgabe des SA-Mannes als dem politischen Soldaten des Führers. Neben seinem Wort und seiner Aufklärung stehe sein Vorbild."[15] „[...] denn wer sich dem Führer unterstellt hat, ist ihm total unterworfen, ist SA.-Mann, ob er Dienst tut oder nicht. Ist er aber als SA-Mann ausgerichtet auf die politischen Aufgaben des

---

[10] Organisationsbuch der NSDAP. 1943, 358.
[11] Ebd., 365.
[12] Gebucht: Duden, 12. Aufl. 1941. Getilgt: Duden, 13. Aufl. 1947.
[13] Obergruppenführer D. v. Jagow. In: Das Ehrenbuch der SA., 1934, o. S.
[14] In: Der SA-Mann, 6. 1. 1934, 1. Dok. PS−3050 (US−414). In: Der Nürnberger Prozeß, Bd. 4, 151 f.
[15] In: Der SA-Mann, 1. 6. 1935, 1. Dok. PS−3050 (US−444). In: Der Nürnberger Prozeß, Bd. 4, 164.

Volkes, dann ist er in seinem Beruf ebenso politischer Kämpfer wie im Dienst der Bewegung."[16]

Über die Prägung *unbekannter SA-Mann* steht im Büchmann (Rust), 1943: „Schöpfer dieses Wortes war Joseph Goebbels nach dem Kampf in den Berliner Pharussälen am 11. Februar 1927."[17] Diese Angabe geht auf Goebbels selbst zurück, der im ‚Kampf um Berlin' vermerkt: „Am Schluß meiner Rede wurde zum ersten Mal das Wort vom unbekannten SA-Mann gesprochen."[18] „Schon in seiner Neujahrsbotschaft zum Jahre 1928 (Völk. Beob. 1. 1. 1928) verwendete Adolf Hitler auch das Wort vom unbekannten Soldaten. (‚Neben dem Denkmal des unbekannten Soldaten werden wir dereinst auch das des unbekannten SA-Mannes errichten müssen.')"[19] Das ‚Ehrenbuch der SA' trägt die Widmung: ‚Dem unbekannten SA-Mann'.[20]

SA-mäßig

Nach Art der ↑ *SA*.[21]

> „Durch Verfügung des Reichsführers der deutschen Studentenschaft Dr. Stäbel, sind sämtliche Dienststellen der Studentenschaft verantwortlich gemacht für straffeste SA.-mäßige Diensteinteilung und Dienstauffassung in ihren Organisationen. ‚Die Zeit ist nimmer fern, wo auf deutschen Hochschulen kein Platz mehr ist für Leute, die zu vornehm sind, sich in die Gemeinschaft der SA. einzuordnen.'"[22] „Im nächsten Semester wird von der DSt. [Deutschen Studentenschaft] vor allem gefordert werden müssen die Einordnung ihrer Gesamtarbeit in ein System der Wehrerziehung, das den Studenten SA.-mäßig zum politischen Soldaten ausbilden soll. [...] Durch die Einrichtung der SA.-Hochschulämter wird ein großer Schritt zu diesem Ziel getan sein. [...] Nachdem die Bünde und Verbände lange Zeit ein Sonderleben geführt haben, wird sich jedes Sonderleben einordnen müssen in die kommende SA-mäßige Ordnung. Gefordert wird die politische und SA.-mäßige Ausbildung der Studenten durch die Errichtung von Kameradschaftshäusern. [...]"[23]

Schädling

Bezeichnung für alle in der ↑ *nationalsozialistischen* ↑ *Volksgemeinschaft* aus politischen, ↑ *rassischen*, wirtschaftlichen oder ideologischen Gründen unerwünschten Personen.

> *Schädling* als Bezeichnung für schädliche Tiere und Pflanzen ist vielleicht zwischen 1863 und 1885 aufgekommen. Der zweite Band von Sanders ‚Wörterbuch der

---

[16] Steinbeck, W.: Beruf u. Erziehung; Student u. SA. In: Der Deutsche Student, 4/Jan. 1936, 33.
[17] Ebd., 404.
[18] Goebbels: Kampf um Berlin, München, 6. Aufl. 1934, 71.
[19] Büchmann (Rust), 1943, 404.
[20] 1934, o. S.
[21] Gebucht: Duden, 12. Aufl. 1941. Getilgt: Duden, 13. Aufl. 1947.
[22] VB. Zit. Blick in die Zeit, 1/Nr. 26, 9. 12. 1933, 10.
[23] Haupt, J.: Politischer Semesteranfang. In: Der Deutsche Student, 1/Okt. 1933, 2.

deutschen Sprache' von 1863 bucht den Ausdruck noch nicht, wohl aber Sanders ‚Ergänzungswörterbuch' von 1885. Die Übertragung auf den Menschen erfolgte nicht viel später. Das von dem berüchtigten Antisemiten Theodor Fritsch herausgegebene ‚Central-Organ der deutschen Antisemiten', die ‚Antisemitische Correspondenz und Sprechsaal für innere Partei-Angelegenheiten' schrieb 1888: „Die Armeen des ersten Napoleon haben in Deutschland und Österreich zwar rascher, aber nicht schlimmer gehaust als jüdische Schädlinge hausen...Die Invasion jüdischer Schädlinge aber hat heute von allen Staaten Besitz genommen..."[24] Der Ausdruck wurde jedoch nicht spezifisch auf Juden bezogen. Karl Kraus verwendet ihn als Schmähwort ebenso gegen Autoren und Kritiker, die er bekämpft, wie gegen „Börsengauner" und andere korrupte Vertreter der Gesellschaft. „Herr Ludwig Bauer hält also konsequenter als ich Herrn Bahr für einen Schädling, und – man kann dies aus der ganzen Tätigkeit Bahrs nachweisen. Es ist ja auch immerhin möglich. Ich habe nämlich bloß seit zehn Jahren ohne Unterlass in Zeitungen, Zeitschriften und Broschüren Herrn Bahr als einen Schädling beschrieben, und glaubte bisher immer, mir auf diese Consequenz etwas einbilden zu können."[25] (1901) „Aber das Zartgefühl macht nicht vor den Affären der Börsengauner, also öffentlicher Schädlinge, Halt!"[26] (1902) „Kann man Schädlinge der Gesellschaft angreifen, die in Amt und Presse ihr Wesen treiben, und zugleich den sittlichen Forderungen dieser Gesellschaft eine Nase drehen?"[27] (1905) 1902 war in Wien das Buch eines Autors W. v. Piwonka mit dem Titel: „Schädlinge des Deutschtums." erschienen. 1904 zitiert der später im ↑ Dritten Reich aktive Rassenhygieniker E. Rüdin im ‚Archiv für Rassen- und Gesellschafts-Biologie' den Schweizer Psychiater A. Forel: „Die schlimmsten Kumpane beider Geschlechter unter den Verbrechern kommen, wenn sie erwischt werden, meist höchstens mit ein paar Jahren Gefängnis davon und fahren dann mit ihren Missetaten unbehelligt fort, setzen überall uneheliche Kinder auf die Welt, die sie den Armenbehörden, Waisen- und Findelhäusern zur Erziehung überlassen u. dgl. mehr. Ist es da zu verwundern, wenn die Produkte einer so verkehrten Zuchtwahl als soziale Schädlinge grell zutage treten?"[28] In der antisemitischen Tradition steht der obskure G. List: „Das weißt du aber, daß du deine keimende Saat zu bewahren hast, um sie vor Schädlingen zu bewahren. Wähne nicht, das seien nur Engerlinge, Würmer und Feldmäuse, nein, es sind auch solche, welche ernten wollen, ohne gebaut zu haben, es sind eben die Nomaden. Sie sagen es dir freilich nicht, daß sie Nomaden sind, sie verkleiden sich in das Gewand deiner Art, um dich zu täuschen, aber sie suchen dir dein von dir geschaffenes Eigen zu enttragen. Darum weise den Nomaden von dir, [...] denn er bleibt, was er war und ist, ein Nomade und als solcher dein Schädling und Feind, denn du bist von ihm geschieden durch das Natur-Ur-Gesetz für alle Zukunft, denn er bleibt auch in deinem Gewande

---

24 Ebd., Nr. 41, 15. 12. 1888, 3. Zit. Cobet, 1973, 219.
25 Die Fackel, 2/Nr. 72, Ende März 1901, 14.
26 Die Fackel, 4/Nr. 103, Anfang Mai 1902, 12.
27 Die Fackel, 7/Nr. 185, 17. Oktober 1905, 1.
28 Forel, A.: Hygiene der Nerven und des Geistes im gesunden und kranken Zustand, o. J. [1903]. Zit. Rezension v. E. Rüdin, in: Ebd., 1/H. 1, 1904, 155.

Nomade, dein feindlicher Gast, und macht das von dir bebaute Land zur Wüste, und dich selbst zum unsteten, landfahrenden Nichtshab."[29] (1908) In den politischen Kämpfen der zwanziger Jahre gehörte *Schädling* zum geläufigen Vokabular. So 1920 bei von Oppeln-Bronikowski: „Statt des falschen Schlagwortes ‚Antisemitismus' aber hätte die Parole dann zu lauten: gegen alle Schädlinge des Deutschtums! Diese Schädlinge sitzen nämlich nicht nur unter den Juden, sondern in der kranken Masse unseres ganzen Volkes."[30] Am 19. 1. 1920 in der ‚Deutschen Zeitung': „Vielleicht rufen sich die Frauen aller Fraktionen bei dieser Gelegenheit die Behandlung der Schädlinge und unheilbar Kranken im Altertum in die Erinnerung zurück."[31] Am 10. 3. 1920 im ‚Völkischen Beobachter' (vor der Übernahme durch die Nationalsozialisten): „Mit jedem Stück Nährgut oder Rohstoff, das in die Hände des menschlichen Ungeziefers übergeht, verlieren wir auch wieder ein Stück Freiheit, über uns selbst zu verfügen. […] Es ist nicht möglich, mit einem Griff des Schädlings Herr zu werden."[32]

> Hitlers Verwendung des Ausdrucks *Schädling* in ‚Mein Kampf' unterscheidet sich nicht von den Verwendungsweisen seiner Zeit: „Wer für sein Volk Wertvolles schafft, bekundet damit eine ebenso wertvolle Gesinnung, während ein anderer, der bloß Gesinnung heuchelt, ohne in Wirklichkeit seinem Volke nützliche Dienste zu verrichten, ein Schädling jeder wirklichen Gesinnung ist. Er belastet auch die Gemeinschaft seiner Gesinnung."[33] Zu der Radikalisierung des Sprachgebrauchs im Nationalsozialismus kommt es im Kontext einer immer radikaleren Verfolgung unerwünschter Bevölkerungsgruppen, insbesondere der Juden. Das Bild vom *Schädling*, in dem immer auch schon die Möglichkeit des Weiterdenkens zur *Schädlingsvernichtung* angelegt war, wird renaturalisiert (↑ *Parasit*), die Vernichtung schließlich ein Faktum. „Einer der größten Schädlinge Deutschlands, der Reichstagsabgeordnete der SPD. Dr. Paul Levi, früherer Führer der USPD., der sogar in seinen eigenen Kreisen wegen der abgrundtiefen Verkommenheit seines Charakters unbeliebt war, stürzt sich im Fieberwahn aus dem Fenster und stirbt."[34] Das Ehrenbuch der SA: „Die SA treibt ihre Propaganda, sie ist unterwegs in Straßen und Häusern. Sie wird nicht mehr angefeindet, beschimpft und überfallen, die Straßen sind sicher und befreit von Reichsbanner, Rotfront und anderen Schädlingen."[35] Hitler: „[…] es gehört [zum Erziehungswerk] dazu auch der harte Zwang gegen die Schädlinge am deutschen Volkskörper, gegen die gewissenlosen Nutznießer deutscher Volksnot, die nun in Konzentrationslagern zu ordentlichen Volksgenossen erzogen werden."[36] Ernst Barlach: „Jetzt nach Ihrem heute empfangenen Brief, ist mir jeder Zweifel

---

[29] Die Rita der Ario-Germanen, G.-List-Bücherei, 1. Reihe, Forschungsergebnisse Nr. 3, 1908, 173.
[30] Antisemitismus, 25.
[31] Ausg. A, Nr. 35, 19. 1. 1920, 6.
[32] Nr. 20, 10. 3. 1920, 1.
[33] Ebd. 664.
[34] v. Leers, J.: 14 Jahre Judenrepublik, 2. Bd., 2. Aufl. 1933, 89.
[35] Ebd., 1934, 310.
[36] Schley, A.: Führerworte, Bd. 1, o. J. (1934), 103.

genommen, ob sich ihr Schritt gegen einige Blätter oder gegen das Gesamte des Buches, nämlich gegen den Schädling, meine Wenigkeit, richtet. Ich würde mich keineswegs wundern, wenn in der Begründung von jüdisch-bolschewistischer Zersetzung die Rede sein wird.[...]"[37] SS-Brigadeführer Stahlecker an Himmler: „Angesichts der Ausdehnung des Einsatzraumes und der Fülle der sicherheitspolizeilichen Aufgaben wurde von vornherein angestrebt, daß die zuverlässige Bevölkerung selbst bei der Bekämpfung der Schädlinge in ihrem Lande – also insbesondere der Juden und Kommunisten – mitwirkt."[38]

> Im Sprachgebrauch nach 1945 kommt *Schädling* – auf Menschen bezogen – nur noch sehr selten vor. Thomas Mann verwendet den Ausdruck in seinem Vorwort zu einer Ausgabe von Heinrich von Kleists Erzählungen: „So wird bei dem Schädling Nicolo von jungauf eine Doppelneigung zur Wollust und Bigotterie [...] beobachtet."[39] Auch ein zweites Beispiel gehört in den literarischen Kontext. In einem Aufsatz über ‚Verbrechensdichtung und Kriminalroman' heißt es: „Aus der angelsächsischen Tradition heraus könnten wir vielleicht sagen: Ein ‚Privater', ein legalisierter Abenteurer im Kampf gegen Schädlinge."[40]
S. auch ↑ *Volksschädling*.

Schaft

Kurzwort zu *Jungenschaft* oder *Mädelschaft*, den Bezeichnungen für die kleinste Einheit des ↑ *Deutschen Jungvolks*, bzw. des ↑ *Mädelbundes in der* ↑ *HJ* (↑ *BDM*).[41]

> ahd. *scaf(t)*, mhd. *schaft* ‚Beschaffenheit', zu *schaffen*, wurde seit dem Mittelhochdeutschen zum Ableitungssuffix; ursprünglich zur Bezeichnung von Zuständen: *Freundschaft, Bekanntschaft*, dann, seit etwa 1800 zunehmend, zur Bildung von Kollektiva verwendet: *Bürgerschaft, Mannschaft*.[42] Friedrich Ludwig Jahn (1778–1852), der den Wortschatz des Turnens und der Gymnastik prägte, wollte die zu Suffixen herabgesunkenen Nomen wieder in Hauptwörter zurückverwandeln. Er nannte studentische Vereinigungen *Schaften* und sprach von *Heit* und *Keit*[43], blieb mit diesen Prägungen aber, anders als mit seinem Turn- und Gymnastikvokabular, erfolglos.

> In *BDM* und *Hitlerjugend* ist das Kurzwort *Schaft* schon früh auch in offiziellen Texten geläufig. Es ist im Duden (ohne eigenes Lemma) gebucht, es wird von

---

[37] Barlach, E.: Brief an R. Piper v. 2. 5. 1936. In: Piper, E.: Nationalsozialistische Kunstpolitik, 1987, Dok. 113, 147.
[38] Bericht des SS-Brigadeführers Dr. Stahlecker an Himmler, 1939. Dok. L–180. In: Der Nürnberger Prozeß, Bd. 2, 143.
[39] Fischer Tb. Nr. 135, 1956, 22.
[40] R. Gerber in: Neue Zürcher Ztg., 30. 10. 1965, Bl. 20.
[41] Gebucht: Duden, 12. Aufl. 1941. Getilgt: Duden, 13. Aufl. 1947.
[42] Vgl. Paul 1992, 718, s. v. -schaft.
[43] Schwarz, E.: Kurze deutsche Wortgeschichte, 2. durchges. Aufl. Darmstadt 1982, 124.

W. Linden in der Deutschen Wortgeschichte von Maurer/Stroh mit dem Kompositum *Schaftsführerin* erwähnt.[44] „Bis an jedes Mädel in der Schaft wird diese Erziehung langsam, aber immer deutlicher getragen. Dort aber baut sie, mehr noch als in der Führerinnenschaft, auf das Erleben im Alltag, auf Heimabend und Fahrterleben auf und gewinnt zuerst Einfluß durch Volkstumsarbeit. Drückt doch ein Lied, ein Sprechchor oftmals eine Haltung und einen Gedanken unmittelbarer aus als ein sorgfältiger, noch so lebendiger Vortrag."[45] 1935 befaßt sich die Rubrik ‚Sprachliche Auskünfte' in der Zeitschrift des Deutschen Sprachvereins ‚Muttersprache' mit dem Kurzwort: „Die Abkürzung ‚Schaft' für ‚(Jung)mädelschaft' [...] wozu auch ‚Schaftführerin, Schaftsabend' gebildet worden sind, können wir nicht gutheißen. Zwar liegt den Wörtern auf ‚-schaft' ein altes Hauptwort s c a f, s c h a f t zugrunde, das sich bis ins Mittelhochdeutsche gehalten hat, mit der Bedeutung: Gestalt, Beschaffenheit, Eigenschaft. Aber wenn man dieses für uns zur Ableitungssilbe gewordene Wort wiederbeleben wollte, könnte es doch nur einen ganz allgemeinen Sinn haben, etwa: Gesamtheit, Gemeinschaft. Dagegen ist die Einschränkung auf die Gemeinschaft der Jungmädchen, ja auf eine einzelne solche Gemeinschaft ganz willkürlich und im Grunde nichts anderes als eine Fortsetzung der Abkürzungssucht, die sich in Bedeëmschaft so unerfreulich zeigt."[46] Dieser Einspruch des Deutschen Sprachvereins blieb jedoch ohne Wirkung auf den Sprachgebrauch. „In dieser kleinsten Einheit von 10–15 Jungen oder Mädeln spielt sich das eigentliche Leben der Jugendorganisation ab. Oft werden die Schaften zu Scharen zusammengezogen, um eine größere, sportliche oder schulische Arbeit durchzuführen."[47]

schlagartig

wohlvorbereitet, prompt, überraschend.[48]

▶ Der nach Angabe des ‚Etymologischen Wörterbuchs' Kluge (Seebold) im 19. Jahrhundert entstandene[49], erst 1954 in die 14. Auflage des Rechtschreibduden aufgenommene, bei Pekrun[50] 1933 gebuchte Ausdruck wird in dem Glossar von H. Paechter ‚Nazi-Deutsch' 1944 „a favorite magic word" der Nationalsozialisten genannt.[51] „Die erneute Greuelpropaganda hat schlagartig die geheimen Kanäle aufgedeckt, durch die der innere Feind schon während des Krieges die Weltlüge des deutschen Verbrechens an wehrlosen Menschen dem Ausland zugeleitet und die Weltmeinung über uns vergiftet hat."[52] „Daher packte das vom Führer eingesetzte ‚Aktionskomitee zum Schutze der deutschen Arbeit' unter Leitung des Präsidenten

---

[44] Ebd., Bd. 2, 1943, 409.
[45] Bohlmann, E.: Ziele und Weg des BDM. In: N. S. Frauenbuch, 1934, 33.
[46] Ebd., 50/H. 6, 1935, 214.
[47] Bürkner, T.: Der Bund Deutscher Mädel in der Hitlerjugend, 1937, 11.
[48] Gebucht: Paechter.
[49] EWB, Bd. 3, 1989, 1487, s. v. Schaden, Schade.
[50] Pekrun, R.: Das Deutsche Wort, 1933, 860, s. v. Schlag.
[51] Ebd., 54.
[52] VB, 1. 4. 1933, 2.

des Preußischen Staatsrats, Dr. Robert Ley, am 2. Mai 1933 energisch zu. Kaum waren die Glocken verklungen, die zu Ruhm und Ehre der deutschen Arbeit am 1. Mai geläutet hatten, da wurden schlagartig überall von den getreuen Kämpfern der SA. die Häuser der freien Gewerkschaften besetzt, die maßgebenden Führer dieser roten Organisationen verhaftet und in alle leitenden Stellen der Gewerkschaftsbewegung erprobte Kämpfer des Nationalsozialismus aus den Reihen der NSBO. gesetzt."[53] „Ab 15 Uhr (bis gegen 17 Uhr) gingen die Akteure schlagartig an vielen Stellen der Stadt gegen jüdische Geschäfte vor."[54] „Anders entwickelten sich die Dinge in der deutschen Turnbewegung der damaligen österreichisch-ungarischen Monarchie. [...] Wie weit die jüdische Durchsetzung des Turnvereins bereits Fortschritte gemacht hatte, zeigt schlagartig der Umstand, daß in den achtziger Jahren von 1100 Mitgliedern des Ersten Wiener Turnvereins 400 Juden waren."[55]

Schriftleiter

Durch das *Schriftleitergesetz* vom 4. 10. 1933 definierte Bezeichnung für den in die *Berufsliste der Schriftleiter* eingetragenen Redakteur.[56]

> Die Einführung der Neubildung *Schriftleiter* als Verdeutschung für *Redakteur* lehnt die Kölnische Zeitung in ihrer Ausgabe vom 15. November 1891 ab. Sie hält den Ausdruck für mißverständlich und befürchtet, man könnte den *Schriftleiter* eher in der Setzerei als in der Redaktion suchen. Die Ursache der Unklarheit sieht sie in der Mehrdeutigkeit des Bestimmungswortes *Schrift*. Sie empfiehlt daher, ‚bei dem keiner Mißdeutung unterworfenen Redacteur' zu bleiben.[57] Die ‚Zeitschrift des Allgemeinen Deutschen Sprachvereins' befaßt sich 1892 unter dem Titel ‚Der Redacteur' mit dem Ausdruck *Schriftleiter*, der „neuerdings" aus Österreich eingedrungen sei. „In den Niederlanden hat man ihm mehrfach den Namen Aufsteller (opsteller) gegeben, und in Österreich kam man vielfach darauf, ihn Schriftleiter zu nennen. Schriftleiter ist nicht ganz nach unserem Geschmacke; wir würden Schriftordner vorziehen. Da aber ohne Zweifel der Redacteur der eigentliche und verantwortliche Leiter ist, so ist auch das Wort Schriftleiter nicht zu verwerfen, obwohl unseres Erachtens Leiter schon genügte."[58] Trotz dieser Vorbehalte wird der Ausdruck gebräuchlich. Karl Kraus schreibt 1902 in der ‚Fackel': „Sie schreiben mir, daß das bei Ihnen aufliegende ‚Wiener Sonntagsblatt: Favorita' fortfährt, Aufsätze der ‚Fackel' zu stehlen und als geistiges Eigenthum seines ‚Schriftleiters' auszugeben. Ich

---

[53] Das Ehrenbuch der Arbeit, 1934, 94.
[54] Monatsbericht d. Polizeidirektion München, 4. 6. 1935. In: Bayern in der NS-Zeit, 1977, 444.
[55] Schneemann, W.: Juden in Turnen u. Sport. In: Fritsch, Th.: Handbuch der Judenfrage, 38. Aufl., 1935, 357.
[56] Gebucht: Duden (9. Aufl., 10. Aufl.), 11. Aufl. 1934, 12. Aufl. 1941; Knaur 1934, Meyers Lexikon 1936 ff., Volks-Brockhaus 1940.
[57] Vgl. Pfaff, W.: Zum Kampf um deutsche Ersatzwörter. Gießener Beitr. z. deutschen Philologie, 31, Gießen 1933, 47.
[58] Ebd., 7/Nr. 2, 1. 2. 1892, 22.

habe den Menschen schon einmal verwarnt, und darum gibt er jetzt wenigstens bei einer von drei gestohlenen Notizen die Quelle an."[59]

▷ Im Nationalsozialismus wird der Gebrauch des Ausdrucks *Schriftleiter* durch das ‚Schriftleitergesetz' vom 4. 10. 1933 festgelegt. Schon im Parteiprogramm von 1920 hatte die NSDAP unter Punkt 23 zur „Schaffung einer deutschen Presse" gefordert, „daß: a) sämtliche Schriftleiter und Mitarbeiter von Zeitungen, die in deutscher Sprache erscheinen, Volksgenossen sein müssen [...]."[60] Wenige Tage vor dem Erlaß des Gesetzes heißt es am 30. 9. 1933 in der Braunschweigischen Tageszeitung: „Die marxistische Presse aller Schattierungen ist von der Bildfläche weggrasiert, die zersetzende Tätigkeit der Juden in der öffentlichen Meinung ist gesetzmäßig unterbunden worden. Das kommende Schriftleitergesetz wird auch noch die letzen Möglichkeiten einer Beeinflussung der Presse durch anonyme Kräfte irgendwelcher Art oder durch finanzielle Machthaber beseitigen. Damit ist dann der gesamte Apparat des deutschen Zeitungswesens ein hundertprozentig zuverlässiges Machtmittel in der Hand des Staates geworden, von einer politischen Bedeutung, die heute noch von wenigen nur annähernd richtig eingeschätzt wird."[61] Im Gesetz vom 4. 10. 1933 wird die Tätigkeit des *Schriftleiters* als gesetzlich geregelte öffentliche Aufgabe bestimmt, für deren Übernahme eindeutig nationalsozialistisch definierte Voraussetzungen erfüllt werden müssen: „1. Abschnitt. Schriftleiterberuf. § 1 Die im Hauptberuf oder auf Grund der Bestellung zum Hauptschriftleiter ausgeübte Mitwirkung an der Gestaltung des geistigen Inhalts der im Reichsgebiet herausgegebenen Zeitungen und politischen Zeitschriften durch Wort, Nachricht oder Bild ist eine in ihren beruflichen Pflichten und Rechten vom Staat durch dieses Gesetz geregelte öffentliche Aufgabe. Ihre Träger heißen Schriftleiter. Niemand darf sich Schriftleiter nennen, der nicht nach diesem Gesetz dazu befugt ist. [...] 2. Abschnitt. Zulassung zum Schriftleiterberuf. § 5 Schriftleiter kann nur sein, wer : 1. die deutsche Reichsangehörigkeit besitzt, 2. die bürgerlichen Ehrenrechte und die Fähigkeit zur Bekleidung öffentlicher Ämter nicht verloren hat. 3. arischer Abstammung ist und nicht mit einer Person nichtarischer Abstammung verheiratet ist, 4. das 21. Lebensjahr vollendet hat, 5. geschäftsfähig ist, 6. fachmännisch ausgebildet ist, 7. die Eigenschaften hat, die die Aufgabe der geistigen Einwirkung auf die Öffentlichkeit erfordert. § 6 Auf das Erfordernis der arischen Abstammung und der arischen Ehe finden § 1a des Reichsbeamtengesetzes und die zu seiner Durchführung ergangenen Bestimmungen Anwendung."[62] „Vor 1933 war der Schriftleiter in seiner Tätigkeit in erster Linie vom Verleger, dann aber auch vielfach von den politischen, oder den wirtschaftlichen Kräftegruppen, der Leserschaft usw. abhängig; oft wurde er einer [sic] oder mehreren der verschiedensten Interessenkreise hörig. [...] Besonders die Schriftleiter an der kommunistischen und der marxistischen Presse, in der die Verjudung besonders stark war, mißbrauchten im Gegensatz zu ihrer eigentlichen Aufgabe, unter

---

[59] Ebd., 4/Ende August 1902, 22.
[60] Rosenberg, A. (Hg.): Das Parteiprogramm, 22. Aufl. 1941, 17.
[61] W. Thomas. Zit. Blick in die Zeit, 1/Nr. 18, 14. 10. 1933, 2.
[62] RGBl. 1, 1933, 713.

Ausnutzung der sogenannten ‚Pressefreiheit' ihre Stellung zu im höchsten Maße volksgefährdenden Beeinflussungen. [...] Zur Ausübung des Schriftleiterberufes (auch als Schriftleiter in Ausbildung) ist besondere Zulassung im Wege der Eintragung in die Berufsliste der Schriftleiter nötig. [...]"[63] „Wer sich Schriftleiter nennt, ohne in die Berufsliste eingetragen zu sein, macht sich strafbar."[64] „Erstes und oberstes Gesetz für den modernen Schriftleiter lautet daher: Er muß Kämpfer sein für den neuen Staat. Das heißt, seine Tätigkeit als Schriftleiter muß immer abgeleitet sein von der zentralen Aufgabe, die uns allen heute für den Neuaufbau unseres Vaterlandes gestellt ist."[65]

▷ Die Ausdrücke *Schriftleiter, Schriftleitung* sind nach 1945 — mit deutlich verringerter Frequenz und in der vornationalsozialistischen Verwendung als Verdeutschung von *Redakteur, Redaktion* — in Gebrauch geblieben. Typisch für die Mehrheit der Publikationen dürfte aber das Beispiel des Rechtschreibdudens sein. In der 14. Auflage von 1957 wurde die Angabe: „Bearbeitet von der Dudenschriftleitung" durch „Bearbeitet von der Dudenredaktion" ersetzt.

Schrifttum

a) Verdeutschung von *Literatur*; b) Bezeichnung für den *Berufsstand* aller in der *Reichsschrifttumskammer* zusammengefaßten, im Bereich der Literatur Tätigen.

▷ *Schrifttum* wurde 1833 von F. L. Jahn (1778–1852) gebildet, der auch ↑ *Volkstum* prägte.[66] Bei Herder (1744–1803) ist 1827 die Form *Schriftentum* belegt.[67] Seit 1887 empfahl der Allgemeine Deutsche Sprachverein den Ausdruck als Verdeutschung für Literatur.[68]

▷ Im ↑ *Dritten Reich* wurde im offiziellen Sprachgebrauch der Ausdruck *Schrifttum* gegenüber *Literatur* bevorzugt, wohl als positives Kontrastwort zu ↑ *Asphaltliteratur* und ähnlichen Ausdrücken.

a) „Das Schrifttum eines Volkes ist Ausdruck seines Nationalcharakters, in der Spiegelung der geistig-seelisch-weltanschaulichen, der schicksalsmäßigen Strömungen, Zeit- und einzelnen Lebensgestaltungsepochen. Der Nationalsozialismus hat das Schrifttum wieder in die unabdingbare Beziehungstiefe von Blut (Rasse) und Schicksal geleitet. Die staatliche Betreuung des deutschen Schrifttums geschieht durch das Reichsministerium für Volksaufklärung und Propaganda und die Reichsschrifttumskammer [...]; darüber hinaus hat die nationalsozialistische Bewegung (NSDAP.) die nationalsozialistische Schrifttumsbetreuung in Prüfung, Sichtung,

---

[63] Meyers Lexikon, Bd. 9, 1942, 1242 f., s. v.
[64] Volks-Brockhaus, 1940, 621, s. v.
[65] W. Weiß, VB, 20. 4. 1934. Zit. Blick in die Zeit, 2/Nr. 17, 28. 4. 1934, 6.
[66] Merke zum deutschen Volkstum, 1833, 226. Vgl. Trübners DWb., Bd. 6, 1955, 220, s. v. Schriftsteller.
[67] Paul 1992, 767, s. v.
[68] Trübners DWB, ebd.

Lenkung, Einsatz usw. maßgeblich mit in die Hoheitsausübung einbezogen durch die Parteiamtliche Prüfungskommission zum Schutze des NS-Schrifttums und das Amt Schrifttumspflege."[69] „Die NSDAP. hat eine ‚Prüfungskommission zum Schutze des nationalsozialistischen Schrifttums' gebildet. Bücher und Schriften dürfen nur dann als nationalsozialistisch ausgegeben werden, wenn sie der Prüfungskommission vorgelegen haben und deren Unbedenklichkeitsvermerk tragen."[70] Ein solcher Unbedenklichkeitsvermerk hatte folgenden, an das kirchliche Imprimatur angelehnten Wortlaut: „Gegen die Herausgabe dieser Schrift werden seitens der NSDAP. keine Bedenken erhoben. Der Vorsitzende der parteiamtlichen Prüfungskommission zum Schutze des NS-Schrifttums." „Die Aufgabe des rassekundlichen Schrifttums. [...] Die Rassenfrage ist die Achse, um die sich die nationalsozialistische Ideenwelt dreht. Wer sie nicht kennt und nicht versteht, wird die Größe und Tiefe, wie überhaupt den Inhalt unserer nationalsozialistischen Revolution, die eine geistige Revolution ersten Ranges ist, nie begreifen. Deshalb ist es wichtig, daß sich die Menschen lernend und bildend zu allererst einmal mit dem Schrifttum über die Rassenkunde befassen."[71] „Anordnung des Präsidenten der Reichsschrifttumskammer über schädliches und unerwünschtes Schrifttum vom 25. 4. 1935. Es gehört zu den Obliegenheiten der Reichsschrifttumskammer, das deutsche Kulturleben von allem schädlichen und unerwünschten Schrifttum rein zu halten. [...] § 1 Die Reichsschrifttumskammer führt eine Liste solcher Bücher und Schriften, die das nationalsozialistische Kulturwollen gefährden. Die Verbreitung dieser Bücher und Schriften durch öffentlich zugängliche Büchereien und durch den Buchhandel in jeder Form [..] ist untersagt."[72] „Das Fehlen eines gut ausgebauten nationalsozialistischen Schrifttums hat neben dem Wiederauftreten von Schriftstellern der Systemzeit im Buchhandel die Bevorzugung ausländischer Literaturerzeugnisse hervorgerufen, die teils eine neutrale, teils eine liberalistisch-pazifistische Tendenz aufweisen."[73] „Die Nachfrage in den einzelnen Sparten des Schrifttums ist im Reichsgebiet nicht ganz einheitlich. [...] In den vorliegenden Meldungen kommt jedoch übereinstimmend zum Ausdruck, daß das Interesse an aktuellem politischen Schrifttum wie Aufklärungsschriften über England und Frankreich gegenüber Anfang des Krieges im Abflauen begriffen ist. Von Schrifttum schaffenden Kreisen, vor allem von Buchhändlern wird dazu festgestellt, wie aus Meldungen aus Hessen, Bayern, Schleswig-Holstein und dem Rheinland hervorgeht, daß gewisse Bevölkerungsschichten mit diesem Schrifttum ‚übersättigt' seien."[74]

b) „Den Berufsstand Schrifttum hat es vor 1933 weder in der Sprache noch im Denken des Volkes gegeben."[75]

---

[69] Meyers Lexikon, Bd. 9, 1942, 1247 f.
[70] VB. Zit. Blick in die Zeit, 2/Nr. 16, 21. 4. 1934, 8.
[71] Gercke, A.: Die Rasse im Schrifttum, 2. Aufl., 1934, 7.
[72] Zit. Brenner, H.: Die Kunstpolitk des Nationalsozialismus, 1963, 194. Über die Bezeichnung *schädliches und unerwünschtes Schrifttum* bemerkt Meyers Lexikon (Bd. 9, 1942, 958, s. v.): „nach der Machtübernahme des Nationalsozialismus gebräuchlich gewordener Begriff für Schund- und Schmutzliteratur."
[73] MADR, Jahresbericht 1938 des SHA, Bd. 2, 41.
[74] MADR, (Nr. 72), 3. 4. 1940, Bd. 4, 949.
[75] Handbuch der Reichskulturkammer, 1937, 135.

Schulung

↑ *Ausrichtung* auf den Nationalsozialismus.[76]

> *Schulung* in der Bedeutung ‚Unterrichtung, Bildung, Ausbildung' wurde im 19. Jahrhundert zu dem 1786 bei Goethe belegten *schulen* gebildet.[77] Gustav Freytag (1816—1895): „zarte gesundheit und vielleicht unvollkommenheit der schulung haben ihn verhindert, vor seinem frühen tode eine bedeutende thätigkeit als gelehrter zu erweisen."[78]

> Im Nationalsozialismus erfährt *Schulung* eine Bedeutungsverengung. Der Ausdruck bezeichnet nun ein „Teilgebiet der politischen Erziehungsarbeit der NSDAP".[79] In den vierziger Jahren wird die Beschränkung auf diese Verwendungsweise von *Schulung* durch Presseanweisungen mehrmals ausdrücklich angemahnt. „Mit der Machtergreifung 1933 gewann die Schulungsarbeit erhöhte Bedeutung. Es war nunmehr notwendig, die vielen Volksgenossen, die neu zur Partei gestoßen waren, möglichst rasch und tiefgehend einheitlich politisch und weltanschaulich auszurichten. Die offene Schulung erfaßt die Mitglieder der Partei in den Schulungsabenden der Zellen und Ortsgruppen, die geschlossene Schulung wendet sich an die Führerschaft und wird in den Schulungsburgen durchgeführt. [...] Alle Schulungsarbeit zielt darauf ab, die Grundbegriffe des Nationalsozialismus klar und eindeutig herauszustellen, um dann von hier aus alle Lebensgebiete zu durchdringen und den einzelnen zur in sich gefestigten nationalsozialistisch denkenden und handelnden Persönlichkeit zu machen, die damit in die Lage gesetzt wird, entsprechend auf andere zu wirken und Entscheidungen zu treffen, die dem Willen des Führers entsprechen."[80] „Die Gesamtschulung zerfällt in drei Hauptteile. Die untersten Glieder der Politischen Organisation, die Block- und Zellenwarte, sowie die entsprechenden Glieder der Arbeitsfront, die Obleute in den Betrieben usw. werden in Abendkursen an Hand von Lehrbriefen geschult. Von der Ortsgruppe aufwärts gehören die Amtswalter und die Funktionäre in die Gauschule. An den Kursen der Gauschule werden auch die befähigsten Block- und Zellenwarte und die entsprechenden Funktionäre der Deutschen Arbeitsfront teilnehmen. Außer den Gauschulen bestehen dann noch zwei Landesschulen und eine Reichsführerschule. [...] Darüber hinaus gibt es in jedem Gau ein Schulungslager [...]."[81] „Dieser Art der Schulung und Erziehung bis hinauf zu den Kreisleitungen liegen vorschlagsweise das Programm der NSDAP. mit seinen Erläuterungen, das Werk unseres Führers ‚Mein Kampf', die Werke anderer namhafter Parteiführer und die vom Reichsschulungsleiter herausgegebenen Schulungsbriefe zugrunde."[82] „Beauftragter des Führers für die Überwachung der gesamten Schulungsarbeit der Partei und ihrer Gliederungen ist Reichsleiter Alfred Rosen-

---

[76] Gebucht: Meyers Lexikon 1936 ff., Paechter, Volks-Brockhaus 1940.
[77] Paul 1992, 770, s. v. Schule.
[78] DWB, Bd. 9, 1899,1989, s. v.
[79] Meyers Lexikon, Bd. 9, 1942, 1281, s. v.
[80] Ebd.
[81] Schulungsbriefe, 1/1933, Folge 1, 5.
[82] Schulungsbriefe, 1/1933, Folge 2, 15.

berg. Mit der Durchführung der Schulungsarbeit der Politischen Leiter und der Angeschlossenen Verbände ist das Hauptschulungsamt der NSDAP. in München betraut; es untersteht Reichsorganisationsleiter Robert Ley, der zugleich Reichsschulungsleiter der NSDAP. ist."[83] R. Ley äußerte sich rückblickend kritisch über die Wahl der Bezeichnung *Schulung* für die verschiedenen Aktivitäten zur ↑*weltanschaulichen Ausrichtung* der Partei und der ↑*Volksgenossen*: „daß ich die Erziehung der Politischen Leiter Schule oder Schulung nannte, beweist, daß noch ein Rest von bürgerlichem Denken auch bei mir selbst vorhanden war. Gewiß, ich weiß und wußte es immer, daß man eine Weltanschauung nicht lernen und nicht lehren kann, daß man sie bestenfalls, wenn der Glaube vorhanden ist, wissenschaftlich untermauern oder durch geeignete Maßnahmen exerzieren oder üben kann."[84] „Reichsleiter Alfred Rosenberg als der Beauftragte des Führers für die gesamte geistige und weltanschauliche Erziehung und Schulung der NSDAP hatte die Schulungsbeauftragten der Partei und ihrer Gliederungen für den 7. Dezember zu der ersten Tagung der Arbeitsgemeinschaft im Winterhalbjahr 1937/38 eingeladen."[85] „Es fehlt also auf dem Lande noch an der Geschichtskenntnis und an der notwendigen weltanschaulichen Schulung."[86] „Es fehlt bestimmt an der Aufklärung und an der weltanschaulichen Schulung, letztere wird ja auch nicht mehr viel helfen, weil der Egoismus den Patriotismus schon überwuchert hat."[87] 1941 ergingen *Schulung* betreffend folgende Presseanweisungen: „... bei der Berichterstattung über Luftschutzangelegenheiten ... falsch: Schulung, schulen; richtig: Ausbildung, ausbilden."[88] „Aus gegebener Veranlassung werden die Schriftleitungen gebeten, die Bezeichnung ‚Schulung' ausschließlich für die weltanschaulich politische Erziehung der Partei zu verwenden, also nicht, wie es vorgekommen ist, über einen Schulungsabend der ‚Fußball-Schiedsrichter' usw. zu berichten."[89] 1942 wird noch einmal wiederholt: „Der Begriff „Schulung" ist in der letzten Zeit in zunehmenden Maße für verschiedenste Veranstaltungen gebraucht worden. Er soll für die weltanschauliche Schulung der NSDAP vorbehalten bleiben."[90]

Schulungsabend

Maßnahme zur ↑*weltanschaulichen Ausrichtung* der Parteimitglieder in den ↑*Zellen* und ↑*Ortsgruppen*.[91]

---

[83] Meyers Lexikon, Bd. 9, 1942, 1282, s. v.
[84] Ley/v. Schirach: Die Adolf-Hitler-Schule, Berlin 1937, 7. Zit. Schultz, H.: Die NS-Ordensburgen. In: VJZG 15/1967, 282.
[85] NS-Monatshefte, 9/Jan. 1938, 63.
[86] Monatsbericht d. Gendarmerie-Station Aufseß, 26. 3. 1939. In: Bayern in der NS-Zeit 1977, 128.
[87] Monatsbericht d. Gendarmerie-Station Aufseß, 26. 1. 1941. In: Bayern in der NS-Zeit 1977, 145.
[88] Ob 22/46, 14. 6. 1941. Zit. Glunk: ZDS 23/1967, 108.
[89] VI, 17. 12. 1941 (Anw. Nr. 6). Zit. Glunk: ZDS 23/1967, 108.
[90] ZD 6162, 6. 2. 1942. Zit. ebd.
[91] Gebucht: Duden, 11. Aufl. 1934, 12. Aufl. 1941. Getilgt: Duden, 13. Aufl. 1947.

> „In 954 Schulungsabenden wurden 3000 Vertrauensfrauen mit ihren Aufgaben im Betrieb vertraut gemacht."[92] „Auch hierbei konnte wieder die Feststellung gemacht werden, daß die Betriebsführer für das Wollen des Nationalsozialismus und der Deutschen Arbeitsfront das größte Verständnis zeigten und selbst den Wunsch äußerten, derartige Schulungsabende öfter zu veranstalten."[93]

Schulungsburg

Einrichtung für die *Schulung* der Funktionäre der NSDAP.[94]

> „Es gibt Reichs-, Gau- und Kreisschulungsburgen, in denen über ein einheitliches Lagerbrauchtum, in straffer Lagerdisziplin, kameradschaftlicher Geist gepflegt und in Vorträgen, Besprechungen und Arbeitsgemeinschaften die einheitliche politische und weltanschauliche Ausrichtung vorgenommen wird."[95] „Statt Gerichtsgebäude und Gefängnisse bauen wir KdF.-Hotels und -Bäder, Schulungsburgen und Erziehungsstätten, in denen stets von neuem der Geist der Anständigkeit und Ehrlichkeit geübt und exerziert wird. [...] Was die Kirchen in 1900 Jahren nicht ermöglichen konnten, hat der Nationalsozialismus in vier Jahren erreicht, nämlich die Veredelung unseres Volkes."[96] „Die Betriebsgemeinschaften lassen immer mehr das Bestreben erkennen, zu einer wirklichen Betriebsfamilie zu werden. Regelmäßige Schulungen der Betriebsführer und Betriebsobmänner sowie der Kreis- und Ortsbetriebsgemeinschaftswalter wurden in den Stadtkreisen mit guten Ergebnissen durchgeführt. An Schulungen der Reichsbetriebsgemeinschaft, die in den verschiedenen Schulungsburgen der NSDAP. stattfanden, nahmen elf Betriebsobmänner und -führer teil."[97] „Die Zahl unserer DAF.-Walter und -Warte, die im Laufe des Jahres zu den Schulungsburgen der NSDAP. einberufen worden sind, hat sich gegenüber dem Vorjahre 1936 fast verdoppelt. Die Schulungsteilnehmer kehrten, erfüllt mit dem nationalsozialistischen Kampfgeist, gefestigt in unserer Weltanschauung und gestärkt durch das Erleben der Kameradschaft zurück."[98]

Schulungslager

Einrichtung zur *Schulung* großer, turnusmäßig „einberufener" Gruppen von Studenten, Lehrern, Ausbildern, Ärzten u. a.[99]

> In der ersten Nummer der ‚Schulungsbriefe' wird das Projekt der *Schulungslager* vorgestellt, das in den späteren Jahren noch Änderungen und Erweiterungen er-

---

[92] Die Deutsche Arbeitsfront hält Rückschau, Jahresbericht d. DAF., Gauwaltung Düsseldorf, o. J. [1937].
[93] Jahres- u. Leistungsbericht d. Gauwaltung Düsseldorf, o. J. [1938], 42.
[94] Gebucht: Duden, 12. Aufl. 1941, Meyers Lexikon 1936 ff. Getilgt: Duden, 13. Aufl. 1947.
[95] Meyers Lexikon, Bd. 9, 1942, 1281 f.
[96] Die Deutsche Arbeitsfront hält Rückschau, Jahresbericht 1936 d. DAF., Gauwaltung Düsseldorf [1937], 9.
[97] Jahres- u. Leistungsbericht d. Gauwaltung Düsseldorf, o. J. [1938], 24 f.
[98] Ebd., 42.
[99] Gebucht: Duden, 11. Aufl. 1934, 12. Aufl. 1941. Getilgt: Duden, 13. Aufl. 1947.

fährt. „Darüber hinaus gibt es in jedem Gau ein Schulungslager, das vom 15. Mai bis 15. September geöffnet ist und in dem alle diejenigen, die durch irgendeinen Kursus oder eine Schule gegangen sind, alljährlich einer dauernden Wiederholung zugeführt werden. Die Dauer des Schulungslager beträgt 10 Tage. Während der Kursus einer Schule nie mehr als hundert Teilnehmer haben soll, werden in dem Schulungslager mehrere hundert, bis zu fünf-, sechshundert Menschen beisammen sein. Hier wird allein die Kameradschaft und Disziplin gepflegt werden und in anregenden Diskussionsstunden die Weltanschauung aufgefrischt werden."[100] „Es wird zunächst ein Muster-Reichsschulungslager eingerichtet werden, nach dessen Vorbild später in allen Gauen solche Lager gegründet werden."[101] „Das Schulungslager in Monschau wird die Teilnehmer aus allen Gauen des deutschen Sprachgebietes einführen in den Sinn, die Zielsetzung und die Methoden studentischer politischer Arbeit."[102] „Die Fachschafts- und Fachgruppenleiter sowie die Amtsleiter für Wissenschaft werden in besonderen Schulungslagern auf ihren verantwortungsvollen Dienst vorbereitet."[103] „All diese Fragen werden nicht nur in den Heimabenden, in Kurzschulungen und Schulungslagern gründlichst behandelt, sondern bekommen durch die Fahrten im Sommer, die sowohl durch das Reich wie zur Grenze und ins Ausland führen, noch ihre erlebnismäßige Unterstreichung."[104]

> 1945, mit dem Ende der *weltanschaulichen Schulung*, der *Schulungsabende, Schulungsburgen* und *Schulungslager*, endete auch die eingeschränkte Verwendung des Ausdrucks *Schulung*, die ohnehin, wie die Presseanweisungen zeigen, nur in orthodoxen Parteikreisen vollständig durchgesetzt werden konnte. Heute werden *schulen, Schulung* wieder in der vornationalsozialistischen Bedeutung ‚Ausbildung, Unterrichtung' verwendet.

Schutzhaft

Polizeilich angeordnete, zeitlich unbegrenzte Inhaftierung — ohne Gerichtsverfahren, ohne Urteil und ohne Rechtsschutz —, vollzogen in Gefängnissen und Konzentrationslagern.[105]

> Die Bezeichnung und das Instrument der *Schutzhaft* gab es aufgrund des ‚Belagerungszustandsgesetzes' von 1916 bereits im Ersten Weltkrieg. Es handelte sich um eine zeitlich begrenzte, richterlich überprüfte Maßnahme, die jedoch umstritten war. „Im deutschen Reichstag wurde gesagt: Mit der Schutzhaft wird eine wahre Willkür- und Schreckensherrschaft getrieben. Das Belagerungszustandsgesetz gibt kein Recht zur Verhängung von Schutzhaft. Wohl sind die Garantien der persönlichen Freiheit

---

[100] Schulungsbriefe, 1/1933, Folge 1, 5 f.
[101] Ebd., 15.
[102] Der Deutsche Student, 1/Aug. 1933, 45.
[103] Ebd., 61.
[104] Bürkner, Trude: Der Bund Deutscher Mädel, 1937, 16.
[105] Gebucht: Duden, 12. Aufl. 1941, Knaur 1934, Meyers Lexikon 1936 ff., Paechter, Volks-Brockhaus 1940.

aufgehoben, aber es ist keine Rede davon, daß Hunderte und Tausende ohne Grund eingesperrt werden dürfen [...]. Heute sitzen auf schuftige Denunziationen Menschen grundlos in Schutzhaft, obwohl sie freigesprochen sind oder der Staatsanwalt die Anklageerhebung gegen sie abgelehnt hat."[106] In Bayern wurde das polizeiliche Instrument der *Schutzhaft* 1919 gegen die Räteregierung und in der ersten Hälfte der zwanziger Jahre gegen die Nationalsozialisten eingesetzt. „‚Vorgänge beim Stab der 7. Division am 8. 11. abends und 9. 11. vom Verlassen des Bürgerbräukellers bis zur Wiederinbesitznahme des Kriegs-Ministeriums': Da inzwischen Nachrichten eingegangen waren, daß Ludendorff beabsichtigte, die Truppen aufzusuchen und in seinem Sinne zu beeinflussen, erging 4.40 Uhr vormittags an alle Truppen des Standortes Befehl, in diesem Falle General Ludendorff in Schutzhaft zu nehmen und zum Befehlshaber zu geleiten. Tatsächlich bewahrheitete sich vorstehendes Gerücht nicht."[107] „Über die Verhältnisse in der Stadt kamen die verschiedensten Meldungen. Nationalsozialisten sollten gegen die Polizeidirektion in der Ettstraße vorgehen, mehrere Kompagnien beim Siegestor, Marschrichtung Stadt gesehen worden sein. Die Erregung in der Stadt sei groß, die Stimmung gegen Kahr. Von Regensburg kam 10 Uhr vormittags telephonisch die Meldung des Begleitoffiziers des Generals v. Kreß, Hauptmann v. Hannecken, daß alle nordbayerischen Truppenteile verständigt, die führenden Hitlerleute in Schutzhaft genommen worden seien."[108] „‚Die Vorgänge am 9. November'. Eine amtliche Darstellung: Nach höchstens 30 Sekunden ergriffen die Hitlerleute die Flucht und zwar teils zurück in die Maximilianstraße, teils zum Odeonsplatz. General Ludendorff ist offenbar in Richtung Odeonsplatz weitergegangen. Dort sah ihn in Begleitung eines Hitleroffiziers der an der Briennerstraße absperrende Polizeioffizier. Er ging auf General Ludendorff zu und sagte zu ihm: ‚Exzellenz, ich muß Sie in Schutzhaft nehmen.' General Ludendorff antwortete: ‚Sie haben den Befehl hierzu, ich folge Ihnen.' Beide Herren wurden in die Residenz begleitet."[109] „1. Rechtsradikale Bewegung: a) Am 12. 12. 23 wurde in Nürnberg die Geschäftsstelle des im Geheimen bestehenden ‚Kommandos Nord' ausgehoben, in welcher seit Mitte November unter der Leitung eines Dr. Fritz Weiss [...] fortlaufende Maßnahmen getroffen worden sind, um die aufgelösten Bünde zusammenzuhalten. [...] Gegen Dr. Weiss habe ich Schutzhaftbefehl erlassen, den ich im Abdruck beilege. [...] Bis zum Abschluß der polizeilichen Erhebungen werden noch mehrere Tage vergehen. Es ist nicht ausgeschlossen, daß sich die Schutzhaftnahme noch weiterer Personen als notwendig erweisen wird."[110] Der § 15 des preußischen Polizeiverwaltungsgesetzes der Weimarer Republik enthielt Bestimmungen über *Schutzhaft* im Fall einer drohenden Gefahr für Leib und Leben der festzu-

---

[106] Karl Kraus in: Die Fackel, 18/2. August 1916, 88.
[107] Dok. 182. Anlage 4 zur Beilage: Denkschrift „Der Putsch am 8. 11. 1923" zum Bericht d. Generalstaatskommissars Kahr an Ministerpräsident Knilling, München, 12. 12. 1923. In: Deuerlein, E.: Der Hitler-Putsch, 1962, 510.
[108] Ebd.
[109] Anlage 5 zur Beilage: Denkschrift „Der Putsch am 8. 11. 1923", ebd., 106.
[110] Dok. 191. Die Polizeidirektion Nürnberg-Fürth an das Staatsministerium des Innern. Nürnberg, 17. 12. 1923. In: ebd., 524.

nehmenden Person. Diese besagten ausdrücklich, daß die Verwaltung verpflichtet war, den in *Schutzhaft* Genommenen in einem Zeitraum von 24 Stunden einem Gericht vorzuführen.[111]

> Durch die am 28. Februar 1933 vom Reichspräsidenten Hindenburg erlassene, von Hitler vorgelegte ‚Verordnung zum Schutz von Volk und Staat' wurden unter dem Vorwand der „Abwehr kommunistischer staatsgefährdender Gewaltakte" wesentliche Grundrechte aufgehoben[112], die bis 1945 nicht wieder in Kraft traten. Im Rahmen dieses permanenten Ausnahmezustandes bezeichnete *Schutzhaft* einen politisch motivierten Freiheitsentzug ohne richterliches Urteil, gegen den es keine gerichtliche Einspruchsmöglichkeit gab. „Der frühere sozialdemokratische Oberbürgermeister von Magdeburg Ernst Reuter, ist erneut in polizeiliche Schutzhaft genommen worden."[113] Ein Foto im ‚Buch der N. S. D. A. P.' zeigt ein Plakat an einer geschlossenen Ladentür mit dem Text: „Geschäft wegen Preiswuchers polizeilich geschlossen. Geschäftsinhaber in Schutzhaft in Dachau. Der politische Polizeikommandeur Bayerns. gez. Himmler." Die Legende zu dem Foto lautet: „Die bayerische Staatsregierung setzte mit einer großen Aktion gegen den Preiswucher ein, die von dem politischen Polizeikommandeur geleitet wurde. Insgesamt wurden 169 Geschäfte wegen Preiswuchers geschlossen und deren Inhaber noch am gleichen Tage nach dem Konzentrationslager Dachau gebracht."[114] „Der frühere Landrat des Kreises Uslar, Dr. Jaenecke, der Schwiegersohn des verstorbenen Reichspräsidenten Ebert, wurde in Schutzhaft genommen und in ein Konzentrationslager überführt."[115] „Das Geheime Staatspolizeiamt hat die drei früheren Reichstagsabgeordneten Künstler, Heilmann und Ebert, den ehemaligen Chefredakteur der sozialdemokratischen ‚Brandenburger Zeitung' und Sohn des ersten Reichspräsidenten, in Schutzhaft genommen. Die drei Personen wurden in das Konzentrationslager Oranienburg eingeliefert, wo die gesamte Belegschaft zu ihrem Empfang angetreten war."[116] Walter Tausk trägt Ende August 1933 in sein Tagebuch ein: „[...] Wir meinten damit den Gang in die Gefängnisse und Konzentrationslager. Diese letzteren wurden nämlich eingerichtet für ‚Schutzhäftlinge' aller Art. Das waren Personen, die angeblich deswegen ‚in Schutzhaft genommen' wurden, damit ihnen angeblich ‚von den empörten Menschen' ihrer Feinde nichts geschah! Sehr schön gesagt und ausgedacht, aber sehr bald konnte man sehen, daß sich unter diesen Leuten in der Hauptsache solche Kommunisten, Sozialdemokraten, Juden, ja sogar Angehörige der Rechtsparteien befanden, die die neue Regierung hinter Schloß und Riegel haben wollte, um eine Gegenrevolution unmöglich zu machen und jede andere Mei-

---

[111] Aussage des Zeugen Severing, des ehemaligen Reichs- und Innenministers der Weimarer Republik, im Nürnberger Prozeß. Er konnte sich an keinen Fall einer *Schutzhaft* während seiner Amtszeit erinnern. In: Der Nürnberger Prozeß, Bd. 14, 302 f.
[112] RGBl. 1, 1933, 83.
[113] Berliner Volkszeitung, 11. 6. 1933. Zit. Blick in die Zeit, 1/Nr. 1, 16. 6. 1933, 10.
[114] Espe, W. M.: ebd., 1933, Bild 145.
[115] Vossische Zeitung. Zit. Blick in die Zeit, 1/Nr. 10, 18. 8. 1933, 5.
[116] VB. Zit. Blick in die Zeit, 1/Nr. 10, 1933, 5.

nung von vornherein auszuschalten."[117] „Der ledige Bauerssohn Kolb in Ebermannstadt erstattete Anzeige gegen zwei Arbeitsdienstler, weil diese im Talbach gefischt haben. Einige Tage später kam ein unbeteiligter Arbeitsdienstangehöriger und verlangte, daß ich sofort den Kolb herhole. Als ich ihm erklärte, daß ich seinen Wunsch nicht erfüllen kann, weil kein Grund dazu vorliege, ging er selbst zu Kolb und kündigte ihm Schutzhaft an. Als Kolb ihn nur auslachte und nicht mitging, antwortete er, wir kommen euch schon noch euch schwarze Bande."[118] „Die Bevölkerung zeigt wohl kaum mehr Verständnis für das rassenschänderische Verhalten so vieler Juden und die Artvergessenheit arischer Mädchen, die sich von den Juden trotz der warnenden Vorgänge der verflossenen Monate nicht trennen wollen. [...] Weiterhin kamen sechs artvergessene Mädchen und Frauen in Schutzhaft."[119] „Die Gendarmerie-Station Königsfeld meldete, der Auszügler Johann Gvatter sei in Schutzhaft genommen worden, weil er sich in der Wirtschaft Otto Theis abfällig über die NSDAP geäußert habe."[120] „Erlaß des Reichsführers SS und Chefs der Deutschen Polizei vom 14. Februar 1942: Ich ersuche, die nachgeordneten Dienststellen anzuweisen, die Deutschstämmigen, die ihre Eintragung in die Deutsche Volksliste nicht beantragen, der örtlich zuständigen Staatspolizei(leit)stelle namhaft zu machen. Über das Veranlaßte ist zu berichten. 2. Die örtlich zuständigen Polizei(leit)stellen haben den ihnen namhaft gemachten Personen zur Auflage zu machen, innerhalb einer Frist von acht Tagen nachzuweisen, daß der Antrag auf Eintragung in die Deutsche Volksliste gestellt ist. Wird der Nachweis nicht erbracht, so ist der Betreffende in Schutzhaft zu nehmen und seine Überführung in ein Konzentrationslager zu veranlassen."[121]

Schutzstaffel, s. ↑ SS.[122].

Sicherheitsdienst des Reichsführers SS (SD).

Name des 1931 von Heydrich gegründeten Nachrichtendienstes zur Überwachung der politischen Gegner und der Opposition in der eigenen Partei, der 1934 als einziger Nachrichtendienst der NSDAP anerkannt wurde und ab 1936 offizieller Nachrichtendienst des ↑ Dritten Reiches war.[123]

> „Ich komme nun zum Sicherheitsdienst. Er ist der große weltanschauliche Nachrichtendienst der Partei und letzten Endes auch des Staates. Er war in der Kampfzeit zunächst der Nachrichtendienst der SS. Wir hatten damals aus ganz erklärlichen

---

[117] Breslauer Tagebuch, 1988, 105 f.
[118] Halbmonatsbericht d. Gendarmerie-Hauptstation Ebermannstadt, 27. 3. 1934. In: Bayern in der NS-Zeit, 1977, 68.
[119] Lagebericht d. Polizeidirektion München, 3. 10. 1935. In: Bayern in der NS-Zeit, 1977, 455.
[120] 26. 12. 1936. In: Bayern in der NS-Zeit, 1977, 97.
[121] In: Gutachten des Instituts für Zeitgeschichte, Bd. 2, 1966, 245.
[122] Gebucht: Duden, 11. Aufl. 1934, 12. Aufl. 1941
[123] Gebucht: Meyers Lexikon 1936 ff., Paechter.

Gründen einen Nachrichtendienst bei den Standarten, Sturmbannen und Stürmen. Wir mußten wissen, was beim Gegner los ist, ob die Kommune gerade heute eine Versammlung aufrollen wollte oder nicht, ob unsere Leute überfallen werden sollten oder nicht und ähnliche Dinge."[124] „Aus der Entwicklung auf dem Gebiete der Parteinachrichtendienste zog alsdann auch der Stellvertreter des Führers die Folgerung, indem er durch seine Anordnung vom 9. Juni 1934 bestimmte, daß ‚neben dem Sicherheitsdienst des RF. SS kein Nachrichten- oder Abwehrdienst der Partei mehr bestehen darf.' Von dem Erlaß dieser Anordnung an ist der Sicherheitsdienst des RF. SS der einzige politische Nachrichtendienst der Nationalsozialistischen Arbeiterpartei."[125] „Seine [des Sicherheitsdienstes] Tätigkeit dient besonders der Unterstützung der Aufgabe der Sicherheitspolizei. Indem er alle Lebensgebiete des deutschen Volkes auf das Wirken gegnerischer Kräfte sowie die Auswirkungen politischer Ereignisse und Maßnahmen hin überwacht und die Dienststellen der Sicherheitspolizei [durch die ‚Meldungen aus dem Reich'] unterrichtet, liefert er diesen das erforderliche Material zur Feststellung und gleichmäßigen Bekämpfung der gegen die deutsche Volksordnung gerichteten Bestrebungen. Daraus rechtfertigt sich seine enge organisatorische Verbindung mit der Sicherheitspolizei: Der Chef der Sicherheitspolizei steht auch an der Spitze des Sicherheitsdienstes. Das Reichssicherheitshauptamt, der Geschäftsbereich des Chefs der Sicherheitspolizei und des Sicherheitsdienstes im Reichsministerium des Innern, bildet die Reichszentrale sowohl für die Behörden der Sicherheitspolizei als auch für die Dienststellen des Sicherheitsdienstes. [...] In Verbindung mit der planmäßigen Herausbildung eines durchgebildeten Spezialistentums bedeutet dies intensivere und zuverlässigere Arbeit, als sie ein Spitzelapparat jemals leisten kann, sowie Erhaltung einer der wesentlichsten Grundlagen der Volksgemeinschaft, des Vertrauens von Mensch zu Mensch, das ein Spitzelapparat zerstören müßte."[126] Im Krieg war der *SD* zusammen mit der *Sicherheitspolizei* in den ↑ *Einsatzgruppen* an den Verbrechen an der Bevölkerung in den besetzten Ostgebieten, insbesondere an der ↑ *Endlösung der Judenfrage* beteiligt. „An Hand der vom Reichssicherheitshauptamt herausgegebenen Sonderfahndungsliste *Ost* haben die EK [Einsatzkommandos] der Sipo und des SD die erforderlichen Fahndungsmaßnahmen zu treffen. Da es naturgemäß nicht möglich war, alle gefährlichen Personen zu erfassen, sind über die Fahndungsliste hinaus alle diejenigen Fahndungs- und Exekutionsmaßnahmen zu treffen, die zur politischen Befriedung der besetzten Gebiete erforderlich sind."[127] „Beim Kommandeur der Sipo u. d. SD Weißrutheniens trifft wöchentlich ein Judentransport ein, der einer Sonderbehandlung zu unterziehen ist."[128]

---

[124] Himmler: Wesen und Aufgabe der SS und der Polizei. 1942. Dok. PS−1992(a) (US−439). In: Der Nürnberger Prozeß, Bd. 4, 189 f.
[125] d'Alquen, G.: Die SS, 1939, 22.
[126] Meyers Lexikon, Bd. 9, 1942, 1597 f., s. v.
[127] Einsatzbefehl Heydrichs an die HSSPF in der Sowjetunion: Weisungen an die Einsatzgruppen und -kommandos, 2. 7. 1941. In: P. Longerich (Hg.): Die Ermordung der europäischen Juden, 1989, 117.
[128] Telegramm d. Befehlshabers der Sicherheitspolizei und des SD im Ostland an RSHA II D 3 A. In: ebd., 148.

sicherstellen, Sicherstellung

a) Deckung des Kräftebedarfs für kriegswichtige Aufgaben durch Zwangsverpflichtung von Arbeitskräften zum ↑ *Arbeitseinsatz*; b) beschlagnahmen, enteignen; speziell bezogen auf: Kunstraub in behördlichem Auftrag, Enteignung jüdischen Vermögens.

\> Im ‚Deutschen Wörterbuch' wird *Sicherstellung* in der Bedeutung ‚handlung des sicher stellens vor schaden, verlust, gefahr' für das Ende des 18. Jahrhunderts belegt. Schiller (1759–1805): „das allgemeine geschrey des unwillens ... bewog endlich den cardinal von Richelieu, für die sicherstellung seiner religion einen entscheidenden schritt zu thun." Pestalozzi, Lienhard und Gertrud (1780):"eine allgemeine sicherstellung der gesellschaftlichen vereinigungsvortheile für obere und untere." Gotthelf (1797–1854):"zur sicherstellung und bewahrung der armen."[129]

\> Victor Klemperer hielt am 6. 10. 1939 für die geplante Arbeit ‚Lingua tertii imperii' in seinem Tagebuch fest: „*Sicherstellen* und *Kulturgut* gehören in die Lingua tertii."[130]

a) Am 22. 5. 1938 war eine Verordnung ‚Sicherstellung des Kräftebedarfs für Aufgaben von besonderer staatspolitischer Bedeutung'[131] erlassen worden, durch die die Arbeitsämter ermächtigt wurden, Arbeiter zur Arbeit, zunächst vorwiegend am *Westwall*, zu verpflichten. Diese Verordnung ersetzte „der Beauftragte für den *Vierjahresplan* am 13. 2. 1939 durch eine neue ‚Sicherstellungs-VO.'. [...] Sie sieht vor, daß das Arbeitsamt für Aufgaben, die der Beauftragte für den Vierjahresplan als bedeutsam und unaufschiebbar bezeichnet, alle Bewohner des Reichsgebiets zur Dienstleistung verpflichten kann und daß privaten und öffentlichen Betrieben und Verwaltungen die Abgabe von Arbeitskräften auferlegt werden kann. [...] Unter dem Gesichtspunkt der Sicherstellung des Kräftebedarfs ist ferner am 15. 10. 1938 die Notdienst-VO. [...] ergangen. Sie ermöglicht raschen Kräfteeinsatz zur Bekämpfung öffentlicher Notstände und zur Vorbereitung dafür. Notdienstpflichtig sind alle Bewohner des Reichsgebiets. [...]"[132] „Eine größere Anzahl von Arbeitern wurde auf Grund der Verordnung vom 22. 6. 1938 über Sicherstellung des Kräftebedarfs vorübergehend in Haft genommen, weil sie bei staatswichtigen Bauarbeiten die Weiterarbeit ablehnten und dadurch die Fertigstellung gefährdeten."[133] „Die Nachforschungen ergaben, daß verschiedene Arbeiter, die dem Staate feindlich gegenüberstanden, ihre Arbeitskameraden zur Niederlegung der Arbeit aufgehetzt hatten. Eine ganze Anzahl Arbeiter auf den Baustellen der Reichsautobahn sowie der im Sofortprogramm aufgenommenen Straßenbauten, heereswichtigen Betrieben usw. haben tatsächlich ihre Arbeitsplätze verlassen. Ebenso verhält es sich bei einem Teil der Arbeiter, die auf Grund der Verordnung zur Sicherstellung des Kräftebedarfs für

---

129 Vgl. DWB, Bd. 10/1, 1905, 735, s. v.
130 Klemperer, V.: Tagebücher, Bd. 1, 1995, 494.
131 RGBl. 1, 1938, 652.
132 Meyers Lexikon, Bd. 9, 1942, 1601 f.
133 Monatsbericht d. Reg.präsidenten v. Niederbayern u. d. Oberpfalz, 7. 10. 1938. In: Bayern in der NS-Zeit, 1977, 277.

Aufgaben von besonderer staatspolitischer Bedeutung vom 22. 6. 1938 für staatspolitische Baustellen verpflichtet wurden. [...]"[134] „... 17 Personen wurden wegen Vergehens gegen die Verordnung über die Sicherstellung des Kräftebedarfs für Aufgaben von besonderer staatspolitischer Bedeutung festgenommen."[135] „Die Stapostelle nahm folgende Personen wegen Vergehens gegen die Verordnung zur Sicherstellung des Kräftebedarfs für Aufgaben von besonderer staatspolitischer Bedeutung bzw. wegen Arbeitsvertragsbruch in Haft [...]."[136]

b) „Auf Grund der Verordnung des Generalgouverneurs für die besetzten polnischen Gebiete vom 16. 12. 1939 konnte der Sonderbeauftragte für die Sicherung der Kunst- und Kulturgüter innerhalb von sechs Monaten fast den gesamten Kunstbesitz des Landes erfassen, mit einer einzigen Ausnahme: der vlamischen Gobelinfolge aus der Krakauer Burg. Den letzten Nachrichten zufolge befindet sich diese in Frankreich, so daß eine nachträgliche Sicherstellung möglich sein wird."[137] „Einen wirkungsvollen und erfolgreichen Kampf gegen das Weltjudentum hat bisher nur das Großdeutsche Reich geführt. Im Zuge der Waffentaten seines Heeres wurden die Völker Europas von der jüdischen Herrschaft befreit. Die Sicherstellung des Kunstbesitzes der Juden ist deshalb zugleich zu werten als eine geringe Abgeltung der großen Lasten und Opfer, die das Reich im Kampf gegen das Judentum für die Völker Europas gebracht hat."[138] „Die Abschiebung der Juden wird von der Geheimen Staatspolizei durchgeführt. Die Gestapo sorgt auch für die Sicherstellung des Vermögens."[139] „In Zusammenarbeit mit dem Gruppenstabe und 2 Kommandos des Polizei-Regiments Süd hat das Sonderkommando 4a am 29. und 30. 33 771 Juden exekutiert. Geld, Wertsachen, Wäsche und Kleidungsstücke wurden sichergestellt und zum Teil der NSV zur Ausrüstung der Volksdeutschen, zum Teil der kommissarischen Stadtverwaltung zur Überlassung an bedürftige Bevölkerung übergeben. Die Aktion selbst ist reibungslos verlaufen.[140]

Sieg Heil

Ritualisierter Antwortruf oder, meist dreimaliger, Wechselruf: *Sieg Heil!* – *Heil* zwischen Redner und Zuhörermasse als Huldigung an den ↑*Führer*

---

[134] Ebd., 278.
[135] Monatsbericht d. Reg.präsidenten v. Ober- u. Mittelfranken, 8. 8. 1939. In: ebd., 286.
[136] Meldung wichtiger staatspolitischer Ereignisse des Reichssicherheitshauptamts (Berlin), 19. 1. 1942. In: ebd. 304.
[137] Sichergestellte Kunstwerke im Generalgouvernement, Breslau, o. J. Hg. Der Generalgouverneur und der Sonderbeauftragte für die Sicherstellung der Kunst- und Kulturgüter. Zit. Wulf, J.: Die bildenden Künste im Dritten Reich, 1963, 379.
[138] Stellungnahme d. Einsatzstabes Reichsleiter Rosenberg z. Einspruch d. franz. Regierung v. 25. 7. 1941 gegen d. Beschlagnahme v. Kunstschätzen aus jüdischem Besitz. Zit. Brenner, H.: Die Kunstpolitik des Nationalsozialismus, 1963, 222.
[139] Schnellbrief des Finanzministers v. 4. 1. 1941. In: Hofer, W. (Hg.): Der Nationalsozialismus, 1980, 299.
[140] Ereignismeldung UdSSR des Chefs der Sicherheitspolizei und des SD, 7. 10. 1941. In: P. Longerich (Hg): Die Ermordung der Juden, 1989, 121.

nach Reden der Parteigrößen, nach Feiern und Kundgebungen, auch in Parteiversammlungen, als Grußformel im Sport und bei Veranstaltungen aller Art.[141]

> Goebbels schließt seine Rede auf der NSDAP-Kundgebung vor der Reichstagswahl am 31. 7. 1932 mit den Worten: „Aus dem Volk sind wir gekommen, und zum Volke werden wir immer wieder zurückkehren. Das Volk steht für uns im Zentrum aller Dinge. Für dieses Volk opfern wir, und für dieses Volk sind wir – wenn es einmal nötig würde – auch zu sterben bereit. Treue dem Volk, Treue der Idee, Treue der Bewegung und Treue dem Führer! Das sei unser Gelöbnis, indem wir rufen: Unser Führer und unsere Partei – Sieg Heil!"[142] Goebbels Rede auf einer Saarkundgebung der ‚Deutschen Front' am 6. 5. 1934 endet: „Deutsch die Saar – immerdar [Heilrufe], zurück zum Reich! Das alles vereinigen wir in dem Ruf, der in dieser Stunde aus schmerzerfülltem und leidgequältem Herzen zum Himmel emporschallen soll: Unser ewiges deutsches Volk, das im Nationalsozialismus geeinigte Reich, das mit ihm untrennlich verbundene Saarvolk und Saarland und der über allem stehende Führer Adolf Hitler – Sieg Heil! [Zuhörer: ‚Heil!'], Sieg Heil! [Zuhörer: ‚Heil!'], Sieg Heil! [Zuhörer: ‚Heil!']"[143] „Erwähnen wir schließlich noch die vom Reichssportführer am 23. September [1936] (aus Anlaß des außerordentlichen Erfolges Deutschlands bei den Olympischen Spielen) erlassene sportliche Amnestie, die Einführung einheitlicher Grußformeln (‚Gut Holz', ‚Box Heil', ‚Gut Naß', usw. wurden durch ‚Heil Hitler' und ‚Sieg Heil' ersetzt; die persönliche Anrede mit ‚Kamerad') [...]."[144] Die Nichtbeteiligung am Gruß- und Huldigungsritual ist ein Zeichen von Opposition und wird streng geahndet. „Ein früherer Sozialdemokrat Biebe aus Ottobeuren blieb bei einem Sprechabend in Benningen bei dem durch den Kreispropagandaleiter ausgebrachten ‚Sieg Heil!' auf den Führer sitzen und wurde eine halbe Stunde später in Schutzhaft genommen; er sitzt heute noch."[145] „[Es] wurde vor dem Kriegerdenkmal in Markt Schellenberg eine Gedenkfeier abgehalten, zu der die hier stationierte Einheit der Wehrmacht, der Volkssturm sowie Hitlerjugend aufmarschiert waren. Als der Führer der Wehmachtseinheit am Schlusse einer zu der Feier gehaltenen Rede ein ‚Sieg Heil' auf den Führer ausbrachte, wurde es weder von der angetretenen Wehrmacht, dem Volkssturm, noch der als Zuschauer erschienenen Zivilbevölkerung erwidert. Dieses Schweigen der Masse wirkte geradezu drückend und spiegelt am besten die tatsächliche Einstellung des Volkes."[146] (24. 3. 1945)

---

[141] Gebucht: Duden, 11. Aufl. 1934, 12. Aufl. 1941. Getilgt: Duden, 13. Aufl. 1947.
[142] Goebbels Reden, hg. Heiber, H., Bd. 1, 1971, 50.
[143] Ebd., 155.
[144] Rühle, G.: Das Dritte Reich, Bd. 1936, 176.
[145] Tätigkeitsbericht d. Kreisleitung Memmingen-Land, 4. 12. 1935. In: Bayern in der NS-Zeit, 1977, 504.
[146] Bericht d. Gendarmerie-Postens Schellenberg, 24. 3. 1945. In: Bayern in der NS-Zeit, 1977, 684.

Sippe

„Der durch gemeinsame Abstammung bestimmte Familienverband", Blutsverwandtschaft, Familie.[147]

> Das gemeingermanische Wort: ahd. *sibba*, got. *sibja*, engl. *gossip* ‚Blutsverwandtschaft' schwand in allen germanischen Sprachen; es wurde im Deutschen seit Steinbach 1734 mehrfach als veraltet bezeichnet, so auch von Campe 1810, der aber vermerkt, es „sei von guten schriftstellern schon wieder erneuert worden".[148] Im 19. Jahrhundert wird das neu belebte Sippe, vor allem in kulturhistorischen und literarischen Texten, in der erweiterten Bedeutung ‚Verwandtschaft' gebräuchlich.[149] „Ursprünglich hatte sich der Rechtsfriede und Rechtsschutz auf den Sippeverband beschränkt. Bedeutsam, lehrreich bezeugt uns dies die Sprache: gothisch sibja (altsächsisch sibbja, althochdeutsch sippja, sippe, mittelhochdeutsch sippe) bezeichnet zugleich Friede (pax), Bund (foedus) und Verwandtschaft (gens) [...]. Der Schutz des Rechts, der Rechtsfriede war ursprünglich beschränkt gewesen auf die Gesippen, d. h. zugleich die Verwandten und die Verfriedeten. [...] das Recht einer fremden Sippe war nicht verbindlich; wer sich dem Spruch der Sippe widersetzte ... setzte sich der Ausstoßung aus der Sippe ... aus; und verlor er den Sippeschutz, so verlor er überhaupt allen Schutz und alles Recht auf Erden."[150] Daneben erscheint das im ‚Deutschen Wörterbuch' für die thüringische Mundart bezeugte *Sippe* im verächtlichen Sinn „von einem zusammengehörigen gesindel"[151] nun auch in der Allgemeinsprache. So erscheint er bei Lenau in freier Verwendung: „schon wieder gaukelt da die böse sippe/ von nachtgestalten der vergangenheit."[152] Der Ausdruck *Sippe* blieb aber im Vergleich zu dem seit langem durchgesetzten *Familie* eher selten.

> F. G. Kneisel, der 1940 in einer niederländischen Zeitschrift einen Überblick über ‚Die Entwicklung des deutschen Wortschatzes nach dem Weltkriege' gibt, bemerkt in dem Kapitel ‚Sprachliche Archaismen, Neubelebung altertümlicher Wörter, Rückkehr zum «Urtümlichen im Worte»' „Sehr häufig stoßen wir im neuen Wortschatze auf die Wiederbelebung altertümlicher Wörter oder Wortformen." Zur Gruppe der häufigsten rechnet er neben *Gefolge, Mannen, Gau, Odal, Anerbe, Thing* u. a. auch *Sippe*.[153] ‚Meyers Lexikon' konstatiert für die NS-Zeit: „Die Gegenwart stellt, zumal durch Sippenforschung, den alten Sinn des Wortes und seine Bedeutung nur für germanisches Volkstum wieder her."[154] Zu einer Wiederbelebung des Ausdrucks „im alten Sinn", als Bezeichnung für die „Nachkommenschaft im Sohnesstamm" (‚Trübners Deutsches Wörterbuch'), die den gleichen *Sippennamen* trägt, kommt es

---

[147] Gebucht: Meyers Lexikon 1936 ff., Paechter, Volks-Brockhaus 1940 (oben zitiert).
[148] DWB, Bd. 10/1, 1905, 1225.
[149] Vgl. Paul 1992, Kluge 1957.
[150] Dahn, Felix: Fehde-Gang und Rechts-Gang der Germanen. In: Deutsche Revue über das gesammte nationale Leben der Gegenwart. Hg. R. Fleischer, 1/H. 1, Berlin 1877, 61.
[151] DWB, Bd. 10/1, 1905, 1225.
[152] DWB, ebenda.
[153] In: Neophilologus, 25/1940, 30.
[154] Ebd., Bd. 9, 1942, 1672.

insbesondere in der nationalsozialistischen Agrarpolitik, die in ihrem Programm auf eine archaische Stufe der sozialen Entwicklung zurückgreift: (die schon seit Jacob Grimm postulierte, aus den Quellen kaum belegbare[155]) *Sippenbindung* der germanischen Bauern. Die Ausbildung eines bäuerlichen *Sippendenkens* sollte die Grundlage für die ↑ *rassische Erneuerung* des deutschen Volkes — den unlösbaren Zusammenhang von ↑ *Blut und Boden* — schaffen. In der Konsequenz dieser Sippenideologie wurden im ↑ *Reichserbhofgesetz* die Brüder, Neffen und Großneffen im Erbrecht vor den Töchtern bevorrechtigt. Der Ausdruck *Sippe* kommt zwar im Gesetzestext nicht vor, wohl aber mit großer Häufigkeit in der agrarischen Literatur: „Den letzten tiefen Sinn unserer nationalsozialistischen Bauernpolitik werden in seiner ganzen Tragweite vielleicht erst spätere Geschlechterfolgen würdigen können. Es geht uns bei allen unseren Maßnahmen um die Schaffung eines deutschen Bauernrechtes. Der Grund und Boden einer Sippe ist keine Angelegenheit des Ichs des jeweiligen Eigentümers, sondern ist ein Teil des Sippengedankens im Sinne der Geschlechterfolge. Das Ich des wirtschaftenden Bauern ist immer nur ein einzelnes Glied seines Geschlechts in der Kette der Geschlechterfolge. Durch die unbedingte Einordnung in die Geschlechterreihe als das übergeordnete Ganze dient die Scholle dem Geschlecht und dessen Erhaltung."[156] „Die Achse aller bäuerlichen Vorstellungswelt im Germanentum ist der Sippengedanke."[157] „Wir haben es also mit germanischen ‚Erbhöfen' zu tun, die einer Sippe gehörten, welche auf ihnen ihre Ahnenverehrung durchführte: Blut und Boden wachsen hier untrennbar und unlösbar zur Einheit als ‚Eigentum' zusammen.."[158] „Adel ist also im germanischen Sinne nichts weiter als die im Erbhof der Sippe zusammengefaßte Einheit von Blut und Boden, um durch ‚Zucht', d. i. Reinhaltung des Blutes, den Ahnherrn zu verehren, dem man sein Dasein auf dieser Welt verdankt."[159] Der zweite ideologische Themenbereich, in dem *Sippe* — in der erweiterten Bedeutung ‚die gesamte (Bluts)Verwandtschaft' — inflationär verwendet wird, ist die „rassenpolitische Erziehung unseres Volkes" durch die Hinführung zur ↑ *Sippenkunde*, zur ↑ *Sippenforschung*. „Diesen Erziehungsaufgaben treten erhebliche Schwierigkeiten entgegen, vor allem in den handarbeitenden Schichten, deren Entwicklungsgang sie vom Boden loslöste. Mit dieser Loslösung vom Boden bröckelt zugleich das Blutbewußtsein ab.[...] Alle Begriffe, seien sie noch so sehr rassebezogen, bleiben leer, alle Beziehungen, mögen sie noch so anschaulich dargestellt sein, bleiben unverstanden und allen Mahnungen, rassenpolitisch zu handeln, fehlt letzten Endes die Tat, so lange nicht erreicht wird, dem einzelnen Menschen die ungeheure Bedeutung rassenpolitischer Fehler und Unterlassungen für das Volksganze, seine Sippe und seine Familie eindringlich klarzulegen. Wir stehen damit vor der Aufgabe, alle die zur rassenpolitischen Tat zu erziehen,

---

[155] Lexikon d. MA, Bd. 7, 1995, 1934, s. v.
[156] Darré, R. W.: Aufsatz f. die Presse anläßlich der Verkündung des Reichserbhofgesetzes, 29. 9. 1933. In: Ders.: Um Blut u. Boden, 1941, 288 f.
[157] Darré, R. W.: Unser Weg. In: Odal, 2/1933,1934. Abgedr. in: Ders.: Um Blut und Boden, 1941, 89.
[158] Ebd., 91 f.
[159] Ebd. 93.

denen die wissenschaftliche Durchbildung und Überschau fehlen, sich eine persönliche und sippenmäßig bezogene rassenpolitische Erfahrung zu verschaffen. K. V. Müller hat in seinem Buch ‚Aufstieg des Arbeiters durch Rasse und Meisterschaft' die ganze Bedeutung des erbbiologisch tüchtigen Nachwuchses aus der Handarbeiterschaft folgerichtig dargestellt. Er kommt dabei schon zu der Feststellung, daß eines der gründlichsten Erziehungsmittel die volksläufige Sippenforschung darstellt."[160] „Weitaus wertvoller ist es aber, wenn ein Glied der Sippe sich bemüht, alle Nachfahren, die mit ihm blutsverwandt sind, festzustellen, um auf diese Weise Wissen über den Gang des Erbstromes zu erhalten. Daraus dann die Aufgabe abzuleiten, sich nunmehr um seine Verwandtschaft zu kümmern, […] um allen das Ziel der Erhaltung der Sippe durch reiche Nachkommenschaft, durch Reinerhaltung der Erbmasse zu geben und zugleich den Gedanken des Sippenschutzes zu fördern, das ist rassenpolitisch gerichtete Sippenforschung, Sippenpflege um des Volkes willen."[161] „Kinder deutscher Staatsangehöriger sollen grundsätzlich nur deutsche Vornamen erhalten. Es dient der Förderung des Sippengedankens, wenn auf in der Sippe früher verwendete Vornamen zurückgegriffen wird."[162] In der SS wird *Sippe* grundsätzlich als Verdeutschung für das „lateinische Familie"[163] verwendet. Himmler äußerte 1935 auf dem ↑ *Reichsbauerntag* in Goslar: „Wir sind uns darüber klar geworden, daß es unsinnig wäre, den Versuch zu unternehmen, Männer rassischer Auslese zu sammeln, und nicht an die Sippe zu denken."[164] „Nur die blutsmäßig besten Deutschen sind für diesen Kampfeinsatz tauglich. Deshalb ist es notwendig, daß in den Reihen der Schutzstaffel unaufhörlich Auslese gehalten wird, erst grob, dann immer feiner. Diese beschränkt sich aber nicht auf die Männer, denn ihr Zweck ist die Erhaltung einer artreinen **Sippe**. Darum wird von jedem Schutzstaffelmann gefordert, daß er nur die ihm arteigene Frau heiratet."[165] „Der SS-Anwärter wird dann am nächsten 9. November […] in die Schutzstaffel aufgenommen. Gleichzeitig erhält er an diesem 9. November das Recht zum Tragen des SS-Dolches und gelobt bei dieser Gelegenheit, daß er und seine Sippe sich allezeit an die Grundgesetze der SS halten."[166] Über *Sippe* im allgemeinen Sprachgebrauch notiert V. Klemperer am 26. 12. 1940 in sein Tagebuch: „Kurve eines Wortes. *Sippe* im Mittelalter normal gebräuchlich für Familie. In der Neuzeit pejorativ. Jetzt mit affektischer Gloriole. ‚Weihnachten das Fest der Sippe.'"[167]
Zu *Sippe* entstanden im NS-Sprachgebrauch zahlreiche Weiterbildungen, die zum Teil dem Muster der Weiterbildungen von *Rasse* entsprechen.

---

[160] Eydt, A.: Rassenpolitische Erziehung des Handarbeiters durch Sippenpflege. In: Volk und Rasse, 12/1937, 200.
[161] Ebd. 203.
[162] Merkblatt für die Führung von Vornamen nach den Richtlinien des Reichsministeriums. Zit. Muttersprache, 54/1939, 165.
[163] Meyers Lexikon, Bd. 9, 1942, 1672.
[164] In: Dokumente d. deutschen Politik, Bd. 3, 1937, 46.
[165] Organisationsbuch der NSDAP. 1943, 417.
[166] d'Alquen, G.: Die SS, 1939, 19.
[167] Tagebücher, Bd. 1, 1995, 567.

Sippenältester

Familienoberhaupt.

▶ „Nach dem Urteil einsichtiger Parteigenossen lasse es sich in vielen Fällen nicht vermeiden, daß wenigstens während des Krieges immer der gleiche Redner zur Ausgestaltung der Lebensfeiern herangezogen werde, denn der Sippenälteste sei in den wenigsten Fällen dazu in der Lage. [...] Auch die Verlegung der Feiern in die eigene Wohnung und der Versuch die Feiern durch sippeneigene Kräfte zu gestalten, stoße wegen der oft noch größeren räumlichen und persönlichen Schwierigkeiten häufig auf Ablehnung und teils sogar auf heftigen Widerstand."[168]

Sippenamt

a) Bis zur Aufgabenbeschränkung des *RuSHA* Bezeichnung für das Amt IV im ↑ *Rasse- und Siedlungshauptamt* der ↑ *SS*;[169] b) vorgesehene, aber nicht eingeführte neue Bezeichnung für ein geplantes Standesamt neuen Typs.

▶ a) „Dem Sippenamt obliegt die rassische, abstammungsmäßige und erbgesundheitliche Überprüfung der in der SS bereits befindlichen SS.-Männer, Unterführer und Führer sowie der in die SS. neu Aufzunehmenden. Die Überprüfung und Auslese erfolgt nach den Richtlinien des Reichsführers SS., nach seinem Grundsatz, daß die SS eine Auslese besten deutschen, nordisch bestimmten Blutes sein soll."[170] „In diesem Rasse- und Siedlungshauptamt werden im Sippenamt die Heiratsgesuche der SS-Männer bearbeitet. Denn kein SS-Mann kann ja bekanntlich heiraten ohne die Genehmigung des Reichsführers SS, unter den Gesichtspunkten des Heiratsbefehls vom Jahre 1937. Hierzu wird eine gesundheitliche Untersuchung von Mann und Frau gefordert. Es sind Bürgen für die Braut in weltanschaulicher und menschlicher Beziehung beizubringen. Weiter werden bis jetzt von Mann und Frau die Ahnentafeln – bei Führern bis 1750 und bei Unterführern und Männern bis 1800 gefordert. Die Vorlage der Erbgesundheitszeugnisse ist ebenfalls erforderlich. Um eine schnelle Beibringung der notwendigen Unterlagen zu ermöglichen, sind bei den Fußstandarten der Allgemeinen SS Sippenpflegestellen eingerichtet bzw. vorgesehen, die sowohl dem SS-Mann wie dem Rasse- und Siedlungshauptamt bei der Beschaffung der Unterlagen behilflich sind."[171]

b) „Der Grundsatz der rassischen Auslese mußte dazu führen, daß der einzelne Volksgenosse wieder die Verbindung zu seinen Vor- und Nachfahren dadurch sucht, daß er sich Klarheit über seine Abstammung verschafft. Aus bürokratischen Standesämtern mußten wirkliche Sippenämter werden."[172] „Die Ausführungen des B. T. [Berliner Tageblatt] und des Völkischen Beobachters über die Umgestaltung der

---

[168] MADR, 9. 8. 1943, Bd. 14, 5587.
[169] Gebucht: Duden, 11. Aufl. 1934, 12. Aufl. 1941. Getilgt: Duden, 13. Aufl. 1947.
[170] Organisationsbuch der NSDAP., 4. Aufl. 1937, 422.
[171] d'Alquen, G.: Die SS, 1939, 23 f.
[172] Rühle, G.: Das Dritte Reich, Bd. 1933, 265.

Standesämter zu Sippenämtern ist nicht offiziös."[173] „Der nationalsozialistische Staat greift nicht nur auf die Bezeichnung Sippe zurück (Standesamt = Sippenamt, Zentralstelle das Reichssippenamt, Berlin), sondern mißt der Zugehörigkeit zu einem durch die Natur zusammengefügten Personenkreis besondere Bedeutung bei."[174] „Leider ist es nicht gelungen, das als Entwurf fertiggestellte Gesetz über die Errichtung von Sippenämtern zur Durchsetzung zu bringen. Aus der praktischen Arbeit und der gegnerischen Arbeit der Kirchen ergibt sich immer wieder die Notwendigkeit eines solchen Gesetzes, so daß von den beteiligten Dienststellen trotz den finanziellen Bedenken des Reichsfinanzministeriums die Einführung des Gesetzes gefordert wird."[175]

Sippenbuch

Vom ↑ *Rassenamt der SS* geführtes Buch, in das die Familien der SS-Angehörigen nach Erteilung der Heiratsgenehmigung oder Bejahung des Eintragungsgesuchs eingetragen wurden.[176]
▶ „Der ‚Heiratsbefehl'. [...] 5. Jeder SS-Mann, der zu heiraten beabsichtigt, hat hierzu die Heiratsgenehmigung des Reichsführers SS einzuholen. [...] 7. Die sachgemäße Bearbeitung der Heiratsgesuche ist Aufgabe des ‚Rasseamtes' der SS. 8. Das Rasseamt führt das ‚Sippenbuch der SS', in das die Familien der SS-Angehörigen nach Erteilung der Heiratsgenehmigung oder Bejahung des Eintragungsgesuchs eingetragen werden."[177] „Durch Gesetze [...] wollen wir für alle Zukunft dafür sorgen, daß nicht etwa jeder Sohn einer im Sippenbuch der SS eingetragenen SS-Familie die Anwartschaft [...] hat, wieder SS-Mann zu werden."[178] „Durch den Ausbau der SS. zum Sippenverband und durch die Festlegung der besten Blutslinien im Sippenbuch soll für künftige Generationen dieses wertvolle Bluterbe des deutschen Volkes erhalten bleiben und vermehrt werden."[179]

Sippenforschung

Genealogie[180]
▶ Der Ausdruck *Sippenforschung* ersetzte im Nationalsozialismus weitgehend, wegen der verschiedenen Gebrauchsweisen von *Sippe* aber nicht vollständig, den Ausdruck *Familienforschung*. Er bezieht sich, je nach Verwendung des Bestimmungswortes ↑ *Sippe*, auf einen unterschiedlichen Ausschnitt der Genealogie, auf die Er-

---

[173] Anweisungen d. Pressekonferenz, Slg. Brammer, ZSg 101/3, Nr. 360, 15. 3. 1934.
[174] Der große Herder, 4. Aufl., Bd. 11, 1935, 1.
[175] MADR, Jahreslagebericht 1938 des SHA, Bd. 2, 109.
[176] Gebucht: Duden, 12. Aufl. 1941. Getilgt: Duden, 13. Aufl. 1947.
[177] d'Alquen, G.: Die SS, 1939, 10.
[178] Himmler, Rede auf dem Reichsbauerntag Goslar, 12. 11. 1935. In: Dokumente d. Deutschen Politik, Bd. 3, 1937, 44.
[179] Organisationsbuch der NSDAP. 1937, 422.
[180] Duden, 12. Aufl. 1941.

forschung der genealogischen Daten der gesamten Verwandtschaft oder einer einzelnen Familie. „Die Regierung der nationalsozialistischen Revolution hat durch ihre Gesetzgebung die Voraussetzungen geschaffen, daß die deutsche Sippenforschung nunmehr Volkssache wird. Jeder Deutsche muß sich mit der Geschichte seines Geschlechts befassen. In jedem deutschen Volksgenossen muß die Erkenntnis über die Tiefe geschichtlicher wie blutmäßiger Verbundenheit zwischen seiner Sippe und dem großen deutschen Volke lebendig werden."[181] „Gelingt es uns im Gegensatz dazu den Willen zur Selbsterhaltung und den Trieb zum Gemeinschaftserlebnis bewußt werden zu lassen als altes ererbtes Sippengefühl, dann wird es nicht ausbleiben, daß selbst dort, wo die Bedingungen ungünstig liegen, in den Groß- und Industriestädten, der Sippengedanke wieder auflebt. Praktisch heißt das: Wir müssen versuchen, die eben gekennzeichnete Form der Sippenforschung in weite Kreise, besonders in die Handwerkerschaft, hineinzutragen. Der Handarbeiter erkennt aus der eigenen Ahnenforschung, daß er nicht losgelöst vom erbbiologischen, besser wohl gesagt: vom rassischen Leben des Volkes dasteht."[182] Die durch die *Sippenforschung* ermittelten Daten waren für jeden einzelnen Deutschen von existentieller Bedeutung. So berichtet V. Klemperer in seinem Tagebuch über das Los des Literarhistorikers Oskar Walzel: „Bei Walzel habe ‚Sippenforschung' zu allgemeiner Verwunderung reines Ariertum ergeben – aber das habe ihm seiner Frau wegen nichts geholfen; er lebe ganz isoliert in Bonn."[183] Die ‚Richtlinien für das Studium der Rechtswissenschaft' vom 18. 1. 1935 sahen für das 1. Semester eine einstündige Vorlesung über das Thema *Sippenforschung* vor.[184]

Zu den ↑ *Ämtern der NSDAP* gehörte ein am 15. 10. 1934 gegründetes *Amt für Sippenforschung*: „Der Leiter des Amtes für Sippenforschung gehört der Parteikanzlei an. Er ist zugleich Leiter der Reichsstelle für Sippenforschung bei dem Reichs- und Preußischen Ministerium des Innern, von der aus auch die Bearbeitung der Abstammungssachen für die Partei ausgeführt wird."[185] „Das Amt für Sippenforschung ist zuständig: a) im Parteigerichtsverfahren für die Entscheidung über die Frage, ob jemand deutscher Herkunft und frei von jüdischem Blutseinschlag im Sinne der Aufnahmebedingungen der NSDAP. ist oder nicht. [...] b) für die Abgabe von Unbedenklichkeitsbescheinigungen für Politische Leiter beim Abstammungsnachweis gegenüber den Parteidienststellen; c) für Ausstellung von Bescheinigungen über die deutsche Herkunft, nach denen die Antragsteller deutscher Herkunft und frei von jüdischem und farbigem Blutseinschlag im Sinne der Aufnahmebedingungen der NSDAP. sind."[186]

Als nachgeordnete Stelle des Reichsministeriums des Innern gab es ferner eine *Reichsstelle für Sippenforschung*, die ab 13. 11. 1940 in *Reichssippenamt* umbe-

---

[181] Fahrenhorst, K.: Deutsche Sippenforschung. In: Bausteine zum Dritten Reich, o. J., 171.
[182] Eydt, A.: Rassenpolitische Erziehung des Handarbeiters. In: Volk und Rasse, 12/1937, 203.
[183] Tagebücher, Bd. 1, 1995, 439.
[184] Die neue Justizausbildungsordnung des Reiches. Nachtrag mit den Richtlinien f. d. Studium d. Rechtswissenschaft, 1935, 20 u. 22.
[185] Organisationsbuch der NSDAP. 1943, 334.
[186] Ebd.

nannt wurde. "Die Gliederung der Reichsstelle für Sippenforschung ist folgende: Unterabteilungen: 1. Forschungsabteilung A (Vorbereitung der Gutachten über blutsmäßige Abstammung), 2. Forschungsabteilung B (Einleitung rassen- und erbbiologischer Hilfsgutachten, Einbürgerungen, Mischlinge), 3. Schriftdenkmalsschutz, 4. Vorbereitung der Sippenamtsgesetzgebung, 5. Kartei der Fremdstämmigen, 6. Ahnenstammkartei, 7. Bücherei, 8. Bildstelle. [...]. Die besonderen Aufgaben der Reichsstelle sind durch die Vorschriften verschiedener Gesetze bestimmt (Reichsbeamtengesetz, Reicherbhofgesetz, Aufnahmebedingungen der NSDAP., Reichsbürgergesetz u. a.) und bestehen in der Feststellung der Blutsreinheit im arischen Sinne, der Sicherung der für den Abstammungsnachweis wichtigsten Quellen durch photographische Vervielfältigung der gefährdeten Kirchenbücher und in der Mitarbeit am Schriftdenkmalsschutz. Durch Bearbeitung der gegebenen Personenstandsurkunden [...] vermag sie außerdem familienkundliche Zusammenhänge aufzuweisen. Im übrigen obliegt ihr die Weckung und Pflege des Verständnisses der Bevölkerung für die Bedeutung des Familien- und Sippenzusammenhanges im Aufbau des deutschen Volkes."[187]

Sippengedanke

Bezeichnung für das Wissen von der Wichtigkeit der ↑ *Sippe* als biologischer Grundlage der ↑ *Volksgemeinschaft* und für das Programm zur Verbreitung dieses Wissens.

▶ „Daher hat Heinrich Himmler, der Reichsführer der Schutzstaffeln (SS), in seiner Rede auf dem Reichsbauerntage zu Goslar 1935 – ganz folgerichtig aus indogermanischem, germanischem und deutschem Empfinden – den Männerbund-Gedanken abgelehnt und die Aufgabe einer Erneuerung des deutschen Sippengedankens betont."[188] „Diese Blutsgemeinschaft, die sich aus der gemeinsamen Abstammung von dem gleichen Ahnen ableitet, ist die biologische Grundlage für die Bedeutung und den Wert des Sippengedankens. Denn durch diese gemeinsame Abstammung ist in der Sippe eine weit größere Menge gemeinsamer Erbanlagen vorhanden als in einem gleich großen Kreis von Menschen, die keinerlei blutsmäßige Bindung vereinigt."[189] „Hier erhält die Sippe auch in modernster Zeit durch die gefühlsmäßig erlebte Zusammengehörigkeit Auswirkungen, die eben der Erhaltung der Sippe und damit der Sicherung der Nachfahren dient. Hier braucht nur noch der Sippengedanke rassenpolitisch ausgewertet zu werden, um dem Bauer bewußt zu machen, daß er Erhalter deutschen Erbgutes ist."[190]

---

[187] Ebd., 334 f.
[188] Günther, H. F. K.: Erneuerung des Familiengedankens in Deutschland. In: Führeradel durch Sippenpflege, 1936, 70.
[189] Schwanitz, F.: Der Sippengedanke im germanischen Bauerntum. In: Volk und Rasse, 12/1937, 249.
[190] Eydt, F.: Rassenpolitische Erziehung des Handarbeiters. In: Volk und Rasse, 12/1937, 203.

Sippenhaftung

Haftung der Angehörigen eines Angeklagten für die ihm zur Last gelegten Taten.

> „Der nationalsozialistische Staat greift nicht nur auf die Bezeichnung Sippe zurück [...], sondern mißt der Zugehörigkeit zu einem durch die Natur zusammengefügten Personenkreis besondere Bedeutung bei. Auf solcher, künftig durch einen Sippenpaß nachzuweisenden Zusammengehörigkeit beruht die strafrechtliche Verantwortung eines zu dem Täter gehörigen engeren Personenkreises, für dessen strafbares Verhalten sowie Unterlassung der sittlichen Pflicht zum Handeln (Sippenhaftung)."[191] „Auf Grund der Weisungen des Führers wird daher befohlen: 1. Für Wehrmachtsangehörige, die in der Kriegsgefangenschaft Landesverrat begehen und deswegen rechtskräftig zum Tode verurteilt werden, haftet die Sippe mit Vermögen, Freiheit oder Leben. Den Umfang der Sippenhaftung im Ernstfalle bestimmt der Reichsführer SS und Chef der Deutschen Polizei. 2. Dieser Befehl ist der Truppe unverzüglich mündlich bekanntzugeben und bei jeder gebotenen Gelegenheit mit dem Bezugserlaß zum Gegenstand eingehender Belehrung zu machen. Schriftliche Weitergabe vorwärts der Divisions- usw. Stäbe hat zu unterbleiben. gez. Keitel."[192]

Sippenpflege

Erhaltung und Erneuerung der ↑ *Sippe* durch Förderung des Wissens um die ↑ *Blutsgemeinschaft* und „gesunde Gattenwahl" „als aufartende Macht".[193]

> „Die Grundgedanken der indogermanischen Sippenpflege sind heute so richtig wie vor 3000 Jahren, und zu ihnen hat sich schon Platon zurückgewandt, als er für das Hellenentum nach aufartenden Gesetzen suchte."[194] „Auffällig ist immer wieder, daß die Bauern, die durch Jahrzehnte und Jahrhunderte in der engeren Heimat blieben, und mit ihnen alle ihre Verwandten, zur Blutsquelle des deutschen Volkes wurden. Bezeichnend ist auch, daß dort die Sippenpflege schlicht und selbstverständlich immer und immer wieder getrieben wurde, weil der Sippengedanke als natürliche Erscheinung auf dem gleichen Heimatboden gedeihen kann."[195]

Sippentafel

Kombination von ↑ *Ahnentafel* und Nachkommentafel.

> Die *Sippentafel* „erfaßt die ganze Sippe, also die Ahnen, die Nachkommen und die sonstigen Blutsverwandten des Prüflings".[196] „Eine neue Aufgabe des Biologie-

---

[191] Der Große Herder, Bd. 11, 4. Aufl. 1935, 1.
[192] Anordnung des Chefs OKW vom 5. 2. 1945. In: Hofer, W. (Hg.): Der Nationalsozialismus, 1980, 255 f.
[193] Günther, H. F. K., in: Führeradel durch Sippenpflege, 1936. Zit. Volk und Rasse, 12/1937, 334.
[194] Günther, H. F. K.: Erneuerung d. Familiengedankens, 1935. In: Führeradel durch Sippenpflege, 1936, 73.
[195] Eydt, A.: Rassenpolitische Erziehung des Handarbeiters durch Sippenpflege. In: Volk und Rasse, 12/1937, 203.
[196] Meyers Lexikon, Bd. 9, 1942, 1674.

Unterrichts in der Schule sieht er in der Beschäftigung mit der Familien- und Rassenkunde. Das Kind soll bereits in den ersten Schuljahren Anregungen zum Befassen mit familienkundlichen Dingen und Fragen bekommen. Der Lehrer soll die Kinder auf diesem Gebiet so weit ausbilden, daß sie, wenn sie die Schule verlassen, in der Lage sind, die erforderlichen Arbeiten zur Aufstellung einer Sippentafel zu leisten."[197] „Untersuche, welche Merkmale sowohl in der Ahnen- als auch in der Sippentafel gehäuft auftreten."[198] Die Nationalsozialisten wollten die Erblichkeit von Asozialität durch den Vergleich von *Sippentafeln* nachweisen, die durch besondere Zeichen mit der Bedeutung: „Selbstmord, Kriminalität, zur Kriminalität neigend, gewerbsmäßige Unzucht, Trinker, Fürsorgeerziehung, Ehescheidungen, gefühlsarm, gemütsreich, haltlos, haltstark, antriebsarm, antriebsreich, geltungssüchtig, verstandesmäßig minderbegabt, schwachsinnig" ergänzt wurden.[199]

Sippschaftstafel

Um Geschwister und Nachkommen der angeheirateten Personen erweiterte *Sippentafel*.[200]

> „Die zweite Art besonderer genealogischer Tabellen bilden die von Czellitzer [1912][201] erfundenen Sippschaftstafeln. Sie stellen ein wichtiges Hilfsmittel für die Forschungen auf dem Gebiete der Vererbungslehre dar, für die reine Genealogie kommen sie nicht in Betracht. [...] Figur 3 stellt die Sippschaftstafel des Kaisers Wilhelm II. dar, die 75 Personen umfaßt. Da bei dieser tabellarischen Darstellungsform die Geschwister mit dargestellt sind, läßt sich bereits in wenigen Generationen ein Bild der ‚Reinrassigkeit' geben."[202]

> „Die erwähnten Mängel von Ahnentafel und Stammbaum werden durch die sog. Sippschaftstafel behoben. Da hierbei auch auf sämtliche Geschwister der angeheirateten Personen eingegangen wird, enthält eine Sippschaftstafel zahlreiche Mitglieder. [...] Eine derartige Sippschaftstafel gestattet, das erste Auftreten eines bestimmten Merkmals, die Häufigkeit seines Vorkommens und sein Verhalten bei Kreuzungen in übersichtlicher Weise auszudrücken. Auch die Seitenlinien werden hier erfaßt."[203] „Bei der Wahl deines Gatten frage nach seinen Vorfahren. [...] Wer offenen Blickes Eltern und Verwandtschaft betrachtet, wird manche Gefahr erkennen. Bist du unsicher, verlange eine erbbiologische Sippschaftstafel."[204] „Mit der Sippschaftstafel

---

[197] Der Deutsche Student, 4/Jan. 1936, 40.
[198] Meyer-Zimmermann: Lebenskunde, Bd. 4, o. J., 271.
[199] Gütt, A.: Handbuch der Erbkrankheiten, Bd. 4, 1942, 261. Abbildung in: Weingart, P.: Rasse, Blut und Gene, 1992, 555.
[200] Gebucht: Duden, 12. Aufl. 1941, Meyers Lexikon 1936 ff., Volks-Brockhaus 1940. Getilgt: Duden, 13. Aufl. 1947.
[201] Methode der graphischen Darstellung der Verwandtschaft mit besonderer Berücksichtigung von Familien-Karten und Familienstammbüchern. Hg. R. Pommer, Halle a. S. 1912.
[202] Heydenreich, E.: Handbuch der praktischen Genealogie, Bd. 1, Leipzig 1913, 49 u. 50.
[203] Meyer-Zimmermann, Lebenskunde, Bd. 4, o. J., 163.
[204] Ebd., 403.

nach Karl Astel liegt eine Fassung vor, die nicht nur wissenschaftlich und rassenpolitisch erprobt ist und die sich bereits praktisch bewährt hat, sondern die auch vom Laien leicht zu handhaben ist. Die für die Erfassung des Anlagenbestandes einer Sippe in gesamtheitlicher, erbgesundheitlicher und charakterlicher Hinsicht wichtigen Faktoren können mit Hilfe eines Fragebogens leicht beschafft und dann in die Sippschaftstafel übertragen werden."[205]

Solidarität, s. ↑ **Tag der nationalen Solidarität**

Sonderaktion

a) Spezielles Programm zur bevorzugten Behandlung bestimmter Gruppen der Bevölkerung; b) verhüllend für *Exekution*.

▶ a) „Das Ziel der Sonderaktion in der Arbeitsvermittlung, die alten Kämpfer wieder in Lohn und Brot zu bringen, ist bis zum 1. Mai d. J. im wesentlichen erreicht worden."[206] „Der Arbeitseinsatz soll die Arbeitskräfte an die Stellen leiten, an denen sie für den Betrieb und für das Volksganze das Beste zu leisten vermögen, und die freien Arbeitsplätze mit den Volksgenossen besetzen, deren Beschäftigung am erwünschtesten ist (kinderreiche Familienväter, Kriegsbeschädigte, Frontkämpfer; Sonderaktion für die alten Kämpfer der nationalsozialistischen Bewegung)."[207] „Ein Unternehmen, das die von der NS-Gemeinschaft ‚Kraft durch Freude' geleistete Breitenarbeit besonders sinnfällig vor Augen führt, ist die ‚Sonderaktion für Reichsautobahnen'. Sie war ursprünglich ausschließlich für die kulturelle Betreuung und Freizeitgestaltung der Arbeiter in den Reichsautobahnlagern eingesetzt, hat jedoch inzwischen ihre Arbeit auch auf alle übrigen Arbeitsgemeinschaftslager ausgedehnt. In jedem Lager wurden bisher durchschnittlich 50 Unterhaltungsabende veranstaltet, bei denen Kleinkunstbühnen, Vortragskünstler jeder Art, Puppenspiele usw. eingesetzt wurden."[208]

b) Schreiben des Leiters der Ghettoverwaltung Litzmannstadt, Hans Biebow, an den Reichsbeauftragten für das Branntweingewerbe beim Reichsnährstand: „Beifolgend überreiche ich Ihnen im Original mein Schreiben vom 22. Mai 1942 an das Städtische Gesundheitsamt Litzmannstadt – das ich nach Einsichtnahme zurück erbitte – mit einer namentlichen Aufstellung von Leuten der Ghettoverwaltung, die bei einer Sonderaktion eingesetzt sind und auf Grund dieser Tatsache unbedingt eine Zuteilung an Trinkbranntwein erhalten müssen."[209] Schreiben an das Landwirtschaftsamt Posen vom 26. 6. 1942: „Die Ghettoverwaltung ist im Zuge der Entjudung des Warthegaus in Zusammenhang mit der Geheimen Staatspolizei mit der Durchführung einer Sonderaktion beauftragt worden. Für die Abwicklung, die etwa

---

[205] Neues Volk. Zit. in einer Verlagsanzeige in: Gottschald, M.: Deutsche Namenkunde, 2. Aufl. 1942, o. S.
[206] Berliner Tageblatt, 24. 7. 1934. Zit. Blick in die Zeit, 2/Nr. 31, 4. 8. 1934, 9.
[207] Meyers Lexikon, Bd. 1, 1936, 510 f., s. v. Arbeitseinsatz.
[208] v. Hübbenet, A.: Die NS-Gemeinschaft „Kraft durch Freude", 1939, 37.
[209] Zit. Wulf, J.: Aus dem Lexikon der Mörder, 1963, 71.

bis Ende Oktober 1942 dauern wird, sind 25 Leute der Ghettoverwaltung abgestellt, die täglich durchschnittlich 14—16 Stunden tätig sind. Unter Bezugnahme auf die heute mit Herrn Regierungsrat Moravski geführte Unterredung [...] bitte ich, mir für die Dauer dieser Sonderaktion für die Beteiligten eine monatliche Sonderzuteilung von 5000 Zigaretten zukommen zu lassen."[210] Schreiben an die Personalstelle der Ghettoverwaltung Litzmannstadt: „Den bei der Sonderaktion eingesetzten Leuten der Ghettoverwaltung wird seit Beginn ihrer Tätigkeit eine Gefahrenzulage von täglich RM. 6,— bewilligt, ganz gleich, ob es sich hierbei um Angestellte oder Arbeiter handelt. [...]"[211] Wofür der Ausdruck *Sonderaktion* steht, belegen die Tagebucheintragungen des Arztes in Auschwitz, Professor Dr. Kremer: „Zum ersten Male draußen um 3 Uhr früh bei einer Sonderaktion zugegen. Im Vergleich hierzu erscheint mir das Dantesche Inferno fast wie eine Komödie. Umsonst wird Auschwitz nicht das Lager der Vernichtung genannt."[212] „Bei naßkaltem Wetter heute — Sonntagmorgen — bei der elften Sonderaktion — Holländer — zugegen. Gräßliche Szenen bei drei Frauen, die ums nackte Leben flehen."[213]

Sonderbehandlung (S. B.)

Verhüllendes, sehr bald zynisches Codewort für Exekution.

> Der Ausdruck *Sonderbehandlung* für Exekution, zunächst auf deutsche Staatsangehörige bezogen, erscheint am 20. 9. 1939 in einen Runderlaß des Chefs der Sicherheitspolizei und des Sicherheitsdienstes, des SS-Obergruppenführers Heydrich, an alle Staatspolizei(leit)stellen, in dem es um die ‚Grundsätze der inneren Staatssicherheit während des Krieges' geht. „Bei den Fällen zu Ziffer 1 [Zersetzung der Kampfkraft des deutschen Volkes] ist zu unterscheiden zwischen solchen, die auf dem bisher üblichen Wege erledigt werden können und solchen, welche einer Sonderbehandlung zugeführt werden müssen. Im letzteren Falle handelt es sich um solche Sachverhalte, die hinsichtlich ihrer Verwerflichkeit, ihrer Gefährlichkeit oder ihrer propagandistischen Auswirkung geeignet sind, ohne Ansehung der Personen durch rücksichtsloses Vorgehen (nämlich durch Exekution) ausgemerzt zu werden."[214] Auf diesen Runderlaß vom 20. 9. 1939 bezieht sich u. a. eine Referentenbesprechung der Abteilung II des Geheimen Staatspolizei-Amtes (Amt Politische Polizei des Hauptamtes Sicherheitspolizei) am 26. 9. 1939. „In der heutigen Referentenbesprechung legte Abteilungsleiter II nochmals die Richtlinien dar, nach denen die sogenannten Kriegsdelikte zu behandeln sind. a) Sonderbehandlung (Exekution): Sonderbehandlungen werden grundsätzlich bei II A bearbeitet mit Ausnahme von Fällen der Sonderbehandlung gegen Geistliche, Theologen und Bibelforscher, für die II B zuständig ist. [II A zuständig für Kommunismus u. a. marxistische Gruppen; II B

---

[210] Zit. ebd., 72.
[211] Zit. ebd., 73.
[212] 2. 9. 1942. Zit. Wulf, J.: ebd., 14.
[213] 19. 10. 1942. Zit. ebd., 15.
[214] Nürnberger Dok. PS—1944 u. NO—2263. Zit. Wulf, J., ebd. 10 f. und Auerbach, H.: Der Begriff „Sonderbehandlung" im Sprachgebrauch der SS. 1966, 182.

zuständig für Katholische, Evangelische Kirche, Sekten, Emigranten, Juden, Logen.] [...] Es ist ein Vorschlag zu machen, entweder lautend auf Exekution, oder es ist die Bitte um Weisung, was geschehen soll, auszusprechen."[215] „Zur Zuständigkeit von II A gehören auch Sonderfälle von Hamsterei, in denen es auch denkbar ist, daß Exekution vorgeschlagen wird."[216] Das quasi amtlich eingeführte Hüllwort setzt sich, hauptsächlich im Sprachgebrauch der SS, schon bald als Synonym für Einzelexekution und für Massentötung durch, ebenso wie die Rückbildung zu *Sonderbehandlung: sonderbehandeln* und die Abkürzung *S. B.* Die Berichte der ↑ *Einsatzgruppen* an das ↑ *Reichssicherheitshauptamt*, sowie der gesamte Schriftverkehr zwischen dem *Chef der Sicherheitspolizei und des SD*, dem ↑ *Reichsführer SS*, der *Sicherheitspolizei*, den verschiedenen Dienststellen der ↑ *SS*, den Höheren SS- und Polizeiführern, der Verwaltung der ↑ *Konzentrationslager* sind charakterisiert durch Anweisungen und Meldungen über die *Sonderbehandlung* von Juden, Partisanen, sowjetischen Kriegsgefangenen, polnischen Zwangsarbeitern u. a. „Die von Ihnen im Einvernehmen mit dem Chef des Reichssicherheitshauptamtes SS-Gruppenführer Heydrich genehmigte Aktion der Sonderbehandlung von rund 100 000 Juden in meinem Gaugebiet wird in den nächsten 2–3 Monaten abgeschlossen werden können. Ich bitte um die Genehmigung, mit den vorhandenen und eingearbeiteten Sonderkommandos im Anschluß an die Judenaktion den Gau von einer Gefahr befreien zu dürfen, die mit jeder Woche katastrophalere Formen annimmt. Es befinden sich im Gaugebiet ca. 230 000 bisher bekannte Tbc-Kranke polnischer Volksangehörigkeit. [...]"[217] „Ich habe 21 Personen wegen aktiver Partisanenbegünstigung und geleisteter Späherdienste für dieselben sonderbehandelt. [...] In Kenowo selbst stellten wir eine 100%ig schwachsinnige weibliche Person fest. Die beiden beschuldigten Russen und die Irre wurden sonderbehandelt. Damit wurden insgesamt 24 Personen liquidiert."[218] „1750 Juden am 4. 3. 43 aus Berlin eingetroffen. Davon 200 Frauen zum Arbeitseinsatz u. 918 Frauen und Kinder der S. B. zugeführt. [...] Wenn die Transporte aus Berlin weiter mit so vielen Frauen u. Kindern nebst alten Juden anrollen, verspreche ich mir im Punkt Einsatz nicht viel. Buna braucht vor allen Dingen jüngere bzw. kräftigere Gestalten."[219] „Bei festgestelltem Umgang sowjetrussischer Kriegsgefangener mit deutschen Frauen, insbesondere Geschlechtsverkehr, ist in jedem Falle Bericht zu erstatten. Ich beabsichtige, bei nachgewiesenem Geschlechtsverkehr Sonderbehandlung und in einfachen Fällen die Überführung in ein Konzentrationslager anzuordnen. Die Lagerkommandanten sind um Überstellung der Kriegsgefangenen zu ersuchen. Im Weigerungsfalle ist unverzüglich zu be-

---

[215] Dok. Nr. 2 (NO–905), Dokumentation: Zur Perversion der Strafjustiz im Dritten Reich. In: VJZG 6/1958, 406 f.
[216] Dok NO–905. Zit. Auerbach, ebd. 182.
[217] A. Greiser, Reichsstatthalter im Reichsgau Wartheland, am 1. 5. 1942 an Himmler. Zit. Wulf, J.: Aus dem Lexikon der Mörder, 1963, 20.
[218] Bericht über Säuberungsaktion in Liubawitsch und Umgegend, 24. 8. 1942. Zit. Wulf, J., ebd. 67.
[219] H. Schwarz, Kommandant von Auschwitz III, Arbeitseinsatzführer d. Gesamtlagers Auschwitz, 8. 3. 1943. Zit. Wulf, ebd., 66.

richten, damit die Freigabe beim OKW von hier aus beantragt werden kann."[220]
„Am Dienstag, den 20. Juli 1943, habe ich befehlsgemäß gegen 7.00 Uhr die beim Generalkommissar Weißruthenien beschäftigten 70 Juden in Haft genommen und der Sonderbehandlung zugeführt. [...] Ich betone, daß es mir unverständlich sei, daß deutsche Menschen wegen einiger Juden uneins würden. Ich könne immer wieder feststellen, daß man meinen Männern und mir Barbarei und Sadismus vorwerfe, während ich lediglich meine Pflicht täte. Sogar die Tatsache, daß Juden, die sonderbehandelt werden sollten, ordnungsmäßig durch Fachärzte Goldplomben entfernt worden seien, sei zum Gegenstand von Unterhaltungen gemacht worden."[221] Der Gebrauch und die Kenntnis der speziellen Verwendungsweise des Ausdrucks *Sonderbehandlung* war nicht auf die *SS* und die *Einsatzgruppen* beschränkt. Im Schriftverkehr mit dem Auswärtigen Amt wurde offenbar selbstverständlich vorausgesetzt, daß der Ausdruck bekannt war. In einem Telegramm vom 19. August 1942 an den Unterstaatssekretär im Auswärtigen Amt, Martin Luther, das die Evakuierung der Juden aus Rumänien betraf, heißt es, die Juden sollten in das besetzte Polen in den Distrikt Lublin abgeschoben werden, „wo der arbeitsfähige Teil arbeitseinsatzmäßig angesetzt wird, der Rest der Sonderbehandlung unterzogen werden soll."[222] Reichsjustizminister Thierack traf am 18. 9. 1942 eine Vereinbarung mit dem *Reichsführer SS* über eine *polizeiliche Sonderbehandlung*: „Korrektur bei nicht genügenden Justizurteilen durch polizeiliche Sonderbehandlung. Es wurde auf Vorschlag des Reichsleiters Bormann zwischen Reichsführer-SS und mir folgende Vereinbarung getroffen: a) Grundsätzlich wird des Führers Zeit mit diesen Dingen überhaupt nicht mehr belastet. b) Über die Frage, ob polizeiliche Sonderbehandlung eintreten soll oder nicht, entscheidet der Reichsjustizminister. c) Der Reichsführer-SS sendet seine Berichte, die er bisher dem Reichsleiter Bormann sandte, an den Reichsjustizminister. d) Stimmen die Ansichten des Reichsführers-SS und des Reichsjustizministers überein, so wird die Angelegenheit zwischen ihnen erledigt. e) Stimmen beide Ansichten nicht überein, so wird die Meinung des Reichsleiters Bormann, der eventuell den Führer unterrichten wird, herbeigezogen."[223] Dennoch blieben Gebrauch und Kenntnis des Ausdrucks *Sonderbehandlung* in der Bedeutung ‚Exekution' offenbar weitgehend auf die Kreise beschränkt, die unmittelbar oder mittelbar am Geschehen beteiligt waren. Selbst in den vom SD herausgegebenen ‚Meldungen aus dem Reich' begegnet *Sonderbehandlung* in der unveränderten allgemeinsprachlichen Verwendung ‚besondere, bevorzugte Behandlung': „Aus Meldungen ergibt sich allerdings auch übereinstimmend, daß die Sonderbehandlung der mit Deutschblütigen verheirateten Juden in der Bevölkerung Befremden und Unwillen hervorgerufen habe. Die in der Verordnung vorgesehenen Ausnahmen seien von Volksgenossen sogar vielfach als ‚halbe Maßnahmen' kritisiert worden."[224] „Aus der Zeit der mar-

---

[220] Der Chef der Sicherheitspolizei und des SD, 7. 4. 1943. Zit. Wulf, J.: Aus dem Lexikon der Mörder, 1963, 42.
[221] Aktenvermerk des Kommandanten der Sicherheitspolizei u. d. SD, Weißruthenien. Zit. Wulf, J.: Aus dem Lexikon der Mörder, 1963, 28.
[222] Dok. CXXV a — 67. Zit. Wulf, J., ebd. 13.
[223] Dok. PS—654. Zit. Wulf, J., ebd. 12.
[224] MADR, (Nr. 256), 2. 2. 1942, Bd. 9, 3245.

xistischen Agitation sind — jedenfalls unbewußt — in einem Teil der Bevölkerung noch klassenkämpferische Gedankengänge lebendig. Die Lebenshaltung führender oder wirtschaftlich bessergestellter Persönlichkeiten wird von diesen Personen mit argwöhnischem Interesse beobachtet und jeder u. U. völlig harmlose Vorgang, der auf eine Sonderbehandlung schließen lassen könnte, wird als schlüssiger Beweis dafür genommen, daß bessergestellte Persönlichkeiten auch im nationalsozialistischen Reich und auch in diesem Kriege anders behandelt würden als kleine Leute."[225] Eine Presseanweisung hatte 1941 den Gebrauch des Ausdrucks *Sonderbehandlung* in Heeresberichten und überhaupt in der militärischen Berichterstattung verboten. „Wenn von standrechtlichen Erschießungen die Rede ist, soll auch dieser Ausdruck angewendet werden. Naßforsche Ausdrücke, wie ‚liquidieren' oder ‚in Sonderbehandlung nehmen', wie sie in PK- und sonstigen Berichten aufgetaucht sind, sind höchst unangebracht."[226] 1943 forderte Himmler in einer internen Anweisung, die am 20. 4. durch einen SS-Obersturmführer dem Inspekteur für Statistik brieflich mitgeteilt wurde: „Der Reichsführer-SS hat Ihren statistischen Bericht über die Endlösung der europäischen Judenfrage erhalten. Er wünscht, daß an keiner Stelle von *Sonderbehandlung* der Juden gesprochen wird. Auf Seite 9, Punkt 4, muß es folgendermaßen heißen: Transportierung der Juden aus den Ostprovinzen nach dem russischen Osten: / Es wurden durchgeschleust:/ Durch die Lager im Generalgouvernement: / Durch die Lager im Warthegau. / Eine andere Formulierung darf nicht genommen werden. Ich sende das vom Reichsführer-SS bereits abgezeichnete Exemplar des Berichtes zurück mit der Bitte, diese Seite 9 entsprechend abzuändern und es wieder zurückzusenden."[227]

▷ Im heutigen Sprachgebrauch kommt *Sonderbehandlung* vor in der Bedeutung ‚besondere, die betreffende Person bevorzugende Behandlung'.[228] „Zur kurzfristigen Absage von Boris Becker äußerte sich Stich, der in Stuttgart keinerlei Sonderbehandlung beansprucht, betont zurückhaltend."[229] „NRW-Finanzminister Schleußer (SPD) will der steuerlichen Sonderbehandlung von Künstlern und Sportlern, die im grenznahen Ausland wohnen, ein Ende bereiten."[230]

Sondergericht

Nach der ↑ *Machtergreifung* geschaffenes Instrument zur Verfolgung politischer Gegner: durch Verordnung vom 21. 3. 1933 an den Oberlandesgerichten gebildetes Gericht zur beschleunigten Aburteilung politischer Straftaten.[231]

---

225 MADR, 17. 9. 1944, Bd. 17, 6712.
226 Br 22//141, 15. 11. 1941 (Anw. Nr. 642). Zit. Glunk, ZDS 23/1967, 83.
227 Dok. XVII — 4. Zit. Wulf, J.: Aus dem Lexikon der Mörder, 1963, 22.
228 GWB Duden, 2. Aufl., Bd. 7, 1995, 3137, s. v. sonder.
229 Stich äußerte Verständnis für Becker, Rheinische Post, 16. 7. 1991.
230 Rheinische Post, 28. 11. 1994.
231 Gebucht: Duden, 11. Aufl. 1934, 12. Aufl. 1941; Knaur 1934, Meyers Lexikon 1936 ff., Volks-Brockhaus 1940. Getilgt: Duden, 13. Aufl. 1947.

▸ Der bereits 1557 bei Stieler[232] belegte Ausdruck *Sondergericht* bezeichnet Gerichte, die auf bestimmten Sachgebieten anstelle der allgemeinen Gerichte entscheiden, wie Arbeitsgerichte, Ehrengerichte etc. Im NS-Staat gab es als Sondergerichte die Erbhofgerichte, die Anerbengerichte, die Erbgesundheitsgerichte u. a. Der Name *Sondergericht* bezieht sich aber stets auf das *Sondergericht für politische und besonders schwere Straftaten*. „Verordnung der Reichsregierung über die Bildung von Sondergerichten vom 21. 3. 1933. § 1 Abs. (1) Für den Bezirk jedes Oberlandesgerichts wird ein Sondergericht gebildet. [...] § 2 Die Sondergerichte sind zuständig für die in der Verordnung des Reichspräsidenten zum Schutz von Volk und Staat vom 28. 2. 1933 (Reichsgesetzbl. I, S. 83) und der Verordnung zur Abwehr heimtückischer Angriffe gegen die Regierung der nationalen Erhebung vom 21. März 1933 (Reichsgesetzbl. I, S. 135) bezeichneten Verbrechen und Vergehen. [...] [...] § 11 Eine gerichtliche Voruntersuchung findet nicht statt. [...] § 16 Gegen Entscheidungen der Sondergerichte ist kein Rechtsmittel zulässig."[233] Typisch für ein *sondergerichtliches* Verfahren war die außerordentliche Kürze der Ladungsfrist von nur 24 Stunden und die Unmöglichkeit, Rechtsmittel einzulegen. „Der Jesuitenpater Joseph Spieker, der sich, wie berichtet, vor dem Kölner Sondergericht wegen staatsfeindlicher Äußerungen von der Kanzel herab zu verantworten hatte, aber mangels Beweises freigesprochen wurde, ist nach Aufhebung des richterlichen Haftbefehls von der Staatspolizei in Schutzhaft genommen worden."[234] „Auch die anfangs recht uneinheitliche Rechtsprechung der Sondergerichte wird von Seiten der Bewegung jetzt nicht mehr beanstandet."[235] „Aus Richterkreisen an einem Sondergericht wird auf folgenden Mangel bei der Durchführung der Strafsachen hingewiesen: Es sei bei Ermittlungsverfahren in Sondergerichtssachen bisher üblich, in den Akten lediglich einen Hinweis aufzunehmen, welchen Formationen und Gliederungen der Bewegung der Angeklagte angehöre bzw. ob er Mitglied der NSDAP sei. Daraus ließe sich jedoch nicht ein vollständiges Bild der politischen Vergangenheit und Einsatzbereitschaft gewinnen, das gerade in Sondergerichtssachen von besonderer Bedeutung sei. Es sei daher erwünscht, jeweils eine Beurteilung durch den zuständigen Hoheitsträger beizuziehen, die unter dem Hinweis auf das schwebende Verfahren auf bestimmte Punkte der politischen Haltung des Angeklagten ausgerichtet sein müsse."[236] „Die Sondergerichte waren durch VO vom 21. 3. 1933 als scharfe Waffe der Staatsführung zur Aburteilung politischer Straftäter begründet worden. Ihre Zuständigkeit beschränkte sich zunächst auf Verbrechen und Vergehen nach der VO des Reichspräsidenten zum Schutz von Volk und Staat und nach dem Heimtückegesetz. [...] Die Verurteilung durch das Sondergericht hatte in den ersten Jahren nach ihrer Errichtung eine stark abschreckende Wirkung. Die schnelle und harte Bestrafung durch das Sondergericht war gefürchtet. Es galt zudem als besondere Schande, durch das Sondergericht abgeurteilt worden zu sein. Dadurch, daß sich

---

[232] Ebd., 2. Teil, 1557, s. v. Amtsgericht: „Privat- sive Sondergericht".
[233] RGBl. 1, 1933, 130.
[234] Deutscher Glaube, hg. W. Hauer, 2/Mai 1935, 236.
[235] MADR, Jahreslagebericht 1938 des SHA, Bd. 2, 126.
[236] MADR, (Nr. 71), 1. 4. 1940, Bd. 4, 944.

das Schwergewicht der gesamten Strafrechtspflege inzwischen von den ordentlichen Gerichten (Amtsgerichte, Strafkammern der Landgerichte) auf die Sondergerichte verlagert habe, habe sich eine gewisse Verwässerung des ursprünglichen Gedankens der Sondergerichte nicht ganz vermeiden lassen. Im Interesse einer schnellen und harten Aburteilung der wirklich bedeutsamen Verbrechen und Vergehen müsse versucht werden, den Sondergerichten ihre alte Stellung als ‚Standgerichte der inneren Front' zu erhalten."[237]

Sondermeldung

Durch Fanfarenstöße angekündigte Meldung herausragender militärischer Erfolge, für die das laufende Radioprogramm unterbrochen wurde.[238]

> Die erste Sondermeldung des Zweiten Weltkrieges lautete: „Durch das schnelle Zugreifen der deutschen Truppen wurde der Pole verhindert, seine aus Gefangenenaussagen bestätigte Absicht durchzuführen, die ausgebaute Warthe-Stellung zu halten. OSTROWO, KROTOSCHIN und LISSA sind in deutscher Hand. Heute haben erstmalig Truppen aus dem Reich auf dem Landwege ostpreußischen Boden erreicht."[239] Über die Reaktion der Bevölkerung berichten die ‚Meldungen aus dem Reich'. „Es wird auch besonders begrüßt, daß die überwältigenden OKW-Berichte als Sondermeldung mit der Fanfare als Einleitung gegeben werden."[240] „Meldungen aus fast allen Reichsteilen zufolge haben die neue Ankündigungsfanfare und das neue Frankreich-Lied sehr gute Aufnahme gefunden."[241] „Als außerordentlich stimmungssteigernd werden die in den letzten Tagen wieder häufiger durchgegebenen Sondermeldungen bezeichnet [...]. Besonders in den von englischen Luftangriffen betroffenen Gebieten haben diese Sondermeldungen stets eine große Wirkung ausgeübt."[242] „In den Perioden dichter Abfolge militärischer Ereignisse bricht die Sondermeldung in jede Übertragung ein."[243] „Der Minister weist darauf hin, daß die bisherige Praxis der Sondermeldungen zur Kritik Anlaß gebe. Die Sondermeldungen seien keine Sondermeldungen mehr, da ihre Ankündigung immer zur gleichen Stunde zwischen 13 und 14 Uhr geschehe und jedermann wisse, daß nunmehr eine U-Bootmeldung mit 100 000 BRT bekanntgegeben werde. Der Minister ist der Ansicht, daß erstens der Zeitpunkt gewechselt werden müsse und zweitens solle man nicht immer nur 100 000 BRT bekanntgeben, sondern, wenn ein ganz erfolgreicher Tag gewesen wäre, auch unter 100 000 BRT bleiben und, wenn sich die Versenkungsziffer auf längere Zeit erstreckt, auch einmal zu warten, bis es 160 000 bis 180 000 BRT geworden sind."[244]

---

[237] MADR, (Nr. 384), 30. 5. 1943, 5268 f. u. 5270.
[238] Gebucht: Paechter.
[239] Die Wehrmachtberichte, Bd. 1, 1989, 8.
[240] MADR, (Nr. 80), 20. 5. 1940, Bd. 4, 1154.
[241] MADR, (Nr. 94), 6. 6. 1940, Bd. 4, 1220.
[242] MADR, (Nr. 122), 9. 9. 1940, Bd. 5, 1551.
[243] Das Reich, Nr. 29, 8. 12. 1940, 2.
[244] 13./14. Januar 1943. Wollt Ihr den totalen Krieg? Die geheimen Goebbels-Konferenzen, 1967, 320.

SS

Abkürzung von *Schutzstaffel*; Name der 1925 zum Schutz Hitlers entstandenen, durch Himmler seit 1929 systematisch als Herrschafts- und Terrorinstrument des NS-Regimes ausgebauten Organisation der *NSDAP*.[245]

> Die Anfang 1923 von Hitler zu seinem Schutz geschaffene Leibgarde, die zuerst *Stabswache*, dann *Stoßtrupp Hitler*, nach der Wiederbegründung der *NSDAP* dann wieder *Stabswache* genannt wurde, erhielt im Spätsommer 1925 den Namen *Schutzstaffel* (SS). Sie unterstand der ↑ *SA*. „Mai 1923 — Unter Joseph Berchtold [...] Aufstellung des ‚Stoßtrupps Hitler‘, Vorläufer der ‚Schutzstaffel‘ der NSDAP. Frühjahr 1925 — Als zentrale Organisation, besonders zum persönlichen Schutze Hitlers und zum Versammlungsschutz kurz nach Wiederbegründung der Partei im Frühjahr 1925 aus den treuesten und zuverlässigsten Parteigenossen die zahlenmäßig absichtlich klein gehaltenen, zentral von München aus geleiteten ‚Schutzstaffeln‘ (SS) der NSDAP gebildet"[246] „Am 6. Januar 1929 ernannte dann Adolf Hitler seinen bereits in langen Jahren bewährten Kameraden Heinrich Himmler zum Reichsführer-SS. Heinrich Himmler übernahm damit die ganzen, damals 280 Mann zählenden Schutzstaffeln mit dem ausdrücklichen und besonderen Auftrage des Führers, aus dieser Organisation eine in jedem Falle verläßliche Truppe, eine Elite-Truppe der Partei zu formen. [...] Mit diesem Tage beginnt die eigentliche Geschichte der SS so, wie sie heute in all ihren tieferen Wesenszügen fest verankert in der nationalsozialistischen Bewegung vor uns steht. Denn die SS und ihr Reichsführer Heinrich Himmler, ihr erster SS-Mann, sie sind beide unzertrennlich geworden im Laufe dieser kampferfüllten Jahre."[247] „Zur Erfüllung dieser Aufgaben ist eine gleichartige, festgefügte und weltanschaulich zusammen verschworene Kampftruppe geschaffen, deren Kämpfer aus bestem arischem Menschentum ausgesucht werden. Die Erkenntnis vom Werte des Blutes und Bodens ist richtungweisend für die Auslese in der Schutzstaffel. Jeder Staffelmann muß vom Sinn und Wesen der nationalsozialistischen Bewegung tief durchdrungen sein. Er wird weltanschaulich und körperlich vorbildlich ausgebildet, damit er einzeln und im Verband im entschlossenen Kampf um die nationalsozialistische Weltanschauung erfolgreich eingesetzt werden kann. Nur die blutsmäßig besten Deutschen sind für diesen Kampfeinsatz tauglich. Deshalb ist es notwendig, daß in den Reihen der Schutzstaffel unaufhörlich Auslese gehalten wird, erst grob, dann immer feiner."[248] „1. SS-Führer müssen den Abstammungsnachweis urkundlich erbringen; bis zum Untersturmführer einschließlich sollen sich die Angaben möglichst bis 1750 erstrecken. Vom Untersturmführer abwärts bis zum Scharführer genügen die Angaben bis 1800. 2. Ohne Rücksicht auf den Dienstgrad muß jeder SS-Angehörige den Abstammungsnachweis erbringen,

---

[245] Gebucht: Duden, 11. Aufl. 1934, 12. Aufl. 1941; Knaur 1934, Paechter, Volks-Brockhaus 1940. Getilgt: Duden, 13. Aufl. 1947.
[246] Volz, H.: Daten der Geschichte der NSDAP, 6. Aufl. 1936, 120.
[247] d'Alquen, G.: Die SS, 1939, 7 f.
[248] Organisationsbuch der NSDAP. 1943, 417.

wenn er sich verloben oder verheiraten will. Der Nachweis ist im Rahmen eines Verlobungs- oder Ehegenehmigungsverfahrens zu erbringen. Dem Antrag sind Ahnentafeln beizugeben, in denen die Vorfahren des SS-Angehörigen selbst und die seiner Braut bis zu den Ahnen enthalten sein müssen, die spätestens am 1. 1. 1800 geboren wurden. Eine erbbiologische Untersuchung durch das Rasseamt des Rasse- und Siedlungshauptamtes SS ist vorgesehen: a) Wenn der Abstammungsnachweis unvollständig ist und Zweifel an der deutschblütigen Abstammung aufkommen läßt. b) Wenn zwar der urkundliche Abstammungsnachweis einwandfrei ist, das Erscheinungsbild aber starken Verdacht auf fremdblütigen Einschlag erweckt."[249] „Nach Feststehen der SS-Geeignetheit und SS-Tauglichkeit wird der Hitlerjunge mit dem 18. Lebensjahr SS-Bewerber. Zum Reichsparteitag des gleichen Jahres wird er dann als SS-Anwärter unter Aushändigung des SS-Ausweises in die Schutzstaffel übernommen und nach kurzer Bewährungszeit am 9. November auf den Führer vereidigt. Als SS-Anwärter macht er in seinem ersten Dienstjahr in der Schutzstaffel sein Wehrsportabzeichen und das bronzene Reichssportabzeichen. Sodann kommt er [...] zum Arbeitsdienst und anschließend zur Wehrmacht. [...] Der zur SS Zurückgekehrte ist dort zunächst noch SS-Anwärter. Er wird in der Folgezeit bis zu seiner bevorstehenden endgültigen Aufnahme noch einmal weltanschaulich besonders geschult, indem er eingehend über die Grundgesetze der SS, insonderheit über den Heiratsbefehl und die Ehrengesetze der SS belehrt und unterrichtet wird. Der SS-Anwärter wird dann am nächsten 9. November, der auf seine Rückkehr von der Wehrmacht folgt, bei Erfüllung der sonstigen Voraussetzungen als SS-Mann anerkannt und damit endgültig in die Schutzstaffel aufgenommen. Gleichzeitig erhält er an diesem 9. November das Recht zum Tragen des SS-Dolches und gelobt bei dieser Gelegenheit, daß er und seine Sippe sich allezeit an die Grundgesetze der SS halten [...]"[250] „Der Gehorsam wird bedingungslos gefordert. Er entspringt der Überzeugung, daß die nationalsozialistische Weltanschauung herrschen muß. Wer sie besitzt und leidenschaftlich vertritt, unterwirft sich freiwillig dem Zwang zum Gehorsam. Deshalb ist der Schutzstaffelmann bereit, jeden Befehl, der vom Führer kommt oder von einem seiner Vorgesetzten gegeben wird, blindlings auszuführen, selbst wenn er von ihm die größten Opfer fordert."[251] Im April 1931 beteiligte sich die Berliner *SS* unter Daluege erfolgreich an der Unterdrückung des Stennes-Putschs. Hitler gab ihr dafür den Wahlspruch: „SS-Mann, Deine Ehre heißt Treue", der fortan in der Form „Meine Ehre heißt Treue" auf der Klinge des *SS-Dolchs* eingraviert war.[252] Nach dem sogenannten Röhmputsch wurde die *SS* zur selbständigen Organisation, die Hitler direkt unterstellt war. „... Im Hinblick auf die großen Verdienste der SS, besonders im Zusammenhang mit den Ereignissen des 30. Juni 1934 erhebe ich dieselbe zu einer selbständigen Organisation im Rahmen der NSDAP. Der Reichsführer SS untersteht daher, gleich dem Chef des Stabes, dem Obersten SA-Führer

---

249 Stuckart/Schiedermair: Rassen- u. Erbpflege, 3. erw. Aufl. 1942, 21 f.
250 d'Alquen, G. Die SS, 1939, 18 f.
251 Organisationsbuch der NSDAP. 1943, 418.
252 s. Organisationsbuch der NSDAP. 1943, 417.

[Hitler] direkt... Adolf Hitler."²⁵³ Damit wurde die SS zur „Führerexekutive" (Buchheim) ohne Bindung an staatliche Normen und, vor allem, nachdem Himmler 1936 auch zum Chef der Polizei ernannt worden war, zum Herrschafts- und Terrorinstrument bei der Sicherung der Macht nach außen und innen, bei der Besatzungspolitik, der Bevölkerungspolitik, der Verfolgung politischer Gegner, der Vernichtung der Juden. „Die Tapferkeit gilt dem Staffelmann als die höchste Mannestugend im Kampf für seine Weltanschauung. Er bekämpft offen und schonungslos die gefährlichsten Feinde des Staates: Juden, Freimaurer, Jesuiten und politische Geistlichkeit."²⁵⁴ „Ein Grundsatz muß für den SS-Mann absolut gelten: ehrlich, anständig, treu und kameradschaftlich haben wir zu Angehörigen unseres eigenen Blutes zu sein und sonst zu niemandem. Wie es den Russen geht, wie es den Tschechen geht, ist mir total gleichgültig. Das, was in den Völkern an gutem Blut unserer Art vorhanden ist, werden wir uns holen. Indem wir ihnen, wenn notwendig, die Kinder rauben und bei uns großziehen. Ob die anderen Völker in Wohlstand leben oder ob sie verrecken vor Hunger interessiert mich nur soweit, als wir sie als Sklaven für unsere Kultur brauchen, anders interessiert mich das nicht. Ob bei dem Bau eines Panzergrabens 10 000 russische Weiber an Entkräftung umfallen oder nicht, interessiert mich nur insoweit, als der Panzergraben für Deutschland fertig wird. [...] Das ist das, was ich dieser SS einimpfen möchte und – wie ich glaube – eingeimpft habe, als eines der heiligsten Gesetze der Zukunft: Unsere Sorge, unsere Pflicht, ist unser Volk und unser Blut; dafür haben wir zu sorgen und zu denken, zu arbeiten und zu kämpfen, und für nichts anderes. Alles andere kann uns gleichgültig sein. Ich wünsche, daß die SS mit dieser Einstellung dem Problem aller fremden, nicht germanischen Völker gegenübertritt, vor allem den Russen. Alles andere ist Seifenschaum, ist Betrug an unserem eigenen Volk und ist ein Hemmnis zu einer früheren Gewinnung des Krieges."²⁵⁵

Aus dem Reservoir der *Allgemeinen SS* mit berufstätigen Mitgliedern entstanden als Sondereinheiten der SS 1931 der ↑ *Sicherheitsdienst* (SD), 1933 die *SS-Leibstandarte „Adolf Hitler"*, die *SS-Wachverbände*, ab 1936 die *SS-Totenkopfverbände*²⁵⁶, und die *SS-Verfügungstruppe*²⁵⁷, ab 1939 die ↑ *Waffen-SS*. „Im Frühjahr 1933 entstand so die Leibstandarte SS ‚Adolf Hitler' und beim weiteren Ausbau dieser SS-Verfügungstruppe (VT.) kamen hierzu die aktiven SS-Standarten: SS 1 ‚Deutschland' in München, SS 2 ‚Germania' in Hamburg, Arolsen, Radolfzell, sowie die technischen Sturmbanne, der SS-Pioniersturmbann in Dresden und der SS-Nachrichtensturmbann in Unna. Für den Führernachwuchs dieser Verfügungstruppen sorgen die SS-

---

²⁵³ Erlaß Adolf Hitlers v. 20. 7. 1934. Zit. Hofer, W. (Hg.): Der Nationalsozialismus, 1980, Dok. 38, 70.
²⁵⁴ Organisationsbuch der NSDAP. 1943, 418.
²⁵⁵ Rede Himmlers bei der SS-Gruppenführertagung in Posen am 4. 10. 1943. Zit. Buchheim, H.: Befehl u. Gehorsam. In: Anatomie des SS-Staates, 6. Aufl. 1964, 247 f. u. Hofer, W. (Hg.): Der Nationalsozialismus, 1980, Dok. 62, 113.
²⁵⁶ Gebucht: Duden, 12. Aufl. 1941.
²⁵⁷ Gebucht: Duden, 12. Aufl. 1941.

Junkerschulen in Tölz und Braunschweig."[258] „Einen Teil der kasernierten SS bilden die SS-Totenkopfverbände. Sie entstanden aus den für die Bewachung der Konzentrationslager 1933 einberufenen Freiwilligen der Allgemeinen SS. Ihre Aufgabe ist neben der Erziehung des bewaffneten politischen Soldaten die Bewachung der in den Konzentrationslagern untergebrachten Staatsfeinde. Die SS-Totenkopfverbände verpflichteten ihre Angehörigen auf 12 Jahre."[259] „Die SS-Verfügungstruppe ist weder ein Teil der Wehrmacht noch der Polizei. Sie ist eine stehende bewaffnete Truppe zu meiner ausschließlichen Verfügung. Als solche und als Gliederung der NSDAP ist sie weltanschaulich und politisch nach den von mir für die NSDAP und die Schutzstaffel gegebenen Richtlinien durch den Reichsführer-SS auszuwählen, zu erziehen und durch Einstellung von Freiwilligen, die ihrer Arbeitsdienstpflicht genügt haben, aus der Zahl der Wehrpflichtigen zu ergänzen."[260]

Staatsjugendtag

Der von 1934 bis 1936 dem ↑ *HJ-Dienst* vorbehaltene schulfreie Samstag.

> Am 30. 7. 1934 wurde zwischen Rust und v. Schirach ein Abkommen unterzeichnet, nach dem Angehörige des ↑ *Jungvolks* und ihre Führer samstags vom Schulunterricht befreit wurden. Schüler, die nicht Mitglied der ↑ *Hitlerjugend* waren, sollten unterdessen nationalpolitischen Unterricht erhalten. Da die *HJ-Führer* die freie Zeit nicht sinnvoll nutzten und der *Staatsjugendtag* mancherorts durch regionale Vereinbarungen abgeschafft wurde, hob ihn Rust schon Ende Dezember 1936 für das ganze Reich wieder auf. Stattdessen wurden der HJ zwei aufgabenfreie Nachmittage zur Verfügung gestellt.[261] „Reichserziehungsminister Rust gibt die Schaffung eines Staatsjugendtags bekannt, durch den der Streit um die Zeit der Jugend zwischen Schule, Elternhaus und HJ. endgültig erledigt werden soll. Der sechste Tag der Woche, der Sonnabend, soll ausschließlich der staatspolitischen Erziehung der Jugend durch die Hitlerjugend dienen, während der siebente Tag der Woche, also der Sonntag, der Familie gehört. Die übrigen fünf Tage der Woche sind der Schule vorbehalten."[262] „Der Reichsjugendführer v. Schirach erklärt, daß vom Schulunterricht am Staatsjugendtag nur Mitglieder der HJ. befreit werden. Der Staatsjugendtag soll selbstverständlich nicht einseitig nur der Schülerschaft zugute kommen. Da die HJ. zu 80 Prozent aus Jungarbeitern besteht, die den Staatsjugendtag auch körperlich am nötigsten haben, will die Reichsjugendführung auf eine Ausdehnung des Staatsjugendtages auf alle Jugendlichen vom 10. bis 18. Lebensjahr hinwirken. Außer dem Sonnabend, der ganz der Hitler-Jugend zur Verfügung steht, soll in Zukunft nur noch der Mittwochabend mit HJ.-Dienst belegt werden."[263] „Reichs-

---

[258] d'Alquen, G.: Die SS, 1939, 14 f.
[259] ebd., 20.
[260] Befehl Hitlers v. 17. 8. 1938. Dok. PS−647 (US−443). In: Der Nürnberger Prozeß, Bd. 4, 192 f.
[261] Eilers, R.: Die nationalsozialistische Schulpolitik, 1963, 122 f.
[262] Deutsche Allg. Zeitung, 9. 6. 1934. Zit. Blick in die Zeit, 2/Nr. 24, 16. 6. 1934, 15.
[263] Angriff, 18. 7. 1934. Zit. Blick in die Zeit, 2/ Nr. 25, 23. 6. 1934, 15.

unterrichtsminister Rust erklärte, daß der Staatsjugendtag bereits Tatsache geworden ist und feste Termine dafür festgesetzt sind. So werde der erste Staatsjugendtag in Hannover am 4. August stattfinden. Für die anderen Teile des Reiches wird voraussichtlich der erste Sonnabend nach Ferienende bestimmt werden."[264] „Es ist selbstverständlich, daß die Einführung des Staatsjugendtages von der katholischen Kirche nicht begrüßt wird, weil sie befürchtet, daß ihr dadurch der Nachwuchs der katholischen Jugendorganisationen erheblich geschmälert, wenn nicht sogar abgegraben wird."[265] „Besonders auffällig sind die Klagen über den Verlauf des Staatsjugendtages, an welchem zahlreiche Gruppen von morgens bis abends so gut wie völlig undiszipliniert herumlaufen und die Jungens sich fast selbst überlassen sind. Dies führt dann dazu, daß sie, wie es vorgekommen ist, sich mit dem Bewerfen von Zügen abgeben oder anderen Unfug stiften."[266] Während die Geistlichkeit seinerzeit die Einführung des Statsjugendtages und die Freistellung des Sonntags von Veranstaltungen der Hitlerjugend pp. durchaus begrüßte, weil diese Veranstaltungen am Sonntag angeblich das religiöse Leben gefährdeten, geht sie neuerdings zum Angriff auf den Staatsjugendtag über. Auch diesmal dient als Begründung die angebliche Gefährdung des religiösen Lebens, nämlich der Beichte usw. M. E. fühlt sie sich stark genug, nunmehr ihrerseits zum Angriff übergehen zu können."[267]

Standarte

a) Von Hitler entworfene Fahne der SA; b) Name einer Formation der SA, der SS, des NSKK, des NS-Fliegerkorps.[268]

> *Standarte* ‚Sturmfahne, Hoheitszeichen', mhd. (13. Jh.) *standert, standhart* wurde aus dem gleichbedeutenden afrz. *estandart* entlehnt.[269] Im 17. Jahrhundert erscheint der Ausdruck in der femininen Form *Standarte*. Seit dem 17. Jahrhundert wird er — wie *Banner, Fähnlein* — als Kollektivum auf kleinere militärische Einheiten bezogen.[270]

> a) Hitler: „Zwei Jahre später, als aus der Ordnertruppe schon längst eine viel tausend Mann umfassende Sturmabteilung geworden war, schien es nötig, dieser Wehrorganisation der jüngsten Weltanschauung noch ein besonderes Symbol des Sieges zu geben: die Standarte. Auch sie habe ich selbst entworfen und dann einem alten treuen Parteigenossen, dem Goldschmiedemeister Gahr zur Ausführung über-

---

[264] Berliner Tageblatt, 22. 7. 1934. Zit. Blick in die Zeit, 2/Nr. 30, 28. 7. 1934, 15.
[265] Stellungnahme d. Reg.präsidenten Aachen z. Lagebericht d. Staatspolizeistelle an d. Reichsminister d. Innern v. 9. 8. 1934. In: Vollmer, B.: Volksopposition im Polizeistaat, 1957, 75.
[266] Bericht d. Staatspolizeileitstelle f. d. Reg.bezirk Aachen an d. Geh. Staatspolizeiamt v. 8. 12. 1934. In: Vollmer, B.: Volksopposition im Polizeistaat, 1957, 134.
[267] Lagebericht f. d. Monat Dezember 1934 d. Staatspolizeistelle f. d. Reg.bez. Aachen v. 7. 1. 1935. In: ebd., 143.
[268] Gebucht: Duden, 11. Aufl. 1934, 12. Aufl. 1941. Getilgt: Duden, 13. Aufl. 1947.
[269] Vgl. Kluge 1989, 695 s. v.
[270] Vgl. Paul 1992, 840, s. v.

geben. Seitdem gehört die Standarte zu den Wahr- und Feldzeichen des nationalsozialistischen Kampfes."[271] „Der Führer entwarf die Standarte mit der aufreizenden Inschrift ‚Deutschland erwache‘, dem Kampfruf der SA, der sie immer wieder begeisterte und unter dem sie ihre späteren Siege erfocht."[272] „Am Sonntag war der Tag der SA. Tausende von Kämpfern traten auf dem Marsfeld an, sie standen bei bitterer Kälte im Schnee und empfingen ihre Standarten, die der Führer weihte. In München wurden zum erstenmal die neuen Feldzeichen gezeigt, die die SA mit ungeheurer Begeisterung übernommen hatte.[273] „Nach dem Vorbeimarsch der HJ-Fahnen vor dem Führer am Morgen des 7. September [1937] trat in der Luitpoldhalle der Parteikongreß zusammen – eröffnet durch den Stellvertreter des Führers, Pg. Rudolf Heß [...]. Dann verliest der Stabschef der SA., Pg. Lutze, die Namen der gefallenen Nationalsozialisten – bei gedämpften Trommelwirbeln, gesenkten Standarten und erhobenen Armen aller Kongreßteilnehmer."[274]

b) In der Zeitschrift ‚Muttersprache‘ des Deutschen Sprachvereins kommentiert W. Schulze positiv die Bezeichnungen für die Einheiten der nationalsozialistischen Organisationen: „Um es vorweg zu sagen, die Bezeichnungen der Bauteile sind mit glücklicher Hand gefunden! Schlichtheit und Deutschheit kennzeichnet, von einigen abgesehen, alle Namen."[275] „Mit der Standarte, einem alten deutschen Lehnwort (frz. étandard, von lat. extendere), das eigentlich das entrollte Fähnlein bedeutet, ist eine schon im dreißigjährigen Kriege für eine Reiterschar übliche Bezeichnung wieder aufgelebt. [...]"[276] M. Pechau äußert sich in seiner 1935 veröffentlichten Dissertation ‚Nationalsozialismus und deutsche Sprache‘ ebenfalls über die Formationsbezeichnungen: „Die Einrichtung der SA hat manche weitere neue Bezeichnung mit sich gebracht. Die Namen Rotte, Schar, Trupp, Sturm, Sturmbann, Standarte, Brigade und Gruppe. Diese Einteilungsbezeichnungen sind nicht dem Heere entnommen, weil die SA niemals eine militärische Truppe sein sollte, sondern vielmehr dem Schutz und der Propaganda der Partei zu dienen hatte, weil der SA-Mann eben ein politischer Soldat war, d. h. daß sich in ihm soldatische Disziplin mit politischer Erkenntnis und weltanschaulichem Kampfeswillen paaren sollten."[277] Die Bezeichnung *Standarte* durfte nicht auf andere Zusammenschlüsse übertragen werden: „Der Reichsorganisationsleiter Dr. Ley gibt bekannt: ‚Es ist mir gemeldet worden, daß einige Betriebsgemeinschaften Standarten der Arbeit eingeführt haben. Ich untersage dies hiermit. Begriff und Bezeichnung Standarte sind und bleiben der SA und SS vorbehalten."[278]

---

271 Mein Kampf, 557.
272 Das Ehrenbuch der SA, v. Sturmhauptführer K. W. H. Koch, 1934, 26.
273 Ebd., 29.
274 Rühle, G.: Das Dritte Reich, Bd. 1937, 224.
275 Schulze, W.: NSDAP. In: Muttersprache, 48/1933, 358.
276 Ebd. 358 f.
277 1935, 19.
278 National-Zeitung, Essen, 12. 5. 1935. Zit. Blick in die Zeit, 3/Nr. 20, 17. 5. 1935, 8.

Sturm

Name einer Unterabteilung der ↑ SA und der ↑ SS.[279]

> Aus der Bedeutung ‚Kampf, Streit' des Wortes Sturm „entwickelt ist *sturm* als bezeichnung einer militärischen untergruppe, abteilung: die gesamte artillerie war in stürme (batterien) geteilt, jeder sturm enthielt drei bis sechs geschütze G. FREYTAG ges. werke (1888) 18, 295."[280]

> „Die Standarten umfassen 3–6 Sturmbanne zu je 3–10 Stürmen. Der SA-Sturm gliedert sich im Allgemeinen in 3 Trupps, von denen jeder wiederum in 3–5 Scharen unterteilt ist."[281] „in der gegenwart insbesondere die kleinste unterabteilung der nationalsozialistischen parteitruppe, der S-A. (,sturmabteilung'), etwa einer compagnie entsprechend: und sieht man uns, so sagt man, wenn wir vorüberziehn: / das sind die hitlerleute vom ersten sturm Berlin![282] „Der Klang eines Marschliedes nähert sich. Ein SA-Sturm kommt im Eilschritt, voran der Sturmführer, hinter ihm die Fahnensektion mit dem geliebten Feldzeichen. Hände erheben sich rechts und links zum Gruß. Aber einigen Unentwegten an der Ecke ist die Unterhaltung wichtiger. Rasch sollen sie eines Besseren belehrt werden. Drei gellende Pfiffe zerreißen die sonntägliche Stille. Die SA-Stürmer der linken Reihe stürmen auf die Gruppe los. Eine Mütze fliegt aufs Pflaster, Ohrfeigen klatschen. Dazu der gute Rat: ‚Die Sturmfahne wird gegrüßt!' Wieder ertönt ein Pfiff und in wenigen Sekunden ist die Ordnung hergestellt. Als wäre nichts gewesen, setzen die SA-Leute ihren Marsch mit Gesang fort. Die Zuschauer aber waren um eine Lehre und ein Erlebnis reicher."[283] „Habt ihr die Menschenmengen am Brandenburger Tor gesehen und darüber hinaus? Habt ihr erlebt, wie nun auch bei denen, die abseits standen, das heilige Feuer zündete und auch bei ihnen, unter der reißenden Wucht dieser Geschehnisse die Arme hochflogen, wenn die bisher mißachteten Fahnen der Stürme vorbeigetragen wurden? Habt ihr den Ausdruck der Mienen skeptischer Großstadtmenschen gesehen, die im Licht der lodernden Fackeln befreit, offen und enthüllt lagen? Habt ihr den hingerissenen Glauben gesehen, den die mitmarschierende SA in Satten und Feigen, in Marxisten und Reaktionären, in Zweiflern und Gegnern in überwältigendem Wandel erweckte?"[284]

Die 12. Auflage des Rechtschreibdudens von 1941 bucht unter dem Lemma *Sturm* die auf die SA bzw. SS bezogenen Komposita: *Sturmabend, Sturmbann, Sturmbannführer, Sturmfahne, Sturmführer, Sturmhauptführer, Sturmmann.*

---

[279] Gebucht: Duden, 12. Aufl. 1941, DWB, Volks-Brockhaus 1940. Getilgt: Duden, 13. Aufl. 1947.
[280] DWB, Bd. 10.4, 1942, 595 f.
[281] Organisationsbuch der NSDAP., 3. Aufl. 1937, 364.
[282] Horst Wessel. In: H. H. Ewers: H. Wessel, 1938, 40. Zit. DWB, ebd., 596.
[283] Cuxhavener Tageblatt, 13. 9. 1933. Zit. Blick in die Zeit, 1/ Nr. 15, 23. 9. 1933, 13.
[284] Das Ehrenbuch der SA, 1934, 284.

Sturmlokal

Während der ↑ *Kampfzeit* Stammkneipe und konspirativer Treffpunkt eines SA-Sturms.

> „Im Norden Berlins wurde ein SA-Mann, der in seinem Sturmlokal Gelder eingesammelt hatte und sich auf dem Nachhauseweg befand, von drei Männern verfolgt und angegriffen."[285] „Warst du einmal in einem Sturmlokal einer Großstadt und hast das Leben der SA kennengelernt? Früher, als der Sieg der Bewegung noch nicht erfochten war? Nein? Schade! Es ist heute schwer, dir das so zu beschreiben, daß du das richtige Bild davon hast. Denn die äußerlichen, revolutionären Kämpfe gegen Kommune und Reichsbanner, gegen Polizei und Regierung sind seit langem vorbei, und die heutigen Aufgaben der SA haben sich auf andere Ebenen verschoben. [...] Stelle dir zunächst das vor, was man in verschiedenen Gegenden Deutschlands verschieden benennt, Kaschemme, Kneipe, Wirtshaus oder Wirtschaft. Da ist der kleine, meist dunkle und dumpfe, schmale Raum mit seinen, sagen wir zehn Tischen [...] Es gibt auch einen Nebenraum oder einen rückwärtig gelegenen Raum, der manchmal größer, manchmal kleiner ist und den man vielfach in bürgerlichen Kreisen mit Vereinszimmer bezeichnet."[286] „Im Lokal hängen Bilder des Führers und hervorragender Persönlichkeiten der Bewegung, manchmal auch ein gestiftetes Bild eines höheren SA-Führers als Erinnerung an seinen Besuch. Fast wichtiger als das Lokal selbst ist der Keller. Hat er eine Kegelbahn, so ist das außerordentlich wertvoll. Da kann der ganze Sturm antreten, und da kann man, wenn die Fenster gut abgedichtet sind, seine Pistole einschießen, ohne daß die böse Polizei etwas merkt und sofort zur peinlichen Haussuchung schreitet. Natürlich muß ein Posten vor dem Lokaleingang aufpassen, ob eine Streife der Grünen kommt. Keller und Nebenräume dienen auch zum politischen Unterricht."[287] „Auf kleinen Umwegen sammeln sich die Männer im Sturmlokal. Ein kurzer Telefonspruch kommt durch. Als bald darauf die Obrigkeit erscheint, sitzt alles friedlich beim Bier oder beim Skat. Die übliche Untersuchung nach Waffen erfolgt. Man kennt das schon und hat seit langem Verstecke, die durch ihre verblüffende Einfachheit unauffindbar sind. Wütend ziehen die Beamten ab. Erfolglosigkeit macht nach all der Arbeit doppelt böse. Nein, nicht alle sind wütend. Einige tun nur so. Sie schmunzeln verhohlen, und der eine Beamte zwinkert dem Sturmführer zu. Man weiß, von ihm, der seit langem heimlich in der Bewegung steht, stammt der freundliche, warnende Anruf."[288]

System

Verächtlich für die Weimarer Republik.[289]

> Der im Verlauf des 18. Jahrhunderts eingebürgerte, aus lat. *systema* (dieses aus gr. *systema*) entlehnte Ausdruck *System* ‚aus einzelnen Teilen zusammengefügtes

---

[285] Deutsche Allg. Zeitung, 14. 7. 1933. Zit Blick in die Zeit, 1/Nr. 6, 21. 7. 1933, 9.
[286] Das Ehrenbuch der SA, 1934, 209.
[287] Ebd., 211.
[288] Ebd., 124.
[289] Gebucht: Duden, 12. Aufl. 1941, DWB, Bd. 10.4, 1942; Paechter. Getilgt: Duden, 13. Aufl. 1947.

Ganzes'²⁹⁰ wurde, wie schon im Griechischen bei Platon und Aristoteles, in der Bedeutung ‚Regierungsform', ‚Struktur der Gesellschaft' auch auf Staat und Gesellschaft angewendet. „wenn diese (neue staatsform) da ist, fühlen sie die unvollkommenheit derselben und wünschen ... das alte system wieder zurücke. (1778)"²⁹¹

> Victor Klemperer hält in seiner ‚LTI. Notizbuch eines Philologen' fest: „Wenn aber der Nationalsozialist ‚das System' sagt, so meint er ausschließlich das System der Weimarer Verfassung. Das Wort ist in dieser Spezialanwendung der LTI – nein vielmehr erweitert zur Bezeichnung des gesamten Zeitabschnitts von 1918–1933 – sehr rasch populär geworden."²⁹² M. Pechau betont in seiner Dissertation ‚Nationalsozialismus und deutsche Sprache' 1935: „Das Wort spielt in dem nationalsozialistischen Kampf eine außerordentlich große Rolle. Alles, was der Nationalsozialismus in seinem Kampf seit 1918 geißelt, faßt er unter diesem Namen zusammen. Man brauchte schließlich einmal einen Sammelnamen für alle seine Gegner und deren Taten. Erfaßt sollte aber alles werden, so sprach man eben von einem System, vom System seit 1918."²⁹³ Im Wahlaufruf der NSDAP vom 1. 3. 1932 heißt es: „Der Führer unserer nationalsozialistischen Freiheitsbewegung, die sein Werk ist, der 12 Jahre lang mit ihr um die Seele seines Volkes für Deutschland gerungen hat, fordert heute im Namen dieses Volkes das System in die Schranken. [...]"²⁹⁴ Am 16. 1. 1932 ließ Hitler Reichskanzler Brüning eine Denkschrift über die Frage der parlamentarischen Amtszeitverlängerung Hindenburgs übergeben, in der er die „Vernichtung" und „Überwindung des Systems" als Lebensvoraussetzung der deutschen Nation proklamierte. In seiner Antwort am 23. Januar bezog sich Brüning auch auf den Ausdruck *System*: „Ich muß es ablehnen, mit Ihnen in eine Diskussion über Schlagwort-Begriffe einzutreten. Wer den Ernst einer schweren Aufgabe völlig erkennt, wird niemals Zuflucht zu einem Schlagwort nehmen."²⁹⁵ Zwei Tage später, am 25. 2. 1932, greift Goebbels in seiner Rede vor dem Berliner Reichstag Brünings Antwort an Hitler auf und unterstellt ihm die Frage: ‚Was verstehen Sie eigentlich unter System?', um mit dem Stichwort *System* schlagwortartig die demagogischen Argumente der Nationalsozialisten gegen die Republik aufzurufen. „Wir haben erklärt: Wir wollen ein System stürzen. Sie, Herr Reichskanzler, stellen sich taub, als wüßten Sie nicht, was darunter gemeint ist. Ich werde es Ihnen sagen: Unter System verstehen wir jene Art zu regieren, in der es möglich ist, daß eine Partei heute noch Macht und Verantwortung trägt, die am 28. Oktober 1918 schrieb: Es ist unser heiliger Wille, daß wir die Kriegsflagge streichen, ohne sie siegreich heimzubringen. Das, Herr Reichskanzler, nennen wir System. Unter System verstehen wir eine Art zu regieren, in der es möglich ist, daß die Weltdiffamierung des deutschen Volkes

---

290 Paul 1992, 872, s. v.
291 Schmidt, M. I.: Geschichte der Deutschen, 1778, 1, Vorr. 15. Zit. DWb., Bd. 10.4, 1942, 1439.
292 Ebd., 14. Aufl., 1996, 105.
293 Ebd., 88.
294 In: VB, 1. 3. 1932. Zit: Hofer, W. (Hg.): Der Nationalsozialismus, 1980, 23.
295 Zit. Goebbels Reden, hg. H. Heiber, Bd. 1, 1971, 39, Anm. 49. Vgl. zum Vorhergehenden: H. Heiber, ebd.

in der Kriegsschuldlüge amtlich ist und amtlich bleibt. Unter System verstehen wir, daß Parteien weiter ihre Existenz fristen können, die bei der Machtübernahme Freiheit, Schönheit und Würde versprechen und seit dreizehn Jahren dem Volke Steine statt Brot und Phrasen statt Versprechungen geben! [...] Ein System, in dem Hunderte und Tausende in die Gefängnisse wandern mußten, weil sie die Staatsform, aber niemals einer, weil er den Staatshaushalt, das Volk beleidigt hatte, – das nennen wir System, Herr Reichskanzler. In dem die Beleidigung der Republik ins Zuchthaus bringt, die Beleidigung und Verhöhnung des deutschen Volkes aber als höchster Ehrentitel gilt, – das ist gemeint! Ein System, in dem große und einflußreiche Parteien erklären, daß der Landesverrat keine Schande, sondern nur eine Ehre darstelle [usw.]"[296] Am 8. 4. 1933 verkündete Goebbels vor dem SA-Appell: „Wir dürfen heute mit stolzem Selbstbewußtsein sagen, daß an unserer Kraft das System zerbrochen ist."[297]

Zu *System* ‚verächtlich für Weimarer Republik' gebildete Komposita: *Systembeamter*[298], *Systembonze*[299], *Systemdeutschland*[300], *Systempartei*[301], *Systempolitiker*[302], *Systempresse*[303], *Systemregierung*[304], *Systemstaat*[305], *Systemzeit*[306].

---

[296] In: Ebd., 39, 40, 41. (Zit. ohne Zwischenrufe u. durch Zwischenrufe bedingte Wortwiederholungen.).
[297] In: Signale der neuen Zeit, 1934, 138.
[298] MADR, (Nr. 102), 4. 7. 1940, 1346.
[299] Schley, A. (Hg.): Führerworte, Bd. 1, o. J. 102.
[300] Meyers Lexikon, Bd. 3, 1937, 1276.
[301] Espe, W. M.: Das Buch der N. S. D A. P., 1933, 315.
[302] Das Reich, 26. 6. 1940, 8.
[303] Meyers Lexikon, Bd. 3, 1937, 1398.
[304] Meyers Lexikon, Bd. 3, 1937, 99.
[305] Meyers Lexikon, Bd. 1, 1936, 150.
[306] Duden, 12. Aufl. 1941, 575, s. v. System.

T

Tag der nationalen Arbeit

Gebräuchliche Kurzform der durch Gesetz vom 10. April 1933 eingeführten Bezeichnung *Feiertag der nationalen Arbeit* für den zum gesetzlichen Feiertag erhobenen 1. Mai.

> 1889 war auf dem Gründungskongreß der Zweiten Internationale in Paris der 1. Mai zum Kampf- und Demonstrationstag und zum ‚Weltfeiertag der Arbeit' erklärt worden. Der Termin sollte an die Aktivisten der Arbeiterbewegung erinnern, die im Zusammenhang mit dem nie aufgeklärten Bombenattentat während einer Demonstration am 4. Mai 1886 auf dem Haymarket in Chicago und den sich anschließenden Schießereien zum Tode oder zu langjähriger Haft verurteilt worden waren.[1]

> Das NS-Regime erhob durch das ‚Gesetz über die Einführung eines Feiertages der nationalen Arbeit' vom 10. April 1933 den 1. Mai zum gesetzlichen Feiertag[2] und erfüllte damit scheinbar eine alte Forderung der Arbeiterbewegung. Die Bezeichnung des neuen Feiertags als *Feiertag der nationalen Arbeit* verwies jedoch auf den Zusammenhang der rassistischen Interpretation der ↑ *Arbeit* als ↑ *arisch-germanische* ↑ *Leistung*, wie sie Hitler in ‚Mein Kampf' ausführt.[3] Der 1. Mai 1933 wurde mit großen Feierlichkeiten begangen, nationalsozialistische und gewerkschaftlich organisierte Arbeiter marschierten gemeinsam in den großen Aufmärschen. Am 2. Mai wurden die Allgemeinen Deutschen Gewerkschaften zerschlagen. „Und dann kam der Tag, der für alle Zeiten ein Markstein in der Geschichte der nationalsozialistischen Bewegung sein wird; der Tag, an dem das deutsche Volk sein Bekenntnis ablegte zur großen allumschließenden Einheit der Nation: Der 1. Mai 1933! ‚Tag der nationalen Arbeit!' Tag der deutschen Arbeit, der Zuversicht und der endlich wiedererstandenen Volksgemeinschaft. Nicht als Feier des Sieges, des Triumphes stieg dieser Tag zum Morgenrot des jungen Frühlings empor; nicht als Hexensabbat unsozialer, klassenkämpferischer Experimente, als Partei- oder trügerischer Weltfeiertag – nein, er gehörte dem ganzen deutschen Volk!"[4] „Am Sonntag fand im Münchener Ausstellungspark als Auftakt zum Tag der nationalen Arbeit die Weihe von 200 Fahnen der NSBO. statt. Die Weiherede hielt Innenminister Wagner, der scharf mit dem Marxismus abrechnete. Die nationale Regierung wolle aber den Tag der nationalen Arbeit nicht dadurch begehen, daß sie Haß gegen die Arbeiterverrä-

---

[1] Vgl. Marßolek, I. (Hg.): Hundert Jahre Zukunft, Frankfurt 1990.
[2] RGBl. 1, 1933, 191.
[3] Ebd. 326 f.
[4] Espe, W. M.: Das Buch der N. S. D. A. P., 1933, 321

ter predige. [...]"⁵ „Der 1. Mai, einst Demonstrationstag für das internationale Proletariat, ist von Adolf Hitler zum Tag der nationalen Arbeit bestimmt. Aus dem Tag des Klassenkampfes ist ein Tag der Volksgemeinschaft geworden."⁶ Im 'Gesetz zur Ordnung der nationalen Arbeit' vom 20. 1. 1934 wird noch die Bezeichnung *Tag der nationalen Arbeit* verwendet: „§ 10 (1) Die Mitglieder des Vertrauensrates legen vor der Gefolgschaft am Tage der nationalen Arbeit (1. Mai) das feierliche Gelöbnis ab, in ihrer Amtsführung nur dem Wohle des Betriebes und der Gemeinschaft aller Volksgenossen unter Zurückstellung eigennütziger Interessen zu dienen und in ihrer Lebensführung und Diensterfüllung den Betriebsangehörigen Vorbild zu sein."⁷ Durch das Gesetz vom 27. 2. 1934 über die Feiertage wurde der erste Mai zum Nationalfeiertag deklariert und erhielt nun offiziell den Namen *Nationalfeiertag des deutschen Volkes*.⁸ „Voriges Jahr hat das deutsche Volk den 1. Mai als ‚Tag der nationalen Arbeit' festlich begangen. Inzwischen ist dieser Tag durch Reichsgesetz zum Nationalfeiertag der Deutschen erhoben worden. Der Sinn des 1. Mai ist aber dadurch nicht verändert worden. Dieser Sinn ist gestern, heute und morgen immer derselbe: Tag der Volksgemeinschaft zu sein."⁹ Die neue offizielle Bezeichnung für den 1. Mai findet jedoch offenbar nur selten Verwendung. „Die Zahl derer, die ohne Arbeit und Brot waren und die der Unterstützung bedurften, stellte nur noch einen geringen Bruchteil dar gegenüber den Katastrophenjahren vor 1933. Das deutsche Volk war wieder ein Volk der werteschaffenden Arbeit geworden. Und der Nationale Feiertag des deutschen Volkes, der 1. Mai 1936, wurde wieder zu einem unverbrüchlichen Bekenntnis zum Führer. – und zu einem Fest der Gemeinschaft und der Arbeit im ganzen Reiche."¹⁰ Statt der geforderten gesetzlichen Bezeichnung des 1. Mai werden Mischformen verwendet: „Und als das deutsche Volk am 1. Mai wieder seinen Nationalfeiertag, den Tag der nationalen Arbeit beging [...]"¹¹ Oder man greift auf die ältere gesetzliche Form zurück: „Der 1. Mai, der Feiertag der nationalen Arbeit, brachte auch in diesem Jahr die Festsitzung der Reichskulturkammer [...]"¹² Die verbreitete Kurzform bleibt aber in Gebrauch.: „Heute, ein Tag des ganzen Volkes: 1. Mai, Tag der nationalen Arbeit, Festtag des deutschen Arbeitertums. Welch anderes, freundlicheres, ergreifenderes Bild. Das Volk hat den Weg zur Ordnung gefunden, geht ihn Tag für Tag, und in unserem Land und unserem Herzen ist die naturgebundene und gottgewollte Harmonie eingezogen."¹³ Am 11. 4. 1939, und noch einmal 1941, ergeht daher eine Presseanweisung: „Die Zeitungen werden hierdurch nochmals daran erinnert, daß der 1. Mai gesetzlich die Be-

---

5 Volksparole. Amtl. nationalsozialistische Tageszeitung, Düsseldorf, 1. Wonnemonat/Mai 1933, 1.
6 Wagner, H.: Taschenwörterbuch des neuen Staates, 2. Aufl. 1934, 66.
7 RGBl. 1, 1934, 46.
8 RGBl. 1, 1934, 129.
9 Germania, 1. 5. 1934. Zit. Blick in die Zeit, 2/Nr. 19, 1.
10 Rühle, G.: Das Dritte Reich, Bd. 1936, 113.
11 Ebd., Bd. 1937, 106.
12 Ebd., Bd. 1937, 338.
13 Mit Schrubber und Eimer in die Betriebe. In: Neuß-Grevenbroicher Anzeiger, 22. 4. 1937.

zeichnung ‚Nationaler Feiertag des Deutschen Volkes' trägt. Sie werden daher gebeten, andere Ausdrücke wie ‚Tag der Arbeit' usw. nicht zu verwenden."[14] Dennoch gebraucht auch der Sicherheitsdienst in seinen ‚Meldungen aus dem Reich' weiterhin: *Tag der nationalen Arbeit*: „Der ‚Tag der nationalen Arbeit' nahm nach den nunmehr aus allen Teilen des Reiches vorliegenden Meldungen überall einen ruhigen Verlauf."[15]

Tag der nationalen Solidarität

Alljährlich mit Werbeaktionen begangener Tag der Eröffnung des ↑ *Winterhilfswerks*.

> *Nationale Solidarität*, die im ↑ *Dritten Reich* zum Schlagwort gewordene Kontrastbildung zu *internationale Solidarität*, wurde nach Büchmann (Rust) von Goebbels geprägt: „Beide Prägungen [*Aktion (Kampf) gegen Hunger und Kälte* und *nationale Solidarität*] gehen auf Dr. Goebbels zurück, der sie bei den Vorbesprechungen des Winterhilfswerks schuf."[16] Hitler verwendet beide Formulierungen in seinem Aufruf zur Eröffnung des *Winterhilfswerks* 1933/34 am 13. September 1933. „Daher muß als Motto über dieser großen Hilfsaktion das Wort stehen: ‚Nationale Solidarität'."[17] „Diese große Aktion gegen Hunger und Kälte muß unter dem Motto stehen: Die internationale Solidarität des Proletariats haben wir zerbrochen, dafür wollen wir aufbauen die lebendige nationale Solidarität des deutschen Volkes."[18] Er eröffnete den Appell mit den Worten: „Viele Jahre haben wir im Innern gegen den Gedanken der internationalen marxistischen Solidarität gekämpft. Wir haben in dieser vermeintlichen internationalen Solidarität nur den Feind wirklicher nationaler Einstellung gesehen, ein Phantom, das den Menschen wegzog von der einzig vernünftigen Solidarität, die es geben kann: Von der Solidarität, die blutmäßig ewig begründet ist."[19] Die propagandistische Tendenz war eindeutig. Der vor allem im Bewußtsein der Arbeiter verankerte Slogan *internationale Solidarität* sollte verdrängt werden. ‚Knaurs Konversations-Lexikon A–Z' von 1934 kommentiert: „Gegen die marxistisch-kapitalistische Weltanschauung, deren Triebfeder der persönliche Nutzen war, wird hier der Grundsatz: Gemeinnutz geht vor Eigennutz und Alle für einen, einer für alle gestellt. Gegenüber der internationalen Solidarität des Proletariats – die nationale Solidarität mit dem Ziel der wirklichen Volksgemeinschaft. [...] ‚Der Einzelne ist nichts, die Nation ist alles!'"[20] Der Tag in der ersten Dezemberwoche, an dem mit großem propagandistischen Aufwand die *WHW-Sammlungen* begannen, erhielt den Namen *Tag der nationalen Solidarität*. Der Deutsche Sprachverein, der weltfremd genug war, viel zu spät zu erkennen, daß

---
[14] Pr Bln 11. 4. 1939 (Nr. 8); ähnlich Ob 20/75, 24. 4. 1941. Zit. Glunk, ZDS 27/1971, 119.
[15] MADR, (Nr. 282), 7. 5. 1942, Bd. 10, 3707.
[16] Büchmann (Rust): Geflügelte Worte, 1943, 412 [ohne Quellenangabe].
[17] Führerreden zum Winterhilfswerk 1933–1936, 1937, 3.
[18] Ebd., 4.
[19] Ebd., 3..
[20] Ebd., 1057 f.

selbst nur puristische Kritik am Sprachgebrauch prominenter Nationalsozialisten im ↑ *Dritten Reich* keineswegs opportun war, befaßte sich in seiner Zeitschrift ‚Muttersprache' 1935 unter der Rubrik ‚Mitteilungen' mit der Bezeichnung. „Nationale Solidarität. Wir hatten geglaubt, sie sei nach ihrem peinlichen Auftreten in den Stempelaufdrucken der Deutschen Reichspost in der Versenkung verschwunden. Doch nein, sie ist wiedergekehrt, in aller Öffentlichkeit und weithin hörbar und sichtbar, als ‚Tag der nationalen Solidarität' am 8. Dezember 1934, der ein überwältigendes Zeugnis ablegen sollte und abgelegt hat für den Gemeinschaftssinn des deutschen Volkes. Jeder, dem seine deutsche Muttersprache als teuerstes Erbgut von den Ahnen her, als reinster Ausdruck der deutschen Seele am Herzen liegt, muß sich aufs tiefste gekränkt fühlen durch die unglückliche Wahl jener welschen Bezeichnung für eine so heilige, gute deutsche Sache, einer Bezeichnung, die zudem so unliebsam erinnert an die ‚internationale Solidarität' unseligen Angedenkens. [...]²¹ Mit seiner Kritik zog der Deutsche Sprachverein den Unwillen der NS-Gewaltigen auf sich, seine Ersatzvorschläge für *nationale Solidarität: Gemeinsinn* oder *Brudersinn* waren ohne Wirkung. Es blieb beim *Tag der nationalen Solidarität*. „Das Winterhilfswerk 1937/38 bewies nun in seiner glänzenden Entwicklung den Fortschritt sozialistischer Erziehung in der deutschen Volksgemeinschaft. So erbrachte der ‚Tag der nationalen Solidarität (4. Dezember), an dem wieder das deutsche Führerkorps in Stadt und Land sammelte, diesmal etwa 8 Millionen RM."²² Am 3. 12. 1938 trägt W. Tausk in sein geheimes Tagebuch ein: „Heute ist ‚Tag der deutschen Solidarität', wie man aus der Anlage, die gestern in unserem Briefkasten steckte, ersieht. Die Juden haben deswegen von zwölf bis zwanzig Uhr, laut Verfügung und Gesetz von Anfang der Woche, Haus-Arrest, das heißt, sie haben ihre Wohnungen nicht zu verlassen, ‚da sie an der deutschen Solidarität unbeteiligt sind'. Es ist nicht weiter schlimm. Solange man in Ruhe gelassen wird. Denn auch die guten, bürgerlichen arischen Kreise, wie überhaupt alle, denen am 9. 11. 1938 die Augen aufgingen, haben Parole ausgegeben, heute den Straßen fernzubleiben, ‚weil wir nur noch eine Pöbelherrschaft haben, die schlimmer ist als zur Zeit der Französischen Revolution'. Und damit haben sie alle recht."²³ Der Befürchtung, die unterdessen die Puristen umtrieb, wird 1943 in Wustmanns ‚Sprachdummheiten' Ausdruck gegeben: „[...] einen Augenblick droht an Stelle der Volksgemeinschaft die nationale Solidarität zu treten."²⁴

tarnen

Den wahren Charakter einer Person oder Sache verbergen.²⁵

> Das im Frühneuhochdeutschen nicht mehr belegte Verb ahd., mhd. *tarnen, ternen* ‚unkenntlich, unsichtbar machen' wurde zuerst literarisch wiederbelebt. In einem

---

21 Muttersprache, 50/1935, 14.
22 Rühle, G.: Das Dritte Reich, Bd. 1937, 314.
23 Breslauer Tagebücher, hg. R. Kincel, 1988, 206.
24 Wustmann (W. Schulze), 11. Aufl. 1943, 310.
25 Gebucht: Duden, 11. Aufl. 1934, 12. Aufl. 1941; Paechter.

frühen, 1909 entstandenen Gedicht von Rudolf G. Binding (1887–1938), dem ersten der Reihe ‚Gespräche mit dem Tod', heißt es: „Er trat zu mir. Zweimal und ungewarnt. / Und beugte sich so dicht / auf mich als ob er sein Gesicht / erschauen sollte doch er war getarnt. / So – wie ein Schatten stand er vor dem Licht."[26] Im Ersten Weltkrieg oder bald danach wurde der Ausdruck zu einem Terminus der militärischen Fachsprache. Die ‚Zeitschrift des deutschen Sprachvereins' (seit 1925 ‚Muttersprache') veröffentlichte zwischen 1924 und 1936 mehrfach Glossen, Mitteilungen, Anfragen und Hinweise zu dem neu aufgekommenen Wort. 1927 ist unter der Rubrik ‚Mitteilungen' über die Verwendungsgeschichte des Ausdrucks zu lesen: „Tarnen. Die Scheinmittel, durch die man den Feind über die eigene Stellung im großen und im kleinen zu täuschen versucht, bezeichnete man wohl ehemals im Heerwesen mit dem französischen Wort ‚camoufler', das eigentlich eine Fopperei bedeutet, jemand Dampf vor die Nase blasen. Man brauchte also ein ganz hübsches Bild. Schade nur, daß es für den deutschen Hörer im allgemeinen unverständlich blieb [...]. Seit dem Kriege ist nun in den Vorschriften der Reichswehr für das Verstecken und Decken der Stellungen der Ausdruck ‚Tarnung' und ‚tarnen' gebraucht und hat sich im Heer längst vollständig eingebürgert. Wer einmal von der Tarnkappe der deutschen Sage gehört hat, erkennt sofort, woher das Wort stammt und versteht ohne weiteres, was es besagt."[27] Anlaß für die Glosse war der Spott des ‚Berliner Kleinen Journals' über „die Urheber derartiger Wortspielereien". Man fand „das Wort unnatürlich und geziert". 1929 wird die Anfrage eines Lesers, wem „diese erfreuliche Bereicherung unseres Wortschatzes zu verdanken sei", mit dem Hinweis auf jenen Karl Ammon beantwortet, der bereits 1924 in der ‚Zeitschrift des Deutschen Sprachvereins' im Zusammenhang mit *tarnen* erwähnt worden war.[28] Er habe der Zeitschrift 1928 mitgeteilt: „Ich las einmal [...] in einer militärischen Zeitung, für Camouflage gebe es kein deutsches Wort. Ich erwiderte darauf, dann müsse man eben eins schaffen und schlug Tarnung und tarnen vor, da jedermann wisse, was eine Tarnkappe sei."[29] 1935 kommt Ammon zu dem gleichen Thema noch einmal zu Wort: „In der Zeitschrift ‚Technik und Wehrmacht' veröffentlichte ich 1921 einen Aufsatz mit der Überschrift ‚Tarnkleidung', worin ich ‚Tarnung', ‚tarnen', ‚Tarnwirkung' vorschlug. Das Reichswehrministerium hat diesen Vorschlag sofort aufgegriffen und die deutschen Wörter in alle Vorschriften aufgenommen. Sie haben sich auffallend schnell durchgesetzt, nicht nur in der Heeressprache, sondern auch in der Sprache des Alltags."[30] An gleicher Stelle teilt Ammon mit, er habe erst durch einen Hinweis des Balladendichters Börries v. Münchhausen erfahren, daß Binding *tarnen* schon 1909 in einem Gedicht verwendet habe. Binding selbst habe ihm auf Anfrage den Vers genannt. Schließlich werden die Leser der ‚Muttersprache' 1936 über die Zuschrift eines Weltkriegsteilnehmers informiert, der

---

[26] Gesammelte Werke, Bd. 1, Hamburg 1954, 422.
[27] Muttersprache, 42/1927, 78.
[28] Ebd., 39/1924, 55. Hinweis auf die im Folgenden genannten Literaturangaben in: Trübners DWB, Bd. 7, 19, s. v. tarnen, Anm. 18.
[29] Ebd., 44/1929, 331.
[30] Ebd., 50/1935, 419.

versichert, *tarnen* sei schon Ostern 1915 an der Front in Flandern gebräuchlich gewesen. „Mir fiel es jedenfalls damals als neue und gute Bezeichnung für ‚maskieren' erstmals auf, als ich als Pionierführer den Befehl erhielt, mit meiner Kompanie das am Houthulder Forst aufgestellte Langrohrgeschütz gegen Fliegersicht zu ‚tarnen'."[31]

▶ W. Linden vermerkt in seinem Kapitel ‚Aufstieg des Volkes' in der ‚Deutschen Wortgeschichte': „tarnen (mit Wiederbelebung eines altgermanischen Wortes) wird um 1930 von alten Frontsoldaten des Weltkrieges in die politische Sprache eingeführt und erreicht eine überaus weite Verbreitung seit 1933."[32] In ‚Trübners Deutschem Wörterbuch' heißt es: „1931 wurde tarnen von den Vorkämpfern des Dritten Reiches zum vaterländischen Schlagwort erhoben; seither ist es in aller Munde."[33] Am 11.10.1931 schlossen sich die Vertreter der sog. Nationalen Opposition: NSDAP, DNVP unter Hugenberg, Stahlhelm, Alldeutscher Verband und Vaterländische Verbände auf einer Tagung in Bad Harzburg, an der auch Seeckt, der Chef der Heeresabteilung der Reichswehr, und andere Generäle teilnahmen, zur „Harzburger Front" gegen die Regierung Brüning zusammen. In einem Aufruf an die Öffentlichkeit, in dem der Rücktritt der Regierung gefordert wird, erscheint der Ausdruck *tarnen* in politischem Kontext so, wie er nach 1933, immer auf politische Konkurrenten und Gegner der Nationalsozialisten bezogen, zum Schlagwort wird: „Entschlossen, unser Land vor dem Chaos des Bolschewismus zu bewahren, unsere Politik durch wirksame Selbsthilfe aus dem Strudel des Wirtschaftsbankrotts zu retten und damit der Welt zu wirklichem Frieden zu verhelfen, erklären wir: Wir sind bereit, im Reich und in Preußen in national geführten Regierungen die Verantwortung zu übernehmen. Wir müssen es aber ablehnen, die Erhaltung eines falschen Systems und Fortsetzung eines falschen Kurses in einer nur national getarnten Regierung der bisherigen Kräfte irgendwie zu stützen. [...]"[34] Nach 1933 werden *tarnen*, *Tarnung* zu Legitimationsvokabeln für die Ächtung, Verfolgung und Vernichtung politischer Gegner des Nationalsozialismus und der Juden: „Ein notwendiges Verbot. Die Gründe, die das Verbot des Deutschnationalen Kampfringes erforderlich machten, sind in der amtlichen Verlautbarung ausführlich und überzeugend dargestellt. Es ist selbstverständlich Pflicht der Regierung der nationalen Erhebung, jeden Versuch im Keime zu ersticken, der darauf hinausläuft, die staatsfeindliche Zellenbildung zu fördern und den zu Boden geworfenen Kommunismus in getarnter Form neu zu organisieren. Und wenn etwas bei dieser Aktion gegen die Wiederbelebung kommunistischer Aufruhrnester begrüßt werden kann, so ist es die Energie und die Schnelligkeit, mit der beizeiten von der Staatspolizei zugegriffen und der drohenden Gefahr entgegengetreten wurde."[35] „Die Kampfring-Aktion durchgeführt. [...] Daß

---

31 Ebd. 51/1936, 315. Auch ein anderer Leserbriefschreiber erwähnt die Verwendung von *Maske, maskieren* für heutiges *Tarnung, tarnen*: Muttersprache 50/1935, 418.
32 Maurer/Stroh: Deutsche Wortgeschichte, Bd. 2, 1943, 397.
33 Ebd., Bd. 7, 1956, 19.
34 Der Aufstieg der NSDAP in Augenzeugenberichten. Hg. E. Deuerlein, 1968, 356.
35 VB, 23.6.1933, 1.

eine solche getarnte Wühlarbeit für die innere Ruhe der Nation ähnliche Gefahren heraufzubeschwören geeignet ist wie der frühere offene Terror des Marxismus, hat eine Reihe von Zwischenfällen, die von den Deutschnationalen Kampfringen in den letzten Wochen verursacht wurden, klar erwiesen."[36] „Die marxistischen Elemente, die glauben, in Deutschland weiterhin ihr verbrecherisches Treiben fortsetzen zu können, mögen wissen, daß sie unerbittlich aus ihren Schlupfwinkeln hervorgeholt werden und daß ihnen rücksichtslos das Handwerk gelegt wird, unter welcher Tarnung sie es auch erneut aufzunehmen versuchen."[37] „Die Regierung hält ein wachsames Auge über jene getarnten bolschewistischen Elemente, die von einer zweiten Revolution sprechen."[38] „Auflösung des Tannenbergbundes in Preußen. Berlin, 24. September. [...] Die Gefährlichkeit der Umtriebe des Tannenbergbundes für den heutigen Staat ist schon allein dadurch gegeben, daß in auffallenden Massen Anhänger ehemaliger marxistischer und kommunistischer Organisationen in den Reihen des Bundes Aufnahme gefunden haben, in der Hoffnung hier einen Unterschlupf zu finden, der ihnen den getarnten politischen Kampf gegen den Nationalsozialismus ermöglicht. [...]"[39] „Die überheblichen Besserwisser, die heute durch etwaiges Querulantentum den Aufbau unseres Kultur- und Kunstlebens mit ihrem mißtönenden Begleitgesang verfolgen, sind nur die getarnten Nachfahren dieser jüdischen Kritikerautokratie."[40] „Der Haß und die Wut des gesamten Weltjudentums richtet sich heute gegen den Nationalsozialismus, in welchem es mit Recht seinen größten Gegner erkennt. Es sieht die Unerbittlichkeit des Kampfes und versucht heute ohne jede Tarnung, das Reich von außen her zu vernichten, nachdem ihm die innere Zersetzung nicht gelungen ist."[41] „Man könnte das englische Regierungssystem eine als Demokratie getarnte Plutokratie nennen."[42] „Gut getarnt durch ihre wurzellosen Willkürnamen sind im 19. Jahrhundert und vor allem 1918–1933 die jüdischen Intellektuellen in unser deutsches Kulturleben eingebrochen. Unendlich groß ist die Zahl der Beispiele, die sich hier anführen lassen. Es wandelten sich Lewissohn in Arnold; Cohn zu Emil Ludwig, zu Bernhard, zu Cohen. [...]"[43] „Als die Juden vor einigen Wochen geschmückt mit ihrem Judenstern im Berliner Stadtbild erschienen, war der erste Eindruck unter den Bürgern der Reichshauptstadt der einer allgemeinen Verblüffung. Nur die allerwenigsten wußten, daß es noch so viele Juden in Berlin gab. Jeder entdeckte in seiner Umgebung oder Nachbarschaft einen harmlos tuenden Zeitgenossen, der zwar durch gelegentliches Meckern oder Miesmachen aufgefallen war, den aber niemand für einen Juden gehalten hatte. Er hatte sich

---

[36] Ebd.
[37] Ebd.
[38] Goebbels, Volk an der Arbeit, Rede v. 17. 7. 1933. In: Signale der neuen Zeit, 1934, 186.
[39] VB, 25. 9. 1933, 1.
[40] Goebbels, Über das deutsche Kulturleben, 24. 11. 1936. In: Dokumente d. deutschen Politik, Bd. 4, 1937, 322.
[41] Baumführer, N./Schnabel, R.: Das Führerschulungswerk der Hitler-Jugend, 1938, 57.
[42] Goebbels in: Das Reich, 5. 1. 1941, 1.
[43] Meyer-Zimmermann: Lebenskunde, Bd. 4, 1941, 394 f.

also offenbar getarnt, Mimikry getrieben, sich in seiner Schutzfarbe dem Milieu, in dem er lebte, angepaßt und auf seine Stunde gewartet."[44]

▷ *tarnen* ist in heutigen Wörterbüchern sowohl als militärischer Fachterminus wie als Ausdruck der Allgemeinsprache ausgewiesen.

Tausendjähriges Reich

Bezeichnung für die NS-Herrschaft.

▷ Die überhöhende Bezeichnung *Tausendjähriges Reich* für den NS-Staat stammt wie ↑ *Drittes Reich* aus religiöser chiliastischer Tradition.[45] Sie wurde weitaus seltener als die Bezeichnung *Drittes Reich* verwendet. Doch hält V. Klemperer in seinem ‚Notizbuch eines Philologen' fest: „Ewig, die religiöse Entgrenzung der Dauer, wird häufig angewendet – die ewige Wache, das ewige Vorhalten der nazistischen Institutionen –, und das ‚Tausendjährige Reich', ein noch entschiedener kirchlich-religiös geprägter Name als das Dritte Reich, kommt häufig genug vor."[46] „Aus dieser kühnen, groß geschauten Einheit unseres Geschichtsbildes erwächst für uns deutsche Rechtswahrer auch das große Glück, die Gestalter der Fundamente des Gesetzes des tausendjährigen Dritten Reichs zu sein."[47] „Das aber wird nie sein, sondern weil uns Glaube, Kampf und Opferbereitschaft beseelen, wird am Ende eine starke, trutzige Nation in den jungen Morgen eines tausendjährigen Reiches marschieren."[48] Gegen die Vereinnahmung religiös geprägter Ausdrücke gab es immer wieder Proteste aus den christlichen Kirchen. So berichtet der Regierungspräsident von Aachen an den Innenminister und weitere Behörden: „Ein anderer Geistlicher [der evangelischen Bekenntniskirche] meines Bezirks kennzeichnete seine Einstellung dadurch, daß er den Ausdruck ‚Glaube an Deutschland und den Führer' beanstandete, da nur Christus der Glaube gelte. Redensarten von dem ‚tausendjährigen Bestehen des Dritten Reiches' seien Angriffe auf die Allmacht Gottes."[49] Nach Hans Frank gebrauchte Hitler den Ausdruck *tausendjähriges Reich* nicht. In seinen Memoiren ‚Im Angesicht des Galgens' schreibt er: „Den Begriff ‚Tausendjähriges Reich' hat er [Hitler] für seinen Staat niemals verwendet. Er lachte sogar darüber. Im kleineren Kreise hörte ich ihn einmal sagen: ‚Von einem tausendjährigen Reich soll man nie reden. Das ist eine Anmaßung und Schicksalsherausforderung. Aber man soll so handeln, daß das Reich noch mindestens tausend Jahre besteht.' Aber seine ‚chiliastischen' Anhänger redeten trotzdem davon. Einmal erging sogar ein parteiamtliches Verbot des Ausdrucks. Aber es half nichts. Der Ausdruck war zu schön."[50]

---

[44] Goebbels in: Das Reich, 16. 11. 1941, 1.
[45] s. dazu ↑ Drittes Reich.
[46] Ebd., 14. Aufl. 1996, 232.
[47] W. Frank, Rede auf d. Juristentagung am 16. 5. 1936 in Leipzig. In: Dokumente d. deutschen Politik, Bd. 4, 1937, 350.
[48] Lutze, V. in: Das Reich, 2. 6. 1940.
[49] Politischer Lagebericht v. 10. 4. 1935. In: Vollmer, B.: Volksopposition, 1957, 183.
[50] Ebd., 1953, 311 f.

Thing (Thingplatz, Thingstätte)

Freilichtbühne für die Aufführung von ↑ *Thingspielen*.[51]

> Mhd. dinc, ahd. thing, gemeingerman. (engl. thing) ‚Volksversammlung', auch zur Gerichtsverhandlung, dann überhaupt ‚Verhandlung, Versammlung' erhält sich über das Mittelhochdeutsche hinaus in rechtsgeschichtlichen Werken[52] und wird in der Form *Thing* kurz nach der Jahrhundertwende historisierend vom Wandervogel zur Bezeichnung seiner Mitgliederversammlungen aufgegriffen. In einer „Kurzchronik" des Wandervogels von 1901 bis 1904 wird der Gründer des ‚Wandervogel — Ausschuß für Schülerfahrten' am Gymnasium Steglitz Karl Fischer als derjenige genannt, der sich „zum Brauchtum unserer Vorfahren (Sonnenwende, Thing)" hinwandte.[53] 1904 schrieb Fischer, der in diesem Jahr den Wandervogel verließ, in der Monatsschrift ‚Wandervogel': „Der alte O.-Bt. [Oberbachant, Bezeichnung für den Wandervogelführer] hat Euch beim Thing am 14. Mai regelrecht aus der Verpflichtung ihm gegenüber entlassen, hatte aber keinen O.-Bt.-Nachfolger, auf den er Eure Verpflichtung hätte übertragen können."[54] *Thing* wurde in der gesamten Jugendbewegung gebräuchlich. „Sie kamen in der Gauversammlung am Samstagnachmittag sehr ausgiebig zu Worte. Sie sprachen im großen Thing, und niemand hinderte sie, mehr zu sprechen. (1919)"[55] „Bericht über das Thing des Bundesrates (1926)"[56]

> Als im Juli 1933 der neue nationalsozialistische Typ des Freilichttheaters diskutiert wurde, warf der aus der katholischen Jugendbewegung kommende Leiter des Kölner Theaterwissenschaftlichen Instituts Professor Dr. Carl Niessen den Namen *Thing* in die Debatte.[57] Am 15. 3. 1934 wehrte er sich im ‚Theater-Tageblatt' gegen den Einwand, *Thing* sei eine undeutsche Form, es müsse *Ding* heißen. Er schrieb: „Die Thingplätze des neuen Deutschlands sind die Fortsetzung des germanischen ‚Thing' [...]. Da ich auf einer Eisenbahnfahrt zwischen Köln und Oberingelheim in einem ungewöhnlich lebendigen Gespräch mit Wilhelm Gerst über die neue Form des aus der Volksversammlung erwachsenen Spiels die Bezeichnung ‚Thing' wählte, ist es nun durch den Einwand meine Pflicht geworden zu rechtfertigen, weshalb ich dies mit erstaunlicher Schnelligkeit eingebürgerte Wort aus ferner Vergangenheit heraushob, um ein schönes Wollen des neuen Deutschland zu benennen. [...]"[58] Die meist amphitheaterähnlich an landschaftlich oder historisch bedeutsamen Stellen angelegten Freilichttheater, 1934 waren 66 von den geplanten 400 im Bau, wurden *Thingplatz* oder *Thingstätte* genannt. „Von den für Hessen vorgesehenen acht

---

51 Gebucht: Duden, 11. Aufl. 1934, 12. Aufl. 941. Getilgt: Duden, 13. Aufl. 1947.
52 Vgl. Paul 1992, 174, s. v. Ding.
53 Ahrens, H.: Wandervogel. Zweite Phase (1901–1904). In: Kindt, W. (Hg.): Die Wandervogelzeit. Quellenschriften zur deutschen Jugendbewegung 1896–1919, 1968, 41.
54 In: Ebd., 60.
55 7. 7. 1919. In: Ebd., 877.
56 Quickborn, 14/H. 7, 8, Dez. 1926. In: Ebd., 692.
57 Dultz, M.: Der Aufbau der nationalsozialistischen Thingspielorganisation 1933/34. In: Eichberg, H. u. a.: Massenspiele, 1977, 214 u. 232, Anm 29.
58 Zit. Eichberg, H.: Massenspiele, 1977, 256, Anm. 30.

Thingplätzen soll einer auf der Loreley angelegt werden."⁵⁹ „Als am 5. im Brachet 1934 die erste deutsche Thingstätte in den Brandbergen bei Halle mit dem Spiel ‚Neurode' von Kurt Heynicke eingeweiht wurde, begann der neue Weg, das deutsche Volk über das kultisch-chorische Spiel zur Gemeinschaft zu führen. Die Idee der Thingstätte, als der neuen Feierstätte des deutschen Volkes, war Wirklichkeit geworden. [...] Die Planung und Ausgestaltung der Thingplätze wird vom Propagandaministerium geleitet und die Aufführung von Thingspielen ist vom Propagandaministerium der ‚Spielgemeinschaft für nationale Feiergestaltung' übertragen worden."⁶⁰ „Der Thingplatz, der vornehmlich im Thingspiel den Weg zur deutschen Volksgemeinschaft ebnen soll, ist aber nicht nur für dieses Thingspiel geschaffen, sondern für alle Feiern des Volkes. Auf ihm sollen die großen Aufmärsche, ebenso wie die Maien- und Sonnenwendfeiern stattfinden."⁶¹ Schon 1935 beginnen die Versuche, die Bezeichnung *Thing, Thingplatz, Thingstätte* für die neugeschaffenen Anlagen rückgängig zu machen. Am 23. 10. 1935 erging eine Presseanweisung: „Die bekannten Thingstätten wie Heidelberg, Stedingsehre usw., bis eine andere Sprachregelung erfolgt, sind als Freilichtbühnen zu bezeichnen."⁶² Am 22. November 1935 heißt es in einer weiteren Anweisung: „Es wird an das Verbot erinnert, nicht mehr von Thingplätzen usw. zu sprechen. Solche Bemerkungen sollen auch aus Reden verschwinden. Selbst Ausführungen hochgestellter Personen müssen gegebenenfalls bei Pressewiedergabe entsprechend berichtigt werden."⁶³ 1939 wird noch einmal bekräftigt: „Die Verwendung von Begriffen wie ‚Thingstätte', ‚Kultstätte' o. ‚kultisch' ist unerwünscht."⁶⁴ Näheres s. ↑ *Thingspiel*.

Thingspiel

Vom Reichsdramaturgen schriftlich genehmigtes, für die Aufführung auf einem ↑ *Thingplatz* bestimmtes Weihe- und Massenspiel.⁶⁵

> Die für die neuen Freilichttheater bestimmten *Thingspiele* waren beeinflußt durch die Impulse aus der Freilichttheaterbewegung in den zwanziger Jahren, der katholischen Laienspielbewegung, der Jugendbewegung, des kommunistischen Agitprop.⁶⁶ Typisch waren riesige Gesang-, Sprech- und Bewegungschöre, die Einbeziehung von Pantomimen, Allegorien, lebenden Bildern, Fahnenweihen, Elemente von Aufzug, Parade, Festmarsch, Versammlung, Sportfest, Ausdruckstanz und technisch ausgeklügelte Schall- und Beleuchtungseffekte.⁶⁷ Die Theaterstücke durften nur dann *Thingspiel* genannt werden, wenn der *Reichsdramaturg* sie schriftlich als solche

---

59 Berliner Tageblatt, 2. 5. 1934. Zit. Blick in die Zeit, 2/Nr. 19, 12. 5. 1934, 15.
60 Deutscher Glaube, 2/1935, 532.
61 Deutscher Glaube, ebd., 534.
62 Sammlung Brammer, Bundesarchiv Koblenz. ZSg. 101/6, 23. 10. 1935, Nr. 1761.
63 ZSg. 101/6/192 – 193/Nr. 1863. In: Toepser-Ziegert, Bd. 3/II: 1935, 784.
64 Pr Bln 12. 4. 1939 (Nr. 3). Zit. Glunk, ZDS 26/1970, 90.
65 Gebucht: Duden, 11. Aufl. 1934, 12. Aufl. 1941.
66 Vgl. Rühle, G.: Zeit und Theater, Bd. 3: Diktatur u. Exil, 1974, 781.
67 Vgl. Eichberg, H.: Thingspiel u. Nationalsozialismus. In: Ders., Massenspiele, 1977, 55.

zugelassen hatte. „Gemäß § 25 der ersten Durchführungsverordnung zum Reichskulturkammergesetz vom 1. November 1933 ordne ich hiermit Nachstehendes an: Es ist untersagt, Theatervorstellungen in geschlossenen Räumen oder im Freien als ‚Thingspiel' zu bezeichnen oder in einer anderen Art in Verbindung mit dem Wort ‚Thing' zu bringen. Ebenso ist es den Verlagen untersagt, Verlagswerke als ‚Thingspiel' oder als ‚Aufführung im Thing oder auf der Thingstätte geeignet' anzukündigen. [...] Als ‚Thingspiel' dürfen nur solche dramatische Werke bezeichnet werden, die von dem Herrn Reichsdramaturgen schriftlich als solche zugelassen worden sind. Diese dürfen den Vermerk tragen: ‚Von dem Reichsdramaturgen lt. Erlaß [...] als Thingspiel zugelassen. Der Reichsbund der deutschen Freilicht- und Volksschauspiele führt das Register über die zugelassenen Thingspiele und überwacht deren Aufführung. [...]"[68] Am 26. 3. 1935 berichtete die ‚Deutsche Allgemeine Zeitung' über die Aufführung eines *Thingspiels* in Koblenz: „Vor dem Schlosse [...] ist eine Thingstätte errichtet worden, deren Einweihung am Sonntagabend erfolgte. Die neue Thingstätte, eine der einzigartigsten im Reiche, liegt im Mittelpunkte der Stadt. und ermöglicht Großaufmärsche und wirkungsvolle Kundgebungen. Die Raumausnutzung ist gesteigert durch die Auflage von zwei Stufenringen in einem Oval, dessen Längsachse 100 Meter beträgt, bei einer Querachse von 70 Meter. Innerhalb der eigentlichen Thingstätte können 22 000, außerhalb 80 000 untergebracht werden. Auf dem Dache des Schlosses ist eine ‚Lure' aus Kupfer, mit einem Durchmesser von 75 Zentimeter, einer Höhe von 2,20 Meter und einem Luftdruck von 1050 Millimeter errichtet worden, die täglich um 12.30 die Worte: ‚Leuchte, scheine, goldene Sonne' bis zu 5 Kilometer Hörweite erschallen läßt. [...] Leider vom Wetter nicht begünstigt, ging am Sonntag [...] die Weihe des Things vor sich. Die Besucherzahl wurde auf 20 000 geschätzt. Den Rahmen der Feier bildete das Thingwerk ‚Werdendes Volk', gestaltet von Propagandaleiter Michels (Koblenz), gedichtet von Heinrich Lersch, vertont von Prof. Philipp in Freiburg i. B. Es handelt sich dabei nicht um eine dramatische Entfaltung, sondern um einen symbolischen Vorgang. Ein Massenchor von 3000 Personen und fünf Orchestern verliehen dem Spiel große Wirkung. Das Anfangsmotiv ‚Leuchte, scheine, goldene Sonne, über dieses freie Land' kehrte immer wieder. Zum Totengedenken wurde in einer Gruft das ewige Erinnerungsfeuer entzündet. An die jüngste Jugend schallte über den Platz laut der Weck- und Mahnruf: ‚Es gibt nur eine Parole, Gehorsam und treu'. Der Thingwalter übergab dem Oberbürgermeister als Thingpfleger dann die Stätte in Obhut."[69] Bereits 1937 (oder schon 1936?) endete die mit so viel Aufwand initiierte *Thingspielbewegung* aus nicht eindeutig geklärten Gründen sang- und klanglos. Schon 1935, kaum mehr als ein Jahr nach der „Weihe" der ersten *Thingstätte* am 5. 6. 1934, kündigte sich der Niedergang durch den Rückzug von den Bezeichnungen für das Spiel und die Spielstätte an. In einer Rede über „Wesen, Methoden und Ziele der Propaganda" auf der Sondertagung der Gau- und Kreispropagandaleiter im Nürn-

---

[68] Anordnung d. Präsidenten d. Reichstheaterkammer Laubinger Nr. 31 betreffend „Thingspiel". In: Schrieber, K.-F. (Hg.): Das Recht der Reichskulturkammer, 1935, 192 f.
[69] Zit. Brenner, H.: Kunstpolitik des Nationalsozialismus, 1963, 201 f.

berger Apollo-Theater am 16. 9. 1935 distanziert sich Goebbels von Ausdrücken wie *Kult, Thing, Mystik*. „Ich möchte deshalb nur wünschen, daß wir für mindestens zehn Jahre Worte wie Kult oder Thing oder Mystik einmal aus unserem Sprachschatz entfernten. Die Dinge sollen wir nicht entfernen, aber wir sollen nicht davon reden. Man redet ja meistens von dem, was man nicht hat."[70] Einen Monat später folgte eine Presseanweisung: „Aus der deutschen Presse müssen endlich die unklaren, mystischen Begriffe wie ‚Thing‘, ‚Kult‘, ‚kultisch‘ usw. verschwinden, soweit sie in Verbindung mit dem Wesen und der Idee des Nationalsozialismus gebracht werden. Es muß mit aller Deutlichkeit festgestellt werden, daß die Bewegung mit diesen Wortspielereien nichts zu tun haben will. [...] Begriffe wie ‚Thing‘, ‚Kult‘ erinnern vielfach an jene völkischen Propheten, von denen der Führer in seinem Buch ‚Mein Kampf‘ sagt, sie würden sich am liebsten wieder mit Bärenfellen bekleiden und die im übrigen behaupten, sie hätten den Nationalsozialismus schon vierzig Jahre vor ihm erfunden. Die nationalsozialistische Bewegung ist zu wirklichkeits- und lebensnah, als daß sie es nötig hätte, überholte und tote Begriffe aus grauer Vorzeit wieder heranzuholen, die in keiner Weise den harten, politischen Kampf der Gegenwart unterstützen können, ihn im Gegenteil belasten [...]."[71] W. Linden gibt entsprechend in seiner Wortgeschichte ‚Aufstieg des Volkes‘ 1943 für „die kurzlebigen *Thingspiel* und *Thingplatz*" die Jahre „1933–35" als Verwendungszeitraum an.[72] Dennoch hält Hitler es offenbar für angebracht, das Thema 1938 noch einmal aufzugreifen (ohne den Ausdruck *Thing* zu erwähnen). In den ‚NS-Monatsheften‘ wird die „große Kulturrede des Führers" zusammenfassend wiedergegeben: „[...] Die Methoden der Propaganda und Aufklärung, die der Nationalsozialismus zur Durchdringung und Erfassung des Volkes anwendet, sind reinen Zweckmäßigkeitsgründen entsprungen und haben niemals etwas mit ‚Kult‘ zu tun, denn ‚der Nationalsozialismus ist eben keine kultische Bewegung, sondern eine ausschließlich rassischen Erkenntnissen erwachsene völkisch-politische Lehre‘! Wir haben daher auch keine Kulträume, sondern ausschließlich Volkshallen, auch keine Kultplätze, sondern Versammlungs- und Aufmarschplätze. Wir haben keine Kulthaine, sondern Sportarenen. [...]"[73] Der Rechtschreibduden, der die Sprachregelungen sonst penibel beachtet, hat in seiner 12. Auflage 1941 immer noch: *Thing, Thingplatz, Thingspiel, Thingstätte*.[74]

totaler Krieg

Form des Krieges, bei dem die alte Unterscheidung zwischen Kombattanten und Nichtkombattanten aufgehoben ist und alle Kräfte und Mittel des gesamten Volkes für das Kriegsziel mobilisiert werden.[75]

---

[70] Ebd. In: Goebbels, Reden, hg. H. Heiber, Bd. 1, 1971, Nr. 27, 242.
[71] Sammlung Brammer, Bundesarchiv Koblenz. ZSg. 101/6. Zur Instruktion (nicht zur Veröffentlichung). Sinngemäße Auswertung erwünscht. Gekürzt auch unter d. Sigle: Br 6/154 (Okt. 1935) zit. Glunk, ZDS 26/1970, 90.
[72] In: Maurer/Stroh (Hg.): Deutsche Wortgeschichte, Bd. 2, 1943, 413.
[73] Ebd., 9/Okt. 1938, 919.
[74] Duden, 12. Aufl. 1941, 587, s. v. Thing.
[75] Gebucht: Paechter, Volks-Brockhaus 1940.

› Der schon 1815 belegte Ausdruck[76] wurde von Erich Ludendorff (1865–1937) in seinem Buch ‚Der totale Krieg' (1936) als Bezeichnung für sein Konzept eines neuzeitlichen ↑ *völkischen* Krieges benutzt. „Das Wesen des totalen Krieges beansprucht buchstäblich die gesamte Kraft eines Volkes."[77] „Es ist die dringendste Aufgabe der Führer des totalen Krieges, von den Führern der totalen Politik zu verlangen, Geschlossenheit des Volkes zu bewirken, wie es ja schon die völkische Pflicht totaler Politik ist."[78] In der Zeitschrift ‚Der Deutsche Student' wird das eben erschienene Buch kommentiert: „Der Feldherr Ludendorff schrieb sein neuestes Werk ‚Der totale Krieg' (Ludendorffs Verlag München 1936) [...]. Ludendorff will ‚keine Theorie des Krieges' damit liefern; er schreibt aus ‚persönlicher und ernstester Kriegserfahrung'. Die geistige Mitte ist die Forderung der ‚seelischen Geschlossenheit des Volkes als Grundlage des totalen Krieges'. Träger des Krieges ist das Volk, nicht allein das Heer. Das bedingt Einsatz des gesamten völkischen Daseins, mit Menschen, Wirtschaft, Blut und Seele: ‚totaler Krieg'!"[79] Zu ihrer eigentlichen Bedeutung kommt die Wendung erst durch Goebbels massensuggestive Rede im Berliner Sportpalast am 18. 2. 1943, durch die er die Bevölkerung in der krisenhaften Kriegssituation auf noch radikalere Maßnahmen der inneren Kriegführung zur Steigerung der Rüstungsleistungen an der *Heimatfront* einstimmte. „[...] Viertens: Die Engländer behaupten, das deutsche Volk wehrt sich gegen die totalen Kriegsmaßnahmen der Regierung [Rufe: ‚Nein!']. Es will nicht den totalen Krieg, sagen die Engländer, sondern die Kapitulation! [Stürmische Rufe, u. a.: ‚Nein!', ‚Pfui!'] Ich frage Euch: Wollt Ihr den totalen Krieg? [Stürmische Rufe: ‚Ja!' Starker Beifall.] Wollt Ihr ihn [Rufe: ‚Wir wollen ihn!'], wenn nötig, totaler und radikaler, als wir ihn uns heute überhaupt erst vorstellen können? [Stürmische Rufe: ‚Ja!' Beifall.]."[80]

Totenkopfverband[81], s. ↑ SS.

Treuhänder der Arbeit

Laut Gesetz vom 19. Mai 1933 vom Staat bestellter Reichsbeamter, der nach der Abschaffung der Tarifautonomie für die rechtsverbindliche Festsetzung der Tarife und die Regelung von Arbeitskonflikten zuständig war.[82]
› *Treuhänder*, mhd. *triuwenhander*[83], ein alter Ausdruck der Rechtssprache, der seit Ende des 16. Jahrhunderts nicht mehr belegt war, kam Ende des 19. Jahrhunderts

---
[76] DFWB, Bd. 5, 1931, 301 f.
[77] Ebd., 9.
[78] Ebd. 16.
[79] Ebd., 4/April 1936, 178.
[80] Goebbels, Reden, hg. H. Heiber, Bd. 2, 1972, 304 f.
[81] Gebucht: Duden, 12. Aufl. 1941. Getilgt: Duden, 13. Aufl. 1947.
[82] Gebucht: Duden, 11. Aufl. 1934, 12. Aufl. 1941; Knaur 1934. Getilgt: Duden, 13. Aufl. 1947.
[83] monumenta boica, 1350, 41, 438. Zit. DWB, Bd. 11. 1. 2, 1952, 361, s. v.

wieder in Gebrauch: „ein chorherr des Gumpertusstiftes ... war es, der von kurfürst Friedrich als treuhänder und mitvollstrecker seines testamentes bestellt ward."[84] 1899 tauchte der Ausdruck zum erstenmal im Wortlaut eines Gesetzes — im Hypothekenbankgesetz — auf. Seither ist er gebräuchlich.[85]

> Durch Gesetz vom 19. Mai 1933 wurden Beamte mit der Bezeichnung *Treuhänder der Arbeit* eingeführt, die bestimmte Aufgaben der Gewerkschaften und Arbeitgeberverbände übernehmen sollten. „Gesetz über Treuhänder der Arbeit. [...] § 2 (1) Bis zur Neuordnung der Sozialverfassung regeln die Treuhänder an Stelle der Vereinigungen von Arbeitnehmern, einzelner Arbeitgeber oder der Vereinigungen von Arbeitgebern rechtsverbindlich für die beteiligten Personen die Bedingungen für den Abschluß von Arbeitsverträgen. [...] (2) Auch im übrigen sorgen die Treuhänder für die Aufrechterhaltung des Arbeitsfriedens. [...]"[86] Die Tarifparteien blieben formell noch bestehen. „Als Bindeglieder zwischen Arbeitnehmern und Arbeitgebern hat der Führer der Arbeitsfront die Treuhänder der Arbeit ernannt."[87] „Der Treuhänder der Arbeit ist der Beauftragte der Staatsmacht und ist als solcher der Schiedsrichter in den meisten arbeitsrechtlichen Fragen. Er greift darüber hinaus notwendig in eine Reihe wirtschaftlicher Fragen ein. Er überwacht die Lohngestaltung, er erläßt Tarifordnungen in besonderen Fällen, er übernimmt Funktionen der früheren Stillegungsverordnung, ferner bisherige Aufgaben der Arbeitsgerichte bei Streitigkeiten aus der Betriebsverfassung. Kurzum, er ist der oberste sozialpolitische Vertreter der Reichsregierung in seinem Wirtschaftsgebiet. In seinen Händen ruht eine ungeheure Entscheidungs- und Verwaltungslast."[88] „Das Gesetz bedeutet einen großen sozialpolitischen Fortschritt. Die schädlichen Auswirkungen, die die Klassenkampfidee für den Arbeiter hatte, werden beseitigt. Noch niemals war die Gestaltung des sozialen Lebens durch eine Arbeitsverfassung so gesichert wie jetzt. Durch die Treuhänder der Arbeit einmal und durch die Ehrengerichte zum andern wird der Staat darüber wachen, daß Ehre, Treue und Leistung sowie die soziale Gerechtigkeit das soziale Leben des Volkes bestimmen."[89] Durch das Gesetz zur Ordnung der nationalen Arbeit vom 23. 1. 1934 wurde die bisher noch formell bestehende Tarifautonomie vollständig beseitigt. Die Festlegung der Tarife und die Regelung der Arbeitsverhältnisse ging auf die *Treuhänder der Arbeit* über, die der Dienstaufsicht des Reichsarbeitsministeriums unterstanden und an die Weisungen der Reichsregierung gebunden waren. Im Zweiten Abschnitt des Gesetzes ‚Treuhänder Arbeit' heißt es: „§ 18 (1) Für größere Wirschaftsgebiete, deren Abgrenzung der Reichsarbeitsminister im Einvernehmen mit dem Reichswirtschaftsminister und dem Reichsminister des Innern bestimmt, werden Treuhänder der Arbeit ernannt. Sie sind Reichsbeamte und unterstehen der Dienstaufsicht des Reichsarbeitsmini-

---

[84] Meyer, J.: Erinnerungen an die Hohenzollern in Franken, 1890, 12. Zit. DWB, ebd.
[85] Vgl. DWB, ebd.
[86] RGBl. 1, 1933, 285.
[87] Schulungsbriefe, 1/1933, 23.
[88] Kölnische Zeitung, 17. 1. 1934. Zit. Blick in die Zeit, 1/Nr. 4, 1934, 12.
[89] Angriff, 17. 1. 1934. Zit. Blick in die Zeit, 1/Nr. 4, 1934, 13.

sters.[...] (2) Die Treuhänder der Arbeit sind an Richtlinien und Weisungen der Reichsregierung gebunden. § 19 (1) Die Treuhänder der Arbeit haben für die Erhaltung des Arbeitsfriedens zu sorgen. Zur Erfüllung dieser Aufgabe haben sie: [...] 4. bei beabsichtigten Entlassungen gemäß § 20 zu entscheiden; 5. die Durchführung der Bestimmungen über die Betriebsordnung [...] zu überwachen; 6. unter den Voraussetzungen des § 32 Richtlinien und Tarifordnungen festzusetzen und ihre Durchführung zu überwachen [...]."[90] „Bei den Glasfabriken in Kleintettau und Tettau ist ein neuer Tarif vom Treuhänder erlassen worden, welcher viel Staub aufgewirbelt hat und hauptsächlich bei den jugendlichen Arbeitern Veränderungen brachte. Auch die Urlaubszeit ist gekürzt worden. Wir haben uns deshalb mit dem Treuhänder der Arbeit in Verbindung gesetzt."[91] Mit Wirkung vom 1. April 1937 wurde für die *Treuhänder der Arbeit* die Bezeichnung *Reichstreuhänder der Arbeit* eingeführt, „um ihre Stellung als Reichsbehörden zu betonen und Verwechslungen mit anderen ‚Treuhänder' genannten Stellen auszuschließen."[92]

---

[90] RGBl. 1, 1934, 47.
[91] Monatsbericht d. DAF-Kreisverwaltung Kronach für Mai 1936. In: Bayern in der NS-Zeit, 1977, 251.
[92] Rühle, G.: Das Dritte Reich, Bd. 1937, 148.

U

Überfremdung

Geistige Überfremdung: Verfälschung ↑ *arteigenen* Denkens, *arteigener* Kultur durch ↑ *artfremde* Einflüsse, insbesondere durch Christentum und Judentum; *blutsmäßige Überfremdung*: „Eindringen Fremdrassiger, fremden Volkstums".[1]

> In einem Aufsatz der ‚Zeitschrift für Deutschkunde' von K. Krause: ‚Deutscher Sprachzuwachs der letzten Jahrzehnte' von 1941 wird *Überfremdung* unter den Ausdrücken „aus jüngster Zeit" genannt.[2] Im Rechtschreibduden erscheint *überfremden* erstmalig in der 10. Auflage von 1929: „überfremden (Aufnahme zu vielen fremden Geldes)". In der 11. Auflage von 1934 ist die Paraphrase in charakteristischer Weise verändert und erweitert: „Eindringen unerwünschter fremder Geldgeber oder Konkurrenten in ein Unternehmen usw.; Eindringen Fremdrassiger)". In der 12. Auflage von 1941 ist der Eintrag: „Eindringen Fremdrassiger" an die erste Stelle der Paraphrase gerückt und um das Element „fremden Volkstums" ergänzt. Keinen Niederschlag im Duden hat die häufig belegte Verwendung des Ausdrucks im Sinne von ‚geistiger Überfremdung' gefunden.
1921 wird *Überfremdung* im ‚Völkischen Beobachter' als Ausdruck gewisser bürgerlicher Parteien zitiert, denen vorgeworfen wird, sich nur aus wahltaktischen Gründen antisemitisch zu gebärden. „Denn man muß wissen, daß jene bürgerlichen Parteien, die sich gegen ‚Überfremdung' aussprechen, ihre antisemitischen Treibjagden nur halten, wenn gleichzeitig das ‚Stimmvieh' in die Enge getrieben werden soll."[3] *Überfremdung* war demnach eine Vokabel des Antisemitismus und noch nicht spezifisch nationalsozialistisch. 1929 heißt es im ‚Völkischen Beobachter' zum Tode Hugo von Hofmannsthals (1874-1929): „Es wäre aber oberflächlich, wollte man Hugo von Hofmannsthal als einen der vielen jüdischen Schriftsteller[4] abtun, die das deutsche Schrifttum der Gegenwart mit einer fremden Weltanschauung verseuchen." Er gehöre einer literarischen Bewegung an, die nicht aus der deutschen Literaturgeschichte weggestrichen werden könne, „denn sie zeigt uns eine durch Überfremdung und soziale Entartung dahinsiechende deutsche Großstadt im Kulturspiegel dieser Periode. [...] Es ist der beginnende rassische Zersetzungsprozeß in der östlichen Metropole des Deutschtums, der sich in dieser Literaturperiode offenbart."[5]
M. Pechau erwähnt *Überfremdung* in seiner Dissertation ‚Nationalsozialismus und

---

[1] Gebucht: Duden, 11. Aufl. 1934, 12. Aufl. 1941 (oben zitiert); Paechter.
[2] Ebd., 55/1941, 177.
[3] VB, 30. 1. 1921, 3.
[4] v. Hofmannsthal hatte einen jüdischen Großvater, der zum Katholizismus übertrat.
[5] VB, 18. 7. 1929, 2.

deutsche Sprache' (1935) in dem Kapitel ‚Sprachformen aus dem Kampf gegen das Judentum' und nennt eine Belegstelle in den ‚Nationalsozialistischen Briefen' von 1929.[6] Goebbels spricht 1933 von der „Überfremdung des deutschen Geisteslebens durch das Judentum".[7] „Aber nach Anschauung des Nationalsozialismus kann ein Volk als politische Einheit nur bestehen und sich entfalten, wenn es in seiner blutsmäßigen Zusammensetzung ungebrochen, d. h. in diesem Sinne artgleich ist. Diese Artgleichheit muß aber verlorengehen, wenn der Volkskörper durch fremdes, d. h. artfremdes Blut, überfremdet wird, und wenn sich diese blutsmäßige Überfremdung vor allem in denjenigen Volksschichten zeigt, die Anspruch auf politische Führung haben. Deshalb ist es eine besonders wichtige Aufgabe, an alle an der politischen – und der Verwaltungsführung eines Staates Beteiligten besonders hohe Anforderungen an die Blutsreinheit zu stellen."[8] Als zweiter Faktor der *Überfremdung* wird (in der Nachfolge Rosenbergs) das Christentum angegriffen. „Zunächst läßt sich nicht leugnen, daß in Deutschland die alte Kirche eine ganz bestimmte Kultur geschaffen hat, die durch ihre starke Übernahme antiker Elemente eine geistige Überfremdung der Germanen einleitete."[9] „Die Formen, das Brauchtum, die Lehrweise der christlichen Kirchen sind in vielen Stücken weder christlich noch deutsch-germanisch, sondern rein orientalisch. Darum spricht man mit gutem Recht von einer Überfremdung der deutschen Seele durch das Christentum."[10] „Setzt sich der Selbstbehauptungswille der Überfremdung nicht entgegen, so geht unter fortgesetztem Einfluß das jener Lebensart eigene Denken, wenn nicht ganz unter, so doch in einem Maße zurück, daß die Artkräfte nicht mehr zur Entfaltung kommen und schließlich ihre richtunggebende Bedeutung verlieren."[11] In den ‚NS-Monatsheften' wird 1938 das Thema „Die kirchliche Überfremdung deutscher Vornamen" behandelt.[12] „Hier war der Anschluß der Ostmark von größter Bedeutung, da Österreich bisher die stärkste Stellung einer katholisch ausgerichteten Volkskundearbeit war. Die Beschlagnahme des Salzburger Instituts konnte weitgehend der Gefahr einer bedeutenden Unterstützung der gegnerischen Arbeit und Überfremdung der nationalsozialistischen Volkskunde begegnen."[13] Seit etwa 1938 bezog sich *Überfremdung* auch auf den unerwünschten Kontakt zwischen ausländischen Arbeitern, Zwangsarbeitern und Kriegsgefangenen und der deutschen Bevölkerung: „Größte Aufmerksamkeit wird von Seiten der Hitlerjugend dem HJ-Landdienst entgegengebracht. Man ist bestrebt, gemeinsam mit den hierfür zuständigen Organisationen und der Schutzstaffel der rückläufigen Bewegung des Landarbeiterstandes zu begegnen und eine Überfremdung des Landes mit fremdvölkischen Elementen zu verhindern. […]"[14] Der Verlust

---

6 Ebd., 70. Die Belegstelle ist angegeben ebd., Anm. 44: „Nat. Soz. Briefe". Berlin 1928/29. Jahrg. 4. Heft 18. 15. 3. 1929. S. 290.
7 Rassenfrage und Weltpropaganda, 2. 9. 1933. In: Signale der neuen Zeit. 1934, 213.
8 Koellreutter, O.: Grundfragen unserer Volks- und Staatsgestaltung, 1936, 11 f.
9 Der Deutsche Student, 1/Nov. 1933, 16.
10 Leffler, S.: Christus im Dritten Reich der Deutschen, 1935, 53.
11 Grabert, H.: Ein Mönch wider Kloster und Kirche. In: NS-Monatshefte, 8/Juli 1937, 607.
12 Ebd., 9/Febr. 1938, 113.
13 MADR, Jahreslagebericht 1938 d. SHA, Bd. 2, 104.
14 MADR, Jahreslagebericht 1938 d. SHA, Bd. 2, 146.

der kulturellen Eigenart und der ethnischen Identität einer Volksgruppe wird *volkspolitische Überfremdung* genannt: „Der Kampf der Sudetendeutschen um die Behauptung ihres Volksbodens im böhmisch-mährischen Raum war von Anbeginn mehr als der Widerstand einer Volksgruppe gegen die volkspolitische Überfremdung."[15]

▷ Im heutigen Sprachgebrauch bezeichnet der seltener verwendete Ausdruck *Überfremdung* ‚Prägung einer Kultur, einer Sprache durch übermächtigen fremden Einfluß' und, in der Diskussion um die Aufnahme von Asylbewerbern, ‚Zuzug zu vieler Ausländer in einem Gebiet'. *Überfremdung* wurde durch die Gesellschaft für deutsche Sprache zum „Unwort des Jahres 1993" gewählt: „Dieser Begriff dient immer wieder als Pseudoargument für die dumpfe Angst mancher Deutschen, daß sie von angeblich minderwertigen Ausländern majorisiert werden können."[16]

Umvolkung

a) gleichbedeutend mit *Assimilation*: freiwilliger oder erzwungener Wechsel der Volkszugehörigkeit;[17] b) ab 1940 gleichbedeutend mit *Eindeutschung*.

▷ a) „In Nordamerika hat sich die amerikanische Form der Familie (Herrschaft des Kindes und der Frau) auch bei den Deutschen durchgesetzt; da die Sorge für das Kind einseitig in den Mittelpunkt gerückt wird, fördert das Familienleben die Umvolkung. Von großer Wichtigkeit ist im Auslandsdeutschtum, ob die Dienstmädchen deutsch sind und in die Familie aufgenommen werden. Fremdvölkische Dienstmädchen [...] bewirken eine Trennung zwischen Eltern und Kindern und bereiten eine Umvolkung vor."[18] „Die Umvolkung ist nicht ein Geschehen auf der Ebene des Staatlichen. Wohl kann – und nicht selten ist das der Fall – der Übergang in einen anderen Staat eine überaus wichtige mitbedingende Ursache für die Umvolkung sein. Wohl benützt das fremde Mehrheitsvolk oft genug Machtmittel des Staates, um den völkischen Gegner in das eigene Volkstum hineinzuvergewaltigen. Die Staatszugehörigkeit als solche und der Übergang in einen anderen Staat bedeutet aber nicht schon von vornherein [...] auch einen Wechsel des Volkstums. Das deutsche Volk lebt in vielen Staaten. Die Umvolkung ist nicht in erster Linie ein Geschehen auf der Ebene des Blutes. [...] Die Umvolkung ist auch in ihrem innersten Wesenskern nicht ein Geschehen auf der Ebene des Wirtschaftlichen. [...] Die Sprache ist die eigentliche Ebene der Umvolkung."[19]

b) „Das Ziel der Reichspolitik in Böhmen und Mähren muß die restlose Germanisierung von Raum und Menschen sein. Um sie zu erreichen, gibt es zwei Möglichkeiten. I. Die totale Aussiedlung der Tschechen aus Böhmen und Mähren in ein Gebiet außerhalb des Reiches und Besiedlung des freigewordenen Raumes mit Deutschen, oder II. Bei Verbleiben des Großteils der Tschechen in Böhmen und Mähren die

---

[15] Das Reich, 18. 8. 1940, 21.
[16] Schlosser, H. D.: Die Unwörter d. Jahres 1993. In: Sprachdienst, 1/1994, 8–19, 18.
[17] Gebucht: Duden, 12. Aufl. 1941, Paechter. Getilgt: Duden, 13. Aufl. 1947.
[18] Meyers Lexikon, Bd. 3, 1937, 1287, s. v. Familie.
[19] Schmidt-Rohr: Die zweite Ebene der Volkserhaltung. In: Muttersprache, 54/1939, 205.

gleichzeitige Anwendung vielfältigster, der Germanisierung dienender Methoden nach einem X-Jahresplan. Eine solche Germanisierung sieht vor: 1) Die Umvolkung der rassisch geeigneten Tschechen. 2) Die Aussiedlung von rassisch unverdaulichen Tschechen und der reichsfeindlichen Intelligenzschicht beziehungsweise Sonderbehandlung dieser und aller destruktiven Elemente."[20] „Geheime Vorschläge zur Vorbereitung der Germanisierung (Umvolkung) im Protektorat Böhmen und Mähren vom 30. November 1940: Rassisch wertvoll ist dabei derjenige Protektoratsbewohner, bei dem oder in dessen Sippe slawische Rassenmerkmale nicht vorherrschen. Es kann dabei grundsätzlich davon ausgegangen werden, daß die rassisch wertvollen nach Entstehen der inneren Umvolkungsbereitschaft infolge der geschichtlichen Durchblutung des Raumes mit deutschem Blut echt umvolkbar sind. Slawische Rassenmerkmale sind dabei z. B. außer mongolischen Typen deutlich ungeordnetes, unsorgfältiges Familienleben bei Mangel jeglichen Gefühls für Ordnung, für persönliche und häusliche Sauberkeit, Mangel an jeglichem Streben nach einem Vorwärtskommen."[21] „Wir sprechen hierbei nicht von einer Germanisierung, zumal dieser Begriff durch eine frühere falsche Polenpolitik recht vorbelastet ist, sondern von einer Wiedereindeutschung oder Wiedergewinnung deutschen Blutes. Zu diesem Zweck wollen wir, um ein vom Reichsführer SS stammendes Sinnbild zu gebrauchen, gleichsam wie mit einem Magnet über die Ostgebiete und das Generalgouvernement hinwegstreichen, um den Stahl, nämlich die rassisch hochwertigen Sippen herauszuziehen. Wenn die Wiedereindeutschung dieser Menschen aber gelingen soll, so gilt dafür als oberste Voraussetzung, daß sie aus ihrer polnischen Umgebung losgelöst und in eine deutsche Umwelt versetzt werden. Die Wiedereindeutschung, die eine echte Umvolkung darstellt, kann daher grundsätzlich nur mit Hilfe einer Verpflanzung der betreffenden Menschen in das Altreich erfolgversprechend begonnen werden."[22] „Die rassisch wertvollen Sippen unter den Weißruthenen sollte man möglichst bald umzuvolken und einzudeutschen versuchen, ehe ein weißruthenisches Volkstumsbewußtsein entstanden ist und damit die Umvolkung erschwert wird."[23]

unbekannter SA-Mann, s. ↑ SA-Mann.

Untermensch

Verächtliche Bezeichnung für die als ↑ *rassisch* und moralisch ↑ *minderwertig* deklarierten Juden, Polen, Russen und für Kommunisten.[24]

---

[20] Staatssekretär d. Reichsprotektors in Böhmen u. Mähren K. H Frank.: Denkschrift über d. Behandlung d. Tschechoslowakei v. 31. 8. 1940. Dok. PS−3859 (GB−520). In: Der Nürnberger Prozeß, Bd. 17, 78.
[21] Zit. Saller, K.: Die Rassenlehre des Nationalsozialismus in Wissenschaft u. Propaganda, 1961, 59.
[22] Vortrag d. SS-Brigadeführers Fähndrich im Reichsministerium d. Innern am 2. 5. 1941. In: Broszat, M.: „Erfassung" und Rechtsstellung von Volksdeutschen u. Deutschstämmigen im Generalgouvernement, Gutachten d. Inst. f. Zeitgesch., Bd. 2, 1966, 246.
[23] Zit. Wetzel, E.: Der Generalplan Ost. In: VJZG 6/1958, 311.
[24] Gebucht: Duden, 12. Aufl. 1941, DWB, Paechter.

▷ Der am Ende des 18. Jahrhunderts wohl als Kontrastbildung zu *Übermensch* oder *Hochmensch* entstandene Ausdruck *Untermensch* ist bei Jean Paul (1763−1825) belegt. Er verwendet ihn für ‚ein Wesen, das auf tieferer Stufe steht als der Mensch': „obgleich leute aus der groszen und gröszten welt wie der untermensch, der orangutang, im 25. jahre ausgelebt und ausgestorben haben ... so hatte doch J. sein leben nicht soweit zurückdatiert."[25] Oder in Bezug auf die sittliche Höhe des Menschen: „zumal jetzo wären ein paar hochmenschen, gegen welche wir nur untermenschen und affen wären [...], eine erlösung durch ein messianisches paar."[26] In diesem Sinne erscheint *Untermensch* auch in Theodor Fontanes (1810−1898) Roman ‚Der Stechlin' (1897). Der alte Stechlin bezieht sich in seiner Konversation mit dem Hofprediger Frommel auf Nietzsches *Übermenschen*: „Jetzt hat man statt der wirklichen Menschen den sogenannten Übermenschen etabliert; eigentlich gibt es aber bloß noch Untermenschen, und mitunter sind es gerade die, die man durchaus zu einem ‚Über' machen will. Ich habe von solchen Leuten gelesen und auch welche gesehn. Ein Glück, daß es, nach meiner Wahrnehmung immer entschieden komische Figuren sind, sonst könnte man verzweifeln."[27]

▷ W. Linden bucht *Untermensch* in seiner Wortgeschichte ‚Aufstieg des Volkes': „Untermensch wird als Komplementärbildung zu Nietzsches Übermensch in den 90er Jahren gestaltet, seine eigentliche Bedeutung erlangt es erst Ende der 1920er Jahre im Kampf der nationalsozialistischen Partei."[28] M. Pechau behandelt den Ausdruck in seiner Dissertation ‚Nationalsozialismus und deutsche Sprache' in dem Kapitel ‚Sprachformen aus dem Kampf gegen das Judentum': „Das Völkerchaos, wie Chamberlain es nennt, würde nach Rosenberg die Verwirklichung des Herabsinkens der Menschen zu ‚bestialisierter Unmenschheit' bringen, die die Folge jeder hemmungslosen Bastardierung sein muß. Der ‚Rassemensch', das heroische Individuum, die Persönlichkeit würde abgelöst von dem alles Aufrechte zerstörenden ‚Untermenschen', wie Lothrop Stoddard das Bastardprodukt bezeichnet. Dieses Wort vom Untermenschen und Untermenschentum hat als Typisierung des lichtscheuen kommunistischen Gesindels durch die nationalsozialistische Sprache allgemeine Verbreitung gefunden. Man mag hierbei auch an das Wort vom Übermenschen denken und kommt bei der Umkehrung der Nietzeschen Sinngebung dieses Begriffes tatsächlich auf die Bedeutung der modernen Bildung Untermensch, der zweifellos als Gegenpol des hochgezüchteten Herrenmenschen und der Persönlichkeit gelten kann. Als Quelle dieses Wortes gebe ich von den nationalsozialistischen Schriftstellern Rosenberg an, weil er es war, der sich einer tieferen Sinngebung befleißigte."[29] An anderer Stelle faßt Pechau zusammen: „So bezieht sich Untermensch fast immer auf gemeine Verbrecher. Man kann noch weiter gehen und nachweisen,

---

[25] Vgl. DWB, Bd. 11.3, 1936, 1686, s. v.; zit. ebd.
[26] Zit. ebd.
[27] Fontane, Th.: Werke, Schriften und Briefe, Abt. 1, Bd. 5, hg. W. Keitel u. H. Nürnberger, 2. Aufl. München 1980, 293. Hinweis: Klemperer, V.: Tagebücher, Bd. 1, 1995, 567.
[28] In: Maurer/Stroh: Deutsche Wortgeschichte, Bd. 2, 1943, 401 f.
[29] Ebd., 1935, 71.

daß sich mit dem Begriff vom Untermenschen etwas Tierisches verbindet."[30] In der Tat ist es das 1924 in New York erschienene, 1925 von W. Heise ins Deutsche übersetzte Buch von Lothrop Stoddard ‚Der Kulturumsturz. Die Drohung des Untermenschen'[31], durch das der Ausdruck *Untermensch* bei den Nationalsozialisten zum Schlagwort wird. Stoddard gibt der russischen Revolution eine rassenbiologische Erklärung. Sein Satz: „Diese Weltanschauung des Untermenschen nennt man heute Bolschewismus"[32], wird von Rosenberg aufgegriffen und rassenhistorisch vertieft: „Im Jahre 1917 wurde der ‚russische Mensch' endlich erlöst. Er zerfiel in zwei Teile. Das nordisch-russische Blut gab den Kampf auf, das ostisch-mongolische schlug mächtig empor, berief Chinesen und Wüstenvölker; Juden, Armenier drängten sich an die Führung, und der Kalmücko-Tatare Lenin wurde Herr. Die Dämonie dieses Blutes richtete sich instinktiv gegen alles, was noch äußerlich als aufrecht wirkte, männlich nordisch aussah, gleichsam lebendiger Vorwurf war gegen einen Menschen, den Lothrop Stoddard richtig als ‚Untermenschen' bezeichnete."[33] 1933 publiziert der *Rassenforscher* H. Gauch ‚Neue Grundlagen der Rassenforschung': „Der nichtnordische Mensch nimmt also eine Zwischenstellung zwischen Nordischem Menschen und den Tieren, zunächst den Menschenaffen ein. Er ist darum kein vollkommener Mensch, er ist überhaupt kein Mensch im eigentlichen Gegensatz zu dem Tiere, sondern eine Zwischenstufe. Da einer der kennzeichnendsten Vertreter dieser Übergangsstellung ... der Neandertaler ist, so könnten wir die nichtnordischen Menschen auch Neandertaler nennen; besser und treffender aber ist die von Stoddard [...] geprägte Bezeichnung ‚Untermensch'."[34] Mit dem Schlagwort werden also Menschen als *Entartete* und *Minderwertige* gekennzeichnet oder als nahezu tierische, nicht ganz Mensch gewordene Wesen. „Manche glauben sogar, daß dieser Bolschewismus, dieser von Juden organisierte und geführte Kampf des Untermenschen zum erstenmal und völlig neu in der Weltgeschichte zu einem Problem geworden sei. Wir halten es für richtig, demgegenüber festzustellen, daß solange es Menschen auf Erden gibt, der Kampf zwischen Menschen und Untermenschen geschichtliche Regel ist."[35] Der Ausdruck ist so verbreitet, daß er auch von Gegnern gegen die Nationalsozialisten gewendet wird. „Der evangelische Pfarrer Friedrich Seggel in Mistelgau wurde am 28. Februar 1939 wegen Vergehens gegen [...] § 2 des Gesetzes gegen heimtückische Angriffe auf Partei und Staat angezeigt. Seggel hat am 16. November 1938 [...] bei seiner Predigt in Mistelgau [...] die Juden in Schutz genommen. Dabei sagte er u. a. Die in den vergangenen Tagen (8., 9., 10. November 1938) wegen der Ermordung des Botschaftsrates vom Rath gegen die Juden durchgeführten Empörungsaktionen seien vom christlichen Standpunkte aus

---

[30] Ebd., 93.
[31] Stoddard, L.: The Revolt against the civilization. The menace of the underman, New York 1924.
[32] Ebd., 1925, 127.
[33] Rosenberg, Mythus, 213 f.
[34] Zit. Saller, K.: Die Rassenlehre des Nationalsozialismus, 1961, 113.
[35] Himmler, Rede auf dem Reichsbauerntag am 12. 11. 1935. In: Dokumente d. dt Politik, Bd. 3, 1937, 33.

in keiner Weise gut zu heißen, sondern zu verurteilen. Ein Christenmensch macht so etwas nicht, das seien Untermenschen."[36] Theodor Haecker trägt am 5. 9. 1940 die ironische Bemerkung in sein Tagebuch ein: „1. Es gibt drei Arten von Menschen a) Übermenschen, b) Menschen, c) Untermenschen. 2. Zu welcher Menschenart die existierenden Völker gehören, entscheidet im Zweifelsfall immer der Führer der Übermenschen. 3. Der Führer der Übermenschen ist immer, ohne jede Ausnahme, der Führer der Deutschen. Denn nur von den Deutschen gilt absolut und ewig, vorwärts und rückwärts, daß sie Übermenschen sind. [...] 4. Mit genau derselben Absolutheit und Ewigkeit, mit der die Deutschen Übermenschen sind, sind die Juden Untermenschen. Ihnen nahe stehen die Polen und dann vielleicht die Nigger."[37] Der Sicherheitsdienst berichtet: „Eine im Nachrichtendienst gebrachte Meldung, daß durch die Bolschewisten auf deutsche Sanitätssoldaten geschossen wurde, obwohl sie sich um gegnerische Verwundete bemühten, wurde verschiedentlich abgelehnt. Viele Volksgenossen zeigten kein Verständnis dafür, daß sich deutsche Soldaten in der Bergung der bolschewistischen Untermenschen einer Gefahr aussetzen."[38] Der SS- u. Polizeiführer Stroop berichtet über die Vernichtung des Warschauer Ghettos: „Es wurden 180 Juden, Banditen und Untermenschen vernichtet."[39]

Untermenschentum

Kollektivum zu ↑ *Untermensch*.

> Das Kollektivum *Untermenschentum* ist in einem 1903 erschienenen Aufsatz ‚Verlustliste' aus dem „Kampfe ums Dasein" im Organ der Nichtseßhaftenfürsorge ‚Wanderer' belegt, nach dem die Landstreicher zum *Untermenschentum* zu rechnen waren.[40]

> Der nationalsozialistische Sprachgebrauch schließt an die vornationalsozialistische Verwendung des Ausdrucks *Untermenschentum* an: „Nur so läßt es sich erklären, daß ein Volk von der hochwertigen Begabungsveranlagung wie das Deutsche den Wahnsinn hat, die Gesunden für die Minderwertigen arbeiten zu lassen und durch eine ausgiebige – angeblich soziale – Gesetzgebung auch noch dafür Sorge zu tragen, daß dem Untermenschentum die weitesten Lebensmöglichkeiten bleiben, während den hilfsbedürftigen Wertvollen die Hilfe versagt wird."[41] „Die Prälaten und Kardinäle mobilisierten die ‚gläubigen Massen', und Rom, welches mit dem atheistischen Marxismus, d. h. mit machtpolitischer Unterstützung des Untermenschentums einen Vernichtungskampf gegen Deutschland, auch unter Opferung der deutschen katholischen Massen selbst führt, hatte die Stirn, plötzlich über Kulturkampf zu zetern."[42] „Während der Nationalsozialismus eine neue Fassung und For-

---

36 Monatsbericht d. Reg.präsidenten v. Ober- u. Mittelfranken, 9. 3. 1939. In: Bayern in der NS-Zeit, 1977, 479.
37 Tag- und Nachtbücher, 1947, 151.
38 MADR, (Nr. 202), 14. 7. 1941, Bd. 7, 2515.
39 Fernschreiben v. 16. 5. 1943. In: Die Wandlung, 2/1947, 551.
40 Nach Klee, E.: „Euthanasie" im NS-Staat, 1985, 30.
41 Darré, R. W.: Neuadel aus Blut und Boden, 1930, 51.
42 Rosenberg, Mythus, Vorrede zur 3. Aufl., 1931, 6.

mung der europäischen Kultur in die Wege leitet, ist der Bolschewismus die Kampfansage des von Juden geführten internationalen Untermenschentums gegen die Kultur an sich."[43] „Es ist für jeden Menschen unseres heutigen Deutschlands völlig unbegreiflich, daß man vor wenigen Jahren noch, und zwar auch noch in den Zeiten der Zentrumsherrschaft unter Heinrich Brüning, so abgrundtiefe Gemeinheiten, so viel Verkommenheit und ein so eindeutig überführtes Verbrechertum unter der Devise ‚Freiheit der Kunst' ungehindert an die niedersten Instinkte des Untermenschentums appellieren ließ."[44] Eine Presseanweisung vom 14. 10. 1939 lautete: „Es muß auch der letzten Kuhmagd in Deutschland klargemacht werden, daß das Polentum gleichwertig ist mit Untermenschentum. [...] Dieser Tenor soll immer nur leitmotivartig anklingen und gelegentlich in feststehenden Begriffen, wie ‚Polnische Wirtschaft', ‚Polnische Verkommenheit' und ähnlichem in Erscheinung treten, bis jeder in Deutschland jeden Polen, gleichgültig ob Landarbeiter oder Intellektuellen, im Unterbewußtsein schon als Ungeziefer ansieht [...] (Ausdrückliche Weisung des Propaganda-Ministeriums an alle Zeitungen)."[45] Der am 8. 8. 1944 von den Nationalsozialisten hingerichtete Generalmajor Stieff schlug aber auch mit dem Ausdruck *Untermenschentum* gegen die Nationalsozialisten zurück. Er schrieb am 21. 11. 1939: „Die blühendste Phantasie einer Greuelpropaganda ist arm gegen die Dinge, die eine organisierte Mörder-, Räuber- und Plündererbande unter angeblich höchster Duldung dort [in Polen] verbricht. Da kann man nicht mehr von ‚berechtigter Empörung über an Volksdeutschen begangene Verbrechen' sprechen. Diese Ausrottung ganzer Geschlechter mit Frauen und Kindern ist nur von einem Untermenschentum möglich, das den Namen Deutsch nicht mehr verdient. Ich schäme mich ein Deutscher zu sein!"[46] Der SS-Hauptsturmführer Professor Dr. Hirt erstattet am 9. 2. 1942 Bericht über ‚Die Sicherstellung der Schädel von jüdisch-bolschewistischen Kommissaren zu wissenschaftlichen Forschungen in der Reichsuniversität Straßburg': [...] In den jüdisch-bolschewistischen Kommissaren, die ein widerliches, aber charakteristisches Untermenschentum verkörpern, haben wir die Möglichkeit, ein greifbares, wissenschaftliches Dokument zu erwerben, indem wir uns ihre Schädel sichern."[47] In einem Biologiebuch für höhere Schulen heißt es: „So ergeht es einem Volk, das die Gesetze des Lebens verachtet und aus Haß und Neid sein kostbares Erbgut vertilgt. Statt dessen hatte sich das minderwertige Erbgut in Gestalt des bolschewistischen Untermenschentums wie das Unkraut vermehrt, und so trat im Jahre 1941 eine Riesenarmee zum Kampfe an, die zu einem großen Teil aus Verbrechern, Analphabeten und Mischlingen schlimmster Sorte bestand."[48]

---

[43] Goebbels, Rede auf dem Parteitag gegen d. Bolschewismus, 15. 9. 1935. In: Dokumente d. dt. Politik, Bd. 3, 1937, 4.
[44] Entartete „Kunst", Ausstellungsführer, 1937, 14.
[45] Br 14/123, 24. 10. 1939. Zit. Glunk, ZDS 26/1970, 177.
[46] Brief an seine Frau aus dem Hauptquartier in Warschau. In: VJZG 2/1954, 300.
[47] Dok. NO−085 (GB−574). In: Der Nürnberger Prozeß, Bd. 20, 567.
[48] Biologie f. höhere Schulen, Bd. 3, 2. Aufl. 1943, 152.

V

V 1

Abkürzung von *Vergeltungswaffe 1*; Bezeichnung für ein unbemanntes, sprengstoffgeladenes Flugzeug.

> Zehn Tage nach der Invasion in Nordfrankreich meldete der *Wehrmachtbericht* am 16. 6. 1944: „Südengland und das Stadtgebiet von London wurden in der vergangenen Nacht und heute vormittag mit neuartigen Sprengkörpern schwersten Kalibers belegt."[1] Es handelte sich um die in Gerüchten lange angekündigte „Wunderwaffe", die die Wende zum Sieg bringen sollte. Sie wurde in diesen Tagen erstmals gegen England eingesetzt. Zehn Tage lang bringen die Nachrichten kaum abgewandelt die Meldung: „Schwerstes Störungsfeuer liegt weiterhin fast ohne Unterbrechung auf London und seinen Außenbezirken."[2] Am 27. 6. wird die Waffe zum erstenmal benannt: „Schweres ‚V 1'-Störungsfeuer lag weiterhin auf dem Stadtgebiet von London."[3] Am 28. heißt es: „Schweres Feuer der ‚V 1' [usw.]."[4] Am 29. wird resümiert: „London liegt nunmehr seit zwei Wochen unter dem andauernden Feuer der V 1."[5] Der Ausdruck *V 1* ist bereits geläufig und wird nicht mehr in Anführungszeichen gesetzt. Über die Entstehung der Bezeichnung für die neue Waffe teilt H. Sündermann mit: „Wenig später erhält die neue Waffe einen Namen. Dieser stammt von Dr. Goebbels und wurde von Hitler gebilligt. ‚Die neue Waffe hat die Bezeichnung ‚V 1'. Während das V als Abkürzung von ‚Vergeltung' anzusehen ist, bedeutet die Ziffer ‚1', daß die jetzige Waffe die erste in der Reihe der Vergeltungswaffen ist. In diesem Sinne ist eine kurze, keinesfalls sensationell hervorgehobene Erläuterung der Bezeichnung, sobald sie in einer Meldung erstmals gebraucht wird, durch die Presse notwendig.'"[6] Die durch Andeutungen und Gerüchte genährten großen Hoffnungen in einem Teil der Bevölkerung sind bald enttäuscht, während die Presse mit Information und Propaganda weiterhin Stimmung zu machen sucht. „Besonders die hochgespannte Erwartung über die vernichtende Wirkung der Vergeltungswaffe ist erheblichen Zweifeln gewichen. Viele Volksgenossen hatten angenommen, daß durch den Einsatz von V 1 der Widerstand in England schlagartig ausgeschaltet würde."[7] Victor Klemperer trägt am 28. 6. 1944 in sein Tagebuch ein: „Die Dynamitmeteore heißen jetzt, seit Montag, V 1-Sprengkörper; es wird des lan-

---

[1] Die Wehrmachtberichte, Bd. 3, 1989, 128.
[2] Ebd., 18. 6., 130.
[3] Ebd., 139.
[4] Ebd., 140
[5] Ebd., 142.
[6] TP 24. 6. 1944. In: Sündermann, H.: Tagesparolen, 1973, 272.
[7] MADR, 28. 6. 1944, Bd. 17, 6614.

gen und breiten erklärt: Vergeltung Nummer 1, die 1 lasse mit Sicherheit ein V 2 usw. erwarten. Mit alledem sucht man den raschen Fall Cherbourgs und die Niederlagen in Rußland und Italien zu übertäuben. [...]"[8] „Mit gespanntem Interesse verfolgt die Bevölkerung die Wirkung der V 1 auf die englische Bevölkerung. In Gesprächen wird immer wieder geäußert, daß die V 1 wohl noch sehr zu wünschen übrig läßt."[9] „[Bildunterschrift:] ‚V 1' VOR DEM START. Sie wissen nicht, wo sie herkommt, sie wissen nicht, wo sie hintrifft — das ist für die Engländer eines der Probleme, die ihnen unsere erste Vergeltungswaffe gestellt hat. Nicht ohne Grund haben sie den mächtigen Körper, wenn er in rasendem Flug dahinschießt, mit einem ‚Dynamit-Meteor' verglichen."[10] „Das Geheimnis einer Geheimwaffe. Die modernste Waffe ist zugleich die einfachste. V 1 besteht aus weniger Einzelteilen als der Motor irgendeines Flugzeuges. Das Geheimnis der V 1 liegt in der technisch vollkommenen Verbindung zweier bekannter Prinzipien: des Raketen- und des Fernlenkprinzips. [...]"[11]

vaterländisch, s. ↑ völkisch.

Verbastardierung, verbastardiert

Verderbliche Rassenmischung, durch Rassenmischung ↑ *entartet*.

▶ Die völkische Weltanschauung „kann auch einer ethischen Idee das Existenzrecht nicht zubilligen, sofern diese Idee eine Gefahr für das rassische Leben der Träger einer höheren Idee darstellt; denn in einer verbastardierten und vernegerten Welt wären auch alle Begriffe des menschlich Schönen und Erhabenen sowie alle Vorstellungen einer idealisierten Zukunft unseres Menschentums für immer verloren."[12] „Nach gelungener Revolution riß er [der Jude] sämtliche Bande der Ordnung, der Moral, der Sitte usw. weg, hob die Ehe als höhere Institution auf und proklamierte statt dessen die allgemeine Paarung untereinander mit dem Ziel, auf dem Wege einer regellosen Verbastardierung einen allgemeinen minderwertigen Menschenbrei heranzuzüchten, der aus sich selbst heraus zur Führung unfähig ist und den Juden endlich als einziges geistiges Element nicht mehr entbehren kann."[13] „Gegen diese gesamte Verbastardierung, Verorientalisierung und Verjudung des Christentums wehrte sich bereits das durchaus noch aristokratischen Geist atmende Johannesevangelium.[14] „Im Ernst gesagt, was man hier [im Konzentrationslager Dachau] an Menschenmaterial sieht, dem steht zum allergrößten Teile schon deutlich lesbar im Gesicht geschrieben, worum es in Dachau sitzt. 80 bis 90 Prozent dieser 2000 Sträflinge [...] sind verbastardierte Promenadenmischungen mit jüdischem, negerischem,

---

[8] Klemperer, V.: Tagebücher, Bd. 2, 1995, 537.
[9] Bericht d. SD-Außenstelle Berchtesgaden, 7. 7. 1944. In: Bayern in der NS-Zeit, 1977, 663.
[10] Das Reich, 13. 8. 1944. 1.
[11] Das Reich, ebd.
[12] Hitler, Mein Kampf, 421.
[13] Hitlers zweites Buch, 1961 (1928), 222.
[14] Rosenberg, Mythus, 75.

mongolischem oder — der Teufel mag es wissen — sonst welchem Bluteinschlag."[15] „Der Jude also erkennt die Bedeutung der Reinerhaltung des Blutes an. Anderen Völkern aber redet er sie aus. Anderen Völkern propagiert er die Rassenvermischung, die Verbastardierung. ‚Warum wohl?', werden die Schülerinnen fragen. Weil er in der Rassenvermischung das sicherste Mittel sieht, den Völkern die Lebenskraft zu brechen, sie in den Abgrund der Auflösung zu ziehen. Er selbst hat sich deshalb zum Ziele gesetzt, sein Teil zu dieser Verbastardierung beizutragen, wo er nur kann. Die Schändung und Entrassung nichtjüdischer Frauen durch Juden hat ihren alleinigen Grund nicht etwa in der blutlich bedingten sexuellen Gier des Juden. Sie ist vielmehr noch der Ausfluß teuflischer Überlegung und Berechnung."[16] „Durch Rasse- und Blutschutzgesetze verhinderte der Führer für alle Zukunft die Fortpflanzung erbkranker Idioten, für deren Erhaltung die Volksgemeinschaft bisher jährlich über 300 Millionen hatte aufbringen müssen, und ebenso — durch die ‚Nürnberger Gesetze' vom 15. September 1935 — eine weitere Verbastardierung des deutschen Volkes durch Vermischung mit dem artfremden Judentum."[17]

Verdunkelungsverbrechen

Straftat unter Ausnutzung der Verdunkelung.

> Paragraph 2 der Verordnung gegen ↑ *Volksschädlinge* vom 5. September 1939 bedrohte Verbrechen oder Vergehen gegen Leib, Leben oder Eigentum unter Ausnutzung der zur Abwehr von Fliegergefahr getroffenen Maßnahmen mit Zuchthaus und in besonders schweren Fällen mit der Todesstrafe.[18] In seinem Kapitel ‚Aufstieg des Volkes' in der Wortgeschichte von Maurer/Stroh (1943) konstatiert W. Linden: „[...] zu *verdunkeln* und *Verdunkelung* entstehen *Verdunkelungssünder (wer die Vorschriften* der Verdunkelung nicht erfüllt) und *Verdunkelungsverbrecher* (wer die V. zu Straftaten ausnützt)."[19] „In den Prozeßberichten waren irgendwelche Erklärungen über die näheren Umstände der Straftaten und darüber, daß die eine Tat als Verdunkelungsverbrechen besonders schwer bestraft werden mußte, nicht enthalten. Mit Verwunderung wurde daher in der Bevölkerung die Frage aufgeworfen, warum der eine wegen 25 Pfg. 12 Jahre Zuchthaus erhielt, während der andere wegen Tötung eines Menschen nur mit 8 Jahren Zuchthaus bestraft worden ist."[20] „Aber auch jeder andere Täter, der seine Verbrechen unter Ausnutzung der Kriegsverhältnisse begeht, tritt damit zum Feinde über. Seine treulose Gesinnung und seine Kampfansage verdienen daher strengste Strafen. Ganz besonders gilt dies jedoch für den feigen Verdunkelungsverbrecher."[21]

---

15 Coburger Zeitung, 28. 5. 1933. Zit. Blick in die Zeit, 1/Nr. 2, 28. 7. 1933, 6.
16 Die Judenfrage im Unterricht, v. Stadtschulrat Fritz Fink, 1937, 44.
17 Bouhler, Ph.: Kampf um Deutschland, 1942 (zuerst 1938), 97 f.
18 RGBl. 1, 1939, 1679.
19 Maurer/Stroh, ebd., Bd. 2, 400.
20 MADR, (Nr. 58), 26. 2. 1940, Bd. 3, 812 f.
21 Richterbriefe — Mitteilungen des Reichsministers der Justiz — Nr. 2, 1. 10. 1942. In: Richterbriefe. Hg. H. Boberach, 1975, 9 f.

Verfallskunst

Die Kunst der Avantgarde, ↑ *entartete Kunst*.

▶ „Betrachten wir das Kunstleben, dann sehen wir, daß beinahe wie in den Blütezeiten des Marxismus eine üppige Hausse in Verfallskunst allerorts vorhanden ist. Sehen wir uns z. B. das Kunstausstellungswesen in Berlin und außerhalb Berlins an, dann finden wir überall die Verfallskunst, die formenzersetzenden Moderichtungen der Vergangenheit in vorderster Front. Wir haben in Berlin jetzt allein in einem Monat drei große Kollektivausstellungen von Nolde, Barlach und Feininger erlebt."[22] „Der ‚Völkische Beobachter' beschäftigt sich mit der Frage, wie sich die Beispiele dieser Verfallskunst, die sich heute in Schutzhaft befinden und den Blicken der Allgemeinheit entzogen sind, etwa noch verwerten lassen."[23] „Die ‚Spitzenleistungen' der Verfallskunst müssen in den privaten Schlupfwinkeln aufgesucht werden. Wir halten es für ein dringendes Bedürfnis, diese Erzeugnisse, wo sie anzutreffen sind, zu beschlagnahmen, ihre Abgabe zu verfügen und ihre vorherige Vernichtung unter Strafe zu stellen. Das Ergebnis dieser Beschlagnahme wird die Richtigkeit unserer Angaben bestätigen, daß die mit in die Gesellschaft aufzunehmenden Schutzhäftlinge der öffentlichen Kunstsammlungen von ihren neu hinzutretenden Genossen weit übertroffen werden. Die Sammlung von ‚Wertsachen', die auf diese Weise zusammen käme, hätte einmal als Archiv und zweitens der Schulung der Parteigliederungen zu dienen."[24] „Zur gleichen Zeit, da im Hause der Deutschen Kunst die Große Deutsche Kunstausstellung München 1937 vorbereitet wurde, gab Reichsminister Dr. Goebbels dem Präsidenten der Reichskunstkammer, Professor Adolf Ziegler, den Auftrag, typische Werke der Verfallskunst aus der Systemzeit, die in Museen und Galerien erreichbar waren, sicherzustellen und in einer Ausstellung zusammenzufassen. Unter dem Titel ‚Entartete Kunst' kam diese Ausstellung gestern in München zur Eröffnung. Es fehlen die Worte, das zu beschreiben, was hier an sogenannten Kunstwerken aus dem Gebiet der Malerei und Plastik zusammengetragen ist."[25] „Ich werde zukünftig mit den mir zur Verfügung stehenden Mitteln nunmehr unerbittlich gegen jeden vorgehen, der Werke der Verfallskunst erzeugt oder solche als Künstler oder Händler verbreitet. Ferner bestimme ich, daß Werke der Verfallskunst, die sich im Eigentum oder in Kommission der Kammermitglieder (insbesondere Kunst- und Antiquitätenhändler) befinden oder bei ihnen aufbewahrt werden, der Reichskammer der bildenden Künste, Berlin W 35, bis zum 10. Juni 1941 angezeigt werden und daß ferner Werke dieser Art, die aus Privatbesitz zum Verkauf oder zur Versteigerung zukünftig angeboten werden, unverzüglich gleichfalls der Reichskammer der bildenden Künste gemeldet werden. [...] gez. Ziegler."[26]

---

[22] VB, 16. 3. 1934. Zit. Blick in die Zeit, 2/Nr. 14, 7. 4. 1934, 6.
[23] Graf v. Baudissin, K.: Kandinsky u. Franz Moor. In: Nationalzeitung, 24. 9. 1936. Zit. Wulf, J.: Die bildenden Künste im Dritten Reich, 1963, 306.
[24] Ebd. 307.
[25] Ein abschreckendes Gegenstück. In: Westdeutscher Beobachter, 28. 7. 1937. Zit. Wulf, J.: Die bildenden Künste im Dritten Reich, 1963, 319.
[26] Mitteilungsblatt der RKdbK [Reichskammer d. bildenden Künste], 1. 5. 1941. Zit. Wulf, J. ebd., 337.

Verfallszeit

Die Zeit der Weimarer Republik 1918–1933.[27]

> „Der Gauleiter begrüßte dann die großen Verdienste Schultze-Naumburgs und feierte die mutige Tat, als sich Schultze-Naumburg vor zehn Jahren der nationalsozialistischen Bewegung zur Verfügung stellte und damit in den politischen Tageskampf begab. ‚Sie haben für die Zukunft eine Bastion geschaffen. Sie haben in der Verfallszeit die Fahne der Kunst hochgehalten.'"[28] „Literatur der Verfallszeit (Thomas Mann, Max Brod, Wassermann, Werfel usw.) wurde in diesem Jahr nur sehr gelegentlich noch verlangt."[29] „Die Art, in der dem Antiquariatsbuchhandel Bücher zugehen, bringt es mit sich, daß immer wieder schädliches und unerwünschtes Schrifttum aus Privathand in sein Lager gelangt. Ein verantwortungsbewußtes Vorgehen der Antiquare sei geeignet, zur ständigen Säuberung des deutschen Buchhandels von Restbeständen der Verfallszeit beizutragen. Tatsächlich lasse aber ein Teil der Antiquare die zu fordernde Sorgfalt vermissen."[30] „Von der Raumkultur über die Genußkultur bis zur Nacktkultur, einer Erscheinung aus Deutschlands Verfallszeit nach 1918 [...], zeugen eine große Menge Zusammenstellungen von Kultur als Mode- und Schlagwort."[31]

Verfügungstruppe, s. ↑ SS.

Vergeltung (Vergeltungsaktion, -angriff[32], -flug, -maßnahme, -schlag, -waffe)

Von Propaganda begleitete Bombardierung englischer Städte als Revanche für die alliierten Luftangriffe auf deutsche Städte.

> Die auch im Ersten Weltkrieg verwendeten Ausdrücke *Vergeltung*, *Vergeltungsmaßnahme* – „Vergeltung für die verschleppten Elsaß-Lothringer"[33], „Deutsche Vergeltungsmaßnahmen"[34] – und andere Komposita mit dem Bestimmungswort *Vergeltung* erhielten im Zweiten Weltkrieg einen besonderen Stellenwert, weil sie in der Propaganda bewußt eingesetzt wurden, um der durch die alliierten Bombenangriffe hart betroffenen Zivilbevölkerung einen baldigen ↑*Endsieg* über einen zermürbten Gegner in Aussicht zu stellen. „Es soll in der Presse nicht mit Drohungen gearbeitet werden, ohne daß die Bevölkerung Kunde von unseren Vergeltungsmaßnahmen erhält. Gegebenenfalls sollen Bombardierungen feindlicher Städte jeweils

---

27 Gebucht: Duden, 10. Aufl. 1929, 11. Aufl. 1934, 12. Aufl 1941.
28 VB, 14. 11. 1940. Zit. Wulf, J.: Die bildenden Künste im Dritten Reich, 1963, 347.
29 MADR, (Nr. 156), 23. 1. 1941, Bd. 6, 1929.
30 MADR, (Nr. 264), 2. 3. 1942, Bd. 9, 3396.
31 Trübners DWB, Bd. 4, 298, s. v. Kultur.
32 Gebucht: Paechter.
33 Neußer Zeitung, 10. 1. 1918, 3.
34 Neußer Zeitung, 5. 2. 1918. 1.

ausdrücklich als Vergeltungsmaßnahme gekennzeichnet werden."[35] „Weiter bat Fritzsche, immer wieder von Vergeltungsangriffen auf London zu sprechen und diesen Begriff der Vergeltung nicht untergehen zu lassen."[36] „Die Zeitungen sollen weiter wie bisher stark mit dem Begriff ‚Vergeltung' arbeiten."[37] „Das Einsetzen der Vergeltungsaktion gegen England wurde mit großer Genugtuung aufgenommen, um so mehr als man sich infolge der persönlichen Leitung durch Reichsmarschall Göring eine besonders gründliche Durchführung erhofft. Besonders tiefen Eindruck machte die Meldung, daß auf London bisher 1 Million kg Bomben abgeworfen wurden. Die Einstellung der Bevölkerung zu dem bisherigen Ablauf der Vergeltungsaktion ist noch nicht einheitlich. Verschiedentlich fragt sie sich, warum diese Vergeltung auf militärische Ziele beschränkt bleibe, wie es in allen Berichten immer wieder betont werde."[38] „Aber ob sie gleich um des englischen Prestiges in der Welt willen die Wirklichkeit verschweigt, in die England im Zeichen der Vergeltungsaktion gestellt ist, schon ihre beschönigenden Teilgeständnisse verraten [...] die Sorge um das Ende."[39] „Laut Bericht des Oberkommandos der Wehrmacht stand die Woche unter dem Zeichen des großen deutschen Vergeltungsangriffes auf die wehrwirtschaftlich wichtigen Zentren von London:"[40] „Die Vergeltungsflüge gegen England sind nach wie vor das Hauptgesprächsthema aller Bevölkerungsschichten."[41] „Nachdem unsere ‚Vergeltungspropaganda' ursprünglich so aufgefaßt wurde, als ob in kurzer Zeit der Vergeltungsschlag zu erwarten sei, habe man nun das Gefühl, daß es wohl noch eine Zeit dauern werde, bis die Angriffsmaßnahmen vorbereitet seien."[42] „Auf einen gründlichen Vergeltungsschlag gegen England setzt man alle Hoffnung, da ja auch der Führer über diesen in seiner Rede keinen Zweifel gelassen hat."[43] „Jedoch an den sogenannten Vergeltungsschlag gegen England glauben die wenigsten ländlichen Volksgenossen. Die Umquartierten auf dem Lande sehen jedoch im Vergeltungsschlag ihre große Rache für die Bombenschäden und der Glaube daran wurde durch die Äußerung des Führers wieder gefestigt."[44] „So stellt man sich eine Verbindung zwischen dem Einsatz der Vergeltungswaffen (längs der Kanalküste angebaute Raketengeschütze, ferngelenkte, unbemannte Flugzeuge sowie schwere Bomber) mit einer anschließenden Landung in England, zu welcher die notwendigen Flugzeuge bereits in allen Häfen an der Kanalküste bereitlägen, vor."[45]

---

[35] 13. 6. 1940. Wollt Ihr den totalen Krieg. Die geheimen Goebbelskonferenzen, 1967, 65.
[36] Presseanweisung Ob 15/29, 8. 9. 1940. Zit. Glunk, ZDS 27/1971, 123. 1940.
[37] Presseanweisung Tr 12/173, 12. 10. 1940. Zit. Glunk ebd.
[38] MADR, (Nr. 123), 12. 9. 1940, Bd. 5, 1563.
[39] Das Reich, 15. 9. 1949, 1.
[40] Das Reich, 15. 9. 1940, 6.
[41] MADR, (Nr. 124), 16. 9. 1940, Bd. 5, 1572.
[42] MADR, 5. 7. 1943, Bd. 14, 5424.
[43] Weltanschaul. Bericht d. Kreisschulungsamts Eichstätt, 1. 10. 1943. In: Bayern in der NS-Zeit, 1977, 582.
[44] Bericht d. SD-Außenstelle Bad Kissingen, 13. 11. 1943. In: Bayern in der NS-Zeit, 1977, 659.
[45] MADR, 16. 12. 1943, Bd. 15, 6151.

„Nicht wenige Volksgenossen zweifeln sogar völlig an der Vergeltung. Sie sei nichts als ein großartiges Propagandamanöver der deutschen Führung, das den Zweck verfolge, die Bevölkerung in England zu ängstigen und die anglo-amerikanische Führung zur vorzeitigen Durchführung nicht ausgereifter Invasionspläne zu veranlassen. Daneben gibt es Gegner, die die Vergeltungspropaganda als ein Mittel der Führung bezeichnen, das Volk weiter ‚bei der Stange' zu halten und den aussichtslosen Krieg noch eine Weile zu verlängern. Aus diesen Kreisen stammen wohl hauptsächlich die Vergeltungswitze, von denen es einige gibt, z. B.: ‚Die Vergeltung kommt, wenn an den Altersheimen steht: «Wegen Einberufung geschlossen»'."[46] S. auch ↑ V 1.

verjudet

Einen zu hohen Prozentsatz von Juden aufweisend (Berufe, Gremien, Parteien, Wirtschaftszweige usw.); von Juden oder angeblich „jüdischem Wesen" beeinflußt, beherrscht; infiltriert.[47]

> Der Ausdruck *verjuden* ist eine Prägung der Antisemiten des neunzehnten Jahrhunderts. Paul de Lagarde verwendet *verjuden* in seinem ‚Programm für die konservative Partei Preußens' 1844 bereits geläufig. „Aus dem Gesagten folgt, daß die Juden als Juden in jedem europäischen Volke ein schweres Unglück sind. Es folgt für Deutschland, daß die Juden aus Deutschland entweder auswandern, oder in ihm Deutsche werden müssen. Tritt nicht die eine oder andere dieser Alternativen ein, so verjudet Deutschland, wozu es schon nicht bloß auf dem Wege ist. Denn die Verwesung schreitet schneller vorwärts als das Wachsthum eines edlen Lebens. Wie sehr Deutschland schon verjudet ist, erkennen jetzt endlich alle, welche von der Krankheit nicht mit erfaßt sind, deutlich genug."[48] Eugen Dühring: „Der Classenhass, der sich gegen Alles, nur nicht gegen die Judenbourgeois richten sollte, wurde cultiviert, damit die Juden ihn ausbeuten und in der gespaltenen Gesellschaft um so leichter zur Herrschaft gelangen könnten. Nun aber fährt das Racenbewußtsein der Völker aus dem bisherigen Schlafe und zeigt den Juden und verjudeten Socialdemokraten, dass es noch einen grösseren Gegensatz giebt, als den von Arbeiter und Bourgeois."[49] (1881) „Ueberdies ist ja das, was man heute bei uns Socialismus nennt, selbst schon völlig verjudet und bedarf mindestens ebensosehr wie alle andern Richtungen und Parteien, erst einer Säuberung von den Judenelementen, ehe aus ihm etwas Gesundes werden kann."[50] Einhart (d. i. H. Claß, der Vorsitzende der Alldeutschen Bewegung): „Sie [eine wohlberechtigte Bewegung] stellte sich auf den Rassenstandpunkt, d. h. sie sagte, daß die Juden – ohne ihre Schuld – als

---

[46] MADR, 27. 12. 1943, Bd. 15, 6187
[47] Gebucht: Duden, 10. Aufl. 1929, 11. Aufl. 1934, 12. Aufl. 1941. Getilgt: Duden, 13. Aufl. 1947.
[48] In: Deutsche Schriften, 5. Aufl., 1920, 397.
[49] Die Judenfrage als Racen-, Sitten- und Culturfrage, 2. verb. Aufl. 1881, 83.
[50] Ebd., 153.

Glieder der semitischen Rasse andere Anschauungen haben, als die arisch-germanischen Menschen; daß diese anderen Anschauungen über die wichtigsten sittlichen Begriffe ihnen im Daseinskampfe den Deutschen gegenüber Vorteile gewähren und daß der Deutsche, wenn er nicht unterliegen will, Gefahr läuft, jüdisches Verfahren anzuwenden – sittlich zu verjuden."[51] (1909)

> Hitler: „Daß es sich hier [beim Marxismus] überhaupt um keine Partei handelt, sondern um eine Lehre, die zur Zerstörung der gesamten Menschheit führen muß, begriff man um so weniger, als dies ja nicht auf den verjudeten Universitäten zu hören ist [...]."[52] „Um einen Begriff zu geben, wie weit die verjudete Hochfinanz in die deutsche Industrie eingedrungen ist, bringen wir einige Beispiele in der Besetzung von Aufsichtsratsposten. [...]"[53] „Er erklärte, warum die deutsche Glaubensbewegung entstehen mußte; der deutsche Mensch, arisch und artbewußt, könne der christlichen Kirche mit ihren verjudeten Dogmen nicht angehören."[54] „Durch den Anschluß wurde in Österreich eine ganze Front liberaler, verjudeter und katholischer Philosophen gesprengt."[55]

Verjudung

Zu hoher Prozentsatz von Juden in der Bevölkerung, in Berufen, Parteien usw.; Beeinflussung, Beherrschung, Infiltration durch angeblich „jüdisches Wesen".[56]

> Richard Wagner (1813–1883): „Wir haben nicht erst nöthig, die Verjüdung der modernen Kunst zu bestätigen; sie springt in die Augen und bestätigt sich den Sinnen von selbst."[57] (1850) ‚Augsburger Allgemeine Zeitung': „es war unter die ganze bevölkerung ein geldschwindel gekommen, eine verjudung, davon man sich keinen Begriff macht."[58] (1852) W. Marr: „[...] und so mussten denn auch Gott und die Religion herhalten bei allen Judenverfolgungen, während in Wahrheit diese letztern doch Nichts waren als das Ringen der Völker und ihres Instinktes gegen die realistische Verjudung der Gesellschaft, als ein Kampf um's Dasein."[59] (1879) E. Dühring: „Die Einstreuung der Judenbevölkerung ist schon an sich ein grosses Uebel; eine erhebliche Verjudung des Bluts der modernen Völker würde aber, wenn sie wirklich

---

[51] Ebd., Deutsche Geschichte, 8. Aufl. 1919 (zuerst 1909), 322.
[52] Mein Kampf, 184.
[53] Rosten, C.: Das ABC des Nationalsozialismus, 2. Aufl., 1933, 207.
[54] Monatsbericht d. Reg.präsidenten v. Ober- u. Mittelfranken, 6. 4. 1937. In: Bayern in der NS-Zeit, 1977, 465.
[55] MADR, Jahreslagebericht 1938 d. RSHA, Bd. 2, 85.
[56] Gebucht: Duden, 10. Aufl. 1929, 11. Aufl. 1934, 12. Aufl. 1941; Paechter. Getilgt: Duden, 13. Aufl. 1947.
[57] Das Judenthum in der Musik. Gesammelte Schriften u. Dichtungen, 4. Aufl., Bd. 5, 1907, 68.
[58] Zit. DWB, Bd. 12/1, 1956, 610.
[59] Der Sieg des Judenthums über das Germanenthum, 1879, 8.

vorsichgehen könnte, ein unvergleichlich grösseres sein."⁶⁰ (1881) Reichstagsabgeordneter K. Türk: „Die Verjudung Österreichs. Eine Warnung für das deutsche Reich, Rede gehalten zu Berlin im großen Kaisersaal von Buggenhagen am 18. Juni 1889."⁶¹ Karl Kraus (1874–1936): „Das ‚Deutsche Volksblatt', das die Verjudung der Kunst ‚principiell' bekämpft [...]."⁶² (1900)
> Hitler: „Diese Verjudung unseres Seelenlebens und Mammonisierung unseres Paarungstriebes werden früher oder später unseren gesamten Nachwuchs verderben."⁶³ „Wie weit dabei die innere Verjudung unseres Volkes schon fortgeschritten ist, kann man an der geringen Achtung, wenn nicht schon Verachtung ersehen, die man der Handarbeit an sich zollt. Deutsch ist dies nicht. Erst die Verwelschung, die aber in Wahrheit eine Verjudung war, wandelte die einstige Achtung vor dem Handwerk in eine gewisse Verachtung jeder körperlichen Arbeit überhaupt."⁶⁴ Rosenberg: „Erst sehr spät entledigte sich Luther der ‚Jüden und ihrer Lügen' und erklärte, daß wir mit Moses nichts mehr zu schaffen hätten. Aber unterdes war die ‚Bibel' ein Volksbuch und die alttestamentliche ‚Prophetie' Religion geworden. Damit war die Verjudung und Erstarrung unseres Lebens um einen neuen Schritt vorwärts getrieben [...]."⁶⁵ J. v. Leers: „Auch hier ist deutlich der zurückgelegte Weg zu erkennen, von der geistigen Verjudung der Wirtschaft über die Verjudung der halbstaatlichen Kriegswirtschaft zur Verjudung und Korruptionierung des Staatswesens selbst."⁶⁶ ‚Der Schulungsbrief'. Was jeder Deutsche wissen muß: „Der Führer der Revolution, Lenin, der bekanntlich Russe war, brachte wiederholt zum Ausdruck, daß ohne jüdische Führung die Revolutionierung Rußlands überhaupt nicht möglich gewesen wäre. In den folgenden Jahren nahm die Verjudung Rußlands weiter zu [...]. Die Gesamtverjudung der russischen Regierung betrug 78,8 Prozent."⁶⁷ Gutachten des Reichskirchenausschusses über die ‚Deutschen Gottesworte' des ↑*Reichsbischofs* L. Müller: „Wie hier, so ist auch im ganzen die angebliche ‚Verdeutschung' der Bergpredigt in Wirklichkeit eine Judaisierung derselben. Während das jüdische Gesetz nur eine für das eigene Volk geltende Moral enthielt, hat Jesus diese enge Bindung der sittlichen Haltung an das eigene Volkstum zerbrochen und die Unbedingtheit seiner Forderungen an die Stelle gesetzt. Der Verfasser macht diese entscheidende Tat Jesu Christi wieder rückgängig und erklärt die Forderung der Bergpredigt als nur für die Volksgenossen verbindlich. [...] Damit bedeutet das Buch eine völlige Verfälschung und Verdiesseitigung der Größe der in Christus als dem in die Welt gekommenen Wortes Gottes geschehenen Heilstat."⁶⁸ Die Antwort des *Reichsbischofs*: „Der Vorwurf der ‚Verjudung' macht sich übrigens besonders reizvoll im

---

60 Die Judenfrage als Racen-, Sitten- und Culturfrage, 2. Aufl. 1981, 144.
61 Berlin 1889.
62 Die Fackel, 2/Nr., 58, Nov. 1900, 19 f.
63 Mein Kampf, 270.
64 Hitler, Mein Kampf, 348.
65 Mythus, 129.
66 14 Jahre Judenrepublik, Bd. 2, 1933, 54.
67 Ebd., 1/Mai 1934, 22.
68 In: Für und wider die Deutschen Gottesworte v. Reichsbischof L. Müller, 1936, 13.

Munde eines Reichskirchenausschusses, der sich nicht gescheut hat, mit Schreiben [...] vom 21. März 1936 den Reichsminister für die kirchlichen Angelegenheiten zu bitten, beim Führer sich dafür einzusetzen, ‚daß Einzelanträge evangelischer Geistlicher – die als Juden im Sinne des Gesetzes zum Schutz des deutschen Blutes und der deutschen Ehre vom 15. September 1935 anzusehen sind – wegen Befreiungen von § 3 des Gesetzes vom Schutz des deutschen Blutes und der deutschen Ehre – weibliche Angestellte unter 45 Jahren zu halten – wohlwollend geprüft werden und daß den evangelischen Geistlichen, die Juden im Sinne dieses Gesetzes sind, wenn sie in kircheneigenen Pfarrhäusern wohnen, zugestanden werden möchte, die Reichsflagge zu hissen'.[69] Offener Brief eines Laien an den Reichskirchenausschuß: „Wie, glauben Sie, wird es in unserem Volke wirken, wenn Sie als hohe kirchliche Würdenträger Ihrem Vorgänger in der Kirchenleitung Worte wie ‚Betrug', ‚Unwahrhaftigkeit', ‚unsaubere Haltung', ‚Feigheit', ‚pharisäische Moral', ‚Verfälschung' und ‚Verjudung' an den Kopf werfen? [...] Das Recht zur Entrüstung über Judaisierung werden Sie erst dann erhalten, wenn sie den Mut aufgebracht haben, zu Dingen, wie dem Arierparagraphen für die deutschen Pfarrer, der Judentaufe, dem Alten Testament u. a. in einem positiven nationalsozialistischen Sinn Stellung zu nehmen."[70] Biologie für höhere Schulen: „Ebenso bestand immer noch eine starke Verjudung des Ärzteberufs."[71]

Vernegerung (vernegern)

Abwertend: a)↑ *rassische* Vermischung mit Schwarzen; b) Amerikanismus (Einfluß amerikanischer Sprache und Literatur, Einfluß des Jazz).[72]

> Der Ausdruck *Vernegerung* ist 1903 bei F. Ratzel als beschreibender Terminus belegt. Ratzel argumentiert in seiner ‚Politischen Geographie' für die Erweiterung des ↑ *Lebensraums* und gegen die „Hemmung der Volksvermehrung", die letztlich zu einer „Rassenersetzung" führen könne. „Die Hemmung der Volksvermehrung schließt den Zufluß von Menschen und Kapitalien aus, schädigt durch Eingriffe in den natürlichen Gang der Vermehrung Gesundheit und Sittlichkeit und stellt im allgemeinen die Zukunft des Volkes auf eine zu schmale Grundlage. Sobald die Abgeschlossenheit durchbrochen wird, ist das stehengebliebene Volk den größten, oft stürmischen Veränderungen ausgesetzt. Der rasche Untergang der Guanchen, Cariben, Tasmanier zeigt das Extrem. Auf dem Wege dahin steht die Vernegerung der sich künstlich beschränkenden Bevölkerung libyscher Oasen, eine Rassenersetzung, wie sie sich in Jamaika und anderen vernegerten Inseln Westindiens schon vollzogen hat."[73] 1906 verwendet Lanz von Liebenfels (d. i. A. J. Lanz) in seiner obskuren völkisch-rassistischen Zeitschrift ‚Ostara, Briefbücherei für Blonde und

---

[69] Ebd., 21, Anm. 1.
[70] Ebd.
[71] Bd. 3, 2. Aufl. 1943, 153.
[72] Gebucht: Duden, 12. Aufl. 1941, Paechter. Getilgt: Duden, 13. Aufl. 1947.
[73] Ebd., 2. umgearb. Aufl., 1903, 399 f.

Mannesrechtler' *vernegern* bereits im Sinne von ↑ *Überfremdung* und *Völkerchaos* (H. St. Chamberlein): „Aber nur äußerlich und durch die Überlieferung sind die heutigen germanischen Staaten wirklich noch Staaten des homo Europaeus. Auch uns sitzt der Wurm, der nicht stirbt, bereits im Blut und Fleisch. Frankreich, Italien, Spanien, Balkan und Ungarn vernegern und vermittelländern von Jahr zu Jahr mehr. Rußland, Schweden, Österreich und Deutschland vermongolen in gleicher Weise."[74] K. Hildebrandt schreibt in ‚Norm, Entartung, Verfall' 1920: „Unserem Denken ist das Unerträglichste die Vernegerung eines Volkes, aber man sollte darüber nicht vergessen, daß auch nicht viel besser ist, was Gruber die ‚Verpöbelung' der Rasse genannt hat."[75]

▻ a) Durch Hitler wird *Vernegerung* im NS-Sprachgebrauch zum Schlagwort für die behauptete ↑ *Entartung* und kulturelle Dekadenz infolge von ↑ *Rassenmischung* mit Schwarzen, anfangs vor allem auf Frankreich bezogen. „Gerade aus diesem Grunde ist und bleibt Frankreich der weitaus furchtbarste Feind. Dieses an sich immer mehr der Vernegerung anheimfallende Volk bedeutet in seiner Bindung an die Ziele der jüdischen Weltbeherrschung eine lauernde Gefahr für den Bestand der weißen Rasse Europas."[76] „Und selbst Frankreich muß unter diese Staaten gerechnet werden. Nicht nur, daß es in immer größerem Umfang aus den farbigen Menschenbeständen seines Riesenreiches das Heer ergänzt, macht es auch rassisch in seiner Vernegerung so rapide Fortschritte, daß man tatsächlich von einer Entstehung eines afrikanischen Staates auf europäischem Boden reden kann."[77] In der Phase der opportunistischen Friedensbeteuerungen gegen das Ausland, während die Aufrüstung schon begonnen hatte, war der Gebrauch des Ausdrucks *Vernegerung* unerwünscht: „Von autoritativer Seite wird noch einmal gebeten, nicht immer von einer ‚Vernegerung' Frankreichs zu sprechen."[78] Später gibt es offensichtlich keine Beschränkung mehr. *Vernegerung* erscheint nicht nur im Rechtschreibduden, sondern auch im Schulbuch: „Mit Recht werden die Mischlingsvölker des tropischen Amerika sowie die vernegerten Völker Nordafrikas als Beispiele für Leistungsunfähigkeit angeführt. [...] Beispiele aus der neuesten Zeit sind Frankreich und Sowjetrußland. In Frankreich, das bis zu seinem Zusammenbruch im Jahre 1940 ganz unter jüdischem Einfluß stand, durften Neger Weiße heiraten. Farbige konnten sogar Vorgesetzte in der Armee werden, und viele wurden mit hohen Ämtern beauftragt. Hierdurch wurde für ganz Europa die ‚farbige Gefahr' heraufbeschworen (Rheinlandbesetzung mit farbigen Truppen)."[79] b) August Winnig spricht 1929 von „vernegertem

---

[74] Revolution oder Evolution? In: Ostara, H. 3, April 1906, 5 f.
[75] Ebd. 1939 (zuerst 1920), 10.
[76] Mein Kampf, 704.
[77] Ebd., 730.
[78] Presseanweisung: ZSg. 101/4/153/Nr. 841. In: Toepser-Ziegert, Bd. 2: 1934, 426. Auch unter der Sigle: Br 4/153, 20. 10. 1934 (Anw. Nr. 841) zit. Glunk, ZDS 27/1971, 123.
[79] Biologie für höhere Schulen, Bd. 3, 1943, 151.

Amerikanismus"[80], in den ‚NS-Monatsheften' heißt es in einem Plädoyer für ‚Einfache und klare Sprachhaltung' rückblickend auf die ↑ *Verfallszeit*: „Es war eine Zeit, der die Vernegerung der Sprache ebenso zusagte wie eine Vernegerung der Musik."[81]

Vernichtung durch Arbeit

Ausnutzung der Arbeitskraft von KZ-Häftlingen mit dem Ziel ihrer physischen Vernichtung.

> Aktennotiz d. Reichsjustizministers Thierack über eine Unterredung mit Goebbels am 14. 9. 1942: „Hinsichtlich der Vernichtung asozialen Lebens steht Dr. Goebbels auf dem Standpunkt, daß Juden und Zigeuner schlechthin, Polen, die etwa 3–4 Jahre Zuchthaus zu verbüßen hätten, Tschechen und Deutsche, die zum Tode, lebenslangem Zuchthaus oder Sicherungsverwahrung verurteilt wären, vernichtet werden sollen. Der Gedanke der Vernichtung durch Arbeit sei der beste."[82] Vereinbarung zwischen dem ↑ *Reichsführer SS* und Justizminister Thierack vom 18. 9. 1942: „[...] 2. Auslieferung asozialer Elemente aus dem Strafvollzug an den Reichsführer SS zur Vernichtung durch Arbeit. Es werden restlos ausgeliefert die Sicherungsverwahrten, Juden, Zigeuner, Russen und Ukrainer, Polen über 3 Jahre Strafe, Tschechen oder Deutsche über 8 Jahre Strafe, nach Entscheidung des Reichsjustizministers. [...]"[83]

Vernichtung lebensunwerten Lebens

Tötung geistig, psychisch, körperlich Behinderter; mit zunehmenden Einfluß der ↑ *SS* auch gesunder Unangepaßter und Unerwünschter in Heilanstalten im Reichsgebiet, die zu Tötungsanstalten umfunktioniert wurden; ferner Tötung nicht arbeitsfähiger KZ-Häftlinge.

> Der Ausdruck *Vernichtung lebensunwerten Lebens* ist eine Prägung des Juristen K. Binding und des Psychiaters und Neuropathologen A. E. Hoche, die 1920 eine Schrift mit dem Titel: ‚Die Freigabe der Vernichtung lebensunwerten Lebens. Ihr Maß und ihre Form' herausgaben. In ihr bejaht Binding die Frage: „Gibt es Menschenleben, die so stark die Eigenschaften des Rechtsguts eingebüßt haben, daß ihr Fortdauern für die Lebensträger wie für die Gesellschaft dauernd allen Wert verloren hat?" (S. 27), so daß ihre Tötung freigegeben werden kann. „Daß es lebende Menschen gibt, deren Tod für sie eine Erlösung und zugleich für die Gesellschaft und den Staat insbesondere eine Befreiung von einer Last ist, deren Tragung außer dem einen, ein Vorbild größter Selbstlosigkeit zu sein, nicht den kleinsten Nutzen stiftet, läßt sich in keiner Weise bezweifeln." (S. 28) Binding fordert jedoch einschränkend: „die volle Achtung des Lebenswillens aller, auch der kränksten und

---

[80] Das Reich als Republik, 1929, 346.
[81] Ebd., 8/Nr. 93, 1937, 107.
[82] Dok. PS–682. In: Der Nürnberger Prozeß, Bd. 5, 496 f.
[83] Dok. PS–654 (US–218). In: Der Nürnberger Prozeß, Bd. 3, 517.

gequältesten und nutzlosesten Menschen." (S. 28) „Auch würde ich meinen, der Mutter, die trotz des Zustandes ihres Kindes sich die Liebe zu ihm nicht hat nehmen lassen, sei ein Einspruch freizugeben, falls sie die Pflege selbst übernimmt oder dafür aufkommt." (S. 32) Der Mediziner Hoche beschreibt die Situation seiner Zeit so: „Unsere Lage ist wie die der Teilnehmer an einer schwierigen Expedition, bei welcher die größtmögliche Leistungsfähigkeit Aller die unerläßliche Voraussetzung für das Gelingen der Unternehmung bedeutet, und bei der kein Platz ist für halbe, Viertels- und Achtels-Kräfte." (S. 55) Er berechnet, „welches ungeheure Kapital in Form von Nahrungsmitteln, Kleidung und Heizung, dem Nationalvermögen für einen unproduktiven Zweck entzogen wird" (S. 54) durch die Erhaltung von „leeren Menschenhülsen", „Ballastexistenzen", „minderwertigen Elementen", „Defektmenschen" (S. 55). „Es ergibt sich aus dem, was über den inneren Zustand der geistig Toten zu sagen war, auch ohne weiteres, daß es falsch ist, ihnen gegenüber den Gesichtspunkt des Mitleids geltend zu machen; es liegt dem Mitleid mit den lebensunwerten Leben der unausrottbare Denkfehler oder Denkmangel zugrunde, vermöge dessen die Mehrzahl der Menschen in fremde lebende Gebilde hinein ihr eigenes Denken und Fühlen projiziert, ein Irrtum, der auch eine der Quellen der Auswüchse des Tierkultus beim europäischen Menschen darstellt." (S. 59) Hoche rechnet in dieser „neuen Frage", der *Vernichtung lebensunwerten Lebens*, mit einem langsamen „Prozeß der Umstellung und Neueinstellung". „Das Bewußtsein der Bedeutungslosigkeit der Einzelexistenz, gemessen an den Interessen des Ganzen, das Gefühl einer absoluten Verpflichtung zur Zusammenraffung aller verfügbaren Kräfte unter Abstoßung aller unnötigen Aufgaben, das Gefühl, höchst verantwortlicher Teilnehmer einer schweren und leidensvollen Unternehmung zu sein, wird in viel höherem Maße, als heute, Allgemeinbesitz werden müssen, ehe die hier ausgesprochenen Anschauungen volle Anerkennung finden können." (S. 59)

▶ Die Nationalsozialisten übernehmen die Prägung *Vernichtung lebensunwerten Lebens* von Binding und Hoche in ihren Sprachgebrauch, doch erfuhr der qualifizierende Ausdruck *lebensunwert* in ihrer Praxis eine Bedeutungserweiterung, die über die Intention der Urheber weit hinausging. In der von ihnen vertretenen Dichotomie zwischen leistungsfähigen, wertvollen und „absolut wertlosen Existenzen", deren Definition von den (jeweiligen) „Interessen des Ganzen" abhängig gemacht wurde, war eine solche Erweiterung allerdings von Anfang an potentiell enthalten. In der ‚Denkschrift des Preußischen Justizministers' zu einem ‚Nationalsozialistischen Strafrecht' von 1933 wird der Ausdruck *Vernichtung lebensunwürdigen Lebens* aufgegriffen. „Dagegen erübrigt sich die Schaffung eines Unrechtsausschließungsgrundes bei der sog. ‚Vernichtung unwerten Lebens'. Sollte der Staat etwa bei unheilbar Geisteskranken ihre Ausschaltung aus dem Leben durch amtliche Organe gesetzmäßig anordnen, so liegt in der Ausführung solcher Maßnahmen nur die Durchführung einer staatlichen Anordnung. Ob diese Anordnung geboten ist, steht hier nicht zur Erörterung. Wohl bleibt zu betonen, daß die Vernichtung lebensunwerten Lebens durch eine nichtamtliche Person stets eine strafbare Tötung darstellt."[84] 1935, als schon organisatorische Vorbereitungen für eine künftige „Eutha-

---

[84] Nationalsozialistisches Strafrecht. Ebd., 1933, 87. Hinweis: Gruchmann, L.: Euthanasie u. Justiz im Dritten Reich. In: VJZG 20/1972, 235–279.

nasieaktion" liefen, hieß es in dem vom Reichsjustizminister Gürtner herausgegebenen ‚Bericht über die Arbeit der amtlichen Strafrechtskommission' ‚Das kommende Strafrecht. Besonderer Teil': „Eine Freigabe der Vernichtung sogenannten lebensunwerten Lebens kommt nicht in Frage."[85] Hitler wartete bis Kriegsbeginn mit seiner „Euthanasie-Ermächtigung" (E. Klee). Ein Gesetz, das die Tötung unheilbar Kranker und sonstiger für den NS-Staat „absolut wertloser Existenzen" öffentlich gemacht hätte, gab es nicht. Noch in der 12. Auflage des Kommentars zum Strafgesetzbuch von 1944 heißt es: „Andere Arten von Vernichtung lebensunwerten Lebens, z. B. die Tötung unheilbar Blödsinniger, könnten erst recht nur durch Änderung der Gesetzgebung straffrei werden."[86] Die strikte Geheimhaltung der selbst nach nationalsozialistischem Recht illegalen Aktion erklärt das verhältnismäßig seltene Vorkommen des Ausdrucks *Vernichtung lebensunwerten Lebens* in offiziellen Texten, obwohl er zweifellos zum NS-Sprachgebrauch gehörte, wie die folgenden Belege aus unterschiedlichen Verwendungssituationen (Variation, Zitierung durch Gegner, Terminologisierung) zeigen: „Anders wird die Wirkung des zweiten Teils des Gesetzes sein, der von der Ausscheidung lebensunwerten Lebens handelt. Wenn auch ein derartiges Gesetz in gewissem Sinne in der Luft liegt, also von einem Teil unseres Volkes absolut verstanden werden wird, so wird sich doch ein nicht unerheblicher Teil, insbesondere wenn es sich um Angehörige von Geisteskranken handelt, erheblich dagegen sträuben."[87] Die Bischofskonferenz „verlangt namentlich auch, daß der Wille der Eltern und Angehörigen berücksichtigt wird, und verbietet es den katholischen Pflegeanstalten aktiv bei der Verbringung ihrer Insassen mitzuwirken zwecks Vernichtung sogen[annten] lebensunwerten Lebens."[88] „Betrifft: Vernichtung lebensunwerten Lebens. Sachen, in denen die Frage der Vernichtung lebensunwerten Lebens eine Bedeutung haben kann, bitte ich, in Ihrem Bezirk in jedem Einzelfall zur Vortragssache bei Ihnen zu erklären."[89]
S. auch ↑ *Euthanasie*.

Verstädterung

Abwertend: a) zu großer Anteil der (geburtenschwachen) städtischen Bevölkerung an der Gesamtbevölkerung; b) Entwurzelung und Entsittlichung der Städter durch die Enfremdung von ↑ *Blut und Boden*.[90]

> Gegen die älteren Verbformen *verstädteln* ‚vom Dorf zur Stadt werden' und ‚städtisches Wesen annehmen', von W. H. Riehl (1823−1897) nach der Mitte des

---

[85] Zit. Gruchmann, L.: Euthanasie u. Justiz im Dritten Reich. In: VJZG 20/1972, 236.
[86] Zit. Gruchmann, L.: Ebd., 237.
[87] Stellungnahme d. Leiters d. Tötungsanstalt Brandenburg a. H. Dr. Eberl v. 6. 7. 1940. Zit. Gruchmann, H., ebd., 230.
[88] Sitzungsprotokoll der Bischofskonferenz (2O. 8.−22. 8. 1940). In: Wollasch, H.: Beitr. z. Gesch. d. dt. Caritas, 1978. Zit. Klee, E.: „Euthanasie" im Dritten Reich, 1985, 233.
[89] Staatssekretär Schlegelberger: Geh. Rundverfügung an sämtl. Oberlandesgerichtspräsidenten u. Generalstaatsanwälte v. 22. 4. 1941. Zit. Gruchmann, H.: Euthanasie und Justiz im Dritten Reich. In: VJZG 20/1972, 271.
[90] Gebucht: Duden, 10. Aufl. 1929, 11. Aufl. 1934, 12. Aufl. 1941; Paechter, Volks-Brockhaus 1940.

19. Jahrhunderts mit zivilisationskritischem Akzent verwendet,[91] und *sich verstädten* ‚zur Stadt werden' (P. Rosegger, 1843–1918) setzte sich die gleichbedeutende Neubildung *verstädtern* durch: „so verstädtert ist das volk, dasz die sprache keinen natürlichen ausdruck für den begriff der landschaft mehr besitzt."[92] (1910) Die Weiterbildung *Verstädterung* „die mehr oder minder bewuszte angleichung der bevölkerung mancher fabrikbezirke auf dem lande an städtische gewohnheiten" (Definition von K. Bücher)[93] wird 1906 in der ‚Zeitschrift des Allgemeinen Deutschen Sprachvereins' erwähnt. „Beiläufig sei bemerkt, das der Volkswirtschaftslehrrer Bücher das Wort ‚Verstädterung' gewagt hat, um damit die Entwicklung zu einer Stadt zu bezeichnen, nach dem Muster von ‚Versteinerung'."[94] Die zu den völkischen Jugendbünden zählenden rechtsradikalen Artamanen, denen u. a. Himmler und Darré angehörten, wollten der *Verstädterung* durch einen Arbeitsdienst auf dem Lande begegnen. „[...] 2. Nach Hentschels Vorschlag werden männliche und weibliche Artamanenschaften gebildet, d. h. freiwillige Arbeitspflichtscharen, die je unter einen Führer gestellt werden. 3. Der Führer und seine Gefolgschaft schließen mit den einzelnen Landwirten [...] einen Vertrag mit gegenseitigen Rechten und Pflichten. 4. Jede Schar bleibt eine geschlossene Gemeinschaft und stellt sich in den Dienst des ganzen Volkes. Dadurch hat die Schar die Freiheit, ihr eigenes geistiges Leben zu führen. In der Freizeit kann sie der Verstädterung des Landlebens durch Volkslied, Volkstanz, Laienspiel, Kleidung und gute Sitte entgegenarbeiten [...]."[95] (29. 1. 1924)

▶ a) „Die Bevölkerung hat sich in den Großstädten zusammengeballt. 1871 wohnten noch zwei Drittel der Bevölkerung auf dem Lande, 1933 dagegen nur noch ein Drittel. Die Verstädterung aber bedeutet den Volkstod."[96] „Durch eine planmäßige Agrarpolitik bemüht sich der nationalsozialistische Staat seit 1933 erfolgreich, der Verstädterung Einhalt zu gebieten."[97]

b) „Praktisch heißt dies, darum zu kämpfen, daß dem nordischen Blut in unserem Volkskörper wieder der Platz auf der Scholle gesichert wird oder bleibt. Damit steht die nordische Bewegung aber bereits Schulter an Schulter mit allen jenen Bestrebungen, die eine Abkehr von der bisherigen Fehlentwicklung (wie sie etwa die Schlagworte ausdrücken: Verstädterung, Industrialisierung, westlerische Ideen, Weltwirtschaft) versuchen. Denn jede Bewegung, die eine Abkehr vom bisherigen erstrebt, kann nur in die andere Richtung gehen, die uns die Geschichte auch immer gewiesen

---

[91] Deutsche Arbeit (1861): „viele rheinische dörfer begannen mitten in der feudalen zeit schon zu verstädteln"; Kulturgeschichte des deutschen Volkes (1851–55): „in Rheinhessen ... eine fast durchgängig aus den schranken des alten bauernthums herausgerissene, verfeinerte und verstädtelte bevölkerung". Zit. DWB, Bd. 12/1, 1518 f.
[92] Schlesische Zeitung, 18. 7. 1910. Zit. DWB, ebd. 1519.
[93] Zit. DWB, ebd.
[94] Ebd., 21/1906, 241. Vgl. zum Vorhergehenden: DWB, ebd. und Paul 1992, 983.
[95] An die gesamte völkische Jugendbewegung. In: Kindt, W. (Hg.): Die deutsche Jugendbewegung 1920–1933, 1974, 916.
[96] Der Nationalsozialismus in Zahlen. Ergänzungsheft f. den Rechenunterricht, (1935), 21.
[97] Meyers Lexikon, Bd. 1, 1936, 153, s. v. Agrarstaat.

hat, zur Bejahung des Bauern und damit zur Bejahung des deutschen Raumes: In einem solchen Staate ist der deutsche Bauer wieder der Eckstein des Staatsgedankens."[98] „Damit ging Hand in Hand die geistige Entleerung, die Lösung der religiösen Bindungen, die rechtsförmige Auflockerung durch Erleichterung der Scheidung, wobei die Familie durch Bindung an das immer mehr individualisierte Privateigentum und willkürliche Erbrecht um so weniger Ersatz fand, als die Mehrzahl der Familien in der Verstädterung eigentumslos und aus dem Boden entwurzelt wurde."[99] „Die liberalistische Weltanschauung, gegen die wir den Kampf geführt haben, war die Folge einer immer größer werdenden Verstädterung des deutschen Menschen, und nicht nur des Deutschen, sondern aller Europäer überhaupt. Immer mehr losgelöst von Blut und Boden mußte der Weltstadtmensch nach und nach das Urteil über die Zweckmäßigkeit seines Handelns verlieren."[100] „Wir wissen aber auch, daß die Verstädterung unseres Volkes, die Entwurzelung vieler unserer Volksgenossen das Erkennen und Denken verwirrt und getrübt hat, und daß es diesem Teil schwerfällt, das Wesentliche in diesem Erneuerungsvorgang unseres Volkes zu erkennen und zu begreifen: daß nur die Bauernhaftigkeit im germanischen Sinne die Wurzel einer gesunden Erneuerung des deutschen Volkes sein kann und wird."[101] „Zu dieser durch Verstädterung und Zersetzung der gesunden bäuerlichen Sittlichkeit entstehenden reißenden Abnahme der Geburten kam die wertmäßige Verschlechterung des deutschen Volkes."[102] „Da die Verstädterung schon immer die eigentliche Ursache des Volkstodes war und auch heute noch ist, kann das verhängnisvolle Schicksal unseres Volkes nur dadurch abgewendet werden, daß wir wieder ein Bauernvolk werden. Der echte deutsche Bauer nimmt die Gesetze des Lebendigen gläubig in sich auf. Blut und Boden bilden für ihn eine unlösbare Einheit. Heilig ist ihm die deutsche Erde, die ihn und sein Volk ernährt; heilig ist ihm das nordrassisch-deutsche Blut, zu dessen Erhaltung und Mehrung er sich berufen fühlt."[103]

▷ Im heutigen Sprachgebrauch bezeichnet *Verstädterung* oder *Urbanisation* den „Prozeß zunehmender Bevölkerungsverdichtung in städtischen Gebieten (bei entsprechendem Rückgang der Bevölkerungszahl in ländlichen Bereichen). Die Urbanisation ist eine Folge der Industrialisierung; die Konzentration von industriellen Produktionsstätten, von Handel und Gewerbe in den Städten begünstigt sowohl den Zuzug aus dem ländlichen Umland als auch eine Ausdehnung städtischer Kultur und Lebensformen (Urbanität) auf diejenigen Bevölkerungsgruppen, die zwar weiterhin auf dem Land wohnen, aber in der Stadt arbeiten. [...] Die Begleiterscheinungen städtischen Lebens wie bestimmte Formen der Asozialität und Kriminalität so-

---

[98] Darré, R. W.: Blut u. Boden als Lebensgrundlagen d. nordischen Rasse, 22. 4. 1930. In: Ders.: Um Blut u. Boden, 1941, 27.
[99] Krieck, E.: Nationalpolitische Erziehung, 24. Aufl. 1941 (zuerst 1932), 61.
[100] Rosenberg, A.: Kampf um die Weltanschauung, 22. 2. 1934. Zit. Blick in die Zeit, 2/Nr. 9, 3. 3. 1934, 1.
[101] Darré, R. W.: Unser Weg, 1. 4. 1934. In: Ders.: Um Blut und Boden, 1941, 103.
[102] v. Leers, J.: Odal, 2. Aufl., 1936, 696.
[103] Biologie f. höhere Schulen, Bd. 3, 2. Aufl. 1943, 165.

wie Subkulturbildung werden im Zuge der Urbanisierung einer ganzen Gesellschaft zu allgemeinen gesellschaftlichen Problemen."[104]

Vierjahresplan

Von Hitler am 9. 9. 1936 auf dem „Parteitag der Ehre" verkündeter Wirtschaftsplan.[105]

> Hitler hatte im August 1936 in einer geheimen Denkschrift gefordert: „I. Die deutsche Armee muß in 4 Jahren einsatzfähig sein. II. Die deutsche Wirtschaft muß in 4 Jahren kriegsfähig sein."[106] Am 9. 9. 1936 verkündete er den *Vierjahresplan*: „[...] Und ich stelle dies nun heute als das neue Vierjahresprogramm auf: In vier Jahren muß Deutschland in allen jenen Stoffen vom Ausland gänzlich unabhängig sein, die irgendwie durch die deutsche Fähigkeit, durch unseren Bergbau selbst beschafft werden können! Die notwendigen Anordnungen zur Durchführung dieses gewaltigen deutschen Wirtschaftsplanes habe ich soeben erlassen. [...]"[107] In der Verordnung zur Durchführung des Vierjahresplanes vom 18. 10. 1938 heißt es: „Die Verwirklichung des von mir auf dem Parteitag der Ehre verkündeten neuen Vierjahresplanes erfordert eine einheitliche Lenkung aller einschlägigen Zuständigkeiten des deutschen Volkes und die straffe Zusammenfassung aller einschlägigen Zuständigkeiten in Partei und Staat. Die Durchführung des Vierjahresplanes übertrage ich dem Ministerpräsidenten Göring.. [...]"[108] In einer Presseanweisung vom 27. 10. 1936 wird betont: „Es heisst nicht ‚Vierjahrplan', sondern ‚Vierjahresplan' auf Anweisung des Ministerpräsidenten Göring."[109] Der ‚Völkische Beobachter' brachte am 9. 12. 1936 eine Bildreportage über die Aktion „Kampf dem Verderb!" unter dem Motto „Wir müssen mit dem auskommen, was wir haben, das ist das Kennwort des Vierjahresplanes. Kein Apfel darf verfaulen, kein Maschinenteil verrosten, keine leere Zahnpasta-Tube verlorengehen. Nichts darf umkommen! Hausfrauen und Pimpfe führen den Zweifrontenkrieg gegen den Verderb. Wir wollen ihnen helfen."[110] G. Rühle stellt 1937 fest: „Der Vierjahresplan bestimmte das wirtschaftliche Gesicht Deutschlands. [...] Alle Gebiete des völkischen Lebens wurden in den Dienst dieser großen Aufgabe gestellt, die Adolf Hitler in seiner Rede auf dem nationalsozialistischen Gautag in Würzburg (27. Juni) in knapper und treffender Formulierung mit den Worten umriß: ‚Der Vierjahresplan soll Deutschland nur davor bewahren, von jedem Dritten nach Belieben erpreßt werden zu können. Wir wollen mit ihm gewisse Grundlagen unserer Nationalwirtschaft sicherstellen, und keine Macht der Welt oder gar die Reden fremder Staatsmänner können uns auch nur einen Zentimeter davon abbringen.'"[111] Der Werberat der deutschen Wirt-

---

[104] Meyers Enzykl. Lexikon 1971 ff., Bd. 24, 222, s. v. Urbanisation.
[105] Gebucht: Duden, 12. Aufl. 1941, Paechter. Getilgt: Duden, 13. Aufl. 1947.
[106] Treue, W.: Hitlers Denkschrift zum Vierjahresplan 1936. In: VJZG 3/1955, 204–210, 210.
[107] Rühle, G.: Das Dritte Reich, Bd. 1936, 245.
[108] RGBl. 1, 1936, 887.
[109] ZSg. 101/8/273/Nr. 1134. 27. 10. 1936. In: Toepser-Ziegert, Bd. 4/III, 1275.
[110] VB, 9. 12. 1936, 5.
[111] Rühle, G.: Das Dritte Reich, Bd. 1937, 184.

schaft erließ ein Verbot, sich bei der Geschäftsreklame auf den *Vierjahresplan* zu beziehen: „In steigendem Maße bemächtigt sich die Werbung des Vierjahresplans und der damit zusammenhängenden Aufgabe der Rohstoffersparnis. Die hier auftauchenden Probleme sind für den Werberat nicht neu, er hat sich schon früher mit ähnlichen Fällen befassen müssen: Ebenso wie es nicht geduldet wurde, daß der einzelne Werbungstreibende den Gedanken der Arbeitsbeschaffung dazu benutzte, um seine im eigenen Interesse ausgeübte Tätigkeit als gemeinnützig erscheinen zu lassen, läßt es der Werberat auch nicht zu, daß ein Werbungstreibender in einer das nationale Empfinden des deutschen Volkes verletzenden Weise den Gedanken des Vierjahresplans für sich auszunutzen versucht. [...]"[112] Der ‚Völkische Beobachter' schrieb am 14. 9. 1937: „Wir Nationalsozialisten haben an der Erfüllung des Vierjahresplans nie gezweifelt. Aber auch uns sagt der Erfolg des letzten Jahres etwas sehr Wesentliches: Wir werden bestärkt in unserem Glauben, daß das Wort ‚unmöglich' tatsächlich nicht für den existiert, der will. Wenn wir die Freiheit erobern können, dann ist es leicht, sich in der errungenen Freiheit einzurichten und die sozialistische Wirtschaft, in der das Volk die Früchte seiner Arbeit genießt, aufzurichten."[113] „Das Instrument des Vierjahresplans hat die Blockadefestigkeit Deutschlands durch die Stärke der deutschen Eigenerzeugung vollkommen gesichert."[114] Nach 1936 wurde – wohl bezogen auf Hitlers viel zitierte Worte „deutsches Volk, gib uns vier Jahre Zeit, dann richte und urteile über uns" in seiner ersten Rede als Reichskanzler am 10. 2. 1933[115] – rückblickend auch von einem ersten *Vierjahresplan* gesprochen: „Im ersten Vierjahresplan wird die Arbeitslosigkeit durch die Arbeitsschlacht beseitigt. Durch das Reichserbhofgesetz ist der Bauer wieder Herr auf seiner Scholle, im Reichsnährstand wird die Organisation zur Sicherung der deutschen Ernährung geschaffen, der auch die Erzeugungsschlacht dient. Im Mittelpunkt der Sorge des Führers aber steht der Mensch. Durch die Gesetze zur Ordnung der nationalen Arbeit und andere soziale Erlasse wird der deutsche Arbeiter wieder an die ihm gebührende Stelle gesetzt. Die Deutsche Arbeitsfront mit ihrer Organisation ‚Kraft durch Freude' sichert ihm seine Lebensrechte und schafft ihm Erholung und Entspannung. Die Arbeit selbst erhält wieder ihre wahre Sinndeutung und wird ethischer Höchstwert (Reichsberufswettkampf). Der zweite Vierjahresplan dient Deutschlands wirtschaftlicher Unabhängigkeit. [...]"[116]

Vierteljude

↑ *Jüdischer Mischling 2. Grades.*[117]

> E. Dühring verwendet bereits 1881 den Ausdruck *Vierteljuden*, um Enkel aus Ehen zwischen Juden und Nichtjuden zu bezeichnen: „Die Dosis der Beimischung

---

[112] In: Rühle. G., ebd., 188 f.
[113] In: Rühle, G.: ebd., 194 f.
[114] Schadewaldt, H.: Hungerblockade über Kontinentaleuropa. Dt. Informationsstelle, 1941, 10.
[115] Domarus: Hitler. Reden und Proklamationen, Bd. 1, 1962, 207.
[116] Schnabel, R.: Das Führerschulungswerk d. Hitler-Jugend, 1938, 17.
[117] Gebucht: Duden, 12. Aufl. 1941. Getilgt: Duden, 13. Aufl. 1947.

in den jüdischen Bastarden kann verschieden ausfallen, je nachdem die Kreuzung nach der einen oder nach der anderen Seite wiederholt wird. Halb- und Viertelsjuden oder auch Dreivierteljuden werden aber eine Plage sein, die vor den Vollblutjuden noch die Möglichkeit voraushat, leichter in die übrige Gesellschaft einzudringen."[118]

> Die Ausdrücke *Jude* und *jüdischer Mischling* wurden durch die 1. Verordnung zum *Reichsbürgergesetz* vom 14. 11. 1935 als juristische Termini definiert. Die Ausdrücke *Mischling ersten Grades* und *Mischling zweiten Grades* kommen im *Reichsbürgergesetz* selbst nicht vor. Sie wurden durch Runderlaß des Reichsministers des Innern vom 26. 11. 1935 eingeführt.[119] „Die jüdischen Mischlinge zerfallen in zwei Gruppen: 1. Die jüdischen Mischlinge ersten Grades (Halbjuden), d. h. solche, die von zwei volljüdischen Großelternteilen abstammen. [...]. 2. die jüdischen Mischlinge zweiten Grades (Vierteljuden), d. h. solche, die von einem volljüdischen Großelternteil stammen. II. Diese Unterscheidung spielt bei dem für die jüdischen Mischlinge geltenden Recht, insbesondere bei den Eheverboten [...] eine wichtige Rolle."[120] „Rassenbiologisch sind, da jeder Mensch vier Großeltern hat, zu unterscheiden: Volljuden, Dreivierteljuden, Halbjuden und Vierteljuden. Diese Vierteilung ist von der Rassengesetzgebung nicht übernommen worden."[121] Dennoch wird, auch im offiziellen Sprachgebrauch, häufiger von ↑ *Halbjuden* und *Vierteljuden* gesprochen als von *Mischlingen ersten* oder *zweiten Grades*. „Mischlinge, die nur einen jüdischen Großelter haben (= Vierteljuden), dürfen keine Ehe mit einem Juden eingehen, können aber ohne weiteres einen Deutschen heiraten. Halbjuden dagegen müssen zur Eheschließung mit einem Deutschen oder einem Vierteljuden um die Erlaubnis bei dem Reichsminister des Innern und dem Stellvertreter des Führers nachsuchen, wobei die Entscheidung von der Gesundheit und dem Charakter des Antragstellers, von der Dauer des Wohnsitzes seiner Familie in Deutschland und von der Teilnahme am Weltkrieg abhängig ist. Die Ehe zwischen Vierteljuden ist nicht erlaubt."[122] „[...] 2. Die einheitliche Behandlung der Entjudungsfrage in der gesamten Reichskulturkammer wird durch regelmäßige Arbeitsbesprechungen unter dem Vorsitz des Abteilungsleiters II A [...] sichergestellt [...]. 3. Sachlich sind für die Behandlung der Entjudungsfrage die nachfolgenden Grundsätze maßgebend: Juden im Sinne der Nürnberger Gesetze sind grundsätzlich auszuschließen. Halbjuden sind in den Kammern nur in ganz besonderen Einzelfällen und nur mit meiner persönlichen ausdrücklichen Genehmigung zu belassen. Vierteljuden können in den Kammern verbleiben, es sei denn, daß sie sich gegen den Staat oder gegen den Nationalsozialismus vergangen haben oder sonst beweisen, daß sie dem Judentum

---

[118] Ebd., Die Judenfrage als Racen- Sitten- und Culturfrage, 1881, 144. Hinweis Cobet, 1973, 94.
[119] Vgl. Stuckart/Schiedermair: Rassen- u. Erbpflege in der Gesetzgebung d. Reiches, 3. erw. Aufl., 1942, 14 ff.
[120] Ebd., 16.
[121] Ebd., 14.
[122] Graf, J.: Vererbungslehre, Rassenkunde und Erbgesundheitspflege, 6. Aufl. 1939, 334.

zuneigen; wer mit einer Jüdin verheiratet ist, wird grundsätzlich wie ein Halbjude behandelt; wer mit einer Halbjüdin verheiratet ist, grundsätzlich wie ein Vierteljude."[123]

Volk

Eine durch Rasse und gemeinsamen *Volksboden* geprägte naturhafte Gemeinschaft von gemeinsamer Abstammung, Geschichte, Sprache und Kultur, die einer starken Führung und steter Erziehung und ↑ *Ausrichtung* bedarf.[124]

> Der nationalsozialistische Sprachgebrauch steht in der Tradition der emphatischen Überhöhung des Ausdrucks *Volk*, wie sie schon bei den Nationalbewegungen des neunzehnten Jahrhunderts, parteiübergreifend aber spätestens seit 1918 üblich geworden war. Was ihn eindeutig kennzeichnet, ist die Akzentuierung der ↑ *Rasse* als grundlegendes Definitionselement in definitionsähnlichen (meist diffusen) Äußerungen über *Volk*. „‚Volk' ist eine aus ganz bestimmten Rassen hervorgegangene Lebenseinheit, ein Rassengemisch, in dem die vorwiegende Rasse die völkische Eigenart bestimmt. ‚Volk' ist nicht etwa die Summe von soundsoviel Millionen Einzelmenschen, sondern ein lebendiges Ganzes, das durchseelt ist von dem inneren Gesetz der in ihm vorwiegenden Rasse, die alle Geschlechter der Gegenwart, der Vergangenheit und Zukunft umfaßt. ‚Volk' ist Abstammungs- und Schicksalsgemeinschaft zugleich."[125] „Diese Kraft aber legt die neue Denkweise in das Volk, und dieses Wort Volk hat für sie einen ganz besonderen Sinn. Man kann von Volk etwa in dem überheblichen und lächerlichen Sinne sprechen, in dem ein klassendünkelhaftes Zeitalter von Volk sprach und damit Leute ohne Bügelfalten und mit schmutzigen Kragen meinte. Das war der Begriff ‚Volk', den der Marxist hatte. Das war der Begriff ‚Volk', den der nationale Bürger ohne weiteres übernahm und selbst verwandte. [...] Er hat selbst zugesehen und mitgeholfen, wie dieses Wort ‚Volk' den Falschmünzern des politischen Lebens ausgeliefert und dann in Ausdrücken wie Volkspartei, Volksheimen, Volksfreiheit und Volksrechten von der Gesamtheit der Nation weggenommen und kleinen, abgegrenzten Splittern zum alleinigen Gebrauch überantwortet wurde. Man kann von Volk in einem achtbaren romantischen Sinne sprechen, man kann auch davon in einem verklärten und verdünnten ästhetischen und lyrischen Sinne schwätzen. Von all dem ist nicht die Rede, wenn wir heute von Volk reden, denn dann meinen wir nicht nur die Gemeinschaft, die über alle Klassen und über alle Gruppen und Schichten hinweg sich erstreckt, sondern wir meinen die andere noch größere Gemeinschaft, die [...] alle die Menschen gleichen Blutes mit in diese Einheit einbezieht, die vor uns und nach uns auf diesem

---

[123] Arbeitsrichtlinien f. d. Reichskulturkammer v. 3. 1. 1939. Zit. Wulf, J.: Die bildenden Künste im dritten Reich, 1963, 292.
[124] Gebucht: Knaur 1934, Volks-Brockhaus 1940. Eine ausführliche Begriffsgeschichte von „Volk, Nation, Nationalismus, Masse" (R. Kosellek u. a.) in: GG, Bd. 7, 1992, 141–431.
[125] Graf, J.: Vererbungslehre, Rassenkunde u. Erbgesundheitspflege, 6. Aufl. 1939, 227.

Boden gelebt haben und leben werden."[126] „Betrachten wir von dieser Auffassung aus die Grundfragen unserer Volks- und Staatsgestaltung, so ist zweifellos die wichtigste die neue politische Auffassung vom Volk als dem politischen Grundwert unseres heutigen Volks- und Staatslebens. Aus dieser Tatsache heraus können wir heute von einer völkischen Staatsauffassung sprechen. [...] Zweifellos kannte schon die Geisteswelt der französischen Revolution einen Volks- und Nationsbegriff und hat einen solchen selbst geschaffen. Aber diese Begriffe standen eben in dem individualistischen Denken ihrer Zeit und wurden beherrscht von den politischen Ideen der liberalen Gleichheit und der liberalen Freiheit. [...] Vergessen hatte aber dieses liberale Denken, für das alles, was Menschenantlitz trägt gleich war, daß jedes Volk seine ihm eigene Prägung erst durch seine Naturgemeinsamkeit erhält und daß erst in zweiter Linie das gemeinsame geschichtliche und kulturelle Erleben gestaltend hinzutritt. Deshalb erkennt der Nationalsozialismus ‚Blut und Boden' wieder als die entscheidenden völkischen Grundwerte an und knüpft in seinem Volks- und Staatsaufbau an sie an. Darin liegt der politische Sinn unserer heutigen Rassengesetzgebung, liegt vor allem der staatspolitische Sinn der Nürnberger Gesetze."[127] „Die innere Begründung dieser Grundsätze nimmt der Nationalsozialismus aus den neuen Forschungsergebnissen der Erb- und Rassenlehre, die das Volk als einen rassisch bestimmten Blutsverband erkannt haben, über den hinaus es keine höhere Gemeinschaft gibt."[128] „Rassisch mehr oder minder einheitlich, erhält ein Volk gewöhnlich von einer vorherrschenden Rasse sein Gepräge und wird in Lebensform und Willensbildung weitgehend von dieser bestimmt. Die Einheitlichkeit der inneren Haltung, die Gleichgerichtetheit des Denkens und die Stilbestimmtheit der kulturellen Leistungen sind von hier aus zu verstehen. Die Geschichte eines Volkes hat zu unterscheiden zwischen der Tatsache der vorhandenen volklichen Einheit als solcher, dem meist erst relativ spät einsetzenden völkischen Selbstverständnis und Volksbewußtsein und endlich der einheitlichen Willensbildung, die in innerer und äußerer Einheitlichkeit und vor allem in politisch-militärischer Gestaltungskraft zum Ausdruck gelangt. Die Geschichte des deutschen Volkes geht an sich auf sehr frühe Wurzeln germanischer Völkerschaften zurück. Ein allgemeines Volksbewußtsein entstand jedoch im wesentlichen erst seit dem Ausgang des 18. Jh. Seine einheitliche innere Ausrichtung erhält das deutsche Volk erst durch die nationalsozialistische Bewegung."[129] Die „einheitliche innere Ausrichtung" des Volkes erfordert eine „gute Führung" und permanente „Erziehung" durch „die nationalsozialistische Bewegung": „Ein Volk ist nicht mehr und auch nicht weniger als seine Führung. Unsere Führung aber soll gut sein – das wollen wir dem deutschen Volke versprechen."[130] „Stärkster Geist des Glaubens und des Willens, der Zuversicht und der Beharrlichkeit, über allem die verantwortungsfreudige Tatkraft, verbunden mit star-

---

126 Groß, W.: Der Rassengedanke im neuen Geschichtsbild, 1936, 10 f.
127 Koellreutter, O.: Grundfragen unserer Volks- und Staatsgestaltung, 1936, 9 f.
128 Benze, R.: Nationalpolitische Erziehung im Dritten Reich, 1936, 6.
129 Philosophisches Wörterbuch, 10. Aufl. völlig neu bearb. v. W. Schingnitz u. J. Schondorf, Kröner-Taschenausgabe, 1943, 603, s. v.
130 Reden des Führers am Parteitag Großdeutschland 1938, An die Politischen Leiter, 50.

kem Körper, gesund und schön – so wollen wir unser Volk uns für die Zukunft gestalten! So wollen wir es erziehen und diese Aufgabe nie aus dem Auge verlieren!"[131] „So haben diese beiden größten Institutionen unseres Volkes zwei gleiche Aufgaben zu erfüllen: der Nationalsozialismus erzieht unser Volk im Innern zur Volksgemeinschaft, und die Wehrmacht erzieht dieses gleiche Volk zur Verteidigung dieser Volksgemeinschaft nach außen!"[132] s. ↑ *Ausrichtung* u. ↑ *Schulung*. Durch die immer wieder aufgerufenen festen Wendungen *Volk ohne Raum* (durch den Roman von Hans Grimm, 1926, zum Schlagwort geworden), *Ein Volk, ein Reich, ein Führer* (als Gelöbnis der Gefolgschaftstreue) u. a., durch die Verwendung des Ausdrucks in ungezählten Reden, Aufrufen, Verordnungen, Publikationen jeder Art, in denen *Volk* auf das deutsche Volk bezogen war, galt der Ausdruck offenbar als nationalsozialistisch definiert. Presseanweisungen, die angesichts der langen Verwendungsgeschichte des Ausdrucks weitgehend erfolglos blieben, forderten daher die im nationalsozialistischen Sinne korrekte Verwendung ein. „Die Formulierungen ,katholisches Volk', ,Kirchenvolk', ,evangelisches Volk' sind unbedingt zu vermeiden. Es gibt nur ein deutsches Volk [...]. Diese Anweisung ist ausdrücklich vom Propagandaministerium ergangen. Alle Zeitungen, die dagegen verstossen, werden belangt."[133] „In einzelnen Zeitungen wird vielfach vom jugoslawischen Volk gesprochen. Demgegenüber ist festzustellen, daß es kein jugoslawisches Volk, wohl aber einen jugoslawischen Staat gibt."[134] „es ist nicht mehr von dem Volk in der Sowjetunion, sondern höchstens von der Bevölkerung, von Volksgruppen oder Volksstämmen zu sprechen."[135] Auch Ausdrücke wie *Künstlervölkchen* sind unerwünscht. „Die Bezeichnungen wie ,Filmvölkchen', ,Künstlervölkchen' usw. sind ungeeignet und daher nicht weiter zu verwenden."[136] Von 1937 an ergehen immer wieder Anweisungen, den Ausdruck *Völkerbund* zu vermeiden. „Man hat nicht mehr von ,Völkerbund' zu sprechen, sondern nur noch von der ,Genfer Entente'. Das Wort ,Völkerbund' wird aus dem deutschen Sprachgebrauch ausgemerzt und auch im Duden gestrichen."[137] Die Presseanweisung mußte mehrfach wiederholt werden. Dennoch erschien *Völkerbund* auch in der 12. Auflage des Rechtschreibduden von 1941.

Völkerbrei

Abwertend: Gemisch aus Angehörigen vieler Völker.

> Der Ausdruck *Völkerbrei* bezeichnet die Vermischung vieler Völker in einem Staat, die als Zeichen der Entartung und als Ursache des Untergangs von Völkern

---

[131] Ebd., Rede an die Braune Armee, 54.
[132] Ebd., An die Soldaten der Wehrmacht, 56.
[133] ZSg. 101/8/93/Nr. 821. In: Toepser-Ziegert, Bd. 4/II: 1936, 872. Auch unter der Sigle: Br 8/93, 11. 8. 1936 (Anw. Nr. 821) zit. Glunk, ZDS 27/1971, 177.
[134] Ob 20/20, 6. 4. 1941. Zit. Glunk, ebd.
[135] Br 21/36, 9. 7. 1941 (Anw. Nr. 586 c). Zit. ebd.
[136] ZD 9173, 30. 7. 1943. Zit. ebd.
[137] Tr 5/287, 15. 2. 1937. Zit. ebd.

und Staaten galt. *Völkerbrei* ist vielleicht eine Verdeutschung des von H. St. Chamberlain gebildeten *Völkerchaos*, mit dem er z. B. die Epoche des römischen Niedergangs bezeichnete. „Die Rassenkreuzung würde noch viel stärker ausgeprägt sein, wenn nicht der konservative Instinkt der ländlichen Bevölkerung dieser Vermehrung des rasselosen Völkerbreies unbewußt immer wieder entgegengearbeitet hätte."[138] (1905) In der völkischen Zeitschrift ‚Ostara' wird 1906 Endogamie als Rettung vor der Gefahr des drohenden *Völkerbreis* empfohlen. „Noch sind zwar unsere Volkstümer bis zum völkischen Inzuchtgedanken nicht vorgedrungen, jedoch wird es in folgerichtiger Entwicklung der aristokratischen Artung des völkischen Gedankens notwendig dazukommen, wenn die modernen Volkstümer sich nicht in einem allgemeinen europäischen Völkerbrei auflösen wollen."[139] 1920 schreibt die ‚Deutsche Zeitung': „Hier scheiden sich die Geister, scheidet sich Rasse vom Völkerbrei."[140]

> Die Nationalsozialisten verwenden den Ausdruck in der völkischen Tradition. „Dazu kam noch die starke Zentralisierung der Habsburger Monarchie an und für sich. In ihr bot sich die einzige Möglichkeit, diesen Völkerbrei in fester Form zusammen zu halten."[141] „Aber aufgebaut war dieses Römische Reich, soweit der Mensch in Frage kommt, auf einem Völkerbrei."[142] „Der Nationalsozialismus will deshalb in strikter Abkehr von den jetzt herrschenden Anschauungen die Erhaltung und Förderung des hochwertigen deutschen Blutes an Stelle eines Völkerbreies, in dem der Deutsche nur den Kulturdünger – wie schon immer in der Welt – abgeben würde."[143] „Die Natur selbst warf sich dazwischen, die Natur, die die Völker rassisch geschieden hat, die Unterschiede der Sprache, der Sitte, des Denkens und Fühlens schuf und damit den allgemeinen Völkerbrei physisch unmöglich machte, den der Marxismus und sein herostratischer Sprößling, der Bolschewismus erstrebte."[144]

völkisch

„National mit Betonung der in Rasse und Volkstum liegenden Werte".[145]

> *völkisch* ist im 15. Jahrhundert als Lehnübersetzung von lat. *popularis* belegt. 1811 wird es von Fichte (1762–1814) als Erklärung für *deutsch* gebraucht: „deutsch heißt schon der wortbedeutung nach völkisch".[146] 1875 schlägt der österreichische Germanist H. v. Pfister den Ausdruck als Verdeutschung für *national* vor.[147] In dieser Verwendung verbreitet er sich schnell, nimmt aber seit etwa der Jahrhundert-

---

[138] Röse, C.: Beiträge zur europäischen Rassenkunde und die Beziehungen zw. Rasse u. Zahnverderbnis. In: Archiv, 2/1905, 609.
[139] Harpf, A.. in: Ostara, H. 9, Sept. 1906, 8.
[140] Ebd., Ausg. A, Nr. 7/1, 26. 2. 1920, 2.
[141] Hitler, Mein Kampf, 23.
[142] Darré, R. W.: Neuadel aus Blut und Boden, 1934 (zuerst 1930).
[143] Rosten, C.: Das ABC des Nationalsozialismus, 2. Aufl. 1933, 97.
[144] Schley, A. (Hg.): Führerworte, o. J., 49.
[145] Gebucht: Volks-Brockhaus 1940, oben zitiert.
[146] Zit. DWB, Bd. 12/ 2, 1951, 485.
[147] Vgl. Paul 1992, 999, s. v.

wende dadurch, daß deutschnationale, antisemitische, oft einer Germanenschwärmerei huldigende Gruppierungen sich oder ihre Gesinnung *völkisch* nennen, einen Nebensinn von abseitiger Deutschtümelei an. Karl Kraus (1874—1936) bemerkt 1903 in der ‚Fackel': „Wenn ich mich entscheiden sollte, welche Parteipresse ich für die vernagelteste halte, so würde ich doch der deutschnationalen den Vorzug geben. Was in den ‚völkischen' Gehirnen dieser in den deutsch-österreichischen Provinzen postierten ‚Schriftleiter' eigentlich vorgeht, zu ergründen, wäre von pathologischem Interesse. Die Herren schreiben an die Spitze ihrer Blätter statt November ‚Nebelung', schneiden mit der Schere ein paar Dummheiten, die in Wien, Graz oder Salzburg geschrieben wurden, aus, und halten ihr Wochenwerk für getan. Wenn überdies noch im Briefkasten ‚Iro's Taschenmerkzeitweiser' empfohlen wurde, ist die Nummer besonders glanzvoll ausgefallen."[148] Der leidenschaftliche Purist E. Engel schlägt 1918 in seinem Verdeutschungswörterbuch ‚Entwelschung' für *national* erneut *völkisch* vor und fügt hinzu: „seit 1875, gut eingebürgert, erst recht durch die grundlose Bekämpfung, ja Verhöhnung; untadelig; zur dringend nötigen Ausmerzung von national – Welschwort für deutsches Volkstum! – trefflich geeignet. Der von dem germanistischen Bekämpfer reiner deutscher Sprache G. Roethe geltendgemachte Grund, isch bezeichne eine Minderwertigkeit, mag sehr germanistisch sein, beweist aber geringe Kenntnisse im Deutschen [...]."[149]

> Hitler lehnt „die Sammelbezeichnung völkisch" ab, „weil die außerordentlich unbestimmte Auslegung dieses Begriffes, selbst schädlichen Versuchen Tor und Tür öffnet." Er nennt *völkisch* „einen zu mehr oder minder phrasenhaften Auslegungen geeigneten, nicht klar definierten Begriff"[150], wirft den Völkischen „Weltfremdheit" und „Unkenntnis der Volksseele" vor und verspottet sie als „völkische Johannesse" und „völkische Schlafwandler".[151] „Nicht umsonst hat die junge Bewegung sich einst auf ein bestimmtes Programm festgelegt und das Wort ‚völkisch' dabei nicht verwendet. Der Begriff völkisch ist infolge seiner begrifflichen Unbegrenztheit keine mögliche Grundlage für eine Bewegung und bietet keinen Maßstab für die Zugehörigkeit zu einer solchen. Je undefinierbarer dieser Begriff praktisch ist, je mehr und umfangreichere Deutungen er zuläßt, um so mehr steigt aber auch die Möglichkeit, sich auf ihn zu berufen. Die Einschiebung eines derartig unbestimmbaren und so vielseitig auslegbaren Begriffes in den politischen Kampf führt zur Aufhebung jeder strammen Kampfgemeinschaft, da diese es nicht verträgt, dem einzelnen die Bestimmung seines Glaubens und Wollens selbst zu überlassen. Es ist auch schandbar, wer sich heute alles mit dem Wort ‚völkisch' auf der Kappe herumtreibt, wieviel Leute ihre eigene Auffassung über diesen Begriff haben."[152] Dennoch ließ Hitler sich keineswegs hindern, die nationalsozialistische Doktrin eine „völkische Weltanschauung" zu nennen. „Demgegenüber erkennt die völkische Weltanschauung die Bedeu-

---

[148] Die Fackel, 5/Nr. 147, 21. Nov. 1903, 22.
[149] Ebd., 353, s. v. national.
[150] Zum Wiedererstehen unserer Bewegung! In: VB, 26. 2. 1925, 1.
[151] Mein Kampf, 398 u. 399.
[152] Mein Kampf, 397 f.

tung der Menschheit in deren rassischen Urelementen. Sie sieht im Staat prinzipiell nur ein Mittel zum Zweck und faßt als seinen Zweck die Erhaltung des rassischen Daseins der Menschen auf. Sie glaubt somit keineswegs an eine Gleichheit der Rassen, sondern erkennt mit ihrer Verschiedenheit auch ihren höheren und minderen Wert und fühlt sich durch diese Erkenntnis verpflichtet, gemäß dem ewigen Wollen, das dieses Universum beherrscht, den Sieg des Besseren, Stärkeren zu fördern, die Unterordnung des Schlechteren und Schwächeren zu verlangen."[153] Hitler stellt das auf diese Weise deutlich rassisch akzentuierte *völkisch* als Kontrastwort gegen *international*, die *völkische Weltanschauung* gegen die *internationale Weltanschauung*. „Erst wenn der − politisch durch den organisierten Marxismus geführten − internationalen Weltanschauung eine ebenso einheitlich organisierte und geleitete völkische gegenübertritt, wird sich bei gleicher Kampfesenergie der Erfolg auf die Seite der ewigen Wahrheit schlagen."[154] Im ↑ *Dritten Reich* wird *völkisch* nach nationalsozialistischer Aussage „im Sinne eines auf dem Rassegedanken gegründeten Volksbewußtseins"[155] gebraucht. „Denn die völkische Weltanschauung ist eine Weltanschauung des Blutes, d. h. der Rasse. Wer dies bejaht, muß zwangsläufig auch die Wurzelhaftigkeit unseres germanischen Blutes, als wesentlichen Grundstock unseres Volkes, bejahen."[156] „Die neue Zeit nennt sich nicht umsonst Völkisches Zeitalter. Das Einzelindividuum wird ersetzt durch die Gemeinschaft des Volkes."[157] „Die große Bewegung, die durch die nationalsozialistische Partei vor nun bald drei Jahren den Staat übernahm, hat selbst an Wort und Formen der völkischen Bestrebungen in der Nation angeknüpft. Dieser Ausdruck ‚völkisch', von vielen kleinen Gruppen mißbraucht, manchmal ins Lächerliche gezogen, hat das eine Gute, daß er im Gegensatz zu formalrechtlichen Staatsauffassungen das Wesen seiner staatlichen Zielsetzung und staatlichen Aufbauarbeit sehr gut beleuchtet."[158] „So ist aus einer unermeßlichen Gemeinschaftsarbeit, aus Opfer und Hingabe, dieses neue Reich entstanden. So haben sich seine Fahnen durchgesetzt, die Fahnen des Bekenntnisses zu den Idealen eines Volkes. So schaffen heute Millionen und Millionen und fügen Stein zu Stein zu dem großen Quaderbau unseres nationalen Hauses, unseres völkischen Tempels."[159] „Alle Gesetze und Einrichtungen des völkischen Staates dürfen nur dem einen Zweck dienen: Die Rasse, das Volkstum zu erhalten und zu fördern. So wird künftighin der Staat darüber wachen, daß krankes und minderwertiges Erbgut nicht willkürlich vermehrt wird."[160]

▶ Der Ausdruck *völkisch* kommt heute nur noch in historischer Verwendung vor. In der Bedeutung *national* gilt *völkisch* als veraltet.[161]

---

153 Mein Kampf, 420 f.
154 Mein Kampf, 422.
155 Philosophisches Wörterbuch, Kröners Taschenausgabe, 10. Aufl., 1943, 605, s. v. völkisch.
156 Darré, R. W.: Bauer und Landwirt, 1. 8. 1932. In: Ders.: Um Blut u. Boden, 1941, 204 f.
157 Goebbels: Ansprache an d. Intendanten u. Direktoren d. Rundfunkgesellschaften, 25. 3. 1933. In: Goebbels, Reden, hg. H. Heiber, Bd. 1, 1971, 82.
158 Groß, W.: Der Rassengedanke im neuen Geschichtsbild, 1936, 9.
159 Hitler, An seine Jugend, 1936, 1937, o. S.
160 Biologie f. höhere Schulen, Bd. 3, 2. Aufl. 1943, 171.
161 DUWB Duden 1983, 1394, s. v.

Volksbewegung

Die revolutionäre, das ganze ↑ *Volk* ↑ *erfassende* ↑ *Bewegung* des ↑ *Nationalsozialismus*.

> Wie ↑ *Bewegung* wurde *Volksbewegung*, politisch verstanden, zuerst auf die französische Revolution, dann überhaupt auf Freiheitsbewegungen oder Unruhen im Volk bezogen. In seiner Schrift gegen die restaurative Despotie des Metternichschen Systems ‚Teutschland und die Revolution', die ihm das Exil eintrug, schreibt Görres (1776–1848) 1819: „Während daher in jenen Strichen vielfältig die demokratischen Ideen sich unter dem dritten Stande verbreiteten […], hatten hier die Höfe allein Teil genommen, und die Revolution in ihrer damaligen Gestalt nach Teutschland hinverpflanzt. […] Damals hatten die Höfe des Nordens, erst selbst ergriffen dann ergreifend, jener Volksbewegung sich bald zu bemeistern gewußt […]."[162] In seiner Rechtfertigungsschrift erhebt er den Vorwurf, auf die „Bewegungen in der Jugend" habe man mit einem „System politischer Inquisition und heilloser geistiger Zwingherrschaft" geantwortet, „alles Augenmaß für Volksbewegungen und ihre Gefährlichkeit oder Schädlichkeit" sei verlorengegangen.[163] Varnhagen von Ense schreibt am 3. 9. 1819 in einem Brief über die Judenverfolgungen seiner Zeit: „Die Judenverfolgung in unseren Städten ist eine gräuliche Erscheinung; nicht überall zeigt sich die Obrigkeit so nachdrucksvoll, wie in Hamburg; in Heidelberg wird der Stadtdirektor Pfister hart beschuldigt, in Karlsruhe sollen vornehme Herren den Angriffsruf Hep! Hep! mitgerufen haben! Man sieht aus der Allgemeinheit dieser Ausbrüche gegen die Juden, daß diejenigen irren, welche in unserer politischen Zerstückelung ein Hindernis allgemein durchgreifender Volksbewegungen glauben wahrnehmen zu müssen. […] Übrigens sind diese Stürme gegen die Juden ein Anfang solcher Ereignisse, die ihnen späterhin alle Gleichheit der Rechte mit den Christen von Volkswegen bringen werden."[164] K. Immermann (1796–1840) bezeichnet die Zeit der Freiheitskriege als „jene(r) grosze epoche der volksbewegung".[165] Nach der Jahrhundertwende nennt sich der Zionismus eine *Volksbewegung*: „Ungeachtet ihres Stirnrunzelns, ihres Hohns, und trotz der Angriffe ihrer Preßlakaien schreitet unsere Volksbewegung fort."[166]

> Die Nationalsozialisten nennen ihre Partei in der Regel *(nationalsozialistische) Bewegung*. *Volksbewegung* verwenden sie dann, wenn die Größe und Wucht der *Bewegung* und die ↑ *Erfassung* des ganzen Volkes betont werden sollen. Hitler schreibt in ‚Mein Kampf': „Alle großen Bewegungen aber sind Volksbewegungen, sind Vulkanausbrüche menschlicher Leidenschaften und seelischer Empfindungen, aufgerührt entweder durch die grausame Göttin der Not oder durch die Brandfackel des unter die Masse geschleuderten Wortes." (S. 116) „Später hat dann allerdings

---

[162] Görres, J., Ausgewählte Werke in 2 Bdn., hg. W. Frühwald, Bd. 1, 1978, 329.
[163] In Sachen der Rheinprovinz und in eigener Sache (1822), ebd., Bd. 2, 841.
[164] Briefwechsel zw. Varnhagen von Ense u. Ölsner, Stuttgart 1863, Bd. 1, 299. Zit. Poliakov, L.: Geschichte d. Antisemitismus, Bd. 6, 1987, 105.
[165] Gebucht bei Campe. Zit. DWB, Bd. 12/2, 1951, 475, s. v.
[166] Herzl, Th.: Der ewige Jude. Zionistische Schriften, 1908, 271.

die nationalsozialistische Bewegung die Judenfrage ganz anders vorwärtsgetrieben. Sie hat es vor allem fertiggebracht, dieses Problem aus dem engbegrenzten Kreise oberer und kleinbürgerlicher Schichten herauszuheben und zum treibenden Motiv einer großen Volksbewegung umzuwandeln." (S. 628) Goebbels 1932: „Wären wir nur eine Partei, wie all die anderen Parteien, dann würden wir unter dieser Offensive des Gegners zusammenbrechen. Aber wir sind eine Volksbewegung: das ist unser Glück."[167] Im ‚ABC des Nationalsozialismus' von C. Rosten: „Daß die N. S. D A. P. keine Partei im eigentlichen Sinne ist, sondern eine große geistige Volksbewegung, in welcher der Handarbeiter neben dem Großindustriellen, der Landarbeiter neben dem Großgrundbesitzer, der Büroschreiber neben dem Geheimrat und Professor steht, alle beseelt von einem großen Gedanken, von der einen großen Idee, alles für das deutsche Volk in seiner Gesamtheit, getreu ihrem Programmpunkt Gemeinnutz vor Eigennutz, wollen sie immer noch nicht erkennen, die roten Klassenkämpfer."[168] In den ‚Schulungsbriefen': „Die Führer der Volksbewegung fühlen sich mit den Volksgenossen, die mit ihnen kämpfen, rassisch verwandt und verlangen von jedem einzelnen, der deutschen Nation in Zukunft ein nationalsozialistisches Antlitz zu verleihen, d. h. ein solches, das der eigenen rassenmäßigen Anlage entspricht."[169] Goebbels am Vorabend von Hitlers 54. Geburtstag: „Die gewissenlosen Kreise, die diesen Krieg mutwillig, zynisch und frivol vom Zaune gebrochen hatten, wollten und wollen ganze Sache machen. [...] Aus ihrer volksfremden – um nicht zu sagen: volksfeindlichen Gesinnung entspringt ihr brutaler Zynismus und daher rührt auch ihr infernalischer Haß gegen die nationalsozialistische Volksbewegung, gegen das nationalsozialistische deutsche Volk und Reich und vor allem gegen den Führer selbst."[170]

Volksboden

Von Deutschen besiedelter oder ehemals von Deutschen besiedelter Boden.[171]

> Das ‚Deutsche Wörterbuch' gibt an: „oft verwendeter bildlicher ausdruck (haften, wurzeln im volksboden u. ä.): charaktere, die nicht im volksboden wurzeln, sind topfgewächse. HEBBEL."[172] Ludwig Uhland (1787–1862) sagt in seinem 1834 entstandenen, zum Zyklus ‚Vaterländische Gedichte' gehörenden Gedicht ‚Wanderung' von den Fürstenhöfen: „Ein Baum, der nicht im groben / Volksboden sich genährt./ Nein, einer, der nach oben / sogar die Wurzeln kehrt."[173] Nach der Jahrhundertwende erscheint *Volksboden* im Rahmen der geopolitischen Fragestellungen in konkreter Verwendung. Im ‚Archiv für Rassen- und Gesellschafts-Biologie einschließlich Rassen- und Gesellschaftshygiene' wird 1906 die ‚Deutsche Politik' (1905) von

---

167 Der Sturm bricht los, Rede am 9. 7. 1932. In: Signale der neuen Zeit, 1934, 87.
168 Ebd., 2. Aufl. 1933, 141.
169 Ebd., 1/1933, Folge 3, 43.
170 Rede am 19. 4. 1943. In: Goebbels Reden, hg. H. Heiber, Bd. 2, 1972, 211.
171 Gebucht: Duden, 12. Aufl. 1941, Paechter. Getilgt: Duden, 13. Aufl. 1947.
172 Briefwechsel, 6, 283. DWB, Bd. 12/2, 1951, 475.
173 Werke, Bd. 1, Gedichte, hg. W. Scheffler, 1880, 78. Hinweis: DWB, ebd.

E. Hasse rezensiert, deren 2. Heft das Thema ‚Die Besiedelung des Deutschen Volksbodens' behandelt. Der Rezensent schreibt: „In gewissem Umfange wird man die vorgetragenen Ansichten auch als die Grundanschauungen der ‚Alldeutschen Partei' ansehen dürfen, zu deren hervorragendsten Führern Hasse gehört."[174] Der Vorsitzende des Alldeutschen Verbandes Heinrich Claß verwendet in seiner 1909 unter dem Pseudonym Einhart publizierten ‚Deutschen Geschichte' Volksboden in gleicher Bedeutung: „Otto besiegt nicht nur die Madjaren in der vernichtenden Schlacht auf dem Lechfelde bei Augsburg (955) und wirft mit eiserner Hand verschiedene Aufstände von unbotmäßigen Herzögen nieder: Vor allem hat er in großartiger Weise Kolonialpolitik nach Osten getrieben und alten deutschen Volksboden zurückerobert."[175]

> Der Gebrauch des Ausdrucks Volksboden im Nationalsozialismus wird im Sprachbuch ‚Meine Muttersprache' beschrieben: „Im nationalsozialistischen Staat kann das Wort ‚Volk' nie mehr mißbraucht werden. Wohl ging es aber zahlreiche neue, allgemein anerkannte Verbindungen ein. Sammle und erkläre sie auf folgende Weise: Volksboden (deutscher Volksboden) – Das Gebiet, in dem deutsche Menschen seit langem als Siedler sitzen oder einst gesessen haben."[176] Der Ausdruck spielt vor allem in der ersten Hälfte des zweiten Weltkrieges im Zusammenhang mit der Expansions-, Siedlungs- und Germanisierungspolitik eine Rolle. „Das Deutschtum der belgischen Provinz hängt eng mit dem Deutschtum der südlichen Niederlande (zwischen Maastricht und Aachen) zusammen [...]. Es handelt sich um 163 qkm deutschen Volksbodens, der von Nordwesten an das flämische Sprachgebiet anschließt. Mittelpunkt ist der in letzter Zeit stark verwelschte Ort Aubel, die Zahl der Deutschstämmigen beträgt rund 26 000."[177] „Der Kampf der Sudetendeutschen um die Behauptung ihres Volksbodens im böhmisch-mährischen Raum war von Anbeginn mehr als der Widerstand einer Volksgruppe gegen volkspolitische Überfremdung."[178] „[Konkrete Vorschläge für die Germanisierungspolitik:] Großzügige Bodenpolitik. Schaffung deutscher Stützpunkte und deutscher Landbrücken, vor allem Vortreiben des deutschen Volksbodens von Norden her bis in die Vororte Prags."[179]

volksdeutsch, Volksdeutscher

„Dem Volkstum, nicht der Staatsangehörigkeit nach deutsch".[180]

> *Volksdeutsch* ist bei E. M. Arndt (1769–1860) in der Wendung „gutes Volksdeutsch" als Bezeichnung für eine ‚gute, volkstümliche deutsche Sprache' belegt.[181]

---

[174] Ebd., 3/1906, 292 f.
[175] Ebd., 8. Aufl. 1919, 25.
[176] Ebd., Bd. 2, 1942, 151 f.
[177] MADR, (Nr. 89), 20. 5. 1940, Bd. 4, 1157.
[178] Das Reich, 18. 8. 1940, 21.
[179] Memorandum d. Staatssekretärs b. Reichsprotektor v. Neurath K. H. Frank, v. 31. 8. 1940. Dok. PS–3853 (GB-520). In: Der Nürnberger Prozeß, Bd. 17, 77.
[180] Gebucht: Duden, 12. Aufl. 1941 (Paraphrase oben zitiert), Paechter. Getilgt: Duden, 13. Aufl. 1947. Wieder aufgenommen: 14. Aufl. 1954.
[181] DWB, Bd. 12/2, 1951, 477.

Ob die von den Nationalsozialisten definierte Prägung auf die alte Wortform zurückgeht oder eine Neuschöpfung ist, die dem älteren *Auslandsdeutscher* nachgebildet wurde, läßt sich nicht entscheiden. Ab 1918 gab das 1917 gegründete ‚Deutsche Ausland-Institut' in Stuttgart ‚Mitteilungen des Deutschen Ausland-Institut' mit dem Titel ‚Der Auslandsdeutsche' heraus. Ab 1930 erschien die Monatszeitung des 1881 gegründeten ‚Vereins (seit 1933 Volksbund) für das Deutschtum im Ausland (VDA)' ‚Der Volksdeutsche'.[182]

> 1933 weist das Stich- und Schlagwortverzeichnis 1926—1930 des ‚Deutschen Bücherverzeichnisses' erstmals das Stichwort *Volksdeutsche* auf. Es bezieht sich auf eine 1930 erschienene Arbeit von R. V. Broecker: ‚Der Volksdeutsche fremder Staatsangehörigkeit im Reiche'. 1934 heißt es in ‚Knaurs Konversationslexikon A—Z' unter dem Stichwort "Deutschtum im Ausland": „allgemein: die deutschsprachige, deutschkulturelle und deutschbewußte Bevölkerung nichtdeutscher Staaten. 1) Reichsdeutsche mit Wohnsitz im Ausland; 2) Reichsdeutsche und Deutschösterreicher, die durch die Friedensdiktate fremde Staatsangehörige geworden sind; 3) in mehr oder minder geschlossenen deutschen Sprachgebieten lebende Volksdeutsche. [...]"[183] Die Ausgabe von 1932 hatte im sonst gleichlautenden Satz noch den Ausdruck *Auslandsdeutsche*.[184] W. Linden bemerkt in der ‚Deutschen Wortgeschichte': „Die Verhältnisse des Deutschtums im Auslande erhalten immer schärfere Begriffsprägung: dem älteren Auslandsdeutschtum, Auslandsdeutscher stellt sich Grenzdeutschtum, Grenzdeutscher zur Seite. 1936 erfolgt die schärfere Unterscheidung gegenüber volksdeutsch, Volksdeutschtum (für den Deutschblütigen fremder Staatsangehörigkeit, auslandsdeutsch für den Reichsdeutschen im Auslande)."[185] 1939 befaßt sich ein Runderlaß des Reichsinnenministers mit der Regelung des offiziellen Sprachgebrauchs: „Zum deutschen Volkstum gehören auch die Deutschen, die außerhalb des Reiches wohnen. Der Besitz einer fremden Staatsangehörigkeit ändert an der Zugehörigkeit zum deutschen Volkstum nichts. Die deutschen Volkszugehörigen fremder Staatsangehörigkeit werden als ‚Volksdeutsche' bezeichnet."[186] Diese Definition gewann ihre Bedeutung in den folgenreichen Um- und Rücksiedlungsaktionen des NS-Regimes. „Die Rückkehr ins Reich" bedeutete in der Regel eine Einweisung in die sogenannten „eingegliederten Ostgebiete", in denen zuvor durch die Deportation von Juden und Polen Platz geschaffen worden war. „Nach Beendigung des Feldzugs in Polen schloß das Deutsche Reich im Oktober 1939 mit Estland und Lettland Verträge ab, auf Grund deren 70 000 Baltendeutsche ins Reich zurückkehrten. Durch den deutsch-sowjetischen Vertrag vom 16. November 1939 wurde den Volksdeutschen in Galizien und Wolhynien [...] ein Optionsrecht gewährt; daraufhin kehrten 135 000 deutsche Bauern heim ins Reich. Durch den deutsch-italieni-

---

[182] Meyers Lexikon, Bd. 3, 1937, 41, s. v. Deutschtum im Ausland.
[183] Ebd., 285.
[184] Knaurs Konversationlexikon A -Z, 1932, 280. (Im ersten Satz fehlt noch das qualifizierende Adjektiv *deutschbewußt*.)
[185] Aufstieg des Volkes. In: Maurer/Stroh, Bd. 2, 1943, 403.
[186] Runderlaß des Reichsministers des Innern v. 29. 3. 1939. Stuckart/Schiedermair: Rassen- u. Erbpflege in der Gesetzgebung d. Reiches, 1942 (zuerst 1939), 18.

schen Vertrag erhielten auch die Volksdeutschen italienischer Staatsangehörigkeit das Optionsrecht. Für Deutschland entschieden sich 185 000. Sie sind verpflichtet, bis zum 31. Dezember 1942 ins Reich umzusiedeln."[187] „Nach der Rücksiedlung der Volksdeutschen aus Wolhynien und Galizien werden nunmehr auch rund 25 000 Deutsche aus Bessarabien und rund 25 000 aus dem nördlichen Buchenland in das Reichsgebiet zurückgeführt."[188] „Der Reichsführer-SS hatte seit längerer Zeit in der Volksdeutschen Mittelstelle (VM) unter der Leitung des SS-Obergruppenführers Lorenz eine Dienststelle zur Verfügung, der die Behandlung volksdeutscher Fragen und die Erhebung erforderlicher Unterlagen oblag. Neben der VM wurden die Einwandererzentralstelle (EWZ) beim Chef der Sicherheitspolizei und des Sicherheitsdienstes der SS […] und der Ansiedlungsstab beim Reichskommissar geschaffen, die im Zusammenwirken mit der NSV und der Reichsbahn die Rückwanderung der Volksdeutschen in Angriff nahm."[189]

Volksempfänger (VE)

Auf Veranlassung des Propagandaministers von der Industrie gebautes preiswertes Rundfunkgerät mit nur einem Mittelwellenkanal.[190]

> „Am 18. August 1933 wurde in Berlin die 10. Deutsche Funkausstellung mit einer großen Kundgebung feierlich eröffnet. Minister Dr. Goebbels bezeichnete in seiner Eröffnungsrede den Rundfunk als die achte Weltmacht und wies auf die große Bedeutung des Rundfunks für die geistige Entwicklung und Beeinflussung der Massen hin. Für die Eroberung und Ausnutzung der Macht im neuen Deutschland sei der Rundfunk planmäßig eingesetzt worden, und auch in Zukunft werde die Regierung in vertieftem Maße davon Gebrauch machen."[191] „Der neue Volksempfänger, das besondere Schaustück der Funkausstellung hat eine außergewöhnliche Beachtung gefunden. Die zunächst hergestellten 100 000 Stück sind bereits verkauft; über die weitere Produktion und Erleichterung des Verkaufs sind Verhandlungen eingeleitet."[192] „Die deutsche Funkindustrie hat beschlossen, vom Volksempfänger das fünfte Hunderttausend aufzulegen. Der 500 000. Volksempfänger wird dem Reichskanzler als Ehrengabe von der Funkindustrie überreicht werden. Den 500 001. Volksempfänger soll der Führer der Deutschen Arbeitsfront Dr. Ley erhalten."[193] „Das Berliner Landgericht hat kürzlich einen Streit zwischen einem Hauseigentümer und einem Mieter wegen Anbringung einer Hochantenne dahin entschieden, daß der Hauswirt verpflichtet ist, die Hochantenne zu dulden, da der Rundfunk von einer reinen Annehmlichkeit zum Bindeglied des einzelnen an die großen Willensäu-

---

[187] Volks-Brockhaus 1940, 713, s. v. Umsiedlung.
[188] Das Reich, 15. 9. 1940, 6.
[189] Nat. soz. Jahrbuch f. 1941. Dok. PS–2163 (US–444). In: Der Nürnberger Prozeß, Bd. 4, 250 f.
[190] Gebucht: Duden, 12. Aufl. 1941, Paechter. Getilgt: Duden, 13. Aufl. 1947.
[191] Angriff, 8. 8. 33. Zit. Blick in die Zeit, 1/Nr. 8, 25. 8. 1933, 13.
[192] Lokal-Anzeiger. Zit. ebd..
[193] Angriff. Zit. Blick in die Zeit, 1/Nr. 26, 9. 12. 1933, 10.

ßerungen der Nation geworden sei."[194] „In Württemberg-Baden sind alle Rundfunkhändler, die vom Kauf des Volksempfängers als eines minderwertigen Geräts abgeraten hatten, verwarnt worden unter Androhung rücksichtsloser Bestrafung im Wiederholungsfalle."[195] „Bedenklich ist die immer größer werdende Sucht, die in deutscher Sprache ausgehenden Meldungen ausländischer Rundfunksender abzuhören. Das führt dazu, daß auch auf dem Lande und auch von weniger begüterten Volksgenossen anstelle der einfachen billigen Volksempfänger die teuren und leistungsfähigen Rundfunkgeräte bevorzugt werden, mit denen auch die Sendungen aus dem Ausland gut abgehört werden können."[196]

Volksempfinden, s. ↑ gesundes Volksempfinden.

volksfremd, Volksfremder

In Bezug auf Rasse und (oder) Wesen dem deutschen Volk nicht gemäß.[197] > F. L. Jahn bildete zu dem von ihm geprägten *Volkstum* den Ausdruck *volkstumsfremd*, der sich aber offenbar nicht durchsetzte. „Zwei volksthumsfremde Völker zeugen nicht gleich auf Befehl und Gebot ein neues drittes."[198] (1833) J. C. Bluntschli gebraucht 1860 in seinem Artikel ‚Juden' im ‚Deutschen Staatswörterbuch' den Ausdruck *Volksfremder*: „Die Juden sind längst keine [...] Volksfremden mehr, sondern Volksgenossen. Die Juden sind in Deutschland zu Deutschen geworden."[199] 1901 ist *Volksfremder* für ‚Ausländer' belegt. „Als Gast galt in den mittelalterlich deutschen Städten nicht nur der Volksfremde, nicht nur derjenige, der nicht deutschen Stammes und deutscher Zunge war, sondern auch ein jeder, der außerhalb der Stadtmauern seinen Sitz hatte."[200] Der Vorsitzende der Alldeutschen, Heinrich Claß, verwendet 1909 den Ausdruck neben ↑ rassefremd, um vor der angeblich von den *Volksfremden* ausgehenden „Rassenverschlechterung" zu warnen. „Nicht zu vergessen ist dabei die Gefahr der Rassenverschlechterung durch die Vermischung mit den volksfremden Industrie- und Landarbeitern aus dem Ausland, der unbedingt rechtzeitig gesteuert werden muß."[201] In gleichem Zusammenhang wird der Ausdruck 1926 in den ‚Leipziger Nachrichten' gebraucht: „Artamanen – ‚Hüter der Scholle' nennen sich junge Menschen aus der Jugendbewegung und den Wehrverbänden, die in freiwilliger Dienstbarkeit als geschlossene Arbeitsgruppen (Arta-

---

[194] Deutsche Zeitung. Zit. Blick in die Zeit, 2/Nr. 6, 10. 2. 1934, 15.
[195] Frankfurter Zeitung. Zit. Blick in die Zeit, ebd.
[196] Monatsbericht des Bezirksamts Ebermannstadt, 1. 4. 1939. In: Bayern in der NS-Zeit, 1977, 120.
[197] Gebucht: Duden, 12. Aufl. 1941. Nicht mehr in: 20. Aufl. 1991.
[198] Ebd., Merke zum deutschen Volkstum, 1833, 16. Zit. Trübners DWB, Bd. 4, 440, s. v. fremd.
[199] Bluntschli/Brater: Deutsches Staatswörterbuch, 11 Bde., Stuttgart, Leipzig 1857–1870, Bd. 5, 1860, 444. Zit. GG, Antisemitismus, Bd. 1, 134.
[200] Th. Stolze: Die Entstehung des Gästerechts in den deutschen Städten des Mittelalters, 1901, 7. Zit. Ebd.
[201] Frymann, Daniel (d. i. H. Claß): Wenn ich der Kaiser wär', 2. Aufl. 1912, 23.

manenschaften) auf landwirtschaftlichen Großgütern als Ersatz für die land- und volksfremdem Polen eingesetzt sind."202

> Im Nationalsozialismus bezeichnet *volksfremd* den Kontrast zu ↑ *völkisch* und national. Als Inbegriff des *Volksfremden* gilt das dämonisierte *Judentum*, das als „Weltverschwörung" hinter den internationalen Erscheinungen Marxismus, Parlamentarismus, Materialismus, Kapitalismus u. a. gesehen wird. Hitler: „Sicher wird auch in kommender Zeit der Jude in seinen Zeitungen ein gewaltiges Geschrei erheben, wenn sich erst einmal die Hand auf sein Lieblingsnest legt, dem Presseunfug eine Ende macht, auch dieses Erziehungsmittel in den Dienst des Staates stellt und nicht mehr in der Hand von Volksfremden und Volksfeinden beläßt."203 „So gelangte Hitler aus eigener Überzeugung und klarer Erkenntnis der Dinge zum Antisemitismus und begann, diese Rasse volksfremder Elemente zu hassen."204 Rosenberg: „Der furchtbare Zusammenbruch der marxistischen Politik, gerade nach ihrem Siege, war deshalb also kein Zufall, sondern nur die nötige Folge eines volksfremden Systems, das bei seiner Durchführung kein Glück, sondern nur Elend über Elend bringen mußte."205 Die vielfachen organisatorischen und personellen Veränderungen bedingten eine Verlegung des Schwerpunktes musikalischen Schaffens von Gemeinschaftsleistungen zu Einzelleistungen, die der Entwicklung des gesamten Musiklebens ein uneinheitliches Gepräge gaben. Dadurch gelangte die Entwicklung in Bahnen volksfremden Schaffens und ließ den Gleichklang völkischer Gemeinsamkeit vermissen."206 „Die Lehren der international orientierten schwarzrotgoldenen Machthaber waren volksfremd und widersprachen deutscher Lebensart."207 „Das Großdeutsche Reich wird sich in weitem Umfange auf allen Gebieten der Hilfsarbeit volksfremder Menschen bedienen müssen und sich darauf beschränken müssen, Schlüsselstellungen mit deutschen Menschen zu besetzen und die Sparten der öffentlichen Verwaltung zu übernehmen, bei denen es das Reichsinteresse unbedingt erfordert."208

Volksgemeinschaft

Zentrales Schlagwort des Nationalsozialismus: Aus ↑ *Blutsgemeinschaft*, Schicksalsgemeinschaft, nationalsozialistischer Glaubensgemeinschaft hervorgegangene Lebensgemeinschaft, in der Klassen-, Parteien-, Standesgegensätze und individuelle Interessen zugunsten des gemeinsamen Nutzens aller ↑ *Volksgenossen* aufgehoben sein sollen.209

---

[202] 17. 7. 1926. In: W. Kindt (Hg): Die deutsche Jugendbewegung. Die bündische Zeit, 1974, 918.
[203] Mein Kampf, 269.
[204] Espe, W. M.: Das Buch der N. S. D A. P., 1933, 38.
[205] Die neue Aufgabe. In: Der Schulungsbrief, 1/Mai 1934, 11.
[206] MADR, Jahreslagebericht 1938 des SHA, Bd. 2, 113.
[207] Müller, L. (Reichsbischof): Der deutsche Volkssoldat, 1940, 25.
[208] v. Neurath, K.: Die Behandlung der Tschechoslowakei. Dok. PS—859. In: Der Nürnberger Prozeß, Bd. 17, 75.
[209] Gebucht: Duden, 11. Aufl. 1934, 12. Aufl. 1941; Knaur 1934, Meyers Lexikon 1936 ff., Paechter, Volks-Brockhaus 1940. Getilgt: Duden, 13. Aufl. 1947.

> Der nach Angabe des ‚Deutschen Wörterbuchs' auf Friedrich Schleiermacher (1768–1834) zurückgehende Ausdruck *Volksgemeinschaft*[210] spielt im Sprachgebrauch des neunzehnten Jahrhunderts keine herausragende Rolle. Die Verwendungen sind bei weitem nicht so zahlreich wie nach 1914 oder erst recht nach 1933. Erst durch die Jugendbewegung mit ihrer Feier der Gemeinschaft und durch die sogenannte „Frontgemeinschaft" des Ersten Weltkrieges wird *Volksgemeinschaft* zu einer in unterschiedlichsten Zusammenhängen verwendeten, mit den unterschiedlichsten politischen Ideen verbundenen, meist irrational aufgeladenen, inflationär gebrauchten Bezeichnung für eine erstrebte neue Form des gemeinschaftlichen Lebens. „Was hat nun auf dieser Grundlage unser völkisches Ideal zu sein, unser Richtziel, wie ich es anfangs nannte? Wir haben das als gut und erstrebenswert zu betrachten, was der deutschen Volksgemeinschaft nützt und sie höher bringt, und das als schlecht und bekämpfenswert, was ihr schadet und ihre Entwicklung zum Höheren hemmt. Drum haben wir als deutsch zu betrachten jeden Juden, der innerhalb des deutschen Volkes sich einsetzt für dessen Weiterkommen: für alles, wofür wir uns einsetzen. Wir haben aber als undeutsch und als Feind des deutschen Volkes zu betrachten und zu bekämpfen (oder aber auch zu bekehren!) einen jeden, der Zank und Streit innerhalb dieses Volkes sät, und damit auch jeden, der deutsche Juden mit dem besten Willen zur Hebung des deutschen Volkes durch Schimpfereien niedrigen Tons dem Deutschtum abspenstig und zu Gegnern des Deutschtums, Nationaljuden macht."[211] (1914) „Die Frage, wie die sozialen, konfessionellen und innerkirchlichen Sonderkörper unseres Volkes bestehen bleiben und doch als Volksgemeinschaft ein Parallelogramm der Wirkungen bilden können, ist unlösbar, wenn man lange nach Programmen sucht; sie ist gelöst, wenn wir alle, die Daheimgebliebenen und die Heimkehrenden, uns der gottgegebenen und notgesegneten Kräfte des Krieges auch im Frieden würdig erweisen."[212] (1915) „Polen. [...] Aus dem Chaos des Weltkrieges, der Staatengebilde zertrümmert, tauchen neue Staatengebilde auf, erwachsen Volksgemeinschaften zu neuem nationalen Leben, die bisher nur durch treues Zusammenhalten und zähes Festhalten an ihrer nationalen Eigenheit ihre weltgeschichtliche Existenzberechtigung bewiesen."[213] (1918) „So erhält die Selbsterziehung erst durch die Gemeinschaftserziehung ihren rechten Sinn; überwunden ist das individualistische Persönlichkeitsideal der Renaissance, überwunden durch das Ideal der in freigewählter sozialer Bindung sich entwickelnden Persönlichkeit. Aus dem Gemeinschaftsleben erwächst ein lebensvoller, weil persönlicher Sozialismus, der nun weiterwirken und die ganze Volksgemeinschaft von innen aus durchdringen und ‚sozialisieren' kann, der vom ökonomischen Marxismus und Materialismus weit entfernt ist, der im Sozialismus nicht eine mühelos vom Baum der Revolution zu pflückende Frucht sieht, sondern eine harte, nur durch lebendige

---

[210] DWB, Bd. 12/2, 1951, 481.
[211] Deckart, M. in: Die Pachantei, Meinungsaustausch der Wandervögel., H. 1, 1914. Abgedr. in: W. Kindt (Hg.): Die Wandervogelzeit, 1968, 276.
[212] Deißmann, A.: Inneres Aufgebot. Deutsche Worte im Weltkrieg, 2. Aufl. 1915, 63.
[213] Neußer Zeitung, 9. 1. 1918, 2.

Gemeinschaft zu lösende Aufgabe."²¹⁴ (1919) „Sozialismus ist die Form der Volkswirtschaft, in der die Erzeugung und Vertiefung der Güter von der Gemeinschaft geordnet wird. Die Produktionsmittel werden der Willkür und eigennützigen Verwendung des einzelnen entzogen. Dann fällt die Ausbeutung eines Volksteiles durch alle andern, fällt die Klassenscheidung überhaupt. Der Weg zur Volksgemeinschaft ist freigelegt. [...] Freideutsche, glaubt nicht den Lockungen aus ‚bügerlichen' Kreisen, die euch weis machen, dort wolle man Volksgemeinschaft, Freiheit und ein Reich des Geistes. Was jene meinen, ist immer nur die Gemeinschaft der ‚Bürger', die Freiheit des ‚Bürgers' und der beschränkte Geist des ‚Bürgers'. Unter neuen Bannern werben dort die alten Männer des gestrigen, des zusammengebrochenen Zeitalters. Laßt uns ihnen antworten: nicht Bürgertum, nicht Proletariat — das ganze Deutschland soll es sein! [...] Wir wollen Demokratie. Das Geschick des Volkes soll von seinen Führern, den Trägern seines Vertrauens, gelenkt werden; letzten Endes entscheiden die vereinten Willensäußerungen aller Volkgenossen."²¹⁵ (1919) „Volk ist geistige und körperliche Einheit in Menschenart und Kultur. Volk ist stärker als Klassen und Grenzpfähle. Volk braucht keinen Beweis für seine Existenz. Es ist ohnehin da. Volksgemeinschaft entstand für uns aus Jugendgemeinschaft. Das war unser Weg."²¹⁶ (1922) „Wir müssen einen Menschen heranbilden, der politisch denken kann, ohne parteipolitisch zu sein. Die Herausbildung eines politischen Heeres außerhalb der Parteien mag den Parteien unangenehm sein, ist aber unbedingt notwendig, um zur Volksgemeinschaft zu kommen."²¹⁷ (1927)

> Der nationalsozialistische Sprachgebrauch schließt an die antidemokratische Verwendungstradition des Ausdrucks *Volksgemeinschaft* an. *Volksgemeinschaft* bezeichnet die angestrebte ↑ *Gleichschaltung* nach innen, um nach außen Geschlossenheit und Schlagkraft zu gewinnen. *Volksgemeinschaft* meint speziell: a) die ↑ *rassisch bestimmte* ↑ *Blutsgemeinschaft*, die bereitwillig die Opfer auf sich nimmt, die die Gebote der ↑ *Rassenreinheit* und ↑ *Erbgesundheit* fordern; b) die Sozialgemeinschaft solidarischer ↑ *Arbeiter der Stirn und der Faust*, die keine Interessengegensätze kennt und die sich insbesondere in der ↑ *Betriebsgemeinschaft* aus ↑ *Betriebsführer* und ↑ *Gefolgschaft* verkörpert; c) als neuer juristischer Terminus: die Rechtsgemeinschaft, von der das Recht ausgeht im Sinne des Satzes: „Recht ist, was dem Volke nützt". Goebbels: „Was ist nationalsozialistische Volksgemeinschaft? Nationalsozialistische Volksgemeinschaft ist die erzielte Verständigung der Volksgenossen untereinander, mithin der Ertrag sozialistischen Denkens."²¹⁸ Hitler: „Nur die Herstellung einer wirklichen Volksgemeinschaft, die sich über die Interessen und Gegen-

---

[214] O. Adam, E. Buske, G. Stapel: Flugblatt. Die akademische Gemeinschaft. — Den freidenkenden Hochschülern und ihren Gesinnungsgenossen dargebracht von der „Skuld". Im Lenz 1919. In: W. Kindt (Hg.): Die Wandervogelzeit, 1968, 461.
[215] Aufruf an die Freideutsche Jugend. In: W. Kindt (Hg.): Die Wandervogelzeit, ebd., 615.
[216] Glatzel, F.: In: Die neue Front, hg. Moeller van den Bruck u. a., 1922, 182 f. Zit. H. Pross (Hg.): Die Zerstörung d. Politik. Dokumente, 1963 (1959), 165.
[217] Nielson, A. in: Führerschaft d. fahrenden Gesellen, Dez. 1927. Abgedr. in: W. Kindt (Hg.): Die deutsche Jugendbewegung. Die bündische Zeit, 1974, 809.
[218] Goebbels, J.: Das kleine abc des Nationalsozialisten, o. J. (1927), 9.

sätze der Stände und Klassen erhebt, vermag allein auf die Dauer diesen Verirrungen des menschlichen Geistes den Nährboden zu entziehen."[219] Hitler: „Als ich meinen Eintritt in das politische Leben vollzog, geschah es mit dem brennenden inneren Schwur, die Parteienwelt in Deutschland auszurotten und an ihrer Stelle eine deutsche Volksgemeinschaft zu setzen."[220] Goebbels: „Männer und Frauen! An euch alle ergeht der Ruf! Weg mit den Miesmachern, konfessionellen Hetzern und kapitalistischen Profitjägern! Her mit der deutschen Volksgemeinschaft, die nicht Phrase bleiben, sondern Tat werden soll! Wir rufen alle auf in Stadt und Dorf! An die ganze deutsche Jugend geht unser Appell! Die deutsche Volksarmee des Friedens marschiert mit dem Führer in eine bessere Zukunft hinein; beseelt von dem Glauben an Deutschlands Größe und Unsterblichkeit, vereinigen sich arm und reich und hoch und niedrig in der festen Zuversicht, daß es unsern vereinten Kräften gelingen wird, die Not zu überwinden und das Reich des Nationalsozialismus zu vollenden."[221]

a) *Volksgemeinschaft* als ‚*Blutsgemeinschaft*': „Das im Laufe der Jahrhunderte zu einem gewaltigen Strom angeschwollene deutsche Blut ist das Band, das uns kraft der in ihm weitergetragenen Erbmasse zu einer Blutsgemeinschaft, einer Lebenseinheit, zu einem Volk vereinigt. Dieser Gemeinschaft kann keiner entrinnen, auch wenn er auswandert und unter fremden Völkern wohnt. Denn in seiner Erbmasse wohnt jenes kostbare Gut, das den Kern seines ganzen Wesens bestimmt und unveräußerlich ist. Volksgemeinschaft ist Blutsgemeinschaft."[222] „Der Begriff ‚Volksgemeinschaft' als Blut- und Schicksalsgemeinschaft steht im Mittelpunkt der deutschvölkischen Weltanschauung. Aus der Tatsache der organischen Verbundenheit von Einzelmensch und Volk erwächst eine vollständig neue Sittlichkeit. Losgelöst von der Ganzheit des Volkes verliert die Einzelperson den Sinn ihres Daseins, denn das menschliche Einzelleben ist nach dem göttlichen Schöpferwillen an die überpersönliche Lebenseinheit seines Volkes gebunden. Das Dasein von einzelnen ist nur durch das Bestehen der Gemeinschaft möglich."[223] „Über all unserm Tun und Handeln muß die Idee der Volksgemeinschaft stehen. Alle Gesetze und Einrichtungen des völkischen Staates dürfen nur dem einen Zweck dienen: Die Rasse, das Volkstum zu erhalten und zu fördern. Auch Eheschließung und Kinderzeugung stehen ganz im Dienste des Volkes. Der Staat wird künftighin darüber wachen, daß nicht auf der einen Seite minderwertiges Erbgut erhalten und vermehrt wird und auf der andern Seite hochwertige Erbanlagen durch freiwilligen Verzicht entweder ganz unterschlagen oder nicht so stark fortgepflanzt werden, wie es die Erhaltung des Volkes erfordert."[224] „Aus verschiedenen Teilen des Reiches liegen Meldungen vor, wonach die erleichterten Bestimmungen über die Eheschließung zur Heirat von erb-

---

[219] Begründung z. Ermächtigungsgesetz, 23. 3. 1933. In: Adolf Hitler spricht, 1934, 23.
[220] Hitler, Rede in Hamburg am 17. 8. 1934. In: Schley, A. (Hg.): Führerworte, Bd. 1, o. J. (1934), 117.
[221] Deutsche Allg. Zeitung, 24. 4. 1934. Zit. Blick in die Zeit, 2/Nr. 18, 5. 5. 1934, 4.
[222] Graf, J.: Vererbungslehre, Rassenkunde und Erbgesundheitspflege, 6. Aufl. 1939, 159.
[223] Ebd., 269.
[224] Ebd., 316 f.

lich Belasteten und mit ansteckenden Krankheiten behafteten Personen führen. So wird aus Innsbruck gemeldet, daß im dortigen Bezirk die Ehe zwischen einem aus einer mit Geisteskranken belasteten Sippe stammenden Mann und einem epileptischen Mädchen geschlossen wurde, trotzdem der amtsärztliche Bescheid vorlag, daß die Ehe nicht im Interesse der Volksgemeinschaft sei."[225]

b) *Volksgemeinschaft* als ‚Sozialgemeinschaft': „So sicher ein Arbeiter wider den Geist einer wirklichen Volksgemeinschaft sündigt, wenn er ohne Rücksicht auf das gemeinsame Wohl und den Bestand einer nationalen Wirtschaft, gestützt auf seine Macht, erpresserisch Forderungen stellt, so sehr aber bricht auch ein Unternehmer diese Gemeinschaft, wenn er durch unmenschliche und ausbeuterische Art seiner Betriebsführung die nationale Arbeitskraft mißbraucht und aus ihrem Schweiße Millionen erwuchert."[226] „In wenigen Tagen feiert das ganze deutsche Volk ohne Unterschied seiner Stände und Berufe zum ersten Male in wahrer Volksgemeinschaft den 1. Mai. In Millionenmassen marschieren die deutschen Arbeiter der Faust und der Stirne auf, um den Festtag des deutschen Arbeitertums, den Feiertag der nationalen Arbeit zu begehen."[227] „Das Verdienst dieser geschichtlich so bedeutungsvollen Tat kommt unbestreitbar Dr. Robert Ley, dem Leiter des Aktionskomitees zum Schutze der deutschen Arbeit zu, der am denkwürdigen 2. Mai 1933 die ‚Bonzen' in den Gewerkschaftshäusern entthronte. [...] Die Verwirklichung der wahren Volksgemeinschaft, wie sie dem Führer Adolf Hitler als Ideal vorschwebte, konnte — mit der Betriebsgemeinschaft beginnend und auf ihr aufbauend — zur Durchführung gelangen."[228] „‚Gemeinnutz geht vor Eigennutz!' Diese Parole führt zwangsläufig zur Volksgemeinschaft, die ein Hochziel unseres Kämpfens und Ringens ist. [...] Das Gegeneinander zwischen Reich und Ländern wurde durch das Statthaltergesetz beseitigt; die Parteien wurden zerschlagen; der klassenkämpferische Marxismus vernichtet, Arbeitgeber- und Arbeitnehmer-Verbände aufgelöst, denn nicht Organisationen von Interessenhaufen, die das Trennende in den Vordergrund stellen, können wir brauchen, sondern eine Organisation der Volksgemeinschaft schlechthin, die das Gemeinsame an Stelle des Trennenden, den sozialen Ausgleich und die soziale Gerechtigkeit an Stelle des Grundsatzes ‚Macht geht vor Recht' setzt, die Opferwilligkeit an Stelle des Anspruchs."[229] „Der Nationalsozialismus lehnt eine derartige Gegenüberstellung von Arbeitgebern und Arbeitnehmern, die automatisch Kampfcharakter annehmen muß, ab und kennt nur schaffende Glieder der Volksgemeinschaft, die in gemeinsamer Arbeit der Erhaltung und Sicherung des Volkes und seines Staates dienen."[230]

c) *Volksgemeinschaft* als ‚Rechtsgemeinschaft': „Gegenüber der individualistischen Auffassung im Rechtsleben wird als neuer Ausgangspunkt die Volksgemeinschaft

---

[225] MADR, (Nr. 33), 27. 12 1939, Bd. 3, 606.
[226] Hitler, Mein Kampf, 374.
[227] Biallas, H.: NSBO ruft! In: Düsseldorfer Nachrichten. Beilage: Feiertag d. dt. Arbeit zum 1. 5. 1933.
[228] Das Ehrenbuch der Arbeit, 1934, 137 f.
[229] Ebd., 151.
[230] Meyers Lexikon, Bd. 1, 1936, 504.

genommen. Sie ist nicht nur politischer Begriff, sondern sie wird auch zum Rechtsbegriff. Damit ändert sich die bisherige juristische Anschauungs- und Begriffswelt. So geht das ‚Deutsche Recht' systematisch daran, in der neuen Haltung das gesamte Recht neu zu behandeln und Bausteine zusammenzutragen. [...] Jetzt ist das Volk die lebendige Gemeinschaft aller Deutschen, und der Staat dient in der Hand des Führers Zwecken der Volksgemeinschaft. Nicht mehr der Staat gibt dem Volk sein Recht, sondern er empfängt seine Berechtigung aus der Volksgemeinschaft. [...]"[231]
„Die Zeit des betont unpolitischen, ‚neutralen' Richters ist vorbei. Der Richter muß heute im Gegensatz zu früher ein politisch denkender und handelnder Mensch sein. Nur dann kann er seiner Aufgabe in der Volksgemeinschaft und seiner Stellung als unmittelbarer Lehnsmann des Führers und Gehilfe der Staatsführung gerecht werden. [...] Der Gesetzespositivismus liberaler Prägung, der glaubte, mit den Mitteln begrifflicher Logik und durch eine ins einzelne gehende Fassung der Gesetze eine gerechte Entscheidung sichern zu können, ist einer elastischen Gesetzgebungstechnik gewichen, die dem Richter anscheinend größere Freiheit bei der Findung einer den völkischen Lebensbedürfnissen entsprechenden Entscheidung läßt, in Wirklichkeit aber Begrenzung und Bindung aus dem Interesse der Gemeinschaft und den Grundsätzen unserer Weltanschauung entnimmt. [...]"[232]
Im alltäglichen Sprachgebrauch wurde *Volksgemeinschaft* als Bezeichnung für ‚solidarisches Verhalten' interpretiert: „Im großen und ganzen liegt die vaterländische Einstellung der Gesamtbevölkerung auf einer Linie, was aber die Volksgemeinschaft anbelangt, so läßt diese noch viel zu wünschen übrig."[233] „Von einer Volksgemeinschaft kann keine Rede sein. Jeder denkt nur an seinen eigenen Vorteil, so daß die Wehrhaftigkeit voll und ganz ausscheidet. Den Bauern ihr Vaterland ist nur der eigene Hof, sie verstricken sich hierbei im Drahtverhau einer kleinlichen Enge, so daß sie das Große übersehen und nicht würdigen. Es fehlt bestimmt an Aufklärung und weltanschaulicher Schulung."[234] „Besonders in Arbeitervierteln habe die Bevölkerung zahlreiche Beweise vorbildlicher Hilfsbereitschaft und wirklicher Volksgemeinschaft geliefert."[235]
Hitler beschwor noch kurz vor seinem Ende in seinem „politischen Testament" „die Verwirklichung einer wahren Volksgemeinschaft": „Aus dem Opfer unserer Soldaten und aus meiner eigenen Verbundenheit mit ihnen bis in den Tod wird in der deutschen Geschichte so oder so einmal wieder der Same aufgehen zur strahlenden Wiedergeburt der nationalsozialistischen Bewegung und damit Verwirklichung einer wahren Volksgemeinschaft."[236]

---

231 Höhn, R.: Die Volksgemeinschaft als wissenschaftliches Grundprinzip. In: Süddt. Monatshefte, Jg. 1934/35, 5 ff. Zit. Poliakov/Wulf: Das Dritte Reich und seine Denker, 1989, 334 f.
232 Reichsjustizminister Thierack vor Hochschullehrern d. Rechtswissenschaft, 16.–18. 9. 1944. In: Boberach, H. (Hg.): Richterbriefe, 1975, 469 f.
233 Monatsbericht d. Gendarmerie-Station Aufseß, 25. 7. 1937. In: Bayern in der NS-Zeit, 1977, 103.
234 Monatsbericht d. Gendarmerie-Station Aufseß, 26. 1. 1941, 145. In: Ebd., 145.
235 MADR, (Nr. 304), 30. 7. 1942, Bd. 11, 4018.
236 Hitler, Mein politisches Testament, 29. 4. 1945. In: Domarus, 2/2, 2237.

Volksgenosse, Volksgenossin (Vg., Vgn.)

Mitglied der ↑ *Volksgemeinschaft*.[237]

> *Volkgenosse* ist 1798 bei Herder (1744–1803) und bei Johann Heinrich Voß (1751–1826) belegt. Herder verwendet den Ausdruck in seiner Schrift ‚Vom Geist des Christentums': „Auch nachdem die Schriften der Propheten gesammelt waren, erkannten die ältesten Sprach- und Volksgenossen sie nicht anders als in diesem Lichte."[238] Voß gebraucht ihn in seiner Übersetzung der ‚Metamorphosen' von Ovid als Lehnübertragung des lat. *popularis*: „Doch nicht warnte die Strafe der Volksgenossin Arachne."[239] Campe gibt in seinem ‚Wörterbuch zur Erklärung und Verdeutschung der unserer Sprache aufgedrungenen fremden Ausdrücke' als Verdeutschung für *Compatriot, Compatriotinn* ‚der Landsmann, die Landsmännin' an, verweist aber auf „das edlere Volksgenoß und Volksgenossin" bei Voß.[240] Im neunzehnten Jahrhundert wird *Volksgenosse* verhältnismäßig selten gebraucht. Das ‚Deutsche Wörterbuch' bringt nur je einen Beleg von Jahn: „Vercingetorix samt seinen volksgenossen"[241] (1810) und – in als ungewöhnlich bezeichneter Verwendung – von Riehl: „die Holländer als nächste verwandte und volksgenossen"[242] (1851). In der Regel bezeichnet *Volksgenosse* den Landsmann, nicht den ausländischen Nachbarn, den Angehörigen des ganzen, nicht nur des „einfachen Volkes": „Gibt es eine besondere Volksliteratur? Soll es eine solche geben? Muß nicht vielmehr Alles, was wirklich wahr und schön ist, allen Volksgenossen zugänglich und förderlich sein?"[243] (1846) „Wehe der Nation, welche eine liberale Partei in ihrer Mitte duldet, bevor die natürlichen Grundlagen der Existenz vorhanden sind, und die Volksgenossen ohne Ausnahme diese Grundlagen als unantastbar anerkannt haben [...]."[244] (1853) „Er [Uhland] hat bei Lebzeiten erfahren, daß seine Seele geworden zur Seele seiner Volksgenossen. Er war der gute Kamerad des deutschen Volkes, er ging mit ihm ‚im gleichen Schritt und Tritt'."[245] (1863) „Aber der härteste Hausherr wird immer noch die Arbeit und die Person des Volksgenossen dem zugelaufenen ausländischen Handlanger vorziehen."[246] Im letzten Drittel des neunzehnten Jahrhunderts binden sich durch das Genossenschaftswesen und die Übung der Sozialdemokraten, sich untereinander Genosse zu nennen – seit 1879 ist *Genosse* offizielle Anrede-

---

[237] Gebucht: Duden, 11. Aufl. 1934, 12. Aufl. 1941; Paechter, Trübners DWB. Getilgt: Duden, 13. Aufl. 1947.
[238] Ebd., Sämmtliche Werke, hg. B. Suphan, Bd. 20, 1880, 51.
[239] Voß, J. H.: Ovids Verwandlungen. Leipzig (Reclam), o. J., 92. (Nec tamen admonita est poena popularis Arachnes; Ovid, Metamorphosen, VI, 150).
[240] Ebd., 2. verb. u. mit einem 3. Bd. vermehrte Aufl., 1808, Bd. 1, s. v. Compatriot.
[241] Werke, hg. C. Euler, 1884–87, Bd. 1, 160.
[242] Die Naturgeschichte des Volkes, 4, 47. Zit. DWB, Bd. 12/2, 1951, 481.
[243] Auerbach, B.: Schrift und Volk, 1846, 192.
[244] de Lagarde, P.: Konservativ? In: Deutsche Schriften, 5. Aufl. 1920, 15.
[245] Auerbach, B.: Rede z. Gedenkfeste Uhlands am 31. 1. 1863. In: Deutsche Abende, Neue Folge, 1867, 138.
[246] Reinhold, K. Th.: Das deutsche Volksthum, 1884, 69 f.

form[247] — revolutionär-sozialistische Assoziationen an das Grundwort des Kompositums *Genosse*. Andererseits erhält das Bestimmungswort *Volk* durch den von Gobineau und H. St. Chamberlain forcierten Rassismus eine völkisch-rassische Konnotation. Entsprechend lassen sich bei den Belegen für *Volksgenosse*, die mit dem Beginn des Ersten Weltkriegs an Zahl deutlich zunehmen, als Verwendungsschwerpunkte erkennen:

a) *Volksgenosse* als ‚Landsmann'; auch emphatisch überhöht. „[...] wir sehen in allen Deutschgeborenen auf dem Boden des Reiches unsere Volksgenossen, und unsere Liebe und Sorge gehört ihnen [...]."[248] (1909) „Nun haben wir zu denken an die Millionen Volksgenossen, die ohne ihre Schuld in dieses Verhängnis hineingerissen sind."[249] (1914) „Noch niemals hat sich das deutsche Volk so fest gezeigt, wie in diesem Kriege [...]. Noch stehen Millionen Volksgenossen im Felde."[250] (1917) „Aber auch in der Art der Kriegführung hat nicht Deutschland allein gefehlt. Jede europäische Nation kennt Taten und Personen, deren sich die besten Volksgenossen ungern erinnern."[251] (1919) „Gewalttaten ohne Zahl haben den Weg der Okkupation begleitet, mehr als hundert Volksgenossen haben ihr Leben dahingeben müssen [...]."[252] (1923)

b) *Volksgenosse* als ‚Angehöriger einer solidarischen Sozialgemeinschaft'. „Die Gesamtheit des Volkes ist verpflichtet, jedem einzelnen ehrlich arbeitenden Volksgenossen ein menschenwürdiges Dasein, gebührenden Anteil an dem Ertrage der nationalen Arbeit und den Mitgenuß der idealen Güter unserer Kultur zu sichern."[253] (1890) Der Berliner Großstadtseelsorger Carl Sonnenschein knüpfte bewußt an das sozialistische *Genosse* an, dessen „verzerrte Solidarität" er zu überwinden hoffte. Er gründete 1912 eine Zeitschrift ‚Die Volksgenossen'. Die meisten Parteiaufrufe und -programme nach 1918 enthielten die Ausdrücke *Volk, Volksgenosse, Volksgemeinschaft* als Beschwörung eines solidarischen, vom Volk getragenen Neuanfangs. „Wir wollen aufrufen zu der opferwilligen Arbeitsbereitschaft, zu der jeder Volksgenosse dem Vaterland gegenüber verpflichtet ist. Auf unserer inneren Geschlossenheit, auf der warmherzigen, alle Volksgenossen umfassenden brüderlichen Gesinnung ruht Rettung, Heil, Zukunft der deutschen Volksgemeinschaft."[254] (1920)

c) *Volksgenosse* als ‚Angehöriger der ↑ *Blutsgemeinschaft*', als ↑ ‚*Rassegenosse*'. So wird *Volksgenosse* vor allem in den sektenähnlichen völkischen Gruppierungen seit

---

247 Ladendorf, O.: Historisches Schlagwörterbuch, 1906, 100 f.
248 Frymann, D. (d. i. H. Claß): Wenn ich der Kaiser wär', 2. Aufl. 1912, 191.
249 Haase, Begründung des SPD-Fraktionsbeschlusses z. Bewilligung d. Kriegskredite. Zit. Bartholmes, H.: Das Wort „Volk" im Sprachgebrauch der SED, 1964, 127.
250 Kaiserliche Osterbotschaft v. 7. 4. 1917. In: Dokumente d. dt. Politik u. Geschichte, Bd. 2, 1952, 346.
251 Brockdorf-Rantzau: Rede am 7. 5. 1919 in Versailles. In: Ders.: Dokumente u. Gedanken um Versailles, 3. Aufl. 1925, 71.
252 Aufruf d. Reichsregierung Ebert, 1923. In: Ebd., 131.
253 Sozialpolitisches Programm d. deutschvölkischen Arbeiterschaft v. 21. 5. 1899. In: Pichl, E.: Georg Schönerer, 1938, Bd. 6, 220.
254 Grundsätze der deutschnationalen Volkspartei, Okt. 1920. In: Dokumente d. dt. Politik u. Geschichte, Bd. 3, 1952, 110.

der Jahrhundertwende gebraucht. In der Zeitschrift ‚Ostara' des Lanz v. Liebenfels: „Demokratisch innerhalb ihrer völkisch umschlossenen Grenzen waren ja alle Aristokratien auch, keine aber wollte jemals, noch konnte sie allgemeine Gleichheit und damit sich ergebende allgemeine Vermischung wollen, wie solche auch mit einem jeden folgerichtig völkisch gestalteten Gemeinwesen stets unvereinbar bleiben, indem diese schon infolge des engeren Zusammenschlusses der Volksgenossen alles außer- und andersvölkische Menschentum vom Genusse gleicher Rechte wie von der Erfüllung gleicher Pflichten ausnehmen [...] muß."[255] (1906) Guido List: „Wie nun die ‚Salier' die armanische Rita mit dem römischen Recht verfälschten [...], das kann nur angedeutet werden, trotz der Ungeheuerlichkeit, daß sie zu erzwingen verstanden, daß ein Volksgenosse des anderen Leibeigener werden konnte [...]."[256] (1908) Ähnlich G. Schönerer am 10. 3. 1910 im ‚Alldeutschen Tageblatt': „Er stellte in Wien Juden und Tschechen an, aber er wollte keine Alldeutschen anstellen und ließ deutsche Volksgenossen darben, während sich die Fremdvölkischen mästen konnten."[257]

> Im nationalsozialistischen Sprachgebrauch verschmelzen die national-pathetische, die soziale und die rassische Akzentuierung des Ausdrucks *Volksgenosse*, jedoch im Sinne einer Hierarchie. Im Vordergrund steht der rassische Aspekt, aus dem das nationale Pathos und die soziale Gebundenheit „im Dienste des Ganzen" abgeleitet werden. In Punkt vier des ‚Programms der Nationalsozialistischen Arbeiterpartei' von 1920 heißt es: „Staatsbürger kann nur sein, wer Volksgenosse ist. Volksgenosse kann nur sein, wer deutschen Blutes ist, ohne Rücksichtnahme auf Konfession. Kein Jude kann daher Volksgenosse sein."[258] Hitler spricht in ‚Mein Kampf' von „Volks- und Rassegenossen"[259], von „rassen- und nationalbewußten Volksgenossen"[260], aber auch von „der Masse unserer international eingestellten Volksgenossen", deren Schlagkraft er bewundert.[261] In bewußter Anlehnung an die Anrede der linken Arbeiterparteien wurde die Menge in den nationalsozialistischen Parteiversammlungen der sogenannten ↑ *Kampfzeit* mit der Anrede „Volksgenossen und Volksgenossinnen" begrüßt. Über die Motive spricht Hitler in ‚Mein Kampf': „Das normale Bürgertum war ja ganz entsetzt darüber, daß auch wir zum Rot der Bolschewiken gegriffen hatten, und man sah darin eine sehr zweideutige Sache. Die deutschnationalen Geister flüsterten sich im stillen immer wieder den Verdacht zu, daß wir im Grunde genommen auch nur eine Spielart des Marxismus wären, vielleicht überhaupt nur verkappte Marxisten oder besser Sozialisten. Denn den Unterschied zwischen Sozialismus und Marxismus haben diese Köpfe bis heute noch nicht begriffen. Besonders als man auch noch entdeckte, daß wir in unseren Versammlungen grundsätzlich keine ‚Damen und Herren', sondern nur ‚Volksgenossen und -genossinnen'

---

[255] A. Harpf in: Ebd., H. 9, Sept. 1906, 9.
[256] Die Armanenschaft der Ariogermanen, 1908, 52.
[257] In: Pichl, E.: Georg Schönerer, 1938, Bd. 5, 397 f.
[258] Rosenberg, A.: Das Parteiprogramm, 21. Aufl. 1941, 15.
[259] Ebd., 451.
[260] Ebd., 490.
[261] Ebd., 367.

begrüßten und unter uns nur von Parteigenossen sprachen, da schien das marxistische Gespenst für viele unserer Gegner erwiesen. [...] Wir haben die rote Farbe unserer Plakate nach genauem und gründlichem Überlegen gewählt, um dadurch die linke Seite zu reizen, zur Empörung zu bringen und sie zu verleiten, in unsere Versammlungen zu kommen, wenn auch nur, um sie zu sprengen, damit wir auf diese Weise überhaupt mit den Leuten reden konnten."[262] Bis 1933 war *Volksgenosse* parteiübergreifend in den verschiedensten Lagern verwendet worden. Nach 1933 wurde *Volksgenosse* zum Kennwort des ↑ *Dritten Reichs* mit der wohl höchsten Gebrauchsfrequenz, zur gleichschaltenden Anrede, mit der ungezählte Reden, Proklamationen, Kundgebungen eingeleitet wurden[263], zum Symbol für „die Ausscheidung Artfremder aus dem deutschen Volkskörper"[264], zum Stichwort, mit dem die ↑ *Leistung* des einzelnen für die *Volksgemeinschaft* eingefordert wurde, zum emphatischen Appell, sich mit dem Nationalsozialismus zu identifizieren. Victor Klemperer gibt am 16. 12. 1934 in seinem Tagebuch einen Aufruf des ↑ *Winterhilfswerks* an die Einwohnerschaft seines Wohnviertels wieder, der zeigt, wie schnell aus dem *Volksgenossen* ein ↑ *Volksschädling* werden konnte: „Das meine Dölzschener Volksgenossen sind Opfer! Jenes aber sind klägliche erbärmliche Almosen! Darum besinnt Euch auf Eure Pflicht gegenüber der Volksgemeinschaft, auf daß der Vorwurf der Volksfremdheit für Euch nicht zur Beschuldigung als Volksschädling werde!"[265] „Bei der Meldung zur ersten juristischen Staatsprüfung ist der Nachweis zu führen, daß der Bewerber mit Volksgenossen aller Stände und Berufe in enger Gemeinschaft gelebt, die körperliche Arbeit kennen und achten gelernt [...] hat."[266] „Was wir in Jahrhunderten nicht gesehen haben, das konnten wir entdecken: den deutschen Volksgenossen, in allen Schichten unseres Volkes, in allen Berufen. Menschen höchsten Wertes anzusprechen mit Recht als ‚Genossen' eines Volkes."[267] „Das Brudergefühl der Volksgenossen untereinander schlug als göttliche Flamme hervor, als Flamme der Rassenseele. Rassenseele, die es vorher nicht gab, war durch unseren Willen zu völliger Einheit Wirklichkeit in uns geworden. Wir nennen diesen unbändigen Willen Nationalsozialismus."[268] „Anläßlich des 2. Pommerschen Beamtentages gab Gauleiter Oberpräsident Schweden-Koburg bekannt [...]: Die Erhaltung und Vermehrung der Volkszahl aber sei aus sittlichen und nationalen Gründen die Pflicht eines jeden Volksgenossen. Er habe deshalb angeordnet, daß bis zu einer bestimmten Zeit Beamte und Angestellte, die das 25. Lebensjahr überschritten haben, die Ehe eingehen müssen."[269] „Was heißt Staat? Volksgenosse, Du bist der Staat! Nicht der Staat soll Dich zwingen, daß Du Deiner Empfindung für Deine

---

262 Ebd., 541 f.
263 Hitler, Goebbels und hohe Funktionäre eröffneten mit: „Meine Volksgenossen und Volksgenossinnen", andere ohne das Possessivpronomen.
264 Stuckart/Schiedermair: Rassen- und Erbpflege, 10.
265 Ich will Zeugnis ablegen, Bd. 1, 1995, 169.
266 Die neue Justizausbildungsordnung d. Reiches v. 22. 7. 1934, Textausgabe, 1934, 9.
267 Hitler, Rede v. 1. 2. 1935. In: Domarus, Bd. 1.2, 1965, 486.
268 Schwarz, H.: Wille und Rassenseele. In: NS-Monatshefte, 8/1937, 581.
269 Volk und Rasse, 12/1937, 210.

Volksgemeinschaft selbst lebendigen Ausdruck gibst! Du mußt herantreten und freiwillig Opfer bringen."[270] „Dieses neue Gemeinschaftsbewußtsein wird durch nichts sinnfälliger zum Ausdruck gebracht als durch die Ehrenbezeichnung ‚Volksgenosse' für alle Staatsbürger deutschen Blutes."[271] „Die deutsche Gesetzgebung geht von der Erkenntnis aus, daß es der durch die Erschaffung verschiedener Rassen von der Vorsehung gegebenen Grundordnung und dem darauf beruhenden natürlichen und gesunden Empfinden eines jeden Volkes entspricht, sich gegen das Eindringen von Angehörigen artfremder Rassen in den eigenen Volkskörper zu wehren und die Rassenmischung der eigenen Volksgenossen mit Angehörigen artfremder Rassen zu vermeiden."[272] „Der nationalsozialistische Staat duldet daher zwar zur Zeit noch Juden auf deutschem Boden, verbietet ihnen aber die weitere Vermischung mit den deutschen Volksgenossen."[273] „Auf der gemeinsamen Rassenseele beruht die Gemeinsamkeit des Erlebens, die Einheitlichkeit aller Volksgenossen im Denken, Fühlen und Handeln. Das Blut- und Rassenbewußtsein wird zum Volksbewußtsein."[274] „Unterschiede der Herkunft, Bildungsstufen, Berufe und Bekenntnisse werden überbrückt. Dünkel und Mißgunst überwunden, Vorurteile und Mißtrauen verschwinden. An ihre Stelle tritt die Erkenntnis, daß der einzige Maßstab für die menschliche Bewertung des Volksgenossen sein Wert für die Gemeinschaft ist."[275] Hannah Arendt gebraucht 1944 als Zeitzeugin die Ausdrücke *Volksgenosse* und *Volksgemeinschaft* als verdichtende Symbole, um die Verhältnisse unter dem ↑ *Nationalsozialismus* zu charakterisieren: „Die Berichte über diese Verbrechen, welche am Anfang möglichst geheim gehalten wurden und deren Veröffentlichung als ‚Greuelmärchenpropaganda' unter Strafe gestellt war, wurden erst auf dem Wege der von den Nazis selbst inszenierten Flüsterpropaganda verbreitet und sie werden heute von ihnen völlig offen als Liquidierungsmaßnahmen zugestanden, um diejenigen ‚Volksgenossen', welche man aus organisatorischen Gründen nicht hat in die ‚Volksgemeinschaft' des Verbrechens aufnehmen können, wenigstens in die Rolle der Mitwisser und Komplizen zu drängen."[276]

▷ Als Kennwort des Nationalsozialismus wird *Volksgenosse* im heutigen Sprachgebrauch gemieden.

Volksgerichtshof

Auf Befehl von Hitler geschaffenes politisches Sondergericht in Berlin, das an Stelle des Reichsgerichts für die Aburteilung von Hoch- und Landesverrat und anderen politischen Delikten zuständig war.[277]

---

[270] Führerreden zum WHW, 1937, 15.
[271] NS-Monatshefte, 9/Sept. 1938, 756.
[272] Stuckart/Schiedermair: Rassen- und Erbpflege, 3. Aufl. 1942 (1939), 10.
[273] Ebd., 13.
[274] Graf, J.: Vererbungslehre, Rassenkunde und Erbgesundheitspflege, 6. Aufl., 1939, 268.
[275] Organisationsbuch der NSDAP. 1943, 469 f.
[276] Abgedruckt in: Die Wandlung, 1/1946, Nr. 4, 333.
[277] Gebucht: Duden, 12. Aufl. 1941, Paechter. Getilgt: Duden, 13. Aufl. 1947.

> Der Volksgerichtshof wurde durch das ‚Gesetz zur Änderung von Vorschriften des Strafrechts und des Strafverfahrens' vom 24. 4. 1934 geschaffen, das gleichzeitig eine Verschärfung der Strafbestimmungen für Hoch- und Landesverrat einführte.[278] „Für die bisher dem Reichsgericht obliegende erstinstanzliche Tätigkeit, die Aburteilung von Hochverrat und Landesverrat wird ein besonderes oberes Gericht in Gestalt eines Volksgerichtshofes geschaffen. [...] Der Volksgerichtshof wird teils mit juristisch gebildeten Richtern und teils mit solchen Mitgliedern besetzt, die über besondere Erfahrungen auf dem Gebiet der Abwehr staatsfeindlicher Angriffe verfügen. Seine Mitglieder werden vom Reichskanzler auf Vorschlag des Reichsministers der Justiz ernannt. [...]"[279] „Nach dem Bericht einer Korrespondenz ist unter Umständen damit zu rechnen, daß der erste Prozeß vor dem neugeschaffenen Volksgerichtshof der Prozeß gegen den früheren Führer der K. P. D. Thälmann sein werde."[280] „In diesem Zusammenhang wird wiederholt vorgeschlagen [...], die Strafverteidigung von Kriegsverbrechern und Staatsfeinden vor den Sondergerichten in Anlehnung an die beim Volksgerichtshof herrschende Übung von einer besonderen Zulassung der Strafverteidiger abhängig zu machen. Auf diese Weise könnten von vornherein Anwälte von der Strafverteidigung vor diesen Gerichten ausgeschlossen werden, die ihrer ganzen Haltung nach eine politisch bedenkliche Wahrung der Interessen ihrer Auftraggeber befürchten ließen."[281] „Der Volksgerichtshof verurteilte am 23. 8. 1943 den Regierungsrat Dr. K. wegen Wehrkraftzersetzung zum Tode, weil er in Rostock in der Straßenbahn kurz nach der Regierungsumbildung in Italien gesagt hatte: ‚So muß es hier auch kommen', der Führer müsse zurücktreten, denn siegen könnten wir ja nicht mehr und alle wollten wir doch nicht bei lebendigem Leib verbrennen."[282] „Im Namen des Deutschen Volkes. In der Strafsache gegen Frau Ehrengard Frank-Schultz [...] zur Zeit in Untersuchungshaft, wegen Wehrkraftzersetzung, hat der Volksgerichtshof [...] für Recht erkannt: Frau Frank-Schultz bedauerte einer Rote-Kreuz-Schwester gegenüber, daß der Mordanschlag auf unseren Führer mißglückte und erfrechte sich zu der Behauptung, einige Jahre unter angelsächsischer Herrschaft seien besser als die gegenwärtige Gewaltherrschaft. Sie hat also gemeinsame Sache mit den Verrätern vom 20. Juli gemacht. Dadurch ist sie für immer ehrlos geworden. Sie wird mit dem Tode bestraft."[283]

Volkskanzler

Bezeichnung für Hitler zum Ausdruck der Verbundenheit zwischen *Volk* und *Führer*.[284]

> Die vielleicht von Goebbels ausgehende Benennung Hitlers als *Volkskanzler* kommt nur 1933 häufig vor. Sie wurde durch die neue Amtsbezeichnung *Führer*

---

[278] RGBl. 1, 1934, 345.
[279] VB, 3. 5. 1934. Zit. Blick in die Zeit, 2/Nr. 19, 12. 5. 1934, 9.
[280] Frankfurter Zeitung. Zit. Blick in die Zeit, 2/Nr. 20, 19. 5. 1934, 9.
[281] MADR, (302), 23. 7. 1942, Bd. 11, 4002.
[282] MADR, 2. 12. 1943, Bd. 15, 6097.
[283] In: Staff, I. (Hg.): Justiz im Dritten Reich. Eine Dokumentation, 1979 (1964), 210.
[284] Gebucht: Duden, 12. Aufl. 1941. Getilgt: Duden, 13. Aufl. 1947.

und Reichskanzler, die Hitler sich durch das ‚Gesetz über das Staatsoberhaupt des Deutschen Reiches' vom 1. 8. 1934 selbst verlieh, weitgehend verdrängt. Ab 1939 forderten dann Presseanweisungen, Hitler nur noch als ↑*Führer* zu bezeichnen. Goebbels in einer Reportage von einer Kundgebung am 3. 3. 1933 zur Reichstagswahl: „Da marschieren die Schupo ein: Hunderte von braven Schupo-Leuten, die sich selbst hier im roten Hamburg zur nationalsozialistischen Idee bekennen, die hinter einem Fahnensymbol, das unser Symbol ist, marschieren, um den Volkskanzler Adolf Hitler zu grüßen. Eine Verbindung zwischen Volk und Polizei. Das Wort ist wahr geworden, das die Marxisten so oft mißbraucht haben: eine Volkspolizei, eine Polizei, die dazu da ist, Ruhe und Ordnung zu beschützen und dem Volke Diener, Freund und Kamerad zu sein."[285] Goebbels in einer Reportage am 4. 3. 1933: „Tiefe Dankbarkeit liegt über all diesen Menschen: Adolf Hitler, der Volkskanzler, hat gerade ihre Heimat ausgesucht, um von hier aus am Freiheitstage der deutschen Nation seinen letzten Appell an Deutschland zu richten."[286] Göring bei der Eröffnung der ersten Arbeitstagung des Reichstages am 21. 3. 1933: „Wir danken aber auch unserem Volkskanzler, daß er heute an dieser Stätte Worte gefunden hat, wie sie sonst vielleicht kein Deutscher zu finden vermag."[287] Bei der Weihe von NSBO-Fahnen in München am 1. 5. 1933: „Der nationalsozialistische Betriebszellenleiter Frey richtete die Mahnung an die Arbeiter, die Fahnen zu senken in Ehrfurcht vor der deutschen Arbeit und vor dem Volkskanzler Hitler."[288] Kundgebung der Deutschen Akademie der Dichtung am 30. 10. 1933: „Wir Mitglieder der Deutschen Akademie der Dichtung stimmen dem Entschluß der Reichsregierung bei, einen unerträglichen Zustand durch den Austritt aus dem Völkerbund zu beenden. Wir begrüßen, daß der Aufruf ins deutsche Volk gegangen ist, seine Einigkeit in dieser Ehrenfrage vor der Welt zu bekunden. Wir erwarten, daß jeder Deutsche am 12. November durch sein Ja die gerade Politik des Volkskanzlers Adolf Hitler stärken wird."[289] Im ‚Völkischen Beobachter' vom 15. 12. 1933: „Es ist ein schönes Zeichen des überwältigenden Vertrauens, das der deutsche Volkskanzler genießt, daß Behörden und Private ihre Briefpost fast allgemein mit dem Hitlergruß schließen, aber das darf nicht unterschiedslos geschehen! Eine Kündigung, noch dazu vor Weihnachten, kann man jedenfalls nicht im Namen des Führers aussprechen!"[290] Darré am 28. 1. 1934: „Es zeigt sich auch hier wieder, daß der Arbeiter und Bauer nicht nur die treuesten Gefolgsmänner unseres Führers und Volkskanzlers Adolf Hitler sind, sondern auch vereint im Kampfe gegen die Arbeitslosigkeit den Sieg davon tragen werden."[291] Victor Klemperers Tagebucheintragung vom 30. 6. 1934 markiert wohl den Höhepunkt der Verwendung von *Volkskanzler*: „Für mein Lexi-

---

[285] In: Goebbels Reden, hg. Heiber, H., Bd. 1, 1971, 77.
[286] Hitler über Deutschland. In: Signale der neuen Zeit, 1934, 111.
[287] In: Rühle, G.: Das Dritte Reich, Bd. 1933, 60.
[288] Weihe von 200 NSBO-Fahnen in München. In: Volksparole, 1. Wonnemond/Mai 1933.
[289] Zit. Brenner, H.: Ende einer bürgerlichen Kunst-Institution, 1972, 108.
[290] Zit. Blick in die Zeit, 1/Nr. 28, 9.
[291] Unsere „Grüne Woche". In: VB, Sonderbeilage „Blut und Boden", 28. 1. 1934.

kon ist neben *Schutzhaft* zu setzen: der *Volkskanzler*."²⁹² Schon bald danach ist der Ausdruck (weitgehend) aus dem Sprachgebrauch geschwunden.

Volkskörper

Das Volk als biologisch-rassische, von ↑ *Parasiten* oder ↑ *Schädlingen* bedrohte, hierarchisch gegliederte Einheit.

> Das ‚Deutsche Wörterbuch' nennt als einzigen Beleg für *Volkskörper* die Verwendung in F. C. Dahlmanns (1785–1860): ‚Geschichte der französischen Revolution bis auf die Stiftung der Republik', 1845: „ein gesundes staatsprinzip … erfrischt zugleich den blutumlauf im ganzen volkskörper."²⁹³ Das Auftauchen des Ausdrucks im Zusammenhang mit dem Thema der französischen Revolution ist nicht zufällig. Der französische Revolutionshistoriker Antoine des Baecque konnte in seinem 1993 erschienenen Werk: ‚«Le Corps de l'Histoire». Metaphores et politique (1770–1800)' zeigen, daß die organischen Metaphern vom Körper, seiner Gesundheit und seiner Krankheit, zu den Schlüsselmetaphern der französischen Revolution gehörten. Die Revolutionäre machten dem Volk ihr radikales Vorgehen als unvermeidliche Heilmaßnahme am kranken „Volkskörper" plausibel.²⁹⁴ Herder hat 1777 die ähnliche Bildung *Nationalkörper*. Er schreibt im ‚Deutschen Museum': „Unsere ganze mittlere Geschichte ist Pathologie, und meistens Pathologie des Kopfes, d. i. des Kaisers und einiger Reichsstände. Physiologie des ganzen Nationalkörpers – was für ein ander Ding."²⁹⁵ Die Vorstellung vom Volk als einem gegliederten Organismus ist alt. Sie geht bis in die Antike zurück. Livius überliefert die Rede des Menenius Agrippa, in der er die auf den mons sacer ausgewanderten Plebejer mit den Gliedern eines Körpers vergleicht, die dem Körper (also dem Volksganzen) den Dienst verweigern, seinen Untergang heraufbeschwören, aber selbst mit dem Körper unterzugehen drohen.²⁹⁶ Im letzten Drittel des neunzehnten Jahrhunderts wurde die biologische Metapher unter dem Einfluß des Evolutionismus und des Sozialdarwinismus zunehmend naturalistisch interpretiert und diente vor allem den Antisemiten und überhaupt den Rassisten als scheinbar reales Argument für die Notwendigkeit der Ausscheidung angeblich schädlicher, krankmachender Elemente aus dem Volksganzen. „Aber Krankheitssymptome sind da; soziale Übelstände liegen unserem Volkskörper in allen Gliedern und soziale Feindschaft ist nie ohne Grund."²⁹⁷ (1879) „Das moderne Judentum ist ein fremder Blutstropfen in unserem Volkskör-

---

[292] Ebd., Ich will Zeugnis ablegen, Bd. 1, 1995, 37.
[293] DWB, Bd. 12/2, 1951, 486.
[294] Ebd., Paris 1993.
[295] Von Ähnlichkeit der mittleren englischen und deutschen Dichtkunst, nebst Verschiednem, das daraus folgt. Herders Sämmtliche Werke. Hg. B. Suphan, Bd. 9, 1893, 523 f. Hinweis: Bartholmes, H.: Das Wort „Volk", 1964, 147.
[296] Ebd., II, 32 f.
[297] Stöcker, A.: Rede am 19. 9. 1879. In: Reden im Reichstag, hg. R. Mumm, 1914, 143. Zit. Cobet, 1973, 157.

per; es ist eine verderbliche, nur verderbliche Macht."[298] (1880) „In dieser Schrift wird das Judentum in seiner Besonderheit als ein punisiertes semitisch-nomadisches … hingestellt und gezeigt, daß … es … um zu leben, auf die Lüge angewiesen ist, womit es zugleich zur Selbstumgestaltung … aufgefordert wird, wozu aber seine Ausscheidung aus den christlich-arischen Volkskörpern Vorbedingung ist."[299] (1887) „In diesem Punkt [der „dezimierenden Wirkung der Städte"] hat also unsere Kultur die Fähigkeit bewiesen, ein fressendes Geschwür am Volkskörper, das sie bewirkt hat, auch wieder zur Heilung zu bringen."[300] (1903) „Immer lauter und zahlreicher werden die Stimmen, welche die Neger im amerikanischen Volkskörper als einen minderwertigen Rassebestandteil bezeichnen, der der freien Expansion des weißen Bevölkerungsbestandteils und dem kulturellen Fortschritt des Staatsganzen hinderlich ist."[301] (1906)

> Im Nationalsozialismus wird der Ausdruck *Volkskörper* sowohl als naturalistisch interpretierte biologische Metapher verwendet, wie im Rahmen der ↑ *Erbgesundheitspflege* als Bezeichnung für eine „überindividuelle Einheit dauernden Lebens, die die gegenwärtige Zeugungsgemeinschaft ebenso wie die vorausgehenden und nachfolgenden Generationen umschließt."[302] Hitler gebraucht *Volkskörper* in ‚Mein Kampf' mit ausgesprochener Vorliebe, der Ausdruck erscheint sogar als Stichwort im Register: „[…] denn die Erhaltung von Treu und Glauben in einem Volkskörper ist im Interesse der Nation genau so wie die Erhaltung der Gesundheit des Volkes." (S. 49) „Denn hier handelte es sich nicht um eine einzelne Erscheinung, sondern um Verfallsmomente, die in wahrhaft erschreckender Unzahl bald wie Irrlichter aufflackerten und den Volkskörper auf und ab strichen oder als giftige Geschwüre bald da, bald dort die Nation anfraßen. Es schien, als ob ein immerwährender Giftstrom bis in die äußersten Blutgefäße dieses einstigen Heldenleibes von einer geheimnisvollen Macht getrieben würde, um nun zu immer größeren Lähmungen der gesunden Vernunft, des einfachen Selbsterhaltungstriebes zu führen." (S. 169) „Das Wichtigste bleibt auch hier die Unterscheidung der Erreger von den durch sie hervorgerufenen Zuständen. Diese wird um so schwerer werden, je länger die Krankheitsstoffe in dem Volkskörper sich befinden und je mehr sie diesem schon zu einer selbstverständlichen Zugehörigkeit geworden waren." (S. 254) „[…] parallel der politischen, sittlichen und moralischen Versuchung des Volkes lief schon seit vielen Jahren eine nicht minder entsetzliche gesundheitliche Versuchung des Volkskörpers." (S. 269) „sich langsam weiterverbreitende[n] Zersetzung unseres Volkskörpers;" (S. 305) „fortschreitende pazifistisch-marxistische Lähmung unseres Volkskörpers;" (S. 361) „die rassenmäßige Vergiftung unseres Volkskörpers." (S. 432) R. W. Darré: „Wenn man unter ‚Volk' keine Herde versteht, festgehalten

---

[298] Stöcker, A.: Rede am 4. 2. 1880. In: Ebd., 186. Zit Cobet, ebd.
[299] Wahrmund, A.: Das Gesetz des Nomadentums u. die heutige Judenherrschaft, 1887, VII. Zit. Cobet, ebd.
[300] Schallmayer, W.: Vererbung und Auslese, 1903, 137.
[301] Rüdin, E.: Zur Negerfrage in den Vereinigten Staaten. In: Archiv, 3/1906, 463.
[302] Vgl. H. F. K. Günther: Der nordische Gedanke unter den Deutschen, 2. Aufl. 1927, 144.

von den Staatsgrenzen, sondern einen organischen Volkskörper, dann sind die Guts- und Bauernhäuser die festen Wurzelpunkte des völkischen Daseins im zuständigen geopolitischen Raume [...]."³⁰³ ‚Völkischer Beobachter': „Grundsätzlich steht daher der Nationalsozialismus auf dem Standpunkt, daß nicht der Einzelmensch das Ziel der Schöpfung ist und daher die Grundlage für die Betrachtung über die Einrichtungen eines Volkes bilden kann. Der Einzelmensch ist das Produkt des analysierenden Verstandes, denn die Wirklichkeit kennt diesen Einzelmenschen nicht. [...] Das Volk erscheint so gesehen als ein wachsender Organismus, als ein mächtiger Baum, der durch die Jahrhunderte erst seine Form, aber nicht seine Art ändert [...]. Jedes Mitglied eines Volkes hat nur Daseinsberechtigung, sofern seine Existenz die Gesundheit des Volkskörpers nicht hindert – ja fördert."³⁰⁴ ‚Das ABC des Nationalsozialismus': „Am besten verständlich wird uns das Wesen des Judentums, wenn man seine Vertreter als Parasiten der Erdvölker betrachtet. Bei jedem Volke haben sie sich eingenistet, leben auf Kosten des Volkskörpers, schwächen diesen Körper, wie jede parasitäre Krankheit den Wirtskörper schwächt und verursachen dauerndes Unbehagen."³⁰⁵ v. Leers: „Die Wunden, die jüdischer Kapitalismus mit Hilfe der durch diese Ideen bis ins Tiefste verdorbenen ‚Deutschen' am Volkskörper aufgerissen und künstlich offen gehalten haben, sind erst einmal verbunden."³⁰⁶ Eine Meldung des Sicherheitsdienstes der SS aus dem Reich: „Es ist besorgniserregend, welche Vergiftungserscheinungen durch die verneinende Einstellung des Klerus gegen den Staat und seine Bewegung im Volkskörper heute schon in Erscheinung treten."³⁰⁷ In der ‚Einführung in die Vererbungslehre, Rassenkunde und Erbgesundheitslehre für Schüler und Interessierte': „Und das Schicksal des Einzelmenschen ist mit dem Schicksal seines Volkes aufs engste verbunden. Denn jeder Einzelne wächst als ein Glied aus der Keimbahn, aus seiner Rasse, seinem Volkskörper hervor, und sein ganzes Dasein ist ganz und gar von dem Sein und Werden seines Volkes erfüllt und abhängig."³⁰⁸ Goebbels über das Attentat am 20. Juli 1944: „Wir haben es hier mit dem beispiellosesten Verrat der deutschen Geschichte zu tun, der am nächsten Montag mit einem großen Landesverratsprozeß vor dem Volksgerichtshof eine entsprechende Sühne finden wird. Ich persönlich, meine Parteigenossen, bin der Überzeugung, daß die Ausscheidung dieser Eiterstoffe aus dem deutschen Volkskörper zwar eine augenblickliche Schwächung hervorgerufen hat, auf die Dauer aber zu einer enormen Stärkung führen wird. Das ist genau wie beim menschlichen Organismus. Wenn irgendeine Eiterbeule auf die Dauer dem Menschen das Leben verleidet oder gar unmöglich macht, so muß sie aufgeschnitten werden. [...]"³⁰⁹

---

[303] Blut und Boden als Lebensgrundlagen der nordischen Rasse (22. 6. 1930). In: Ders.: Um Blut und Boden, 3. Aufl. 1941, 28.
[304] VB, 30. 7. 1930. Beilage: Die neue Front.
[305] Rosten, C.: Das ABC des Nationalsozialismus, 2. Aufl. 1933, 202.
[306] 14 Jahre Judenrepublik, Bd. 2, 2. Aufl. 1933, 112.
[307] Lagebericht f. d. Monat Juli 1935 d. Staatspolizeistelle f. d. Reg.bez. Aachen v. 7. 8. 1935. In: Vollmer, B.: Volksopposition im Polizeistaat, 1957, 261.
[308] Graf, J.: Ebd., 6. Aufl. 1939, 268 f.
[309] Goebbels Reden, hg. H. Heiber, Bd. 2, 1972, 371.

Es ist auffallend, daß zeitgenössische Kritiker des nationalsozialistischen Regimes ihrerseits die Metapher *Volkskörper* verwendeten, um sich Erfolg und Wirkung des Nationalsozialismus im deutschen Volk zu erklären: „Auch ich glaube, daß er [Hitler] sich wirklich für einen neuen deutschen Heiland zu halten bestrebt war, daß in ihm die Überspannung des Cäsarenwahns mit Wahnideen des Verfolgtseins in ständigem Zwist lag, wobei beide Krankheitszustände sich wechselseitig steigerten, und daß eben von solcher Krankheit her die Infektion auf den vom Ersten Weltkrieg geschwächten und seelisch zerrütteten deutschen Volkskörper übergriff."[310] „Durch welche Veränderung ist es eigentlich möglich geworden, aus einem im Durchschnitt gutmütigen und herzlichen Menschenschlag solche Teufelsknechte zu formen? Das spielt sich in einem kalt-bürokratischen Vorgang ab, bei dem der einzelne schwer zu greifen ist, Zecken, die sich in den Volkskörper einsaugen und plötzlich ein Stück von ihm geworden sind."[311] Dolf Sternberger schreibt dagegen in seinem ‚Tagebuch' in ‚Die Wandlung': „Ich gestehe, daß es immer unmöglicher wird, alle diese Figuren zu der Vorstellung eines und desselben Volkes zu vereinigen, gar als ‚Glieder' eines Volkskörpers oder Elemente eines Wesens aufzufassen."[312]

≫ Im heutigen Sprachgebrauch spielt der Ausdruck *Volkskörper* keine Rolle mehr.

volkspolitische Gefahren

Gefahren für die ↑ *rassische* und ↑ *völkische* Qualität des deutschen Volkes, die angeblich von ausländischen Kriegsgefangenen und Zwangsarbeitern im ↑ *Arbeitseinsatz* ausgingen.

≫ „Volks- und rassenpolitische Gefahren des Einsatzes von polnischen Arbeitern im Reich. Aus allen Teilen des Reiches häufen sich Meldungen, die sich mit dem Problem der polnischen Arbeiter befassen. Erfahrungen mit den Kriegsgefangenen und den ersten Arbeitertransporten, Erinnerungen an den Polen-Einsatz in früheren Jahren sowie Beobachtungen beim Einsatz anderer fremdvölkischer Arbeitskräfte (z. B. Magyaren und Italiener) haben in nationalsozialistischen Kreisen die Befürchtung entstehen lassen, daß die mögliche schwere Gefährdung unseres Volkskörpers durch den Einsatz von Polen z. T. noch nicht klar genug gesehen wird."[313] „Volkspolitische Gefahren durch den Einsatz tschechischer Arbeiter im Sudetengau."[314] „Die bisherigen Bemühungen, die volkspolitischen Gefahren des Kriegsgefangeneneinsatzes abzuwehren, seien nicht ausreichend. So seien z. B. in der Presse, vor allem für die Landbevölkerung, kaum Artikel zu finden, die sich mit den Gefahren und der Abwehr fremden Volkstums befaßten."[315] „Bei ihrer Betreuungsarbeit setze sich die katholische Kirche über die völkischen und rassischen Gegensätze hinweg und

---

[310] Klemperer, V.: LTI. Notizbuch eines Philologen, 14. Aufl. 1996, 61.
[311] v. Kardorff, U.: Berliner Aufzeichnungen 1942–1945, 1976, 37.
[312] In: Die Wandlung, 1/Nr. 2, 1945/46, 104.
[313] MADR, (Nr. 59), 28. 2. 1940, Bd. 3, 822.
[314] MADR; (Nr. 78), 17. 4. 1940, Bd. 4, 1012.
[315] MADR, (Nr. 325), 12. 10. 1942, 4318.

sehe im ausländischen Arbeiter lediglich den ‚Glaubensbruder'. Durch diese Einstellung leiste die Kirche den mit dem Ausländereinsatz ohnehin schon verbundenen volkspolitischen Gefahren in jeder Weise Vorschub. Die Gleichstellung fremdvölkischer katholischer Arbeiter mit deutschen Katholiken bedeute ein völliges Verwischen der rassischen und volkspolitischen Grenzen."[316]

Volksschädling

In der ↑ *Kampfzeit* Bezeichnung für ‚Schieber und Wucherer', ab 1930 auch für ‚Landesverräter' im weitesten Sinne, ab 1939 juristischer Terminus, definiert durch die *Volksschädlingsverordnung* vom 6. 9. 1939.[317]

> Der Ausdruck *Volksschädling* erscheint 1920 im ‚Völkischen Beobachter' als Bezeichnung für Schieber, und Wucherer: „Auch heute versagt das öffentliche Recht gegen die gemeinen Volksschädlinge der Schieber und Wucherer."[318] In gleicher Bedeutung verwendet Hitler den Ausdruck 1921 in einer Versammlung der NSDAP. Die ‚Politischen Nachrichten' der Polizeidirektion München berichten am 11. Mai 1921: „In einer am 3. ds. im Hofbräuhausfestsaal abgehaltenen Versammlung der Nationalsozialistischen Deutschen Arbeiterpartei sprach Hitler über ‚Erzberger und Genossen'. Dieses durch die nunmehr in Berlin erfolgte Aufnahme des Verfahrens gegen Erzberger wegen Steuerhinterziehung wieder aktuell gewordene Thema gab dem Redner willkommenen Anlaß, im Rahmen seines Parteiprogramms mit diesem ‚Verbrecher und Volksschädling' abzurechnen. Am Schluß seiner Ausführungen gab Hitler der bayerischen Regierung den Rat, falls Erzberger seine Absicht, nach München zu kommen, um hier Reden zu halten, ausführen sollte, den ‚Erzlumpen' sofort beim Betreten bayerischen Bodens zu verhaften. Wenn er auch nicht gleich verurteilt zu werden brauche, so gehöre er doch ein paar Jahre in Sicherheit. ‚Wenn es die bayerische Regierung nicht tun kann, so werden wir es selber besorgen!'"[319] Auch im ‚Halbmonatsbericht des Regierungspräsidiums von Oberbayern vom 19. 10. 1923' kommt *Volksschädling* vor: „Nach dem Bericht des Bezirksamts Rosenheim hat die Begeisterung, mit der der Diktatur entgegengesehen wurde, höchst bedauerlicherweise schon wieder einer Ernüchterung Platz gemacht. Alle die kleinen und einfachen Leute, die keinen Einblick in die wirtschaftlichen Zusammenhänge haben und die glaubten, daß alle Rat- und Hilflosigkeit nun zu Ende sei, sind wieder irregeworden. Man hört bereits Stimmen, daß auch die Diktatur nicht helfen wolle. Populär kann die Diktatur nur durch Anwendung von Zuchthaus und Todesstrafe gegen Volksschädlinge werden. [...]"[320] Rosenberg greift 1930 im ‚Mythus' den Ausdruck *Volksschädling* auf und gebraucht ihn für ‚Landesverrä-

---

[316] MADR, (Nr. 334), 12. 11. 1942., 4499.
[317] RGBl. 1, 1939, 1679. Gebucht: Duden, 12. Aufl. 1941, Paechter, Volks-Brockhaus 1940. Getilgt: Duden, 13. Aufl. 1947.
[318] VB, 26. 9. 1920, 4.
[319] Zit. Deuerlein, E.: Der Hitler-Putsch, 1962, 39.
[320] Zit. ebd., 239.

ter'. „Es wurden notorische Landesverräter nicht mit schwerem Zuchthaus […], sondern mit Ehrenhaft ‚bestraft‘, es wurde die pazifistische Gesinnung offen von deutschen Gerichten als Milderungsgrund angeführt, während Männer, die, von hundert Wunden bedeckt, in schwerster Kampfzeit bezahlte Spione erledigten, als ‚Fememörder‘ zum Tode oder zu lebenslänglichem Zuchthaus verurteilt wurden. Dem Volksschädling hatte man also Ehre zugesprochen, dem Kämpfer für das Volk die Ehre zu rauben gesucht."[321] Schon 1933 in der ‚Denkschrift des Preußischen Justizministers‘ über ein künftiges ‚Nationalsozialistisches Strafrecht‘ taucht *Volksschädling* erstmals in juristischem Kontext auf. *Volksschädling* wird die Person genannt, die sich einer Handlung schuldig macht, die künftig als Straftatbestand „Aufforderung zu volksschädlichem Tun" strafbar sein soll.: „Das geltende Recht (§ 110, 111 StGB.) stellt nur die Aufforderungen zu gesetzwidrigem Tun unter Strafe. Dies scheint zu eng. Es entspricht den Grundgedanken des nationalsozialistischen Staates, den Volksschädling und den Saboteur auch dann zu fassen, wenn er es versteht, sich zwischen den Maschen des geschriebenen Rechts hindurchzuwinden. In Durchführung dieses Grundsatzes muß auch die in der Öffentlichkeit erfolgende wissentliche Aufforderung zu volksschädlichem Tun, selbst wenn es nicht strafbar oder gesetzwidrig ist (z. B. die öffentlichen Aufforderung, nicht den Luftschutzorganisationen beizutreten oder nicht die Winterhilfe zu unterstützen) unter Strafe gestellt werden."[322] 1934 wird *Volksschädling* im ‚Völkischen Beobachter‘ für ‚Volksverräter‘ verwendet: „Nachdem sich gestern ein Abendblatt an den Volksverräter Max Braun in Saarbrücken um Aufklärung [über den sog. Röhm-Putsch] gewendet hat, benutzt heute der ‚Intransigeant‘ den Volksschädling Otto Straßer (!!) als Nachrichtenquelle. Er tischt seinem Prager Ausfrager prompt ein geradezu borniertes Lügenmärchen auf […]."[323] Zu einer vereinheitlichten Verwendung des Ausdrucks kam es dann durch die Verordnung gegen Volksschädlinge vom 5. 9. 1939. Nach § 4 der Verordnung galt als *Volksschädling*: „Wer vorsätzlich unter Ausnutzung der durch den Kriegszustand verursachten außergewöhnlichen Verhältnisse eine […] Straftat begeht, [er] wird unter Überschreitung des regelmäßigen Strafrahmens mit Zuchthaus bis zu 15 Jahren, mit lebenslangem Zuchthaus oder mit dem Tode bestraft, wenn dies das gesunde Volksempfnden wegen der besonderen Verwerflichkeit der Straftat erfordert."[324] Freisler kommentiert in der Zeitschrift ‚Deutsche Justiz': „Vier Tatbestände stellt die Verordnung an die Spitze, es handelt sich um mehr als ‚Tatbestände‘, es sind plastische Verbrecherbilder: 1. das des Plünderers, 2. das des feigen Meintäters, 3. das des gemeingefährlichen Saboteurs, 4. das des Wirtschaftssaboteurs."[325] Die ‚Meldungen aus dem Reich' befassen sich mit der Anwendung der *Verordnung gegen Volksschädlinge*: „Zu § 2 der VO gegen Volksschädlinge sind mehrere Meldungen eingegangen, wonach die Gerichte und Staatsanwaltschaften manchmal zu große Anforderungen bezüglich des Tatbestandes der ‚Ausnutzung

---

[321] Ebd., 565.
[322] Ebd., 1933, 37.
[323] VB, 6. 7. 1934. Zit. Blick in die Zeit, 2/Nr. 28, 14. 7. 1934, 2.
[324] RGBl. 1, 1679.
[325] Deutsche Justiz, 101/ 1939, 1450.

der zur Abwehr einer Fliegergefahr getroffenen Maßnahmen' stellten. So wurde z. B. bei Diebstählen nach Einbruch der Dunkelheit eingehend ermittelt, ob der Tatort vielleicht auch schon früher im Dunkeln gelegen habe, um bejahendenfalls die VO gegen Volksschädlinge nicht zur Anwendung zu bringen. [...]"[326] „Wie notwendig eine weite Anwendung des § 4 der VolksschädlingsVO. ist, zeigt ein derzeitig anhängiges Verfahren, in dem ein Jude unter Anklage steht, der die deutschblütige Mutter eines von ihm gezeugten Kindes zu überreden versuchte, einen im Felde gefallenen Soldaten als Vater ihres Kindes anzugeben. Die Rassenschande als die eigentlich strafbare Handlung ist nun zweifellos nicht unter Ausnutzung des Kriegszustandes verübt worden, sodaß für die Rassenschande nur die verhältnismäßig geringe Freiheitsstrafe des Blutschutzgesetzes zur Anwendung kommen konnte. Da es sich jedoch bei der jetzigen Tat des Juden um eine besonders verwerfliche Handlung unter Ausnutzung des Kriegszustandes im Anschluß an ein Verbrechen handelt, so muß nach Ansicht von verschiedenen mit dem Fall befaßten Rechtswahrern zu einer gerechten Sühnung zur Strafdrohung des § 4 der VolksschädlingsVO gegriffen werden, die in ihrem Strafrahmen von Zuchthaus bis zur Todesstrafe reicht."[327] Die Wochenzeitung ‚Das Reich' berichtet am 29. 9. 1940: „In einem anderen Falle hatte ein 25jähriger Mann einen Einbruch in eine leerstehende Wohnlaube verübt. Da er wußte, daß die Abwesenheit des Laubeninhabers durch den Krieg verursacht war, mußte auch er als Volksschädling vor dem Sondergericht angeklagt werden."[328] Stellungnahme des Reichsministers der Justiz Thierack zu Richterurteilen in den ‚Richterbriefen' vom 1. 10. 1942: „Der besondere Kampf gilt aber den durch das Gesetz näher gekennzeichneten ‚Volksschädlingen'. Hat der Richter nach gewissenhafter Prüfung der Straftat und der Täterpersönlichkeit entschieden, daß ein Verbrecher als ‚Volksschädling' anzusprechen ist, so muß diese schwerwiegende Feststellung auch im Strafanspruch mit voller Härte zum Ausdruck kommen."[329] Kurz vor Kriegsende wurde der Ausdruck *Volksschädling* vor allem auf Deserteure bezogen. Victor Klemperer berichtet in seinem Tagebuch unter dem 9. 3. 1945 von einer eigens bereitgestellten Militärpolizei, die eine Armbinde mit der Aufschrift *Volksschädlingsbekämpfer* trug.[330]

Volkssturm

Archaisierend für die durch Erlaß vom 25. 9. 1944 geschaffene Organisation aus bisher nicht eingezogenen Männern von 16 bis 60 Jahren zur Unterstützung der Wehrmacht bei der Verteidigung des ‚Heimatbodens'.

> *Volkssturm* − mhd. *volcsturm* ‚Volkskampf, Kampf, an dem ganze Völker sich beteiligen'[331]; Name einer 1919 gegründeten Wiener Zeitung ‚Volkssturm. Zeitung

---

[326] MADR, (Nr. 8), 25. 10. 1939, Bd. 2, 394 f.
[327] MADR, (Nr. 50), 7. 2. 1940, Bd. 3, 736.
[328] Ebd., 10.
[329] In: Richterbriefe, hg. H. Boberach, 1975, 7.
[330] Ich will Zeugnis ablegen, Bd. 2, 1995, 699. (Auch in: LTI, 14. Aufl. 1996, 274).
[331] Hinweis Bartholmes, H.: Das Wort „Volk", 1964, 203.

des deutschen Christenvolkes. Für christlich-nationale Kultur, gegen Judaismus, Materialismus, Kapitalismus', herausgegeben von J. Germ, später durch den Karl-Luegerbund — wurde als Bezeichnung für das letzte Aufgebot zur Heimatverteidigung gewählt in Anlehnung an den *Landsturm* der Befreiungskriege. „[...] Dem uns bekannten totalen Vernichtungswillen unserer jüdisch-internationalen Feinde setzen wir den totalen Einsatz aller deutschen Menschen entgegen. [...] Ich befehle: 1. Es ist in den Gauen des Großdeutschen Reichs aus allen waffenfähigen Männern im Alter von 16 bis 60 Jahren der Deutsche Volkssturm zu bilden. Er wird den Heimatboden mit allen Waffen und Mitteln verteidigen, die dafür geeignet erscheinen. [...]"[332] Die *Tagesparole* vom 17. 10. 1944 für die deutsche Presse lautete: „Der Aufruf des deutschen Volkssturms, der am Jahrestag der Völkerschlacht bei Leipzig durch eine Kundgebung erfolgt, in der der Reichsführer-SS ein Dekret des Führers an das deutsche Volk verkündet, wird von der Presse als ein Ereignis von geschichtlicher Bedeutung gewertet und entsprechend behandelt werden. Die deutsche Presse wird die Sache des deutschen Volkssturms zu der ihrigen machen und den aus größtem vaterländischem Opfergeist geborenen, für die deutsche Nation schicksalhaften Gedanken des Volkssturms mit ganzer Kraft und Leidenschaft in das deutsche Volk hineintragen und an seiner Verwirklichung in den Herzen aller Deutschen schöpferisch mitwirken. Die Kundgebung des 18. 10. 44 ist ein Fanal. Die Zeitungen werden nach Vorliegen des voraussichtlich erst für die Donnerstagsblätter zu erwartenden Nachrichtenstoffes durch Arbeiten und Spezialaufmachungen zu diesem Tage einen besonders kämpferischen Geist tragen."[333] U. v. Kardorf zeichnete am 19. 10. 1944 auf: „Indessen ist der Volkssturm gegründet worden. Alle Männer zwischen sechzehn und sechzig Jahren werden rekrutiert. Das letzte Aufgebot der Lahmen und der Krüppel, der Kinder und der Greise. Das Wort ‚Volkssturm' soll, so heißt es in Goebbels' Anweisungen, die Erinnerung an den ‚Landsturm' der Befreiungskriege wachrufen."[334] Victor Klemperer schrieb am 21. 10. in sein Tagebuch: „LTI. *Volkssturm*. Hitlers Aufruf, Himmlers Rede vor der „ostpreußischen Volksarmee" und die Presseumhüllung des Ganzen (alles vom 18. und 19. Oktober) bringen sprachlich außer dem Wort Volkssturm nichts Neues. [...] Aber inhaltlich ist das doch wohl der äußerste Gipfel des Wahnsinns und der Verzweiflung. Es ist diesmal durch die oberste Leitung selber [...] Aufruf zum Bandenkrieg. Wenn es sein muß, auch Frauen und Mädchen — ausdrücklich auch im Rücken des Feindes. [...]"[335] Am 24. 11. 1944 heißt es im Monatsbericht der Gendarmerie-Station Feldkirchen in Bayern: „Über die Einführung des Volkssturmes ist sehr wenig Begeisterung, von fast allen Volkssturmmännern kann man hören: ‚Wir wollen nicht mehr kämpfen, wir wollen lieber Frieden haben, mit uns kann der Krieg nicht mehr gewonnen werden. Die ganze Woche sollen wir arbeiten und am Sonntag sollen wir beim Volkssturm antreten und exerzieren."[336]

---

[332] Erlaß des Führers über die Bildung des Deutschen Volkssturms. RGBl. 1, 1944, 253.
[333] In: Sündermann, H.: Tagesparolen. Deutsche Presseanweisungen 1939–1945, 1973, 295.
[334] Berliner Aufzeichnungen 1942–945, Neuaufl. 1975, 196.
[335] Ich will Zeugnis ablegen, Bd. 2, 1995, 605.
[336] In: Bayern in der NS-Zeit, 1977, 615.

Volkstum

Das ↑ *arteigene* Wesen eines Volkes; Nationalität.[337]

> Der Ausdruck *Volkstum* wurde von Friedrich Ludwig Jahn (1778–1852) als Verdeutschung für *Nationalität* eingeführt. Er rechtfertigt seine Neuprägung 1809 in der Subskriptionsanzeige zu seinem 1810 erschienenen Buch ‚Deutsches Volkstum' und erläutert sie 1810 als Bezeichnung für „das gemeinsame des volks, sein innewohnendes wesen, sein regen und leben".[338] Das ‚Deutsche Wörterbuch' merkt an: „in diesem sinne rasch und allgemein eingebürgert; zu beachten ist dabei, dass das wort daneben auch äusserlich gebraucht werden kann, in der bedeutung nationalität, die blosse verschiedenheit eines volkes von anderen bezeichnend; ferner kann der erste bestandtheil sich auf die grosse masse, die theile des volkes mit alter überlieferung in sitte und brauch beziehen [...]."[339] Das ‚Rheinische Conversations Lexicon oder enzyclopädische Handwörterbuch für die gebildeten Stände' teilt 1834 unter dem Stichwort *Volksthum* mit: „Volksthum, volksthümlich sind neugebildete Ausdrücke, womit man die Eigenthümlichkeit eines Volks in Ansehung seiner Art zu denken, zu fühlen und zu handeln bezeichnet. Wie nämlich jeder einzelne Mensch in dieser dreifachen Hinsicht etwas mehr oder weniger Eigenthümliches an sich hat, so auch jedes einzelne Volk. Das Volksthum ist also eigentlich nichts Anderes als das Menschenthum, bestimmt durch Das, was einer durch Abstammung, Sprache, Sitte und gemeinschaftlichen Wohnplatz verbundenen Menge eigenthümlich ist. Sonst nannte man es die Nationalität."[340] In diesem Sinne wird der Ausdruck 1846 in der Zeitschrift ‚Die Grenzboten' verwendet: „Es ist aber überdies geradezu gelogen, wenn behauptet wird, die Juden würden sich niemals wahrhaft mit unserem Volksthum vereinigen. Sie haben sich ja ungeachtet aller Beschimpfung bereits so vollständig nationalisiert, daß Juden in den ersten Reihen unserer patriotischen Kämpfer stehen."[341] W. H. Riehl (1823–1897) bezeichnet mit *Volksthum* den „landschaftlichen Styl", „nämlich seinen Dialekt, seine Redewendungen, seine Sprüche, seine Lieder", der „die großen Volksgruppen" „zeichnet".[342] „Deutscher Schulunterricht, deutsche Justiz und Verwaltung, der Dienst im stehenden Heere und so vieles andere greift zerstörend in die nationale Abgeschlossenheit ein; allein [...]: die Frauen und Mütter bringen den Männern wieder aus dem Sinn, was von fremdem Einfluß sich festgesetzt hat. Daheim am Herde mag die Frau leicht das ererbte Volksthum bewahren, während der Mann gezwungen ist, im Verkehr und Wandel die schroffe Eigenthümlichkeit abzustreifen."[343] (1854) In dem ‚Zentralorgan der Sektionsgruppe deutsche Sprache der Internationalen Arbeiterassociation' ‚Der Vorbote' wird *Volksthum*, abweichend vom Hauptverwendungsstrang, als Kontrast-

---

[337] Gebucht: 10. Aufl. 1929, 11. Aufl. 1934, 12. Aufl. 1941; Paechter, Volks-Brockhaus 1940.
[338] Werke, hg. C. Euler, Bd. 1, 154. Zit. DWB, Bd. 12/2, 1951, 499.
[339] DWB, ebd.
[340] 12 Bde., Cöln 1832–1834, Bd. 12, 1834, 33.
[341] Ebd., 5/2. Semester, Bd. 4, 1846, 287
[342] Die Naturgeschichte des Volkes, Bd. 2, Die bürgerliche Gesellschaft, 2. überarb. Aufl. 1854, 44.
[343] Ebd., 45.

wort zu *Fürstenthum* und als Verdeutschung für *Proletariat* verwendet. Sinnbestimmend ist hier das Bestimmungswort *Volk* in der Bedeutung ‚Masse des einfachen Volks', doch nicht wie in dem im ‚Deutschen Wörterbuch' angeführten Fall bezogen auf „die theile des volkes mit alter überlieferung in sitte und brauch", sondern auf ‚das Volk im Klassengegensatz zur Bourgeoisie'. „Die Bourgeoisie, wenn sie auch weniger als es der Fall ist, Doktoren- und Professorenweisheit in ihrem Schoß bergte, sieht so gut ein als wir, daß Fürstenthum und Volksthum unversöhnliche Gegensätze sind; da sie aber auch weiß, daß sie nicht das Volk ist, sondern gleißnerisch [sic] in dessen Namen nur für das eigene Wohl spricht, so findet sie es vom Standpunkt ihrer Klasseninteressen keineswegs inkonsequent, sondern klug und weise — praktisch — sich je nach Umständen dem Fürstenthum gegenüber recht versöhnlich zu zeigen."[344] „Darum will auch die Weisheit der Manchester-Schule als Ausfluß der Logik der Bourgoisökonomie [sic], den Staat nur als nothwendiges Uebel anerkennen — nothwendig um die Ausbeutung mit der Gesetzlichkeit zu rechtfertigen, die Plünderei gegen die Ausgeplünderten zu schützen. Sind diese Erscheinungen jedoch nur die Wirkungen älterer Ursachen, so sind sie eben wieder die Ursache neuerer Wirkungen und haben sie die Gegensätze heutiger Zustände von Bürgerthum und Volksthum (Bourgoisie [sic] und Proletariat), Privat- und Gemeinleben, Kapitalfreiheit und Arbeitsknechtschaft, Ueberfluß und Mangel in stets noch wachsender Schroffheit hervorgerufen."[345] In einem 1876 von Daniel Sanders angeführten Beleg ist *Volksthum* mit demokratischer Akzentuierung gegen *Königtum* gestellt: „In einer Zeit, wo man das Königthum als einen Gegensatz des Volksthums betrachtet."[346] Doch bleiben, wie ‚Trübners Deutsches Wörterbuch' angibt, solche Verwendungen selten.

> Im Nationalsozialismus ist Volkstum ein häufig gebrauchter Ausdruck. Er bezeichnet, wie bei Hitler in ‚Mein Kampf' und vor allem in der späteren *Volkstumspolitik*, im Sinne des ‚Deutschen Wörterbuchs' „äußerlich" die Nationalität oder, wie bei Rosenberg im ‚Mythus', mit Emphase die organisch aus den Urgründen des Blutes erwachsende Eigenart des Volkes. Hitler: „Von dem ewigen unerbittlichen Kampfe um die deutsche Sprache, um deutsche Schule und deutsches Reisen hatten nur ganz wenige Deutsche aus dem Reiche eine Ahnung. Erst heute [...] versteht man in größerem Kreise, was es heißt, für sein Volkstum kämpfen zu müssen. Nun vermag auch der eine oder andere die Größe des Deutschtums aus der alten Ostmark des Reiches zu messen [...]."[347] „Erst wenn ein Volkstum in allen seinen Gliedern an Leib und Seele gesund ist, kann sich die Freude, ihm anzugehören, bei allen mit Recht zu jenem hohen Gefühl steigern, das wir mit Nationalstolz bezeichnen."[348] Rosenberg: „Wir setzen folgende lebensgesetzliche Gliederung: 1. Rassenseele, 2. Volkstum, 3. Persönlichkeit, 4. Kulturkreis, wobei wir nicht an eine

---

[344] Ebd., 1/Nr. 3, 1866, 26.
[345] Ebd., 1/Nr. 4, 1866, 59.
[346] Volksz. 9, 303. Zit. Sanders, Daniel: Wörterbuch der Deutschen Sprache, Bd. 2/2, 2. Aufl. 1876, 1432.
[347] Mein Kampf, 9.
[348] Ebd. 474.

Stufenleiter von oben nach unten denken, sondern an einen durchpulsten Kreislauf. Die Rassenseele ist nicht mit Händen greifbar und doch dargestellt im blutgebundenen Volkstum, gekrönt und gleichnishaft zusammengeballt in den großen Persönlichkeiten, die schöpferisch wirkend einen Kulturkreis erzeugen, der wiederum von Rasse und Rassenseele getragen wird. Diese Ganzheit ist nicht nur ‚Geist', sondern Geist und Wille, also eine Lebenstotalität. Die ‚Ausgliederungsfülle' des Volkstums wird hiermit organisch auf ihre blutseelischen Urgründe zurückgeführt [...]."[349] Aus einem Vortrag auf der Reichstagung der NS-Kulturgemeinde München: „1. Was ist Volkstum? 2. Was ist uns heute davon als verpflichtendes Erbe geworden? Volkstum bedeutet das Eigenartige und damit Arteigene eines Volkes in bezug auf sich selbst und zugleich im Gegensatz zum Wesen eines fremden Volkes. Aus geheimnisvollen Wurzeln wächst es wie ein immergrüner Baum. [...] Aus dem Blute des Volkes, das rein aus dem Göttlichen kommt, aus dem heiligen Boden, auf dem Ahnen und Enkel siedeln, wächst als ein Geschenk des Himmels dieser mächtige Baum Volkstum, nimmt daraus unversiegliche ewige Kraft und gestaltet sich in mannigfachen Zweigen als Glaube, Recht, Sitte, Gesittung, Brauch, als Schrift, Kunst und Sinnbild, als Spiel und Tanz, als Märchen, Sage, Lied und Spruch und noch Unendliches mehr. Wir sehen, man kann von Volkstum nicht reden, ohne vom Blut zu reden und vom Boden, aus dem es hervorwächst. [...]"[350] Im Zusammenhang mit der Rassengesetzgebung wird der Ausdruck *Volkstum* herangezogen, um juristisch zwischen Rasse und Volk, Staatsangehörigkeit und Volkszugehörigkeit zu differenzieren: „In eine Rasse kann man nur hineingeboren werden. Die Zugehörigkeit zu einem Volke ist zwar regelmäßig, aber nicht unbedingt von der Geburt aus diesem Volke heraus abhängig. Man kann auch in ein der rassischen Zusammensetzung nach verwandtes Volkstum aufgenommen werden und darin aufgehen. Niemals aber kann jemand als Angehöriger eines Volkes betrachtet werden, der einer Rasse angehört, die nicht mit den Rassen verwandt ist, aus denen sich das Volk zusammensetzt."[351] „Für die Zugehörigkeit zu einem Volk ist nicht die Staatsangehörigkeit entscheidend, sondern das Volkstum, d. h. die auf Grund geschichtlich bedingter Schicksalsverbundenheit und blutmäßiger Verwandtschaft entstandene Gemeinschaft von Kultur und Sprache."[352] „Bedingt aber die Reinheit der Rasse und ein durch sie befähigtes Volkstum die kulturelle und politische Höhe eines Staates, so war die Lösung der Judenfrage in einer den deutschen Belangen gerecht werdenden Weise ein Gebot der völkischen Selbsterhaltung und Notwehr."[353] Mit der „Errichtung des Großdeutschen Reichs", der Zerschlagung der Tschechoslowakei, dem Polenfeldzug setzt die sogenannte *Volkstumspolitik* ein, die *Umsiedlung* von ↑ *Volksdeutschen*, die *Aussiedlung* von Juden und „Anteilen fremden Volkstums", die Rekrutierung und schließlich Zwangsdeportation von *fremdvölkischen* Arbeitern, die Eintragung in Volkslisten, die *Eindeutschung* und ↑ *Umvolkung*. Im Zusammenhang

---
349 Mythus, 697.
350 Reischle, H.: Volkstum als Erbe. In: NS-Monatshefte, 7/1936, 682 f.
351 Stuckart/Schiedermair: Rassen- und Erbpflege, 3. erw. Aufl. 1942 (1939), 6 f.
352 Ebd. 7.
353 Ebd. 14.

mit diesen Maßnahmen erhielt der Ausdruck *Volkstum* eine neue Qualität, die in Himmlers Auftrag als Reichskommissar für die ↑ *Festigung deutschen Volkstums* deutlich wird: „Ausschaltung des schädigenden Einflusses von solchen volksfremden Bevölkerungsteilen, die eine Gefahr für das Reich und die deutsche Volksgemeinschaft bedeuten."[354] „Der Kampf der Sudetendeutschen um ihre Volkstumsrechte trat im Anschluß an die Wiedervereinigung der Ostmark in seine entscheidendes Stadium. I Auf der Tagung der SdP, am 24. IV. 1938 in Karlsbad gab Konrad Henlein in acht Punkten seine Forderungen, das sog. Karlsbader Programm bekannt. Die wichtigsten Forderungen waren: Herstellung der vollen Gleichberechtigung, Anerkennung des deutschen Siedlungsgebiets, Zuerkennung des Selbstverwaltungsrechts und volle Freiheit des Bekenntnisses zur nationalsozialistischen Weltanschauung."[355] „In den Ostgebieten fordert die Sicherung des Lebensraums des deutschen Volks die Einbeziehung von Gebietsteilen in das Reich, deren Bevölkerung einen Anteil fremden Volkstums aufweist. Hier wird ein weitgehender Bevölkerungsaustausch durchgeführt."[356] „Die deutsche Volksliste. Die besonderen Volkstumsverhältnisse in den eingegliederten Ostgebieten haben es erforderlich gemacht, zunächst eine umfassende Überprüfung der Bevölkerung mit dem Ziele durchzuführen, die deutschen Volkszugehörigen festzustellen. Diesem Zweck dient die Einrichtung der deutschen Volksliste. Nur wer in diese Liste eingetragen ist, gilt als deutscher Volkzugehöriger. Die Eintragung hat unmittelbare Bedeutung für den Erwerb der deutschen Staatsangehörigkeit. 1. Die deutsche Volksliste ist nach volkspolitischen Gesichtspunkten in 4 Abschnitte gegliedert. Dem Bekenntnis zum deutschen Volkstum, der Abstammung von deutschen Vorfahren und der rassischen Eignung kommt besondere Bedeutung für die völkische Einordnung zu. Wesentlich für die Eintragung in die Deutsche Volksliste ist aber auch, daß kein deutsches Blut verlorengehen und fremdem Volkstum nutzbar gemacht werden darf. [...]"[357] „Dem Generalgouvernement ist die autonome Verwaltung, wie sie dem Protektorat eingeräumt ist, versagt. Das Generalgouvernement verwaltet sich daher nicht selbst, sondern steht unter deutscher Verwaltung. Das polnische Volk ist der grundsätzlichen Auffassung, die der Nationalsozialismus gegenüber fremdem Volkstum einnimmt und die darin besteht, fremdes Volkstum zu achten und dessen Eigenentwicklung anzuerkennen, nicht würdig."[358]

Zu *Volkstum* wurden zahlreiche Komposita gebildet. Der Rechtschreibduden von 1941 nennt: *Volkstumsforschung, Volkstumsinsel, Volkstumskampf, Volkstumspflege*. Am 7. 2. 1941 wurde eine Verordnung über Volkstumsschäden in den eingegliederten Ostgebieten (Volkstumsschädenverordnung) erlassen.[359] In der Polizeiverordnung über die Kennzeichnung der im Reich befindlichen Ostarbeiter und -ar-

---

[354] Broszat, M.: Nationalsozialistische Polenpolitik 1939–1949, 1961, 20.
[355] Stuckart/Schiedermair: Neues Staatsrecht II. Die Errichtung des Großdeutschen Reiches, 1941, 38.
[356] Ebd. 7.
[357] Ebd. 60.
[358] Ebd. 86.
[359] RGBl. 1, 1941, 85.

beiterinnen vom 19. 6. 1944 heißt es: „[...] Die im Reich befindlichen Ostarbeiter und -arbeiterinnen haben auf dem linken Oberarm eines jeden als Oberbekleidung dienenden Kleidungsstückes ein mit ihrer jeweiligen Kleidung fest verbundenes Volkstumsabzeichen stets sichtbar zu tragen."[360]

Volkswohlfahrt, s. ↑ NSV.

Vollfamilie

„Erbgesunde Familie mit mindestens vier Kindern".[361]

> Der Ausdruck *Vollfamilie* wurde vielleicht von dem Statistiker und Bevölkerungspolitiker F. Burgdörfer geprägt, der 1933 unter dem Titel ‚Die Voll-Familie und die Zukunft des deutschen Volkes' Vorschläge zur Bekämpfung des Geburtenrückgangs machte. In einem Zeitungsartikel ‚Die kinderreiche Familie' wird 1936 ausgeführt: „Die Bedeutung der kinderreichen Familie für das Volk und seine Zukunft ist seit langer Zeit nicht mehr verstanden worden. [...] Dessen müssen wir uns bewußt sein, wenn wir mit heutigen Augen der deutschen Vollfamilie gegenübertreten. [...] Wenn also heute nur noch ein Viertel so viel Vollfamilien in Deutschland leben und die verstümmelte Kleinfamilie zur Norm geworden ist, so ist damit unser Volk ins Mark getroffen. [...] Diese Vollfamilien aber, die mit 4 oder mehr Kindern allein ausreichend stark sind, um ihr Teil zur Erhaltung des Volkes beizutragen, sie sind der Rest, der allem Sturm standgehalten hat, sie sind die Sieger über den feindlichen Zersetzungssturm von 17 Jahren."[362] In der 8. Auflage von ‚Meyers Lexikon' heißt es unter dem Stichwort Familie: „Der Bestand des deutschen Volkes wird nur durch die erbgesunde, kinderreiche (mindestens 4 Kinder) Familie gesichert. Diese achtet auch auf Reinerhaltung vor erbkrankem oder rassefremden Blut (Erbmasse). Durch Selbstsucht, Verantwortungslosigkeit oder Geltungstrieb künstlich kinderlos oder kinderarm gestaltete Ehen erfüllen nicht ihre Aufgaben der deutschen Volksgemeinschaft gegenüber. Familie und Volk waren besonders durch die marxistische Propaganda den bedenklichsten Zersetzungen ausgesetzt und durch den fortschreitenden Geburtenrückgang immer stärker in ihrem Bestand bedroht. Erst der Nationalsozialismus hat diesem Verfall der Familie ein Ende gesetzt und durch seine Bevölkerungspolitik den Weg zur erbgesunden, kinderreichen Voll-Familie gewiesen."[363]

Volljude

Person mit vier Großeltern, die der jüdischen Religionsgemeinschaft angehörten.[364]

> „Die Begriffe ‚Jude' und ‚jüdischer Mischling' sind durch die 1. VO. zum Reichsbürgergesetz vom 14. XI. 1935 festgelegt worden. 1. Der Ausgangspunkt der gesetz-

---

[360] RGBl. 1, 1944, 147.
[361] Gebucht: Duden, 12. Aufl. 1941 (oben zitiert). Getilgt: Duden, 13. Aufl. 1947.
[362] Neuß-Grevenbroicher Zeitung., 22. 5. 1936. Aus der Stadt Neuß.
[363] Bd. 3, 1937, 1286 f. (Zitiert ohne Verweisungen).
[364] Gebucht: Duden, 12. Aufl. 1941. Getilgt: Duden, 13. Aufl. 1947.

lichen Begriffsbestimmung. Die rassische Einordnung des Einzelnen richtet sich grundsätzlich nach der Rassenzugehörigkeit seiner Großeltern. Auf eine rassenbiologische Untersuchung des Einzelnen kann daher in der Regel verzichtet werden. Rassenbiologisch sind, da jeder Mensch vier Großeltern hat, zu unterscheiden: Volljuden, Dreivierteljuden, Halbjuden und Vierteljuden. Diese Vierteilung ist von der Rassengesetzgebung nicht übernommen worden. Gesetzlich wird grundsätzlich nur zwischen zwei Gruppen unterschieden: zwischen ‚Juden' und ‚jüdischen Mischlingen'."[365] „Im Einvernehmen mit dem Reichsinnenministerium und dem geheimen Staatspolizeiamt wird allen christlich getauften Voll- und 3/4-Juden, die bisher dem ‚Paulusbund' angehört haben, mitgeteilt, daß sie aus dieser Organisation ausgegliedert werden. Es wird ihnen anheimgestellt, die Mitgliedschaft des ‚Jüdischen Kulturbundes' zu erwerben."[366] „Die Aktion gegen die Juden berührt den Kreis nicht. Vorhanden ist hier lediglich ein Volljude. [...] Vorhanden ist ferner noch ein Halbjude."[367] „Wiederholt laufen Meldungen ein, daß die Aufführung von Kompositionen des Opernkomponisten Franz Lehar auf den Widerspruch der Bevölkerung stößt, weil die meisten Buchautoren der Lehar'schen Kompositionen Volljuden sind und Lehar selbst mit einer Jüdin verheiratet sei."[368] „Vertraulich möchten wir nur darauf hinweisen, daß die Tendenz bezüglich der zukünftigen Behandlung der jüdischen Mischlinge 1. Grades klar dahin verläuft, sie schlechter als bisher zu stellen. Es ist nicht ausgeschlossen, daß nach Kriegsende eine Gleichstellung mit Volljuden erwogen wird."[369]

Vollzigeuner

Nach dem Muster von *Volljude* gebildet.
„Anordnung über die Beschäftigung von Zigeunern, vom 13. 3. 1942: § 1 Die für Juden erlassenen Sondervorschriften auf dem Gebiete des Sozialrechts finden in ihrer jeweiligen Fassung auf Zigeuner entsprechende Anwendung. § 2 Zigeuner im Sinne dieser Anordnung sind a) Vollzigeuner (stammechte Zigeuner) b) Mischlinge mit vorwiegendem oder gleichem zigeunerischen Blutsanteil, wenn sie vom Reichskriminalpolizeiamt als solche festgestellt worden sind."[370]

---

[365] Stuckart/Schiedermair: Rassen- und Erbpflege in der Gesetzgebung des Reiches, 3. erw. Aufl. 1942, 14.
[366] Organisierung der christlich getauften Juden in Deutschland. In: Volk und Rasse, 12/1937, 211.
[367] Monatsbericht d. Bezirksamts Schrobenhausen, 4. 12. 1938. In: Bayern in der NS-Zeit, 1977, 471 f.
[368] MADR, (Nr. 32), 22. 12. 1939, Bd. 3, 597.
[369] Rassepolitisches Amt d. Reichsleitung d. NSDAP am 5. 12. 1940. In: Bayern in der NS-Zeit, 1977, 483.
[370] RGBl. 1, 1942, 138.

W

Waffen-SS

Seit Ende 1939 Name der bewaffneten Formationen der ↑ SS.[1]

▶ Der Name *Waffen-SS* für die bewaffneten SS-Formationen kam erst nach dem Beginn des Zweiten Weltkrieges in Gebrauch. Er diente als Sammelbezeichnung für die aus der *SS-Stabswache* hervorgegangene *SS-Verfügungstruppe* und die SS-Totenkopfdivision, die nach Kriegsbeginn aus Teilen der für die Bewachung der Konzentrationslager gegründeten SS-Totenkopfverbände gebildet wurde. „Die Waffen-SS entstand aus dem Gedanken heraus, dem Führer eine auserlesene, länger dienende Truppe für die Erfüllung besonderer Aufgaben zu schaffen. Sie soll es den Angehörigen der Allgemeinen SS sowie Freiwilligen, die den besonderen Bedingungen der Schutzstaffel entsprechen, ermöglichen, mit der Waffe in der Hand im Kriege in eigenen Verbänden zum Teil im Rahmen des Heeres für die Verwirklichung der nationalsozialistischen Idee zu kämpfen. Der Führer befahl daher die Schaffung einer kasernierten Truppe, der heutigen Waffen-SS. [...] Die Anfänge der Waffen-SS gehen auf die am 17. 3. 1933 befohlene Aufstellung der ‚Stabswache' in Stärke von zunächst nur 120 Mann zurück. Aus dieser kleinen Gruppe entwickelte sich später die SS-Verfügungstruppe bzw. die Leibstandarte SS ‚Adolf Hitler'. Im Laufe dieses Krieges wuchsen die Verbände zu Divisionen [...]."[2] Noch 1941 forderten Presseanweisungen: „Es soll nicht mehr von der SS-Verfügungstruppe gesprochen werden, sondern nur noch von der Waffen-SS."[3] „Es besteht Veranlassung, darauf hinzuweisen, daß nicht mehr von der SS-Verfügungstruppe, sondern von der Waffen SS [sic] gesprochen werden soll."[4] In einer Werbeschrift der Waffen-SS mit dem Titel ‚Dich ruft die SS'[5] heißt es: „Die besonderen Aufgaben der Schutzstaffel zwingen dazu, die unabänderlichen Gesetze der Auslese anzuwenden und die wertvollsten Kräfte für die SS zu gewinnen. Vertrauensvoll soll sich der junge Deutsche der Eignungsuntersuchung unterziehen, ob er SS-mäßig und gesundheitlich für die Waffen-SS geeignet ist."[6] „Heute ist nun der schon lang ersehnte Tag der Annahmeuntersuchung gekommen, an dem Eignungsprüfer und Ärzte entscheiden, ob der Einzelne SS-mäßig und gesundheitlich geeignet ist, bei der Waffen-SS Dienst zu tun. Jeder hat sich mit dem ausführlichen Merkblatt für die Waffen-SS vertraut gemacht.

---

[1] Gebucht: Paechter.
[2] Organisationsbuch der NSDAP. 1943, 427a f.
[3] Sammlung Brammer, Bundesarchiv Koblenz. ZSg. 101/19, Nr. 903, 26. 3. 1941.
[4] VI 30/41 (Nr. 3). Zit. Glunk, ZDS 27/1971, 118.
[5] o. J., nicht vor Sommer 1942.
[6] Zit. Buchheim, H.: Befehl u. Gehorsam. In: Anatomie des SS-Staates, dtv, 6. Auflage, 1994, 226.

[…]"⁷ „Die Eltern, deren Söhne jetzt heimberichten, daß sie, dem Drängen der Werbekommission folgend, die Meldung zur Waffen-SS unterzeichneten, sind darüber sehr verbittert. Sie sprechen von Rechtlosigkeit und sagen, daß sie ihre Söhne zwar gerne der traditionsreichen Wehrmacht anvertrauen, nicht aber der SS, in welcher man auf dem Lande immer noch leider nur eine vorwiegend politische und gleichzeitig mit der brutalen Ausrottung der christlichen Religionen betraute Organisation erblickt."⁸ „Wie der Partei-Kanzlei berichtet ist, besteht über die Gründe einer Verstärkung der Waffen-SS vielfach Unklarheit. Zur Unterrichtung teile ich deshalb mit, daß ein Teil der Waffen-SS in den besetzten Ostgebieten verbleiben muß bzw. neu dort eingesetzt werden soll, selbstverständlich im Austausch mit im Westen eingesetzten Formationen. Die aus Nationalsozialisten bestehenden Einheiten der Waffen-SS sind infolge ihrer intensiven nationalsozialistischen Schulung über Fragen der Rasse und des Volkstums für die besonderen, in den besetzten Ostgebieten zu lösenden Aufgaben geeigneter als andere bewaffnete Verbände. […]"⁹ „Sehr oft sagt sich der Angehörige der Waffen-SS — und diese Gedanken kamen mir heute so — wie ich da draußen diese sehr schwierige Tätigkeit ansah, die die Sicherheitspolizei, unterstützt von Euren Leuten, die ihnen sehr gut halfen, haben, — das Herausbringen dieses Volkes hier. Genau dasselbe hat bei 40° Kälte in Polen stattgefunden, wo wir Tausende und Zehntausende und Hunderttausende wegtransportieren mußten, wo wir die Härte haben mußten, — Sie sollen das hören und sollen das aber auch gleich wieder vergessen — Tausende von führenden Polen zu erschießen."¹⁰

Walter

Kurzform für ↑ *Amtswalter*, die Bezeichnung für den Funktionär eines der NSDAP ↑ *angeschlossenen Verbandes*.¹¹

▶ Stieler nennt das nomen agentis zu *walten* ‚eine Sache leiten' selten, er kennt es aber in der Verbindung *Schalter und Walter*. Adelung bezeichnet *Walter* als „längst veraltet". Seit der zweiten Hälfte des 18. Jahrhunderts kommt der Ausdruck in absolutem Gebrauch vor. „Der Oberbeamte in der antiken Welt war zuerst Walter über eine Stadtgemeinde."¹²

▶ Im Nationalsozialismus bezeichnet *Walter* den Funktionär eines der NSDAP *angeschlossenen Verbandes*. „Jeder Parteigenosse muß sich als Diener an Bewegung

---

⁷ SS-Jahrbuch ‚Der Soldatenfreund', 1942, 36. Dok. PS−2825. In: Der Nürnberger Prozeß, Bd. 4, 195.
⁸ Monatsbericht d. Landrats, Bez. Ebermannstadt, 2. 2. 1943. In: Bayern in der NS-Zeit, 1977, 165.
⁹ Partei-Kanzlei (Hg.): Verfügungen/Anordnungen/Bekanntmachungen, Bd. 3, München o. J. Zit. Hofer, W. (Hg.): Der Nationalsozialismus, 1980, 116 f.
¹⁰ Himmler: Rede an die Offiziere d. „Leibstandarte SS Adolf Hitler" am „Tage von Metz" [1943]. Dok. PS−1918 (US−304). In: Der Nürnberger Prozeß, Bd. 3, 649.
¹¹ Gebucht: Duden, 12. Aufl. 1941. Getilgt: Duden, 13. Aufl. 1947.
¹² Elster: Verm. Aufsätze 2, 99. Zit. DWB, Bd. 13, 1398.

und Politik fühlen und entsprechend handeln. Ganz besonders gilt dies für Politische Leiter, Führer aller Parteigliederungen sowie für Walter der angeschlossenen Verbände und deren Mitarbeiter."[13] „Das Heer der Betriebsobmänner, Walter und Warte verankert die DAF im Volke."[14] In der Hierarchie untersteht der *Walter* dem *Obmann*, der dem untersten ↑*Hoheitsträger der NSDAP*, dem ↑*Leiter*, unterstellt ist. Näher bezeichnet werden die *Walter* a) nach den regionalen Organisationseinheiten, so gibt es *Reichs-, Gau-, Kreis-, Ortsgruppen-, Zellen-* und *Blockwalter* der ↑ *DAF,* der ↑ *NSV* usw.; b) nach ihrer Funktion in den *Hauptstellen,* bzw. Abteilungen der ↑ *Ämter* und *angeschlossenen Verbände* für Organisation, Personalfragen, ↑ *Schulung,* ↑ *Propaganda,* Pressepolitik, Kasse usw. So gibt es *Schulungswalter, Kulturwalter, Jugendwalter* usw., die jeweils nach der Zugehörigkeit zu der regionalen Organisationseinheit näher bestimmt werden können: *Reichskulturwalter, Gauschulungswalter.*[15] „So wie sie als NSBO-Männer ihre Pflicht erfüllt haben, ebenso treu leisteten sie den Dienst nach der Machtübernahme für die Formung eines neuen Arbeitertums und die Durchführung des Gedankens der neuen Sozialordnung. In meinen Dank schließe ich aber auch die Mitarbeiter ein, die ihnen treu und unentwegt zur Seite standen. Ich denke insbesondere an die Männer und Frauen der Vertrauensräte, an die Block- und Zellenwalter und an die anderen Mitarbeiter des Betriebsobmannes als da sind: die Betriebsfrauenwalterin, der Betriebsjugendwalter, der Betriebswart KdF., der Sportwart, die Werkscharführer, der Arbeitsschutzwalter, Presse- und Propagandawalter, Volksbildungswart, Betriebsberufswalter usw."[16]

Walterkorps

Die Gesamtheit der *Walter* einer ↑ *Betriebsgemeinschaft* oder eines *angeschlossenen Verbandes.*

▶ „In den Dank an das gesamte Walterkorps schließe ich aber auch ein den Dank an die Frauen und Bräute unserer 75 000 ehrenamtlichen Mitarbeiter."[17] „Ich bin gewiß, daß die großen Leistungen, die die DAF — nicht zuletzt dank der freudigen Mitarbeit des Walterkorps — im vergangenen Jahr erreichen konnte, im kommenden Jahr nicht nur gehalten, sondern noch ausgeweitet werden."[18]

Wehrertüchtigungslager (WE-Lager, WEL)

Lager zur vormilitärischen Ausbildung der ↑ *Hitlerjugend.*[19]

▶ „Die Waffen-SS hat der Reichsjugendführung für die Durchführung der Wehrertüchtigungslager Ausbilder zur Verfügung gestellt. In jedem Gebiet wird im Laufe

---

[13] Organisationsbuch der NSDAP., 3. Aufl. 1937, 3.
[14] Jahres- u. Leistungsbericht d. Gauwaltung Düsseldorf, o. J. [1938], 8.
[15] s. Organisationsbuch der NSDAP., 3. Aufl. 1937, 3.
[16] Ebd., 8.
[17] Jahres- und Leistungsbericht d. Gauwaltung Düsseldorf, o. J. [1938], 8.
[18] Ebd., 9.
[19] Gebucht: Paechter.

der nächsten Zeit je ein Wehrertüchtigungslager mit SS-Ausbildern versehen sein. In diesen WE-Lagern, in denen SS-Ausbilder tätig sind, ist eine Werbung für Freiwillige der Waffen-SS durch den Lagerführer und die Ausbilder der Waffen-SS vorzunehmen. [...]"[20] „Schon nach den ersten Wehrertüchtigungslagern waren viele positive Schilderungen über eine gute Ausbildung und ‚zackigen Dienst' bei der Mehrheit der Jugendlichen zu hören."[21] „Eltern, die die Einrichtung der WEL an sich begrüßten, äußerten öfter den Wunsch, die Jugendlichen grundsätzlich nicht vor dem 17. Lebensjahr und nicht vor Beendigung ihrer Lehrzeit zu den Wehrertüchtigungslagern einzuberufen."[22] „Im Gegensatz zu den germanischen Völkern des Westens soll die Wehrertüchtigung nicht mehr auf Grund freiwilliger Meldung, sondern gesetzlicher Pflicht durchgeführt werden. Auch die Lager in Estland und Lettland werden unter deutscher Führung stehen müssen und als Wehrertüchtigungslager der Hitlerjugend ein Zeichen unseres über die Reichsgrenzen hinausgehenden Erziehungsauftrages sein."[23]

Wehrkraftzersetzung

Bezeichnung für einen durch die ‚Kriegssonderstrafrechtsverordnung' vom 17. 8. 1939 neu gefaßten und mit drakonischen Strafen bedrohten Straftatbestand.[24]

> Der Terminus *Wehrkraftzersetzung* wurde zu der Wendung „Zersetzung der Wehrkraft" in der ‚Verordnung über das Sonderstrafrecht im Kriege und bei besonderem Einsatz' gebildet. Er bezeichnet einen Tatbestand, der in § 5 der Verordnung in Formulierungen beschrieben ist, die der Auslegung weiten Raum ließen. Die Regelstrafe war die Todesstrafe, nur in minder schweren Fällen wurde auf Freiheitsstrafe erkannt. Paragraph 5, Absatz 1 der Verordnung lautet: „Wegen Zersetzung der Wehrkraft wird mit dem Tode bestraft: 1. wer öffentlich dazu auffordert oder anreizt, die Erfüllung der Dienstpflicht in der deutschen oder einer verbündeten Wehrmacht zu verweigern, oder sonst öffentlich den Willen des deutschen oder verbündeten Volkes zur wehrhaften Selbstbehauptung zu lähmen oder zu zersetzen sucht; [...]"[25] Zu seiner eigentlichen Bedeutung kam der Ausdruck *Wehrkraftzersetzung* erst im Kontext der Terrorurteile im Verlauf des Zweiten Weltkrieges. In den ersten Kriegsjahren war die Verhängung der Todesstrafe selten, nach den militärischen Niederlagen 1942/1943 stieg die Zahl der Verurteilungen sprunghaft an, 1944 und 1945 konnte jede noch so unbedeutende ↑ *defaitistische* Äußerung ein Verfahren

---

[20] Gebietsrundschreiben d. Reichsjugendführung 14/42 v. 11. 6. 1942. Zit. Buchheim, H.: Die Befugnisse d. Ergänzungsstellen d. Waffen-SS. In: Gutachten d. Inst. f. Zeitgesch., 1966, 170.
[21] MADR, 18. 11. 1943, Bd. 15, 6037.
[22] Ebd., 6038.
[23] Der Reichskommissar f. d. besetzten Ostgebiete Lohse an Reichsjugendführer Axmann, 18. 4. 1944. Dok. PS−347 (US−340). In: Der Nürnberger Prozeß, Bd. 4, 64 f.
[24] Gebucht: Paechter.
[25] § 5, 1 der Kriegssonderstrafrechtsverordnung v. 17. 8. 1938. RGBl. 1, 1939, 1455.

wegen *Wehrkraftzersetzung* vor dem Volksgerichtshof und den Tod bedeuten. (Auch ordentlicheGerichte verhängten Todesstrafen wegen *Wehrkraftzersetzung*.) „Im Namen des Volkes. In der Strafsache gegen den Regierungsrat Dr. jur. Theodor Korselt aus Rostock [...], zur Zeit in dieser Sache in gerichtlicher Untersuchungshaft, wegen Wehrkraftzersetzung, hat der Volksgerichtshof, 1. Senat, auf Grund der Hauptverhandlung vom 23. August 1943 [...] für Recht erkannt: Theodor Korselt hat in Rostock in der Straßenbahn kurz nach der Regierungsumbildung in Italien gesagt, so müsse es hier auch kommen, der Führer müsse zurücktreten, denn siegen könnten wir ja nicht mehr und alle wollten wir doch nicht bei lebendigem Leibe verbrennen. Als Mann in führender Stellung und mit besonderer Verantwortung hat er dadurch seinen Treueid gebrochen, unsere nationalsozialistische Bereitschaft zu mannhafter Wehr beeinträchtigt und damit unserem Kriegsfeind geholfen. Er hat seine Ehre für immer eingebüßt und wird mit dem Tode bestraft."[26] Victor Klemperer trägt am 15. 9. 1943 in sein Tagebuch ein: „LTI. Zwei Leute, wieder zwei!, hingerichtet wegen ‚Wehrkraftzersetzung'."[27] Und am 27. 9.: „Beachte sehr die gestern notierte ‚Wehrkraftzersetzung' als Basis eines Todesurteils! ‚Kraft' – nicht ‚Macht', also nicht etwa eine verhetzende Tätigkeit im Heer, sondern etwas Allgemeines. Die kleinste ‚defätistische' Äußerung genügt."[28] Am 27. 6. 1944 erkennt der 1. Strafsenat des Oberlandesgerichts Kattowitz in Beuthen O. S. „für Recht": „Der Angeklagte wird wegen wehrkraftzersetzender Äußerungen zum Tode verurteilt. [...] Der Zeuge Zurek hat bei geöffneter Tür von einem Nebenraum aus kürzester Entfernung die Unterhaltung des Zeugen Ratka mit dem Angeklagten mitgehört, die dieser in polnischer Sprache führte. Der Angeklagte hat sich im Laufe des Gesprächs in ähnlichem Sinne wie am Vortage ausgelassen. Er hat insbesondere betont, daß er an drei Stellen die Auslandssendungen der Russen und Engländer abhöre, daß die deutschen Zeitungen nicht die Wahrheit schrieben und die Leute diesen Nachrichten auch nicht trauten. Er hat den Zeugen Ratka gefragt, ob er ein Empfangsgerät besitze, und, als dieser verneinte, gesagt, es sei gut, wenn man eins habe, weil man dann die Neuigkeiten erfahre [...]. Seine Geschwätzigkeit, die er in einer zweimaligen Unterredung mit dem Zeugen Ratka bewiesen und zu der er sich selbst durch den Hinweis darauf bekannt hat, daß er sich auch anderen Zuhörern gegenüber keine Schranken auferlege, macht ihn zu einem überaus gefährlichen Defätisten, der die Todesstrafe verdient."[29]

≻ ‚Meyers Enzyklopädischen Lexikon' (1979) bezieht sich unter dem Stichwort *Zersetzung* auf § 109d des Strafgesetzbuches: „als Zersetzung des Wehrwillens (*Wehrkraft-Zersetzung*) eine Tätigkeit, die geeignet ist, die Bereitschaft der Bevölkerung zur Unterstützung der Landesverteidigung zu schwächen und dadurch die Bundeswehr in ihren Aufgaben zu beeinträchtigen. [...]"[30] Im Strafgesetzbuch wird der

---

[26] In: Hofer, W. (Hg.): Der Nationalsozialismus, 1980, 322.
[27] Ich will Zeugnis ablegen, Bd. 2, 1995, 427.
[28] Ebd., 428.
[29] Zit. Staff, I. (Hg.): Justiz im Dritten Reich. Eine Dokumentation, 1978, 170 f. u. 174.
[30] 9. Aufl., Bd. 25, 696.

gemeinte, „mit Freiheitsstrafe bis zu fünf Jahren oder mit Geldstrafe" bedrohte Straftatbestand „Störpropaganda gegen die Bundeswehr" genannt. Im Kommentar heißt es: „[...] § 109 d hat im StGB keinen Vorläufer. Der Tatbestand der Wehrkraftzersetzung, wie er in § 5 KriegssonderstrafrechtsVO [von 1939] geregelt war, enthielt verschiedenartige Tatbestände, u. a. die Fälle, die jetzt in §§ 109, 109 a und §§ 16, 19 WStG geregelt sind. Auf die Fälle der Zersetzung des Wehrwillens ist § 109d aber nicht beschränkt. Die wenig präzise Formulierung [...] erfaßt sämtliche Fälle, in denen durch ‚geistige Sabotage' [...] der Bundeswehr Schwierigkeiten bei der Erfüllung ihrer Aufgaben erwachsen [...]; jedoch ist der Tatbestand angesichts der schwer beweisbaren subjektiven Voraussetzungen in seiner praktischen Auswirkung eingeengt. [...]"[31] Das von der Dudenredaktion herausgegebene ‚Deutsche Universalwörterbuch' (1983) enthält den Ausdruck *Wehrkraftzersetzung* mit der Paraphrase: „Zersetzung der Wehrkraft (durch geeignete Propaganda o. ä.)" unter dem Stichwort *Wehr*. Die 20. Auflage des Rechtschreibduden von 1990 führt *Wehrkraftzersetzung* nicht.

Weltanschauung

Nach nationalsozialistischer Interpretation ein von Rasse, Charakter, Schicksal bestimmtes Wertsystem, das für das deutsche Volk vom ↑ *Nationalsozialismus* repräsentiert wird.[32]

> Der Ausdruck *Weltanschauung* als ‚subjektive Vorstellung von der Welt' ist zuerst 1790 bei Immanuel Kant (1724–1804) in der ‚Kritik der Urteilskraft' belegt: „Denn nur durch dieses und dessen Idee eines Noumenons [‚Verstandeswesens'], welches selbst keine Anschauung verstattet, aber doch der Weltanschauung, als bloßer Erscheinung, zum Substrat untergelegt wird, wird das Unendliche der Sinnenwelt in der reinen intellektuellen Größenschätzung unter einem Begriffe ganz zusammengefaßt, obzwar es in der mathematischen durch Zahlenbegriffe nie ganz gedacht werden kann"[33] In der Folge wird der Ausdruck dann auch im Sinne von ‚seelischgeistige Grundhaltung' verwendet, so z. B. von Karl Immermann (1796–1840): „in diesem augenblicke empfing er in seiner melancholisch-humoristischen weltanschauung die gestalt des Till".[34] In der zweiten Hälfte des neunzehnten Jahrhunderts wird *Weltanschauung* zur Bezeichnung für ein ‚philosophisches System', eine ‚Weltansicht': – „der großen Ideensysteme, die wir Weltanschauungen zu nennen pflegen"[35] –, speziell auch für ein ‚politisch-ideologisches System': „Wie unentbehrlich kommt er [der Wähler] sich vor! Sein Name steht in den Wahlregistern eingetra-

---

31 Schönke-Schröder: Strafgesetzbuch, komm. u. begr. v. A. Schönke, fortgef. v. H. Schröder u. a., 24. Aufl. 1991, 1043.
32 Gebucht: Knaur 1934, Volks-Brockhaus 1940.
33 Kant's gesammelte Schriften, Bd. 5, 1908–13, 254f. (Ndr. 1968). Hinweis: Paul 1992, 1035.
34 Zit. DWB, nach Paul 1992, ebd.
35 Korff: Geist der Goethezeit, Bd. 1, 6. Zit. Paul 1992. Vgl. z. Vorherg. insges. DWB u. Paul 1992, ebd.

gen, wird öffentlich aufgerufen; er kann selbst hervortreten, sich coram publico zu seinem Namen bekennen, kann sogar zwischen verschiedenen Zetteln, die ihm Weltanschauungen repräsentieren, aussuchen und kommt sich vor, als ob er am Steuerrad der Historie drehe."[36]

▶ Am 7./8. August 1920 nahmen Hitler und Drexler in der Bemühung um Ausbreitung ihrer Partei in Salzburg an einer „Zwischenstaatlichen Tagung" teil, auf der die Deutsch-Sozialistische Partei, mit Sitz in Hannover, die Deutsche Nationalsozialistische Partei in der Tschechoslowakei, Oberschlesiens, Polens, des Deutschen Reiches und die Deutsche Arbeiterpartei Württembergs vertreten waren. Auf dem Festabend, der die Tagung beschloß, ergriff als Vertreter der Nationalsozialistischen Partei in der Tschechoslowakei, wie das ‚Salzburger Volksblatt' meldete, „Herr Ing. Jung, den Salzburgern aus der Zeit seiner Tätigkeit hierorts als unerschrockener Kämpfer für seine nationale Überzeugung wohlbekannt" das Wort.[37] Er muß auch hier ausgeführt haben, was er in seinem Buch ‚Der nationale Sozialismus' schriftlich niederlegte: „Was wir den nationalen Sozialismus nennen ist viel mehr. Es ist eine Weltanschauung." Denn der in Salzburg erscheinende ‚Volksruf' schreibt in seinem Bericht über die Tagung: „Die nationalsozialistischen Partei vereinigt die beiden weltbewegenden Ideen, Nationalismus und Sozialismus, zu einer höheren Einheit, ist daher von allen anderen Parteien wesentlich verschieden und vertritt eine Weltanschauung, die wissenschaftlich auf Fichte, Adolph Wagner und Friedrich List fußt [...]."[38] Konrad Heiden bemerkt in seiner ‚Geschichte des Nationalsozialismus' (1932) dazu: „Jung nimmt das Wort ‚Weltanschauung' wohl als erster für den Nationalsozialismus in Anspruch, viele Jahre, bevor Hitler seine eigene politische Predigt so hoch stellen wird."[39] In ‚Mein Kampf' gebraucht Hitler den Ausdruck *Weltanschauung* häufig. Er nennt seinen eigenen rassistischen Antisemitismus *Weltanschauung*, er ist überzeugt, daß nur eine „fanatische Weltanschauung", nicht eine Partei, die Massen mobilisieren und zum Sieg führen könne über die konkurrierende *Weltanschauung* des Marxismus. „In dieser Zeit sollte mir auch das Auge geöffnet werden für zwei Gefahren, die ich beide vordem kaum dem Namen nach kannte, auf keinen Fall aber in ihrer entsetzlichen Bedeutung für die Existenz des deutschen Volkes begriff: Marxismus und Judentum." (S. 20) „In dieser Zeit bildete sich mir ein Weltbild und eine Weltanschauung, die zum granitenen Fundament meines derzeitigen Handelns wurden." (S. 21) „Jede Gewalt, die nicht einer festen geistigen Grundlage entsprießt, wird schwankend und unsicher sein. Ihr fehlt die Stabilität, die nur in einer fanatischen Weltanschauung zu ruhen vermag." (S. 188) „Politische Parteien sind zu Kompromissen geneigt, Weltanschauungen niemals. Politische Parteien rechnen selbst mit Gegenspielern, Weltanschauungen proklamieren ihre Unfehlbarkeit." (S. 507) „Der durchschlagendste Erfolg einer weltanschaulichen Revo-

---

[36] Mühsam, E.: Zur Naturgeschichte des Wählens. In: Die Fackel, 9/12. 4. 1907, 13.
[37] Nach: Der Aufstieg der NSDAP in Augenzeugenberichten, hg. u. eingel. E. Deuerlein, 1968, 120 ff. Zit. ebd., 122.
[38] Zit. ebd. 120.
[39] Heiden, K.: Geschichte des Nationalsozialismus. Die Karriere einer Idee. 1932, 36.

lution wird immer dann erfochten werden, wenn die neue Weltanschauung möglichst allen Menschen gelehrt und, wenn notwendig, später aufgezwungen wird, während die Organisation der Idee, also die Bewegung, nur so viele erfassen soll, als zur Besetzung der Nervenzentren des in Frage kommenden Staates unbedingt erforderlich sind." (S. 654) 1933 heißt es im ‚ABC des Nationalsozialismus' schon nicht mehr überbietbar: „Der Nationalsozialismus ist die große geistige Bewegung des zwanzigsten Jahrhunderts, die, auf einer neuen Weltanschauung stehend, Deutschland wieder zum Vaterland der Deutschen machen will. Was im Mittelalter das Christentum, seit der französischen Revolution der Liberalismus für Europa war, das wird im zwanzigsten Jahrhundert der Nationalsozialismus sein."[40] Der ‚Berliner Lokal-Anzeiger' bringt die Rede Hitlers auf der Kulturtagung des Parteitages der NSDAP in Nürnberg: „[...] Ende März war die nationalsozialistische Revolution äußerlich abgeschlossen. Abgeschlossen, insoweit es die restlose Übernahme der politischen Macht betrifft. Allein nur der, dem das Wesen dieses gewaltigen Ringens innerlich unverständlich blieb, kann glauben, daß damit der Kampf der Weltanschauungen seine Beendigung gefunden hat. Dies wäre der Fall, wenn die nationalsozialistische Bewegung nichts anderes wollte als die landesüblichen Parteien. Weltanschauungen aber sehen in der Erreichung der politischen Macht nur die Voraussetzung für den Beginn der Erfüllung ihrer eigentlichen Mission. Schon im Worte ‚Weltanschauung' liegt die feierliche Proklamation des Entschlusses, allen Handlungen eine bestimmte Ausgangsauffassung und damit sichtbare Tendenz zugrunde zu legen."[41] Goebbels: „Die Revolution, die wir gemacht haben, ist eine totale. Sie hat alle Gebiete des öffentlichen Lebens erfaßt und von Grund auf umgestaltet. Sie hat die Beziehungen der Menschen zum Staat und zu den Fragen des Daseins vollkommen geändert und neu geformt. Es war in der Tat der Durchbruch einer jungen Weltanschauung."[42] Im ‚Führerschulungswerk der Hitler-Jugend': „Die Grundlage der nationalsozialistischen Weltanschauung ist der Rassengedanke."[43] In einem Jahresbericht des Sicherheitshauptamts: „Die nationalsozialistische Weltanschauung ist im Jahre 1938 besonders im höheren Schulwesen immer mehr zum Unterrichtsgrundsatz und zum Angelpunkt sämtlicher Fächer geworden"[44] In einer Würdigung Ernst Kriecks: „Organisatorisch ergibt sich für diese neue Universität das folgende Bild: Im Mittelpunkt steht eine völkisch-politische Philosophie: Die nationalsozialistische Weltanschauung. Um sie herum sind in strahlenförmigen Sektoren die aufgelockerten Fakultäten gelagert als Träger der ‚reinen' Wissenschaften. Sie stehen ihrem weltanschaulichen Gehalt nach und ihrer eigentümlichen philosophischen Haltung nach zur völkisch-politischen Philosophie in enger Beziehung."[45] In einem Leistungsbericht der DAF: „Hunderte von Kundgebungen und Appellen

---

[40] Rosten, C.: Ebd., 2. Aufl. 1933, 78.
[41] Zit. Wulf, J.: Die bildenden Künste im Dritten Reich, 1963, 64.
[42] Rede v. 15. 11. 1933. In: Goebbels Reden, hg., H. Heiber, Bd. 1, 1971, 110.
[43] Hg. Bannführer R. Schnabel, 1938, 55.
[44] MADR, Bd. 2, 135.
[45] Classen, W.: Das Werk u. die Leistung Ernst Kriecks. In: Der Deutsche Student, 4/Juli 1936, 311.

dienten dazu, die schaffenden Menschen in den Unternehmen, den Banken und Versicherungen immer wieder aufzurütteln und ihnen die nationalsozialistische Weltanschauung nahezubringen."[46] In einem ‚Philosophischen Lexikon': „‚[...] Nur bei einer Art, einer Rasse, einem Volke können wir von Weltanschauung reden. Weltanschauung ist immer völkische Weltanschauung. Der einzelne vermag auf Grund seiner besonderen Umwelterfahrungen eine individuelle Weltsicht erwerben; gewinnen kann er auch diese nur auf Grund der ursprünglichen Weltanschauung, die er mit seinen Volksgenossen gemeinsam hat' (Alfred Bäumler).[...] Sie ist die Gesamtheit des rassisch-völkisch bestimmten Daseins und Wirkens des Menschen und deshalb viel mehr als bloßes Erkennen und Wissen. [...] Im Mittelpunkt der germanischen Weltanschauung stehen die Werte der Ehre und Treue und ihre Verwirklichung in der Lebensordnung von Führer und Gefolgschaft. Der Nationalsozialismus hat dem deutschen Volk die Grundwerte und Grundüberzeugungen germanischen Lebens als Weltanschauung wiedergewonnen. ‚Unsere nationalsozialistische Weltanschauung kommt aus Blut und Rasse, sie schöpft ständig neu aus tiefstem Seelengrund, aus dem Leben für das Leben und will immer ein Lebendiges, Dynamisches sein' (Grießdorf).[...]"[47]

Weltjudentum

Bezeichnung für die Fiktion einer jüdischen Internationale, bei der die Fäden des Weltgeschehens zusammenlaufen.[48]

> Soviel bisher bekannt ist, erscheint der Ausdruck *Weltjudentum* zuerst 1908 bei dem Theologen Adolf Deißmann.[49] Schon Theodor Herzl (1860–1904), der Begründer des politischen Zionismus, soll *Weltjudentum* verwendet haben. Der fanatische Antisemit Julius Streicher, berüchtigt wegen seiner üblen Judenhetze im ‚Stürmer', schloß sein politisches Testament, das er vor seiner Hinrichtung im Sommer 1945 in Nürnberg abfaßte, mit einem Zitat, das er Herzl zuschreibt: „Solange die Juden gezwungen sind, mit anderen Völkern zusammenzuleben, besteht auch der Antisemitismus weiter. Der von den Völkern ersehnte Weltfriede wird erst dann zur Tatsache zu werden vermögen, wenn auch dem Weltjudentum eine nationale Heimstätte zuteil geworden ist."[50] Da bisher eine Belegstelle für das angeführte Zitat fehlt[51], muß offen bleiben, ob es sich, wie meist angegeben, um ein wörtliches Zitat oder eine freie Paraphrase handelt. Im zitierten Textzusammenhang bezeichnet *Weltjudentum* ‚die Gesamtheit der Juden in aller Welt'. So wird der Ausdruck auch 1930 im ‚Jüdischen Lexikon' in den Artikeln ‚Zionismus (Vorgeschichte)' von Nathan Gelber und ‚Zionismus (seit dem Weltkrieg)' von Robert Weltsch gebraucht.

---

[46] Jahres- u. Leistungsbericht d. Gauwaltung Düsseldorf, o. J. (1938), 26.
[47] Kröner-Taschenausgabe, 10. Aufl. völlig neu bearb. v. W. Schingnitz u. J. Schondorf, 1943, 617 f.
[48] Gebucht: *Weltjude*, Duden, 12. Aufl. 1941. Getilgt: Duden, 13. Aufl. 1947.
[49] Betz, W.: Wortschatz, Weltbild, Wirklichkeit. In: Speculum historiale, 1965, 41.
[50] Das politische Testament Streichers. In: VJZG 26/1978, 693.
[51] In Herzls Tagebüchern und im ‚Judenstaat' ist das Zitat nicht nachweisbar.

„Die feierliche Eröffnung des neugebildeten Judenstaates ‚Ararat' erfolgte am 1. Adar 5586 (1826) unter großem militärischen Pomp. Das Weltjudentum lehnte aber den Plan ab." „Die Eröffnungssitzung war ein Ereignis von ungewöhnlichem Glanz; eine solche Repräsentanz des Weltjudentums war vielleicht noch niemals in der Geschichte zusammengetreten."[52] In gleicher Bedeutung erscheint *Weltjudentum* in der deutschen Übersetzung einer ‚Bittschrift des Exekutivkomitees des jüdischen Weltkongresses in Genf an die Ministerpräsidenten Englands und Frankreichs' 1938: „[...] Das Weltjudentum kann nicht die unmenschliche Behandlung vergessen, die den Juden in allen Gebieten auferlegt wurde, die dem Nationalsozialismus anheimfielen, sei es Danzig, das Saargebiet oder Österreich. Das Exekutivkomitee des Weltjudenkongresses bittet Sie dringend, keinerlei Regelung zuzustimmen, die nicht voll die unveräußerlichen Rechte unserer jüdischen Brüder sichert und die fundamentalen Grundsätze der Gerechtigkeit und Menschlichkeit."[53] Doch schon gegen Ende des neunzehnten Jahrhunderts hatte sich eine andere Verwendungstradition des Ausdrucks vorbereitet. Bei den Antisemiten war es üblich geworden, von einer *jüdischen Internationale* (↑ *international*), von einer *internationalen Verschwörung* der Juden zu reden. So hatte z. B. Paul de Lagarde 1881 die 1860 gegründete jüdische Hilfsorganisation ‚Alliance Israélite Universelle' „eine dem Freimaurerthume ähnliche internationale Verschwörung zum besten der jüdischen Weltherrschaft" genannt, „auf semitischem Gebiete dasselbe was der Jesuitenorden auf katholischem ist."[54] 1920 waren in Westeuropa die gefälschten ‚Protokolle der Weisen von Zion' erschienen, die den Mythos der jüdischen Weltverschwörung erneut in Umlauf brachten. 1919 zitiert Wilhelm Meister (d. i. Paul Bang von der Deutschnationalen Volkspartei) in seiner in München herausgebrachten Schrift ‚Judas Schuldbuch. Eine deutsche Abrechnung' aus einer Rede Gaudin de Villains im Pariser Senat vom 13. 5. 1919: „Die russische Revolution und der große Krieg wurden von der Hochfinanz inszeniert, ja dieser gemeinste Feldzug des Goldes gegen das christliche Kreuz ging mehr oder weniger auf die wahnsinnige Gier der Juden nach Weltherrschaft zurück ... Bolschewismus ist weiter nichts als talmudischer Aufrührergeist. Rußlands Revolution war eine Judenrevolution, die von Deutschland, dieser Wiege des modernen Weltjudentums, unterstützt wurde, und Rußlands Henkersknechte, die Bolschewisten sind mehr oder weniger alle Mitglieder der Rasse Judas."[55] In dem ebenfalls in München herausgekommenen Buch ‚Weltfreimaurerei, Weltrevolution, Weltrepublik' von Dr. F. Wichtl heißt es 1920: „Einzig und allein die unerhörte Wucht der zusammengetragenen Tatsachen soll den Leser davon überzeugen, daß nicht wir Deutschen an dem entsetzlichen Blutvergießen schuld sind, auch nicht die sichtbaren Regierungen unserer Feinde, sondern jene dunkle, geheimnisvolle Macht,

---

[52] Ein enzyklopädisches Handbuch des jüdischen Wissens in 4 Bänden. Begründet v. G. Herlitz u. B. Kirschner, Berlin 1930. Bd. 4/2, 1580 und 1608. Hinweis: Betz, W.: Wortschatz, Weltbild, Wirklichkeit. In: Speculum historiale, 1965, 41.
[53] In: Rühle, G.: Das Dritte Reich, Bd. 1938, 380.
[54] Die Stellung der Religionsgesellschaften im Staate. Deutsche Schriften, Bd. 2, 1881, 27.
[55] München 1921 (zuerst 1919), 206. Zit. Betz, W.: Wortschatz, Weltbild, Wirklichkeit. In: Speculum historiale, 1965, 42.

die wir kurz ‚Weltfreimaurerei' nennen, hinter der sich aber niemand anderer als das Weltjudentum als unsichtbarer Lenker des Schicksals aller Völker und Staaten verbirgt."[56]

> 1921 wird der Ausdruck *Weltjudentum* auf einem Plakat der NSDAP, das eine Hitlerrede ankündigt, in emphatisch aggressivem Kontext bereits geläufig verwendet: „Nationalsozialistische Arbeiterpartei. Erbarmungslos drückt das Weltjudentum heute auf unser Volk. Gebiet um Gebiet wird besetzt. Erpressung folgt auf Erpressung. Aus dem ewigen Frieden ist ein ewiger Krieg geworden. Heute Freitag, den 6. Mai 1921, findet im Hofbräusaal (Platzl) eine große öffentliche Massenversammlung statt. Redner Herr Adolf Hitler. ‚Deutsche Arbeiter und deutsche Jugend'. Juden haben keinen Zutritt."[57] Am 13. 4. 1923 hält Hitler eine Rede über das Thema: „Weltjude und Weltbörse, die Urschuldigen am Weltkriege", in der er die „klar erkennbaren Bestrebungen des Welt-Judentums" anprangert.[58] In ‚Mein Kampf' spricht Hitler vom „internationalen Weltfinanzjudentum"[59] und immer wieder von dem oder den „internationalen Weltjuden"[60]; der Ausdruck *Weltjudentum* erscheint aber erst wieder in ‚Hitlers zweitem Buch' von 1928: „Die Macht, die diese ungeheure Kriegspropaganda veranlaßte, war das internationale Weltjudentum. Denn so sinnlos für manche dieser Nationen auch die Beteiligung am Krieg vom Standpunkt der eigenen Interessen aus besehen, sein mochte, so sinnvoll und logisch richtig war sie, vom Gesichtspunkt der Interessen des Weltjudentums."[61] „Von 1933−1945 erhält ‚Weltjudentum' in Deutschland dann seine endgültige Prägung als Hetz- und Kampfwort [...]."[62] Victor Klemperer schreibt unter dem Datum vom 27. März in seiner ‚LTI': „[...] Ebenso häufig wird der Ausdruck ‚Internationales Judentum' angewandt, und davon sollen wohl Weltjude und Weltjudentum die Verdeutschung bilden. Es ist eine ominöse Verdeutschung: in oder auf der Welt befinden sich die Juden also nur noch außerhalb Deutschlands? Und wo befinden sie sich innerhalb Deutschlands? − Die Weltjuden treiben ‚Greuelpropaganda' und verbreiten ‚Greuelmärchen', und wenn wir hier im geringsten etwa von dem erzählen, was Tag für Tag geschieht, dann treiben eben wir Greuelpropaganda und werden dafür bestraft. Inzwischen bereitet sich der Boykott jüdischer Geschäfte und Ärzte vor. [...]"[63] In der Zeitschrift ‚Der Deutsche Student' steht im September 1933: „Der zweite Faktor nationalsozialistischer Außenpolitik, die nationalsozialistische Idee, ist überhaupt erst am Anfang ihrer Wirksamkeit. In den ersten Monaten war ihre Wirksamkeit fast völlig aufgehoben durch die rasende Hetze des

---

[56] Ebd., 9. Aufl. München 1922, 168. Zit. Cohn, N.: Die Protokolle der Weisen von Zion. Der Mythos von der jüdischen Weltverschwörung, Köln, Berlin 1969, 169 f.
[57] Hitler, Mein Kampf, Bd. 1, 3. Aufl. 1928, Plakatanhang o. S.
[58] In: Hitlers Reden, München 1925. Zit. Betz, W.: Wortschatz, Weltbild, Wirklichkeit. In: Ebd., 41.
[59] Ebd., 702.
[60] Ebd., 498, 521, 629, 738, 763.
[61] Ebd., 220.
[62] Betz, W.: Wortschatz, Weltbild, Wirklichkeit. In: Speculum historiale, 41.
[63] Ebd., 14. Aufl. 1996, 35.

Weltjudentums und des Weltmarxismus."⁶⁴ Im ‚Führerschulungswerk der Hitler-Jugend' erfahren die HJ-Führer unter Punkt 2: „Kapitalismus, Marxismus und Freimaurerei als Werkzeug des ‚auserwählten Volkes'. [...] Der Haß und die Wut des gesamten Weltjudentums richtet sich heute gegen den Nationalsozialismus, in welchem es mit Recht seinen größten Gegner erkennt. Es sieht die Unerbittlichkeit des Kampfes und versucht heute ohne jede Tarnung, das Reich von außen her zu vernichten, nachdem ihm die innere Zersetzung nicht gelungen ist. In unverantwortlichen Presse- und Lügenfeldzügen hetzt der Jude die Welt gegen Deutschland und versucht, die Menschheit in einen neuen Krieg zu stürzen, der Deutschland vernichten soll. Mit Hilfe seiner über die ganze Welt verbreiteten Wirtschaftsmacht will es uns auf die Knie zwingen. Der Wille und die Kraft unseres jungen und starken Reiches aber werden alle Angriffe abzuwehren wissen."⁶⁵ Am 1. Dezember 1941, als der Holocaust bereits wütete, hielt Goebbels vor der Deutschen Akademie eine seiner übelsten Hetz- und Lügenreden gegen die Juden: „Die historische Schuld des Weltjudentums am Ausbruch und an der Ausweitung dieses Krieges ist so hinreichend erwiesen, daß darüber keine Worte mehr zu verlieren sind. Die Juden wollten ihren Krieg, und sie haben ihn nun. Aber es bewahrheitet sich an ihnen auch die Prophezeiung, die der Führer am 30. Januar 1939 im Deutschen Reichstag aussprach, daß, wenn es dem internationalen Finanzjudentum gelingen sollte, die Völker noch einmal in einen Weltkrieg zu stürzen, das Ergebnis nicht die Bolschewisierung der Erde und damit der Sieg des Judentums sein werde, sondern die Vernichtung der jüdischen Rasse in Europa. Wir erleben eben den Vollzug dieser Prophezeiung, und es erfüllt sich damit am Judentum das Schicksal, das zwar hart, aber mehr als verdient ist. Mitleid oder gar Bedauern ist da gänzlich unangebracht. Das Weltjudentum hat in der Anzettelung dieses Krieges die ihm zur Verfügung stehenden Kräfte vollkommen falsch eingeschätzt, und es erleidet einen allmählichen Vernichtungsprozeß, den es uns zugedacht hatte und auch bedenkenlos an uns vollstrecken ließe, wenn es dazu die Macht besäße. Es geht jetzt nach seinem eigenen Gesetz: ‚Auge um Auge, Zahn um Zahn!' zugrunde."⁶⁶ Noch in Hitlers letzten Monologen, in seinem sog. ‚Politischen Testament' erscheint mehrfach der Ausdruck *Weltjudentum* und verweist zurück auf Hitlers Münchener Anfänge, die vom gleichen antisemitischen Wahn besessen waren wie sein Ende. „Der Nationalsozialismus hat die Judenfrage von Grund auf angepackt und auf den Boden der Tatsachen gestellt: er deckte die jüdischen Absichten auf die Weltherrschaft auf, er befaßte sich eingehend und gründlich mit ihnen, [...] er trieb sie aus mit dem unbeugsamen Willen, den deutschen Lebensraum vom jüdischen Gift zu säubern. Es handelte sich dabei für uns um eine lebensnotwendige und in allerletzter Minute unternommene radikale Entgiftungskur, ohne die wir jämmerlich zugrunde gegangen wären. Hatte aber dieses Vorgehen in Deutschland Erfolg, so bestand alle Aussicht, daß es Schule machte. [...] Die Juden wurden sich dieser Gefahr bewußt, und darum entschlossen

---

⁶⁴ Ebd., 1/Sept. 1933, 4.
⁶⁵ Schnabel, R.: Das Führerschulungswerk d. Hitlerjugend, 1938, 56 f.
⁶⁶ Das eherne Herz, München 1941, 35.

sie sich, alles aufs Spiel zu setzen und einen Kampf auf Leben und Tod gegen uns auszulösen. Sie mußten den Nationalsozialismus um jeden Preis zerschmettern und sollte die Welt darüber zu Grunde gehen. Noch kein Krieg war ein so ausgesprochen und so ausschließlich jüdischer Krieg wie dieser. Ich jedenfalls habe das Weltjudentum gezwungen, die Maske fallen zu lassen, und selbst wenn unsere Anstrengungen fehlschlagen, so wird es sich nur um einen vorübergehenden Fehlschlag handeln, denn ich habe der Welt die Augen geöffnet über die jüdische Gefahr."[67]

Werkschar

Name der Überwachungs- und Propagandaorganisation in den Betrieben, die die Aufgaben der früheren ↑ NSBO übernahm.[68]

> „Die Werkschar ist der Stoßtrupp der Deutschen Arbeitsfront im Betriebe. Sie ist die Grundlage für jede systematische Schulungs- und Erzieherarbeit sowie eine planmäßige Auslese für die Walter und Warte der Deutschen Arbeitsfront und erhält deshalb in Zukunft ihre Ausrichtung durch die Hauptabteilung ‚Schulung im Betrieb' im Schulungsamt der Deutschen Arbeitsfront."[69] „Die Werkschar besteht als Organisation nur im Betrieb. Sie bildet den Kern der Betriebsgemeinschaft."[70] „Aufgabe der Werkschar ist es, unter Führung des Betriebsobmannes die politische Sicherheit und Einsatzbereitschaft der Betriebsgemeinschaft unter allen Umständen und mit allen Mitteln zu gewährleisten. Nicht allein durch Vorträge, vor allem durch das Vorbild soll die Werkschar die Betriebsgemeinschaft von der Richtigkeit des nationalsozialistischen Wollens überzeugen und sie zum äußersten Einsatz, zur höchsten Leistung und zur letzten Hingabe erziehen. Ziel der Werkschar muß es bleiben, aus dem Betrieb eine geschlossene und einmütige, zur höchsten Leistung befähigte Gemeinschaft für Volk und Reich zu schaffen."[71] „Die Werkschar ist allein für den Betrieb gebildet und hat deshalb allein im Betrieb ihre Aufgabe [...]. Damit sie aber keine Organisation bildet, die ein isoliertes Dasein führt, wird sie der Ortsgruppe [der NSDAP], zu welcher der Betrieb gehört, unterstellt."[72] „Der Gedanke der ‚Werkschar' macht in den Betrieben gute Fortschritte, und ich kann Ihnen melden, mein Führer, daß die Sicherheit und der Frieden in den Betrieben nicht nur für normale Zeiten garantiert sind, sondern daß auch in schwersten Krisenzeiten Erschütterungen wie die Munitionsstreiks der Landesverräter Ebert und Genossen, ausgeschlossen sind. Der Nationalsozialismus hat die Betriebe erobert. Die Werkschar ist der nationalsozialistische Stoßtrupp im Betrieb, dessen Wahlspruch lautet: Der Führer hat immer recht."[73] „Die Werkscharen sollen dem Mythos

---

[67] Hitlers politisches Testament., 1981, 65.
[68] Gebucht: Duden, 12. Aufl. 1941, Paechter, Volks-Brockhaus 1940. Getilgt: Duden, 13. Aufl. 1947.
[69] Organisationsbuch der NSDAP 1943, 196.
[70] Ebd.
[71] Ebd.
[72] Ebd., 196c.
[73] R. Ley, Rede auf d. Nürnberger Parteitag 1936. Dok. PS−2283. In: Der Nürnberger Prozeß, Bd. 2, 227.

der befreiten und stolzen deutschen Arbeit sichtbaren Ausdruck verleihen. Sie bilden zusammen mit Parteigenossen, SA.- und NSBO.-Männern und den DAF.-Zellen- und Blockwaltern das Stahlgerippe des Bekenntnisses der soldatisch-disziplinierten Arbeit zum nationalsozialistischen Glauben."[74] „Werkschar — organisierte Kameradschaft des Betriebs. Die Werkschar ist die Zusammenfassung der aktivsten Männer der Betriebe. Wie alles in der Partei, so machte auch sie eine zwangsläufige Entwicklung durch. Durch die jüngst erlassenen Anordnung des Parteigenossen Dr. Ley wurden die Werkscharen in den Betrieben neu gruppiert. Die ehemalige Einteilung der Betriebswerkschar in Trupps kam in Fortfall, an ihre Stelle traten die Arbeitsgruppen. So wie bisher die Werkscharen aktiv an der sozialen Formulierung und Gestaltung der Betriebe mitgearbeitet haben, so werden sie auch in Zukunft Träger der wesentlichen Pläne der DAF. sein. [...] Über der gesamten Werkschararbeit steht als Parole und Verpflichtung das Wort: Der Führer hat immer recht!"[75]

westische Rasse

Von H. F. K. Günther, dem Rassetheoretiker des ↑ Dritten Reichs, eingeführte Bezeichnung für eine der von ihm angenommenen europäischen Rassen.[76]

> H. F. K. Günther: „Neu gewählt sind die Ausdrücke ostische Rasse und westische Rasse. [...] Den Namen westische Rasse habe ich gewählt, weil er besser als der Ausdruck mediterrane Rasse auf das heutige und vorgeschichtliche Verteilungsgebiet der Rasse hinzuweisen vermag. [...]"[77] „Die westische Rasse — kleingewachsen, langschädlig, schmalgesichtig, mit weniger ausgesprochenem Kinn; schmale Nase mit hoher Nasenwurzel; weiches braunes oder schwarzes Haar; zurückliegende, dunkle Augen, bräunliche Haut [...]"[78] „Die westische Rasse ist in Deutschland verhältnismäßig wenig vertreten. Es ist eine bewegliche und leidenschaftliche Rasse, leicht erregbar, leicht versöhnlich, mit herzlichem aber zugleich auch neugierigem Anteil am Mitmenschen, mit gewandtem und beredtem Auftreten und schlauer Berechnung. Die Arbeit ist dem westischen Menschen kein Vergnügen. Ein starkes Geltungsbedürfnis, wenig Ordnungssinn, Neigung zur Grausamkeit treten beim westischen Menschen stark in Erscheinung."[79] „Leidenschaftlichkeit und geistige Beweglichkeit bezeichnet Günther als den Wesenskern der westischen Rasse. Wie dem Körper, so fehlt auch dem Geist das Gewicht. Der westische Mensch ist oberflächlich, leicht, heiter und freundlich in seinem Wesen. Gemütstiefe und Ernst der nordischen Rasse fehlen ihm. [...] Der westische Mensch hat keine ernsten Gewissenskämpfe wie der nordische Mensch. Selbstmord ist in Gebieten mit westischer

---

[74] Die Deutsche Arbeitsfront hält Rückschau. Jahresbericht 1936 d. DAF., o. J. (1937), 20.
[75] Jahres- u. Leistungsbericht d. Gauwaltung Düsseldorf, o. J. (1938), 29.
[76] Gebucht: Duden, 11. Aufl. 1934, 12. Aufl. 1941; Knaur 1934, Volks-Brockhaus 1940.
[77] Rassenkunde des deutschen Volkes, 1922, 18.
[78] Günther, H. F. K.: Rassenkunde des deutschen Volkes, 1922, 18.
[79] Rosten, C.: Das ABC des Nationalsozialismus, 2. Aufl. 1933, 190.

Bevölkerung viel seltener als anderswo. [...] Ländergebiete mit vorwiegend westischer Bevölkerung haben nur wenig hochbegabte Menschen hervorgebracht. Der westischen Rasse fehlt die Schöpferkraft und der Unternehmungsgeist des nordischen Menschen. [...] Der westische Mensch hat auch eine andere Art grausam zu sein. Westische Grausamkeit ist immer mit einer Art Quällust (= Sadismus) verbunden. (Behandlung der Kriegsgefangenen in Frankreich, Stierkämpfe, Versailler Friedensvertrag.) Nordische Grausamkeit kann zur Roheit werden, aber sie bleibt sachlich und anständig. [...]"[80]

Winterhilfswerk des deutschen Volkes (Winterhilfe, WHW)

Im Herbst 1933 von der ↑ NSV errichtete, unter der Aufsicht des Propagandaministers stehende Hilfsorganisation mit der Aufgabe, durch Sammel- und Verteilungsaktionen die materielle Not Bedürftiger zu beheben.[81]

> „Winterhilfswerk des deutschen Volkes, abgekürzt WHW, ständiges Werk der Tat gewordenen Volksgemeinschaft, in dem Einsatzbereitschaft und Opferfreudigkeit im Kampf gegen Hunger und Kälte ihren lebendigen Ausdruck finden; alljährlich von Oktober bis März durchgeführt."[82] „Winterhilfe, 1933/34 [...] als Pflichtopfer der Volksgemeinschaft im ‚Kampf gegen Hunger und Kälte' für die Notleidenden: Arbeitsspende aller Werktätigen, Lotterie und Straßensammlung, Naturalienspende (der Landwirtschaft und Kohlensyndikate), Eintopfgericht am 1. Sonntag jeden Monats zur Abgabe des über 50 Pfennig betragenden eingesparten Betrages, Gewährung von Freitischen, Massenspeisungen, Theater-, Kino- und Konzertkarten."[83] Victor Klemperer schreibt unter dem Datum vom 23. 10. 1933 in der ‚LTI': „Mir ist vom Gehalt eine ‚Freiwillige Winterhilfe' abgezogen worden; niemand hat mich deswegen vorher gefragt. Es soll sich um eine neue Steuer handeln, von der man sich ebensowenig ausschließen darf wie von irgendeiner anderen Steuer; die Freiwilligkeit bestehe nur darin, daß man über den festgesetzten Betrag hinaus zahlen dürfe, und auch hinter dieses Dürfen stelle sich für viele schon ein kaum verhüllter Zwang. Aber ganz abgesehen von dem verlogenen Beiwort, ist nicht das Hauptwort selber schon eine Verschleierung des Zwanges, schon eine Bitte, ein Appell an das Gefühl? Hilfe statt Steuer: das gehört zur Volksgemeinschaft."[84] „Student und Winterhilfe. [...] An jeder Hochschule übernimmt ein Student die Leitung des studentischen Winterhilfswerks. Er hat die Aufgabe, die verfügbaren Kräfte zu sammeln und geschlossen einzusetzen. [...] Die Geldmittel, die benötigt werden, werden in einem Opferstock in den Hochschulen gesammelt. An diesem Opferstock findet einmal wöchentlich in der 11-Uhr-Pause eine kurze markante Kundgebung statt.

---

[80] Graf, J.: Vererbungslehre, Rassenkunde und Erbgesundheitspflege, 6. Aufl. 1939, 248 f.
[81] Gebucht: Duden, 12. Aufl. 1941 (WHW, Winterhilfe, Winterhilfswerk), Knaur 1934 (Winterhilfe), Paechter (Winterhilfe). Getilgt: Duden, 13. Aufl. 1947.
[82] Volks-Brockhaus 1940, 766, s. v.
[83] Knaur 1934, 1851, s. v.
[84] Ebd., 14. Aufl. 1996, 41.

Sprechchöre, Trommelwirbel usw. leiten sie ein und mahnen den Studenten an seine Pflicht."[85] „In letzter Zeit mehren sich die Meldungen über solche Personen, die in der Öffentlichkeit abfällige Bemerkungen über das Winterhilfswerk gebrauchen. Meist wird hierbei die Art der Verteilung bemängelt, wobei nicht selten aufgefordert wird, in Zukunft keinen Pfennig für das Winterhilfswerk mehr zu geben. Das Bezirksamt ist nicht gesonnen, solche Redereien und Verhetzungen weiterhin zu dulden. Es wird von jetzt ab gegen solche Personen mit den schärfsten Mitteln vorgegangen."[86] „Wegen Sabotage des Winterhilfswerks wurde der Regierungsrat Karl Fleischmann vom Bezirksamt Memmingen in Schutzhaft genommen."[87] „Der Landesinspekteur des Winterhilfwerks für Lippe sagt in einem Aufruf, daß Volksgenossen, die trotz mehrfacher Aufforderung ihre Spende zur Winterhilfe auch diesmal wieder nicht abführten, von jetzt ab öffentlich in der Presse an ihre Pflicht erinnert und unter voller Namensnennung zur Spendenabführung aufgefordert würden."[88] „Zur Kennzeichnung der Belastung, die dem Einzelnen durch das Winterhilfswerk entsteht, sei ein Fall herausgegriffen, der als durchaus durchschnittlich bezeichnet werden muß. Es mußte z. B. ein Kriminal-Assistent, dessen Gehalt als äußerst bescheiden angesprochen werden muß, sieben anständige Pfundpakete liefern, und zwar je eins persönlich bei seiner Dienststelle, bei seinem SA-Sturm, beim Bund der Polizeibeamten und bei seiner Ortsgruppe, je ein weiteres seine Frau in der Frauenschaft, sein Junge im Jungvolk und seine Tochter im BDM. Hinzu kamen im Berichtsmonat der Gehaltsabzug für das Winterhilfswerk, der NSV-Ortsgruppenbeitrag, die Straßensammlungen am Tage der Solidarität und am Tage der Polizei, der Kauf des Monatsabzeichens, das Eintopfgericht und endlich die vielen sonstigen Beiträge, wie Partei, Beamtenbund, SA, Jungvolk, BDM, Frauenschaft und NS-Kulturgemeinde."[89] „Zwei Tage nach dem [...] Erntedankfest eröffnete der Führer (am 6. Oktober) das Winterhilfswerk 1936/37 – in einer Großkundgebung in der Berliner Deutschlandhalle. Einleitend gab der Reichsminister für Volksaufklärung und Propaganda, Pg. Dr. Goebbels, einen Rechenschaftsbericht über das Winterhilfswerk 1935/36, dem wir entnehmen, daß die Gesamtsumme sich auf 371 943 908 RM. belief, während die vorläufig geschätzte Summe, die Pg. Dr. Goebbels am 27. Mai beim Empfang der Gaubeauftragten des WHW. in der Reichskanzlei [...] mitgeteilt hatte, sich auf 370 000 000 RM. belaufen hatte, nunmehr also noch überschritten worden war! [...] Dann sprach Adolf Hitler und rief das Volk zum neuen Winterhilfswerk auf, zum Opfer aller für diejenigen, die in Not sind – zum gemeinsamen Einsatz im Dienste der Nation, denn: ‚Wir haben etwas, was unser Leben wieder lebenswert erscheinen läßt: Das ist das deutsche Volk!'"[90] Am 21. 9. 1937

---

[85] Das deutsche Studentenwerk teilt mit. In: Der Deutsche Student, 1/Dez. 1933, 57.
[86] Halbmonatsbericht d. Bezirksamts Ebermannstadt, 13. 1. 1934. In: Bayern in der NS-Zeit, 1977, 66.
[87] Frankfurter Zeitung. Zit. Blick in die Zeit, 2/Nr. 6, 10. 2. 1934, 9.
[88] Westfälische Zeitung, 12. 2. 1934. Zit. Blick in die Zeit, 2/Nr. 9, 3. 3. 1934, 9.
[89] Lagebericht f. d. Monat Dezember 1934 d. Staatspolizeistelle f. d. Reg.bez. Aachen, 7. 1. 1935. In: Vollmer, B.: Volksopposition im Polizeistaat, 1957, 148.
[90] Rühle, G.: Das Dritte Reich, Bd. 1936, 294.

forderte eine Presseanweisung: „man soll nicht das wort ‚winterhilfe' verwenden, das einen anklang an die kuemmerliche organisation der systemzeit habe, sondern stets sagen ‚winterhilfswerk des deutschen volkes'"[91] „Der Führer wandte sich besonders gegen die, die heute noch den Einwand erheben: ‚Warum lassen Sie nicht durch eine besondere Steuer diese notwendigen Summen einbringen?' und stellte demgegenüber das Winterhilfswerk in dieser Form als ein Erziehungsmittel zur deutschen Volksgenossenschaft heraus. ‚Indem wir den Weg des freiwilligen Sammelns einschlagen, wird für Hunderttausende Tag für Tag immer wieder betont: es gibt soziale Aufgaben, die der einzelne durch sein Opfer erfüllen muß.'"[92]

---

[91] Sä 4/20−21, 9. 1. 1937. Zit. Glunk, ZDS 27/1971, 180.
[92] NS-Monatshefte 8/1937, 1025.

Z

Zersetzung, zersetzen, zersetzend

a) Bezeichnung für die Waffe des ↑ *internationalen Judentums* und seiner Helfer zur Erlangung der Weltherrschaft: ‚Zerstörung aller organischen Ordnungen durch die Tätigkeit des kritischen Intellekts und durch Rassenvermischung'; b) juristischer Terminus für die mit Todesstrafe bedrohte Untergrabung des *Wehrwillens*.[1]

> Zersetzen ‚in seine Bestandteile auflösen' erscheint Ende des achtzehnten Jahrhunderts in der Fachsprache der Chemie offenbar als neugebildetes Antonym zu *zusammensetzen*, der Verdeutschung des bisher gebräuchlichen lat. Terminus *componere*. Vorausgegangen waren ältere Verwendungen des Ausdrucks *zersetzen*, die jedoch keinen Zusammenhang mit der allein üblich gebliebenen Bedeutung ‚auflösen' haben. (Im Ahd. gab Notker lat. *promulgare* ‚veröffentlichen' mit *zesezzen* wieder[2], in der Bergmannssprache bezeichnete *zersetzen* ‚bergmännisch zerschlagen'. So wird es bereits 1571 in der Predigtsammlung ‚Sarepta' des Pfarrers Mathesius metaphorisch verwendet: „gott zusetzt oder zusprengt unser hertzen"[3]. Im Gartenbau stand *zersetzen* für ‚(kleine) Pflanzen auseinander setzen'. In Daniel Caspar Hohensteins Roman ‚Arminius' ist 1689 von der „Zersätzung der Blumen-Zwiebeln" die Rede. (II, 774 a)[4] Neben *Zersetzung* war in der Fachsprache der Chemie das aus dem Französischen entlehnte gleichbedeutende *Decomposition* gebräuchlich. Campe nennt diesen Ausdruck und seine deutschen Entsprechungen 1813 in seinem ‚Wörterbuch zur Erklärung und Verdeutschung der unserer Sprache aufgedrungenen fremden Ausdrücke': „Decomposition, das Auseinandernehmen, Zerlegen, oder die Auseinandernehmung, Zerlegung; in der Scheidekunst, die Zersetzung. S. Gehler's phys. Wörterbuch."[5] Schon bald nach dem Aufkommen des chemischen Fachterminus *zersetzen* und des von ihm abgeleiteten Substantivs *Zersetzung* finden sich Belege für die metaphorische Verwendung − zunächst in der Romantik, im Rahmen der Naturphilosophie und des verbreiteten naturwissenschaftlichen Interes-

---

[1] Gebucht: Duden, 12. Aufl. 1941.
[2] Psalm 94, 4: Promulgatis legibus − mit zesazten lántrehten. Die Schriften Notkers, hg. Piper, Bd. 2, Freiburg 1895, 400. Zit. Schäfer, R.: Zur Geschichte des Wortes „zersetzen". In: ZDW 18/1962, 40. Vgl. zum Folgenden insgesamt die ausführliche Darstellung von R. Schäfer, ebd., 40−80.
[3] 138 b. Zit. DWB, Bd. 15, 1956, 769.
[4] Zit. DWB, ebd.
[5] Ebd. Ein Ergänzungsband zu Adelung's und Campe's Wörterbüchern. Neue stark vermehrte u. durchgängig verb. Ausg. 1813, 249. (Ähnlich schon in: 2. verb. und mit einem 3. Bd. verm. Aufl., Bd. 1, 1808, 240.)

ses, ohne wertenden Akzent. Bei Jean Paul (1763–1825) heißt es im ‚Hesperus': „so schlug er bei seinem chymischen Prozesse den nassen Weg ein und nahm (wie ein Gesandtschaftssekretär) statt der Politik – Punsch vor. [...] Das Glas mit seinem heißen Nebel ist ein Papinischer Topf sogar des dichtesten Herzens und zersetzt die ganze Seele; der Trunk macht jeden zugleich weicher und kühner."[6] Friedrich Schlegel (1772–1829): „Ein witziger Einfall ist eine Zersetzung geistiger Stoffe, die also vor der plötzlichen Scheidung innigst vermischt sein mußten."[7] Analysierend, nicht wertend, ist ein weiteres Verwendungsbeispiel bei Jean Paul: „Erst müssen alle Völker unserer Kugel in einer gemeinschaftlichen Ausbildung nebeneinander stehen, damit kein rohes sich zersetzend in das gebildete mische; – denn wo wäre die Unmöglichkeit, daß die Kultur nicht endlich Volk nach Volk erfasse und präge, und nicht vielmehr die Notwendigkeit, daß ihre wachsende Herrschaft nichts zur Allherrschaft bedürfe als nur Zeit."[8] Eine leicht negative Akzentuierung des Ausdrucks *zersetzen* in der Antithese von „Scharfsinn" und „Tiefsinn" klingt dagegen in Jean Pauls Lessing-Charakterisierung an: „Nach meiner furchtsamen Meinung ist mehr sein Mensch ein aktives Genie als sein Philosoph. Sein allseitiger Scharfsinn zersetzte mehr, als sein Tiefsinn feststellte. Auch seine geistreichsten Darstellungen mußten sich in die Wolfischen Wortformen gleichsam einsargen lassen. Indeß war er, ohne zwar wie Plato, Leibnitz, Hemsterhuis etc. der Schöpfer einer philosophischen Welt zu sein, doch der verkündigende Sohn eines Schöpfers und eines Wesens mit ihm. Mit einer genialen Freiheit und Besonnenheit war er im negativen Sinn ein frei dichtender Philosoph, wie Plato im positiven [...]."[9] (1803) Eindeutig negativ akzentuiert verwenden die liberalrevolutionären Schriftsteller des Jungen Deutschland den Ausdruck, um den Verfall politischer, sozialer oder geistiger Ordnung zu kennzeichnen. Bei ihnen erscheint *zersetzen* bereits in der Verbindung mit dem Ausdruck *kritisch*, die später fest werden sollte, und in Beziehung auf die Juden, wenn auch noch eingeschränkt auf deren „schlechten Theil". Laube (1806–1884) spricht 1833 von „einer zersetzenden, kritischen Zeit". Bei Gutzkow (1811–1878) heißt es: „Und wenn auch von jenen Männern wahrhaft Nützliches geleistet worden ist, so zeigt sich doch z. B. auf dem Gebiet der Jurisprudenz offenbar die schädliche Wirkung einer nur kritischen Zersetzung der Stoffe."[10] Er stellt „das Lieblose, Partheiische, Hämische, Zersetzende" in eine Reihe und nennt es „das Schlechte am Judenthum": „Ahasver ist der Jude in alledem, was ihm von dem Berufe, an der Geschichte theilzunehmen, ausgeschlossen hat, der Jude grade in seiner Missionsunfähigkeit, er ist das Schlechte am Judenthum, das Lieblose, Partheiische, Hämische, Zersetzende, er ist grade Alles das, was noch immer die Emanzipation am meisten verhindert."[11] „Gerade dies ist der moderne Ahasver, wie er noch immer unter uns

---

[6] Sämtl. Werke. Hist. krit. Ausgabe, Weimar 1927 ff., Bd. I.4, 41.
[7] Lyzeumsfragmente. Charakteristiken u. Kritiken I. Krit. Fr. Schlegel-Ausg., hg. E. Behler, Bd. II/1, München u. a. 1967, 150.
[8] Dämmerungen für Deutschland (1809), Sämtl. Werke, ebd., I, 14, 1939, 49.
[9] Vorschule der Ästhetik (1803), ebd., I, 11, 43.
[10] Ges. Werke, Jena 1872, Bd. 11, 29.
[11] Gutzkow, Karl: Julius Mosens Ahasver. Vermischte Schriften, Bd. 2, Leipzig 1842, 157 f.

schachert und trödelt, wie er in der Literatur witzelt, das Organische zersetzt, der schlechte, sich auf sich selbst stellende Theil des Judenthums."[12] (1842) Auch Ernst Moritz Arndt (1769–1860) hält *Zersetzung* nicht, wie später die Nationalsozialisten, schlechterdings für das Wesen des Judentums, aber doch für die unausweichliche Verhaltensweise eines Judentums, das sich nicht assimilieren will. „Juden- und Judengenossen, getaufte und ungetaufte, arbeiten unvermeidlich und auf allen äußersten, radikalsten Linken mitsitzend, an der Zersetzung und Auflösung dessen, worin uns Deutschen bisher unser Menschliches und Heiliges eingefaßt schien, an der Auflösung und Zerstörung jeder Vaterlandsliebe und Gottesfurcht. [...]"[13] (1848) An anderer Stelle heißt es bei Arndt: „Will man gegen ein beinahe zweitausend Jahre unterdrücktes und über die Welttheile zerstreutes Volk nicht unbillig sein, so ist etwas Verzeihliches in ihren Wünschen und Strebungen, aber sie sind dadurch doch Zersetzer und Zerstörer des edelsten Schatzes eines Volks, eines Schatzes unerschöpflicher und unschätzbarer Güter, wenn es ihn zu Rathe zu halten weiß: sie sind Zerstörer der Vaterlandsliebe."[14] Zu Beginn der zweiten Hälfte des 19. Jahrhunderts verband sich mit dem Ausdruck *Zersetzung*, der bisher, wenn auch vielfach verblaßt, dem Bereich der Chemie zugehörte, die Assoziation der biologischen, organischen Auflösung, die schon bei Gutzkow anklang. Das zeigt der Vorschlag in Georges' ‚Ausführlichem Deutsch-Lateinischen Handwörterbuch' (1861), *zersetzen* u. a. mit *tabescere* ‚in Fäulnis übergehen' zu übersetzen.[15] Um diese Zeit waren *Zersetzen, Zersetzung* und das wie ein selbständiges Adjektiv gebrauchte *zersetzend* zu eingeführten Ausdrücken geworden, die in allen politischen Lagern der Charakterisierung politischer, historischer, gesellschaftlicher Zustände oder Faktoren der Auflösung, des Verfalls dienten. Verwendungsbelege finden sich etwa gleichzeitig ebenso im ‚Vorboten' und bei Karl Marx wie bei Dühring, Treitschke und Richard Wagner. ‚Der Vorbote': „Wie soll aber Deutschland aus seiner Zersetzung und Ohnmacht heraus –, zu gesundem kräftigen Leben, zur Erfüllung seines kulturgeschichtlichen Berufs kommen, im Rathe der Völker jene Stellung, die ihm geographische Lage, Größe und die Bildung seines Volkes anweist, einnehmen?"[16] (1866) Treitschke (1834–1896): „Im Verlaufe dieser Debatte zeigte sich deutlich die Zersetzung der alten Parteien."[17] (10. 9. 1866) Dühring (1833–1921): „Was die internationale Concurrenz anbetrifft, so erhält sie Gestalt und Leben erst dadurch, daß das atomistische Chaos in nationaler Weise gegliedert wird. Eine Nation hat ein solidarisches Interesse und muss es gegen die kurzsichtigen und kurzlebigen Neigungen ihrer Bestandteile aufrecht erhalten. Sonst verfällt sie der Zersetzung und Fäulnis."[18] „Aus diesem Gesichtspunkt muss man auch das dem Schutzzoll zu Grunde liegende Princip für ein Stück Socialismus und für wahrer erklären, als alle

---

[12] Ebd. 158.
[13] Reden und Glossen, Leipzig 1848, 37.
[14] Ebd., 71. Zit. R. Schäfer, ebd., 62.
[15] Bd. 2, 11. Aufl. 1861, 1988, s. v.
[16] 1/Nr. 4, 50, Genf 1866. Ndr. Berlin 1963.
[17] Politische Correspondenz. Zehn Jahre Deutscher Kämpfe 1865–1874, Berlin 1874.
[18] Kritische Grundlegung der Volkswirtschaftslehre, Berlin 1866, 342.

die zersetzenden und jedes organische Band abweisenden Doctrinen der liberalistischen Mode."[19] (1866) Karl Marx (1818–1883): „Das selbsterarbeitete, sozusagen auf Verwachsung des einzelnen, unabhängigen Arbeitsindividuums mit seinen Arbeitsbedingungen beruhende Privateigentum wird verdrängt durch das kapitalistische Privateigentum, welches auf Exploitation fremder, aber formell freier Arbeit beruht. Sobald dieser Umwandlungsprozeß nach Tiefe und Umfang die alte Gesellschaft hinreichend zersetzt hat, sobald die Arbeiter in Proletarier, ihre Arbeitsbedingungen in Kapital verwandelt sind, sobald die kapitalistische Produktionsweise auf eigenen Füßen steht, gewinnt die weitere Gesellschaftung der Arbeit [...] eine neue Form."[20] (1867) Wagner (1813–1883): „Denn über eines bin ich mir klar: so wie der Einfluß, welchen die Juden auf unser geistiges Leben gewonnen haben, und wie er sich in der Ablenkung und Fälschung unserer höchsten Kulturtendenzen kundgibt, nicht ein bloßer, etwa nur physiologischer Zufall ist, so muß er auch als unleugbar und entscheidend anerkannt werden. Ob der Verfall unserer Kultur durch eine gewaltsame Auswerfung des zersetzenden fremden Elementes aufgehalten werden könne, vermag ich nicht zu beurteilen, weil hierzu Kräfte gehören müßten, deren Vorhandensein mir unbekannt ist."[21] (1869) Von Marx ausgehend entwickelt sich eine linke Verwendungstradition von *zersetzen*, die hier nicht weiter verfolgt werden soll. Wagners Gebrauch von *zersetzend* ist prototypisch für den Sprachgebrauch des modernen rassistischen ↑ Antisemitismus. Der Ausdruck *zersetzend* beschreibt nicht mehr nur „das Schlechte am Judentum" (Gutzkow), sondern wird zum qualifizierenden, schon bald rassistisch definierten, Schlagwort gegen die Juden schlechthin. Das zeigen die Parteiprogramme der rechten Parteien gegen Ende des neunzehnten Jahrhunderts. Im ‚Programm der Deutsch-Sozialen Partei' heißt es 1889: „Als eine zersetzende Kraft auf allen Gebieten unseres Volkslebens hat sich das stammfremde jüdische Volk erwiesen."[22] Im ‚Revidierten Programm der Deutsch-Konservativen Partei vom 8. 12. 1892': „Wir bekämpfen den vielfach sich vordrängenden und zersetzenden jüdischen Einfluß auf unser Volksleben. Wir verlangen für das christliche Volk eine christliche Obrigkeit und christliche Lehrer für christliche Schüler."[23] Im Programm der ‚Deutschen Reformpartei' 1894: „Die fortschreitende Zersetzung aller gesellschaftlichen und wirtschaftlichen Ordnung beunruhigt die weitesten Kreise des Volkes [...]. Träger der Zersetzung ist das stammfremde Judenvolk, das in unserem wirtschaftlichen, politischen und gesell-

---

[19] Ebd., 458.
[20] Das Kapital, Bd. 1 (1867), Abschn. VII, Kap. 24. Marx/Engels: Werke, Bd. 23, Berlin 1962, 790.
[21] Aufklärungen über das Judentum in der Musik. An Frau Marie Muschanoff geb. Gräfin Nesselrode. Tribschen b. Luzern. Neujahr 1869. In: Wessling, Berndt, W. (Hg.): Bayreuth im Dritten Reich. Eine Dokumentation, Weinheim u. Basel 1983, 56. In Wagners Schrift ‚Das Judentum in der Musik' (1850) erscheint der Ausdruck *zersetzen* nicht.
[22] In: Dokumente der deutschen Politik und Geschichte von 1848 bis zur Gegenwart. Hg. J. Hohlfeld, Bd. 3, Berlin, München 1951, 144.
[23] In: Treue, W.: Deutsche Parteiprogramme 1861–1954, Göttingen, Frankfurt, Berlin, 1954, 75.

schaftlichen Leben, in der Rechtspflege und in der Presse unserem Volkstum seinen zersetzenden Geist aufdrängt und damit den Anlaß zu der antisemitischen Strömung gegeben hat."[24] 1895 greift Friedrich Naumanns Wochenblatt ‚Die Hilfe' ein — nicht auf die Juden bezogenes — Zitat der ‚Neuen Zeit' auf, das die bereits um die Jahrhundertmitte belegte biologische Erweiterung des mit *zersetzen* verbundenen Assoziationsfeldes bestätigt: „Vom sozialdemokratischen Standpunkte aus beurteilt die Vorgänge die ‚Neue Zeit'. Nicht sehr geschmackvoll und noch weniger sachlich richtig ist die allgemeine Vorbemerkung: ‚Die Würmer, die einen Leichnam zersetzen, erfüllen auch eine notwendige Aufgabe, aber wer möchte behaupten, daß sie angenehme Tierchen wären!' Dieser Satz geht von der falschen Meinung aus, als ob nur die Sozialdemokratie zu einem Neubau der Gesellschaft fähig wäre. Gerade das aber glauben wir nicht."[25] H. St. Chamberlain schreibt 1899 in seinen von den Nationalsozialisten immer wieder zitierten ‚Grundlagen des neunzehnten Jahrhunderts': „Andererseits ist es sicher und muss wohl beachtet werden, dass wenn die Juden die Verantwortung für manche grauenhafte historische Entwicklung, für den Verfall mancher heldenmütiger, kraftstrotzender Völker trifft, diese Verantwortung noch schwerer auf den Häuptern jener Europäer lastet, welche die zersetzende Tätigkeit der Juden aus den schnödesten Gründen stets ermutigt, beschützt, gefördert haben, und das sind in erster Reihe die Fürsten und der Adel — und zwar vom ersten Säculum unserer Zeitrechnung an bis zum heutigen Tage."[26] Der Vorsitzende des einflußreichen Alldeutschen Verbands Heinrich Claß erklärt 1909 in seiner unter dem Pseudonym Einhart herausgebrachten ‚Deutschen Geschichte': „Der zersetzende Geist des Judentums konnte sich durch zahllose Zeitungen und durch die Bühne, in Büchern und öffentlichen Versammlungen ausbreiten, und er übertrug seine schlechten Früchte auf unser Volk."[27] Die letzte Ursache für den diagnostizierten Verfall, die bei den Maßnahmen, die er gegen die Juden vorschlägt, unbedingt berücksichtigt werden müsse, sieht Claß in der ↑ *Rasse* der Juden: „Das A und O der Maßregeln gegen die jüdische Zersetzung lautet aber: Die Rasse ist der Quell der Gefahren — die Religion spielt keine andere Rolle, als daß sie ein Ausfluß der Rasse ist."[28]

▶ In den zwanziger Jahren, der ↑ *Kampfzeit* der Nationalsozialisten, bildet die nationalsozialistische Verwendungsgeschichte des Ausdrucks *Zersetzung* nur einen Strang unter anderen. Wenn die Nationalsozialisten von der *Zersetzung* der Gesellschaft, der Moral, der Kultur seit dem Ersten Weltkrieg sprechen, unterscheiden sie sich nicht von dem Sprachgebrauch vieler ihrer Zeitgenossen.[29] Spezifisch für die Nationalsozialisten ist, daß bei ihnen *Zersetzung* im Kontext der Verschwörungs-

---

[24] In: Dokumente d. dt. Politik u. Gesch. v. 1848 bis z. Gegenwart. Hg. J. Hohlfeld, Bd. 3, Berlin, München 1951, 149.
[25] Ebd. 1/Nr. 45, 10. 11. 1895, 2.
[26] Ebd., 1. Hälfte, München 1899, 338.
[27] Ebd., 8. Aufl. Leipzig 1919, 322.
[28] Frymann, Daniel (d. i. H. Claß): Wenn ich der Kaiser wär', 2. Aufl., Leipzig 1912, 38.
[29] Vgl. dazu ausführlich: Schäfer, R.: Zur Geschichte des Wortes „zersetzen". In: ZDW 18/1962, 68 ff.

theorie der ‚Protokolle der Weisen von Zion' steht. Die für *zersetzend* erklärten Einflüsse – des Parlamentarismus, des Marxismus, der kritischen Presse, der modernen Kunst, des ↑ *Asphaltliteratentums*, des Intellektualismus, der ↑ *Verstädterung*, der nach dem Rassendogma unausweichlich vergiftenden ↑ *rassischen* Vermischung – werden letztlich auf die Machinationen des ↑ *internationalen Judentums* zurückgeführt, zu dessen Waffen im Kampf um die Weltherrschaft an erster Stelle die *Zersetzung* gehöre. Im Programm der NSDAP hatten die Nationalsozialisten 1920 „den gesetzlichen Kampf gegen eine Kunst- und Literaturrichtung, die einen zersetzenden Einfluß auf unser Geistesleben ausübt" gefordert.[30] Dieser Kampf wird im ↑ *Dritten Reich* durch Verbot, Zensur, Bücherverbrennung, Verfemung und Beseitigung der ↑ *entarteten Kunst* geführt. Die Vernichtung zielt, das ist die Konsequenz der Verschwörungstheorie, nicht nur auf die Einflüsse, sondern trifft vor allem die angeblichen Drahtzieher, die Juden, und diejenigen, die beschuldigt werden, durch Opposition oder auch nur Kritik das Geschäft des *internationalen Judentums* gegen die Interessen der ↑ *Volksgemeinschaft* zu betreiben. Prägend ist Hitlers Sprachgebrauch in ‚Mein Kampf', der in der Zeit des NS-Regimes nur noch variiert wird. *Zersetzend* nennt Hitler „das Sprachentohuwabohu" des Vielvölkerstaates Österreich (S. 39), „die Überfeinerungen der sogenannten Kultur" (S. 349), die Kritik des Marxismus: „Allein er [der Marxismus] hat vorher nichts destoweniger siebzig Jahre lang Kritik geübt, und zwar vernichtende, zersetzende Kritik und immer wieder Kritik, so lange, bis durch diese ewig fressende Säure der alte Staat zermürbt und zum Einsturz gebracht war." (S. 505) Er spricht von der *Zersetzung* „Deutschlands" (S. 217), „unseres Volkskörpers" (S. 305), „unseres Blutes" (S. 437) und erklärt sie zum Ergebnis einer weitreichenden Planung der Juden: „Im Gegenteil, die blutsmäßigen Vergiftungen, die unseren Volkskörper, besonders seit dem Dreißigjährigen Kriege, trafen, führten nicht nur zu einer Zersetzung unseres Blutes, sondern auch zu einer solchen unserer Seele." (S. 437) „Man halte sich die Verwüstungen vor Augen, welche die jüdische Bastardierung jeden Tag an unserem Volke anrichtet, man bedenke, daß diese Blutvergiftung nur nach Jahrhunderten oder überhaupt nicht mehr aus unserem Volkskörper entfernt werden kann; man bedenke weiter, wie diese rassische Zersetzung die letzten arischen Werte unseres deutschen Volkes herunterzieht, ja oft vernichtet, sodaß unsere Kraft als kulturtragende Nation sichtlich mehr und mehr im Rückzug begriffen ist und wir der Gefahr anheimfallen, wenigstens in unseren Großstädten dorthin zu kommen, wo Süditalien heute bereits ist. Diese Verpestung unseres Blutes [...] wird aber vom Juden heute planmäßig betrieben." (S. 629) „Er [der Jude] geht seinen Weg, den Weg des Einschleichens in die Völker und des inneren Aushöhlens derselben, und er kämpft mit seinen Waffen, mit Lüge und Verleumdung, Vergiftung und Zersetzung." (S. 751) Hitler verwendet *Zersetzung* gelegentlich aber auch in positivem Kontext, zum Beispiel dann, wenn es um die eigenen Ziele, die angestrebte Wirkung der eigenen Propaganda und die Aktivität der eigenen Anhänger geht: „Die zweite Aufgabe der

---

[30] Punkt 23 c. In: Rosenberg, A. (Hg.): Das Parteiprogramm, 22. Aufl. 1941 (zuerst 1922), 18.

Propaganda ist die Zersetzung des bestehenden Zustandes und die Durchsetzung dieses Zustandes mit der neuen Lehre." (S. 654) „Der Schaden für sie [die Gewerkschaft] war ein sehr großer, denn die nationalsozialistischen Anhänger waren ihre häufigsten Kritiker und dadurch ihre inneren Zersetzer." (S. 682) Goebbels erklärt 1927: „Warum ist die N. S. D A. P. judengegnerisch? Weil der Jude ein zersetzender Fremdkörper ist, weil er durch seine lügenhaften ‚Kulturinstitute' die deutsche Volksmoral vergiftet, weil er niederreißt statt aufzubauen, weil er der Vater des Klassenkampfgedankens ist, durch den er das deutsche Volk in zwei Teile zerreißt, um es desto brutaler beherrschen zu können, weil er der Schöpfer und Träger des internationalen Börsenkapitalismus, des Hauptfeindes der deutschen Freiheit ist."[31] Rosenberg schreibt im ‚Mythus des 20. Jahrhunderts' rückblickend über die *Systemzeit*: „Die demokratische, rassenverpestende Lehre, die volksvernichtende Weltstadt vereinigten sich mit der planmäßigen jüdischen Zersetzungstätigkeit. Das Ergebnis war, daß nicht nur Weltanschauungen und Staatsgedanken zerbrachen, sondern auch die Kunst des nordischen Abendlandes."[32] Im ‚Buch der N. S. D A. P.' heißt es 1933: „Das Gute und Echte triumphierte über Klassenhaß und Zersetzung. Adolf Hitler hatte den ersten großen Sieg erfochten!"[33] J. v. Leers kann bereits 1933 feststellen: „Die Presse ist in der gleichen Weise vereinheitlicht worden, es gibt keine Oppositionspresse mehr! Es gibt nur eine nationalsozialistische Presse und eine Presse, die ohne zur NSDAP. zu gehören, auf der im allgemeinen von der Staatsführung angegebenen Linie steht. Die Zersetzung des Volkes durch eine gegnerische Presse ist damit unmöglich gemacht."[34] Im ‚Ergänzungsheft für den Rechenunterricht' erfahren die Schüler: „Durch den Weltkrieg und den zersetzenden Einfluß marxistischer Theorien hat das Wachstum des deutschen Volkes aufgehört."[35] Im ‚Führer durch die Ausstellung Entartete Kunst' heißt es 1937 über die Intention der Ausstellung: „Sie will die weltanschaulichen, politischen, rassischen und moralischen Ziele und Absichten klarlegen, welche von den treibenden Kräften der Zersetzung verfolgt werden."[36] Ein ‚Lehrplan für die weltanschauliche Erziehung in der SS und Polizei' aus dem SS-Hauptamt doziert: „Als besonders verwerflich erwies sich in Europa der zersetzende Einfluß der Rassenvermischung mit den Juden. […] Darüber hinaus bestand eine besondere Gefahr darin, daß das Judentum mit den Mitteln der seelischen Zersetzung das unbewußte Handeln und Denken der Völker systematisch auszuhöhlen begonnen hatte, um sich auf dieser Grundlage politisch und wirtschaftlich zum Herrn überall aufzuschwingen. […] Die Nachwirkungen dieser vor 1933 zersetzenden jahrzehntelangen Infektion sind sogar noch bis heute in den Völkern zu spüren. Es bedarf einer angestrengten Arbeit, um auch die letzten Spuren dieser Seuche auszumerzen und Europa auf die natürliche und einzig richtige

---

[31] Das kleine abc des Nationalsozialisten, o. J. (1927), 6.
[32] Ebd., 302.
[33] Espe, W. M.: ebd., 26.
[34] 14 Jahre Judenrepublik, Bd. 2, 2. Aufl. 1933, 110.
[35] Der Nationalsozialismus in Zahlen, o. J. (1935), 27.
[36] Führer durch die Ausstellung Entartete Kunst. Hg. Fr. Kaiser, Berlin 1937. Ndr. Köln 1988, 2.

Bahn des Lebens zurückzuführen. Die Lösung der Judenfrage ist daher über die Grenzen des Reiches hinaus heute eine Lebensfrage der Völker Europas geworden."[37] Am 17. August 1938 wurde eine ‚Verordnung über das Sonderstrafrecht im Kriege und bei besonderem Einsatz (Kriegssonderstrafrechtsverordnung)' erlassen, in der *Zersetzung* als neu eingeführter Terminus der Rechtssprache einen Straftatbestand der Untergrabung des „Wehrwillens"[38] bezeichnete. § 5 der Verordnung lautete: „(1) Wegen Zersetzung der Wehrkraft wird mit dem Tode bestraft: 1. wer öffentlich dazu auffordert oder anreizt, die Erfüllung der Dienstpflicht in der deutschen oder einer verbündeten Wehrmacht zu verweigern, oder sonst öffentlich den Willen des deutschen oder verbündeten Volkes zur wehrhaften Selbstbehauptung zu lähmen oder zu zersetzen sucht. 2. wer es unternimmt, einen Soldaten oder Wehrpflichtigen des Beurlaubtenstandes zum Ungehorsam, zur Widersetzung oder zur Tätlichkeit gegen einen Vorgesetzten oder zur Fahnenflucht oder unerlaubter Entfernung zu verleiten oder sonst die Mannszucht in der deutschen oder einer verbündeten Wehrmacht zu untergraben. 3. wer es unternimmt sich oder einen anderen durch Selbstverstümmelung, durch ein auf Täuschung berechnetes Mittel oder auf andere Weise der Erfüllung des Wehrdienstes ganz, teilweise oder zeitweise zu entziehen. [...]"[39] Über die Anwendung der Verordnung berichten ‚Lageberichte' und ‚Meldungen aus dem Reich': „In Karlsbad wurde eine Gruppe von illegalen ‚internationalen Bibelforschern' ausgehoben. – 6 Bibelforscher wurden in den letzten Tagen vom Reichskriegsgericht wegen Zersetzung der Wehrkraft zum Tode verurteilt."[40] „Seitens des Oberstaatsanwaltes bei dem Landgerichte Bayreuth wurde am 28. Februar 1941 gegen die Bauersehefrau S. in Hainbach, Gemeinde Schönfeld, ein Verfahren wegen Verbrechens der Zersetzung der Wehrmacht [sic] eingeleitet. Die S. schrieb am 29. Januar 1941 an einen bei der Wehrmacht in Ansbach stehenden Verwandten einen Brief, der folgenden Satz enthielt: ‚Halt nur die Stellung und laß Dich nicht gleich fortbringen'."[41] „Das Oberlandesgericht München hat den früheren kommunistischen Funktionär Koch Ludwig wegen fortgesetzten Verbrechens der Zersetzung der Wehrkraft des deutschen Volkes in Tateinheit mit fortgesetztem Verbrechen der Vorbereitung zum Hochverrat zu 8 Jahren Zuchthaus verurteilt."[42] (Häufiger war der Gebrauch des Ausdrucks ↑ *Wehrkraftzersetzung*.)

≫ Mit dem Ende des NS-Regimes verschwand *Zersetzung* weitgehend, aber – wohl beeinflußt durch die linke und andere Verwendungstraditionen neben der nationalsozialistischen – nicht vollständig aus dem Sprachgebrauch (der Bundesrepublik).

---

[37] Ebd., o. O., o. J. In: Hofer, W. (Hg.): Der Nationalsozialismus, Fankfurt 1980 (1957), 281.
[38] Schon 1933 hatte die ‚Denkschrift d. Preußischen Justizministers' ‚Nationalsozialistisches Strafrecht' einen „strafrechtlichen Schutz" gegen „Zersetzung des Wehrwillens" gefordert, der dem „Volksempfinden" entspreche. Ebd., Berlin 1933, 56.
[39] RGBl. 1, 1939, 1456.
[40] MADR, (Nr. 43), 22. 1. 1940, Bd. 3, 669.
[41] Monatsbericht d. Landrats d. Bezirks Ebermannstadt, 28. 2. 1941. In: Bayern in der NS-Zeit, 1977, 146 f.
[42] Monatsbericht d. Reg.präsidenten v. Ober- u. Mittelfranken, 6. 2. 1941. In: Bayern in der NS-Zeit, 1977, 297.

In den seltenen Fällen der Verwendung erscheint der Ausdruck ebenso in positivem wie in negativem Kontext. Karl Jaspers wendet in einer Rede über die „Erneuerung der Universität" den Vorwurf der *Zersetzung* gegen die Nationalsozialisten: „Es war ein Unheil, daß in der zweiten Hälfte des 19. Jahrhunderts diese Einheit verloren ging, zuerst im Bildungsbewußtsein und dann auch in der äußeren Erscheinung der Universität. Die Folgen waren einerseits die Zerstreuung der Wissenschaften, damit der Einbruch der Unwissenschaftlichkeit, weil jede einzelne Wissenschaft sich zur ganzen machen wollte, und schließlich die Zersetzung, die in den Wahnbildungen der nationalsozialistischen Zeit gipfelten."[43] Heinrich Böll postuliert 1968 *Zersetzung* als einzig mögliche Form der Revolution: „Es bleibt nur das eine, zersetzen, zersetzen, zersetzen. Zersetzung ist hier die einzig mögliche Form der Revolution. Mit Kiesingers Auf – tritt vor einem deutschen Gericht ist der innere deutsche Notstand permanent geworden. [...]"[44] Ernst-Wolfgang Böckenförde wirft dem Staat vor, er fördere durch Ungleichheit z. B. vor dem undurchschaubaren Steuerrecht die Auflösung der staatlichen Freiheitsordnung: „Zudem wird die staatliche Freiheitsordnung selbst unterlaufen und zersetzt: sie beruht darauf, dass alle Bürger in gleicher Weise den Gesetzen unterworfen sind, die die Freiheit regulieren und Lasten auferlegen und dass die Gleichheit der Gesetzesanwendung unverbrüchlich ist."[45] In einem Aufsatz ‚Die Taz. An der Freiheit gescheitert' in den ‚Bertelsmann Briefen' wird der Öffentlichkeit „Ideologien zersetzende" Kraft zugesprochen: „Allen politischen Querelen zum Trotz obsiegte letztlich immer die Ideologien zersetzende Öffentlichkeit in der Zeitung, wenn auch manchmal erst im Nahkampf des Redaktionsschlusses am Satzcomputer. [...]"[46]

Züchtung

Schaffung einer ↑ *rassischen* Elite mit Hilfe von ↑ *Eugenik* und ↑ *Rassenhygiene*.[47]

> Das im neunzehnten Jahrhundert aufgekommene *Züchtung* ‚durch den Menschen geregelte Fortpflanzung'[48] wurde nach ‚Meyers Lexikon' zuerst von H. St. Chamberlain auf Menschen übertragen: „Auf seinen biologischen Grundanschauungen baute seine Welt- und Kulturanschauung auf. Er lehnte das Auseinanderreißen von Natur und Kultur, wie es dem liberalen Zeitgeist eigentümlich war, ab und schuf in seinem bedeutendsten Werk ‚Grundlagen des 19. Jahrhunderts' (1899) eine Weltgeschichte der germanischen Kultur auf rassischer Grundlage. Völlig neu und in schöpferisch großartigster Weise wird hier der Jahrtausende alte Rassebegriff der

---

[43] In: Die Wandlung 1/1945/46, Nr. 1, 66.
[44] Notstandsnotizen, 1968. In: Werke. Essayistische Schriften und Reden, 2. 1964–1972. Hg. B. Balzer. Köln o. J., 196.
[45] Von welchen Ressourcen leben wir? In: Neue Zürcher Ztg., 20./21. 5. 1995, Literatur u. Kunst.
[46] Mehr, M. Th.: ebd., H. 133, Juni 1995, 63.
[47] Gebucht: Paechter.
[48] DWB, Bd. 16, 1954, 279.

Züchtung in die menschliche Geschichte eingeführt. So wie der Mensch seine Haustiere und Getreiderassen züchtete, so hat die Geschichte die Rassen der großen Kulturen gezüchtet."[49] Chamberlain rechtfertigt sich: „Vielleicht lächelt mancher Leser, wenn ich immer wieder von Tierzüchtung spreche? Sicherlich sind aber die Gesetze des Lebens grosse, einfache Gesetze, welche alles Lebende umfassen und gestalten; wir haben nicht die geringste Veranlassung, das Menschengeschlecht als eine Ausnahme zu betrachten; und da wir gerade in Bezug auf Rassenzüchtung leider nicht in der Lage sind, Experimente mit Menschen anzustellen, so müssen wir die an Tieren und Pflanzen gemachten Versuche zu Rate ziehen."[50] Chamberlain konnte sich auf Darwin berufen, der die nach seiner Auffassung biologisch irrationale menschliche Fortpflanzung kritisch mit der Rationalität der Tierzucht vergleicht: „Der Mensch prüft mit scrupulöser Sorgfalt den Charakter und den Stammbaum seiner Pferde, Rinder und Hunde, ehe er sie paart. Wenn er aber zu seiner eigenen Heirath kommt, nimmt er sich selten oder niemals solche Mühe."[51] (1859) „Bei Wilden werden die an Geist und Körper Schwachen bald beseitigt und die, welche leben bleiben, zeigen gewöhnlich einen Zustand kräftiger Gesundheit. Auf der anderen Seite thun wir civilisierte Menschen alles nur Mögliche, um den Process dieser Beseitigung aufzuhalten. Wir bauen Zufluchtsstätten für die Schwachsinnigen, für die Krüppel und die Kranken, wir erlassen Armengesetze und unsere Ärzte strengen ihre große Geschicklichkeit an, das Leben eines Jeden bis zum letzten Moment noch zu erhalten. [...] Niemand welcher der Zucht domesticierter Tiere seine Aufmerksamkeit gewidmet hat, wird daran zweifeln, daß dies für die Rasse der Menschen in höchstem Grade schädlich sein muß. Es ist überraschend, wie bald ein Mangel an Sorgfalt [...] zur Degeneration einer domesticierten Rasse führt; aber mit Ausnahme des den Menschen betreffenden Falle ist kein Züchter so unwissend, daß er seine schlechteren Tiere zur Nachzucht zuläßt." Darwin schränkt allerdings ein: „Die Hülfe, welche dem Hülflosen zu widmen wir uns getrieben fühlen, ist hauptsächlich ein Resultat des Instincts der Sympathie [...]. Auch könnten wir unsere Sympathie, wenn sie durch den Verstand hart bedrängt wird, nicht hemmen, ohne den edelsten Theil unserer Natur herabzusetzen."[52] (1871) Im Standardwerk ‚Menschliche Erblichkeitslehre' von Baur/Fischer/Lenz heißt es 1921: „Eine direkte Züchtung von Menschen wird für die Rassenhygiene niemals in Betracht kommen. Wohl begegnen uns gelegentlich Männer, von denen wir wünschen könnten, daß sie nicht nur 2 oder 3, auch nicht nur 10 oder 12, sondern daß sie 100 oder 1000 Kinder hätten. Biologisch möglich wäre das natürlich; und wenn es auch sittlich möglich wäre, so würde das ein unvergleichlich wirksamer Weg zur Veredelung der Rasse sein. Bei einer derartigen Fortpflanzungsauslese würde die ganze Bevölkerung in wenigen Generationen fast nur aus wohlgeratenen Menschen bestehen. Praktisch aber wird eine direkte biologische Förderung hervorragender Menschen in absehba-

---

[49] 8. Aufl., Bd. 2, 1937, 438, s. v. Chamberlain, H. St.
[50] Die Grundlagen des 19. Jahrhunderts, 1. Hälfte, 1890, 182.
[51] Ebd., 4. Aufl. 1870, 354.
[52] Die Abstammung des Menschen und die geschlechtliche Zuchtwahl, 1871, Bd. 1, 146.

rer Zeit nur in sehr beschränktem Maße möglich sein; und auf jeden Fall nur im Rahmen der gesetzlichen Ehe."[53]

▶ Die Nationalsozialisten tun den Schritt von der Analyse, dem Entwerfen von *Züchtungsmodellen* zu praktischen Maßnahmen der *Höherzüchtung* durch ↑ *Auslese* und ↑ *Ausmerze*, d. h. durch Sterilisierung, Eheverbot, ↑ *Euthanasie* etc. R. W. Darré: „Jedes angewandte Wissen der Vererbungsgesetze ist Zucht. Darin liegt ausgedrückt, daß im Wesen der Züchtung in erster Linie der Wille maßgeblich ist, welcher das Wissen von der Vererbung zum besten einer zu erzeugenden Nachkommenschaft anwendet."[54] 1934 meldet das Berliner Tageblatt: „Die thüringische Regierung hat den Präsidenten des Landesamtes für Rassewesen, Dr. Astel, zum ordentlichen Professor mit dem Lehrauftrag für menschliche Züchtungslehre und Vererbungsforschung an der Universität Jena ernannt."[55] Im gleichen Jahr erscheint die Schrift ‚Züchtungskunde und Rassenpflege am Menschen'.[56] 1937 erklärt Hitler auf dem *Parteitag der Arbeit*: „Es ist wirklich die Wiedergeburt einer Nation eingetreten durch die bewußte Züchtung eines neuen Menschen."[57]

Zuchtwart

Von R. W. Darré vorgeschlagene Verdeutschung für *Eugeniker*.

▶ Schon E. Rüdin erwähnt 1905 in einer Rezension die Institution eines „hygienischen Standesbeamten der Zukunft": „Bei der ‚Menschenzüchtung' ist das anders; sie erfolgt nicht zum Nutzen Anderer und nicht um der Wolle, der langen Beine, der vielen Eier, der tanzenden Bewegungen usw. willen, sondern ihr wäre, neben den sekundären Dingen, in erster Linie die Gesundheit, die physische und geistige Leistungsfähigkeit im weitesten Sinne des Wortes, kurz die eigene Erhaltung und Entwicklung der lebens- und kultur-wichtigsten Anlagen Selbstzweck. – Danach ergeben sich ganz von selbst die positiven Gesichtspunkte, nach denen ‚der hygienische Standesbeamte der Zukunft' seine Auswahl treffen soll. Er soll die Eheschließung derjenigen fördern, welche den Durchschnitt körperlicher, geistiger und moralischer Begabung der Menschen überragen (positive Aufgabe) und die gegenteiligen Eheschließungen hemmen oder verhindern (negative Aufgabe)."[58]

▶ R. W. Darré schlägt 1930 die Einrichtung eines vom Staat besoldeten, für die Eugenik verantwortlichen Standes vor (der nie verwirklicht wurde): „[...] Unter Vorangehen des Preußischen Ministeriums für Landwirtschaft entschloß man sich daher schließlich in den Jahren nach 1918 dazu, die Frage der Tierzucht nicht mehr beamteten Tierärzten zu überlassen, sondern eigens hierfür vorgebildeten Leuten zu über-

---

[53] Ebd., 2. Aufl. 1923, 199 f.
[54] Das Zuchtziel des deutschen Volkes, 1. 7. 1931. In: Ders.: Um Blut und Boden, 1941, 30.
[55] Berliner Tageblatt, 1. 8. 1934. Zit. Blick in die Zeit, 2/Nr. 32, 11. 8. 34, 14.
[56] Hentschel, Herbert: Züchtungskunde, Leipzig 1934.
[57] Reden des Führers auf dem Parteitag der Arbeit, 1937, 25.
[58] Kritische Besprechung v. Martins, F.: Krankheitsanlage und Vererbung. In: Archiv 2/1905, 878.

tragen. Dieser Teil aus der Geschichte der Tierzucht gibt uns zweifellos Anhaltspunkte zur Beurteilung der sehr ähnlich liegenden Verhältnisse bei den Eheberatungsstellen. [...] Was wir brauchen, ist eigentlich ein neuer Stand von Fachleuten, dessen Ausbildung zwar derjenigen der Ärzte nicht sehr fernstehen wird, der im wesentlichen aber den gesunden Körper zum Ausgangspunkt seiner Erkenntnisse nimmt, weil die Gesundheit des Einzelnen die Voraussetzung jedes vernünftigen Zuchtgedankens ist [...]. Angehörige eines solchen Standes nennen wir heute Eugeniker [...]. Statt des Wortes ‚Eugeniker' möchte der Verfasser das deutsche Wort ‚Zuchtwart' vorschlagen. Die Zuchtwarte hätten ein von Staats wegen besoldeter Stand zu sein [...] mit Reichshauptstelle, Länderstellen und örtlichen Unterstellen. In ihrer Hand müßten alle Fragen, die das Erbgut unseres Volkes betreffen, zusammengefaßt sein. Sie müßten in irgendeiner Form mit allen Ärzten des Reiches so zusammenarbeiten, daß sie alle in der Lage wären, über jeden Einzelnen des Deutschen Volkes in einem Stammbuch der Betreffenden genau Buch zu führen."[59] Am 11. 10. 1934 wird im ‚Berliner Tageblatt' von dem, offensichtlich von Darré inspirierten, Vorschlag eines Bauern berichtet, Dorfärzte als *Zuchtwarte* zuzulassen: „[...] In diesem Zusammenhang ist ein wichtiger Vorschlag zu erwähnen, den der Bauer E. Dreymann in dem Hauptblatt des Reichsnährstandes veröffentlicht. Er schildert die Schwierigkeiten ärztlicher Behandlung, die sich gegenwärtig noch vielfach für das Bauerntum ergäben. Um vieles besser würde es stehen, wenn jedes größere Dorf und eng benachbarte kleinere Dörfer zusammen einen Arzt hätten. [...] Der Dorfarzt könne und müsse nämlich auch Zuchtwart sein. Nur der Dorfarzt werde mit größerer Sicherheit sagen können, ob bei einer Ehewahl in seinem Bereich Gefahren aus erblicher Belastung bestehen. Besonders wertvollen Ehegatten werde er klarmachen, daß sie verpflichtet sind, eine möglichst große Zahl von Kindern zu haben. [...]"[60]

Zusatzname

Bezeichnung für die Vornamen Israel oder Sara, die Juden vom 1. 1. 1939 an neben ihren eigenen Vornamen führen mußten, wenn diese als nicht „typisch jüdisch" galten.

▶ „22. 10. 1939. Gestern früh kam die plötzliche Verfügung, ‚daß die alten Lebensmittelkarten mit vorgelegt werden müssen'. Als ich das hörte, war meine Meinung sofort, sie wollen nur prüfen, ob überall die Zusatznamen vermerkt sind, andernfalls kostet jede Unterlassung hundertfünfzig Mark, zumal die Kassen leer sind. [...] Abends erfahre ich: Es gab am frühen Vormittag tolle Auftritte wegen fortgelassener Saras und Israels (besonders bei alten, bereits taprig gewordenen Frauen) und Strafendiktierungen von mindesten hundertfünfzig Mark, die – sofern Mittellosgkeit vorlag – von der Gemeinde zu tragen waren (oder Haft???). [...] Von den Leuten, die ihren Zusatznamen vergessen hatten, kamen rund tausend zusammen – meist

---

[59] Neuadel aus Blut und Boden, 1934, 167 f.
[60] Zit. Blick in die Zeit, 2/Nr. 42, 20. 10. 1934, 10 f.

ältere und alte. Sie mußten sich bei der Gestapo melden und erhielten je dreißig Mark Strafe zudiktiert, im Nichtfalle entsprechende Haft. Man wird an die dunkelsten Zeiten des Mittelalters erinnert, denn ‚ausgetretene Juden' (auch solche, die sehr lange bereits ausgetreten waren, müssen ebenfalls die Zusatznamen führen, auch ‚Halbjuden' jüdischer Konfession. [...]"[61] Tagesparole: „Einige Zeitungen haben noch immer die Gewohnheit, bei Veröffentlichungen über Prozesse gegen Juden nur die ursprünglichen Namen anzugeben, die gesetzlich vorgeschriebenen Zusatznamen Israel und Sara aber zu verschweigen. Die Zeitungen werden angewiesen, künftig diese Zusatznamen zu verwenden, um den Verbrecher als Juden zu kennzeichnen."[62]

Zwischenreich

Abwertend: Die Weimarer Republik[63]

> In Campes ‚Wörterbuch zur Erklärung der unserer Sprache aufgedrungenen fremden Ausdrücke' wird *Zwischenreich* als Verdeutschung für *Interregnum* angeführt.

> Die Nationalsozialisten bezeichneten die Weimarer Republik verächtlich als *Zwischenreich* zwischen dem „Zweiten Reich" Bismarcks und dem ↑ *Dritten Reich* Hitlers. H. F. K. Günther behauptet: „Dem völkischen Staat sind aus dem Zwischenreich vor 1933 auch über Geschlechtsleben, Ehe und Familie Auffassungen überlassen worden, die nichts anderes als Zersetzung bedeuten."[64] In der Zeitschrift ‚Der Deutsche Student' heißt es über die Universitäten in der Weimarer Republik: „Die ursprüngliche geistige Einheit und gemeinsame Sinnrichtung wird durch zahllose autonom gewordene Einzelwissenschaften auseinandergelöst, bis schließlich in der Zeit des Zwischenreiches die Universität ein Haufe unverbundener Einzeldisziplinen ist."[65] ‚Meyers Lexikon' konstatiert 1937: „Die Zeit des Weimarer Systems wird manchmal als Zwischenreich bezeichnet."[66]

---

[61] Tausk, W.: Breslauer Tagebuch, 1988, 238.
[62] In: Poliakov/Wulf: Das Dritte Reich und seine Denker, 1989, 451.
[63] Gebucht: Duden, 12. Aufl. 1941, Paechter.
[64] Erneuerung des Familiengedankens in Deutschland, 1935. In: Führeradel durch Sippenpflege, 1936, 75.
[65] Ebd. 4/1936, 309.
[66] Bd. 3, 1937, 269.